V-2019

Tomo 1

La
INSTITUCIÓN
de la
LEY
BÍBLICA

Rousas John Rushdoony

VALLECITO, CALIFORNIA

WWW.CHALCEDON.EDU

La Institución
de la
Ley Bíblica

por

ROUSAS JOHN RUSHDOONY

Traducción: Dr. Miguel A. Mesías
Edición: Rojas & Rojas Editores

ISBN: 978-1-8799-9857-5
Library of Congress: 2010916268

IMPRESO EN LOS ESTADOS UNIDOS DE AMERICA
PRINTED IN THE UNITED STATES OF AMERICA

Este tomo está dedicado al
Dr. Ellsworth McIntyre
y los miembros del personal
de Grace Community Schools, Naples, Florida
con mucho agradecimiento
por su apoyo generoso
a la obra de mi padre.

Rev. Mark R. Rushdoony
Presidente de la Fundación Calcedonia

CONTENIDO

Prefacio

Los capítulos de este estudio se presentaron, en un período de tres años, ante un elevado número de grupos: universitarios, funcionarios civiles, hombres de negocios, amas de casa, y una gran variedad de personas. El estudio completo también se presentó en un solo lugar en el transcurso de esos tres años, con diálogo y comentarios: en la Capilla de las Palmas, Westwood, Los Ángeles. James y Clarence Pierce permitieron el uso de su edificio para un grupo continuo de estudio de Chalcedon, y su cooperación se reconoce con gratitud.

Varias personas han contribuido generosamente al fondo de publicaciones de Chalcedon, y han hecho posible este estudio: Frederick Vreeland, Keith Harnish, la esposa de S. W. North, hijo, mi socio Gary North, y muchos otros. El trabajo fiel del gremio de Chalcedon respalda la publicación de este y otros estudios de Chalcedon.

La compilación de los índices en inglés es obra de Bernard Ladouceur. La tipografía y lectura de pruebas la hizo mi amada esposa, Dorothy, cuyo pensamiento y preguntas han mejorado en gran medida este estudio.

Muchas de las ideas que se presentan en este estudio las conversé a veces con Burton S. Blumert, quien de muchas maneras ha sido fuente de estímulo. David L. Thoburn me proveyó varios libros que fueron útiles. Muchos otros amigos, mediante su estímulo y ayuda, han hecho posible mi trabajo, y, a todos y cada uno, estoy profundamente agradecido.

Rousas John Rushdoony

Introducción

La importancia de la ley

Cuando Wyclif escribió de su Biblia en inglés que «Esta Biblia es para el gobierno del pueblo, por el pueblo y para el pueblo», su enunciado no atrajo ninguna atención en lo que tiene que ver con su énfasis sobre la centralidad de la ley bíblica. El que la ley debía ser la ley de Dios era algo que todos creían; el alejamiento de Wyclif de la opinión aceptada fue que el mismo pueblo no solo debería leer y saber esa ley sino que también debería, en algún sentido, gobernar y también ser gobernado por ella. En este punto, Heer tiene razón al decir que «Wycliffe y Hus fueron los primeros en demostrarle a Europa la posibilidad de una alianza entre la universidad y el anhelo de salvación de las personas. Fue la libertad de Oxford lo que sostuvo a Wyclif»[1]. El asunto tenía menos que ver con la iglesia o el estado que con gobernar por la palabra-ley de Dios.

Brin ha dicho, en cuanto al orden social hebreo, que difería de todos los demás en que se consideraba como cimentado y gobernado por la ley de Dios dada específicamente para el gobierno del hombre[2]. No menos que el Israel antiguo, el cristianismo creía ser el ámbito de Dios porque se gobernaba por la ley de Dios según se presenta en las Escrituras. Hubo alejamientos de esa ley, variaciones de ella, y laxitud en la fidelidad a ella, pero el cristianismo se consideraba el nuevo Israel de Dios y no menos sujeto a su ley.

Cuando Nueva Inglaterra empezó su existencia como entidad legal, su adopción de la ley bíblica fue un retorno a las Escrituras y un retorno al pasado de Europa. Fue un nuevo comienzo en términos de viejos cimientos. No fue un comienzo fácil, porque los muchos siervos que vinieron con los puritanos más tarde se rebelaron en pleno contra toda fe y orden bíblicas[3]. No obstante, fue un regreso firme a los fundamentos del cristianismo. Así que los registros de la colonia de New Haven muestran que la ley de Dios, sin ningún tipo de innovación, fue hecha la ley de la colonia:

> *2 de marzo de 1641/2:* Y conforme al acuerdo fundamental hecho y publicado por consenso pleno y general, cuando la plantación empezó y se estableció el gobierno, de que la ley judicial de Dios dada por Moisés y expuesta en

---

1   Friedich Heer, *The Intellectual History of Europe* (The World Publishing Co., Cleveland, 1966), p. 184.
2   Joseph G. Brin, «The Social Order Under Hebrew Law» («El orden social bajo la ley hebrea»), *The Law Society Journal,* vol. VII, no. 3 (agosto 1936), pp. 383-387.
3   Henry Bamford Parkes, «Morals and Lay Enforcement in Colonial England» («La moral y la imposición de la ley en Inglaterra colonial»), *The New England Quarterly,* vol 5 (julio 1932), pp. 431-452.

otras partes de las Escrituras, en tanto es un límite y una cerca a la ley moral, y no tiene ninguna referencia ni ceremonial ni típica a Canaán, tiene una equidad eterna en ella, y debe ser la regla de sus procedimientos[4].

3 de abril de 1644: Se ordenó que las leyes judiciales de Dios, según fueron entregadas por Moisés […] fueran una regla para todas las cortes de esta jurisdicción en sus procedimientos contra los ofensores…[5].

Thomas Shepard escribió en 1649: «Porque todas las leyes, sean ceremoniales o judiciales, se pueden remitir al decálogo, como apéndices del mismo, o aplicaciones del mismo, y así abarcar todas las demás leyes como sumario suyo»[6].

Es ilusorio sostener que tales opiniones fueron una aberración puritana antes que una práctica verdaderamente bíblica y un aspecto de la vida persistente del cristianismo. Es una herejía moderna la que sostiene que la ley de Dios no tiene significado ni ninguna fuerza obligatoria para el hombre de hoy. Es un aspecto de la influencia del pensamiento humanística y evolucionista sobre la iglesia cristiana, y plantea a un dios que evoluciona y se desarrolla. Este dios «dispensacional» se expresó en la ley en una edad temprana; y luego se expresó más tarde por gracia sola, y ahora tal vez va a expresarse de alguna otra manera. Pero este no es el Dios de las Escrituras, cuya gracia y ley permanecen sin cambio en toda edad, porque, como Señor soberano y absoluto, no cambia, ni tampoco necesita cambiar. La fuerza del ser humano es lo absoluto de su Dios.

Intentar estudiar las Escrituras Sagradas sin estudiar su ley es negarlas. Intentar entender la civilización occidental aparte del impacto de la ley bíblica en ella y sobre ella es buscar una historia ficticia y rechazar veinte siglos con todo su progreso.

La Institución de la Ley Bíblica tiene como propósito invertir la tendencia actual. Se llama «institución» en el significado antiguo de la palabra, o sea, principios fundamentales, en este caso, de la ley, porque la intención es ser un principio, una consideración que instituye esa ley que debe gobernar la sociedad, y que gobernará la sociedad bajo Dios.

1. La validez de la ley bíblica

Una característica central de las iglesias y de la predicación y enseñanza bíblica modernas es el antinomianismo, una posición contraria a la ley. El antinomiano

---

4   Charles Hoadly, ed. *Records of the Colony and Plantation of New Haven from 1638 to 1649* (for the Editor, Hartford, 1857), p. 69.
5   *Ibid.,* p. 130.
6   John A. Albro, ed., *The Works of Thomas Shepard,* III. *Theses Sabbatical* (1649) (Doctrinal Track and Book Society, 1853; AMS Press, Nueva York, 1967), p. 49.

piensa que la fe libra de la ley al creyente, y este no está fuera de la ley sino más bien muerto a la ley. No hay absolutamente ninguna garantía en las Escrituras para el antinomianismo. La expresión «muerto a la ley», en verdad está en las Escrituras (Gá 2:9; Ro 7:4), pero se refiere al creyente en relación a la obra expiatoria de Cristo como el representante y sustituto del creyente; el creyente está muerto a la ley como acusación, como sentencia de muerte en contra suya, pues Cristo murió por él, pero el creyente está vivo a la ley en cuanto a la justicia de Dios. El propósito de la obra expiatoria de Cristo fue restaurar al hombre a una posición de guardar el pacto en lugar de romperlo, capacitar al hombre para guardar la ley al libertarlo «de la ley del pecado y de la muerte» (Ro 8:2), «para que la justicia de la ley se cumpliese en nosotros» (Ro 8:4). El hombre es restaurado a su posición de cumplidor de la ley. La ley, pues, tiene una posición de centralidad en la formulación de cargos contra el hombre (sentencia de muerte contra el hombre pecador); en la redención del hombre (el hecho de que Cristo, aunque fue perfecto cumplidor de la ley como el nuevo Adán, murió como sustituto del hombre), y en la santificación del hombre (proceso en que el hombre crece en la gracia conforme crece en su observancia de la ley, porque la ley es el camino a la santificación).

El hombre cuando es quebrantador del pacto está en «enemistad contra Dios» (Ro 8:7) y está sujeto a «la ley del pecado y de la muerte» (Ro 8:2), mientras que el creyente está bajo «la ley del espíritu de vida en Cristo» (Ro 8:2). La ley es una sola: la ley de Dios. Para el hombre que espera en el pabellón de los condenados a muerte de una prisión, la ley es muerte; para el piadoso, la misma ley que pone a otro en el corredor de la muerte, es vida, porque lo protege de los delincuentes a él y a su propiedad. Sin la ley, la sociedad colapsaría en la anarquía y caería en manos de matones. La ejecución fiel y completa de la ley es muerte para el asesino pero vida para el piadoso. De manera similar, la ley en su dictamen sobre los enemigos de Dios es muerte; la ley en su cuidado sustentador y bendiciones es un principio de vida para el que acata la ley.

Dios, al crear al hombre, le ordenó que sojuzgara la tierra y se enseñoreara sobre ella (Gn 1:28). El hombre, en su esfuerzo por establecer un dominio separado y jurisdicción autónoma sobre la tierra (Gn 3:5), cayó en el pecado y la muerte. Dios, a fin de restablecer su Reino, llamó a Abraham, y luego a Israel, a que fueran su pueblo, a que sojuzgaran la tierra, y se enseñorearan bajo Dios. La ley, según fue dada por medio de Moisés, estableció las leyes de una sociedad piadosa, del verdadero desarrollo del hombre bajo Dios, y los profetas repetidas veces volvieron a llamar a Israel a este propósito.

El propósito de la venida de Cristo fue en los términos del mismo mandato de la creación. Cristo como el nuevo Adán (1 Co 15:45) guardó perfectamente la ley. Como el que lleva los pecados de los elegidos, murió para hacer expiación por sus pecados, para restaurarlos a su posición de justicia bajo Dios. A los redimidos se les llama de nuevo al propósito original del hombre, a ejercer señorío bajo Dios, a ser los que guardan el pacto, y a cumplir «la justicia de la ley» (Ro 8:4). La ley sigue siendo central en el propósito de Dios. El hombre ha sido reestablecido al propósito y llamamiento original de Dios. La *justificación* del hombre es por la *gracia* de Dios en Jesucristo; la *santificación* del hombre es mediante la *ley* de Dios.

Como el nuevo pueblo escogido de Dios, a los cristianos se les ordena hacer lo que no hicieron Adán en Edén ni Israel en Canaán. Un pacto, el mismo pacto bajo diferentes administraciones, todavía prevalece. Al hombre se le llama a producir la sociedad que Dios requiere. La determinación del hombre y la historia proceden de Dios, pero la referencia de la ley de Dios es a este mundo. «El ocuparse del Espíritu es vida y paz» (Ro 8:6), y tener una mentalidad espiritual no quiere decir ser del otro mundo sino aplicar bajo la dirección del Espíritu Santo a este mundo los mandatos de la palabra escrita.

Un cristianismo sin ley es una contradicción de términos: es anticristiano. El propósito de la gracia no es hacer a un lado la ley, sino cumplir la ley y capacitar el hombre para que la guarde. Si la ley era tan importante para Dios que se hizo necesaria la muerte de Jesucristo, el unigénito Hijo de Dios, para que hiciera la expiación del pecado del hombre, ¡sería extraño que Dios procediera a abandonar la ley! La meta de la ley no es iniquidad, ni tampoco el propósito de la gracia es un desprecio inicuo del Dador de la gracia.

La creciente violación de la ley y el orden se debe atribuir primero que nada a las iglesias y su persistente antinomianismo. Si las iglesias son flojas respecto a la ley, ¿acaso la gente no van a serlo? Y la ley civil no se puede separar de la ley bíblica, porque la doctrina bíblica de la ley incluye toda la ley civil, eclesiástica, social, familiar, y toda otra forma de ley. El orden social que menosprecia a la ley de Dios se coloca a sí mismo en el corredor de la muerte: está destinado al juicio.

2. La ley como revelación y tratado

En toda cultura la ley es *religiosa por su origen.* Porque la ley gobierna al hombre y a la sociedad, porque establece y declara el significado de justicia y rectitud, la ley es ineludiblemente religiosa, puesto que establece en forma práctica los supremos intereses de una cultura. De igual manera, una premisa fundamental y necesaria en todo estudio de la ley debe ser, *primero,* un reconocimiento de esta naturaleza religiosa de la ley.

Segundo, se debe reconocer que en cualquier cultura *la fuente de la ley es el dios de esa sociedad.* Si la ley tiene su fuente en la razón del hombre, la razón es el dios de esa sociedad. Si la fuente es una oligarquía, una corte, senado o gobernante, esa fuente es el dios de ese sistema. Por eso, en la cultura griega la ley fue en esencia un concepto religiosamente humanística.

A diferencia de toda ley derivada de una revelación, el *nomos* para los griegos se originaba en la mente (*nous*). Por tanto, EL *nomos* genuina no es una simple ley obligatoria, sino algo en lo cual una entidad válida en sí misma se descubre y se apropia. [...] Es «el orden que existe (desde tiempo inmemorial), es válido y se pone en operación»[1].

Debido a que para los griegos la mente era un ente con el orden supremo de las cosas, la mente del hombre era capaz de descubrir la ley suprema (*nomos*) con sus propios recursos, al penetrar por el laberinto de accidente y materia a las ideas fundamentales del ser. Como resultado, la cultura griega se volvió humanística, porque la mentalidad del hombre era una con lo supremo, y también neoplatónica, ascética y hostil al mundo de la materia, porque la *mente,* para ser fiel a sí misma, tenía que separarse de lo no-mente.

El humanismo moderno, la religión del Estado, ubica la ley en el Estado y hace del Estado, o del pueblo, representado por el Estado, el dios del sistema. Como dijo Mao Tse-Tung: «Nuestro Dios no es otro que las masas del pueblo chino»[2]. En la cultura occidental, la ley ha ido pasando de Dios a las personas (o al estado) como su fuente, aunque el poder y la vitalidad históricos de Occidente han estado en la fe y la ley bíblicas.

Tercero, en una sociedad, cualquier cambio de la ley es un cambio de religión explícito o implícito. Es más, nada revela con mayor claridad el cambio religioso en una sociedad que una rebelión legal. Cuando los cimientos legales pasan de la ley bíblica a la ideología humanística, eso quiere decir que la sociedad deriva su vitalidad y poder del humanismo, y no del teísmo cristiano.

Cuarto, no es posible ningún desestablecimiento de la religión como tal en una sociedad. Una iglesia se puede desestablecer, y una religión en particular puede ser suplantada por otra, pero el cambio es a otra religión. Puesto que los cimientos de la ley son ineludiblemente religiosos, ninguna sociedad existe sin un cimiento religioso o sin un sistema de ley que codifique la moralidad de su religión.

Quinto, en un sistema de ley no puede haber tolerancia para otra religión. La tolerancia es un artificio que se usa para introducir un nuevo sistema de ley como preludio a una nueva intolerancia. El positivismo legal, fe humanística, ha sido salvaje en su hostilidad al sistema legal bíblico y ha aducido ser un sistema «abierto». Pero Cohen, que dista mucho de ser cristiano, ha descrito muy bien a los positivistas lógicos como «nihilistas» y su fe como «absolutismo nihilista»[3]. Todo sistema de ley debe mantener su existencia por hostilidad a todo otro sistema de ley y a cimientos religiosos foráneos, o de otra manera cometerá suicidio.

---

1   Hermann Keinknecht y W. Gutbrod, *Law* (Adam and Charles Black, Londres, 1962), p. 21

2   Mao Tse-Tung, *The Foolish Old Man Who Removed Mountains* (Foreing Language Press, Pekín, 1966), p. 3.

3   Morris Raphael Cohen, *Reason and Law* (Collier Books, Nueva York, 1961), p. 84ssa.

Al analizar ahora la naturaleza de la ley bíblica, es importante notar *primero* que, para la Biblia, la ley es revelación. La palabra ley en hebreo es *Tora*, que quiere decir instrucción, dirección autoritativa[4]. El concepto bíblico de la ley es más amplio que los códigos legales de la formulación mosaica. Se aplica a la palabra e instrucción divina en su totalidad:

> … los profetas anteriores también usaron *Tora* para denotar la palabra divina proclamada por medio de ellos (Is 8:16, cf. también el v. 20; Is 30:9 ss; también tal vez Is1:10). Aparte de esto, ciertos pasajes en los profetas más antiguos usaron la palabra *Tora* también para referirse al mandamiento de Yahvé que se escribió, como en Oseas 8:12. Además hay claramente ejemplos no solo de asuntos rituales, sino también de ética.
>
> De ahí que en cualquier caso en este período *Tora* tenía el significado de una instrucción divina, sea que hubiera sido escrita mucho tiempo atrás como ley y preservada y pronunciada por un sacerdote, o si el sacerdote la estaba proclamando en ese momento (Lm. 2:9; Ez 7:26; Mal 2:4s.), o Dios comisiona al profeta para que la pronuncie para una situación definida (como tal vez en Is 30:9).
>
> Así que lo que es objetivamente esencial en la *Tora* no es la forma sino la autoridad divina[5].

La ley es la revelación de Dios y su justicia. No hay base en las Escrituras para menospreciar la ley. Tampoco se puede relegar la *ley* al Antiguo Testamento y la *gracia* al Nuevo:

> La tradicional distinción entre el AT como libro de la ley y el NT como libro de gracia divina no tiene base ni justificación. La gracia y misericordia divinas son la presuposición de la ley en el AT; y la gracia y el amor de Dios que se muestran en los eventos del NT dan entrada a las obligaciones legales del nuevo pacto. Además, el AT contiene evidencia de una larga historia de desarrollos legales que se deben evaluar antes de que se entienda adecuadamente el lugar de la ley. Las polémicas de Pablo contra la ley en Gálatas y Romanos se dirigen contra un entendimiento de la ley que por ninguna manera es característico del AT como un todo[6].

No hay contradicción entre ley y gracia. La cuestión en la Epístola de Santiago es la fe y las obras, no la fe y la ley[7]. El judaísmo había hecho de la *ley* la *mediadora*

4   Ernest F. Kevan, *The Moral Law* (Sovereign Grace Publishers, Jenkintown, Penna., 1963), p. 5ss. S. R. Driver, «Law (In Old Testament)» [«Ley (en Antiguo Testamento)»], en James Hastings, ed., *A Dictionary of the Bible,* vol III (Charles Scribner's Sons, Nueva York, 1919), p. 64.

5   Kleinknecht y Gutbrod, *Law,* p. 44.

6   W. J. Harrelson, «Law in the OT» [«Ley en el AT»], en *The Interpreter's Dictionary of the Bible* (Abingdon Press, Nueva York, 1962), III, 77.

7   Kleinknecht y Gutbrod, *Law,* p. 125.

entre Dios y el hombre, y entre Dios y el mundo. Fue este concepto de la ley, y no la ley en sí misma, lo que Jesús atacó. Siendo él mismo el mediador, Jesús rechazó la ley como mediadora a fin de restablecer la ley al papel que le asignó Dios como ley, como camino a la santidad. Estableció la ley al dispensar perdón como el legislador en pleno respaldo de la ley como la palabra convincente que hace pecadores a los hombres[8]. La ley quedó rechazada solo como mediadora y como fuente de justificación[9]. Jesús reconoció plenamente la ley, y la obedeció. Fueron solo las absurdas interpretaciones de la ley lo que rechazó. Todavía más,

> No tenemos derecho a deducir de las enseñanzas de Jesús en los Evangelios que él haya hecho alguna distinción formal entre la ley mosaica y la ley de Dios. Como su misión no era abrogar, sino cumplir la ley y los profetas (Mt 5:17), muy lejos de decir algo en descrédito de la ley mosaica o alentar a sus discípulos a asumir una actitud de independencia respecto a ella, expresamente reconoció la autoridad de la ley mosaica como tal, y a los fariseos como sus intérpretes oficiales (Mt 23:1-3)[10].

Con la consumación de la obra de Cristo, el papel de los fariseos como intérpretes terminó, pero no la autoridad de la ley. En la era del Nuevo Testamento, solo la revelación recibida apostólicamente fue base para cualquier alteración de la ley. La autoridad de la ley siguió sin cambio:

> San Pedro, p. ej., requirió de una revelación especial antes de entrar en la casa del incircunciso Cornelio y admitir al primer convertido gentil a la iglesia mediante el bautismo (Hch 10:1-48), paso que no dejó de levantar oposición de parte de los que «eran de la circuncisión» (cf. 11:1-18)[11].

La *segunda* característica de la ley bíblica es que es un *tratado* o *pacto*. Kline ha mostrado que la forma del otorgamiento de la ley: el lenguaje del texto, el prólogo histórico, el requisito de dedicación exclusiva al protector, Dios, el pronunciamiento de imprecaciones y bendiciones, y mucho más, señalan al hecho de que la ley es un tratado que Dios estableció con su pueblo. En verdad, «la revelación inscrita en las dos tablas fue más bien un tratado o pacto de protección antes que un código legal»[12]. El sumario del pacto completo, los Diez Mandamientos, fue

8   *Ibid.,* pp. 74, 81-91.
9   *Ibid*, p. 95
10   Hugh H. Currie, «Law of God» [«Ley de Dios»], en James Hastings, ed., *A Dictionary of Christ and the Gospels* (Charles Scribner's Sons, Nueva York, 1908), II, 15.AA
11   Olaf Moe, «Law» [«Ley»] en James Hastings, ed., *Dictionary of the Apostolic Church* (Charles Scribner's Sons, Nueva York, 1919), I, 685.
12   Meredith G. Kline, *Treaty of the Great King, The Covenant Structure of Deuteronomy: Studies and Commentary* (William B. Eerdmans, Grand Rapids), p. 16. Ver también J. A. Thompson: *The Ancient Neas Eastern Treaties and the Old Testament* (The Tyndale Press, Londres, 1964).

escrito en cada una de las dos tablas de piedra, una tabla o copia del tratado para cada una de las partes del tratado: Dios e Israel[13].

Las dos tablas de piedra, por consiguiente, no se deben asemejar a una estela que contiene una de la media docena, o algo así, de códigos legales anteriores o casi contemporáneos a Moisés como si Dios hubiera inscrito en estas tablas un cuerpo de ley. La revelación que contienen es nada menos que un epítome del pacto concedido por Yahvé, el Señor soberano del cielo y de la tierra, a su siervo elegido y redimido, Israel.

No ley, sino pacto. Eso se debe afirmar cuando estamos buscando una categoría comprehensiva lo suficiente para hacer justicia a esta revelación en su totalidad. Al mismo tiempo, la prominencia de las estipulaciones, reflejadas en el hecho de que «las diez palabras» son el elemento usado como *pars pro toto,* señala la centralidad de la ley en este tipo de pacto. Probablemente no hay dirección más clara concedida al teólogo bíblico para definir con énfasis bíblico el tipo de pacto que Dios adoptó para formalizar su relación con su pueblo que el dado en el pacto que le dio a Israel para que realizara, es decir, «los diez mandamientos». Tal pacto es una declaración del señorío de Dios, consagrando a un pueblo para sí mismo en un orden de vida dictado soberanamente[14].

Esta última frase es necesario recalcarla: el pacto es «un orden de vida dictado soberanamente». Dios como el Señor soberano y Creador le da su ley al hombre como un acto de gracia soberana. Es un acto de elección, de gracia electora (Dt 7:7ss; 8:17; 9:4-6, etc.).

El Dios al que le pertenece la tierra tendrá a Israel como propiedad suya, Éx 19:5. Es solo en base a la elección y dirección de la gracia de Dios que se dan los mandamientos divinos al pueblo, y por consiguiente el decálogo, Éx 20:2, coloca al mismo principio el hecho de la elección[15].

En la ley se ordena *la vida total del hombre:* «No hay distinción de primer orden entre *la vida interna y la externa,* el santo llamamiento al pueblo se debe realizar en ambas»[16].

La *tercera* característica de la ley bíblica o pacto es que constituye un plan de *señorío bajo Dios.* Dios llamó a Adán para que se enseñoreara en términos de la revelación de Dios, la ley de Dios (Gn 1:26ss; 2:15-17). Este mismo llama-

13   Kline, *op. cit.,* p. 19.
14   *Ibid.,* p. 17
15   Gustave Friedrich Oehler, *Theology of the Old Testament,* Zondervan, Grand Rapids, 1983), p. 177.
16   *Ibid.,* p. 182.

miento, después de la caída, se exigió de la línea consagrada, y en Noé se renovó formalmente (Gn 9:1-17). Se renovó de nuevo con Abraham, con Jacob, con Israel en la persona de Moisés, con Josué, David, Salomón (cuyos Proverbios hacen eco de la ley), con Ezequías y Josías, y finalmente con Jesucristo. El sacramento de la Cena del Señor es la renovación del pacto: «Esta es mi sangre del nuevo testamento» (o pacto), así que *el sacramento mismo restablece la ley*, esta vez con un nuevo grupo elegido (Mt 26:28; Mr 14:24; Lc 22:20; 1 Co 11:25). *El pueblo de la ley* es ahora el pueblo de Cristo, los creyentes redimidos por su sangre expiatoria y llamados por su elección soberana. Kline, al analizar Hebreos 9:16, 17, en relación a la administración del pacto, observa:

> … El cuadro sugerido sería el de los hijos de Cristo (cf. 2:13) que heredan su dominio universal como su porción eterna (note 9:15b; cf. también 1:14; 2:5ss; 6:17; 11:7ss). Y tal es la maravilla del Testador-Mediador mesiánico que la herencia real de sus hijos, que entra en vigor solo mediante su muerte, es no obstante ¡de corregencia con el Testador vivo! Porque (para seguir la dirección tipológica provista por Heb 9:16, 17 según la interpretación presente) Jesús es a la vez Moisés muriendo y Josué triunfando. No meramente en figura sino en verdad un Mediador real *redivivo*, asegura la dinastía divina al triunfar él mismo en el poder de la resurrección y la gloria de la ascensión[17].

El propósito de Dios al requerir de Adán que se enseñoreara en la tierra sigue siendo su palabra de pacto continuado: el hombre, creado a imagen de Dios y con la orden de sojuzgar la tierra y enseñorearse en ella en nombre de Dios, *es llamado de nuevo a esta tarea y privilegio* mediante su redención y regeneración.

La ley es por consiguiente la ley para el hombre cristiano y para la sociedad cristiana. Nada es más mortífero ni más perjudicial que la noción de que el creyente está en libertad respecto a la clase de ley que puede tener. Calvino, cuyo humanismo clásico ganó prestigio en este punto, dijo de la ley de los estados, de los gobiernos civiles:

> Notaré de pasada de qué leyes puede (el estado) servirse santamente delante de Dios, y a la vez ser justo con los hombres. E incluso preferiría no tratarlo, si no fuera porque veo que muchos yerran peligrosamente en esto. Porque hay algunos que piensan que un estado no puede ser bien gobernado si, dejando a un lado la legislación mosaica, no se rige por las leyes comunes de las demás naciones. Cuán peligrosa y sediciosa sea tal opinión lo dejo a la consideración de los otros; a mí me basta probar que es falsa e insensata[18].

---

17   Kline, *Treaty of the Great King*, p. 41.

18   Juan Calvino, *Institución de la Religión Cristiana*, libro IV, cap. XX, pár. xiv. En la traducción publicada por la Fundación Editorial de Literatura Reformada (Rikswijk [Z.H.] Países Bajos, 1968),

Tales ideas, comunes en círculos calvinistas y luteranos, y en virtualmente todas las iglesias, son de todas formas tontería heréticas[19]. Calvino favorecía «la ley común de las naciones». Pero la ley común de las naciones en su día era la ley bíblica, aunque extensamente desnaturalizada por la ley romana. Y esta «ley común de las naciones» estaba evidenciando cada vez más una nueva religión: el humanismo. El calvinismo quería el establecimiento de la religión cristiana; no pudo tenerla, ni podía haber durado en Ginebra, sin la ley bíblica.

Dos eruditos reformados, al escribir sobre el estado, declaran: «Debe ser siervo de Dios, para nuestro bienestar. Debe ejercer justicia, y tiene el poder de la espada»[20]. Sin embargo estos hombres siguen a Calvino al rechazar la ley bíblica a favor de «la ley común de las naciones». Pero, ¿puede el estado ser siervo de Dios y soslayar la ley de Dios? Y, si el estado «debe ejercer justicia», ¿cómo se define la justicia, por las naciones o por Dios? Hay tantas ideas de justicia como religiones.

La pregunta, entonces, es, ¿cuál ley para el estado? ¿Será la *ley positiva, la ley de las naciones, una ley relativista*? De Jongste y Van Krimpen, después de clamar por «justicia» en el estado, declaran: «Una legislación estática válida para todos los tiempos es una imposibilidad»[21]. ¡Vaya! Entonces, ¿qué en cuanto al mandamiento, la legislación bíblica, por favor, «No matarás», y «No robarás»? ¿Acaso no tienen el propósito de ser válidos para todo tiempo y en todo orden civil? Al abandonar la ley bíblica, estos teólogos protestantes acaban en un relativismo moral y legal.

Los eruditos católicos ofrecen la *ley natural*. El origen de este concepto es la ley y la religión romana. Para la Biblia, no hay ley en la naturaleza, porque es una naturaleza caída y no puede ser normativa. Es más, la fuente de la ley no es la naturaleza sino Dios. No hay ley en la naturaleza sino una ley que está por encima de la naturaleza: la ley de Dios[22].

Ni la ley positiva ni la ley natural pueden reflejar otra cosa sino el pecado y la apostasía del hombre: *la ley revelada* es la necesidad y privilegio de la sociedad cristiana. Es el *único* medio por el que el hombre puede cumplir su mandato de la creación de ejercer dominio bajo Dios. Aparte de la ley revelada, el hombre no puede decir que está bajo Dios sino en rebelión contra Dios.

3. La dirección de la ley

Para entender la ley bíblica, es necesario entender también ciertas características básicas de esa ley. *Primero*, se declaran ciertas premisas o principios amplios. Estas

---

II, p. 1180.

19   Ver H. de Jongste y J. M. van Krimpen, *The Bible and the Life of the Christian*, para opiniones similares (Presbyterian and Reformed Publishing Co., Filadelfia, 1968), p. 66ss.

20   *Ibid.*, p. 73.

21   *Ibid.*, p. 75.

22   El mismo término «naturaleza» es mítico. Ver R. J. Rushdoony, «The Myth of Nature» [«El mito de la naturaleza»], en *The Mythology of Science* (The Craig Press, Nutley, N.J., 1967), pp. 96-98.

son declaraciones de ley básica. Los Diez Mandamientos nos dan esas declaraciones. Los Diez Mandamientos no son, por consiguiente, leyes entre leyes, sino leyes básicas, de las cuales las varias leyes son ejemplos específicos. Un ejemplo de tal ley básica es Éxodo 20:15 (Dt 5:19): «No hurtarás».

Al analizar este mandamiento, «no hurtarás», es importante notar, (a) que esto es positivamente el establecimiento de la propiedad privada, aun cuando, negativamente, castiga los atentados contra la propiedad. El mandamiento, de este modo, *establece y protege* un aspecto básico de la vida. Pero, (b) incluso más importante, este establecimiento de propiedad parte, no del estado ni del hombre sino del Dios soberano y omnipotente. Todos los mandamientos tienen su origen en Dios, quien, como Señor soberano, dicta leyes que gobiernan su reino. Es más, se deduce que, (c) puesto que Dios decreta la ley, cualquier ofensa contra la ley es una ofensa contra Dios. Sea que la ley se refiera a propiedad, persona, familia, trabajo, capital, iglesia, estado o cualquier otra cosa, su primer marco de referencia es a Dios. En esencia, romper la ley es ir de lleno contra Dios, puesto que todo y toda persona es creación suya. Pero David declaró, con referencia a sus actos de adulterio y asesinato: «Contra ti, contra ti solo he pecado, Y he hecho lo malo delante de tus ojos» (Sal 51:4). Esto quiere decir, entonces, (d) que la anarquía también es pecado, o sea, que cualquier acto de desobediencia civil, de familia, eclesiástico u otro acto social, es también una ofensa religiosa a menos que la desobediencia sea por obedecer primero a Dios.

Con esto en mente, de que la ley, *primero,* establece principios amplios y básicos, examinemos una *segunda* característica de la ley bíblica, es decir, que una porción principal de la ley es *norma jurídica,* o sea, ilustración del principio básico en términos de casos específicos. Estos casos específicos a menudo son ilustraciones del alcance de la aplicación de la ley; es decir, al citar un tipo mínimo de caso, se revelan las jurisdicciones necesarias de la ley. Para evitar que tengamos excusa alguna para no entender y utilizar este concepto, la Biblia nos da su propia interpretación de tal ley, y la ilustración, que fue dada por San Pablo, deja en claro el respaldo a la ley que da el Nuevo Testamento. Citamos, por consiguiente, primero, el principio básico, segundo, la norma jurídica y, tercero, la declaración paulina de la aplicación de la ley:

1. No hurtarás. (Éx 20:15). La ley básica, declaración de principios.
2. No pondrás bozal al buey que trilla (Dt 25:4). Ilustración de la ley básica, una norma jurídica.
3. Porque en la ley de Moisés está escrito: No pondrás bozal al buey que trilla. ¿Tiene Dios cuidado de los bueyes, o lo dice enteramente por nosotros? Pues por nosotros se escribió; porque con esperanza debe arar el que ara, y el que trilla, con esperanza de recibir del fruto. [...] Así también ordenó el Señor a los que anuncian el evangelio, que vivan del evangelio (1 Co 9:9, 10, 14; el pasaje entero, 9:1-14, es una interpretación de la ley).

Pues la Escritura dice: «No pondrás bozal al buey que trilla». Y, «Digno es el obrero de su salario» (1 Ti 5:18, cf. v. 17; la ilustración es para recalcar el requisito de «honor», o «doble honor» a presbíteros o ancianos, o sea, pastores de la iglesia). Estos dos pasajes ilustran lo que se pide, «No hurtarás», en términos de una norma jurídica específica, y revela el alcance de ese caso en sus implicaciones. En su Epístola a Timoteo, Pablo se refiere a la ley que en efecto declara, como norma jurídica, que «digno es el obrero de su salario». La referencia es a Levítico 19:13: «No oprimirás a tu prójimo, ni le robarás. No retendrás el salario del jornalero en tu casa hasta la mañana»; y a Deuteronomio 24:14: «No oprimirás al jornalero pobre y menesteroso, ya sea de tus hermanos o de los extranjeros que habitan en tu tierra dentro de tus ciudades» (cf. v. 15). Jesús citó esto, Lucas 10:7: «el obrero es digno de su salario».

Si es pecado privarle a un buey de su comida, entonces también es pecado estafarle el salario a un hombre: es *robo* en ambos casos. Si robo es como Dios clasifica una ofensa contra un animal, ¿cuánto más lo será una ofensa contra el apóstol y ministro de Dios? La implicación entonces es que mucho más mortífero robarle a Dios. Malaquías lo dice con toda claridad:

> ¿Robará el hombre a Dios? Pues vosotros me habéis robado. Y dijisteis: ¿En qué te hemos robado? En vuestros diezmos y ofrendas. Malditos sois con maldición, porque vosotros, la nación toda, me habéis robado. Traed todos los diezmos al alfolí y haya alimento en mi casa; y probadme ahora en esto, dice Jehová de los ejércitos, si no os abriré las ventanas de los cielos, y derramaré sobre vosotros bendición hasta que sobreabunde. Reprenderé también por vosotros al devorador, y no os destruirá el fruto de la tierra, ni vuestra vid en el campo será estéril, dice Jehová de los ejércitos. Y todas las naciones os dirán bienaventurados; porque seréis tierra deseable, dice Jehová de los ejércitos (Mal 3:8-12).

Este tipo de norma jurídica ilustra no solo el *significado* de la norma jurídica en las Escrituras, sino también su *necesidad*. Sin norma, la ley de Dios pronto quedaría reducida a un ámbito en extremo limitado de significado. Esto, por supuesto, es lo que ha sucedido. Los que niegan la presente validez de la ley aparte de los Diez Mandamientos tienen como consecuencia una definición muy limitada de robo. Su definición por lo general se guía por la ley civil de su país, es humanística, y no es radicalmente diferente de las definiciones que dan los musulmanes, budistas y humanísticas. Pero, al analizar más tarde los casos de ley ilustrativos del precepto de «no hurtarás», veremos cuán largo alcance tiene su significado.

La ley, entonces, *primero* enuncia principios; *segundo,* cita casos para desarrollar las implicaciones de esos principios, y, *tercero,* tiene como propósito y rumbo *la restitución del orden de Dios.*

Este *tercer* aspecto es básico para la ley bíblica, e ilustra de nuevo la diferencia entre la ley bíblica y la ley humanística. Según un erudito, «la justicia en su sentido verdadero y propio es *un principio de coordinación entre seres subjetivos*»[1]. Tal concepto de justicia no solo es humanística sino también subjetivo. En lugar de un *orden objetivo* básico de justicia, hay más bien solo una *condición emocional* llamada justicia.

En un sistema de ley humanista, la restitución es posible y a menudo existe; pero, insisto, no es la restauración del orden fundamental de Dios sino de la condición del hombre. La restitución, entonces, es enteramente al hombre[2]. La ley bíblica requiere restitución a la persona ofendida, pero incluso más básico a la ley es el requisito de la restauración del orden de Dios. No son solo los tribunales los que operan en términos de restitución. Para la ley bíblica, la restitución es, en verdad (a) algo que los tribunales deben exigir a todos los ofensores; pero, incluso más, (b) es el propósito y rumbo de la ley en su totalidad, la restauración del orden de Dios, una creación gloriosa y buena que glorifica a su Creador. Todavía más, (c) la divina corte soberana y la ley operan en términos de restitución en todo momento, para maldecir la desobediencia y estorbar con ello su reto y la devastación del orden de Dios, y para bendecir y prosperar la restauración obediente del orden de Dios. La declaración de Malaquías respecto a los diezmos, para volver a nuestra ilustración, implica esto y, en verdad, lo indica explícitamente: que son «Malditos… con maldición» por robarle a Dios sus diezmos. Por consiguiente, sus campos no son productivos, puesto que trabajan contra el propósito restrictivo de Dios. La obediencia a la ley divina del diezmo, honrando en lugar de robarle a Dios, inundará a su pueblo con bendiciones. La palabra «inundación» es apropiada: la expresión «las cataratas de los cielos fueron abiertas» trae a colación el diluvio (Gn 7:11), que fue un ejemplo clásico de una maldición. Pero el propósito de la maldición también es la restitución: la maldición impide que los injustos subviertan el orden de Dios. Los hombres de la generación de Noé fueron destruidos en sus propósitos perversos, puesto que conspiraron contra el orden de Dios (Gn 6:5), a fin de instituir los procesos de restauración por medio de Noé.

Pero, volvamos a nuestra ilustración original de la ley bíblica: «No hurtarás». El Nuevo Testamento ilustra la restitución después de una extorsión bajo la forma de impuestos injustos en la persona de Zaqueo (Lc 19:2-9), a quien se declaró salvo después de anunciar su intención de hacer plena restitución. La restitución está bien en mente en el Sermón del Monte (Mt 5:23-26). Un erudito dijo:

> En Efesios 4:28, San Pablo muestra cómo se debía aplicar el principio de restitución. El que había sido ladrón no solo debe dejar de robar, sino también debe trabajar con sus manos para que pueda restaurar lo que había tomado

---

1   Giorgio Del Vecchio, *Justice, An Historical and Philosophical Essay*, editado con notas adicionales por A. H. Campbell (Edinburgh University Press, Edinburgh, 1936) [1952, 1924 edición italiana], p. 2.

2   Ver, para un estudio de tal concepto, Dr. Stephen Schaffer *Restitution to Victims of Crimes* (Stevens and Sons, Londres; Quadrangle Books, Chicago, 1960).

indebidamente, pero en caso de que no se pudiera hallar a los que habían sufrido el daño, la restitución se debía hacer a los pobres[3].

Este hecho de restitución o restauración se expresa, en su relación a Dios, de tres maneras. *Primero,* hay la restitución o restauración de la palabra ley soberana de Dios mediante proclamación. San Juan el Bautista, mediante su predicación, restauró la palabra ley a la vida del pueblo de Dios. Jesús lo declaró así: «A la verdad, Elías viene primero, y restaurará todas las cosas. Mas os digo que Elías ya vino, y no le conocieron» (Mt 17:11, 12). *Segundo,* la restauración que viene al sujetar todas las cosas a Cristo y establecer un orden santo en el mundo (Mt 28:18-20; 2 Co 10:5; Ap 11:15, etc.). *Tercero,* con la segunda venida hay una restauración total, final, que viene con la Segunda Venida, y hacia la cual se mueve la historia; la Segunda Venida es el acto total y culminante, y no el único acto de «los tiempos de la restauración» (Hch 3:21).

El pacto de Dios con Adán le exigía que se enseñoreara sobre la tierra y la sojuzgara (Gn 1:26ss) bajo Dios y según la palabra-ley de Dios. Esta relación del hombre con Dios fue un pacto (Os 6:7).

> Pero toda la Escritura parte de la verdad de que el hombre siempre está en una relación de pacto con Dios. Todos los tratos de Dios con Adán en el paraíso presuponen esta relación personal, porque Dios hablaba con Adán y se le revelaba, y Adán conocía a Dios al aire del día. Además, la salvación siempre se presenta como el establecimiento y realización del pacto de Dios…
>
> …esta relación de pacto no se debe concebir como algo incidental, como un medio para un fin, como una relación que fue establecida mediante un acuerdo, sino como una relación fundamental en la cual Adán estuvo ante Dios en virtud de su creación[4].

La restauración de esa relación de pacto fue la obra de Cristo, su gracia para con sus elegidos. El cumplimiento de ese pacto es su gran comisión: someter todas las cosas y todas las naciones a Cristo y a su palabra-ley.

El mandato de la creación fue precisamente el requisito de que el hombre sojuzgara la tierra y se enseñoreara sobre ella. No hay ni una sola palabra en las Escrituras que indiquen o impliquen que este mandato haya sido revocado. Hay palabras en las Escrituras que declaran que este mandato debe cumplirse y se cumplirá, y «la Escritura no puede ser quebrantada», según Jesús (Jn 10:35). Los que intenten violarla serán quebrantados[5].

---

3   John Henry Blunt, ed. *Dictionary of Doctrinal and Historical Theology* (Longmans, Green, Londres, 1891), p. 645.

4   Herman Hoeksema, *Reformed Dogmatics* (Reformed Free Publishing Association, Grand Rapids, 1966), p. 221ss.

5   H. de Jongste y J. M. Van Krimpen, *The Bible and the Life of the Christian*, p. 27, reconocen esto: «que el mandato nunca ha sido revocado», y luego proceden a revocarlo mediante

I

EL PRIMER MANDAMIENTO

1. El primer mandamiento y la Shemá de Israel

El prólogo a los Diez Mandamientos introduce no solo la ley como un todo sino que lleva directamente al primer mandamiento.

> Y habló Dios todas estas palabras, diciendo: Yo soy Jehová tu Dios, que te saqué de la tierra de Egipto, de casa de servidumbre. No tendrás dioses ajenos delante de mí (Éx 20:1-3).

En esta declaración Dios se identifica, *primero,* como el SEÑOR, el Absoluto y Autoexistente. *Segundo,* le recuerda a Israel que él es su Salvador, y que por tanto la relación de ellos con él («tu Dios») es de gracia. Dios escogió a Israel, y no Israel a Dios. *Tercero,* la ley se da al pueblo de gracia. Todos los hombres ya están juzgados, caídos y perdidos; todos los hombres están bajo la ira de la ley, hecho que subrayaba el temblor de la montaña y la muerte del que se acercara sin santificación (Éx 19:16-25). La ley se da a las personas salvadas por gracia como su medio de gracia, para definir el privilegio y la bendición del pacto. *Cuarto,* se deduce, entonces, que la primera respuesta a la gracia, así como también el primer principio de la ley, es este: «No tendrás dioses ajenos delante de mí».

Al analizar este mandamiento debemos examinar las implicaciones del mismo citadas por Moisés:

> Éstos, pues, son los mandamientos, estatutos y decretos que Jehová vuestro Dios mandó que os enseñase, para que los pongáis por obra en la tierra a la cual pasáis vosotros para tomarla; para que temas a Jehová tu Dios, guardando todos sus estatutos y sus mandamientos que yo te mando, tú, tu hijo, y el hijo de tu hijo, todos los días de tu vida, para que tus días sean prolongados. Oye, pues, oh Israel, y cuida de ponerlos por obra, para que te vaya bien en

---

presuposiciones amileniales al ver por adelantado la revocación del mandato por el triunfo del anticristo: «No hay lugar para el optimismo: hacia el fin, en los campos de lo satánico y del anti-cristo, la cultura se enfermará, y la iglesia anhelará ser libertada de su angustia» (p. 85). Pero esta es una definición mítica y no bíblica del anticristo, quien, de acuerdo a San Juan, es simplemente cualquiera, presente desde el principio, que niega al Padre y al Hijo (1 Juan 2:22; 4:3; 2 Juan 7). Adscribir a tales mediadores el papel de dominio y poder final no tiene ninguna garantía bíblica.

la tierra que fluye leche y miel, y os multipliquéis, como te ha dicho Jehová el Dios de tus padres. (Dt 6:1-3)

Primero, el propósito al dictar estos mandamientos es despertar el temor a Dios, y que el temor estimule la obediencia. Debido a que Dios es Dios, el absoluto Señor y Legislador, el temor a Dios es la esencia de la cordura y el sentido común. Apartarse del temor a Dios es carecer de todo sentido de realidad. *Segundo,* «El mantener el temor a Dios traería prosperidad, y el crecimiento de la nación prometido a los padres. [...] El crecimiento de la nación había sido prometido a los patriarcas desde el principio (Gn 1:1; cf. Lv 26:9)»[1]. Es, por consiguiente, necesario conservar este temor y obediencia de generación a generación.

En Deuteronomio 6:4-9 llegamos a una declaración central y básica del primer principio de la ley:

Oye, Israel: Jehová nuestro Dios, Jehová uno es. Y amarás a Jehová tu Dios de todo tu corazón, y de toda tu alma, y con todas tus fuerzas. Y estas palabras que yo te mando hoy, estarán sobre tu corazón; y las repetirás a tus hijos, y hablarás de ellas estando en tu casa, y andando por el camino, y al acostarte, y cuando te levantes. Y las atarás como una señal en tu mano, y estarán como frontales entre tus ojos; y las escribirás en los postes de tu casa, y en tus puertas.

Los primeros dos versículos (6:4, 5) son el *Shemá Israel,* que se recita como la oración de la mañana y de la tarde en Israel, y «que los rabinos consideran que contiene los principios del decálogo»[2]. La segunda porción de la *shemá,* v. 5, encuentra su eco en Deuteronomio 10:12, 13:

Ahora, pues, Israel, ¿qué pide Jehová tu Dios de ti, sino que temas a Jehová tu Dios, que andes en todos sus caminos, y que lo ames, y sirvas a Jehová tu Dios con todo tu corazón y con toda tu alma; que guardes los mandamientos de Jehová y sus estatutos, que yo te prescribo hoy, para que tengas prosperidad?[3].

Cristo citó Deuteronomio 6:5 como «el gran mandamiento en la ley» (Mt 22:37; Mr 12:30; Lc 10:27), o sea, como el principio esencial y básico de la ley. La premi-

---

1   C. F. Keil and Delitzsch, *Biblical Commentary on the Old Testament,* vol. III, *The Pentatech* (Eerdmans, Grand Rapids, 1949), p. 322.

2   Rabí Dr. I. Epstein, ed., *The Babylonian Talmud, Seder Nezikin,* vol. IV, *Aboth* (The Soncino Press, Londres, 1935), p. 22, n. 8.

3   *The Holy Scriptures According to the Masoretic Text* (Jewish Publication Society of America, Filadelfia, 1917, 1961).

sa de este mandamiento es, sin embargo, Deuteronomio 6:4: «Oye, Israel: Jehová nuestro Dios, Jehová uno es». La afirmación cristiana de esto es la declaración: «Adoramos a un Dios en Trinidad, y Trinidad en unidad». Es la fe en la unidad de la Deidad en oposición a la creencia en «dioses muchos y señores muchos»[4].

Las consecuencias de este hecho para la ley son totales: quiere decir *un Dios, una ley.* La premisa del politeísmo es que vivimos en un multiverso, no en un universo, y que hay diversas órdenes-leyes y por consiguiente señores, y que el hombre no puede, por consiguiente, estar bajo una ley *excepto* por medio del imperialismo. El positivismo legal moderno niega la existencia de todo absoluto; es hostil, debido a su relativismo, al concepto de un universo y de un universo de leyes. Más bien, existen las sociedades de hombres, cada una con su orden de ley positivo, y cada orden de ley carece de validez absoluta o universal. La ley de los estados budistas es válida para las naciones budistas, la ley del islam para los estados musulmanes, las leyes del pragmatismo para los estados humanísticas, y las leyes de las Escrituras para los estados cristianos, pero ninguno, se aduce, tiene el derecho de afirmar que sus leyes representan la verdad en sentido absoluto. Esto, por supuesto, milita contra la declaración bíblica de que el orden de Dios es absoluto y absolutamente obligatorio para los hombres y las naciones.

Incluso más, debido a que se niega una ley absoluta, eso quiere decir que la única ley universal posible es una *ley imperialista,* una ley impuesta por la fuerza y que no tiene otra validez que la imposición por coerción. Cualquier orden de cosas basado en tal premisa es por necesidad imperialista. Después de negar la ley absoluta, no puede ser atractivo a los hombres volver al verdadero orden del que el hombre ha caído. Una ley relativista, pragmática, no tiene premisa para la actividad misionera: la «verdad» que proclama no es más válida que la «verdad» que sostienen las personas que procura atraer. Si sostiene que «somos mejores», no puede justificar este enunciado excepto diciendo: «Yo sostengo que lo somos», a lo cual el que resiste puede replicar: «Yo sostengo que somos mucho mejores». Bajo la ley pragmática, se sostiene que todo hombre es su propio sistema-ley, porque no hay ningún orden-ley absolutamente supremo. Pero esto significa la anarquía. Así, en tanto que el pragmatismo o relativismo (o existencialismo, positivismo, o cualquier otra forma de esta fe) se aferra, implícita o explícitamente, a la inmunidad absoluta del individuo, en efecto su único argumento es la coacción del individuo, debido a que no hay puente entre hombre y hombre. Puede hablar de amor, pero no hay base para decir que el amor es más válido que el odio. En verdad, el Marqués de Sade lógicamente no veía delito en el asesinato; sobre una base nominalista, relativista, ¿qué podría haber de malo en el asesinato?[5]. Si no

---

4   C. H. Waller, «Deuteronomy» [«Deuteronomio»], en Charles John Ellicott, ed., *Ellicott's Commentary on the Whole Bible* (Zondervan, Grand Rapids), II, 25).

5   Richard Seaver and Austryn Wainhouse, eds., *The Marquis de Sade: The Complete Justine, Philosophy in the Bedroom, and other writings* (Grove Press, Nueva York, 1965), pp. 329-337.

hay ley absoluta, todo hombre es su propia ley. Como el escritor de Jueces declaró: «En estos días no había rey en Israel (o sea, el pueblo había rechazado a Dios como Rey); cada uno hacía lo que bien le parecía» (Jue 21:25; cf. 17:6; 18:1; 19:1). La ley prohíbe la propia ley del hombre: «No haréis como todo lo que hacemos nosotros aquí ahora, cada uno lo que bien le parece» (Dt 12:8), y esto se aplica a la adoración tanto como al orden moral. El *primer* principio de la *shemá Israel* es, por lo tanto, *un Dios, una ley.* Es la declaración de un orden moral absoluto al cual el hombre debe avenirse. Si Israel no puede admitir otro dios y otro orden-ley, no puede reconocer ninguna otra religión u orden-ley como válida ni para sí mismo ni para nadie. *Debido a que Dios es uno, la verdad es una.* Los demás perecerán en su camino, a menos que se vuelvan y se conviertan (Sal 2:12). La coacción básica se reserva para Dios.

Debido a que Dios es uno, y la verdad es una, la única ley tiene coherencia interna. La unidad de la verdad aparece en la unidad y coherencia de la ley. En lugar de ser estratos de diversos orígenes y utilidad, la ley de Dios es esencialmente una palabra, un todo unificado.

Los órdenes políticos modernos son estados imperiales politeístas, pero a las iglesias no les va mucho mejor. Sostener, como las iglesias católica romana, griega ortodoxa, luterana, calvinista, y virtualmente todas las demás sostienen, que la ley fue buena para Israel, pero que los cristianos y la iglesia cristiana están bajo la gracia y sin la ley, o bajo otra ley más alta, más nueva, es politeísmo implícito. La herejía joaquimita ha infectado profundamente a la iglesia cristiana. Según esta herejía, la primera edad del hombre fue la edad del Padre, la edad de la justicia y la ley. La segunda edad fue la edad del Hijo, del cristianismo, de la iglesia y de la gracia. La tercera edad es la edad del Espíritu, en la cual los hombres se vuelven dioses y son su propia ley.

El dispensacionalismo también es evolucionista o politeísta o ambas cosas. Dios cambia o altera sus formas de tratar con el hombre, de manera que la ley se administra en una edad, y no en otra. Una ve la salvación por obras, otra por gracia, y así por el estilo. Pero las Escrituras nos dan una aseveración contraria: «Porque yo Jehová no cambio» (Mal 3:6). Todo intento de contraponer la ley y la gracia es politeísta o por lo menos maniqueo; da por sentadas dos maneras y poderes supremos en contradicción entre sí. Pero la palabra de Dios es una palabra, y la ley de Dios es una ley, porque Dios es uno. La palabra de Dios es una palabra-ley, y es una palabra-gracia; la diferencia está en los hombres, en virtud de la elección de Dios, y no en Dios. La palabra bendice y condena según nuestra respuesta a ella. Orar por gracia es también orar por discernimiento, y es afirmar la verdad y la validez de la ley y la justicia de la ley. La doctrina total de la expiación de Cristo sostiene la unidad de la ley, juicio y gracia.

Toda forma de antinomianismo tiene elementos de politeísmo. De los antinomianos Fairbain escribió:

Algunos magnifican la gracia para aplacar sus conciencias respecto a las ínfulas de santidad, y vindicarse una libertad para pecar a fin de que la gracia abunde; o, lo que es peor, negar que algo que hagan pudiera tener carácter de pecado, porque por la gracia están libres de las exigencias de la ley, y por lo tanto no pueden pecar. Esto son antinomianos de la peor clase, que tienen en su contra no solo textos particulares de la Biblia, sino todo su tenor y espíritu. Otros, sin embargo, que son los únicos representantes de la idea que en tiempos presentes se puede decir que tienen una existencia destacada, son los que promueven la santidad según el ejemplo y enseñanzas de Cristo. Están listos para decir: «La conformidad a la voluntad divina, y eso como obediencia a los mandamientos, es a la vez el gozo y el deber de la mente renovada. Algunos le tienen miedo a la palabra obediencia, como si debilitara el amor y el concepto de una nueva criatura. Las Escrituras no. La obediencia y el guardar los mandamientos de aquel a quien amamos son prueba de ese amor, y el deleite de la nueva criatura. Si lo hice todo bien, y no lo hice en obediencia, no debo hacer nada bien, porque se dejaría fuera mi verdadera relación y referencia de corazón a Dios. Esto es amor, que guardemos sus mandamientos» (Darby, «On the Law», pp. 3, 4). Hasta aquí, excelente; pero por otro lado estos mandamientos no se hallan en la distintivamente llamada revelación de la ley. La ley, se afirma, tiene un carácter y meta específicos, de los cuales no se puede disociar, y que la hacen para siempre ministro del mal. «Es un principio de tratos con los hombres que por fuerza los destruye y los condena. Esta es la manera (continúa el escritor) en que el Espíritu de Dios usa la ley en contraste con Cristo, y nunca en la enseñanza cristiana se pone a los hombres bajo la misma. Tampoco las Escrituras jamás dicen: Tú no estás bajo la ley de esta manera, pero lo estás de esta otra; no lo estás por la justificación, pero sí como norma de vida. Declaran: Tú no estás bajo la ley, sino bajo la gracia; y si estás bajo la ley, estás condenado y bajo maldición. ¿Cómo es obligatorio eso bajo lo cual el hombre no está; y de lo cual es librado?» (Ibíd., p. 4). El antinomianismo de esta descripción —que distingue entre la enseñanza o mandamientos de Cristo y los mandamientos de la ley, y sostiene que lo uno es obligatorio para la conciencia de los cristianos y lo otro no— es claramente antinomianismo aunque parcial; en verdad, no difiere esencialmente del neonomianismo, puesto que se repudia la ley solo en su conexión con la dispensación anterior, en tanto que se acepta como incorporando los principios de la moralidad cristiana, y se asocia con la vida y el poder del Espíritu de Cristo[6].

Una asociación «evangelística» dedicada a la obra universitaria ha enseñado que «la ley fue dada por Satanás». (Según un informe de la hija de este escritor, basado

6   Patrick Fairbairn, *The Revelation of Law in Scripture* (Zondervan, Grand Rapids, 1957 [1869]), pp. 29-31.

en un curso que enseñó en la universidad un dirigente de este movimiento). Tal posición se puede describir solo como blasfemia.

Un ejemplo de este antinomianismo en algunos círculos luteranos extraoficiales viene de un manual de Escuela Dominical. Se trata al Antiguo Testamento, como al Nuevo, como un libro en el cual hay que escarbar e investigar en busca de «verdades», de modo que los estudios de varios libros llevan como prefacio unas cuantas declaraciones sumarias tituladas «Verdades que hallarás en el libro de Habacuc», o «Verdades que hallarás en el libro de Mateo», y así por el estilo. ¿Debemos dar por sentado que el resto de cada libro es mentira? En la «Introducción al Nuevo Testamento» se nos dice: «El Nuevo Testamento es la presentación de la vida bajo la gracia según difiere de la vida bajo la ley»[7]. Pero el Antiguo Testamento también presenta la vida bajo la gracia, y lo mismo el Antiguo Testamento que el Nuevo Testamento presentan la vida bajo la gracia como vida bajo la ley, *nunca* como iniquidad. *La alternativa a la ley no es la gracia; sino la iniquidad.* La gracia y la elección se mueven en términos de ley y bajo la ley; la reprobación es anti-ley y anti-gracia. ¿Es el propósito de los clérigos hacer de las iglesias escuelas de reprobación?

Todo esto ilustra un *segundo* principio de la *Shemá Israel:* un Dios absoluto, inmutable, quiere decir *una ley absoluta, inmutable.* Las aplicaciones sociales de los hombres y aproximaciones a la justicia de Dios pueden alterar, variar y vacilar, pero la ley absoluta no. Decir que la ley es «para Israel» pero no para los cristianos no solo es abandonar la ley sino también abandonar al Dios de la ley. Puesto que hay solo un Dios verdadero, y su ley es la expresión de su naturaleza y justicia inmutables, abandonar la ley bíblica por otro sistema-ley es cambiar dioses. El colapso moral de la cristiandad es un producto de este actual proceso de cambiar dioses.

El barthianismo, al afirmar la «libertad» de Dios para cambiar (implicando la evolución de un dios imperfecto), está afirmando el politeísmo. El politeísmo presenta muchos dioses y muchas maneras de salvación. No en balde Karl Barth es un universalista, por lo menos implícitamente. Para Barth, todos los hombres pueden ser salvos y serán salvos, porque no hay ninguna ley absoluta, inmutable, que juzgue a todos los hombres. En su concepto politeísta del mundo, todos los hombres pueden hallar uno de los muchos medios de salvación, si en verdad es salvación lo que necesitan. Para Barth, la salvación parece más realista como autorrealización; es la gnosis de la elección, el darse cuenta de que todos los hombres son elegidos en Cristo, o sea, libres de un Dios absoluto y de un decreto y una ley absolutos.

Un *tercer* principio de la *Shemá Israel* es que un Dios, una ley, requiere *una obediencia total, inmutable e incondicional:* «Y amarás a Jehová tu Dios de todo tu

---

7   Dr. J. A. Huffman y Knute Larson, *Through the Bible in Two Years,* Libro 6, pp. 5, 32, 33. Segundo año, segundo trimestre (Lambert Huffman, Winona Lake, Ind., 1962).

corazón, y de toda tu alma, y con todas tus fuerzas» (Dt 6:5). El Talmud traduce «fuerzas» como «dinero»[8]. El significado es que el hombre debe obedecer a Dios totalmente, en cualquier condición, con todo su ser. Puesto que el hombre es totalmente criatura de Dios, y puesto que no hay ninguna fibra de su ser que no sea obra de la mano de Dios, y por consiguiente sujeto a la ley total de Dios, no hay ningún aspecto de la vida y ser del hombre que se pueda reservar de Dios y su ley. Por consiguiente, como Deuteronomio 6:6 declara: «Y estas palabras que yo te mando hoy, estarán sobre tu corazón». El comentario de Lutero sobre este versículo es de interés, puesto que contiene las semillas del antinomianismo que más tarde se enraizaría tan profundamente en el luteranismo:

> Él (Moisés) quiere que sepas que el primer mandamiento es la medida y vara de medir de todos los demás, al cual ellos deben someterse y dar obediencia. Por consiguiente, si es por cuestión de fe y caridad, puedes matar, en violación del quinto mandamiento, tal como Abraham mató a los reyes (Gn 14:15) y el rey Acab pecó porque no mató al rey de Siria (1 R 20:34ss). Similar es el caso de robo, emboscada, y trampas contra los enemigos de Dios; puedes tomar el botín, los bienes, las esposas, las hijas, los hijos y los criados de los enemigos. Así también debes aborrecer padre y madre para amar al Señor (Lc 14:26). En breve, donde algo va a estar en contra de la fe y el amor, no vas a saber que Dios o el hombre mandan otra cosa. En donde es por la fe y el amor, sin embargo, debes saber que todo se manda en todos los casos y en todas partes. Porque el enunciado sigue firme: «Estas palabras estarán sobre tu corazón»; allí deben gobernar. Todavía más, a menos que también estén en el corazón, ciertamente nadie entendería o seguiría esta *epieikeia,* ni jamás emplearía las leyes con éxito, seguridad o legalidad. Por consiguiente Pablo también dice en 1 Ti 1:9, que «la ley no fue dada para el justo», por razón de que el cumplimiento de la ley es amor de corazón bueno y fe no fingida (1 Ti 1:5), que usa la ley legítimamente cuando no tiene leyes y tiene todas las leyes, no leyes, porque ninguna obliga a menos que sirvan a la fe y al amor; todas, porque todas obligan cuando sirven a la fe y al amor.
>
> Por consiguiente esto es lo que Moisés quiere decir aquí: Si deseas entender correctamente el primer mandamiento y de veras no tener otros dioses, actúa de modo que creas y ames a un Dios, te niegues a ti mismo, lo recibas todo por gracia, y lo hagas todo con agradecimiento[9].

Las confusiones de esta declaración solo pueden engendrar confusión.

Un *cuarto* principio que surge de la *Shemá Israel* se indica en Deuteronomio 6:7-9, 20-25: la instrucción en la ley es básica e inseparable de la obediencia a la

---

8   Talmud, *Seder Mo'ed,* vol. I, p. 264, n. 9.

9   Jaroslav Pelikan, Daniel Peollot, eds., *Luther's Works,* vol. 9, *Lectures on Deuteronomy,* (Concordia, St. Louis, 1960), p. 70.

ley y la adoración. La ley requiere instrucción en los términos de la ley. Toda otra instrucción que no tenga base bíblica es por consiguiente un acto de apostasía para el creyente: incluye tener otro dios y postrarse ante él para aprender de él. No puede haber una adoración verdadera sin una instrucción verdadera, porque la ley prescribe y es absoluta, y ningún hombre puede acercarse a Dios despreciando la prescripción de Dios.

De Deuteronomio 6:8 Israel derivó el uso de filacterias, porciones de la ley atadas a la frente o a los brazos en la oración. De 6:8, 9 se ha observado:

> Como estas palabras son figuradas, y denotan una observancia sin desviación de los mandamientos divinos, el mandamiento que sigue, es decir, el escribir las palabras en los postes de las puertas de la casa, y también en los dinteles, se debe entender espiritualmente; y el cumplimiento literal de tal mandamiento solo puede ser una costumbre digna de elogio o agradable a Dios cuando se observa como manera de mantener siempre los mandamientos de Dios ante los ojos. El precepto en sí, sin embargo, presupone la existencia de esta costumbre, que no solo se cumple en los países mahometanos de Oriente en la actualidad, sino que también era una costumbre común en el antiguo Egipto[10].

Lo que se requiere, sin duda, es que la mente y la acción, la familia y el hogar, la visión del hombre y el trabajo del hombre sean todas vistas en la perspectiva de la palabra-ley de Dios.

Pero eso no es todo. Se exige el cumplimiento literal del mandamiento respecto a los umbrales y los postes (Dt 6:8, 9) como es obvio en Números 15:37-41 (cf. Dt 11:18-20). El cordón azul que se requiere no se puede descartar mediante una espiritualización. Dios requiere que se le adore conforme a su propia palabra. El comentario de Calvino aquí sobre Números 15:38 va al grano:

> Y, ante todo, al contrastar «el corazón y los ojos» de los hombres con su ley, demuestra que tendrá a su pueblo contento con la regla que prescribe, sin mezcla de imaginaciones; y de nuevo, denuncia la vanidad de lo que los hombres inventan por cuenta propia, por agradable que cualquier esquema humano pudiera parecer. Él con todo lo repudia y lo condena. Y esto se expresa todavía con mayor claridad en la última palabra, cuando dice que los hombres «se prostituyen» siempre que se gobiernan por sus propios consejos. Esta declaración merece especial observación, porque en tanto sienten mucha satisfacción los que adoran a Dios según su propia voluntad, y en tanto que consideran que su celo es muy bueno y muy correcto, no hacen otra cosa que contaminarse con adulterio espiritual. Porque lo que el mundo considera

---

10   Keil and Delitzsch, *op. cit.*, III. 324.

ser la devoción más santa, Dios con su propia boca lo llama fornicación. La palabra «ojos» no hay duda de que se refiere al poder de discernimiento del hombre[11].

Es lamentable que Calvino estropee esto llamándolo una «necesidad de estos burdos rudimentos»[12]. Nuestro Señor cumplió esta ley, y una mujer tocó el borde o fleco de su manto para ser sanada (Mt 9:20). Jesús criticó a los fariseos por agrandar sus flecos (Mt 23:5) para fanfarronear su ostensiblemente mayor lealtad a la ley. El mandamiento se repite en Deuteronomio 22:12, como para poner en claro su importancia.

Los hombres se visten de maneras diversas y extrañas para conformarse al mundo y sus estilos. ¿Qué tiene de difícil o «burdo» conformarse uno a la ley de Dios, o a cualquier cosa que Dios especifique? No hay nada difícil ni extraño en esta ley, ni tampoco absurdo o imposible.

Los cristianos *no* lo observan porque fue —como la circuncisión, el sabbat, y otros aspectos de la forma mosaica del pacto— superado por las nuevas señales del pacto según lo renovó Cristo. La ley del pacto permanece; los ritos y señales del pacto han sido cambiados. Pero las formas de las señales del pacto no son menos honorables, profundas y hermosas en la forma mosaica que en la forma cristiana. El cambio no representa un avance evolucionista ni una relación más alta o inferior. El pacto se cumplió en Jesucristo; pero Dios no trató a Moisés, David, Isaías, Ezequías, o a cualquiera de su pueblo de pacto del Antiguo Testamento como inferiores a su vista ni más infantiles por su capacidad y por consiguiente necesitados de «rudimentos burdos». En toda edad, el pacto es todo santo y sabio; en toda época, las personas del pacto se levantan en términos de la gracia, no debido a una capacidad personal o madurez «más alta».

La adoración en lengua desconocida (1 Co 14) es una violación de este mandamiento, así como también la adoración que carece de la proclamación fiel de la palabra de Dios, o que no tiene la educación del pueblo del pacto en términos de la palabra-ley del pacto.

Un *quinto* principio que también se proclama en este mismo pasaje, en Deuteronomio 6:20-25, es que, en esta educación exigida, se debe recalcar que *la respuesta a la gracia es la observancia de la ley*. A los niños se les debe enseñar que el significado de la ley es que Dios sacó a Israel de la esclavitud, y, «para que nos conserve la vida», «nos mandó Jehová que cumplamos todos estos estatutos, y que temamos a Jehová nuestro Dios, para que nos vaya bien todos los días» (6:24). No hay mandato en el Antiguo ni en el Nuevo Testamento de dejar a un lado esto. Cuando los creyentes del Antiguo o Nuevo Testamento han dado un significado

---

11 Juan Calvino, *Commentaries on the Four Last Books of Moses in the Form of a Harmony* (Eerdmans, Grand Rapids, 1950), I, 265.

12 *Ibid.*

falso a la ley, los profetas y los apóstoles han atacado ese significado falso, pero nunca a la ley de Dios misma. Debido a que Dios es uno, su gracia y su ley son una en propósito y dirección. Este pasaje indica con claridad incisiva la prioridad de la gracia electora de Dios en el llamado y redención de su pueblo escogido. La relación de Israel era una relación de gracia, y la ley fue dada a fin de proveerle al pueblo de Dios la respuesta necesaria y requerida a la gracia, y la manifestación de la gracia es la observancia de la ley.

En Deuteronomio 6:10-15, se toca otro aspecto importante con respecto a las implicaciones de la *shemá Israel*:

> Cuando Jehová tu Dios te haya introducido en la tierra que juró a tus padres Abraham, Isaac y Jacob que te daría, en ciudades grandes y buenas que tú no edificaste, y casas llenas de todo bien, que tú no llenaste, y cisternas cavadas que tú no cavaste, viñas y olivares que no plantaste, y luego que comas y te sacies, cuídate de no olvidarte de Jehová, que te sacó de la tierra de Egipto, de casa de servidumbre. A Jehová tu Dios temerás, y a él solo servirás, y por su nombre jurarás. No andaréis en pos de dioses ajenos, de los dioses de los pueblos que están en vuestros contornos; porque el Dios celoso, Jehová tu Dios, en medio de ti está; para que no se inflame el furor de Jehová tu Dios contra ti, y te destruya de sobre la tierra[13].

Así que el *sexto* principio es *el celo de Dios*. Este es un hecho de vital importancia. Al pueblo escogido se le advierte, conforme ocupan y poseen una tierra rica que ellos no han cultivado, que no se olviden de Dios, quien los ha libertado y prosperado. Viendo la riqueza que viene de una cultura hostil a Dios, el pueblo del pacto de Dios se vería tentado a ver otros medios de alcanzar el triunfo y la prosperidad, aparte del Señor. La tentación será «seguir a otros dioses, […] los dioses de los pueblos que los rodean». Esto es creer que hay otro orden-ley aparte del orden de Dios; es olvidarse de que el éxito y la destrucción de los cananeos fueron por igual obra de Dios. Es la provocación de la ira y el celo de Dios. El hecho de que el celo va asociado repetidamente con la ley, e invoca a Dios en el otorgamiento de la ley, es de cardinal importancia para entender la ley. La ley de Dios no es una fuerza ciega, impersonal, que opera mecánicamente. No es ni *karma* ni destino. La ley de Dios en la ley del Creador absoluto y totalmente personal cuyas leyes operan dentro del contexto de su amor y aborrecimiento, su gracia hacia su pueblo y su ira hacia sus enemigos. Una corriente eléctrica es impersonal: fluye en su energía específica cuando las condiciones para el flujo o descarga de la energía se reúnen; de otra manera, no fluye. Pero la ley de Dios no es así: es personal; Dios restringe su ira con paciencia y gracia, o destruye a sus enemigos

---

13   Texto masorético de la Jewish Publication Society of America, de aquí en adelante marcado como MTV.

con una inundación avasalladora de castigos (Nah 1:8). Desde una perspectiva humanista e impersonal, la misericordia de Dios con Asiria (Jon 3:1—4:3) y el castigo de Dios contra Asiria (Nah 1:1—3:19) parecen desproporcionados, debido a que una ley impersonal es también una ley externa: solo conoce acciones, no el corazón. El hombre, al aplicar la ley de Dios, debe juzgar las acciones del hombre, pero Dios, como es absoluto, juzga al hombre como un todo con un juicio total. El celo de Dios es, por consiguiente, la absoluta certeza de la infalibilidad de la corte de justicia de Dios. El mal que tan fácil escapa a las cortes del estado no puede escapar del juicio de Dios, que, tanto en el tiempo como más allá del tiempo, se mueve en términos de los requisitos totales de su ley. El celo de Dios es la garantía de justicia. Una justicia impersonal en un mundo de personas quiere decir que el mal, como es personal, puede escapar a la red de la ley y reinar y reír triunfante. Pero el Dios celoso previene el triunfo bien sea de Canaán o del Israel o la iglesia apóstatas. Sin un Dios celoso, personal, no es posible justicia. La doctrina del *karma* solo entroniza la injusticia: conduce al tipo más cruel y encallecido de externalización e impersonalización. Las personas de *karma* liberan a sus monos pero se destruyen unas a otras; el *karma* no sabe lo que es gracia, porque el *karma* en esencia no conoce a las personas, sino solo las acciones y las consecuencias. El escape del *karma* se vuelve *nirvana*, el escape de la vida.

Este mismo pasaje declara: «A Jehová tu Dios temerás, y a él solo servirás, y por su nombre jurarás» (Dt 6:13). El comentario de Lutero aquí es excelente:

> Por consiguiente, juras por el nombre de Dios si relacionas a Dios con eso por lo que juras y lo captas en el nombre de Dios; de otra manera no jurarías si supieras que le desagrada. De manera similar, sirves solo a Dios cuando sirves a los hombres en el nombre de Dios; de otra manera no los servirías. Por tal juramento reservas tu servicio solo para Dios y no eres atraído a una obra o juramento impíos. Así Cristo también dice en Mt 23:16-22 que el que jura por el templo y el altar y el cielo jura por Dios; y en Mt 5:35-36 prohíbe jurar por Jerusalén, por la cabeza de uno, por el cielo, y por cualquier otra cosa, porque en todo esto uno jura por Dios. Pero jurar frívolamente por Dios y de manera vana es tomar el nombre de Dios en vano.
>
> Cuando, por consiguiente, Él desea que los juramento se hagan por el nombre de Dios y por ningún otro, la razón no solo es esta, que por la verdad (que es Dios) no se debería introducir la confirmación de nadie excepto la de Dios mismo, pero también esta: que el hombre debe permanecer solo al servicio de Dios, aprendiendo a relacionarlo todo con Él, y a hacer, poseer, usar y soportarlo todo en su nombre. De otra manera, si emplean otro nombre, se desviarían y se acostumbrarían a jurar como si no tuviera nada que ver con Dios; y finalmente mediante el mal uso empezarían a distinguir entre las obras por las que se sirve a Dios y aquellas por las cuales no se le sirve,

cuando Él quiere que se le sirva en todo y quiere que todas las cosas se hagan en temor, porque Él está presente para ver y juzgar.

Por consiguiente, hay que usar el juramento de la misma manera en que se usan la espada y las relaciones sexuales. Se prohíbe tomar la espada, como dice Cristo (Mt 26:52): «Todos los que tomen espada, a espada perecerán», porque la toman sin órdenes y debido a sus propios deseos. Pero es un mandato y un servicio divino llevar la espada si es asignada por Dios o mediante el hombre; porque entonces se lleva en el nombre del Señor, para bien del prójimo, como Pablo dice: «[El que lleva la espada] es servidor de Dios para tu bien» (Ro 13:4). De igual modo, el uso desordenado del sexo se prohíbe, porque es lujuria. Pero cuando el sexo está dentro del matrimonio, entonces la carne se debe usar, y uno se rinde a la ley divina, es decir, al amor que se exige. De la misma manera uno debe hacer uso de un juramento: uno no debe jurar por causa de uno mismo sino por causa del Señor o del prójimo en el nombre del Señor. Así siempre permanecerás al servicio solo de Dios[14].

En la tentación de Jesús, dos de las respuestas a Satanás vienen de Deuteronomio 6: «Escrito está también: No tentarás al Señor tu Dios» (Mt 4:7; Dt 6:16), y «Vete, Satanás, porque escrito está: Al Señor tu Dios adorarás, y a él solo servirás» (Mt 4:10; Dt 6:13; 10:20). La tercera respuesta es tomada de un pasaje relacionado, Deuteronomio 8:3: «Él respondió y dijo: Escrito está: No solo de pan vivirá el hombre, sino de toda palabra que sale de la boca de Dios» (Mt 4:4). Las tres fueron respuestas a la tentación de poner a prueba a Dios, implícito en lo cual no estaba meramente el cuestionamiento sino un verdadero desafío a Dios y a su palabra ley.

Un *séptimo* principio que se sigue de la *Shemá Israel* se declara en Deuteronomio 6:16-19:

No tentaréis a Jehová vuestro Dios, como lo tentasteis en Masah. Guardad cuidadosamente los mandamientos de Jehová vuestro Dios, y sus testimonios y sus estatutos que te ha mandado. Y haz lo recto y bueno ante los ojos de Jehová, para que te vaya bien, y entres y poseas la buena tierra que Jehová juró a tus padres; para que él arroje a tus enemigos de delante de ti, como Jehová ha dicho.

Fue esto lo que Satanás trató de que Jesús hiciera: probar a Dios, poner a Dios a prueba. Israel tentó a Dios en Masah al plantear la pregunta: «¿Está, pues, Jehová entre nosotros, o no?» (Éx 17:7).

La adoración a Jehová no solo excluye toda idolatría, que el Señor, como Dios celoso, no soporta (véase Éx 20:5), sino que castigará con destrucción de la tierra («la faz de la tierra», como en Éx 32:12). También excluye tentar

---

14 Lutero, *Deuteronomy*, p. 73ss.

al Señor mediante murmuración incrédula contra Dios, si este no elimina de inmediato todo tipo de angustia, como el pueblo ya lo había hecho en Masah, o sea, en Refidim (Éx 17:1-7)[15].

Este *séptimo* principio, por tanto, *prohíbe que se pruebe a Dios por incredulidad: la ley de Dios es la prueba del hombre; por consiguiente, el hombre no puede presumir ser dios y poner a Dios y a su palabra-ley a prueba.* Tal cosa es la suprema arrogancia y blasfemia; es lo opuesto a la obediencia, porque es la esencia de la desobediencia a la ley. De aquí que se contrasta con un diligente guardar de la ley. Esta obediencia es la condición de la bendición; es la base de la conquista y de la posesión, en términos de lo cual el pueblo del pacto de Dios, el pueblo de Su ley, entra en su herencia.

Tentar o probar a Dios tiene otras implicaciones. Según Lutero,

> La primera manera es no usar las cosas necesarias que están a mano sino buscar otras, que no están a mano. […] Así que tienta a Dios quien ronca y no quiere trabajar, dando por sentado que Dios debe sustentarlo sin trabajar, aunque Dios ha prometido proveerle mediante su trabajo, como Pr 10:4 dice: «La mano negligente empobrece; mas la mano de los diligentes enriquece». Este celibato vulgar es parecido a eso también…
>
> En segundo lugar, se tienta a Dios cuando nada necesario está a mano excepto la desnuda y sola Palabra de Dios. […] Porque aquí los impíos no se contentan con la palabra; y a menos que Dios haga lo que prometió en el tiempo, en el lugar, y en la manera prescrita por ellos mismos, se dan por vencidos y no creen. Pero prescribirle lugar, tiempo o manera a Dios es en realidad tentarlo y tantear, por así decirlo, a ver si acaso está allí. Pero esto es nada más que querer poner límites a Dios y sujetarlo a nuestra voluntad; en verdad, privarle de su divinidad. Él debe ser libre, y no sujeto a límites y limitaciones, y ser el que nos prescribe a nosotros los lugares, medios y tiempos. Por consiguiente ambas tentaciones son contra el primer mandamiento…[16].

El descuido de la *shemá Israel* y Deuteronomio 6 ha sido parte y lote del descuido de la ley.

2. La palabra indivisa

Varias declaraciones de prólogo o prefacio aparecen en la ley, que en general no se consideran parte de la ley. Calvino llamó a estos pasajes «Prefacio a la ley», que lo son en un sentido preciso, pero son igualmente parte de la ley —el primer mandamiento en particular— porque afirman la naturaleza exclusiva del único

---

15   Keil and Delitzsch, *op. cit.,* III, 325ss.

16   Lutero, *op. cit.,* p. 74ss.

Dios verdadero y prohíben la lealtad de Israel a los demás dioses. Estos pasajes son Éxodo 20:1, 2; 23:20-31; Levítico 19:36, 37; 20:8; 22:31-33; Deuteronomio 1:1—4:49; 5:1-6; 7:6-8; 8:1-18; 10:14-17; 11:1-7; 13:18; 26:16-19; 27:9, 10.

Primero, se declara la premisa del mandamiento, incluso como en la *Shemá Israel,* de que Dios es el único SEÑOR (Jehová o Yahvé, El Que Es, El Uno, el Autoexistente, absoluto y eterno), y, *segundo,* que Israel está ante Dios por la gracia electora de Dios:

> Y habló Dios todas estas palabras, diciendo: Yo soy Jehová tu Dios, que te saqué de la tierra de Egipto, de casa de servidumbre (Éx 20:1, 2).

> Llamó Moisés a todo Israel y les dijo: Oye, Israel, los estatutos y decretos que yo pronuncio hoy en vuestros oídos; aprendedlos, y guardadlos, para ponerlos por obra. Jehová nuestro Dios hizo pacto con nosotros en Horeb. No con nuestros padres hizo Jehová este pacto, sino con nosotros todos los que estamos aquí hoy vivos. Cara a cara habló Jehová con vosotros en el monte de en medio del fuego. Yo estaba entonces entre Jehová y vosotros, para declararos la palabra de Jehová; porque vosotros tuvisteis temor del fuego, y no subisteis al monte. Dijo: Yo soy Jehová tu Dios, que te saqué de tierra de Egipto, de casa de servidumbre (Dt 5:1-6).

> Pero a vosotros Jehová os tomó, y os ha sacado del horno de hierro, de Egipto, para que seáis el pueblo de su heredad como en este día (Dt 4:20).

En estos y muchos de los otros pasajes citados arriba, se declara la soberanía de Dios y su gracia electora. En Deuteronomio 5:3, los «padres» que perecieron en el desierto, aunque fuera del pacto, quedan excluidos del mismo por declaración de Dios; el pacto es «con nosotros todos los que estamos aquí hoy vivos». Los que perecieron habían sido separados de Dios por su incredulidad. El «pueblo de su heredad» (Dt 4:20) son los israelitas creyentes.

La historia de la gracia, y el hecho de la gracia salvadora de Dios para Israel, se cita repetidas veces, para impedir en el pueblo la presunción y el orgullo (Dt 1—4; 7:6-8; 8:1-6, 11-18; 9:1-6; 10:14-17, 21-22; 11:1-8; 26:16-19; 27:9, 10; 29:2-9). La historia de la gracia también es una promesa de gracia y la respuesta del hombre es de obediencia agradecida a la ley y una devoción leal al único Dios verdadero.

Tercero, el Ángel del SEÑOR irá delante de su pueblo, para guardarlos y librarlos:

> He aquí yo envío mi Ángel delante de ti para que te guarde en el camino, y te introduzca en el lugar que yo he preparado. Guárdate delante de él, y oye su voz; no le seas rebelde; porque él no perdonará vuestra rebelión, porque mi nombre está en él.

Pero si en verdad oyeres su voz e hicieres todo lo que yo te dijere, seré enemigo de tus enemigos, y afligiré a los que te afligieren.

Porque mi Ángel irá delante de ti, y te llevará a la tierra del amorreo, del heteo, del ferezeo, del cananeo, del heveo y del jebuseo, a los cuales yo haré destruir. No te inclinarás a sus dioses, ni los servirás, ni harás como ellos hacen; antes los destruirás del todo, y quebrarás totalmente sus estatuas. Mas a Jehová vuestro Dios serviréis, y él bendecirá tu pan y tus aguas; y yo quitaré toda enfermedad de en medio de ti. No habrá mujer que aborte, ni estéril en tu tierra; y yo completaré el número de tus días. Yo enviaré mi terror delante de ti, y consternaré a todo pueblo donde entres, y te daré la cerviz de todos tus enemigos. Enviaré delante de ti la avispa, que eche fuera al heveo, al cananeo y al heteo, de delante de ti. No los echaré de delante de ti en un año, para que no quede la tierra desierta, y se aumenten contra ti las fieras del campo. Poco a poco los echaré de delante de ti, hasta que te multipliques y tomes posesión de la tierra. Y fijaré tus límites desde el Mar Rojo hasta el mar de los filisteos, y desde el desierto hasta el Éufrates; porque pondré en tus manos a los moradores de la tierra, y tú los echarás de delante de ti. No harás alianza con ellos, ni con sus dioses. En tu tierra no habitarán, no sea que te hagan pecar contra mí sirviendo a sus dioses, porque te será tropiezo (Éx 23:20-33).

El Ángel del SEÑOR (Gn 16:10, 13; 18:2-4, 13, 14, 33; 22:11, 12, 15, 16; 31:11, 13; 32:30; Éx 3:2, 4; 20:20ss.; 32:34; 33:14; Jos 5:13-15; 6:2; Is 63:9; Zac 1:10-13; 3:1-2) se identifica con el Señor; aquellos a quienes Él se revela lo reconocen como Dios; los escritores bíblicos lo llaman SEÑOR; las Escrituras aquí implican una pluralidad de personas en la deidad[1]. Es más, Dios afirma claramente que «mi nombre está en él», que es lo mismo como «yo estoy en Él» (Éx 23:21)[2]. El Ángel del Señor aparece en el Nuevo Testamento repetidas veces, por ejemplo en Hechos 5:19; 12:7-11, 17, etc. San Pablo identifica al Ángel como Jesucristo (1 Co 10:9).

Cuarto, serán preservados de plagas y epidemias (Éx 23:25-27), de modo que a la obediencia le siguen bendiciones materiales. Estas bendiciones materiales incluyen la expulsión de sus enemigos delante de ellos y darles una gran herencia (Éx 23:27-31). El que todo esto va ligado al primer mandamiento aparece en Éxodo 23:32, 33; ellos deben separarse de todos los demás dioses: no pueden hacer «ningún pacto» con los incrédulos (ni por matrimonio, tratado o comunidad) ni con sus dioses.

---

1   H. C. Leupold, *Exposition of Genesis* (The Wartburg Press, Columbus, Ohio, 1942), p. 500 f.
2   Oswald T. Allis, *God Spake By Moses* (Presbyterian and Reformed Publishing Co., Filadelfia, 1951), p. 62s.

Un versículo importante que viene a la conclusión de la ley es todavía una exposición de la actitud del hombre ante la ley. En Deuteronomio 29:29 Moisés, después de advertirles sobre la maldición de la desobediencia, declaró:

> Las cosas secretas pertenecen a Jehová nuestro Dios; mas las reveladas son para nosotros y para nuestros hijos para siempre, para que cumplamos todas las palabras de esta ley.

Una interpretación que es de lo más pertinente al contexto de esta afirmación comenta:

> Esas cosas reveladas incluyen la ley con sus promesas y amenazas; consecuentemente lo que está oculto puede referirse solo al modo en el cual Dios ejecutará en el futuro su consejo y voluntad, que Él ha revelado en la ley, y completará su obra de salvación independientemente de la apostasía del pueblo[3].

Esto quiere decir, *quinto,* que la ley, la revelación de Dios, tiene detrás la voluntad secreta de Dios por la que su consejo persistirá y la rebelión del hombre será confundida, al triunfo de su Reino en su propio tiempo y manera. En pocas palabras, la ley es revelada; el cumplimiento de la ley es seguro porque Dios es Dios; el modo y tiempo están bien ocultos. El tribunal lo convoca Dios, y no el hombre.

Sexto, la ley es una palabra indivisa:

> No añadiréis a la palabra que yo os mando, ni disminuiréis de ella, para que guardéis los mandamientos de Jehová vuestro Dios que yo os ordeno (Dt 4:2).

El significado claro es que todas las Escrituras —la ley, los profetas y el evangelio— son una palabra. Se pueden añadir palabras, hasta el cierre de la revelación, cuando incluso se prohíbe añadir (o quitar) palabras (Ap 22:18, 19). No puede haber separación arbitraria entre la ley y el evangelio; *un Dios quiere decir una palabra.* Dividir la palabra es negar a Dios.

3. Dios vs. Moloc

Calvino, en su excelente clasificación de la ley en sus *Comentarios de los cuatro últimos libros de Moisés arreglados en forma de armonía,* cita Deuteronomio 18:9-22; 13:1-4; Levítico 18:21; 19:26, 31; y Deuteronomio 12:29-32 como básicos para el primer mandamiento. Estos pasajes tienen que ver con el esfuerzo del hombre

---

3   Keil and Delitzsch, *op. cit.,* III, 451.

de conocer y controlar el futuro. Puesto que Dios es el SEÑOR, Hacedor del cielo y de la tierra, y el que determina todas las cosas, todo esfuerzo por conocer y controlar el futuro fuera de Dios es levantar otro dios en desprecio al SEÑOR.

Moisés cita toda las formas ilícitas de adivinar el futuro:

> Cuando entres a la tierra que Jehová tu Dios te da, no aprenderás a hacer según las abominaciones de aquellas naciones. No sea hallado en ti quien haga pasar a su hijo o a su hija por el fuego, ni quien practique adivinación, ni agorero, ni sortílego, ni hechicero, ni encantador, ni adivino, ni mago, ni quien consulte a los muertos. Porque es abominación para con Jehová cualquiera que hace estas cosas, y por estas abominaciones Jehová tu Dios echa estas naciones de delante de ti. Perfecto serás delante de Jehová tu Dios. Porque estas naciones que vas a heredar, a agoreros y a adivinos oyen; mas a ti no te ha permitido esto Jehová tu Dios (Dt 18:9-14).

> Y no des hijo tuyo para ofrecerlo por fuego a Moloc; no contamines así el nombre de tu Dios. Yo Jehová (Lv 18:21).

> No comeréis cosa alguna con sangre. No seréis agoreros, ni adivinos (Lv 19:26).

> No os volváis a los encantadores ni a los adivinos; no los consultéis, contaminándoos con ellos. Yo Jehová vuestro Dios (Lv 19:31).

> Cuando Jehová tu Dios haya destruido delante de ti las naciones adonde tú vas para poseerlas, y las heredes, y habites en su tierra, guárdate que no tropieces yendo en pos de ellas, después que sean destruidas delante de ti; no preguntes acerca de sus dioses, diciendo: De la manera que servían aquellas naciones a sus dioses, yo también les serviré. No harás así a Jehová tu Dios; porque toda cosa abominable que Jehová aborrece, hicieron ellos a sus dioses; pues aun a sus hijos y a sus hijas quemaban en el fuego a sus dioses. Cuidarás de hacer todo lo que yo te mando; no añadirás a ello, ni de ello quitarás (Dt 12:29-32).

El comentario de Calvino sobre Deuteronomio 18:9-14 va al meollo del asunto:

> Moisés deja bien claro en este pasaje lo que es tener otros dioses, es decir, mezclar la adoración de Dios con cosas profanas, puesto que su pureza se mantiene solo al expulsar de ella toda superstición foránea. La suma, por consiguiente, es que el pueblo de Dios debe abstenerse de todas las invenciones de los hombres, por las que se adultera la religión pura y sencilla[1].

---

1   Juan Calvino, *Commentaries on the Four Last Books of Moses,* vol. I, p. 424.

Igualmente de pertinente es la observación de otro comentarista:

Moisés agrupa todas las palabras que el lenguaje contenía sobre los diferentes modos de explorar el futuro y descubrir la voluntad de Dios, con el propósito de prohibir toda forma de adivinación, y pone la prohibición de la adoración a Moloc a la cabeza, para mostrar la conexión interna entre la adivinación y la idolatría, posiblemente debido a que el pasar a los hijos por fuego en el culto a Moloc estaba más íntimamente vinculado con la adivinación y la magia que cualquier otra forma de idolatría[2].

Se cita una amplia variedad de prácticas. Un «encantador» es alguien que susurra o que encanta serpientes; un brujo, alguien que usa augurios o conjuros; un mago, es el que aduce conocer los secretos del otro mundo; el que consulta a los muertos, es el que dice hablar con los muertos, y así por el estilo[3]. Pero el mal clave es la adoración a Moloc. La palabra Moloc (o Melec, Melek, Malic), quiere decir *rey*, y es una pronunciación equívoca del nombre de un pagano, en la que se retenían las consonantes de *rey* y se usaban las vocales de la palabra *vergüenza*. Se hacía sacrificios humanos a este dios, al que se le identifica como el dios de Amón en 1 Reyes 11:7, 33. Hay referencias a Moloc en Jeremías 49:1, 3; Amós 1:15; Sofonías 1:5; Levítico 18:21; 20:2-5; 2 Reyes 23:10; Jeremías 32:35, etc., y el lugar de adoración a Moloc en Israel era el valle de Hinón (Jer 32:35; 2 R 23:10). La adoración a Moloc no se limitaba a Amón[4].

Moloc es «el rey» o «la realeza». El nombre de Moloc también se da como Milcom, (1 R 6:5, 33; Jer 49:1, 3; Sof 1:5). Moloc era una faceta de Baal (Jer 32:35), y *Baal* quiere decir *señor*. Bajo el nombre de Melcart, rey de Tiro, se adoraba a Baal con sacrificios humanos en Tiro[5].

Se conoce relativamente poco de Moloc. Mucho más se sabe del concepto de la realeza divina: el rey como dios, y el dios como rey, como enlace humano y divino entre el cielo y la tierra. El dios rey representaba al hombre en una escala más alta, el hombre ascendido, y la adoración de tal dios, o sea, de tal *Baal*, era la aseveración de la *continuidad* del cielo y la tierra. Era la creencia de que todos los seres eran un solo ser, y que el dios por consiguiente era un hombre ascendido en esa escala de ser. El poder manifestado en el orden político era pues una manifestación o aprehensión y apoderamiento del poder divino. Representaba el triunfo de un hombre y su pueblo. La adoración a Moloc, pues, era una religión política.

Puesto que Moloc representaba realeza y poder, los sacrificios a Moloc representaban la adquisición, por lo menos, de inmunidad como seguro y protección, y, en su instancia más elevada, de poder. Los sacrificios «más altos» del paganismo,

2   Keil and Delitzsch, *The Pentateuch*, III, 393.
3   C. H. Waller, «Deuteronomy», en *Ellicott*, II, 54.
4   J. Gray, «Molech, Moloch», en *The Interpreter's Dictionary of the Bible*, K-Q, p. 422 f.
5   John D. Davis, *A Dictionary of the Bible* (Westminster Press, Filadelfia, 1924, 1936), p. 510.

y especialmente en la adoración a Baal, eran sacrificios de la humanidad, o sea, automutilaciones, notablemente el castrado, el sacrificio de los hijos y de la descendencia, y cosas parecidas. El sacerdote llegó a identificarse con el dios al grado en que «se apartaba» de la humanidad mediante su castración, su separación de las relaciones humanas normales, y sus anormalidades. El rey llegaba a identificarse con el dios al grado en que manifestaba poder absoluto. El sacrificio de niños era el sacrificio supremo a Moloc. La adoración a Moloc entró en Israel cuando Salomón edificó un altar a Moloc para sus esposas extranjeras, las amonitas en particular. Al parecer, Salomón limitó el alcance sacrificial de ese altar, porque muchas generaciones pasaron antes del primer sacrificio humano, pero el acto de Salomón (1 R 11:7, 8) había introducido en Israel el culto.

La adoración a Moloc era por tanto adoración al estado. El estado era el orden verdadero y supremo, y la religión era un departamento del estado. El estado demandaba total jurisdicción sobre el hombre; tenía, por consiguiente, derecho al *sacrificio total*. T. Robert Ingram, en su excelente estudio de la ley —casi el único trabajo meritorio sobre la ley en generaciones—, correctamente vincula el primer mandamiento a la prohibición del estatismo y el totalitarismo. Hablando del «gobierno que se arroga todo el poder y no se postra ante nadie», Ingram comenta:

> La palabra moderna que encaja con tal gobierno es totalitario: un gobierno que se arroga poder total. La meta cúspide de Satanás es tener un gobierno mundial totalitario. Nosotros, que hemos conocido algo del Dios Creador sabemos que el poder total puede residir solo en él. Claro, el hacedor de todo es mayor que todo lo que hace. La misma posibilidad de un monstruo Frankenstein, una creación de manos humanas que pueda destruir a los humanos y no ser destruida por ellos, es una imagen falsa de una razón distorsionada. Presupone un genio sobrenatural perverso que engaña a los hombres haciéndoles pensar que han hecho algo cuando en realidad no han sido sino agentes pasivos de un poder desconocido. El alfarero puede hacer lo que quiere con su barro.
>
> Es cierto que lo máximo en supremacía, el poder más grande que hay, es el poder de dar existencia a todo lo que es. Solo Dios no le debe su existencia a nadie y tiene existencia eterna en sí mismo. La sola posibilidad de un poder total que reside en alguna parte nos obliga a reconocerlo en el Creador. El poder total no puede ubicarse en ninguna otra parte. Cualquier persona que rehúsa reconocer que todas las cosas fueron hechas (y de aquí que hay un Hacedor) descarta toda consideración del hecho de que el poder total existe en alguna parte. Por tanto podemos decir que lo mismo para los cristianos que para los que no son cristianos no hay una manera razonable de establecer poder total en otra parte que no sea en el Creador de todas las cosas. Aparte de él, todo poder es dividido y por consiguiente limitado[6].

6   T. Robert Ingram, *The World Under God's Law* (St. Thomas Press, Houston, 1962), p. 24.

El que un estado se adjudique jurisdicción total, como lo hace el estado moderno, es aducir ser como dios, ser el gobernador total del hombre y del mundo. En lugar de ley limitada y jurisdicción limitada, el estado anticristiano moderno demanda jurisdicción de la cuna al sepulcro, del vientre a la tumba, sobre beneficencia, educación, adoración, familia, negocios y agricultura, capital y mano de obra, y todo lo demás. El estado moderno es un Moloc que exige adoración a Moloc, que demanda jurisdicción total sobre el hombre y por tanto sacrificio total.

Pero, como Ingram observa, con respecto a la adoración, «solo el poder que hay que adorar puede ordenar la manera en que se le debe adorar»[7]. De modo similar, solo el poder que es supremo tiene el derecho de ser la fuente de la ley. Dios es la única *fuente* verdadera de la ley; el estado es una *agencia* de ley, una agencia entre muchas (iglesia, escuela, familia, etc.), y tiene un aspecto específico y limitado de ley para administrarla bajo Dios. El Estado Moloc niega tales límites: insiste en imponer impuestos a voluntad, en expropiar a gusto mediante «dominio eminente», y se arroga el derecho de obligar a la juventud a la guerra y a la muerte a voluntad del estado.

El Estado Moloc es producto de la apostasía. Cuando un pueblo rechaza a Dios como Rey, y hace de un hombre o un estado su rey (1 S 8:7-9), Dios declara las consecuencias:

> Así hará el rey que reinará sobre vosotros: tomará vuestros hijos, y los pondrá en sus carros y en su gente de a caballo, para que corran delante de su carro; y nombrará para sí jefes de miles y jefes de cincuentenas; los pondrá asimismo a que aren sus campos y sieguen sus mieses, y a que hagan sus armas de guerra y los pertrechos de sus carros. Tomará también a vuestras hijas para que sean perfumadoras, cocineras y amasadoras. Asimismo tomará lo mejor de vuestras tierras, de vuestras viñas y de vuestros olivares, y los dará a sus siervos. Diezmará vuestro grano y vuestras viñas, para dar a sus oficiales y a sus siervos. Tomará vuestros siervos y vuestras siervas, vuestros mejores jóvenes, y vuestros asnos, y con ellos hará sus obras. Diezmará también vuestros rebaños, y seréis sus siervos. Y clamaréis aquel día a causa de vuestro rey que os habréis elegido, mas Jehová no os responderá en aquel día (1 S 8:11-18).

Varios aspectos del estado que rechaza a Dios se citan aquí: *Primero,* se instituirá e impondrá una conscripción militar antibíblica. *Segundo,* habrá batallones de trabajo obligatorio conscriptos para el servicio del estado. *Tercero,* la conscripción será de hombres y mujeres jóvenes, y también de animales. *Cuarto,* el estado confiscará la propiedad de tierra y de ganado. *Quinto,* debido a que el estado está ahora haciendo de dios y rey, exigirá como Dios un diezmo, una décima parte de

---

7 *Ibid.,* p. 25.

la ganancia del hombre como impuestos. *Sexto,* Dios no oirá a un pueblo que se queje por pagar el precio de sus pecados.

Todas estas condiciones las cumple y supera el Estado Moloc moderno, que rehúsa contentarse con un diezmo sino que exige un impuesto igual a varios diezmos. En algunos países, el impuesto local exigido es una apropiación increíble. Así, el finado Luigi Einaudi, el más destacado economista de Italia y ex presidente de la república, calculó que, si todo el impuesto consignado en los libros de estatutos fuera recaudado, el estado absorbería el 110% del ingreso nacional»[8].

El Estado Moloc representa el esfuerzo supremo del hombre por controlar el futuro, predestinar al mundo y ser como Dios. Aun los esfuerzos menores —adivinación, búsqueda de espíritus, magia, y hechicería— son igualmente anatema para Dios. Todo eso representa esfuerzos de tener el futuro en términos diferentes a los de Dios, tener un futuro aparte de Dios y en desafío a Dios. Son afirmaciones de que el mundo no es de Dios sino del poder de facto, y que el hombre puede de alguna manera dominar al mundo y al futuro yendo directamente a la materia prima del mismo. En este sentido, el rey Saúl por fuera se conforma a la ley de Dios al abolir todas las artes ocultas, pero, cuando enfrenta una crisis, acude a la hechicera de Endor (1 S 28). Saúl sabía cómo estaba ante Dios: en rebelión e impenitente. Sabía además lo que decía la ley y el profeta Samuel en cuanto a él (1 S 15:10-35). Samuel vivo le había declarado el futuro divino. Al acudir a la hechicera de Endor, Saúl intentó hablar con Samuel muerto, con la fe y esperanza de que Samuel muerto estuviera en contacto e informado respecto a un mundo de poderes fácticos fuera de Dios que pudiera ofrecerle un futuro libre de Dios, y libre de la ley. Pero la palabra de la tumba solo subraya la palabra ley de Dios (1 S 28:15-19). Fue una palabra condenatoria.

Hay que incluir la astrología en los esfuerzos impíos que no pueden apagar ni soslayar el juicio (Is 47:10-14).

En Levítico 19:26, se prohíbe la adivinación y la hechicería en la misma frase junto a comer sangre. La definición de Davis del significado de la sangre en la Biblia merece que se cite en pleno como una declaración sucinta del asunto:

SANGRE. Fluido vital que circula por el cuerpo, llevado por un sistema de arterias profundas desde el corazón a las extremidades, y por un sistema de venas superficiales de regreso al corazón. [...] La vida está en la sangre (Lv 17:11, 14): o la sangre es la vida (Dt 1:23), aunque no exclusivamente (Sal 104:30). La sangre representa la vida, y tan sagrada es la vida delante de Dios que se pudo decir que la sangre del asesinado Abel clamaba a Dios por venganza desde la tierra (Gn 4:10); e inmediatamente después del diluvio se prohíbe que se coma la sangre de los animales inferiores, aunque se autoriza matarlos para comer (9:3, 4; Hch 15:20, 29), y se establece la ley: «El

---

8   Luigi Barzini, *The Italians* (Bantam Books, New York, 1965), p. 109.

que derramare sangre de hombre, por el hombre su sangre será derramada»
(Gn 9:6). La pérdida de la vida es el castigo del pecado, y el derramamiento
de sangre vicario típico era necesario para remisión (Heb 9:22). Por eso, bajo
la ley mosaica se usaba la sangre de animales en todas las ofrendas por el
pecado, y la sangre de las bestias que se mataban en las cacerías o sacrificadas
para alimento se derramaba y se cubría con tierra, porque Dios la prohibió
como consumo del hombre y la reservó para propósitos de expiación (Lv
17:10-14; Dt 1:15, 16). La «sangre de Jesús», la «sangre de Cristo», la «sangre de Jesucristo» y «la sangre del Cordero», son expresiones figuradas de
su muerte expiatoria (1 Co 10:16; Ef 2:13; Heb 9:14;10:19; 1 P 1:2, 19;
1 Jn 1:7; Ap 7:14; 12:11)[9].

Puesto que la vida la da Dios y se debe vivir solo en sus términos, ninguna vida
de hombre o bestias se puede quitar excepto en los términos de Dios, sea por el
estado, por el hombre para comer, o por el hombre en defensa propia. Querer
gobernar o quitar la vida aparte de lo que permite Dios, y aparte de su servicio,
es intentar gobernar el mundo y el futuro aparte de Dios. Por esta razón Levítico
19:26 pone el comer sangre, la adivinación y la hechicería en el mismo nivel como
el mismo pecado en esencia.

Deuteronomio 18:13 ordena: «Perfecto serás (o «irreprensible», NVI, «totalmente fiel», PDT, «intachable», LBLA) delante de Jehová tu Dios». Esto es
parte del mandamiento repetido a menudo: «Santos seréis, porque santo soy yo
Jehová vuestro Dios» (Lv 19:2; 11:44; Éx 19:6; Lv 20:7, 26; 1 Ts 4:7; 1 P 1:15,
16, etc.). Ser santo quiere decir estar separado, o sea, separado de un uso común
para un uso sagrado. Los utensilios y vasijas del santuario, los ministros y ciertos
días fueron separados para el servicio de Dios y por consiguiente eran santos (Éx
20:8; 30:31; 31:10, 11; Nm 5:17; Zac 14:21). La contaminación debido a la
falta de separación podía ser ceremonial o física (Éx 22:31; Lv 20:26), o podía ser
espiritual y moral (2 Co 7:1; 1 Ts 4:7; Lv 20:6, 7; 21:6). La santidad de Dios es
su separación de todo ser creado como el ser no creado y creador, infinito en sabiduría, poder, justicia, bondad, verdad y gloria. La verdadera santidad del hombre
es la separación del hombre para Dios en fe y obediencia a la ley de Dios. La ley
es así el camino especificado de santidad.

La adoración a Moloc busca una forma no teísta, no bíblica, de alcanzar santidad. Procura erigirse como poder y gloria mediante sacrificios diseñados para
trascender la humanidad. San Pablo señal`ó algunas de estas maneras de santidad
falsa como «prohibirán casarse, y mandarán abstenerse de alimentos que Dios
creó para que con acción de gracias participasen de ellos los creyentes y los que
han conocido la verdad […] porque por la palabra de Dios y por la oración es
santificado» (1Ti 4:3, 5).

---

9   Davis, *Dictionary of the Bible*, p. 99.

Muy a menudo, las sociedades han sacrificado hombres a fin de dedicar y santificar un edificio, para darle poder. Escribiendo en 1909, Lawson informó en su estudio del persistente paganismo en Grecia: «…se informó de Zacintos apenas hace una generación que un fuerte sentimiento todavía existía allí a favor de sacrificar a un mahometano o un judío en el cimiento de puentes importantes y otros edificios; y hay una leyenda de un negro al que en efecto se emparedó en el puente de un acueducto cerca de Lebadea en Beocia»[10]. Strack, al refutar todo ritual racial de sangre entre los judíos, llamó la atención a las abundantes evidencias de sacrificios humanos supersticiosos y sacrificios animales en la Europa moderna[11].

Los esfuerzos del hombre para controlar el mundo y ser la fuente de la predestinación también conducen a falsos profetas. La ley que gobierna esto declara:

Cuando se levantare en medio de ti profeta, o soñador de sueños, y te anunciare señal o prodigios, y si se cumpliere la señal o prodigio que él te anunció, diciendo: Vamos en pos de dioses ajenos, que no conociste, y sirvámosles; no darás oído a las palabras de tal profeta, ni al tal soñador de sueños; porque Jehová vuestro Dios os está probando, para saber si amáis a Jehová vuestro Dios con todo vuestro corazón, y con toda vuestra alma. En pos de Jehová vuestro Dios andaréis; a él temeréis, guardaréis sus mandamientos y escucharéis su voz, a él serviréis, y a él seguiréis (Dt 13:1-4).

Profeta de en medio de ti, de tus hermanos, como yo, te levantará Jehová tu Dios; a él oiréis; conforme a todo lo que pediste a Jehová tu Dios en Horeb el día de la asamblea, diciendo: No vuelva yo a oír la voz de Jehová mi Dios, ni vea yo más este gran fuego, para que no muera. Y Jehová me dijo: Han hablado bien en lo que han dicho. Profeta les levantaré de en medio de sus hermanos, como tú; y pondré mis palabras en su boca, y él les hablará todo lo que yo le mandare. Mas a cualquiera que no oyere mis palabras que él hablare en mi nombre, yo le pediré cuenta. El profeta que tuviere la presunción de hablar palabra en mi nombre, a quien yo no le haya mandado hablar, o que hablare en nombre de dioses ajenos, el tal profeta morirá. Y si dijeres en tu corazón: ¿Cómo conoceremos la palabra que Jehová no ha hablado?; si el profeta hablare en nombre de Jehová, y no se cumpliere lo que dijo, ni aconteciere, es palabra que Jehová no ha hablado; con presunción la habló el tal profeta; no tengas temor de él (Dt 18:15-22).

Deuteronomio cita tres casos de instigación a la idolatría, *primero,* en los vv. 1-5, por el falso profeta; *segundo,* en los vv. 6-11, por un individuo aislado; y, *tercero,* por

---

10   John Cuthbert Lawson, *Modern Greek Folklore and Ancient Greek Religion* (University Books, New Hyde Park, N. Y., [1909], 1964), p. 276s.
11   Hermann L. Strack, *The Jew and Human Sacrifice* (Cope and Fenwick, Londres, 1909).

una ciudad, vv. 12-18[12]. El castigo en cada caso fue la muerte sin misericordia. Para la mente moderna, esto parece drástico. ¿Por qué la pena de muerte por la idolatría? Si la idolatría no tiene importancia para el hombre, que se imponga un castigo por ella es espantoso. Pero el hombre moderno no hace objeciones a la pena de muerte por crímenes contra el estado, o contra «el pueblo», o contra «la revolución», porque estas cosas son importantes para él. La pena de muerte no se requiere aquí por creencia privada: es por los intentos de subvertir a otros y subvertir el orden social seduciendo a otros a la idolatría. Debido a que el fundamento de la ley bíblica es el único Dios verdadero, la ofensa central es por consiguiente traición a ese Dios en forma de idolatría. Todo orden ley tiene su concepto de traición. Ningún orden ley puede permitir un ataque a sus cimientos sin suicidarse. Los estados que aducen abolir la pena de muerte siguen reteniéndola por completo para crímenes contra el estado. Los fundamentos de un orden ley se deben proteger.

Las ofensas criminales *siempre* exigen un castigo. La pregunta crítica en cualquier sociedad es ésta: ¿a quién se debe castigar? La ley bíblica declara que debe prevalecer la restitución: si un hombre roba $100, debe restaurar los $100 más otros $100; se castiga al delincuente. En ciertos crímenes, su restitución es su propia muerte. En la sociedad humanista moderna, se penaliza a la víctima. No hay restitución, y hay un castigo cada vez más leve para el delincuente. Sin restitución, el delito se vuelve potencialmente lucrativo, y el estado penaliza a la víctima. La víctima es penalizada por el delito, por los costos de la corte, y los costos de prisión que se reflejan en los impuestos.

Pero el delito siempre cobra una pena por encima y más allá de los individuos que intervienen como víctimas y delincuentes. Se rompe el orden ley; se rompe la paz y la salud de la sociedad. Una sociedad que tolera atentados contra sí misma y contra los ciudadanos que cumplen la ley es una sociedad peligrosa y agonizante.

Básico para la salud de una sociedad es la integridad de sus fundamentos. Permitir que se altere sus fundamentos es permitir una rebelión total. La ley bíblica no puede permitir la propagación de la idolatría, como el marxismo no puede permitir la contrarrevolución, ni una monarquía un movimiento para ejecutar al rey, ni una república un intento de destruir la república y producir una dictadura.

Se debe notar que Deuteronomio 13:5-18 no pide la pena de muerte por incredulidad o herejía. Condena a los falsos profetas (vv. 1-5) que con señales y prodigios tratan de llevar al pueblo a la idolatría. Condena a los individuos que en secreto tratan de empezar un movimiento hacia la idolatría (vv. 6-11). Condena a las ciudades que establecen otra religión y subvierten el orden ley de la nación (vv. 13-18), y el hombre debe imponer esta condenación para alejar el castigo de Dios (v. 17).

Esta condenación no se aplica a una situación misionera, donde el país es contrario a Dios; es una cuestión de conversión. Exige a la nación basada en un

---

12   Waller, en *Ellicott*, II, 42.

sistema ley de Dios que preserve ese orden y que castigue la traición básica contra ella. Ninguna sociedad escapa a la prueba, y Dios prueba al hombre con estos retos, para ver si el hombre sigue los términos del orden de Dios o no (v. 3).

Después de habérselas con los falsos profetas, o sea, falsos mediadores, la ley se vuelve al único verdadero Mediador:

> Profeta de en medio de ti, de tus hermanos, como yo, te levantará Jehová tu Dios; a él oiréis (Dt 18:15).

Este profeta y su obra se describen en los vv. 15-19. Los hombres deben obedecerlo, o de lo contrario el Señor se los cobrará (v. 19). El comentario de Waller respeto al profeta es bien bueno:

> La relación entre estos versículos y los precedentes la ilustra bien la pregunta de Isaías (cap. 8:19): «Y si os dijeren: Preguntad a los encantadores y a los adivinos, que susurran hablando, responded: ¿No consultará el pueblo a su Dios? ¿Consultará a los muertos por los vivos?» O, como el ángel dijo la frase en la mañana de resurrección, «¿Por qué buscáis entre los muertos al que vive?»[13].

Según Calvino, «la expresión "un profeta", se aplica por enálage a varios profetas. [...] De ningún modo más correcta es su opinión, que se aplica solo a Cristo»[14]. Claramente, este pasaje no se refiere a los profetas en general, y en los vv. 20-22, se identifica al falso profeta y se le llama presuntuoso: «No tengas temor de él». El término, sin embargo, igual de claro y de forma más obvia, se aplica al gran Profeta y Mediador, que está en contra de los muchos falsos mediadores. Todos los profetas son portavoces de aquel Profeta que habla la palabra del SEÑOR. Puesto que solo hay un Dios verdadero, hay una palabra y un portavoz. Todos los profetas fueron portavoces del Profeta, Jesucristo, la segunda persona de la Trinidad.

El mandamiento es «No tendrás dioses ajenos delante de mí». En nuestro mundo politeísta, los muchos otros dioses son las muchas personas: todo hombre es su propio Dios. Todo hombre bajo la ideología humanista es su propia ley y su propio universo. El anarquismo es el credo personal, y el estatismo totalitario el credo social, puesto que solo la coacción, en un mundo politeísta, une a los hombres.

> Durante la reciente ocupación de la Sorbona un estudiante borró un gran letrero de «No fumar» cerca de la entrada al auditorio y escribió: «Tienes el derecho de fumar». A su debido tiempo otro estudiante añadió: «Se prohíbe

---

13   Waller, en *Ellicott*, II, 54.
14   Calvino, *op. cit.,* I, 434.

prohibir». Este eslogan ha cundido y ahora aparece en muchos lugares que los estudiantes controlan. En letras de más de un metro en el gran salón de la Sorbona alguien ha escrito: «Creo que mis deseos son la verdad porque creo en la verdad de mis deseos»[15].

Estos estudiantes sin ley, a la vez que afirman que nadie tiene el derecho de prohibirles nada, de coaccionarlos a conducta alguna, se inclinan a coaccionar a una nación entera. Total anarquía quiere decir coacción total. Esto es adoración a Moloc con venganza: hay que sacrificar a toda la sociedad para satisfacer a estos modernos adoradores de la destrucción. La rebelión estudiantil es el clímax apropiado para la educación estatista. Entregar a los hijos al estado es entregarlos al enemigo. Para los hijos entregados, como los nuevos jenízaros de los nuevos turcos, convertir la sociedad que los engendró y destruirla es un castigo de la adoración a Moloc de sus ancianos. Tener otros dioses y otras leyes, otras escuelas, y otras esperanzas aparte del único Dios verdadero es pedir que caiga todo el peso de la ley como castigo.

Nuestra cultura hoy se parece a la leyenda de Empédocles, el filósofo griego:

Incluso en vida, Empédocles fue una figura carismática. Diódoro lo describe como coronado de laurel, vestido de púrpura como un dios, y con sandalias de oro. Enseñaba que las más altas formas de vida humana, las más cercanas a lo divino, eran el profeta y el médico. Él era ambas cosas. Como mito vivo, atrajo la leyenda. El más espectacular de los relatos sin respaldo es el cuento de su muerte en un salto suicida al cráter del Aetna: inmolación en la esperanza de convertirse en dios, o por lo menos de que se le adorara como a un dios. La montaña, se dice, más tarde devolvió una sandalia de oro[16].

Como el legendario Empédocles de la antigüedad, nuestro mundo actual trata de convertirse en dios inmolándose.

4. Las leyes de la membresía del pacto

Los que obedecen el primer mandamiento («No tendrás dioses ajenos delante de mí») son miembros del pacto. Los dos ritos básicos del pacto en el Antiguo Testamento eran la circuncisión y la Pascua, y, en el Nuevo Testamento, el bautismo y la comunión.

---

15   *The Review of the News,* vol. IV, no. 22 (29 mayo 1968), p. 16.
16   Helen Hill Miller, *Sicily and the Western Colonies of Greece* (Charles Scribner's Sons, Nueva York, 1965), p. 146. Para una referencia al sacrificio de un niño a Moloc por Jimilco de Cartago, ver p. 165.

Génesis 17:9-14 nos da la institución de la circuncisión como señal del pacto. El requisito del pacto es obediencia a la ley moral (Gn 17:1; 18:17-19). «Es más, el carácter ético de la religión del AT lo simboliza la circuncisión»[1]. La práctica de la circuncisión estaba ampliamente extendida en todas las culturas, y siempre era religiosa. Es el acto de cortar el prepucio del órgano genital masculino.

Para entender doctrinalmente la circuncisión, dos hechos son significativos: primero, fue instituida antes del nacimiento de Isaac; segundo, en la revelación que la acompaña se hace referencia solo a la segunda promesa, relativa a la posteridad numerosa. Estos dos hechos juntos muestran que la circuncisión tenía algo que ver con el proceso de propagación. No en el sentido de que el acto sea pecado en sí mismo, porque no hay ni rastro de esto en ninguna parte del AT. No es el acto sino el producto, es decir, la *naturaleza humana,* lo que es impuro, y necesita purificación y cualificación. De aquí que la circuncisión no se aplica, como entre los paganos, a hombres adultos, sino a infantes en el octavo día. La naturaleza humana es inmunda y descalificada en su propia fuente. El pecado, en consecuencia, es cuestión de raza y no solo del individuo. Es preciso recalcar la necesidad de cualificación especialmente bajo el AT. En ese tiempo, las promesas de Dios tenían referencia cercana a cosas temporales, naturales. De aquí que se produjo el peligro de que la descendencia natural pudiera entenderse como con derecho a la gracia de Dios. La circuncisión enseña que la descendencia física de Abraham no es suficiente para hacer verdaderos israelitas. Hay que quitar la impureza y descalificación de la naturaleza. Dogmáticamente hablando, por consiguiente, la circuncisión significa justificación y regeneración, más santificación (Ro 4:9-12; Col 2:11-13)[2].

La ley, en Levítico 12:3, requiere la circuncisión al octavo día. Todos los que deseaban participar de la Pascua, hebreos o extranjeros, tenían que estar circuncidados (Éx 12:4-48-43). Jesús y Juan el Bautista fueron circuncidados (Lc 1:59; 2:21), y también San Pablo (Fil 3:5), quien insistió en la circuncisión de Timoteo, que tenía una madre judía y padre griego (Hch 16:3). Pero Pablo no la exigió de Tito (Gá 2:3).

Desde el principio se entendió el significado de la circuncisión y sus consecuencias espirituales:

Circuncidad, pues, el prepucio de vuestro corazón, y no endurezcáis más vuestra cerviz (Dt 10:16).

---

1   Geerhardus Vos, *Biblical Theology, Old and New Testaments* (Eerdmans, Grand Rapids, 1948), p. 103.

2   *Ibid.,* p. 104s.

Y circuncidará Jehová tu Dios tu corazón, y el corazón de tu descendencia, para que ames a Jehová tu Dios con todo tu corazón y con toda tu alma, a fin de que vivas (Dt 30:6).

Expresiones similares se hallan en Levítico 26:41; Jeremías 4:4; 6:10; Romanos 2:28-29; Colosenses 2:11, etc.

Los comentaristas modernos no ven gran distinción entre la circuncisión hebrea y la pagana[3]. Las diferencias, por supuesto, son muy grandes. Para el cristiano, la diferencia principal es que el rito bíblico lo ordenó Dios como parte de su revelación. Con respecto al significado del rito, en el paganismo es un ritual de iniciación en la edad varonil, y en la tribu o clan. En tanto que otras religiones por lo general reconocen un defecto en la naturaleza humana, también sostienen que el hombre puede remediar el defecto: de aquí la relación de la circuncisión con el inicio de la edad viril. El joven asume sus responsabilidades en la sociedad, y también su responsabilidad religiosa para conformarse al estándar religioso mediante un acto voluntario. El paganismo es pelagiano hasta la médula. La circuncisión en el octavo día le quita al hombre el poder del rito y lo asigna a Dios: el nene no es capaz de justificarse, regenerarse ni santificarse; es enteramente pasivo en el rito. De esta manera se establece el hecho de la gracia divina. El pacto totalmente representa iniciativa y gracia de Dios, y la señal del pacto representa lo mismo. El mandamiento, por consiguiente, era claro: la circuncisión debía ser en el octavo día (o después), cuando la sangre del niño se coagularía apropiadamente y permitiría la operación.

Una ceremonia relativa a la circuncisión es la purificación de la mujer después del parto (Lv 12). La impureza de la mujer tiene referencia a una impureza religiosa y sacramental. Micklem observa en cuanto a Levítico 12:12:

La traducción *impura* es peculiarmente desdichada aquí, porque inevitablemente sugiere desaprobación o disgusto, y resalta el criterio maniqueo del mal inherente en la carne. El pasaje se podía parafrasear: «Cuando una mujer tenga un hijo, el sentimiento apropiado requiere que permanezca recluida por una semana; y entonces hay que circuncidar al niño; aunque ella debe quedarse en casa por un mes, y su primera salida debe ser a la iglesia»[4].

El punto respecto al maniqueísmo es correcto, ¡pero está en juego más que un «sentimiento apropiado»! Ni la carne ni el espíritu del hombre caído son limpios ante Dios. No hay más esperanza en las cosas espirituales que en las cosas mate-

---

3   Ver, por ejemplo, Nathaniel Micklem, «Leviticus» [«Levítico»], en *The Interpreter's Bible,* vol. II, p. 60s., y J. P. Hyatt, «Circumcision» [«Circuncisión»], en *The Interpreter's Dictionary of the Bible,* A-D, pp. 629-631.

4   Micklem, *Interpreter's Bible,* II, 60.

riales. La circuncisión atestigua el hecho de que la esperanza del hombre no está en la generación sino en la regeneración, y el testimonio de la ceremonia de la purificación de la mujer es lo mismo.

Los días de la impureza para un niño varón eran siete; la circuncisión, por su testimonio de la gracia del pacto, terminaba ese período. Para la niña, los días de la impureza eran catorce, y durante ese tiempo la mujer no debía tocar ninguna cosa sagrada y tenía prohibida la entrada al santuario. A estos períodos les seguían días de purificación, treinta y tres después del nacimiento de un varón, y sesenta y seis días después del nacimiento de una hija, después de los cuales la madre iba al santuario con una ofrenda, un cordero de un año, o, en el caso de pobreza, como María (Lc 2:21-24), dos pichones o palomas. La circuncisión servía para acortar el tiempo respecto al nacimiento de varones, y el rito de purificación era testimonio de la membresía en el pacto para las hijas. Era un recordatorio de que la justicia del pacto era de la gracia de Dios para con la madre y el hijo, y que esa gracia, no la raza ni la sangre, es el manantial de la salvación.

El culto continúa en la iglesia, y aparece, por ejemplo, en el *Libro de Oración Común* como «Acción de gracias después del alumbramiento» o «Purificación de las mujeres». Empieza con la declaración pastoral: «Puesto que agradó a Dios Omnipotente por su bondad concederte un feliz alumbramiento, y te ha preservado en el gran peligro del parto, debes dar sinceras gracias», y concluye con la presentación de parte de la mujer de la ofrenda requerida.

El rito tiene referencia, no al pecado actual sino al pecado original, y es un reconocimiento de la caída del hombre y del pacto de gracia. Con el nacimiento la antigua rebelión de Adán se vuelve a introducir en la familia del pacto en la forma de un niño cuya naturaleza la hereda de Adán. Se reconoce esta corrupción hereditaria, y se implora el pacto de la gracia, en el rito de la purificación de la mujer. No hay razón válida para la descontinuación del rito. Se ha reducido a una simple acción de gracias en el *Libro de Oración Común,* que es una atrofia del significado, pero que con todo supera en mucho la práctica de otras iglesias.

El bautismo es la señal del pacto renovado, y reemplaza a la circuncisión. Era una señal de purificación religiosa y consagración en el Antiguo Testamento (Éx 29:4; 30:19, 20; 40:12; Lv 15; 16:26, 28; 17:15; 22:4, 6; Nm 19:8). En Ezequiel 36:25-26 se nos da el bautismo («rociamiento») como señal de la regeneración del pueblo del pacto después del cautiverio, y se asocia con un «nuevo corazón». Jeremías 31:31-34 asocia este «nuevo corazón» con el nuevo pacto en Cristo. En términos de estos pasajes, a los prosélitos de Israel los bautizaban antes de la circuncisión, indicando que se tenía en mente el nuevo pacto. Juan el Bautista, al llamar a todo Israel al bautismo, produjo sensación, pues indicaba que la era del Mesías había llegado.

El bautismo, como la circuncisión, debía administrarse a los niños, a menos que fuera a un adulto recién convertido, como señal de membresía del pacto por gracia. No es de sorprender que la mayoría de los que se oponen al bautismo infantil sean lógicamente también pelagianos o por lo menos arminianos. Insisten en afirmar categóricamente la prerrogativa de la salvación del hombre.

El otro rito de la membresía del pacto, la Pascua, fue instituido en Egipto (Ex 12; 13:3-10; Nm 9:1-14; Dt 16:3-4; Éx 23:18)) para celebrar el acto culminante de redención divina de castigar a Egipto. Dios mató a todos los primogénitos de Egipto, y sobrevoló las casas de los israelitas y de otros creyentes en donde la sangre de un cordero o cabrito se había untado en el umbral y en los postes de las puertas, y todos los miembros de la familia estaban, bordón en mano, listos para salir en vista de la liberación que Dios les había prometido. El cordero o cabrito se asaba entero y se lo comía con panes sin levadura (para significar la incorruptibilidad del sacrificio, Lv 2:11; 1 Co 5:7, 8) y hierbas amargas, para significar la amargura de su esclavitud en Egipto.

Algo fundamental en la Pascua es la sangre. En el pacto con Abraham (Gn 15:7-21), Abraham debía pasar entre las piezas divididas de los animales sacrificados, que preanunciaba la muerte del Hacedor del pacto, o sea, la muerte del verdadero sacrificio que vendría, Jesucristo, y el castigo con la muerte de los que traicionaban su pacto. Moisés en el Sinaí tomó la sangre y la roció sobre el altar y sobre el pueblo (Éx 24:4-8) para indicar que el pacto descansaba en la expiación provista enteramente por Dios, y que el castigo para la apostasía del pacto era la muerte. Stibbs ha resumido muy bien la principal significación de «sangre» en las Escrituras:

La sangre es una señal visible de una vida que ha acabado violentamente; es la señal de vida que se entrega o se quita en la muerte. Esa entrega o privación de la vida es en este mundo lo máximo en dádivas o precio y transgresión o castigo. El hombre no conoce nada mayor. Así que, primero, la mayor ofrenda o servicio que una persona puede ofrecer es su sangre o su vida. «Nadie tiene mayor amor que éste, que uno ponga su vida por sus amigos» (Jn 15:13). Segundo, el mayor delito o mal terrenal es derramar sangre o quitar la vida, es decir, homicidio o asesinato. Tercero, la máxima pena o pérdida es que derrame la sangre de uno o que se le quite la vida. Por eso se dice del que derrama sangre que «por el hombre su sangre será derramada»; y Pablo dice del magistrado: «… no en vano lleva la espada, pues es servidor de Dios, vengador para castigar al que hace lo malo» (Ro 13:4). «La paga del pecado es muerte» (Ro 6:23). Cuarto, la única expiación posible o adecuada es vida por vida y sangre por sangre. Esta expiación el hombre no la puede hacer. (Vea Sal 49:7-8; Mr 8:36-37). No solo que ha perdido ya derecho a su vida por pecador, sino también que toda vida es de Dios (vea Sal 50:9-10). El hombre no tiene «sangre» que pueda dar. Esta dádiva necesaria pero de otra manera imposible de obtener la ha dado Dios. Él ha dado la sangre para hacer la expiación (Lv 17:11). La expiación es, por consiguiente, solo posible como dádiva de Dios. O, como P. T. Forsyth lo expresó: «El sacrificio es el fruto y no la raíz de la gracia». Lo que es más, cuando nuestro Señor dijo que había «venido para dar su vida en rescate por muchos» (Mr 10:25), estaba implicando su deidad y su condición humana sin pecado, e indicando el cumplimiento de aquello de lo que la sangre derramada de los sacrificios animales solo era tipo. Aquí en Jesús, el Hijo encarnado, Dios había llegado en persona a dar como Hombre la única sangre que podía hacer expiación. La iglesia de Dios es, por consiguiente, comprada con Su propia sangre (Hch 20:28).

Estos cuatro significados de «sangre» derramada se cumplen en la cruz de Cristo. Allí el Hijo del hombre en carne y sangre humana hizo a nuestro favor y para nuestra salvación la suprema ofrenda. Dio su vida. (Vea Jn 10:17, 18). Segundo, se convirtió en la víctima del mayor delito de la humanidad. Lo mataron vil e injustamente. Tercero, «fue contado con los inicuos» (Lc 22:37; de Is 53:12), y sufrió la pena capital de un malhechor. La mano de la ley y el magistrado romano lo mataron. Por el hombre fue derramada su sangre. Cuarto, él, como Dios hecho carne, dio, como solo él podía dar, su sangre humana para hacer expiación. Ahora, por consiguiente, se puede predicar en su nombre el arrepentimiento y la remisión de pecados. Somos justificados por su sangre[5].

La Pascua celebraba la redención de Israel, así como el sacramento de la Cena del Señor celebra la redención de la verdadera iglesia de Dios por la sangre de Jesucristo. La celebración del sacramento significa la recepción por fe de la redención y limpieza del pecado —y las bendiciones de la vida del pacto— en Cristo mediante su sacrificio expiatorio.

La Pascua era el doble testigo que la sangre requería. Se requería sangre, *primero*, de todo Egipto por su incredulidad. El primogénito representaba en su persona a toda la familia, y la sentencia de muerte se dictó contra ellos como una sentencia de muerte contra todos. *Segundo*, Israel, no menos que Egipto, estaba sentenciado a muerte. No había en ellos mérito que los salvara, ni podía haberlo. Pero la sentencia de muerte dictada contra el pueblo del pacto la asumió Dios Hijo en el tipo de la sangre del cordero.

El mismo testigo doble de sangre aparece en la cruz. *Primero*, Israel fue sentenciado a muerte (Mt 24) y destinado a la destrucción por su traición al pacto. *Segundo*, el pueblo de Cristo fue redimido del pecado por la sangre del pacto y fue librado del castigo de Jerusalén y Judea.

El sacramento de la Cena del Señor es la Pascua cristiana, «porque nuestra pascua, que es Cristo, ya fue sacrificada por nosotros. Así que celebremos la fiesta,

---

5   A. M. Stibbs, *The Meaning of the Word "Blood" in Scripture* (The Tyndale Press, Londres, 1948, 1962), p. 30s.

no con la vieja levadura, ni con la levadura de malicia y de maldad, sino con panes sin levadura, de sinceridad y de verdad» (1 Co 5:7, 8). La primera celebración de la Cena del Señor, en el aposento alto, tuvo lugar a la conclusión y cumplimiento de la Pascua.

El mismo testigo doble es básico en la Cena del Señor, y no se puede celebrar verdaderamente si se niega o soslaya este aspecto. *Primero,* la Pascua de Israel se celebró en la expectativa de la victoria. Los hebreos debían de comer de prisa; Dios los libraría esa misma noche de su opresor y enemigo mediante un juicio poderoso contra Egipto y el saqueo de los egipcios (Éx 12:11, 29-36). La Pascua cristiana establece la liberación del creyente del pecado y la muerte y su liberación del enemigo. Es una salvación espiritual y material. Celebrar la muerte del Primogénito de Dios para nuestra salvación es celebrar la muerte de los enemigos de Dios, de sus primogénitos, en su totalidad, bajo castigo divino. Requiere que nos movamos en términos de victoria (Éx 12:11) a fin de recibirla. Limitar el sacramento a una victoria espiritual es actuar como maniqueo y no como cristiano; es ver a Dios como señor solo de lo espiritual y no del ámbito material. Entonces, *segundo,* como es bien evidente, la Cena del Señor es victoria debido a su juicio. San Pablo declaró que el sacramento es juicio contra los creyentes que participan de ella «indignamente, sin discernir el cuerpo del Señor» (1 Co 11:27-30). Si es juicio contra los creyentes que transgreden, ¿cuánto mucho más la Cena del Señor proclama condenación a un mundo en rebelión contra Dios?

Pero, *tercero,* los hijos del pacto (los niños varones circuncidados) y las hijas del pacto, participaban del mismo. En verdad, el servicio fue diseñado para declarar el significado del sacramento a los niños varones más jóvenes capaces de hablar, a quienes se le asignó el papel ritual de preguntar: «¿Qué es este rito vuestro?» (Éx 12:26). El padre entonces declaraba el significado de todo. En la iglesia primitiva, los niños participaban del sacramento, según todos los registros. La evidencia de San Pablo indica que familias enteras asistían y participaban; era la comida del anochecer (1 Co 11). *Antiquities of the Christian Church,* de Joseph Bingham, cita la evidencia de una práctica largamente ejecutada de participación de niños e infantes. Esta práctica fue una continuación de la Pascua de Israel, y no hay ninguna evidencia bíblica para dejarla. Al mismo tiempo, hay que notar que la iglesia inicial estrictamente excluyó de los sacramentos a los extraños. Los argumentos contra esta inclusión de niños son más racionalistas y pelagianos que bíblicos.

El mandamiento «No tendrás dioses ajenos delante de mí» requiere, *primero,* que el hombre sepa que su única esperanza de salvación es la sangre del sacrificio de Dios, el Cordero de Dios, y que viva en obediencia agradecida. *Segundo,* el hombre debe reconocer que toda sangre está gobernada por Dios y su palabra-ley, y que hacer algo aparte de Dios y su palabra-ley es *pecado,* porque «todo lo que no proviene de fe, es pecado» (Ro 14:23). Como Stibbs ha escrito:

Además, la convicción que subyace en las Escrituras del Antiguo Testamento es que la vida física es creación de Dios. Así que le pertenece a él y no a los hombres. También, sobre todo en el caso del hombre hecho a imagen de Dios, esta vida es preciosa a la vista de Dios. Por consiguiente, no solo que ningún hombre tiene derecho independiente a derramar sangre y quitar la vida, sino que también si lo hace, tendrá que dar cuenta a Dios por lo que hizo. Dios exige la sangre de cualquier hombre que la derrama. El asesino trae sangre sobre sí mismo no solo a los ojos de los hombres sino primero a ojos de Dios. Y la pena que establece Dios, y que a los otros hombres se les hace responsables de aplicar, es que se debe quitar la vida del asesino. Tal hombre no merece seguir disfrutando de la dádiva divina de la vida. Debe pagar la pena terrenal suprema y perder su vida en la carne. Es más, el carácter del castigo es también significativamente descrito por el uso de la palabra «sangre». «El que derramare sangre de hombre, por el hombre su sangre será derramada» (Gn 9:5, 6)[6].

No tener otros dioses quiere decir no tener otra ley que la ley de Dios, y ninguna actividad o pensamiento aparte de su palabra y ley. Sea para alimento, para imponer la ley civil, la guerra, o en defensa propia, se puede derramar sangre solo en los términos de la palabra de Dios. En donde Dios lo permite, el hombre no puede contradecir a Dios ni proponer una manera «mejor» o «más elevada» sin pecar. Así que considerar el vegetarianismo, el pacifismo, o la no resistencia en todo caso, como una manera «más elevada» es considerar la manera de Dios como inferior a la del hombre.

Muy estrechamente relacionada con la doctrina de la Pascua está la redención del primogénito y su santificación.

> Jehová habló a Moisés, diciendo: Conságrame todo primogénito. Cualquiera que abre matriz entre los hijos de Israel, así de los hombres como de los animales, mío es (Éx 13:1, 2).

> Y cuando Jehová te haya metido en la tierra del cananeo, como te ha jurado a ti y a tus padres, y cuando te la hubiere dado, dedicarás a Jehová todo aquel que abriere matriz, y asimismo todo primer nacido de tus animales; los machos serán de Jehová. Mas todo primogénito de asno redimirás con un cordero; y si no lo redimieres, quebrarás su cerviz. También redimirás al primogénito de tus hijos. Y cuando mañana te pregunte tu hijo, diciendo: ¿Qué es esto?, le dirás: Jehová nos sacó con mano fuerte de Egipto, de casa de servidumbre; y endureciéndose Faraón para no dejarnos ir, Jehová hizo morir en la tierra de Egipto a todo primogénito, desde el primogénito humano

---

6   Stibbs, *op. cit.,* p. 11.

hasta el primogénito de la bestia; y por esta causa yo sacrifico para Jehová todo primogénito macho, y redimo al primogénito de mis hijos. Te será, pues, como una señal sobre tu mano, y por un memorial delante de tus ojos, por cuanto Jehová nos sacó de Egipto con mano fuerte (Éx 13:11-16).

No demorarás la primicia de tu cosecha ni de tu lagar. Me darás el primogénito de tus hijos. Lo mismo harás con el de tu buey y de tu oveja; siete días estará con su madre, y al octavo día me lo darás (Éx 22:29, 30).

Todo primer nacido, mío es; y de tu ganado todo primogénito de vaca o de oveja, que sea macho. Pero redimirás con cordero el primogénito del asno; y si no lo redimieres, quebrarás su cerviz. Redimirás todo primogénito de tus hijos; y ninguno se presentará delante de mí con las manos vacías (Éx 34:19, 20).

Pero el primogénito de los animales, que por la primogenitura es de Jehová, nadie lo dedicará; sea buey u oveja, de Jehová es (Lv 27:26).

Consagrarás a Jehová tu Dios todo primogénito macho de tus vacas y de tus ovejas; no te servirás del primogénito de tus vacas, ni trasquilarás el primogénito de tus ovejas. Delante de Jehová tu Dios los comerás cada año, tú y tu familia, en el lugar que Jehová escogiere (Dt 15:19, 20).

Si las primicias son santas, también lo es la masa restante; y si la raíz es santa, también lo son las ramas (Ro 11:16).

La redención es aquí un asunto muy físico, porque la redención nunca se separa del mundo de lo físico o lo espiritual. Israel estaba esclavizado físicamente en Egipto tanto como en esclavitud al pecado. La caída del hombre puso al hombre, cuerpo y alma, en esclavitud, y la redención por consiguiente es total, y afecta a la totalidad del hombre, y no solo a un aspecto del mismo. Limitar la salvación al alma del hombre y no a su cuerpo, su sociedad, y todo aspecto y relación, es negar su significado bíblico. En definitiva, a la postre toda la creación está involucrada en la redención (Ro 8:20-21).

El primogénito al que se hace referencia en la ley es al primogénito de una madre antes que de un padre; es «lo primero que sale de todo vientre» (Éx 13:2)[7]. El análisis de Fairbairn de la redención del primogénito es bien bueno:

Tenemos un acto triple de Dios: primero, la ejecución de la muerte del primogénito del hombre y la bestia en Egipto; la exención a Israel de este azote en consideración al sacrificio pascual; y por último en conmemoración de la

---

7   *The Torah, The Five Books of Moses,* A New Translation (Jewish Publication Society, Filadelfia, 1962).

exención, la consagración al Señor de todos los primogénitos en el futuro. El elemento fundamental en el cual todo procede es sin duda el carácter representativo del primogénito; la primera prole del padre que produce representa el fruto entero del vientre, siendo eso en lo cual todo toma su principio; así que la matanza del primogénito de Egipto fue virtualmente la matanza de todos; implicaba que una y la misma condenación pendía sobre todos; y, en consecuencia, que la salvación del primogénito de Israel y su subsiguiente consagración al Señor, era, respecto a la intención y virtud eficaz divinas, la salvación y consagración de todos. De aquí que Israel como un todo fue designado como primogénito de Dios: «Y dirás a Faraón: Jehová ha dicho así: Israel es mi hijo, mi primogénito. Ya te he dicho que dejes ir a mi hijo, para que me sirva, mas no has querido dejarlo ir; he aquí yo voy a matar a tu hijo, tu primogénito» Éx 4:22, 23[8].

El acto de redención era por lo tanto el rito de *confirmación* de la membresía en el pacto. Se reconocía a todo Israel, hombre y bestia, como posesión de Dios. Su «primogénito» por gracia y adopción. Israel merecía morir no menos que Egipto; su redención fue un acto de gracia soberana. Dios le había demostrado este hecho a Abraham, al llamarlo a sacrificar a Isaac. La Biblia no condena el sacrificio humano en principio. «Todo sacrificio bíblico descansa en la idea de que darle a Dios la vida, bien sea en consagración o expiación, es necesaria a la acción o restauración de la religión». Por otro lado, «el hombre en la relación anormal de pecado queda descalificado para presentar esta entrega de su vida en su propia persona. Aquí se trae a colación el principio del carácter vicario; una vida toma el lugar de otra»[9]. Pero incluso sin pecado, el hombre no puede darle nada a Dios que el hombre no haya recibido ya de Dios. El hecho de que la redención del primogénito normalmente iba ligada al octavo día, el tiempo de la circuncisión, de la entrada al pacto, la hacía al mismo tiempo una confirmación del pacto por parte de los padres. Los animales a menudo se daban directamente al sacerdote. La tribu de Leví se convirtió en sustituta de la tribu sacerdotal, dedicada a Dios, como el primogénito (Nm 3:40, 41). La ley se encargó de proteger a los padres de una tasa exorbitante de redención (Lv 27:1-8). Otras leyes respecto al primogénito, o sea, que reiteran el asunto, son Números 8:16, 17, que relaciona el derecho de Dios al primogénito de Israel con la matanza del primogénito de Egipto; Números 8:18, que establece a los levitas como sustitutos; y Números 3:11-13, 44-45, que da detalles específicos de esta sustitución. En Éxodo 13:11-13 y Éxodo 22:30, así como también en Éxodo 34:19, 20; Levítico 27:26, 27; y Números 18:15, 17 se especifica el primogénito de los rebaños y ganado. En Números 18:15, 17 se

8   Patrick Fairbairn, «First-Born» [«Primogénito»], en Fairbairn's *Imperial Standard Bible Encyclopedia* (Zondervan, Grand Rapids [1891], 1957), II, 297s.
9   G. Vos, *Biblical Theology*, p. 107.

especifica que el primogénito de una vaca, una oveja, o una cabra no se pueden redimir sino que se deben comer —según Deuteronomio 14:23; 15:19-22 junto con el diezmo del trigo, el vino y el aceite— delante del Señor como segundo diezmo. Waller comentó sobre Deuteronomio 14:22, 23, 28:

> (22) *Indefectiblemente diezmarás.* El Talmud y los intérpretes judíos por lo general están de acuerdo en que el diezmo mencionado en este pasaje, tanto aquí como en el versículo 28, y también el diezmo descrito en el cap. 26:12-15, son lo mismo: «el segundo diezmo»; y son distintos por entero del diezmo ordinario asignado a los levitas para su subsistencia en Nm 18:21, y ellos daban el diezmo de eso para el sacerdote… (Nm 18:26).
>
> (23) *Y comerás delante de Jehová tu Dios* —o sea, comerás el segundo diezmo. Esto se debía hacer dos años; pero el tercero y sexto años había un arreglo diferente (ver versículo 28). En el séptimo año, que era sabático, probablemente no habría diezmo, porque no iba a haber cosecha. El producto de la tierra era para todos, y todos eran libres para comer a gusto.…
>
> (28) *Al fin de cada tres años sacarás todo el diezmo de tus productos de aquel año.* Los judíos llaman a esto *maaser ani*, «el diezmo de los pobres». Lo consideraban idéntico al segundo diezmo, que de manera ordinaria lo comían los propietarios en Jerusalén; pero cada tercero y sexto años se entregaba a los pobres[10].

Se debe notar que este segundo diezmo no era estrictamente la décima parte, puesto que un segundo diezmo no se apartaba del ganado especificado, sino que «*los primogénitos* tomaban el lugar de un segundo diezmo de los animales»[11].

Además de la redención del primogénito, se requería un impuesto per cápita de todo hombre de veinte años o más (Éx 30:11-16), que originalmente se usó para construir el tabernáculo (Éx 30:25-28). Lo pagaban los levitas y todos los demás. Era un recordatorio de que todos eran preservados con vida solo por la gracia de Dios. Se usaba para mantener el orden civil después de que se construyó el tabernáculo (el salón del trono y palacio de gobierno de Dios). La inscripción formal en la madurez implicaba el pago de medio siclo en reconocimiento de la gracia providencial de Dios. Todos pagaban la misma cantidad. «Era un reconocimiento del pecado, igualmente obligatorio para todos, así que era igual para todos; y salvaba de la venganza de Dios a aquellos que, si hubieran sido demasiado orgullosos para hacerlo, habrían sido castigados por alguna "plaga" u otra»[12]. El

---

10   Waller, en *Ellicott*, II, 44 f.

11   P. W. Thompson, *All the Tithes or Terumah* (The Covenant Publishing Co., Londres, 1946), p. 19.

12   Rev. George Rawlinson, en H. D. M. Spence y J. S. Exell, eds., *The Pulpit Commentary: Exodus*, vol. II (Funk & Wagnalls, Nueva York), p. 305. Ver también J. C. Connell, «Exodus» [«Éxodo»], F. Davidson, A. M. Stibbs, E. F. Kevan, eds., *The New Bible Commentary* (Eerdmans, Grand Rapids, 1953), p. 128; Keil and Delitzsch, *The Pentateuch*, III, 210-212.

tributo era un recordatorio de que vivían por la gracia de Dios, y que sus vidas y bienes eran tomados por su traición contra Dios. Era, por consiguiente, una ceremonia asociada en significado con la redención del primogénito, la Pascua y el día de la expiación, antes que con el diezmo.

Tanto las primicias del ganado, como del campo, debían—con las excepciones notadas— darse al Señor para el mantenimiento levítico, según la ley del pacto[13]. La ley de las primicias aparece en Levítico 23:10, 17 y Deuteronomio 26:1-11, también Números 15:17-21; Éxodo 22:29; 23:19. El Nuevo Testamento se refiere a las primicias en Romanos 8:13; 11:16; 16:5; 1 Corintios 15:20-23; 16:15; Santiago 1:18; Apocalipsis 14:4. Jesucristo declaró ser, al resucitar de los muertos, «la primera gavilla mecida ante el Señor el segundo día pascual, pues Cristo rompió las ataduras de la muerte en ese mismo tiempo»[14]. San Pablo declaró: «También nosotros mismos, que tenemos las primicias del Espíritu, nosotros también gemimos dentro de nosotros mismos, esperando la adopción, la redención de nuestro cuerpo» (Ro 8:23).

La ofrenda del primogénito y las primicias estaba estrechamente vinculada con el *diezmo,* y, con él, constituía una ofrenda simbólica del todo. El diezmo, sin embargo, era una adición a la ofrenda del primogénito y las primicias.

La iglesia primitiva vio la ofrenda del primogénito cumplida en Jesucristo, la ofrenda que presentó Dios en cumplimiento de lo que se requería de la familia de la fe. La ofrenda de las primicias, sin embargo, se continuó, aunque Cristo también la cumplió en igual medida. La recolección de las primicias tomaba varias formas, tales como el pago del producto del primer año de beneficios exigido por el papa de los beneficios en Inglaterra que habían sido concedidos a extranjeros. Enrique VIII se posesionó de la recolección, pero la reina Ana la restauró a la Iglesia de Inglaterra para aumentar sus exiguos ingresos[15].

Con respecto al diezmo, según Bingham, «los antiguos tenían la ley en cuanto los diezmos no como meramente una orden ceremonial o política, sino como una obligación moral y perpetua»[16]. Por muchos siglos el diezmo se estuvo pagando en productos, o sea, literalmente una décima parte del campo antes que su equivalente monetario. Se construían graneros de diezmos para almacenar los diezmos[17]. El concilio de Trento hizo obligatorio el diezmo bajo pena de excomunión, pero esto fue abolido en Francia en 1789 y gradualmente fue cayendo en desuso. Se requirió

---

13   U. Z. Rule, *Old Testament Institutions Their Origin and Development* (S.P.C.K., Londres, 1910), p. 322.

14   A. Edersheim, *The Temple, Its Ministry and Services as they were at the time of Christ* (Hodder and Stoughton, Nueva York, n.f.), p. 385.

15   John McClintock and James Strong, *Cyclopaedia of Biblical, Theological, and Ecclesiastical Literature* (Harper, Nueva York, 1894), III, 574.

16   Joseph Bingham, *The Antiquities of the Christian Church* (Bohn, Londres, 1850), I, 189.

17   Para cuadros de graneros de diezmos de Inglaterra medieval, ver Sacheverell Sitwell, *Monks, Nuns and Monasteries* (Holt, Rinehart, and Winston, Nueva York, 1965), ilust. entre pp. 42 y 43.

en círculos protestantes en un tiempo pero aquí también ha caído en desuso o se ha convertido en un diezmo a la iglesia[18].

El diezmo aparece muy temprano, mucho antes de Moisés; cuando Abraham dio el diezmo (Gn 14:20; He 7:4, 6), al parecer era una práctica establecida, así que sus orígenes pueden remontarse a la revelación original a Adán. Jacob también habló del diezmo (Gn 28:20-22). Una porción del Señor parecida al diezmo aparece en la guerra contra Madián, cuando Dios fijó la proporción del botín de guerra que debía ser del Señor como uno de cada cincuenta, y uno de cada quinientos, según el botín (Nm 31:25-54).

La ley del diezmo aparece en Levítico 27:30-33; Números 18:21-26; Deuteronomio 14:22-27; 26:12, 15. Los rabinos y muchos eruditos ortodoxos distinguían tres diezmos; algunos eruditos ortodoxos y virtualmente todos los modernistas ven solo un diezmo[19]. La existencia de tres diezmos desde los primeros años lo atestigua la historia (desde el período más antiguo de documentos hebraicos que relatan las Escrituras y los apócrifos). Tobías, fechado en 1350 a. C., o de 250 al 200 a. C., por Davis,[20] y «hacia el fin del tercer siglo a. C.» por Gehman,[21] da evidencia clara de tres diezmos (Tob 1:5-8). Una evidencia similar se puede hallar en las *Antigüedades* de Josefo, libro IV, y en Jerónimo, en una fecha posterior[22]. La evidencia histórica revela la práctica; las Escrituras se refieren a tres tipos de diezmos. Los que insisten en reducirlo a un solo diezmo son los que tienen que presentar pruebas.

Al analizar el diezmo, por consiguiente, es evidente que, *primero,* hay tres tipos de diezmos, un primer diezmo, el diezmo del Señor (Nm 18:21-24), que se daba a los levitas, quienes daban un diezmo de esto a los sacerdotes (Nm 18:26-28); un segundo diezmo, diezmo de festival para alegrarse ante el Señor (Dt 12:6-7, 17-18); un tercer diezmo, o diezmo de los pobres, cada tercer año, que se debía compartir localmente con el levita local, el extranjero, el huérfano y la viuda (Dt 14:27-29)[23].

Segundo, el Señor como Creador de todas las cosas, estableció los términos de la vida del hombre y el uso de los bienes del hombre. Ciertas cantidades específicas son santas para el Señor. El diezmo era de los bienes, o sea, de la ganancia de ganado o rebaño y del producto del campo. Si se redimía, es decir, si se pagaba al Señor en dinero, había que añadir una quinta parte. Al dar el diezmo, el hombre

---

18   George C. M. Douglas, «Tithe» [«Diezmo»], en *Fairbairn's Bible Encyclopedia,* VI, 290.

19   Para el diezmo, ver Oswald T. Allis, «Leviticus» [«Levítico»], en Davidson, Stibbs, and Kevan, *op. cit.,* p. 161; Davis, *op. cit.,* p. 783 f.; H. H. Guthrie, Jr., «Tithe» [«Diezmo»], en *Interpreter's Dictionary of the Bible,* R-Z, p. 654, ver también los tres diezmos como la práctica del judaísmo posterior, i.e., antes e incluyendo la era del NT.

20   Davis, *op. cit.,* p. 44.

21   Henry Snyder Gehman, revisión de John D. Davis, *The Westminster Dictionary of the Bible* (The Westminster Press, Filadelfia, 1944), p. 34.

22   Henry Lansdell, *The Tithe in Scripture* (SPCK, Londres, 1908), p. 32s.

23   Ver *ibid.,* pp. 23-36.

no debía escoger lo bueno o lo malo para el Señor, sino tomar cada décimo animal como su diezmo. Si un hombre contaba dieciséis terneros, entonces daba como diezmo solo uno, el décimo al contarlos. Al añadir una quinta parte al diezmo monetario, la tendencia era igualar el diezmo, pero, en todo, el requisito favorecía al hombre (Lv 27:30-33).

Tercero, El segundo diezmo se debía usar para alegrarse ante el Señor en los tres festivales religiosos anuales. Se podía llevar al santuario en forma de dinero, para gastarlo allí en uno mismo durante la Pascua, la Fiesta de los Tabernáculos, o la Fiesta de las Semanas, en dos semanas de «vacaciones» religiosas (Dt 12:6-7; 12:22-27; 16:3, 13, 16). Excepto para los levitas, con quienes se compartía una porción, este diezmo seguía siendo del diezmador y lo usaba para su placer. No había un segundo diezmo de animales en el segundo diezmo; las primicias del rebaño tomaban su lugar en el segundo diezmo (Dt 12:17, 18).

Cuarto, el tercer diezmo era el diezmo de los pobres, que se usaba para los pobres, las viudas, los huérfanos, los extranjeros desvalidos y las personas de la localidad que no podían valerse por sí mismas debido a la edad, enfermedad u otras condiciones especiales. También se debía recordar a los levitas (Dt 14:27-29).

Quinto, el diezmo, según Thompson, venía a equivaler a una décima parte para el Señor, una décima parte para los pobres y una pequeña cantidad del segundo diezmo para los levitas. Thompson lo llamó «una sexta parte de los ingresos del hombre», puesto que el tercer diezmo o de los pobres tenía lugar dos veces en cada período de seis años[24]. En términos de esto, Thompson vio el diezmo total como igual a un día de trabajo en cada seis[25]. Esto puede ser un poco alto, pero se acerca. Sin calcular el segundo diezmo como un costo (o sea, la porción de los levitas), llega al 13,33% anual, en tanto que el cálculo de Thompson lo lleva a un porcentaje más alto.

Sexto, no había diezmo del producto agrícola en el séptimo año o sabbat (Lv 25:1-7). En ese año no debía haber siega, ni poda, ni cosecha. Los árboles y viñas debían dejar caer su fruto, excepto lo que los pobres cosechaban para su uso, o comían el ganado y los animales salvajes, o para uso de la mesa del dueño (Éx 23:11). Rawlinson comentó:

> Bajo el sistema impuesto divinamente sobre los israelitas, se lograban tres propósitos benevolentes. 1. *Se beneficiaba el propietario.* No solo se evitaba que agotara la tierra al cosechar demasiado, y se hundiera así en la pobreza, sino que se le obligaba a formar el hábito de calcular y planear de antemano. Como tenía que separar algo para el séptimo año, tenía que aprender a calcular sus necesidades, a almacenar su grano y a mantener algo a mano para el futuro. De esta manera se desarrollaban su razón y poderes de reflexión, y

---

24   P. W. Thompson, *All the Tithes,* p. 30.
25   *Ibid.,* p. 22s.

pasaba de ser un simple obrero a ser un agricultor sensato. 2. *Se beneficiaban los pobres.* Puesto que todo lo que crecía espontáneamente en el séptimo año, sin gastos ni trabajo de parte del dueño, no se podía considerar que le perteneciera exclusivamente a él. La ley mosaica lo puso a la par con los frutos silvestres ordinarios, y se los concedía al que primero pasaba (Lv 25:5, 6). Mediante este arreglo se permitía a los pobres beneficiarse, puesto que eran ellos especialmente los que recogían lo que la naturaleza proveía en abundancia. En el clima seco de Palestina, en donde es seguro que mucho grano cae durante la recolección de la cosecha, el crecimiento espontáneo probablemente sería considerable, y bastaría con amplitud para el sustento de los que no tenían otro recurso. 3. *Se beneficiaban las bestias.* Dios «cuida del ganado». El año sabático lo había reservado, en parte, para que «las bestias del campo» pudieran tener abundancia de alimento. Cuando el hombre les daba de comer, a menudo tenían escasa provisión. Dios haría que, por un año en cada siete por lo menos, comieran hasta saciarse[26].

Rawlinson señala por otro lado que el uso sabático del campo y la viña era incuestionablemente similar al rebusco, o sea, cuando el dueño controlaba la admisión de los pobres que lo merecían. Volveremos al sabbat agrícola más adelante.

Séptimo, el diezmo es una ofrenda proporcional. El diezmo del pobre complace tanto a Dios como el diezmo del rico. El principio del diezmo está claro en la ley: «Cada uno con la ofrenda de su mano, conforme a la bendición que Jehová tu Dios te hubiere dado» (Dt 16:17). Este mismo principio lo presenta San Pablo en 2 Corintios 8:12 como la esencia de la ofrenda cristiana. San Pablo escribió con respecto a la colecta para los pobres, y citó el principio del diezmo para recolectar el diezmo de los pobres de los creyentes. Mediante la ofrenda proporcional, no se ponía sobre nadie ninguna carga indebida; no se esperaba que el rico fuera el único que ofrendara, ni tampoco se dejaba la carga a los quisieran darla.

Octavo, mediante el diezmo, existía una relación concreta y realista con Dios. Según Malaquías 3:7-12, la maldición de Dios va en contra de los que niegan la ordenanza de Dios en cuanto al diezmo, porque esto es alejarse de la ley de Dios (Mal 3:7). De manera similar, la bendición de Dios se derrama como un diluvio sobre los que obedecen la ley del diezmo. Como Samuel Rutherford (1600-1661) escribió: «Estoy persuadido de que Cristo es responsable y se ajusta a la ley, y recompensa por todo lo que se le entrega o se da para él; las pérdidas por Cristo no son sino bienes depositados en el banco de la mano de Dios»[27]. Esto no es la paga de Dios, que no le debe al hombre nada, sino que es una bendición. Ante todo, Malaquías promete una bendición nacional, como veremos más tarde, pero

---

26 Rawlinson en *Pulpit Commentary, Exodus,* II, 205.
27 P. W. Thompson, *All Thine Increase* (Marshall, Morgan & Scott, Londres, 1937, 3ª edición), p. 109.

el aspecto personal no está ausente. G. H. Pember escribió en *Earth's Earliest Ages* [Las edades más antiguas de la tierra]:

> Sabemos por lo general que la gracia de Dios llega tras todo acto de obe-diencia directa de parte nuestra. *Si buscamos incluso los mandamientos más minuciosos de su ley, y los cumplimos; si demostramos que no dejaremos que ni una sola palabra pronunciada por él caiga en tierra,* testificaremos para noso-tros y para los demás que con hechos, y no solo en palabras, lo reconocemos como nuestro Dios y nuestro Rey. [] Tampoco él será por su parte lento en reconocernos como sus súbditos, como que tenemos derecho a su ayuda y protección[28].

Y, como el Rvdo. Samuel Chadwick (1860-1912) escribió: «Nadie puede ro-barle a Dios sin matar de hambre su propia alma»[29].

Noveno, el diezmo del Señor, y el diezmo de los pobres, financiaba las funcio-nes sociales básicas que, bajo el totalitarismo moderno, ha llegado a ser facultades del estado, como la educación y la beneficencia pública. La educación era una de las funciones de los levitas (no del santuario). Los levitas ayudaban a los sacerdotes en las tareas religiosas relativas al santuario (1 Cr 23:28-31; 2 Cr 29:34; 35:11), y como funcionarios, jueces y músicos (1 Cr 23:1-5). En un orden civil santo, el grupo mejor instruido en la ley de Dios claramente prestaría servicios sociales de mucho mayor alcance. Puesto que su sustento estaba respaldado por el diezmo, el costo básico del gobierno civil para la sociedad se aligeraba. El diezmo es un reconocimiento de la realeza de Dios; en 1 Samuel 8:4-19 se citan las consecuen-cias del rechazo de la realeza de Dios: el totalitarismo, la opresión, la pérdida de libertades, y un aumento del costo del gobierno civil. Sin el diezmo, las funciones sociales básicas caen en dos tipos de tropiezos: por un lado, el estado asume estas funciones, y, por otro, los ricos y las fundaciones ejercen un poder preponderante sobre la sociedad. El diezmo liberta a la sociedad de esta dependencia del estado y de los individuos ricos y fundaciones. El diezmo pone el control básico de la sociedad en manos del pueblo de Dios que diezma. Se les ordena que lleven «todos los diezmos al alfolí» (Mal 3:10). El alfolí del que Malaquías habló era literalmente eso: un lugar físico de almacenaje que era del Señor, que pertenecía a la tradición religiosa de los levitas que, en lugar de ser apóstata o sincretistas, eran fieles a Dios y a su palabra-ley. El diezmador no daba su diezmo si su diezmo si iba a un alfolí impío; era su deber observar si los levitas eran consagrados o impíos. De manera similar, el diezmador hoy no está dando el diezmo a menos que su décima par-te vaya a una obra verdaderamente piadosa, a las iglesias, a causas misioneras e instituciones educativas que enseñan fielmente la palabra-ley de Dios. Insisto, el

---

28   Citado en *ibid,* p. 140.
29   *Ibid.,* p. 216.

diezmo del pobre está en manos del que lo da; no puede usarlo, ni tampoco los productos de su año sabático, ni el rebusco de su campo para subsidiar el mal, la holgazanería ni la apostasía. El diezmo del pobre tiene como propósito el fortalecimiento de la sociedad santa, no su destrucción.

Como hemos visto, el diezmo iba a los levitas, quienes daban a los sacerdotes un diezmo del diezmo. Así que solo una pequeña porción del diezmo iba a los sacerdotes y para el mantenimiento del culto. En el período en el desierto, los levitas tenían tareas importantes en el cuidado y transporte del tabernáculo, pero estas tareas desaparecieron más tarde. Los levitas asumieron las funciones sociales más amplias, y ningún profeta jamás criticó ni cuestionó estas funciones más amplias, lo que quiere decir que estaban claramente dentro del llamamiento declarado de Dios. Los levitas, como la tribu del «primogénito» por elección de Dios, eran la tribu con las funciones básicas del primogénito, que eran gubernamentales en el amplio sentido de la palabra. En tanto que el «cetro» fue dado a Judá (Gn 49:10), en los otros aspectos Leví, como la tribu del primogénito (Nm 8:18) tenía los deberes gubernamentales básicos. Había así una *división básica de poderes* entre el estado (Judá y el trono) y las funciones gubernamentales amplias (Leví). Esta división ha sido destruida por la desaparición del diezmo como factor gubernamental.

En la Europa medieval y de la Reforma, las funciones gubernamentales amplias pertenecían al mundo del diezmo. Una de motivos de la frecuente falta de confianza en el estado fue el papel usualmente limitado del estado. Las escuelas, los hospitales, los lazaretos para leprosos, la atención de los huérfanos, viudas, extranjeros y pobres, y muchas cosas más eran provincia del diezmo. Concedemos que había corrupción en la iglesia medieval, y sin embargo esa corrupción ha quedado eclipsada con mucho por el estado moderno degenerado y despilfarrador.

Se debe recordar también que el diezmo iba a la iglesia local o diócesis. Las leyes de Edmund decretadas en una asamblea en Londres, 942-946, cap. 2, dicen: «Ordenamos a todo cristiano por su cristianismo pagar los diezmos, y tasas de la iglesia, y el penique de Pedro, y limosnas de arado. Y si alguno no hace esto, que sea excomulgado». Las leyes de Ethelred, 1008, cap. 11, declaraban:

> Y las tasas de la iglesia se deben pagar a tiempo cada año, es decir, limosnas de arado una noche después de resurrección, el diezmo de la ganancia de los ganados en Pentecostés, y el fruto de la tierra en la misa de Todos los Santos, y el penique de Pedro en la misa de Pedro, y las tasas para las luces tres veces al año[30].

La Biblia provee, como ley cimiento de un orden social piadoso, la ley del diezmo. Para entender la plena implicación del diezmo, es importante saber que la

---

30   William E. Lunt, *Papal Revenues in the Middle Ages,* vol. II, Records of Civilization, Columbia University, n. XIX (Columbia University Press, Nueva York, 1934), p. 56s.

ley bíblica no impone impuestos a la propiedad; el derecho de cobrar impuestos a la propiedad de bienes raíces implícitamente se le niega al estado, porque el estado no tiene tierra sobre la que pueda cobrar impuestos. «De Jehová es la tierra» (Éx 9:29; Dt 10:14; Sal 24:1; 1 Co 10:26, etc.); por consiguiente, solo Dios puede cobrar impuestos a la tierra. El que el estado se irrogue el derecho de imponer impuestos a la tierra es como si el estado se creyera el dios y creador de la tierra, cuando es más bien ministro de la justicia de Dios (Ro 13:1-8). El que el estado entre en los dominios de Dios es una invitación al desastre.

La inmunidad de la tierra respecto a impuestos de parte del estado quiere decir libertad. Un hombre entonces no puede ser despojado de su tierra; todo hombre tiene una seguridad básica en su propiedad. Como Rand destacaba:

> Es imposible despojar a los hombres de su herencia bajo la ley del Señor puesto que no se cobraban impuestos sobre la tierra. Aparte de los compromisos que tuviera, un hombre no dejaba desposeída a su familia porque lo despojaran para siempre de su tierra[31].

Debido a que la tierra no es propiedad del estado, ni tampoco la tierra es parte de la jurisdicción del estado, este, por consiguiente, no tiene derecho bajo Dios de imponer impuestos sobre la tierra de Dios. Es más, el que el estado demande tanto como Dios, o sea, un décimo de los ingresos del hombre, es una señal de apostasía y tiranía, según 1 Samuel 8:4-19. El estado moderno, por supuesto, demanda varios diezmos como impuestos.

El diezmo no es una *ofrenda* a Dios; es el impuesto que se paga a Dios por el uso de la tierra, que está en todo sentido bajo la ley y jurisdicción de Dios. Solo cuando el pago al Señor excede el diez por ciento se llama ofrenda y «ofrenda voluntaria» (Dt 16:10, 11; Éx 36:3-7; Lv 22:21, etc.).

Por siglos se recogió el diezmo legalmente, o sea que el estado proveía la obligación legal de que se pagaran los diezmos a la iglesia. Cuando Virginia repudió la ley que hacía obligatorio el pago del diezmo, George Washington expresó su desaprobación en una carta a George Mason, el 3 de octubre de 1785. Creía, dijo, en «hacer que la gente pague por el sostenimiento de lo que profesan»[32]. Desde el siglo cuarto y en adelante, los gobiernos civiles empezaron a exigir el diezmo, porque se creía que un país podía negar a Dios su impuesto solo a su propio riesgo. Desde finales del siglo dieciocho, y especialmente en años recientes, tales leyes han desaparecido bajo el impacto de movimientos ateos y revolucionarios. En vez de liberar a los hombres de un impuesto «opresivo», la abolición del diezmo ha

---

31   Howard B. Rand, *Digest of the Divine Law* (Destiny Publishers, Merrimac, Mass., 1943, 1959), p. 111.

32   Jared Sparks, ed., *The Writings of George Washington* (Ferdinand Andrews, Boston, 1838), IX, 137.

abierto el camino a impuestos verdaderamente opresivos de parte del estado a fin de asumir las responsabilidades sociales que en un tiempo sufragaba el dinero del diezmo. Hay que pagar por las funciones sociales básicas. Si no las pagan personas cristianas responsables, que dan el diezmo, las debe pagar un estado tirano que usará la beneficencia pública y la educación como peldaños al poder totalitario.

El asunto lo resumió muy bien Lansdell:

> Parece claro, entonces, a la luz de la revelación, y de la práctica de tal vez todas las naciones antiguas, que el hombre que niega a Dios la porción que pide de la riqueza que viene a sus manos es muy similar a un anarquista espiritual; y a quien da menos que el diezmo de sus ingresos o ganancias las Escrituras lo condenan como robador. En verdad, si en los días de Malaquías el no pagar el diezmo se consideraba robo, ¿puede un cristiano que se guarda el diezmo ahora ser, mucho más que entonces, considerado honesto con Dios?
>
> Dar correctamente es parte de vivir correctamente. El vivir no es correcto cuando el dar no es correcto. El dar no es correcto cuando le robamos a Dios su porción para gastarla en nosotros mismos[33].

Es significativo que en la Unión Soviética toda actividad de beneficencia estaba estrictamente prohibida a grupos religiosos[34]. Si un grupo o iglesia recogía fondos o bienes para llevar alivio a los miembros enfermos y necesitados de la congregación o de la comunidad, de inmediato levantaba un poder independiente del estado como remedio para los problemas sociales. Producía, todavía más, un poder que llegaba al pueblo más directa, eficiente y poderosamente. La consecuencia se consideraba una afrenta directa a la preeminencia del estado. Por esto, en las democracias los orfanatos han sido continuamente el blanco de legislaciones represivas para eliminarlos, y el estado se ha adelantado cada vez más a los esfuerzos caritativos como un paso importante hacia el totalitarismo.

Lansdell tenía razón. Los que no dan el diezmo son anarquistas espirituales: destruyen la libertad y orden de la sociedad y desatan el demonio del estatismo.

5. La ley como poder y discriminación

El *poder* en sí es inseparable de la ley. La ley no es ley si le falta poder para obligar, imponer y castigar. En tanto que es una falacia definir la ley solo como compulsión o coerción, es un serio error definirla sin reconocer que la coerción es básica en ella. Vaciar a Dios de poder absoluto es negar que sea Dios. Separar el poder y la ley es negar el estatus de la ley. El hecho de que Dios muchas veces se identifica

---

33 Lansdell, *Tithe in Scripture,* p. 148.
34 St. Mary's School of Religion for Adults, *An Illustrated Digest of the Church and State Under Communism* (Port Richmond, Staten Island, N. Y., 1964), p. 15.

en las Escrituras como «el Todopoderoso» (Gn 17:1, 35; Éx 6:3, etc.) es parte de su declaración de total soberanía y por consiguiente de su llamado a obediencia.

El poder es un concepto religioso, y el dios o dioses de cualquier sistema de pensamiento han sido las fuentes de poder de ese sistema. El monarca o gobernante tiene una significación religiosa precisamente debido a su poder. Cuando el estado democrático gana poder, se irroga demandas y prerrogativas religiosas. Debido a que un estado marxista tiene más poder, y reclama más poder, que los demás estados contemporáneos, su rechazo del cristianismo es todavía más radical: no puede tolerar que se adscriba poder absoluto a un dios que no sea el mismo marxismo. En el estado anticristiano se guarda el poder celosamente, y cualquier división de poderes en el estado, destinada a limitar su poder y prevenir su concentración, enfrenta oposición amarga.

La ley es poder aplicado, de otra manera deja de ser ley. La ley es más que poder, pero, aparte de la coerción, no hay ley. Los que presentan objeción al elemento coactivo de la ley están de hecho objetando la ley, sea a sabiendas o no. El propósito de la ley es en parte ser un «terror» para los malhechores (Ro 13:4); y la palabra «terror» se da en una traducción más blanda en las versiones modernas, pero todo el tenor de las Escrituras requiere el elemento de temor conforme el hombre se enfrenta a Dios, y como hombre pecador, impío, enfrenta la ley. San Pablo dice claramente, sin embargo, que el poder es ordenado por Dios, «porque no hay autoridad sino de parte de Dios, y las que hay, por Dios han sido establecidas» (Ro 13:1). Puesto que Dios es poder absoluto, todos los poderes subordinados y creados derivan su oficio, poder y autoridad moral solo de Dios, y deben ejercerlo solo en los términos de Dios y bajo su jurisdicción o de lo contrario enfrentar castigo. La máxima de Lord Acton, «Todo poder corrompe, y el poder absoluto corrompe absolutamente», es una media verdad liberal y refleja ilusiones liberales. *En primer lugar,* no todo poder corrompe. El poder de un esposo y padre consagrado para gobernar a su familia no lo corrompe; lo ejerce bajo Dios y en los términos de la palabra-ley de Dios. En lugar de que su poder lo corrompa, el poder del hombre piadoso lo bendice, y lo hace una bendición para su familia y sociedad. Un gobernante piadoso, que usa su poder prestamente para fines legítimos y morales, prospera la sociedad que está bajo su poder. Los dos males con respecto al poder y al ejercicio del mismo son, por un lado, el temor de usar el poder, y, por otro, el uso inmoral del poder. Ambos males existen extensamente en cualquier sociedad humanística. Los hombres que temen usar el poder legítima y moralmente corrompen a sus familias y sociedades. El no ejercer el poder debido reduce a la sociedad a iniquidad y anarquía. El uso inmoral del poder conduce a la corrupción de la sociedad y la supresión de la libertad, pero no es el uso del poder lo que causa esa decadencia sino el uso inmoral del mismo. El poder no corrompe cuando se usa como es debido bajo Dios. Al contrario, bendice, prospera, ordena y gobierna a la sociedad para su provecho y bienestar.

Segundo, si «el poder absoluto corrompe absolutamente», se podría llamar a Dios corrupto, porque solo él tiene poder absoluto. Pero Acton se equivoca: el hombre no puede tener poder absoluto. Puede esforzarse por conseguirlo, y el esfuerzo es corrupto y corrompe a la sociedad, pero el hombre sigue estando, con todas sus pretensiones, totalmente bajo el poder absoluto de Dios.

No solo que todo poder procede de Dios y decretado por su absoluto poder, sino que también es decretado y sujeto por su absoluta justicia. La ley es, por consiguiente, cuando es ley verdadera, no solo poder sino también justicia. Es por consiguiente «terror» para los malhechores pero seguridad y «alabanza» de la ciudadanía de bien (Ro 13:2-5). Debido a que la ley verdadera tiene sus raíces en el Dios soberano, la misma naturaleza de todo ser contribuye a respaldarla. Como Débora cantó: «Desde los cielos pelearon las estrellas; desde sus órbitas pelearon contra Sísara» (Jue 5:20). La ley es justa, o es una anti-ley disfrazada de ley. El positivismo legal moderno, el marxismo y otras filosofías legales son por tanto exponentes de la anti-ley, pues niegan la ley como una aproximación del orden y verdad máximos y reconocen solo una doctrina humanística de la ley. Si separa la ley de la justicia y la verdad, conduce por un lado a la anarquía de un mundo inicuo y sin significado, o, por otro, al totalitarismo de un grupo élite que impone su «verdad» relativa sobre otros hombres por pura coacción sin principios.

Pero se requiere que la ley sea servidora de justicia bajo Dios, y el funcionario civil, «servidor de Dios» (Ro 13:5-6). Este concepto de la ley como servidora de justicia está prácticamente olvidado hoy, y, en donde se recuerda, lo denigran. Pero, sea como sea, es el único cimiento posible para un orden social justo y próspero. La ley como ministerio carece de la arrogancia de los teóricos legales positivistas, que no ven ley ni verdad más allá de sí mismos. La ley ministerial es ley bajo Dios; requiere una humildad que la ley positivista no puede tener. Los defensores del positivismo legal se inclinan a acusar a los cristianos de orgullo, pero el mundo nunca ha visto una arrogancia y orgullo más implacables que el que manifiestan los relativistas, lo mismo en la Grecia antigua, el Renacimiento que en el siglo XX.

Otro aspecto de la ley está implícito en la declaración de San Pablo en Romanos 13:1-6: la ley siempre es discriminatoria. Es imposible escapar o evadir este aspecto de la ley. Para que la ley cumpla su función, establecer justicia y proteger a los hombres buenos y que acatan la ley, entonces la ley debe discriminar contra los que quebrantan la ley y rigurosamente procurar su castigo. La ley no puede favorecer igualdad sin dejar de ser ley y, en todo momento la ley define, en toda y cualquier sociedad, a los que son miembros legítimos o ilegítimos de la sociedad. El hecho de la ley introduce una desigualdad fundamental y básica en la sociedad. La abolición de la ley no eliminaría la desigualdad, porque por pura supervivencia producirá una élite y establecerá una desigualdad fundamental.

La ley a menudo se ha usado como arma ostensible para ganar igualdad, pero tales intentos representan o autoengaño o intento de engaño por parte del grupo en el poder.

Los grupos revolucionarios de «derechos civiles» vienen al caso. Su meta no es igualdad, sino poder. El trasfondo de la cultura negra es africano y de magia, y los propósitos de la magia son el control y el poder sobre Dios, el hombre, la naturaleza y la sociedad. El vudú, o la magia, era la religión y vida de los negros estadounidenses. Los cantos de vudú subyacen en el jazz, y el antiguo vudú, con su meta de poder, ha sido reemplazado con vudú revolucionario, una lucha por el poder modernizada[1].

La rebelión estudiantil ataca la desigualdad entre los estudiantes y la facultad, entre los estudiantes y los poderes gobernantes, pero siempre ha rechazado concesiones favorables para continuar con demandas de poder más amplias. La meta desde el principio es el poder.

La lista podría extenderse indefinidamente. La meta de los igualitarios siempre ha sido el poder, y la igualdad ha sido el argumento para pinchar la conciencia enferma de un elemento gobernante impío y tambaleante.

La ley siempre requiere desigualdad. La cuestión es ésta: ¿será una desigualdad en términos de justicia fundamental (recompensa del bien y castigo del mal) o serán desigualdades triunfantes de la injusticia y el mal?

El mandamiento «No tendrás dioses ajenos delante de mí» requiere que no reconozcamos a ningún poder como verdadero y legítimo en última instancia si no está basado en Dios y en su palabra ley. Requiere que veamos la verdadera ley como justicia, la justicia de Dios, y como servidora de justicia, y requiere que reconozcamos que las desigualdades de la ley justa fielmente aplicada son los ingredientes básicos de una sociedad libre y sana. El cuerpo político, no menos que el cuerpo físico, no puede equiparar la enfermedad con la salud sin perecer.

El mandamiento: «No tendrás dioses ajenos delante de mí», también quiere decir «No tendrás otros poderes delante de mí», independientes de mí, o con prioridad por sobre mí. El mandamiento también puede leerse: «No tendrás otra ley delante de mí». Los poderes que hoy más que nunca se presentan como los otros dioses son los estados anticristianos. El estado anticristiano se deifica y por consiguiente se cree fuente de ley y poder. Sin una perspectiva bíblica, el estado se convierte en otro dios, y, en lugar de la ley, prevalece la legalidad.

Esta devoción a la legalidad tiene una larga historia en el mundo moderno. Gohier, ministro de justicia de Francia durante los años del Reinado del Terror, llegó a ser conocido como «el casuista de la guillotina» debido a su dedicación a la legalidad. Más tarde, como miembro del Directorio, cuando se vio frente a la avanzada de Napoleón para apoderarse del poder, declaró: «En el peor de los

---

1   Ver, para el trasfondo vudú del jazz, Robert Tallant, *Voodoo in New Orleans* (Collier Books, Nueva York, 1946, 1965).

casos, ¿cómo puede haber alguna rebelión en St. Cloud? Como presidente, tengo en mi posesión el sello de la República»². Stalin operó su continuo terror bajo la sombrilla de la legalidad.

Pero la legalidad no es ley. Un estado puede mediante legalidad estricta embarcarse en un curso de iniquidad radical. La legalidad tiene referencia a las reglas del juego según las establece el estado y sus cortes. La ley tiene referencia al orden fundamental, dado por Dios. El estado moderno defiende la legalidad como herramienta para oponerse a la ley. El resultado es la destrucción legal de la ley y el orden.

Como resultado, el estado, en lugar de ser un «terror» para los que hacen el mal, progresivamente se convierte terror para los ciudadanos que acatan la ley, para las personas justas y piadosas. Los delincuentes aterrorizan al país con motines y violencia, y sin temor. Es más, así como Roma declaró guerra a los cristianos, el socialismo y el comunismo, y progresivamente las democracias, están en guerra contra la fe ortodoxa o bíblica. Las consecuencias de tal deserción del estado de su llamamiento a ser servidor de la justicia pueden ser a la postre la caída del estado. El estado que deja de ser terror para los malhechores y se convierte en terror para los santos, está suicidándose.

---

2   Donald J. Goodspeed, *Napoleon's Eighty Days* (Houghton Mifflin, Boston, 1965), pp. 53, 124s.

II

EL SEGUNDO MANDAMIENTO

1. El acercamiento legítimo a Dios

No te harás imagen, ni ninguna semejanza de lo que esté arriba en el cielo, ni abajo en la tierra, ni en las aguas debajo de la tierra. No te inclinarás a ellas, ni las honrarás; porque yo soy Jehová tu Dios, fuerte, celoso, que visito la maldad de los padres sobre los hijos hasta la tercera y cuarta generación de los que me aborrecen, y hago misericordia a millares, a los que me aman y guardan mis mandamientos. (Éx 20:4-6, cf. Dt 5:8-10)

El primer mandamiento prohíbe la idolatría en el sentido amplio. No puede haber otro dios que el Señor. Esos otros dioses son sustitutos del verdadero Dios fabricados por el hombre . Como Ingram señaló, «los otros dioses respecto a los cuales debemos preocuparnos se hallan, como siempre lo han estado, en los tronos del gobierno temporal, humano»[1]. La definición bíblica de idolatría es por supuesto amplia. San Pablo declara que «ningún fornicario, o inmundo, o avaro, que es idólatra, tiene herencia en el reino de Cristo y de Dios» (Ef 5:5). Otra vez, en Colosenses 3:5, se hace referencia a «avaricia, que es idolatría». Lenski señaló: «Un sacerdote católico señala que durante sus largos años de servicio le confesaron toda clase de pecados y delitos en el confesionario pero jamás el pecado de la avaricia»[2].

Por eso, al analizar el segundo mandamiento, debemos decir, *primero,* que el uso literal de ídolos e imágenes en la adoración está estrictamente prohibido. Levítico 26:1, 2 dice esto con toda claridad:

No haréis para vosotros ídolos, ni escultura, ni os levantaréis estatua, ni pondréis en vuestra tierra piedra pintada para inclinaros a ella; porque yo soy Jehová vuestro Dios. Guardad mis días de reposo, y tened en reverencia mi santuario. Yo Jehová.

Levítico 19:4 también ordena:

1   Ingrain, *World Under God's Law, p.* 33.
2   R. C. H. Lenski, *The Interpretation of St. Paul's Epistles to the Colossians, to the Thessalonians, to Timothy, to Titus and to Philemon* (Wartburg Press, Columbus, Ohio, 1937, 1946), p. 158.

No os volveréis a los ídolos, ni haréis para vosotros dioses de fundición. Yo Jehová vuestro Dios. (cf. Éx 34 17)

Otra legislación dice:

Y Jehová dijo a Moisés: Así dirás a los hijos de Israel: Vosotros habéis visto que he hablado desde el cielo con vosotros. No hagáis conmigo dioses de plata, ni dioses de oro os haréis. Altar de tierra harás para mí, y sacrificarás sobre él tus holocaustos y tus ofrendas de paz, tus ovejas y tus vacas; en todo lugar donde yo hiciere que esté la memoria de mi nombre, vendré a ti y te bendeciré. Y si me hicieres altar de piedras, no las labres de cantería; porque si alzares herramienta sobre él, lo profanarás. No subirás por gradas a mi altar, para que tu desnudez no se descubra junto a él. (Éx 20:22-26)

Guardad, pues, mucho vuestras almas; pues ninguna figura visteis el día que Jehová habló con vosotros de en medio del fuego; para que no os corrompáis y hagáis para vosotros escultura, imagen de figura alguna, efigie de varón o hembra, figura de animal alguno que está en la tierra, figura de ave alguna alada que vuele por el aire, figura de ningún animal que se arrastre sobre la tierra, figura de pez alguno que haya en el agua debajo de la tierra. No sea que alces tus ojos al cielo, y viendo el sol y la luna y las estrellas, y todo el ejército del cielo, seas impulsado, y te inclines a ellos y les sirvas; porque Jehová tu Dios los ha concedido a todos los pueblos debajo de todos los cielos. Pero a vosotros Jehová os tomó, y os ha sacado del horno de hierro, de Egipto, para que seáis el pueblo de su heredad como en este día. Y Jehová se enojó contra mí por causa de vosotros, y juró que yo no pasaría el Jordán, ni entraría en la buena tierra que Jehová tu Dios te da por heredad. Así que yo voy a morir en esta tierra, y no pasaré el Jordán; mas vosotros pasaréis, y poseeréis aquella buena tierra. Guardaos, no os olvidéis del pacto de Jehová vuestro Dios, que él estableció con vosotros, y no os hagáis escultura o imagen de ninguna cosa que Jehová tu Dios te ha prohibido. Porque Jehová tu Dios es fuego consumidor, Dios celoso. (Dt 4:15-24)

Guardaos, pues, que vuestro corazón no se infatúe, y os apartéis y sirváis a dioses ajenos, y os inclinéis a ellos; y se encienda el furor de Jehová sobre vosotros, y cierre los cielos, y no haya lluvia, ni la tierra dé su fruto, y perezcáis pronto de la buena tierra que os da Jehová. (Dt 11:16, 17)

Maldito el hombre que hiciere escultura o imagen de fundición, abominación a Jehová, obra de mano de artífice, y la pusiere en oculto. Y todo el pueblo responderá y dirá: Amén. (Dt 27:15)

Esta ley no prohíbe los tallados, retratos o trabajo de arte en general. Los vestidos del sacerdote, por ejemplo, llevaban granadas (Éx 28:33-34; 39:24); el propiciatorio tenía a sus extremos dos querubines de oro (Éx 25:18-22; 37:7), y el santuario como un todo estaba ricamente adornado. No es el uso religioso de tales cosas lo que se prohíbe, porque las granadas y los querubines tenían una función religiosa, sino que es el uso no autorizado por un lado, y su uso como mediación o manera de adorar a Dios lo que se prohíbe fuertemente. No pueden ser «ayudas» a la adoración; el hombre no necesita ayuda para adorar aparte de lo que Dios ha provisto.

Así que el primer mandamiento prohíbe la idolatría en general, en tanto que la segunda palabra-ley la prohíbe más específicamente con referencia a la adoración. El hombre puede acercarse a Dios solo en los términos de Dios ; no puede haber mediación entre Dios y el hombre excepto la que Dios ha ordenado.

El razonamiento en cuanto a la idolatría es muy lógico. Como un escritor ha señalado, con referencia a los ídolos hindúes, el propósito de los ídolos es transmitir conceptos abstractos a la mente sencilla. El dios que se muestra con muchas manos simboliza la omnipotencia del ser supremo, y el dios con muchos ojos presenta la omnisciencia, y así por el estilo. Esta es una tesis inteligente y lógica, pero también totalmente errada. Dios la prohíbe y por consiguiente lo deshonra y no recibe bendición. También ha sido causante de decadencia social y depravación personal. Siempre que el hombre empieza a establecer su propia manera de acercarse a Dios, acaba estableciendo su propia voluntad, sus propias lujurias, y finalmente estableciéndose como Dios. Si los términos para que el hombre se acerque a Dios los fija el hombre, los términos de la vida y prosperidad del hombre los dicta también el hombre y no Dios. Pero la iniciativa le pertenece por entero a Dios, y por consiguiente el único acercamiento legítimo a Dios es por entero en sus términos y por su gracia. Esto, entonces, es el *segundo* aspecto del segundo mandamiento: el acercamiento legítimo a Dios es ordenado enteramente por Dios. De aquí que el altar tiene que ser natural, y no manufactura del hombre; de aquí también que el sacerdote no puede revelar su desnudez: tiene que estar cubierto por entero por vestidos que definen el oficio de mediación, al mediador designado por Dios. Puesto que el orden de adoración establece la obra mediadora de Cristo, el acercamiento a Dios que señala Dios, no puede haber separación de ese orden sin apostasía.

Un *tercer* aspecto de esta palabra-ley es éste: así como se prohíbe una idolatría muy literal, también una bendición y maldición muy literales están integradas en la ley. Esto se indica con claridad en la declaración del mandamiento. Aparece en forma contundente en Levítico 26; los vv. 1-3 prohíben la idolatría, ordenan que se guarde el sabbat, y la reverencia por el santuario; y llama a andar en los estatutos y mandamientos del Señor en general. En los vv. 4-46 se muestra con toda claridad y plenitud las consecuencias materiales muy literales para la nación. Una ley muy literal tiene consecuencias muy literales y materiales. La obediencia y desobediencia tienen consecuencias y resultados históricos centrales.

En breve, la religión, la verdadera religión, no es cuestión de decisión voluntaria sin repercusiones. Dios la requiere, y el incumplimiento de sus requisitos conduce a castigo divino. Dar por sentado que los hombres pueden adorar o no adorar sin consecuencias radicales para la sociedad es negar el significado mismo de la fe bíblica. La vida de una sociedad es su religión, y si esa religión es falsa, la sociedad se dirige a la muerte. Se prometen bendiciones asombrosas materiales e indicativas si hay obediencia, pero «y si con estas cosas no fuereis corregidos, sino que anduviereis conmigo en oposición, yo también procederé en contra de vosotros, y os heriré aún siete veces por vuestros pecados» (Lv 6:23, 24). La obediencia, pues, no es cuestión de gusto, sino cuestión de vida o muerte.

Cuarto, la salud social hace necesaria la prohibición de la idolatría, porque su tolerancia significa suicidio social. La idolatría pues, no solo es castigable por la ley por ser perjudicial para la sociedad, sino que es, en verdad, un delito capital. Constituye traición al Rey o Soberano, al Dios Todopoderoso.

> Cuando se hallare en medio de ti, en alguna de tus ciudades que Jehová tu Dios te da, hombre o mujer que haya hecho mal ante los ojos de Jehová tu Dios traspasando su pacto, que hubiere ido y servido a dioses ajenos, y se hubiere inclinado a ellos, ya sea al sol, o a la luna, o a todo el ejército del cielo, lo cual yo he prohibido; y te fuere dado aviso, y después que oyeres y hubieres indagado bien, la cosa pareciere de verdad cierta, que tal abominación ha sido hecha en Israel; entonces sacarás a tus puertas al hombre o a la mujer que hubiere hecho esta mala cosa, sea hombre o mujer, y los apedrearás, y así morirán. Por dicho de dos o de tres testigos morirá el que hubiere de morir; no morirá por el dicho de un solo testigo. La mano de los testigos caerá primero sobre él para matarlo, y después la mano de todo el pueblo; así quitarás el mal de en medio de ti (Dt 17:2-7).

Para la mente moderna, tiene lógica que se castigue con la muerte la traición al estado, pero no la traición a Dios. Pero ningún orden-ley puede sobrevivir si no defiende su fe medular con sanciones rigurosas. El orden-ley del humanismo conduce solo a la anarquía. Como le falta absolutos, el orden-ley humanística tolera todo lo que niega los absolutos a la vez que guerrea contra la fe bíblica. La única ley del humanismo es, en última instancia, esta, que no hay ley excepto la afirmación de uno mismo. Es «Haz lo que quieras». El resultado es el desprecio arrogante de la ley manifestado en un decreto amplio dictado en 1968 por el Comité del Condado Riverside (California) de Cleaver para Presidente, al promover la candidatura de Eldridge Cleaver, «Ministro de Información» de los Panteras Negras, y candidato del Partido Paz y Libertad para presidente de los Estados Unidos La declaración describía a Cleaver en parte de esta manera:

Ahora consideren a Eldridge Cleaver. Su «historia estadounidense» se puede decir muy rápido. Primero, fue invisible e irrelevante; un muchacho de un tugurio en Little Rock, gueto sacrificable en Watts. Luego fue un fastidio local, en 1954, cuando a los 18 años lo arrestaron por primera vez, , por fumar marihuana. Luego se volvió una Amenaza Brutal; allí fue cuando lo encarcelaron por segunda vez, en 1958, por perturbar la belleza del sueño de algunas de las diosas blancas de los suburbios de Los Ángeles. Más tarde, cuando en su propia manera hermosa y contra increíbles probabilidades alcanzó su propia y distintiva hombría, ¿qué era? Prisionero político, en una nación que afirma ni siquiera saber el significado de estas palabras[3].

Los términos en que se describe su historial de violación indican el total desprecio del orden-ley bíblico de parte del comité. Tolerar un orden-ley foráneo es un subsidio muy real del mismo; es garantía de vida para ese orden-ley foráneo, y una sentencia de muerte contra el orden-ley establecido.

Sir Patrick Devlin ha señalado el dilema de la ley hoy:

Pienso que es claro que la ley delincuente que conocemos se basa en el principio moral. En algunos delitos su función es reforzar un principio moral y nada más. La ley, tanto delincuente como civil, afirma ser capaz de hablar de moralidad o inmoralidad en general. ¿En dónde halla su autoridad para hacer esto y cómo resuelve los principios morales que impone? Sin duda, por cuestión de historia, deriva ambas cosas de la enseñanza cristiana. Pero pienso que el estricto experto en lógica tiene razón cuando dice que la ley no puede ya descansar en doctrinas que los ciudadanos tienen derecho a descreer. Es necesario, por consiguiente, buscar alguna otra fuente[4].

La crisis legal se debe al hecho de que la ley de la civilización occidental ha sido la ley cristiana, pero su fe es cada vez más el humanismo. La antigua ley, por consiguiente, no se entiende, ni se obedece, ni se impone. Pero la nueva «ley» hace de cada hombre su propia ley y cada vez más conduce a la anarquía y al totalitarismo. La ley, dice Devlin, no puede funcionar «en cuestiones de moralidad respecto a las cuales la comunidad como un todo no está profundamente embebida con un sentido de pecado; la ley se doblega bajo un peso que no está construida para llevar y puede quedar permanentemente retorcida». Todavía más,

---

3   Peace and Freedom Party, Riverside County Cleaver for President Committee, *Eldridge Cleaver for President* (Riverside, Calif., 1968). Para más sobre Cleaver, ver *Peace and Freedom News*, Special Issue (6 mayo 1968), Berkeley, Calif.
4   Sir Patrick Devlin, *The Enforcement of Morals*, Maccabaean Lecture in Jurisprudence of the British Academy, 1959 (Oxford University Press, Londres, 1959, 1962), p. 9.

Un hombre que concede que la moralidad es necesaria para la sociedad debe respaldar el uso de los instrumentos sin los cuales no se puede mantener la moralidad. Los dos instrumentos son el de la enseñanza, que es doctrina, y el de la imposición, que es la ley. Si se pudiera enseñar moral solo sobre la base de que es necesaria para la sociedad, no habría necesidad de la religión en la sociedad se dejaría como algo puramente personal. Pero no se puede enseñar moralidad de esa manera. La lealtad tampoco se enseña de esa manera. Ninguna sociedad ha resuelto todavía el problema de cómo enseñar moralidad sin religión. Así que la ley debe basarse en la moral cristiana y hasta el límite de su capacidad para imponerla, no solo porque son la moral de la mayoría de nosotros, ni porque son la moral que enseña la iglesia establecida —en estos puntos la ley reconoce el derecho a disentir— sino por la razón contundente de que sin la ayuda de la enseñanza cristiana la ley fracasará[5].

En breve, las leyes de una sociedad no pueden elevar a un pueblo por sobre el nivel de la fe y moralidad del pueblo y la sociedad. Un pueblo no puede legislarse a sí mismo por encima de su nivel. Si sigue la fe cristiana en verdad y en obra, puede establecer y mantener ley y orden santos. Si la fe es humanística, el pueblo será traidor a todo orden-ley que no condona su aseveración propia y su irresponsabilidad.

La cuestión entonces es básica: ¿qué constituye traición en una cultura? ¿Idolatría, o sea, traición a Dios, o traición al estado? ¿Cuál es el principio fundamental del orden—la base necesaria de la existencia y salvación del hombre—, Dios o el estado? La traición al estado es un concepto que se puede usar para destruir a los santos, y eso se hace en los países marxistas. La traición se puede definir —como la Constitución de los Estados Unidos en el artículo III, sección 3 la define— de manera muy estrecha y cauta, pero, ¿qué si el enemigo del ciudadano resulta ser el estado convertido en traidor a su propia Constitución? Para el cristiano, es la idolatría lo que por sobre todo lo demás constituye traición al orden social.

Quinto, hemos visto que, mientras que la idolatría se define en forma estrecha, también se define en forma amplia, o sea, como codicia. Pero la idolatría involucra cualquier y todo intento del hombre de guiarse por su propia palabra en lugar de por la palabra-ley de Dios. Esto a menudo se hace devota y piadosamente. Muchos padres son pecadoramente pacientes o indulgentes con sus hijos inicuos, o los esposos con las esposas, o las esposas con los esposos, con la anhelante esperanza de que Dios milagrosamente cambie al descarriado. «Estoy orando siempre», afirman, y añaden que todas las cosas son posibles para Dios. Pero esto es arrogancia horrible y pecado. Sí, todas las cosas son posibles con Dios, pero no podemos vivir en términos de lo que Dios puede hacer sino solo en los términos de lo que su ley-palabra requiere. Esperar una conversión, o avanzar en esperanza,

---

5   *Ibid.,* p. 25.

es un sustituto pecaminoso —por más piadosamente que lo disfracemos— de la obediencia a Dios y la aceptación de la realidad bajo Dios. Tal curso es convertir nuestra esperanza en ley-palabra, y dejar sin efecto la palabra-ley de Dios. Samuel le dijo esto con claridad a Saúl, declarando: «Porque como pecado de adivinación es la rebelión, y como ídolos e idolatría la obstinación» (1 S 15:23). No se nos permite llamar a nuestra obstinación y rebelión otra cosa que pecado.

El único acercamiento legítimo a Dios es, pues, la forma que él provee, y esa forma se resume en la persona de Jesucristo. Todo otro camino es idolatría, aunque se presente en el nombre del Señor.

2. El trono de la ley

En Éxodo 25—31; 35:4—39:43, se da la ley respecto a la construcción del tabernáculo, o sea, la carpa de reunión: «Y harán un santuario para mí, y habitaré en medio de ellos. Conforme a todo lo que yo te muestre, el diseño del tabernáculo, y el diseño de todos sus utensilios, así lo haréis» (Éx 25:8, 9). Había que seguir este patrón estrictamente, sin variación. Cuando se describe por medio de Ezequiel el templo ideal o simbólico del futuro, el reino de Cristo, de nuevo se requiere la adherencia al modelo (Ez 43:10). De este énfasis en el carácter absoluto del modelo también se habla en Hebreos 8:5; 9:23.

Así que, primero, Dios da el modelo para el tabernáculo y es por entero su obra. J. Edgar Park lo ve como obra del hombre y «respuesta del hombre a Dios». «Así como el Creador hizo la tierra para que el hombre morara en ella, el hombre debe hacer una morada para el Creador». Park no ve esto como un relato histórico, ni tampoco revelación[1]. Esto puede ser un pensamiento lindo, pero no es verdad. Dios requiere el patrón y los materiales, y se espera que sus súbditos obedezcan. Cuando los súbditos construyen un palacio para su monarca, no es como una «respuesta» a él, sino en obediencia a su rey.

Esto, por supuesto, apunta a un *segundo* aspecto de la ley del santuario: el tabernáculo es más que una carpa de reunión: «Es el palacio del Rey en el cual el pueblo le rinde homenaje»[2]. En este punto aparece una falacia central del enfoque eclesiástico del tema. Los fervorosos eruditos bíblicos, aunque afirman su fe en lo fundamental, han participado de la creencia moderna de que la religión es asunto eclesiástico. En su análisis de la tipología y simbolismo del tabernáculo, recalcan su relación a la adoración eclesiástica[3]. Pero la reducción de la religión a la iglesia es una herejía moderna; el dominio de la religión es la totalidad de la vida, y el interés del santuario es la vida total. El tabernáculo era el palacio del Dios el Rey, Señor del pacto de Israel, desde donde gobernaba a la nación en forma absoluta.

---

1   Edgar Park, «Exodus» [«Éxodo»], en *The Interpreter's Bible,* I, 1021.
2   Vos, *Biblical Theology,* p. 168.
3   Ver W. G. Moorehead, *The Tabernacle* (Kregel, Grand Rapids, 1895, 1957).

Israel se presentaba en el palacio, no solo para adorar sino para recibir órdenes en todo respeto y en todo aspecto.

Tercero, como resultado, solo podía haber un santuario, porque solo hay un Dios verdadero, un Dios, un trono, un ámbito. Puesto que había una ley que gobernaba el ámbito de Dios, había solo una fuente de ley: el palacio. Debido al punto de vista eclesiástico, es difícil que los hombres vean al tabernáculo como primordial y esencialmente el palacio o morada de Dios; para la mente orientada a la iglesia, era primordial y esencialmente un lugar de adoración. Incluso unos segundos de reflexión dejan en claro este punto. La ley requería que todos los varones se presentaran tres veces anualmente en el palacio:

Tres veces en el año me celebraréis fiesta (Éx 23:14).

Tres veces en el año se presentará todo varón delante de Jehová el Señor (Éx 23:17).

Tres veces en el año se presentará todo varón tuyo delante de Jehová el Señor, Dios de Israel (Éx 34:23).

Algunos objetarán que estas tres fiestas se describen como convocaciones «santas» (Lv 23:4) y son clara y esencialmente culto. Pero es un error serio asociar la santidad con el culto; el culto en sí mismo no es santo y puede ser blasfemo; la santidad no se refiere al culto sino a Dios en todos sus caminos y en todo su ser. Así, toda actividad santa, sea en casa, en el campo, la corte, la iglesia o la escuela, es actividad santa. La perspectiva «medieval», aunque corrupta por el neoplatonismo, era más bíblica que el concepto moderno del estado como agencia profana y secular, o sea, fuera del palacio de Dios y separado de él. Debido a que el monarca representaba el ministerio de justicia de Dios, y debido a que gobernaba como el viceregente de Cristo el Rey, el cargo del monarca era así visto como oficio santo.

> El rey era, en verdad, una semejanza de Cristo. El rito de coronación lo transformaba sacramentalmente en un *Christus Domini,* es decir, no solo en una persona de rango episcopal, sino en una imagen de Cristo mismo. Por este rito, el profesor Kantorowicz escribe: «El nuevo gobierno estaba ligado al gobierno divino y al de Cristo, el verdadero gobernante del mundo; y las imágenes del Rey y Cristo [se] unían lo más posible». Tales representaciones dramáticas del significado de la monarquía no estaban confinadas a la coronación del rey. En los grandes festivales religiosos del año «se hacía coincidir el día de exaltación del rey con el de [] la exaltación del Señor» a fin de hacer «la realeza terrestre mucho más transparente contra el trasfondo de la realeza de Cristo». En la Francia capetina como en otras partes, se hacían de tales festivales religiosos a menudo la ocasión para la coronación festiva del rey;

y, conforme en estos festivales se realizaban de igual manera las asambleas políticas del reino, el entrelazado de las dos esferas se subrayaba mediante ceremonias litúrgicas que recalcaban la dignidad sacerdotal de la realeza. Lo que a nosotros nos parece nada más que pompa festiva era, a decir verdad, un acto sacramental tanto como de trascendencia constitucional. Era precisamente su ungimiento como *Christus Domini* lo que levantaba al rey por sobre incluso los duques más poderosos. En las controversias políticas de principios del siglo doce se aduce este hecho vez tras vez[4].

Sin embargo, debido al neoplatonismo, el concepto de continuidad hecho para una unidad de ser entre Dios y el rey condujo a la adoración del gobernante y un orden anticristiano. En términos de la discontinuidad bíblica de ser entre Dios y el hombre, hay que mantener la tipología del rey como vicerregente. La tipología no se puede transformar en un concepto de continuidad[5].

La santidad tiene por lo tanto referencia primordial y esencialmente a Dios, y, en segundo lugar, a todo lo que se hace en su nombre, según su palabra, y para su gloria. Todas las cosas fueron creadas por Dios totalmente buenas, y por consiguiente santas, separadas y dedicadas a él. Los hombres, por su caída, se han vuelto profanos. La meta de la redención es la restauración del universo a la santidad, su re-creación, y la separación de los réprobos o cananeos de «la casa de Jehová de los ejércitos» (Zac 14:20, 21).

El tabernáculo era el palacio de Dios; era el santuario porque era el palacio o morada de Dios. En el desierto, y en los primeros años, Dios hizo su palacio como la gente hacía sus viviendas, en una carpa. Fue más tarde, con David, que el pueblo cobró consciencia del contraste entre sus casas y el palacio de Dios, todavía en una carpa (2 S 7:2). Dios difirió la construcción de este templo, casa, o palacio de Dios, hasta el reinado de Salomón (2 S 7:4-29).

El tabernáculo, y el templo después, siguió siendo primordialmente palacio, no casa de adoración. La adoración era local, y su lugar era en la familia. El sabbat se guardaba en casa, no en el santuario. Ver el tabernáculo y el templo como estructuras de iglesia es leer la Biblia de manera equivocada. El que había adoración en el santuario no altera este hecho. El hombre adoraba a Dios en todas partes: cuando mataba carne, ganado o animales domésticos, se derramaba la sangre en adoración. Las oraciones y sacrificios se ofrecían antes de la batalla, y el pecado de

---

4   Otto von Simson, *The Gothic Cathedral, Origins of Gothic Architecture and the Medieval Concept of Order*. Bollingen Series XLVIII, edición revisada (Pantheon Books, Nueva York, 1962, 1965), p. 138.
5   Ver los escritos de Ernst H. Kantorowicz, esp. *Laudes Regiae, A Study in Liturgical Acclamations and Mediaeval Ruler Worship* (University of California Press, 1946); *The King's Two Bodies, A Study in Mediaeval Political Theology* (Princeton University Press, Princeton, 1957); *Frederick the Second, 1194-1250* (Frederick Ungar, Nueva York, 1931, 1957).

Saúl fue que no esperó a que Samuel llegara y ofreciera el sacrificio (1 S 13). Pero el lugar normal de adoración era la casa, en donde se observaba el sabbat.

Cuarto, el tabernáculo no tiene contraparte en la iglesia. Cuando en la muerte de Cristo el velo del templo se rasgó en dos (Mt 27:51), se estableció abiertamente el fin del templo como palacio. El nuevo templo es Jesucristo, a quien crucificaron por afirmar que era el verdadero templo, construido por su resurrección (Mt 26:61; 27:40; Jn 2:19-21, etc.). Por morar en ellos el Espíritu Santo, los creyentes son ahora en cierto sentido templos de Dios (1 Co 3:16, 17), como también la iglesia, de la que se habla como «la casa de Dios» (1 Ti 3:15; 1 P 4:17), pero la «iglesia» que así se designa no es una habitación o estructura visible sino la congregación visible o iglesia de Cristo. El templo, o, más precisamente, el tabernáculo, tiene su cumplimiento en Cristo, y el verdadero Lugar Santísimo ahora queda abierto a los hombres de fe gracias a que por «la sangre de Cristo» el pueblo del pacto de Dios tiene acceso al trono (He 10:19-22).

El tabernáculo tenía tres recintos. Primero, estaba el atrio, abierto solo al pueblo del pacto y, aunque encerrado, abierto al cielo. El segundo recinto estaba abierto solo a los sacerdotes y estaba encerrado en velos aunque todavía ligeramente iluminado. El tercero, el Lugar Santísimo, estaba encerrado en velos y oscuro, y solo el sumo sacerdote entraba allí, una vez al año. En el cielo, Dios mora como Gobernador del universo; en el tabernáculo, Dios moraba «en su condescendiente gracia» como gobernante de su pueblo del pacto[6].

Con la encarnación, la presencia en el tabernáculo dio paso al Dios-hombre encarnado, Jesucristo. Con la ascensión, el Espíritu Santo continúa la obra de gobierno; al Espíritu Santo así no se le puede separar de la ley y gobierno en ningún sentido. Sin embargo, incluso más, una nueva etapa apareció con Cristo en el gobierno de Dios el Rey. El santuario celestial, el trono del mundo, llegó a ser el trono de Cristo, que reina ahora para subyugar a todos sus enemigos (1 Co 15:25), para que se cumpla la profecía triunfante: «Los reinos del mundo han venido a ser de nuestro Señor y de su Cristo; y él reinará por los siglos de los siglos» (Ap 11:15). En términos de este propósito, Jesucristo dijo a los hombres del pacto: «Toda potestad me es dada en el cielo y en la tierra. Por tanto, id, y haced discípulos a todas las naciones…» (Mt 28:18, 19). La iglesia es enviada al mundo como parte del imperialismo de Cristo, para someter al mundo a su reino.

Quinto, en el Lugar Santísimo, el trono de Dios es la ley. Fairbairn llamó la atención a esto con claridad:

> La conexión ahora indicada entre la revelación de la ley en el sentido estricto, y la estructura y uso de la morada sagrada, brota muy contundentemente en la descripción que se da del tabernáculo, que, después de mencionar las diferentes clases de materiales que se deben proveer, empieza primero con el

---

6   Oehler. *Theology of the O.T.,* p. 254s.

arca del pacto: el depósito, como se pudiera igualmente llamar, del decálogo, puesto que era un cofre que contenía las tablas de la ley, y como tal se tenía como el asiento o trono desde el cual Jehová manifestaba su presencia y gloria (Éx 25:2, 9, 40, etc.). Era, por consiguiente, el mueble más sagrado del tabernáculo, el centro desde el cual todo lo relativo a la camaradería de los hombres con Dios debía proceder, y derivar su carácter esencial[7].

El arca contenía el tratado, la ley del pacto entre Dios y el hombre. El arca era pues el depósito de la ley y simbolizaba la ley. El otorgamiento de la ley fue un acto de divina gracia hacia el pueblo del pacto, y su trono es esa misma ley. La ley establece la justicia y rectitud de Dios, y es su gobierno declarado en sus detalles y principios. El significado central del arca hay que verlo en los términos de la ley. «No puede haber duda: el contenido apropiado del arca eran las dos tablas del pacto, y ser el depósito de estas fue el propósito especial al fabricarse»[8]. El arca no era una silla normal; era obviamente un cofre, y el énfasis está en el contenido del cofre como el pacto entre Dios y el hombre, como la base del gobierno de Dios, y el trono de su realeza. Por consiguiente, hace violencia imposible a la realeza de Cristo separarlo de la ley, o ver la obra de Cristo como abolición de la ley.

Dios no hizo del altar su trono, porque el altar, aunque importante, establece la expiación, el principio de una nueva vida para el pueblo de Dios. La meta de la expiación, de la redención, es el gobierno de Dios en un reino total y gozosamente sujeto a la ley del pacto. Esta gozosa sumisión a la ley se manifestó por completo en Jesucristo, que declaró: «He aquí que vengo, oh Dios, para hacer tu voluntad» (He 10:5-9), y quien, como Rey, reina en los términos de una ley que él dictó y cumplió.

El tabernáculo tiene entonces una significación central para la ley bíblica: declara que el trono de Dios es su ley, y declara que el trono de la ley gobierna al mundo.

Es fe truncada y deficiente la que se detiene en el altar. El altar significa redención. Establece el nuevo nacimiento del creyente. Pero ¿nuevo nacimiento para qué? Sin la dimensión de la ley, se niega a la vida el significado y propósito del nuevo nacimiento. No es de sorprender que la fe centrada en el altar se centre en el cielo y se centre en el rapto antes que en Dios. Busca un escape del mundo antes que el cumplimiento en el mundo del llamamiento de Dios y la palabra-ley. No tiene conocimiento del trono.

3. El altar y la pena capital

En la ley se hace provisión de un altar. La primera palabra respecto al altar aparece en Éxodo 20:22-26, un altar de materiales naturales para el período antes del

---

7   Fairbairn, *The Revelation of Law in Scripture,* p. 136.

8   Fairbairn, «Ark of the Covenant» [«El arca del pacto»], en *Fairbairn's Imperial Standard Bible Cyclopedia,* I, 194.

tabernáculo, para el período interino hasta su construcción. Este altar no debía ser de diseño o hechura de hombre, «porque el altar no era para representar a la criatura, sino para que fuera el lugar en el cual Dios venía para dar allí entrada al hombre a su comunión. Por esto el altar debía ser hecho del mismo material del suelo terrenal del reino de Dios: tierra o piedras»[1].

El patrón de Dios para el altar fue dado subsiguientemente como parte de la ley del tabernáculo (Éx 27:1-8; 38:1-7)[2]. Estaba hecho de madera de acacia cubierto por entero de bronce, y medía cinco codos de largo, por cinco codos de ancho, y por tres codos de altura[3].

El altar es, por supuesto, de significación central en lo religioso. El sacrificio establece el hecho de la expiación, que Dios proveyó la manera de que el hombre pecador obtuviera la salvación. Esto es a todas luces el significado *primero* y central del altar. Los animales ofrecidos en el altar tipificaban a Jesucristo, «el Cordero de Dios, que quita el pecado del mundo» (Jn 1: 29). En Apocalipsis 1:5 se describe a Jesucristo como el que «nos amó, y nos lavó de nuestros pecados con su sangre». Aparte de la aceptación del sacrificio expiatorio de Jesucristo, no puede haber ni salvación ni fe cristiana. El sacrificio es básico para la fe bíblica. Un aspecto muy grande y fundamental de todas las Escrituras es la declaración del sacrificio vicario y de una expiación provista por Dios. Capítulo por capítulo da leyes respecto al sacrificio. Jesucristo declaró ser el Hijo del hombre, que vino «para dar su vida en rescate por muchos» (Mt 20:23; Mr 10:45). La declaración apostólica fue: «Porque hay un solo Dios, y un solo mediador entre Dios y los hombres, Jesucristo hombre, el cual se dio a sí mismo en rescate por todos, de lo cual se dio testimonio a su debido tiempo» (1 Ti 2:5, 6). El altar significaba a Jesucristo y su sacrificio expiatorio.

Desdichadamente, es en este punto que empieza y termina la interpretación eclesiástica de la Biblia. Se plantea como es debido y en gran medida la importancia del altar, pero casi siempre con respecto a una transacción básica para la vida de la iglesia, cuando es en realidad básica a la vida del hombre en la iglesia, el estado y toda la vida.

Fairbairn llamó la atención a este *segundo* aspecto del altar:

Y no cabe duda de que las representaciones que se acaban de notar, y otras de descripción similar, respecto a la muerte de Cristo, llevan en efecto en su sentido natural un aspecto legal; tienen que ver con las demandas de la ley, o la justicia de la cual la ley es la expresión. Declaran que, para cumplir estas demandas a favor de los pecadores, Cristo sufrió una muerte reglamentaria, una muerte que, aunque inmerecida de parte del que sufrió, se debe considerar

---

1   Keil and Delitzsch, *The Pentateuch,* II, 127.

2   See Fairbairn, «Altar», en *Fairbairn's Bible Encyclopedia,* I, 136-141.

3   J. C. Rylaarsdam, «Exodus» [«Éxodo»], *Interpreter's Bible,* I, 1034.

como justa condena del cielo de la culpa humana. El ser hecho maldición, para poder redimir a los hombres de la maldición de la ley, no puede tener otro significado que sufrir la pena en que como transgresores de la ley ellos habían incurrido, a fin de que pudieran escapar; ni tampoco el intercambio indicado en las palabras «por nosotros lo hizo pecado, para que nosotros fuésemos hechos justicia de Dios en él» se puede entender correctamente como que significan otra cosa menos que el hecho de que él, el justo, tomó el lugar de los pecadores en el sufrimiento, para que estos pudieran tomar su lugar en el favor y la bendición. Y la férrea necesidad de la transacción —necesidad que incluso los recursos de la sabiduría infinita, en el clamor ferviente de Cristo, hallaron imposible evadir (Mt 26:39)— ¿en que podría descansar sino en el seno de la ley, cuyas exigencias violadas exigían satisfacción? No que Dios se deleite en la sangre, sino que es preciso sostener los intereses globales de la verdad y la justicia, aun cuando se tenga que derramar sangre indeciblemente preciosa en su vindicación[4].

El altar por tanto establece, no menos que el arca, *la ley y la justicia de la ley.* Tan central es la ley a Dios, que las demandas de la ley se cumplen como la condición necesaria de la gracia, y Dios cumple las demandas de la ley en Jesucristo. Jesucristo, como el nuevo Adán, cabeza de la nueva humanidad, guardó la ley perfectamente, *para definir la obediencia de la nueva raza o humanidad,* y murió en la cruz como el Cordero inmaculado de Dios, *para satisfacer los requisitos de la ley contra los pecadores.* La gracia no hace a un lado la ley, sino que provee el cumplimiento necesario de la ley. La gracia de Dios testifica de la validez de la ley y la plena y absoluta justicia de las demandas de la ley. Aquí de nuevo Fairbairn indicó el caso de manera elocuente y clara:

Necesitamos un cimiento sólido en que poner nuestros pies, un terreno seguro y vivo para nuestra confianza ante Dios. Y esto podemos hallar solo en la antigua noción de la iglesia de los sufrimientos y muerte de Cristo como satisfacción de la justicia de Dios por la ofensa hecha por nuestros pecados a su ley violada. *Satisfacción,* lo digo enfáticamente, *a la justicia de Dios,* en la que algunos, incluso escritores evangélicos, parecen dispuestos a tropezar; dirían, satisfacción al honor de Dios, sí, pero de ningún modo a la justicia de Dios. ¿Qué, entonces, preguntaría yo, es el honor de Dios aparte de la justicia de Dios? Su honor no puede ser otra cosa que la acción refleja o exhibición de sus atributos morales; y en el ejercicio de estos atributos, el elemento fundamental y controlador es la justicia. Cada uno de ellos está condicionado; el amor en sí está condicionado por las demandas de justicia; y proveer alcance para la operación del amor al justificar al impío de acuerdo

4   Patrick Fairbairn, *The Revelation of Law in Scripture,* p. 247s.

con estas demandas es la base misma y razón de la expiación, su base y razón primordialmente en la mente de Dios, y debido a que está allí, también en su imagen viva, la conciencia humana, que instintivamente considera el castigo como «el recular de la ley eterna del derecho contra el transgresor», y no puede obtener la paz sólida excepto a través de un medio de expiación válida. Tanto, por cierto, que dondequiera que se desconoce la verdadera expiación, o se entiende parcialmente, hasta pasa a proveer expiaciones de cosecha propia.

Así que la ley ha sido confirmada (Ro 3:31) más notoriamente por ese mismo rasgo del evangelio que en verdad lo diferencia de la ley: su demostración del amor redentor de Dios en Cristo[5].

Negar este segundo aspecto del altar es caer en el antinomianismo. Tal perspectiva ve el altar como testigo del amor incondicional de Dios antes que de un amor «condicionado por las demandas de justicia», para usar la frase de Fairbairn.

Se debe reconocer que o se afirma y se sostiene el testimonio del altar, y el significado del altar, como ley y justicia, u otra religión anticristiana hasta la médula se ha puesto las vestiduras de la fe cristiana. La sangre del altar era una declaración lúgubre y sostenida de la demanda inflexible y permanente de la ley de que se cumpliera la justicia de Dios.

Tercero, entonces, el altar era a todas luces también un testigo de que la *pena capital* es básica a la ley. Por lo general no se asocia la doctrina de la pena capital con el altar ni con el segundo mandamiento sino más bien con el sexto: «No matarás». Esta falacia limita el significado del sexto mandamiento, y también priva a la pena capital de su profundo cimiento teológico. Si la pena capital no es básica en la ley de Dios, Cristo murió en vano, porque se podría hallar alguna manera más fácil de satisfacer la justicia de Dios. Si la pena capital no es básica en el segundo mandamiento, el altar fue un terrible error, e innecesariamente se ha estado adorando a Dios al derramar sangre sin motivo alguno. Pero imaginarse que la expiación es posible sin la muerte, o que el hombre al acercarse a Dios puede hacer a un lado el altar, es levantar una imagen tallada del hombre, y de la capacidad del hombre para salvarse a sí mismo, en vez del Dios vivo.

No solo la ley requiere la pena de muerte, sino que se especifica que no puede haber remisión de la pena: «Y no tomaréis precio por la vida del homicida, porque está condenado a muerte; indefectiblemente morirá» (Nm 35:31). Así, cuando varios líderes de la iglesia protestante y católico romana, incluyendo el papa Pablo VI, y autoridades civiles tales como la reina Isabel II, trataron de persuadir a las autoridades de Rodesia que conmutaran la pena de muerte a algunos asesinos aduciendo que eran «luchadores de la libertad», estaban desafiando y despreciando la ley de Dios. También estaban expresando su desprecio de la cruz de Cristo,

---

que establece la necesidad de la pena de muerte ante Dios, y poniendo *su* palabra por encima de la de Dios.

Las leyes respecto a la pena de muerte se pueden resumir brevemente:

Números 35:31: Es indefectible.

Génesis 9:5, 6; Números 35:16-21, 30-33; Deuteronomio 17:6; Levítico 24:17: Aplicada por asesinato.

Levítico 20:10; Deuteronomio 22:21-24: Por adulterio.

Levítico 20:11, 12, 14: Por incesto.

Éxodo 22:19; Levítico 20:15, 16: Por bestialismo.

Levítico 18:22; 20:13: Por sodomía.

Deuteronomio 22:25: Por violación de una virgen comprometida en matrimonio.

Deuteronomio 19:16-20: Por testimonio falso en un caso que incluye una ofensa capital.

Éxodo 21:16; Deuteronomio 24:7: Por secuestro.

Levítico 21:9: Para la hija del sacerdote que ha fornicado.

Éxodo 22:18: Por hechicería.

Levítico 20:2-5: Por ofrecer sacrificio humano.

Éxodo 21:15, 17; Levítico 20:9: Por golpear o maldecir padre o madre.

Deuteronomio 21:18-21: Para delincuentes juveniles incorregibles.

Levítico 24:11-14, 16, 23: Por blasfemia.

Éxodo 35:2; Números 15:32-36: Por la profanación del sábbat.

Deuteronomio 13:1-10: Por profetizar en falso o propagar doctrinas falsas.

Éxodo 22:20: Por sacrificar a dioses falsos.

Deuteronomio 17:12: Por negativa inicua a acatar la ley y orden santos, y actitudes y acciones contrarias a la ley y a la corte.

Deuteronomio 13:9; 17:7: Ejecución por los testigos.

Números 15:35,36; Deuteronomio 13:9: Ejecución por la congregación.

Números 35:30; Deuteronomio 17:6; 19:15: No se aplica por testimonio de menos de dos testigos.

En unos pocos puntos las penas fueron alteradas en el Nuevo Testamento, pero el principio básico de la pena de muerte fue respaldado y expuesto por la muerte expiatoria de Cristo, que dejó en claro que la pena por la traición del hombre a Dios y su alejamiento de la ley de Dios es irremisiblemente la muerte.

La sangre del altar y el hecho del altar son por tanto una declaración de la necesidad de la pena capital. Oponerse a la pena capital según se prescribe en la ley de Dios es oponerse a la cruz de Cristo y negar la validez del altar.

El altar por consiguiente expone el principio de la pena capital. Pero, *cuarto,* el altar es *una declaración de vida,* porque atestigua la muerte. Declara que nuestra vida descansa en la muerte del Cordero de Dios. Declara, además, que la seguridad de nuestra vida está cercada y amurallada por el hecho de la pena capital. Si se niega la ley de Dios respecto a esto, «la tierra fue contaminada; y yo visité su maldad sobre ella, y la tierra vomitó sus moradores» (Lv 18:25). Pero el ejercicio santo de la pena capital limpia a la tierra del mal y protege al justo. Al pedir la muerte de los delincuentes juveniles incorregibles, que quiere decir, por consiguiente, en términos de norma jurídica, la muerte de los delincuentes adultos incorregibles; la ley declara «así quitarás el mal de en medio de ti, y todo Israel oirá, y temerá» (Dt 21:21).

Negar la pena de muerte es insistir en vida para el mal; quiere decir que a los malos se les da el derecho de matar, secuestrar, violar sexualmente y violar la ley y el orden, y se les garantiza la vida en vez de la muerte en el proceso. Al asesino se le da el derecho de matar sin perder la vida, y a las víctimas y víctimas potenciales se les niega su derecho a la vida. Los hombres pueden hablar de amor incondicional, y misericordia incondicional, pero tal acto de amor y misericordia es condicional, porque, al concedérselo a un hombre, estoy apoyando las condiciones de su vida y negando las de otros en el proceso. Si amo y soy misericordioso con el homicida, no amo ni tengo misericordia con sus víctimas presentes y futuras. Todavía más, estoy en abierto desacato a Dios y su ley, que exige que no haya misericordia para el hombre culpable de asesinato: «Y no tomaréis precio por la vida del homicida, porque está condenado a muerte; indefectiblemente morirá» (Nm 35:31). Es más,

> Y no contaminaréis la tierra donde estuviereis; porque esta sangre amancillará la tierra, y la tierra no será expiada de la sangre que fue derramada en ella, sino por la sangre del que la derramó. No contaminéis, pues, la tierra donde habitáis, en medio de la cual yo habito; porque yo Jehová habito en medio de los hijos de Israel (Nm 35:33, 34).

Levítico 26 deja en claro la maldición que cae sobre la tierra que menosprecia la ley de Dios; si el pueblo no limpia el mal de la tierra, Dios limpiará de gente a la tierra. En términos de esto, no es sorpresa que la historia haya estado tan continuamente en un trayecto de desastre alejado de la palabra-ley de Dios.

Este, entonces, es el significado del altar: es vida para los justos en Cristo, que son redimidos por su sangre expiatoria, porque representa la muerte inflexible e inmutable del mal. El altar es el testigo supremo de la pena de muerte, y del hecho de que esta nunca se descarta. Para nosotros, por la gracia de Dios, se cumplió en la persona de Jesucristo. No podemos travesear con la ley de Dios sin menospreciar a Cristo y su sacrificio, y con ello revelar nuestra naturaleza réproba, «Porque si pecáremos voluntariamente después de haber recibido el conocimiento de la verdad, ya no queda más sacrificio por los pecados, sino una horrenda expectación de juicio, y de hervor de fuego que ha de devorar a los adversarios» (He 10:26, 27).

Pero para nosotros que estamos en los términos del altar, es vida y garantía del castigo de los enemigos de Dios y su reino.

4. Sacrificio y responsabilidad

El sacrificio suele tratarse como una antigualla del pasado primitivo del hombre; se descartan los esfuerzos de dirigir la atención a un origen divino en términos de las Escrituras, y se nos dice que «todas las teorías monogénicas del origen del sacrificio se pueden repudiar sin miedo desde el principio»[1]. Estos desdenes petulantes descansan en la creencia en el hombre autónomo y su cosmovisión contraria a Dios.

El sacrificio es básico para la fe bíblica, y es básico para la ley bíblica. Toda consideración de la ley bíblica debe por necesidad reconocer la centralidad del sacrificio.

Al analizar el significado del sacrificio para la ley (porque nuestro interés aquí es legal antes que soteriológico), es necesario, *primero,* reconocer que *el sacrificio bíblico requiere una doctrina de sacrificio humano que a la vez rechaza al hombre pecador como el sacrificio.* Como Vos observó al comentar sobre el sacrificio de Isaac (Gn 22), «el sacrificio de un ser humano no se puede condenar en principio»[2]. Todavía más,

> Todo el sacrificio bíblico descansa en la idea de que entregarle la vida a Dios, bien sea en consagración o en expiación, es necesario para la acción o restauración de la religión. Lo que pasa del hombre a Dios no se considera como propiedad, sino que, aun cuando sea propiedad para un propósito simbólico, siempre significa en último análisis entregar la vida. Y en la concepción original, esto no es ni en expiación ni en consagración la entrega de vida ajena; es la entrega de la vida del mismo oferente. El segundo principio que subyace en la idea es que el hombre en relación anormal de pecado está descalificado para ofrecer esta entrega de su vida en su propia persona. Aquí se trae a colación el principio vicario: una vida toma lugar de otra vida. […] En el AT se desaprueba no el sacrificio de la vida humana como tal, sino el sacrificio de la vida humana pecadora promedio. En la ley mosaica estas cosas se enseñan mediante un simbolismo elaborado[3].

Nótese que el sacrificio sirve tanto para *expiación* como para *consagración*. Es, como Vos señaló, «la entrega de la vida del mismo oferente», y sin embargo, debido a *la descalificación del pecado,* se introduce «el principio vicario», o sea, un sustituto provisto por Dios. Oehler, al considerar todas las formas de ofrendas y sacrificios, declaró: *«La naturaleza esencial de una ofrenda en general es la devoción del hombre a Dios, expresada en un acto externo»*[4]. Esto, entonces, es la esencia del sacrificio, *la devoción total del hombre a Dios.*

---

1   T. H. Gaster, «Sacrifice» [«Sacrificio»], en *Interpreter's Dictionary of the Bible,* vol. 4, R-Z, p. 147.
2   Vos, *Biblical Theology,* p. 106.
3   *Ibid., p.* 107.
4   Oehler, *Theology of the Old Testament,* p. 261.

Segundo, esta devoción verdadera y total a Dios requiere *obediencia a la ley de Dios* en amor y fe. A los Diez Mandamientos le siguen llamados a la obediencia en total devoción: «Y amarás a Jehová tu Dios de todo tu corazón, y de toda tu alma, y con todas tus fuerzas» (Dt 6:5; cf. vv. 1-6). Antes de que se describieran los sacrificios en la ley, Moisés, en el Sinaí, exigió obediencia en el primer día (Éx 19:5, 6) y, en el tercer día, se dictó la ley y se ofrecieron sacrificios (Éx 19:10—24:8). Es evidente que Jeremías se refería a esta primacía de obediencia a la ley (Jer 7:21-24). Los sacrificios debían ir ligados a la obediencia, según Jeremías 33:10, 11, y serían en el día de la restauración. Los profetas denunciaban los sacrificios puramente formales; se requería obediencia para darle al sacrificio significado como la plena devoción del hombre a Dios[5].

Tercero, el sacrificio físico del hombre pecador como ofrenda a Dios es una ofensa aterradora contra él e invita el juicio (Jer 7:30-34). Puesto que la esencia del sacrificio es la devoción del hombre a Dios, el sacrificio humano representa un intento de soslayar la ley de Dios y buscar un camino a Dios hecho por el hombre. El sacrificio humano es así humanística hasta la médula; es expiación por el hombre en sus propios términos.

Cuarto, es obvio que los sacrificios, a diferencia de las ofrendas, tipificaban a Cristo, el hombre sin pecado y perfecto, que, en perfecta devoción a Dios, cumplió por completo la ley. Cristo, como el hombre sin pecado, fue el sacrificio aceptable en la expiación por los pecados de los elegidos, que son recibidos por su sangre expiatoria. De aquí que, para representar a Cristo, el animal ofrecido tenía que ser sin defecto.

Quinto, los sacrificios se exigían de todos los creyentes como vínculos de paz y unidad con Dios. Los que no están cubiertos por el sacrificio de Cristo están bajo sentencia de muerte. En el sistema sacrificial, el creyente «pondrá su mano sobre la cabeza del holocausto» (Lv 1:4), o, más literalmente *apoyará* su mano[6]. Ciertas porciones del sacrificio y de todas las carnes eran porciones reservadas, prohibidas para el hombre; la sangre, la grasa o gordura, los riñones con la gordura encima, y, en el caso de las ovejas, la cola (también grasa); éstas eran las porciones continuamente reservadas, a diferencia de las porciones reservadas para el sacerdote. (Éx 29:22; Lev. 3:9; 7:3, 4; 8:25; 9:19, 20). Los sacrificios de animales que eran aceptables eran de ganado (bovino), ovejas (bovino), y cabras (caprino); de aves, palomas y pichones; todos estos estaban en la clase de animales «limpios» (Lv 9:3; 14:10; 5:7; 12:8; Nm 28:3, 9, 11; 7:16, 17, 22, 23; etc.).

El derramamiento de sangre era básico para la unidad del creyente con Dios. Oehler anotó:

---

5   Ver Vos, *Biblical Theology,* pp. 282-294.
6   Andrew Bonar, *Leviticus* (Banner of Truth Trust, Londres, 1846, 1966), p. 15.

El mediador del pacto primero le ofrece a Dios en la sangre una *vida pura,* que viene entre Dios y el pueblo, cubriendo y expiando al último. En esta conexión el rociamiento sobre el altar no significa solo la aceptación de Dios de la sangre, sino que al mismo tiempo consagra el lugar en el cual Jehová entra en interacción con su pueblo. Pero cuando Dios acepta una porción de la sangre se la aplica todavía más al pueblo por un acto de rociamiento, y esto para significar que la misma vida que se ofrece en expiación por el pueblo también tiene el propósito de consagrar al mismo pueblo a la comunión del pacto con Dios. El acto de consagración así se convierte en un acto de renovación de la vida, una traducción de Israel al reino de Dios, en el cual es llenado de energía divina vital, y es santificado para ser un reino de sacerdotes, un pueblo santo[7].

Todos deben estar bajo la sangre, o están bajo condenación.

Sexto, el sistema sacrificial incorporaba en la ley un principio básico: *mientras mayor la responsabilidad, mayor la culpabilidad, mayor el pecado.* Esto se expone con claridad en Levítico 4, según lo cual hay cuatro niveles o grados de pecado: (1) Del sumo sacerdote, 4:3-12, cuya ofrenda de pecado requería un becerro, el sacrificio más grande y más costoso. «Esta era la misma clase de ofrenda cuando toda la congregación pecaba»[8]. Los líderes religiosos, debido a que tienen una responsabilidad central con respecto a la ley de Dios, son mucho más culpables, y Dios los juzga mucho más severamente. (2) El pecado de toda la congregación es lo que sigue en consecuencia, 4:13-21; «la congregación» aquí se refiere a la nación hebrea. El pecado colectivo de un pueblo es pecado de verdad; puede ser pecado de ignorancia, o desobediencia a la ley, pero con todo es pecado. El sacrificio exigido era de nuevo un becerro. (3) El pecado de un gobernante, magistrado o funcionario civil, es el siguiente en orden de consecuencias. La ofrenda del pecado aquí es «un macho cabrío sin defecto» (4:22-26). El término «gobernante» incluye a «todos los magistrados civiles. Su alta responsabilidad aquí se muestra aquí tanto como en Pr 29:12: "Si un gobernante atiende la palabra mentirosa, Todos sus servidores serán impíos"». Es más, el texto habla de «Jehová su Dios» porque «el gobernante está obligado especialmente a ser un hombre de Dios»[9]. (4) Los pecados de los individuos, de cualquiera del pueblo de la tierra, son los últimos en el orden de pecados (4:27-35). De los acomodados, los prósperos, se requería una cabrita; si no podían traer una cabrita, podían ofrecer una oveja. Para los pecados de inadvertencia, los pobres podían llevar dos palomas o dos pichones (Lv 5:11); para otros sacrificios también, era posible esta ofrenda de pobre. Así que algunos individuos tenían una responsabilidad casi igual a la de los gobernantes, porque

---

7   Oehler, *Theology of the Old Testament,* p. 264.
8   Bonar, *Leviticus,* p. 67.
9   *Ibid.,* p. 80.

gobernaban un patrimonio o segmento de la sociedad. Psicológicamente, una cabrita es inferior a un cabrito; productivamente, su potencial es mayor. Algunos individuos podían a veces ejercer un poder mayor que las autoridades civiles, y su pecado es conmensurable a su responsabilidad. Más aleccionador en la lista es la clara y gran prominencia que se da a los dirigentes religiosos, y el lugar marcadamente inferior que se da a las autoridades civiles. Según Proverbios 29:18, «Sin profecía el pueblo se desenfrena; mas el que guarda la ley es bienaventurado». La palabra «profecía» se refiere al «ministerio profético», sin el cual «el pueblo se desenfrena». La ley y el orden dependen de la proclamación fiel de la palabra-ley profética de Dios, y, sin ella, surge la anarquía social.

Séptimo, la ignorancia de la ley no es excusa, ni tampoco los pecados de inadvertencia son menos pecados. Esto es claro de Levítico 4 y 5, que especifican los sacrificios por tales pecados. Bonar llamó la atención a la importancia de este aspecto de la ley:

> Aquí, también, aprendemos que «el pecado es *infracción de la ley*» (1 Jn 3:4). No es solo cuando actuamos en contra a *los dictados de la conciencia* que pecamos; a veces podemos pecar y la conciencia nunca nos molesta[10].

El hombre moderno autónomo considera como pecado, si es que lo considera, solo lo que molesta a su conciencia. Pero la ley bíblica sostiene que el pecado y la iniquidad pueden ocurrir sin saberlo uno. El hombre, de hecho, puede pecar en buena conciencia, pero esto no altera el hecho de que peca; el criterio de si es transgresión no es la conciencia del hombre sino la ley de Dios. El canibalismo y el sacrificio humano se han practicado como a plena conciencia, y también como mucho más. La conciencia del hombre caído no es criterio legal.

Las principales ofrendas de la ley mosaica eran holocaustos, ofrendas de harina, ofrendas de paz, ofrendas de pecado, y ofrendas por transgresión. Los holocaustos, que consistían en becerros, cabras, carneros, ovejas, palomas o pichones, se quemaban por entero en el altar, excepto por la piel del animal, que le correspondía al sacerdote (Lv 1; 6:8-13; 7:8). Las ofrendas del pecado y ofrendas por transgresión, como hemos visto, eran machos o hembras del rebaño, o palomas y pichones, y una décima parte de un efa de harina. Todas las ofrendas por el pecado, excepto las porciones reservadas para Dios, iban al sacerdote (Lv 6:24-30); y lo mismo era cierto de algunas de las ofrendas de transgresión (Lv 7:1-7). Las ofrendas de harina consistían de harina fina, espigas verdes de grano, incienso, aceite y sal; de nuevo, una porción iba a los sacerdotes (Lv 2; 6:14-23). Las ofrendas de paz eran machos o hembras del hato y rebaño, de becerros, ovejas y cabras; también eran tortas sin levadura y hojaldres untadas con aceite. Pero también se podía usar pan con levadura (Lv 3; 7:11-13). La porción del sacerdote era la espaldilla y la pechuga. El

---

10   Bonar, *Leviticus,* p. 88.

hecho de que las ofrendas que eran representantes vicarias del pecado del hombre llegaban a ser comida aceptable para los sacerdotes tenía un aspecto simbólico. «El memorial de la masa de pecado se consume en el fuego de la ira; pero el sacerdote toma su porción, a fin de mostrar que el pecado es limpiado de la masa»[11].

Pero, *octavo,* antes de que la limpieza pudiera ocurrir, la ley requería *restitución.* La meta del sacrificio y de la ley es la restauración del orden ley de Dios. El requisito de restitución se dirige al hombre y a Dios. Bonar comentó, con referencia a Levítico 16,

> El transgresor no debe ser el que gana al defraudar a la casa de Dios. Debe sufrir, aunque sea en cosas temporales, como castigo por su pecado. Debe traer, además de la cosa que ha defraudado a Dios, dinero en cantidad igual a una quinta parte del valor de la cosa. Esto se entregaba al sacerdote como jefe del pueblo en las cosas de Dios, y representante de Dios en las tareas santas. Debía ser un *diezmo doble* porque era un intento de defraudar a Dios. (El diezmo que se daba de manera regular era un reconocimiento de que Dios tenía el derecho a las cosas de las que se daba el diezmo; y este diezmo doble era un reconocimiento de que, en consecuencia a este intento de defraudarle, se debía reconocer doblemente su derecho)[12].

Finalmente, *noveno,* una ofrenda leudada era parte de la ofrenda de paz, hecho importante (Lv 7:13). Algunos toman la levadura como símbolo o tipo del pecado; es más bien un símbolo de la corruptibilidad. Como ofrenda de paz, esto era aceptable. Otras ofrendas habían establecido la expiación del hombre mediante la sangre de un inocente y sin defecto. El hombre ahora estaba en comunión con Dios, y las obras del hombre, aunque defectuosas, se vuelven por eso aceptables a Dios. Todos los servicios del hombre a Dios tenían un elemento de corruptibilidad; sus obras, edificios, ofrendas y esfuerzos decaen y desaparecen. Son con todo un cumplimiento de la ley de Dios y sacrificio aceptable. La aceptación de las obras del hombre descansa no en su perfección, sino en la perfección de Dios y en la provisión divina de expiación para sus elegidos. La obediencia del hombre a la ley es ofrenda leudada, claramente corruptible, y sin embargo cuando es fiel y obediente a la autoridad y orden de Dios, es un «sacrificio» agradable a su vista y sin duda tendrá de Él recompensa.

5. Santidad y ley

La relación entre la santidad y la ley es muy real e importante, aunque se descuida mucho. La atención se ha desviado, en años recientes, a conceptos erróneos por la

---

11 *Ibid.,* p. 97.
12 *Ibid.,* p. 102s.

obra influyente de Rudolf Otto: *The Idea of the Holy* [La idea de lo santo] (1923). La santidad no se puede definir en sí misma ni de sí misma. Es un «atributo trascendental» de Dios y se debe definir primero que nada en relación a él.

Así que, *primero,* la santidad se debe definir, según las Escrituras, como *separación, no allanable,* con implicación de *devoción.* Tiene referencia a lo «inaccesible» de Dios. Como Vos señaló, tiene una significación ética: se refiere a la majestad y omnipotencia de Dios[1]. En referencia al hombre, «el significado nunca es simplemente el de bondad moral, considerada en sí misma, sino siempre bondad ética vista en relación a Dios»[2]. Israel llegó a ser santo porque Dios en su gracia electora hizo de su pueblo del pacto su hijo por adopción (Dt 14:1-2)[3].

Ahora bien, el hecho de que la *santidad* incluye *separación,* o, muy literalmente, un *corte,* hace evidente de inmediato su relación básica y esencial con la *ley.* La ley indica *el principio del corte o separación.* Donde hay ley, hay siempre una línea de separación. A la inversa, donde no hay ley, no hay línea de separación. Las sectas antinomianas pueden hablar fervorosamente de santidad, pero, debido a su negación de la ley, han negado el principio de santidad.

Se sigue, por consiguiente, que podemos decir, *segundo,* que *toda ley bíblica tiene que ver con la santidad.* Toda ley, al fijar una línea de división entre las personas de ley a diferencia de los pillos, las personas fuera de la ley, se preocupa por establecer un principio de separación en términos de Dios. Algunas leyes establecen también el principio de separación en una forma simbólica tanto como literal. Por ejemplo, en Números 19:11-22, se requiere la separación de los muertos, y la purificación ritual después del contacto con los muertos. (Vea también Lv 5:2, 3; 11:8; Nm 31:19, 20; 9:10; Lv 21:1-4; 22:4, 6). Israel ha sido llamado a ser un pueblo santo (Éx 19:6; 22:31; 23:24; Lv 19:2; Dt 7:6; 14:2, 21; 26:18, 19). Puesto que «Dios no es Dios de muertos, sino de vivos» (Mt 22:32), ser hombre del pacto de Dios quiere decir separación de la muerte misma en última instancia. Esta separación se establece en estas leyes. Siendo su destino la *vida,* el pueblo del pacto de Dios debe considerar la muerte como algo de lo cual Dios los separa. Es claro que la ley mosaica afirmó el principio de cuarentena en casos de enfermedades contagiosas en pleno reconocimiento de su naturaleza contagiosa, pero, incluso más básicamente, la ley de separación operaba en esa legislación para afirmar la santidad del pueblo de Dios (Dt 24:8; Lv 13). El pueblo de Dios está destinado a la salud tanto como a la vida, y de aquí que se los «corta» simbólicamente de las enfermedades tanto como en protección del contagio.

No solo la muerte y la enfermedad debían ser apartadas del pueblo de la vida, sino también los eunucos y bastardos (Dt 23:1-2). También estaban prohibidas varias formas de mutilación propia (Dt 14:1, 2; Lv 19:27), así como también

---

1   Vos, *Biblical Theology,* pp. 264-269.
2   *Ibíd.,* p. 270.
3   Oehler, *Theology of the O.T.,* p. 178s.

los tatuajes (Lv 19:28). La enfermedad y la edad pueden estropear el cuerpo; al pueblo de Dios se le prohíbe estropearlo. Algunas de estas marcas representaban pactos con otros dioses, otro motivo de separación.

Con respecto a la prohibición de eunucos y bastardos, o sea, su expulsión de la congregación debe ser hasta la décima generación. Según una nota de pie de página en el Talmud, entrar en la congregación del Señor era equivalente a ser «elegible para casarse con israelitas»[4], y, según otra nota editorial, la expresión «hasta su décima generación» quería decir «el estigma es perpetuo»[5]. La prohibición de matrimonio era quizá un factor real; la pena debe haber dado resultado para dificultar el matrimonio. Pero esto no va a la raíz del asunto. La prohibición no era en cuanto a fe; o sea, no se indica que los bastardos y eunucos. o en Deuteronomio 23:3 amonitas y moabitas, no podían ser creyentes. Hay, de hecho, en Isaías 56:4, 5 una promesa particularmente fuerte de bendición a los eunucos creyentes, y su lugar como prosélitos era real incluso en la era del fariseísmo endurecido (Hch 8:27, 28). Rut, la moabita, se casó dos veces, primero con un hijo de Noemí, y después con Booz, para llegar a ser antepasada de Jesucristo (Rut 1:4; 4:13, 18-21; Mt 1:5). No hay razón para dudar que muchos eunucos, bastardos, amonitas y moabitas llegaran a ser creyentes y que fueran fieles adoradores de Dios. *Congregación* tiene referencia a toda la nación en su función gubernamental como pueblo del pacto de Dios. G. Ernest Wright la definió como «la totalidad de la comunidad organizada y reunida para varios propósitos, particularmente la adoración»[6]. Los *hombres* de sangre legítima eran jefes de familias y de tribus. Estos *hombres* eran la congregación de Israel, no las mujeres y los niños, ni las personas excluidas. Todo lo que la ley requería sobre la integridad y el decoro se debía aplicar a todo «extranjero» (Lv 19:33, 34), y por cierto no se dejaba fuera al hijo ilegítimo de un hombre, ni al eunuco, ni al amonita o moabita. El propósito del mandamiento aquí es la protección de la autoridad. La autoridad en el pueblo de Dios es *santa*; exige separación. No le pertenece a todo hombre solo debido a su humanidad.

La traducción de la Nueva Versión Internacional de Deuteronomio 23:1-3 podría permitir la admisión de estas personas excluidas en su décima generación. Hay algo de base para tal interpretación en los términos de Deuteronomio 23:7, 8, en donde a los edomitas se les da entrada en «la congregación de Jehová» en la tercera generación.

Las bases para la exclusión son significativas. Edom recibió a Israel con enemistad abierta, franca (Nm 26:18, 20), y Egipto procuró destruirlos (Éx 1:22), pero Amón y Moab procuraron más bien pervertir a Israel (Nm 22:25; 31:16), después de que Israel les mostró tolerancia (Dt 2:9, 19, 29). Un débil eco de este principio apareció en la forma en que Napoleón trató al cirujano mayor Mouton,

---

4   *Babylonian Talmud, Seder Nezekin*, vol. III, Sanhedrin 36b, p. 229n.

5   *Seder Nezekin*, vol. IV, *Makkoth* 13a, p. 90n.

6   G. Ernest Wright, «Deuteronomy» [«Deuteronomio»], *The Interpreter's Bible*, II, 468.

que había desdeñado a la princesa de Liechtenstein y a los hombres de su casa. Napoleón, haciendo que Mouton compareciera ante su personal, declaró: «Entiendan esto, caballeros, uno mata hombres, pero nunca los avergüenza. ¡Fusílenlo (a Mouton)!». Más tarde, se le perdonó la vida a Mouton y él entendió la lección[7]. Edom y Egipto trataron de matar a Israel; Amón y Moab trataron de pervertir y degradar a Israel, y su castigo fue debidamente severo.

Se citan otras causas de impureza ceremonial y física: hemorragia (Lv 15:2-16, 19-26); alumbramiento (Lv 12:1, 2, 4, 5); menstruación (Lv 15:19-31; 18:19); relaciones sexuales, como en contra de la creencia del culto de la fertilidad de que implicaba comunión con los dioses (Lv 15:16-18; 18:20); personas inmundas (Nm 19:22); botín de guerra (Nm 31:21-24); y también el tocar o comer cosas santas sin autorización (Lv 22:3, 14). El enfoque humanística ve en estas leyes un remilgo con respecto a las cosas, o si no un aborrecimiento puritano de ellas. Nada puede estar más lejos de la verdad. El punto en cuestión no es la respuesta del hombre a las cosas sino su santidad en términos de separación para el Dios viviente. Muchas de las cosas citadas constituían, en el paganismo, maneras particulares de santidad; aquí, la base de la santidad es separación para Dios.

El asunto de los votos va estrechamente ligado a la santidad. Hacer un voto es dedicar algo o uno mismo a Dios, santificárselo. Las leyes de los votos, así como también las leyes de redención de las cosas en cuestión, aparecen en Levítico 22:21; 27:1-29; Números 6:3-21; 30:1-15; Deuteronomio 12:6, 26; 23:21-33. Los votos eran voluntarios, pero un aspecto importante del voto nos lleva a un *tercer* aspecto de la ley de santidad. El hombre siempre quedaba ligado por su voto. El hombre, creado a imagen de Dios, fue llamado a andar bajo la ley de Dios y en obediencia al mandato de la creación. John Marsh ha llamado la atención a un aspecto aleccionador de la responsabilidad-imagen del hombre:

Un hombre siempre queda obligado incondicionalmente por cualquier clase de voto (o sea, votos de toda clase, y [...] un voto de abstinencia). Es interesante notar que para la mentalidad hebrea la palabra de todo hombre debía realizar aquello que impone: la palabra de Dios, por supuesto, siempre lo hacía; no podía volver a él vacía. Un hombre podía acariciar intenciones de hacer ciertas cosas y no estar obligado por ellas. Pero una vez que expresaba su intención en palabras, entonces la obligación pesaba sobre él incondicionalmente[8].

Solo un hombre libre podía hacer tal voto. Una vez hecho, tenía que cumplir el voto. El voto de una mujer soltera podía ser anulado por su padre; como estaba bajo autoridad, no podía hacer lo que quisiera. Lo mismo era cierto de la mujer

---

7   Jean Savant, *Napoleon in His Time* (Thomas Nelson & Sons, Nueva York, 1958), p. 223.
8   John Marsh, «Numbers» [«Números»], en *Interpreter's Bible*, II, 281s.

casada (Nm 30:1-16). Una mujer divorciada o viuda era libre para hacer votos, pues era independiente. La implicación era clara. La santidad y devoción de una mujer está sujeta primero que nada a la autoridad de su esposo. La ley de Dios desautoriza todos los votos de servicio que una mujer hace sin el consentimiento de su esposo o su padre. La santidad de una mujer no se halla en una evasión de su lugar.

Un voto de tipo especial era el del nazareo (Nm 6:2-21). El nazareo era un hombre o una mujer que hacía un voto o por una temporada observaba leyes estrictas de separación en el curso del cumplimiento de su voto. La abstinencia de licores de todo tipo, de uvas y pasas, no cortarse el cabello, y la separación de los muertos marcaba el aspecto notorio de este voto. El período usual del voto era breve. No había separación de la rutina de la vida de familia y de trabajo. La esencia de la separación nazarea no era la abstinencia sino la separación «para el Señor» en el cumplimiento de un servicio o voto en particular.

Un *cuarto* aspecto de la santidad aparece en cuestiones de alimentos. No se podía comer ninguna carne despedazada por las bestias del campo (Éx 22:31), o sea, carne de un animal que no se hubiera matado como era debido (Lv 7:22-27). Las primicias se daban al Señor (Éx 23:19; 34:26), indicando con ello la santidad del todo. Estaba prohibido comer la grasa y la sangre (Lv 7:22-27; 19:26). Se mencionan los animales limpios e inmundos en cuanto a alimentación (Lv 11); queso bien al pueblo del pacto se le prohíben los animales muertos e inmundos, si los extranjeros los consideraban buen alimento, no estaba mal venderles tales artículos (Lv 17:10-16). A los árboles frutales había que dejarlos cinco años antes de que se consideraran «circuncidados» y comestibles (Lv 19:23-26); la circuncisión del árbol era la recolección ceremonial en el cuarto año y en dedicación al Señor. Los alimentos que Dios había prohibido deberían ser «abominables» para su pueblo (Lv 20:25; Dt 14:13-21). No hay duda de que estas leyes eran y son básicas para la buena salud; también no hay duda del hecho de que son leyes de santidad. Estas leyes de santidad son una «bendición» (Dt 12:15) para la vida física del pueblo de Dios, o sea, para su salud. En este respecto, ellas son otra ley de *separación de la muerte*. La *salud* es casi un aspecto de santidad, y la plenitud de la salud está en la resurrección.

Un *quinto* aspecto de la santidad tiene referencia al vestido. El vestido travesti es «abominación» al Señor (Dt 22:5); es una hostilidad estéril y perversa al orden creado de Dios. De manera similar, se prohíbe llevar vestido de materiales mezclados, lana y lino juntos (Dt 22:11; cf. Lv 19:19). Unir de manera no natural cosas diversas es despreciar el orden de la creación de Dios.

Sexto, la tierra misma es santa y se puede contaminar hasta si se deja a un hombre colgado de noche (Dt 21:22, 23). En breve, la tierra misma se debe considerar como separada y dedicada a Dios. Tenemos aquí una instancia de norma jurídica. Si un cuerpo que se deja por la noche *contamina* la tierra,

¿cuánto más el uso abusivo de la tierra por parte del hombre, su menosprecio de la creación de Dios, y su intento de hibridar y mezclar lo que Dios ordenó que sea separado?

Finalmente, *séptimo,* se debe notar que, en tanto que los cristianos evangélicos hoy se preocupan grandemente por la santidad *personal,* la Biblia también se preocupa por la santidad *nacional.* El llamado a ser un pueblo santo, declarado repetidas veces, tiene referencia a la nación, llamada a ser «una nación santa» (Éx 19:6). La santidad de una nación descansa en su estructura-ley. En donde se imponen las leyes de Dios, y se protege la verdadera fe, existe una nación santa. El filo cortante de la ley es el principio de la santidad nacional. Sin este cimiento de ley, no puede existir santidad. Mediante la ley de Dios, una nación se dedica a sí misma a la vida; sin la ley de Dios, se dedica a la muerte, y se «corta» del único verdadero principio de vida.

En todo, pues, la santidad nos lleva cara a cara con leyes bien materiales. Toda ley bíblica se preocupa por la santidad. Toda ley produce una línea divisoria, una separación entre los que acatan la ley y los que la quebrantan. Sin ley, no puede haber separación. La antipatía moderna y su aborrecimiento de la ley también es aborrecimiento de la santidad. Es un intento de destruir la línea de separación entre el bien del mal mediante la abolición de la ley. Pero, debido a que Dios es santo, la ley está escrita en la estructura misma de todo ser; no se puede abolir la ley; solo se la puede imponer, si no por el hombre, entonces ciertamente por Dios.

6. La ley como guerra

Las leyes bíblicas tratan expresamente de los detalles de la adoración según se ordenó para Israel. No nos interesan estos detalles, excepto en donde incluyen y establecen conceptos y principios de ley.

Acudiendo a tales instancias, *primero,* el efod y el pectoral del sumo sacerdote son significativos. En Éxodo 28:6-14, se describe el efod, que es parte de la vestidura sacerdotal, y en Éxodo 28:15-30, se describe el pectoral. Ambos artículos tenían una característica común: el efod tenía dos piedras en las hombreras en las cuales estaban grabados los nombres de las tribus de Israel, para que el sumo sacerdote las llevara ante el Señor (Éx 28:12), y el pectoral tenía doce piedras, una por cada tribu (Éx 28:21, 29). Tanto en lo religioso como en lo legal, estas piedras son importantes. Al acercarse el sumo sacerdote al altar y al trono, representaba ante Dios al pueblo del pacto. Básicamente, pues, sus oraciones eran por el pueblo de Dios. Legalmente, las piedras, que representaban al pueblo del pacto, indicaban que el gobierno de Dios es en esencia para los propósitos de Dios, que se ve que incluyen al pueblo del pacto. Por órdenes de Dios, la función primaria del sumo sacerdote, dirigida a Dios, es interceder por el pueblo del pacto. No ora por cualquiera: su llamado esencial es orar por los que son de Dios. El trono funciona para proteger al pueblo del trono. La prioridad del pueblo de Dios, según la establece el efod y el pectoral, es lo que ha ordenado Dios.

Hay por tanto una parcialidad y a la vez una imparcialidad en la ley de Dios. En sentido general, la ley de Dios funciona de manera imparcial para hacer que el sol brille por igual sobre buenos y malos, y que la lluvia caiga sobre justos e injustos (Mt 5:45). Todavía más, con respecto a la nación, la protección equitativa y el gobierno de la ley se aplica a todos, al «nacido en casa» y al «extranjero» (Éx 12:49; Lv 24:22; Nm 9:14; 15:15, 16, 29). El principio de «una ley» para todos es básico para ley bíblica.

Por otro lado, hay una *parcialidad* definitiva en la ley bíblica. En instancias demasiado numerosas para citar, Dios «interviene» en la historia para derrotar a los enemigos de su pueblo del pacto; usó el clima, las plagas, y diferentes medios, desde las plagas contra Egipto y en adelante. Todavía más, la ley que se da a Israel es parcial en que protege un orden, el orden-ley de Dios, y el pueblo de ese orden. Se prohíbe la idolatría; se castigan las violaciones del orden-ley, y, en todo punto, la ley de Dios es protección del orden de Dios y del pueblo del orden-ley de Dios. El concepto moderno de tolerancia no es un principio legal válido sino un apoyo a la anarquía. ¿Se deben tolerar todas las religiones? Pero, como hemos visto, toda religión es un concepto de orden-ley. La tolerancia total quiere decir total permisividad de toda clase de prácticas: idolatría, adulterio, canibalismo, sacrificios humanos, perversión, y todo lo demás. Tal tolerancia total no es ni posible ni deseable. Las piedras del efod y el pectoral establecen el principio de parcialidad. El que los hombres, por oración y por ley, se muevan en términos de esta parcialidad no es ni malo ni egoísta, sino santo. Orar por otros es piadoso, pero descuidar a todos los de nuestra casa y nuestras necesidades no es bueno; hace al hombre peor que un incrédulo (1 Ti 5:8). El que un orden-ley descuide su propia protección es perverso y suicida. *Tolerar la rebelión es en sí mismo una actividad subversiva.*

Un *segundo* principio aparece en otro caso de jurisprudencia. Deuteronomio 23:18 dice: «No traerás la paga de una ramera ni el precio de un perro a la casa de Jehová tu Dios por ningún voto; porque abominación es a Jehová tu Dios tanto lo uno como lo otro»; el versículo anterior, 23:17, dice: «No haya ramera de entre las hijas de Israel, ni haya sodomita de entre los hijos de Israel» (cf. Lv 19:29). La palabra «ramera» en Deuteronomio 23:17 se da en una nota marginal como «sodomita»; la prohibición de la prostitución se dio antes en Levítico 19:29. Es evidente que se refiere aquí a las lesbianas. La ley contra la homosexualidad aparece en Levítico 18:22 y 20:13. La referencia en Deuteronomio 23:17, 18 es a la prostitución sagrada como parte del culto y adoración de la fertilidad. Esta práctica apareció más tarde en la nación (1 R 14:24; 15:12; 2 R 23:7; Am 2:7; se usa para describir la apostasía de Israel en Jer 3:2, 6; 8:9, 13). Hay que notar que la Biblia aplica un término de desprecio, «perro», al homosexual. El punto, sin embargo, de la ley es este: el mismo impulso religioso de la ramera y del homosexual son en extremo despreciables a la vista de Dios; su salario jamás puede ser una ofrenda aceptable para Dios. No es que a los pecadores se les prohíba ofrendar, sino más bien que las ganancias del pecado no se pueden aceptar. El punto es significativo. Estamos acostumbrados a pensar eclesiásticamente sobre tales ofrendas. Pero el «voto» establece una norma, una norma jurídica religiosa. Los términos de un voto tienen una santidad especial. Pero cuando el voto y su promesa representan un orden y una ley *extraños,* esa promesa no es admisible y es «abominación». La persona que hace el voto no tiene lugar ante la ley, ni ninguna prerrogativa ante el trono. La ramera y el sodomita que traían sus promesas no eran simples pecadores ante la ley, sino, más que eso, transgresores, fuera de la ley. Hay una diferencia marcada entre *un pecador ante la ley y el enemigo de la ley. Ningún* impuesto u ofrenda de ningún enemigo de la ley era aceptable. Al pecador *se le ordena* que presente una ofrenda. Al infractor *se le prohíbe* que la presente. Debido a que hay «una ley» para todos, el infractor tenía derecho a la justicia bajo esa ley, como lo atestigua la apelación de las dos rameras a la corte de Salomón (1 R 3:16-28). El infractor recibe justicia, pero *no* ciudadanía. Imponerle impuestos al delito es darle legitimidad y posición legal como sustentador financiero de la ley; el próximo paso, entonces, sería concederle derechos iguales a la protección de la ley, lo que significaría inmunidad. Bajo la influencia bíblica, la mayoría de los países han decretado que los delincuentes pierdan su ciudadanía, y que los condenados no tengan existencia legal. La presión hoy es contra tal legislación, y los impuestos se aplican a todos, con representación creciente para todos. Deuteronomio 23:17, 18 es el cimiento legal para una ciudadanía excluyente en términos del orden-ley. Es significativo que el término común que se aplica a las prostitutas en las Escrituras es «extraña» o «mujer extraña», es decir, extranjera. No solo que la prostitución era en esencia una práctica foránea al pueblo del pacto, sino que una muchacha israelita, si se hacía prostituta, se consideraba «profana» (Lv 21:9, NVI), o sea, excluida del templo, del principio de ciudadanía, extranjera. El homosexual también estaba fuera de la ley; pero por lo menos a la prostituta, aunque la llamaban «mujer extraña» (Pr 2:16; 5:3, 20; 6:24; 7:5; 23:27, 33; 27:13), la incluían entre los humanos, pero al homosexual lo llamaban «perro» (Dt 23:18; Ap 22:15), no lo consideraban humano; es, como el texto griego de Romanos 1:27 deja en claro, el producto calcinado de la rebelión.

Hay, en sentido amplio, tres posibles maneras en que la ley considera al delincuente y al disidente, y la diferencia entre los dos es grande, aunque ambos están contra la ley. Primero, hay la actitud que se puede resumir como la de la iglesia «medieval», de que los herejes han abdicado sus derechos ante la ley. De este modo, a Juan Hus se le dio salvoconducto al Concilio de Constancia, y luego se revocó el salvoconducto en base a que era hereje. A Segismundo se le presionó para que rompiera su promesa de salvoconducto, en base a su propia seguridad, «porque el que protegía a herejes era hereje él mismo»[1]. Tal actitud hizo difícil toda protección mediante la ley y en contra del orden establecido mediante la ley. Se suponía que la ley debía proteger a la sociedad en contra de la herejía, pero en la realidad el sistema, en sí mismo libre para practicar la herejía, podía destruir a cualquier crítico con una simple acusación. La sospecha destruía los derechos; una persona era culpable por implicación antes de que se demostrara que era culpable.

Una segunda posible manera en que la ley puede considerar al delincuente y al disidente se halla en el estado moderno liberal, como en los Estados Unidos de América. Se han hecho esfuerzos directos para atacar la ley que despoja de su ciudadanía a los delincuentes convictos. Indirectamente, sus derechos han sido más que restaurados. La Corte Suprema de los Estados Unidos casi ha destruido las leyes respecto a la calumnia y difamación; se favorece al «delincuente» en vez de a sus víctimas. Violadores y asesinos confesos han sido puestos en libertad por tecnicismos imaginarios, en clara parcialidad hacia el delincuente y en contra de la víctima. Gardner ha observado, de las cortes y de la «ley» hoy, que «se protegen los derechos del individuo, *siempre y cuando el individuo haya cometido un delito*»[2]. Aunque las leyes de muchos estados admiten, y en algunos casos *requieren* la pena capital por ciertas ofensas, la Corte Suprema de los Estados Unidos declaró que «la sentencia de muerte no la puede imponer un jurado del cual personas con escrúpulos de conciencia o religiosos contra la pena capital quedan excluidas automáticamente»[3]. En otras palabras, ¡la corte exigió que a las personas que niegan la validez de la ley se les pida que «impongan» la ley! Esto es, por supuesto, un ataque claro a la pena capital y en efecto la abolición de la misma. La corte no cuestiona la posible inocencia del condenado; su culpa se admite implícitamente. Pero la corte de nuevo dictaminó en favor de los derechos superiores del delincuente y del disidente en contra de la ley y del que acata la ley.

Una tercera posible manera en que la ley considera al delincuente y al que disiente es la manera bíblica: «La misma ley será para el natural, y para el extranjero que habitare entre vosotros» (Éx 12:49). La ley debe proveer justicia igual para todos. Una persona es inocente hasta que se demuestre que es culpable, y se requieren dos testigos (Nm 35:30; Dt 17:6). Las dos prostitutas del día de Salomón pudieron argumentar su caso hasta el mismo Salomón (1 R 3:16-28). Pero su derecho de apelación no las hacía ciudadanas; sea que las mujeres fueran de sangre israelita o de extracto foráneo, eran extranjeras por ley, sin derecho a ciudadanía. Sus ofrendas estaban excluidas del templo. Puesto que el Lugar Santísimo era el

---

1   Paul Roubicek y Joseph Kalmer, *Warrior of God, the Life and Death of John Hus* (Nicholson and Watson, Londres, 1947), p. 172.
2   Earle Stanley Gardner, «Crime in the Streets» [«Crimen en las calles»], *This Week Magazine* (19 agosto 1968), p. 4.
3   «Top Court Hits at 'Stacking of Juries'» [«Corte Suprema ataca apilar jurados»], en Los Angeles *Herald Examiner* (lunes, 3 junio 1968), p. 1.

salón del trono de Dios, el que se les prohibiera hacer voto por el trono era una negación de la ciudadanía; era exención de impuestos, puesto que la persona no tenía existencia legal como miembro del estado.

Al analizar Levítico 4, vemos que los niveles o grados del sacrificio recalcaban el principio de que *a mayor responsabilidad, mayor la culpabilidad, mayor el pecado.* También es evidente ahora que *la irresponsabilidad delincuente quería decir pérdida de derechos.* El hombre que no está dentro de la ley es un delincuente; los derechos conferidos por el orden-ley pertenecen a los que viven dentro del orden-ley. El bueno tiene los derechos. Hay así una diferencia significativa entre el debido proceso de ley y los privilegios de la ciudadanía.

Hemos visto, hasta aquí, *primero,* con respecto al pectoral y al efod, la parcialidad tanto como la imparcialidad de la ley; *segundo,* hemos visto, todavía más, que la irresponsabilidad delincuente significa pérdida de derechos. Ahora, *tercero,* llegamos al meollo del asunto, es decir, que *la ley es un tipo de guerra, y, en verdad, la principal y continua forma de guerra.* El segundo mandamiento prohíbe imágenes talladas en la adoración; *requiere* la destrucción de todas esas formas de adoración: «No te inclinarás a sus dioses, ni los servirás, ni harás como ellos hacen; antes los destruirás del todo, y quebrarás totalmente sus estatuas» (Éx 23:24). En Deuteronomio 12:1-14 se da con claridad el contraste: la obediencia significa por un lado la destrucción de todos los lugares de adoración idólatra, y, por otro lado, llevar ofrendas a Dios a la manera prescrita y al lugar prescrito. El mandamiento de destruir los lugares y los ídolos se repite en Deuteronomio 7:5; 16:21, 22, Números 33:52; y Éxodo 34:13, 14. Pero, en ciertos casos, la destrucción de las imágenes talladas también requería la destrucción del pueblo de las imágenes (Dt 7:1-5); no solo que se prohíben los pactos con los cananeos, sino también casarse con ellos. Por orden de Dios a los cananeos se les «dedicó» o separó, o «santificó» a muerte. Este es un punto importante y merece atención cuidadosa. La ley específicamente prohíbía represalias contra los egipcios y todo otro extranjero; debían recordar su opresión en Egipto como medio de una mayor dedicación a la justicia para todos bajo la ley de Dios (Lv 19:33-37). Como habían sufrido injusticias en tierras extranjeras, debían cuidarse de no ser, como los egipcios, instrumentos de injusticia. Egipto trató de exterminar a todos los hebreos (Éx 1:15-22), pero a Israel se le exigía que hiciera justicia a todos los egipcios en términos de su obediencia individual o desobediencia a la ley. Pero todos los cananeos fueron apartados para morir. No era por enemistad contra Israel sino contra la ley de Dios. Egipto era enemigo de Dios como lo era Canaán, pero la iniquidad de los cananeos era «completa» o total a los ojos de Dios (Gn 15:16; Lv 18:24-28, etc.). La prostitución y la homosexualidad se habían convertido en prácticas religiosas al punto en que la gente estaba arraigados en la depravación y orgullosa de estarlo. Su iniquidad era completa o total. Por eso, Dios los sentenció a muerte e hizo de Israel el verdugo. Ahora este hecho se cita mucho como «evidencia» de que la Biblia representa a un Dios inmoral y una moralidad horrible; tal acusación es una demostración de odio, no de inteligencia. Si los individuos y naciones han desaparecido repetidas veces abruptamente de la historia, es por algún tipo de «dictamen» de la historia (o materialismo dialéctico, o evolución, o cualquier otro dios al que uno se aferre) contra estas personas y naciones. Los historiadores citan tales dictámenes repetidas veces y concuerdan. Lo que los molesta con respecto al veredicto contra los cananeos es el *criterio* que Dios usó al emitirlo. Si Dios hubiera declarado que los cananeos eran opresores crueles, capitalistas, y por consiguiente bajo condenación, su veredicto hubiera obtenido alabanza fervorosa de muchos intelectuales. Pero Dios es Dios, y no los intelectuales, y, como resultado, prevalece el criterio de Dios, y no el del hombre. Los cananeos como un todo merecían la muerte; la paciencia de Dios les concedió unos pocos siglos desde los días de Abraham hasta los de Josué, cuando por fin ordenó que se ejecutara la sentencia. El que Israel no la ejecutara por completo a la postre les acarreó castigo.

La sentencia de muerte contra Canaán es un verdadero acto de guerra. La guerra a veces se libra con objetivos limitados; en otras ocasiones, la guerra es a muerte, porque la naturaleza de la lucha lo requiere. Cuando, en siglos anteriores, la guerra no incluía principios bien arraigados sino asuntos locales, la guerra era limitada en alcance y mortandad. Cuando la rebelión se volvió un hecho de la escena occidental con la Revolución Francesa, la guerra total se hizo una realidad, guerra a muerte en términos de principios mutuamente excluyentes. Cuando se libra guerra contra el cielo, las consecuencias son la muerte, no la muerte de Dios sino la muerte de los pueblos que pelean.

En breve, todo orden-ley es un estado de guerra contra los enemigos de ese orden, *y toda ley es una forma de guerra*. Toda ley declara que ciertos ofensores son enemigos del orden-ley y hay que arrestarlos. Para las ofensas limitadas, hay penas limitadas; para las ofensas capitales, está la pena capital. *La ley es un estado de guerra;* es la organización de los poderes del gobierno civil para llevar ante la justicia a los enemigos del orden-ley. Los oficiales de la ley están debidamente armados; en un estado santo, deben estar armados por la justicia de la ley tanto como con armas de guerra, a fin de defender a la sociedad contra sus enemigos.

Los amigos de la ley, por consiguiente, procurarán en todo momento mejorar, fortalecer y confirmar un orden-ley santo. Los enemigos de la ley, de manera similar, estarán en continua guerra contra la ley. La enemistad contra la ley será directa e indirecta, recurrirá a la rebelión interna mediante legislaturas y cortes, y al ataque externo mediante desobediencia, desprecio y ataque intelectual. Todo orden-ley estará sujeto a ataques, porque, aparte del cielo, todo orden-ley tendrá enemigos dentro. La pregunta crítica, por consiguiente, no es: «¿Será atacada la ley?» sino más bien: «¿Resistirá el orden-ley los ataques?». ¿Hay salud en el cuerpo político para resistir la enfermedad? Cuando se le ordenó a Israel que destruyera a los cananeos (Dt 7:1-11), también se le dijo que la obediencia resultaría en salud:

fertilidad para el hombre y la bestia, e inmunidad de las enfermedades de Egipto (7:12-26). Nótese la yuxtaposición de la promesa y el mandamiento:

> Y por haber oído estos decretos y haberlos guardado y puesto por obra, Jehová tu Dios guardará contigo el pacto y la misericordia que juró a tus padres. Y te amará, te bendecirá y te multiplicará, y bendecirá el fruto de tu vientre y el fruto de tu tierra, tu grano, tu mosto, tu aceite, la cría de tus vacas, y los rebaños de tus ovejas, en la tierra que juró a tus padres que te daría. Bendito serás más que todos los pueblos; no habrá en ti varón ni hembra estéril, ni en tus ganados. Y quitará Jehová de ti toda enfermedad; y todas las malas plagas de Egipto, que tú conoces, no las pondrá sobre ti, antes las pondrá sobre todos los que te aborrecieren. Y consumirás a todos los pueblos que te da Jehová tu Dios; no los perdonará tu ojo, ni servirás a sus dioses, porque te será tropiezo. (Dt 7:12-16)

Claramente, una base y condición de la salud social es la destrucción del mal social.

Puesto que la ley es una forma de guerra, se sigue que hay de continuo una barrera obligatoria a la paz con el mal. El hombre no puede buscar la coexistencia con el mal sin por ello declarar la guerra a Dios. La ley declara, hablando de los amorreos y moabitas, al parecer en el caso de su vida continua en términos de su cultura-ley: «No procurarás la paz de ellos ni su bien en todos los días para siempre» (Dt 23:6). *Un orden-ley no puede escapar de la guerra:* si hace la paz en un aspecto, declara la guerra contra otro. Un sistema-ley es una forma de guerra. El *hecho* de la guerra sigue constante: el *objeto* de la guerra puede cambiar. Los estados marxistas aducen estar por la «paz mundial», pero esto es solo en términos de conquista total y guerra total contra Dios y contra todos los hombres. *Mientras más se desea la paz total, más se requiere la guerra total.* La nueva creación de Jesucristo es el resultado final de su guerra total contra un mundo caído; requiere la supresión permanente del mal en el infierno. La nueva creación exigida por las varias formas de socialismo requiere una supresión permanente del Dios de las Escrituras y de su pueblo del pacto. Puede haber paz *en* el cielo, pero no paz *entre* el cielo y el infierno. Un orden-ley puede tener paz solo al negar la posibilidad de paz con el mal. El jurista protestante irlandés, John Philpot Curran (1750-1817), dijo, en 1790, en un discurso sobre «El derecho de elección»: «Es destino común del indolente ver sus derechos a convertirse en presa del activo. La condición bajo la que Dios ha dado libertad al hombre es vigilancia eterna; tal condición, si la rompe, la servidumbre es a la vez consecuencia de su delito y castigo de su culpa».

Los que buscan la paz con el mal están buscando no la paz que profesan sino la esclavitud, y la forma más segura de todas es la muerte y la tumba.

7. La ley y la igualdad

La muerte es el fin del conflicto, y una sociedad que busca una paz falsa, busca la muerte. Un antropólogo ha escrito:

> El conflicto es útil. De hecho, la sociedad es imposible sin el conflicto. Pero la sociedad es peor que imposible sin control del conflicto. La analogía del sexo es pertinente de nuevo: la sociedad es imposible sin sexualidad *regulada*: el grado de regulación difiere entre sociedades. Pero la total represión conduce a la extinción; la falta total de represión también conduce a la extinción. La represión total del conflicto conduce a la anarquía con tanta certeza como el conflicto total.
>
> Nosotros, los occidentales, le tenemos miedo al conflicto hoy porque ya no lo entendemos. Vemos el conflicto en términos de divorcio, motines, guerra; y los rechazamos de plano. Y, cuando suceden, no tenemos «instituciones sustitutas» que hagan el trabajo que debería haber hecho la institución que fracasó. En el proceso —y a costa nuestra— no nos permitimos ver que el matrimonio, los derechos civiles y los estados nacionales son todas instituciones construidas sobre el conflicto y su control sensible y determinado.
>
> ... Hay básicamente dos formas de resolución del conflicto: reglas administradas y pelea. Ley y guerra. Demasiado de una u otra destruye lo que se debía proteger o agrandar[1].

La posición de Bohannan es humanística y relativista. Como resultado, el conflicto en una sociedad de su carácter tiende a la anarquía. Con todo hombre siendo ley por sí mismo, sin ningún absoluto aparte de la voluntad del hombre, el conflicto total y la anarquía total serán las únicas alternativas a un régimen totalitario.

El problema del conflicto no se puede resolver de ninguna manera justa y ordenada en una sociedad relativista. Puesto que se legitimiza toda perspectiva, religión y filosofía, y se hace ciudadano a toda persona, todo tipo posible de ley, y toda cultura posible, se admite como legal. Entonces un estado represivo y totalitario lo suprime todo, o prevalece y reina la anarquía.

El individualismo y el colectivismo son productos del liberalismo. Ellul ha observado:

> Se piensa que una sociedad individualista, en la cual se piensa que el individuo tiene un valor más alto que el grupo, tiende a destruir a los grupos que

---

1 Paul Bohannan, «Introduction» [«Introducción»] a Paul Bohannan, ed., *Law and Warfare, Studies in the Anthropology of Conflict* (The Natural History Press, Garden City, N. Y., 1967), pp. xii-xiii.

limitan el ámbito individual de acción, en tanto que una masa social niega al individuo y lo reduce a una cifra. Pero esta contradicción es puramente teórica y un engaño. En realidad, una sociedad individualista debe ser una masa social, porque el primer movimiento hacia la liberación del individuo es dividir los grupos pequeños que son un hecho orgánico de la sociedad entera. En este proceso el individuo se libra completamente de todo lazo de familia, pueblo o parroquia, solo para hallarse quizá en una situación directa contra la sociedad entera. Cuando las estructuras locales no mantienen unidos a los individuos, la única forma en que pueden vivir juntos es en una masa social no estructurada. De modo similar, una masa social puede solo basarse en individuos; es decir, en hombres en aislamiento, cuyas identidades quedan determinadas por sus relaciones de unos con otros. Precisamente porque el individuo aduce ser igual a todos los demás individuos, se vuelve una abstracción y queda reducido en efecto a una cifra.

Tan pronto como los grupos orgánicos locales se reforman, la sociedad tiende a dejar de ser individualista, y por consiguiente pierde su carácter masivo también. Lo que ocurre entonces es la formación de grupos orgánicos de *elite* en lo que sigue siendo una masa social, pero que descansa en el marco de trabajo de partidos políticos fuertemente estructurados y centralizados, sindicatos, y cosas por el estilo. Estas organizaciones alcanzan solo a una minoría activa, y los miembros de esta minoría dejan de ser individualistas al integrarse a tales asociaciones orgánicas. Desde esta perspectiva, la sociedad individualista y la masa social son dos aspectos corolarios de la misma realidad. Esto corresponde a lo que hemos dicho en cuanto a los medios masivos de comunicación: para desempeñar una función propagandista deben captar al individuo y a las masas al mismo tiempo[2].

El liberalismo disuelve los lazos religiosos y de familia de una sociedad y deja solo al individuo sin raíces y al estado humanística. La sociedad entonces oscila entre el colectivismo y el individualismo.

Un orden social que niega que Dios sea la fuente de la ley debe por necesidad buscar su principio de ley en la historia o en el hombre. El conflicto de ley, entonces, ya no es entre la ley de Dios y el pecado del hombre, sino que ahora es la ley de algún ordenamiento de los hombres, que ahora hace pecadores a todos los demás hombres que difieren. La ley también muestra, entonces, una ambivalencia entre una aristocracia que suprime al pueblo, y una democracia que procura suprimir a la aristocracia. El comentario de Gray sobre el propósito del gobierno civil muestra con claridad el problema:

2 Jacques Ellul, *Propaganda, The Formation of Men's Attitudes* (Knopf, Nueva York, 1965), p. 90.

No se niega que el orden por lo general se considera el objetivo primario de los gobiernos. Los medios de imponer el orden difieren en diferentes comunidades; y es razonablemente claro que, *en igualdad de circunstancias,* que el mejor gobierno para *imponer* el orden es el gobierno que puede, sin ninguna verificación de ningún tipo, imponer sus restricciones sobre el individuo; es decir, un gobierno déspota.

¿Por qué, entonces, si el orden es el primer objetivo, y un gobierno déspota es el mejor medio de imponer el orden, no son déspotas todos los gobiernos?

Porque «todos los hombres nacen iguales», porque todo hombre que nace en la tierra tiene el mismo derecho de usar la tierra, como todos los demás. Así se percibe que este orden, que es el objetivo del gobierno, no es el supremo fin del gobierno, sino que es solo un medio por el cual se puede disfrutar de la igualdad en la cual los hombres nacen. Si esto es así, el principio supremo del que dependen los gobiernos es la igualdad, y la ley de la unidad que regula la operación y la organización de los gobiernos es la ley de la igualdad[3].

Gray admitió que «la igualdad es un término matemático»[4], y uno esperaría que él habría visto la imposibilidad de aplicar al hombre una abstracción matemática. Por el contrario, favoreció su aplicación a los impuestos, que es el tema de su estudio. Admitió que el principio de igualdad fue un desarrollo estadounidense en los pasados cincuenta años, o sea, en lo que sería desde la Guerra Civil, puesto que Gray público en 1906[5]. El concepto de Gray de igualdad se aproximaba al principio marxista de igualdad, puesto que pensaba que

> Es claro que la igualdad no necesariamente consiste solo en igualdad de la contribución. El que todo hombre, rico o pobre, pague lo mismo, sería la mayor desigualdad. El que consista en contribución proporcional según la propiedad, es cuestión que se ha discutido mucho. En las formas comunes de impuestos a la propiedad, éste es el método en que las cortes por lo general han hallado que presenta suficiente igualdad.
>
> Un gran economista ha dicho que la igualdad en impuestos consiste en *igualdad de sacrificio.*
>
> Las cortes por lo general han medido igualdad en impuestos con referencia a la cantidad de beneficios recibidos, antes que considerar los sacrificios del contribuyente.

---

3   James M. Gray, *Limitations of the Taxing Power including Limitations Upon Public Indebtedness* (Bancroft-Whitney, San Francisco, 1906), pár. 2, p. 2.
4   *Ibid.,* 5, p. 4.
5   *Ibid.,* 7, p. 5.

Los economistas del día presente parecen preferir la idea de igualdad de sacrificio. Un vistazo a las dos teorías económicas principales de los impuestos muestra la distinción entre la igualdad basada en contribución proporcional y la igualdad de sacrificio[6].

Gray negó la teoría de «beneficios» de impuestos; si los que más se benefician pagan más impuestos, los pobres y débiles pagarían más, y los ricos y fuertes menos[7]. Según Gray, es claro por qué la enmienda del impuesto a la renta llegó a existir; fue «necesaria» en términos de las presuposiciones existentes.

Pero la consecuencia de la teoría de Gray es que se nivela a la gente, se le despoja de poder, para producir un estado que no es «igual» a la gente sino muy superior y capaz de aplastarlas:

> El poder del estado, que actúa mediante sus agencias gubernamentales para imponer impuestos a sus ciudadanos, es absoluto e ilimitado en cuanto a personas y propiedad. Toda persona dentro de la jurisdicción del estado, sea ciudadano o no, está sujeta a su poder; toda forma de propiedad (tangible o intangible, estacionaria o transitoria), todo privilegio, derecho, o ingreso que existe dentro de la jurisdicción, puede ser alcanzado y tomado para sostenimiento del estado.
>
> Esta doctrina está incluida en la teoría general del estado. El estado existe para que haya ley, orden y justicia; la institución de la propiedad, la preservación y seguridad de la vida, la libertad y la propiedad dependen de la existencia del estado. Puesto que la propiedad privada supone la existencia del estado, el estado puede agotar todos los recursos de la propiedad privada en el sostenimiento y preservación de esa existencia; como todos los privilegios y libertades derivan su valor de la protección del estado, este puede tomar cualquier porción del valor de esos privilegios y franquicias por su respaldo, incluso hasta la totalidad de su valor[8].

El estado, por tanto, se vuelve la institución total, abarcando la vida y propiedad del hombre. El estado puede confiscar todas las cosas para asegurar su existencia, porque el estado implícitamente se ha vuelto el valor básico.

En los Estados Unidos de América, el impuesto a la propiedad se desarrolló en Nueva Inglaterra en el siglo XVII, pero al principio era limitado en su alcance. El Sur se resistió por un tiempo. La transición a un concepto humanística del estado fue gradual y continua. En el siglo XX, los impuestos empezaron a servir como instrumento de cambio social y económico. Por eso, los impuestos ya no sirven

---

6   *Ibid.*, 20a, p. 11s.
7   *Ibid.*, 21-23, p. 12s.
8   *Ibid.*, 44, p. 29s.

solo para sostener al gobierno civil, sino también para reorganizar la sociedad en términos de conceptos de nivelación e igualdad.

En este concepto más nuevo de impuestos, la religión recientemente establecida en los Estados Unidos, el humanismo, salió a relucir. Al negar a Dios como fuente de la ley, la ley se ha movido sin cesar para reforzar un principio totalitario e igualitario.

En la ley bíblica, ni el igualitarismo ni la oligarquía tienen base alguna. Dios como la fuente de la ley estableció el pacto como principio de ciudadanía. Solo los que están dentro del pacto son ciudadanos. El pacto es restrictivo en términos de la ley de Dios; también es restrictivo en términos de una exclusión de membresía, que aparece específicamente y menciona a ciertas clases o grupos de personas. Por lo general se soslaya este aspecto de la ley, porque es bochornoso para el hombre moderno. Necesita, por consiguiente, atención especial. En Deuteronomio 23:1-8 se excluye de la ciudadanía a los eunucos; los bastardos quedan excluidos hasta la décima generación. Los amonitas y moabitas o están excluidos hasta la décima generación, o excluidos en forma total, según se lea el texto. Los edomitas y egipcios eran elegibles para ciudadanía «en su tercera generación»; la implicación es que son elegibles después de tres generaciones de fe, después de demostrar por tres generaciones que han creído en el pacto de Dios y se han sujetado a su ley. Con el arca en el tabernáculo como trono, y el tabernáculo siendo también el lugar central de expiación, la membresía en la nación-civil y en la nación-eclesiástica era una y la misma. La ciudadanía dependía de la fe. La apostasía era traición. El extranjero que creía tenía algún acceso al santuario (2 Cr 6:32-33), por lo menos para la oración, pero esto no le daba ciudadanía. El extranjero (egipcio, babilónico, etíope, filisteo, fenicio y los demás) podían ser ciudadanos de la Sión verdadera y celestial, la ciudad de Dios (Sal 87), pero la Sión local, Israel, no debía admitir a los grupos excluidos excepto en los términos que Dios estableció. La entrada era posible al casarse con un israelita varón (Rut 4:6), pero no directamente; la mujer asumía el estatus de su esposo. Ahora, en todo esto, una cosa es por cierto absolutamente clara: *no* hay nada de igualitarismo aquí. Hay una discriminación y distinción obvia que ningún esfuerzo puede eliminar. Al mismo tiempo, el requisito de una ley en Éxodo 12:49 deja en claro el requisito absoluto de justicia para todos sin acepción de personas.

De este modo, parecería por la evidencia de la ley que, *primero,* una membresía o ciudadanía restringida era parte de la práctica de Israel por ley. Hay evidencia de un estándar similar en la iglesia del Nuevo Testamento; en lugar de obligarlos a la uniformidad rígida, a los gentiles y judíos se les dio libertad de establecer congregaciones separadas y mantener su carácter distintivo[9]. Es más, según Hechos 15, el concilio de Jerusalén deja en claro que las diferencias en herencia cultural y etapas de crecimiento moral y espiritual hacían posible grandes conflictos

---

9   Véase Adolf Schlatter, *The Church in the New Testament Period* (Loncon: SPCK, 1961).

en caso de membresía uniforme. Como resultado, se autorizaron congregaciones separadas. Por otro lado, los judíos no estaban excluidos de las congregaciones gentiles, de modo que los grupos restrictivos eran válidos, pero los grupos integrados no eran inválidos.

Segundo, el hecho predominante de Israel era una ley para todos, independientemente de la fe u origen nacional; es decir, existía el requisito absoluto de justicia para todos sin acepción de personas. De manera similar, en la iglesia del Nuevo Testamento había «un Señor, una fe, un bautismo» (Ef 4:5) en la verdadera iglesia y el verdadero reino de Dios. La membresía limitada local era válida, pero el dominio universal del reino y la ciudadanía común de todos los creyentes son el hecho básico y gobernante. La realidad de las distinciones locales no puede, sin embargo, eliminarse por la unidad última y esencial que no se debe confundir con uniformidad. El igualitarismo es un concepto político-religioso moderno; no existía en el mundo bíblico, y no se puede en verdad embutirlo en la ley bíblica. El igualitarismo es producto de la filosofía humanística, de la adoración de un nuevo ídolo, el hombre, y una nueva imagen tallada por la imaginación del hombre. Como estándar en la religión, la política y la economía es producto de la era moderna; leerla en la ley bíblica es hacer violencia a las Escrituras y ser culpable de falta de integridad.

Las personas que se excluyen según Deuteronomio 23:1-8, son de interés: a los bastardos se les excluye hasta la décima generación. A los eunucos se les excluye, sean eunucos por accidente o por acción del hombre. Debido a que los eunucos no tenían posteridad, no tienen interés ni parte en el futuro, y por consiguiente no tienen ciudadanía. Las personas de cultura moral baja, tales como los amonitas y moabitas, también estaban excluidos. El propósito de la exclusión era la preservación del pacto en manos de un liderazgo responsable. La limitación de membresía de edomitas y egipcios era por lo mismo.

En la antigüedad, se utilizaban eunucos para los cargos civiles, y, en Bizancio, eran el servicio civil; precisamente porque no tenían carta ni parte en el futuro, a los eunucos se les confiaba cargos que exigían lealtad presente. El eunuco, como tipo de mentalidad existencialista, estaba cercenado del pasado y del futuro y atado al presente; por consiguiente se le prefería por sobre el hombre de familia.

En la Nueva Inglaterra colonial, se aplicaba el concepto de pacto de la iglesia y del estado. Toda persona iba a la iglesia, pero solo un número limitado tenía derecho de voto en la iglesia y por consiguiente en el estado, porque había una coincidencia de membresía en la iglesia y ciudadanía. Los demás no eran menos creyentes, pero la creencia era que solo *a los responsables se les debía dar responsabilidad.* Una fe, una ley, y un estándar de justicia no quieren decir democracia. La herejía de la democracia desde entonces ha desatado el caos en la iglesia y el estado, y ha servido para reducir a la sociedad a la anarquía.

III

EL TERCER MANDAMIENTO

1. El carácter negativo de la ley

El tercer mandamiento declara: «No tomarás el nombre de Jehová tu Dios en vano; porque no dará por inocente Jehová al que tomare su nombre en vano» (Éx 20:7; Dt 5:11).

Antes de empezar un análisis de este mandamiento, es importante llamar la atención a un aspecto de la ley que la hace en particular ofensiva a la mente moderna: es *negativa*. De los diez mandamientos, ocho se indican en términos negativos. Los otros dos: «Acuérdate del día de reposo para santificarlo», y «Honra a tu padre y a tu madre», están respaldados por una cantidad de leyes subordinadas que son todas de carácter negativo. El mandamiento del sabbat es negativo: «no hagas en él obra alguna» (Éx 20:10; Dt 5:14), de modo que, en su forma completa, nueve de los diez mandamientos son negativos.

Para la mente moderna, las leyes de negación parecen opresivas y titánicas, y el anhelo es que gendarmes positivos de la ley reemplacen a la policía. En ese sentido, el líder de los Panteras Negras, y el candidato presidencial de Paz y Libertad, Eldridge Cleaver, declaró en 1968 que «de ser electo, eliminaría el programa de pobreza y sustituiría a la policía con "agentes de seguridad pública"»[1]. Los agentes de seguridad pública produjeron un reino de terror en la Revolución Francesa, y no sin razón, porque una ley positiva solo puede conducir a la tiranía y al totalitarismo.

La mejor proclama de un concepto positivo de la ley fue el principio legal romano: la salud del pueblo es la ley suprema. Este principio ha pasado tan completamente a los sistemas legales del mundo que cuestionarlo es cuestionar una premisa fundamental del estado. El principio es básico al desarrollo estadounidense, donde las cortes han interpretado la cláusula de «bienestar general» de la constitución de los Estados Unidos en términos radicalmente ajenos a la intención original de 1787.

Un concepto *negativo* de la ley confiere un doble beneficio: primero, es práctico, porque un concepto negativo de la ley trata de manera realista con un mal en particular. Dice: «No robarás», o, «No darás falso testimonio». Una declaración

---

1   Van Nuys, California, *The News,* «Channel 28 to Interview Black Panther Leader» [«Canal 28 entrevistará a líder de los Panteras Negras»] (domingo, 11 agosto 1968), p. 10-A.

negativa lidia directa y claramente con un mal en particular: lo prohíbe, lo hace ilegal. La ley entonces tiene una función *modesta*; *la ley es limitada, por consiguiente el estado es limitado.* El estado, como agencia impositiva, está limitado a lidiar con el mal, y no a controlar a todos los hombres.

Segundo, y directamente relacionado a este primer punto, *un concepto limitado de la ley asegura la libertad:* excepto por los aspectos prohibidos, toda la vida del hombre está más allá de la ley, y la ley por necesidad es indiferente a ello. Si el mandamiento dice: «No robarás», quiere decir que la ley solo puede lidiar con el robo; no puede gobernar ni controlar la propiedad que se adquiere con honradez. Cuando la ley prohíbe la blasfemia y el falso testimonio, garantiza que las demás formas de expresarse estén permitidas. *El carácter negativo de la ley es la preservación de la vida positiva y la libertad del hombre.*

Pero, si la ley es positiva en su función, y si la salud del pueblo es la ley suprema, el estado tiene jurisdicción total para imponer la salud total de la gente. La consecuencia inmediata es una doble penalidad para las personas. *Primero,* se promueve un estado omnicompetente, y el resultado es un estado totalitario. Todo llega a estar dentro de la jurisdicción del estado, porque todo pudiera contribuir a la salud o la destrucción de la gente. *Debido a que la ley es ilimitada, el estado es ilimitado. Se vuelve tarea del estado, no controlar el mal, sino controlar a todos los hombres.* Básico a todo régimen totalitario es el adoptar un concepto positivo de la función de la ley.

Esto quiere decir, *segundo,* que no puede existir ningún tipo de libertad para el hombre; no hay, entonces, ningún tipo de cosas indiferentes, de acciones, intereses y pensamientos que el estado no pueda gobernar en nombre de la salud pública. Decir que el estado tiene la capacidad de administrar el bienestar general, de gobernar la salud general y total del pueblo, es dar por sentado que existe un estado omnicompetente, y asumir un estado competente en todo es dar por sentado un pueblo incompetente. El estado se vuelve entonces la nodriza de una ciudadanía cuyo carácter básico es infantil e inmaduro. La teoría de que la ley debe tener una función positiva da por sentado que el pueblo es esencialmente infantil.

En este punto algunos pudieran comentar que la fe bíblica, con su doctrina de la caída y de la depravación total tiene un concepto similar del hombre. Nada puede estar más lejos de la verdad. La fe evolucionista, al proponer largas edades de desarrollo del hombre, sostiene, por un lado, que el ser humano todavía está gobernado por impulsos y motivos antiguos, primitivos, y, por otro, que el hombre de hoy sigue siendo un niño en relación a un crecimiento evolutivo futuro.

La fe bíblica, por el contrario, sostiene la creación original de un hombre maduro y bueno. El problema humano no es una naturaleza primitiva, ni infantilismo, sino irresponsabilidad, una rebelión contra la madurez y la responsabilidad. El hombre es un rebelde, y su curso no es infantilismo sino pecado, no ignorancia sino insensatez voluntaria.

En esencia, no se puede proteger a un necio, porque el problema del necio no son otras personas sino él mismo. El libro de Proverbios da considerable atención al necio. Al resumir la enseñanza de Proverbios, Kidner declara, referente al necio, que

La raíz de su problema es espiritual, no mental. Le gusta su insensatez, y vuelve a ella «como perro que vuelve a su vómito» (26:11); no tiene reverencia por la verdad, y prefiere ilusiones cómodas (ver 14:8, y nota). En esencia, lo que rechaza es el temor de Jehová (1:29); es eso lo que lo hace necio, y es eso lo que hace trágica su complacencia, porque «el desvío de los ignorantes los matará» (1:32).

En la sociedad el necio es, en una palabra, una amenaza. En el mejor de los casos, desperdicia tu tiempo: «pues en sus labios no hallarás conocimiento» (14:7, NVI); y puede ser más que un serio fastidio. Si tiene una idea en su cabeza, nada lo detendrá: «Mejor es encontrarse con una osa a la cual han robado sus cachorros, que con un fatuo en su necedad» (17:12), lo mismo si es una broma pasada de rosca (10:23), alguna pelea en que debe meterse (18:6) o enfrentarse a la muerte (29:11). Dale amplio campo, porque «el que se junta con necios será quebrantado» (13:20), y si quieres despedirlo, no lo envíes con un recado (26:6)[2].

Se podrían citar numerosos incidentes para ilustrar lo proclive que es el necio a la necedad: rescáteselo de un apuro, y se meterá en otro. Un enfermo, por fin persuadido a dejar a un curandero que estaba tratándolo, se fue a consultar a otro peor. Y esto no debe sorprender a nadie; el necio es por naturaleza proclive a la necedad.

Para examinar un aspecto en que la ley ha funcionado positivamente, y la mayoría pensaría que con notable éxito, revisemos la situación de la medicina. El control del estado sobre la profesión médica fue en gran parte promovido e impulsado por fondos de Rockefeller. Las escuelas de medicina las pusieron bajo el control del estado, tanto como la profesión médica. Se proscribieron los consultorios médicos no aprobados, y, se nos dice, el resultado ha sido un progreso asombroso.

Pero, ¿se ha debido el progreso al control del estado o al trabajo de la profesión médica? ¿Acaso la profesión misma no ha labrado su propio progreso? Claro, hay tantos charlatanes ahora como entonces, y tal vez más. El gobierno federal de los Estados Unidos de América calcula que más de dos mil millones de dólares se gastaron en 1966 en lo que algunas autoridades han calificado de charlatanería médica, aunque el término, significativamente, lo cubre todo desde fraudes hasta prácticas no oficiales y desaprobadas[3]. Es más, el peligro ahora es que a cualquier

---

2   Derek Kidner, *Proverbs, An Introduction and Commentary* (Inter-Varsity Press, Chicago, 1964), p. 40.

3   Ver James Harvey Young, *The Medical Messiah, A Social History of Health Quackery in Twentieth-Century America* (Princeton University Press, Princeton, N. J., 1967).

investigador médico cuya labor no consigue aprobación, no solo lo clasificarán como charlatán sino que puede tener serios problemas legales. Todavía más, la profesión médica estándar, aceptada, junto con las compañías que fabrican medicinas, han estado bajo ataques muy serios de parte del Congreso por negligencia seria. Diversas «drogas maravilla» usadas de manera experimental y puestas a la venta con pruebas inadecuadas han tenido consecuencias serias[4]. Las revistas médicas también han hablado de serias sobredosis en los hospitales[5].

Aun *concediendo* la responsabilidad de los médicos al recetar imprudentemente, la realidad es que muchos pacientes, muy conscientes de los peligros de las nuevas drogas (y de drogas antiguas también), exigen que se las receten. Y, dadas todas las posibles salvaguardas legales, ¿cómo se puede esperar perfección en los médicos o en los pacientes? Siempre habrá algunos médicos y algunos pacientes necios.

Pero la cuestión es más profunda. Incluso conforme los controles del estado sobre la medicina han aumentado, al mismo tiempo han aumentado las acusaciones de negligencia médica, y los médicos de hoy están en peligro constante de pleitos judiciales. La destreza de los médicos y los cirujanos estadounidense nunca ha sido mejor, pero tampoco las quejas legales. Esto señala un hecho curioso: el estado se ha apropiado del poder controlador básico de la profesión médica, pero el estado, en lugar de asumir la responsabilidad, ha aumentado la culpabilidad de los médicos. Una agencia federal aprueba una droga, pero el médico carga la culpa si hay reacciones adversas.

Cuando la ley del estado se adjudica una función positiva para proteger la salud y el bienestar general de su pueblo, no asume la responsabilidad. La gente queda absuelta de la responsabilidad, pero la profesión médica (o las firmas comerciales, dueños de propiedades, y otros similares) asumen la *responsabilidad legal total.* Los pasos hacia la responsabilidad total son graduales, pero son inevitables en una economía de beneficencia pública.

Los historiadores a menudo elogian el ejercicio de la medicina de la antigüedad pagana, y por lo común le acreditan mucho más mérito del que tenía. Al mismo tiempo, acusan al cristianismo de corromper y detener el progreso médico. Pero la declinación de la medicina antigua empezó, según ellos mismos dicen, en el siglo III a.C.[6] Entralgo ha señalado que, en realidad, el cristianismo rescató a la medicina de las presuposiciones estériles[7].

---

4   Ver Morton Mintz, *By Prescription Only.* Segunda edición, revisada (Houghton Mifflin, Boston, 1967).
5   See «Medical Care Can Be Dangerous» [«La atención médica puede ser peligrosa»], en *Prevention* (agosto, 1968), p. 80ss.
6   J. Beaujeu, «Medicine» [«Medicina»], en Rene Taton, ed., *History of Science: Ancient and Medieval Science, from the Beginnings to 1450* (Basic Books, Nueva York, 1957, 1963), p. 365.
7   Pedro L. Entralgo, *Mind and Body, Psychosomatic Pathology: A Short History of the Evolution of Medical Thought* (P. J. Kenedy and Sons, Nueva York, n.f.).

Pero, en el Egipto antiguo, en Babilonia y en otras partes, el médico estaba sujeto a responsabilidad total. Si el paciente perdía la vida, el médico perdía la suya. Incluso cuando no era culpa suya, el médico era responsable de manera total. Pero, incluso cuando era culpa del médico, ¿qué hacía al médico totalmente responsable? El paciente, después de todo, había venido voluntariamente, y el médico no era un dios. O, ¿debía serlo? El trasfondo pagano europeo, así como también otras prácticas paganas, asociaban la medicina con los dioses. Al médico se le exigían prácticas ascéticas, así que gradualmente lo convirtieron en monje. Esta influencia pagana, combinada con el neoplatonismo en los primeros siglos de la era cristiana, condujo al médico a ser ascético. Pickman anotó, con relación a los franceses,

> Evidentemente, atractivo del ascetismo ante el pueblo en esos días era menos por cuestiones de su efecto psicológico en el ascético mismo, que su efecto físico en aquellos a quienes ministraba. Fue el arma escogida del humanitarismo. Por eso pronto el médico que no se hacía monje perdía su profesión[8].

Solo poco a poco, con la cristianización de occidente, se fue abandonando este concepto pagano de la medicina, y, con eso, el concepto de responsabilidad que exigía que el médico fuera un dios o, de no serlo, que sufriera.

Los controles del estado sobre la profesión médica continuamente han restaurado el viejo concepto de responsabilidad, y los médicos se hallan excepcionalmente sujetos a pleitos judiciales. Se ha vuelto peligroso que un médico administre atención de emergencia junto a la carretera en un accidente debido a su proclividad a que lo demanden. El día tal vez no esté muy distante, si la tendencia presente continúa, en que a los médicos se les juzgue por asesinato si el paciente muere. Hubo indicios de esto en la Unión Soviética en los días finales de Stalin.

Si la ley asume una función positiva, se debe a que se cree que las personas son un factor negativo, o sea, que sean incompetentes e infantiles. Entonces, en tal situación, *a los hombres responsables se les penaliza con responsabilidad total.* Si un delincuente, que por su delincuencia es un incompetente, entra en la casa de hombre, la ley lo protege en sus derechos, pero al ciudadano responsable y que obedece la ley se le puede acusar de asesinato si mata al invasor cuando su propia vida no corre peligro real, y no se agota todo otro recurso. Un rufián puede meterse en la propiedad de un hombre, subir por la cerca o romper la puerta para hacerlo, pero si se rompe la pierna en un agujero destapado o zanja, el propietario es responsable por los daños.

---

8   Edward Motley Pickman, *The Mind of Latin Christendom* (Oxford University Press, Nueva York, 1937), I, 457.

Cuando la ley pierde su negatividad, cuando la ley asume una función positiva, protege a los delincuentes y a los necios, y penaliza a los hombres serios.

La responsabilidad y la obligación son hechos ineludibles: si uno las niega en un aspecto, no las elimina sino que más bien las transfiere a otra cosa. Si los alcohólicos y delincuentes no son personas responsables sino enfermos, alguien es culpable de enfermarlos. Por eso, el Dr. Richard R. Korn, profesor de la Escuela de Criminología de la Universidad de California en Berkeley, ha dicho que no se debe arrestar y encarcelar a las prostitutas, porque son «niñas pobres marginadas en busca de una vida mejor»[9]. Si estas prostitutas son solo «niñas pobres marginadas en busca de una vida mejor», otros tienen la culpa de su suerte y no ellas, porque las intenciones de ellas eran buenas. Más de unos pocos están listos a nombrar a los culpables: *la sociedad.* Pero las prostitutas, sus proxenetas, y el bajo mundo son parte de nuestra sociedad en el sentido general, y es obvio que a ellos no se les está culpando. Es claro también que lo de sociedad culpable se refiere a personas responsables y triunfadoras. Bajo el comunismo, los cristianos y los capitalistas tienen la culpa de todos los males de la sociedad. Como culpables, hay que liquidarlos.

No es posible evadir la responsabilidad y la obligación: si se niega una doctrina bíblica de la responsabilidad, una doctrina pagana toma el lugar. Y si se reemplaza lo negativo de la ley bíblica con una ley que tiene una función positiva, ha tenido lugar una rebelión contra el cristianismo y la libertad. Un concepto negativo de la ley no solo es salvaguarda de la libertad sino de la vida misma.

2. El juramento y la rebelión

El tercer mandamiento tuvo en un tiempo la atención central de la iglesia y la sociedad; hoy, su importancia se ha desvanecido mucho para el hombre moderno. Incluso en una obra como *Digest of the Divine Law* de Rand, no hay mención de él aparte de un listado del mismo en la tabla de diez, y una breve cita más adelante[1].

Montagu tiene una clasificación interesante de las varias formas de «jurar» según se entienden en inglés:

> *Maldición,* a menudo usado como sinónimo de jurar, es una forma de juramento que se distingue por el hecho de que invoca o pide algún mal sobre algo o alguien.

---

9   «New Approach to S.F. Vice» [«Nuevo enfoque al vicio de S.F.»], Oakland, Calif., *Tribune* (viernes, 16 agosto 1968), p. 10.

1   Rand, *Digest,* pp. 51, 56.

Profanidad, en la que se expresan los nombres o atributos de las figuras u objetos de la religión.

Blasfemia, a menudo identificada con maldecir e irreverencia, es el acto de vilipendiar o ridiculizar las figuras u objetos de veneración religiosa…

Obscenidad, forma de jurar que hace uso de palabras y frases indecentes.

Vulgaridad, una forma de jurar que hace uso de palabras groseras.

Juramentos con eufemismos, una forma de jurar en la cual expresiones tenues, vagas o corruptas sustituyen las originales fuertes[2].

Esta clasificación, por supuesto, no es bíblica en su orientación. *Primero,* hay solo una prohibición de jurar o maldecir en falso. Lo que se prohíbe es tomar el nombre del Señor *en vano* o «a la ligera» (NVI). No se prohíbe todo juramento o maldición. *Segundo,* desde la perspectiva bíblica, todo juramento y maldición en falso es *profano,* y por consiguiente la profanidad no es una categoría aparte. La palabra *profano* viene del latín *pro,* antes, *fanum,* templo, o sea, antes o fuera del templo; la profanidad es por consiguiente toda habla, acción y vida que está fuera de Dios. La profanidad, pues, incluye lenguaje soez, juramentos y maldiciones en falso, y también habla y acciones diplomáticas y corteses que se apartan de Dios y no reconocen su soberanía. *Tercero,* solo una clase de maldición merecida no se permite. Al maldecir, un hombre invoca el juicio de Dios sobre el malhechor. Pero, por perversos que pudieran ser, y por más que merezcan castigo, nadie puede maldecir a su padre o madre. Es más, «el que maldijere a su padre o a su madre, morirá» (Éx 21:17). *Honrar* a los padres es tan fundamental para una sociedad santa que ni siquiera en casos extremos puede el hijo o hija maldecir a uno de sus padres. Los hijos deben *obedecer* a sus padres. A los adultos se les exige que los *honren;* pueden, y a veces deben, discrepar con ellos, pero *maldecirlos* es violar un principio fundamental de orden y autoridad.

Cuarto, la blasfemia es más que tomar el nombre de Dios profanamente. Es lenguaje difamatorio, perverso, y rebelde dirigido contra Dios (Sal 74:10-18; Is 52:5; Ap 16:9, 11, 21). Se castigaba con la muerte (Lv 24:16). A Nabot se le acusó falsamente de blasfemia (1 R 21:10-13), así como también a Esteban (Hch 6:11), y a Jesucristo (Mt 9:3; 26:65, 66; Jn 10:36). «La blasfemia contra el Espíritu Santo consistía en atribuir los milagros de Cristo, que eran hechos por el Espíritu de Dios, al poder satánico (Mt 12:22-32; Mr 3:22-30)»[3].

Para analizar ahora unos pocos hechos básicos respecto a los juramentos, se debe notar, *primero,* que el juramento prohibido esencial y necesariamente va ligado a la *religión.* Es *profanidad,* algo alejado de Dios y contra Dios. En donde

---

2   *Ibid.,* p. 105.
3   Davis, *Dictionary of the Bible,* p. 98.

va involucrado el nombre de Dios, representa, un uso ilícito y hostil del nombre de Dios, y un uso insincero por consiguiente. Muchos de los juramentos antiguos y modernos citados por Montagu son obscenidades antes que profanidades[4]. Este es un hecho significativo. A fin de apreciar su significación, revisemos unos pocos de los hechos centrales. El pronunciamiento santo de un juramento es un acto religioso solemne e importante. El hombre se sitúa bajo Dios y en conformidad a su justicia para sujetarse a su palabra así como Dios cumple su palabra. El juramento santo es una forma de hacer votos. Pero el juramento impío es una profanación deliberada del propósito del juramento o voto; es un uso a la ligera del mismo, un uso desdeñoso del mismo, una expresión de desprecio a Dios. Pero el juramento impío no solo es negativo u hostil; niega a Dios como lo supremo, pero debe posicionar a otro como supremo en lugar de Dios. Los juramentos santos toman su confirmación y fuerza de arriba; los juramentos impíos buscan abajo su poder. Este concepto del «abajo» es maniqueo hasta la médula, es material.

Cuando se niega la religión del Dios trino, la religión de la rebelión, las sectas del caos, toman su lugar. Se ve que la vitalidad, el poder y la fuerza les llegan de abajo; el lenguaje profano procura ser enérgico, y la energía es lo que está abajo.

Segundo, como ya es evidente, hay una progresión religiosa en la profanidad: pasa de un desafío a Dios a una invocación hasta del excremento y el sexo, y luego a formas pervertidas del sexo. Esta progresión religiosa es social y verbal. La sociedad soez invoca, no a Dios, sino al mundo de lo ilícito, lo obsceno y lo pervertido. Lo que invoca en palabra también lo invoca en acción. La tendencia descendente de la sociedad es una búsqueda de energía renovada, el fogonazo de una nueva fuerza y vitalidad, y es una búsqueda perpetua de nuevas profanaciones. Hay hombres blancos que van a prostitutas de color para «un cambio de suerte», para renovar su vitalidad y poder para prosperar por un tiempo. Al «descender», se recargan a fin de «subir». La profanidad verbal es un testimonio oral de una profanidad social. Conforme la profanidad verbal desciende, también lo hace la sociedad en sus acciones.

Esto quiere decir, por consiguiente, que, *tercero,* la profanidad es un barómetro. Es indicativo de la rebelión en proceso. Es un índice de la deterioración y degeneración social. La significación psicológica de la profanidad no se pierde en una era revolucionaria; se defiende la profanidad con fervor evangélico. No debe sorprender a nadie que un diccionario de argot y profanidad se promovió ampliamente como obra invaluable de referencia entre las bibliotecas de secundarias a principios de la década de 1960[5]. La verdadera educación incluye, para un mundo profano, una integración descendente al vacío, para usar la frase apta de Cornelio Van Til. En las escuelas se prohíbe el conocimiento de Dios, pero se promueve el

---

4   *Ibid.,* p. 10s.
5   6. Harold Wentworth y Stuart Berg Flexner, *Dictionary of American Slang* (Crowell, Nueva York, 1960).

conocimiento de la profanidad. Se invita y anima la rebelión en una sociedad que busca una integración descendente, y la profanidad es un índice, un barómetro, de esta integración revolucionaria descendente.

Cuarto, podemos ahora reconocer por qué, en palabras de Montagu, «la formas antiguas de juramentos a menudo se consideraban subversivas a las instituciones sociales y religiosas»[6]. Todavía lo son. Todo juramento es religioso, y los juramentos falsos representan un impulso subversivo en la sociedad. El interesante estudio de Montagu también es una obra religiosa; halla salud en tal profanidad, y debemos recordar que *salud* y *salvación* (latín *salus, salve,* salud) son las mismas palabras. El genio y escolaridad de su estudio sirve solo para elevar su propósito religioso; jurar es una expresión social saludable. Pero cuando se trata de un conocimiento de sus motivos para desear esta salud, o por qué constituye salud, guarda silencio.

El mandamiento declara: No tomarás en nombre de Jehová tu Dios en vano. Positivamente, esto quiere decir: Tomarás el nombre de Jehová tu Dios en justicia y verdad. Negativamente, también significa: No tomarás el nombre de otros dioses o poderes. En cada caso, las implicaciones son de largo alcance.

3. El juramento y la sociedad

El tercero y el noveno mandamiento están estrechamente relacionados. El tercero declara: «No tomarás el nombre de Jehová tu Dios en vano; porque no dará por inocente Jehová al que tomare su nombre en vano» (Éx 20:7). El noveno dice: «No hablarás contra tu prójimo falso testimonio» (Éx 20:16). Ambos mandamientos tienen que ver con el habla; el uno hace referencia a Dios, el otro al hombre. Es más, Ingram tiene razón al ver la referencia legal en ambos. El tercero es «una prohibición contra el perjurio, la herejía y la mentira»[1]. Ya hemos visto la implicación de los juramentos como obscenidad. La ley cubre esto y más. Pero la esencia del tercer mandamiento está en su naturaleza como base de un sistema legal. Citando a Ingram de nuevo, «el cimiento de todo procedimiento legal que involucra a las llamadas disputas civiles está claramente en el tercer mandamiento, y sin duda lleva su importancia al ámbito del derecho penal»[2]. El juramento del cargo, la confiabilidad de los testigos, la estabilidad de una sociedad en términos de un respeto común por la verdad, la fidelidad del clero a sus votos de ordenación, de las esposas y esposos a sus votos matrimoniales, y mucho más pende de la santidad del juramento o voto. En donde no hay respeto por la verdad, cuando los hombres pueden hacer votos y juramentos sin intención de acatar sus términos, brota la anarquía y la degeneración social. Donde no hay temor de Dios, la santi-

---

6   Montagu, *Anatomy of Swearing, p. 1*
1   Ingrain, *World Under God's* Law, p. 46.
2   *Ibid.,* p. 44.

dad de los juramentos y votos desaparece, y los hombres cambian los cimientos de la sociedad de la verdad a la mentira. Es significativo que los juicios por perjurio hoy ya casi ni se oyen, aunque el perjurio es rutina diaria en las cortes. Pero, como Ingram destacó, la ley de Dios dice bien claro en el tercer mandamiento que, «sea lo que sea que el hombre pueda ser respecto a esto, Dios no considera sin culpa al que toma su nombre en vano»[3].

El juramento en la toma de posesión del presidente, y todo otro juramento de toma de posesión en los Estados Unidos, en el pasado se consideraba bajo el tercer mandamiento y, de hecho, invocándolo. Al prestar juramento, el hombre prometía cumplir su palabra y sus obligaciones así como Dios es fiel a la suya. Si no lo cumplía, según su juramento el funcionario público se buscaba el castigo divino y la maldición de la ley. Aunque de todos modos los funcionarios corruptos no faltaron, es claro que una gran medida de verdadera responsabilidad política estaba en evidencia. Los hombres santos tomaban los juramentos en serio. George Washington, cuya creencia en el diezmo obligatorio se ya se mencionó, estaba bien convencido del significado del juramento. En su discurso de despedida expresó su consternación ante el escepticismo, el agnosticismo, el deísmo y el ateísmo que se infiltraban de Francia y de la Revolución Francesa. La incredulidad, según veía, infligió gran daño. Entre otras cosas, al destruir la fe en el juramento, la incredulidad socava la seguridad de la sociedad. Declaró:

> De todas las disposiciones y hábitos que conducen a la prosperidad política, la religión y la moralidad son respaldos indispensables. En vano el hombre rendirá tributo al patriotismo si subvierte estos grandes pilares de la felicidad humana, estos puntales de lo más firmes de los deberes de los hombres y ciudadanos. El político, igual que el hombre santo, debe respetarlos y atesorarlos. Un libro no podría trazar todas sus conexiones con la felicidad pública y privada. Preguntémonos: ¿dónde está la seguridad de la propiedad, de la reputación, de la vida, si el sentido de obligación religiosa abandona los juramentos, que son instrumentos de investigación en las cortes de justicia? Y con cautela demos paso a la presuposición de que se pueda mantener la moralidad sin la religión. No importa lo que se pueda conceder a la influencia de la educación refinada en mentes de estructura peculiar, la razón y la experiencia nos prohíben esperar que la moralidad nacional pueda prevalecer a exclusión del principio religioso.

Menospreciar, ultrajar o profanar el juramento es por consiguiente una ofensa que niega la validez de toda ley y orden, de todas las cortes y cargos, y es un acto de anarquía y rebelión. A la luz de esto, podemos entender mejor Levítico 24:10-

---

3 *Ibid.,* p. 44.

16, el incidente de blasfemia y la sentencia de muerte que se le aplicó. La parte ofensora en este caso era medio danita y medio egipcia. El texto hebreo da por sentado un conocimiento que desde entonces en su gran parte se ha olvidado. La versión caldea antigua lo parafrasea como sigue:

> Y mientras los israelitas habitaban en el desierto, él trató de poner su tienda en medio de la tribu de los hijos de Dan; pero ellos no se lo permitieron, porque, según el orden de Israel, todo hombre, según su orden, moraba con su familia bajo el estandarte de la casa de su padre. Trataron por todos los medios en el campamento. De aquí el hijo de la mujer israelita y el hombre de Israel que era de la tribu de Dan fueron a la casa de juicio[4].

El juicio fue contra el que era medio danita y medio egipcio, y al declarar «blasfemó el Nombre, y maldijo» (Lv 24:11). Negó la estructura entera de la sociedad y ley israelita, el mismo principio de orden. Como resultado, se le aplicó la sentencia de muerte por blasfemia. Su ofensa fue en efecto que afirmaba la rebelión total, la secesión absoluta de toda sociedad que le negaba sus deseos. Ninguna sociedad puede existir si permite tal rebelión. La ley de Dios en este caso es de particular importancia: «Cualquiera que maldijere a su Dios, llevará su iniquidad. Y el que blasfemare el nombre de Jehová, ha de ser muerto; toda la congregación lo apedreará; así el extranjero como el natural, si blasfemare el Nombre, que muera» (Lv 24:15, 16). A cualquier gentil que menospreciara o violara el juramento de su religión se le aplicaban las leyes de su religión, y cualquier castigo que su ley impusiera por tal blasfemia o maldición, porque menospreciar el juramento de la fe de uno es maldecir a su dios. Ginsberg resumió la ley aquí muy aptamente:

Si un gentil maldice al dios en quien todavía profesa creer, llevará su pecado; debe sufrir el castigo por su pecado de manos de sus correligionarios, cuyos sentimientos ha ofendido. Los israelitas no deben interferir para salvarle de las consecuencias de su culpa; porque el gentil que envilece al dios en el que cree no se le puede confiar en otros respetos, y pone un mal ejemplo para otros, que pueden ser llevados a imitar su conducta[5].

Hay un punto de suma importancia en esta legislación que exige atención en particular. *Primero*, debemos notar que la mente moderna ve algo supuestamente «bueno» en todas las religiones, mientras que las niega en favor de la mente autónoma del hombre. Para negar el cristianismo y su verdad excluyente, la mente moderna profesa hallar verdad en todas las religiones. La Biblia, sin embargo, no tiene tal tolerancia por una mentira. El salmista resumió el asunto: «Todos los dioses de los pueblos son ídolos; pero Jehová hizo los cielos» (Sal 96:5). Sin rodeos, la Biblia condena a todas las demás religiones. La mente moderna, en tanto

---

4   C. D. Ginsburg, «Leviticus» [«Levítico»], en *Ellicott,* I, 451.
5   *Ibid.,* I, 451s.

que totalmente religiosa, no es institucionalmente religiosa, y así puede ofrecer tolerancia desdeñosa a todas las religiones. Pero la mente moderna es religiosa políticamente; es decir, considera el orden político como su orden último y religioso, y esto lleva a una *segunda* observación: la intolerancia política es básica para la mente moderna, y niega la validez de todo otro orden que no sea su estado soñado, y de toda ley y orden ajenos a sus caprichos y a su voluntad, porque tiene todos esos órdenes como mentiras de temer. La Biblia, por otro lado, extiende una tolerancia limitada a los otros órdenes sociales. El único `verdadero se halla en la ley bíblica. Toda ley es religiosa por naturaleza, y todo orden-ley que no es bíblico representa una religión anticristiana. Pero la clave para remediar la situación *no* es una rebelión, ni ningún tipo de resistencia que trate de subvertir la ley y el orden. El Nuevo Testamento abunda en advertencias contra la desobediencia y en llamados a la paz. La clave es la regeneración, la propagación del evangelio, y la conversión de los hombres y naciones al orden-ley de Dios. Mientras tanto, el orden-ley existente se debe respetar, y los órdenes-leyes vecinos se deben respetar en todo lo que sea posible sin contravención de la propia fe de uno. El orden-ley pagano representa la fe y religión del pueblo; es mejor que la anarquía, y en efecto provee una estructura de vida que les dio el Señor bajo la cual se puede promover la obra de Dios. La perspectiva moderna conduce a la intolerancia revolucionaria; bien sea de un orden mundial en términos de un sueño, o de una «guerra perpetua por la paz perpetua».

Se consideraba con tanta seriedad el abuso del juramento, que el que una persona presenciara un juramento, o que un juramento para hacer el mal se pronunciara en alguna parte, y no hiciera nada, requería una ofrenda de expiación de la transgresión (Lv 5:1-7).

Proverbios 29:24, dice: «El cómplice del ladrón aborrece su propia alma; Pues oye la imprecación [pronunciada por el ladrón] y no dice nada». Delitzsch comentaba:

> El juramento es, según Lv 5:1, el del juez que juramenta por Dios al cómplice del ladrón para que diga la verdad; pero este la esconde, y carga su alma con un delito digno de muerte, porque de ocultador se vuelve además perjuro[6].

Más serio que robar, o incluso asesinar, es jurar en falso. El ladrón le roba a un solo hombre, y el asesino le quita la vida a un solo hombre, o tal vez a un grupo de hombres, pero *un juramento en falso es un ataque a la vida de una sociedad entera*. La poca seriedad con que se toma es un buen barómetro de la degeneración social. El aborrecimiento santo de jurar en falso se refleja con claridad en el Salmo 109:17-19. En Mateo 5:33-37, Cristo prohibió el uso trivial de un juramento, y

---

6   Franz Delitzsch, *Biblical Commentary on the Proverbs of Solomon* (Eerdmans, Grand Rapids, 1950), II, 257s.

sus palabras tienen una referencia parcial a Números 30:7. El juramento en falso ya estaba prohibido en la ley; Cristo dejó en claro que del juramento o voto no se debía usar en cuestiones personales, excepto en ocasiones serias en que el uso legítimo de la ley lo permitiera. El recurso barato de jurar para apuntalar la palabra de uno, por verdad que fuera, estaba prohibido.

La comunicación del hombre santo es «sí, sí», y «no, no»; es honrada y directa (Mt 5:37). El varón de Dios jura o testifica con honradez aun en daño propio, y no cambia su testimonio según convenga a sus intereses (Sal 15:7). Estando bajo Dios, la palabra del hombre santo en cierto sentido está siempre bajo juramento. Como Ingram ha observado: «Es significativo que bajo algunos sistemas cristianos europeos, una violación voluntaria de un voto promisorio se trata como perjurio»[7].

Ingram muy correctamente ha recalcado la relación de la herejía con este mandamiento. Los miembros y clérigos que niegan sus votos bautismales y de ordenación para sostener herejías están violando sus votos. Es más, el hereje, «en todo el horror del orgullo colérico [...] declara: "Tengo derecho a estar equivocado"»[8].

Hoy, en muchos países y en algunos estados de Estados Unidos, se elimina el nombre de Dios en los juramentos de cargo y la jura de testigos. Esto quiere decir que, cuando se juramenta a un hombre para un cargo, no se obliga ante Dios a cumplir los requisitos constitucionales del cargo o de la ley; el hombre jura solemnemente por sí mismo; si le parece bien alterar la ley, si considera superiores sus ideas, puede dar pasos para circunvalar la ley. Los principales cambios en la constitución estadounidense han ocurrido en un período de tiempo cuando no se han hecho cambios fundamentales a la Constitución de los Estados Unidos. Eso se debe a que la letra y el espíritu de la ley ahora tienen escaso significado ante de la voluntad política de hombres y partidos.

Si a un testigo se le pide que jure decir toda la verdad y nada más que la verdad sin ninguna referencia a Dios, la verdad se puede redefinir, y comúnmente se redefine, en términos del testigo. El juramento en el nombre de Dios es el «reconocimiento legal de Dios»[9] como la fuente de todas las cosas y la única base verdadera de todo ser. Sitúa al estado bajo Dios y bajo su ley. El que se elimine a Dios de los juramentos, y el uso ligero e insincero de juramentos, son una declaración de independencia de Él, y es guerra contra Dios en el nombre de los nuevos dioses, el hombre apóstata y su estado totalitario.

El juramento estadounidense moderno, que omite toda referencia a Dios, está en el contexto de una filosofía pragmática, una fe que se enseña en las escuelas y la defienden los gobiernos estatales y federal. La verdad en términos de pragmatismo

---

7   Ingrain, *World Under God's Law*, p. 44.
8   *Ibíd.*, p. 45.
9   *Ibíd.*, p. 46.

es *lo que sirve*. La consecuencia puede ser solo anarquía revolucionaria. No solo quiere decir guerra contra Dios, sino guerra de todo hombre contra su prójimo.

4. Los juramentos y la adoración

Calvino en un análisis perceptivo del tercer mandamiento, llamó la atención a la relación de los juramentos con la adoración. Observó que

> Pronto veremos que jurar por el nombre de Dios es una especie o parte de la adoración religiosa, y esto también se manifiesta en las palabras de Isaías (45:23), porque cuando predice que todas las naciones se consagrarán a la religión pura, dijo: «Vivo yo, dice el Señor, que ante mí se doblará toda rodilla, Y toda lengua confesará a Dios»[1].

El versículo citado, Isaías 45:23, dice en forma completa: «Por mí mismo hice juramento, de mi boca salió palabra en justicia, y no será revocada: Que a mí se doblará toda rodilla, y jurará toda lengua». Dios declara que la historia culminará en una adoración universal a Él, y el juramento santo como el cimiento de toda sociedad. El comentario de Alexander destacó el significado con toda claridad:

> El arrodillarse y jurar en la última cláusula son actos de homenaje, lealtad o apego que por lo general van juntos (1 R 19:18), e incluyen un reconocimiento solemne de la soberanía de aquel a quién se le rendía. [...] Este texto lo aplica dos veces Pablo a Cristo (Ro 14:11; Fil 2:10), en prueba de su soberanía de realeza y judicial. No necesariamente predice que todos se convertirán a él, puesto que los términos son como para incluir una sumisión tanto voluntaria como obligatoria, y en una de estas maneras todos, sin excepción, le reconocerán como el legítimo soberano[2].

La interpretación de Alexander restaura la perspectiva básica de la ley: Dios es el Señor absoluto, soberano, y rey de todos, el único Creador, sustentador y Salvador del hombre. Adorarle en verdad requiere una sumisión total a Él no solo respecto a la salvación sino también con respecto a todo lo demás. Solo Dios es señor de la iglesia, estado, escuela, hogar y toda esfera y aspecto de la creación entera. Así que, como Calvino notó, jurar por el nombre de Dios es en verdad «una especie o parte de la adoración religiosa».

Comentando más sobre el significado de tomar el nombre del Señor en vano, Calvino notó:

---

1   John Calvin, *Commentaries on the Four Last Books of Moses,* II, 408.
2   Joseph Addison Alexander, *Commentary on the Prophecies of Isaiah* (Zondervan, Grand Rapids), p. 188.

Es tonto e infantil restringir esto al nombre de Jehová, como si la majestad de Dios estuviera confinada a letras o sílabas; pero, visto que su esencia es invisible, su nombre se pone ante nosotros como una imagen, en la medida en que Dios se manifiesta a nosotros, y nos hace conocerlo definitivamente mediante sus características, tal como los hombres lo hacen con su nombre. Sobre esta base Cristo enseña que el nombre de Dios lo abarcan los cielos, la tierra, el templo, el altar (Mt 5:34), porque su gloria es conspicua en ellos. Por lo tanto, el nombre de Dios se profana siempre que se hace alguna detracción de su sabiduría suprema, poder infinito, justicia, verdad, clemencia y rectitud. Si se prefiere una definición más breve, digamos que su nombre es lo que Pablo llama «lo que de Dios se conoce» (Ro 1:19)[3].

En nombre del Señor se toma así en vano cuandoquiera y dondequiera el hombre trata con ligereza y de manera profana el hecho de que la soberanía de Dios sustenta toda la realidad. El hombre no se atreve a tomar con ligereza la soberanía de Dios ni la obligación del hombre de decir la verdad en todo momento en toda esfera normal de la vida.

La estrecha relación de este mandamiento con el noveno es bien evidente. Calvino observó:

Dios de nuevo condena el perjurio en el quinto mandamiento de la segunda tabla, a saber, en tanto que ofende y viola la caridad al hacer daño a nuestros próximos. El objetivo y objeto de este mandamiento es diferente, o sea, que el honor debido a Dios sea sin contaminación, que solo hablemos con él de manera religiosa, que la veneración apropiada de él se mantenga entre nosotros[4].

Si el juramento y la adoración están tan estrechamente relacionados, y si el uso trivial y falso del «nombre» del Señor, su sabiduría, poder, justicia, verdad, misericordia y justicia constituye blasfemia, debemos decir que la mayor parte de la predicación de nuestros días es completamente blasfema[5], porque o niega la fe por un lado o la reduce a dimensiones triviales por el otro. Mucha de la predicación *tal vez* sea piadosa en intención pero blasfema en ejecución.

Cuando el hombre cayó, cuando se aplicó la maldición sobre la humanidad, fue porque había sucumbido a la tentación satánica de ser su propio Dios (Gn 3:5). El hombre se separó de Dios y del nombre de Dios, para definir la realidad en términos del hombre y en el nombre del hombre. Cuando los hombres empezaron de nuevo a invocar el nombre del Señor (Gn 4:26), los hombres miraron a

---

3   Calvin, *op. cit.*, II, 408s.
4   *Ibid.*, II, 409.
5   Ver Montagu, *Anatomy of Swearing*, pp. 92s., 296-298.

Dios como Señor y Creador y también como Salvador. Tomaron el nombre del Señor, no en vano, sino en verdad; reconocieron a Dios como su único Salvador, legislador y esperanza. El grado en que invocaron en verdad el nombre del Señor, el grado en que pusieron toda su vida bajo el dominio de Dios, fue el grado en que estaban fuera de debajo de la maldición y bajo la bendición.

Tomar el nombre del Señor *en verdad* quiere decir basar nuestras vidas y acciones, nuestros pensamientos y posesiones, y toda esfera y ley de la vida firme y completamente en Dios y en su palabra-ley.

Tomar el nombre del Señor *en vano* en realidad es negar al único Dios verdadero; es profesión vacía de Él cuando nuestra vida y acciones (y a menudo todo pensamiento, posesión y toda esfera y ley) son ajenas a Dios y de forma blasfema atribuidas a nosotros mismos.

Por eso, como Oehler observó: «El perjurio no tiene que ver solo con el transgresor, sino con toda su raza»[6]. Mueve al hombre y a su sociedad del mundo de la bendición al mundo de la maldición.

El juramento verdadero es por tanto adoración verdadera; da a Dios la gloria debida a su nombre.

Solo cuando empezamos a comprender la relación del juramento con los cimientos de la sociedad, con la rebelión y con la religión podemos empezar a entender el antiguo horror de la blasfemia. El horror que expresó el sumo sacerdote cuando acusó a Jesús de blasfemia por lo que había dicho (Mt 26:65) tal vez haya sido hipócrita, pero reflejaba de todas maneras la consternación que los hombres solían sentir. Antes de la Segunda Guerra Mundial, esta consternación todavía se sentía en Japón; cuando se pronunciaba una blasfemia con respecto al sintoísmo, era una ofensa civil muy seria. Con mucha justicia los japoneses lo consideraban traición, rebelión y anarquía.

Debido a que el sentido de la blasfemia y la consternación que producía han desaparecido, ahora hay un cambiante concepto de la *traición*. Es interesante examinar el concepto de la traición. Rebeca West ha dado un sumario muy apto del concepto histórico:

> Según la tradición y a la lógica, el estado da protección a todos los hombres dentro de sus confines, y a cambio exige obediencia a sus leyes; y el proceso es recíproco. Cuando los hombres dentro de los confines del estado son obedientes a sus leyes tienen el derecho de demandar su protección. Es una máxima de la ley, citada por Coke en el siglo XVI, de que «la protección atrae lealtad, y la lealtad atrae protección» (*protectio trahit subjectionem, et subjectio protectionem*). Se estableció en 1608, con referencia al caso de Sherley, un francés que había ido a Inglaterra y se había unido a una conspiración contra

---

6   Oehler, *Theology of the Old Testament*, p. 250.

el rey y la reina, que tal hombre «le debía al rey obediencia, es decir, en tanto que estuviera bajo la protección del rey»[7].

Pero en una época en que los hombres niegan a Dios y su soberanía, el mundo se debate entre dos demandantes conflictivos de la autoridad de Dios: el estado totalitario por un lado, y el individuo totalitario y anarquista por el otro. El estado totalitario no permite disensión, y el individuo anarquista no admite lealtad fuera de sí mismo. Cuando todo el mundo es negro, no es posible un concepto de negro, puesto que no existe diferenciación. Si todo es negro, no hay principio de definición o descripción que quede. Cuando todo el mundo blasfema, no es posible una definición de la blasfemia; todo es lo mismo. Conforme el mundo se mueve hacia la blasfemia total, su capacidad de definir y reconocer disminuye. De aquí la necesidad y lo saludable del castigo, que, como catarsis, le restaura perspectiva y definición al mundo.

La premisa básica de la ley y de la sociedad hoy es el relativismo. El relativismo reduce todo a un color común, a un gris común. Como resultado, ya no hay ninguna definición de traición o delito. El delincuente está protegido por la ley, porque la ley no conoce delincuente, puesto que la ley moderna niega ese absoluto de justicia que define el bien y el mal. Lo que no se puede definir no se puede delimitar ni proteger. Una definición es una cerca y una protección alrededor de un objeto; lo separa de todo lo demás y protege su identidad. Una ley absoluta establecida por el Dios absoluto separa el bien y el mal, y protege el bien. Cuando se niega esa ley, y se establece el relativismo, ya no existe ningún principio válido de diferenciación e identificación. ¿Qué necesita protección de quién, cuando todo el mundo es igual y lo mismo? Cuando todo el mundo es agua, no hay orilla que guardar. Cuando toda la realidad es muerte, no hay vida que proteger. Debido a que los jueces cada vez son más incapaces de definir los casos debido a su relativismo, cada vez son más incapaces de proteger al justo y al que acata la ley en un mundo en donde el delito no se puede definir como se debiera. Para Emile Durkheim, el delincuente puede ser y a menudo es un pionero evolucionista, que traza el rumbo de la sociedad[8]. En términos de la sociología relativista de Durkheim, el delincuente puede ser más valioso que el ciudadano que acata la ley, cuyos intereses son conservadores o reaccionarios.

La sociedad relativista en verdad es una «sociedad abierta», abierta a todo mal y a nada de bien. Puesto que la sociedad relativista está más allá del bien y del mal por definición, no puede ofrecer a sus ciudadanos ninguna protección del mal.

---

7   Rebecca West, *The New Meaning of Treason* (The Viking Press, Nueva York, 1964), p. 12s.
8   Emile Durkheim, «On the Normality of Crime» [«Sobre la normalidad del crimen»], en su *The Rules of Sociological Method*, en Talcott Parsons, Edward Shils, Kaspar D. Nargele, Jesse R. Pitts, eds., *Theories of Society* (Free Press of Glencoe, Nueva York, 1961), II, 872-875.

Más bien, una sociedad relativista procurará proteger a su gente de los que tratan de restaurar una definición del bien y del mal en términos de las Escrituras.

Cuando el presidente de la Corte Suprema Frederick Moore Vinson de los Estados Unidos afirmó después de la Segunda Guerra Mundial que «nada es más cierto en la sociedad moderna que el principio de que no hay absolutos», dejó en claro que, ante la ley, el único mal de corte claro es afianzarse en términos de la ley absoluta de Dios. «El principio de que no hay absolutos», entronizado como ley, quiere decir guerra contra los absolutos bíblicos. Quiere decir que el estandarte de la ley es el estándar del Siglo de las Luces, Ecrasez L'infame, «La vergüenza e infamia del cristianismo», se debe eliminar. En relación con esto Voltaire recibió con brazos abiertos el afectuoso saludo de Diderot que le describía cómo su «Anticristo sublime, honorable y querido». Si Voltaire no hubiera tenido como su principio el que «todo hombre sensible, todo hombre honorable, debe horrorizarse de la secta cristiana»[9], Voltaire solo hablaba; la corte moderna actúa sobre esta fe. La conclusión de tal curso solo puede ser el reino del terror magnificado. Podemos solo decir con el observador hebreo de la antigüedad: «Los que temen al Señor tienen el corazón bien dispuesto y se humillan delante de él: "Abandonémonos en las manos del Señor y no en las manos de los hombres, porque así como es su grandeza es también su misericordia"» (Eclesiástico 2:17, 18).

5. El juramento y la autoridad

Una ley que ya se ha citado merece particular atención: Éxodo 21:17: «Igualmente el que maldijere a su padre o a su madre, morirá». Este enunciado es uno de tres en Éxodo 21:15-17, que sigue al requisito de Éxodo 21:12-14 de pena de muerte para el asesino. Así quedan eslabonados en un sentido con el asesinato. *Primero,* «el que hiriere a su padre o a su madre, morirá» (Éx 21:15). *Segundo,* «Asimismo el que robare una persona y la vendiere, o si fuere hallada en sus manos, morirá» (Éx 21:16). El secuestro y la esclavitud se castigan con la muerte. La ley bíblica reconoce la esclavitud voluntaria, porque hay hombres que prefieren la seguridad a la libertad, pero prohíbe estrictamente la servidumbre involuntaria excepto como castigo. *Tercero,* la ley contra maldecir a los padres, ya citada, también se cita como equivalente a asesinato. El comentario de Rawlinson va al punto:

> Con el homicidio se conjugan algunas otras ofensas, consideradas de carácter vil, y penado con la muerte: a saber, (1) golpear a un padre; (2) secuestrar; y (3) maldecir a un padre. El que estos crímenes sigan de inmediato al asesinato, y que se castigue con la misma pena, demuestra el aborrecimiento

---

9   Peter Gay, *The Enlightenment, An Interpretation. The Rise of Modern Paganism* (Knopf, Nueva York, 1967), 391.

de Dios de ellos. Se ve al padre como representante de Dios, y golpearlo es insultar a Dios en su persona. Maldecirlo implica, si es posible, una falta de reverencia mayor; y, puesto que las maldiciones pueden ser efectivas solo como apelación a Dios, es un intento de poner a Dios de nuestro lado contra su representante. El secuestro es un delito contra la persona solo un ápice menor que el asesinato, puesto que priva al hombre de lo que le da a la vida su principal valor: la libertad[1].

Hay leyes afines en otras culturas antiguas. Por ejemplo, la antigua ley babilónica declaraba: «Si un hijo golpea a su padre, se le cortará la mano»[2]. La autoridad de la sociedad misma estaba en peligro en cualquier ataque a la autoridad paterna o a cualquier otra autoridad. Éxodo 21:15, 17 fue impuesto muy temprano en la ley de Massachusetts; no hay ningún registro de alguna pena de muerte, pero varios casos antes de 1650 registran varias flagelaciones infligidas por las cortes sobre hijos rebeldes, y sobre hijos que golpearon a un padre[3].`

El juramento o maldición y la resistencia física son asuntos importantes. El juramento o maldición es una apelación a Dios para que esté de nuestro lado por la justicia y contra el mal. De manera similar, la resistencia física, sea en forma de guerra o resistencia personal al ataque asesino, o los intentos de hombres malos de vencernos, es una posición santa y de ninguna manera errada. En un mundo malo, tal resistencia a menudo es necesaria; es una necesidad desagradable y horrible, pero no un mal. David podía agradecer a Dios por enseñarle a hacer la guerra con éxito (2 S 22:35; Sal 18:34; 144:1). En un mundo malo, Dios requiere que los hombres se afiancen en términos de su palabra y ley.

En este punto, muchos citarán Mateo 5:39: «No resistáis al que es malo». El punto que Cristo hace en este pasaje (Mt 5:38-42) tiene referencia a la resistencia a un poder extranjero que gobierna la tierra, que puede «obligar» al hombre mediante una conscripción forzosa a servir a las fuerzas imperiales romanas por una milla o más, apoderarse de la propiedad, obligar a pagar préstamos, y generalmente confiscar propiedad, dinero y trabajo para sus necesidades. En tal caso, la resistencia es fútil y errada, y la cooperación, yendo la segunda milla, produce mejores resultados. El comentario de Ellicot sobre Mateo 5:41 es pertinente:

La palabra griega implica la compulsión especial del servicio forzoso como correo o mensajero del gobierno, y fue importado del sistema postal persa

---

1   George Rawlinson, «Exodus,» in *Ellicott*, I, 267.

2   H. W. F. Saggs, *Everyday Life in Babylonia and Assyria* (G. P. Putnam's Sons, Nueva York, 1965), p. 143. Ver también James B. Pritchard, ed., *Ancient Near Eastern Texts* (Princeton University Press, Princeton, N. J., 1955), p. 175.

3   George Lee Haskins, *Law and Authority in Early Massachusetts* (Macmillan, Nueva York, 1960), p. 81.

y organizado sobre el plan de emplear hombres conscriptos para llevar despachos del gobierno de estación a estación (Herod. 8:98). El uso de la ilustración aquí parecería implicar la adopción del mismo sistema de parte del gobierno romano bajo el imperio. Los soldados romanos y sus caballos los guardaban en propiedades de judíos. Otros eran obligados a servicio de duración más larga o más breve[4].

Las palabras de Cristo fueron pues una advertencia contra la resistencia revolucionaria. Su advertencia la repitió San Pablo en Romanos 13:1, 2, con la advertencia de que la resistencia a la autoridad debidamente constituida es resistencia a lo ordenado por Dios. Al mismo tiempo, debemos notar que «Pedro y los demás apóstoles», cuando las autoridades les prohibieron predicar, declararon: «Es necesario obedecer a Dios antes que a los hombres» (Hch 5:29).

No hay discrepancia entre estas posiciones. El respeto a las autoridades debidamente constituidas se requiere como deber religioso y también como norma práctica. El mundo no se mejora con la desobediencia y la anarquía; los malos no pueden producir una sociedad buena. La clave para la renovación social es la regeneración del individuo. Hay que obedecer a todas las autoridades (padres, esposos, amos, gobernantes, pastores), siempre sujetos a la obediencia previa a Dios. Toda obediencia está bajo Dios, porque su palabra lo requiere. Por consiguiente, *primero,* el pueblo del pacto no puede violar ninguna autoridad debida sin tomar en nombre del Señor en vano. La desobediencia en cualquier nivel constituye desobediencia a Dios. *Segundo,* golpear a un padre, o atacar a un agente de policía, o cualquier autoridad debida, es golpear a la autoridad de Dios también y usar el derecho de defensa propia para agredir a la autoridad. *Tercero,* maldecir a los padres de uno es intentar poner a Dios del lado de la rebelión contra la autoridad central de Dios, el padre, y la institución central de Dios, la familia. En el asesinato, el hombre ataca y quita la vida de un individuo, o de varios individuos. En todo ataque anárquico contra la autoridad, el atacante ataca la vida de una sociedad entera y la autoridad misma de Dios.

La excusa de tal asalto es la *conciencia.* La autoridad autónoma y absoluta de la conciencia se ha afirmado progresivamente desde el Siglo de las Luces, y especialmente con el surgimiento del romanticismo. En los Estados Unidos de América, el nombre de Thoreau viene más rápidamente a la mente como ejemplo del anarquismo romántico. *Conciencia* quiere decir responsabilidad con referencia al bien y al mal; conciencia implica condición de criatura y sujeción. La conciencia debe estar bajo autoridad, o deja de ser conciencia y se convierte en un dios. El deseo humanístico de vivir más allá del bien del mal es en realidad un deseo de vivir más allá de la responsabilidad y más allá de la conciencia.

---

4 *Ellicott,* VI, 30.

Bajo la fachada de la conciencia, se lanza un ataque contra la conciencia y la autoridad.

La apelación de los revolucionarios anarquistas a la conciencia es una mentira y un fraude. La conciencia en la filosofía y el estado de ánimo modernos no son más que nuestros deseos, entronizados como ley. Por eso, James Joyce, en *Retrato del artista adolescente,* hace que Stephen Dedalus diga: «¡Bienvenida, oh vida! Salgo para encontrar por millonésima vez la realidad de la experiencia y forjar en el yunque de mi alma la conciencia increada de mi raza». Para los que están bajo la influencia de Freud, la conciencia, o superego, no es más que las autoridades externas, padres, religión, estado y escuela internalizados. El superego es el sucesor y representante de los padres y otras autoridades; para Freud, el superego es el enemigo del *id*, el principio de placer y voluntad para vivir, y por consiguiente hay que domarlo. No se puede escapar del *id* y del *ego*, pero el *superego*, como un producto social inmediato, se puede domar en su poder sobre el hombre. A pesar de las variaciones, el concepto de Freud de la conciencia es el concepto del hombre moderno. La conciencia no tiene posición en el pensamiento moderno, y en realidad está desacreditada, *excepto* cuando es útil como una apelación contra la ley. La conciencia del hombre autónomo es una rebelión estudiada contra la conciencia y las autoridades, símbolos de opresión y tiranía.

La verdadera conciencia está bajo autoridad, autoridad santa. La verdadera conciencia es gobernada por las Escrituras; no se levanta como árbitro por sobre Dios y su palabra, ni como la voz de Dios y ella misma como revelación especial. La conciencia verdadera se sujeta a la autoridad de Dios; está en todo momento *bajo Dios,* y nunca es dios ni señor. En 1788, el Sínodo Presbiteriano de Nueva York y Filadelfia declaró, en sus «Principios preliminares» a «La forma de gobierno», que «Dios es el único Señor de la conciencia; y la ha dejado libre de doctrina y mandamientos de hombres, que son en todo contrarios a su palabra, o aparte de ella en asuntos de fe y adoración». La declaración entonces defendía el derecho al criterio propio. El propósito era libertar al hombre de las demandas arbitrarias del estado y de los hombres en términos de la autoridad absoluta de Dios sobre la conciencia. El concepto humanístico de la conciencia, al negar el señorío de Dios, hace ineludible la tiranía de los hombres. La filosofía humanística hace de la conciencia de todo hombre un señor absoluto; los estudiantes amotinados de la década de 1960 y 1970, los revolucionarios anarquistas, los que protestan por los «derechos civiles», apelan al derecho a la «conciencia» para destruir la ley y el orden y derrocar a la sociedad.

La pena de muerte de Éxodo 21:15, 17 deja en claro que ningún mal se puede convertir en excusa para más mal. La familia, como orden-ley central de Dios, aun cuando los padres sean de lo más malos, el hijo no la puede atacar. Al hijo no se le pide que obedezca a sus padres haciendo el mal; al hijo no se le pide que llame bien al mal. Pero se debe dar honor al que se le debe honor (Ro 13:7), y honor se les debe a los padres.

Esto quiere decir que, que si bien el hombre debe promover la justicia, *hay un límite al alcance de su derecho a hacer guerra contra el mal.* La Escritura enfatiza que la venganza le pertenece a Dios (Dt 32:35; Sal 94:1; He 10:30; Ro 12:19). San Pablo indica con claridad: «Queridos amigos, no traten de vengarse de alguien, sino esperen a que Dios lo castigue, porque así está escrito: "Yo soy el que castiga, les daré el pago que merecen", dice el Señor» (Ro 12:19, PDT).

Existen dos formas legítimas de venganza santa: *Primero,* la justicia absoluta y perfecta de Dios final y totalmente administra justicia perfecta. La historia culmina en el triunfo de Cristo, y la eternidad resuelve todos los pleitos. *Segundo,* las autoridades ordenadas por Dios (padres, pastores, autoridades civiles y otros) tienen el deber de aplicar la justicia y venganza de Dios. Como pecadores que son, nunca pueden hacer esto de manera perfecta, pero la justicia imperfecta puede ser con todo justicia. A un día nublado no se le puede llamar medianoche; la justicia imperfecta no es injusticia.

Un hombre santo no espera justicia perfecta y vindicación, y, a veces, reconoce que no puede esperarla de todos los hombres. La Biblia nos da ejemplos de venganza, de corrección de antiguos males, pero no ocurrió eso en el caso de José en cuanto a Potifar. José había ido a la cárcel por intento de violación; lo sacaron de la cárcel y le dieron gran. Su pasado fue inmaterial para el faraón. Sin duda, hasta el mismo día de la muerte de José, críticos crueles murmuraban a sus espaldas que José era un ex convicto, convicto de intento de violación, pero el ejercicio del poder de parte de José fue santo. En donde importó, como con sus hermanos, se cobró una venganza diseñada para probar el carácter de ellos. Con castigar a Potifar o a la esposa de Potifar no hubiera logrado nada; y ningún castigo debe haber sido más aterrador para esa pareja que saber que su ex esclavo ahora era el mayor poder en Egipto después del faraón. Dios fue la vindicación de José.

El que un hombre sueñe con ejercer perfecta justicia, obtener vindicación en todo y enderezar el historial en todos los puntos es tomar un papel de vengador que le corresponde solo a Dios. Quiere decir se ha unido a las fuerzas del mal. Aunque tal presunción vaya disfrazada del nombre del Señor, incluye blasfemia. «Igualmente el que maldijere a su padre o a su madre, morirá» (Éx 21:17).

6. El nombre de Dios

En julio de 1968, en Westminster, Maryland, se halló culpable a un hombre de «de profanidad al tomar el nombre del Señor en vano en un lugar público». El hombre en cuestión fue arrestado por pelear en la calle Main y oponerse al arresto. La razón por la que se le condenó fue reveladora. La erosión continua de la ley bajo las interpretaciones de la Corte Suprema hacía más difícil que se le condenara por las acusaciones acostumbradas. El magistrado Charles J. Simpson usó la antigua ley de 1723, porque «a veces una ley oscura como esta es la única manera que tenemos de resolver algunos de estos problemas»[1].

El dilema del juez no sorprende. Bajo la influencia de la nueva doctrina de la igualdad, el delito se ha estado poniendo a nivel del bien, e incluso se le ha dado una ventaja. Walt Whitman, considerado por muchos como el más grande poeta de los Estados Unidos de América, afirmó sin tapujos este principio igualitario: «Lo que se llama bien es perfecto y lo que se llama mal es igual de perfecto»[2]. Cuando se iguala el bien y el mal, la erosión de la ley es ineludible e inevitable.

Pero no basta negar la igualdad. La ley fundamentada solo en la igualdad afirma la supremacía tiránica de un grupo élite de hombres. La verdadera ley debe descansar en el único Dios verdadero y absoluto. Como absoluto Señor y Juez, Dios es el supremo árbitro de todas las cosas, y, como determinante del destino de los hombres, su palabra y temor son obligatorios en la vida de los creyentes. De aquí, que la declaración jurada del verdadero creyente siempre ha sido básica en todas las reglas de evidencia. Un principio de derecho canónico que ha sido influyente en las cortes civiles, es este:

> Un juramento, tomado en el sentido de prueba judicial, aunque preservando su propio carácter individual como invocación del Nombre Divino en testimonio o garantía de la verdad en una aseveración particular, es el medio más poderoso y efectivo de obtener prueba y de llegar a la verdad de los hechos de un caso y es necesario antes de que un juez pueda dictar sentencia[3].

Esta misma autoridad define blasfemia en estos términos:

> Esta transgresión puede tomar la forma de blasfemia herética, o sea, en la cual la existencia de Dios o sus atributos se impugnan o niegan; o de simple blasfemia o imprecación, o sea, en la que se denigra o profana el nombre de Dios o de los santos[4].

Ambos aspectos de esta definición se han considerado ya. Es importante ahora tratar más específicamente del *nombre* de Dios: «No tomarás el nombre de Jehová tu Dios en vano; porque no dará por inocente Jehová al que tomare su nombre en vano».

1　«In Jail for Blasphemy; But Lucky?» [«En la cárcel por blasfemia; pero ¿con suerte?»], Los Angeles *Herald Examiner* (jueves, 18 julio 1968), p. A-14.

2　Citado por William James, en F. O. Matthiesen, *The James Family, A Group Biography* (Knopf, Nueva York, [1947], 1961), p. 496.

3　Fernando Della Rocca, *Manual of Canon Law,* trad. por el Rev. Anselm Thatcher, O.S.B. (Bruce, Milwaukee, 1969), p. 396s.

4　*Ibid.,* p. 586.

Los nombres en las Escrituras son reveladores del carácter y naturaleza de la persona nombrada. El nombre de un hombre cambiaba cuando su carácter cambiaba. Como Meredith escribió:

El *tercer mandamiento* tiene que ver con el *nombre* de Dios, su *oficio*, su *posición* como el gran GOBERNANTE soberano del universo…

En la Biblia, los nombres personales tienen un *significado*.

Todo nombre o título de Dios revela algún atributo del *carácter* divino. Al estudiar la palabra de Dios, aprendemos nuevas cosas en cuanto a la *naturaleza* y *carácter* de Dios con cada nombre por el cual se revela. En otras palabras, ¡Dios *se nombra lo que Él es!*

Si los hombres usan el *nombre* de Dios de una manera que niega el verdadero *significado* y *carácter* de Dios, están QUEBRANTANDO el tercer mandamiento[5].

No solo el significado del Antiguo Testamento, sino también del Nuevo Testamento, el *nombre* respalda el punto de Meredith. Así pues, en el Nuevo Testamento griego,

Por un uso principalmente hebraico, el *nombre* se usaba para todo lo que el nombre cubre, todo pensamiento o sentimiento que se despierta en la mente al mencionar, oír, recordar, el nombre, o sea, *el rango, autoridad, intereses, placer, mandato, excelencias, obras, etc.,* de uno[6].

Es más, como Meredith anotó:

La palabra hebrea que aquí se traduce «inocente» quizá se podría traducir mejor como «limpio»: «no dará por *limpio* Jehová al que tomare su nombre en vano». *¡La prueba de la limpieza espiritual es la actitud del hombre ante el NOMBRE de Dios!* Un hombre es limpio o inmundo según cómo usa el nombre de Dios *en verdad…* o por *vanidad*[7].

Esta definición del tercer mandamiento la destacó con claridad el divino puritano, Tomás Watson, en *The Ten Commandments (Los Diez Mandamientos)*, continuación de su estudio *A Body of Divinity (Un cuerpo de doctrina)*. El Catecismo Mayor de la Asamblea de Westminster también destacó esto con claridad:

---

5   Roderick C. Meredith, *The Ten Commandments* (Ambassador College, Pasadena, Calif., 1960), p. 19.

6   Joseph Henry Thayer, *A Greek-English Lexicon of the New Testament* (Harper & Brothers, Nueva York, 1889), p. 447.

7   Meredith, *op. cit.,* p. 19 f.

P. 112. ¿Qué exige el tercer mandamiento?

R. El tercer mandamiento exige que el nombre de Dios (sus títulos, atributos, ordenanzas, la palabra, los sacramentos, la oración, los juramentos, los votos, suertes, sus obras, y cualquiera otra cosa por lo cual él se da a conocer) sea santa y reverentemente usado en pensamiento, meditación, palabra, y por escrito por una profesión santa, una conversación intachable, para la gloria de Dios, y para el bien nuestro y de otros.

P. 113. ¿Que pecados prohíbe el tercer mandamiento?

R. Los pecados prohibidos en el tercer mandamiento son: no usar el nombre de Dios como es debido, y ultrajarlo con una ignorante, vana, irreverente, profana, supersticiosa o malvada mención, o usar sus títulos, atributos, ordenanzas u obras en blasfemia, perjurio; toda imprecación pecaminosa, juramentos, votos y suertes; violar nuestros juramentos y votos, si son lícitos; o cumplirlos si son ilícitos; murmuración o polémicas contra los decretos de Dios, inquisitivas indagaciones sobre ellos, o la aplicación falsa de los decretos y actos providenciales de Dios; mala interpretación, aplicación o perversión de la palabra, o alguna parte de ella, en bromas profanas, cuestiones extrañas o inútiles, charlas vanas, o sostener falsas doctrinas; ultrajar el nombre de Dios, las criaturas o alguna cosa que está bajo el nombre de Dios en encantamientos, prácticas y lascivias; difamación, desprecio, injuria u oposición grave a la verdad, gracia y maneras de Dios; hacer profesión de religión con hipocresía o por fines siniestros; avergonzarse de ella o causarle vergüenza con un andar incongruente, poco juicioso, infructuoso u ofensivo, o apartarse de ella.

Es evidente entonces que la blasfemia es hoy más común que el buen uso del nombre de Dios. El Dr. Willis Elliot de la Iglesia Unida de Cristo ha dicho: «Considero demoníaco la adherencia a la infalibilidad de las Escrituras»[8]. B. D. Olsen, que aduce adherirse a la infalibilidad de las Escrituras, dice que es «visión»[9]. Ambas aseveraciones son a blasfemias. Para citar a Meredith de nuevo,

Dios declara por medio de Isaías: «Oíd esto, casa de Jacob, que os llamáis del nombre de Israel, los que salieron de las aguas de Judá, los que juran en el nombre de Jehová, y hacen memoria del Dios de Israel, mas no en verdad ni en justicia» (Is 48:1). Las personas a quienes se aplica esta profecía usan el *nombre* de Dios, pero no obedecen la *revelación de Dios* que contiene su nombre[10].

---

8   «COCU "Unifying"» [«COCU "Unificador"»], en *The Presbyterian Journal*, vol. XXVI, no. 9 (28 junio 1967), p. 9.

9   B. D. Olsen, *Divers Seeds and the Kingdom* (The Triumph of God Publishing Co, Richmond, Calif., *c.* 1967).

10   Meredith, *op. cit.*, p. 19.

Muchos *títulos* de Dios aparecen en las Escrituras, y son reveladores de aspectos de su naturaleza. Su nombre, sin embargo, aparece como Jehová o Yahvé (no se sabe la verdadera construcción de las vocales), y quiere decir El Que Es, el autoexistente, Yo soy el que soy. Esta es la revelación de Dios contenida en su nombre.

Dios es, por lo tanto, el principio de definición, de ley y de todo. Es la premisa de todo pensamiento, y la presuposición necesaria para toda esfera de pensamiento. Es blasfemia, por consiguiente, intentar «demostrar» a Dios; Dios es la presuposición necesaria de toda prueba. Por lo tanto, basar cualquier esfera de pensamiento, vida o acción, o cualquier esfera de ser, en cualquier otra cosa que no sea el Dios trino es blasfemia. La educación sin Dios como su premisa, la ley que no presupone a Dios y se apoya en su ley, un orden civil que no deriva toda su autoridad de Dios, o una familia cuyo cimiento no es la palabra de Dios, es blasfema.

IV

EL CUARTO MANDAMIENTO

1. La señal de libertad

El cuarto mandamiento, la ley del sabbat, es importante en términos de su significación profética, tanto como de su estatus legal. Kline, al hablar sobre la formulación deuteronómica de la ley, dice:

> La más significativa de las variaciones de la forma del Decálogo según se presenta en Éxodo 20:2-17 es la nueva formulación de la cuarta palabra. El ciclo sabático de la vida del pacto simboliza el principio de consumación característico de la acción divina. Dios obra, realiza su propósito y, regocijándose, reposa. Éxodo 20:11 se refiere a la exhibición del patrón de consumación en la creación como el modelo original del sabbat; Deuteronomio 5:15 se refiere a su manifestación en la redención, en donde el triunfo divino es tal como para llevar también a su reposo a los elegidos de Dios. De lo más apropiado, por consiguiente, se designó al sabbat como una señal del pacto de Dios con el pueblo que redimió de la esclavitud de Egipto para que heredaran el descanso de Canaán (cf. Éx 31:13-17). Siguiendo la interpretación deuteronómica del sabbat en términos del progreso del propósito redentor de Dios se halla la orientación del Nuevo Testamento del sabbat al triunfo de la resurrección del Salvador por el cual sus redimidos obtienen con él descanso eterno[1].

El patrón del sabbat es el descanso de la creación de Dios; el objetivo del sabbat es el descanso de redención del hombre.

No hay historial o evidencia del sabbat antes de Éxodo. La palabra «acuérdate» en el mandamiento se remonta hasta la creación y no rememora una observación pasada sino que ordena al pueblo que recuerden el sabbat de ahí en adelante. Un día semanal de descanso es algo desconocido en otras culturas. Solo donde la fe y cultura bíblica lo han llevado, existe hasta hoy. En algunas culturas del mundo antiguo, un día ocasional de descanso marcaba la celebración del nacimiento del rey divino-humano. Pero el concepto bíblico de un descanso de redención como objetivo de la historia, o sea, un orden perfecto en el cual el trabajo es totalmente

---

1   Kline, *Treaty of the Great King*, p. 63s.

bendecido, y el orden es por entero hechura de Dios, es desconocido fuera de la fe bíblica. Dios, hablando por Isaías, declaró: «Pero los impíos son como el mar en tempestad, que no puede estarse quieto, y sus aguas arrojan cieno y lodo. No hay paz, dijo mi Dios, para los impíos» (Is 57:20, 21). El mundo de los no regenerados está en búsqueda perpetua del sabbat, del glorioso descanso de creación, pero su contraproducente búsqueda lleva solo a mayores problemas: arroja «cieno y lodo».

El sabbat no es una limitación de la libertad del hombre, sino más bien la liberación del hombre[2].

El sabbat afirma el principio de libertad bajo Dios, de libertad bajo la ley, la ley de Dios. Llama al hombre a obedecer la ordenanza del reposo a fin de libertarlo de sí mismo y de este trabajo. La esencia de la ideología humanística es la creencia de la capacidad plenaria del hombre. El hombre es capaz, se aduce, de salvarse a sí mismo, de guiar su propia evolución y la de la sociedad, de controlarse a sí mismo, su mundo, el clima y todo lo demás. Cuando el hombre controla y reordena todas las cosas, entonces el hombre habrá recreado al mundo en un paraíso. Sea marxista, fabiana o democrática, este es el sueño de la filosofía humanística.

Es también la seguridad de la *proletarización del hombre*. Como Pieper notó, «el proletario es el hombre que está encadenado al proceso del trabajo»[3]. Los líderes de la rebelión proletaria sueñan con libertar del trabajo al hombre. Para ellos, esto significa también libertar de Dios al hombre. Según Stalin,

Si Dios existe, debe haber ordenado la esclavitud, el feudalismo y el capitalismo. Debe querer que la humanidad sufra, como los monjes siempre me lo decían. Entonces las masas trabajadoras no tendrían esperanza de librarse de sus opresores. Pero cuando aprendí que no hay Dios, supe que la humanidad puede abrirse camino a la libertad[4].

Si no hay Dios, opinaba Stalin, no hay providencia divina, y el hombre debe esforzarse por llegar a ser su propia providencia. El gobierno total de Dios tendría que ser reemplazado por el gobierno total del hombre. Esto quiere decir tremendo esfuerzo y sacrificio. El resultado final sería el hombre liberado e ideal.

Cada hombre, predijo Stalin, se desarrollaría bajo el socialismo al punto en que él y todos sus semejantes superarían a los gigantes del pasado presocialista,

2 Para un estudio de «The Sabbath, Satanism, and the Proletarian Revolution» [«El sabat, satanismo y la revolución proletaria»], ver R. J. Rushdoony, *The Politics of Guilt and Pity, Studies in Political Justification* (The Craig Press, Nutley, N. J., 1970), sec. I, cap. 7.
3 Josef Pieper, *Leisure, The Basis of Culture* (Mentor-Omega, Nueva York, [1952] 1963), p. 50.
4 Stalin, en *Finskii Vestnik* (17 diciembre 1928), p. 11; citado por by Francis B. Randall, *Stalin's Russia* (The Free Press, Nueva York, 1965), p. 65.

tales como Miguel Ángel o Goethe. Sin embargo nada suena menos a Miguel Ángel o Goethe que estos indicios de Stalin acerca de la condición ideal futura del hombre. Los hombres del futuro fueron en verdad lo que Stalin se propuso asemejar al Nuevo Hombre Soviético de su día: obreros y otros héroes estajanovistas que trabajaban duro, totalmente consagrados, totalmente desprendidos, totalmente modestos y totalmente sumisos. El mundo iba a ser transformado en lo que la ideología comunista del día de Stalin decía que debería ser. Y eso era esencialmente la Rusia de Stalin, más evidente, esparcida por todo el mundo, próspera al fin y libre de todos excepto de los que obedecían voluntaria y perfectamente las leyes perfectas del comunismo[5].

Stalin, en el curso de su búsqueda del verdadero sabbat, del verdadero reposo del hombre, hizo dos cosas: *primero,* esclavizó a más hombres que cualquier otro tirano en toda la historia; y, *segundo,* hizo matar a más hombres que cualquier otro hombre en toda la historia. Los esfuerzos del hombre por entrar al cielo en sus propios términos lo colocan más bien en el infierno.

Ahora, para examinar de manera más específica las leyes del sabbat, es de inmediato evidente que, en tanto que el principio del sabbat sigue siendo básico a la ley bíblica, la forma específica de la observancia del sabbat cambió radicalmente en términos del nuevo pacto en Cristo.

Primero, el sabbat en la ley del Antiguo Testamento no era primordialmente un día de *adoración* sino un día de descanso. El patrón de la adoración semanal no existía en la ley del Antiguo Testamento. La sinagoga lo introdujo en el periodo intertestamentario, y el Nuevo Testamento claramente lo practicó y lo promovió (He 10:25). En el Antiguo Testamento la adoración se centraba en la familia, y estaba entretejida en la trama de la vida diaria. Todavía debería ser integral así en la vida común del hombre, pero ahora hay también el deber de la adoración colectiva. Esta *adoración* colectiva no puede, sin embargo, confundirse ni igualarse con *reposo,* aunque las dos cosas están estrechamente asociadas. El *descanso* tiene referencia aquí a la realidad soteriológica, al hecho de la redención, liberación y totalidad de la vida. *Reposo* aquí significa confianza en la obra de Dios, cesar de nuestras labores en expresión simbólica de nuestra confianza total en los logros de Dios. El maná en el desierto establecía el descanso de Dios, y la orden de observar el sabbat con confianza en la suficiencia del maná reforzaba este hecho de la provisión de Dios. Cuando un Dios así obra, el hombre puede y debe descansar (Éx 16:14-36).

Segundo, varias leyes obligaban al *reposo* en el sabbat. No era *adoración* lo que las leyes exigían, sino *reposo.* La ley general era que no se debía hacer ningún trabajo en el sabbat (Éx 34:21; Dt 5:12-15; Éx 20:8-11; Lv 23:3; Jer 17:22). Se debían

---

5   Randall, p. 94. Para Stalin sobre el hombre futuro, *Finskii Vestnik* (17 diciembre 1928), p. 41. Marx y Trotsky también sostenían la misma opinión.

cerrar las puertas (Neh 13:19). «Estése, pues, cada uno en su lugar, y nadie salga de él en el séptimo día» (Éx 16:29). No había que cargar a los asnos (Neh 13:15), ni llevar cargas (Jer 17:21, 22), ni encender fuego (Éx 35:3), ni recoger gavillas (Neh 13:15), ni recoger leña (Nm 15:32-35), ni llevar mercancía o comestibles (Neh 10:31) ni vender (Neh 13:15), ni pisar uvas en el lagar (Neh 13:15). Sin embargo, se podía salvar una vida en el sabbat (Mr 3:4; Lc 6:9), puesto que la redención es la esencia del sabbat. Esto puede significar sanar al enfermo (Mt 12:10-13; Mr 3:1-5; Lc 14:3,4; 6:8-10; 13.14-16; Jn 7:23), ni rescatar a un animal que ha caído en una zanja (Mt 12:11; Lc 14:5). Puesto que aliviar el hambre es parte de la redención, es propio que el que tiene hambre «arranque espigas y coma» en el sabbat (Mt 12:1-8; Mr 2:23-28; Lc 6:1-5), y lo mismo es verdad en cuanto a la sed, de manera que al animal sediente se le puede llevar al agua en cumplimiento del sabbat (Lc 13:15). Puesto que la redención significa derrotar a los enemigos de Dios, los macabeos llegaron a la conclusión lógica de que estaba en conformidad con el sabbat oponerse a los ataques del enemigo (1 Mac 2:41)[6]. Estas leyes dejan en claro que la esencia del sabbat es el reposo por la victoria de la redención. El Magnificat de María, debido a que celebra la redención por medio del Mesías, es en esencia un canto del sabbat, y con propiedad forma parte de la adoración en el sabbat:

Engrandece mi alma al Señor;
Y mi espíritu se regocija en Dios mi Salvador.
Porque ha mirado la bajeza de su sierva;
Pues he aquí, desde ahora me dirán bienaventurada todas las generaciones.
Porque me ha hecho grandes cosas el Poderoso;
Santo es su nombre,
Y su misericordia es de generación en generación
A los que le temen.
Hizo proezas con su brazo;
Esparció a los soberbios en el pensamiento de sus corazones.
Quitó de los tronos a los poderosos,
Y exaltó a los humildes.
A los hambrientos colmó de bienes,
Y a los ricos envió vacíos.
Socorrió a Israel su siervo,
Acordándose de la misericordia
De la cual habló a nuestros padres,
Para con Abraham y su descendencia para siempre (Lc 1:46-55).

Tercero, no hay ni rastro de mantenimiento de las penas del sabbat en la iglesia después de la Resurrección. Debido a que los primeros discípulos y miembros eran

---

6   Clark, *Biblical Law,* p. 210s.

judíos, continuaron por un tiempo observando el sabbat del Antiguo Testamento (Hch 13:14-26; 16:11-13; 17:2, 3; 18:1, 11). Pero el día cristiano de adoración fue el primer día de la semana, el día de la resurrección tanto como de Pentecostés (Mt 28:1; Mr 16:1, 2, 9; Lc 24:1; Jn 20:1-19; Hch 20:6-8; 1 Co 16:1, 2). Muchos clérigos reformados parecen dar por sentado que la única ley de las Escrituras es la observancia del sabbat. Claro, esto no se deriva de Calvino, quien sostenía, en su «Catecismo de las Iglesias de Ginebra», que

M. ¿Nos ordena él trabajar seis días, para que podamos descansar en el séptimo?

S. Absolutamente no; pero al permitir al hombre seis días para trabajar, exceptúa el séptimo, para que se pueda dedicar al reposo.

M. ¿Nos prohíbe todo tipo de trabajo?

S. Este mandamiento tiene una razón separada y peculiar. Como la observancia del reposo es parte de las antiguas ceremonias, quedó abolido con el advenimiento de Cristo.

M. ¿Quieres decir que este mandamiento propiamente se refiere a los judíos, y que fue, por consiguiente, temporal?

S. Así es, porque es ceremonial.

M. ¿Qué, entonces? ¿Hay algo más aparte de la ceremonia?

S. Fue dado por otras razones.

M. Dímelas.

S. Como figura del reposo espiritual, para la preservación de los procedimientos eclesiásticos y para alivio de los esclavos.

M. ¿Qué quieres decir con reposo espiritual?

S. Cuando observamos un día feriado, sin trabajar, para que Dios pueda realizar su obra en nosotros.

M. ¿Cuál, además, es el método de guardar el día feriado?

S. Crucificar nuestra carne; es decir, renunciar a nuestras inclinaciones para que nos pueda gobernar el Espíritu de Dios.

M. ¿Es suficiente hacerlo en el séptimo día?

S. No, continuamente. Después de haberlo empezado una vez, debemos continuar durante toda la vida.

M. ¿Por qué, entonces, se designa cierto día como figura?

S. No hay necesidad de que la realidad concuerde con la figura en todo respeto, siempre y cuando sea apropiado según lo exige el propósito de la figura.

M. Pero, ¿por qué se prescribe el séptimo día en vez de cualquier otro día?

S. En las Escrituras el número siete implica perfección. Es, por consiguiente, apto para denotar perpetuidad. Indica, al mismo tiempo, que este reposo espiritual apenas empieza en esta vida, y no estará perfecto sino cuando salgamos de este mundo.

M. Pero, ¿qué quiere decir cuando el Señor nos exhorta a reposar según su ejemplo?

S. Habiendo terminado la creación del mundo en seis días, el Señor dedicó el séptimo a la contemplación de sus obras. Para estimularnos más a esto, puso ante nosotros su propio ejemplo. Porque nada es más deseable que ser formados a su imagen.

M. Pero, ¿debe la meditación en las obras de Dios ser continúa, o es suficiente que se dedique a eso un día de cada siete?

S. Nos conviene ejercitarnos diariamente en esto, pero debido a nuestra debilidad, se designa de manera especial un día. Y este es el procedimiento que mencioné.

M. ¿Qué orden, entonces, se debe observar en ese día?

S. Que las personas se reúnan para oír la doctrina de Cristo, para dedicarse a la oración pública, y para hacer profesión de su fe.

M. Ahora, explícame lo que quieres decir al decir que el Señor propuso que su mandamiento provea también el alivio de los esclavos.

S. Que también se dé algo de relajación a los que están bajo el poder de otros. No, esto, también, tiende a mantener un procedimiento común. Porque cuando se dedica un día al reposo, todos se acostumbran a trabajar durante los demás días.

M. Veamos ahora hasta qué punto este mandamiento se refiere a nosotros.

S. Respecto a la ceremonia, sostengo que fue abolida, porque la realidad existió en Cristo (Col 2:17).

M. ¿Cómo?

S. Porque, en virtud de su muerte, nuestro viejo hombre es crucificado, y somos resucitados a una vida nueva (Ro 6:6).

M. ¿Qué del mandamiento, entonces, queda para nosotros?

S. No descuidar las santas ordenanzas que contribuyen al régimen espiritual de la iglesia; sobre todo al frecuentar las asambleas sagradas, oír la palabra de Dios, celebrar los sacramentos y participar en las oraciones regulares, como se ordena.

M. Pero, ¿no nos dan nada más la figura?

S. Claro que sí. Debemos prestar atención a lo que eso significa; es decir, que al ser injertados en el cuerpo de Cristo, y hechos sus miembros, cesamos de nuestras propias obras, y así nos entregamos al gobierno de Dios[7].

San Pablo fue enfático al decir que las regulaciones del sabbat ya no tenían su antigua fuerza obligatoria: «Nadie os juzgue en comida o en bebida, o en cuanto a días de fiesta, luna nueva o días de reposo, todo lo cual es sombra de lo que ha

---

7   John Calvin, *Tracts and Treatises* (Eerdmans, Grand Rapids, 1958), II, 61-63.

de venir; pero el cuerpo es de Cristo» (Col 2:16, 17). Nadie va a decir que la antigua pena de muerte por las violaciones del sabbat sea todavía obligatoria, o que lo haya sido desde Cristo. Todo el Nuevo Testamento prohíbe tal interpretación. Pero, con igual claridad, toda ley que en un tiempo resultaba en pena de muerte por violación debe incluir un principio tan básico para el hombre y la naturaleza que sea obvio que tenga un núcleo central firme que permanece en algún sentido obligatorio en toda edad. (En otro capítulo, se considerará esto).

Cuarto, no solo que se alteró el estatus legal del sabbat, sino que el día de reposo ha sido cambiado del sabbat hebreo al día cristiano de resurrección. La ley deuteronómica (Dt 5:12-15) dejaba en claro que el sabbat hebreo celebraba la liberación de Egipto: «Acuérdate que fuiste siervo en tierra de Egipto, y que Jehová tu Dios te sacó de allá con mano fuerte y brazo extendido; por lo cual Jehová tu Dios te ha mandado que guardes el día de reposo» (Dt 5:15). La redención hebrea se celebraba en el sabbat; el sabbat cristiano conmemora el triunfo de Cristo sobre el pecado y la muerte, y de aquí que se celebra en el día de resurrección, el primer día de la semana. Rechazar este día es rechazar la redención de Cristo y buscar salvación por otra manera inadmisible.

Quinto, el sabbat hebreo y el sábado moderno no es lo mismo. Como Curtis Clair Ewing ha mostrado claramente, el calendario de Israel no permite tal identificación. El calendario de Israel en Sinaí era un calendario solar, y no se debe confundir con el calendario moderno judío solar-lunar del año 359 d. C. Ewing ha llamado la atención a una desdichada traducción a veces de «luna» por «meses», produciendo así algo de confusión. En las Escrituras se hablan de tres sabbats: el sabbat de la creación; el sabbat hebreo, que conmemoraba la liberación de Egipto; y el sabbat cristiano, que «se observa en conmemoración de la resurrección concluida de Cristo y es el único sabbat que permanece»[8]. Como Ewing destaca, el cuarto mandamiento ordena la recordación, porque rememora el sabbat de la creación, el reposo de Dios, como patrón del reposo del pacto:

Acuérdate del día de reposo para santificarlo. Seis días trabajarás, y harás toda tu obra; mas el séptimo día es reposo para Jehová tu Dios; no hagas en él obra alguna, tú, ni tu hijo, ni tu hija, ni tu siervo, ni tu criada, ni tu bestia, ni tu extranjero que está dentro de tus puertas. Porque en seis días hizo Jehová los cielos y la tierra, el mar, y todas las cosas que en ellos hay, y reposó en el séptimo día; por tanto, Jehová bendijo el día de reposo y lo santificó (Éx 20:8-11).

En Deuteronomio no se les ordena *acordarse,* puesto que no tiene en la vista el patrón del sabbat de la creación, sino que se les ordena *guardar* el sabbat, en conmemoración de la liberación de Israel de Egipto:

---

8 Curtis Clair Ewing, *Israel's Calendar and the True Sabbath* (The National Message Ministry, Los Angeles, n.f.), p. 9.

Guardarás el día de reposo para santificarlo, como Jehová tu Dios te ha mandado. Seis días trabajarás, y harás toda tu obra; mas el séptimo día es reposo a Jehová tu Dios; ninguna obra harás tú, ni tu hijo, ni tu hija, ni tu siervo, ni tu sierva, ni tu buey, ni tu asno, ni ningún animal tuyo, ni el extranjero que está dentro de tus puertas, para que descanse tu siervo y tu sierva como tú. Acuérdate que fuiste siervo en tierra de Egipto, y que Jehová tu Dios te sacó de allá con mano fuerte y brazo extendido; por lo cual Jehová tu Dios te ha mandado que guardes el día de reposo (Dt 5:12-15).

Debido a la liberación de Egipto, Israel debe «por consiguiente» guardar el sabbat. El alcance del reposo requerido se define más específicamente en Deuteronomio.

El calendario hebreo empezó su fechado desde la liberación de Egipto. Como Ewing destaca, los hebreos retuvieron el calendario egipcio de doce meses de 30 días, pero, en lugar de añadir cinco días suplementarios al final del año, añadían tres al final del sexto mes, y dos al final del decimosegundo mes. El día 15 de abib, el primer mes, tenía que ser un sabbat todos los años, lo que quería decir que el primero y 8 de abib eran sabbat fijos, así como también los siete sabbats que siguen al 15 de abib (Lv 23 6, 7, 11, 15-16). El día quincuagésimo entonces sería Pentecostés:

Ahora siendo el sabbat del 15 de abib fijo por fecha, se sigue que los siete sabbat sucesivos también deben haber caído en fechas fijas y sería como sigue: 22, 29 de abib; 6, 13, 20, 27 de iyar, y 4 de siván. Por ninguna posibilidad puede haber siete sabbats completos desde el 15 de abib hasta el 4 de siván, a menos que esos sabbat cayeran en fechas fijas del mes todos los años[9].

Puesto que la *fecha del mes* era constante, el *día de la semana* era variable. «Esto quiere decir que una vez en siete años cada uno de ellos caería en un día particular de la semana, tal como tu cumpleaños cae en un día diferente de la semana todos los años»[10]. Para citar más a Ewing:

Pero eso no es todo. Según Éxodo 12:3, 5, 6 y 24 y Levítico 23:15, el 10, el 14 y el 16 de abib nunca podían ser sabbats, porque eran días de trabajo por mandamiento específico: trabajo real como limpiar la casa, matar ganado y cosechar campos. Sabemos que estas fechas caían en sábado una vez cada siete años y si el sábado fuera el sabbat, habría un conflicto de mandamientos. Habría tres fechas en las cuales a Israel se le ordena trabajar que caen cada siete años en días en los cuales a Israel se le ordena no trabajar. Sabemos que esto nunca sucedió, porque Dios no es autor de confusión.

---

9   *Ibid., p.* 14.
10   *Ibid.,* p. 15.

Hemos ahora mostrado por las Escrituras, y el calendario que se revela allí, que los sabbats de Israel eran fijos para caer en las mismas fechas del mes todos los años. Cuando estos quince sabbats regulares caían en la misma fecha todos los años y los tres días en que se ordenaba trabajar caían en las mismas fechas cada año, *es imposible que el sábado haya sido el sabbat*.

Si el año tiene 365 días, y dividimos los 365 por 7, tenemos 52 semanas y sobra un día. La pregunta entonces es, ¿adónde iba el día extra? Eso fue absorbido por el sabbat de 48 horas en el 4 y 5 de siván según muestra Levítico 23:15, 16 y 21. Esto cambiaba el día de la semana en el que se celebraba el sabbat cada año, pero también mantenía los sabbats fijos en el mismo día del mes y el ciclo de siete días...

No hay nada en la Biblia que determine la duración de un sabbat. Las Escrituras usan la misma palabra para describir: (1) un reposo de un día (Éx 20:8-11; Dt 5:12-15), (2) un descanso de dos días (Lv 23: 15, 16, 21), (3) un descanso de un año (Lv 25:4, 8), (4) un descanso de dos años (Lv 25:8-12). (5) un descanso de setenta años (2 Cr 36:21).

El significado de la palabra «sabbat» es *cesación* o *reposo*. Uno no puede descansar dos veces a menos que haya trabajado entre esos descansos. Este sabbat de 48 horas no eran dos descansos o dos sabbats sino una prolongación de un reposo o sabbat que duraba dos días. Como ilustración, nótese que el reposo de la tierra durante la totalidad de cada año 49 y 50 no eran dos reposos de la tierra, sino un descanso de la tierra durante dos años completos, y de aquí un sabbat que duraba dos años una vez cada cincuenta años. Igualmente, cuando Dios requirió «el séptimo sabbat» y «el día siguiente del séptimo sabbat» que sean ambos un sabbat, fue un sabbat de 48 horas porque no había trabajo entre ellos.

De igual manera, por *ley de necesidad,* sabemos que 3 días de los 5 días adicionales al fin del año se añadían al fin del mes de elul, porque hemos demostrado que el 1º de tisri tenía que ser un sabbat todos los años. El último sabbat de elul era el 27 del mes, dejando así 3 días más en el mes; pero, para tener seis días de trabajo antes de otro sabbat, tres días había que añadir. De la misma manera sabemos que los 2 días restantes de los 5 días suplementarios se añadían al fin de adar. Hemos demostrado que el 1º de abib todos los años era un sabbat; pero el último sabbat de adar era el 26, lo que dejaba 4 días de los 30. Así, a fin de tener 6 días de trabajo antes del próximo sabbat, debemos insertar aquí 2 días extras de trabajo[11].

El documentado estudio de Ewing, citado aquí en su bosquejo básico, claramente establece que el esfuerzo de tener los sábados como verdaderos sabbats,

---

11   *Ibid.,* p. 15s.

aparte de no ser cristiano, no es bíblico en su variación radical del sabbat de Israel.

Sexto, el sabbat, como hemos visto, es el día de descanso, redención y liberación. La gran proclamación del sabbat de jubileo es «pregonaréis libertad en la tierra a todos sus moradores» (Lv 25:10). Pero la seguridad y «reposo» de la esclavitud podría constituir un seudo reposo.

La esclavitud puede ser involuntaria como castigo. Al ladrón que no hacía restitución se le vendía como esclavo (Éx 22:3). A un hombre se le podía vender por deuda (Dt 15:12). Como Clark anotó: «La servidumbre cesaba cuando se había desempeñado trabajo equivalente a la cantidad que se hubiera requerido para hacer restitución, y se piensa que había sido limitada a seis años»[12].

Un hombre podía renunciar a su libertad y hacerse esclavo. Luego quedaba libre en el año sabático. Si prefería la seguridad de la esclavitud, se le perforaba la oreja, para indicar que ahora era como una mujer, permanentemente en sujeción, y seguía siendo esclavo (Éx 21:5-7). Puesto que los no creyentes son por naturaleza esclavos, se les podía tener como esclavos toda la vida sin esta formalidad (Lv 25:44-45). El amo podía azotar al esclavo (Éx 21:20; Dt 23:15), pero si lo mutilaba por maltrato abusivo, el esclavo, doméstico o extranjero, quedaba libre (Éx 21:26-27; Lv 24:17). Se les debía circuncidar (Éx 12:44; Gn 17:12), y podían comer cosas santas (Lv 22:10ss; Éx 12:44). El esclavo tenía ciertos derechos y posición en el hogar (Gn 24:2); podía tener parte en la herencia (Pr 17:2). Tenía el derecho de descansar en el sabbat, como el cuarto mandamiento lo dice con claridad.

Puesto que el esclavo era, excepto cuando tenía que ver con deuda o robo, un esclavo por naturaleza y por decisión, el esclavo fugitivo quedaba libre, y estaba prohibida la devolución de tales fugitivos (Dt 23:15, 16).

Los cristianos no pueden hacerse esclavos voluntariamente; no deben convertirse en esclavos de los hombres (1 Co 7:23), ni estar «otra vez sujetos al yugo de esclavitud» (Gá 5:1). La seudoseguridad de la esclavitud, el socialismo y la beneficencia estatal le está prohibida al cristiano. El sabbat cristiano no es la esclavitud del socialismo.

2. El sabbat y la vida

Las penas de muerte asignadas a la violación del sabbat en la era del Antiguo Testamento conllevan dos presuposiciones muy obvias. *Primero,* la ley del sabbat incluye un principio tan importante y básico que la violación del mismo es delito capital. *Segundo,* la ley conlleva también el hecho de que la violación de las leyes del sabbat incluye una clase de muerte en sí misma y por sí misma, o sea, la violación produce muerte. Los profetas claramente indicaron esta presuposición. La obediencia, por implicación, significa vida.

---

12   Clark, *Biblical Law,* p. 268.

Nuestra familiaridad con un asunto a veces equivale a ignorancia, porque no lo examinamos. Nos acostumbramos también a embutir los hechos en un marco de trabajo familiar para nosotros. Por esto, generaciones de maestros han citado, como ejemplo de humildad, la afirmación a un general romano en la marcha triunfal: «Recuerda que eres hombre». Pero la realidad fue muy diferente:

El triunfador era algo más bien diferente incluso del funcionario más alto del estado. En el triunfo al general romano se le otorgaba la insignia más alta que la antigua Roma poseía, los atributos del dios principal del estado, Júpiter. Es cierto que el esclavo que sostenía la corona de oro sobre la cabeza del general triunfante mientras éste conducía en su carruaje tirado por cuatro caballos blancos tenía que repetirle: «Recuerda que eres hombre», pero eso solo significaba que en el momento de su triunfo al general se le consideraba como equivalente del dios principal del estado[1].

Para nosotros, estas palabras quieren decir: Recuerda, que eres humano, mortal; para los romanos querían decir: Recuerda que tú eres un dios. Así que, para entender algo, es importante saber el contexto.

Jesús dijo: « El sábado se hizo para el hombre, y no el hombre para el sábado» (Mr 2:27-28, NVI). El sabbat fue hecho para el hombre verdadero y perfecto, Jesucristo, que es por consiguiente Señor del sabbat; fue hecho, por consiguiente, también para los redimidos de Cristo, para el hombre del pacto, y como principio de vida y regeneración para él.

Para entender el significado de esto, tal vez sea necesario hacer dos cosas. *Primero,* recordar que el principal propósito del sabbat no es adoración sino descanso. Solo cuando la adoración significa reposo y es refrescante para el hombre, como lo hace la verdadera adoración, es un aspecto necesario del descanso del sabbat. Pero la esencia del sabbat es descanso. *Segundo,* vemos el sabbat en términos del hombre *exclusivamente* antes que del hombre *centralmente,* y como resultado, nos perdemos su significado. Al enfocar el sabbat desde el punto de vista de la tierra, podemos entender mejor su significado.

El mandamiento deja en claro que el día sabbat de descanso es para el hombre y la bestia por igual. Pero los detalles de la ley explican el hecho de que para la tierra misma se requería un *año* sabático. Los comentarios sobre este año sabático son interesantes. Según Galer, «la costumbre de dejar la tierra sin cultivar es común en todo el Oriente, y necesaria sin duda por la falta de abonos y del conocimiento de métodos apropiados para rotar cultivos»[2]. No hay evidencia de que carecieran en tiempos antiguos de un conocimiento de abonos o rotación

---

1   Heinz Kahler, *The Art of Rome and Her Empire* (Crown Publishers, Nueva York, 1963), p. 65.

2   Roger Sherman Galer, *Old Testament Law For Bible Students* (Macmillan, Nueva York, 1922), p. 105.

de cultivos; tal conocimiento es antiguo, aunque los hombres han descartado su conocimiento del mismo en muchas épocas. Rylaarsdam dice que «la función original de la costumbre es quizá religiosa, para apaciguar a los poderes espirituales que controlan la tierra y darles la oportunidad de restaurar su fertilidad»[3]. Tales «interpretaciones» no son exégesis para nada, sino indicaciones de un sentido imperial de superioridad sobre nuestros antepasados que estaban más abajo en la escala evolucionista de la historia.

La ley dice:

> Seis años sembrarás tu tierra, y recogerás su cosecha; mas el séptimo año la dejarás libre, para que coman los pobres de tu pueblo; y de lo que quedare comerán las bestias del campo; así harás con tu viña y con tu olivar (Éx 23:10, 11).

> Jehová habló a Moisés en el monte de Sinaí, diciendo: Habla a los hijos de Israel y diles: Cuando hayáis entrado en la tierra que yo os doy, la tierra guardará reposo para Jehová. Seis años sembrarás tu tierra, y seis años podarás tu viña y recogerás sus frutos. Pero el séptimo año la tierra tendrá descanso, reposo para Jehová; no sembrarás tu tierra, ni podarás tu viña. Lo que de suyo naciere en tu tierra segada, no lo segarás, y las uvas de tu viñedo no vendimiarás; año de reposo será para la tierra. Mas el descanso de la tierra te dará para comer a ti, a tu siervo, a tu sierva, a tu criado, y a tu extranjero que morare contigo; y a tu animal, y a la bestia que hubiere en tu tierra, será todo el fruto de ella para comer (Lv 25:1-7).

> Y si dijereis: ¿Qué comeremos el séptimo año? He aquí no hemos de sembrar, ni hemos de recoger nuestros frutos; entonces yo os enviaré mi bendición el sexto año, y ella hará que haya fruto por tres años. Y sembraréis el año octavo, y comeréis del fruto añejo; hasta el año noveno, hasta que venga su fruto, comeréis del añejo (Lv 25:20-22).

Estas leyes, se debe notar, no se observaron muy bien en mucho de la historia de Israel. Entre el éxodo y el cautiverio babilónico, se descuidaron 70 veces, y por consiguiente se impusieron 70 años de cautiverio para darle descanso a la tierra (2 Cr 36:21). Esto quiere decir que más de la mitad de las veces, no se observó la ley. Después del cautiverio se observó esta ley (pero se quebrantaron otras) y Tácito (*Hist.* 5:4) comentó al respecto. Julio César perdonaba a los judíos los impuestos en el año séptimo en reconocimiento a su costumbre (Josefo, *Ant. Jud.* XIV, 10, 6). Sin embargo, según Oehler, no se observó el jubileo, sino solamente los años sabáticos[4].

---

3   J. C. Rylaarsdam, «Exodus» [«Éxodo»], en *Interpreter's Bible,* I, 1012.
4   Oehler, *Theology of the O.T.,* p. 344.

No debía haber poda ni siembra en el año sabático, ni tampoco ningún esfuerzo por matar insectos o interferir con los procesos naturales del campo. El fruto debía permanecer en el campo, excepto por lo que los transeúntes, los criados o el dueño arrancaban para comer. No se permitía que se cosechara, sino solo comer. Esta prohibición de toda cosecha real o almacenaje de productos en el año sabático se indica con claridad en Levítico 25:20[5].

Pero la ley tiene todavía más para decir en cuanto al sabbat de la tierra: el año del jubileo. Cada 50 años era el año del jubileo, inaugurado por el toque de la trompeta en el día de la expiación. Puesto que el año 49 era un año sabático, el año del jubileo marcaba dos años sabáticos seguidos:

> Y contarás siete semanas de años, siete veces siete años, de modo que los días de las siete semanas de años vendrán a serte cuarenta y nueve años. Entonces harás tocar fuertemente la trompeta en el mes séptimo a los diez días del mes; el día de la expiación haréis tocar la trompeta por toda vuestra tierra. Y santificaréis el año cincuenta, y pregonaréis libertad en la tierra a todos sus moradores; ese año os será de jubileo, y volveréis cada uno a vuestra posesión, y cada cual volverá a su familia. El año cincuenta os será jubileo; no sembraréis, ni segaréis lo que naciere de suyo en la tierra, ni vendimiaréis sus viñedos, porque es jubileo; santo será a vosotros; el producto de la tierra comeréis (Lv 25:8-12).

Micklem consideraba «muy» curioso que el jubileo, que no está seguro de que existiera, empezara en el día de la expiación[6]. La respuesta aparece en las leyes que siguen de inmediato:

> En este año de jubileo volveréis cada uno a vuestra posesión. Y cuando vendierei algo a vuestro prójimo, o compraréis de mano de vuestro prójimo, no engañe ninguno a su hermano. Conforme al número de los años después del jubileo comprarás de tu prójimo; conforme al número de los años de los frutos te venderá él a ti. Cuanto mayor fuere el número de los años, aumentarás el precio, y cuanto menor fuere el número, disminuirás el precio; porque según el número de las cosechas te venderá él. Y no engañe ninguno a su prójimo, sino temed a vuestro Dios; porque yo soy Jehová vuestro Dios (Lv 25:13-17).

Para analizar esta legislación, es evidente, *primero,* que el propósito no es, como muchos aducen, «humanitario». Ciertamente, «los pobres de tu pueblo» comían del campo en el año sabático, pero podían recoger rebusco en los campos

---

5   C. D. Ginsburg, «Leviticus» [«Levítico»], en Ellicott, *op. cit.,* I, 453.
6   Nathaniel Micklem, «Leviticus» [«Levítico»], en *Interpreter's Bible,* II, 121.

todos los años, así que no era necesario un año de sabbat especial para proveer para los pobres. Intentar justificar el día o año de sabbat por razones aparte del mismo sabbat es negar que este sea un mandamiento separado, incorporando en sí mismo un aspecto particular de la justicia y ley de Dios. El propósito del sabbat es el sabbat, o sea, el descanso y liberación de redención y regeneración.

Segundo, en la expresión suprema en la legislación mosaica del principio del sabbat, el año del jubileo, el jubileo se empieza con el toque de la trompeta o cuerno de carnero en el día de la expiación. Micklem halló esto extraño, pero el comentario de Ginsburg indicó su significado con mucha claridad, en su comentario sobre Levítico 25:9.

> A la conclusión del gran día de expiación, cuando los hebreos se daban cuenta de que tenían paz mental, que el Padre celestial había anulado sus pecados, y que habían vuelto a unirse con Él mediante su misericordia perdonadora, se llamaba a todo israelita a que proclamara por toda la tierra, mediante los nueve toques de la trompeta, que Él también le había dado descanso al suelo, que había dejado libre toda propiedad enajenada de familia, y que había dado libertad a todo esclavo, quien ahora se había reunido con los suyos. Así como Dios había perdonado sus deudas, él también debía perdonar a sus deudores[7].

El sabbat recordaba el sabbat de la creación. La institución del sabbat israelita recordaba la redención y regeneración de Israel. El objetivo del sabbat, como dice con claridad Hebreos 3, es la tierra prometida, la nueva creación en Jesucristo. El sabbat, por consiguiente, establece la restauración y restitución de todas las cosas en Cristo. En el año del jubileo, como en cada año sabático, las deudas se cancelaban. El estatuto moderno de limitación del cobro de deudas es una adaptación de esta ley bíblica. En el año del jubileo también, las propiedades rurales de tierra volvían a sus dueños originales; a los esclavos se les daba la libertad, como también cada año sabático. El jubileo marcaba un festival de dos años en el cual el hombre del pacto saboreaba de antemano el gran sabbat de la nueva creación. Debido a que el jubileo empezaba al anochecer del día de la expiación, dejaba en claro el cimiento de la nueva creación, expiación por la sangre del Cordero del pacto. La creación y la recreación eran, pues, básicas para el sabbat; el hombre reposa en la obra terminada de Dios de redención proclamada antes del tiempo. Por fe, el hombre, esperando la victoria final y regocijándose en la liberación presente, vive por fe en la suficiencia de Dios.

Tercero, la gran obra de restauración, el deshacer la obra de la caída, incluye también el suelo. Por este descanso, el suelo también se restaura y revitaliza. Al permitir que el campo produzca hierbas, a las hierbas del campo se les da la

---

7   C. D. Ginsburg, «Leviticus» [«Levítico»], en Ellicott, *op. cit.,* I, 454.

oportunidad de sacar a la superficie minerales desde abajo y revitalizar el suelo. A los viñedos y árboles se les deja crecer con libertad, sin podar, y de nuevo renovar su vitalidad. El fruto que cae y se pudre contribuye de nuevo al suelo. El valor del sabbat para regenerar el suelo es muy grande. Pero al hombre, como le falta la fe, prefiere hacer su propia obra en lugar de permitir que Dios obre, y prefiere su descanso propuesto en lugar del sabbat de Dios. Al método de Dios se le llama rudimentario, y se usan rociamientos modernos, abonos fabricados y otros artificios, y así se explota y se abusa continuamente del suelo. Al suelo se le trata como algo que la ciencia puede hacer y rehacer, o incluso prescindir del mismo. Muy pocos científicos tratan al suelo con algún respeto. Notables excepciones son Sir Albert Howard: *An Agricultural Testament;* Friend Sykes: *Modern Humus Farming;* William A. Albrecht: *Soil Fertility and Animal Health;* Joseph A. Cocannouer: *Weeds, Guardians of the Soil, and Water and the Cycle of Life.* Estos y otros escritores dejan en claro el abuso extenso del suelo, la función de microorganismos en el suelo, el valor del abono orgánico y de los árboles para regenerar el suelo, y mucho más. El valor de los animales salvajes y las aves en los ciclos de la vida de la tierra escasamente se ha tocado. La tierra sin duda se renueva con el reposo, o se explota implacablemente y a la postre se convierte en desierto. Muchas áreas en un tiempo pobladas son ahora desérticas, como lo atestiguan Babilonia y el Sahara. Cuando Dios ordenó que Israel y Judá fueran al cautiverio, no fue para castigar al pueblo sino para restaurar la tierra. Con mucha claridad se nos dice que Judá fue al cautiverio «para que se cumpliese la palabra de Jehová por boca de Jeremías, hasta que la tierra hubo gozado de reposo; porque todo el tiempo de su asolamiento reposó, hasta que los setenta años fueron cumplidos» (2 Cr 36:21). La profecía de Jeremías a la que se refiere está en Jeremías 25:9-12; y se le recuerda en Daniel 9:2. El cautiverio fue en cumplimiento de la profecía de la ley respecto a violaciones de los sabbats:

> Entonces la tierra gozará sus días de reposo, todos los días que esté asolada, mientras vosotros estéis en la tierra de vuestros enemigos; la tierra descansará entonces y gozará sus días de reposo (Lv 26:34)

> Pero la tierra será abandonada por ellos, y gozará sus días de reposo, estando desierta a causa de ellos; y entonces se someterán al castigo de sus iniquidades; por cuanto menospreciaron mis ordenanzas, y su alma tuvo fastidio de mis estatutos (Lv 26:43).

Este sabbat de setenta años fue misericordia de Dios para la tierra y para Israel. Después de la crucifixión de Cristo, no se ha extendido una misericordia así a la tierra, y su historia ha sido de continua erosión del suelo y de los hombres. La tierra y la gente muestran los efectos de la maldición. Aunque Israel entre el cautiverio y la crucifixión observó los sabbats de la tierra, en otros puntos menospreciaron a Dios, y crucificaron a su Hijo, así que la maldición cayó sobre ellos, y sobre la tierra por causa de ellos.

Sin duda, la renovación de la tierra es un aspecto básico del sabbat. La renovación de todas las cosas es básica para el sabbat, y la tierra es central en esta renovación. Los hombres pueden ignorar los requisitos del sabbat de la tierra pero con peligro de castigo y muerte. La pena de muerte sigue operando en la historia, y las naciones que minan la tierra y usan sus recursos abusivamente están condenadas a morir. La lógica , entonces, es esta: si el desprecio del sabbat es tan serio con respecto a la tierra, ¿no es igualmente serio con respecto al hombre y la bestia?

Sabemos que los métodos modernos de criar aves, con iluminación de las jaulas las veinticuatro horas del día, alimentos «fortificados» químicamente para acelerar el crecimiento, y varios métodos que se usan para aumentar la producción de huevos, resultan en gallinas que ya no resultan lucrativas una vez que empiezan a perder las plumas. Las vacas lecheras tienen una vida de duración limitada ahora. No en balde el producto de tales animales ya no tiene el valor nutritivo que tenía antes.

Con respecto a los hombres, el estrés continuo lleva a la muerte, se nos dice. La incapacidad del hombre para descansar, su falta de un verdadero sabbat, su falta de fe, conduce a una vida llena de estrés que acaba en la muerte. El estudio del estrés, desde una perspectiva no cristiana, lo hizo extensamente en años recientes el Dr. Selye[8].

El hombre necesita *descanso;* de verdad necesita el sabbat para vivir; pero, sin fe, no puede tener verdadero descanso, ni puede darles descanso a otros, ni al suelo, ni a la creación animal. Muy a menudo las sociedades paganas, en una escala limitada, han practicado excelentes normas en cuanto al suelo desde una perspectiva pragmática. Pero la práctica, que es bien pragmática, no ha estado seguida de un procedimiento igual de sabio respecto a los animales. La mayoría de las veces, sus capacidades de pequeña escala les ha evitado la destrucción en gran escala.

Cuando el hombre destruye el suelo, contamina los alimentos y envenena el aire y el agua, dicta sentencia de muerte contra sí mismo. El alcance de la contaminación es muy grande, y se agrava por la confianza del hombre de que la «ciencia» puede de alguna manera hacerle frente mediante algún artilugio artificial[9].

La esencia del sabbat es la obra de restauración, la creación nueva de Dios; el objetivo del sabbat es el segundo descanso de la creación de Dios. Al hombre se le exige descansar y permitir que la tierra y los animales descansen, que la restauración de Dios pueda obrar, y la creación pueda ser revitalizada. Todo descanso de sabbat apunta a la nueva creación, la regeneración y restauración de todas las cosas. La obra de Dios de restauración es desde el suelo para arriba, y por consiguiente su sabbat también se debe aplicar al suelo.

---

8   Hans Selye, M.D., *The Stress of Life* (McGraw-Hill, Nueva York, 1956).

9   Para una explicación de la contaminación, ver J. I. Rodale y Staff, *Our Poisoned Earth and Sky* (Rodale Books, Emmaus, Penna., 1964).

Pero, *cuarto,* el sabbat no se puede reducir a conservación del suelo, como tampoco se puede reducir a humanitarismo. Es «reposo para Jehová tu Dios». Es una *señal del pacto* según la propia declaración de Dios:

Los saqué de la tierra de Egipto, y los traje al desierto, y les di mis estatutos, y les hice conocer mis decretos, por los cuales el hombre que los cumpliere vivirá. Y les di también mis días de reposo, para que fuesen por señal entre mí y ellos, para que supiesen que yo soy Jehová que los santifico. Mas se rebeló contra mí la casa de Israel en el desierto; no anduvieron en mis estatutos, y desecharon mis decretos, por los cuales el hombre que los cumpliere, vivirá; y mis días de reposo profanaron en gran manera; dije, por tanto, que derramaría sobre ellos mi ira en el desierto para exterminarlos (Ez 20:10-13).

El sabbat deriva su significado esencial, así, del hecho de que atestigua un pacto esencial y que da vida entre Dios y el hombre. La *fuente* de esa vida es Dios, *no* la ley o el sabbat en y por sí mismo. Israel, después de cautiverio, observó el sabbat rígidamente, aplicándolo al hombre, la tierra y los animales, pero la *forma* no da vida. Negaron el sabbat al confiar en sus obras, y en su sangre (su descendencia de Abraham), y murieron en su ceguera. La observancia del sabbat no salvó a los que negaron y crucificaron al Señor del sabbat.

Los clérigos que limitan el significado del sabbat, o que piensan que se observa en la adoración y la inactividad, no tienen conocimiento de su significado. Algunos fariseos debatían sobre lo desaconsejable de comer huevos, porque la gallina tal vez trabajó por ellos en el sabbat, pero no confiaban en Dios en cuanto a la salvación. Su énfasis en «no trabajar» era en sí mismo obra del hombre, una jactancia arrogante de su capacidad de cumplir la ley, y este mismo fariseísmo es evidente en algunas iglesias hoy. El sabbat es vida para el hombre que busca la vida en el Señor, y permite que Dios obre mediante toda la creación como el gran re-Creador. Es más que una observancia externa, y no se puede unir con ninguna confianza humanística en las obras del hombre, ni en las del estado, como fuente del descanso y salvación del hombre.

Quinto, el *perdón* es un aspecto básico del sabbat. La gracia de Dios para la remisión de pecados es el pacto del sabbat del hombre. Quiere decir descanso, liberación de la carga del pecado y de la culpa. El Padre Nuestro, que mira hacia delante al gran sabbat («Venga tu reino»), tiene como petición central la liberación del jubileo: «Y perdónanos nuestras deudas, como también nosotros perdonamos a nuestros deudores» (Mt 6:12). Lenski tradujo esto: «Y cancela nuestras deudas como nosotros, también, cancelamos las de nuestros deudores»[10]. La traducción

---

10   R. C. H. Lenski, *The Interpretation of St. Matthew's Gospel* (The Wartburg Press, Columbus, Ohio, 1943), p. 269.

«pecados» es buena, en que apunta más claramente a nuestros pecados; pero la palabra «deuda» tiene a menudo una connotación más amplia, como la tiene definitivamente aquí. Como Lenski observó: «Tan grandes son nuestras deudas a Dios que nunca podremos esperar pagárselas, y nuestra única esperanza es que Dios las perdone, como un regalo, por causa de Cristo»[11].

El sabbat significa descanso, perdón, cancelación de deuda y fatiga. Significa vida fresca. Puesto que el no creyente es por naturaleza esclavo, no queda libre de deudas:

> Al final de cada siete años, perdonarás las deudas que otros tengan contigo. Se hará de esta manera: Cualquiera que le haya prestado dinero a otro israelita, le perdonará la deuda. No intentará que le pague, porque un tiempo de perdón de deudas ha sido anunciado en honor del SEÑOR. Podrás hacer que el extranjero pague su deuda, pero debes perdonar todo lo que tu hermano te deba. De esa manera no habrá gente pobre contigo, porque el SEÑOR te dará muchas bendiciones en la tierra que el SEÑOR tu Dios te da. Será así solamente si obedeces al SEÑOR tu Dios y si cumples cuidadosamente todos sus mandamientos que hoy te mando. Cuando el SEÑOR tu Dios te haya bendecido como lo prometió, les prestarás a muchas naciones, pero no necesitarás pedirles nada, dominarás a muchas naciones, pero ninguna te dominará a ti (Dt 15:1-6, PDT).

La meta de Dios es una sociedad libre de deudas que también es libre de pobreza, y esto es posible solo en términos de su ley.

El efecto de la ley del sabbat aquí es característico de la cristiandad. Como Clark notó:

> Los estatutos modernos de limitación y actas de bancarrota cumplen el propósito de la ley antigua de la liberación sabática; los primeros prohibiendo que se ejecute acción contra una deuda después de un cierto número de años y la segunda permitiendo que el deudor entregue su propiedad en satisfacción de sus deudas[12].

Los estatutos modernos son por completo seculares e irreverentes en su intención, sin embargo, y, aunque se derivan de la ley del sabbat bíblico de liberación, son ajenos al espíritu de la misma. La liberación del sabbat confiere vida, pero, para los que están alienados de Dios, ni el sabbat ni su liberación puede tener su verdadero significado.

---

11   *Ibid.,* p. 269.
12   Clark, *Biblical Law,* p. 179.

3. El sabbat y el trabajo

En su análisis «La idea del sabbat», Gustave Oehler observó, respecto a esto, que, *primero,* «el hombre, debe trabajar y descansar como Dios lo hizo; la vida humana debe ser una copia de la vida divina». El trabajo del pueblo de Dios es ser instrumental en la restauración del orden divino en la tierra. *Segundo,*

> El trabajo de divino termina en descanso feliz; no es sino hasta que el Creador descansa satisfecho en la contemplación de sus obras que su creación misma está completa. Así, también, el trabajo humano no debe marchar en círculos inútiles, sino terminar en una armonía feliz de existencia.

El jubileo en parte destaca este aspecto del sabbat. Todavía más, debido a que «todo el curso de la historia humana no debe marchar en aterradora infinitud», debido a que su meta es una victoria gloriosa, nosotros también «debemos hallar una terminación en un orden armonioso y dado por Dios» que «está garantizado por el sabbat de la creación, y prefigurado por las temporadas sabáticas». El sabbat de la creación, a diferencia de los seis días previos, no terminó con una noche. «El descanso divino del séptimo día de la creación, que no tiene noche, se cierne sobre el progreso del mundo, para que este pueda por fin absorberlo».

Trabajo y objetivo, esfuerzo y resultado, estos son los dos conceptos que son básicos a la idea del sabbat, según Oehler. El sabbat da propósito a la vida del hombre, en que hace el trabajo significativo y con propósito: lo liga a una consumación gozosa. El sabbat, notó Oehler, mira *hacia atrás* al descanso de la creación para su patrón y fe; mira *hacia arriba* a Dios en la seguridad de su gracia y victoria; mira *hacia adelante* a la consumación del gran sabbat.

> El sentido pleno, sin embargo, de la idea del sabbat no se alcanza sino hasta que se toma en cuenta el dominio del *pecado* y de la *muerte*, que han entrado en el desarrollo de la humanidad. Fue después de que se impuso la maldición de Dios sobre la tierra, y se condenó al hombre a trabajar con el sudor de su frente al servicio de su existencia perecedera, que el deseo del descanso de Dios tomó forma de anhelo de *redención* (Gn 5: 29). Israel, también, al sufrir bajo la opresión egipcia sin ningún intermedio refrescante, aprendió lo que es suspirar por descanso. Cuando su Dios les concedió períodos de descanso regulares, al sacarlos de la servidumbre, esta ordenanza se convirtió *en una solemnidad de agradecimiento en recordación de la liberación que habían experimentado.* De aquí que se dice, en la segunda versión del Decálogo (Dt 5:15): «Acuérdate que fuiste siervo en tierra de Egipto, y que Jehová tu Dios te sacó de allá con mano fuerte y brazo extendido; por lo cual Jehová tu Dios te ha mandado que guardes el día de reposo». Este pasaje no está presentando,

como a menudo se ha entendido, un motivo para la obligación especial de no impedir que los siervos descansen el séptimo día; ni, por otro lado, contiene, como también se ha afirmado, la razón objetiva de la santificación del sabbat, que es expresada, como ya se ha dicho, en la primera versión del Decálogo, Éx 20:11; sino que se aplica a la observancia del sabbat, en particular esa consideración que es la instancia subjetiva más honda en cuanto al cumplimiento de toda la ley. Lo íntimo que la recordación de la liberación de la esclavitud egipcia iba ligada con esta misma institución del sabbat es evidente en lo que, de según el testimonio de los autores romanos indicados arriba (Tácito, *Hist.* 5:4; Justino *Hist* 36. 2), conocían los paganos respecto al porqué de la celebración del sabbat[1].

Se ha llamado la atención al hecho de que la *restauración* es básica al concepto del sabbat. Pero la restauración claramente incluye *trabajo*. Como Oehler destacó, «un punto, importante en un aspecto ético, queda por notarse. El sabbat tiene su importancia solo como el séptimo día, precedido de seis días de trabajo. [...] Por tanto, es solo sobre el *cimiento del trabajo precedente en nuestra vocación* que el descanso del sabbat se debe llevar a cabo»[2].

El sabbat es la señal de pacto de Dios con el hombre, y declara la gracia de Dios y la obra eficaz de Dios en la salvación, para que el hombre pueda descansar «sabiendo que vuestro trabajo en el Señor no es en vano» (1 Co 15:58).

Se debe recordar que un aspecto importante de la cuarta palabra-ley es este: «Seis días trabajarás», o sea, seis días están dedicados al trabajo. Hay un mandamiento positivo a trabajar. El mandato de la creación declaró al hombre: «Sean fructíferos y multiplíquense; llenen la tierra y sométanla; dominen a los peces del mar y a las aves del cielo, y a todos los reptiles que se arrastran por el suelo» (Gn 1:28, NVI). Este mandato fue dictado antes de la caída. Los deberes de fertilidad, trabajo y dominio fueron establecidos, así, antes de la caída; continuaron después de la caída, pero con un serio impedimento. Sin la gracia regeneradora, el hombre no puede guardar la ley de Dios y desempeñar sus obligaciones. La obra del hombre redimido no es intentar *crear* un paraíso en la tierra, sino *cumplir* los requisitos de Dios dentro del reino. El hombre redimido es un ciudadano del reino de Dios, y se sujeta por sus leyes consiguientes: este es su trabajo, su obligación, y su senda al dominio. El hecho del sabbat presupone el hecho del trabajo.

La relación entre el sabbat y el trabajo es tal que pone todas las cosas en relación a Dios y en dedicación a Él. Nada puede estar fuera de Dios, ni se puede considerar que lo esté. No solo el hombre del pacto sino todo su trabajo debe circuncidarse en un sentido, o bautizado, en el reino. La costumbre de las primicias era un aspecto de esto. Pero otra ley afecta incluso más claramente el asunto:

1   Oehler, *Theology of the O.T.,* p. 332s.
2   *Ibid.,* p. 333.

Y cuando entréis en la tierra, y plantéis toda clase de árboles frutales, consideraréis como incircunciso lo primero de su fruto; tres años os será incircunciso; su fruto no se comerá. Y el cuarto año todo su fruto será consagrado en alabanzas a Jehová. Mas al quinto año comeréis el fruto de él, para que os haga crecer su fruto. Yo Jehová vuestro Dios (Lv 19:23-25).

Esta ley es obvio que se liga con leyes previamente consideradas que tienen que ver con la conservación del suelo, la fertilidad de los árboles, y el respeto por la vida en toda la creación. Los comentarios de Ginsburg destacan este aspecto de manera excelente:

> Los árboles que daban frutos inapropiados para comida humana, que crecían por sí mismos, o que se sembraban para cercas o leña, no caen bajo esta ley.
>
> Se considerará incircunciso su fruto. Literalmente, entonces, circuncidarán la incircuncisión, su fruto, es decir, cortarán o cercenarán su incircuncisión, que el texto mismo explica como «su fruto». Este uso metafórico de la circuncisión lo explica el mismo texto: denota el fruto como descalificado o inapropiado. En el cap. 26:41 se usó la misma metáfora para el corazón obstinado y no listo para escuchar las amonestaciones divinas, y en otros pasajes de las Escrituras se usa con referencia a los labios (Éx 6:12, 30) y los oídos (Jer 6:10) que no desempeñan sus funciones propias[3].

Por los primeros tres años se debía arrancar el fruto y permitir que se pudriera en el suelo. En el cuarto año se podía comer si se redimía del dueño pagando su valor más una quinta parte: le pertenecía a Dios. En el quinto año se podía cosechar el fruto, y durante cinco años de allí en adelante, o hasta el próximo año sabático.

Esta ley tiene que ver con la preservación de la vida por el debido respeto a las condiciones de la vida; pero hay más, debido a que la palabra *incircunciso* se usa de manera deliberada y enfática. Quiere decir que la tierra en verdad está maldita por causa del hombre, debido a su pecado, y aparte de Dios todo el trabajo del hombre es fútil e incircunciso.

Respecto al fruto incircunciso, el comentario de Peake es una ilustración de lo absurdo de la incredulidad:

> El punto es tal vez que durante los primeros tres años es tabú y se debe dejar tranquilo; tal vez originalmente se dejaba para los espíritus del campo. Nótese que los primerizos tampoco se usaban hasta que tuvieran tres años.

---

3   Ginsburg, «Leviticus» [«Levítico»], en Ellicott, I, 426.

Los árabes propician el espíritu con sangre cuando se ara por primera vez un pedazo de tierra[4].

Esta obra maestra de irrelevancia la atesora tanto la mente modernista que Natanael Micklem la perpetuó una generación más tarde citando a Peake en su propio comentario sobre Levítico 19:23-25[5]. Bonar, a quien ni Peake ni Micklem reconocerían como comentarista, desde que tomó en serio la ley de Dios observó:

> ¿No fue este precepto un memorial del *árbol prohibido del paraíso*? Todo frutal debía dejarse sin uso por tres años, como prueba de su obediencia. Todo extraño veía en cada huerto y viña de Israel pruebas de su obediencia a su supremo Señor; eran testigos ante Él[6].

La conservación del suelo y la preservación de la fertilidad del árbol son importantes; subyacen en esto de la incircuncisión. La tierra es del Señor, y se debe usar en sus términos y bajo su ley. El sabbat no se guarda meramente por inactividad, ni puede ningún hombre gloriarse ante Dios absteniéndose de los huevos por los cuales la gallina trabajó en el sabbat. *El sabbat presupone trabajo, trabajo que cumple el mandato de la creación de Dios y se desempeña bajo la ley de Dios, y el sabbat es el reposo gozoso del ejercicio de este dominio santo.* En el sabbat el hombre se regocija porque la tierra es del Señor, y en toda su plenitud (Sal 24:1). En esa confianza el hombre reposa, y en ese gozo contempla la obra de sus manos, sabiendo que su «trabajo en el Señor no es en vano» (1 Co 15:58). En ese día, y en la temporada sabática, se abstiene del fruto y del árbol, no como de un árbol prohibido, porque el Señor, que ordena el trabajo a fin de que el hombre pueda ejercer dominio, también fija los límites en ese dominio.

El hombre sabe que su «trabajo en el Señor no es en vano» (1 Co 15:58) porque el soberano Dios hace que *todas las cosas* ayuden a bien, a los que conforme a su propósito son llamados (Ro 8:28). El hombre del pacto reconoce, o está llamado a reconocer, que quebrantar la ley en un punto es romper toda la ley (Stg 2:10), porque despreciar la ley en un punto es colocarse en posición de dioses en ese punto. El hecho de que Adán y Eva obedecieron en oíroslos demás puntos pero desobedecieron respecto a *un* árbol no les dio un saldo favorable ante Dios. En ese punto revelaron un nuevo principio de operación: ser como dioses, sabiendo o determinando el bien y el mal por cuenta propia (Gn 3:5). Tanto el trabajo como el descanso deben ser para el Señor, y la presuposición de ellos debe ser la soberanía del Dios trino.

---

4   Arthur S. Peake, *A Commentary on the Bible* (T. C. & E. C. Jack, Londres, 1920), p. 208.
5   Micklem, «Leviticus» [«Levítico»], *Interpreter's Bible*, II, 98.
6   Bonar, *Leviticus*, p. 351.

4. El sabbat y la autoridad

Hay una descripción del matrimonio en las Escrituras que a menudo recaba un gruñido de disensión de parte de las mujeres. Noemí, al planear el matrimonio de Rut, declaró: «Hija mía, ¿no he de buscar hogar para ti, para que te vaya bien?» (Rt 3:1). La palabra que aquí se traduce hogar en hebreo es *manaoj*, lugar de descanso, o reposo, en tanto que el *reposo* que se refiere a cesación o sabbat en hebreo es *shabaton*. Con todo, aunque hay una distinción importante entre las dos palabras, y el descanso del sabbat tiene una plenitud que falta en la otra, también hay una relación.

No sirve decir que el matrimonio era un *reposo* para Ruth porque, antes de eso estaba trabajando como espigadora. El *reposo* para Rut era que ella estaría en el matrimonio bajo el cuidado y autoridad de un hombre, incluso así como el reposo de un hombre es estar bajo Cristo, porque «Cristo es la cabeza de todo varón, y el varón es la cabeza de la mujer» (1 Co 11:3). El verdadero reposo existe en el matrimonio en donde, a pesar del extenso trabajo que puede ser la suerte del esposo y esposa, cada uno está bajo autoridad y anda en la confianza de esa autoridad. El pelo largo de la mujer y su cabeza cubierta es una señal de sumisión a la autoridad, y esa autoridad es «poder sobre su cabeza». Significa a la vez su sumisión a la autoridad y el poder y protección que esa autoridad le concede. Histórica y psicológicamente, la mujer sin protección es presa libre.

Las referencias al *reposo, shabaton,* (Éx 16:23; 31:15; 35:2; Lv 16:31; 23:3, 32; 25:4, 5), hablan de él como un reposo «santo», o un «reposo para Jehová», o «Santo a Jehová», y frases parecidas. Debido a que es una señal del pacto, el sabbat es una señal de sujeción a Dios, de aceptación de la autoridad de Dios en los términos de Dios. «Y les di también mis días de reposo, para que fuesen por señal entre mí y ellos, para que supiesen que yo soy Jehová que los santifico» (Ez 20:12).

Los sabbats eran como sigue:

1. *Los sabbats semanales*

2. *Los sabbats de la luna nueva,* Números 28:11-15, en los que no se prohibía el trabajo sino que se exigían sacrificios. Más tarde, según Amós 8:5, la cesación del trabajo se hizo costumbre, pero la ley original no lo exigía. Anteriormente, era un día de observancia de familia (1 S 20:5ss). También la Fiesta de las Trompetas, o del Año Nuevo, era un sabbat.

3. *El año sabático y el año del jubileo* (Éx 23:10ss; Lv 25:1-7; 25:8-10; Dt 15:1-11; 31:10-13, etc.). Las deudas se podían contraer solo por un período de seis años; el séptimo año era un sabbat y año de liberación (Dt 15:1-11).

4. *La Pascua* (Éx 12:1-28, 43-49; 13:3-9; 23:15; Lv 23:5ss; Nm 28:16-25; Dt 16:1ss.).

5. *La Fiesta de los Panes sin Levadura* (siete días) (Éx 13:17).

6. *La Fiesta de las Semanas* (Pentecostés) celebrada siete semanas después de la Pascua (Lv 23:15ss.). Esta era una cosecha de agradecimiento, el 16 de nisán.

7. *La Fiesta de los Tabernáculos,* que se observaba por siete días, viviendo en cabañas hechas de ramas, recordaba la peregrinación del éxodo (Lv 23: 36, 42). Ponía fin al año agrícola con regocijo y fiesta.

Hay, pues, una amplia diferencia entre los sabbats. En el sabbat semanal no se podía ni siquiera encender fuego, y la comida había que cocinarla el día anterior. Por otro lado, los sabbats de la luna nueva originalmente no pedían una cesación del trabajo, así que el *reposo* no es la esencia de todo sabbat; el regocijo y la fe lo son. Los demás sabbats eran en su mayor parte temporadas de festejos y celebración. Todos los sabbats debían ser un *deleite* para el pueblo del pacto.

Para volver a la relación del sabbat a la autoridad, Ezequiel lo citó estrechamente relacionado a la vida santa, al hablar de los sacerdotes: «En los casos de pleito ellos estarán para juzgar; conforme a mis juicios juzgarán; y mis leyes y mis decretos guardarán en todas mis fiestas solemnes, y santificarán mis días de reposo» (Ez 44:24). El reposo meramente externo del sabbat era importante, pero incluso un reposo más profundo y más básico era el reposo en la autoridad y la obra de Dios, y el deleite del hombre en eso. El mandamiento no requiere una simple cesación de trabajo sino «Acuérdate. […] para santificarlo» (Éx 20:8). Tanto el trabajo como el reposo estaban bajo autoridad y separados o santificados al Señor. La santidad en sí misma implica autoridad; es separación y dedicación en términos de Dios.

De lo que antecede, tres cosas son evidentes. *Primero,* el *reposo* del sabbat viene del hecho de que el hombre del pacto está *bajo autoridad. Segundo,* el sabbat se guarda como un «sabbat a Jehová tu Dios» (Éx 20:10), como Bush lo tradujo[1], como *una señal del pacto. Tercero,* el sabbat es *santo* para el Señor. Las tres cosas muestran claramente el hecho básico de la soberanía y autoridad de Dios, así que el sabbat debe establecer la autoridad y soberanía de Dios, o de lo contrario no es verdaderamente un sabbat.

En este punto, el desarrollo de la sinagoga y la adoración en la iglesia aparece como un desarrollo lógico del sabbat. Aunque no tuvo parte en el sabbat original, fue un desarrollo necesario y lógico. Estar bajo autoridad y reconocer la soberanía requiere *conocimiento.* Los levitas muy temprano llegaron a ser expositores de la ley, y las escuelas de los profetas eran centros de capacitación para un ministerio de enseñanza. La sinagoga fue el resultado, y el concilio de Jerusalén pudo observar: «Porque Moisés desde tiempos antiguos tiene en cada ciudad quien lo predique en las sinagogas, donde es leído cada día de reposo» (Hch 15:21).

El crecimiento en el conocimiento de Dios y su palabra-ley es por tanto importante para la celebración del sabbat, y la evidencia del Nuevo Testamento es elocuente de este hecho. El sabbat cristiano por tanto se encamina al *conocimiento* como un aspecto importante del reposo del sabbat. Por esto, un aspecto *primero*

---

1   George Bush, *Notes, Critical and Practical, on the Book of Exodus* (Henry A. Young, Boston, 1870), I, 270.

y central del sabbat cristiano es que es un día para la proclamación de la palabra de Dios, un día cuando se estudia su significado y se promueve el conocimiento de su aplicación. El gozo y el canto asociado con el sabbat se asocian con este conocimiento. El conocimiento de la salvación, y la confianza de la palabra-ley divina, dan al pueblo del pacto un deleite y una certidumbre que se expresa en canto y alabanza.

Segundo, en tanto que el sabbat cristiano está ineludible y estrechamente ligado al sabbat de Israel, hay con todo una diferencia muy importante. Las palabras de San Pablo en Colosenses 2:16, 17 indican con claridad que la antigua orden ha atravesado un cambio radical. Calvino comentaba sobre el pasaje de Colosenses:

> *Juzgar* quiere decir considerar a alguien culpable de un delito, o imponer un escrúpulo de conciencia, así que ya no somos libres. Dice, por consiguiente, que no es prerrogativa de los hombres sujetarnos a la observancia de ritos que Cristo por su muerte ha abolido, y eximirnos de su yugo, para que no permitamos que nos encadenen por leyes que ellos han impuesto. Tácitamente, sin embargo, pone a Cristo en contraste con toda la humanidad, para que nadie se exalte tan atrevidamente como para intentar quitarnos lo que Él ha dado.
>
> ...La razón por la que él liberta a los cristianos de la observancia de ellas es que eran *sombras* en un tiempo cuando Cristo estaba todavía, de cierta manera, ausente. Porque él contrasta las sombras con la revelación, y la ausencia con la manifestación. Los que, por consiguiente, todavía se adhieren a estas *sombras*, actúan como el que debe juzgar la apariencia de un hombre por su sombra, mientras tanto él mismo está personalmente ante sus ojos. Porque Cristo ahora se ha manifestado a nosotros, y por consiguiente le disfrutamos como estando presente. *El cuerpo,* dice, es *de Cristo,* es decir, EN *Cristo*[2].

Lutero citó el antiguo sabbat «entre las ceremonias que fueron necesarias para el pueblo de Moisés pero libres para nosotros»[3]. El comentario de Calvino acerca de la ley trajo a enfoque la importancia de lo viejo y también del cambio a lo nuevo:

> Y primero, Pablo lo enseña con claridad que esto fue un precepto ceremonial, y lo llama sombra de estas cosas, el cuerpo de lo cual es solo Cristo (Col 2:17). Pero si el reposo externo no fue sino una ceremonia, la sustancia de lo cual se debe buscar en Cristo, se sigue que se debe considerar cómo Cristo exhibió lo que entonces prefiguraba; y esto el mismo apóstol lo declara cuando dice que «nuestro viejo hombre es crucificado con Cristo», y que

---

2   Juan Calvino, *Commentaries on the Epistles of Paul to the Philippians, Colossians, and Thessalonians* (Eerdmans, Grand Rapids, 1957), p. 191s.

3   Lutero, *Lectures on Deuteronomy,* p. 81.

estamos sepultados con él, para que su resurrección pueda ser para nosotros vida nueva (Ro 6:4). Se debe deducir sin duda de muchos pasajes que la observancia del sabbat fue un asunto serio, puesto que Dios no inculca otro mandamiento con mayor frecuencia, ni con mayor rigor se requiere obediencia a cualquiera; y de nuevo cuando él se queja de que se lo menosprecia, y que los judíos han caído en extrema iniquidad, simplemente dice que sus «sabbat están contaminados», como si la religión principalmente consistiera en su observancia (Jer 17:24; Ez 20:21; 22:8; 23:38). Todavía más, si no hubiera habido alguna excelencia extraordinaria en el sabbat, pudiera haber parecido que era un acto de injusticia atroz ordenar que se mate a un hombre por cortar leña ese día (Nm 15.32). Por consiguiente, se debe concluir que la sustancia del sabbat, que Pablo declara que está en Cristo, no debe haber sido algo buen ordinaria[4].

Estas palabras de Calvino están en marcado contraste con la persecución salvaje adscrita a Calvino por los escritores anticristianos. La «severidad salvaje» de Calvino es un mito[5]. Las leyes del domingo y otras legislaciones morales eran leyes medievales que estaban vigentes en Ginebra cuando Calvino no estaba allí, y las impusieron personas que a menudo se oponían fuertemente a Calvino[6].

Para volver al punto de Calvino, una ley que en un tiempo exigía la muerte incluía algo muy importante y desusadamente bueno. Cristo y nuestro reposo en él son ese gran bien. Como Calvino notó, «el sabbat se viola incluso por buenas obras, siempre que las consideremos como nuestras»[7]. La esencia del sabbat es nuestro reposo en Cristo, y nuestro crecimiento en el conocimiento de esa salvación por Su gracia.

El punto de diferencia entre el sabbat de Israel y el sabbat cristiano no es solo el día sino el fin de las antiguas restricciones. El primer día de la semana era un día hábil en Palestina y también en todo el Imperio Romano. La iglesia normalmente se reunía al anochecer del primer día, porque sus miembros trabajaban durante el día. En cierta ocasión, un miembro soñoliento se cayó de la ventana y murió (Hch 20:7-12). Obviamente, si trabajar en el día del Señor era todavía ilegal, el Nuevo Testamento tendría mucho que decir al respecto. La antigua ley claramente se alteró aquí. El deber ahora, como lo dice San Pablo, era «no [dejar] de congregarnos, como algunos tienen por costumbre» (He 10:25).

Algunos, sin embargo, llamarían al trabajo de los primeros cristianos «trabajos de necesidad». En una cultura extraña, su trabajo era comparable en un sentido al

---

4   Calvino, *Commentaries on the Four Last Books of Moses in the Form of a Harmony*, II, 435.
5   Ver G. Rattray Taylor, *Sex in History* (The Vanguard Press, Nueva York, 1954), p. 162.
6   Ver Phillip E. Hughes, «Introduction» [«Introducción»], en Hughes, *The Register of the Company of Pastors of Geneva in the Time of Calvin* (Eerdmans, Grand Rapids, 1966), pp. 3-31.
7   Calvino, *Commentaries on the Four Last Books of Moses*, II, 436.

trabajo forzado, trabajo de esclavos. Hay un buen caso de esto. Cuando se establecieron los estados cristianos, siguieron algunas formas de observancia obligatoria del sabbat. Cuando las leyes del sabbat empezaron a resquebrajarse, la reacción fue angustiosa, como lo atestigua Roberto Murray McCheyne, en un famoso sermón del 18 de diciembre de 1841:

> Queridos compatriotas, como siervo de Dios en este día nublado y oscuro, me siento obligado a levantar mi voz a favor del Día del Señor. El atrevido ataque que hacen ahora algunos de los directores de las Ferrovías de Edimburgo y Glasgow contra la ley de Dios y la paz de nuestro sabbat escocés, el movimiento blasfemo que ellos quieren proponer a los interesados el próximo febrero, y los perversos panfletos que ahora circulan por millares, llenos de toda clase de mentiras e impiedades, claman fuertemente por el testimonio sereno y deliberado de todos los ministros fieles y cristianos privados a favor del día santo de Dios. En nombre de todo el pueblo de Dios en esta ciudad y en esta tierra, pido que consideren las siguientes razones para amar el Día del Señor[8].

McCheyne, nótese, con elocuencia dio entonces razones para «amar» el día del Señor. Si bien se oponía a los trenes el domingo, y lo llamaba quebrantar el sabbat, no pudo colocarlo por completo a nivel del Antiguo Testamento. El mundo, cada vez más con operaciones a toda hora de plantas de energía, transportes de alimentos y cosas parecidas, estaba haciendo insostenible el concepto de McCheyne del sabbat. Pero el concepto moderno de no-sabbat es igualmente insostenible y destructor de la paz del hombre. El sabbat de Israel ha desaparecido, y sus leyes, pero el sabbat cristiano en efecto requiere un orden cristiano, y un aspecto de ese orden es el sabbat cristiano.

Pero, el sabbat es símbolo del *pacto;* no es una ley para un estado humanística, y no tiene significado para el mismo, ni este lo puede exigir. En un estado cristiano, nada se puede hacer que se parezca al sabbat de Israel. Debe ser un día de reposo, y de paz y quietud, pero el énfasis básico está en la autoridad de Dios, el conocimiento de Él, y reposo en su gobierno y salvación. El cambio de énfasis del significado del sabbat para travesear en cuanto a regulaciones del sabbat por cierto no es honrar el sabbat. Las palabras de San Pablo en Colosenses 2:16, 17 siguen siendo ciertas: si nadie debe juzgarnos respecto a los sabbat, nosotros tampoco debemos jugar a nadie.

Pero, *tercero,* los que son miembros del pacto, en lugar de ser jueces y legisladores sobre otros con respecto al sabbat, son más bien felices guardadores del día. Para ellos es de veras un día de reposo, porque solo ellos son capaces de descansar

---

8   Andrew A. Bonar, ed., *Memoirs of McCheyne, Including His Letters and Messages* (Moody Press, Chicago, 1947), p. 393.

de veras. Es para ellos un día cuando Dios obra en ellos por su palabra y su espíritu, a fin de que crezcan en gracia y en sabiduría, y en favor ante Dios a vista de los hombres.

El Salmo 1 indica la relación del hombre a la ley con toda claridad:

> Bienaventurado el varón que no anduvo en consejo de malos, ni estuvo en camino de pecadores, ni en silla de escarnecedores se ha sentado; sino que en la ley de Jehová está su delicia, y en su ley medita de día y de noche. Será como árbol plantado junto a corrientes de aguas, que da su fruto en su tiempo, y su hoja no cae; y todo lo que hace, prosperará.
>
> No así los malos, que son como el tamo que arrebata el viento. Por tanto, no se levantarán los malos en el juicio, Ni los pecadores en la congregación de los justos. Porque Jehová conoce el camino de los justos; mas la senda de los malos perecerá[9].

Es la vitalidad de la fe lo que se regocija en el sabbat, y florece debido al reposo del sabbat. Reposar en el Señor es aceptar su autoridad y confiar en Él.

5. El sabbat y la ley

San Agustín habló de la meta de la historia como «el gran sabbat que no tiene noche»[1]. Él concluyó sus confesiones con una declaración sobre el significado del sabbat como la meta de la historia:

> (XXXV). 50. *Señor Dios, dadnos la paz* —puesto que todas las cosas nos habéis dado—, la paz del descanso, la paz del sábado, la paz sin tarde. Pues ello es así que todo este orden hermosísimo de las cosas en extremo buenas, cumplidas sus medidas, ha de pasar: ha de tener, pues, *mañana y tarde.*
>
> (XXXVI). 51. Mas el día séptimo es sin tarde y no tiene ocaso, porque Vos lo santificasteis para sempiterna permanencia; para que, lo mismo que Vos, después de *vuestras obras* sobre manera *buenas, con todo y haberlas hecho en reposo,* descansasteis el día séptimo, nos amoneste por adelantado vuestro Libro, que también nosotros, después de nuestras obras, por eso sobre manera buenas, porque Vos nos las otorgasteis, el sábado de la vida eterna descansaremos en Vos.

---

9   En el original. trad. al inglés por Theodore M. Jackman, *Psalms for Today* (Taylors, S. C., 1968). p. 7. En español, RVR.

1   St. Augustine, *The City of God,* lib. XXII, cap. xxx.

(XXXVII). 52. Porque también Vos reposaréis entonces en nosotros, así como ahora trabajáis en nosotros; y de tal manera aquel descanso será vuestro por nosotros, como ahora estas obras son vuestras por nosotros. Mas Vos, Señor, siempre obráis y siempre reposáis. Ni veis por un tiempo, ni os movéis por un tiempo, ni reposáis por un tiempo; y, sin embargo, Vos hacéis que veamos en el tiempo, y el tiempo mismo, y el descanso después del tiempo.

(XXXVIII). 53. Nosotros, pues, vemos estas criaturas que Vos hicisteis porque son; mas, por-que Vos las veis, ellas son. Y nosotros por fuera vemos que son, y por dentro que son buenas; mas Vos, después de hechas, las veis en Vos mismo, donde visteis que habían de ser hechas. Y nosotros posteriormente nos sentimos movidos a hacer bien, después que nuestro corazón concibió del Espíritu vuestro; pero anteriormente nos movíamos a obrar mal abandonándoos a Vos. Mas Vos, Dios solo bueno, nunca cesasteis de hacer el bien. Y alguna de nuestras obras, justamente por dádiva vuestra, *son buenas,* pero no son eternas; *después de ellas* esperamos *reposar* en el gran día santificado por Vos (véase Gn 2, 3). Mas Vos, Bien, que no necesitáis de otro bien, siempre estáis en reposo, porque Vos mismo sois vuestro reposo. Y esto, ¿cuál de los hombres lo dará a entender a otro hombre? ¿Qué ángel a otro ángel? ¿Qué ángel al hombre? A Vos se ha de *pedir,* en Vos se ha de *buscar,* a vuestra puerta se ha de *llamar.* Así, así se recibirá, así se hallará, así se nos *abrirá* (Mt., 7, 8). Amén[2].

Westcott habló del reposo del sabbat de Hebreos 4:9 como «un reposo que cierra las múltiples formas de preparación y obra terrenal (el Hexamerón del esfuerzo humano); no un sabbat aislado sino una vida de sabbat.. [...] El reposo del sabbat responde a la creación como su consumación apropiada». Wescott, citando a San Agustín, llamó entonces la atención a los comentarios rabínicos:

Los maestros judíos se empantanaron en el significado simbólico del sabbat como prefigura del «mundo venidero». Un pasaje citado por Schoettgen y otros se puede citar: «El pueblo de Israel decía: Señor del mundo entero, muéstranos el mundo por venir. Dios, bendito sea, respondía: Tal patrón está en el sabbat» (*Jalk. Rub.* p. 94, 4). En esta conexión la doble base que se da para la observancia del sabbat, el reposo de Dios (Éx 20:11) y la liberación de Egipto (Dt 5:15), halla su confirmación espiritual. El reposo final del

---

2 En inglés, San Agustín, *Confessions* (J. M. Dent, 107, Everyman's Library, Londres), lib. XIII, p. 347s. En español, tomado de http://www.iglesiareformada.com/Agustin_Confesiones_XIII.html, acceso 24 julio 2009.

hombre responde a la idea de la creación realizada después de la caída por la redención[3].

Este concepto del sabbat no solo es la enseñanza de los padres de la iglesia como Agustín y los rabinos, sino también de los comentaristas protestantes modernos. Lenski, que señaló que «Dios descansó "de sus obras" (no su "trabajo")», notó que fue el reposo ordenado eterno desde antes de la creación[4]. Schneider notó además que este "reposo" no es una bendición anhelada que elimina toda actividad. Es más bien el "reposo activo" (Lutero) en el cual la iglesia perfeccionada adora y alaba a Dios»[5].

Hebreos 3 y 4 son el cimiento de esta interpretación del sabbat. Canaán, la Tierra Prometida, era una prefigura del verdadero sabbat, pero el verdadero sabbat no se podía identificar con ella. Más allá de todos los tipos, «queda un reposo para el pueblo de Dios» (He 4:9), o, también se puede traducir, permanece un sabbat, o un reposo de sabbat, para el pueblo de Dios. Como Moulton notó en cuanto a Hebreos 4:10, «el reposo del sabbat del hombre empieza cuando entra en el reposo de Dios (Gn 2:2); puesto que esa fue la meta de la obra creadora, para el pueblo de Dios este reposo es la meta de su vida de "trabajo"»[6].

Ahora se pueden hacer ciertas observaciones generales respecto al sabbat. *Primero,* lo anterior deja en claro que el sabbat siempre ha tenido referencia al *futuro.* El *patrón* del sabbat está en el pasado, el sabbat de la creación. La *entrada* al sabbat también está en el pasado; para Israel, fue la redención de Egipto; para la iglesia, está en la resurrección. El *cumplimiento* del sabbat está en la nueva creación. El sabbat es un reposo *presente,* basado en eventos *pasados,* con una referencia y cumplimiento *futuros.*

Segundo, y estrechamente relacionado a la reverencia futura del sabbat, la ley de sabbat requería *providencia,* o sea, un pueblo providente. Debido a la naturaleza de corto plazo de la deuda, se podían contraer solo deudas de emergencia. En cada siglo, dieciséis años eran sabbat, incluyendo dos años de jubileo. Aunque Dios prometió una cosecha abundante por fidelidad a su ley, era necesario que el hombre usara esa abundancia con providencia, o no podría vivir. La providencia en la administración quiere decir, claro, una perspectiva orientada al futuro. En lugar de una economía orientada al pasado y centrada en el consumo, el sabbat producía una sociedad centrada en la producción, orientada al futuro, y consciente del reposo. Una sociedad providente puede reposar con paz y seguridad, y una sociedad productiva puede disfrutar del reposo.

---

3   B. F. Westcott, *The Epistle to the Hebrews* (Eerdmans, Grand Rapids, 1952), p. 98s.

4   R. C. H. Lenski, *The Interpretation of the Epistle to the Hebrews and the Epistle of James* (Wartburg Press, Columbus. Ohio, 1937, 1946), p. 132s.

5   Johannes Schneider, *The Letter to the Hebrews* (Eerdmans, Grand Rapids, 1957), p. 30.

6   W. F. Moulton, «Hebrews» [«Hebreos»], en Ellicott, VIII, 297.

Tercero, una sociedad orientada al sabbat da *reposo* mejor. Hace una generación, los ferroviarios en los Estados Unidos de América trabajaban siete días a la semana, diez horas al día, cada día del año. Por supuesto, tales condiciones de trabajo eran antibíblicas y, en términos de ley bíblica, criminales. Claro, los potentados ferroviarios eran en general hombres totalmente réprobos. Cuando el cuarto mandamiento decreta como ilegal negarle incluso a la tierra y a los animales domésticos su sabbat, ¿cuánto mucho más negarle el reposo al hombre? Y sin embargo, las horas más cortas de trabajo, las vacaciones pagadas, semanas de trabajo de cinco días de ocho horas, no les han dado a los hombres verdadero descanso. El aumento de ataques cardíacos, úlceras y otras dolencias y enfermedades inducidas por el estrés dejan en claro que el cambio en las condiciones de trabajo no le ha servido de nada al hombre. Porque el antiguo orden, impío como lo era, todavía estaba más cerca de la fe y orden cristianos, el hombre tenía una mayor capacidad para reposar que la que tiene el hombre a finales del siglo XX, a pesar de la iniquidad de las condiciones de trabajo. En una sociedad orientada al sabbat, el hombre providente —que vive libre de deudas, halla reposo en Cristo y es capaz de trabajar y de relajarse— tiene una paz y un gozo en la vida que una generación frenética no tiene.

Pero, *cuarto,* puesto que toda ley tiene referencia al futuro, y es en esencia un plan para el futuro, la ley del sabbat es un plan para el mundo del mañana. La ley bíblica procura eliminar el mal y abolir la pobreza y las deudas. La ley del sabbat tiene como *propósito* la re-creación del hombre, los animales, la tierra y la creación entera. El sabbat, pues, revela el diseño y la dirección de la ley: es una proclamación del futuro que la ley está estableciendo.

En fin, aunque Colosenses 2:16, 17 deja en claro que los *formalismos* de la observancia del Antiguo Testamento han terminado, la esencia de la ley sigue vigente y es básica a toda la ley bíblica.

El pensamiento que no es cristiano, cuando se orienta al futuro, enfrenta una doble penalidad. *Primero,* está atado al pasado. La revolución de los «derechos civiles», por ejemplo, tiene solo el sentido más vago de las cargas de responsabilidad que toda persona pensante en términos de realidad y del futuro debe tener. Los revolucionarios de los «derechos civiles» hablan interminablemente de males pasados, no simples males reales o imaginarios de su propia experiencia, sino también de todos los males que ellos piensan que sus antepasados sufrieron. De manera similar, algunos hombres sindicalizados, cómo los indígenas estadounidenses, se empantanan interminablemente en la historia pasada antes que en la realidad presente. Su incapacidad de vivir en el presente quiere decir una incapacidad radical de hacerle frente al futuro.

Segundo, el que no es cristiano, al enfrentar el futuro, en el mejor de los casos es utópico e irreal. Como señaló Mumford, «toda uto[7]pía era una sociedad cerrada para la prevención del crecimiento humano». Al hombre se le reduce al hombre

---

7   Lewis Mumford, *The Story of Utopias* (The Viking Press New York, 1922, 1963), p. 4.

económico y se le ve en términos de un externalismo que destruye al hombre[8]. El utopismo no solo presenta un cuadro ilusorio y peligroso del futuro, sino que también distorsiona y destruye el presente. El utopismo no le da al hombre ninguna ayuda mientras trabaja hacia el futuro; le da ilusiones que engendran solo sacrificio y trabajo innecesarios y no producen nada que no sea el caos social.

---

8 *Ibíd.*, pp. 239, 247.

V

EL QUINTO MANDAMIENTO

1. La autoridad de la familia

Antes de analizar la ley bíblica con respecto a honrar a los padres, y su autoridad, es necesario notar el extenso socavamiento de la doctrina bíblica de la familia. En los diez mandamientos, cuatro leyes tienen que ver con la familia, tres de ellas directamente: «Honra a tu padre y a tu madre», «No cometerás adulterio», «No hurtarás», y «No codiciarás la casa de tu prójimo, no codiciarás la mujer de tu prójimo, ni su siervo, ni su criada, ni su buey, ni su asno, ni cosa alguna de tu prójimo» (Éx 20:12, 14, 15, 17). El hecho de que la propiedad (y de aquí el robo) se orientaba a la familia aparece no solo en toda la ley, sino en el décimo mandamiento: codiciar, sea la propiedad, la esposa o los criados de otro, era un pecado contra la familia del prójimo. La familia es claramente central a la forma bíblica de la vida, y es la familia *bajo Dios* lo que tiene esta centralidad.

Pero se debe añadir que esta perspectiva bíblica es ajena a la cosmovisión darwiniana. El pensamiento evolucionista concede la centralidad de la familia, pero solo como hecho histórico. Se ve a la familia como la gran institución primitiva que ahora rápidamente está siendo superada, pero que es importante para los estudios del pasado evolucionista del hombre. Se ve a la familia como la antigua colectividad o colectivismo que debe dar paso a «la nueva colectividad»[1]. Como el antiguo colectivismo que resiste el cambio, científicos sociales, educadores y clérigos evolucionistas atacan continuamente a la familia.

La antropología evolucionista que sirve de base de este ataque le debe mucho, después de Darwin a William Robertson Smith (1846-1894), *La religión de los semitas*. Darwin y Smith a su vez le dieron a Sigmund Freud (1856-1939) sus premisas básicas. En términos de esta perspectiva, según lo presenta Freud (pero también popularizados por *La rama dorada*, de Sir James G. Frazer), los orígenes de la familia están en el pasado primitivo del hombre antes que en el propósito creador de Dios. La «horda primitiva», o sociedad primitiva, estaba dominada por el «padre primitivo violento», que expulsaba a los hijos y tenía posesión sexual exclusiva de la madre y las hijas. «El origen de la moralidad en cada uno de nosotros» viene

---

1   Ch. Letourneau, *The Evolution of Marriage*. The Contemporary Science Series (The Walter Scott Publ. Co., Londres, 1911, 3ª edición), p. 356.

159`

del complejo de Edipo[2]. Los hijos rebeldes, que envidiaban y temían al padre, se unían, mataban y se comían al padre, y luego poseían sexualmente a la madre y a las hermanas. Su remordimiento y cargo de conciencia por sus acciones produjo tres tabúes básicos para el hombre: el parricidio, el canibalismo y el incesto. Para Freud, en el cristianismo, el hijo hace expiación en la cruz por matar al padre, y el canibalismo se transforma en sacramento: la comunión[3].

Con esto en mente, podemos entender por qué los antropólogos pueden decir: «La familia es el más fundamental de todos los grupos sociales, y es universal en su distribución». La próxima oración nos informa, sin embargo, que la familia es una forma social «determinada culturalmente»[4], o sea, es en su totalidad un producto evolucionista de la cultura del hombre. De igual forma, el tema de la «religión y ritos» se introduce en el curso de un análisis de la «extensión del parentesco»[5]. El *poder* del padre y la *seguridad* de la familia están en la religión proyectada contra el medio ambiente hostil para darle al hombre un parentesco y favor participante.

De igual manera, se nos dice, hay dos clases de religiones, la religión de la madre, y la religión del padre.

Por esto, Van der Leeuw escribió:

«No hay nada más sagrado en la tierra que la religión de la madre, porque nos lleva de vuelta al secreto más profundo del alma, a la relación entre el hijo y su madre»; en estos términos Otto Kern ha cristalizado la esencia de nuestro tema. Creyendo que detrás de Poder se puede ver el bosquejo de una Forma, el hombre reconoce los rasgos de su propia madre; su soledad al verse confrontado con el Poder se transforma por tanto en la relación íntima con la madre[6].

El origen de los cultos de la fertilidad se ve en la adoración de la madre, una invocación a la fertilidad y también a un retorno a la seguridad del vientre. El culto a la madre conduce con el tiempo al culto del padre. Según Van der Leeuw, «para todo hombre su madre es una diosa, tal como su padre es un dios»[7]. Todavía más, «la madre crea vida; el padre historia»[8]; o sea, las religiones del culto a la fertilidad son cuestiones de prehistoria, y de culturas primitivas, en tanto que el padre como dios es una etapa del desarrollo del hombre en la historia. Van der Leeuw admitió,

---

2   Sigmund Freud, «The Economic Problem in Masochism» [«El problema económico en el masoquismo»], (1924), en *Collected Papers* (Basic Books, Nueva York, 1959), II, 265.
3   Sigmund Freud, «Totem and Taboo» [«Tótem y tabú»], en *The Basic Writings of Sigmund Freud, A.* A. Brell, traductor al inglés (Modern Library, Nueva York, 1938).
4   E. Adamson Hoebel, *Man in the Primitive World*, 2ª edición (McGraw-Hill, Nueva York, 1958), p. 318.
5   *Ibid.,* p. 351.
6   Gerardus Van der Leeuw, *Religion in Essence & Manifestation, A Study in Phenomenology.* Trad. al inglés por J. E. Turner (Macmillan, Nueva York, 1938), p. 91.
7   *Ibid.,* p. 99.
8   *Ibid.,* p. 100.

al comentar sobre Isaías 63:16 y 64:8, que el Dios bíblico «no es la figura del generador sino de un creador, cuyas relaciones con el hombre son el preciso opuesto del parentesco, y ante las cuales el hombre se postrará en dependencia profunda pero confiada»[9], pero, habiendo notado esto, volvió a su tesis evolucionista.

La religión, pues, se ve como una proyección de la familia, y la familia debe, por consiguiente, ser destruida a fin de que la religión también pueda ser destruida. Pero eso no es todo. *También se ve de manera similar a la propiedad privada como un resultado de la familia, y la abolición de la propiedad privada requiere la destrucción de la familia.* Van der Leeuw habló de la relación entre la familia y la propiedad:

> Entre muchos pueblos, todavía más, la *propiedad* también juega una parte en el elemento común de la familia. Porque la propiedad no es solo el objeto que el dueño posee. Es un poder, y en verdad un poder común. [...] Así que hallamos el elemento común de la familia ligado a la sangre y a la propiedad; pero no está confinado a esto, porque es sagrado, y por consiguiente no se puede derivar sin ningún resto de lo dado[10].

Según Hoebel,

> La naturaleza esencial de la propiedad se debe hallar en las relaciones sociales antes que en cualquier atributo inherente de la cosa u objeto que llamamos *propiedad*. La propiedad, en otras palabras, no es una cosa, sino una red funcional de relaciones sociales que gobierna la conducta de las personas con respecto al uso y disposición de las cosas[11].

Este es un truquito típico del intelectual humanístico moderno: ¡deshacerse de un problema eliminándolo por definición! Para Hoebel, la propiedad no es «una cosa, sino una red funcional de relaciones sociales». Y, ¿qué gobiernan estas relaciones sociales? La última palabra de Hoebel lo dice claramente: ¡gobiernan *cosas*! ¿Qué son estas *cosas* si no *propiedad*?

Pero fue Federico Engels el que indicó más claramente el caso humanístico (y la tesis «marxista») respecto a la relación entre la propiedad y la familia. La familia monógama, sostenía, «se basa en la supremacía del hombre, y su propósito expreso es producir hijos de paternidad indisputable; tal paternidad se exige porque estos hijos deben más tarde llegar a la propiedad de su padre como sus herederos naturales»[12]. La monogamia ha reducido la importancia de las mujeres y ha con-

---

9   *Ibid.,* p. 179.
10   *Ibid.,* p. 249.
11   Hoebel, *Man in the Primitive World,* p. 448.
12   Frederick Engels, *The Origin of the Family, Private Property and the State, In the light of the researches of Lewis H. Morgan* (International Publishers, Nueva York, 1964), p. 55.

ducido a «la brutalidad hacia las mujeres que se esparce desde la introducción de la monogamia»[13]. La monogamia, y la familia individual moderna, descansa o «se basa en la esclavitud doméstica abierta u oculta de la esposa»[14]. El matrimonio de grupo original ha dado lugar al matrimonio de pareja, y, finalmente, a la monogamia, cuyos concomitantes son «el adulterio y la prostitución»[15]. El comunismo quisiera abolir tanto la monogamia tradicional como la propiedad privada:

Nos estamos acercando a una rebelión social en la cual los cimientos económicos de la monogamia según ha existido hasta aquí desaparecerán con tanta certeza cómo los de su complemento: la prostitución. La monogamia surgió de la concentración de riqueza considerable en manos de un solo individuo —un hombre— y de la necesidad de legar esta riqueza a los hijos de ese hombre y a nadie más. […] Habiendo surgido de causas económicas, ¿desaparecerá entonces la monogamia cuando estas causas desaparezcan?0

Uno pudiera responder, y no sin razón: lejos de desaparecer, por el contrario, se realizará por completo. Porque con la transformación de los medios de producción en propiedad social desaparecerá también el trabajo pagado, el proletariado, y por consiguiente la necesidad de un cierto número —estadísticamente calculable— de mujeres que se entreguen por dinero. La prostitución desaparece; la monogamia, en lugar de colapsar, por lo menos se vuelve una realidad —también para los hombres.

…Con la transferencia de los medios de producción a propiedad común, la familia individual deja de ser la unidad económica de la sociedad. Los quehaceres domésticos privados se transforman en industria social. El cuidado y educación de los hijos se vuelve un asunto público; la sociedad cuida a todos los niños por igual, sean legítimos o no. Esto elimina toda la ansiedad en cuanto a las «consecuencias» que hoy es el factor social más esencial —moral tanto como económico— que impide que una muchacha se entregue por completo al hombre que ama. ¿No será eso suficiente para producir un crecimiento gradual de relaciones sexuales sin cortapisas y con una opinión pública más tolerante respecto al honor de una doncella y a la vergüenza de una mujer? Y, finalmente, ¿no hemos visto que en el mundo moderno la monogamia y la prostitución son en verdad contradicciones, pero contradicciones inseparables, polos del mismo estado de la sociedad? ¿Puede la prostitución desaparecer sin arrastrar consigo a la monogamia al abismo?[16].

---

13   *Ibíd.*, p. 64.
14   *Ibíd.*, p. 65.
15   *Ibíd.*, p. 66.
16   *Ibíd.*, p. 67.

El concepto de Engels del matrimonio era que es un lazo de fácil disolución basado solo en el amor, con libertad para toda asociación sin castigo[17]. Queda muy claro que el matrimonio bíblico quedaría abolido con la abolición de la propiedad privada.

Se hace evidente entonces por qué la educación humanística moderna, y en especial la educación marxista, es tan hostil a la familia, tan claramente dedicada a reemplazar la «vieja colectividad» de la familia con «la nueva colectividad»: el estado. Destruir la familia bíblica monógama quiere decir, desde su perspectiva, la destrucción, *primero,* de la religión, y *segundo,* de la propiedad privada. El marxista quiere «emancipar» a la mujer haciéndola una obrera industrial[18]. Esto es «emancipación» por definición, porque liberta a la mujer del complejo bíblico de propiedad-religión-matrimonio.

A fin de contrarrestar estos conceptos humanísticos de la familia y del papel de los padres, hay que entender y recalcar la doctrina bíblica de la familia que muy claramente *se centra en Dios.* La doctrina humanística de la familia se centra en el hombre y se centra en la sociedad. Se ve a la familia como una institución social, que, en el curso de la evolución, proveyó la original y «vieja colectividad» y que ahora debe dar paso a la «nueva colectividad» conforme la humanidad se vuelve la verdadera familia del hombre. Como ya se señaló, la *primera* característica de la doctrina bíblica es que a la familia se le ve en términos de una *función* y *origen* centrados en Dios. La familia es parte del propósito de Dios para el hombre, y su función para la gloria de Dios en su verdadera forma, así como también para permitirle al hombre su autorrealización bajo Dios.

Segundo, Génesis 1:27-30 deja en claro que Dios creó al hombre para que domine la tierra y ejerza dominio sobre ella bajo Dios. Aunque originalmente solo Adán fue creado (Gn 2:7), el mandato de la creación claramente se da al hombre en el estado casado, y con la creación de la mujer en mente. Entonces, *el llamado a subyugar la tierra y ejercer dominio sobre ella* es esencial para la función de la familia bajo Dios, y para el papel del hombre como cabeza de la familia. Esto le da a la familia una función *posesiva:* subyugar la tierra y ejercer dominio sobre ella incluye a las claras la perspectiva bíblica de la propiedad privada. El hombre debe llevar a toda la creación el orden-ley de Dios, ejerciendo poder sobre la creación en nombre de Dios. La tierra fue creada «muy buena» pero todavía estaba sin desarrollarse en términos de subyugación y posesión por el hombre, el gobernador que Dios designó. Este *gobierno* es particularmente el llamado del hombre como esposo y padre, y el de la familia como una institución. La *caída del hombre* no ha alterado este llamado, aunque ha hecho su cumplimiento imposible aparte de la obra regeneradora de Cristo.

---

17   *Ibid.,* p. 73.
18   *Ibid.,* p. 148.

Tercero, este ejercicio de dominio y posesión es claro que incluye *responsabilidad y autoridad.* El hombre es responsable ante Dios de su uso de la tierra, y debe, como gobernante fiel, desempeñar su llamado solo en términos del decreto o palabra real de su Soberano. Su llamamiento le confiere también autoridad por delegación. Dios le da al hombre autoridad sobre su familia y sobre la tierra. En el esquema marxista, la transferencia de la autoridad de la familia al estado ridiculiza toda idea de la familia como una institución. La familia es, para todo propósito práctico, abolida cuandoquiera que el estado determina la educación, vocación, religión y disciplina del hijo. La única función restante para los padres es la procreación, y, mediante regulaciones del control de los nacimientos, esto también está sujeto ahora a un papel decreciente. La familia en tal sociedad no es más que una reliquia del viejo orden, manteniéndose solo subrepticia e ilegalmente, y sujeta en todo momento a la autoridad del estado que interviene. En todas las sociedades modernas, la transferencia de la autoridad de la familia al estado se ha logrado en varios grados.

En la perspectiva bíblica, la autoridad de la familia es básica para la sociedad, y es autoridad que se centra en Dios. De aquí la división común de los mandamientos en dos tablas, o dos lados, de cinco cada uno, con el quinto mandamiento colocado junto a los que tienen que ver con el deber del hombre a Dios.

El significado de la familia, pues, no se debe buscar en la procreación sino en la autoridad y la responsabilidad centrada en Dios en términos de llamado del hombre a subyugar la tierra y ejercer dominio sobre ella.

Cuarto, la función de la mujer en este aspecto del orden-ley de Dios es ser una ayuda idónea para el hombre en el ejercicio de su dominio y autoridad. Esta provee compañerismo en su llamamiento (Gn 2:18) de modo que hay una comunidad en la autoridad, con la preeminencia clara del hombre. El pecado del hombre es intentar usurpar la autoridad de Dios, y el pecado de la mujer es intentar usurpar la autoridad del hombre, y ambos esfuerzos son una futilidad mortal. Eva ejerció el liderazgo al someterse a la tentación; guió a Adán en lugar de dejarse guiar; Adán sucumbió al deseo de ser como Dios (Gn 3:5), en tanto que actuaba menos que hombre al someterse al liderazgo de Eva.

Pero la autoridad de la mujer como ayuda idónea no es menos real que la de un primer ministro ante el rey; el primer ministro no es un esclavo porque no sea un rey, ni tampoco la mujer una esclava porque no sea un hombre. La descripción de la mujer virtuosa, o esposa consagrada, en Proverbios 31:10-31 no es la de una esclava impotente ni de una parásita hermosa, sino más bien la de una muy competente esposa, administradora, mujer de negocios, y madre; una persona de autoridad real.

La clave, por consiguiente, para la doctrina bíblica de la familia se debe hallar en el hecho de su autoridad central, y el significado consecuente.

2. La promesa de vida

El quinto mandamiento lleva una significativa promesa al obediente, la promesa de la vida:

> Honra a tu padre y a tu madre, para que tus días se alarguen en la tierra que Jehová tu Dios te da (Éx 20:12).

> Honra a tu padre y a tu madre, como Jehová tu Dios te ha mandado, para que sean prolongados tus días, y para que te vaya bien sobre la tierra que Jehová tu Dios te da (Dt 5:16).

Éxodo lo indica, y Deuteronomio, en forma ampliada, repite esta promesa de vida. Antes de analizar el significado de esta promesa, es necesario entender la condición, honrar a los padres. El comentario de Rylaarsdam es un ejemplo divertido de la interpretación modernista. Su interpretación de Éxodo 20:12 dice:

> El quinto (cuarto) mandamiento se halla en el punto de transición de la ley social a la civil. Honrar a los padres es una forma de piedad, aunque no una observancia cúltica. En Dt 5:16 se añade la prosperidad a la promesa de largura de días *en la tierra* que se ofrece aquí. Los hijos menores estaban obligados a la obediencia estricta (21:15, 17; Lv 20:9; Pr 30:17). Este mandamiento se refiere más especialmente al tratamiento de los ancianos impotentes que estaban a cargo de la persona. No se les debe enviar para que se los coman las bestias o mueran por la inclemencia del tiempo, como era el caso en algunas sociedades. La posesión de *la tierra* que *tu Dios te da* («está dando», «dará», puesto que en Deuteronomio el lugar es el Sinaí) depende del mantenimiento de los estándares de familia[1].

En otras palabras, a los padres se les «honra» ¡si no se les expone a la muerte! Por cierto, las costumbres de los esquimales no eran las costumbres del Cercano Oriente antiguo, y esta interpretación es en todo respecto errada a propósito. El requisito aquí es, *primero,* un honrar religioso a los padres, y, *segundo,* incluye un respeto general por los ancianos. Esto se exige con claridad en Levítico 19:32: «Delante de las canas te levantarás, y honrarás el rostro del anciano, y de tu Dios tendrás temor. Yo Jehová». El respeto por los ancianos era característico; según Proverbios 16:31: «Corona de honra es la vejez que se halla en el camino de justicia». Pero, como Levítico 19:32 dice con claridad, sin que importe el carácter moral de la generación más vieja, se les debe un básico respeto y honor. La justicia añade una «corona de gloria» a la generación de mayor edad.

---

1   J. C. Rylaarsdam, «Exodus» [«Éxodo»], en *Interpreter's Bible,* I, 985.

La edad exigía respeto. Pablo pudo apelar a su edad como factor al tratar de persuadir a Filemón: «Más bien te ruego por amor, siendo como soy, Pablo ya anciano, y ahora, además, prisionero de Jesucristo» (Flm 9). El amor, la edad, y su encarcelamiento por Cristo le daban a Pablo autoridad moral. Debido a este respeto exigido para la edad, es mucho más imperativo que con la edad crezcamos en sabiduría. Así, Pablo aconsejó «Que los ancianos sean sobrios, serios, prudentes, sanos en la fe, en el amor, en la paciencia. Las ancianas asimismo sean reverentes en su porte; no calumniadoras, no esclavas del vino, maestras del bien» (Tit 2:2, 3).

Esto nos lleva al *primer* principio general inherente en esta ley: honrar a los padres, y a todos los mayores que nosotros mismos, es un aspecto necesario de la ley básica de la *herencia*. Lo que heredamos de nuestros padres es la vida en sí misma, y también la sabiduría de su fe y experiencia conforme nos las trasmiten. La continuidad de la historia descansa en este honor y herencia. Una edad rebelde rompe con el pasado y se vuelve contra los padres con hostilidad y veneno; se deshereda a sí misma. Respetar a nuestros mayores aparte de nuestros padres es respetar todo lo que es bueno en nuestra herencia cultural. Por cierto, el mundo no es perfecto, y ni siquiera se sujeta a la ley, pero, aunque venimos *desnudos* al mundo, no entramos a un mundo vacío. Las casas, los huertos, los campos y los rebaños son labores del pasado, y somos más ricos por este pasado y debemos honrarlo. A nuestros padres especialmente, que proveyeron para nosotros y nos cuidaron, se les debe honrar por sobre todos los demás, porque, si no lo hacemos, pecamos contra Dios y también nos desheredamos. Como veremos más adelante, hay una conexión estrecha entre desheredar una propiedad de familia y deshonrar a los padres y rechazar su honor y su herencia cultural. La herencia básica y cultural de la cultura y todo lo que ella incluye —fe, educación, sabiduría, riqueza, amor, vínculos comunes, y tradiciones— se cercenan y se niegan en donde no se honra a los padres y ancianos. El hecho trágico es que muchos padres se niegan a reconocer que sus hijos se han desheredado.

Un *segundo* principio general inherente en esta ley es el del *progreso enraizado en el pasado,* de la herencia como cimiento para el progreso. El mandamiento, hablando a los adultos, pide *honor,* no *obediencia.* Para los hijos, el requisito es obediencia: «Hijos, obedeced en el Señor a vuestros padres, porque esto es justo» (Ef 6:1). «Hijos, obedeced a vuestros padres en todo, porque esto agrada al Señor» (Col 3:20). La interpretación de Hodge de Efesios 6:1 es excelente:

> La naturaleza o carácter de esta obediencia lo expresan las palabras *en el Se-ñor.* Debe ser religioso; brotando de la convicción de que tal obediencia es la voluntad del Señor. Esto lo hace un servicio más alto que si se lo rindiera por temor o por mero afecto natural. Asegura que será pronto, cordial y uni-versal. Que *Kurios* aquí se refiere a Cristo es claro por todo el contexto. En el capítulo precedente, v. 21, tenemos una exhortación general bajo la cual se

incluye esta dirección especial a los hijos, y la obediencia que allí se requiere se la debe rendir *en el temor de Cristo*. En el siguiente versículo también *Kurios* constantemente tiene esta referencia, y por consiguiente también debe tenerla aquí. La base de la obligación a la obediencia filial se la expresa en las palabras *porque esto es justo*. No se debe al carácter personal del padre, ni debido a su bondad, ni debido a que sea conveniente, sino porque es *justo*; una obligación que surge de la naturaleza de la relación entre padres e hijos, y que debe existir siempre que exista la relación[2].

Muchas culturas han tenido un honrar religioso de los padres, pero esto por lo general ha estado conectado con la adoración a los antepasados y ha sido un factor agobiante, mortal en la sociedad. El largo fracaso de China en cuanto a avanzar se debió por un lado a su relativismo, y, por otro, a la parálisis social producida por su sistema de familia.

En la fe bíblica, la familia hereda del pasado a fin de crecer firmemente al futuro. Esposo y esposa llegan a ser *una carne;* tienen en su matrimonio un vínculo físico común, sexual, que los hace *una carne*. De aquí, las Escrituras declaran: «Por tanto, dejará el hombre a su padre y a su madre, y se unirá a su mujer, y serán una sola carne» (Gn 2:24). El matrimonio exige que el hombre y su esposa avancen hacia adelante; rompen con la vieja familias para producir una nueva. Siguen vinculados a las familias viejas en que ambos representan una herencia cultural de dos familias específicas. Siguen unidos todavía más por el deber religioso de honrar a los padres. El crecimiento es real, y la dependencia es real; lo nuevo clara y llanamente crece y alcanza la potencialidad de lo viejo.

Por esto, de la iglesia se habla de buen grado como familia en las Escrituras. San Pablo habló de sí mismo como padre de los creyentes de Corinto: «Porque aunque tengáis diez mil ayos en Cristo, no tendréis muchos padres; pues en Cristo Jesús yo os engendré por medio del evangelio» (1 Co 4:15). De nuevo, escribió en Filemón 10, «te ruego por mi hijo Onésimo, a quien engendré en mis prisiones». La iglesia es la familia de los fieles, y los vínculos de la fe son muy estrechos. Los lazos de familia son incluso más fuertes si el lazo es a la vez sangre y fe.

Con todo, otro aspecto de *honrar* se considerará de manera separada bajo el título de «La economía de la familia».

Lo que nos interesa ahora es la última parte de esta palabra-ley: la promesa de larga vida y prosperidad. Salomón repitió esta promesa de la ley, resumiéndola así: «Oye, hijo mío, y recibe mis razones, Y se te multiplicarán años de vida» (Pr 4:10). En verdad, Proverbios 1—5 en su totalidad tiene que ver con esta promesa de vida.

Hodge, al analizar esta promesa, observó:

---

2   Charles Hodge, *Commentary on the Epistle to the Ephesians* (Eerdmans, Grand Rapids [1856], 1950), p. 356s.

Esta promesa en sí misma tiene una forma teocrática en el Antiguo Testamento. Es decir, tiene una referencia específica a la prosperidad y largura de días en la tierra que Dios le había dado a su pueblo como herencia. El apóstol la generaliza dejando fuera las palabras de conclusión, y la hace una promesa no confinada a una tierra o pueblo, sino a los hijos obedientes en todas partes. Si se pregunta si los hijos obedientes en verdad se distinguen por larga vida y prosperidad, la respuesta es que ésta, como todas las demás promesas similares, es una revelación de un propósito general de Dios, y da a conocer lo que será el curso usual de la providencia. El que algunos hijos obedientes sean desdichados y de vida corta no es más inconsistente con esta promesa, que el que algunos hombres diligentes sean pobres sería inconsistente con la declaración: «la mano de los diligentes enriquece». La diligencia, por regla general, en efecto consigue riquezas; y los hijos obedientes, por regla general, son prósperos y felices. La promesa general se cumple en los individuos, así como «servirá para la gloria de Dios, y para su propio bien»[3].

Se ha planteado la pregunta en cuanto a la aplicación de la promesa: ¿es para la nación, o es la promesa para individuos? Como Rawlinson notó:

La promesa se puede entender en dos sentidos muy diferentes. (1) Se puede tomar como que garantiza permanencia nacional al pueblo entre el cual se practica en general el respeto y la obediencia filial; o (2) se puede entender en el sentido más sencillo y más literal de una promesa de que los hijos obedientes, por regla general, recibirán como recompensa la bendición de una vida larga. En favor de la primera noción se han propuesto los hechos de la permanencia romana y china, junto con la probabilidad de que Israel abdicó su posesión e Canaán como consecuencia de su ruptura persistente de este mandamiento. En favor de la segunda se puede aducir la aplicación del texto que hizo San Pablo (Ef 6:3), que es puramente personal y no étnica; y la exégesis del hijo de Sirac (Sab. 3:6), que es similar. También vale la pena notar que un sabio egipcio, que escribió mucho antes que Moisés, declaró como resultado de su experiencia que los hijos obedientes en efecto alcanzaban la vejez en Egipto, y estableció el principio ampliamente, de que «el hijo que atiende las palabras de su padre llegará a viejo»[4].

La referencia a Ben Sirac es a su declaración: «El que respeta a su padre tendrá larga vida; el que obedece al Señor será el consuelo de su madre» (Eclo 3:6). Esto no es solo una repetición de la ley, sino una observación del hecho. La realidad de la vida es que el que ama la vida, y honra al Dios que creó la vida, al reverenciar

---

3   *Ibid.,* p. 358s.
4   George Rawlinson, «Exodus» [«Éxodo»], en Ellicott, *op. cit.,* I, 262s.

su ley y a sus padres bajo Dios, de verdad vive más feliz y tiene una vida más larga como regla. Despreciar a los padres de uno, o aborrecerlos y deshonrarlos es despreciar la fuente inmediata de la vida de uno; es una forma de aborrecimiento propio, y es un desprecio voluntario de la herencia básica de la vida. Por la experiencia pastoral, se puede añadir que los que al ser reprendidos por su odio y actividad del deshonor hacia sus padres, y arrogantemente dicen: «Yo no pedí nacer», tienen una duración de vida limitada, o, en el mejor de los casos, muy desdichada. Su curso de acción es suicida. Están diciendo, en efecto: «Yo no pedí vivir».

Esta misma promesa de vida por honrar a las fuentes inmediatas de la vida aparece en Deuteronomio 22:6, 7, y en Levítico 22:28:

> Y sea vaca u oveja, no degolléis en un mismo día a ella y a su hijo (Lv 22:28).

Cuando encuentres por el camino algún nido de ave en cualquier árbol, o sobre la tierra, con pollos o huevos, y la madre echada sobre los pollos o sobre los huevos, no tomarás la madre con los hijos. Dejarás ir a la madre, y tomarás los pollos para ti, para que te vaya bien, y prolongues tus días (Dt 22:6, 7).

Una ley similar aparece en Éxodo 23:19: «No guisarás el cabrito en la leche de su madre». El lenguaje de la promesa claramente conecta esto con el quinto mandamiento. De Deuteronomio 22:6, 7, se nota: «El mandamiento se coloca a la par con el mandamiento relativo a los padres, por el hecho de que a la gente se le insta a la obediencia por la misma premisa en ambas instancias»[5]. Pero es más que un caso de ser «colocado a la par»; el hecho se indica claramente que hay una ley básica involucrada. De nuevo, eso no lo hará decir, como W. L. Alexander lo hizo, que «estos preceptos tienen el propósito de promover sentimientos humanos hacia los animales inferiores»[6]. Una premisa básica se afirma en el quinto mandamiento; en estas leyes que tienen que ver con aves, vacas, terneros y ovejas este principio se afirma y se ilustra en casos mínimos para ilustrar el alcance máximo de la ley. La tierra es del Señor y toda la vida es obra del Señor. El hombre no puede en ningún nivel tratar a la vida excepto bajo la ley, la ley *de Dios*. El clamor de algunos persas oprimidos de otra generación, «Somos hombres, ¡y tendremos leyes!»[7], fue notable. El hombre necesita la ley de Dios, y la ley del Señor requiere que honremos nuestra herencia en todo nivel. Desperdiciar nuestra herencia, sea en el mundo animal o a nivel de nuestra familia, es negar la vida. Es hacerlas de dios; es dar por sentado que nosotros nos hicimos a nosotros mismos y que podemos volver

---

5   Keil and Delitzsch, *The Pentateuch,* III, 410.

6   W. L. Alexander en Canon H. D. M. Spence y Rev. Joseph. S. Exell, eds., *The Pulpit Commentary: Deuteronomy* (Funk and Wagnalls, Nueva York, n.f.), p. 355.

7   Andrew Harper, *Deuteronomy* (George H. Doran, Nueva York, n.f.), p. 304.

a hacer nuestro mundo. Pablo pudo exigir obediencia de los hijos a los padres diciendo: «es justo», es por naturaleza obligatorio y apropiado.

Honrar a los padres se coloca en el mismo nivel de guardar el sabbat, en Levítico 19:1-3:

> Habló Jehová a Moisés, diciendo:Habla a toda la congregación de los hijos de Israel, y diles: Santos seréis, porque santo soy yo Jehová vuestro Dios. Cada uno temerá a su madre y a su padre, y mis días de reposo guardaréis. Yo Jehová vuestro Dios.

Como Ginsburg señaló, solo dos veces en toda la ley se usa la expresión: «Habla a toda la congregación de Israel», en Éxodo 12:3, en la institución de la Pascua, y aquí. Del versículo 3 «Cada uno temerá a su madre y a su padre», Ginsburg escribió:

> El primer medio para alcanzar la santidad, que es hacer que el israelita refleje la santidad de Dios, es reverenciar de manera uniforme a sus padres. Por eso, el grupo de preceptos contenidos en este capítulo empieza con el quinto mandamiento del decálogo (Éx 20:12), o, como el apóstol lo dice, el primer mandamiento con promesa (Ef 6:2). Durante el segundo templo, las autoridades espirituales ya llamaban la atención al hecho singular de que ésta es una de las tres instancias en las Escrituras en donde, contrario a la práctica usual, se menciona a la madre antes del padre; las otras dos son Gn 44:20 y Lv 21:2. Puesto que los niños de ordinario temen al padre y aman a la madre, dicen que aquí se da preferencia a la madre a fin de inculcar el deber de temer a ambos por igual. La expresión «temer», sin embargo, la toman para incluir lo siguiente: (1) no pararse ni sentarse en el lugar reservado para los padres; (2) no responder ni oponerse a sus afirmaciones; y (3) no llamarlos por su nombre de pila, sino más bien llamarnos padre o madre, o mi amo, mi señora. En tanto que la expresión «honrar» que se usa en el pasaje paralelo de Éxodo 20: 12, entienden que incluye (1) proveerles comida y vestido, y (2) cuidarlos. Los padres son los representantes de Dios en la tierra; de aquí que así como a Dios se le debe a la vez «honrar» con nuestra sustancia (Pr 3:9), y se le debe «temer» (Dt 6:13), a nuestros padres también se les debe «honrar» (Éx 20:12) y «temer» (cap. 19:3); y así como al que blasfemaba el nombre de Dios había que apedrearlo (cap. 29:16), así al que maldecía a su padre o madre había que apedrearlo (cap. 20:9)[8].

Como Ginsburg señaló, la blasfemia a Dios y la maldición a los padres se igualan claramente en la ley. Para reflejar la santidad de Dios, el hombre debe empezar reverenciado a sus padres.

---

8   Ginsburg, «Leviticus» [«Levítico»], en Ellicott, I, 421 f.

Ginsburg entonces notó, de la segunda cláusula de Levítico 19:3: «mis días de reposo guardaréis»,

> Unido a este quinto mandamiento está el cuarto del decálogo. La educación de los hijos, que en sus primeras etapas de la comunidad hebrea giraba alrededor de los padres, la realizaban ellos especialmente por en los días del sabbat[9].

En este punto, Ginsburg se perdió el sentido teológico del texto y recurrió a un accidente histórico. Claro, el texto asocia a Dios y a los padres. A ambos hay que reverenciarlos: a Dios absolutamente, a los padres bajo Dios. La blasfemia contra Dios y la maldición a los padres merecen la muerte. Ambos son ataques contra la autoridad y orden fundamental. Es más, el sabbat como reposo y seguridad en Dios tiene que ver con el quinto mandamiento en que los padres proveen, aunque defectuosamente, algún tipo de reposo y seguridad para el hijo. Al hijo se le da vida y cuidado. El hogar representa un reposo, y el hogar piadoso es en verdad un reposo del mundo, una seguridad y promesa de victoria frente al mismo. Tanto el sabbat como los padres representan una herencia de Dios de reposo, paz y victoria. Están por consiguiente estrechamente asociados en esta ley.

Bajo esta luz, volvamos a Deuteronomio 22:6, 7, al ave madre y sus huevos o pichones. Está claro que el mismo principio básico se aplica incluso a la vida animal. El hombre no puede explotar los recursos de la tierra de manera radical o total. La vida que le es dada para comida, debe usarla bajo la ley. Pero, incluso si el pájaro en cuestión no es un ave apropiada para comida, se aplica el mismo principio. La cuestión en juego no es la preservación de la provisión de comida para el hombre, sino el uso reverencial de nuestra herencia en el Señor. *No puede haber progreso* sin respeto al pasado y a nuestra herencia en Él.

Un *tercer* principio general que aparece es *la promesa de vida por obediencia.* Algunas interpretaciones de esta promesa ya se han notado. La del Talmud también es interesante:

> MISHNÁ. Un hombre no puede tomar un ave madre con sus pichones ni para limpieza del leproso. (Por cuyos ritos de purificación se requerían dos aves, una para ser sacrificada y la otra para ser puesta en libertad en el campo abierto, cf. Lv 14:4ss). Si respeto a un precepto tan ligero —tiene que ver con algo que vale apenas un isar— la Tora dice «para que te vaya bien, y para que puedas prolongar tus días», ¡cuánto más (debe ser la recompensa) la observancia de los preceptos más difíciles de la Tora!
>
> *Gemara.* Se enseñaba: R. Jacob dice: No hay precepto en la Tora en donde la recompensa se indica por su lado, del cual no se pueda inferir la

---

9 *Ibid.,* p. 422.

doctrina de la resurrección de los muertos. Por tanto, en conexión con honrar a los padres está escrito: «*para que tus días se prolonguen, y que te vaya bien*». De nuevo en conexión con la ley de soltar (leal ave madre) del nido está escrito: «*para que te vaya bien, y se prolonguen tus días*». Ahora, en el caso en que el padre de un hombre le dice al hijo: «Sube a la terraza y tráeme algunos pichones», y este subió a la terraza del edificio, y soltó a la madre y tomó a los pichones, y a su regreso se cayó y murió, ¿dónde está la largura de días de este hombre, y donde está la felicidad de este hombre? Pero «*para que tus días se prolonguen*» se refiere al mundo que es totalmente largo, y «*para que te vaya bien*» se refiere al mundo que es totalmente bueno[10].

La nota del editor al pie de página de esto dice: «La promesa de bendición se cumplirá en el mundo venidero, y uno no debe esperar en este mundo recibir la recompensa de una buena obra»[11]. Esto da una interpretación radical del otro mundo que hace injusticia a la ley.

Un examen de otras promesas de vida en la ley indica con claridad cuán de veras terrenal es esta promesa:

Si oyeres atentamente la voz de Jehová tu Dios, e hicieres lo recto delante de sus ojos, y dieres oído a sus mandamientos, y guardares todos sus estatutos, ninguna enfermedad de las que envié a los egipcios te enviaré a ti; porque yo soy Jehová tu sanador (Éx 15:26).

No te inclinarás a sus dioses, ni los servirás, ni harás como ellos hacen; antes los destruirás del todo, y quebrarás totalmente sus estatuas. Mas a Jehová vuestro Dios serviréis, y él bendecirá tu pan y tus aguas; y yo quitaré toda enfermedad de en medio de ti. No habrá mujer que aborte, ni estéril en tu tierra; y yo completaré el número de tus días (Ex 23:24-26).

Y guarda sus estatutos y sus mandamientos, los cuales yo te mando hoy, para que te vaya bien a ti y a tus hijos después de ti, y prolongues tus días sobre la tierra que Jehová tu Dios te da para siempre (Dt 4:40).

¡Quién diera que tuviesen tal corazón, que me temiesen y guardasen todos los días todos mis mandamientos, para que a ellos y a sus hijos les fuese bien para siempre! (Dt 5:29).

Andad en todo el camino que Jehová vuestro Dios os ha mandado, para que viváis y os vaya bien, y tengáis largos días en la tierra que habéis de poseer (Dt 5:33).

---

10   Rabbi Dr. Epstein, ed., *The Eabylonian Talmud, Seder Kodashim,* II, 823; Hullin 142a (Sonicino Press, Londres, 1948).
11   *Ibid.,* p. 823n.

Y por haber oído estos decretos y haberlos guardado y puesto por obra, Jehová tu Dios guardará contigo el pacto y la misericordia que juró a tus padres. Y te amará, te bendecirá y te multiplicará, y bendecirá el fruto de tu vientre y el fruto de tu tierra, tu grano, tu mosto, tu aceite, la cría de tus vacas, y los rebaños de tus ovejas, en la tierra que juró a tus padres que te daría. Bendito serás más que todos los pueblos; no habrá en ti varón ni hembra estéril, ni en tus ganados. Y quitará Jehová de ti toda enfermedad; y todas las malas plagas de Egipto, que tú conoces, no las pondrá sobre ti, antes las pondrá sobre todos los que te aborrecieren. Y consumirás a todos los pueblos que te da Jehová tu Dios; no los perdonará tu ojo, ni servirás a sus dioses, porque te será tropiezo (Dt 7:12-16).

Si no cuidares de poner por obra todas las palabras de esta ley que están escritas en este libro, temiendo este nombre glorioso y temible: JEHOVÁ TU DIOS, entonces Jehová aumentará maravillosamente tus plagas y las plagas de tu descendencia, plagas grandes y permanentes, y enfermedades malignas y duraderas; y traerá sobre ti todos los males de Egipto, delante de los cuales temiste, y no te dejarán. Asimismo toda enfermedad y toda plaga que no está escrita en el libro de esta ley, Jehová la enviará sobre ti, hasta que seas destruido. Y quedaréis pocos en número, en lugar de haber sido como las estrellas del cielo en multitud, por cuanto no obedecisteis a la voz de Jehová tu Dios. Así como Jehová se gozaba en haceros bien y en multiplicaros, así se gozará Jehová en arruinaros y en destruiros; y seréis arrancados de sobre la tierra a la cual entráis para tomar posesión de ella (Dt 28:58-63).

Y les dijo: Aplicad vuestro corazón a todas las palabras que yo os testifico hoy, para que las mandéis a vuestros hijos, a fin de que cuiden de cumplir todas las palabras de esta ley. Porque no os es cosa vana; es vuestra vida, y por medio de esta ley haréis prolongar vuestros días sobre la tierra adonde vais, pasando el Jordán, para tomar posesión de ella (Dt 32:46, 47).

Incluso una simple lectura de estos pasajes (y se pudieran citar más) deja en claro una serie de puntos. *Primero,* la promesa de vida se da para la totalidad de la ley. El quinto mandamiento tiene primacía en esta promesa, pero toda ley ofrece vida. *Segundo,* la promesa de vida es bien material y de este mundo. La promesa de vida eterna es bien definida en otras partes de las Escrituras, pero no se puede leer en estos pasajes. *Tercero,* la promesa no es solo para el hombre del pacto si obedece, sino también para su ganado, sus campos y sus árboles. Quiere decir libertad de plagas y enfermedades. Quiere decir fertilidad y alumbramiento seguro. Quiere decir larga vida para el hombre del pacto y su familia. La ley, es, si ninguna duda una promesa de vida para el hombre del pacto cuando anda en fe y obediencia. *Cuarto,* la ley también es una promesa de muerte, de enfermedad, esterilidad y plaga para el desobediente. Reducir la ley, como algunos antinomianos lo hacen, a solo una promesa de muerte es negar su significado y a la larga su castigo. La ley no es una mera negación: su propósito es proscribir el pecado y proteger y cultivar la justicia. En este respeto solo, la ley es una promesa de vida. Una ley contra el asesinato es una promesa de muerte para el asesino, y una promesa de vida y protección en la vida para el bueno. Eliminar la promesa de vida para el bueno quiere decir eliminar a la vez la promesa de muerte para el asesino. Cuando se eliminan los ladrones y asesinos de la sociedad, se protegen y se promueven la vida y la propiedad. Cuando los antinomianos reducen la ley a una función meramente negativa, a muerte al pecado, implícitamente eliminan la pena de muerte también y preparan el camino para que el *amor* llegue a ser el redentor y el que da la vida en lugar de que sea Dios. Lo eliminan haciendo de un nuevo principio el dador de vida, el *amor,* el amor de Dios por el hombre y el amor del hombre por Dios; la muerte entonces se vuelve privación de amor, y el amor es el curalotodo para la privación. Pero la doctrina bíblica de la expiación declara con claridad que la salvación del hombre es por las obras de Cristo de la ley, su perfecta obediencia como nuestro representante y cabeza federal, y su aceptación sustitutiva de nuestra sentencia de muerte. La ley nos sentencia a muerte, y somos hechos justos ante Dios por la ley, pero recibimos este hecho por fe. La fe no elimina la transacción legal involucrada, ni tampoco el requisito de que nosotros ahora mostremos los frutos de la salvación, obras buenas. La fe descansa en un cimiento de ley. *Quinto,* la promesa de la vida que la ley ofrece no es meramente una remoción de las condiciones de muerte, o sea, la eliminación como si fuera de asesinos, aunque eso es importante. Es también el hecho de que Dios, como el dador de vida, prospera nuestra vida y nos hace florecer en ella. Como Cristo Jesucristo declaró: «Yo he venido para que tengan vida, y para que la tengan en abundancia» (Jn 10:10).

La promesa de vida por obediencia es pues una premisa básica de la ley, porque la ley es inseparable de la vida. La ley es una condición básica de la vida.

Un *cuarto* principio general implícito en el quinto mandamiento es que deshonrar a los padres es deshonrarse uno mismo, e invitar la muerte; y de manera similar, deshonrarse uno mismo es deshonrar a los padres. Según Levítico 21:9, «la hija del sacerdote, si comenzare a fornicar, a su padre deshonra; quemada será al fuego». Ginsburg comentaba:

> En tanto que a la hija casada de un laico que se había descarriado se castigaba con la muerte por estrangulación (ver cap. 20:10; Dt 22:23, 24), a la hija de un sacerdote que se desgraciaba se le castigaba con la pena más severa de muerte por fuego. Aunque la condenación del compañero culpable en el delito no se menciona aquí, su sentencia era muerte por estrangulación[12].

---

12   Ginsburg, «Leviticus» [«Levítico»], en Ellicott, I, 434s.

El pecado de ella constituye, pues, una triple ofensa, un pecado contra Dios, contra su padre y contra sí misma. La ley en un sentido es una promesa de vida para los vivos; los muertos se alejan de ella, porque su motivo no es la vida sino la profanidad.

3. La economía de la familia

La palabra *propiedad*, en un tiempo una de las palabras más prestigiosas del mundo, ha llegado en años recientes a tener una mala connotación debido al ataque socialista deliberado contra el concepto. La palabra, sin embargo, fue importante lo suficiente para ser un aspecto básico de libertad para los hombres durante la Guerra de Independencia estadounidense, cuando el clamor de arenga era «Libertad y propiedad». Ahora, sin embargo, incluso los que más defienden la propiedad se cohíben de su uso más amplio: la inclusión de personas. La mayoría de mujeres se resentirían si se les describe como *propiedad*. Pero la palabra *propiedad* se debe considerar más bien como un término altamente posesivo y afectuoso antes que frío. Viene del adjetivo latino *propius,* que quiere decir «no común con otros, especial, separado, individual, peculiar, particular, apropiado». También tiene el sentido de «duradero, constante, permanente». San Pablo dice claramente que el esposo y la esposa, respecto al sexo, tienen un derecho de propiedad del uno al otro (1 Co 7:4, 5). Incluso más, se puede decir que un hombre tiene a su esposa como su propiedad, y también a sus hijos. Pero debido a que su esposa e hijos tienen ciertos derechos individuales, particulares, especiales y continuos en él, ellos también tienen un derecho de propiedad en él. Las leyes, en varias ocasiones, han subrayado estos derechos de propiedad en las personas; por ejemplo, algunos estados no permiten que un padre deshere a un hijo; a los hijos se les da un cierto grado permanente de derechos de propiedad en el padre. De modo similar, la mayoría de estados no permiten que se deshere a la esposa; se salvaguarda su derecho de propiedad en su esposo. El estado ahora afirma tener derecho de propiedad sobre todo hombre por las leyes de la herencia. En un tiempo, las leyes de Roma permitían que el padre vendiera a sus hijos en base a sus derechos de propiedad, poder muy común en toda la historia. Las razones fundamentales de este poder eran la protección de la familia: para mantener la vida continua de la familia en tiempo de crisis económica, se vendía a un miembro más joven, a menudo una muchacha, sobre el principio de que era mejor que la familia sobreviviera una crisis perdiendo un miembro y no que todos se murieran de hambre. En el Japón se ha practicado la venta de hijas a casas de prostitución para sobrevivir una crisis económica.

Tales prácticas eran rutina y normales en tiempos bíblicos. La ley bíblica las prohibió a los hebreos:

> No haya ramera de entre las hijas de Israel, ni haya sodomita de entre los hijos de Israel (Dt 23:17).

No contaminarás a tu hija haciéndola fornicar, para que no se prostituya la tierra y se llene de maldad. Mis días de reposo guardaréis, y mi santuario tendréis en reverencia. Yo Jehová (Lv 19:29, 30).

De esta manera la ley prohíbe fuertemente esta salida de una crisis económica. Incluso más significativo es el hecho de que en Levítico 19:29, 30, esta prohibición de la prostitución claramente va asociada con la observancia del sabbat y la reverencia al santuario; los dos versículos son en efecto una ley, y están separados de los demás versículos por la declaración: «Yo Jehová». El reposo del hombre en el Señor requiere un cuidado y supervisión santos con respecto a sus hijos, y la reverencia por el santuario es incompatible con la venta de los hijos para la prostitución. Solo en un sentido podía un padre «vender» una hija bajo la ley bíblica: en matrimonio. Esto aparece en Éxodo 21:7-11:

Y cuando alguno vendiere su hija por sierva, no saldrá ella como suelen salir los siervos. Si no agradare a su señor, por lo cual no la tomó por esposa, se le permitirá que se rescate, y no la podrá vender a pueblo extraño cuando la desechare. Mas si la hubiere desposado con su hijo, hará con ella según la costumbre de las hijas. Si tomare para él otra mujer, no disminuirá su alimento, ni su vestido, ni el deber conyugal. Y si ninguna de estas tres cosas hiciere, ella saldrá de gracia, sin dinero.

El matrimonio normalmente era por dote: el novio le daba una dote a la novia, lo que constituía protección de ella y herencia de los hijos. Si no había dote, no había matrimonio, sino solo concubinato. Pero aquí, es claramente el matrimonio lo que se tiene en mente, y la palabra que se usa es matrimonio. La muchacha es tomada como esposa bien sea para el hombre o para uno de sus hijos. Ella queda legalmente protegida de ser concubina o esclava; no se la puede enviar a los campos como esclava. La muchacha tenía los privilegios de una esposa con dote, porque había una dote. La dote en este caso iba a la familia de la muchacha, y no a ella ni a sus hijos. Si el posible esposo decidía no casarse con ella, se le devolvía la dote; la muchacha quedaba «redimida». Si él o un hijo se casaba con ella, y luego le negaba el derecho de esposa, ella tenía base legítima para el divorcio, y se iba sin ninguna restauración de la dote. La referencia al «deber conyugal» era su derecho a la cohabitación.

Si la muchacha en cuestión no agradaba a la nueva familia después del desposorio, y antes de la consumación, esta residía con esa familia hasta que su familia u otro posible esposo devolvía la dote. Esto es evidente en Levítico 19:20, en donde «no estuviere rescatada» se traduce con mayor precisión, «no ha sido redimida por completo o enteramente»[1]. Si durante ese tiempo la muchacha era seducida

---

1   Ginsburg, «Leviticus» [«Levítico»], en Ellicott, I, 426.

o fornicaba, «era azotada», o, con mayor precisión, «debería haber visitación *o* interrogación» para determinar la verdad del asunto. Este castigo (azotes) lo recibía «solo cuando se demostraba que ella había consentido al pecado» (Lv 19:20-22)[2].

La dote era una parte importante del matrimonio. La encontramos primero en Jacob, que trabajó siete años para Labán para ganar la dote de Raquel (Gn 29:18). El pago por este servicio le pertenecía a la esposa como su dote, y Raquel y Lea pudieron decir indignadas de sí mismas que su padre las había «vendido», porque él se había quedado con la dote (Gn 31:14-15). Era capital de la familia; representaba la seguridad de la esposa en caso de divorcio en el que el esposo era el culpable. Si ella era culpable, perdía la dote. No podía negársela a los hijos. Hay indicaciones de que la dote normal equivalía a unos tres años de salario. La dote por tanto representaba fondos provistos por el padre del novio, o por el novio mediante trabajo, usada para estimular la vida económica de la nueva familia. Si el padre de la novia añadía a esto, era su privilegio, y era costumbre, pero la dote básica venía del novio o su familia. La dote era la bendición del padre al matrimonio de su hijo, o una prueba del carácter del joven al trabajar por ella. Una dote nada usual aparece en lo que Saúl le exigió a David: cien prepucios de filisteos (1 S 18:25-27). Saúl exigió una prueba que pensaba que sería demasiado difícil para David, pero que David cumplió.

La dote europea es lo inverso del principio bíblico: el padre de la joven la da como obsequio al novio. Esto ha llevado a una situación dañina respecto al matrimonio y a la familia. Las muchachas llegan a ser, en un sistema así, una carga. En la Italia de los siglos XIV y XV, «los padres llegaban a aterrarse por el nacimiento de una niña, en vista de la ingente dote que tendrían que proveer para ella, y cada año los precios en el mercado del matrimonio subían». Esto llevaba a la destrucción virtual de la familia, en tanto que la dote bíblica fortalecía a la familia. El novio quería el precio más alto antes de aceptar a una joven, y el padre buscaba a alguien que no lo dejara en bancarrota con sus exigencias. Las protestas del clero no sirvieron para nada[3].

En su forma bíblica, la dote tenía como propósito ser cimiento económico para la nueva familia. Este aspecto permaneció por largo tiempo en los Estados Unidos. «Según una antigua costumbre estadounidense, el padre de la novia le daba a ella una vaca, que sería la madre de un nuevo hato para proveer leche y carne para la nueva familia»[4].

En casos de seducción y violación, la parte culpable tenía que darle a la joven la dote de una virgen. Si seguía el matrimonio, el hombre perdía para siempre

---

2   *Ibid.*

3   Iris Origo, *The World of San Bernardino* (Harcourt, Brace and World, Nueva York, 1962), p. 52s.

4   Clark, *Biblical Law*, 130n.

todo derecho a divorciarse de ella (Éx 22:16, 17; Dt 22:28, 29). Si no, la joven en tal caso iba a casarse con otro con una dote doble, una de 50 siclos de plata del que la sedujo, y otra de su esposo.

La dote de la joven no era solo lo que el padre le daba, y lo que el esposo le entregaba, sino también la sabiduría, destreza y carácter que traía al matrimonio. Como Ben Sirac escribió, «Una hija juiciosa será un tesoro para su marido, la que se porta mal será el sufrimiento de su padre» (Sab 22:4).

La importancia de una buena esposa o una nuera piadosa para la familia es evidente en toda cultura, pero en una sociedad centrada en la familia, su valor es mucho mayor. Ben Sirac comentó muy bien sobre esas cosas:

> La mujer malvada es como un yugo suelto: poner la mano en él es tan arriesgado como agarrar un escorpión. Una mujer bebedora es un gran escándalo, no podrá remediar su deshonor. Una mujer sin pudor se reconoce en sus ojos, en su mirada descarada.
>
> Mantén a raya a una muchacha provocadora, no sea que se aproveche de tu complacencia. Ten cuidado con seguir a una mujer seductora; no te hagas ilusiones: solo quiere ganarte. El viajero sediento abre la boca y toma cualquier agua que encuentre: ella también se coloca frente a cualquier palo y a cualquier flecha abre su aljaba.
>
> La gracia de una esposa regocija a su marido, pero su saber actuar lo reconforta hasta la médula de sus huesos. Una mujer que sabe callarse es un don del Señor; nada es comparable con la que es bien educada. Una mujer modesta es doblemente encantadora, la que es casta es un tesoro inestimable. Así como el sol se levanta sobre las montañas del Señor, así es el encanto de una buena esposa en una casa bien ordenada. Como la lámpara que brilla en un candelabro sagrado, así es un hermoso rostro en un cuerpo armonioso. Como columnas de oro en una base de plata, así son unas lindas piernas en unos talones bien plantados (Sab 26:7-18).

Esto, por supuesto, refleja un estándar hebreo popular; la posición bíblica se indica mejor en Proverbios 31:10-31. Una diferencia conspicua es que Ben Sirac reflejaba una preferencia común por una esposa *silenciosa;* esto no es el requisito bíblico, que dice: «Abre su boca con sabiduría, Y la ley de clemencia está en su lengua» (Pr 31:26). Ben Sirac pedía una esposa callada; Dios habla más bien de una esposa *que habla,* pero que habla con sabiduría y bondad. Los hombres como pecadores prefieren el estándar de Ben Sirac, y las mujeres como pecadoras quieren el privilegio y derecho de hablar sin requisito de sabiduría y bondad.

Se debe añadir, antes de dejar el tema de la dote, que, puesto que esto a menudo incluía a la familia, la familia ejercía considerable autoridad y a menudo escogía a la esposa. En el caso de Isaac, fue su padre quien escogió a Rebeca como esposa, y quien le dio la dote; Isaac se deleitó en la esposa escogida. En el caso de

Jacob, Jacob escogió a Raquel y proveyó su propia dote. El elemento de decisión paternal no estuvo ausente en el caso de Jacob, puesto que Rebeca e Isaac enviaron a Jacob a Padán-aram para que se casara (Gn 27:46—28:9). Tampoco el consentimiento del novio estaba ausente en la decisión paternal en cuanto al arreglo matrimonial. El punto principal en la ley de Éxodo 21:7-11, la «venta» de una hija, tiene referencia a esto: la joven en la familia de la nueva familia podía hallar o no aprobación del esposo en perspectiva; y, si no, había que «redimirla».

Otro aspecto básico de la economía de la familia es el hecho del *sustento*. Esto tiene un aspecto doble. *Primero,* los padres tienen la obligación de proveer para los hijos, y sustentarlos material y espiritualmente. La educación cristiana es un aspecto básico de este sustento. Los padres tienen la obligación de alimentar y vestir al hijo, tanto el cuerpo como el alma, y son responsables ante Dios del desempeño de esta obligación. *Segundo,* los hijos, cuando adultos, tienen una obligación también este respecto de contribuir material y espiritualmente para sus padres según sea necesario. Ben Sirac se refirió a esta obligación en Sabiduría 3:12, 17. Esta obligación la subrayó enfáticamente Jesucristo, quien desde la cruz puso el cuidado y sustento de su madre María en manos de San Juan: «Mujer, he ahí tu hijo. Después dijo al discípulo: He ahí tu madre» (Jn 19:26, 27). Las declaraciones orales de un criminal moribundo eran un testamento legal, como Buckler destacó:

> Dalman ha mostrado que entre los derechos y responsabilidades del criminal moribundo estaban la disposición testamentaria de sus posesiones y derechos. Por ejemplo:
>
> > La legislación marital judía insistía en que todo se debía resolver de manera definitiva antes de que fuera demasiado tarde. Sucedía, por ejemplo, que un crucificado le daba a su esposa, poco antes de expirar, la libertad de casarse de nuevo, y así se podía redactar el documento de divorcio, lo que le daba el derecho de casarse con otro hombre antes de la muerte del presente esposo.
> >
> > El caso de nuestro Señor fue paralelo al de un hombre casado, en que lo que estaba en juego era un principio de *dominium*. Cómo primogénito de María, tenía la autoridad y la responsabilidad, que habría recaído en su segundo hijo, Jacobo. Ese recaer automático era al parecer indeseable, así que nuestro Señor usó la autoridad que poseía como criminal moribundo para ponerla al cuidado de aquel en quien el más confiaba: el discípulo amado[5].

La implicación de esto es también que, hasta ese momento, Jesús había cumplido con la responsabilidad de cuidar de su madre viuda. Los otros hijos pueden haber ayudado, pero el manejo del asunto estaba en manos de Jesús.

---

5   F. W. Buckler, «Eli, Eli, Lama Sabachtani?» en *The American Journal of Semitic Languages and Literatures,* vol. LV, no. 4 (octubre 1938), p. 387.

Jesús también condenó a los que le daban a Dios, pero no cumplían con la responsabilidad de sustentar a sus padres:

> Respondiendo él, les dijo: Hipócritas, bien profetizó de vosotros Isaías, como está escrito:
>> Este pueblo de labios me honra,
>> Mas su corazón está lejos de mí.
>> Pues en vano me honran,
>> Enseñando como doctrinas mandamientos de hombres.
>> Porque dejando el mandamiento de Dios, os aferráis a la tradición de los hombres: los lavamientos de los jarros y de los vasos de beber; y hacéis otras muchas cosas semejantes.
>> Les decía también: Bien invalidáis el mandamiento de Dios para guardar vuestra tradición. Porque Moisés dijo: Honra a tu padre y a tu madre; y: El que maldiga al padre o a la madre, muera irremisiblemente. Pero vosotros decís: Basta que diga un hombre al padre o a la madre: Es Corbán (que quiere decir, mi ofrenda a Dios) todo aquello con que pudiera ayudarte, y no le dejáis hacer más por su padre o por su madre, invalidando la palabra de Dios con vuestra tradición que habéis transmitido. Y muchas cosas hacéis semejantes a éstas (Mr 7:6-13).

Jesús, como hijo mayor y principal heredero nombró a Juan como el principal heredero en su familia y le dio la responsabilidad del cuidado de María.

Esto ilustra muy bien un aspecto central de la ley bíblica de la familia y de la herencia bíblica: el principal heredero sostenía y cuidaba a los padres, según fuera necesario. Abraham vivió con Isaac y Jacob, no con Ismael, ni con los hijos de Cetura. Isaac vivió con Jacob, no con Esaú; y Jacob vivió bajo el cuidado y supervisión de José, y por consiguiente le dio a José una doble porción al adoptar a los dos hijos de José como sus herederos en términos iguales con los demás hijos (Gn 48:5, 6).

Lo inverso también es verdad: *el hijo que sustenta y cuida a los padres ancianos es el heredero principal y verdadero.* El que los padres o la ley civil dictaminen otra cosa es ir contra el orden santo. La herencia no es cuestión de compasión o sentimiento sino de orden santo, y hacer a un lado este principio es pecado.

La cuestión de herencia y testamentos se puede entender mejor si examinamos la palabra bíblica que se usa para testamento: *bendición.* Una herencia es precisamente eso, una bendición, y para que el padre confiera una bendición o la bendición central a un hijo que no es creyente, o a un hijo rebelde y hostil, es *bendecir el mal.* Aunque algunas porciones de los testamentos bíblicos tienen un elemento de profecía divina así como también disposición testamentaria, es importante notar que combinan bendiciones y maldiciones, como atestiguan las palabras de Jacob a Rubén, Simeón y Leví (Gn 48:2-7). Desheredar a un hijo es una maldición total.

La regla general de la herencia era la primogenitura limitada; o sea, el hijo mayor, que tenía el deber de sustentar a la familia entera en caso de necesidad, o de gobernar el clan, recibía una doble porción. Si había dos hijos, las propiedades se dividían en tres porciones, y el hijo menor recibía una tercera parte. Los padres tenían la obligación de dar una herencia, hasta donde sus medios se lo permitieran (2 Co 12:14). El padre no podía desheredar a un primogénito piadoso debido a sentimientos personales, tales como disgusto con la madre del hijo o preferencia por una segunda esposa (Dt 21:15-17). Tampoco podía favorecer a un hijo impío, un delincuente incorregible, que mereciera morir (Dt 21:18-21). Si no había hijo, la herencia iba a la hija o hijas (Nm 27:1-11). Si por motivo de desobediencia o incredulidad un hombre en efecto no tenía hijo, la hija se convertía en heredera e hijo por así decirlo. Si no habían hijos ni hijas, heredaba el próximo pariente consanguíneo (Nm 27:9-11). El hijo de una concubina podía heredar, a menos que se le enviara lejos o se le diera una indemnización (Gn 21:10; 25:1-6). Una criada podía ser la heredera de su patrona (Pr 30:23), y un esclavo también podía heredar (Gn 15:1-4), puesto que en un sentido era miembro de la familia. Los esclavos extranjeros también podían heredar (Lv 25:46). La herencia de una tribu no se podía transferir a otra, o sea, la tierra de una región no se podía enajenar (Nm 36:1-12). Un príncipe podía darle propiedad a sus hijos como herencia, pero no a un siervo, para que esto no llegara a ser un medio de recompensarlos a detrimento de su familia (Ez 46:16, 17). Si un príncipe le daba tierra a un criado, en el año de libertad esta revertía a los hijos del príncipe. El príncipe no podía confiscar la herencia ni la tierra de la gente; o sea, la propiedad no se podía incautar o confiscar (Ez 46:18).

Este último es un punto importante en vista de la situación contemporánea. Las leyes bíblicas de la herencia son leyes de Dios; las leyes modernas de la herencia son leyes del estado. El estado, todavía más, está haciéndose progresivamente el principal, y algunas veces, en algunos países, el único heredero. El estado está diciendo en efecto que recibirá la bendición por sobre todos los demás. Sin embargo hay una justicia y lógica perversa en la posición del estado: está apropiándose del doble papel de padre e hijo. Ofrece educar a todos los hijos y sostener a todas las familias necesitadas como el gran padre de todos. Ofrece sustento a los ancianos como el verdadero hijo y heredero que tiene el derecho de apropiarse de toda la herencia. En ambos papeles, sin embargo, es el gran corruptor y está en guerra con el orden que Dios estableció: la familia.

Un aspecto final de la economía de la familia: en toda la historia la agencia básica de beneficencia ha sido la familia. La familia, al proveer para sus miembros enfermos y necesitados, al educar a los hijos, al cuidar de los padres, y al enfrentar emergencias y desastres, ha hecho y está haciendo más de lo que el estado jamás ha hecho o puede hacer. La intromisión del estado en el ámbito de la beneficencia pública y la educación lleva a la bancarrota de las personas y de la propiedad y a la deterioración progresiva del carácter. La familia se fortalece al cumplir obligaciones que siempre llevan a la declinación de los estados de beneficencia pública. La familia es la unidad económica básica de la sociedad, y la más fuerte. No puede prosperar ninguna sociedad que debilita a la familia, bien sea al eliminar las responsabilidades de la familia en cuanto a la educación y el bienestar, o al limitar el control de la familia sobre su propiedad y herencia por usurpación.

Un punto final. La ley bíblica de la primogenitura estaba gobernada por el estándar previo de requisitos morales y religiosos. Mientras en la historia de Europa occidental la primogenitura gobernaba casi sin excepción, en la historia bíblica, las excepciones son casi la regla. En el registro bíblico, la herencia por primogenitura sin calificación moral es rara. Vez tras vez, se hace a un lado al primogénito en casos de fracaso moral. Por tanto, está bien claro que las consideraciones espirituales y morales gobernaban la herencia, desde los días de los patriarcas hasta la provisión testamentaria que Cristo hizo para María desde la cruz.

4. La educación y la familia

Un aspecto fundamental del sustento que los padres le debían al hijo es la educación en el sentido más amplio de la palabra. Esto incluye, *primero* que nada, *castigo*. Según Proverbios 13:24: «El que detiene el castigo, a su hijo aborrece; mas el que lo ama, desde temprano lo corrige». También: «Castiga a tu hijo en tanto que hay esperanza; Mas no se apresure tu alma para destruirlo» (Pr 19:18); los padres entonces se inclinaban a ser tiernos de corazón tanto como ahora, pero la necesidad de castigo no se puede hacer a un lado por lástima necia. El castigo puede ser un salvavidas para el hijo: «No rehúses corregir al muchacho; Porque si lo castigas con vara, no morirá. Lo castigarás con vara, Y librarás su alma del Seol» (Pr 23:13, 14). El castigo es necesario, como Kidner lo señala, porque Proverbios afirma:

> Primero, «La necedad está ligada en el corazón del muchacho»; exige más que palabras sacarla de allí (22:15). En segundo lugar, el carácter (en el cual la sabiduría mismo se incorpora) es una planta que crece más fuerte con alguna poda (cf. 15:32, 33; 5:11, 12; He 12:11); y esto desde los días más tempranos (13:24b: «desde temprano»; cf. 22:6: «Instruye al niño en su camino, Y aun cuando fuere viejo no se apartará de él»). En «el muchacho consentido» el único producto predecible es la vergüenza (29:15)[1].

Pero el castigo no es sustitución de la instrucción sólida, de la enseñanza apropiada. Así que, *segundo,* los padres tienen la obligación de proveerle al hijo educación santa. «El principio de la sabiduría es el temor de Jehová» (Pr 1:7); «El temor de Jehová es el principio de la sabiduría» (Pr 9:10). La sabiduría descansa en la

---

1   Derek Kidner, *Proverbs, An Introduction and Commentary* (ntervarsity Press, Chicago, I1964), p. 51.

fe, y el verdadero conocimiento tiene como presuposición al Dios soberano. No puede haber neutralidad en la educación. La educación por el estado tendrá fines estatistas. La educación por la iglesia se dirigirá a promover a la iglesia. La escuela no puede estar subordinada ni a la iglesia ni al estado[2]. En los días de Cristo se enseñaba a los hombres a ofrendar a Dios, antes que proveer para sus padres (Mr 7:7-13). Por tanto, el pecado se enseñaba como virtud.

De los hijos se requiere que obedezcan a sus padres. La contraparte de esto es la obligación de los padres de enseñar a sus hijos los elementos fundamentales de la obediencia: la ley de Dios. La misma ley requiere esto:

> Porque ¿qué nación grande hay que tenga dioses tan cercanos a ellos como lo está Jehová nuestro Dios en todo cuanto le pedimos? Y ¿qué nación grande hay que tenga estatutos y juicios justos como es toda esta ley que yo pongo hoy delante de vosotros? Por tanto, guárdate, y guarda tu alma con diligencia, para que no te olvides de las cosas que tus ojos han visto, ni se aparten de tu corazón todos los días de tu vida; antes bien, las enseñarás a tus hijos, y a los hijos de tus hijos (Dt 4:7-9).

> Y estas palabras que yo te mando hoy, estarán sobre tu corazón; y las repetirás a tus hijos, y hablarás de ellas estando en tu casa, y andando por el camino, y al acostarte, y cuando te levantes (Dt 6:6, 7).

Una vez cada siete años, en el año sabático, los hijos y los adultos debían oír la lectura de la ley por entero (Dt 31:10-13).

Muy temprano, los dirigentes religiosos de Israel asumieron la tarea de la educación. El profeta Natán llegó a ser el instructor del joven Jedidías (Amado de Jehová) o Salomón (2 S 12:25)[3].

Tercero, debido a que la ley es intensamente práctica, la educación hebrea era intensamente práctica. La opinión común era que el que no enseñaba a su hijo la ley y un oficio, la capacidad para trabajar, lo criaba para que fuera un necio y ladrón. Se dice que Simeón, hijo del famoso Gamaliel, observó: «No aprender, sino hacer es lo principal»[4]. Josefo, en su obra *Contra Apio,* comparó la educación de los hebreos con la de los griegos. La educación griega se desvió de lo severamente práctico a lo abstracto y teórico, señaló, en tanto que la ley bíblica tenía una relación saludable entre el principio y la práctica.

Cuarto, la educación bíblica, como estaba centrada en la familia y recalcaba la responsabilidad de padres e hijos, producía personas *responsables*. Una persona

---

2   Ver R. J. Rushdoony, *Intellectual Schizophrenia,* 1961, y *The Messianic Character of American Education,* 1963 (Presbyterian and Reformed Publishing Co., Filadelfia).

3   A. R. S. Kennedy, «Education» [«Educación»], en James Hastings, *A Dictionary of the Bible,* I, 647.

4   *Ibid.,* I, 646.

criada y educada en la doctrina de que tiene la responsabilidad de cuidar de sus padres según surja la necesidad, proveer para sus hijos, y, hasta donde pueda, dejar una herencia de disciplina y ejemplo moral así como de riqueza material, es una persona altamente sintonizada con la responsabilidad. En un sistema educativo así, el estado no es la parte responsable, sino la familia, y el hombre tiene la obligación de ser jefe competente y proveedor de su familia, y la esposa una ayuda idónea hábil para su esposo. El abandono de una educación orientada a la familia lleva a la destrucción de la masculinidad, y deja a las mujeres como lujos para los hombres o competidoras agresivas contra los hombres. Los hombres y las mujeres, al perder su función, giran en la inestabilidad sin un sentido legítimo de función. La educación moderna abstrae el conocimiento; el especialista se enorgullece de no saber nada fuera de su campo y lleva su negativa de relacionar su conocimiento a otros aspectos como placa de honor. Si el erudito busca relatividad social, de nuevo es sin un principio trascendental, y el resultado es una inmersión en el proceso social sin una estructura de valor. Todo lo demás se descarta como insulso excepto el proceso que al momento llega a ser la estructura encarnada.

En la educación moderna, el estado es el educador, y se estima que el estado es la agencia responsable antes que el hombre. Tal perspectiva resulta en destrucción del alumno, cuya lección básica se vuelve dependiente del estado. Se mira al estado, en lugar de al individuo y a la familia, en busca de decisión y acción moral, y el papel moral del individuo es asentir y postrarse ante el estado. La educación estatista es, por lo menos implícitamente, contraria a la Biblia, aun cuando le dé a la Biblia un lugar en su plan de estudios.

Quinto, básico en el llamamiento de todo hijo es ser un miembro de una familia. Casi todos los hijos un día llegarán a ser esposos y esposas, y padres o madres. La escuela estatista es destructora de este llamamiento. Sus esfuerzos por atender la necesidad son esencialmente externos y mecánicos, o sea, cursos de economía doméstica, educación sexual y cosas parecidas. Pero la educación esencial para la vida de familia es la vida de la familia y una escuela y una sociedad orientada a la familia. Quiere decir educación bíblica. Quiere decir disciplina, y educación en la responsabilidad santa.

La escuela estatista, todavía más, básicamente entrena a las mujeres para que sean hombres; no en balde tantas se sienten desdichadas por ser mujeres[5]. Tampoco los hombres están más contentos de que el dominio en la educación moderna se transfiera del hombre al estado, y progresivamente al hombre se le priva de su hombría. La principal víctima de la educación moderna es el estudiante varón. Puesto que el dominio es según el propósito creativo de Dios un aspecto básico del hombre, cualquier educación que disminuye el llamamiento del hombre a ejercer dominio también disminuye al hombre en algún grado.

---

5   Carle C. Zimmerman, Lucius F. Cervantes, *Marriage and the Family,* (Regnery, Chicago, 1956), p. 310s.

Sexto, la educación bíblica hacía énfasis en el aprendizaje, aprendizaje santo. Los proverbios judíos recalcaban esto. Ya nos hemos referido a uno: «Así como al hombre se le exigía que enseñara a su hijo a la Tora, también se le exigía que le enseñara un oficio». Todavía más: «El que le enseña al hijo de su prójimo la Tora, es como si lo hubiera engendrado». Pero, sobre todo, «un ignorante no puede ser santo»[6]. Puesto que la santidad no es un acto de generación espontánea sino que requiere conformidad con la ley y justicia de Dios, el ignorante no puede ser santo. Todavía más, puesto que el conocimiento no es surge por sí mismo, y el significado de lo fáctico no viene de hechos sino del Creador, el conocimiento requiere como presuposición en todo aspecto el conocimiento de Dios, cuyo temor es el principio de la sabiduría y el conocimiento.

Se necesita más que nunca recalcar que los mejores y más fieles educadores son los padres bajo Dios. La mejor escuela es la familia. En el aprendizaje, ninguna lección en una escuela o universidad se compara a las tareas rutinarias de la madre que en poco tiempo enseña la lengua materna a un bebé que no habla ninguna lengua. Ninguna tarea en la educación se iguala a esto. La educación moral del niño, la disciplina de buenos hábitos, es una herencia de los padres al hijo que supera todas las demás. La familia es la escuela primera y básica del hombre.

5. La familia y la delincuencia

El problema de la delincuencia juvenil aparece en una ley de importancia central, pero desdichadamente descuidada por los comentaristas, en lo que tiene que ver con alguna pertinencia a nuestra sociedad. La ley dice:

> Si alguno tuviere un hijo contumaz y rebelde, que no obedeciere a la voz de su padre ni a la voz de su madre, y habiéndole castigado, no les obedeciere; entonces lo tomarán su padre y su madre, y lo sacarán ante los ancianos de su ciudad, y a la puerta del lugar donde viva; y dirán a los ancianos de la ciudad: Este nuestro hijo es contumaz y rebelde, no obedece a nuestra voz; es glotón y borracho. Entonces todos los hombres de su ciudad lo apedrearán, y morirá; así quitarás el mal de en medio de ti, y todo Israel oirá, y temerá (Dt 21:18-21).

La ley es bien clara; ¡si los intérpretes fueran igual de claros!

En este punto, vemos la interpretación talmúdica en su peor aspecto. Hay mucha palabrería en cuanto a lo que constituye un hijo; se le define en términos de barba y vello púbico. Por ejemplo, R. Hisda dijo: «Si un menor engendra a un hijo, este último no cae bajo la categoría de un hijo obstinado y rebelde, porque

---

6   Julius B. Mailer, «The Role of Education in Jewish History» [«El papel de la educación en la historia judía»], en Louis Finkelstein, *The Jews, Their History, Culture, and Religion,* tercera edición (Harper and Brothers, Nueva York, 1960), II, 1240s.

está escrito: *Si un hombre tiene un hijo,* pero no si un hijo (es decir, uno que todavía no ha alcanzado la edad de hombre) tiene un hijo». También se informa de una discusión en cuanto a la edad cuando la actividad sexual del muchacho deja de ser «inocente» y se vuelve pecado. La discusión pornográfica que sigue no arroja ninguna luz sobre el texto sino que refleja los esfuerzos legalistas para tergiversar el significado de la palabra y forzar un sentido extraño[1]. Como juristas de nuestros días, y como la Corte Suprema de los Estados Unidos, se hace todo esfuerzo para dejar nula e inválida la ley limitando el alcance de su aplicación. El hijo no es culpable de beber vinos costosos, porque no podía beber demasiado, ¡así que debe referirse al vino italiano barato! De nuevo, si el delincuente quedaba sexualmente incapacitado por un accidente en el nacimiento, por supuesto que no era hijo, se nos dice[2].

Al analizar esta ley es preciso reconocer ciertas cosas. *Primero,* indica una limitación en el poder de la familia. Un padre romano tenía el poder de vida y muerte sobre sus hijos. Podía dejarlos a la intemperie como infantes, ni matarlos cuando jóvenes, y este poder aparece en muchas culturas. El padre como dios daba vida, y como dios la quitaba. Pero, como Kline notó, «el castigo era el límite de la imposición de autoridad de los padres (v. 18)»[3]. De hecho,

Las leyes hasta este punto no apuntan solo a la defensa, sino también a la limitación, de la autoridad paterna. Si el hijo de alguien era inmanejable y refractario, y no escuchaba la voz de sus padres, aun cuando ellos lo castigaran, su padre y madre debían llevarlo y conducirlo a los ancianos de la ciudad a la puerta del lugar. Los ancianos no son considerados aquí como jueces en el estricto sentido de la palabra, sino como magistrados, que tenían que defender la autoridad paterna y administrar la vigilancia local[4].

En la ley bíblica, toda vida está bajo Dios y su ley. Bajo la ley romana, el padre era la fuente y señor de la vida. El padre podía abortar al hijo, o matarlo después del nacimiento. El poder de abortar, y el poder de matar, van mano a mano, sea en manos de los padres o del estado. Cuando se aplica el uno, pronto también se aplica el otro. Restaurar el aborto como derecho legal es restaurar el asesinato judicial o paterno. Es significativo que, conforme se mata a víctimas inocentes, y no se les aplica la pena capital a sus asesinos, los mismos hombres que abogan por la vida del asesino también demandan el «derecho» al aborto. Gary North notó, en un plantel universitario de importancia, que el mismo demostrador llevaba un día un letrero: «Abolición de la pena capital», y «Legalización del aborto» al día siguiente. Cuando a un profesor de ideología liberal se le llamó la atención a esto, su respuesta fue: «No hay contradicción en eso». Tenía razón; la tesis es, condenar al inocente y dejar libre al culpable.

---

1   *Babylonian Talmud, Seder Nezikin,* vol. III, Sanhedrin VIII; pp. 465-488.
2   *Seder Nezikin,* vol. II, Baba Bathra 126b; p. 527.
3   Kline, *Treaty of the Great King,* p. 109.
4   Keil and Delitzsch, *Pentateuch,* III, 407.

Segundo, la ley requiere que la familia se alinee con la ley y orden en lugar de ponerse de lado de un miembro criminal. Wright opinaba que «es altamente improbable que los padres a menudo apelen a tal ley»[5]. Los padres no son testigos de queja en el sentido normal, y como resultado no se les requiere que sean verdugos como los testigos normalmente lo eran (Dt 17:7). Son «los hombres de la ciudad» los que deben ser los verdugos, y de aquí que es una queja en un sentido muy real de la comunidad contra un miembro criminal. De nada sirve aducir humanitarismo aquí. En esos días, en las culturas vecinas el padre tenía el poder de matar a sus hijos y a menudo lo hacía. En tanto que los hebreos tenían un estándar diferente, ni su ley ni sus vidas se movían en términos del humanitarismo moderno.

Si los padres se negaban a quejarse contra su hijo, se hacían culpables de condonar o participar en sus crímenes. Su papel era por tanto formal pero necesario; ¿iba la familia a alinearse con la justicia o en términos de sus vínculos sanguíneos? En vista de la fuerte naturaleza de las lealtades de familia, la participación de los padres era necesaria a fin de asegurar la libertad del conflicto y también poner a la familia firmemente en contra de sus miembros criminales. El que un padre se negara a presentar una queja en un caso así sería convertirse en parte de la transgresión y defensor de la transgresión. El principio requerido era tajante: no la sangre sino la ley debe gobernar.

Tercero, la ley bíblica es norma jurídica , y esta ley no trata solo de los hijos. Quiere decir que si a un hijo, a quien sus padres aman y es el heredero, se le debe denunciar su transgresión, ¿cuánto mucho más a otros familiares? Una familia que entrega a su hijo a la ley, entregará a cualquiera. De este modo, las hijas quedaban claramente incluidas. La ley dice: «No haya ramera de entre las hijas de Israel, ni haya sodomita de entre los hijos de Israel» (Dt 23:17). «No contaminarás a tu hija haciéndola fornicar, para que no se prostituya la tierra y se llene de maldad» (Lv 19:29). La evidencia indicaría que ninguna joven hebrea podía convertirse en una delincuente incorregible, y, en período de ley y orden, seguir viva. Es significativo que el término que se usa en Proverbios para prostituta es mujer extraña, una extranjera. Esto tiene dos interpretaciones posibles. Posiblemente, la hija que se hacía prostituta era excluida de la familia y de la nación y ya no era miembro del pueblo del pacto sino una extranjera. Más probable, como la lectura literal claramente indica, la prostituta era una extranjera.

Está claro entonces que el propósito de esta ley era que se ejecutara a todos los criminales incorregibles y habituales. Si había que ejecutar a un hijo criminal, ¿cuánto mucho más a un prójimo u otro hebreo que se había vuelto criminal incorregible? Si la familia debe alinearse con la ejecución de un hijo delincuente incorregible, ¿no va a exigir la muerte del criminal habitual de la comunidad?

El que esa era la intención de la ley aparece en el propósito indicado, «así quitarás el mal de en medio de ti, y todo Israel oirá, y temerá». El propósito de la

---

5   G. Ernest Wright, «Deuteronomy» [«Deuteronomio»], *Interpreter's Bible,* II, 462.

ley es eliminar por entero de la nación al elemento criminal, una clase criminal profesional. A la familia no se le permite el privilegio perverso de decir: «Vamos a respaldar a nuestro muchacho, venga lo que venga»; la familia misma debe unirse en la guerra contra el delito. Puesto que la ley es un plan para el futuro, ese plan claramente significa la eliminación toda transgresión como un factor significativo en la sociedad piadosa.

Esta ley ha tenido su efecto en la ley estadounidense, en que los criminales habituales todavía técnicamente son culpables de prisión vitalicia después de tantas convicciones, pero estas leyes son un reflejo debilitado y en declinación de la ley bíblica. Originalmente, en los Estados Unidos se podía ejecutar a los criminales habituales, y algunos estados todavía tienen tal legislación en sus libros.

Puesto que la ley bíblica no tiene sentencia de prisión sino solo de restitución, su opinión del delito es que el acto del delito lo comete, no un delincuente profesional, sino un ciudadano débil, que debe restaurar los bienes robados más por lo menos una cantidad igual, a fin de que él mismo sea restaurado a su ciudadanía en la comunidad. La ley bíblica no reconoce a un elemento delictivo profesional; al delincuente potencialmente habitual hay que ejecutarlo tan pronto como dé clara evidencia de serlo.

Cuarto, en este punto viene a la vista el factor de la compasión. La noción común humanística es que tal ley es inmisericorde. La perspectiva bíblica es que no lo es, y que, de hecho, la perspectiva moderna no refleja ninguna compasión, sino compasión errada. ¿Se debe tener compasión del criminal o de la comunidad? La ley bíblica exige compasión para el ofendido, no para el ofensor.

La compasión, de hecho, se prohíbe específicamente como mal en algunos casos. Claro, en la ley respecto al hijo delincuente, se prohíbe la compasión por el hijo. Pero en otras leyes específicamente se tiene la compasión como prohibida:

> Y consumirás a todos los pueblos que te da Jehová tu Dios; no los perdonará tu ojo, ni servirás a sus dioses, porque te será tropiezo (Dt 7:16).

> Si te incitare tu hermano, hijo de tu madre, o tu hijo, tu hija, tu mujer o tu amigo íntimo, diciendo en secreto: Vamos y sirvamos a dioses ajenos, que ni tú ni tus padres conocisteis, de los dioses de los pueblos que están en vuestros alrededores, cerca de ti o lejos de ti, desde un extremo de la tierra hasta el otro extremo de ella; no consentirás con él, ni le prestarás oído; ni tu ojo le compadecerá, ni le tendrás misericordia, ni lo encubrirás, sino que lo matarás; tu mano se alzará primero sobre él para matarle, y después la mano de todo el pueblo (Dt 13:6-9).

> Pero si hubiere alguno que aborreciere a su prójimo y lo acechare, y se levantare contra él y lo hiriere de muerte, y muriere; si huyere a alguna de estas ciudades, entonces los ancianos de su ciudad enviarán y lo sacarán de

allí, y lo entregarán en mano del vengador de la sangre para que muera. No le compadecerás; y quitarás de Israel la sangre inocente, y te irá bien (Dt 19:11-13).

Y no le compadecerás; vida por vida, ojo por ojo, diente por diente, mano por mano, pie por pie (Dt 19:21).

Si algunos riñeren uno con otro, y se acercare la mujer de uno para librar a su marido de mano del que le hiere, y alargando su mano asiere de sus partes vergonzosas, le cortarás entonces la mano; no la perdonarás (Dt 25:11-12).

En Deuteronomio 7:16 se prohíbe la compasión para los perversos habitantes de Canaán; la compasión de Dios por ellos, y su paciencia, había durado por siglos. Ya había pasado el tiempo para la compasión; era tiempo para el castigo y la muerte.

En Deuteronomio 13:6-9 se prohíbe la compasión para el que subvierte la fe, aun cuando esa persona sea un pariente cercano y querido. Los cimientos del orden santo están en juego, y la compasión aquí es un mal.

En Deuteronomio 19:11-13, se prohíbe la compasión para el asesino en caso de asesinato premeditado. No se pueden aducir circunstancias mitigantes contra el hecho de asesinato premeditado.

En Deuteronomio 19:21 se indica la ley general de justicia; el castigo debe ajustarse al delito; debe haber una restitución comparable o la muerte. No se puede usar la compasión para hacer a un lado la justicia.

En Deuteronomio 25:11-12, ninguna mujer, al defender a su esposo que está peleando con otro hombre, puede intentar ayudar a su esposo mutilando la sexualidad del otro hombre. Tal ofensa era particularmente aterradora. Es la *única* instancia en la ley bíblica en donde la mutilación es el castigo, y su significación es de importancia central. Una esposa debe ser, bajo Dios, ayuda idónea para su esposo, pero solo y siempre bajo la ley de Dios. En una pelea entre dos hombres, ella no puede tener ventaja injusta contra el asaltante de su esposo. *La ley requiere que se quede dentro de la ley de Dios, y una mujer nunca puede ayudar a su esposo contra la ley.* Si eso fuera permitido, el hombre pudiera hacerse a un lado y dejar que su esposa rompa la ley por él con impunidad. Un amor sin ley está bajo la sentencia de la ley. Joab amaba a David como ningún otro aparte de Jonatán, y Joab a menudo tenía razón cuando David estaba equivocado, pero el amor de Joab era a menudo un amor fuera de la ley, y eso solo le ganó el odio de su pariente David, y el castigo final. En el caso de la esposa sin ley, el hecho de la mutilación era una tétrica advertencia pública: una mano o cónyuge sin ley no era ni mano ni ayuda para nada. Su brazo mutilado era un tétrico recordatorio para todos de la prohibición del amor sin ley. No había que compadecerla, porque la compasión siempre debe moverse en términos de la ley, porque si no se vuelve condonación del mal. Sea una esposa, esposo, o hijo involucrado, la compasión nunca debe salirse de la ley.

Quinto, la falta del hijo transgresor implica un ataque o guerra contra la autoridad fundamental. De Deuteronomio 21:18, Schroeder escribió: «Este disputa la autoridad paterna y divina en disposición y vida con pleno conocimiento y propósito aunque la tiene ante él». En el v. 19, añadió: «Además de la autoridad paterna, la civil corre peligro, y de aquí el caso pasa de aquello, a esto»[6]. Todavía más, como Manley notó: «Viendo que los padres están como representantes de Dios para sus hijos, la rebelión obstinada se considera equivalente a blasfemia, y se le aplica el mismo castigo»[7].

Sexto, el principio de la pena capital (de lo cual diré más después) interviene aquí. La vida es creada por Dios, gobernada por su ley, y se debe vivir en términos de su palabra-ley. Toda transgresión enfrenta el castigo máximo; las ofensas capitales requieren la pena de muerte aquí y ahora aplicada por las autoridades civiles. *Ni los padres ni el estado son los creadores de la vida, y por consiguiente no pueden fijar los términos de la vida.* En este hecho se halla la mayor salvaguarda de la libertad del hombre; sí, el estado piadoso trata severamente a los ofensores, pero limita estrictamente el poder del estado en los demás puntos en términos de la palabra de Dios. El poder de los padres de igual modo queda limitado bajo el orden piadoso; la familia bíblica nunca tiene los poderes despóticos de la familia romana o china. Los padres en todo momento están limitados por la palabra-ley de Dios. La ley bíblica claramente favorece al piadoso y trata con severidad al impío. Como Waller escribió de la ley respecto al hijo delincuente, «manifiestamente esta imposición, si se aplica, sería una gran protección para el país contra los personajes impíos, y lo libraría de uno de los más grandes elementos de las clases peligrosas»[8].

Séptimo, Los cargos formales contra el hijo son de interés especial. Hemos notado el ataque fundamental a la autoridad, cubierto por las palabras «obstinado y rebelde». Según Waller, «las palabras hebreas se volvieron proverbiales como la peor forma de reproche»[9]. «Glotón y borracho» (cf. Pr 23:20-22, en donde se hallan las mismas dos palabras) añade al cuadro de un delincuente rebelde, antisocial e incorregible. El Talmud, con su reinterpretación de cada término, hizo que la ley fuera virtualmente inaplicable a cualquier persona. La ley, por su generalización, pinta a un delincuente incorregible cuya conducta general confirma su naturaleza impía. El carácter confirmado del hijo establece, entre otras cosas, esto: el hijo delincuente y rebelde ha negado su herencia de fe y ley; en su significado último, esta

---

6   F. W. J. Schroeder, «Deuteronomy» [«Deuteronomio»], en John Peter Lange, *Commentary on the Holy Scriptures, Numbers-Deuteronomy* (Zondervan, Grand Rapids, n.f.), p. 161.

7   G. T. Manley, «Deuteronomy» [«Deuteronomio»], en Davidson, Stibbs, and Kevan, *The New Bible Commentary,* p. 215.

8   C. H. Waller, «Deuteronomy» [«Deuteronomio»], en Ellicott, II, 59s.

9   Waller, en *Ibid.,* II, 60.

rebelión contra su herencia espiritual es una rebelión contra la vida misma. De aquí, la sentencia de muerte. No es un personaje débil, es fuerte, pero su carácter está dedicado al mal. La familia es la cuna terrenal de la vida, y la familia santa da una herencia de vida. Renunciar a esta herencia es renunciar a la vida. No todo hijo rebelde va hasta este punto en su rebelión, pero el principio de su rebelión es con todo un rechazo de su herencia en el pleno sentido de esa palabra.

Octavo, como hemos visto, la ley es una forma de guerra. Por la ley, hay la abolición de ciertos hechos, y a las personas que cometen esos hechos o se les ejecuta o se le lleva a ajustarse a la ley. La ley así *protege* a cierta clase, a los que cumplen la ley; y todo orden-ley es en efecto un subsidio a las personas de la ley. Si la ley no impone esa protección, con el tiempo se destruye. Si la ley no ejecuta al criminal incorregible y profesional, está creando una crisis social seria y conduciendo cada vez más a la anarquía. En Los Ángeles, California, en 1968, por ejemplo, el uso de las resbaladeras en los parques municipales se hizo difícil para los niños. Algunos delincuentes juveniles estaban enterrando botellas rotas con las puntas hacia arriba en la arena debajo de las resbaladeras. Los delincuentes juveniles intervenían en tantas otras actividades que las condiciones resultantes estaban más allá del control efectivo de la policía. De nuevo,

> El uso de marihuana está tan extendido en el área de la Bahía que simplemente no está en el ámbito de posibilidad para las agencias de imposición de la ley detenerla.
>
> En Berkeley, un sábado por la noche pueden haber más de 2000 fiestas de hierba en progreso; ¿puede haber un informante o un agente de policía en cada una?[10].

Virtualmente en todo aspecto de actividad criminal, el delincuente incorregible y el criminal profesional están adquiriendo velozmente un mayor poder de ataque. Son más numerosos que la policía, son un ejército vasto de delincuentes dedicados. Las cortes, al hacer difícil que se les declare convictos, están en efecto subsidiando la transgresión, y haciendo la guerra contra los que acatan la ley.

6. El principio de autoridad

La educación estatista y la intervención estatista en la vida de la familia conduce poco a poco al derrumbe de la familia. No en balde el principio de autoridad está en juego en la familia.

---

10   Robert McLaughlin, «A Policeman's Nightmare: Mountains of Marijuana» [«Pesadilla de un policía: Montañas de marihuana»], (citando David Kershaw), en Los Angeles *Herald-Examiner,* viernes, 6 diciembre 1968, p. A-13.

La familia no es solo el primer medio ambiente del niño, sino también su primera escuela, donde recibe su educación básica; su primera iglesia, en donde se le enseña sus primeras lecciones fundamentales respecto a Dios y la vida; su primer estado, en donde aprende los elementos de ley y orden y los obedece; y su primera vocación, en donde al niño se le da trabajo que hacer, y responsabilidades en términos del mismo. El mundo esencial de un niño pequeño es la familia, su padre y su madre en particular. Meredith ha resumido el asunto de manera apta: «A los ojos de un niño pequeño, ¡el padre está en el lugar de *Dios mismo!* Porque el padre es el proveedor, el protector, el que lo ama, el maestro y el legislador del niño»[1].

De aquí que son los teólogos los que a través de los siglos han enseñado obediencia a los magistrados civiles, y a todas las autoridades debidamente constituidas, bajo el encabezamiento del quinto mandamiento. Se ha visto ya cuán profundamente involucrada en toda autoridad está la autoridad de los padres. La destrucción de la posición y autoridad de la familia es la destrucción de toda la sociedad y la introducción de la anarquía.

Pero la introducción de la anarquía radical es también lo que sigue sistemáticamente al ataque contra la familia. La rebelión estudiantil de la década de 1960 tenía como su base el anarquismo. Por eso Jorge Immendorff, de 23 años, de Alemania, pidió una rebelión antes que una reforma, porque «no se puede mejorar la basura; así que la rebelión es la única respuesta». La necesidad es «empezar de la nada» con un solo estándar: «la vida misma». Anthony Duckworth, de 21 años, de Inglaterra, declara que «en Oxford y Cambridge los maestros jóvenes quieren determinar las normas administrativas, decidir en cuanto a textos y cursos, dormitorios y comidas. Quieren tomar las riendas». Es más, según John D. Rockefeller III, de 62 años, «en lugar de preocuparnos sobre cómo suprimir la rebelión juvenil; los de la generación mayor debemos preocuparnos de cómo sustentarla». Según Rockefeller, este «idealismo» juvenil se debe sostener y promover[2]. Pero, ¿qué es lo que Rockefeller nos está pidiendo que sustentemos y aceptemos»? *Primero,* la rebelión estudiantil y juvenil tiene una premisa inmoral: la afirmación de que los jóvenes tienen el «derecho» de controlar y gobernar las propiedades de otros. Si una universidad le pertenece al estado, a una iglesia, o a una corporación privada, el estudiante puede recibir una educación allí en términos de esa institución. Es libre para formar sus propias instituciones, pero, como estudiante o instructor, está en una institución en términos fijados por aquellos cuyos derechos de propiedad gobiernan la institución. Los estudiantes se quejan de «coerción», pero sus movimientos están entre los más coercitivos del siglo. El hijo no tiene derecho de gobernar a sus padres, ni los alumnos a su institución educativa, ni los empleados a su patrono. *Segundo,* la meta de la rebelión estudiantil es el poder amoral, no

---

1   Roderick C. Meredith, *The Ten Commandments*, p. 35.
2   «The Student Rebels» [«El estudiante se rebela»], en *This Week Magazine* (1 diciembre 1968), pp. 1, 10.

esperanzas «idealistas». Hacer de «la vida misma» el estándar quiere decir que no hay estándar excepto la anarquía. Pedir que se «empiece de la nada» es pedir la destrucción de toda ley y orden de modo que el anarquista pueda aprovechar lo que el dueño actual posee. *Tercero*, este anarquismo es inevitable en una generación de estudiantes a quienes no se les ha enseñado a obedecer a sus padres ni a toda la autoridad debida, ni a honrar a quienes se les debe honor. Para citar a Meredith nuevo,

> El mandamiento original de «honrar» a padre y madre se aplica a todos nosotros por toda la vida. Pero en este lugar a los *hijos* específicamente se les dice que *obedezcan* a sus padres «en el Señor» (Ef 6:1, 2).
>
> Debido a su total falta de experiencia y juicio, es absolutamente necesario que al niño *se le enseñe* a OBEDECER a sus padres *al instante y sin cuestionamiento*. Explicaciones y razones para esto se le pueden y se le deben dar al niño de tiempo en tiempo. Pero al momento en que se da una orden paternal, ¡puede que no haya ni tiempo ni oportunidad para explicar por qué!
>
> Por consiguiente, es imperativo que al niño se le enseñe el HÁBITO de la *obediencia* incuestionable a sus padres. Porque, hasta que el niño pequeño se desarrolle, sus padres están para él *en lugar de Dios*. Y Dios los considera RESPONSABLES de enseñar y dirigir apropiadamente al hijo.
>
> Por implicación directa, el padre está obligado por el quinto mandamiento a *hacerse a* honorable. Para que se le honre a uno, uno debe *ser honorable*.
>
> Todo padre debe darse cuenta de que ¡para el niño *él representa a Dios!*[3]

El padre representa a Dios, porque representa el orden-ley de Dios. A los jueces, en la ley, se les menciona como «dioses», así como también a los profetas (Éx 21:6; 22:8; 1 S 28:13; Sal 82:1, 6; Jn 10:35). Puesto que los padres representan el orden-ley de Dios, deben, por un lado, ser obedientes a ese orden-ley, y por otro lado, se les debe obedecer como representantes de ese reino.

En Éxodo 21:6, la versión Reina Valera dice *jueces* en donde el hebreo dice *Elohim*, dioses; lo mismo es cierto en Éxodo 22:8. La Biblia de las Américas, y la versión del texto masorético [en inglés], dice «dios» y en una nota al pie de página «jueces». En 1 Samuel 28:13, la hechicera de Endor, al ver a Samuel, exclamó: «He visto dioses que suben de la tierra» o, en la LBLA: «Veo a un ser divino subiendo de la tierra». Es claro que se refiere al profeta. En el Salmo 82:1, 6, a las autoridades civiles se les menciona como «dioses», uso confirmado por Jesucristo (Jn 10:35). Por esto, debido a que todas las autoridades representan el orden-ley de Dios, al quinto mandamiento a menudo se le ha asociado con la primera tabla de la ley, o sea, con los que tienen referencia a nuestras obligaciones a Dios, en contraste con la segunda tabla, los que tienen referencia a nuestras obligaciones

---

3   Meredith, *op. cit.*, p. 35.

para con nuestro prójimo. Hay validez en esta división en dos tablas, aunque no se pueden llevar demasiado lejos y es hasta cierto punto artificial, puesto que todos los mandamientos tienen referencia a nuestra obligación a Dios.

Calvino consideró la incorporación de este mandamiento en la primera tabla como tontería[4]. Es curioso, pero trató de usar Romanos 13:9 a favor de su posición, así como también Mateo 19:19, pero estos pasajes no son concluyentes en este asunto. Más pertinentes son las varias leyes, previamente tratadas, que relacionan la obediencia a los padres a la observancia del sabbat y el evadir la idolatría (cf. Lv 19:1-4).

Pero, volvamos al punto más importante: el asunto de la obediencia. La mentalidad humanística suele aducir que la obediencia sin cuestionamiento y fiel que la ley exige de los hijos es destructiva para la mente. La persona libre, dicen, es producto de rebelión, de constante desafío a la autoridad, y la verdadera educación debe estimular a los niños y adolescentes a romper con la autoridad y negar sus afirmaciones. La «cultura» de la juventud hoy es esta exigencia de realización instantánea combinada con un rechazo a la autoridad. Ross Snyder, en *Young People and their Culture,* escribe que «los jóvenes de nuestro tiempo están muy convencidos de que *todo es para ahora mismo,* y en toda la plenitud posible para ellos en su período de desarrollo»[5]. Esta exigencia de realización instantánea es característica del infantilismo. El nene llora cuando tiene hambre y vacía su vejiga e intestinos a voluntad. Llora con frustración y cólera cuando la gratificación no es instantánea. No sorprende que una generación criada de manera permisiva tenga una alta aptitud para la cólera destructiva y revolucionaria, a menudo acompañada por las acciones de orinar y defecar alegremente en público, y una baja aptitud para el trabajo y estudio disciplinados. La esencia de la mentalidad revolucionaria es la exigencia de la utopía instantánea, de la gratificación instantánea, y una cólera destructiva, infantil, contra todo orden que no se lo provee. Freud acuñó los términos personalidad oral y anal; los términos no tienen relevancia en ninguna edad de madurez ni para los hombres de madurez; son aptos para describir la personalidad ambivalente de una edad infantil y permisiva y de sus personas.

Pero las raíces van más adentro. John Locke formuló la psicología sin raíces de la fe humanística con su concepto de pizarra limpia. La verdadera educación, sostenía, requería que se borrara por completo de la mente todas las nociones preconcebidas, implícitas en las enseñanzas de los padres, religión y sociedad. En términos del concepto y la psicología de Locke, la educación debe ser revolucionaria. Añádase a esto el hombre natural de Rousseau, y todas las nociones preconcebidas, todas las formas de herencia del pasado, se vuelven cadenas que hay que romper. Marx y Freud derivaron las conclusiones lógicas de las filosofías

---

4   Calvino, *Commentaries on the Four Last Books of Moses,* III, 7.
5   Citado en una revisión de *Religious Book Club Bulletin,* vol. 41, no. 15 (diciembre 1968), p. 2.

de Locke, Rousseau y Darwin. Darwin, por su fe evolucionista, redujo todo en el pasado a un nivel inferior y más primitivo, y así añadió justificación a la exigencia de un cambio total, de una revolución. Esta hostilidad a la disciplina y obediencia ha invadido casi todas las disciplinas en el siglo XX. En el arte, la capacidad de dominar y utilizar habilidades en el uso de pinturas en el dibujo se hace a un lado a favor de la expresión «espontánea» e «inconsciente» que carece de razón y forma. En la religión, a la experiencia se le da prioridad por encima de la doctrina o se reemplaza. En la política, la autoridad viene desde abajo, del nivel más bajo, y el líder «carismático» es el demagogo que satisface mejor a las masas. En la música, el emocionalismo indisciplinado es el galardón más preciado, y así por el estilo. La animosidad contra la obediencia y la disciplina es general y profunda.

Pero la mente que funciona mejor es la mente obediente y disciplinada. El niño disciplinado y obediente no es un adolescente servil sino un hombre libre. En virtud de la disciplina de la obediencia, tiene mejor dominio de sí mismo y puede dominar mejor su campo de desempeño.

El antiguo humanismo, debido a que creció en el contexto de una disciplina cristiana, podía producir una mente disciplinada. Montaigne (n. 1533), al dar consejos sobre cómo educar al hijo, habló sin ningún sentido de novedad al describir la buena educación de su día:

> Unos pocos años de la vida están reservados para la educación, no más de los primeros quince o dieciséis; aprovecha bien estos años, adulto, si quieres educar al hijo para una madurez correcta. Deja fuera los asuntos superfluos. Si quieres hacer algo constructivo, confronta al niño con discursos filosóficos, esos que no son demasiado complicados, por supuesto, y sin embargo los que valen la pena explicar. Trata esos discursos en detalle; el niño es capaz de digerir este asunto desde el momento en que puede más o menos manejarse por sí mismo [Montaigne en realidad escribió: «desde el momento en que es destetado», pero probablemente no quiso decirlo demasiado literalmente]; el niño, en cualquier caso, podrá recibir discursos filosóficos mucho mejor que un intento de enseñarle a escribir y leer; esto es mejor que espere un poco[6].

Puesto que en el día de Montaigne no se destetaba al niño tan apresuradamente cómo en nuestros días, no hay razón para dudar del enunciado de Montaigne. En los Estados Unidos puritanos, eran las madres las que enseñaban a los niños a leer, cuando éstos tenían entre dos y cuatro años.

Van den Berg cita dos ejemplos de niños maduros de la era de Montaigne y después. Merecen que se citen con algún detalle:

---

6   J. H. van den Berg, *The Changing Nature of Man* (Dell, Nueva York, [1961], 1964), p. 21.

Tenemos en efecto alguna información sobre la naturaleza del niño en tiempos de Montaigne: la vida de Teodoro Agripa d'Aubigne, hugonote, amigo de Enrique IV, nacido en 1550. Montaigne nació en 1533, así que había alcanzado la edad de la discreción cuando d'Aubigne era todavía un niño. Observando a jóvenes contemporáneos de este d'Aubigne, Montaigne no notó nada en cuanto a la maduración. De d'Aubigne se dice que leía griego, latín y hebreo cuando tenía seis años, y que tradujo a Platón al francés cuando todavía no había cumplido los ocho años.

Montaigne recomendaba la lectura y explicación de discursos filosóficos a los niños; pues bien, si un niño de ocho años puede traducir Platón, ¿qué objeciones puede haber para leerle una versión traducida cuando tiene cuatro años?

Cuando d'Aubigne tenía todavía ocho años, fue a la ciudad de Amboise, acompañado de su padre, poco después de que habían ejecutado a un grupo de hugonotes. Vio los cuerpos decapitados; y a petición de su padre juró vengarlos. Dos años más tarde lo capturaron los *inquisidores;* la reacción del muchacho de diez años a la amenaza de muerte en la hoguera fue bailar de alegría ante la fogata. El horror de la misa le quitó su miedo al fuego, fue su propio comentario posterior, como si un niño de diez años pudiera saber lo que quería decir con eso. Y sin embargo, un niño que había traducido a Platón y que había estado por cuatro años acostumbrado a leer clásicos, ¿no podía tal niño saber lo que quiere, y saber lo que estaba haciendo? Pero difícilmente se le podría llamar niño. Una persona que observa de manera inteligente los efectos de una ejecución, que pronuncia un juramento al que será fiel el resto de su vida, que se da cuenta por sí mismo del significado de la santa comunión, y que se imagina el horror de la muerte en la hoguera, no es un niño, sino un hombre.

Cuando Montaigne murió, otro niño estaba en el umbral de grandes descubrimientos: Blas Pascal, nacido en 1623, escribió cuando tenía doce años, sin ninguna ayuda, un tratado sobre el sonido que los expertos contemporáneos tomaron en serio. Más o menos al mismo tiempo resultó que oyó la palabra *matemáticas;* le preguntó a su padre lo que quería decir, y le fue dada la siguiente respuesta incompleta (incompleta, porque su padre tenía miedo de que un interés en las matemáticas pudiera disminuir su interés en otras ciencias): «Matemáticas, acerca de lo cual te diré más tarde, es la ciencia que se ocupa de la construcción de cifras perfectas y el descubrimiento de las propiedades que contienen». El joven Pascal rumiaba esta respuesta durante sus horas libres, y sin ayuda, construyó círculos y triángulos que lo llevaron al descubrimiento del tipo de propiedades que su padre debe haber querido decir; por ejemplo, que la suma de los ángulos de un triángulo es igual a dos ángulos rectos[7].

---

7   *Ibid.,* pp. 26-28. El autor, Jan Hendrick van den Berg, es profesor de psicología en la Universidad de Leyden.

Debemos conceder que d'Aubigne y Pascal fueron hombres destacados y niños prodigio. Pero se debe añadir que en la música, las ciencias y en muchos otros campos, los niños prodigio eran mucho más comunes entonces que ahora. También debemos reconocer que el nivel intelectual entonces era muy alto incluso entre las personas del pueblo. El nivel de predicación es amplia evidencia de esto. La capacidad de los miembros de la iglesia para escuchar sermones largos de, a veces hasta dos horas, y reproducir todos los treinta o cuarenta puntos fielmente más adelante en la semana, y debatirlos y discutirlos, está bien documentado. No había falta de iniquidad en esa era, pero también había un alto orden de disciplina, y esta disciplina promovía el uso de la inteligencia. Los hombres que, en los primeros siglos de la era cristiana, y en la era de la Reforma y posteriores, establecieron los cimientos de la civilización y libertad occidentales eran hombres de fe y disciplina, hombres instruidos en la academia de la obediencia.

Las Escrituras exigen un respecto santo por el poder y la autoridad como debidamente constituidos y ordenados por Dios. Éxodo 22:28 declara: «No injuriarás a los jueces, ni maldecirás al príncipe de tu pueblo». De nuevo, la NVI traduce «jueces» como «Dios» y en las notas al pie de página dice «los jueces». Calvino notó, de este pasaje, Levítico 19:32, Deuteronomio 16:18 y 20:9 que «en el quinto mandamiento se abarcan por sinécdoque todos los superiores, los que están en autoridad»[8].

> Primero, dice que debemos pensar y hablar reverentemente de los jueces y otros que ejercen el oficio de magistrado; tampoco se debe cuestionar que, en el uso ordinario del hebreo, Él repite lo mismo dos veces; y consecuentemente que a las mismas personas se les llama «dioses» y «gobernantes del pueblo». El nombre de Dios —en sentido figurado, pero de lo más razonable— se aplica a los magistrados, sobre quienes Él ha puesto una marca de su gloria como ministros de su autoridad divina. Como ya hemos visto, honor se debe dar a los padres, debido a que Dios los ha asociado consigo mismo en la posesión del nombre, y aquí esa misma dignidad se pide también para los jueces, a fin de que las personas los reverencien, porque son representantes de Dios, sus subalternos y vicarios. Cristo, el expositor más seguro, lo explica así cuando cita el pasaje de Salmo 82:6: «Yo dije: Vosotros sois dioses, y todos vosotros hijos del Altísimo» (Jn 10:34), o sea, «que se les llama dioses a quienes vino la palabra de Dios», que se debe entender, no de la instrucción general dirigida a todos los hijos de Dios, sino del mandamiento especial para gobernar.
>
> Es señal de exaltación de los magistrados que Dios no solo los considera en lugar de los padres, sino que también nos los presenta dignificados por su propio nombre; de donde también parece claro que se les debe obedecer no solo por temor al castigo, «sino también por causa de la conciencia»

---

8   Calvino, *op. cit.*, p. 17.

(Ro 13:5), y se les debe honrar con reverencia, a fin de no menospreciar a Dios en ellos. Si alguien objeta que sería incorrecto alabar los vicios de aquellos a quienes percibimos que abusan de su poder, la respuesta es fácil: aunque a los jueces hay que respetarlos aunque no sean lo mejor, ese honor con que están investidos no es para encubrir el vicio. Tampoco Dios ordena que aplaudamos sus errores, sino más bien que todas las personas deploren con tristeza en silencio, en lugar de levantar conmoción en un espíritu licencioso y sedicioso, y así subvertir el gobierno político[9].

Que esta obediencia santa no constituye endoso ni sumisión al mal es evidente en forma abundante por la historia de los profetas del Antiguo Testamento, y la historia de la iglesia cristiana. Más bien, la obediencia santa es la mejor base para resistir al mal, porque se levanta primordialmente en términos de una obediencia más alta a Dios y por consiguiente es, en obediencia independiente, y en resistencia a los tiranos, obediente a la autoridad más alta de Dios.

Pero en un punto el comentario de Calvino refleja (en la primera oración del segundo párrafo que antecede), no el pensamiento bíblico, sino el romano, cuando compara a los gobernantes con los padres y les adscribe autoridad *paternal*. Lo que es común entre padres, gobernantes, maestros y amos no es *paternidad* sino *autoridad*. Es un error serio adscribir poder paternal a un gobernante y al estado. Los padres representan ante el niño la autoridad de Dios; el magistrado o gobernante civil representa la autoridad de Dios en términos de un orden-ley civil para los ciudadanos; ellos, padres y gobernantes, tienen *autoridad* en común, no *paternidad*, e incluso con respecto a la autoridad, es de clase diferente. La ley romana, debido a que divinizaba al estado, hizo del estado y su gobernante en efecto el dios del pueblo, y del pueblo los hijos de ese dios. El emperador era el padre de su nación, y esto es un serio aspecto de la teología civil.

La educación fuertemente clásica de los eruditos medievales y de la Reforma a menudo los hizo descarriarse. Un versículo que a veces se cita como evidencia del papel paternal del estado es Isaías 49:23. Pero este versículo se refiere al remanente de Israel, que sería restaurado a Jerusalén y restablecido como estado bajo la protección de otros estados, que serían como «nodrizas». La referencia es al restablecimiento de la comunidad hebrea bajo Nehemías, con la protección del Imperio Medopersa. La imaginería no tiene nada que ver con un papel paternal del estado y sí con el papel protector superior de un gran imperio hacia un orden civil pequeño que estaba reconstituyendo.

La autoridad primordial y básica en el orden-ley de Dios es la familia. Todas las demás autoridades debidas de modo similar representan el orden-ley de Dios, pero en diferentes ámbitos. Si los hijos no obedecen a los padres, no se honrará ni obedecerá a ninguna otra autoridad. Por lo tanto, la ley habla de la autoridad clave

---

9   *Ibid.*, III, 17s.

en términos de aquellos cuyo orden de autoridad social persiste o cae. Básico a la autoridad en todo campo es la representación del orden-ley de Dios.

El estado es así establecido a fin de extender la justicia de Dios. Deuteronomio 16:18-20 dice:

> Jueces y oficiales pondrás en todas tus ciudades que Jehová tu Dios te dará en tus tribus, los cuales juzgarán al pueblo con justo juicio. No tuerzas el derecho; no hagas acepción de personas, ni tomes soborno; porque el soborno ciega los ojos de los sabios, y pervierte las palabras de los justos. La justicia, la justicia seguirás, para que vivas y heredes la tierra que Jehová tu Dios te da.

Sería ridículo proponer la paternidad como propósito de esta ley; su meta es la justicia civil. Básico para el establecimiento de esa justicia es la autoridad.

Y el quinto mandamiento, al hablar de los padres, y por implicación de todas las autoridades ordenadas por Dios, está estableciendo, antes que nada, *la autoridad de Dios*. Dios sabe, después de todo, que padres, gobernantes, clérigos, maestros y amos, son pecadores. Dios no está interesado en establecer pecadores: la expulsión del Edén, y el constante castigo en la historia, es evidencia elocuente de eso. Pero la manera de Dios de desestablecer a los pecadores y establecer su orden-ley es exigir que se obedezca a esas autoridades. Esta obediencia se le rinde primero a Dios y es parte del establecimiento del orden de Dios. El pecado conduce a la anarquía revolucionaria; la obediencia santa conduce a un orden santo.

7. La familia y la autoridad

Los romanos conquistaron Judea, pero, más tarde, cuando el cristianismo conquistó a Roma, los romanos dijeron de esta fe bíblica de origen hebreo, Victi victoribus leges dederunt», «los conquistados les dieron sus leyes a los conquistadores»[1]. La ley bíblica ha alterado en gran parte la ley del Imperio Romano posterior y del occidente cristiano, y fundamental en este cambio es la alteración de la ley de la familia.

Justiniano y su emperatriz, Teodora, instituyeron en el siglo VI la reforma legal básica cristiana. Zimmerman ha resumido las reformas cristianas básicas con respecto al sexo y la familia. *Primero*, «públicamente se permitían solo las relaciones heterosexuales en el matrimonio». Todas las demás relaciones sexuales aparte de las relaciones maritales normales eran ahora ilegales y pecado. *Segundo*, esta aplicación de todas las demás formas de sexualidad como «objetables» se «aplicaba a toda clase social» sin distinción. La familia llegó a ser la manera legal y normal de la vida para todos. El prefacio a esta parte del código Novellae decía:

---

1   A. Reifenberg, *Israel's History in Coins, From the Maccabees to the Roman Conquest* (East and West Library, Londres, 1953), p. 7.

La legislación previa había tratado de aspectos de estos asuntos de manera gradual. Ahora tratamos de compilarlos y dar a las personas ciertas reglas claras de conducta para hacer de la familia (de nupttis) la forma estándar de vida para todos los seres humanos en todo tiempo y en todas partes. El propósito de esto es garantizar la inmortalidad artificial de las especies humanas. Esta es la manera cristiana de vivir.

Tercero, por ley se declararon punibles las actividades sexuales prohibidas, especialmente en las formas de sexo comercializado. *Cuarto,* Zimmerman señala que «se hicieron ilegales los contratos fundamentales, que incluían actividades sexuales fuera de la familia como pago por sustento o regalos». Todas las partes en un contrato así estarían participando en un acto ilegal. Entre otras cosas, el concubinato perdió su estatus legal. *Quinto,* estos pasos legales fueron «parte de un movimiento más amplio para hacer de la familia la manera pública definida de vida y estatus». El resultado de esta legislación fue la reorientación de la civilización. Fue la creación de un «sistema de familia que encajaría mejor en la grandeza planeada. Los autores nunca consideraron perfecto a un hombre. Procuraron inscribir al hombre promedio en un sistema social que podría alcanzar una gran unidad mundial civilizada»[2].

Los efectos de esta legislación fueron extensos. Dos aspectos importantes de cambio fueron la *herencia* y la *propiedad.* Las consideraciones de familia gobernaban ahora las leyes de la herencia y la propiedad, y la esposa legítima y sus hijos tenían un estatus que no se le daba a una concubina o amante y sus hijos. La limitación de la herencia a la familia legítima hizo de la familia el agente y poder significativo respecto a la propiedad. La familia era ahora mucho más que una unidad social básica; era en esencia *el sistema social.* Fue el sistema social, sin embargo, sin los poderes agobiantes e inmorales de un sistema de familia de adoración a los antepasados. En la adoración a los antepasados, la familia enfoca el pasado y es hostil al futuro. En el sistema cristiano de familia, se interpreta la ley mosaica en términos de los dictados del Nuevo Testamento respecto a la familia, y la perspectiva es en el futuro del creyente, en el reino de Dios y sus requisitos para hoy y mañana.

Sin la autoridad de la familia, la sociedad prácticamente se mueve a la anarquía social. La fuente de la autoridad de la familia es Dios; la autoridad inmediata reside en el padre o esposo (1 Co 11:1-15). Si el padre abdica su autoridad, o si se le niega su autoridad, se conduce a la anarquía social descrita en Isaías 3:12. Las mujeres mandan sobre los hombres; los hijos entonces adquieren libertad y poder indebidos y se vuelven opresores de sus padres; los gobernantes emasculados en tal orden social hacen descarriar al pueblo y destruyen la trama de la sociedad. El

---

2   Carle C. Zimmerman en C. C. Zimmerman y Lucius F. Cervantes. *Marriage and the Family* (Henry Regnery, Chicago, 1956), pp. 61-63.

resultado final es el colapso social y el cautiverio (Is 3:16-26), y una situación de peligro y ruina para las mujeres, un tiempo de «reproche» o «desgracia», en el cual las mujeres en un tiempo independientes y feministas se humillan en su orgullo y buscan la protección y seguridad de un hombre. Siete mujeres, dijo Isaías, andan en busca de un hombre en medio de las ruinas, cada una suplicando matrimonio y dispuestas a ganarse ellas mismas el sustento con tal de que se les quite la desgracia y vergüenza que abruma a una mujer sola e indefensa (Is 4:1)[3].

Isaías vio que la ausencia de la autoridad del hombre produce caos social. El hombre como cabeza de la familia es el necesario principio del orden, y también el principal en el orden. El dominio sobre la naturaleza es un precepto de Dios para el hombre (Gn 1:28), y en la familia para el varón en la persona del esposo y padre (1 Co 11:1-15). El dominio como naturaleza y prerrogativa del macho se halla en todo el mundo animal como parte del precepto divino en la creación. En los animales, como Ardrey ha señalado, es más importante el dominio que los impulsos sexuales y otros impulsos. «El tiempo vendrá cuando el macho perderá todo interés en el sexo; pero todavía luchará por su estatus». Es más, «el dominio en los animales sociales es un instinto universal independiente del sexo»[4]. Este instinto del macho por el dominio se revela en los animales de tres maneras: *primero,* en territorialidad (el instinto e impulso de propiedad); *segundo,* en estatus (el impulso por establecer dominio en términos de rango en un orden rígidamente jerárquico); y *tercero,* supervivencia (un orden como medio de supervivencia). Esto es cierto en los animales en su ambiente natural; los animales del zoológico, como viven en una sociedad de beneficencia pública, están más absorbidos con el sexo[5]. En el macho, el dominio conduce a una potencia sexual y longevidad aumentadas[6]. Todavía más, «es una característica curiosa que los instintos de orden son en su mayoría masculinos»[7]. Los instintos femeninos sexuales y maternales son personales y en cierto sentido anarquistas.

Estas características son ciertas también de la vida humana. La mujer llega a absorberse con problemas de ley y orden de una manera personal, como cuando su familia o la seguridad de su familia corren peligro por su decadencia. El hombre se preocupa por los problemas de la sociedad aparte de alguna condición de crisis; la mujer se preocupa cuando la decadencia social tiene implicaciones personales, y su preocupación entonces es seria.

---

3   Es indicativo de la ceguera de los comentaristas al contexto de las Escrituras que «reproche» consistentemente se toma como queriendo decir «sin hijos». A menudo significa esto en una mujer casada; pero aquí las solteras en una situación de anarquía y cautividad ven su posición como un «reproche» o «desgracia» porque están totalmente indefensas y sin protección contra la incautación, ataque, robo y embarazo sin casarse.

4   Robert Ardrey, *African Genesis* (Atheneum, Nueva York, 1961), p. 11.

5   *Ibid.,* p. 118.

6   *Ibid.,* p. 109.

7   *Ibid.,* p. 133.

Los hombres y las mujeres se necesitan unos a otros, y el orden santo es el matrimonio, la unión de un hombre y una mujer bajo Dios y para su gloria y servicio. Separados, despreciándose o en discordia, el énfasis del hombre y la mujer tienden a ser unilaterales. Tal vez el ejemplo más aleccionador, y casi al punto de caricatura, es el de Enrique VIII de Inglaterra y la reina Catalina.

Catalina, más que Sir Tomás More, merecía ser la santa católica romana de su tiempo. More fue fundamentalmente un humanística; Catalina fue una mujer santa de intensa fe y valentía. Hija de la gran reina Isabel de España, al igual que su hermana (erróneamente llamada Juana la loca), tenía una absorción casi increíble de los aspectos puramente personales de los asuntos. Como resultado, su depravado padre, Fernando, a quien Catalina amaba ciegamente, pudo usar a Catalina como peón por el poder de España, casi hasta la destrucción de Inglaterra. (Fernando hizo matar al esposo de Juana y usurpó el trono de Juana, y no tuvo escrúpulos para aprovecharse de cualquier familiar). Catalina era igualmente ciega al tratar con su esposo Enrique, en donde estaba en juego más que asuntos personales[8].

A Enrique VIII, por otro lado, no se le puede ver en términos puramente personales (y femeninos), como una persona afectada básicamente por sus lujurias. Sí, Enrique fue un pecador en eso, pero su motivo básico era el deseo de preservar de la anarquía al reino teniendo un heredero varón. Antes del ascenso de su padre al trono, Inglaterra había quedado en gran parte destrozada y en ruinas por una guerra sangrienta e intermitente de sucesión[9]. El interés básico de Enrique era preservar el orden mediante una sucesión dinástica fuerte y segura, lo que para él significaba tener un heredero varón. Esta era la consideración moral fundamental de Enrique, así como la relación personal era la consideración moral fundamental para Catalina.

Enrique interpretaba todos los eventos en términos de su principio y justificaba cada paso en términos del mismo. Hombre talentoso e inteligente, también era inmaduro y santurrón[10]. Pero no estaba solo al considerar la situación de Inglaterra y la suya propia en términos de asuntos impersonales de orden y sucesión. Lutero y Melanchton estuvieron dispuestos a ver la respuesta al dilema de Enrique en una bigamia legal, y el papa Clemente VII hizo una sugerencia parecida. Se trató de disculpar ambas cosas, con escaso mérito en los esfuerzos; sean cuales fueran sus razones, estos líderes religiosos hicieron la sugerencia. Todos, como hombres, se preocupaban por el escenario político y el problema del orden de Inglaterra a diferencia del problema puramente personal de ley y orden entre Catalina y Enrique.

---

8   For a sympathetic study of Catherine, see Mary M. Luke, *Catherine, The Queen.* (Coward-McCann, Nueva York, 1967).

9   A. L. Rowse, *Bosworth Field, From Medieval to Tudor England* (Doubleday, Garden City, Nueva York, 1966).

10   Ver J. J. Scarisbrick, *Henry VIII* (University of California Press, Berkeley), 1968.

Este episodio, en forma aguda y extrema, revela las naturalezas diferentes del hombre y la mujer. Pero los hombres que intervinieron en este acontecimiento triste por lo menos se preocupaban por algún tipo de orden, aunque a veces cuando inmoralmente. Hoy, los hombres, habiendo abdicado extensamente su masculinidad, se preocupan menos por el orden y más por la gratificación. Como resultado, las mujeres, debido a que está en juego su seguridad y la de sus hijos, participan en el problema de la decadencia social y ley y orden. La acción social y política, entonces, se vuelve un interés femenino apremiante. Su interés subraya la decadencia de la sociedad y el fracaso de los hombres. El que las mujeres se interesen por su defensa por lo general quiere decir que un invasor aterrador amenaza a la sociedad, o que dentro del orden social los hombres están dejando de funcionar como hombres. El poder matriarcal entonces se desarrolla como sustituto de un orden-ley normal.

La sociedad matriarcal entonces es la sociedad decadente o en ruinas. El carácter fuertemente matriarcal de la vida de los negros se debe al fracaso moral de los hombres negros, al no ser responsables, al no sostener a la familia y ejercer autoridad. Lo mismo es cierto de las tribus aborígenes estadounidenses, que también hoy día son matriarcales. En tales sociedades, las mujeres proveen una porción considerable de los ingresos de la familia debido a que el abandono moral de los hombres lo hace necesario. Un elemento fuertemente permisivo predomina en la educación de los hijos, y el fracaso moral del varón se trasmite a la siguiente generación.

La misma tendencia hacia una sociedad matriarcal es evidente en la cultura occidental hoy. Se debe recalcar que, contrario a la opinión popular, una sociedad matriarcal no es una sociedad en la cual gobiernan las mujeres, sino una sociedad en la que los hombres no ejercen su dominio, y las mujeres se ven frente a una doble responsabilidad. Deben hacer su propio trabajo, y encima de eso trabajar para conjurar la anarquía producida por el fracaso moral del hombre. En una sociedad matriarcal, a las mujeres las sobrecargan, no las promueven; las penalizan, y no las recompensan.

Los principios del orden de familia cristiano los bosquejó en 1840 Matthew Sorin:

Los deberes que brotan de la relación (del matrimonio)…

1. *Cariño mutuo.* Según el orden y la constitución del gobierno divino, el hombre fue nombrado para gobernar los asuntos de esta vida. Es su prerrogativa tener las riendas del gobierno doméstico, y de dirigir el interés de la familia, a fin de llevarlos a una terminación feliz y honorable. Este nombramiento de Dios se inició en el orden de la creación; y se manifestó propiamente en el orden de la caída. Pero con todo, así como es derecho del esposo gobernar, también es su obligación gobernar con moderación y amor; amar a su esposa «así como Cristo amó a la iglesia» Ef 5:25. Y también, la esposa no debe ofrecer la obediencia a regañadientes de un espíritu poco amable,

sino el servicio alegre de una mente gozosa, «para que también los que no creen a la palabra, sean ganados sin palabra por la conducta de sus esposas». 1 Pedro 3:1-5.

2. *Confianza mutua*. Nada es ni puede ser de mayor importancia que esto para mantener el amor conyugal en ejercicio activo y enérgico. Destruir la confianza es quitar los cimientos de todo lo que es excelente o valioso en el círculo familiar…

3. *Atención y respeto mutuos*. No la rutina sin sentido de las atenciones ceremoniosas que, en ciertas ocasiones, se apiñan en el círculo familiar, al parecer más para complacer al que observa que para expresar los sinceros sentimientos del alma. Hablamos de ese simple, natural e impremeditado gesto de respeto y atención que el amor sincero inspira.

4. *Ayuda mutua*. La primera mujer le fue dada al hombre, no para que viva del trabajo del hombre, ni para que trabaje para ganarse la vida; fue diseñada para que sea una con él, participante lo mismo en sus tristezas que en sus alegrías, ayuda idónea para él. […] Hay una ayuda triple que los casados se deben uno al otro, y que brindan interés y gozo al círculo familiar.

1. Hay la ayuda para promover los intereses temporales de la familia.

2. Otra vez, *hay la ayuda mutua en el mantenimiento del orden;* en la educación y gobierno de los hijos.

Los derechos de los padres sobre sus hijos son iguales. Si esos hijos son honorables y prósperos en el mundo, es felicidad de ambos. Si son pródigos y viciosos, no es más desdicha de uno que del otro.

Es, por tanto, un deber evidente en sí mismo, y obligatorio de la manera más solemne para los padres, contribuir con su destreza, influencia y autoridad unidas para «instruir a sus hijos en su camino».

3. *Hay también una ayuda mutua en la promoción del bienestar espiritual de ambos…*

Además de estos conceptos generales, podemos aquí, con propiedad, notar algunos otros deberes especiales que esposo y esposa se deben mutuamente. Se requiere que las mujeres muestren un espíritu de subordinación, y que obedezcan a su esposo (Ef 5:22). Pero también se requiere del esposo que ame y proteja a su esposa (que cultive por ella el afecto más tierno), que la proteja según su poder (en su persona, salud, propiedad y reputación). Todo lo que tiene que ver con la comodidad de ella se debe conceder hasta donde esté a su alcance y con una mente dispuesta y alegre. «Debe amar a su esposa así como Cristo amó a la iglesia» (Ef. 5:25). Se requiere de la esposa que reverencie a su esposo, no como ser superior, sino como su superior en el mundo hogareño; y, por consiguiente, que no usurpe la autoridad del hombre, «porque Adán fue formado primero, y después Eva» (1 Ti 2:14). También es imperativo que el esposo no se ridiculice ni se haga despreciable a los ojos de su esposa con indecencia en sus palabras o relaciones viles y triviales. Debe mantener su lugar, no mediante poder físico o fuerza bruta, sino por la excelencia de su ejemplo y el desarrollo mental, la superioridad moral y el mejor tacto en el manejo de los asuntos que es razonable esperar de sus relaciones, y que en la mayoría de los casos asegurará una sumisión dispuesta y alegre a su autoridad (1 P 3:3-7). De nuevo, como es deber de la mujer cuidar de la casa y no abandonarla como un espíritu desdichado que busca descanso y no lo halla (Tit 2:5), de la manera más incuestionable es obligación del esposo hacer de ese hogar lo más interesante y alegre posible...[11].

Las afirmaciones de Sorin se citan, no porque sean destacadas o desusadamente buenas para interpretar las Escrituras, sino porque reflejan la fe y práctica de los Estados Unidos cristiano en la década de 1840. Como Bote señaló:

El libro es valioso no solo porque da consejo característico sino también porque describe la vida del hogar estadounidense a nivel de clase media. Sorin había nacido en el extranjero y así que nos observa más detenidamente, dando menos por sentado en cuanto nosotros de lo que lo haría un nativo de nuestro país. Pide disculpas por lo inadecuado del libro, diciendo que pudiera haber sido escrito mejor «por alguien especialmente adaptado a los principios y hábitos de la sociedad de este país», pero es demasiado modesto. Su objetividad es respaldada por una lucidez considerable[12].

Es precisamente en contra del orden de familia descrito por Sorin que se dirige mucha de la actividad vanguardista. La *permisividad* ataca directamente a la autoridad paterna, y, tanto en el hogar como en las escuelas es un concepto revolucionario. Lo pertinaz de la permisividad previene el crecimiento de la *autodisciplina*. Muchos ven la *falta de autodisciplina* como la causa de la delincuencia juvenil actual. Esta delincuencia brota de «una falta de autodisciplina, y un grado de egoísmo que es increíble para los adultos que respetan los derechos de otros y piensan en otros antes de actuar». Blaine añade:

La autodisciplina no crece como Topsy, sino que es el resultado de un proceso de construcción en dos etapas en el cual los padres son los impulsores

---

11 Citado de Matthew Sorin, *The Domestic Circle: or, Moral and Social Duties Explained and Enforced* (Philadelphia, 1840), pp. 38-61; por Carl Bode, editor, *American Life in the 1840's* (New York University Press, Nueva York, 1967), pp. 59-70.
12 Bode, p. 58.

primarios. La iglesia, la escuela, los amigos y los héroes juegan una parte, también, pero es en el hogar en donde se pone la piedra angular[13].

La falta de autodisciplina lleva al *engreimiento*. Sin tener un criterio de juicio autoritativo aparte de sí mismos, los jóvenes que se crían permisivamente no tiene ningún criterio válido de autoevaluación. En otras eras, los adolescentes han tenido adultos, y los hombres de veinte y treinta han sido emprendedores. La juventud de los hombres en la Convención Constitucional de los Estados Unidos es evidencia de la madurez temprana y capacidad temprana para la acción y progreso disciplinados de los hombres de esa época. Pero esa madurez iba mano a mano con responsabilidad e independencia, sostenimiento propio y autodisciplina: era un todo natural y unificado. La adolescencia permisiva exige: «Óigannos», y aduce madurez en términos de crecimiento físico sin ninguna madurez de acción y mente que la acompañe[14]. El resultado es un engreimiento basado en el estándar humanístico de su condición de un ser humano, una persona. Esta inmadurez interna radical lleva a la delincuencia juvenil, a la criminalidad adulta y a una tasa más alta de divorcio y de hijos ilegítimos[15].

Como ya se ha indicado, este engreimiento del hombre como hombre *destruye todos los estándares excepto el de humanidad*. Por, cuando unos estudiantes visitaron la antigua Unión Soviética, no vieron la naturaleza esencial de ese orden, porque no tenían otro criterio de juicio excepto la ideología humanística. Concluyeron:

> Las personas son personas, sin que importe a cuál lado de la Cortina de Hierro llaman su patria. Eso, por lo menos, parece ser el descubrimiento que hizo un grupo de 16 estudiantes del Valle y sus maestros-dirigentes después de volver de una gira de estudio de seis semanas por la Unión Soviética[16].

¡Este «descubrimiento» podrían haberlo hecho sin viajar a la Unión Soviética! Pero, cuando el único estándar es el hombre, cuando se halla que otros también son hombres, miembros por igual de la humanidad, la coexistencia es una necesidad moral. No se piensa en el carácter moral de los hombres, porque no se reconoce ninguna ley aparte del hombre. Por tanto, un asunto importante de *liberación* golpea contra toda «autoridad ilegítima», contra cualquier concepto de ley trascendental. Con mucha razón, los escritores ven como enemigo todo

---

13   Graham B. Blaine, Jr., *Youth and the Hazards of Affluence* (Harper and Row, Nueva York, 1966), p. 3.

14   Peggy King, «"Listen to us" students plead» [« "Escúchenos" suplican los estudiantes»], en Oakland, California, *Tribune* (sábado, 26 octubre 1968), p. 5-B.

15   «An Even Bigger Crime Explosion?» [«¿Una explosión de crimen incluso mayor»], *U.S. News & World Report,* vol. LXV, no. 15 (7 octubre 1968), p. 16.

16   Laure Mitchell, «Students Visit Russia: People Are People Behind Soviet Iron Curtain, Too» [«Estudiantes visitan Rusia: Las personas son personas detrás de la Cortina de Hierro soviética, también»], en Van Nuys, California, *The Valley News and Valley Green Sheet,* vol. 58, no. 27 (jueves, 29 agosto 1968), p. 1.

concepto de ley que tiene a Dios agazapado detrás. Lo inmoral para ellos es lo «deshumanizante», o sea, cualquier cosa y toda cosa que limite al hombre. Puesto que todo hombre es su propio soberano y ley bajo este concepto humanística, Paul Goodman comenta: «Tal vez "soberanía" y "ley" en cualquier sentido estado-unidense, son conceptos obsoletos»[17]. Este anarquismo hay ido tan lejos que «una corte militar de los Estados Unidos decretó que la objeción de conciencia es una defensa válida para la acusación de estar ausente sin licencia». El caso tenía que ver con un soldado que debía llenar de combustible los aviones a reacción y que estuvo «ausente de su puesto sin licencia durante 41 días»[18]. Este anarquismo es un rasgo por igual de jóvenes y viejos; los jóvenes solo están llevando el anarquismo de su día un paso más allá. Un ejemplo absurdo del anarquismo de los padres es el caso de una mujer, separada de su esposo por seis años, que todavía quiere celebrar el 25º aniversario de bodas con una gran fiesta[19].

Este anarquismo erosiona a la familia y su autoridad en toda época. Reduce al padre a un cero a la izquierda, y le da a la madre la carga imposible de ser la familia para los hijos. El alcance hasta donde ha llegado esta desaparición legal y abdicación personal del padre se ilustra fácilmente. Mientras que el padre como fuente de autoridad en un tiempo solía tener la custodia de los hijos en un divorcio, hoy solo en seis estados (Alaska, Georgia, Luisiana, Carolina del Norte, Oklahoma y Texas, «se continúa declarando al padre como "el guardián natural preferido"»)[20]. Incluso más reveladora es la ley israelí que niega la nacionalidad judía a todo judío cuya madre no sea judía, porque los hijos en esta ley se clasifican en términos de su madre, y no de su padre[21].

Todo esto es *erosión,* y es muy real. Pero también hay presente un asalto legal. Desde dentro la iglesia viene la demanda de «un genuino pluralismo de conducta sexual», que se nos dice «con certeza tendrá lugar en dos aspectos principales». *Primero,* habrá «la disolución del concepto de que el sexo y el matrimonio están inextricable y exclusivamente ligados»[22]. *Segundo,* habrá

> la gradual aceptación social, si acaso no la legalización, de la bigamia (o poligamia) y la poliandria. En la próxima década o dos tal bigamia con probabilidad se

---

17   Paul Goodman, «Reflections on Civil Disobedience» [«Reflexiones sobre la desobediencia civil»], en *Liberation,* vol. XIII, no. 3 (julio-agosto 1968), p. 15.

18   «Conscientious Objection "Valid" in AWOL Defense» [«Objeción de consciencia "válida" en defensa de ausencia sin licencia»], en Santa Ana, California, *The Register* (18 agosto 1968, jueves [m]), p. A-7.

19   Abigail Van Buren, columna «Dear Abby» [«Querida Abby»], Santa Ana, California, *The Register,* (miécoles [m], 20 septiembre 1967), p. B-4.

20   Mildred Adams, *The Right to Be People* (J. B. Lippincott, Filadelfia, 1967), p. 232.

21   «"Who's a Jew?" Controversy, Supreme Court wants "nationality" dropped from identity cards» [«Controversia "¿Quién es judío?", Corte Suprema quiere que se quite "nacionalidad" de cédulas de identida»], en *The Jerusalem Post Weekly,* (lunes, 25 noviembre1968), p. 4.

22   Rustum y Delia Roy, *Honest Sex* (The American Library, Nueva York, 1968), p. 138.

parecerá al antiguo patrón de tías solteras viviendo con la familia. La aceptación social de tal «bigamia de ley común» bien puede ser la única manera de iniciar los cambios requeridos. Los psicólogos preocupados por la salud mental de las personas mayores han recomendado la legalización de la bigamia para personas mayores de sesenta años. La iglesia, por supuesto, guarda silencio hasta aquí. No tiene planes reales para los envejecientes, ni para los solteros involuntarios. Esperemos que no aguardará demasiado antes de siquiera considerar los méritos de la poligamia (y poliandria) para atender las necesidades de millones de personas para las cuales no hay ninguna otra esperanza que ofrecer[23].

Pero esto no es nada comparado con las opiniones de un médico suizo, que quiere no solo derechos legales iguales sino subsidios legales especiales para los que practican incesto, exhibicionismo, pedofilia, saliromanía, algolagnia, homosexualidad, escofilia, y otras perversiones sexuales[24]. El sistema de Ullerstam es hostil al orden-ley cristiano y castigaría salvajemente el orden-ley marital cristiano.

Aparte de estas propuestas teóricas, los pasos legales son bastante serios. En país tras país hay movimientos para legalizar las uniones homosexuales; las leyes contra la homosexualidad se han abandonado extensamente, así que existe una legalidad tácita. Otras perversiones también de manera similar se dejan sin que se haga nada. Las salvaguardas legales de la familia se eliminan cada vez más, así que de nuevo la sociedad está amenazada por la anarquía de un estado antifamiliar de iniquidad legalizada. A nombre de la igualdad de derechos, a las mujeres se les despoja de la protección de la familia y no se les da lugar excepto la competición perversa de un mercado sexual en el cual lo chocante, la perversión, la desviación y la agresión cada vez más exigen una prima. Las mujeres que ganan con la igualdad de derechos son las que a todas luces son hostiles a la ley cristiana.

La ley, se debe recordar, es guerra contra lo que se define como mal y una protección de lo que se considera bueno. En la estructura-ley en desarrollo de la ideología humanística, se libra implícitamente una guerra contra los padres y la familia como malos, y se extiende protección a los pervertidos y delincuentes bajo la presuposición de que sus «derechos» necesitan protección[25].

8. La sagrada familia

No es accidente que Jesucristo, la segunda persona de la Trinidad, también fue miembro de una familia humana. La encarnación fue una realidad, y básico para

---

23   *Ibid.*, p. 140.
24   Lars Ullerstam, M.D., *The Erotic Minorities* (Grove Press, Nueva York, 1966).
25   Para un análisis de la subversión del orden-ley cristiano, ver George S. Schuyler, «The Fall From Decency to Degradation» [«La caída de la decencia a la degradación»], en *American Opinion,* vol. XII, no. 1 (enero, 1969), pp. 21-30.

su realidad fue la natividad de Jesús en una familia hebrea como heredero de linaje real. Cristo nació en cumplimiento de la profecía, y en términos de las leyes básicas de la familia.

Varios aspectos de este hecho son evidentes de inmediato. *Primero,* Jesucristo nació como heredero del trono de David, y en cumplimiento de las promesas respecto al significado futuro de ese trono. En 2 Samuel 7:12 Dios le declaró a David: «Y cuando tus días sean cumplidos, y duermas con tus padres, yo levantaré después de ti a uno de tu linaje, el cual procederá de tus entrañas, y afirmaré su reino». Esta promesa se celebra en el Salmo 89 y el Salmo 132. Este reino del Mesías o Cristo es «su reino» (2 S 7:12), y se define en términos Suyos.

Segundo, el reino de Cristo es restauración de la autoridad, ley y orden. Como se promete en Isaías a los fieles, «restauraré tus jueces como al principio, y tus consejeros como eran antes; entonces te llamarán Ciudad de justicia, Ciudad fiel» (Is 1:26). Puesto que en Sinaí se estableció a los jueces o autoridades (o como resultado de Sinaí), la ley de Dios será restablecida como resultado del nuevo Sinaí, el Gólgota, por el Moisés mayor, Jesucristo. Por consiguiente, del Mesías se habla como aquel en quien y bajo quien la ley y el orden se llevan a cumplimiento. Él es el «Admirable, Consejero, Dios Fuerte, Padre Eterno, Príncipe de Paz. Lo dilatado de su imperio y la paz no tendrán límite, sobre el trono de David y sobre su reino, disponiéndolo y confirmándolo en juicio y en justicia desde ahora y para siempre» (Is 9:6, 7). También se nos dice de este Renuevo de la raíz de Isaí que «juzgará con justicia a los pobres, y argüirá con equidad por los mansos de la tierra» (Is 11:4). Él vendrá para traer justicia y «matará al impío» (Is 11:4), para restaurar el paraíso, a fin de que, figuradamente hablando, el lobo y el cordero moren juntos (Is 11:6, 9), y la tierra sea restaurada a una mayor fertilidad y bendición: «Se alegrarán el desierto y la soledad; el yermo se gozará y florecerá como la rosa» (Is 35:1)[1].

Tercero, el reino de Cristo no está limitado, como el de David, a Canaán: cubre toda la tierra. Cristo dijo a los discípulos: «Bienaventurados los mansos, porque ellos recibirán la tierra por heredad» (Mt 5:5). San Pablo dijo: «Porque no por la ley fue dada a Abraham o a su descendencia la promesa de que sería heredero del mundo, sino por la justicia de la fe» (Ro 4:13). Esta importante declaración significa, según Hodge:

> La palabra heredero, en las Escrituras, frecuentemente quiere decir *poseedor seguro.* Heb 1:2; 6:17; 11:7s. Este uso de los términos probablemente surgió del hecho de que entre los judíos la posesión por herencia era mucho más segura y permanente que la obtenida por compra. La promesa no fue para Abraham, ni para su simiente [...] o sea, ni para uno ni para otro. Ambos

---

1   Ver A. G. Hebert, *The Throne of David, A Study of the Fulfilment of the Old Testament in Jesus Christ and His Church* (Morehouse-Gorham, Nueva York, 1941), pp. 39-49.

estuvieron incluidos en la promesa. Y *su simiente* no se refiere aquí a Cristo, como en Gá 3:16, sino a sus hijos espirituales[2].

La segunda mitad del versículo, como Murray lo señala, hablando de Romanos 4:13 en relación a 4:16, 17, deja en claro el significado de la ley y la fe con respecto a los herederos. Los verdaderos herederos lo son por fe:

> Y estos versículos también establecen que no son los descendientes naturales de Abraham, sino todos, tanto de la circuncisión como de la incircuncisión, los que son «de la fe de Abraham» (v. 16). La «promesa» por lo tanto se da a todos los que creen y todos los que creen son simiente de Abraham[3].

Los verdaderos herederos de Abraham no son por sangre o ley, sino los que participan de la fe de Abraham. Estos reciben su herencia del Rey, Jesucristo. «Y si vosotros sois de Cristo, ciertamente linaje de Abraham sois, y herederos según la promesa» (Gá 3:29)[4].

Algunos tratan de negar el reinado de Cristo sobre la tierra citando Juan 18:36: «Mi reino no es de este mundo». Pocos versículos son más mal interpretados. Como Wescott señaló, «sin embargo él en efecto afirmó tener soberanía, soberanía de la cual la fuente y el manantial no eran de la tierra sino del cielo»[5]. «Mi reino no es de este mundo» quiere decir que «no deriva sus orígenes ni su sostenimiento de fuentes terrenales»[6]. En otras palabras, el reino de Cristo no se deriva de este mundo, porque es *de* Dios y está *por encima* del mundo.

Cuarto, Cristo por su nacimiento virginal fue una nueva creación, un nuevo Adán; como Adán un milagro, una creación directamente de Dios; pero, a diferencia de Adán, quien no tenía ningún enlace a ninguna humanidad previa, Cristo estuvo ligado a la vieja humanidad por su nacimiento de María. San Lucas citó a Adán y a Jesús como «el hijo de Dios» (Lc 1:34, 35; 3:38). Cristo es pues «el segundo hombre» o «el postrer Adán» (1 Co 15:45-47); el manantial de una nueva humanidad. Por su nacimiento de Dios, y de la virgen María, Jesucristo es la cabeza de la nueva raza, como el nuevo Adán, para proveerle a la tierra de una nueva simiente para reemplazar a la antigua raza adámica[7]. El primer Adán fue tentado en el paraíso y cayó. El nuevo Adán fue tentado en el desierto adánico

---

2   Charles Hodge, *Commentary on the Epistle to the Romans* (Armstrong, Nueva York, 1893) p. 185.

3   John Murray, *The Epistle to the Romans* (Eerdmans, Grand Rapids, 1959), I, 142.

4   Para un análisis de los herederos de Abraham como pueblo del pacto, ver Martin J. Wyngaarden, *The Future of the Kingdom in Prophecy and Fulfillment* (Baker Book House, Grand Rapids, 1955), pp. 97-107.

5   B. F. Westcott, *The Gospel According to St. John* (Eerdmans, Grand Rapids, [1881], 1954), p. 260.

6   *Ibid.*

7   Ver Douglas Edwards, *The Virgin Birth in History and Faith* (Faber and Faber, Londres, 1943).

y empezó allí la restauración del paraíso: él «estaba con las fieras; y los ángeles le servían» (Mr 1:13). «El segundo hombre» restauró la comunión con los ángeles del cielo y los animales de la tierra. Como el verdadero Adán, ejerció dominio (Gn 1:28), y como el Señor de la tierra emitió su ley en el monte, confirmando la ley que anteriormente había dado por medio de Moisés (Mt 5:1—7:29). En el mundo antiguo el rey era el legislador, y un legislador era o el rey o un agente del rey, como en el caso de Moisés. Jesús, al declarar en el sermón del monte «Yo les digo», declaró ser el Rey, y por su Gran Comisión, dejó en claro que era rey de toda la tierra (Mt 28:18-19)[8].

Quinto, Jesucristo, como Rey de la tierra, tiene *derecho de dominio.* Esto quiere decir que ataca y derrota a todos los que niegan su dominio. Como Dios declaró: «A ruina, a ruina, a ruina lo reduciré, y esto no será más, hasta que venga aquel cuyo es el derecho, y yo se lo entregaré» (Ez 21:27). Este derrocamiento de sus enemigos continúa hoy (He 12:25-29).

Sexto, Jesucristo *nació bajo la ley y a la ley, para cumplir la ley.* Este cumplimiento empezó desde su nacimiento, por su membresía en la sagrada familia, en la que, como hijo consciente de sus deberes, guardó el quinto mandamiento todos sus días. Como heredero legal de un trono, se apropió de las promesas de Dios, y, como rey legal de la tierra, está en el proceso de desposeer a todos los falsos herederos y a todos los enemigos.

Séptimo, Jesucristo obedeció la ley de la familia. Como hijo consciente de sus deberes, desde la cruz hizo arreglos para el cuidado de su madre. Entregó a Juan a María como su nuevo hijo para que la cuidara. Pero el nuevo «hijo» que Cristo le dio a María fue en términos de la familia de la fe (Jn 19:25-27), así que Cristo indicó que la verdadera condición de heredero (porque el heredero hereda responsabilidades) es más por *fe* que por sangre. Este principio ya lo había declarado anteriormente en referencia a su madre y hermanos. Cuando las dudas de estos los llevaron a una posición de temor con respecto al llamamiento de Jesús, este declaró que su verdadera familia es «todo aquel que hace la voluntad de mi Padre que está en los cielos» (Mt 12:49-50). Con eso no rechazaba su responsabilidad en cuanto a su madre, y de su cuidado se preocupó al morir. En la sagrada familia, por consiguiente, se ejemplifica con toda claridad la ley bíblica de la familia. Sobre todo en su condición de heredero, Jesús demostró la responsabilidad del heredero. Como heredero de una familia, cumplió sus responsabilidades de familia; como heredero a un trono, cumplió sus obligaciones de realeza; y como heredero de un manto racial como el segundo Adán, cumplió sus deberes para con la raza. Por tanto, demostró que *la condición de heredero es una responsabilidad.*

---

8   Para un análisis del reinado de Cristo, ver Roderick Campbell, *Israel and the New Covenant* (Presbyterian and Reformed Publishing Co., Filadelfia, 1954).

9. La limitación de la autoridad del hombre

El problema de la autoridad es básico a la naturaleza de cualquier sociedad. Si se destroza su doctrina de autoridad, una sociedad colapsa, o si no la mantiene unida solo el error total. Ha llegado a ser común de parte de los eruditos evadir el hecho de que la autoridad es algo religioso; el dios o poder supremo de cualquier sistema es también la autoridad y legislador de ese sistema.

Iverach, en línea con la evasión humanística de la naturaleza de la autoridad, empezó su análisis diciendo que «la palabra "autoridad", según se usa en el lenguaje ordinario, siempre implica cierta coerción. El significado más común es el de poder para imponer obediencia»[1]. Esto es por cierto verdad hasta donde ahí, pero es falso por direccional mala orientación de su énfasis. Es como definir a un hombre como una criatura que en su mayor parte es lampiño, tiene un pulgar y camina erecto; técnicamente, esta definición es correcta; en la práctica, no nos ha dicho nada, y ha evadido los hechos centrales respecto al hombre. Iverach reconoció esta limitación, y por consiguiente llevó el argumento, paso a paso, a la conclusión de que «toda autoridad es en última instancia autoridad divina. Esto es cierto lo mismo si consideremos al mundo desde un punto de vista teísta o de un punto de vista panteísta»[2]. Puesto que el punto de partida de toda autoridad es religioso, el punto de partida de todo debate en cuanto a la autoridad debe ser religioso. Dios no es el eslabón final en la autoridad sino el alfa y omega de toda autoridad.

Toda autoridad es en esencia autoridad religiosa; la naturaleza de la autoridad depende de la naturaleza de la religión. Si la religión es bíblica, la autoridad en todo punto es la autoridad inmediata o mediata del Dios trino. Si la religión es humanística, la autoridad es en todas partes implícita o explícitamente la conciencia autónoma del hombre. Los hombres obedecen la autoridad en bases religiosas, o la desobedecen en bases religiosas. Adán y Eva no fueron menos religiosos en su desobediencia que en su obediencia. Cuando dieron por sentado que el hombre es autónomo y que tiene la libertad de decisión con respecto a la ley de Dios, y la libertad para determinar lo que debe ser ley, tomaron una decisión moral y también religiosa, y luego actuaron en obediencia a sus nuevas presuposiciones religiosas. La desobediencia a la autoridad existente quiere decir que se tiene en la vista a una nueva autoridad. El irrespeto de desobediencia es un desafío religioso a la autoridad; es la negación de esa autoridad a nombre de otra. Cuando un hijo desafía a sus padres, diciendo: «No quiero, y no voy a hacerlo», remplaza la autoridad paterna, y religiosa, con su propia voluntad; opone sus propias demandas por autonomía e independencia moral en contra de las afirmaciones de Dios en su palabra y a sus padres en su persona. Si el hijo obedece solo por miedo, con todo es una obediencia religiosa, en que el poder, o castigo, es la fuerza motivadora

---

1   James Iverach, «Authority» [«Autoridad»], en *HERE,* II, 249.
2   *Ibid.,* II, 253.

religiosa de su vida. Las religiones varían, pero el hecho de que la autoridad es religiosa sigue constante.

La autoridad es poder legítimo; es dominio y jurisdicción. Los hombres responden a la autoridad reconocida; se resisten a obedecer a las autoridades que no reconocen como tales. Los principales sacerdotes y ancianos del pueblo le hicieron una pregunta válida a Jesús, pero por razones erradas, y sin querer reconocer cuál era su doctrina de autoridad. Pero la pregunta siguió en pie: «¿Con qué autoridad haces estas cosas? ¿Quién te dio esta autoridad?» (Mt 21:23). Ya habían visto cuál era la autoridad declarada de Jesús, y habían observado: «Tú, siendo hombre, te haces Dios» (Jn 10:33). Jesús basaba su autoridad en su Padre, y en sí mismo como Dios encarnado.

Sin una doctrina de autoridad válida, ningún orden subsiste. Apelar al sentimiento o la gratitud es fútil; o una doctrina religiosa de la autoridad obliga al hombre, o este no está obligado, excepto por placer o conveniencia, lo cual no es vinculante para nada. Si vamos de nuevo a la instrucción moral egipcia encontraremos ejemplos de esto, como en las «Instrucciones» de un padre a su hijo:

> Dobla el alimento que le das a tu madre, cuídala así como ella te cuidó. Ella tuvo una carga pesada en ti, pero no me la dejó a mí. Después que naciste ella siguió sintiendo el peso tuyo; sus pechos estuvieron en tu boca por tres años, y aunque tu porquería era nauseabunda, su corazón no se disgustaba. Cuando tomes una esposa, recuerda cómo tu madre te dio a luz, y también te crió; no permitas que tu esposa te eche la culpa, ni hagas que levante sus manos al dios.

Considere también las palabras de Ptahhotep, de la cuarta dinastía:

> Si eres hombre de posición, debes fundar una familia y amar a tu esposa en casa, como es debido. Llénale el vientre, y pon vestido sobre su espalda; el ungüento es la receta para el cuerpo de ella. Alegra su corazón, porque ella es campo lucrativo para su señor[3].

Estas palabras son hermosas y conmovedoras, y el sentimiento moral es digno de elogio pero inútil. Apela al sentimiento, y no a una ley moral absoluta. No hay aquí ninguna autoridad religiosa o moral que sostenga a la familia y proteja a la madre y esposa, ni tampoco hay una autoridad civil para imponer esa ley religiosa; el bienestar de la madre y de la esposa se dejan al parecer del individuo, y por tanto la apelación es un esfuerzo inútil por tirar de las cuerdas de corazón; es una apelación sin autoridad.

Si una doctrina de autoridad encierra contradicciones, está destinada a desbaratarse a la larga conforme las diversas hebras luchan una contra otra. Esta ha sido

---

3   Barbara Mertz, *Temples, Tombs and Hieroglyphs, The Story of Egyptology* (Coward-McCann, Nueva York, 1964), p. 333s.

una parte continua de las varias crisis de la civilización occidental. Debido a que se han hecho acomodos entre la doctrina bíblica de la autoridad y el humanismo grecorromano, las tensiones de autoridad han sido agudas y amargas. Como Clark escribió, con referencia a la autoridad en los Estados Unidos de América:

> Es una doctrina de la ley mosaica y la ley cristiana que los gobiernos son ordenados divinamente y derivan su poder de Dios. En el Antiguo Testamento se afirma que «de Dios es el poder» (Sal 62:11) que Dios «quita reyes, y pone reyes» (Dn 2:21) y que «el Altísimo tiene el dominio en el reino de los hombres, y lo da a quien él quiere» (Dn 4:32). De modo similar, en el Nuevo Testamento se afirma que «no hay autoridad sino de parte de Dios, y las que hay, por Dios han sido establecidas» (Ro 13:1).
>
> En la ley romana se consideraba originalmente que el poder del emperador le había sido conferido por el pueblo, pero cuando Roma se hizo un estado cristiano su poder se consideró procedente de Dios. En los Estados Unidos también se ha reconocido a Dios como la fuente del gobierno, aunque es pensamiento común que en un gobierno republicano o democrático «todo poder es inherente en el pueblo»[4].

Al principio en los Estados Unidos de América no había duda, cualquiera que fuera la *forma* del gobierno civil, de que toda autoridad legítima se derivaba de Dios. La influencia de la tradición clásica revivió la autoridad del pueblo, que históricamente es a la vez compatible con la monarquía, la oligarquía, la dictadura o la democracia, pero no es compatible con la doctrina de la autoridad de Dios. Como resultado, en los Estados Unidos progresivamente la autoridad del nuevo dios, el pueblo, ha desplazado a la autoridad de Dios. Cuando se invoca a Dios, se le ve como alguien que se postra ante el pueblo, como un Dios que anhela democracia.

Esto no es menos cierto en otras partes. En Inglaterra, la reina Elizabeth II, en su mensaje de Navidad de 1968, declaró: «El mensaje esencial de Navidad es todavía que todos pertenecemos a la gran hermandad del hombre. [...] Si verdaderamente creemos que la hermandad del hombre tiene un valor para el futuro del mundo, procuraremos respaldar las organizaciones internacionales que promueven el entendimiento entre los pueblos y naciones»[5]. A Cristo, que vino a dividir a los hombres en términos de sí mismo, la reina lo ve como uno que vino a unir a los hombres en términos de la humanidad. Los marxistas, debido a que carecen de esta posición esquizofrénica e hipócrita, suelen funcionar más vigorosa y siste-

---

4   H. B. Clark, *Biblical Law*, p. 51s.
5   «Queen in TV Appeal For Brotherhood» [«Reina de televisión apela hermandad»], Los Angeles *Herald-Examiner* (miércoles, 25 diciembre 1968), p. A-13.

máticamente. La autoridad marxista es rigurosamente humanística y la impone mediante un terror total sin ambages.

Bajo una doctrina bíblica de autoridad, debido a que «las [autoridades] que hay, por Dios han sido establecidas» (Ro 13:1), toda autoridad, sea en el hogar, la escuela, el estado, la iglesia, o cualquier otra esfera, es autoridad subordinada y está bajo Dios y sujeta su palabra. Esto quiere decir, *primero,* que toda obediencia está sujeta a una obediencia previa a Dios y a su palabra, porque «Es necesario obedecer a Dios antes que a los hombres» (Hch 5:29; cf. 4:19). Aunque específicamente se ordena la obediencia civil (Mt 23:2, 3; Ro 13:1-5; Tit 3:1; He 13:7, 17; 1 P 2:13-16; Mt 22:21; Mr 12:17; Lc 20:25, etc.), es evidente también que el requisito previo de obediencia a Dios debe prevalecer. Por eso los apóstoles tenían órdenes de su Rey de proclamar el evangelio, y por consiguiente se rehusaron a que las autoridades políticas les impusieran silencio (Hch 4:18; 5:29; cf. 1 Mac 2:22).

Segundo, toda autoridad en la tierra, por estar bajo Dios y no ser Dios, es por naturaleza y necesidad autoridad limitada. Esta naturaleza limitada de toda autoridad subordinada se explica contundentemente en una serie de leyes, de las cuales una interesante es Deuteronomio 25:1-3:

> Si hubiere pleito entre algunos, y acudieren al tribunal para que los jueces los juzguen, éstos absolverán al justo, y condenarán al culpable. Y si el delincuente mereciere ser azotado, entonces el juez le hará echar en tierra, y le hará azotar en su presencia; según su delito será el número de azotes. Se podrá dar cuarenta azotes, no más; no sea que, si lo hirieren con muchos azotes más que éstos, se sienta tu hermano envilecido delante de tus ojos.

Wright observó, de la última frase:

> Aplicarle a un hombre el castigo debido por su transgresión no era deshonrarlo como israelita, pero azotarlo indiscriminadamente en público era tratarle como un animal antes que con el respeto debido a un semejante[6].

Este punto es importante. Puesto que la ley bíblica no permitía en tiempos de obediencia el crecimiento de una clase de criminales profesionales y delincuentes incorregibles, «el delincuente» no es un criminal depravado sino un ciudadano y prójimo pecador. Se le somete al castigo y es restaurado a la comunidad; no se le envilece, ni se le degrada, ni se le trata a la ligera, a los ojos de la comunidad o las autoridades mediante el castigo. Es más, en una fecha posterior, según Waller, el castigo «se infligía en la sinagoga, y la ley se leía mientras tanto de Deuteronomio 28:58, 59, con uno o dos pasajes más»[7]. La lectura de Deuteronomio 28:58, 59, es importante, declaraba que el castigo cumplía el requisito de Dios y evitaba el

---

6   G. Ernest Wright, «Deuteronomy» [«Deuteronomio»] en *Interpreter's Bible,* II, 479.
7   C. H. Waller, «Deuteronomy» [«Deuteronomio»] en Ellicott, II, 67.

castigo de Dios, porque «si no cuidares de poner por obra todas las palabras de esta ley [...] entonces Jehová aumentará [extraordinariamente] tus plagas».

Esto trae a enfoque un aspecto significativo de *la intención de la ley*. Al exigir la pena capital para delincuentes incorregibles, la ley *eliminaba* a los enemigos de la sociedad santa, los *purgaba* de la sociedad. Este es el lado de *matar* de la ley. Por otro lado, al exigir *restitución* de otros ofensores significativos, y el *castigo corporal* (los azotes) aplicado a otros ofensores menores, la ley servía para restaurar al hombre a la sociedad, para *limpiar y sanar*. El que hacía restitución, o que recibía los azotes, había pagado su deuda a la persona ofendida y a la sociedad y era restaurado a la ciudadanía. La lectura de Deuteronomio 28:58, 59 tenía en mente evitar el castigo destructor de Dios mediante la aplicación del castigo sanador de Dios.

Donde la ley trata de sanar sin matar, mata. El cirujano debe extraer un órgano irremediablemente enfermo para salvar el cuerpo, para sanarlo de su infección. Pero un dedo moderadamente infectado no se corta; se purga de la infección a fin de mantenerlo como parte funcional del cuerpo. Al matar o sanar, la autoridad del gobierno civil está estrictamente gobernada y limitada por la palabra de Dios.

La autoridad de los jueces, pues, es limitada; un máximo de cuarenta azotes, a fin de no poner distancia entre el juez y el pueblo, a fin de que el ciudadano pecador no se vuelva súbdito del juez en lugar de que ambos juntos sean súbditos de Dios el Rey. El castigo siempre está sujeto a la ley de Dios; la sentencia normal es restitución; en causas *menores* de controversia personal, era castigo corporal, azotes. La clase de ofensa que cubría el castigo corporal es, entre otras, la de Levítico 19:14: «No maldecirás al sordo, y delante del ciego no pondrás tropiezo, sino que tendrás temor de tu Dios. Yo Jehová». Según Ginsburg, «el término sordo también incluye al ausente, y por consiguiente fuera del alcance del oído». Todavía más,

> Según la administración de la ley durante el segundo templo, esta prohibición estaba dirigida contra todo tipo de maldiciones. Porque, decían, si maldecir a quien no puede oír, y que, por consiguiente, no puede afligirse, está prohibido, cuanto mucho más está prohibido maldecir al que oye, y que se enfurecerá a la vez que se afligirá por eso.
>
> *Delante del ciego no pondrás tropiezo.* En Dt 27:18 se pronuncia una maldición sobre los que hacen descarriar al ciego. Ayudar a los que padecían de esta aflicción siempre se consideraba un acto meritorio. De aquí que entre los servicios benevolentes que Job rendía a sus vecinos, dice: «Yo era ojos al ciego» (Job 29:15). Según la interpretación que se obtiene en el tiempo de Cristo, esto se debía entender en sentido figurado. Prohíbe la imposición sobre el ignorante, y dirigir erradamente a los que buscan consejo, haciéndoles así caer. El apóstol aboga por una delicadeza similar para el débil: «Más bien decidid no poner tropiezo u ocasión de caer al hermano» (Ro 14:13)[8].

---

8   C. D. Ginsburg, «Leviticus» [«Levítico»], en Ellicott, I, 423s.

Tercero, la ley afirma *la supremacía de la palabra-ley escrita de Dios.* La autoridad del hombre está bajo Dios y es limitada; la autoridad de Dios es ilimitada. Los hombres no tienen derecho de interpretar la voluntad de Dios según sus deseos y antojos; la voluntad de Dios para el hombre se declara en su palabra-ley. La forma del orden civil puede variar: puede ser una comunidad gobernada por jueces o gobernadores (Dt 17:8-13), o una monarquía (Dt 17:14-20), pero la supremacía de la ley y autoridad de Dios permanece. La única autoridad en cualquier esfera de gobierno, hogar, iglesia, estado, escuela u otra es la palabra escrita de Dios (Dt 17:9-11). Esta palabra-ley se debe aplicar a las diversas condiciones del hombre y a los diversos contextos sociales. *«La palabra escrita es la cadena que sujeta.* Tampoco la relación variante entre la autoridad ejecutiva y legislativa altera el principio»[9]. Al que rehusaba reconocer la autoridad de la palabra-ley de Dios sobre sí mismo cuando se había dado el veredicto, se ejecutaba, porque así «quitarás el mal de en medio de Israel» o lo *purgarás* de la tierra (Dt 17: 12, 13).

Si un rey gobernaba, debía ser (a) un individuo del pueblo del pacto, o sea, un hombre de fe, porque el pacto requiere fe; (b) no debía «aumentar caballos», o sea, instrumentos de guerra agresiva antes que defensiva, ni «tomar muchas mujeres» (poligamia), y «ni plata ni oro amontonará para sí en abundancia», porque su propósito debe ser la prosperidad del pueblo bajo Dios antes que su propia riqueza; un estado rico quiere decir un pueblo pobre; (c) el rey debe tener, leer y estudiar la palabra-ley de Dios «todos los días de su vida, para que aprenda a temer a Jehová su Dios, para guardar todas las palabras de esta ley y estos estatutos, para ponerlos por obra»; y (d) el propósito de su estudio no es solo promover el orden-ley de Dios sino también «para que no se eleve su corazón sobre sus hermanos» (Dt 17: 14-20). Jesucristo, como verdadero Rey, vino para cumplir la palabra-ley de Dios y establecer el dominio de Dios. «He aquí, vengo; En el rollo del libro está escrito de mí; El hacer tu voluntad, Dios mío, me ha agradado, Y tu ley está en medio de mi corazón» (Sal 40:7; He 10:7, 9). Según Wright, escribiendo sobre Deuteronomio 17:14-20, «es imposible imaginarse tal escrito en alguna otra nación del antiguo Cercano Oriente. El rey era súbdito de la ley divina así como también los demás funcionarios de la nación»[10]. Pero en la ley bíblica el rey, el juez, el sacerdote, el padre y las personas están todos bajo la palabra-ley escrita de Dios, y *mientras más alto el cargo más importante es la obediencia.*

Entonces, *cuarto,* como ya es evidente, los caprichos personales no pueden pasar por encima de la ley de Dios incluso en lo que tiene que ver con nuestras propiedades. No se puede hacer a un lado a un heredero legítimo y santo a favor de otro hijo, solo porque el padre ame más a otro hijo. Esto se especifica en el caso de un matrimonio polígamo, donde el primogénito pudiera ser hijo de una esposa aborrecida (Dt 21:15-17). En *cualquier* caso, el padre no está en libertad

---

9   C. H. Waller, «Deuteronomy» [«Deuteronomio»] en Ellicott, II, 51.
10   G. Ernest Wright, «Deuteronomy» [«Deuteronomio»] en *Interpreter's Bible,* II, 441.

de usar razones personales y no religiosas como criterio para la herencia. La ley de Dios debe prevalecer. Las únicas bases legítimas del derecho a la heredad son religiosas.

Debemos, por consiguiente, concluir que *la autoridad no es solo un concepto religioso sino también total.* Incluye el reconocimiento en toda faceta de nuestra vida del absoluto orden-ley de Dios. El punto de arranque de este reconocimiento es la familia: «Honra a tu padre y a tu madre». De este mandamiento, con su requisito de que los hijos se sometan y obedezcan a la autoridad de sus padres bajo Dios, viene la educación básica y fundamental en la autoridad religiosa. Si se niega la autoridad del hogar, el hombre está en rebelión contra la trama y estructura de la vida, y contra la vida misma. La obediencia, pues, lleva la promesa de la vida.

VI

EL SEXTO MANDAMIENTO

1. «No matarás»

El sexto mandamiento es, junto con el octavo, los enunciados más breves en la tabla de los diez (Éx 20:13; Dt 5:17). Aparece en Éxodo y Deuteronomio sin variación.

Su significado más elemental lo enuncia muy bien Calvino:

> La suma de este mandamiento es que no debemos hacerle violencia a nadie injustamente. Sin embargo, para poder restringirnos mejor de hacer daño a otros, Él propone una forma particular de ello, hacia la cual el hombre por naturaleza siente aborrecimiento; porque todos detestamos el asesinato, hasta el punto de retroceder ante aquellos cuyas manos están contaminadas con sangre, cómo si hubiera algo contagioso en ellas[1].

Se debe notar que Calvino citó la violencia *injusta* como prohibida por la ley; la pena capital, la guerra legítima, la defensa propia, y actos similares no están prohibidos. Calvino añadió, al empezar su estudio de los detalles de la legislación subordinada, que «será evidente, sin embargo, más claro más adelante, que bajo la palabra matar se incluye por sinécdoque toda violencia, golpes y agresión»[2].

Calvino señaló más, en un pasaje más que nunca pertinente hoy:

> Además, también hay que recordar otro principio, que en preceptos negativos, como se les llama, también se debe entender la afirmación opuesta; de otra manera no sería por ningún medio consistente que una persona cumpla la ley de Dios solo absteniéndose de hacer daño a otros. Supóngase, por ejemplo, que alguien de disposición cobarde, que no se atreve a atacar ni siquiera a un niño, no mueve ni un dedo para hacer daño a sus prójimos, ¿habría cumplido con ello los deberes de humanidad con respecto al sexto mandamiento? No, el sentido común natural exige más que la abstención de hacer el mal. Y, para no decir más sobre este punto, es claro en el sumario de la segunda tabla que Dios no solo nos prohíbe ser asesinos, sino que también

---

1   Juan Calvino, *Commentaries on the Four Last Books of Moses,* III, 20.
2   *Ibid.*

prescribe que toda persona debe considerar fielmente defender la vida de su prójimo, y en la práctica declarar que ese prójimo es alguien a quien ama; porque en ese sumario no se usan frases negativas, sino que las palabras establecen que hay que amar al prójimo. Es incuestionable, entonces, que en cuanto a aquellos a quienes Dios allí ordena que se amen, aquí pone sus vidas a nuestro cuidado. Hay, en consecuencia, dos partes en este mandamiento: *primero,* que no debemos vejar, oprimir ni estar en enemistad con nadie; y, *segundo,* que no debemos solo vivir en paz con los hombres, sin promover rencillas, sino que también debemos ayudar, en todo lo que podamos, al desdichado que es oprimido injustamente, y debemos esforzarnos por resistir al malvado, a fin de que no haga daño a los hombres a su antojo[3].

Jesús, en su sumario de la ley, declaró que las «dos tablas» de la ley se resumen en el amor a Dios y el amor al prójimo (Mt 22:36-40). «De estos dos mandamientos depende toda la ley y los profetas» (Mt 22:40). El significado correcto de la ley incluye tanto el precepto negativo como la afirmación positiva. Limitar la obediencia, y probar el carácter, solo por el factor negativo es peligroso. Conduce demasiado a menudo a la creencia de que un hombre bueno es como el que Calvino señaló por su ejemplo horrible: el cobarde que no se atreve a «atacar ni siquiera a un niño» pero que es incapaz de todo cumplimiento de sus responsabilidades. Demasiadas veces la iglesia ha equiparado a estos cobardes con los justos y ha promovido a cargos de autoridad a cobardes rezongones cuyas armas son las de hablar por detrás y llevar chismes,

Pero todos los hombres tienen, como Calvino notó, «deberes de humanidad en cuanto al sexto mandamiento». Si no tratan de evitar el daño, los ataques o el asesinato, son en parte culpables de lo cometido. En muchos casos, la falta de disposición de los testigos a actuar en casos de ataque o asesinato puede evitarles problemas en la tierra, pero producir problemas aterradores y culpabilidad ante Dios.

Por lo tanto, aquí aparece un principio fundamental, que funcionaba en Israel, y en órdenes-leyes cristianos posteriores, y que ha llegado a ser parte de la tradición legal estadounidense: *el poder policiaco de todo ciudadano.* La ley también pide dos cosas de todo hombre, *obediencia e imposición.* Obedecer la ley quiere decir en efecto imponerla sobre la vida de uno y hacer que la comunidad de uno la respete. La ley de Dios no es cuestión privada; no es para que la obedezcamos porque nos gusta, mientras dejamos que otros tengan cualquier ley que les parezca. La ley es válida para nosotros porque es válida para todos; obedecerla quiere decir aceptar un orden universal como obligatorio sobre nosotros y sobre todos los hombres. La obediencia, por consiguiente, requiere que procuremos que se respete la ley de manera total. Este, entonces, es el *primer* principio importante que aparece en esta ley.

---

3 *Ibid.,* III, 20s.

Pero, *segundo,* como aparece en la afirmación de Calvino, y en el sumario de la ley que dio nuestro Señor, este mandamiento, «no matarás», es más que político en su referencia. Se refiere a más que casos de ataque y asesinato, que son ofensas criminales sujetas a juicio ante las autoridades civiles. El poder y deber policiaco de la persona incluye una defensa común del orden santo. La ley y el orden son responsabilidades de todos los hombres buenos sin excepción. Los daños a nuestros semejantes, o a nuestros enemigos, que no están sujetos a acción civil o criminal, siguen siendo responsabilidad nuestra. Nuestro poder de policía incluye acción contra hablar a espaldas y regar chismes. También requiere que nosotros, por amor a nuestro prójimo, respetemos su propiedad y su reputación, y evitemos dañarlas. Esto ciertamente no es menos verdad en cuanto a su familia, su matrimonio y su esposa. Pero nuestro poder policiaco y la prohibición de matar requieren que usemos la tierra y sus recursos naturales enteramente conforme a la palabra de Dios y bajo su ley. Luego entonces, solo una fracción del ejercicio del poder policiaco del hombre es política.

Tercero, la ley deja muy bien claro que la pena capital, la pena de muerte, es parte de esta ley, por lo que no es asesinato el quitar la vida en los términos de Dios y bajo su ley. Dios creó la vida, y solo se puede atacar o quitar en los términos de Dios. Los términos de la vida los establece Dios. Dios como el dador de toda vida establece las leyes para la vida, y para todo lo demás. De aquí que, todo aspecto de esta ley es una obligación religiosa. El dar y el quitar la vida son aspectos de la obligación religiosa del hombre. Esto quiere decir que el hombre no solo deberá evitar el cometer asesinato, y buscar que se detenga al asesino, sino que debe también pedir la pena de muerte para el asesino.

Cuarto, puesto que la protección y el cuidado de la vida del hombre bajo Dios es la afirmación positiva del sexto mandamiento, se vuelve evidente por qué, conforme a la tradición bíblica, en Israel y en la civilización occidental la medicina ha estado estrechamente ligada a la religión. Tournier ha dicho que «en la misma esencia de su vocación el médico es defensor del débil»[4]. Esta es una interpretación extraña y perversa, moderna en su concepto del enfermo como débil y en su orientación al débil. El médico no se preocupa por el débil como en contra del fuerte y trata a ambos según sea necesario o el cuidado lo requiera. La función del médico es curar y proteger y mejorar la vida del hombre bajo Dios. Esta función conservadora le ha dado a la medicina una orientación conservadora, y una de las funciones de la medicina socializada ha sido el ataque a la medicina debido a su herencia conservadora, que ahora se está perdiendo a pasos agigantados. Los esfuerzos hacia a un enfoque médico mecanicista y materialista cortan el vínculo entre la medicina y la fe bíblica. Por otro lado, la medicina psicosomática, a pesar de sus muchos énfasis materialistas, ha servido para dar de nuevo lugar a un retorno a un énfasis bíblico, y lo mismo el interés renovado en el uso santo del suelo y el cultivo apropiado de alimentos.

---

4   Paul Tournier, *The Strong and the Weak* (The Westminster Press, Filadelfia, 1963), p. 161.

Quinto, queso bien este mandamiento exige el respeto por la vida, no se debe confundir con el principio antibíblico de Alberto Schweitzer de reverencia por la vida. No es reverencia por la vida sino reverencia por Dios y su palabra-ley lo que es básico para éste y todos los demás mandamientos. Como Ingram anotó, «Todo lo recto hacia Dios se basa en la observancia estricta, sin acomodos, del primer mandamiento: "No tendrás dioses ajenos delante de mí". Es por ello contra la ley poner a alguien o algo por delante de Dios»[5]. No se puede poner la vida por delante de Dios, ni la nuestra ni la de ningún otro hombre. Ver la muerte como el supremo mal es, por tanto, moralmente errado. Más bien, la muerte es una consecuencia del verdadero mal: el pecado. Fue el pecado lo que trajo la muerte al mundo, y es con el pecado y no con la muerte con lo que el hombre debe vérselas.

Sexto, hemos visto que este mandamiento tiene una connotación política, social y también religiosa; en verdad, toda su referencia es religiosa. Pero se debe añadir que el aspecto puramente personal también se incluye. Adam Clarke citó esto. Estableciéndolo sobre el principio general, Clarke escribió:

> Dios es la fuente y autor de la *vida*; ninguna criatura puede darle vida a otra. Un arcángel no puede darle vida a un ángel. Un ángel no puede darle vida al hombre: el hombre no puede dar vida ni siquiera al ser más ínfimo de la creación bruta. Puesto que solo Dios da vida, solo Él tiene derecho a quitarla; y el que, sin la autorización de Dios, quita vida, es propiamente un *asesino.* Este mandamiento, que es general, prohíbe el asesinato de todo tipo[6].

Clarke citó entonces diez formas de asesinato, de las cuales cuatro nos interesan aquí:

> 6. Todos los que (por ayunos y moderados y supersticiosos flagelaciones del cuerpo, y descuido voluntario de la salud) destruyen o le hacen daño a la vida, son *asesinos,* digan lo que digan una religión falsa o sacerdotes supersticiosos ignorantes. Dios no acepta el *asesinato* como *sacrificio.*

> 8. Todos los que se quitan la vida con *soga, acero, pistola, veneno, ahogamiento, etc.,* son *asesinos,* diga lo que pudiera decir la investigación del forense, a menos que se demuestre con claridad que el fallecido estaba *del todo loco.*

> 9. Todos los que son adictos al *desenfreno* y *excesos;* a la *borrachera* y la *glotonería;* a *placeres extravagantes,* a *inactividad* y *holgazanería;* y en breve, y en *suma,* todos los que se dejan influir por la *indolencia, intemperancia* y *pasiones desordenadas,* por las cuales la vida se postra y reduce, son *asesinos;* porque nuestro bendito Señor, que nos ha dado una nueva edición de este mandamiento, Mt 19:18, propone esto: *No cometerás NINGÚN asesinato,* no un *tipo o especie* de asesinato; y todos lo que anteceden son *asesinos directos* o *por*

---

5   Ingram, *World Under God's Law,* p. 73.
6   Adam Clarke, *Discourses on Various Subjects Relative to the Being and Attribute of God and His Works* (McElrath & Bangs, Nueva York, 1830), II, 31.

consecuencia; y su discípulo amado nos ha asegurado que *ningún homicida tiene vida eterna permanente en él* (1 Juan 3:15).

10. Un hombre que está lleno de *pasiones feroces* y *furiosas,* que no tiene dominio de su propio temperamento, puede, en un momento, destruir la vida incluso de su *amigo,* su *esposa* o su *hijo.* Todos estos hombres caídos y feroces son *asesinos;* llevan siempre consigo la propensión homicida, y no están orando que Dios la subyugue y la destruya[7].

Las violaciones puramente personales de esta ley incluyen cualquier abuso de nuestro cuerpo que sea destructivo de nuestra salud y en violación de la voluntad de Dios para nosotros. También quiere decir que los arranques mentales que son destructivos y suicidas son contrarios a esta ley.

La aplicación personal incluye marcas, sajaduras y tatuajes del cuerpo, porque el cuerpo hay que usarlo bajo la ley de Dios, y la ley prohíbe tales actos, sea por duelo, como marcas religiosas, o para uso ornamental o de otra naturaleza (Lv 19:28; 21:5). El tatuaje se practicaba en la religión para indicar que uno se adhería o pertenecía a un dios; también indicaba que un hombre era esclavo, que pertenecía a un señor o dueño[8]. El creyente, como hombre libre en Cristo, indica el señorío de Cristo con obediencia, no con marcas serviles; el cuerpo hay que mantenerlo santo y limpio para el Señor. La persistencia de una marca de esclavitud entre los hombres es indicativa de la perversidad del hombre.

Séptimo, el sexto mandamiento, como el primero, tiene referencia a todos los diez mandamientos. Cuando la ley declara: «No tendrás dioses ajenos delante de mí» (Éx 20:3), quiere decir en parte que toda violación de cualquier ley incluye el ponernos nosotros mismos y nuestra voluntad por sobre la palabra de Dios, y es por consiguiente una violación del primer mandamiento. De modo similar, cuando la ley declara: «No matarás», quiere decir que cualquier violación de la primera y segunda «tabla» de la ley incluye una destrucción de nuestra vida en relación a Dios. Pasamos por la pena de muerte y el proceso de la muerte por desobediencia. Pero, cuando violamos el quinto mandamiento, también traemos muerte a la familia, así como también en la violación del séptimo: «No cometerás adulterio» (Éx 20:14). No solo a la familia sino también a la sociedad se ataca o mata con las violaciones de este y los demás mandamientos. El octavo mandamiento, «no hurtarás» (Éx 20:15), protege la propiedad y por ello protege la vida de la familia y también el orden social. Esto no es menos cierto de las prohibiciones del noveno y décimo mandamientos contra el falso testimonio y la codicia; a hombres y naciones se les hace daño y destrucción por estas cosas.

Así que adorar solo a Dios es la esencia de la ley; vivir es adorar a Dios si usa la vida solo en los términos de Dios. La ley es total, porque Dios es totalmente

---

7 *Ibid.,* II, 32, 33.
8 «Cuttings» [«Sajaduras»], en *Unger's Bible Dictionary* (Moody Press, Chicago, 1957), p. 233.

Dios, absoluto y omnipotente. La salud del hombre es integridad en los términos de la ley de Dios.

Todavía más, la inclinación y dirección de todo hombre es hacia la integridad y totalidad en términos de una presuposición fundamental. La lógica de los hombres y las naciones es que vivan y manifiesten su fe; por grande que sea la inercia social, la dirección de una sociedad la gobierna una presuposición básica, y se mueve claramente hacia el cumplimiento de esta.

El hombre nace en un mundo de significado total, tan total que los mismos cabellos de su cabeza están todos contados, y ni una sola golondrina cae aparte del propósito soberano de Dios; y las flores silvestres (cuya duración de vida es breve y fugaz) son una parte del gobierno total de Dios y tienen un significado en términos del mismo (Mt 6:26, 30; 10:29-31; Lc 12:6-7). Toda la vida, pues, tiene dirección en términos del propósito creativo de Dios. Incluso cuando el hombre peca, no puede escapar de significado; en su pecado, sustituye con otra dirección y propósito el propósito de Dios en imitación del mandato de la creación de Dios.

Un hombre actúa debido a la fe, y actuará según su fe; «Por sus frutos los conoceréis» (Mt 7:16, 20). Toda fibra de la vida del hombre está orientada al significado, y actuará, por consiguiente, en forma progresiva con más y más coherencia en términos de su fe. El problema de un período de transición en la historia es que los hombres todavía tienen residuos de su vieja fe, en tanto que actúan de manera progresiva en términos de su nueva fe. El hombre moderno, como humanista, de manera progresiva deja sus reliquias de la ley y orden cristianos a favor de su corazón y fe humanistas. El hombre actúa según su fe, no según sus decrecientes sentimientos hacia un orden pasado, y hoy incluso los «conservadores» dan señales de su ideología humanista básica.

Por esto, algunos economistas libertarios, cuya economía clásica descansa en un mundo de ley y orden que presupone a Dios, cada vez más están auspiciando el relativismo total. Piden un mercado libre para todas las fes y prácticas, porque ninguna es verdad, puesto que no existe la verdad. El gran enemigo de los «nuevos» libertarios es la fe bíblica, puesto que esta sostiene una verdad absoluta, y muchos que han tenido experiencias con estos libertarios relativistas pueden testificar que aquellos unirán sus fuerzas con cualquiera, incluyendo marxistas, para hacer guerra contra los cristianos. Los hombres actúan según su fe, y hay una coherencia ineludible en el hombre, porque fue creado en un mundo unificado y total de significado, e incluso en pecado, no puede vivir en ningún otro tipo de mundo. «Por sus frutos los conoceréis. ¿Acaso se recogen uvas de los espinos, o higos de los abrojos? Así, todo buen árbol da buenos frutos, pero el árbol malo da frutos malos. No puede el buen árbol dar malos frutos, ni el árbol malo dar frutos buenos» (Mt 7:16-18). Hay un proceso hacia la madurez, y hay enfermedades que de tiempo en tiempo infectan a los árboles buenos, pero un árbol es fiel a su naturaleza, y el hombre actúa en términos de su fe básica.

Por tanto, si la orientación de un hombre es hacia Dios por Su gracia soberana, ese hombre se orientará a la vida y a la obediencia a la palabra-ley de la vida. Pero si las presuposiciones de un hombre no son bíblicas, si su fe básica es humanista, su orientación será hacia el pecado y la muerte. Temeroso de la muerte, hablará con intensidad en cuanto a la reverencia por la vida, pero su naturaleza busca la muerte. El mandamiento «no matarás» prohíbe el suicidio, porque no somos nuestros, ni podemos usar nuestra vida ni quitárnosla en nuestros propios términos; pero los que están lejos de Dios y de su ámbito-ley tienen tendencias suicidas. En palabras eminentemente verdaderas de sí mismo, y aplicables solo a los réprobos, Oscar Wilde, escribió en «La balada de la cárcel de Reading», escribió que «todos los hombres matan lo que aman». Sí, los réprobos lo hacen; todos los hombres, actuando según su fe, se matan gradualmente y matan también a su sociedad, o, por la gracia y la palabra-ley de Dios, ellos y sus sociedades avanzan hacia la vida, y eso en mayor abundancia.

2. La pena de muerte

Un hombre actúa según su fe, y, si su fe es humanista, inevitablemente su estándar básico será el hombre, y no la ley de Dios. Verá al mundo, no como la obra de la mano de Dios sino como la suya propia. Un teólogo de la Escuela de la Muerte de Dios, William Hamilton, ha llamado la atención al hecho de que el hombre ahora rara vez mira al cielo estrellado con un sentido de reverencia a Dios. Más bien, cita su experiencia con su hijo como ilustración de una nueva actitud:

> La otra noche estaba en el patio trasero con uno de mis hijos que tenía que identificar algunas constelaciones para su tarea para la clase de ciencias. [...] Mi hijo es un ciudadano pleno del mundo moderno, y me dijo, después de ubicar las constelaciones exigidas: «¿Cuáles son las que nosotros pusimos ahí, papá?». Se había convertido en un hombre tecnológico, y esto quiere decir algo religiosamente[1].

La reacción del muchacho fue bien lógica. Si el Dios de las Escrituras no existe, el hombre es su propio dios y señor y hacedor del mundo.

Además, si el hombre es su propio dios, el hombre y la vida del hombre son el valor más alto. El más grande pecado entonces llega a ser quitar la vida. En concordancia, Arthur Miller, el dramaturgo, declara que «la vida es el don más precioso de Dios; ningún principio, por glorioso que sea, puede justificar quitarla»[2]. Se sigue

---

1   Citado de William Hamilton, «The Death of God» [«La muerte de Dios»], *Playboy*, vol. 13, no. 8 (agosto 1966), p. 138; por John Charles Cooper, *The Roots of the Radical Theology* (Westminster Press, Filadelfia, 1967), p. 137.

2   Citado de *The Collected Plays of Arthur Miller* (Viking Press, 1957), p. 320, «The Crucible» [«El crisol»], por J. C. Cooper, *Roots of the Radical Theology*, p. 143. Miller cita a Dios sólo para eliminarlo.

de una fe así que la peor clase de pecado es la pena capital, el que el estado quite deliberadamente la vida. Esto fue precisamente el punto hecho por un editorial del *Herald Tribune* de Nueva York, del 3 mayo 1960: «A Barbarous Form of Punishment» [«Una forma bárbara de castigo»], protestando por la ejecución de Carryl Chessman:

> Chessman logró convertirse en símbolo mundial de la lucha contra la pena de muerte...
>
> Puede haber sido culpable, o tal vez no, hace doce años, de robo y ataque sexual (llamado secuestro por un capricho extraño de la ley de California). Las cortes lo hallaron culpable; y hasta el fin él mantuvo su inocencia, y el germen de la duda así dejado continuará enturbiando el caso. Pero el hombre que el estado soberano de California mató ayer no fue el mismo hombre a quien las cortes del estado originalmente sentenciaron.
>
> ... California sentenció a un delincuente joven; mató a un hombre que aprendió la ley, y probablemente la ciudadanía, por la vía dura...
>
> La ley debe inculcar respeto por la vida respetando ella misma la santidad de la vida. El estado no debe, como California lo hizo ayer, ponerse en la posición del padre errante que le dice a su hijo descarriado: «Haz lo que yo digo, no lo que yo hago».
>
> La muerte es definitiva. No deja espacio para una segunda consideración, ni para corrección de errores que son una certeza matemática en un sistema de justicia basado en el falible juicio humano. Y la prototípica premeditación de la matanza judicial la hace más fríamente cruel que un delito de pasión.
>
> *El mismo concepto de la cámara de la muerte es incompatible con los ideales de la civilización occidental*[3].

Según esa manera de creer, las personas más crueles de todas son las que favorecen la pena de muerte. Por su ofensa contra el hombre, cometen el pecado imperdonable según la ideología humanista. A fin de darle al hombre la preeminencia, el humanista lógicamente debe destruir todo concepto de justicia como estándar real y objetivo. El hombre debe estar por encima de la ley y por consiguiente por encima de la justicia. La justicia entonces se reduce a la racionalización y al odio organizado. Por eso, un sociólogo de la Universidad de Leicester ha escrito de la justicia:

> Pero, ¿no pudiera todo esto ser más bien una especie de artilugio de la confianza histórica? Ya se ha sugerido que nuestra idea de justicia puede ser una racionalización de lo que es en el fondo conducta punitiva. Esto no sería argumentar que el concepto de la justicia sea una farsa, sino más bien, que en lugar de tomarla por lo que es, pudiéramos tratar de entender qué necesidad pretende satisfacer. Pudiera parecer entonces una especie de defensa

---

3   Citado en John laurence, *A History of Capital Punishment*, (The Citadel Press, New york, 1960) p. xxv f.

psicológica colectiva. Como prueba de la validez de nuestros ideales, a menudo nos inclinamos a referirnos a un sentido de convicción que nosotros y otros poseen al respecto. La mayoría de nosotros tenemos convicciones fuertes en cuanto a la corrección del ideal de justicia. Pero todo ese sentido de convicción lo que hace es demostrar su pertinencia: que en el estado presente de nuestra economía emocional, tal creencia tiene para nosotros una parte muy especial y muy necesaria que jugar. Pero la justicia vista bajo esta luz no es solo el solvente de la inquietud en nosotros, sino también una salida positiva por la cual estas tensiones se pueden descargar (según nos parece) de una manera constructiva. A través de la idea de justicia las cosas malas en nosotros se transforman en algo nuevo y digno. Todo esto, siempre que no miremos demasiado de cerca el resultado. Porque para poner de cabeza la frase famosa y así tal vez darle más validez, la justicia puede a menudo «parecer más manifiestamente que se hace» de lo que se hace en realidad[4].

El juez de la Corte Suprema William O. Douglas ha destacado el hecho obvio de que la ley en un tiempo tenía una sanción divina y se apoyaba en la «voluntad de Dios». Ahora, sin embargo, la soberanía de Dios ha sido reemplazada por «la soberanía del individuo». En términos de esto, para Douglas la lucha por las libertades civiles es por necesidad hostil al antiguo orden. En verdad, «la ley y el orden son la estrella polar de los totalitarios, no de los hombres libres»[5]. Para Douglas, «la rebelión es, por consiguiente, básica en los derechos del hombre»[6], y es natural que así sea, puesto que el hombre está por encima de la ley, y la sumisión a la ley es tiranía. En una «sociedad decente» hay un respeto y esfuerzo por preservar «la soberanía y el honor» tanto como «la dignidad de todo individuo»[7]. En el mundo anarquista de Douglas, ¿qué ley puede obligar al hombre, si este está por encima de la ley? Y, ¿qué estado puede sobrevivir si los hombres libres son los que son hostiles a la ley y el orden?

Sin duda, hay en proceso una guerra religiosa entre la ideología humanista y el cristianismo, y en esa guerra, la iglesia, el estado y la escuela están casi por completo del lado de la ideología humanista y en contra del cristianismo. Pero la historia nunca la han determinado las mayorías sino siempre y solo Dios.

La lucha es entre la justicia absoluta de Dios y su orden-ley y la autopromoción y autonomía inicua del hombre. El orden-ley de Dios demanda la pena de muerte para las ofensas capitales contra ese ámbito. La ley del hombre aduce valorar la vida demasiado alto para quitarla, pero las sociedades humanistas imponen la muerte a quienes consideran sus enemigos.

---

4   Howard Jones, *Crime in a Changing Society* (Penguin, Baltimore, 1965), p. 91 f.

5   Justice William O. Douglas, «Civil Liberties: The Crucial Issue» [«Libertades civiles: La cuestión crucial»] en *Playboy,* vol. 16, no. 1 (enero 1969), p. 93s.

6   *Ibid.,* p. 120.

7   *Ibid.,* p. 223. Es significativo que el artículo de Douglas apareció en *Playboy,* que se ha convertido en la voz tal vez principal de la escuela de la Muerte de Dios.

La pena de muerte aparece desde el comienzo del pacto de Dios con Noé: «Ciertamente demandaré la sangre de vuestras vidas; de mano de todo animal la demandaré, y de mano del hombre; de mano del varón su hermano demandaré la vida del hombre. El que derramare sangre de hombre, por el hombre su sangre será derramada; porque a imagen de Dios es hecho el hombre» (Gn 9:5, 6). No solo todo homicida sino también todo animal que mata a un hombre debe pagar con su vida: Dios requiere esto de una nación, y al final castiga si no se acata. Como Rand notó: «Contrario a la creencia popular la Biblia no considera barata la vida. Es asunto serio quitar la vida, y al quitar la vida el homicida renuncia a su vida»[8]. Por esto, no puede haber rescate ni perdón para el asesinato (hay que distinguirlo del homicidio accidental) ni cobrarse rescate, porque hacerlo es contaminar la tierra en donde Dios mora en medio de su pueblo (Nm 35:29-34).

En términos de ley bíblica, los modos de castigo exigidos, según Rand los resume, eran como sigue:

1) La pena de muerte por ofensas capitales.
2) De uno a cuarenta azotes por ofensas menores.
3) En casos de robo y destrucción de la propiedad de otro hombre, restitución; a lo cual había que añadir entre el ciento por ciento y el cuatrocientos por ciento como castigo.
4) Los que no podían hacer restitución financiera, ni pagar la multa, estaban obligados a contribuir con su trabajo y esfuerzo hasta que la deuda quedara pagada.
5) Confinamiento en una ciudad de refugio por un homicidio accidental[9].

El reemplazo de este sistema por encarcelamiento es relativamente reciente; «ya en 1771, un criminólogo francés escribió que el encarcelamiento era permisible solo en el caso de los que esperaban juicio»[10]. Pero, «hoy la prisión es todo lo que hay; la pena de muerte es anticuada (solo un hombre fue ejecutado por crímenes en los Estados Unidos de América después de proceso legal en 1966)»[11].

El sistema de prisiones, artilugio humanista, ahora está bajo ataque de parte de los que siguen la ideología humanista, que quieren reemplazarlo con la institución mental y la reeducación psiquiátrica. Sin embargo, puesto que la teoría sostiene que es una sociedad enferma la que procrea hombres enfermos o delincuentes, el lo mejor es el reacondicionamiento psicológico (o lavado de cerebro) de todas las personas mediante escuelas, púlpitos, prensa y televisión. El medioambientalismo humanista requiere tal enfoque. El marxismo, como una forma más rigurosa de medioambientalismo, está dedicado a rehacer de manera total el medio ambiente social.

---

8 H. B. Rand, *Digest of the Divine Law*, p. 67.
9 *Ibid.*, p. 141.
10 Martin Mayer, *The Lawyers* (Dell Publishing Co., Nueva York, [1966], 1968), p. 208.
11 *Ibid.*, p. 209.

Este medioambientalismo humanista es una forma de la misma fe evolucionista básica formulada por Lamarck. El hombre puede ser y de hecho está determinado por su medio ambiente o por las características adquiridas antes que por su propio ser interior. No es el pecado del hombre sino el mundo que lo rodea lo que determina la voluntad del hombre. Por eso, el marxista Lincoln Steffens, al referirse a la caída del hombre, no culpa a Adán, ni a Eva, ni a la serpiente; «fue y es la manzana», o sea, el medio ambiente, el mundo en que el hombre vive[12]. Desde tal perspectiva, es un error culpar al hombre. Es el mundo lo que el hombre debe rehacer para que le sirva al hombre. Castigar al hombre, pues, no es correcto; es a Dios, quien hizo al mundo, y a los hombres que bajo Dios establecieron el orden-ley de Dios, a quienes se debe castigar. Por lo tanto, entre la ley bíblica y la ley humanista hay una brecha insalvable y una guerra incesante.

El principio involucrado en la ley bíblica del castigo se indica en Éxodo 21:23-25: «Mas si hubiere muerte, entonces pagarás vida por vida, ojo por ojo, diente por diente, mano por mano, pie por pie, quemadura por quemadura, herida por herida, golpe por golpe». Algunos escogen interpretar esto literalmente, pero el mismo contexto (Éx 21:1-36), una delineación de ofensas y castigos, deja en claro que quiere decir que el castigo debe ajustarse al delito; debe ser proporcional al desafuero, ni menor ni mayor. Este principio se vuelve a indicar en Levítico 24:17-21 y Deuteronomio 19:21. El comentario de Oehler es de interés:

El *principio mosaico de castigo es la ley del talión,* como se expresa repetidas veces en la sentencia: «vida por vida, ojo por ojo, diente por diente», etc., Éx 21:23-25; Lv 24:18ss.; Dt 19:21; se le debe hacer al ofensor como él ha hecho; en otras palabras, el castigo es una retribución que corresponde en cantidad y calidad a la obra perversa. Pero que el *talio* no se debe entender en un sentido meramente externo no solo se muestra por las varias provisiones de castigo, sino por el hecho de que no solo la obra misma, sino la culpa que ya se halla a la raíz de la obra, a menudo se toma en cuenta para determinar el castigo. El *castigo de muerte* se asigna al parecer a un elevado número de transgresiones. Se prescribe no solo para el delito de asesinato, maltrato de los padres, secuestro (Éx 21:12ss.), adulterio, incesto y otros delitos contra naturaleza, idolatría y la práctica de adivinación y hechicería paganas (Lv 20, Dt 13:6ss.), sino por violar ciertas ordenanzas fundamentales de la teocracia —la ley de la circuncisión, Gn 17:14; la ley de la Pascua, Éx 12:15, 19; la ley del sabbat, 31:14s; la contaminación de sacrificios, Lv 7:20ss; el ofrecer sacrificios en otros lugares aparte del santuario, 17:8s.; ciertas leyes de purificación, 22:2, Nm 19:13, 20. Sin embargo la expresión peculiar, «será cortado del pueblo» […] se escoge para el castigo de transgresiones de la clase última a distinción de la anterior; expresión que, en verdad, no se puede referir

---

12   *The Autobiography of Lincoln Steffens* (Harcourt, Brace, Nueva York, 1931), p. 574.

sencillamente al destierro (como algunos lo han interpretado), sino más, en algunos casos, parece apuntar a un castigo que será ejecutado no por castigo humano, sino por el poder divino, como se dice en Lv 17:10 con referencia a la persona que come carne: «la cortaré de entre su pueblo». [...] Cuando el castigo debían ejecutarlo los humanos, se usó el término... «se matará», como en la violación de la ley del sabbat, Éx 31:14, y en los pasajes de la clase anterior, Éx 21:12ss., Lv 20, etc. En general, en todos los casos en los que el pueblo no aplicaba el castigo al transgresor, Jehová mismo se reservaba el aplicarlo; ver, como pasaje principal, Lv 20:4-6[13].

Hay, pues, dos clases de pena capital. *Primero,* Dios directamente manda juicio y muerte sobre hombres y naciones por ciertas ofensas. Esto lo hace en su tiempo y voluntad y nadie puede decirle que no. *Segundo,* Dios le delega al hombre el deber de aplicar la muerte por ciertas ofensas y eso sin ninguna demora indebida y sin vacilación.

Al examinar la obligación del hombre de aplicar la pena de muerte, vemos, *primero,* que, por lo general, no se podía pagar rescate ni multa por el asesinato para dejar en libertad al culpable. Como Números 35:31 declaró: «Y no tomaréis precio por la vida del homicida, porque está condenado a muerte; indefectiblemente morirá». La única excepción a esto es en el caso en el que un buey, con un historial de ser acorneador, mata a un hombre; el dueño entonces «también morirá», a menos que «si le fuere impuesto precio de rescate, entonces dará por el rescate de su persona cuanto le fuere impuesto» (Éx 21:29, 30). En tales casos, debido a que el buey es el principal asesino, hay una posibilidad de escape para el dueño.

Segundo, como parece en el caso del buey acorneador, la ley bíblica establece que los animales tanto como los hombres son culpables de asesinato. Esto aparece con claridad en Génesis 9:5 como también en la ley. Si un hombre tiene un animal, y el animal mata a un hombre, el animal muere. El dueño no es culpable si el animal no tiene historial previo de violencia sin provocación (Éx 21:28). Pero si el animal tenía un historial de violencia en el pasado, el dueño es culpable de asesinato bajo pena capital. Para el hombre libre, el rescate era posible; para los esclavos, la ley especifica el rescate, treinta siclos de plata, para impedir que al esclavo se le exija un rescate indebido como alternativa a la muerte (Éx 21:29-32). El daño de un buey al buey de otro hombre también tiene castigo ante la ley. Si el animal delincuente no tenía historial previo, hay que venderlo, y el precio se divide entre los dos dueños, y el buey muerto también hay que venderlo y se divide el precio de venta. Pero si el buey que atacó tenía un historial de mala conducta, se vendía y el precio se da enteramente al dueño del buey muerto, que retiene lo que se reciba por venta del buey muerto (Éx 21:35, 36). Este principio de responsabilidad animal, y la responsabilidad de sus dueños, es todavía una parte de nuestra

---

13   G. E. Oehler, *Theology of the O.T.,* p. 222.

ley. Si al buey lo mataban a pedradas, no se podía comer su carne, puesto que no se había drenado su sangre (Éx 21:28). Una aplicación moderna extraña o aplicación errada de esta ley aparece en un comentario modernista: «Los animales que matan a los hombres hoy no son bueyes sino diminutos organismos, gérmenes de enfermedad. Si los que poseen estos son imprudentes para esparcirlos, a ellos también hay que hacerlos morir, o imponerles un rescate muy alto»[14].

Tercero, hemos visto que el principio es vida por vida, o sea, un castigo proporcional al delito. Este delito no tiene referencia al delincuente ni a su mentalidad sino solo a la naturaleza del acto. Si la muerte es la pena para los animales según el principio de vida por vida, lo es también para los hombres. Así, según este principio, la ley bíblica no da lugar a una declaración de inocencia por razón de locura. Tampoco hay un estatus privilegiado ante la ley para el menor de edad. El asesinato requiere la pena de muerte sea que el ofensor sea un animal, un «loco», un niño, un anormal. La declaración moderna de inocencia por razón de locura surgió en 1843 en el juicio de Daniel M'Naughton por el asesinato de Edward Drummond, secretario de Sir Robert Peel. Como resultado del juicio de M'Naughton se formularon las Reglas M'Naughton. (a) Se presumía a todo hombre cuerdo hasta que se demostrara lo contrario, pero (b) un hombre que estaba loco o actuando bajo un defecto de la mente al cometer el acto, por lo que no se daba cuenta de la naturaleza del acto o su maldad, no era culpable por razón de locura. Se recluyó a M'Naughton e un asilo en lugar de ejecutarlo. Las Reglas M'Naughton condujeron a la decisión en 1954 por parte de David T. Bazelon de la Corte de Apelaciones del Distrito de Columbia que a nadie se le podría considerar «criminalmente culpable si el acto contrario a la ley se debía a enfermedad mental o defecto mental»[15]. Este fue el caso Durham, donde se juzgó a Monty Durham, un ladrón de casas que giraba cheques falsos y que había entrando y saliendo de cárceles y hospitales mentales por siete de sus veinticuatro años.

Tales alegatos como los de las Reglas de M'Naughton y Durham permiten a las cortes hacer a un lado el principio de la vida por la vida, el principio de la justicia y la justicia misma, por consideración humanista por la vida del delincuente. Supuestamente, las cárceles son «punitivas» e inmisericordes comparadas con el tratamiento mental. Pero, como Mayer ha notado:

> El vistazo más ligero a nuestras instituciones penales revela que algunas prisiones, en Wisconsin, en California, y en el sistema federal, son en efecto mucho *menos* punitivas que un hospital estatal mental ordinario. Y no es probable que un hombre quede muy bien parado en el mercado laboral si su historial muestra una reclusión civil en una institución para delincuentes locos que una convicción por un delito[16].

---

14 J. Edgar Park, «Exodus» [«Éxodo»], en *The Interpreter's Bible*, I, p. 1001.
15 M. Mayer, *The Lawyers*, p. 210.
16 *Ibid.*, p. 211.

El sistema de prisiones es un artificio humanista, una manera ostensiblemente más humana de tratamiento que lo que exigía a la antigua ley bíblica. Ahora el enfoque en la salud mental se piensa que es incluso más humano, cuando en la realidad, como Salomón lo notó hace mucho, aquí como en todo lo demás, «el corazón de los impíos es cruel» (Pr 12:10).

Pero siquiatras como Menninger nos dicen que se puede hacer saludable a la sociedad reemplazando «la actitud punitiva con una actitud terapéutica». Exigir que se castigue a los delincuentes es revelar nuestra propia enfermedad mental. Menninger llama a eso «el delito del castigo». Para él, los buenos de la sociedad son delincuentes cuando exigen castigo[17]. Sostiene que el delito de la sociedad contra el delincuente es mayor que el del delincuente contra la sociedad: «Sospecho que todos los crímenes cometidos por todos los delincuentes encarcelados no se igualan al daño social total de los crímenes cometidos contra ellos»[18]. Del delincuente, Menninger dice:

> Necesitamos delincuentes con los cuales identificarnos, para envidiarlos en secreto, y para castigarlos con vigor. Ellos hacen por nosotros las cosas prohibidas, ilegales, que nosotros *quisiéramos* hacer y, como los chivos expiatorios de antaño, llevan las cargas de nuestra culpa y castigo desplazados… «las iniquidades de todos nosotros»[19].

Como seguidor de la ideología humanista, Menninger considera la vida del hombre como el mayor bien y cualquier daño a la vida como el mayor mal: «El mayor pecado que nos tienta a todos es hacerles daño a otros, y hay que evitar este pecado a fin de vivir y dejar vivir»[20].

Opiniones similares se hallan en la profesión legal y de hecho la dominan. Esto fue evidente en la convención de 1968 del Colegio de Abogados Norteamericanos. Esta clase de pensamiento que apela a muchos estaba definitivamente hacia la izquierda, y era en todo humanista. De este modo,

> Un abogado negro, William Coleman de Filadelfia, argumentó que a la sociedad se la debe preparar para sancionar cierta cantidad de intranquilidad e inconveniencia como precio del progreso. Contendió que a los que participan en la desobediencia civil se les debe pagar por su esfuerzo por luchar contra leyes injustas.

---

17   Karl Menninger, «The Crime of Punishment» [«El crimen del castigo»], en *Saturday Review* (7 septiembre 1968) pp. 21-25, 55. El libro de Menninger sobre el tema (Viking Press, Nueva York, 1968) lleva el mismo título, *The Crime of Punishment*.

18   Citado por Robert Kirsch, «The Book Report, Psychiatrist Analyzes Crime and Punishment in U.S.» [«Informe de libro, psiquiatra analiza el crimen y el castigo en los EE.UU»], en *Los Angeles Times,* Part IV (jueves, 12 diciembre 1968), p. 6.

19   Menninger, en *Saturday Review*, p. 22.

20   *Ibid.*

Cuando una causa es digna, convino Lou:s H. Pollak, decano de la Facultad de Leyes de Yale, los fiscales deben rehusarse a presentar cargos contra los que participan en desobediencia civil. No estableció pautas específicas para determinar si una causa es digna[21].

Por supuesto, los alborotadores ya estaban recibiendo ingentes subsidios en su desobediencia civil y motines, como lo han demostrado numerosos estudios e informes, y donativos federales se repartían generosamente[22]. Hubo una voz en disensión en la convención del Colegio de Abogados, un invitado, el juez Widgery de la Corte de Apelaciones de Inglaterra:

Después de escuchar las conferencias sobre delito y desorden civil por cinco días, el jurista británico dijo que «le impactó de manera muy contundente el no haber oído ni una sola palabra de elogio o crítica de la policía, [...] las tropas de choque en la lucha contra el delito». ¿Cómo esperan los abogados y jueces mantener la paz, dijo, «a menos que tengan una fuerza policial eficiente»?

El juez británico también cuestionó la afirmación expresada momentos antes por el Procurador General Clark de que «la pobreza es la madre del delito». El juez Widgery parcamente aconsejó a su público que no le dieran demasiada importancia a esta teoría. «Quien piensa que el alivio de la pobreza resultará en una reducción del delito se dispone a cierto tipo de desilusión», dijo.

La mayor parte de los tugurios de Inglaterra, dijo, quedaron en ruinas por los bombardeos de la Segunda Guerra Mundial, así que las viviendas pobres no son excusa para el delito. Y Bretaña había tenido «muy buen éxito... con su política fiscal a lo Robin Hood de quitarle al rico para darles a los pobres, y uno pensaría que habría un descenso en las cifras del delito. Pero nada de eso ha sucedido. Ha habido un aumento en todo departamento», entre los pobres, la clase media y los acomodados.

El delito y el desorden civil continúan aumentando, sugiere, debido a que las sociedades por todo el mundo occidental han «perdido la disciplina», la aceptación de parte de sus miembros de un código de disciplina[23].

En 1968 el Procurador General de los Estados Unidos, Ramsey Clark, citando al socialista fabiano George Bernard Shaw, que «el asesinato y la pena capital no son opuestos que se cancelan entre sí sino similares que promueven su clase», instó

---

21 «Lawyers Look to Social Reform, Not Law, to Cure Crime Problem» [«Abogados buscan reforma social, no ley, para curar el problema del crimen»], en *The National Observer* (lunes, 12 agosto 1968), p. 4.
22 Ver Patty Newman, Joyce Wenger, *Pass the Poverty Please!* (Constructive Action, Whittier, Calif., 1966); y Shirley Scheibla, *Poverty Is Where the Money Is* (Arlington House, New Rochelle, Nueva York, 1968).
23 *National Observer, op. cit.*

al Congreso a abolir la pena capital para crímenes federales. Según el testimonio de Clark ante el subcomité del Senado,

> En medio de la ansiedad y el temor, la complejidad y la duda, tal vez nuestra mayor necesidad es la reverencia por la vida, la vida misma: nuestra vida, la vida de otros, toda vida…
>
> Una preocupación humana y generosa por todo individuo, por su seguridad, su salud y su satisfacción hará más para calmar el corazón salvaje que el temor a la muerte inflingida por el estado, que principalmente sirve para recordarnos cuán cerca seguimos de la selva[24].

Las cortes de hoy, moviéndose en términos de ley humanista, ya son hostiles a la ley y el orden. Como Gardner ha destacado, «los derechos del individuo se protegen, *siempre y cuando el individuo haya cometido un delito*»[25]. La inquietud por el delincuente ha llegado al punto en que los capellanes de prisiones en Alemania han organizado un sindicato de trabajo para los presos, y Alemania Occidental le ha dado al sindicato personería jurídica[26].

Para volver a la alegación de locura, algunas ciudades ya tienen una corte psiquiátrica, como lo atestigua Los Ángeles, a la cual se refiere muchos casos. «La corte atiende todos los casos que tienen que ver con enfermedades mentales, incluyendo la reclusión de personas en hospitales mentales ordenada por la corte; casos de narcóticos civiles y criminales; y determinaciones de las cortes municipales sobre cuestiones de locura criminal»[27]. El movimiento para abolir la pena de muerte sustituye «la moral con la medicina», y niega «la doctrina legal de la responsabilidad individual», uno de los elementos fundamentales de la ley santa[28]. La puerta al salvajismo pagano se abre con este enfoque psiquiátrico. En lugar de la responsabilidad, culpa y castigo del *individuo,* se recalca la responsabilidad, culpa y castigo del *grupo.* Se culpa a la sociedad en general y la familia, no al delincuente. Se acerca el tiempo cuando será peligroso ser inocente de un delito, porque la inocencia constituirá la mayor culpa. Así creen ya los revolucionarios de los derechos civiles.

La defensa en juicio ya indica el rumbo de la ley. A un violador convicto que presentó una declaración tardía de inocencia por razón de locura lo han defendido en la corte sobre dos bases: (a) tiene una constitución de cromosomas anormal,

---

24   «Revere Life, End Capital Punishment, Says Clark» [«Respeto a la vida; fin a la pena capital, dice Clark»], Oakland, Calif., *Tribune* (jueves, 2 julio 1968), pp. 1, 7.

25   Erie Stanley Gardner, «Crime in the Streets» [«Crimen en las calles»], en *This Week Magazine,* (18 agosto 1968), p. 4.

26   «A Labor Union for Convicts» [«Sindicato laborar para presos»], *Oakland* (Calif.) *Tribune* (jueves, 15 agosto 1968), p. 3.

27   Myrna Oliver, «Insanity Plea: . . . .» [«Declaración de locura:... »] en Los Angeles *Herald-Examiner* (jueves, 28 noviembre 1968), p. d-8.

28   E. L. Hebdon Taylor, «The Death Penalty» [«La pena de muerte»], en T. Robert Ingram, editor: *Essays on The Death Penalty* (St. Thomas Press, Houston, 1963), p. 13s.

y (b) se sentía rechazado por las mujeres[29]. De hecho, Menninger ha declarado: «El temor inconsciente a las mujeres aguijonea a algunos hombres con un instinto compulsivo a conquistar, humillar, hacer daño o dominar a algún ejemplar de feminidad disponible»[30]. El violador no es culpable; sus temores, y tal vez también sus cromosomas, lo empujan a violar; Menninger ha dejado en claro su creencia en la culpabilidad del inocente. El delincuente no es culpable; la sociedad lo «empuja» al delito. Así, como la esposa de John Connolly, de St, Paul, Minnesota, dijo de Sirhan Cishara Sirhan, cuando empezó su juicio por el asesinato del senador Robert F. Kennedy: «Pienso que Sirhan es una criatura que da lástima. Es difícil imaginarse que alguien pueda ser empujado a hacer algo como esto»[31]. Si a Sirhan y a otros delincuentes los han «empujados», alguien da el empujón y es por consiguiente culpable. Y si el medio ambiente predetermina al delincuente, los que siguen la ideología humanista, al afirmar esto, han sustituido la predestinación por Dios con el determinismo por el medio ambiente .

Cuarto, las Escrituras exigen la pena de muerte por una serie de ofensas. Son:

1. Asesinato, pero no por homicidio accidental (Éx 21:12-14).
2. Golpear o maldecir a un padre (Éx 21:15; Lv 20:9; Pr 20:20; Mt 15:4; Mr 7:10). Hay que notar que Cristo condenó a los escribas y fariseos por soslayar esta ley,
3. Secuestro (Éx 21:16; Dt 24:7).
4. Adulterio (Lv 20:10-21), que se considerará más adelante.
5. Incesto (Lv 20:11-12, 14).
6. Bestialismo (Éx 22:19; Lv 20:15-16).
7. Sodomía u homosexualidad (Lv 20:13).
8. Falta de castidad (Dt 22:20-21), que se considerará más adelante;
9. Violación de una virgen comprometida en matrimonio (Dt 22:23-27).
10. Hechicería (Éx 22:18).
11. Ofrecer sacrificio humano (Lv 20:2).
12. Delincuencia incorregible y criminalidad habitual (Dt 21:18-21).
13. Blasfemia (Lv 24:11-14, 16, 23), que se consideró anteriormente.
14. Profanación del sabbat (Éx 35:2; Nm 15:32-36), que ya se consideró anteriormente; y ya sobreseída.
15. Propagación de doctrinas falsas (Dt 13:1-10), también considerado anteriormente.

---

29   «Rapist Felt Rejected by Women, Court Told» [«Violador se sentía rechazado por las mujeres, dijo la corte»], en *Los Angeles Times* (viernes, 10 febrero 1969) Parte II, p. 4; y Harry Nelson, «Masculinity Doubts of XYY Defendant Told by Psychiatrist» [«Dudas de masculinidad de acusado XYZ dicen los psiquiatras»], *Los Angeles Times* (miércoles, 8 de enero 1969), Parte I, pp. 2, 29.

30   K. Menninger, «The Crime of Punishment» [«El crimen del castigo»], en *Saturday Review* (7 septiembre 1968), p. 23.

31   Myrna Oliver, «Sirhan Intrigues the Curious» [«Sirhan intriga a los curiosos»], en Los Angeles *Herald-Examiner* (viernes, 10 enero 1969), p. A-3.

16. Sacrificar a dioses falsos (Éx 22:20).
17. Negarse a cumplir la decisión de una corte y por consiguiente negar la ley (Dt 17:8-13).
18. No devolver la prenda o garantía (Ez 18:12, 13), porque tal acción destruía la posibilidad de la confianza y asociación de la comunidad.

Los métodos de pena capital eran por la hoguera (Lv 20:14; 21:9); apedreamiento (Lv 20:2, 27; 24:14; Dt 21:21); horca (Dt 21:22-23; Jos 8:29); y la espada (Ex 32:27-28). El uso de la espada era una circunstancia excepcional; y el requisito básico en cada caso era la pena de muerte en sí misma antes que la forma del castigo.

Todavía más, como Carey ha señalado:

La pena capital nunca se aplicaba por el testimonio de menos de dos testigos (Números 35:30; Deuteronomio 17:6; 19:15). En casos específicos la pena capital la debían ejecutar los mismos testigos como en Deuteronomio 13:6-10; 17:7. En algunos casos la ejecutaba la congregación (Números 15:32-36: Deuteronomio 13:6-10), o el pariente más cercano, el vengador de la sangre (Deuteronomio 19:11-12)[32].

Para la mente humanista estas penas parecen severas e innecesarias. Lo cierto es que las penas, junto con la fe bíblica que las motiva, sirven para reducir el delito. Cuando Nueva Inglaterra dictó leyes requiriendo la pena de muerte para los delincuentes incorregibles y para los hijos que golpeaban a sus padres, no se necesitó ninguna ejecución; la ley mantenía a los hijos en cintura. Algunas leyes consiguen el efecto deseado sin necesidad de proceso judicial. Como en un caso, de la década de 1920, que describe Llewellyn,

Los libros de la biblioteca pública de Nueva York seguían desapareciendo. Esto por lo general se achacaba a la delincuencia juvenil; robar era fácil para cualquiera, pero las recompensas para el ladrón eran tan ínfimas que hacían de los jóvenes los candidatos más probables. Se dictó un estatuto haciendo delito el que se ofreciera para la venta un libro que llevara el sello de la biblioteca. Los funcionarios de la biblioteca se cercioraron de que todo distribuidor de libros de segunda mano de la ciudad recibiera notificación de este estatuto. Pronto los robos se redujeron casi a cero. El mercado había dejado de ser lucrativo. Nunca hubo una acción judicial bajo la ley. No hubo necesidad[33].

Este no es siempre el caso, porque cuando el carácter religioso y moral de un pueblo se desintegra, los delincuentes empiezan a ser más numerosos que la policía

32 Gervas A. Carey, «Thou Shalt Not Kill» [«No matarás»], en T. R. Ingram, *Death Penalty,* p. 105.
33 Citado de Karl Llewellyn, *Jurisprudence,* p. 408, por M. Mayer, *The Lawyers,* p. 167.

y los que guardan la ley. La ley bíblica elimina a los delincuentes incorregibles y habituales; la fe bíblica da a las personas carácter santo y disposición de acatar la ley. El derrumbamiento de los órdenes leyes humanistas se debe a la disposición radical de la gente inicua a la delincuencia. A pesar de la amplia compasión hacia los delincuentes, sigue siendo cierto que el 80% de los acusados se declaran culpables. Algunos del restante 20 por ciento son culpables, pero el acusador retira los cargos (Mayer nota de estos que muchos son «como nuestro joven cuya muchacha decidió que lo quería aunque él casi la mata a golpes»). Para acelerar el embotellamiento legal, a muchas partes culpables se les permite que se declaren culpables de una acusación menor para evitar la demora y los gastos. Otros estudios muestran que de cada cien personas que detiene la policía (en comparación con los acusados formalmente), a cincuenta se les declara convictos por declaración de culpabilidad; a cinco se les declara convictos después de un juicio; a treinta se le deja en libertad sin que haya acusación; a trece se le deja en libertad «por proceso administrativo después de la formulación de cargos pero antes del juicio», y a dos se les absuelve después de juicio. Así que, si bien en cualquier sistema humano falible se cometen errores, estos no son muy comunes. La justicia tiene deficiencias, pero no hay otra alternativa[34]. Es más, como Mayer notó de las cortes criminales de Nueva York, los abogados nunca usan sombrero, «porque si uno deja el sombrero en alguna parte en el edificio de la corte criminal, alguien se lo roba»[35]. Todavía más, «la abogacía criminalista es una de las ramas de la ley en donde los abogados cobran sus honorarios por adelantado»[36]. La razón, por supuesto, es la radical falta de honradez de sus clientes.

Pero más importante es la situación con respecto a los delincuentes juveniles:

Según los Informes Uniformes de Delito del FBI, el 48% de los arrestos por infracciones graves en 1964 fueron arrestos de niños menores de dieciocho años, y el 43,3% de todos a quienes la policía acusó formalmente de delitos serios fueron referidos a las cortes juveniles. El máximo llega a los quince años. (Por lo general, dicho sea de paso, mientras más grande la ciudad, menor es la proporción de los menores de 18 años en el número total de arrestos). Se ha calculado que una novena parte de todos los niños de la nación —una sexta parte de los muchachos— tienen algún contacto con una corte juvenil (por lo general por una ofensa muy menor) entre los diez y los diecisiete años[37].

Las cifras después de 1964 empeoraron de manera notoria. Demasiados de los niños que no van a las cortes juveniles también reciben educación en iniquidad de parte de la educación y religión humanista. El resultado es la tarea imposible de los policías: «En Berkeley, un sábado por la noche puede haber unas dos mil

---

34 Mayer, *op. cit.*, pp. 90, 155s., 158s., 180s.
35 *Ibid.*, p. 154.
36 *Ibid.*, p. 160.
37 *Ibid.*, p. 212.

fiestas de marihuana en marcha; ¿puede uno tener un informante o policía en cada una?»[38].

La ley se desbarata cuando desaparece la fe que la respalda. La hostilidad a la pena de muerte es la hostilidad de la ideología humanista contra la ley de Dios. Pero el gobierno de Dios prevalece, y sus alternativas son claras: o bien los hombres y las naciones obedecen sus leyes, o Dios invoca la pena de muerte contra ellos.

Hemos citado arriba la alta proporción de culpabilidad en todos los acusados. Esto no quiere decir que a veces no se condene a inocentes. El caso de Dudley Boyle parece haber sido un caso así. A Dudley Boyle, ingeniero de minas y joven enérgico, lo detuvieron durante la Depresión por robar el banco de Sparks. Lo defendió McCarran, más tarde senador de los Estados Unidos por Nevada, que estaba convencido de la inocencia de Boyle. El juicio reveló asombrosas irregularidades, como la hija de McCarran resume en algunos de sus aspectos:

> Uno de los artificios más singulares usados por el fiscal fue que el estado llamó al banquillo de los testigos al hombre que podía probar la coartada de Dudley Boyle: que había salido de Reno temprano en la mañana del robo y viajado por automóvil a Goldfield. Summerfield pidió el nombre y dirección domiciliaria del hombre, y luego concluyó el interrogatorio del testigo. De allí en adelante, McCarran, a quien el juez George Barret continuamente denegaba sus protestas, no pudo examinar al hombre, ni recabar de él la confirmación de la coartada de Boyle. Esto sería increíble si se tratara simplemente de un reportaje de noticias. La transcripción está disponible. Incluso en la apelación, el juez Edward A. Ducker, que había sucedido a McCarran en la Corte Suprema, dictó una decisión terriblemente superficial contra Boyle, que había sido sentenciado de seis a veinte años en la prisión estatal. Fue puesto en libertad después de seis años, y subsiguientemente, se suicidó. Cuando había estado trabajando para la libertad condicional, Boyle le había escrito a McCarran: «Usted sabe y yo sé que soy inocente». Esto fue, desdichadamente en lo más profundo de la Depresión, cuando todos estaban desesperadamente distraídos. Hubo mucho que sugiere que cuando el dueño del banco de Sparks deseaba un culpable, lo podía obtener[39].

Este no es un caso aislado[40]. Pero no es el caso común. El hecho sigue siendo cierto de que casi todos los acusados son culpables, y que en la mayoría de casos

---

38   Robert McLaughlin, «A Policeman's Nightmare: Mountains of Marijuana» [«Pesadilla de un policía: Montañas de marihuana»], Los Angeles *Herald-Examiner,* (viernes, 6 diciembre 1968), p. A-11.

39   Sister Margaret Patricia McCarran, «Patrick Anthony McCarran», en *Nevada Historical Society Quarterly,* otoño-invierno, 1968, vol. XI, no. 3-4, p. 28s.

40   Para un caso particularmente chocante, por el que a un hombre evidentemente se le privó de los debidos honores científicos y se le envió a prisión falsamente, ver Andrew A. Freeman, *The Case for Doctor Cook* (Coward-McCann, Nueva York, 1961).

se declaran culpables. Evitar que se haga respetar la ley, o desbaratar la ley, debido a tales casos de injusticia, es aumentar la injusticia. La imposición de la ley civil y criminal está en manos de hombres pecadores y falibles; no puede ser infalible. Para mejorar la calidad de la imposición de la ley, y producir una mayor obediencia, es necesario que tengamos más hombres consagrados. No hay respuesta, sino solo más decadencia en cualquier debilitamiento de la ley. Usar los casos de injusticia para destruir la ley es en sí mismo un acto muy grande y mortal de injusticia.

3. Orígenes del estado: Su oficio profético

Históricamente, los teólogos de manera bastante regular han hallado los orígenes del estado, o del gobierno civil, en el sexto mandamiento, o, con mayor precisión, en la caída del hombre. Antes de la caída, se sostiene, no había necesidad de un estado, puesto que el hombre no tenía pecado. Después de la caída, la muerte entró en el mundo debido al pecado como castigo de Dios por el pecado, y se formó el estado a fin de mantener el pecado del hombre en cintura e invocar penas hasta de muerte para castigarlo. El estado es pues el verdugo de Dios, una institución que existe entre la Caída y la Segunda Venida para mantener al hombre en cintura.

Cullmann hace eco extensivamente de esta noción, y ve al estado «como algo "provisional"»[1]. Según Cullmann, Cristo y el cristianismo rechazan «el ideal teocrático judío […] como satánico»[2]. Todavía más, «Jesús no considera al estado como una institución definitiva que se deba igualar de alguna manera al Reino de Dios. El estado pertenece a la edad que todavía existe ahora, pero que se desvanecerá para siempre tan pronto venga el Reino de Dios»[3]. No es necesario que el estado sea cristiano, pero sí es necesario que el estado «conozca sus *límites*»[4]. Estrechamente relacionado con esto es la noción escolástica y luterana que basa el estado en razones naturales y lo absuelve de toda conexión directa y responsabilidad con Dios.

En un sentido, esta posición es correcta, si sostenemos que el carácter provisional del estado tiene referencia a la *forma* del estado. Pero lo mismo se puede decir de la iglesia; también es provisional en su forma. Ni en el cielo ni en la nueva creación final habrá cargos de obispos, pastores, ancianos o diáconos. Esto no quiere decir que la iglesia sea meramente provisional, así como tampoco quiere decir que el estado sea meramente provisional.

Todavía más, Cullmann está terriblemente equivocado al sostener que el ideal teocrático de Israel fue satánico a los ojos de Cristo, porque este había venido a restaurar ese reino verdadero. La perversión de ese ideal es lo que era satánico,

---

1   Oscar Cullmann, *The State in the New Testament* (SCM Press, Londres, 1955), p. 12.
2   *Ibid., p.* 14.
3   *Ibid.,* p. 43.
4   *Ibid.,* p. 69.

la perversión e imitación. En este punto, Cullmann tiene razón al observar que «pertenece a la naturaleza más profunda del diablo que imita a Dios»[5]. Lo que se imita es el gobierno divino, el reino de Dios. Este reino existía en Edén; sus leyes gobernaban a Adán y Eva, y por último Adán y Eva las quebrantaron. Las autoridades civiles, así como también la iglesia, la escuela y la familia fueron ordenadas por Dios como diversos aspectos del permanente reino de Dios; cada una lleva las marcas de la caída, pero todas son ordenadas por Dios. El gobierno directo de Dios desde entonces ha existido a través varias instituciones, de las cuales una es el estado. Es precisamente debido a que incluso estas instituciones plagadas por el pecado reflejan el gobierno de Dios en el mundo que se ordena la obediencia, y se declara que oponerse a ellas es oponerse a Dios (Ro 13:1-7). Todavía más, como Calvino claramente señaló:

> ...menospreciar la providencia de aquel que es fundador del poder civil, es declararle la guerra. Entiéndase además, esos poderes son de Dios, no como se dice que la peste, la hambruna, las guerras y otras visitaciones por el pecado proceden de él; sino debido a que É las ha designado para el gobierno legítimo y justo del mundo[6].

La plaga, la hambruna y la guerra son resultados y castigos que llegan al hombre por su pecado, pero el estado no es así (aunque los gobernantes perversos pudieran serlo), sino más bien un aspecto del gobierno justo de Dios. Habrá gobierno en la nueva creación como lo hay en el cielo y debe haberlo en la tierra. La necesidad de ser justo y recto no desaparece en la nueva creación; más bien, la obediencia perfecta llega a ser el resultado del gobierno perfecto.

Ahora bien, el gobierno es un término mucho más amplio que el estado. El gobierno significa, primero, gobierno de uno mismo, luego la familia, la iglesia, el estado, vocación, asociaciones privadas y también mucho más. Pero el estado como un poder «más alto» pero no *el más alto* representa el ministerio de justicia de Dios, la plenitud del cual se ve en el cielo y en el infierno. El que el estado culmine, junto con la iglesia, familia, escuela, y vocación, en el reino de Dios en la nueva creación no su conclusión, como tampoco el nacimiento es la muerte del feto. Más bien es verdadera vida.

El *primer y* básico deber del estado es promover el reino de Dios al reconocer la soberanía de Dios y su palabra, y conformarse a la palabra-ley de Dios. El estado, pues, tiene la obligación de ser cristiano. Debe ser cristiano así como el hombre, la familia, la iglesia, la escuela y todo lo demás deben ser cristianos. Sostener otra cosa es afirmar la muerte de Dios en la esfera del estado. Debido a que no ha exigido que

---

5   *Ibid.,* p. 59.
6   Juan Calvino, *Commentaries on the Epistle to the Romans* (Eerdmans, Grand Rapids, 1948), cap. 13:1, p. 478.

el estado sea cristiano, debido a su teología implícita de la muerte de Dios, la iglesia ha entregado el estado a la razón apóstata y al diablo. Lo ha hecho porque ha negado la ley de Dios. De hecho, ha implicado que Dios está muerto fuera de las paredes de la iglesia, por lo que lógicamente debe proclamar su muerte dentro de la iglesia.

El concepto de que el estado está fundado en la caída y en el pecado ha fracasado porque se ha separado al estado de Dios, excepto como un tipo de manotazo de Dios, como una plaga o una hambruna. Luego, cuando se busca una doctrina positiva del estado, se ubica, no en el reino de Dios, sino en la razón natural, en la razón autónoma del hombre natural. Si se separa al estado del reino de Dios, ¿cuánto tiempo va a subsistir la idea de pecado? Después de todo, el pecado es una ofensa contra Dios y su majestad, contra las leyes de su reino. El resultado es que si el estado no es parte del reino, *no hay pecado* en el mundo de la justicia y las relaciones humanas.

Esto, por supuesto, es la esencia de la ideología humanista. El que sigue la ideología humanista fácilmente se desilusiona de Dios, el hombre y la sociedad cuando no todo marcha bien, pero no se desilusiona consigo mismo. Por eso el poeta libanés Kahlil Gibran en su juventud «concebía el universo como perfecto y desprovisto de mal»[7]. En reacción a su desilusión del mundo y de Dios, se hizo discípulo de Nietzsche, cuya filosofía gobernó los escritos de Gibran[8]. En términos de esto veía amaneciendo la era del superhombre: «Vivimos en una era cuyos hombres más humildes están llegando a ser más grandes que los hombres más grandes de épocas precedentes»[9]. Su propia actitud, como el de un superhombre, fue de total santurronería. Como su propio supermán y dios, estaba por encima de toda crítica y por encima de la ley.

Claro, si el estado no es un aspecto del reino de Dios, inevitablemente dejará el concepto del pecado porque no tiene un Dios verdadero. Y, debido a que el hombre bajo la ideología humanista se vuelve su propio dios, ninguna ley puede gobernar a los dioses, que son su propia ley. Como Calvino notó, sin leyes el estado y la magistratura civil «no pueden subsistir; como, por otro lado, sin magistrados las leyes no tienen fuerza alguna. Por eso no se puede decir cosa más cierta que llamar a la ley un magistrado mudo, y al magistrado una ley parlante»[10].

Un estado, por consiguiente atestigua contra sí mismo cuando mantiene en algún grado el orden-ley de Dios, y, si un estado no mantiene ese orden-ley en algún grado, colapsa en anarquía. Se reconoce al estado como un orden al cual los hombres bajo Dios deben rendirle obediencia, y las Escrituras repetidas veces requieren esta obediencia en donde se debe obediencia aun cuando la autoridad sea un Nerón. No podemos menospreciar el oro y la plata porque estén en manos de hombres

---

7   Anthony R. Ferris, «Introduction» [«Introducción»], a Kahlil Gibran, *Thoughts and Meditations)* Bantam, Nueva York, [1960], 1968), p. 7.

8   Annie Salem Otto, *The Parables of Kahlil Gibran* (Citadel Press, Nueva York, 1963), p. 25.

9   Gibran, *Thoughts and Meditations,* p. 87.

10   Calvino, *Institución,* Lib. IV, cap. XX, xiv; II, p. 1180.

impíos. Por el contrario, debemos procurar poseerlos por medios santos. Debemos confesar que el oro es oro, quienquiera que lo posea, y como sea que lo use. De modo similar, el estado es el estado, creado y destinado para ser parte del Reino de Dios, llamado a magnificar a Dios al imponer su orden-ley, y por consiguiente no se puede menospreciar, por impíos que pudieran ser los gobernantes. Si menospreciamos y abandonamos el oro, no podemos quejarnos si sus nuevos dueños no son de nuestro gusto; si renunciamos al estado como ordenado por Dios y como aspecto importante de su reino, ¿podemos quejarnos si los perversos lo aprovechan?

El sexto mandamiento, «no matarás», tiene tanto un aspecto negativo, el castigo de los que injustamente cometen actos de violencia, y un lado positivo, la protección de la vida en términos de la ley de Dios. El estado por lo general se basa en el aspecto negativo y sirve en el mejor de los casos como verdugo de Dios. El estado en verdad debe «infundir temor […] al malo» proteger a los buenos y elogiarlos (Ro 13:3). Al proteger la vida y promover la seguridad de la familia y de la religión, el estado es a todas luces positivo en su ministerio. La protección no es solo negación; es un presente y continuo clima de paz y seguridad. La acusación del rey Josafat a los jueces de Judá es reveladora: «Mirad lo que hacéis; porque no juzgáis en lugar de hombre, sino en lugar de Jehová, el cual está con vosotros cuando juzgáis. Sea, pues, con vosotros el temor de Jehová; mirad lo que hacéis, porque con Jehová nuestro Dios no hay injusticia, ni acepción de personas, ni admisión de cohecho» (2 Cr 19:6, 7).

La ley se nos da como principios (los diez mandamientos) y como casos (los mandamientos detallados), y su significado se debe martillar en la experiencia y en la prueba. Esto no quiere decir que la ley sea algo en desarrollo sino que la consciencia del hombre de sus implicaciones se desarrolla conforme nuevas situaciones traen luz fresca a las posibles aplicaciones de la ley. El salmista en el Salmo 119 vio la ley como una fuerza positiva en su crecimiento y en su capacidad para resistir las adversidades de la historia.

El santuario, como hemos visto, era el salón del trono de Dios. Cuando se estableció el gobierno servil de Israel, se hizo ante el santuario. Dios allí habló a los setenta ancianos del pueblo y derramó sobre ellos su Espíritu, así que el primer Pentecostés fue el Pentecostés civil en la ordenación de las autoridades civiles (Nm 11:16-17 24-30). Por lo general se deja en el descuido el significado de este evento, porque se descuida la ley como un todo. Moisés, allí, como representante de Cristo Rey, medió el don del Espíritu. Que esto no fue un acontecimiento excepcional se deja en claro por el ungimiento de Saúl, que también profetizó (1 S 10:1-7). La profecía en sí no fue su oficio o llamamiento, ni el de los setenta ancianos ni de Saúl; ellos eran gobernantes civiles. El testigo lleno del Espíritu de la profecía atestiguaba su cargo, que fue ordenación de Dios. Estos dos pentecostes civiles ocurrieron a comienzos de dos formas de gobierno civil en Israel: la comunidad y la monarquía. La ordenación de los demás era por un ungimiento.

La iglesia primitiva vio su continuidad con el Pentecostés de la iglesia, con sus ritos de coronación. La forma del rito subsiste, aunque la fe ha desaparecido. El juramento requerido de la reina Isabel II decía:

> ¿Mantendrás, al máximo de tu poder, las leyes de Dios y la verdadera profesión del evangelio? ¿Mantendrás, al máximo de tu poder, en el Reino Unido la Religión Reformada Protestante establecida por ley? ¿Mantendrás y preservarás inviolablemente el establecimiento de la Iglesia de Inglaterra, y la doctrina, adoración, disciplina y gobierno consiguiente, como lo establece la ley en Inglaterra? Y, ¿preservarás para los obispos, el clero de Inglaterra, y las iglesias puestas bajo su responsabilidad, todos los derechos y privilegios que por ley les pertenecen a todos y a cada uno de ellos?[11].

Después de este juramento, el moderador de la Asamblea General de la Iglesia de Escocia le trajo a la reina la Biblia, y le dijo:

> Su Graciosa Majestad: Para mantener a su Majestad para siempre consciente de la ley y del evangelio de Dios como regla para toda la vida y gobierno de la Princesa cristiana, le presentamos este libro, lo más valioso que este mundo ofrece.
>
> Aquí hay sabiduría; esta es la ley real; éstos son los oráculos vivos de Dios[12].

Después del ungimiento, que citaba el ungimiento de Salomón, siguió la presentación de la espada del estado, que el arzobispo de York, recibió del gran señor chambelán, y la presentó a la reina con estas palabras:

> Recibe esta real espada, traída del altar de Dios, y entregada a ti por las manos de nosotros los obispos y siervos de Dios, aunque indignos. Con esta espada haz justicia, detén el crecimiento de la iniquidad, protege a la santa Iglesia de Dios, ayuda y defiende a las viudas y huérfanos, restaura las cosas que están decayendo, mantén de las cosas que se restauran, castiga y reforma lo que está errado, y confirma lo que es de buen orden; que haciendo estas cosas seas gloriosa en toda virtud; y sirve fielmente a Nuestro Señor Jesucristo en esta vida, para que reines para siempre con él en la vida venidera. R. Amén[13].

---

11   *The Music with the Form and Order of the Service to be Performed at the Coronation of Her Most Excellent Majesty Queen Elizabeth II in the Abbey Church of Westminster on Tuesday the 2nd Day of June, 1953* (Novello and Company, Londres, 1953), p. 14.

12   *Ibid.,* p. 15.

13   *Ibid.,* p. 66.

Cuando se le dio a la reina el orbe con la cruz, el arzobispo declaró:

> Recibe este orbe colocado bajo la cruz, y recuerda que todo el mundo está
> sujeto al poder e imperio de Cristo nuestro Redentor[14].

Esta ceremonia es un eco de las ceremonias de coronación antiguos, y de la fe bíblica —por más que se abuse de ellos en los ritos de coronación— de que el orden civil está directamente bajo Dios y es establecido por orden suya como parte de su reino. Cuando la gente reemplaza a Dios como señor y soberano, el Pentecostés civil da paso a Babel y a la confusión de lenguas.

Los eruditos han intentado convertir en figuras eclesiásticas a los setenta hombres de Números 11:16, 17, pero no hay justificación para eso, y el Pentecostés civil paralelo en el ungimiento de Saúl, haciendo eco de Números 11:24-30, deja en claro que se tiene en mente el orden civil. El don de la profecía intervino en ambos casos, no porque se convirtieran en profetas y predicadores, sino porque el oficio de magistrados civiles y el oficio del estado son oficios *proféticos,* en que el funcionario civil debe hablar por Dios, y el significado primario del profeta es uno que habla por Dios. El estado puede por tanto hablar por Dios, y los funcionarios del estado son profetas, en siempre que observen, obedezcan, estudien y hagan respetar la ley de Dios. El que el estado busque un oficio profético independiente es renunciar a su oficio y convertirse en falso profeta.

Sea por la imposición de manos, o por unción, o por juramento del cargo y oración, a los funcionarios de la iglesia y del estado se les instala en el cargo de profeta y hablan por Dios en sus respectivas esferas. Este es un hecho dejado en el olvido, pero es bíblico de todas maneras. El punto de vista eclesiástico fue expresado de manera contundente por el anglicano Rvdo. R. Winterbotham, en su comentario sobre Números 11:17, 24-30: «los dones del Espíritu no son independientes del orden eclesiástico». Añadió que «es el propósito de Dios el que está en operación, no el ceremonial, por autoritativo que sea. El Espíritu de Dios es un Espíritu libre, incluso cuando elige actuar a través de ciertos canales (cf. Hch 1:26; 13:2; 1 Co 12:11; 2 Co 3:17)»[15], aunque restringió el Espíritu a la iglesia, punto de vista totalmente falso. Más bien, los dones del Espíritu no son independientes del orden de Dios, y lo mismo la iglesia que el estado pueden ser parte de ese orden. También pueden ser hostiles y ajenos al orden de Dios.

4. «Para hacer vivir»

Como hemos visto, el estado es más que el verdugo de Dios; es el instrumento de Dios para la protección de la vida santa al promover la justicia. Aunque hay

---

14   *Ibid.,* p. 67.
15   H. D. M. Spence and Joheph S. Exell, editores, *The Pulpit Commentary, Numbers,* Rev. R. Winterbotham, «Exposition and Homiletics» [«Exposición y homilética»] (Funk and Wagnalls, Nueva York), p. 117.

muchos comentarios en los escritos de Lutero que parecen dar sustancia a la reducción luterana del estado al papel de verdugo, el efecto real de Lutero fue con mucho en otra dirección. Rosenstock-Huessy señaló:

> El siervo civil es resultado de la impregnación mutua de la profecía de Lutero de la reforma universal de la práctica del príncipe de su reforma especial.
>
> El siervo civil es el hombre que primero oye la voz profética de verdad universal, y que luego entra al servicio de una autoridad secular para desempeñar su parte en la Reforma[1].

Las dos instituciones importantes en la Reforma alemana fueron la *universidad* y el *estado*, y ambas se movían en términos de principios profundamente arraigados en el cristianismo. «El príncipe de Lutero, por consiguiente, no estaba protegiendo a Lutero como amigo personal; defendía el derecho de un alto magistrado a albergar en su territorio una universidad soberana»[2]. Pero Lutero, en nombre de Dios, a su vez le ofreció a Frederick su protección como siervo de Dios; «El que más cree protegerá más; y debido a que yo pienso que Su Gracia es todavía débil en la fe, no puedo por ningún medio pensar de Su Gracia como el hombre que podría protegerme o salvarme»[3]. En Alemania, «las universidades llegaron a ser las herederas del trono del obispo, la cátedra. A la silla del profesor se le llamaba "Katheder"»[4]. Según Rosenstock-Huessy,

el príncipe no tiene más control de las universidades que el zapatero. Las universidades representan la vida del Espíritu Santo en la nación alemana, en tanto que el príncipe y su estado estaban ciegos y sordos en asuntos de religión sin la ayuda de los predicadores y maestros de la fe. Lutero no glorificó para nada al estado y al gobierno. «Los príncipes son los verdugos y carceleros de Dios», dijo[5].

Este elemento estaba claramente presente en Lutero, pero eso no era todo. El príncipe cristiano y el erudito cristiano, el estado cristiano y el ministerio cristiano de la palabra en su sentido más amplio para recalcar al erudito de la palabra, fueron las dos instituciones centrales en la Reforma alemana y para Lutero.

Pero, mucho más que Lutero, debemos recalcar el trabajo del estado como ministro bajo Dios (no bajo la iglesia), y con una tarea negativa al castigar el mal y la injusticia, o sea, al establecer positivamente un orden-ley en el cual los buenos pueden prosperar y florecer.

No sin razón, como ya hemos visto, a las autoridades civiles y otras se les llama «dioses», porque participan por el llamamiento y la gracia de Dios en su obra

---

1   Eugen Rosenstock-Huessy, *Out of Revolution, Autobiography of Western Man* (William Morrow, Nueva York, 1938), p. 368.

2   *Ibid.*, p. 381.

3   *Ibid.*, p. 389.

4   *Ibid.*, p. 390.

5   *Ibid.*, p. 395.

soberana de gobierno. Dios declaró por medio de Moisés: «Ved ahora que yo, yo soy, Y no hay dioses conmigo; Yo hago morir, y yo hago vivir; Yo hiero, y yo sano; Y no hay quien pueda librar de mi mano» (Dt 32:39). Esta misma declaración aparece en parte en 1 Samuel 2:6 y en Isaías 43:13. En el Canto de Moisés, claramente se relaciona con la ley; el Señor es el gran legislador y juez, y de aquí su poder para matar y hacer vivir, para herir y para sanar. Este poder se delega a las autoridades humanas para que lo usen conforme a la palabra-ley de Dios, y todas las autoridades así tienen en grados variados el poder para restringir, matar o herir por un lado, y para sanar o hacer vivir al promover el orden-ley y la palabra de Dios por el otro.

Esta función está claro que le pertenece al estado y a la iglesia. El poder de las llaves dado a la iglesia para perdonar pecados o para atarlos en términos de la palabra de Dios, es un aspecto de esta autoridad delegada para matar y hacer vivir (Mt 18:18; 16:19; Jn 20:23). La iglesia puede perdonar pecados en donde la palabra de Dios declara perdón y saber que ese perdón permanece ante el cielo; puede rehusar perdón en donde las condiciones de la ley de Dios no se cumplen, con la confianza de que en el cielo se niega el perdón. La iglesia «hace vivir» por el ministerio de la palabra y los sacramentos, no debido a que algún poder para comunicar vida resida en la iglesia, sino porque Dios es fiel a su palabra en donde se ministra de verdad.

La escuela igualmente tiene el deber, como también el hogar, de matar y hacer vivir y, para herir en castigo en donde la palabra de Dios lo requiere, y para promover la vida por sus enseñanzas y disciplina.

Un aspecto importante del deber de «hacer vivir» según aparece en las Escrituras es el arte y en particular la música. Un libro entero de himnos, el libro de los Salmos, es parte de la palabra inspirada y repetidas veces ordena que se cante y se toque en instrumentos musicales la alabanza a Dios[6].

Otro aspecto importante de legislación para «hacer vivir» tiene que ver con los deberes hacia las personas:

1. A las viudas y los huérfanos.

A ninguna viuda ni huérfano afligiréis. Porque si tú llegas a afligirles, y ellos clamaren a mí, ciertamente oiré yo su clamor; y mi furor se encenderá, y os mataré a espada, y vuestras mujeres serán viudas, y huérfanos vuestros hijos (Éx 22:22-24).

No torcerás el derecho del extranjero ni del huérfano, ni tomarás en prenda la ropa de la viuda, sino que te acordarás que fuiste siervo en Egipto, y que

---

6   Alfred Sendrey y Mildred Norton, *David's Harp, The Story of Music in Biblical Times* (New American Library, Nueva York, 1964). Los autores correctamente sugieren que los músicos levíticos eran de ayuda sustancial en la posición de sacerdotes, profetas y reyes fieles en la preservación de la fe, p. 142.

de allí te rescató Jehová tu Dios; por tanto, yo te mando que hagas esto (Dt 24:17-18).

Maldito el que pervirtiere el derecho del extranjero, del huérfano y de la viuda. Y dirá todo el pueblo: Amén (Dt 27:19).

La *opresión* se cita repetidas veces como un pecado de veras aborrecible a la vista de Dios, y a reyes y jueces se les advierte en contra de ella, y se les ordena que sean vigilantes para prevenirla. Pero, aparte de las penas legales para las instancias particulares de opresión, se cita otra pena: el castigo divino. Cuando los desvalidos claman al Señor, él será su defensor. La frase «clamaren a mí» se puede traducir «clamaren fervientemente a mí». Dios cita aquí el principio de la ley del talión: vida por vida, diente por diente; si los hombres oprimen a las viudas y huérfanos, sus propias esposas e hijos quedarán viudas y huérfanos por castigo de Dios.

2. Al prójimo, o sea, otros miembros del pacto.

Si vieres el asno de tu hermano, o su buey, caído en el camino, no te apartarás de él; le ayudarás a levantarlo (Dt 22:4).

No oprimirás a tu prójimo, ni le robarás (Lv 19:13).

No te vengarás, ni guardarás rencor a los hijos de tu pueblo, sino amarás a tu prójimo como a ti mismo. Yo Jehová (Lv 19:18).

Si bien los animales son parte de esta ley, la preocupación primaria es el amor al prójimo. Esto es evidente en forma muy clara en Éxodo 23:4, 5: «Si encontrares el buey de tu enemigo o su asno extraviado, vuelve a llevárselo. Si vieres el asno del que te aborrece caído debajo de su carga [...] Antes bien le ayudarás a levantarlo». Ni la enemistad ni la indiferencia puede permitirnos rehusar ese cuidado justo por los problemas de nuestro prójimo (o enemigos) que Dios nos requiere. La única base para nuestra relación con otros hombres es la ley de Dios, y no nuestros sentimientos.

3. Al pobre.

No pervertirás el derecho de tu mendigo en su pleito. De palabra de mentira te alejarás, y no matarás al inocente y justo; porque yo no justificaré al impío (Éx 23:6, 7).

Cuando siegues la mies de tu tierra, no segarás hasta el último rincón de ella, ni espigarás tu tierra segada. Y no rebuscarás tu viña, ni recogerás el fruto caído de tu viña; para el pobre y para el extranjero lo dejarás. Yo Jehová vuestro Dios (Lv 19:9, 10).

Y cuando tu hermano empobreciere y se acogiere a ti, tú lo ampararás; como forastero y extranjero vivirá contigo. No tomarás de él usura ni ganancia, sino tendrás temor de tu Dios, y tu hermano vivirá contigo. No le darás tu dinero a usura, ni tus víveres a ganancia. Yo Jehová vuestro Dios, que os saqué de la tierra de Egipto, para daros la tierra de Canaán, para ser vuestro Dios. Y cuando tu hermano empobreciere, estando contigo, y se vendiere a ti, no le harás servir como esclavo. Como criado, como extranjero estará contigo; hasta el año del jubileo te servirá. Entonces saldrá libre de tu casa; él y sus hijos consigo, y volverá a su familia, y a la posesión de sus padres se restituirá. Porque son mis siervos, los cuales saqué yo de la tierra de Egipto; no serán vendidos a manera de esclavos. No te enseñorearás de él con dureza, sino tendrás temor de tu Dios (Lv 25:35-43).

En las cortes, a los pobres no hay que favorecerlos, «ni al pobre distinguirás en su causa» (Éx 23:3), ni desfavorecerlos (Éx 23:6, 7); se debe evitar los asuntos y acusaciones falsas, para que no conduzcan a la lesión o muerte de inocentes; de ninguna manera Dios justificará al perverso. *En la vida cotidiana,* los pobres que lo merecen, tanto nativos como extranjeros, tenían el derecho legal de espigar. Ningún agricultor podía segar sus campos de manera total; el fruto que era difícil de alcanzar, el grano junto a las cercas y orillas, y el racimo solitario aquí y allá en las ramas debía dejarse para el rebusco. El agricultor entonces concedía derechos de rebusco a algunos de los pobres y a veces favorecía a una persona especialmente merecedora, como Booz lo hizo con Rut. En el rebusco en los Estados Unidos, hasta la Segunda Guerra Mundial, algunos agricultores tenían a ciertas familias como rebuscadoras permanentes y así daban a esos pobres una medida real de seguridad. El rebusco entonces se podría usar para la mesa o venderse para ingresos adicionales. El rebusco era trabajo duro, puesto que incluía mucho más esfuerzo que la siega regular, cuando el fruto o grano era abundante. En algunos casos sin embargo, a veces israelitas empobrecidos, sobrecargados por la deuda, y a veces hombres acosados por la adversidad, se vendían como *esclavos.* Como miembros del pacto, todavía eran hermanos. Antes de convertirse en un esclavo, cuando él «se acogiere», «tú lo ampararás», y había que darle la misma consideración y cuidado que los extranjeros y peregrinos debían recibir. Como lo dice Levítico 25:35, «tú lo ampararás; como forastero y extranjero vivirá contigo». Si necesitaba fondos, los préstamos debían ser sin intereses ni aumentos.

Las autoridades durante el segundo Templo definían las palabras que se traducen «usura» (*neshej*) y «ganancias» (*tarbit,* o *marb*) como sigue: Si una persona le presta a otro un siclo equivalente a cuatro denarios, y recibe en paga cinco denarios, o si le presta dos sacos de trigo, y recibe tres en pago, esto es usura. Si uno compra trigo para entrega al precio de mercado de veinticinco denarios la medida, y cuando sube a treinta denarios le dice al vendedor: «Entrégame el trigo, porque quiero venderlo y comprar vino», y el vendedor responde: «Recibiré el trigo a treinta denarios y te daré vino por él», aunque no tiene vino, esto es ganancia. La «ganancia» está en el hecho de que el vendedor no tiene vino al momento, y posiblemente puede perder de nuevo por el aumento en el vino. En consecuencia, lo primero es un costo en dinero, en tanto que lo último es en productos[7].

Si no puede pagar el préstamo, el pobre queda como esclavo, excepto que, aunque técnicamente es esclavo, es un siervo con el jubileo en perspectiva; es un hermano que volverá a ser libre. Mientras tanto, no se le puede tratar como esclavo, como un incrédulo, sino más bien como empleado que en algún sentido sigue siendo un hombre libre. Dios dice muy claro por qué: «Porque son mis siervos» (Lv 25:42). Tanto amo como siervo son siervos de Dios, quien gobierna en absoluto la vida y las relaciones personales de ambos. En vista de esto, San Pablo declaró: «Porque habéis sido comprados por precio; glorificad, pues, a Dios en vuestro cuerpo y en vuestro espíritu, los cuales son de Dios» (1 Co 6:20). Hay que notar que la ley aquí tiene en mente la tentación a tratar de manera irrespetuosa a un miembro más débil del pacto; de aquí que se establece que, puesto que se le tiene como hermano, se le debe dar el respeto y cortesía que normalmente se daba al extranjero y al peregrino. El verdadero creyente es un hombre libre en el Señor; por tanto, incluso en deuda o en servidumbre tiene derecho a una libertad que no se concede a otros, que son esclavos por naturaleza.

Un punto de importancia con respecto al rebusco es que, en la forma antigua, era agrícola; la vida moderna es más urbana. Un intento significativo de rebusco urbano lo empezaron hace unos años las Industrias Goodwill. Al recoger artículos y bienes descartados, y luego repararlos y venderlos usando personas desempleadas o minusválidas, se provee algún ingreso para muchos. El crecimiento de la ayuda social ha limitado el crecimiento del rebusco urbano, pero sus potencialidades son muy reales y merecen mayor desarrollo.

4. A peregrinos, y extranjeros.

Y al extranjero no engañarás ni angustiarás, porque extranjeros fuisteis vosotros en la tierra de Egipto (Éx 22:21).

Y no angustiarás al extranjero; porque vosotros sabéis cómo es el alma del extranjero, ya que extranjeros fuisteis en la tierra de Egipto (Éx 23:9).

Cuando el extranjero morare con vosotros en vuestra tierra, no le oprimiréis. Como a un natural de vosotros tendréis al extranjero que more entre vosotros, y lo amarás como a ti mismo; porque extranjeros fuisteis en la tierra de Egipto. Yo Jehová vuestro Dios (Lv 19:33, 34).

Porque Jehová vuestro Dios es Dios de dioses y Señor de señores, Dios grande, poderoso y temible, que no hace acepción de personas, ni toma cohecho; que hace justicia al huérfano y a la viuda; que ama también al extranjero

---

7   C. D. Ginsburg, «Leviticus» [«Levítico»], en *Ellicott*, I, 459.

dándole pan y vestido. Amaréis, pues, al extranjero; porque extranjeros fuisteis en la tierra de Egipto (Dt 10:17-19).

No oprimirás al jornalero pobre y menesteroso, ya sea de tus hermanos o de los extranjeros que habitan en tu tierra dentro de tus ciudades. En su día le darás su jornal, y no se pondrá el sol sin dárselo; pues es pobre, y con él sustenta su vida; para que no clame contra ti a Jehová, y sea en ti pecado (Dt 24:14, 15).

No torcerás el derecho del extranjero ni del huérfano, ni tomarás en prenda la ropa de la viuda (Dt 24:17).

Maldito el que pervirtiere el derecho del extranjero, del huérfano y de la viuda. Y dirá todo el pueblo: Amén (Dt 27:19).

De estos versículos, como también de los anteriores, sale a la luz un hecho importante. Así que, si bien la ley bíblica es severa en su condenación del delito, y la holgazanería (como testifica una buena parte de Proverbios), es igualmente severa en su condenación de todos los que oprimen al débil y al extranjero. Para usar los términos modernos, la sociedad según la concibe la ley bíblica es competitiva y libre pero no atomística. La esencia del capitalismo y del comunismo moderno es que son atomísticos; como se ha disuelto la presuposición necesaria de una sociedad verdadera, la fe bíblica, la sociedad ha sido atomística e incapaz de establecer una verdadera comunidad. A fin de tener una verdadera comunidad, *primero,* es necesaria la fe, un vínculo común de doctrina y prácticas religiosas. *Segundo,* es necesaria una unidad religiosa («extranjeros fuisteis en la tierra de Egipto»), una consciencia de nuestros orígenes y de la gracia de Dios. *Tercero,* al extranjero y a nuestro prójimo por igual hay que amarlos como nos amamos nosotros mismos, o sea, concederles el mismo respeto por su vida, familia, propiedad y reputación, en palabra, pensamiento y obra que nosotros mismos deseamos. *Cuarto,* no solo hay que abstenerse de oprimir al extranjero y al débil, sino que en su necesidad deben recibir nuestra ayuda y atención. *Quinto,* el extranjero y el débil, las viudas y huérfanos, deben recibir la misma justicia concienzuda en las cortes de ley que concedemos a los grandes de nuestro día, o sea, sin favoritismo y con el debido respeto por la ley y sus derechos ante la ley. *Sexto,* debe haber una medida de favoritismo al creyente necesitado en los préstamos; deben ser sin intereses, y sus artículos básicos necesarios («la ropa de la viuda») no se puede tomar como prenda. Todavía más, a los obreros contratados se les debe pagar al atardecer por su trabajo, «pues es pobre, y con él sustenta su vida».

5. Al necesitado e indefenso. Estos aparecen en las clasificaciones previas, pero con todo la ley los señala de manera singular y específica, y Galer con razón da esto como una categoría diferente de legislación[8]. Ya se ha citado Deuteronomio

---

8   R. S. Galer, *O. T. Law for Bible Students,* p. 142.

24:14 y 27:19. Levítico 19:14: «No maldecirás al sordo, y delante del ciego no pondrás tropiezo, sino que tendrás temor de tu Dios. Yo Jehová», también se citó ya, en otro contexto.

6. A los esclavos y siervos:

> Si comprares siervo hebreo, seis años servirá; mas al séptimo saldrá libre, de balde. Si entró solo, solo saldrá; si tenía mujer, saldrá él y su mujer con él. Si su amo le hubiere dado mujer, y ella le diere hijos o hijas, la mujer y sus hijos serán de su amo, y él saldrá solo. Y si el siervo dijere: Yo amo a mi señor, a mi mujer y a mis hijos, no saldré libre; entonces su amo lo llevará ante los jueces, y le hará estar junto a la puerta o al poste; y su amo le horadará la oreja con lesna, y será su siervo para siempre (Éx 21:2-6).

Deuteronomio 24:14, 15 (citado arriba).

> Si se vendiere a ti tu hermano hebreo o hebrea, y te hubiere servido seis años, al séptimo le despedirás libre. Y cuando lo despidieres libre, no le enviarás con las manos vacías. Le abastecerás liberalmente de tus ovejas, de tu era y de tu lagar; le darás de aquello en que Jehová te hubiere bendecido. Y te acordarás de que fuiste siervo en la tierra de Egipto, y que Jehová tu Dios te rescató; por tanto yo te mando esto hoy (Dt 15:12-15).

Había que ayudar a los pobres en sus necesidades, pero la ayuda no podía ser subsidio. Debido a su imposibilidad de pagar sus deudas, algunos se hacían siervos por un período de no más de seis años, hasta el próximo año sabático, o pequeño jubileo. Al siervo no solo había que tratarlo bien, sino que había que despedirlo con una paga generosa por sus servicios. (Este sistema de siervos era parte de la ley inglesa, y muchos estadounidenses vienen de antepasados que llegaron a los Estados Unidos de América vendiéndose como siervos por un sabbat de años). El siervo, sin embargo, no podía tener lo mejor de ambos mundos, el mundo de la libertad y el mundo de la servidumbre. Una esposa significaba responsabilidad, y para casarse, el hombre debía tener una dote como evidencia de su capacidad para encabezar una familia. Un hombre no podía adquirir el beneficio de la libertad, una esposa, y al mismo tiempo el beneficio de la seguridad bajo un amo. Si se casaba con una sierva o una esclava mientras era siervo sabía que al hacerlo estaba abandonando la libertad o su familia. Entonces, o se quedaba para siempre como esclavo con la familia y había que perforarle la oreja como señal de subordinación (como las mujeres), o dejaba a su familia. Si se iba y dejaba a su familia, si ganaba lo suficiente podía redimir de la esclavitud a su familia. La ley aquí es humana pero nada sentimental. Reconoce que algunos son por naturaleza esclavos y siempre lo serán. A la vez requiere que se les trate de una manera piadosa y también que el esclavo reconozca su posición y la acepte con gracia. El socialismo, al contrario, trata de darle al esclavo todas las ventajas de la seguridad junto con los beneficios de la libertad, y, en el proceso, destruye tanto al libre como al esclavizado. Sigue siendo válido el viejo principio de ley, derivado de esta ley, de que el que recibe beneficencia pública no puede ejercer el sufragio ni tener otros derechos afines de un ciudadano libre.

7. Reverencia para los ancianos. «Delante de las canas te levantarás, y honrarás el rostro del anciano, y de tu Dios tendrás temor. Yo Jehová» (Lv 19:32). De nuevo, la ley protege a los débiles; la protección se extiende de este modo de los jóvenes (huérfanos) a los mayores.

8. Construcción de barandas

Cuando edifiques una casa nueva, construye una baranda alrededor de la azotea, no sea que alguien se caiga de allí y sobre tu familia recaiga la culpa de su muerte (Dt 22:8).

Los eruditos a quienes les encanta buscar paralelos de la ley bíblica en otros códigos legales antiguos no pueden en esto (como en otros puntos) hallar un paralelo. Se establece un principio de seguridad en la construcción de edificios, así como también un principio general de responsabilidad. Los techos planos de entonces por lo común se usaban para la vida en el verano; el techo debía tener un muro o baranda para evitar caídas. El dueño de la propiedad tenía la responsabilidad de eliminar ocasiones de daño a las personas legítimas en su tierra o en su casa. La obligación de «dar vida» es la obligación de eliminar las fuentes potenciales de daño.

9. Rebusco y ofrendas compartidas. Ya se ha citado esto. Los pasajes que requieren el rebusco son Éxodo 23:10, 11; Levítico 17:2-9; 19:9, 10; 23:22; Deuteronomio 16:10-14; 24:19-21; cf. Rut 2. Dos de estos pasajes no son estrictos con referencia al rebusco (Lv 17:2-9; Dt 16:10-14), pero tienen referencia a ofrendas compartidas, una forma de caridad para los pobres, los extranjeros y los levitas. Hay una referencia al rebusco en el proverbio de Gedeón: «¿No es el rebusco de Efraín mejor que la vendimia de Abiezer?» (Jue 8:2). La interpretación o paráfrasis caldea de esto dice: «¿No son los débiles de la casa de Efraín mejores que los fuertes de la casa de Abiezer?»[9]. El rebusco exigía trabajo de parte del que recibía. Las ofrendas compartidas ponían a los pobres, al extranjero y a los levitas dentro de la familia del que daba mientras se regocijaban juntos ante el Señor. No era por entero ni esencialmente caridad, puesto que el peregrino podía ser próspero, y el levita acomodado, aunque el huérfano y la viuda a menudo eran necesitados (Dt 16:10-14). En esencia, la ofrenda compartida establece su vida común bajo el gobierno de la gracia de Dios. Las ofrendas compartidas y los rebuscos servían también para unir a los hombres y promover la comunidad. Como San Pablo declaró: «Sobrellevad los unos las cargas de los otros, y cumplid así la ley de Cristo» (Gá 6:2). Pero,

---

9   F. W. Farrar, «Judges» [«Jueces»], en Ellicott, II, 215.

con respecto a la responsabilidad y el trabajo, como San Pablo añadió, «cada uno llevará su propia carga» (Gá 6:5). A los hombres se les hace «vivir» con la ayuda santa; no se les hace «vivir» por aliviar sus responsabilidades santas. El comentario de Herman N. Ridderbos sobre Gálatas 6:5 es de interés:

> Todo hombre es culpable de su conducta ante Dios. De aquí que uno debe conducirse como el versículo 4 recomienda. *Carga* esta vez no se refiere tanto a un peso opresivo (como en el versículo 2), sino a la obligación normal que recae sobre todo hombre. La palabra *llevará* connota la certidumbre de este enunciado, así como también el juicio venidero, en donde se manifestará[10].

La falsa caridad destruye a los hombres y a la sociedad porque «el corazón de los impíos es cruel» (Pr 12:10), pero una fiel adherencia a la ley del Señor da vida.

Puesto que el hombre vive en un mundo caído, tiene la tarea de *restaurar*. Dios lo delega, en todo aspecto de autoridad, para que mate y dé vida a fin de restablecer el dominio que Dios ordenó para el hombre en la creación de todas las cosas. El hombre nunca puede establecer dominio sin imponer ambos aspectos de esta obligación bajo Dios y según su ley. El solo matar no logra nada; los tiranos de la historia son destructores. Stalin no ganó nada con todas sus matanzas inicuas, sino que dejó a Rusia y al mundo más pobre y más arruinado con sus esfuerzos por establecer el paraíso mediante la muerte. Pero, de modo similar, los que tratan de evitar todo daño, toda muerte, como medio de producir un nuevo mundo solo logran darle la victoria al mal. Sus tiernas misericordias son crueldad, y al dar vida al mal producen muerte a la sociedad. Solo al observar fielmente el mandato de Dios de matar y hacer vivir de acuerdo a su palabra-ley puede el hombre establecer dominio sobre la tierra y lograr la requerida tarea de restauración.

5. Hibridación y la ley

El periódico estudiantil de una universidad fundamentalista publicó un ataque estudiantil contra ciertas actitudes comunes. Una de las posiciones que se condenaban se resumía así: «No puedo ni imaginarme tener a un homosexual como amigo». La respuesta a esto fue: «¿Puedes sinceramente imaginarte a alguno de tus amigos que no tenga algunas manías horriblemente serias?». El artículo continuaba:

> «Los universitarios en Westmont deberían saber la respuesta cristiana a la marihuana». (¿Cuál es, precisamente, la respuesta «cristiana»? O, ¿hay más de una posición posible? ¿Es el uso de la marihuana inherentemente malo? ¿Es malo debido a que es ilegal? ¿Qué sucede si la ley cambia?).

---

10   Herman N. Ridderbos, *The Epistle of Paul to the Churches of Galatia* (Eerdmans, Grand Rapids, 1953), p. 215.

«Me repugna el pensamiento de la homosexualidad, la drogadicción y la prostitución». (Algunos sienten repugnancia por ignorancia de las condiciones sociales, hipocresía, piedad falsa, y por cerrar a propósito los ojos a la realidad).

«No puedo darme el lujo de intervenir socialmente en los problemas de la comunidad de Santa Bárbara. Mi primera responsabilidad es estudiar». (¿Cómo puedo no intervenir? ¿Qué quiere decir ser un estudiante? ¿Puedo en algún momento excluirme de ser una persona y todo lo que eso significa?)[1].

Tales actitudes de permisividad y antinomianismo resultan espantosas para muchos, especialmente cuando vienen de círculos ostensiblemente evangélicos. Pero la realidad es que en círculos fundamentalistas, tanto como en círculos luteranos, calvinistas, anglicanos, bautistas, católico romanos, y otros, tales opiniones están llegando a ser la regla antes que la excepción. Los que se oponen a ellas están en la minoría, y por lo general carecen de base teológica para ser efectivos en su oposición, porque, cuando se hace a un lado la ley, entonces *la ética del amor* impera. En donde el antinomianismo prevalece, el amor se vuelve la nueva «ley» y el nuevo salvador; es entonces la respuesta a todo problema, a la perversión, a la criminalidad, a la herejía y a todo lo demás. Donde el amor es la respuesta, toda ley y orden deben dar paso al imperativo del amor. Lo mucho que la gente cree en el amor como curalotodo se notó en el juicio de un médico de Bel-air, California, que participó en la conspiración de fraude de tarjetas del Friars Club (aunque no fue llevado a juicio después de ser acusado), y que se declaró culpable de hacer declaraciones falsas en sus declaraciones de impuestos a la renta de 1964.

El Dr. Lands le suplicó al juez Gray: «Remítame a mi familia y a mi perro; por lo menos sé que él me quiere».

El médico declaró: «Me siento como un niño huérfano de madre: nadie me quiere»[2].

El amor sin ley es permisividad total; es en última instancia una negación del bien y del mal a favor de un camino que creen más elevado. La ética del amor conduce a la ética situacional, en la que la moralidad de una situación la determina la misma situación y la acción de amor que exige, y no la ley absoluta de Dios. Dondequiera que se niega la ley, la lógica conduce inevitablemente a una ética situacional, a menos que se restaure el imperio de la ley en la vida y el pensamiento. Los círculos evangélicos que, aunque negando la ley, todavía no están en ética situacional,

---

1   Kathi Robinson, "Questionable Quotes" [«Citas cuestionables»], en *Horizon* (periódico estudiantil, WestmontCollege). (30 enero 1969), p. 3.
2   «Doctor Gets 10 Days, Fine for False Tax Statements» [«Médico sentenciado a 10 días, multa por declaraciones falsas de impuestos»], Van Nuys, California *The News* (viernes, 7 febrero 1969).

representan solo casos de desarrollo impedido; un decreto administrativo, como una encíclica papal, bloquea el progreso lógico a la ética situacional.

La ley es pues necesaria y básica para la fe cristiana. El amor, en el pensamiento bíblico, no es antinomiano, sino el cumplimiento de la ley (Ro 13:8-10). Los padres a la antigua son entonces bíblicamente sólidos al declarar que disciplinan como un acto de amor.

El antinomianismo destruye el discernimiento y el uso inteligente de las cosas, y se prohíbe. Algo de la legislación en este aspecto es interesante en grado sumo:

> Mis estatutos guardarás. No harás ayuntar tu ganado con animales de otra especie; tu campo no sembrarás con mezcla de semillas, y no te pondrás vestidos con mezcla de hilos (Lv 19:19).

> No sembrarás tu viña con semillas diversas, no sea que se pierda todo, tanto la semilla que sembraste como el fruto de la viña. No ararás con buey y con asno juntamente. No vestirás ropa de lana y lino juntamente (Dt 22:9-11).

El comentario de Ginsburg sobre Levítico 19:19 va, aparte de algunos detalles, al punto:

> El Dios Santo hizo todo «según su especie» (Gn 1:11, 12, 21, 24, 25 y ss.) y con ello ha establecido una distinción física en el orden de su creación. El que el hombre una cosas disímiles equivale a una disolución de las leyes divinas y actuar al contrario de las ordenanzas de Aquel que es santo, y cuya santidad debemos obtener…
>
> *No sembrarás tu viña con semillas diversas.* Según los administradores de la ley durante el segundo Templo, la prohibición se aplica solo a semillas diversas para alimento humano, mezcladas con el propósito de sembrarlas en el mismo campo, como, por ejemplo, trigo y cebada, frijoles y lentejas. Estas un israelita no debía ni sembrarlas para sí mismo ni permitir que un extranjero lo hiciera por él. Las semillas de granos y semillas de árboles, así como también semillas de diferentes tipos de árboles, se pueden sembrar juntas. Las palabras iniciales de la parábola: «Tenía un hombre una higuera plantada en su viña» (Lc 13:6), no contraviene esta ley. Las semillas que no están destinadas a consumo humano, tales como hierbas amargas o plantas destinadas a remedios, estaban exentas de esta ley, y como los híbridos de padres mixtos, se permitía el uso de semillas sembradas con diversas clases. [...] Aunque aquí no se mencionan árboles, la ley se aplicaba a los injertos. De aquí que se prohíbe injertar un manzano en un cítrico, o hierbas en árboles. [...] Según los administradores de la ley durante el segundo templo, un israelita no debía remendar una tela de lana con hilo de lino, ni *viceversa*[3].

---

3   Ginsburg, «Leviticus» [«Levítico»], en *Ellicott*, I, 425.

Ciertas conclusiones legales aparecen con claridad de estas leyes: *Primero*, el mandamiento «No matarás» es una ley que claramente favorece la fertilidad. Dañar o destruir la fertilidad de los hombres, plantas y animales es violar esta ley. Los híbridos son claramente una violación de esta ley, como estas normas jurídicas de Levítico 19:19 y Deuteronomio 22:9-11 lo dicen con claridad. Las plantas y animales híbridos son estériles y frustran el propósito de la creación, porque Dios hizo todo vegetal con su semilla «en él» (Gn 1:12). La hibridación trata de mejorar la obra de Dios intentando aprovechar las mejores cualidades de dos cosas diversas; y no hay duda de que algunos híbridos en efecto muestran ciertas cualidades ventajosas, pero también no hay duda de que tienen un precio, al producir algunas desventajas serias. Por sobre todo, conduce a la esterilidad y con ello viola la ordenanza de la creación de Dios.

Segundo, los mandamientos sin duda requieren respeto por la creación de Dios. Si Dios es el creador de todas las cosas, entonces todas las cosas tienen un propósito y son buenas en su función creada. Si todas las cosas han evolucionado, entonces todo, incluyendo el hombre, ha demostrado, en el mejor de los casos, capacidad de supervivencia, pero, en el peor de los casos, es un error evolucionista y por consiguiente destinado a desaparecer. No hay ningún *bien* asegurado en nada en ningún mundo evolucionista. La ley, sin embargo, nos exige que respetemos la integridad de toda cosa viva al abstenernos de la hibridación. El hombre puede matar y comer plantas y animales bajo la ley; esto está dentro de la ley de Dios. Pero intentar mediante la hibridación alterar o trascender una de las «especies» creadas por Dios es contra su ley.

Tercero, la ley también afirma un principio moral general de evitar de manera total y aborrecer cualquiera y todas las violaciones de «especies». Así, la ley declara

> No te echarás con varón como con mujer; es abominación. Ni con ningún animal tendrás ayuntamiento amancillándote con él, ni mujer alguna se pondrá delante de animal para ayuntarse con él; es perversión (Lv 18:22, 23).

La homosexualidad y el bestialismo eran prácticas religiosas de las religiones de caos, y su persistencia y extensión en el mundo moderno están asociadas estrechamente con impulsos anticristianos y de rebeldía. El castigo de tales ofensas era la muerte de todos los participantes, incluyendo los animales (Lv 20:13, 15, 16; Éx 22:19). Es revelador de la naturaleza antinomiana del fundamentalismo que Merrill F. Unger no cita la pena de muerte por la homosexualidad en su diccionario[4]. El Nuevo Testamento deja en claro que la homosexualidad es la *extinción* del hombre, la culminación de la apostasía (Ro 1:27; cf. Gá 5:19; 1 Ti 1:10), y los que la practican están fuera del reino de Dios (1 Co 6:9, 10; Ap 22:15).

---

4   Merrill F. Unger, *Unger's Bible Dictionary* (Moody Press, Chicago, 1957), p. 1035.

Las leyes de la Nueva Inglaterra puritana exigían la pena de muerte en términos de las Escrituras. Por eso, John Winthrop anotó: «Un Hackett, siervo de Salem [...] fue hallado en ayuntamiento con una vaca, el día del Señor». Conforme a la ley bíblica, se ejecutó tanto al hombre como a la vaca[5].

Cuarto, San Pablo se refirió al significado más amplio de estas leyes contra la hibridación, y contra uncir un buey y un asno a un arado (Dt 22:10), en 2 Corintios 6:14: «No os unáis en yugo desigual con los incrédulos; porque ¿qué compañerismo tiene la justicia con la injusticia? ¿Y qué comunión la luz con las tinieblas?». Con yugo desigual se refiere a matrimonios mixtos entre creyentes y no creyentes, y se prohíbe de manera clara. Pero Deuteronomio 22:10 no solo prohíbe por inferencia el yugo religioso desigual, y como un caso de ley, sino también el yugo desigual en general. Esto quiere decir que un matrimonio desigual entre creyentes o entre no creyentes es un error. El hombre fue creado a imagen de Dios (Gn 1:26), y la mujer es la imagen de Dios reflejada en el hombre, y del hombre (1 Co 11:1-12; Gn 2:18, 21-23). «Ayuda idónea» quiere decir como un reflejo en un espejo, una imagen del hombre, lo que indica que la mujer debe tener algo religiosa y culturalmente en común con su esposo. El peso de la ley va contra los matrimonios interreligiosos, interraciales, e interculturales, porque normalmente van en contra de la misma comunidad que el matrimonio debe establecer.

Yugo desigual se refiere más que al matrimonio. En la sociedad en general se refiere a la integración forzada de varios elementos que no congenian. El yugo desigual en ningún campo produce armonía; más bien, agrava las diferencias y retarda el crecimiento de elementos diferentes hacia una armonía y asociación cristianas.

Para volver a nuestro segundo punto, el respeto por la creación de Dios que la ley exige, las Escrituras dejan bien claro que Dios, al crear todas las cosas, las pronunció «buenas» (Gn 1:4, 10, 12, 18, 21, 25, 31). El hombre, por consiguiente, no puede tratar con desprecio a sus semejantes ni a ninguna parte de la creación.

La ley se refiere de manera específica a los animales. Estas referencias son como siguen, o sea, referencias que piden bondad para los animales:

1. Éxodo 20:8-11; 23:10-12 y Levítico 25:5-7 se refiere a la necesidad de un descanso o un sabbat para los animales. Los animales salvajes comen del fruto de la cosecha del año sabático, y a los animales domésticos se les incluye en el descanso sabático semanal. El año sabático también es descanso para la tierra.

2. Al buey que trilla se le incluye en las recompensas de la cosecha (Dt 25:4). Esta ley establece el principio de que el obrero es digno de su salario o paga (1 Co 9:9; 1 Ti 5:18).

3. La ley en contra de matar a la madre junto con la cría va en contra de la destrucción de una especie (Lv 22:28; Éx 34:26b; Dt 22:6, 7).

---

5   Gerald Carson, *The Polite Americans, A Wide-Angle View of Our More or Less Good Manners Over 300 Years* (William Morrow, Nueva York, 1966), p. 7.

4. Se exige la devolución de animales domésticos extraviados (Éx 23:4, 5; Dt 22:1-4); y esto quiere decir bondad para el prójimo de uno, y también para el animal, al que hay que aliviar si está bajo una carga demasiado pesada.

Pero el respeto por la creación quiere decir mucho más que bondad para los animales. Quiere decir reconocer que, como Dios es el creador, todas las cosas tienen un propósito en términos de Él. En años recientes, una falta de respeto fundamental para el mundo ha sido básica a mucho de la ciencia. Algunos podemos recordar que se nos enseñaba en las escuelas, colegios y universidades que un día, gracias a la ciencia, el hombre viviría en un mundo totalmente libre de gérmenes y estéril. Esta perspectiva degenerada ya ha producido mucho caos, como reveló el estudio de Carson[6]. Lewis Mumford llamó la atención a la nueva ciencia y su menosprecio por la vida:

«¿Qué quedará del mundo vegetal», dice el Dr. Mumford, «si permitimos que la cultura básicamente de aldea, fundada en compañerismo simbiótico estrecho entre el hombre y las plantas, desaparezca. [...] Hay elevado número de personas trabajando en laboratorios científicos hoy que, aunque todavía puedan llamarse biólogos, no tienen conocimiento de esta cultura excepto por rumores vagos y ningún respeto por sus logros.

«Sueñan con un mundo compuesto de sintéticos y plásticos, en el cual no se anima a que crezca ninguna criatura por encima del rango de algas o levadura».

Un factor biológico de seguridad existía cuando del 70 al 90% de la población del mundo se dedicaba a cultivar plantas. «En el siglo pasado este factor biológico de seguridad se ha encogido. Si nuestros líderes despertaran un poco a estos peligros planearían no urbanización, sino ruralización».

... Conforme se eliminan los insectos, destaca el doctor Mumford, las plantas que dependen de ellos para su inseminación están sentenciadas[7].

La interferencia imprudente del hombre en el equilibrio de la naturaleza está produciendo problemas serios. Francois Mergen, decano de la Facultad Forestal de la Universidad Yale, ha escrito:

Una comprensión más plena de los procesos naturales es un imperativo absoluto a fin de evitar calamidades medioambientales serias. Algunos desastres medioambientales pasados se pueden atribuir a nuestro abuso de los sistemas naturales...

La Organización Mundial de la Salud ejecutó vastos programas de control de plagas para los pobladores de Borneo. A fin de erradicar los mosquitos,

---

6   Rachel Carson, *Silent Spring* (Houghton Mifflin, Boston, 1962).

7   «Plant Dominion Key to Man's Survival» [«Dominio de plantas clave para supervivencia del hombre»], Oakland, California *Tribune* (domingo, 18 agosto 1968), p. 13-CM.

considerados una plaga de dimensión seria, la Organización roció DDT extensamente en las poblaciones. Poco después de la aplicación, los techos de hojas de palma de las casas de la población empezaron a derrumbarse. Resultó que ciertas orugas que se alimentan de los tallos de la palma de repente habían aumentado. Debido a su hábitat las orugas no estaban expuestas al DDT, pero unas avispas depredadoras que de ordinario mantienen a la población de orugas a niveles bajos no destructivos eran vulnerables al veneno y las aniquilaron.

Harrison pasa a relatar otras reacciones ecológicas al rociamiento. Para erradicar las moscas dentro de las casas de las poblaciones, los trabajadores de la Organización Mundial de la Salud rociaron DDT puertas adentro. Hasta ese tiempo una pequeña lagartija que habita en muchas casas de Borneo controlaba las moscas. La lagartija siguió comiéndose las moscas que ahora estaban fuertemente contaminadas con DDT, y las lagartijas empezaron a morir. A las lagartijas, a su vez, se las comían los gatos domésticos, y los gatos domésticos a su vez murieron por envenenamiento con DDT. Como resultado del exterminio de gatos, las ratas empezaron a invadir las viviendas. Como todos sabemos, las ratas no solo consumen comida humana sino que también presentan una seria amenaza por el contagio de enfermedades, tales como la peste bubónica.

Las ratas aparecieron en cantidades tan elevadas que la Organización Mundial de la Salud tuvo que dejar caer en paracaídas una nueva provisión de gatos en Borneo en un esfuerzo por restaurar un equilibrio que había estado operando con éxito pero que no reconocieron los técnicos que habían llegado para ayudar. Relato esta experiencia verdadera y reciente porque muestra la interrelación entre seres vivos y su medio ambiente. Para vivir en armonía con su medio ambiente, el hombre debe modificar muchas de sus acciones, y conocer la naturaleza. De veras podemos considerarnos afortunados de que ninguno de los «descubrimientos científicos» haya interrumpido de manera evidente los procesos de la cadena de alimentos al punto de haber producido catástrofes serias.

Hasta aquí he hablado de hechos muy elementales que son bien conocidos por los ecólogos. Si, sin embargo, estas cosas las saben los administradores e ingenieros que planean las manipulaciones del medio ambiente, rara vez las hacen evidentes. El mito de que la tecnología es la solución a todos nuestros problemas, no obstante, los planificadores lo cuestionan más y más, así como también el público en general. Ya no pensamos que las fuentes de ciencia y tecnología no tienen fondo y estamos empezando a reconocer que hay limitaciones biológicas impuestas en nuestras culturas. Hay un mayor aprecio del hecho de que el hombre es una parte integral de estos sistemas muy complejos y que una falta de comprensión puede producir pérdidas serias[8].

---

8   Francois Mergen, «When It Rained Cats in Borneo» [«Cuando llovieron gatos en Borneo»], en *American Forests,* vol. 75, no. 1 (enero 1969), p. 29.

Mergen es demasiado optimista. Mientras el hombre se vea a sí mismo como dios en un mundo en evolución, buscará la manipulación tecnológica de este mundo. En muchos aspectos hoy se producen problemas mediante la interferencia planeada: las ardillas aumentan enormemente cuando se mata a los coyotes; los mosquitos se multiplican cuando se destruyen los pájaros, ranas y otras contenciones naturales contra ellos, y cosas por el estilo.

En Pensilvania oriental, el rociamiento ha producido daño considerable, al matar abejas y acabar con el negocio de los apicultores. La pérdida de abejas tiene sus problemas: puede conducir a problemas de polinización[9].

Por otro lado, el respeto a la creación de Dios puede llevar a consecuencias muy felices. En Griggsville, Illinois, empezó un movimiento en 1962 para restaurar una solución natural al problema de las plagas:

La campaña de Griggsville empezó modestamente en 1962. Los Jaycess de Griggsville instalaron 28 casas para vencejos púrpuras a lo largo de su calle principal. Los vencejos anidaron, y la ciudad ha tenido algunos resultados asombrosos. ¡Los ciudadanos vieron que su problema de mosquitos quedó resuelto! Por fin pudieron disfrutar de sus patios, huertos y jardines sin molestias. Eso fue solo el principio. Para la feria anual de la ciudad, había sido costumbre rociar pesticida químico para controlar los insectos que picaban. Pero ese año, por alguna circunstancia fortuita, el embarque usual fue desviado a otra ciudad, y no llegó a Griggsville a tiempo. Pero los vencejos *habían* llegado y tenían hambre. Puesto que estos pájaros viven solo de insectos vivos, prosperaron durante la feria. Cuando el cazaproblemas de la firma química llegó a la ciudad y pidió disculpas por el retraso del embarque, el comité de la feria le dijo que ya no necesitaban el pesticida. En sus palabras: «Le dijimos que si podía hallar una mosca o mosquito en el establecimiento ordenaríamos diez veces la cantidad de insecticida. No pudo, y se llevó de regreso el embarque».

La experiencia de Griggsville se amplió, a granjas vecinas, que reconocieron los valores económicos de atraer a los vencejos púrpura. Los ganaderos, por ejemplo, aprendieron que los nidos para estos pájaros, puestos en corrales, eran una contribución positiva al tener menos insectos que fastidiaran al ganado. Esto produjo mejores ganancias de ganado.

El proyecto inicial de vencejos púrpura de Griggsville tuvo tanto éxito que pronto incluyó a los Boy Scouts, los escolares, la junta directiva de los parques de la comunidad, la junta de la feria de Illinois occidental, hombres de negocios, agricultores, horticultores, funcionarios municipales y estatales, conservacionistas, funcionarios civiles por toda la nación, y su extensión continúa. La promoción de vencejos púrpura se extendió a muchas otras comunidades.

---

9   Robert Rodale, ‹Things Here and There» [«Cosas aquí y allá»], en *Prevention* (diciembre 1968), p. 12.

Por ejemplo, en La Verne, Iowa, insecticida por valor de $200 ya se había comprado, pero después de atraer a los vencejos púrpura, ¡ni siquiera tuvieron que recurrir a un rociamiento por valor de veinticinco centavos! Asimismo, en Danville, Kentucky, un proyecto de vencejos púrpura se inició como resultado directo de la preocupación del municipio por los peligros del control químico de las plagas. Su acción hizo que un periodista dijera en un editorial: «El uso de contenciones naturales de las plagas nos parece muy superior a las prácticas del distrito de control de mosquitos rociando indiscriminadamente insecticida en sectores residenciales amplios. [...] Pensamos que la mayoría de las personas preferiría la vista de los vencejos cayendo en picada por los cielos y el canto de los pájaros, al siseo del rociador. Tal programa también ahorraría dinero de los contribuyentes que ahora se gasta en químicos costosos y probablemente provee mejores controles. Por lo menos, se debería probar».

Al hacer publicidad de este pájaro, a menudo se ha citado el hecho de que un solo vencejo púrpura puede devorar hasta 2,000 insectos voladores por día. El Sr. Wade piensa que esa es una grotesca *subestimación*. Basado en la investigación, el promedio real parece ser entre 10,000 y 12,000 mosquitos al día cuando estos insectos son abundantes. El vencejo púrpura también come moscas, escarabajos, polillas, langostas, gorgojos, y otros insectos que consideramos dañinos o una molestia. Contrario a la creencia popular de algunos, el vencejo púrpura *no* come abejas. El vencejo común, con el cual a veces se confunde al vencejo púrpura, es el que come abejas, y el vencejo púrpura tampoco come fresas o semillas. Su dieta es ciento por ciento insectos vivos[10].

Todos los insectos y animales tienen el lugar que Dios les dio en el ciclo de la vida; la destrucción de ese ciclo convierte en plagas a animales e insectos que de otra manera son útiles. El trabajo de las lombrices, las ardillas y los topos en prevenir la erosión del suelo y hacer posible la absorción necesaria del agua en la tierra es muy grande. Pero las serpientes y los coyotes, entre otros, impiden que estos se multipliquen sin control, y a ellos a su vez otras criaturas los mantienen bajo control.

De manera similar, las hierbas malas tienen su lugar en el plan de Dios, pues penetran profundamente en el subsuelo y sacan a la superficie minerales necesarios. Tratar a las hierbas malas como un enemigo en lugar de como un aliado que Dios nos ha dado es menospreciar la creación. A las hierbas malas con razón se les ha llamado «guardianes del suelo» por su trabajo de restauración[11].

---

10   Beatrice Trum Hunter, «The Book Hunter» [«El cazador de libro»], en *Natural Food and Farming*, November, 1968, revisión de J. L. Wade, *What You Should Know About the Purple Martin, America's Most Wanted Bird* (Griggsville Wild Bird Society, Griggsville, Illinois).
11   Joseph A. Cocannouer, *Weeds, Guardians of the Soil* (Devin-Adair, Nueva York, 1964). Ver también de Cocannouer *Water and the Cycle of Life* (Devin-Adair, Nueva York, 1962); y *Farming*

Pasteur comentó una vez que, en el contagio de enfermedades, el suelo lo es todo; o sea, que la salud física del receptor es el factor determinante. Sir Albert Howard, en sus experimentos en India, demostró la resistencia que el ganado, alimentado propiamente con alimento cultivado en suelo saludable y bien balanceado, tenía para las enfermedades:

> Mis animales de trabajo fueron seleccionados con el mayor cuidado, y se hizo todo lo posible para proveerles alojamiento apropiado y comida verde fresca, heno y grano, todo producido en terreno fértil. Claro que me interesaba muchísimo observar la reacción de aquellos bueyes bien escogidos y bien alimentados a las enfermedades como la peste bovina, la septicemia y la fiebre aftosa que frecuentemente devastaban los campos. A ninguno de mis animales se segregó; a ninguno se vacunó; frecuentemente entraban en contacto con animales enfermos. Puesto que mi pequeña granja en Pusa estaba separada solo por una cerca de plantas baja de uno de los establos grandes de la hacienda Pusa, en el cual a menudo había brotes de aftosa, he visto varias veces a mis animales frotando sus narices con enfermos de aftosa. Nada sucedió. Los animales sanos bien alimentados reaccionaron a la enfermedad como las variedades apropiadas de sembrados reaccionan a las plagas de insectos y hongos cuando se cultivan como es debido. No hubo contagio[12].

La tierra misma se la debe tratar con respeto. La destrucción insensata de microorganismos, que son básicos para la fertilidad del suelo, está resultando en daño extenso en muchas áreas. Lo mismo es cierto de la insensata modificación de áreas del drenaje natural[13]. La introducción de nuevos animales en un área hace daño considerable, como lo atestigua el conejo en Australia, donde no hay enemigos naturales del conejo, y tal vez ahora el pez gato asiático (*Clarias batrachus*) en Florida[14].

El cristiano, al enfrentar el mundo que le rodea, debe darse cuenta de tres cosas: *primero,* el mundo no es un enemigo, ni tampoco un elemento hostil, sino la obra de la mano de Dios y lo que Dios destinó para que estuviera bajo el dominio del hombre bajo Dios. El hombre, por consiguiente, debe trabajar en armonía con la creación, y no atacarla como una fuerza ajena y hostil. *Segundo,* aunque el mundo es por naturaleza esencialmente bueno, es también un mundo caído. Adscribirle perfección, y dar por sentado que la manera «natural» es la manera perfecta, no es cris-

---

with Nature (University of Oklahoma Press, Norman, 1954). Ver también William A. Albrecht, *Soil Fertility and Animal Health* (Fred Hahne Printing Co., Webster City, Iowa, 1958); Friend Sykes, *Modern Humus Farming* (Rodale Books, Emmaus, Pennsylvania, 1959); Sir Albert Howard, *An Agricultural Testament* (Oxford University Press, Londres, 1940, 1956).

12   Sir Albert Howard, *An Agricultural Testament,* p. 162.

13   See Ron Taylor, «The Lake that comes and goes» [«El lago que viene y se va»], en *Westways,* vol. 59, no. 10 (octubre 1967), pp. 6-9.

14   «Fish Bites Dog» [«Pez muerde a perro»], en *Time,* vol. 92, no. 8 (23 agosto 1968), p. 56s.

tiano sino humanista. Debido a que es un mundo caído, y la tierra misma está bajo maldición (Gn 3:17, 18), lo que es natural no es en consecuencia necesariamente bueno. El hombre tiene una tarea restauradora y sanadora que hacer. No puede buscar hibridación, ni tampoco puede trabajar para mejorar animales. Debe respetar el patrón básico de la creación y trabajar dentro de su marco de trabajo, pero lo que *es,* no es para él lo normativo ni lo estándar. Nunca puede decir, como los que siguen la ideología humanista, que todo «lo que es, está bien». Incluso en Edén, antes de la caída, el trabajo de Adán era subyugar, utilizar y desarrollar la tierra bajo Dios.

«Dar vida», por lo tanto, no un retorno al Edén, ni un retorno a un estándar anterior, sino un avance en términos del reino de Dios y el dominio del hombre sobre la tierra.

La lógica del concepto de la perfección de la naturaleza no es solo alimentos crudos y vegetarianismo, sino también nudismo y evitar todas las invenciones y construcciones, incluyendo casas. Si la naturaleza es perfecta, un retorno a la manera natural de la vida requiere el abandono de todos los artificios y construcciones humanas. Cocinar, vestirse y tener viviendas llegan a ser refinamientos nada naturales y por consiguiente tabúes. Sin embargo, pocos de los que abogan por un retorno a la naturaleza siguen esa lógica.

En cualquier caso, la creencia de que la naturaleza sea normativa es anticristiana y claramente no bíblica. Es Dios quien es normativo, y sus leyes las que gobiernan al hombre y a la naturaleza, así que el mundo que nos rodea es por completo obra de la mano de Dios, y aunque caído, es tan completamente gobernado por la ley de Dios como lo es el hombre.

Tercero, la hibridación y el yugo desigual son una falta fundamental de respeto a la obra de Dios que lleva a la experimentación fútil, como el trasplante de órganos, que representa ganancia estéril y limitada en algunos aspectos, y una pérdida básica de perspectiva moral en todo aspecto. Para el evolucionista, el mundo es fértil con potencialidad porque no es fijo ni establecido en un patrón. Para el creacionista, la fertilidad y el potencial del mundo descansa en sus patrones vitales, en su fijeza, por los que el hombre puede trabajar productivamente y con plena seguridad de éxito. El conocimiento y la ciencia requieren una base de ley, fijeza y patrón. Sin esto, no hay ciencia ni progreso. La hibridación es un intento de negar la validez de la ley. Su castigo es una esterilidad forzosa. En todo, donde el hombre busca potencial mediante la negación de la ley de Dios, la pena sigue siendo la misma: ganancias limitadas y esterilidad de larga duración.

6. El aborto

El aborto, la destrucción del embrión humano o feto, por largo tiempo se ha considerado según los estándares bíblicos como asesinato. La base de esta determinación es el sexto mandamiento y Éxodo 21:22-25. La «interpretación explicativa» de Cassuto de este último pasaje saca a la luz su significado:

> Si dos hombres se pelean y llegan a hacerle daño sin intención a una mujer embarazada, y su hijo nace pero sin poner en peligro su vida —es decir, ni la mujer ni el niño mueren—, el que le hizo daño es castigado con una multa. Pero si hay algún daño, es decir, si la mujer muere o el hijo muere, se exigirá vida por vida[1].

El comentario de Keil and Delitzsch es importante:

> Si dos hombres peleaban y tropezaban contra una mujer embarazada, que se había acercado a ellos o intervenido con el propósito de separarlos, y como resultado esta daba a luz al niño (venía al mundo), y no había daño ni para la mujer ni para el niño que nacía, se debía pagar una compensación pecuniaria, que determinaba el esposo de la mujer, y él debía pagarla […] por intermedio de árbitros. Se impone una multa, porque aunque no se había hecho daño a la mujer ni a los frutos de su vientre, tal golpe podía haber puesto en peligro la vida […] El plural […] se emplea con el propósito de hablar indefinidamente, porque podía ocurrir que había más de un hijo en el vientre. *«Mas si hubiere muerte* [de la madre o del hijo] *entonces pagarás vida por vida,* […] herida por herida; de esta manera se debía hacer retribución perfecta*[2].

Es interesante notar que el dispensacionalismo antinomiano no ve ley aquí ni en ninguna otra parte. Waltke, del Seminario Teológico de Dallas no ve ley contra el aborto aquí y hasta piensa que «el aborto era permisible en la ley del Antiguo Testamento»[3].

La importancia de Éxodo 21:22-25 se hace mucho más clara cuando nos damos cuenta de que este es una norma jurídica, o sea, que establece mediante un caso mínimo ciertas implicaciones mayores. Examinemos algunas de las implicaciones de este pasaje. *Primero,* muy obviamente, el texto cita, no un caso de aborto deliberado sino un caso de aborto accidental. Si el castigo por incluso un caso accidental era tan severo, es obvio que se prohíbe firmemente el aborto deliberadamente inducido. No es necesario prohibir el aborto deliberado, puesto que ya esta ley lo ha eliminado. *Segundo,* la pena hasta por un aborto accidental es la muerte. Si un hombre que, en el curso de una pelea, sin intención tropieza con una mujer embarazada y la hace abortar, debe sufrir la pena de muerte, ¿cuánto

1 Citado por John Warwick Montgomery en una carta a *Christianity Today,* vol. XIII, no. 5 (6 diciembre 1968), p. 28, de Cassuto, *Commentary on the Book of Exodus* (Magnes Press, The Hebrew University, Jerusalén, 1967).
2 Keil and Delitzsch, *Pentateuch,* II, 134s.
3 Bruce K. Waltke, «The Old Testament and Birth Control» [«El Antiguo Testamento y el Control de los nacimientos»], en *Christianity Today,* vol. XIII, no. 3 (8 noviembre 1968), p. 3(99).

mucho más cualquier persona que intencionalmente induce un aborto? *Tercero,* aun cuando no resulte ningún daño ni para la madre ni para el feto, el hombre en el caso tiene que pagar una multa y, en efecto, se le multa. Claro, la ley protege mucho a la mujer embarazada y a su feto, así que toda madre encinta tiene un fuerte cerco de la ley a su alrededor. *Cuarto,* puesto que incluso un ave madre con huevos o crías está cubierta por la ley (Dt 22:6.7), se deduce que cualquier manipulación del hecho del nacimiento es asunto serio; se prohíbe destruir la vida excepto cuando la ley de Dios lo requiere o lo permite.

El cristianismo muy temprano se vio confrontado con hechota realidad del aborto, puesto que el mundo grecorromano lo consideraba válido si el estado lo consideraba aconsejable. *La República* de Platón habla muy claro sobre el asunto:

> Se debe hacer regla el que una mujer tenga hijos para el estado desde los veinte a los cuarenta años; y que el hombre, después de superar las ráfagas más agudas en la carrera de la vida, de allí en adelante engendre hijos para el estado hasta que tenga cincuenta y cinco años…
>
> Si un hombre mayor o menor de esta edad interfiere con la cuestión de engendrar hijos para la comunidad, declararemos su acto una ofensa contra la religión y la justicia. Puesto que está criando un hijo para el estado, si se evita su detección, en lugar de haber sido engendrado bajo la sanción de sacrificios y oraciones —que deben ofrecer en toda ceremonia matrimonial los sacerdotes y sacerdotisas, y toda la ciudad, para que los hijos que nazcan puedan ser incluso más virtuosos y más útiles que sus padres virtuosos y útiles—, habrán sido concebidos bajo la cubierta de la oscuridad con la ayuda de manifiesta incontinencia…
>
> La misma ley regirá si un hombre, que todavía está en edad de ser padre, se mete con una mujer, que también tiene edad apropiada, sin la introducción del magistrado; porque lo acusaremos de criar para el estado un hijo ilegítimo, sin auspicio y no santo…
>
> Pero tan pronto como las mujeres y los hombres pasan la edad prescrita, permitiremos a los últimos, me imagino, que se asocien libremente con quienquiera les plazca, siempre y cuando no sea una hija, ni madre, o la hija del hijo, ni abuela; y de igual manera permitiremos que las mujeres se asocien con cualquier hombre, excepto un hijo o padre, o uno de sus parientes en línea directa, en ascendencia o descendencia; pero solo después de darles órdenes estrictas de hacer lo mejor que puedan, si fuera posible, para evitar cualquier hijo, si resultare concebido, vea la luz, pero si eso no se puede hacer a veces, disponer del infante con el entendimiento de que el fruto de tal unión no se debe criar.
>
> Eso también es un plan razonable; pero, ¿cómo deben distinguir a los padres, hijos, y parientes que acabas de describir?

Por nada, respondí; solo, todos los hijos que nacen entre el séptimo y décimo mes del que uno de esos números se casa, debe llamarles, si son varones, sus hijos, y si son hembras, sus hijas; y ellos deben llamarle padre, y a sus hijos llamará sus nietos; éstos también le llamarán a él y a sus esposos y esposas similares, abuelos y abuelas; de igual manera todos se consideraran como hermanos y hermanas los que nacieron en el mismo período durante el cual sus propios padres y madres los estaban trayendo al mundo; y cómo acabamos de decir, todos estos se abstendrán de tocarse uno al otro. Pero la ley permitirá relaciones sexuales entre hermanos y hermanas, si la suerte cae de esa manera, y si las sacerdotisas delfianas también dan su sanción[4].

Según esta perspectiva, el estado es el orden máximo y el dios funcional del sistema, de modo que el estado puede ordenar el aborto, el infanticidio y el incesto. La posición de Aristóteles fue similar, en que exigía el aborto en donde se excedía el número de nacimientos permitidos por el estado[5]. En Roma, cuando se hizo ilegal el aborto para las mujeres, no se hizo en base a la ley moral máxima, sino porque defraudaba al esposo de la prole legítima.

Muy temprano, la iglesia condenó el aborto (Didaqué, 2:2). Las Constituciones Apostólicas (VII, iii) decían: «No matarás al hijo causando aborto, ni matarás lo que es engendrado; porque todo lo que es formado, y ha recibido de Dios un alma, si se mata, será vengado cómo habiendo sido destruido injustamente, Éx 21:23». Tertuliano (Apol 9) dijo claramente la posición cristiana: «Interrumpir un nacimiento es meramente un homicidio más rápido; ni tampoco importa si quitas la vida que nació, o destruyes una que va a nacer. Este es un hombre que va a ser uno; tiene el fruto ya en su simiente»[6].

La actitud moderna hacia el aborto ha sido cada vez más permisiva. Para A. E. Crawley la principal razón era la pobreza, diciendo, en efecto, que «con mayor frecuencia de lo que se piensa… la única razón es la pobreza»[7]. Haverlock Ellis vio la civilización encaminándose a una reducción en el aborto conforme la vida se vuelve más racional y científica. En otras palabras, el aborto no es pecado sino un remedio primitivo para la angustia económica y la conducta sexual desenfrenada.

Sin embargo, los abortos no han disminuido; la declinación de la autoridad de la ley bíblica ha llevado a un aumento en los abortos. En 1946, el caso de aborto de Inez Burns en San Francisco llevó al descubrimiento de que, en tanto que los nacimientos

---

4   John Llewelyn Davies y David James Vaughan, traductores, *The Republic of Plato* (Macmillan, Nueva York, 1935), V, 461; p. 170s.
5   *Politics*, VII, 16.
6   Ver también Minucius Felix, *Oct.*, XXX; Basil, *epist.* c/xxxviii, 2 y 8; Jerórimo, *epist.* XXII, 13; Juan Crisóstomo, *ip epist. ad. Rom.* XXIV, 4; Agustín, *de nupt. et concup.* 1, 15; Concilium *Ancyronum* XXI.
7   A. E. Crawley, «Foeticide» [«Feticidio»], en Hastings, *Encyclopedia of Religion and Ethics*, VI, 54-57.

anuales eran 16.000, los abortos anuales en esa ciudad ascendían a 18.000. En 1958, los cálculos de abortos en los Estados Unidos iban de 200.000 a 1.200.000[8]. La evidencia indica que la mayoría de abortos los buscan mujeres casadas.

Un programa extensivo de la década de 1960 afirmó el «derecho» de las mujeres al aborto, posición que asumió la Asociación de Salud Pública de los Estados Unidos[9]. En la Unión Soviética los abortos son legales y gratuitos[10]. La legalización en California de los abortos terapéuticos, con una amplia definición que permitía el aborto si la salud mental o física de la madre podría sufrir daño, no detuvo los abortos ilegales; la respuesta del autor de la medida fue un ruego de ampliar aun más la ley[11]. Bajo el impacto de la ideología humanista, la situación legal se volvió muy nebulosa. En Boston, un niño nació debido a un aborto que produjo un accidente. Su madre, Zaven Torigian, demandó a los dueños de la camioneta por los daños recibidos al chocar contra su automóvil y hacer que su hijo naciera prematuramente[12]. Esta sentencia estuvo en conformidad con la ley bíblica. Pero en Nueva York, la Sra. de Robert Stewart, que dio a luz un hijo retardado después de contraer sarampión y habérsele negado un aborto, ganó una demanda contra el hospital que le negó el aborto[13].

Un estudio importante del aborto en las sociedades «primitivas» reveló que su principal función vengarse contra el padre, un aborrecimiento de la responsabilidad (los papúes de Geelvink Bay declaran: «Los hijos son una carga y nos cansamos de ellos. Nos destruyen»), un deseo de evitar la vergüenza, análogo del suicidio, un aborrecimiento de la vida, un odio a los hombres y castración del padre. Como una huida de la paternidad, la motivación del aborto es (1) la preservación de la belleza, (2) el disfrute continuo de libertad e irresponsabilidad, y (3) evitar la abstinencia sexual común en muchas culturas durante el embarazo y la lactancia. La esencia de estos motivos es, según Deveraux, «una huida neurótica de la madurez»[14]. Que estas sociedades «primitivas» están conscientes de que el aborto es asesinato aparece en la sección de Deveraux, «La escatología del feto»[15].

---

8   *Time,* (2 junio 1958), p. 70.

9   «U.S. Health Assn. Declares Women's Right to Abortion» [«Asoc. de Salud de EE.UU declara derecho de mujeres al aborto»], Santa Ana, California, *The Register* (viernes [m], 15 noviembre 1968), p. A-3.

10   «Abortions, Free, Legal in Russia» [«Abortos, gratis, legales en Rusia»] en Los Angeles *Herald-Examiner* (domingo, 18 agosto 1968), p. E-2.

11   «Illegal Abortions Still Persist Despite New Law» [«Abortos ilegales todavía persisten a pesar de nueva ley»], Los Angeles *Herald-Examiner* (sábado, 1 febrero 1969), p. A-3.

12   «Unborn Baby Ruled "Person"» [«Niño no nato dictaminado "persona"»], Santa Ana, California, *The Register* (sábado [m] 29 abril 1967), p. A-7.

13   «Retarded Baby Wins in NY Abortion Suit» [«Nene retardado gana en pleito por aborto en NY»], en Santa Ana, California, *The Register* (domingo, 6 octubre 1968).

14   George Devereaux, *A Study of Abortion in Primitive Societies* (Julian Press, Nueva York, 1955), p. 126.

15   Ver R. J. Rushdoony, «Abortion» [«Aborto»], en *The Encyclopedia of Christianity* (National Foundation for Christian Education, Wilmington, Delaware, 1964), I, 20-23.

Un significativo argumento en contra del aborto apareció en la revista *American Bar Association Journal,* escrito por el Dr. A. C. Mietus, profesor de obstetricia y ginecología en la UCLA, y su hermano, Norbert J. Mietus, presidente de la División de Administración de Empresas de la Universidad Estatal de Sacramento. Según ellos,

> Dicen que los que deploran la pérdida de entre 5.000 a 10.000 madres anualmente en abortos ilegales ignoran el millón y más niños nonatos «sacrificados en el proceso de este ataque masivo a la vida humana».
>
> Los hermanos Mietus dijeron que algunos justificarían el aborto en el caso de infantes nonatos que nacerían lisiados o defectuosos.
>
> «¿Propondría algún médico de reputación de tratarlo en lisiados VIVOS, o en los que tienen defectos mentales o físicos, en comparables procedimientos a instancia propia? ¿Empezar por eliminar a los padres seniles; y luego a los millones de ciegos?
>
> «¿Seguir luego con los que están confinados a la cama, después con los confinados en silla de ruedas y por último con los que usan muletas? Procédase gradualmente con la disposición de los millones que usan anteojos, que usan audífonos, o están equipados con dientes falsos, o son demasiado gordos o demasiado flacos.
>
> «¿En dónde se traza la línea entre nivel de condición aceptable e inaceptable?» preguntaban los hermanos Mietus. «Ningún ser humano es perfecto. ¿Sería el mundo, todavía más, en realidad un mejor lugar después de la destrucción de millones de individuos defectuosos? ¿Ha ganado o perdido el mundo por los servicios de un Miguel Ángel epiléptico, o del sordo Edison, o del jorobado Steinmetz, o los Roosevelt: tanto el asmático Teodoro como el paralizado por la polio Franklin?
>
> «Hay que reconocer que a las liberalizadas leyes del aborto lógicamente le seguirían las presiones por la eutanasia legalizada. El ataque a la vida es esencialmente el mismo», dijeron[16].

La esencia de la exigencia de aborto es volver al estatismo pagano, poner la vida de nuevo bajo el estado antes que bajo Dios. Las implicaciones del aborto tienen que ver más que con el feto: incluyen a todo hombre vivo.

La exigencia de aborto es antinomiana hasta la médula. Significativamente, cuando un grupo de mujeres jóvenes invadió la audiencia legislativa estatal de Nueva York para interrumpirla con su demanda del rechazo total de la ley contraria al aborto, declararon que «estaban cansadas de oír a los hombres debatir algo que era de interés primordial para las mujeres. "¿Qué derecho tienen ustedes los hombres de decirnos si podemos o no podemos tener un hijo?", gritó una de las

---

16   «First Abortion, Then Euthanasia» [«Primero aborto, luego eutanasia»], en the Oakland, California, *Tribune* (lunes, 11 octubre 1965), p. 7.

mujeres»[17]. La lógica de esta posición es reveladora; las mujeres sostenían que los hombres no pueden legislar con respecto al alumbramiento, porque no son ellos los que dan a luz. La prueba de la validez legislativa tanto en la ley como en los legisladores es, por tanto, la experiencia. Por esta lógica, se puede aducir que los buenos ciudadanos no pueden legislar respecto al asesinato, puesto que el acto del asesinato está fuera de su experiencia. La ideología humanista (y la filosofía religiosa de la experiencia) lo reducen todo a la prueba de la experiencia del hombre y de este modo socavan toda ley y orden. Los hombres que no pueden, como las mujeres, tener hijos *pueden* legislar con respecto al aborto porque el principio de la ley no es la experiencia sino la palabra-ley de Dios.

Una nota final: un caso retórico común de prueba pregunta si el médico debe intentar salvar la vida de la madre o del hijo en un caso crítico. ¿La vida de quien se debe sacrificar? ¿La del feto o de la madre? La pregunta es artificial, según médicos competentes. Un médico trabaja en una crisis para salvar la vida y hace todo lo que puede por la madre y el hijo. Ningún médico al que se le preguntó ha tenido tal «alternativa», sino solo la responsabilidad de hacer siempre, momento por momento, todo por salvar la vida de la madre y del hijo. La moralidad no se promueve al plantear preguntas artificiales cuyo propósito es poner a una persona en el lugar que le corresponde a Dios.

En California, la ley liberalizada del aborto condujo rápidamente a una crisis muy seria, que la mayoría de las personas prefiere ignorar. El entonces gobernador Reagan observó, el 22 de abril de 1970, que la ley estaba produciendo una situación horrible:

> Reagan dijo: «Exigió mucho examen de conciencia» para que firmara el edicto Bellenson de liberalización de 1967.
>
> Según esa acta, los abortos se permiten cuando la salud física o mental de la madre en perspectiva corre peligro, o cuando el embarazo es producto de violación o incesto. Previamente, los abortos se permitían solo cuando corría peligro la vida de la mujer.
>
> «Permítanme decirles lo que ha sucedido incluso con la liberalización que ya tenemos», les dijo Reagan a las mujeres. Señalando a la sección de salud mental, el gobernador añadió:
>
> «Nuestro Departamento de Salud Pública nos ha dicho sus proyecciones de que si la tasa presente de aumento continúan en California, de aquí a un año habrá más abortos que nacimientos en este estado. Una gran proporción de ellos será financiada por Medi-Cal».

---

17   «Women Abort Abortion Hearing» [«Mujeres abortan audiencia sobre aborto»], Los Angeles *Herald-Examiner* (viernes, 14 febrero 1969 [m]), p. A-10.

Dijo que «bajo un tecnicismo» una «joven soltera» puede quedar encinta, solicitar beneficencia pública «y automáticamente ser elegible para el aborto si lo quiere, bajo Medi-cal. Y todo lo que tienen que hacer es ir a un psiquiatra —y están hallando que es fácil hacerlo—, que pasará junto a su cama y dirá que tiene ellas tendencias suicidas».

Reagan dijo que en Sacramento «una muchacha de 15 años acababa de tener su tercer aborto, con el mismo psiquiatra cada vez diciendo que ella tenía tendencias suicidas. No pienso que el estado debiera dedicarse a ese negocio»[18].

Mientras el gobernador hablaba, el senador Anthony Bellenson había presentado un proyecto de ley para eliminar todas las restricciones del aborto excepto el requisito de que debía hacerlo un médico. El candidato democrático a la gobernación, Jess Unruh, respaldó la propuesta de Bellenson.

7. La responsabilidad y la ley

Un aspecto central de la ley bíblica se resume en una sola oración gramatical: «Los padres no morirán por los hijos, ni los hijos por los padres; cada uno morirá por su pecado» (Dt 24:16). Esta ley se cita en 2 Reyes 14:6 y 2 Crónicas 24:4 como la autoridad del rey Amasías para dejar con vida a los hijos de los asesinos de su padre. Jeremías recalcó la misma doctrina (Jer 31:29, 30), y también Ezequiel (18:20). El comentario de Wright sobre esta ley es interesante:

> Una ley como ésta parece superflua en la sociedad moderna cuando el individuo es la unidad primaria y el sentido de solidaridad comunitaria es débil o está ausente por completo. En la vida patriarcal y seminómada, sin embargo, el sentido de responsabilidad de la comunidad era muy fuerte, particularmente el de la familia. Un pleito de sangre nómada podía aniquilar a toda la familia por un delito de uno de sus miembros (para casos excepcionales de esto en Israel ver Jos 7:24, 25; 2 S 21:1-9)[1].

Wright tiene razón al afirmar que las rencillas familiares nómadas negaban el principio inherente de esta ley, pero la misma amenaza a esta ley existe en otra forma hoy. Se equivoca, además, con respeto a Acán (Jos 7:24, 25); en el caso de Acán, el oro y la plata que escondió en la tierra en su carpa requería la complicidad de todos los miembros de la familia; su interpretación de 2 Samuel 21:1-9 también

---

18   «Reagan Sees Abortions Topping Births» [«Reagan ve abortos superando a los nacimientos»], Santa Ana, California, *TheRegister*, viernes (m), 24 abril 1970.

1   G. Ernest Wright, «Deuteronomy» [«Deuteronomio»], en *Interpreter's Bible*, II 476s.

es defectuosa. La práctica común de la antigüedad era castigar, penalizar o ejecutar a toda la familia de algunos transgresores.

Para analizar la ley es importante reconocer ciertos aspectos centrales de ella. *Primero,* la culpabilidad es un aspecto de todo sistema de ley. A alguien se le debe considerar culpable de las transgresiones; si no hay culpabilidad en alguna parte, entonces no es posible hacer respetar ninguna ley. *Quién* es culpable es la pregunta importante, y la respuesta es una respuesta religiosa. La responsabilidad se puede asignar a la familia, a la comunidad, al medio ambiente, a los dioses o a la persona. *En dónde* se pone la responsabilidad determina una diferencia fundamental en el orden social.

Segundo, la doctrina bíblica es, como Deuteronomio 24:16 lo dice con claridad, de responsabilidad individual. Es la esencia del pecado, según Génesis 3:9-13, el intento de evadir la responsabilidad individual. Adán y Eva rehusaron reconocer su culpa; le echaron la culpa a otro. Adán culpó a Eva y a Dios, Eva culpó a la serpiente. El hombre santo actúa de manera responsable y asume la culpabilidad de sus acciones.

Tercero, relativo a la pregunta de culpabilidad es la básica: culpabilidad, ¿ante quién? Si el hombre es culpable, ¿ante quién es culpable? ¿A la familia, a la comunidad, o al estado? La doctrina bíblica de la culpabilidad sostiene que la responsabilidad primordial del hombre es ante Dios, y en segundo lugar a sus semejantes. Es Dios quien confronta a Adán, y quien en todo momento confronta al hombre, con sus reclamos soberanos y su ley total.

Cuarto, en términos de esta ley, la culpa no se le puede echar a otros ni pasarla a los que nos rodean. La culpa no es transferible; una disposición o naturaleza se puede heredar, pero no la culpa. El hombre hereda de Adán la depravación total de su naturaleza, pero su culpa ante Dios es enteramente suya, así como Adán tuvo que llevar su propia culpa. Esta distinción entre la culpa y la naturaleza es fundamental para la doctrina y ley bíblicas. Está ausente en sistemas legales tales como el islam. Puesto que la ley tiene que ver con la culpa y castiga al culpable, la naturaleza no transferible de la culpa en la ley bíblica es de importancia central. En donde la culpa es transferible, el castigo también es transferible. Este es en esencia el principio del culpabilidad; si un Hatfield comete una ofensa, entonces todos los Hatfield tienen parte de la culpa, y a todos se les castiga. De modo similar, si todos los estadounidenses fueron culpables del asesinato del presidente Kennedy, a todos los estadounidenses se les debe castigar, según esta teoría pagana. La *responsabilidad, la culpabilidad* y *el castigo* son inseparables en la ley; en donde hay responsabilidad por una ofensa, hay culpa, y también se deben aplicar castigo o penas.

Hoy la teoría de la evolución ha socavado esta doctrina de la culpabilidad individual. Básico a la teoría evolucionista es el medioambientalismo; el hombre es producto de su medio ambiente y ha evolucionado en relación a un medio ambiente cambiante y a su acción sobre él. Como resultado, no solo que el hombre es producto de su medio ambiente sino que también es una criatura de su medio ambiente antes que de Dios. El hombre es lo que un mundo en evolución ha hecho de él, y las acciones del hombre son producto de ese medio ambiente y su moldeo del hombre. Esto quiere decir que la culpa de las acciones del hombre descansa en su medio ambiente, su mundo social y personal, y se castiga a ese mundo cuando el hombre peca. Por tanto, se culpa a la sociedad por la conducta de delincuentes y criminales, y a los padres por los pecados de sus hijos. El castigo entonces cae sobre la sociedad y los padres. En tal esquema de cosas, al impío se le absuelve de culpa, y al culpable se le hace inocente.

¿No enseña la Biblia nada de responsabilidad de la comunidad? A decir verdad, la ley bíblica sí afirma la responsabilidad de la comunidad, responsabilidad de que se vea que se haga justicia. Es culpa de la comunidad si no se hace justicia.

Primero, para hablar de la responsabilidad de la comunidad por la justicia. Inmediatamente después de la ley respecto a la responsabilidad individual viene una de muchas leyes respecto a la justicia: «No torcerás el derecho del extranjero ni del huérfano, ni tomarás en prenda la ropa de la viuda» (Dt 24:17). Donde hay una familia, a la familia no se le puede considerar culpable de transgresión. En donde no hay familia, la comunidad no debe aprovecharse de la condición de desvalida de la persona. Si a un extranjero se le somete a juicio, solo y sin amigos, su derecho a la justicia sigue inmutable. No se puede explotar su condición de desvalido así como no se puede confiscar la riqueza de los familiares de un transgresor, ni atacar a sus personas. La justicia no es social; es individual. La doctrina de la justicia social va mano a mano con la doctrina de la culpa social. La justicia social es no solo un ataque contra la responsabilidad individual sino también contra la inmunidad del inocente.

Segundo, puesto que la responsabilidad de la comunidad significa que se debe hacer respetar la justicia, se sigue que la culpa de la comunidad surge cuando no se hace justicia. De esto trata Deuteronomio 21:1-9. Si no se puede resolver un asesinato, toda la comunidad lleva la culpa así como también el asesino desconocido. El asesino es culpable ante Dios por el asesinato, y la comunidad por no vengar el asesinato, por no llevar al asesino a la justicia. Puesto que la ofensa es contra Dios, los líderes de la comunidad hacen expiación a Dios por la ofensa, a fin de que ellos no incurran en culpa. En breve, una comunidad no puede ser indiferente a ninguna transgresión en medio suyo, y las transgresiones que quedan sin castigo deben tener un ritual de expiación.

La forma de esta ley es la del sistema de sacrificios del Antiguo Testamento; ya no es obligatoria para nosotros. La sustancia de la ley, sin embargo, sigue siendo válida. La comunidad tiene una responsabilidad ante Dios de ver que se haga justicia, y también una responsabilidad ante las víctimas de la transgresión.

Un comentario de Waller interesa aquí: «Es asombroso que hasta nuestros tiempos el remedio más efectivo contra los delitos cuyos perpetradores no se pueden descubrir es una multa sobre el distrito en que ocurren»[2]. Esto está de acuerdo

---

2   C. H. Waller, «Deuteronomy» [«Deuteronomio»], en Ellicott, II, 58.

con el propósito de la ley; de modo similar, la restitución a las víctimas del delito es una parte esencial de la expiación de la comunidad, así como también la petición en oración por la misericordia de Dios de parte de los funcionarios del estado. Esto último es esencial y básico, porque la ofensa primaria en toda violación de la ley siempre es contra Dios. Como Ehrlich ha señalado, «la voluntad de Dios es la única fuente de toda la ley, y por consiguiente todos los hechos castigables constituyen pecado que están en violación de la ley de Dios»[1]. El concepto de transgresión se está reemplazando por la doctrina del condicionamiento social y la conducta compulsiva; la duración de vida de tal concepto medioambiental es relativamente breve, porque su impacto es suicida para toda sociedad. Todavía más, básico a este concepto pagano es su impersonalidad absoluta; al hombre, que es un producto evolutivo de un universo impersonal, básicamente lo gobierna un mundo impersonal y fuerzas impersonales. En la ley bíblica el hombre, como criatura del Dios personal y trino, transgrede como persona contra Dios en todo pecado. Toda transgresión, pues, es culpabilidad porque es personal. La ley que lidia así con la responsabilidad de la persona respeta a las personas; son las figuras centrales y esenciales de la sociedad. Las cosas no llevan la batuta; las personas son las responsables. La ley que es humanista y evolucionista no respeta a las personas; las personas no llevan la batuta; las cosas gobiernan al mundo. Por consiguiente, los científicos sociales, que buscan hacer el papel de dioses gobernando las cosas y manipulando a las personas, tratan con crueldad a los hombres. Después de todo, ¿por qué las personas que siempre han sido gobernadas por las cosas van a objetar el gobierno de hombres elite? La descristianización de la sociedad es también la despersonalización del hombre.

8. Restitución o restauración

El propósito de Dios en la redención es la «restitución» o «restauración» de todas las cosas en Jesucristo, por medio de Jesucristo y bajo Jesucristo como Rey (Hch 3:21). El objetivo de la historia es la gran «regeneración», un nuevo génesis, de todas las cosas en Cristo (Mt 19:28). «Los tiempos de los que los profetas hablaron se describen aquí como tiempos de restauración, cuando Cristo reinará sobre un reino en el cual ya no aparecerá ninguna de las consecuencias del pecado»[2].

Wright observó de la palabra «restauración», que «alrededor de esta palabra se reúnen algunos de los problemas más fascinantes de nuestro pensamiento respecto a las posibilidades del destino humano». Incluye la declaración de que la humani-

---

1   J. W. Ehrlich, *The Holy Bible and the Law* (Oceana Publications, Nueva York, 1962), p. 49.

2   J. Macpherson, «Restoration» [«Restauración»], en James Hastings, editor, *A Dictionary of the Bible* (Charles Scribner's Sons, Nueva York, 1919), IV, 230.

dad debe ser restaurada a la bendición, y la tierra bendecida junto con el hombre[3]. Esta restauración o restitución no quiere decir universalismo[4].

El principio de restitución es básico a la ley bíblica; aparece con prominencia especial en las leyes bajo el sexto y octavo mandamientos, pero es básico al propósito de toda la ley. El concepto de «ojo por ojo, diente por diente» no es desquite sino restitución. Hay eruditos no solo de ideología liberal sino también evangélicos que a menudo yerran en este punto, como lo atestigua Unger, el erudito premilenario y dispensacionalista, quien lee Éxodo 21:24, 25 como literal, y como un desquite vengativo[5]. Pero el mismo contexto del pasaje citado milita contra esto; una mujer encinta que un hombre golpea, aunque sin intención, recibe compensación mediante una multa; si hay daño a la madre o al hijo, el hombre paga con su vida. ¿Es esto desquite, o es restitución? (Éx 21:22-25). El pasaje que sigue de inmediato (Éx 21:26-35) de nuevo establece el principio de restitución, por lo general mediante compensación, a menos que haya muerte. Leer el principio de ojo por ojo como cegar literalmente a un hombre que le ha quitado la vista a otro hombre va en contra de la declaración clara de las Escrituras. Lo mismo se aplica a Levítico 24:17-21; la restitución por algunos delitos es la pena capital, y por otras, compensación.

Algunas de las leyes de restitución tienen referencia a daños. El sumario de Clark de la ley bíblica en cuanto a daños es excelente:

> La ley de daños es que el que hiere o hace daño a otro debe hacer reparación o restitución. Las reglas respecto al deber de restitución, y la cantidad o medida de los daños, se indican en las Escrituras. Entonces, se requiere restitución del ladrón (Éx 22:3), del que hace que el campo o viñedo de otro se «lo coman» (Éx 22:5), del que enciende un fuego que se descontrola y quema «mieses amontonadas o en pie, o campo» de otro (Éx 22:6); de alguien a quien se le dio un animal para que lo cuide y se lo roban (Éx 22:10, 12); del que mata un animal que le pertenece a otro (Lv 24:21). Al que ataca a otro con piedra o a puñetazos se le exige que pague por la pérdida del tiempo de su víctima y busque que cuiden de él hasta que sane por completo (Éx 21:19). Al dueño de un buey que acornea al siervo o sierva de otro se le requiere que pague treinta siclos de plata al dueño (Éx 21:32). Y el que seduce a una damisela se le requiere que pague cincuenta siclos de plata al padre de la muchacha (Dt 22:29). De manera similar, un esposo que difama a su esposa con quien recién se casó se requiere que pague cien siclos de plata al padre de la esposa (Dt 22:19)[6].

---

3   T. H. Wright, «Restoration» [«Restauración»], en James Hastings, editor, *A Dictionary of Christ and the Gospels* (Charles Scribner's Sons, Nueva York, 1908), II, 503.

4   J. C. Lambert, «Restitution» [«Restitución»], en James Hastings, editor, *A Dictionary of the Apostolic Church* (Charles Scribner's Sons, Nueva York, 1922), II, 321.

5   *Unger's Bible Dictionary,* p. 903.

6   Clark, *Biblical Law,* p. 296s.

Algunas de las categorías de daños son como sigue:

1. Por mutilar a las personas, Lv 24:19; Éx 21:18-20;
2. Por matar animales, o cuando un animal mata a otro animal, Lv 24:18, 21; Éx 21:35, 36;
3. por diferentes daños cometidos, restitución a Dios, Nm 5:6-8.

Muchas otras leyes de restitución tiene que ver con propiedades. Nuestra preocupación aquí es primordialmente con daños a las personas. Ciertos principios de responsabilidad aparecen: *Primero,* la parte culpable es responsable de los gastos médicos del herido; él «hará que le curen» (Éx 21:19). *Segundo,* la parte culpable es culpable por el tiempo que se pierde del trabajo (Éx 21:19). Si la parte culpable es un dueño, y la parte herida su esclavo, hay responsabilidad por la muerte o por la herida, pero no por el tiempo perdido, puesto que la pérdida fue pérdida del dueño; en este punto se ha hecho daño a sí mismo (Éx 21:20, 21; Lv 24:17-20). *Tercero,* la pena se aplica si el animal de un hombre causa el daño; si el animal no tenía historial previo de violencia a un ser humano, el animal moría (y por supuesto al herido se le atendía y recompensaba). Pero si el animal tenía historial previo de violencia, al dueño se le aplicaba la pena de muerte por asesinato (Éx 21:28.29). *Cuarto,* la parte culpable es responsable de los daños que la corte determine por el daño, además de la compensación por el tiempo perdido y por los gastos médicos.

El principio de restitución no ha desaparecido por entero de la ley hoy, pero hay diferencias significativas. Un estudio del tema por parte de Stephen Schafer es importante en este contexto. Según Schafer,

> «El culpable a quien se aloja, se alimenta, se viste, se calienta, se le da luz, se le entretiene, a costa del estado en una celda modelo, y sale de allí con una suma de dinero que ha ganado legítimamente, ha pagado su deuda a la sociedad; puede enfrentar a sus víctimas con insolencia. Pero la víctima tiene su consolación; puede pensar que con los impuestos que paga al Tesoro ha contribuido para el cuidado paternal que se le ha dado al delincuente durante su estadía en la prisión». Estas fueron las palabras amargas y sarcásticas de Prins, el belga, en el Congreso de Prisión de París en 1895, cuando durante un debate del problema de restitución a las víctimas de delitos ya no pudo contener su indignación en cuanto a varias dificultades prácticas y teóricas que se levantaron en contra de su propuesta a favor de la víctima[7].

La restitución ha estado por largo tiempo en el trasfondo de virtualmente todo sistema legal y a veces ha sido muy prominente. Bajo la ley estadounidense temprana, «a un ladrón, además de su castigo, se le ordenaba que devolviera a la

---

7   Stephen Schafer, *Restitution to Victims of Crime* (Quadrangle Books, Chicago, 1960), p. vii.

parte lesionada tres veces el valor de los bienes robados, o en el caso de insolvencia, su persona era puesta a disposición de la víctima por cierto tiempo»[8].

En la ley moderna, el término restitución por lo general se remplaza con «compensación» o «daños»[9]. Pero la diferencia significativa es esta: en la ley bíblica, el ofensor es culpable ante Dios (y por consiguiente la restitución es a Dios, Nm 5:6-8) y ante la víctima, a quien hace restitución directa. En la ley moderna el delito es primordial y esencialmente contra el estado; a Dios y al hombre se le deja fuera del cuadro general. Según Schafer,

«Fue debido principalmente a la avaricia violenta de los barones feudales y poderes eclesiásticos medievales que gradualmente se fueron infringiendo los derechos de la parte lesionada, y finalmente, en gran medida, de esos derechos se apropiaron las autoridades, quienes exigían una doble venganza del ofensor, al confiscarle sus propiedades en lugar de entregarlas a la víctima, y luego castigarlos con la mazmorra, la tortura, la hoguera o el cepo. Pero a la víctima original del delito prácticamente se le ignoraba». Después de la Edad Media la restitución, mantenida aparte del castigo, parece haber sido degradada. La víctima se convirtió en la cenicienta del derecho penal[10].

A la idea de restitución se le separó del concepto de castigo. «La teoría desarrollada a fines de la Edad Media de que el delito es una transgresión exclusivamente contra el estado ha cortado esa conexión. El concepto de castigo permaneció intocado por el concepto civil de restitución»[11]. En verdad, Schafer notó:

Si uno mira los sistemas legales de diferentes países, uno busca en vano un país en donde la víctima de un delito disfrute de cierta expectativa de plena restitución por el daño. En los casos raros en que se indica compensación, el sistema no es efectivo a plenitud, o no sirve para nada; en donde no hay sistema de compensación estatal, la víctima, por lo general, se ve frente a los remedios insuficientes que ofrece el procedimiento civil y la ejecución civil. En tanto que se considera que el castigo del delito concierne al estado, los resultados injuriosos del delito, es decir, los daños a la víctima, se consideran casi como asunto privado. Eso rememora al hombre en sus primeros días de desarrollo social, cuando, dejado solo en su lucha por la existencia, tenía que enfrentar por sí mismo los ataques de fuera y luchar solo contra sus semejantes que le hacían daño. La víctima de hoy ni siquiera puede buscar por sí mismo satisfacción, puesto que la ley del estado le prohíbe que tome la ley en sus pro-

---

8   *Ibid.*, p. 5.
9   *Ibid.*, p. 101.
10   *Ibid.*, p. 8; la cita es de William Tallack, *Reparation to the Injured; and the Rights of the Victims of Crime to Compensation* (Londres, 1900), pp. 11-12.
11   *Ibid.*, p. 11.

pias manos. En la ley de sus antepasados, la restitución era una práctica viva, y «tal vez valga notar que nuestros antepasados bárbaros eran más sabios y más justos que lo que nosotros somos hoy, porque adoptaron la teoría de la restitución al que sufrió el daño, en tanto que nosotros hemos abandonado esta práctica, para detrimento de todos los interesados. […] Y esto fue más sabio en principio, más reformador en su influencia, más disuasivo en su tendencia y más económico para la comunidad que la práctica moderna»[12].

Ciertas cosas surgen de lo que antecede. *Primero,* el cambio de restitución a prisión tiene sus raíces en la usurpación de poder de parte de la iglesia y del estado, y en su origen estaba diseñado a sacudir al culpable con propósitos de rescate o confiscación. *Segundo,* el estado hizo de su doctrina de castigo el derecho penal, y relegó la restitución al derecho civil. Por consiguiente, si una parte que ha sufrido daño busca restitución hoy, eso implica el costo de una demanda judicial por medio de una corte esencialmente no cooperativa, así que, incluso si la parte que sufrió daño gana, recuperar algo es muy difícil. Como resultado, debido a esta división, al delincuente le espera la prisión, una institución mental, un reformatorio y cuidado por un estado cada vez más indulgente antes que restitución. *Tercero,* puesto que una forma de restitución bíblica era el derecho de defensa propia, el derecho bajo ciertas circunstancias de matar al agresor o ladrón, la limitación creciente del derecho de la parte lesionada para protegerse quiere decir que estamos volviendo a la barbarie sin la protección que daba la barbarie, o sea, libertad para defenderse uno mismo. *Cuarto,* el sistema de encarcelamiento o «rehabilitación» de los delincuentes incluye en verdad, como Prins notó, un subsidio a los delincuentes y un impuesto que se cobra a los inocentes y los que sufrieron daño. Es por lo tanto un daño mayor a los buenos que requiere restitución de las manos de Dios y del hombre. Una sociedad que subsidia al delincuente y penaliza a los buenos acabará alentando cada vez más la violencia y la iniquidad y está, por lo tanto, destinada a la anarquía. *Quinto,* Wines anotó, a la vez que nos da una falsa fuente como la preferida, «que hay solo dos fuentes posibles de poder civil: Dios y el pueblo»[13]. Si el poder es de Dios, la ley de Dios debe prevalecer; si el poder es del pueblo, la voluntad del pueblo debe prevalecer, y no hay principio de ley por encima y más allá del pueblo. La restitución como principio es desconocida en una sociedad democrática, porque es un principio teocrático que requiere que el hombre se conforme a una justicia absoluta e inmutable.

La restitución como principio teocrático incluye tres cosas: *Primero,* restitución a la persona que sufrió el daño. *Segundo,* puesto que el orden-ley que se quebrantó fue el orden-ley de Dios, cuando no existía una persona, en caso de muerte,

---

12   *Ibid.,* p. 117; la primera cita es de Harry Elmer Barnes y Negley K. Teeters, *New Horizons in Criminology* (Nueva York, 1944), p. 401; la segunda es de Tallack, *op. cit.,* pp. 6-7.
13   E. C. Wines, *Commentaries on the Laws of the Ancient Hebrews* (William S. and Alfred Martien, Filadelfia, 1859), p. 40.

a quien se pudiera hacer la restitución, se hacía a Dios (Nm 5:6-8). En caso de pecado en los cuales se involucraba directamente a Dios, se añadía una quinta parte en la restauración; esta quinta parte representaba una cuarta parte de la cantidad original, otro cuarto en otras palabras (Lv 5:14-16). En cada caso había que hacer la restitución a Dios mediante ofrendas de expiación (Lv 5:17-19). *Tercero,* es evidente por estas normas jurídicas que la restitución *siempre* es obligatoria para que una sociedad sea saludable delante de Dios. Esto lleva la implicación de que el estado debe hacer restitución a las personas que sufrieron daños siempre y en donde el estado, como ministro de justicia, no logra descubrir a la parte opresora. La meta de una sociedad santa es *restauración;* en todo punto, y se debe efectuar, con penalización del mal, y defensa del bueno mediante la restitución.

El objetivo es central a la fe y a la oración. El Padre Nuestro declara: «Venga tu reino. Hágase tu voluntad, como en el cielo, así también en la tierra» (Mt 6:10). Esto es claramente una súplica de restauración, y toda verdadera oración debe incorporarla.

El que una sociedad no se base en la restitución, o se aparte de este principio, resulta en una necesidad creciente de protección costosa mediante seguros. Mucho de los seguros son, con demasiada frecuencia, una forma de restitución propia, en que el comprador paga por protección contra irresponsables que no harán restitución. Las elevadas primas de seguros que pagan las personas y las corporaciones responsables son para protegerse contra el hecho de que la ley no exige restitución.

Tal sociedad no puede con buena conciencia orar «Venga tu reino», porque niega esa petición al descuidar la ley de Dios. Los dispensacionalistas premilenarios que niegan la ley y por consiguiente se niegan a elevar el Padre Nuestro son más coherentes que los millones que lo usan regularmente sin hacer ningún esfuerzo por restaurar el orden-ley de Dios.

9. Leyes militares y producción

Las leyes militares de las Escrituras son de pertinencia especial para el hombre, puesto que incluyen no solo leyes de guerra sino un principio general importante.

Al examinar las leyes militares, hallamos que, *primero,* cuando se libran guerras en defensa de la justicia y la supresión del mal, y en defensa del territorio natal contra el enemigo, son una parte del trabajo necesario de restitución o restauración, y por consiguiente se mencionan en las Escrituras como guerras del Señor (Nm 21:14). La preparación de los soldados incluía una dedicación religiosa a la tarea (Jos 3:5).

Segundo, la ley especificaba la edad de los soldados. Todos los hombres capaces de veinte años para arriba eran elegibles para el servicio militar (Nm 1:2, 3, 18, 20, 45; 26:2, 3). Este estándar prevaleció por mucho tiempo y fue, por ejemplo, principio básico en la guerra de independencia estadounidense. Era, sin embargo, un servicio selectivo (Nm 31:3-6). Por ejemplo, de los 46.500 elegibles de Rubén,

74.600 de Judá, y 35.400 de Benjamín (Nm 1) en la guerra contra Madián, se seleccionaron solo mil de cada tribu (Nm 31:4). Determinar la elegibilidad de cada hombre capaz era en principio afirmar su disponibilidad en una crisis extrema.

Tercero, puesto que la guerra contra el mal es santa y realiza la tarea divina de restauración, Dios prometió proteger a sus hombres si se movían en términos de fe y obediencia. Según Éxodo 30:11-16: «En el *censo,* que es un acto militar, *cada uno debía dar rescate* (o sea, proveer una «cubierta») de su persona»[1]. Como Ewing anotó, «su propósito era hacer expiación por la vida de los que iban a la batalla». La palabra «mortandad» en Éxodo 30:12 es la palabra hebrea *negef,* que «viene de una raíz primitiva que quiere decir empujar, acornear, derrotar, matar, golpear, empeorar. Este rescate era por la vida del soldado, para que no muriera en la batalla». En la batalla contra Madián, citada arriba, 12.000 soldados israelitas incendiaron las ciudades de Madián y mataron a sus hombres. Trajeron al regresar 675.500 ovejas, 72.000 cabezas de ganado, 61.000 asnos, y 32.000 mujeres solteras, sin ninguna pérdida de vida. De esto, un diezmo o porción se dio al Señor[2]. Cuando se libra una guerra en términos de la ley de Dios en fe y obediencia a su palabra-ley, los hombres pueden contar con que Dios los protegerá y prosperará como lo experimentó Israel.

Cuarto, la ley proveía exención del servicio militar. El propósito de un ejército debía ser librar las batallas de Dios sin temor (Dt 20:1-4). Se dan exenciones para varias clases de hombres: (a) los que han construido una casa nueva y todavía no la han inaugurado ni disfrutado; (b) los que han plantado una viña y todavía no han disfrutado de su fruto; (c) y quien «se ha desposado con mujer, y no la ha tomado»; tales hombres tendrían una mente dividida en la batalla; finalmente, (d) a todo «medroso y pusilánime» se le excusaba como peligroso para la moral del ejército, a fin de que «no apoque el corazón de sus hermanos, como el corazón suyo» (Dt 20:5-9). La exención de los recién casados era obligatoria según Deuteronomio 24:5: «Cuando alguno fuere recién casado, no saldrá a la guerra, ni en ninguna cosa se le ocupará; libre estará en su casa por un año, para alegrar a la mujer que tomó». También estaban exentos del servicio militar (e) los levitas (Nm 1:48, 49). Los levitas muy a menudo pelearon, pero estaban exentos de la conscripción.

De estas exenciones, aparece un principio general: *la familia tiene prioridad sobre la guerra.* El recién casado no puede servir; el nuevo hogar debe venir primero. El nuevo agricultor similarmente está exento. *Por importante que sea la defensa, la continuidad de la vida y la reconstrucción santa son más importantes.*

Un *quinto* aspecto de la ley militar requiere limpieza en el campamento (Dt 23:9-14). Se exige una letrina fuera del campamento, y una estaca «para que entierres tu excremento cuando hagas tus necesidades» (Dt 23: 13, PDT). «Porque el Señor su Dios anda entre ustedes, en el campamento, para protegerlos y darles

---

1   J. C. Rylersdaam, «Exodus» [«Éxodo»], en *Interpreter's Bible,* I, 1055.

2   Charles Wesley Ewing, "The Soldier's Ransom» [«El rescate del soldado»], Faith and Freedom Bible Institute, Royal Oak, Michigan, en *Faith and Freedom Issue,* p. 4.

la victoria sobre sus enemigos; por lo tanto, el campamento de ustedes debe ser un lugar santo, para que Dios no vea ninguna cosa indecente en él, pues de lo contrario se apartaría de ustedes» (Dt 23:14, VP).

Otro principio general aparece de esta ley así como también en la primera y tercera leyes (arriba), es decir, *que no basta que la causa sea santa; no solo la causa, sino el pueblo de la causa, deben ser santos, espiritual y físicamente.*

Una *sexta* ley militar requiere que, antes de un ataque, o más bien, una declaración de guerra, se le extienda al enemigo una oferta de paz. La oferta de paz no puede ser una oferta de acomodo. La causa, si es justa, se debe mantener; el enemigo debe rendirse para obtener la paz (Dt 23:9-14). Un «ataque repentino» después de una declaración, a la manera de Gedeón, es legítimo; las hostilidades ya están en marcha. Pero, antes de una declaración de guerra, se requiere un esfuerzo por negociar con honor la causa. El toque formal de las trompetas, tanto antes de la guerra como para regocijarse en el tiempo de victoria, ponían la causa ante Dios con la expectativa de victoria y gratitud por ella (Nm 10:9, 10).

Séptimo, la guerra no es juego de niños. Es algo lúgubre y horrible, aunque necesaria. A los cananitas contra quienes Israel libró guerra Dios los había sentenciado a muerte. Eran degenerados espiritual y moralmente. Casi todo tipo de perversión era un acto religioso; y clases numerosas de prostitutas y prostitutos eran parte de rutina de los lugares sagrados. Por eso, Dios ordenó que se matara a todos los cananitas (Dt 2:34; 3:6; 20:16-18; Jos 11:14), porque estaban bajo la sentencia de muerte dictada por Dios, y para evitar la contaminación de Israel. Entre los pueblos relacionados y adyacentes cuya depravación era similar pero no total, se mataba a los hombres (Nm 31:7; Dt 1:1, 2, 16; 20:16, 17) y a veces también a las mujeres casadas (Nm 31:17, 18), pero se dejaba con vida a las vírgenes (Nm 31:18). Con otros países extranjeros, de mayor trascendencia, a cualquier mujer tomada como prisionera se le podía tomar como esposa, pero no la podían tratar como esclava ni cautiva (Dt 21:10-14), lo que indicaba claramente la diferencia en carácter nacional entre los cananitas y otros pueblos. Estas provisiones por lo general se condenan en la edad moderna, que ha recurrido hipócritamente a la guerra más salvaje y total de la historia. Estas leyes no se aplicaban a todos los pueblos y no solo a los más depravados. Afirman un principio general todavía válido: *si la guerra es para castigar o destruir el mal, el trabajo de restauración exige que esto se haga, que se derroque el orden perverso, y, en algunos casos, que se ejecute a algunas o a muchas personas.* Los juicios por crímenes de guerra después de la Segunda Guerra Mundial representaban una ley ex post facto (y el senador Robert Taft se opuso con razón); también se basaban en principios legales débiles y humanistas y también fueron indebidamente producto de las exigencias de la Unión Soviética. No son, pues, ejemplos apropiados de este principio. Pero el principio general de la *culpa* es válido; si no hay culpa en una guerra, tampoco hay justicia. Este ha sido el caso en la mayor parte de guerras; no ha habido justicia, y por consiguiente ningún concepto real de culpa.

Octavo, el propósito normal de la guerra es defensivo; por eso, a Israel se le prohibió el uso de más de un número limitado de caballos (Dt 17:16), puesto que los caballos eran arma ofensiva en la guerra antigua[3].

Por lo tanto, aparece otro principio general: *puesto que hay que librar la guerra solo en una causa justa, y, normalmente, en defensa del territorio y de la justicia, el derecho a objeción de conciencia quiere decir que uno tiene un derecho moral a negarse a respaldar una guerra impía.*

Noveno, una ley militar muy importante aparece en Deuteronomio 20:19, 20, que incorpora un principio básico de implicaciones de muy largo alcance. Según esta ley,

> Cuando sities a alguna ciudad, peleando contra ella muchos días para tomarla, no destruirás sus árboles metiendo hacha en ellos, porque de ellos podrás comer; y no los talarás, porque el árbol del campo no es hombre para venir contra ti en el sitio. Mas el árbol que sepas que no lleva fruto, podrás destruirlo y talarlo, para construir baluarte contra la ciudad que te hace la guerra, hasta sojuzgarla.

La última porción del Deuteronomio 20:19 algunos traductores traducen como: «¿Son acaso hombres los árboles del campo para que los trates como a sitiados?» (LAT). En otras palabras, la guerra no se debe librar contra la tierra, sino contra los hombres. Pero, incluso más central, la vida debe seguir, y los árboles frutales y las viñas representan en todo momento una herencia del pasado y una herencia para el futuro; no hay que destruirlos. Otros árboles se pueden derribar, pero solo según sea necesario «para construir baluarte contra la ciudad». La destrucción injustificada no se permitía.

Relacionado a esto hay una palabra de Salomón: «El provecho de la tierra es para todos; el rey mismo está sujeto a los campos» (Ec 5:9). Esto lo traducen otros como «El país avanzará si el rey se pone al servicio de los campos» (LAT). Esta palabra, y la ley respecto a los árboles frutales y otros árboles, resulta en un principio general importante: *la producción es antes que la política.* La guerra es un aspecto de la vida del orden político, y su papel es importante, pero la producción es más básica. Sin producción, sin los árboles frutales y el agricultor, el obrero y el fabricante, no hay país que defender. *La prioridad de la política* es una herejía moderna que está destruyendo continuamente al mundo; solo la gran vitalidad de la libre empresa está manteniendo el nivel de producción frente a las grandes desventajas e interferencias políticas. En cualquier orden santo, por consiguiente, la producción, la libertad de empresa, siempre debe venir antes que la política, tanto en la guerra como en la paz.

---

3   Ver Yigael Yadin, *The Art of Warfare in Biblical Lands* (McGraw-Hill Book Company, Nueva York, 1963), I, 86-90.

Décimo, y finalmente, las leyes del botín proveían una recompensa para los soldados (Nm 31:21-31, 29, 30, 42; Dt 20:14), así que hay base legal no solo para la paga de los soldados sino también una pensión, una recompensa por sus servicios. La indemnización de guerra era un aspecto de la pena impuesta sobre un enemigo (2 R 3:4) como pena por su agresión, y para compensar por los costos de la guerra.

En términos de las Escrituras, en un mundo pecador, la guerra es horrible, pero es una necesidad a fin de vencer al mal. El sumario de Clark va al punto:

> Según las Escrituras, «No hay paz para los malos» (Is 48:22; 57:21), y es inútil clamar «Paz, paz; y no hay paz» (Jer 6:14). Si los hombres quieren tener paz, deben «busca[r] primeramente el reino de Dios y su justicia, y todas estas cosas [les] serán añadidas» (Mt 6:33), porque la paz es «la labor de la justicia» (Is 32:17), y no puede haber paz universal y duradera sino cuando «La justicia y la paz se besaron» (Sal 85:10). Habrá paz cuando «los moradores del mundo aprendan justicia». Es «en lo postrero de los tiempos» (Is 2:2) y cuando «Jehová solo será exaltado» (Is 2:11) que, «… las naciones […] volverán sus espadas en rejas de arado, y sus lanzas en hoces; no alzará espada nación contra nación, ni se adiestrarán más para la guerra» (Is 2:4)[4].

10. Impuestos

Los comentarios y diccionarios bíblicos en general no citan ninguna ley de impuestos del gobierno. Uno concluiría, al leerlos, que no existía ningún sistema de impuestos en el antiguo Israel, y que la ley mosaica no habla sobre el tema. Galer, por ejemplo, no puede citar ningún pasaje de la ley respecto a impuestos, aunque menciona varios pasajes de los escritos históricos y proféticos que se refieren a impuestos confiscatorios y tiránicos. Señala, eso sí, que el censo se tomó bajo la ley «con fines tributarios»[1].

No se discierne ninguna ley de impuestos porque no se reconoce la naturaleza del orden civil de Israel. Dios, como rey de Israel, gobernaba desde su salón del trono en el tabernáculo, y a él se le llevaban los impuestos. Debido al error común de ver el tabernáculo como exclusiva o esencialmente «religioso», o sea, centro *eclesiástico,* se yerra al no reconocer que era en verdad un centro *religioso, civil.* En términos de ley bíblica, el estado, el hogar, la escuela, y toda otra agencia no deben ser menos religiosos que la iglesia. El santuario era, pues, el centro civil de Israel, y no menos religioso por ese hecho. Una vez que se capta este hecho, mucho de la ley bíblica cae en enfoque más claro. Había, entonces, impuestos claramente definidos en la ley mosaica, y estos impuestos los ordenó Dios, el Rey Omnipotente de Israel.

---

4   Clark, *Biblical Law,* p. 81.
1   Galer, *O.T. Law for Bible Students,* p. 52.

Había, en esencia, dos tipos de impuestos. *Primero,* el impuesto per cápita (Éx 30:11-16). El hecho de que se cita la expiación como uno de los aspectos de este impuesto ha hecho errar a muchos. El significado de la expiación aquí es una cubierta o protección; mediante este impuesto el pueblo de Israel se ponía bajo Dios como su Rey, le pagaba tributo, y obtenía a su vez el cuidado protector de Dios. La referencia civil a este impuesto la reconoce en parte Rylaarsdam, quien cita su relación con el censo, «que es un acto militar»[2]. La cantidad de este impuesto era la misma para todos los hombres, medio siclo de plata, y debían pagarlo todos los hombres de veinte años para arriba. El siclo en ese tiempo no era una moneda sino un peso en plata. Más adelante, se acuñaron siclos y tenían 220 granos troy (como una moneda de un dólar de los Estados Unidos), y un medio siclo era, así, como 110 granos[3]. Este impuesto era el impuesto básico anual en Israel. Como Fairbairn notó,

> ... Hay la prueba más clara de que se había cobrado antes y después de cautiverio; se hace alusión al mismo en 2 R 12:4; 2 Cr 24:9; y Josefo y Filón testifican que todos los judíos contribuían con el mismo regularmente, por donde quiera que estuvieran viajando, o a una organización regular de personas y lugares para su recolección apropiada y segura transmisión a Jerusalén (Jos. Ant. 18:9, sec. 1; Filón, De. Monarq, tomo II, p. 234). Esto, entonces, es lo que los cobradores vinieron a pedirle a Pedro; y que, como teniendo referencia a una costumbre general e indisputable, él de inmediato prometió la disposición de su Maestro para dar[4].

El hecho de que en la era del Nuevo Testamento se le llama tributo del templo ha hecho que muchos yerren; el templo era el centro civil y eclesiástico. En el templo, los sacerdotes que oficiaban no tenían nada que hacer con la ley civil. Pero en el templo, se reunía el sanedrín como poder civil en Israel, bajo la jefatura suprema de Roma.

Este impuesto per cápita se especifica como igual para todos. «Ni el rico aumentará, ni el pobre disminuirá» (Éx 30:15). Mediante esta estipulación de igualdad de impuestos, se impedía que la ley fuera injusta. Tenía que ser pequeño, puesto que una cantidad grande hubiera sido opresiva para los pobres, y tenía que ser lo mismo para todos, para evitar la opresión de los ricos. De esta manera se prohibía específicamente la imposición discriminatoria. Este impuesto lo recogía la autoridad civil y era obligatorio para todos los varones, de veinte años para arriba, excepto los sacerdotes y los levitas, que no estaban sujetos a la conscripción militar. El impuesto justo y básico, el impuesto per cápita, se pagaba a las autori-

2   Rylaarsdam, «Exodus» [«Éxodo»], *Interpreter's Bible,* I, 1055.
3   George Rawlinson, «Exodus» [«Éxodo»], en Ellicott, I, 303.
4   Patrick Fairbairn, *Fairbairn's Imperial Standard Bible Encyclopedia,* VI, 299.

dades civiles como impuesto requerido para el mantenimiento de una protección o expiación por parte del orden civil.

El *segundo* impuesto era el diezmo, que no se pagaba en un lugar central sino que era «consagrado a Jehová» (Lv 27:32). Iba a los sacerdotes y levitas conforme estos cumplían las funciones eclesiásticas y sociales necesarias. A veces los levitas ocupaban cargos civiles, según lo requerían las condiciones sociales (1 Cr 23:3-5). Su trabajo en la música nos es bien conocido gracias a los Salmos, así como también el resto de las Escrituras, y a menudo se citan sus deberes de enseñanza, como lo atestigua 2 Crónicas 17:7-9; 19:8-11. Los levitas y sacerdotes estaban esparcidos por todo Israel para atender las necesidades de toda comunidad, y recibir estos diezmos conforme el pueblo los daba.

Ambas formas de impuestos, el impuesto per cápita y el diezmo, eran obligatorias, pero existe una diferencia principal entre ellos. El estado tenía el derecho de cobrar un impuesto mínimo per cápita de sus ciudadanos, pero aunque el estado *tal vez* podía exigir el diezmo de todos los hombres, como a menudo se ha hecho, *no podía* estipular adónde debía ir ese diezmo. El estado por tanto controlaba el uso del impuesto per cápita; el diezmador controlaba el uso del impuesto del diezmo. Éste es un punto de inestimable importancia. Puesto que, en términos de ley bíblica, el diezmo sostiene las funciones sociales principales, el control de estas funciones sociales queda así reservado al que da el diezmo y no al estado. El impuesto per cápita sostiene al estado y su poder militar más sus cortes. La educación, la beneficencia, la iglesia y otras funciones sociales santas son financiadas por los dos diezmos, el primer diezmo y el diezmo del pobre. Una sociedad ordenada así por necesidad tendrá una burocracia pequeña y un pueblo fuerte.

El impuesto per cápita, pues, sufragaba el orden *civil*, y el diezmo sufragaba el orden *social*. En la ley bíblica, no hay impuesto a la tierra ni impuesto a la propiedad. Tal impuesto destruye la independencia de toda esfera de la vida y del gobierno: la familia, la escuela, la iglesia, la vocación y todo lo demás; y hace que toda esfera esté dependiente y subordinada al estado o al gobierno civil.

Puesto que las Escrituras declaran repetidamente que «de Jehová es la tierra y su plenitud» (Éx 9:29; Dt 10:14; Sal 24:1; 1 Co 10:26, etc.), un impuesto a la tierra no es legítimo. *Un impuesto a la tierra es un impuesto contra Dios y contra su orden-ley.* Dios mismo no aplica impuestos a la tierra que les da a los hombres para que la administre bajo Él. Aplica impuestos a su ganancia, a su producción, de modo que el único impuesto legítimo es un impuesto a la renta, y esto es precisamente lo que es el diezmo: un impuesto a la renta. Pero es un impuesto a la renta que se fija al diez por ciento y no más. Encima de eso, lo que un hombre da es una ofrenda de buena voluntad; el diezmo es un impuesto, no una ofrenda.

El sistema de impuestos pertenece en realidad al sexto y al octavo mandamiento. Los impuestos impíos son un robo. Pero el poder moderno de imponer impuestos es el poder de hacer daño o destruir, y esto básicamente se conecta con el sexto mandamiento. Una estructura de impuestos basada en la Biblia protegerá y prosperará un orden social y sus ciudadanos, en tanto que una estructura impía de impuestos significa muerte para los hombres y la sociedad.

De manera creciente, la función de imposición de impuestos es reordenar a la sociedad. Mediante impuestos a la propiedad, la herencia, la renta y otros se confisca la riqueza y se redistribuye. Por eso, la Organización para la Cooperación y el Desarrollo Económico (OCDE) ha declarado, mediante su secretario general, que el número de personas que trabajan en la agricultura se debe reducir, y al mismo tiempo «aumentar el tamaño promedio de las empresas agrícolas»[1]. ¿Cómo se hace esto?

Dos métodos están a la disposición de los varios estados como medios disfrazados de confiscar la tierra y reformar a los agricultores y las tareas agrícolas. *Primero,* los subsidios de precio, como Kristensen señaló, favorecen a los grandes agricultores antes que a los pequeños agricultores. *Segundo,* se pueden usar los impuestos para eliminar al agricultor pequeño y hacer espacio solo para operaciones de haciendas grandes. Ambos métodos se usan de manera extensiva, y ambas son formas de robo, medios de homicidio y medios de destruir a los hombres y a las sociedades.

La facultad de crear impuestos en el mundo moderno es la facultad de destruir. Ya no es sufragar la ley y el orden. Mientras más aumentan los impuestos, menos ley y orden tienen los hombres, porque los impuestos tienden a promover la rebelión social. Como tales, el sistema moderno de impuestos es eminentemente eficaz.

11. El amor y la ley

Uno de los más importantes de todos los que siguen la ideología humanista fue Juan Jacobo Rousseau, padre de la democracia. Rousseau fue un vagabundo, un «protegido» de Madame de Warens, y un hombre absolutamente irresponsable. Vivió por muchos años sin casarse con Teresa Levasseur, empleada de un hotel. Les nacieron cinco hijos, y de inmediato Rousseau los llevó a un hogar para expósitos. Este gran experto en crianza de hijos no podía aguantar a los niños. Rousseau promovía la virtud, y nos dice que lloraba cuando pensaba al respecto, pero en la acción fue un hombre totalmente irresponsable y vicioso. Creía que su corazón, y el corazón de todos los hombres, era bueno; la sociedad organizada, el medio ambiente, hace malos a los hombres. Un acto muy típico de este gran reformador humanista tuvo lugar en Venecia. Rousseau llevó a una prostituta a su habitación. Después de que esta se desvistió, y ambos estaban en la cama, Rousseau empezó a suplicarle que siguiera la senda de la virtud. Estaba, por supuesto, en la peor posición para tal ruego, pero eso le importaba poco. Para Rousseau, el corazón, los sentimientos del hombre lo eran todo.

---

1   Thorkil Kristensen, «Agricultural Policies Reconsidered» [«Se reconsidera procedimientos agrícolas»], en *The OECD Observer* (diciembre 1938), no. 37, p. 6.

Bajo la influencia de tales creencias humanistas, se ha erosionado extensivamente la ley. Ya no es el *acto* de asesinato lo que se juzga, sino los *sentimientos* o estado mental al cometer el acto. Según Rousseau, un asesino puede no ser culpable en virtud de su estado mental. El amor, como gran virtud humanista, ha llegado a ser de suma importancia. Los que pertenecen al partido del amor son los santos del mundo humanista o incluso en la comisión de delitos, en tanto que el cristiano ortodoxo, como aborrecedor por definición, es culpable incluso sin cometer un delito.

El amor aparece en la ley, pero en el contexto de la ley, no en el de sentimientos humanistas. La ley mosaica requiere el amor al prójimo, en Levítico 19:17, 18:

> No aborrecerás a tu hermano en tu corazón; razonarás con tu prójimo, para que no participes de su pecado. No te vengarás, ni guardarás rencor a los hijos de tu pueblo, sino amarás a tu prójimo como a ti mismo. Yo Jehová.

La Versión Latinoamérica traduce la última parte del versículo 17 «no sea que te hagas cómplice de sus faltas», y otra versión traduce «pero no incurras en culpa por causa de él». Las autoridades religiosas durante la era del segundo templo lo leían cómo «pero tú no debes llevar pecado por esa razón», o sea, «ejecutar el deber de represión de tal manera que no incurras en pecado por ello»[2]. La explicación de San Pablo resume el asunto: «El amor no hace mal al prójimo; así que el cumplimiento de la ley es el amor» (Ro 13:10). Amar al prójimo quiere decir guardar la ley en relación a él, no hacerle ningún mal, ni en palabra, ni en pensamiento, ni en obra. Si el curso de acción de un prójimo lleva al mal, o a problemas, se da una palabra de advertencia como medio de prevenirle de daño. El significado de prójimo en este pasaje (Lv 19:17, 18) es otro creyente. En Levítico 19: 33, 34 se incluye a extranjeros y personas que no son creyentes. La ley del amor no da aquí base para tratar de gobernar a nuestro prójimo, ni tampoco reduce el amor a un marco mental; es un principio que se manifiesta como totalidad en palabra, pensamiento y acción. La Biblia no tiene una noción dualista del hombre; no reconoce un corazón bueno con obras malas. El hombre es una unidad. Como pecador, por supuesto que es malo. Como hombre redimido, está en proceso de santificación, y por consiguiente manifiesta tanto bien como mal; pero un pensamiento malo engendra una obra mala así como un pensamiento santo engendra un acto santo. Rousseau confundió sus fantasías e ilusiones respecto a su corazón y mente con la realidad respecto a él mismo, pues tenía perversidad en su corazón y mente, y por consiguiente en sus fantasías. «Todo designio de los pensamientos del corazón [de los hombres] es «de continuo solamente el mal» (Gn 6:5), y es una parte de esa imaginación perversa el que el hombre piense bien de su mal.

Debido a que el hombre es pecador, no puede tomar la ley en sus propias manos: «No te vengarás» (Lv 19:18). Debido a que el hombre no es Dios, no

2   C. D. Ginsburg, «Leviticus» [«Levítico»], en Ellicott, I, 424s.

puede ocupar el trono de juicio de Dios para juzgar a los hombres en términos de sí mismo. No podemos condenar a los hombres por lo que les gusta o no les gusta en términos de nosotros mismos. Podemos juzgarlos en relación a Dios, cuya ley es la única que gobierna y juzga a todos los hombres. Se prohíbe el juicio personal: «No juzgarás…» (Mt 7:1), pero se nos exige «sino juzgad con justo juicio» (Jn 7:24).

El principio paulino enuncia el asunto claramente con respecto al amor: *primero,* no hace mal a su prójimo; *segundo,* el amor es el cumplimiento de la ley. Se prohíbe que se haga *mal* al prójimo. Es una forma de *matar* la vida y libertad de nuestro prójimo. El hecho de que la vida y la libertad están en la mirilla en esta ley se ve en las normas jurídicas de las Escrituras. Por ejemplo, el único tipo de esclavitud permitido es la esclavitud voluntaria, dice Deuteronomio 23:15, 16. La ley bíblica permite la esclavitud voluntaria porque reconoce que algunos no pueden mantener una posición de independencia. Apegarse voluntariamente a un hombre capaz y servirle, protegido bajo la ley, es una manera legítima de vivir, aunque inferior. El amo entonces asume el papel de benefactor, el que concede el bienestar, antes que el estado, y el esclavo está protegido por la ley del estado. Un esclavo fugitivo no puede ser devuelto a su dueño; es libre de irse. La excepción es el ladrón y delincuente que está trabajando para hacer restitución. El código de Hammurabi condenaba a muerte a los hombres que alojaran a un esclavo fugitivo. La ley bíblica posibilitaba la libertad del esclavo. Al amo del esclavo se le dice: «Morará contigo, en medio de ti, en el lugar que escogiere en alguna de tus ciudades, donde a bien tuviere; no le oprimirás» (Dt 23:16).

Secuestrar a otro creyente para venderlo como esclavo (o sea, a un extranjero o nación extranjera, puesto que no se le podía vencer legalmente en su patria) es un delito capital, castigada sin excepción con la muerte (Dt 24:7). La pena de muerte se aplicaba no solo al secuestrador sino también a sus compinches que recibían o vendían a la persona (Éx 21:16). La fuerza de esta ley es incluso más clara cuando nos damos cuenta de que la ley bíblica no tiene sentencia de prisión. Los hombres bien sea mueren como delincuentes o hacen restitución. La ley bíblica requiere una sociedad de hombres libres cuya libertad descansa en la responsabilidad.

La ley bíblica protegía al que mataba accidentalmente a un hombre, como en el caso de los hombres que estaban cortando leña, y la cabeza del hacha de uno volaba y mataba al otro. Las ciudades de refugio protegían al hombre de la venganza familiar (Dt 19:1-10; cf. Éx 21:13; Nm 35:9-22, 29-34).

El asesinato, sin embargo, se castigaba con la muerte (Dt 19:11-13; Nm 35:23-28, 30-33; Lv 24:17-22; Éx 21:12-14, 18-32), y la ley no permitía ninguna excepción a esta sentencia.

La prueba del amor era actuar con amor. El amor no hace mal al prójimo, y amor es guardar o cumplir la ley en relación a otras personas. El amor es el pensamiento, la palabra y el acto que acatan la ley. En donde no hay ley, tampoco hay amor. Los adúlteros no aman a sus cónyuges, aunque muchos aducen que sí; quizá disfruten de sus esposas o esposos y también de sus amantes, pero amar es guardar la ley.

El hombre humanista o, puesto que se ha olvidado de la ley, debe lógicamente olvidarse también del amor. Ya hay evidencias de esto. Lionel Rubinoff, siguiendo él mismo la ideología humanista, ha descrito el problema moderno del mal en *The Pornography of Power* [La pornografía del poder]. Un crítico resume así la tesis de Rubinoff:

> Es, sin embargo, en su análisis de *El Dr. Jekyll y Mr. Hyde,* de Robert Louis Stevenson, que se capta más fácilmente la presuposición que subyace en *The Pornography of Power.* De la reseña de Stevenson de la ambivalencia de la naturaleza humana, Rubinoff escribe: «El Dr. Jekyll, el humanista, originalmente crea al Sr. Hyde (lo que en sí mismo ya es un acto completamente perverso) a fin de poder estudiar científicamente las fuerzas del mal encarnadas en un Hyde, y luego expulsarla de la psiquis humana. Tan confiado está Jekyll en la fuerza férrea de su virtud que de veras piensa que puede dar a luz al mal sin que ese mal lo corrompa. Por desgracia, el virtuoso Jekyll no es rival para el satánico Hyde. Una vez que el demonio ha sido libertado, el ángel busca cualquier excusa para descender a lo más hondo de la depravación».
>
> Pocos hombres pueden contemplar cómodamente el concepto de la supremacía natural del mal sobre el bien en la humanidad. La tradición judeocristiana alivia la angustia extendiendo la esperanza de salvación mediante el ejercicio de una semblanza del libre albedrío en la lucha terrenal contra las fuerzas del diablo. ¿Qué tiene una edad cada vez más secular que hacer con el conocimiento de que el mal es una parte inextricable de naturaleza humana? Enfrentémoslo, dice Rubinoff. Saquémoslo a la luz[3].

Como algunos pensadores humanista os están empezando a reconocer, el hombre enfrenta al mundo, no con amor y bondad, sino con *mal*. Mientras más humanista o se vuelve el hombre más la justicia, la autoridad y la legitimidad se desvanecen del mundo. La iniquidad gobierna cada vez más los asuntos nacionales e internacionales. La expresión de corazón e imaginación del hombre de continuo es solo el mal. Rubinoff admite que el mal del hombre le insta a un uso diabólico del poder, a lo que llama pornografía del poder. La respuesta de Rubinoff no es el amor sino el mal:

> El mayor mal al convertirse en adicto a tal pornografía, dice Rubinoff, es que atrofia el crecimiento de la imaginación, el único instrumento por el cual el

---

3   «Facing It» [«Enfrentándolo»], revisión de *The Pornography of Power* by Lionel Rubinoff, en *Time*, vol. 92, no. 26 (27 diciembre 1968), p. 66.

hombre puede verdaderamente entender, y así vivir con, la verdad desesperante de su naturaleza dual. Como ejemplos de cómo usar la imaginación creativa al enfrentar el mal, Rubinoff destaca a Jean Genet y Norman Mailer. Dice que muchos de sus escritos son esencialmente un esfuerzo por producir valores positivos al confrontar lo negativo e irracional dentro de sí mismos, viviendo con ello y convirtiéndolo en arte.

Como la mayoría de los programas de superación personal, las ideas de Rubinoff son más fáciles de decir que de aplicar. En cierto nivel, su libro podría estimular la escatología de grado inferior como una forma de salvación. Por otro lado, *La pornografía del poder* ofrece un sustituto estético para la religión, por la cual los hombres menos creativos que Genet y Mailer deben tratar de abrirse paso al conocimiento de sí mismo con la ayuda de las imágenes artísticas del mal[1].

La respuesta de Rubinoff es que nos volvemos Jekylls artísticos en vez de científicos, y producimos una legión de Hydes. Propone que entremos en un mundo de amor y ley abrazando el mal, expresándolo audaz y libremente como una aventura artística y creativa. Es un programa de pecar para que la gracia abunde. Lo que Rubinoff ha expresado, su generación humanista lo está practicando. Hay universitarios, indigentes, diplomáticos, políticos, clérigos, maestros y otros que practican una doctrina inicua del mal como ley más alta y amor más alto. Puesto que la doctrina humanista del amor es antinomiana de rabo a cabo, es indiscutiblemente *amar al mal*. Es pues, un desarrollo lógico del amor humanista o que se debe volver mal encarnado. El amor sin ley es en esencia la afirmación del mal y sus manifestaciones.

12. Coacción

Los evolucionistas humanistas a menudo sueñan con una sociedad sin coacción. El anarquismo es, por supuesto, esa filosofía que mantiene que el hombre puede hallar realización solo en una sociedad no estatista, voluntarista y no coactiva. El libertarianismo es cada vez más una filosofía abiertamente anarquista y relativista. Puesto que la definición libertaria de anarquismo es la mejor, examinemos esta posición según la define Karl Hess, que fue el escritor del senador Goldwater en la campaña presidencial de 1964:

El libertarianismo es la noción de que cada hombre es el dueño absoluto de su vida, para usarla y disponer de ella como le parezca, y que todas las acciones sociales de los hombres deben ser voluntarias y que el respeto de la propiedad de la vida similar e igual de todos los demás hombres y, por

---

1   *Ibid.*

extensión, de la propiedad y los frutos de esa vida, es la base ética de una sociedad humana y abierta[2].

Es más, Hess afirma: «Cada hombre es una tierra soberana de libertad, con lealtad primaria a sí mismo»[3]. Para Hess, el hombre no es un pecador sino más bien su propio dios. El pecador, la gran maldad, es el estado. Al analizar a personas de ideología liberal y conservadora sobre la cuestión del estado, Hess dice:

> Así como el poder es el dios del liberal moderno, Dios sigue siendo la autoridad del conservador moderno. El liberalismo práctica la regimentación, simplemente por regimentación. El conservatismo practica la regimentación por una no tan sencilla revelación. Pero regimentado o revelado, el nombre del juego todavía sigue siendo política.
>
> El gran defecto del conservatismo es una honda grieta por la cual cae toda referencia a la libertad, para destrozarse contra las rocas del autoritarismo. Los conservadores se preocupan de que el estado tenga demasiado poder sobre las personas. Pero fueron los conservadores los que le dieron al estado ese poder. [...] Murray Rothbard, escribiendo en *Rampart*, ha resumido este conservatismo defectuoso al describir una «generación nueva y más joven de derechistas, de "conservadores"... que pensaban que el problema real del mundo moderno no era tan ideológico como el estado versus libertad del individuo, o intervención del gobierno versus mercado libre; el problema real, declararon, era la preservación de la tradición, orden, cristianismo y buenos modales contra los pecados modernos de la razón, la licencia, el ateísmo y la grosería...
>
> Para muchos conservadores, la pesadilla que acosa sus vidas y su posición política (que muchos resumiría como «ley y orden» estos días) es las del motín. Hasta donde yo sepa, no hay límite que los conservadores pondrían en el poder del estado para suprimir los motines[4].

Hess tiene razón al decir que los conservadores se apoyan en la «revelación», o sea, en «la preservación del... cristianismo», y es el fracaso del conservatismo que no ve esto, que intenta defender sobre premisas humanistas un producto cristiano. Pero, ¿en que descansa la posición de Hess? La creencia en la bondad del hombre, la capacidad del hombre de vivir sin coacción o violencia, y la soberanía del hombre no descansan ni en la experiencia, ni en la historia, ni en la razón. Hess provee aquí su propia revelación de cosecha propia. Pide «comunidades de voluntarismo»

---

2   Karl Hess, «The Death of Politics» [«La muerte de la política»], en *Playboy*, vol. 16, no. 3 (marzo 1969), p. 102.
3   *Ibid.*
4   *Ibid.*, p. 104.

y llama al hombre «a ir metafísicamente solo a un mundo más de razón que de religión»[5]. En tanto que llama a su posición «no exactamente anarquía», Hess no la distingue del anarquismo[6].

El libertarianismo moderno descansa en el relativismo radical; no existe ninguna ley o estándar aparte del hombre mismo. Algunos profesores libertarios dicen en clases y en la conversación que cualquier posición es válida siempre y cuando no afirme ser la verdad, y por consiguiente la religión bíblica es la esencia del mal para ellos. Debe haber, según estos libertarios, *un mercado totalmente libre de ideas y prácticas.*

Si todos los hombres son ángeles, un mercado totalmente libre de ideas y prácticas solo producirá una comunidad angélica. Pero si todos los hombres son pecadores que necesitan la redención de Cristo, un mercado libre de ideas y prácticas producirá solo caos de maldad y anarquía. Tanto la posición libertaria como la bíblica descansan en la fe; una en la fe en la bondad natural del hombre, la otra en la revelación de Dios respecto al estado pecador del hombre y su glorioso potencial en Cristo. Claro, la llamada fe racional que irracionales tales como Hess y Rothbard representan no tiene ningún respaldo en la historia del hombre ni ninguna formulación de razón. Lo que representan es una fe, y una fe particularmente ciega en el hombre.

Una razón cardinal para la creciente iniquidad del presente siglo es precisamente el relativismo y anarquismo moral. Un reportero inquisidor de Freemont, California, preguntando «¿Se deberían legalizar en California los abortos sin restricción?» recibió, entre otras, esta respuesta de A. W. S., vendedor jubilado:

Sí. Una mujer debe poder tener uno si eso es lo que quiere. Depende de la persona. De cierto modo, es quitar una vida humana. Pero si es una necesidad médica, independientemente de los deseos de la persona, se debe hacer[7].

Examinemos esta declaración. *Primero,* se reconoce que el aborto «es quitar una vida humana»; o sea, es *asesinato.* Pero, *segundo,* se afirma más que una mujer tiene este poder sobre su feto: «Depende del individuo». Lo que le pertenece a ella, también le pertenece para deshacerse de él o asesinarlo. Por lógica, esta posición, que sostiene la libertad anárquica del individuo, quiere decir también que un feto, como vida subordinada, no tiene tal libertad. ¿Significa esto que una madre, como persona superior, puede deshacerse mediante el homicidio de un hijo que no quiere, o una pareja librarse mediante el asesinato de sus padres ancianos? Esta es la posición implícita, porque, *tercero,* el deseo de la mujer para retener el feto puede ser sobreseído: «Pero si es una necesidad médica, independientemente de

---

5   *Ibid.,* p. 178.

6   *Ibid*

7   «Inquiring Reporter» [«Reportero inquisidor»], San Jose (Calif.), *Mercury,* miércoles, 19 marzo 1969, p. 51.

los deseos de la persona, se debe hacer». En otras palabras, personas más poderosas y conocedores en la sociedad anarquista pueden decretar muerte en términos de una sabiduría científica superior. En un mundo anarquista, donde el hombre es su única ley, las consecuencias del anarquismo son violencia para el débil de parte del fuerte, y destrucción de la inteligencia por la fuerza bruta.

Cuando el que sigue la ideología humanista lidia con el mal, recurre a la evasión para eliminar la culpa del hombre. Steve Allen ha observado: «No estoy completamente convencido, pero pienso que casi no hay mala *intención* en el mundo»[8]. Esta distinción entre *intención* y *hecho,* ahora tan básica para la ley humanista, se remonta a la filosofía griega, y a Aristóteles. Es irónico que los humanistas modernos, que despotrican contra el dualismo, deben recurrir a él tan fuertemente. En términos de esta distinción, un asesino puede escapar de la pena de muerte. Las cortes ahora están listas para considerar la pena de muerte como un castigo posiblemente cruel y desusado y por consiguiente ilegal. Uno de los casos de California que se incluye es el de un hombre culpable de tres asesinatos en mucho menos que una década. En esta clase de consideración por el asesino, se pierden y niegan los derechos de la víctima[9].

En la ley bíblica, el acto es la intención. Un asesinato incluye una intención asesina. Claro, si el mango de un hacha se rompe accidentalmente y de repente sale volando y mata a alguien, es un accidente y la intención y el acto en este caso no son asesinato, así que el castigo no es por asesinato.

Debido a que la historia ponen tan de manifiesto el mal, es solo recurriendo a esta distinción dualista entre la intención (espíritu) y el acto (materia) que la ideología humanista puede afirmar que hay una bondad natural (o por lo menos una naturaleza neutral) en el hombre.

¿Como explica la ideología humanista el intento a todas luces perverso de hombres que flagrantemente rompieron la ley durante la huelga de policía de Boston? O, ¿cómo explican la violencia de 1969 en Pakistán que se cita en este reportaje:

Dacca, Pakistán Oriental (UPI). El conflicto político en el este de Pakistán ha hecho que florezcan numerosos «tribunales del pueblo» en el interior que están dictando en forma sumaria sentencias de muerte por garrote o cuchillo, reportaron el martes fuentes del gobierno y viajeros.

«La locura barría las regiones rurales», dijo un viajero al llegar acá. Dijo que ha pasado la semana pasada en aldeas y pueblos al norte de Dacca.

«Nadie está seguro», dijo, «los criados se pueden volver contra sus amos».
Dijo que los tribunales del pueblo no tienen jurados y siempre dictan la

---

8   Bob Shane, «TV Comedy Is up Steve Allen's Alley» [«Comedia de televisión está a la altura del callejón de Steve Allen»], en Los Angeles *Times* «Calendar» [«Calendario»], domingo, 23 marzo 1969, p. 34.
9   Editorial, «Victims' Rights Are Lost» [«Derechos de víctimas se pierden»]. *The Register,* Santa Ana, California, (jueves [m], 13 marzo 1969), p. D-14.

sentencia de muerte, que la aplican de inmediato campesinos que esgrimen garrotes o cuchillos[10].

Hay que notar que el mal flagrante de los nazis se omite aquí, y el mal más flagrante de los comunistas soviéticos. ¿Cómo se explican estas cosas? El título del reportaje sobre Pakistán revela la respuesta: «"Locura" barre Pakistán». De modo similar, una revisión del libro del reinado del terror de Stalin se titula «Eficiencia loca para el exterminio»[11]. Esta es la respuesta: No es que el hombre sea un pecador sino que las condiciones sociales han incitado al hombre a esta acción refleja que es en el peor de los casos locura, y en el mejor de los casos heroísmo revolucionario. Tal razonamiento descansa en una fe ciega en el hombre que es inmune a los hechos.

Todavía más, debido a que el pensamiento humanista o no puede explicar el mal excepto como locura temporal (y su respuesta, según Rubinoff, es dar expresión a esta locura a fin de exorcizarla), la ideología humanista no puede lidiar sinceramente con el mal o la coacción. Mira el mal en el hombre como hecho básico respecto a la naturaleza caída del hombre, y después niega la legitimidad de la coacción. Los dos hechos van relacionados. Si el hombre, como en la ideología humanista, es su propio dios, ¿cómo se puede coaccionar a ese dios? La coacción se convierte entonces en el gran mal para una ideología humanista lógica.

¿Es alguna vez legítima la coacción? La Biblia, claramente, tienen leyes contra la coacción de algunas formas, tal como el asesinato, el secuestro y cosas similares. En Levítico 24:17-22 se declara:

> Asimismo el hombre que hiere de muerte a cualquiera persona, que sufra la muerte. El que hiere a algún animal ha de restituirlo, animal por animal. Y el que causare lesión en su prójimo, según hizo, así le sea hecho: rotura por rotura, ojo por ojo, diente por diente; según la lesión que haya hecho a otro, tal se hará a él. El que hiere algún animal ha de restituirlo; mas el que hiere de muerte a un hombre, que muera. Un mismo estatuto tendréis para el extranjero, como para el natural; porque yo soy Jehová vuestro Dios.

Las leyes que se indican aquí también aparecen en Éxodo 21:12ss, 24, 25, 33, 34. Es el principio de restitución y pena de muerte. *La coacción ilegal* enfrenta una

---

10 « "Madness" Sweeps Pakistan» [«"Locura" invade Paquistán»], Los Angeles *Herald-Examiner*, miércoles, 19 marzo 1969, p. A-14.

11 Harrison Salisbury, «Mad Efficiency for Extermination» [«Eficiencia loca por el exterminio»], revisión de Robert Conquest: *The Great Terror: Stalin's Purge of the Thirties*, en *Saturday Review* (9 noviembre 1968), p. 52s. Un comentario lóbrego de la mente humanística en la próxima revisión por O. Edmund Clubb, de Alberto Moravia: *The Red Book and the Great Wall*, titulada «The Good in Red Guard» [«El bien en la Guardia Rroja»]; el libro de Moravia es un elogio de la Guardia Roja china. Moravia, escritor bien acomodado, aduce que el estado deseable del hombre es no tener nada excepto lo necesario, y, en términos de esto, la China Roja por su pobreza es así una utopía, algo que se acerca a la perfección. Tales palabras de un hombre rico respecto a los chinos pobres se ofrecen como sabiduría, no pecado. *Ibid.*, pp. 53, 74.

pena severa en la ley bíblica. Al asesino, como culpable de la forma más extrema de coacción física, *sin excepción* se le debe matar. Pero, hay que notar, *la coacción contra los malhechores es obligación exigida e ineludible de la autoridad civil.* Dios exige coacción en la supresión de la iniquidad. Sin coacción santa, el mundo se rinde a las manos de una coacción impía. Nadie quiere que se dirija una manguera de agua contra su sala, pero, en caso de incendio, esa agua es una necesidad y una ayuda bienvenida. De modo similar, la coacción es una necesidad ordenada por Dios para capacitar al hombre para hacerle frente a los brotes de iniquidad.

La perspectiva humanista es esquizofrénica. Debido a su dualismo básico, niega la responsabilidad; se divorcian la intención y el acto. Las obras de maldad, entonces, se vuelven, no una expresión del corazón pecador del hombre, sino una forma de extraña locura. El hombre mismo, dicen, es básicamente bueno, o, en el peor de los casos, según Rubinoff, neutral, parte ángel y parte diablo. En lugar de restricción, la ideología humanista exige autoexpresión. Esto, por supuesto, es la muerte de la ley y orden y el surgimiento de la anarquía y la coacción masivas. A nombre de abolir la coacción, la ideología humanista asegura su triunfo en forma de violencia sin ley.

13. Leyes de cuarentena

El mandamiento «No matarás», tiene, como su requisito positivo, el mandato de preservar y promover la vida dentro del marco de la ley de Dios. Básico a este marco de trabajo de preservación son las leyes de cuarentena.

En Levítico 13—15 se dan leyes detalladas de cuarentena o separación. Los *detalles* de estas leyes no son aplicables en nuestros tiempos, puesto que tienen en mente una era anterior, pero los *principios* de estas leyes siguen siendo válidos. Se debe notar que estas leyes, en particular las que tienen que ver con la lepra, se impusieron en la era «medieval» y fueron instrumentales para eliminar esa enfermedad de Europa como un problema serio. Las leyes de estos capítulos son de dos variedades; *primero,* las que tienen que ver con enfermedades, Levítico 13:1—15:15; y, *segundo,* las que tienen que ver con actos sexuales, 15:16-33; puesto que los ritos sexuales comúnmente se usaban como medio de comunión con los dioses, las relaciones sexuales se separaron de manera enfática de la adoración (Éx 19:15). La prostitución ritual en los templos era una parte aceptada de la adoración entre los paganos en la era mosaica. De nuevo, los actos sexuales están siendo restaurados a un papel ritual por los nuevos paganos tanto dentro como fuera de la iglesia. Por ejemplo, Bonthius ha escrito: «El acto del coito debe servir como un símbolo externo y visible de la comunión, no meramente entre un hombre y la esposa sino con Dios»[1].

1   Robert H. Bonthius, *Christian Paths to Self-Acceptance* (King's Crown Press, Nueva York, 1948, 1952), p. 213s. Ver también Derek Sherwin Bailey, *The Mystery of Love and Marriage, A Study*

Volviendo a las leyes de cuarentena respecto a las enfermedades, las que se citan en Levítico 13 y 14 por lo general se describen como *lepra* y *plaga*. El término no *lepra* ha cambiado de significado ampliamente desde su significado bíblico y «medieval»[2]. El significado entonces cubría una variedad de enfermedades contagiosas. En términos de esto, el significado de esta legislación es que las enfermedades contagiosas se deben tratar con todas las precauciones necesarias para evitar el contagio. Las legislación es, pues, necesaria dondequiera que la sociedad requiere protección de enfermedades serias y contagiosas. El estado, por consiguiente, tiene poder legislativo para lidiar con plagas, epidemias, enfermedades venéreas y otras enfermedades contagiosas y peligrosas. Tal legislación la exige la ley mosaica (Nm 5:1-4). No solo se declara que es asunto de legislación civil, sino un aspecto esencial de la educación religiosa (Dt 24:8).

Es claro, sin embargo, que esta legislación, que requiere algún tipo de cuarentena o separación de los enfermos, o de los que atienden a los muertos (Nm 5:2), tiene implicaciones más allá del ámbito de las enfermedades físicas. Así como se debe evitar el riesgo de contagio físico, de igual manera se debe evitar el riesgo de contagio moral. Esto se indica con claridad:

> Habló Jehová a Moisés, diciendo: Habla a los hijos de Israel, y diles: Yo soy Jehová vuestro Dios. No haréis como hacen en la tierra de Egipto, en la cual morasteis; ni haréis como hacen en la tierra de Canaán, a la cual yo os conduzco, ni andaréis en sus estatutos. Mis ordenanzas pondréis por obra, y mis estatutos guardaréis, andando en ellos. Yo Jehová vuestro Dios. Por tanto, guardaréis mis estatutos y mis ordenanzas, los cuales haciendo el hombre, vivirá en ellos. Yo Jehová (Lv 18:1-5).

> En ninguna de estas cosas os amancillaréis; pues en todas estas cosas se han corrompido las naciones que yo echo de delante de vosotros (Lv 18:24).

> Guardad, pues, mi ordenanza, no haciendo las costumbres abominables que practicaron antes de vosotros, y no os contaminéis en ellas. Yo Jehová vuestro Dios (Lv 18:30).

> Guardad, pues, todos mis estatutos y todas mis ordenanzas, y ponedlos por obra, no sea que os vomite la tierra en la cual yo os introduzco para que habitéis en ella. Y no andéis en las prácticas de las naciones que yo echaré de delante de vosotros; porque ellos hicieron todas estas cosas, y los tuve en abominación. Pero a vosotros os he dicho: Vosotros poseeréis la tierra de ellos, y

---

in the Theology of Sexual Relations (Harper, Nueva York), p. 24, según revisión de Otto A. Piper en *Monday Morning* (15 septiembre 1952).

2   Ver A. Rendle Short, *The Bible and Modern Medicine* (Paternoster Press, Londres, 1953), pp. 74-83.

yo os la daré para que la poseáis por heredad, tierra que fluye leche y miel. Yo Jehová vuestro Dios, que os he apartado de los pueblos (Lv 20:22-24).

Como el último enunciado declara, Dios se identifica como el Dios que separa a su pueblo de los demás pueblos; esta es una parte básica de la salvación. La separación religiosa y moral del creyente es un aspecto básico de la ley bíblica. Así como la segregación de la enfermedad es necesaria para evitar el contagio, la separación del mal religioso y moral es necesaria para la preservación del verdadero orden.

La segregación o separación es pues un principio básico de la ley bíblica respecto a la religión y a la moralidad. Todo esfuerzo por destruir este principio es un esfuerzo por reducir la sociedad a su mínimo común denominador. La *tolerancia* es una excusa bajo la cual se acomete esta nivelación, pero el concepto de tolerancia esconde una intolerancia radical. En nombre de la tolerancia se le pide al creyente que se asocie en un nivel común de aceptación total con el ateo, el pervertido, el delincuente, y los que siguen otras religiones como si no existieran diferencias. El creyente tiene una obligación de conducta legítima hacia todos, obligación de manifestar gracia y bondad en donde es debido, pero no para negar la validez de las diferencias que separan al creyente del que no es creyente. A nombre de la tolerancia se le pide al creyente que tolere todas las cosas porque el que no es creyente no tolera nada; quiere decir vida en términos del que no es creyente. Quiere decir que al orden bíblico se le niega existencia, porque todas las cosas se deben nivelar hacia abajo.

Un ejemplo, aunque moderado, de esta intolerancia apareció en la columna de Ann Landers:

Querida Ann Landers: ¿Por qué les pones orquídeas a las vírgenes sin saber toda la verdad? Si pudieras ver a algunas de estas muchachas de flores blancas sabrías que no se las puede entregar. ¿Por qué no usar tu valioso espacio del periódico para elogiar a la muchacha sexy, buscada, a quien los hombres constantemente están persiguiendo y algunas veces atrapan?

Soy una mujer que anda en los cuarenta, y que ha trabajado diez años con mujeres jóvenes en un grupo de secretarias. Veo a estas santurronas en sus blusas blancas hasta la cintura y pantalones holgados, tan engreídas y orgullosas de su castidad, como si tuvieran alternativa. Me enferman.

Apenas el viernes pasado en el baño de mujeres una preciosa pelirrojita, apenas de 21 años, gimoteaba su experiencia. A Lucy la había dejado plantada un ejecutivo después de seis meses de cortejo continuo. Habían tenido relaciones íntimas y ella contaba en que habría matrimonio. Era la cuarta vez que esto le había sucedido. Muchachas como Lucy necesitan de Ann Landers para que les diga que no son del todo malas. Dales estímulo, no menosprecio. He estado leyendo tu ridícula columna por doce años, y pienso que eres una perfecta necia. Mamá Leone.

Querida Mamá: Gracias por el elogio, pero nadie es perfecta.

Resulta que no me sobra ninguna medalla de buena conducta para muchachas que piensan que el dormitorio es un atajo al altar. Es más, una muchacha que comete la misma equivocación cuatro veces es lo que yo llamo (en lenguaje cortés) una que no aprendve[3].

Esta carta de «Mamá Leone» revela un amargo odio a la virtud junto con una fuerte simpatía por la muchacha promiscua, a quien se ve como una persona buena. No hay tolerancia aquí, sino solamente intolerancia salvaje.

La premisa básica de la doctrina moderna de tolerancia es que todas las posiciones religiosas y morales son igualmente verdaderas e igualmente falsas. En breve, esta tolerancia descansa en un relativismo e ideología humanista radicales. No hay una verdad particular o valor moral en alguna religión; el verdadero valor es el hombre mismo, y al hombre como tal se le debe dar aceptación total, independientemente de su posición moral o religiosa. De este modo, Walt Whitman, en su poema «To a Common Prostitute» [«A una prostituta común»], declaró: «Solo cuando el sol te excluya, te excluyo yo». Esta ideología humanista relativista exige *total aceptación y total integración*. Así como esta posición, al reducir a igualdad todas las posiciones no humanistas, y entonces poniendo al hombre por encima de ellas como señor, es radicalmente anticristiana. Pone al hombre en lugar de Dios y, a nombre de la tolerancia e igualdad, relega al cristianismo al montón de chatarra.

Pero la integración y la igualdad son mitos; disfrazan una nueva segregación y una nueva desigualdad. La carta de «Mamá Leone» deja en claro que, a su modo de ver, la promiscuidad es superior a la virginidad. Esto significa una nueva segregación: la virtud está sujeta a hostilidad, burla y se le separa para destrucción.

Todo orden social instituye su propio programa de separación o segregación. A una fe y moralidad en particular se le da estatus privilegiado y todas las demás se separan para una eliminación progresiva. La proclama de igualdad e integración es pues un pretexto para subvertir una forma más antigua o existente de orden social.

El control estatal de la educación ha sido un medio central para destruir el orden cristiano. Se excluye del programa de estudios todo lo que apunta a la verdad de la fe bíblica y establece una nueva doctrina de la verdad. A nombre de la razón objetiva, insiste que su altamente selectiva hostilidad contra la fe bíblica se debe considerar una ley de ser.

La educación es una forma de segregación, y, de hecho, un instrumento básico de la misma por igual. Mediante la educación, a ciertos aspectos de la vida y de

---

3   Ann Landers, «Four Falls a Bad Decision» [«Cuatro caídas en mala decisión»], en Los Angeles *Herald-Examiner* (jueves, 25 marzo 1969), p. B-3.

la experiencia se les dan la prioridad de la verdad y a otros se les relega a asuntos no importantes o se les clasifica como erróneos. La educación ineludiblemente segrega y clasifica toda la realidad en términos de ciertas premisas o presuposiciones. Estas premisas son premisas religiosas y siempre son preteóricas y determinativas de todo pensamiento.

No solo la educación segrega sino también la ley. Todo orden-ley, al legislar contra cierto tipo de conducta, requiere una segregación en términos de sus premisas. La segregación que demanda el estado democrático o marxista es tan radical y completa como la que la historia ha visto, si es que no es más.

Todas las religiones segregan también, y la ideología humanista ciertamente no es excepción. Toda religión afirma un orden de verdad, y se considera todo otro orden como mentira. La ideología humanista es relativista respecto a todas las demás religiones, pero es absolutista respecto al hombre. El hombre es el absoluto de la ideología humanista, y todo lo demás se tiene como error.

La segregación, separación, o cuarentena, sea cual sea el nombre que se use, es ineludible en toda sociedad. El libertario radical aduce que permitirá total libertad para todas las posiciones, o sea, un mercado libre para todas las ideas y religiones. Pero proscribe todas las posiciones que niegan la propia. En el mundo académico, estos libertarios han demostrado ser enemigos implacables de la fe bíblica, y le niegan el derecho a que se le oiga. El estado no puede existir en un orden libertario así, ni tampoco la iglesia, excepto en términos del enemigo. Los nuevos libertarios simpatizan con los marxistas, pero no con los cristianos. Aunque ostensiblemente contra coacción, no están por encima de un frente común con los marxistas, como la revista libertaria Left and Right lo indica. Para la verdad de las Escrituras no tienen tolerancia, ni tampoco algún «frente común» excepto una rendición en sus términos. Toda fe es una manera excluyente de vida; ninguna es más peligrosa que aquella que mantiene la ilusión de tolerancia. Una fe abiertamente despiadada es peligrosa, pero hay que temer más a una fe despiadada que se cree agente de amor.

Debido a que no hay acuerdo posible entre la verdad y la mentira, entre el cielo y el infierno, San Pablo declaró: « Salid de en medio de ellos, y apartaos, dice el Señor, y no toquéis lo inmundo; y yo os recibiré» (2 Co 6:17).

14. Leyes dietéticas

La ley bíblica regula claramente el comer y beber. Las leyes de la dieta, o leyes *kosher,* son por lo general bien conocidas, pero, por desgracia, aquí como en todo lo demás el hombre en su perversidad ve la ley, que fue ordenada como un principio de vida, más bien como una restricción de la vida. Es más, el principio bíblico de comer y beber no es ascético; el propósito de la comida y la bebida no es solo preservar la vida, por importante que eso sea, sino una parte del *disfrute* de la vida. El cuadro usual del monje o sacerdote medieval robusto, gordiflón, como de alguna manera réprobo, lo opuesto del santo ascético enflaquecido quizá necesita revisión. Según las Escrituras, «es don de Dios que todo hombre coma y beba, y goce el bien de toda su labor» (Ec 3:13). Nótese que dice «*todo* hombre». De nuevo, «He aquí, pues, el bien que yo he visto: que lo bueno es comer y beber, y gozar uno del bien de todo su trabajo con que se fatiga debajo del sol, todos los días de su vida que Dios le ha dado; porque ésta es su parte» (Ec 5:18). Sin embargo, se debe notar que «Todo aquel que lucha, de todo se abstiene» (1 Co 9:25).

En Génesis 1:29, 30 parece que, antes del diluvio, se da permiso solo para que se coma alimentos no carnívoros, en tanto que en Génesis 9:3 se da permiso para comer carnes[1]. No hay razón para dar por sentado que algún retorno a esta dieta original sea posible. De nuevo, hay razón para pensar que, después de todo, se haya concedido el permiso para comer carnes. Dios vistió a Adán y Eva caídos en trajes de pieles (Gn 3:21), y el uso del ganado apareció muy temprano. Muy temprano, con Jabal, de la línea de Caín, apareció la especialización en el trabajo ganadero (Gn 4:20), lo que indicaba que había demanda de carne. Las instrucciones de Dios antes del diluvio se refieren a la distinción entre bestias limpias e inmundas según estaba establecido, lo que indicaba la legitimidad de la distinción por lo menos para el sacrificio y probablemente para la comida. Además, la autorización para comer carne es divina y sigue sin cambio. Una de las características de los espíritu engañadores y doctrinas de demonios en «los postreros tiempos» es que «prohibirán casarse, y mandarán abstenerse de alimentos que Dios creó para que con acción de gracias participasen de ellos los creyentes y los que han conocido la verdad» (1 Ti 4:1, 3). El vegetarianismo religioso, por tanto, se condena enérgicamente.

Las leyes de dieta aparecen en varios pasajes, y de manera central en Levítico 11. La reacción de la mayoría de las personas a esta legislación es que es extraña, difícil y opresiva si se sigue. En realidad, las leyes mosaicas de dieta son básicas a los patrones de casi todo país cristiano. Ciertas brechas notables de estas leyes son evidentes, pero en lo principal se obedecen. Al examinarlas, un problema es la traducción de algunos de los nombres de animales. Así, el «conejo» de Levítico 11:5, se dice que es el «hurón sirio, una forma de conejo de roca»[2], y también llamado «tejón de roca»[3], pero no es seguro.

Nuestro propósito no es examinar a cada animal en particular sino entender las clasificaciones generales que se usan. Según Levítico 11:3, «De entre los animales, todo el que tiene pezuña hendida y que rumia, éste comeréis». También se citan las excepciones a esta regla. Con respecto a los animales de mar, se requieren aletas y escamas, o de lo contrario el alimento se prohíbe (Lv 11:9-10).

---

1   H. C. Leupold, *Exposition of Genesis* (Wartburg Press, Columbus, Ohio, 1942), pp. 97s, 329s.

2   Nathaniel Micklem, «Leviticus» [«Levítico»], *Interpreter's Bible,* II, 56.

3   Burton L. Goddard, *Animals of the Bible* (National Foundation for Christian Education, Lancaster, Pennsylvania, 1963), p. 27.

También, se da una lista de animales prohibidos (Lv 11:12-19). Se prohíben los insectos que se arrastran, y, excepto por unas pocas excepciones, también todos los insectos alados (Lv 11:20-23) En Levítico 11:29, 30 se cita una variedad de animales como prohibidos. Se prohíbe que se coma sangre (Lv 17:10-14; 19:26), así como también la grasa animal (Lv 7:23-25). También se proscriben animales muertos (Dt 14:21). Estas reglas aparecen en Deuteronomio (14:3-20) así como también en Levítico. En ambos casos, se dan como ley de santidad (Dt 14:1-3; Lv 11:44-47).

Ciertas reglas generales aparecen en esta lista: *Primero,* se prohíbe por principio que se coma sangre; el animal no se puede estrangular; se le debe degollar y desangrar. Esta regla se vuelve a indicar en Hechos 15:20. *Segundo,* animales muertos, o sea, que no han sido degollados, también se descartan. En ambos casos, la mayoría de los países cristianos están de acuerdo. Las culturas paganas no tienen objeciones normalmente ni para animales muertos ni para sangre. Para algunos, hallar un animal muerto es hallar una golosina.

Tercero, se prohíben las grasas animales. Esta regla no ha sido observada, pero es significativo que el consejo médico moderno tiende a regular en contra de las grasas animales. La prohibición bíblica no se extiende a las grasas vegetales, ni, al parecer, a las grasas de aves.

Cuarto, con respecto a animales y pájaros, y, en la mayoría de los casos, peces también, los animales de rapiña se prohíben como alimento. Aquí también la ley bíblica ha alterado radicalmente los gustos del mundo occidental. Muchas de las golosinas antiguas incluían carroñeros. Entre los mariscos, se prohíben los moluscos por esta razón. Entre los peces, la excepción parcial es la carpa, que se permite, y no se incluye en la clase prohibida, puesto que tiene aletas y escamas. El bagre, sin embargo, se prohíbe. Al comer carnes kosher, se prohíbe los órganos «carroñeros», o sea, los órganos que limpian las impurezas del cuerpo. Algún testimonio médico reciente tiende a respaldar esta prohibición.

Se prohíben a las claras los riñones (Éx 29:13, 22; Lv 3:4, 10, 15; 4:9; 8:16, 25); y estos mismos versículos también se refieren al hígado. Estos órganos estaban dedicados, o sea, se debían quemar en el altar y no comerse. En la actualidad los judíos consideran el hígado como carne *kosher.* La versión Reina Valera Revisada, limita la prohibición a «la gordura de sobre el hígado» (Éx 29:13); otras versiones lo traducen como «la membrana». La versión La Biblia de las Américas lo traduce como «lóbulo» del hígado. Bush dice con claridad que «lóbulo» es la lectura correcta, o sea, «el lóbulo mayor del hígado», y probablemente la vesícula biliar, que «está sujeta a esta parte del hígado», también se prohíbe como alimento[4].

Quinto, los animales carnívoros son alimento prohibido, como lo atestigua el león, el perro y similares. Y, sin excepción, los países influidos por la ley cristiana

4   George Bush, *Notes, Critical and Practical, on the Book of Exodus* (Young, Boston, 1870 [1841],) I, 180.

evitan estos animales. En las sociedades paganas, como también en algunas tribus indígenas estadounidenses, al perro se le considera alimento selecto.

Hasta aquí, las divergencias modernas son ligeras. Las excepciones marcadas son el caballo en Francia, y el puerco y mariscos en la mayoría de los países. Los puercos como carroñeros están prohibidos, y el hecho de que algunas autoridades los citan como transmisores de más de 200 enfermedades es de notarse, como también el hecho de que es casi imposible eliminar todas estas al cocinar.

Sexto, como es evidente, están permitidos los animales herbívoros, a menos que no rumien el bocado o no tengan hendida la pezuña. Se prohíbe por tanto el caballo. Las aves que se alimentan de grano también están entre los alimentos permitidos, pero no las aves de rapiña.

Séptimo, Están prohibidos casi todos los insectos excepto los de la familia de los saltamontes. Estos se permitían pero no eran alimentos apreciados, sino por lo general como alimentos de supervivencia (Lv 11:22). Cuando Juan el Bautista vivió en el desierto para tipificar la destrucción venidera y la huida del pueblo, vivía de langostas y miel silvestre (Mt 3:4), o sea, vivía de la tierra para tipificar alimentación de supervivencia que llegaría a ser la dieta nacional para los que sobrevivirían la destrucción venidera.

Octavo, no se da legislación respecto a frutas, granos, huevos y legumbres. Todos estos son legítimos y no requieren líneas de división como entre las carnes. El sabor, el valor y el carácter práctico son las reglas que gobiernan aquí.

Noveno, aunque reglas muy obvias de salud aparecen en las prohibiciones legales, el principio primordial de división es religioso, del cual el aspecto médico e higiénico es un aspecto subordinado. Los términos que se usan son *limpio* e *inmundo,* y los animales prohibidos son una *abominación;* claramente se tiene en mente la pureza religiosa y moral, de la cual la pureza higiénica es una parte.

Décimo, no solo que se prohíbe la carne de animales que aparecen muertos , sino también la de los animales destrozados por bestias salvajes (Éx 22:31); y tal animal, si se moría, había que dárselo a los perros. Puesto que los extranjeros no tenían escrúpulos en cuanto a comer la carne de animales que morían, y a menudo los favorecían, tales animales se podían honestamente vender por lo que fuera a los extranjeros (Dt 14:31). No se hace ningún intento de regular la dieta de los que no son creyentes.

Once, también se prohíben todos los alimentos y líquidos que permanecen en recipientes sin cubierta en la carpa o habitación de un hombre moribundo o muerto (Nm 19:14, 15). El propósito aquí es preservar la *limpieza* en un sentido total.

Doce, como se notó con respecto a otras leyes, se prohíbe cocinar al cabrito en la leche de su madre (Éx 23:19; 34:26; Dt 14:21). Las tablillas de Ras Shamra indican que esa manera de cocinar era un ritual sagrado cananeo. Parece que las sectas de la fertilidad creían que podían estimular o destruir la fertilidad a voluntad, puesto que estaba bajo su control.

Trece, por reverencia a la lucha de Jacob con el Ángel del Señor, los israelitas se abstenían del tendón de la cadera (Gn 32:32). Sin embargo, esto no era ley.

Catorce, con la moderación como regla, los vinos eran una parte aceptable de la dieta. Los licores destilados son invención moderna. Los vinos eran una parte de las ofrendas legítimas a Dios (Nm 15:5, 7, 10). El uso de vinos, por ser gobernados por Dios, y gobernados por su ley de temperancia, era en todo moderado. Hasta este día, el alcoholismo es raro entre los judíos. Las advertencias del Nuevo Testamento contra la intemperancia son muchas (Ef 5:18; 1 Ti 3:3, 8; Tit 1:7; 2:3; 1 P 4:3, etc.). Por otro lado, San Pablo instó a Timoteo que bebiera un poco de vino por razones de salud (1 Ti 5:23). El vino se solía tomar mezclado con agua (2 Mac 15:39).

En la era patriarcal, la dieta incluía no solo carnes sino también hortalizas y legumbres (frijoles, arvejas, lentejas) como alimento favorito (Gn 25:34). También se mencionan la miel, las especies y las nueces (Gn 43:11). La leche era un artículo importante en la dieta de Israel, pero se usaba más que leche de vaca. También se menciona la leche de cabras y ovejas (Dt 32:14; Pr 27:27). Se menciona a menudo la mantequilla (Dt 32:14; Pr 30:33), como también el queso (1 S 17:18; 2 S 17:29). Las pasas e higos secos eran comunes (1 S 25:18), tortas de dátiles (2 S 16:1), y cosas parecidas. Se favorecía la carne de animales salvajes (1 R 4:23; Neh 5:18), además de las carnes domésticas.

¿Hasta qué punto son todavía válidas para nosotros las leyes dietéticas mosaicas? Por lo común se cita Hechos 10 como la abolición de las antiguas restricciones dietéticas. No hay razón para esta opinión. La visión de Pedro no le instruyó que comiera puercos, perros, gatos y cosas parecidas, sino que lo preparó para la llegada de los criados de Cornelio. Los gentiles debían ser recibidos en el reino: «Lo que Dios limpió, no lo llames tú común» (Hch 10:15). Pedro no vio el significado de la visión como permiso para comer alimentos prohibidos. Más bien dijo: «Y les dijo: Vosotros sabéis cuán abominable es para un varón judío juntarse o acercarse a un extranjero; pero a mí me ha mostrado Dios que a ningún hombre llame común o inmundo» (Hch 10:28). No hay evidencia en el capítulo de que la visión haya tenido algo que ver con dieta; tuvo todo que ver con la Gran Comisión y la admisión de los gentiles en el reino.

No obstante, en Colosenses 2:16, 17 hay en una clara referencia a las leyes dietéticas:

> Por tanto, nadie os juzgue en comida o en bebida, o en cuanto a días de fiesta, luna nueva o días de reposo, todo lo cual es sombra de lo que ha de venir; pero el cuerpo es de Cristo.

La significación de esto se ha notado con respecto a la ley del sabbat. La ley del sabbat ya no es ley para nosotros, y ya no es una transgresión civil ni religiosa errar en la observancia de uno, pero sigue siendo un principio de vida y una regla moral. De modo similar, las leyes dietéticas no son legalmente obligatorias para nosotros, pero nos proveen un principio. Los apóstoles, al pasar al mundo gentil, no permitieron que la dieta fuera una barrera entre ellos y los gentiles. Si les servían puerco o camarones, lo comían. Ellos mismos mantenían las reglas kosher como reglas de Dios para la salud y la vida. San Pablo reprendió a San Pedro cara a cara cuando éste se alejó de los gentiles, con quienes había estado comiendo, debido a que temió la crítica de parte de algunos judaizantes (Gá 2:9-15). Con referencia a nuestra salvación, las leyes dietéticas no tienen significación, aunque el fariseísmo le da tal significación (Gá 2:16). Con referencia a nuestra salud, las reglas de la dieta siguen siendo válidas. No observamos el sabbat de Israel, pero sí observamos el Día del Señor. No consideramos la legislación kosher como ley hoy, pero si la observamos como una norma sólida para la salud.

Es irónico que los clérigos que niegan que Colosenses 2:16 tenga alguna referencia al sabbat lo usen para negar cualquier validez de las leyes de la dieta. Si se abrogan por completo las leyes dietéticas, también el sabbat. Pero ambos permanecen, no como leyes sino como principios para la salud del hombre, El sabbat para el espíritu del hombre, y las reglas de la dieta para el cuerpo del hombre. Nuestra observancia de esta reglas dietéticas nunca debe colocar una barrera entre nosotros y las demás personas sino hacerlo para salud y prosperidad en Cristo.

15. Cristo y la ley

A menudo se habla de la cruz de Cristo como la muerte de la ley, y se suele decir que en Cristo el creyente está muerto a la ley. Se cita Romanos 7:4-6 como evidencia para esta opinión, aun cuando nada se dice de Romanos 8:4. Lo que San Pablo dice es que somos libres de la ley, o estamos muertos a la ley, como sentencia de muerte contra nosotros, pero estamos vivos a ella como justicia de Dios. Cristo, como nuestro sustituto, murió por nosotros, y en él estamos muertos a la ley, y también en él vivos a la ley. La misma muerte de Cristo *ratificó* la ley; hizo ver que Dios considera la pena de muerte por la violación a su ley como obligatoria, por lo que solo la muerte expiatoria de Cristo puede eliminar la maldición de la ley contra los pecadores.

En Efesios 2:1-10, San Pablo deja en claro de nuevo el significado de la ley en relación a la cruz. Al comentar sobre la descripción de San Pablo de los pecadores como «muertos en delitos y pecados» (v. 1), Calvino dijo:

> No quiere decir que estaban en peligro de muerte; sino que declara que era una muerte real y presente bajo la cual trabajaban. Como muerte espiritual no es otra cosa que el alma enajenada de Dios, todos nacimos como hombres muertos, y vivimos como hombres muertos, hasta que somos hechos partícipes de la vida de Cristo. Esto encaja con las palabras de nuestro Señor:

«Viene la hora, y ahora es, cuando los muertos oirán la voz del Hijo de Dios; y los que la oyeren vivirán» (Jn 5:25)[1].

En esta condición de muerte espiritual, a los hombres los gobiernan las fuerzas y los impulsos demoníacos en cumplimiento de su naturaleza de pecado (vv. 2, 3) como «hijos de desobediencia». Calvino comentó de esta última frase que «la incredulidad siempre va acompañada de la desobediencia; así que es en su fuente la *madre* de toda la obstinación»[2]. Muy contundentemente, Calvino afirmó con San Pablo «que nacemos con pecado, como las serpientes traen su veneno desde el vientre»[3].

¿Cuál es, entonces, el remedio para el hombre? El remedio, por supuesto, *no* es la ley. El hombre ha quebrantado la ley, está muerto en pecado, y *no puede* guardar la ley. Calvino destacó, de Efesios 2:4, que «no hay otra vida que la que Cristo nos instila; así que empezamos a vivir solo cuando somos injertados en él, y empezamos a disfrutar la misma vida con él»[4]. Nuestra salvación es *por entero* por la gracia de Dios, *totalmente* obra suya (v. 8). En palabras de Calvino, «Dios declara que no nos debe nada; así que la salvación no es un premio ni una recompensa, sino gracia pura. […] Si de parte de Dios es gracia sola, y si no aportamos nada sino fe, lo que nos despoja de todo elogio, se sigue que la salvación no viene de nosotros». La misma fe es don de Dios (v. 8). Toda la Escritura es enfática: Dios es el único redentor del hombre; la ley no fue dada como medio de salvación para el hombre sino como justicia de Dios, como ley para su pueblo escogido, su reino. La ley, por consiguiente, vino «por medio de Moisés» (Jn 1:17) —de Dios por medio de Moisés— porque es la ley para el reino de Dios. Cuando se le convierte en medio de salvación, se pervierte. Donde la ley representa el gobierno y la obediencia de la fe, cumple con el propósito de Dios. En las palabras de Calvino de nuevo, «el hombre no es nada excepto por la gracia divina»[5].

En Efesios 2:10 San Pablo declara: «Porque somos hechura suya, creados en Cristo Jesús para buenas obras, las cuales Dios preparó de antemano para que anduviésemos en ellas». Calvino señaló:

Dice, que, antes de que naciéramos, Dios preparó las buenas obras; lo que quiere decir que en nuestra propia fuerza no podíamos llevar una vida santa, sino solo si la mano de Dios nos forma y adapta. Ahora, si la gracia de Dios vino antes de nuestras acciones, toda base de jactancia se ha eliminado[6].

---

1   Juan Calvino, *Commentaries on the Epistles of Paul to the Galatians and Ephesians*, Traducción William Pringle (Eerdmans, Grand Rapids, 1948), p. 219.

2   *Ibid.*, p. 221s.

3   *Ibid.*, p. 223.

4   *Ibid.*, p. 224.

5   *Ibid.*, p. 229s.

6   *Ibid.*, p. 231.

Luego entonces, somos regenerados «para buenas obras», es decir, para obediencia a la palabra-ley de Dios, y el propósito de nuestra salvación, ordenada de antemano por Dios, es esta obediencia.

Pero, alguien objeta, a la ley se le llama «carnal» en las Escrituras, como lo atestigua Hebreos 7:16. Calvino dijo: «Se la llama *carnal,* porque se refiere a cosas corpóreas, es decir, a ritos externos»[7]. Cuando Pablo llama a los creyentes a la «templanza», está pidiendo obediencia en un asunto «carnal», es decir, corpóreo, así como también con respecto a la actitud mental (Gá 5:23).

El llamado de los creyentes es a libertad, lo que quiere decir, dijo San Pablo, amarse unos a otros, o sea, cumplir la ley en relación de unos a otros (Gá 5:13-14). En relación a nuestros semejantes y a Dios, las obras de nuestra naturaleza humana caída son éstas:

> Y manifiestas son las obras de la carne, que son: adulterio, fornicación, inmundicia, lascivia, idolatría, hechicerías, enemistades, pleitos, celos, iras, contiendas, disensiones, herejías, envidias, homicidios, borracheras, orgías, y cosas semejantes a éstas; acerca de las cuales os amonesto, como ya os lo he dicho antes, que los que practican tales cosas no heredarán el reino de Dios. Mas el fruto del Espíritu es amor, gozo, paz, paciencia, benignidad, bondad, fe, mansedumbre, templanza; contra tales cosas no hay ley (Gá 5:19-23).

San Pablo atacó la ley como ordenanza salvadora, como medio de salvación para el hombre; defendió la ley como medio de *santificación* del hombre, no de justificación. Después de citar la conducta sin ley, empezando por el adulterio, cita la conducta santa y dice que «contra tales cosas no hay ley». Claro, contra el otro catálogo de acciones, empezando por el adulterio, *hay una ley,* la ley que Dios dio por medio de Moisés.

Así, pues, la ley todavía sigue en pie. La implicación de las palabras de San Pablo es que hay una ley contra el catálogo de pecados de Gálatas 5:19-21; además, en términos de Efesios 2:10, somos la nueva creación de Dios con el propósito de guardar su ley y realizar buenas obras.

¿En qué sentido, entonces, está muerta la ley, o incluso errada, y en qué sentido sigue vigente?

Primero, como hemos visto, la ley como sentencia de muerte termina cuando la parte culpable muere o es ejecutada. Para los creyentes, la muerte de Cristo quiere decir que están muertos en él a la sentencia de muerte de la ley, puesto que Cristo es su sustituto (Ro 7:1-6). Esto no nos permite llamar «pecado» a la ley, porque la ley misma nos hizo darnos cuenta de nuestra pecaminosidad delante de Dios, y de nuestra necesidad de su Salvador (Ro 7:7-12).

---

7   John Calvin, *Commentaries on the Epistle to the Hebrews,* traducción John Owen (Eerdmans, Grand Rapids, 1949), p. 169.

Segundo, nuestra salvación en Jesucristo establece la salvación por acción de la gracia de Dios, que es la *única* doctrina de salvación que las Escrituras establecen. La ley sacrificial y ceremonial establece el hecho de la salvación mediante el acto expiatorio del sustituto que da Dios, un animal cuya inocencia tipificaba la inocencia del que había de venir. Habiendo venido el Mesías, el Cordero de Dios, a las leyes antiguas, típicas del sacrificio y su sacerdocio y ceremonias les sucedió la obra expiatoria de Cristo, el gran Sumo Sacerdote (Heb 7). Es un serio error decir que la *ley civil* también fue abolida, pero que se retuvo *la ley moral.* ¿Cual es la distinción entre ellas? En la mayoría de puntos no se pueden distinguir. El asesinato, el robo y el falso testimonio son ofensas civiles y también ofensas morales. En casi todo orden civil el adulterio y deshonrar a los padres también son delitos civiles. ¿Quieren decir estas personas, al declarar el fin de la ley civil, que la teocracia del Antiguo Testamento ya no existe? Pero el reinado de Dios y de Jesucristo se afirma enfáticamente en el Nuevo Testamento y especialmente en el libro de Apocalipsis. Al estado no se le llama menos a estar bajo Cristo que a la iglesia. Es claramente solo la ley sacrificial y ceremonial lo que terminó porque la reemplaza Cristo y su obra.

Tercero, el Nuevo Testamento condena a la ley como medio de justificación, lo que nunca fue su propósito. La ley no es nuestro medio de justificación o salvación, sino de santificación. El fariseísmo ha pervertido el significado de la ley y la ha «invalidado» de acuerdo a la declaración de Cristo (Mt 15:1-9). Lo que los fariseos llamaban la ley eran «mandamientos de hombres» (Mt 15:9), y contra esto Cristo y San Pablo proyectaron su ataque. La ley en este sentido nunca tuvo un estatus legítimo y en toda edad se debe condenar. La alternativa al antinomianismo no es el fariseísmo ni el legalismo. La respuesta a los que quieren salvar al hombre por la ley no es decir que el hombre no necesita ley.

El fariseísmo o legalismo conduce al estatismo. Si la ley puede salvar al hombre, la respuesta es que la sociedad debe esforzarse por instituir un orden de ley total, gobernar al hombre totalmente por leyes y así rehacer al hombre y a la sociedad. Esta es la respuesta que da el estatismo, que invariablemente deriva su fuerza de la religión farisaica. El socialismo y el comunismo son órdenes-leyes salvadores, y el clamor de los predicadores del evangelio social por una «sociedad salvadora» es una expresión de la fe en la ley del hombre como salvadora. Éste último punto es importante; la ley de Dios no permite que se le asigne un papel salvador, y como resultado el hombre se inventa un orden-ley humanista o para la regeneración total del hombre y la sociedad mediante un gobierno total. La ley bíblica tiene un papel limitado; una ley salvadora debe tener poder ilimitado, y como resultado, a la ley bíblica la reemplaza el fariseísmo con una ley total. La modestia de la ley de Dios era una ofensa para los fariseos. Por eso, aunque la ley requería solo un ayuno al año, en el Día de la Expiación, y solo hasta la caída del sol, los fariseos ayunaban dos veces a la semana (Lc 18:12). Un ayuno al año que terminaba con un banquete no implicaba jefatura sobre el hombre; un ayuno dos veces a la semana gobierna al hombre y se convierte en manera de jactarse ante Dios y el hombre.

Por tanto, la ley se condena cuando la volvemos más que ley, cuando se tiene como salvadora, o como un favor a Dios antes que obediencia y respuesta necesarias del hombre al mandato y llamado de Dios. La ley es ley, no salvación, y la ley como salvadora conduce al estatismo y al totalitarismo.

El antinomianismo, por otro lado, conduce al anarquismo. Los antinomianos religiosos por lo general son anarquistas prácticos antes que teóricos. Su desinterés en la ley los lleva a rendir el orden civil al enemigo y a promover la declinación de la ley y el orden. Aunque los antinomianos se quedarían sorprendidos si se le llama anarquistas, se les debe designar así. La implicación lógica de su posición es el anarquismo. Si Cristo ha abolido la ley, ¿por qué debe mantenerla la sociedad? Si el cristiano está muerto a la ley, ¿por qué la iglesia cristiana, el estado, la escuela, la familia, y el llamamiento no están también estar muertos a la ley? Una fe coherente de parte de los antinomianos exige que sean anarquistas, pero tal vez la coherencia es en sí misma demasiada virtud, demasiada ley, y una posición demasiado inteligente para pedir tal necedad.

La ley en toda edad establece la *santidad* de Dios. La santidad de Dios es su distinción absoluta de todas sus criaturas y creación, y su exaltación trascendente por encima de ellos en su majestad soberana e infinita. Esta separación de Dios es también su separación moral del pecado y el mal, y su perfección moral absoluta. Berkhof señaló:

> La santidad de Dios se revela en la ley moral, implantada en el corazón del hombre, y hablando por su conciencia, y más particularmente en la revelación especial de Dios. Se destacó prominentemente en la ley dada a Israel[8].

No puede haber santidad, ni separación para Dios, sin la ley de Dios. La ley es indispensable para la santidad.

La ley también es básica para la justicia de Dios. De nuevo, el fraseo de Berkhof va al punto:

> La idea fundamental de la justicia es la estricta adherencia a la ley. Entre los hombres presupone que hay una ley a la cual deben conformarse. A veces se dice que no podemos hablar de la justicia de Dios, porque no hay ley a la cual Él está sujeto. Pero aunque no hay ley por encima de Dios, ciertamente hay una ley en la misma naturaleza de Dios, y este es el estándar más alto posible, por el cual todas las otras leyes se juzgan. Por lo general se hace una distinción entre la justicia absoluta y la justicia relativa de Dios. La primera *es esa rectitud de la divina naturaleza, en virtud de la cual Dios es infinitamente*

---

8   Louis Berkhof, *Systematic Theology* (Eerdmans, Grand Rapids, 1941, 1946), p. 74.

justo en sí mismo, en tanto que la segunda *es esa perfección de Dios por la cual se mantiene por sobre toda violación de su santidad, y muestra en todo respecto que él es el Santo.* Es a esta justicia que se aplica más particularmente el término «justicia»[9].

La justicia de Dios se revela en la ley de Dios, y la norma por la cual se declara pecadores a los hombres es su violación de la ley de Dios. El pecado de Adán y Eva fue su violación de la ley de Dios, y el criterio de la fe de un hombre es el fruto que lleva, sus obras, en breve, su conformidad a la ley de Dios, de modo que la ley es su nueva vida y naturaleza (Mt 7:16-20; Stg 2:17-26; Jer 31:33). En el abandono o desobediencia de la ley de Dios, no puede haber ni justicia ni rectitud. Abandonar la ley de Dios es abandonar a Dios.

La ley también es básica para la *santificación*. No hay que confundir la santificación, como Berkhof lo señaló, con la mera rectitud moral o mejora moral.

Un hombre puede jactarse de gran mejora moral, y sin embargo ser un total extraño a la santificación. La Biblia no insta la mejora moral pura y sencilla, sino mejora moral en relación a Dios por causa de Dios, y con vista al servicio a Dios. Insiste en la santificación. En este mismo punto mucho de la predicación ética del día presente es totalmente equívoca; y el correctivo para eso reside en la presentación de la verdadera doctrina de la santificación. La santificación se puede definir como *esa operación continua y benévola del Espíritu Santo, por el cual libra al pecador justificado de la contaminación del pecado, renueva toda su naturaleza a imagen de Dios, y le capacita para que haga buenas obras*[10].

Según San Pablo, «la fe es por el oír, y el oír, por la palabra de Dios» (Ro 10:17); la ley está escrita en cada fibra de esa palabra. Si esta palabra-ley es básica a la fe y al oír, claro que es básica para el crecimiento del creyente en santificación. La santificación depende de que guardemos la ley en pensamiento, palabra y obra. La perfección de Verbo encarnado se manifestó en que guardó la ley. ¿Pueden las personas de su reino ir en pos de su llamamiento a ser perfectos de otra manera que no sea por su palabra-ley?

Si se niega la ley como medio de santificación, lógicamente, la única alternativa es el pentecostalismo, con su doctrina del Espíritu antinomiana y contraria a la Biblia. El pentecostalismo, sin embargo, representa un resultado lógico de la teología antinomiana. Si se niega la ley, ¿cómo va a ser santificado el hombre? La respuesta del movimiento pentecostal fue un esfuerzo por llenar este vacío. La teología protestante dejó al hombre justificado pero sin una manera de ser santificado. El movimiento de santidad, con su creencia en la perfección instantánea de todos los creyentes, va de forma notablemente contraria al sentido común; ¡cualquier observador podía ver

---

9   *Ibid.*, p. 74s.
10   *Ibid.*, p. 532.

que las personas de santidad estaban y están bien lejos de la perfección! La respuesta de los pentecostales protestantes y de los ascéticos y extáticos católicos romanos ha sido esta doctrina del Espíritu. Las manifestaciones ostensiblemente supranormales y antinomianas del Espíritu ponen al creyente en un plano más alto. Muchos movimientos paralelos, como Keswick, cultivan este camino más alto como alternativa a la ley para la santificación. Estos movimientos por lo menos representan una preocupación lógica por la santificación, aunque ilícita. Niéguese la ley, y las alternativas son la indiferencia a la santificación, o el pentecostalismo y doctrina similares.

El desinterés o desprecio de la ley canónica es parte de este antinomianismo.

Hacer separación entre la ley y el evangelio es separarse de la ley y del evangelio, y de Cristo. Cuando Dios Padre consideró la ley como tan obligatoria para el hombre que la muerte del Hijo de Dios encarnado fue necesaria para redimir al hombre, no podía considerar la ley como algo ya trivial, o nula e inválida, para el hombre. El hombre se salva «para que la justicia de la ley se cumpliese» en él (Ro 8:4). Decidir que el hombre ya no está bajo la ley, y sin embargo obligado a evitar el asesinato, el adulterio, el robo, el falso testimonio y otros pecados es jugar con las palabras. O la ley es ley y obligatoria, o no es ley, y el hombre no está obligado y es libre para cometer esos actos.

El mandamiento «No matarás» significa que no se le puede quitar la vida al hombre. ¿No es la perversión de la palabra de vida un medio para quitar o hacer daño a la vida? ¿No se debe calificar de asesinos a los predicadores falsos? En una edad en que los cimientos de la ley están bajo ataque, el fiel siervo de Dios debe proclamar con mayor celo y claridad esa ley. En palabras de Martín Lutero:

> Si profeso con la voz más fuerte y la exposición más clara toda porción de la verdad de Dios excepto precisamente ese pequeño punto que el mundo y el diablo están en ese momento atacando, no estoy confesando a Cristo, por audazmente que pueda estar profesando a Cristo. Donde la batalla ruge, la lealtad del soldado se demuestra; y en cuanto a permanecer firme en todas las batallas aledañas, es huida y desgracia si se amilana en ese punto.

Con la caída de Adán, cayó el hombre, y el orden-ley de Dios quedó roto. Con la victoria de Cristo, el hombre en Cristo triunfó, y el orden-ley de Dios quedó restaurado, con su mandato de ejercer dominio bajo Dios y subyugar la tierra. ¿Puede un hombre de Dios proclamar menos?

16. El trabajo

Se suele considerar el *trabajo* como un aspecto del cuarto mandamiento: «Seis días trabajarás» (Éx 20:9), y esta es muy obviamente una clasificación válida. Alguna razón contundente es necesaria, por consiguiente, para justificar que se ponga *el trabajo* en alguna otra parte. Este propósito hay que hallarlo en el mandato original de subyugar o trabajar la tierra, y sojuzgarla (Gn 1:28). El trabajo continuó después de la caída, pero bajo una maldición y con frustración (Gn 3:17, 18), pero con una función obviamente restauradora. Con su trabajo el hombre fue llamado originalmente a subyugar la tierra; después de la caída, conoció la frustración del pecado en ese llamamiento. Con la caída vino una maldición sobre el trabajo del hombre, pero el trabajo no es una maldición. Con la redención, los efectos del pecado se superan continuamente conforme el hombre trabaja para restaurar la tierra y establecer su dominio bajo Dios. El hombre, la vida y la tierra han quedado lesionados y en muerte por los efectos del pecado. Deshacer la caída, proteger la vida y prosperar bajo Dios quiere decir, bajo el sexto mandamiento, que el hombre tiene el mandato de restaurar la tierra mediante el trabajo e inhibir y limitar el daño y efecto mortal del pecado. La importancia de la *restitución* para la ley es la base por a cual el *trabajo,* aspecto del cuarto mandamiento, también es un aspecto del sexto. Es también un aspecto del octavo, porque «No hurtarás» quiere decir «Trabajarás» para obtener lo que necesitas o deseas. La meta de la restitución es la restauración del reino de Dios según describe Isaías 11:9: «No harán mal ni dañarán en todo mi santo monte; porque la tierra será llena del conocimiento de Jehová, como las aguas cubren el mar».

El trabajo, pues tiene una posición de importancia en el pensamiento bíblico. Proverbios de manera repetida recalca su necesidad, dignidad e importancia; «el que recoge con mano laboriosa las aumenta» (Pr 13:11). «La mano de los diligentes señoreará; mas la negligencia será tributaria» (Pr 12:24). «El alma del perezoso desea, y nada alcanza; mas el alma de los diligentes será prosperada» (Pr 13:4). «¿Has visto hombre solícito en su trabajo? Delante de los reyes estará» (Pr 22:29).

El trabajo, entonces, tiene como meta el reino restaurado de Dios; el trabajo es, por consiguiente, una necesidad religiosa y moral.

El efecto del trabajo como factor en la rehabilitación de los retardados mentales es serio. En donde a los retardados se les ha llevado de sus asilos a trabajar en fábricas, los resultados han sido muy buenos en general. Los retardados han disfrutado del trabajo rendido con éxito, y a veces sus patronos los han considerado como obreros superiores. Los patronos a menudo han respondido diciendo que estos empleados parecen ser tan inteligentes como cualquiera[1].

Entre los huteritas, a los subnormales y neuróticos se les trata con paciencia cristiana pero sin relativismo. Se reconoce la autoridad y las diferencias[2]. Los huteritas tienen una desconfianza religiosa de los psicólogos y psiquiatras[3]. Al aceptar a los subnormales y neuróticos y darles un lugar disciplinado y aceptado en la sociedad, los hace miembros útiles y felices de su cultura. Los huteritas, como

---

1   Niall Brennan, *The Making of a Moron* (Shield and Ward, Nueva York, 1953), pp. 13-18.
2   Joseph W. Eaton y Robert J. Weil, *Culture and Mental Disorders, A Comparative Study of the Hutterites and other Populations* (The Free Press, Glencoe, Illinois, 1955), p. 121.
3   *Ibid.,* p. 166.

un todo, con su fuerte creencia en el trabajo desde una perspectiva cristiana, son saludables mentalmente y muestran una ausencia de enfermedades psicosomáticas o inducidas por el estrés. La lista de significativamente menos problemas incluye insomnio crónico, drogadicción, asma, alergias a alimentos, fiebre de heno, suicidios, infecciones del tracto urinario, impotencia en el varón, miedo a la muerte, enfermedades coronarias, obesidad, cáncer, estreñimiento, colitis espática, desórdenes menstruales, frigidez en la mujer, y cosas parecidas[4].

La «psiquiatría» huterita insiste en poner al «pacientes» en una «camisa de fuerza» de conformidad cultural; requiere que se respete y se mantenga la fe y vida del grupo. «La "psiquiatría" huterita se orienta al futuro». Mira hacia adelante en Cristo y exige que el individuo piense menos en sí mismo y más en los requisitos de Dios[5]. Debido a que la sociedad huterita es una sociedad *de trabajo,* requiere trabajo dedicado de todos sus miembros.

Todavía más, no se pone ninguna carga imposible sobre el individuo. «Tomando sus indicios del dogma de que el hombre nace en pecado, no esperan perfección de nadie»[6]. Este realismo respecto al hombre produce salud mental. Los huteritas, pues, sanan a sus miembros neuróticos y mediante el trabajo hacen útiles y felices a sus miembros mentalmente retardados.

La función restauradora del trabajo está bien establecida. Su utilidad para tratar con personas neuróticas y retardadas está comprobada. Pero esta función del trabajo refleja una parte de la naturaleza básica del trabajo para toda sociedad, para todos los hombres. Es el medio dado por Dios por el cual el hombre establece dominio sobre la tierra y se da cuenta de su llamamiento bajo Dios.

El hombre debe, por consiguiente, disfrutar del trabajo y deleitarse en él. Por el contrario, sin embargo, el no trabajar es un deseo común entre los hombres. La seducción del marxismo y creencias similares es su enunciado de que el hombre está encadenado al trabajo y hay que libertarlo del mismo. Más recientemente, se afirma que la automatización puede abolir el trabajo y que una sociedad libre es la que *es libre del trabajo.* Dos cosas que están en clara contradicción parecen demasiado extendidas entre los hombres: *primera,* un reconocimiento de la naturaleza curativa del trabajo, y, *segunda,* una vida de trabajo como esclavitud.

¿Por qué esta contradicción? La contradicción existe primero en el ser del hombre, y luego en la sociedad del hombre. El hombre sabe en lo más hondo de su ser que el trabajo es su destino bajo Dios, que es su autorrealización y también su vocación, que la condición humana del hombre va esencialmente ligada a su capacidad de trabajar y su desarrollo en términos de trabajo. Pero, al mismo tiempo, el hombre se ve frente a frente al hecho de la caída, y de la maldición divina sobre el trabajo (Gn 3:17-19), y el hombre huye de esta realidad. La maldición

---

4   *Ibid.,* p. 234s.
5   *Ibid.,* pp. 175-178.
6   *Ibid.,* p. 192.

está aquí, y lo sabe, pero, en lugar de reconocer que es pecador, en rebelión contra Dios el hombre se afana y rebela contra el trabajo, porque el trabajo le revela el hecho de la caída y la maldición. El trabajo es su llamamiento, pero su llamamiento deja al desnudo la obra ruinosa del pecado en la historia. El retardado puede hallar contentamiento en el trabajo, pero la mayoría de hombres que están en rebelión contra Dios progresivamente hallan en el trabajo su frustración, y no quieren vérselas con el motivo. Entonces tratan de ahogar su frustración en más trabajo, o se dedican al juego como sustituto del trabajo.

Los soñadores socialistas se aprovechan de la frustración del hombre. Con esta frustración como su capital, le ofrecen al hombre una utopía en la cual supuestamente se ha abolido la maldición mediante la abolición de cierta clase de hombres a los que llaman explotadores. De alguna manera se restaurará el paraíso. Según Marx, el paraíso socialista libertará al hombre de la maldición que recae sobre el hombre y el trabajo, paraíso en el cual desaparecerá la división del trabajo.

> Porque tan pronto como se distribuye el trabajo, cada hombre tiene una esfera particular de actividad, exclusiva, que se le impone y de la cual no puede escapar. Es cazador, pescador, pastor o un crítico, y debe permanecer así si no quiere perder su medio de vida; en tanto que en la sociedad comunista, donde nadie tiene una esfera exclusiva de actividad sino que cada uno llega a ser experto en cualquier rama que desee, la sociedad regula la producción general y hace posible que yo haga una cosa hoy y otra mañana, que vaya de cacería por la mañana, que vaya de pesca por la tarde, que críe ganado al anochecer, que critique después de la cena, así como tengo una mente, sin jamás llegar a ser cazador, pescador, pastor ni crítico[7].

Como Gary North lo señala, *«Marx usó su concepto de la alienación humana como sustituto de la doctrina cristiana de la caída del hombre»*[8]. En todo ese pensamiento, el hombre está huyendo de la realidad y por consiguiente del trabajo. El trabajador de hoy, sea miembro de un sindicato, oficinista o ejecutivo, con demasiada frecuencia vive para escapar del trabajo. Pero el escape del trabajo al juego no es escape del problema básico, y como resultado, la huida del hombre continúa, vuelve al trabajo, al juego, al licor, a cualquier parte excepto a la responsabilidad. El resultado es que el hombre muestra un descontento crónico combinado con santurronería. Pero, como Brennan notó, «la cólera, la impaciencia, la santurronería son síntomas de un ser humano fuera de contacto con la realidad. Y estar fuera de contacto con la realidad es solo una definición amplia de la locura»[9]. Cuando

---

7   Karl Marx y Friedrich Engels. *The German Ideology, Parts I & II* (International Publishers, Nueva York, 1947), p. 22.

8   Gary North, *Marx's Religion of Revolution* (The Craig Press, Nutley, New Jersey, 1968), p. 53.

9   Brennan, *op. cit.*, p. 35.

el hombre está huyendo de la realidad, se preocupa menos por *ser* alguien que por *parecer* que es alguien, por las apariencias antes que la realidad[1]. La cultura, entonces, queda radicalmente dislocada, conforme esta pobreza espiritual radical hace de la hipocresía y las apariencias más importantes que la vida misma. «Los pobres tal vez sufran por la realidad, pero es mejor que sufrir por la ilusión»[2]. Puesto que lo que mantiene al mundo en su orden social y cultural y en su progreso es el trabajo, no la ilusión, un mundo en el cual la farsa adquiere predominio es un mundo que avanza hacia el colapso.

Una edad en la cual actores y actrices son ídolos y héroes es un mundo de farsa. Entre la Primera y la Segunda Guerra Mundial, entre los actores y actrices de Hollywood dominaban muy extensamente las mentes de jóvenes y adultos. Desde entonces han dado paso a personajes prominentes de sociedad y de mundo, pero con estos nuevos paladines, el ideal sigue siendo el mismo: la apariencia y la farsa. Como su nueva religión es la apariencia, el lenguaje de la religión se aplica a las técnicas de la apariencia. Como un prominente conde y miembro de estos «nómadas internacionales» (el jet set o la sociedad de café) ha informado:

«Entre el peluquero y la mujer», me dijo Alexander, de la manera más articulada, acariciándose muy suavemente su barba, «es necesaria una completa comunión como en una iglesia [sic]. A fin de alcanzar esta relación debe haber plena confesión de la cliente al hombre a quien ella le confía una de sus posesiones más preciadas: sus rizos»[3].

Una sociedad dominada por actores (y los actores no necesitan ser profesionales; puede ser un populacho enamorado de las apariencias) es una sociedad centrada en el consumo; progresivamente pierde su capacidad de producir. En su autoabsorción y embrujo loco con las apariencias, comete un suicidio narcisista.

El socialista halla fácil oponerse al actor; es ostensiblemente la realidad frente a los sueños. Pero el socialista también está huyendo de la realidad, e igualmente enamorado de las apariencias. El actor es a menudo de buen grado actor o socialista, porque los dos mundos son básicamente el mismo. El sueño de Marx de un hombre «libre» del trabajo para ser pescador, cazador, ganadero o crítico a voluntad es un sueño tanto social como personal. En lugar de lidiar con la naturaleza caída del hombre, Marx soñaba con un nuevo mundo para eliminar la maldición del trabajo. El actor y el socialista están muy en paz el uno con el otro; y están unidos en su hostilidad contra el hombre del pacto.

La declinación de la productividad y el crecimiento del mundo ilusorio son, pues, señales de una sociedad en decadencia. Cuando continúan por mucho tiempo, apuntan a la muerte de una sociedad. «No matarás» tiene como fórmula

---

1   *Ibid.,* p. 183.

2   *Ibid.,* p. 140.

3   Lanfranco Rasponi, *The International Nomads* (G. P. Putman's Sons, Nueva York. 1966), p. 153.

afirmativa la protección y promoción de la vida bajo Dios y en términos de su palabra-ley. El trabajo es un aspecto importante de esta vida libre y restaurada.

17. Amalec

Por siglos, Siria fue casi ignorada por muchos historiadores, quienes descartaban la narración bíblica y cuestionaban si un imperio tan grande alguna vez había existido. El mismo descuido ha prevalecido por incluso más tiempo con respecto a Amalec, en tiempos muy antiguos «cabeza de naciones» (Nm 24:20). Incluso eruditos bíblicos entienden mal sus orígenes, derivándolo del nieto de Esaú, Amalec (Gn 36:12, 16). Pero mucho antes de que naciera este Amalec, ya existía la nación de Amalec (Gn 14:7).

Velikovsky identifica a Amalec con los hicsos, con alguna evidencia interesante[4]. Esta identificación por cierto se ajusta a la narración de Éxodo 17:8-16.

La importancia de Amalec para la ley bíblica tiene referencia a un castigo pronunciado por Dios contra ella, puesto que al pueblo del pacto de Dios se le encargó de la ejecución de ese castigo. Puesto que un decreto de castigo es un aspecto de la ley, se debe tomar en cuenta en cualquier consideración de la ley, sobre todo cuando se incluye en el código legal.

Después de que Israel salió de Egipto, Amalec se reunió y los atacó (Éx 17:8-16). Dos pasajes describen el encuentro en términos de la sentencia de Dios:

> Y Jehová dijo a Moisés: Escribe esto para memoria en un libro, y di a Josué que raeré del todo la memoria de Amalec de debajo del cielo. Y Moisés edificó un altar, y llamó su nombre Jehová-nisi; y dijo: Por cuanto la mano de Amalec se levantó contra el trono de Jehová, Jehová tendrá guerra con Amalec de generación en generación (Éx 17:14-16).

> Acuérdate de lo que hizo Amalec contigo en el camino, cuando salías de Egipto; de cómo te salió al encuentro en el camino, y te desbarató la retaguardia de todos los débiles que iban detrás de ti, cuando tú estabas cansado y trabajado; y no tuvo ningún temor de Dios. Por tanto, cuando Jehová tu Dios te dé descanso de todos tus enemigos alrededor, en la tierra que Jehová tu Dios te da por heredad para que la poseas, borrarás la memoria de Amalec de debajo del cielo; no lo olvides (Dt 25:17-19).

Este pasaje indica varias cosas. *Primero,* en cierto sentido Amalec estaba en guerra contra Dios. El salmista más adelante citó a Amalec como una de las naciones conspiradoras: «Porque se confabulan de corazón a una, contra ti han hecho alianza» (Sal 83:5, 7). Samuel le declaró a Saúl: «Así ha dicho Jehová de los ejércitos:

---

4   Immanual Velikovsky, *Ages in Chaos* (Doubleday, Garden City, N. Y., 1952), pp. 55-101.

Yo castigaré lo que hizo Amalec a Israel al oponérsele en el camino cuando subía de Egipto. Ve, pues, y hiere a Amalec, y destruye todo lo que tiene, y no te apiades de él; mata a hombres, mujeres, niños, y aun los de pecho, vacas, ovejas, camellos y asnos» (1 S 15:2-3). En 1 Samuel 28:18 se hace referencia al «ardor de su ira contra Amalec». Como los versículos señalados dejan en claro, *segundo,* Dios también estaba en guerra contra Amalec. *Tercero,* Amalec había atacado y tratado muy salvajemente a Israel. *Cuarto,* se le exigió a Israel que librara una guerra a muerte contra Amalec. Esta guerra, *quinto,* debía continuar de generación en generación, y se debía borrar el recuerdo de Amalec.

Para examinar estos puntos con más cuidado, *primero,* ¿cuál fue la ofensa de Amalec contra Dios? El hebreo de Éxodo 17:16 se puede leer «Por cuanto la mano de Amalec está contra el trono del cielo, el Señor tendrá guerra»[5]. Por cierto que la enemistad de Dios contra Amalec indica que en algún sentido la mano de Amalec se había levantado *contra* Dios; de aquí que los brazos de Moisés tenían que levantarse *a* Dios para indicar la dependencia de Israel en Dios.

La seriedad de la ofensa de Amalec se refleja en el Talmud. R. Jose enseñaba: «A Israel se le dieron tres mandamientos cuando entró en la tierra: (1) nombrar un rey, (2) eliminar la simiente de Amalec y (3) edificar para sí mismos la casa escogida (o sea, el templo) y no sé cuál de ellos tenía prioridad»[6]. El Talmud mostraba la consciencia del horror humanista o respecto al castigo de Amalec, y le adscribió este horror a Saúl en una de sus leyendas:

Cuando el Santo, bendito sea, le dijo a Saúl: *Ahora ve y destruye a Amalec,* dijo: Si por cuenta de una persona la Tora decía: Realiza la ceremonia del becerro rojo cuyo pescuezo debes quebrar, cuanto mucho más (se debe dar consideración) ¡a todas esas personas! Y si los seres humanos pecaron, ¿qué había cometido el ganado; y si los adultos habían pecado, que habían hecho los pequeños? Una voz divina salió y dijo: *No seas demasiado santo*[7].

Rawlinson destacó, con referencia a Éxodo 17:16: «Amalec, al atacar a Israel, había levantado su mano contra el trono de Dios, y por consiguiente Dios haría la guerra contra él de generación en generación»[8].

Una vieja tradición especifica la naturaleza de la guerra de Amalec contra Dios e Israel:

El folclor midrásico revela cómo los amalecitas se hicieron particularmente aborrecibles al cortarles «el miembro circuncidado a los israelitas» (tanto

---

5   Bush, *Exodus,* I, 222. Bush consideró esto como «en ningún sentido interpretación improbable», aunque no la adoptó.
6   Sanhedren 20 b, Seder Nezikin, III, 109.
7   *Yoma* 22b, en *Seder Mo'ed,* III, 101.
8   George Rawlinson, «Exodus» [«Éxodo»], en Ellicott, I, 252.

prisioneros como cadáveres), y arrojarlos al aire gritando maldiciones obscenas a Yahvé: «¡Esto es lo que quieres, pues ahí los tienes!». Esta tradición se
deduce de Deuteronomio 25:18: «y te desbarató la retaguardia de todos los
débiles que iban detrás de ti», […] que alude al hostigamiento de Amalec
contra los hebreos en Refidim durante el éxodo⁹.

La forma verbal que la Reina Valera 1960 traduce «te desbarató la retaguardia»
la English Standard Version la traduce «te cortó la cola», y puede significar «te cas-
tró». Puede tener un sentido militar en ambos casos, pero la tradición antigua que
cita la castración como acto de Amalec tal vez tenga cierta razón. Eso explicaría la ira
divina y el horror profético contra Amalec; la blasfemia y la perversidad se hallaban
en el acto cruel de Amalec. Amalec detestaba a Israel porque sobre todo detestaba a
Dios; de aquí su perversidad radical con respecto a Israel. Esta perversidad continuó
en el día de Ester, en el intento de Amán de destruir a los judíos (Est 3).

Segundo, Dios estaba en guerra contra Amalec, y esta guerra debía continuar
«de generación en generación» (Éx 17:16). Nótese la distinción: la guerra de Israel
contra Amalec debía continuar hasta que Amalec y su «memoria» hubieran desaparecido, y Amalec es hoy un imperio en verdad olvidado, pero la guerra de Dios
es «de generación en generación». No es forzar el texto sino en conformidad con
la tipología bíblica reconocer aquí una declaración de la guerra continua de Dios,
de generación en generación, contra los amalecitas de toda edad, raza y nación.

La violencia perversa, y el desprecio a Dios y al hombre, de manera común
han marcado al hombre caído. Considere, por ejemplo, el informe de Maurice R.
Davies:

«En África, a los prisioneros de guerra a menudo se les tortura, mata o se
les deja que se mueran de hambre. Entre los pueblos que hablan tshi, "a los
prisioneros de guerra se les trata con barbarie espantosa". A hombres, mujeres y niños —madres con infantes a sus espaldas y niños que apenas pueden
andar—los desnudan y los atan con cuerdas alrededor del cuello en grupos de
diez o quince; y a cada prisionero adicionalmente se les sujeta las manos a un
pesado bloque de madera, que deben llevar sobre la cabeza. Estorbados de esta
manera, y tan insuficientemente alimentados que quedan reducidos a esqueletos, se les arrea detrás del ejército victorioso mes tras mes, con sus brutales
guardias tratándolos con la mayor crueldad; mientras tanto, si los captores
sufren un revés, al instante indiscriminadamente los masacran para evitar la
recaptura. Ramsayer y Kuhne mencionan el caso de un prisionero, nativo de
Accra, al cual "mantuvieron en un tronco", es decir, lo sujetaron a un tronco
de un árbol caído con una abrazadera de hierro con que le clavaron la muñeca,

---

9   Allen Edwardes, *Erotica Judaica, A Sexual History of the Jews* (Julian Press, Nueva York, 1967),
p. 56.

con comida insuficiente por cuatro meses, y que murió debido a este maltrato. En otra ocasión vieron entre algunos prisioneros a un pobre niño débil, que, cuando furiosamente se le ordenó que se parara, "dolorosamente se enderezó mostrando el esqueleto hundido en el cual se veía todo hueso". La mayoría de los prisioneros vistos en esa ocasión eran esqueletos vivos. Un niño estaba tan reducido por el hambre, que el cuello era incapaz de sostener el peso de la cabeza, que, si se sentaba, caía casi hasta sus rodillas. Otro igualmente enflaquecido, tosía como si fuera su último aliento; mientras que un niño pequeño estaba tan débil por falta de comida que no podía ponerse de pie. Los ashanti se sorprendieron mucho porque los misioneros mostraran tal emoción por tales espectáculos; y, en cierta ocasión, cuando fueron a darles comida a algunos niños que estaban muriéndose de hambre, los guardias con cólera los hicieron retroceder». Tanto el ejército regular como los reclutas en Dahomey muestran igual encallecimiento al sufrimiento humano. «A los prisioneros heridos se les niega toda asistencia, y a todos los prisioneros que no están destinados a la esclavitud se les mantiene en una condición al borde de la muerte por inanición que rápidamente los reduce a meros esqueletos. [...] La quijada inferior es muy apreciada como trofeo [...] y con frecuencia se la arrancan al enemigo herido o vivo». Las escenas que siguieron al saqueo de una fortaleza en Fiji «son demasiado horribles para describir en detalle». El que no se respetaban ni edad ni sexo era el rasgo menos atroz. Mutilaciones indescriptibles infligidas a veces en víctimas vivas, obras de crueldad mezcladas con lujuria, hacían preferible la autodestrucción que la captura. Como el fatalismo subyace en el carácter de los melanesios muchos no intentaban huir, sino que inclinaban la cabeza pasivamente al garrote. Si alguien tenía la desdicha de que lo capturaran vivo, su destino era en realidad horroroso. Llevados de regreso atados al pueblo principal, los entregaban a los muchachos de tropa para que practicaran su ingenio en la tortura, o los aturdían con un garrotazo y los ponían en hornos encendidos; y cuando el calor los hacía que recuperaran la consciencia y el dolor, sus frenéticas luchas hacían que los espectadores se desternillaran de risa[10].

Por lo general tales asuntos se tratan como evidencia de primitivismo, como supervivencia evolucionista en el hombre antes que como evidencia de su naturaleza caída. El hombre civilizado, no menos que las tribus de África y Melanesia, es dado a la violencia perversa, a la crueldad, y se deleita en la crueldad. El terror comunista supera con mucho el terror tribal en perversidad, violencia y alcance. La evidencia aquí es demasiado extensa[11].

---

10   M. R. Davies, *The Evolution of War* (Yale University Press, 1929), p. 298s., citado en Georges Bataille, *Death and Sensuality* (Ballantine, Nueva York, 1969 [1962]), p. 72s.

11   Ver, por ejemplo, Harold M. Martinson, *Red Dragon over China* (Augsburg, Minneapolis, 1956); Albert Kalme, *Total Terror* (Appleton-Century-Crofts, Nueva York, 1951); Richard

El uso del terror es un hecho de la rutina política en el mundo moderno de la ideología humanista. Ostensiblemente se mata a los hombres para salvar al hombre y la sociedad, y el amor universal de la humanidad se proclama con odio total. El hombre ejerce violencia perversa como medio de imponer omnipotencia. Querer «ser como Dios» es el pecado del hombre (Gn 3:5), y sin embargo el hombre no tiene omnipotencia ni poder para crear un nuevo mundo o un nuevo hombre. El hombre se vuelve, por consiguiente, a la destrucción como medio de proclamar su omnipotencia. Como O'Brien, en declaró *1984*: «Te exprimiremos hasta vaciarte, y luego te llenaremos nosotros»[12]. Como Orwell pone en boca de O'Brien en un famoso pasaje:

El poder está en infligir dolor y humillación. El poder está en destrozar la mente de los hombres y volver a armarlas en las nuevas formas que escojas. ¿Empiezas a ver, entonces, qué tipo de mundo estamos creando? Es el exacto opuesto de las insensatas utopías hedonistas que se imaginaron los antiguos reformadores. Un mundo de temor, y traición, y tormento, un mundo de pisotear y ser pisoteado, un mundo que será cada vez no menos sino *más* inmisericorde conforme se refina. El progreso en nuestro mundo será progreso hacia más dolor. Las viejas civilizaciones aducían que estaban fundadas sobre el amor y la justicia. La nuestra se funda sobre el odio. En nuestro mundo no habrá emociones excepto el miedo, la ira, el triunfo y la degradación propia. Todo lo demás lo destruiremos… todo. Ya estamos derribando los hábitos de pensamiento que han sobrevivido desde antes de la rebelión. Hemos cortado los vínculos entre hijo y padre, y entre hombre y hombre, y entre hombre y mujer. Nadie se atreve a confiar en una esposa o en un hijo, o en un amigo. Pero en el futuro no habrá ni esposas ni amigos. A las madres se les quitará sus hijos al nacer, como uno recoge los huevos de una gallina. El instinto sexual será erradicado. La procreación será una formalidad anual como la renovación de una tarjeta de racionamiento. Aboliremos el orgasmo. Nuestros neurólogos ya están trabajando en eso ahora. No habrá lealtad, excepto lealtad al Partido. No habrá amor, excepto el amor del Hermano Mayor. No habrá risa, excepto la risa del triunfo sobre el enemigo derrotado. No habrá arte, ni literatura, ni ciencia. Cuando seamos omnipotentes no tendremos más necesidad de ciencia. No habrá distinción entre belleza y fealdad. No habrá curiosidad, ni empleo del proceso de la vida. Todos los placeres en competencia quedarán destruidos. Pero siempre —no olvides esto, Winston— siempre habrá la intoxicación del poder, constantemente aumentando y cada vez más sutil. Siempre, en todo momento, habrá la emoción de la vic-

---

Wurmbrand y Charles Foley, *Christ in the Communist Prisons* (Coward-McCann, Nueva York, 1968).

12   George Orwell, *1984* (Signet, Nueva York, 1950 [1949]), p. 195.

toria, la sensación de pisotear al enemigo impotente. Si quieres un cuadro del futuro, imagínate una bota pisoteando una cara humana... por siempre[1].

Aquí, en pocas palabras, el pecado del hombre alcanza su autorrealización. A fin de dárselas de dios, para ganar la sensación de omnipotencia, el terror total y la destrucción total, efectuada con plena perversidad, son el camino del hombre a la deidad.

Pero esta violencia perversa, esta *pseudo omnipotencia,* acarrea la ira de Dios, y «de generación en generación» subsiste la enemistad de Dios contra todo amalecita. Tan seguro como que el primer Amalec fue exterminado y, en Amán, el último de los amalecitas conocidos, los Amalec y amalecitas de hoy están bajo condenación, y deben ser eliminados. Nótese el destino de Amán:

Y dijo Harbona, uno de los eunucos que servían al rey: He aquí en casa de Amán la horca de cincuenta codos de altura que hizo Amán para Mardoqueo, el cual había hablado bien por el rey. Entonces el rey dijo: Colgadlo en ella. Así colgaron a Amán en la horca que él había hecho preparar para Mardoqueo; y se apaciguó la ira del rey (Est 7:9, 10).

Tercero, Amalec atacó a Israel. Según Deuteronomio 25:17-18, Amalec «no tuvo ningún temor de Dios». El ataque de Amalec contra Israel, según el «folclor midrásico», fue un desafío obsceno a Dios y desprecio de Dios. Cuando los hombres atacan al pueblo de Dios, a menudo hay un ataque encubierto o abierto contra Dios. Como no pueden atacar directamente a Dios, atacan al pueblo de Dios. Por eso hay una guerra continua entre Amalec e Israel, entre el pueblo de Dios y los enemigos de Dios. El resultado debe ser el exterminio de los enemigos de Dios.

Por eso, *cuarto,* el pueblo del pacto debe librar guerra contra los enemigos de Dios, porque esta guerra es a muerte. La violencia obscena deliberada, refinada, de las fuerzas anti Dios no da cuartel.

Quinto, esta guerra debe continuar hasta que los amalecitas del mundo sean eliminados, hasta que prevalezca el orden-ley de Dios y su justicia reine.

Debido a que la omnipotencia de Dios es total, la falsa omnipotencia del hombre, el supuesto dios, también es total en sus imaginaciones vanas. Esta falsa omnipotencia se vuelve cada vez más violenta, cada vez más perversa. No se aplaca. Su objetivo es la manifestación de puro poder, y, debido a que no puede manifestar poder para regenerar, manifiesta poder para destruir.

La tipología de las manos levantadas de Moisés (Éx 17:11, 12) nos dice cómo se puede destruir a Amalec: con ofensiva a brazo partido en todos los frentes, pero siempre con plena dependencia en el Señor, que es la única base de la victoria.

18. Amalec y la violencia

No es sorpresa que un legislador, Salomón, haya hablado del febril deseo de violencia de los perversos. No pueden dormir, observó, a menos que hagan el mal; es

---

1   *Ibid.,* p. 203.

su vida y gozo hacer el mal. «No duermen ellos si no han hecho mal, Y pierden el sueño si no han hecho caer a alguno» (Pr 4:16). Su alimento, la comida que es la vida de su ser, Salomón describió como «pan de maldad, y […] vino de robos» (Pr 4:17). Salomón, como legislador y maestro, pensó que era importante el reconocimiento de este hecho.

Para algunos, el «mal» no es sino rectitud errada. Los impulsos básicamente sanos de la humanidad sana pueden ser dirigidos erróneamente a la destrucción y a canales socialmente estériles; según este punto de vista, el hombre no necesita castigo sino reorientación. La premisa de Salomón era la depravación del hombre; los perversos disfrutan de su maldad; es su vida y su forma de vida. Wertham dio un enunciado que empieza con premisas falsas: «Si no empezamos con premisas correctas, dejamos la puerta abierta a las falsas»[2]. Su postulado básico es el medioambientalismo, aunque trata incoherentemente, de retener la responsabilidad[3].

Wertham da un número interesantes de ejemplos de violencia, como por ejemplo el siguiente:

Recientemente, dos mujeres de edad mediana en Brooklyn una noche de verano caminaban por una calle transversal hacia una de las avenidas principales, después de visitar a una amiga. Se proponían tomar un taxi para regresar a sus hogares. A menos de 100 m de la avenida apareció un grupo de muchachos que llenaban la vereda. Las mujeres se hicieron a un lado para dejarlos pasar. El último muchacho agarró el brazo derecho de una de las mujeres, para quitarle la cartera, luego la derribó a la vereda y saltó sobre ella varias veces. Cuando la llevaron al hospital, se halló que tenía un hombro roto, roto el codo, un brazo roto, y una múltiple fractura en su fémur, para el cual fue necesaria una complicada operación. Necesitó tres enfermeras a todo momento. Cuando se recupere, tendrá que llevar una prótesis de la cadera hasta el tobillo y quedará lisiada permanentemente, con una pierna más corta que la otra. En mi contacto profesional con este caso, aprendí el terrible dolor y aturdimiento que se causó; y los costos agotaron todos los ahorros de la familia. No hubo connotación sexual en este ataque. Puesto que el muchacho ya tenía la cartera, no ganaba nada con pisotear a la mujer de manera tan inmisericorde.

Hace veinticinco años esto hubiera sido un caso excepcional y hubiera producido sensación. Ahora ni siquiera levantó olas y los noticieros ni siquiera lo reportaron. Sucede demasiado a menudo. A los muchachos nunca los detuvieron; y si los hubieran detenido, las autoridades no hubieran sabido qué hacer con ellos. Esta es la violencia de hoy en pleno arraigo. He conocido

2   Fredric Wertham, M.D., *A Sign for Cain, An Exploration of Human Violence* (Paperback Library, Nueva York, 1969 [1966]), p. 23.
3   *Ibid.,* pp. 3, 48, 49-74, etc.

un número de casos similares. Como regla no se reportan y mucho menos se resuelven. Los que usan la explicación de moda de que la violencia se debe a madres dominantes o inadecuadas, a instintos agresivos embotellados o rebelión contra el entrenamiento demasiado temprano para defecar en el baño, no saben lo que pasa en las grandes ciudades estadounidenses. Tratan de reducir los horribles hechos sociales a nivel de hechos psicológicos individuales que intrigan. De esta manera llegan a ser parte de la misma decadencia en que florece la violencia del día presente[4].

Para citar otro ejemplo más de Wertham:

Un muchacho de trece años volvía de clases a su casa en un área suburbana. A poca distancia de su casa, un coche se acercó rugiendo, se detuvo y varios muchachos se apearon. Lo atacaron y lo golpearon sin misericordia. Luego volvieron a subirse al coche y se alejaron a toda marcha. Llevaron a la víctima al hospital con varias laceraciones faciales y con una concusión en el cerebro. El muchacho no conocía a sus atacantes ni los había visto antes[5].

Éstos no son casos extremos, y son de los que se pueden imprimir. Algunas de las instancias más depravadas de violencia perversa incluyen ataques sexuales. En casos conocidos de este escritor, no se puede ofrecer ninguna excusa de un medio ambiente represivo; los culpables procedían de trasfondos cariñosos, bien avenidos, y tolerantes, donde no prevalecía ninguna inhibición religiosa respecto al sexo. En lugar de ser personalidades libres, amorosas, estas personas manifestaban imaginaciones aturdidoras en su perversidad y depravación.

No solo que tenemos esta violencia desorganizada, espontánea, sino a veces hemos tenido también violencia planeada en forma de motines, saqueos, demostraciones y guerra contra la policía crecientemente en evidencia[6].

Como hemos visto, la esencia de esta violencia obscena es su falsa omnipotencia. Puesto que el hombre no puede convertirse en el Dios Creador, procura ser un dios-diablo. El Satanás de Milton declaraba:

Reinar es digno de ambición, aunque sea en el infierno;
vale más reinar en el infierno que servir en el cielo.
(*El paraíso perdido*, I, 262-263; traducción Dionisio SanJuan, Editorial Ramón Sopena S.A., Barcelona, 1965, p. 10).

Para reinar como dios-diablo, el hombre siempre debe negar y librar guerra contra el Dios de las Escrituras. La Unión Soviética declaró en 1923: «Hemos declarado

---

4   *Ibid.,* p. 10s.

5   *Ibid.,* p. 258.

6   Ver *Rights in Conflict,* informe presentado por Daniel Walker (Boston Books, Nueva York, 1968).

guerra contra los ciudadanos del cielo», y, de nuevo, en 1924: «El Partido no puede tolerar la interferencia de parte de Dios en momentos críticos»[7]. Para abolir a Dios y demostrar la evolución, los científicos soviéticos en efecto enviaron una expedición a África en la década de 1920 para producir una nueva raza tratando de fertilizar artificialmente a los simios con semen humano[8]. Se abolieron el bien y el mal como valores objetivos. Krylenko, fiscal del estado, «instó a los jueces a recordar que en el estado soviético sus decisiones no se deben basar en sí el prisionero es inocente o culpable, sino en las normas de procedimientos prevalecientes del gobierno y la seguridad del estado». Esta opinión también se incluyó en el libro de Krylenko, *Court and Justice* [Corte y justicia][9]. Cuando los hombres tratan de suplantar a Dios, suplantan la justicia de Dios con su perversidad y violencia.

Cuando los hombres empiezan a liberarse del orden-ley de Dios, y a manifestar su violencia, aparecen ciertos desarrollos. *Primero,* los hombres violentos, debido a que su violencia es un acto religioso, una manifestación de falsa omnipotencia, tratan de despertar temor reverencial mediante el espanto. Mediante actos nuevos y frescos de violencia, provocan nuevas reacciones de espanto. La violencia alimenta su propio pavor. El patán degenerado que se dedica a actos de violencia sin provocación se deleita en la respuesta espantada de su víctima, y de los que oyen o leen de sus actos. La disposición a confesar que a veces tienen tales personas, sea a las autoridades, a los clérigos, a los amigos o incluso a extraños se debe a este placer religioso en el espanto de la violencia. Alimenta su lujuria de poder.

Segundo, esta necesidad de un espanto fresco quiere decir un continuo aumento en la *intensidad* y *perversidad* de la violencia. La violencia lleva a mayor violencia. Nada es más absurdo que la idea de algunos de que los actos violentos purgan al degenerado de su lujuria por la violencia; no hay «catarsis», sino más bien solo una mayor adicción. La violencia no se cura a sí misma. Esperar que la violencia desaparezca o se disipe por sí misma es como esperar que el sol se enfríe. La violencia no abdica; si no se le destruye, ella destruye.

Tercero, los de ideología liberal y socialista piensan que la respuesta a la violencia es un cambio de medio ambiente, por legislación, acción estatal o planificación social. Algunos aducen que el *amor* es la cura para el violento. Los pietistas cristianos piensan que la *conversión* es la respuesta; al violento hay que alcanzarlo con la oferta del evangelio y que nazca de nuevo. Algunos hombres tal vez necesiten amor, por cuestionable que esta idea pudiera ser, concedámosla por el momento. Todos los hombres necesitan regeneración, pero de nuevo, la evangelización no es la respuesta a todos los problemas, aunque siempre debe estar en operación. La restricción impuesta por la ley y su castigo siempre debe estar en todo momento operando para que exista una sociedad en la cual el amor

---

7   R. O. J. Urch, *The Rabbit King of Russia* (The Right Book Club, London, 1939), p. 115.
8   *Ibid.,* p. 82s.
9   *Ibid.,* p. 208.

y la evangelización puedan funcionar. Los violentos necesitan conversión, o ejecución si continúan en la violencia al punto de incurrir en la pena de muerte. Por otro lado, si no existen suficientes hombres regenerados en una sociedad, ningún orden-ley se puede mantener con éxito. Por tanto, una sociedad saludable necesita un orden-ley en operación y una evangelización operativa a fin de mantener su salud. El orden-ley puede mantener en cintura al resto de los hombres violentos si en todo momento se les estimula mediante la imposición estricta y el crecimiento progresivo de hombres desde el punto de vista del ministerio de la gracia. En breve, el amor, la conversión, y el orden-ley nunca pueden ser sustitutos el uno del otro; cada uno tiene su lugar y función en el orden social.

Cuarto, no es sorpresa que tengamos una generación violenta, puesto que todo se ha hecho en desplante del orden-ley de Dios; la educación se ha convertido en estatista; la disciplina ha dado paso a la permisividad; la iglesia ha remplazado la doctrina de la regeneración por la rebelión social, y, en lugar de ejecutar a los delincuentes incorregibles conforme a la ley de Dios, la sociedad en su mayor parte hoy subsidia a esos incorregibles. Así se ha dado alas a una generación violenta, y está en aumento. No en balde, en 1969 la incidencia de narcóticos e iniquidad era mayor a nivel de secundaria que de universidad. Mientras menor el niño, más inicuo su potencial y su perspectiva mental. El mismo hecho de que la violencia está siendo promovida más intensamente en los más jóvenes servirá para incrementar *el aumento en la prevalencia de la violencia* así como también su *intensidad* y *perversidad*.

Quinto, aunque la década de 1960 vio más palabras en cuanto al amor que cualquier era previa, ninguna edad vio menos amor y más odio. El amor romántico, para bien o para mal, por mucho tiempo tema principal de la música popular, dio lugar a otros temas. Winick escribió de «la virtual desaparición del amor romántico idealizado como principio director» en los cantos populares. En donde aparece la palabra «amor», como en el canto «Amor imprudente», se refiere a otras cosas, como el embarazo antes del matrimonio.

> Uno de los discos fonográficos más exitosos que se han publicado es «Hound dog Dog» [«Sabueso»], una apología de hostilidad y representativo temprano del rock-and-rol con progresiones tradicionales de acordes. El Marqués de Sade se habría entusiasmado por «botas», otro favorito más reciente. Nancy Sinatra se asegura de una explosión atronadora de aplausos cuando hace retumbar sus tacones en el escenario mientras triunfalmente exalta que sus botas «caminarán sobre ti»[10].

Una generación que se entusiasma con este canto de violencia también entusiasmaría al Marqués de Sade. Como resultado, sus obras, por largo tiempo prohibi-

---

10   Charles Winick, *The New People, Desexualization in American Life* (Pegasus, Nueva York, 1968), pp. 28, 29, 33.

das en todo país, ahora se están publicando y promoviendo con grandes elogios. El Marqués de Sade es el hombre de hoy. Se ha criado a una generación para que crea, sin que importe lo mucho que se engaña a sí misma con charlas de hermandad, que la violencia es la realización del hombre, y mientras más perversa la violencia, más realización provee. Los remedios humanistas para la violencia son tan efectivos como la gasolina para apagar un incendio.

Sexto, una sociedad que fomenta la violencia y la promueve se caracteriza también por un fenómeno conocido como perder los estribos. Se describe como «una condición maníaca y homicida seguida de un estado de depresión». Cuando las personas de estas culturas se ven frente a un nuevo medio ambiente, o problemas que los abruman, su reacción es de violencia total. La aflicción, confusión, depresión mental, enfurruñamiento por las circunstancias, puede precipitar la condición. El hombre se empuja a sí mismo a un trance y luego se precipita a hacer violencia. Este es a menudo el caso del hombre que pierde los estribos y ataca a sus superiores porque no puede vérselas con ellos y desea que lo insulten[1].

Una generación criada permisivamente, dada a rabietas y a la violencia, y dedicada también a creer en su propia justicia, es una generación virtualmente comprometida por su naturaleza y crianza a perder los estribos. Así lo hará, a menos que se la humille, en total convencimiento de su propia justicia y la necesidad moral de su violencia. Tal generación tiene una dedicación necesaria a la violencia.

Amalec, pues, sí que está con nosotros. Hay que lidiar con él.

La educación que produce amalecitas se debe reemplazar por educación cristiana. Las iglesias que son congregaciones de Amalec hay que reemplazarlas con iglesias cristianas que creen, enseñan y aplican toda la palabra de Dios. El estado debe convertirse en cristiano y aplicar la ley bíblica a todo aspecto de la vida, y debe imponer la plena medida de la ley de Dios. La familia permisiva debe dar lugar a la familia cristiana. solo así se puede destruir a Amalec.

En 1948 George Orwell vio el futuro como de horror, «una bota pisoteando una cara humana… para siempre». En menos de veinte años Nancy Sinatra estaba haciendo tronar sus tacones en el escenario y cantando que sus botas «caminarán sobre ti», y la juventud de más de un país vio su visión como de deleite. El horror de Orwell se había convertido en esperanza popular. Amalec había renacido.

19. La violencia como soberbia

La esencia de la ofensa de Amalec fue su desplante contra Dios, iniquidad religiosa por la cual cuestionaba a Dios y lo negaba. En la ley se describe esto como actuar con soberbia (en RVR), o actuar con desafío (LBLA), es decir, levantar la mano de uno en arrogancia ante el Señor, y ejecutar acción agresiva contra Dios y su orden-ley. Dos pasajes de la ley tratan esta ofensa como delito capital:

---

1   Charles Winick, *Dictionary of Anthropology* (Philosophical Library, Nueva York, 1956), p. 21.

Mas la persona que hiciere algo con soberbia, así el natural como el extranjero, ultraja a Jehová; esa persona será cortada de en medio de su pueblo. Por cuanto tuvo en poco la palabra de Jehová, y menospreció su mandamiento, enteramente será cortada esa persona; su iniquidad caerá sobre ella (Nm 15:30, 31).

Y el hombre que procediere con soberbia, no obedeciendo al sacerdote que está para ministrar allí delante de Jehová tu Dios, o al juez, el tal morirá; y quitarás el mal de en medio de Israel. Y todo el pueblo oirá, y temerá, y no se ensoberbecerá (Dt 17:12, 13).

La referencia en Deuteronomio 17:12, 13 al sacerdote es al hecho de que la corte en Israel a menudo tenía lugar delante o en el santuario (el palacio y salón del trono de Dios), con un sacerdote (o el sumo sacerdote) incluido en la corte suprema.

Waller observó de este pasaje (Dt 17:12, 13) que «soberbia» quiere decir «una aseveración propia arrogante contra la ley. La pena de muerte surge necesariamente de la teocracia. Si Dios es el rey de la nación, la rebelión contra su ley es traición, y si la rebelión es arrogante y voluntaria, la pena de muerte es lo único que deberíamos esperar que se aplique»[2].

Una lectura de Éxodo 17:16 indica con claridad que esto era básico en la posición de Amalec: «Por cuanto la mano de Amalec se levantó contra el trono de Jehová, Jehová tendrá guerra con Amalec de generación en generación».

La esencia del amalecita es, como se ha visto, el deseo de ejercer omnipotencia en la destrucción. Pero, por cuanto, aunque el hombre es poderoso, no es todopoderoso, ejerce su poder en falsa omnipotencia. En lugar de crear una cultura, el amalecita destruye toda cultura que toca, como parásito y también como destructor sistemático.

Como ejemplo de los extremos extraños a los cuales irá la perversidad y la soberbia es el movimiento de la «iglesia» y «universidad» descubierto en abril de 1969. Era un movimiento internacional, y cometió el error de poner una sucursal cerca de una ciudad pequeña y así quedó expuesto. Izquierdista en orientación, usando religiosamente narcóticos, su catálogo de «universidad» ofrecía, entre otras cosas, un curso sobre canibalismo, incluyendo el nombre del curso y del maestro, y llamando al curso un «cooperativo». Sea que lo haya intentado decir en serio o no, su marco de trabajo era de total posibilidad y ninguna ley:

Los participantes de este cooperativo deben estar dispuestos a ayudar a obtener carne humana recién matada y a prepararla o a comerla.

---

2   C. H. Waller, «Deuteronomy» [«Deuteronomio»], en Ellicott, II, 51.

Nos reuniremos semanalmente en una cena comunitaria el domingo al anochecer que todos ayudaremos a preparar, cada uno preparando sus propios
guisos hasta que podamos obtener carne humana.

Al principio consideraremos el estatus histórico y legal del canibalismo y
luego avanzaremos desde allí.

La primera reunión será el 16 de febrero de 1969 a las 5:30 p.m. Llame al Red-
Book de la Midpeninsula Free University, 328-4941, para información[3].

Esto no es aberración intelectual. Los filósofos cínicos de Grecia fomentaban el
canibalismo como uso lógico de la carne humana[4].

Detrás de estas ideas hay un principio religioso. La palabra libertino viene de
liber, «libre» en latín, y el concepto de libertad incluido en el libertinismo es la
libertad de Dios. «Una de las ambiciones de Sade» era «ser inocente por fuerza de
culpabilidad; destrozar lo que es normal, de una vez por todas, y destrozar las leyes
por la cual podría haber sido juzgado»[5]. Como Blanchot comenta:

> El hombre sádico niega al hombre, y esta negación la logra mediante el in-
> termediario de la noción de Dios. Temporalmente se hace Dios, así que ante
> él los hombres quedan reducidos a nada y descubre la nada de ser ante Dios.
> «¿Es cierto, verdad, príncipe, que tú no amas a los hombres?», pregunta Ju-
> lieta. «Los aborrezco. Ni un solo momento pasa sin que mi mente no esté
> ocupada urdiendo violentamente hacerles daño. En verdad, no hay una raza
> más horrible, más aterradora…. ¡Cuán baja y vil, cuán ruin y aborrecible raza
> es!» «Pero», interrumpe Julieta, «¿en realidad no piensas que estás incluido
> entre los hombres? […] Oh no, no, cuando uno los domina con tal energía
> es imposible pertenecer a la misma raza» A lo cual Saint-Ford dice: «Sí, tienes
> razón. Somos dioses».
>
> Con todo, la dialéctica evoluciona a otros niveles: el hombre de Sade, que
> se ha irrogado el poder de erigirse por encima de los hombres —el poder por los
> cuales los hombres enloquecidamente se rinden a Dios— ni por un solo mo-
> mento se olvida de que este poder es completamente negativo. Ser Dios puede
> tener solo un significado: titurar al hombre, reducir la creación a nada. «Me

---

3   Doris Olsen, « 'Free University" Taught Cannibalism» [«"Universidad Libre" enseñaba canibalismo»], en Santa Maria, California, *Times,* viernes, 25 abril 1969, p. 1. Ver también Gene Cowles,
«Dope-"Church" Ring Vast Operation?» [«Vasta operación de pandilla de "Iglesia" de estupefacien-
te»] en Paso Robles, California, *The Daily Press,* viernes, 25 abril 1969, pp. 1, 8.
4   Ver Philip Merian, «Minor Socrates» [«Sócrates menor»], en Vergilius Ferm, editor, *Encyclopedia of Morals* (Philosophical Library, Nueva York, 1956), pp. 333-339.
5   Maurice Blanchot, «Sade» [«Sade»], en Richard Seaver y Sustryn Wainhouse, compiladores,
traductores, *The Marquis de Sade: The Complete Justine, Philosophy in the Bedroom, and other writings*
(Grove Press, Nueva York, 1965), p. 71.

gustaría ser la caja de Pandora», dice Saint-Ford en un punto, «de modo de que todos los males que escaparon de mi pecho pudieran destruir individualmente a toda la humanidad». Y Verneuil: «Y si fuera verdad que existe un Dios, ¿no seríamos sus rivales, puesto que destruimos así lo que él ha hecho?»[6].

El objetivo, así, de los violentos es la destrucción total; pueden hablar de producir un nuevo orden social, pero su trabajo primario y esencial es destruir todos los existentes. Pueden hablar, como humanistas, de un amor al hombre, pero el hombre nunca antes ha conocido un odio tan radical como el que estos violentos dirigen en su contra.

A los violentos les encanta la perversidad porque es perversa; les encanta una mentira, porque es una mentira; su placer y poder están en el engaño y la destrucción. Como alguien, atrapado en una mentira, comentó con deleite y triunfo: «Pero logré que lo creas, ¿verdad?».

La victoria última, pues, es demoler al hombre y proclamar la muerte de Dios. En palabras de Verneuil, «Y si fuera verdad que existiera un Dios, ¿no seríamos sus rivales, puesto que destruimos así lo que él ha hecho?». A los hombres hay que reducirlos a la nada para demostrar que el amalecita, el violento, es el nuevo dios, suplantando al que supuestamente está muerto.

A estos soberbios, hombres de mano alzada según la ley hay que ejecutarlos. Negar la ley y ponerse uno mismo contra Dios es buscar el asesinato de toda la sociedad y merecer la pena de muerte. La desobediencia civil, que está firmemente cimentada en la ley bíblica es una cosa, pero la desobediencia civil que pone al hombre por encima de la ley es otra: es anarquía. Es una negación del principio de la ley trascendental.

De aquí que Dios está en guerra con Amalec en toda generación, porque en toda generación el orden-ley absoluto de Dios es el único cimiento verdadero de la sociedad, en tanto que Amalec, decidido a ser su propio dios, trata de destruir todo rastro del orden-ley de Dios.

Debido a que el amalecita aborrece a Dios, también aborrece la vida. En las palabras de Cristo, hablando como Sabiduría: «Mas el que peca contra mí, defrauda su alma; Todos los que me aborrecen aman la muerte» (Pr 8:36). Este aborrecimiento de la vida colorea toda la vida y se manifiesta en todo aspecto. Para citar un ejemplo revelador; en la primavera de 1969, una cuña comercial de televisión de una prominente compañía manufacturera de aceites infantiles y productos relacionados usó esta frase: «No es fácil ser bebé». Este enunciado repetido en el corazón de la cuña se usó porque era un enunciado significativo en este día y era. Claro, si es difícil ser bebé, es un problema estar vivo. Una generación que acepta la tesis de que «no es fácil ser bebé» por cierto se rebelará en eso de ser adolescentes al enfrentar responsabilida-

---

6   *Ibid.,* p. 59.

des venideras, y se rebelará incluso más al ser adultos con responsabilidades. Si «no es fácil ser bebé», podemos esperar rabietas verdaderamente violentas al ser adulto.

De nuevo, la violencia la engendran las enseñanzas falsas que, en el nombre de Dios, niegan a Dios. En 1968, en un grupo de estudio bíblico de mujeres, ostensiblemente «fundamentalista» y fuertemente arminiano, se hizo esta afirmación y se aceptó casi sin disensión: «Las necesidades humanas vienen antes que la ley de Dios». Este es una incitación a quebrantar la ley, porque no hay ley de Dios que una necesidad humana no pueda contradecir. Cuando los clérigos hacen tales afirmaciones, el mundo no tiene necesidad de que el Marqués de Sade o los marxistas hagan violencia; es una inevitabilidad histórica que las «necesidades humanas» atacarán violentamente el orden-ley de Dios.

Para volver a la ley, como se dice en Números 15:30, 31:

> Mas la persona que hiciere algo con soberbia, así el natural como el extranjero, ultraja a Jehová; esa persona será cortada de en medio de su pueblo. Por cuanto tuvo en poco la palabra de Jehová, y menospreció su mandamiento, enteramente será cortada esa persona; su iniquidad caerá sobre ella.

El que más que excomunión es lo que esto quiere decir es evidente en Deuteronomio 17:12, 13, en donde la pena capital, la muerte, se exige para este «proceder con soberbia contra la ley». Desafiar la ley y tratarla con desdén, ponerse uno mismo por encima de las leyes de Dios y del hombre, es estar en guerra total con Dios y con el hombre, y la pena es la muerte.

Si una sociedad rehúsa aplicar la pena de muerte exigida, allí Dios le cobra la pena de muerte a esa sociedad. El hecho básico del orden-ley de Dios es que, desde la caída de Adán en adelante, la pena de muerte ha sido efectiva. Las sociedades han caído en grandes números por su desafío a Dios, y continuarán cayendo mientras continúen su violación del orden de Dios. Todo estado y toda sociedad, pues, tiene que decidir: sentenciar a muerte a los que merecen morir, o morir ellos mismos. Pero todos los que aborrecen a Dios escogen la muerte. Por cierto, el pecado de presunción o soberbia es la total rebelión contra Dios y el hombre; todo el que lo permite ha escogido la muerte sea que lo reconozca o no.

Dios aborrece a todos los soberbios. Como Salomón declaró: «El temor de Jehová es aborrecer el mal; la soberbia y la arrogancia, el mal camino, y la boca perversa, aborrezco» (Pr 8:13). Esto es una referencia clara a *personas* (no solo características) de una clase en particular. Dios los aborrece y espera que nosotros también los aborrezcamos si lo tememos a Él. Temer a Dios es aborrecer el mal en toda forma, y amar a los perversos es aborrecer a Dios y menospreciar su palabra-ley.

La mente humanista trata de ser más sabia y más santa que Dios; aduce que con amor puede llevar a los perversos a la salvación. Ve con horror a los que se regocijan en la caída de los perversos. Dios, sin embargo, deja en claro su placer y risa en la caída de los necios, de los burladores, del voluntariamente insensato, y de los perversos de toda clase:

> Por cuanto llamé, y no quisisteis oír,
> Extendí mi mano, y no hubo quien atendiese,
> Sino que desechasteis todo consejo mío
> Y mi reprensión no quisisteis,
> También yo me reiré en vuestra calamidad,
> Y me burlaré cuando os viniere lo que teméis;
> Cuando viniere como una destrucción lo que teméis,
> Y vuestra calamidad llegare como un torbellino;
> Cuando sobre vosotros viniere tribulación y angustia.
> Entonces me llamarán, y no responderé;
> Me buscarán de mañana, y no me hallarán.
> Por cuanto aborrecieron la sabiduría,
> Y no escogieron el temor de Jehová,
> Ni quisieron mi consejo,
> Y menospreciaron toda reprensión mía,
> Comerán del fruto de su camino,
> Y serán hastiados de sus propios consejos.
> Porque el desvío de los ignorantes los matará,
> Y la prosperidad de los necios los echará a perder;
> Mas el que me oyere, habitará confiadamente
> Y vivirá tranquilo, sin temor del mal (Pr 1:24-33).

No solo es bien evidente el *odio* de Dios por los perversos en esta declaración, sino también su negativa a que lo usen como póliza de seguros. El hombre está dispuesto a concederle a Dios un lugar en el universo, siempre y cuando pueda usar a Dios y hacer que Dios lo sirva. Lo que se dice no son afirmaciones soberanas de Dios omnipotente, sino las afirmaciones soberanas de un hombre moralmente libre. Este hombre humanista aceptará a Dios en el mejor de los casos como un aliado y compadre, aunque más a menudo solo como póliza de seguros, como una llanta de emergencia que pueda usar en caso de problemas, si acaso. Pero a Dios nadie va a usarlo. La soberbia de los que hacen uso santurrón de Dios es tan perversa como la soberbia de los que, como Amalec, lo desafían. Hay grados en la expresión de su mal y su soberbia, pero la soberbia, explícita o implícita, los gobierna por igual. Satanás lo intentó primero, y, después de siglos de esfuerzo, ni siquiera se acerca a su meta.

20. Herencia social: Hitos

Una ley importante, citada en Deuteronomio 19:14, tiene referencia básicamente al octavo mandamiento: «No hurtarás». Esto es evidente en el pasaje tanto como en referencias posteriores a la ley:

En la heredad que poseas en la tierra que Jehová tu Dios te da, no reducirás los límites de la propiedad de tu prójimo, que fijaron los antiguos (Dt 19:14).

Maldito el que redujere el límite de su prójimo. Y dirá todo el pueblo: Amén (Dt 27:17).

Traspasan los linderos, roban los ganados, y los apacientan (Job 24:2).

No traspases los linderos antiguos que pusieron tus padres (Pr 22:28).

No traspases el lindero antiguo, ni entres en la heredad de los huérfanos;

Porque el defensor de ellos es el Fuerte, el cual juzgará la causa de ellos contra ti (Pr 23:10, 11).

La referencia a la propiedad es obvia, pero también hay una referencia a la conservación de la herencia. Hay que preservar la herencia, una herencia de tierra. Pero, con razón, estas referencias en Deuteronomio y Proverbios se han tomado cómo que se refieren a un hecho más amplio, un respeto por los hitos morales, espirituales y sociales de nuestra herencia en el pacto de Dios. W. F. Adeney vio en Proverbios 22:28 una referencia a los títulos de propiedad, de historia, de doctrina y de moral[1]. Hay base bíblica para esto en que Oseas 5:10, al citar la apostasía religiosa y moral de la nación y la corrupción de sus dirigentes, dice, «Los príncipes de Judá fueron como los que traspasan los linderos; derramaré sobre ellos como agua mi ira». De este versículo Reynolds y Whitehouse observaron: «Ellos (los príncipes de Judá) derribaron la barrera entre el bien del mal, entre la verdad y la falsedad, entre Jehová y Baalim»[2]. Esta es la importancia de esta ley con referencia a la sexta palabra-ley: «No matarás». Destruir la barrera entre el bien y el mal, entre la verdad y la falsedad, y entre Dios y los falsos dioses, es asesinar a la sociedad y matar su herencia más básica.

La remoción de los hitos ha sido una tarea principal de la educación y la política en años recientes. De la educación, Black, al hacer un análisis de la educación de Estados Unidos de América en el siglo XIX, escribió:

Al mirar hacia atrás a esos años, podemos ver que los libros de texto y las escuelas mismas sostenían la ética puritana como su principio moral básico.

---

1   W. F. Adeney, en H. D. M. Spence y Joseph S. Exell, *The Pulpit Commentary: Proverbs* (Anson D. F. Randolph, Nueva York, n.f.), p. 431.

2   H. R. Reynolds y The Rev. Prof. Whitehouse, «Hosea» [«Oseas»], en Ellicott, V, 421.

Fue esta ética lo que forjó y unificó a la nación. «El juicio de valor», escribe Ruth Miller Elson, «es su más valioso inventario: amor al país, amor a Dios, obligación con los padres, y la necesidad de cultivar hábitos de frugalidad, honestidad y trabajo arduo a fin de acumular propiedad, la certeza de progreso, la perfección de los Estados Unidos. Estas cosas no hay que cuestionar. Tampoco en todo este siglo de gran cambio externo hay alguna desviación de estos valores básicos. En arreglos pedagógicos el libro de texto de la década de 1790 es ampliamente diferente del de 1890, pero el continuo de valor es ininterrumpido. [...] El niño debe aprender ética al aprender información en cuanto a su mundo, incuestionablemente, de memoria. Su conducta no debe ser dirigida desde adentro, ni dirigida por otros, sino dictada por la autoridad y aceptada pasivamente».

Así entramos al siglo XX[3].

Esta descripción de los libros de texto del siglo XIX no es justo en algo de su terminología, pero es acertado al describir la diferencia entre los libros de texto y escuelas de entonces y las del presente siglo. En lugar de una moralidad cristiana, se enseña una ética relativista; en lugar de un respeto por los hitos de la sociedad cristiana (nunca vistos como «perfección» sino como un intento de hacer realidad el orden santo), se enseña un desprecio por el pasado. Esto se ha hecho en el nombre de la democracia aunque en desprecio de las creencias y deseos populares.

Se han negado los antiguos hitos a favor de nuevos hitos. En lugar de afirmar la soberanía de Dios, los educadores e intelectuales ahora afirman *la soberanía del azar*. Charlotte Willard declara: «El azar es la única certidumbre del universo»[4]. Cada nueva fe quiere decir un nuevo aspecto de posibilidad incluso mientras cierra la puerta a otros aspectos. Para Willard, la soberanía de Dios, una moralidad absoluta, el movimiento de la historia en términos del decreto de Dios a la victoria ineludible, y el destino del hombre bajo Dios, son todos imposible. Pero nuevos aspectos de posibilidad se abren por un mundo de azar en el cual el hombre asume el papel de dios y creador. Willard, revisando *Beyond Modern Sculpture: The Effect of Science and Technology on the Sculpture of This Century*, de Jack Burnham escribe:

> El Sr. Burnham lleva al clímax su tesis citando de *Intelligence in the Universe* de Roger MacGowan y Frederick Ordway; el primero, jefe de la Rama Científica Digital, Centro de Comando de Computación de Proyectiles del Ejército, Hunstville, Alabama, y el último presidente de la Corporación de Investigación Astronáutica General, Londres. Estas profetizan que la vida

---

3   Hillel Black, *The American Schoolbook* (William Morrow & Company, Nueva York, 1967), p. 90. La cita de Black es de Ruth Miller Elson, *Guardians of Truth*.

4   Charlotte Willard, «Presaging the Triumph of Egghead Automata» [«Presagiando el triunfo del autómata cabeza de huevo»], en *Saturday Review* (8 febrero 1969), p. 20.

inteligente que podamos encontrar en el espacio estelar probablemente será el producto de la evolución biológica pero será vida inteligente inorgánica construida artificialmente. Los líderes políticos aquí en la tierra pronto aprenderán que se puede construir un autómata artificial inteligente con capacidades intelectuales sobrehumanas. Creen que este autómata se apoderará de la tierra. El hombre, en otras palabras, producirá su propia transformación de una creación biológica a una concentración inorgánica de energía que procesa información. El Sr. Burnham concluye triunfalmente que «los límites físicos que separan al escultor de los resultados de sus esfuerzos tal vez desaparezcan». La ilustración final en el libro es un arreglo de tubos torcidos y erecto que se rotula Dios[5].

La reacción de Charlotte Willard a esto no es alegre, pero no tiene base real para la oposición. Negar a Dios en última instancia significa negar al hombre; esta es la consecuencia de eliminar los hitos antiguos. Una filosofía de la muerte de Dios en realidad deletrea la muerte del hombre. Al hombre como creación de Dios se elimina a favor del autómata que es creación del hombre. En otras palabras, el hombre hace de Dios suicidándose, punto que hace Dostoievski en *El poseído*.

A los viejos hitos de la ley se ha reemplazado con nuevos hitos relativistas. La Corte Suprema de los Estados Unidos extensivamente ha reemplazado la ley histórica estadounidense, con su orientación bíblica, con una ley humanista. Se han usado nuevos hitos legales para modificar antiguas leyes y subvertir el orden social.

Pero un hito relativista, humanista, no es hito. El relativismo solo da una cinta elástica para medir, que mide de manera diferente para todo hombre, según su medida y propósito personal. Como resultado, el hombre puede vivir en una crisis y no reconocerla. Por esto, aunque el delito subió agudamente entre 1967 y 1969, el público estadounidense se acostumbró más en esos años a vivir en un mundo de delito y violencia. Al no tener un estándar objetivo, sus juicios reflejan sus propias reacciones antes que un hecho objetivo. La encuesta Harris mostró que «una mayoría sustancial de los estadounidenses, el 59%, no piensan que el delito esté aumentando en sus propias comunidades, aunque apenas un poco más de uno en cada tres todavía cree que el delito está aumentando. Estos resultados marcan una reducción aguda en la aprehensión pública respecto al delito, comparado con una encuesta similar tomada en 1967»[6]. Sin que sea sorpresa, en Los Ángeles, el 27 de mayo de 1969, un gran número de votantes votó aprobando a Tomás Bradley, candidato de color, porque hacer eso era «lo de moda».

Hacer guerra contra los hitos es hacer guerra contra el progreso. Cuando la antigua China se volvió relativista en filosofía, la consecuencia fue el estancamiento.

---

5   *Ibid.*
6   Louis Harris, «Alarm Over Crime Abated Since 1967» [«Alarma por crimen se reduce desde 1967»], *The Register,* Santa Ana, California, lunes (m), 12 mayo 1969, p. C 8.

Cualquier progreso que China experimentó en siglos se debió a fuerzas ajenas a su filosofía básica. Hoy, filósofos educativos y maestros cada vez más están diciendo en sus clases que es imposible fijar metas en la educación. En un mundo de cambio, ¿cómo puede un hombre saber el futuro y educar en términos de lo desconocido? Puesto que vivimos en un mundo de cambio, lo único que se puede enseñar de manera válida es la certeza del cambio. Los educadores, pues, concuerdan con Willard en que «la casualidad es la única certeza en el universo». Así, en lugar de moralidad, se debe enseñar el amoralismo; en lugar de ciertos hechos básicos en cuanto al hombre y la sociedad, más bien se enseña la certeza del cambio. Como resultado, los estudiantes lógicamente demandan cambio continuo o rebelión como la necesidad moral en un universo amoral. Con tal filosofía educativa, la educación para la rebelión es ineludible, y solo una educación rigurosamente cristiana puede contrarrestarla. Otras filosofías de educación, o sea, aparte de la humanista y cristiana, son esencialmente nostálgicas; tratan de retener un orden deseado pero sin causa válida.

En un mundo sin hitos, toda ley o hito es un delito. Por eso, la premisa moral del Marqués de Sade era que «En una sociedad transgresora uno debe ser transgresor»[7]. Esto quiere decir guerra total contra todo lo establecido, contra todo orden social. También significa aislamiento, y todo hombre es una isla en sí mismo. Como dijo Sade: «Mi prójimo no es nada mío; no hay ni la más ligera relación entre él y yo»[8]. Como resultado, Sade estaba en guerra contra la idea de tener leyes y cortes; la única «justicia» que aprobaría era la de la vendetta, el acto personal de asesinato. En un mundo de anarquismo, sin hitos obligatorios para todos, los actos de todo hombre tienen validez total porque la licencia total es la única ley posible. Como Simone de Beauvoir resumió:

> Simpatizar con Sade demasiado fácilmente es traicionarlo. Porque es nuestra desdicha, sujeción y muerte lo que él desea; y cada vez que nos ponemos de lado de un niño degollado por un maníaco sexual, tomamos una posición en su contra. Él tampoco nos prohíbe defendernos. Permite que un padre pueda vengarse o prevenir, incluso mediante el asesinato, la violación sexual de su hijo. Lo que demanda es que, en la lucha entre existencias irreconciliables, cada uno se esfuerce concretamente en el nombre de su propia existencia. Aprueba la vendetta, pero no las cortes. Podemos matar, pero no podemos juzgar. Las pretensiones del juez son más arrogantes que las del tirano; porque el tirano se confina a ser él mismo, en tanto que el juez trata de erigir sus opiniones como leyes universales. Su esfuerzo se basa en una mentira.

---

7   Simone de Beauvoir, «Must We Burn Sade?» [«¿Debemos quemar a Sade»] en Austryn Wainhouse y Richard Seaver, *The Marquis de Sade: The 120 Days of Sodom and other writings* (Grove Press, Nueva York, 1966), p. 58.

8   *Ibid.*

Porque toda persona está prisionera en su propia piel y no puede convertirse en mediadora entre personas separadas de quienes ella misma está separada. El hecho de que un gran número de estos individuos se unan y se alienen en instituciones, de las cuales ya no son amos, no les da derecho adicional. Su número no tiene nada que ver con el asunto[1].

Si los deseos de un hombre son los únicos hitos, en un mundo sin significado el hombre mismo se vuelve carente de sentido. Para Sade, el único *contacto* posible con otros era la agresión, y el único *significado* posible era el delito. En las propias palabras de Sade: «Ah, ¡cuántas veces, por Dios, no he anhelado poder asaltar al sol, arrebatarlo del universo, hacer una oscuridad general, o usar al sol para incinerar al mundo! Ah, eso sería un delito… »[2]. La única realidad, entonces, es la *agresión*. Pero, ¿qué si el hombre y su agresión son solo «parte» de la nada universal? La conclusión del relativismo chino, y, crecientemente en las formas occidentales de la misma fe, es en verdad que la casualidad es la única certeza y la nada es el destino y realidad universales. Wang Wei (701-761 d.C.), al avanzar más allá de las «ilusiones» del bien y mal, escribió: «No cuentes con el bien o el mal; solo desperdiciarás tu tiempo. […] ¿Quién sabe sino que todos vivimos la vida en un laberinto de un sueño?»[3]. Según Wang Wei, la cura de la soledad y el aislamiento del hombre en un mundo de relativismo es «la doctrina del no ser; ahí está el único remedio»[4]. Niega todo significado como cura de la falta de significado. En un mundo en donde se destruyen los hitos, se niega la posibilidad de hitos. En breve, decirle al hombre que se muere de hambre que el hambre es un mito. Esta es la conclusión del relativismo.

Si es un delito alterar los hitos de la propiedad para quitarle terreno a un vecino, ¿qué delito mucho mayor es alterar los hitos sociales, los cimientos bíblicos de la ley y la sociedad, y por consiguiente acarrear la muerte a ese orden social? Si es un delito robar bancos, es un delito robar y asesinar a un orden social.

---

1   *Ibid.*, p. 61.
2   *Ibid.*, p. 32.
3   Chan Yin-nan y Lewis C. Walmsby, traductores, *Poems by Wang Wei* (Charles E. Tuttle Co., Rutland, Vermont, 1958, 1965), p. 34.
4   *Ibid.*, p. 113.

VII

EL SÉPTIMO MANDAMIENTO

1. El matrimonio

El propósito del sexto mandamiento, «No cometerás adulterio», es proteger el matrimonio. Es importante, por consiguiente, analizar el significado bíblico del matrimonio a fin de comprender la significación de las leyes que gobiernan su violación. La institución del matrimonio (Gn 2:18-25) en Edén describe el significado del matrimonio en relación al hombre; esto se considerará más adelante. Pero primero se debe entender y analizar el significado del matrimonio en relación a Dios.

Si bien el matrimonio es de esta tierra, puesto que en el cielo ni se casan ni se dan en casamiento (Mt 22:29, 30), tiene referencia y lo gobierna el Dios trino, como todas las cosas. La gran declaración de este hecho es Efesios 5:21-23, que empieza con el mandamiento general: «Someteos unos a otros en el temor de Dios», que la Versión Latinoamérica traduce: «Expresen su respeto a Cristo siendo sumisos los unos a los otros». Calvino comentó sobre esto:

> Dios nos ha unido tan fuertemente unos a otros que ningún hombre debería esforzarse por evadir sujeción; y donde el amor reina, se deben rendir servicios mutuos. No lo espero de reyes y gobernantes, cuya misma autoridad ostentan para *servicio* de la comunidad. Es altamente apropiado que todos seamos exhortados a sujetarnos unos a otros a la vez[5].

Así pues, se afirma un principio general de sujeción y servicio, y se cita al matrimonio como ilustrativo de este principio. Como Hodge lo anotó: «El apóstol insta a la obediencia mutua como deber cristiano, v. 21. Bajo esta cabeza trata de los deberes relativos de esposos y esposas, padres e hijos, amos y criados»[6]. El hombre, a través de los siglos, ha estado en revuelta contra esta necesidad de sujeción y servicio, y ha soñado más bien con poder autónomo. El joven Luis XIV expresó su placer con este concepto al duque de Gramont en 1661:

Luis: He estado leyendo un libro que me ha deleitado.
Gramont: ¿Cuál, señor?

---

5   John Calvin, *Commentaries on the Epistles of Paul to the Galatians and Ephesians*, William Pringle Translation (Eerdmans, Grand Rapids, 1948), p. 316s.
6   Charles Hodge, *A Commentary on the Epistle to the Ephesians* (Eerdmans, Grand Rapids, 1950), p. 308.

Luis: *Calcandille.* Me agrada hallar allí poder arbitrario en manos de un hombre, y todo es hecho por él o por órdenes suyas, y no le rinde cuentas de sus actos a nadie, y todos sus súbditos sin excepción le obedecen ciegamente. Tal poder ilimitado es lo más cercano al de Dios. ¿Qué piensas, Gramont?

Gramont: Me alegra que su majestad esté leyendo, pero quisiera preguntarle, ¿ha leído *Calcandille* por entero?

Luis: No, solo el prefacio.

Gramont: Pues bien, lea su majestad el libro entero, y cuando haya terminado, verá cuántos emperadores turcos murieron en sus camas y cuántos llegaron a un fin violento. En *Calcandille* uno halla amplia prueba de que un príncipe que puede hacer lo que se le antoje, nunca debe ser tan necio de hacerlo[7].

Con el anarquismo, este sueño de poder autónomo ha llegado a ser la esperanza de un número elevado de personas.

Este principio general de sujeción y servicio se arraiga en mucho más que la interdependencia de los hombres; más bien, se basa en una fe teocrática. Los hombres deben estar en sujeción unos a otros, y en servicio mutuo (Ef 5:22-29), no porque las necesidades de la humanidad lo requieran sino por temor a Dios y en obediencia a su palabra-ley. La interdependencia humana existe debido a que la dependencia previa en Dios requiere la unidad de su creación bajo su ley.

Es más, debido a que el hombre no es Dios, el hombre es un súbdito, súbdito primordial y esencialmente de Dios, y de otros solo en el Señor. Cuando el hombre rechaza su sujeción a Dios y proclama su autonomía, no gana independencia con eso. La sujeción de hombre a hombre continúa en grupos paganos, marxistas, socialistas fabianos, anarquistas y ateos, pero esta sujeción no es ajena a los límites de la ley de Dios. La sujeción bíblica de hombre a hombre, y de la esposa a su esposo, es en todo punto gobernada y limitada por la sujeción previa y absoluta a Dios, de la cual todas las demás sujeciones son aspectos. El señorío previo y absoluto de Dios limita y condiciona de esta manera toda situación del hombre y no permite delitos sin transgresión. Negar el principio bíblico de sujeción es abrir la puerta al totalitarismo y a la tiranía, puesto que ningún límite permanece entonces sobre el deseo del hombre de dominar y usar a su semejante. El principio bíblico de sujeción condiciona toda relación personal por el requisito previo y jurisdicción gobernante total de la ley de Dios, de modo que todas las relaciones personales en la tierra están limitadas y las restringe la palabra-ley de Dios. Por eso, el mandamiento bíblico de sumisión (Ef 5:22) no coloca a las esposas en servidumbre sino que más bien la sitúa en la libertad y seguridad de una relación personal que Dios ordenó.

---

7   W. H. Lewis, *Assault on Olympus, The Rise of the House of Gramont between 1604 and 1678* (Harcourt, Brace and Company, New York, 1958), p. 151.

Sin la fe bíblica, el único factor que sostiene al matrimonio es el frágil vínculo de los *sentimientos*. Mary Carolyn Davies, en su poema: «Un matrimonio», escribió:

Tomaste mi nombre y tomaste mi orgullo
No me dejaste gran cosa aparte,
Sino el sentimiento… *que* asegura:
¡Cierto gozo al ser tuya!
¡Propiedad! Eso es lo que quería decir.
¡Propiedad! ¡Y nos contentamos!
Ahora te has ido; y ¿qué puedo yo ser excepto propiedad?[8].

Cuando *el sentimiento* es la base del matrimonio y no un principio religioso, en última instancia el matrimonio se vuelve robo, y cada cónyuge utiliza al otro y luego se va cuando no hay nada nuevo que ganar. De nuevo, Mary Carolyn Davies capta la impersonalidad materialista de las relaciones sexuales cuando están divorciadas de la moralidad bíblica:

«Ahí tienen a una mujer»,
Le dicen a todos los hombres,
«Un poco embarrada por la vida;
Un poco estropeada por el amor,
Un poco estirada, un poco manchada».
Ah sí, son perdonadores.
A ti que hiciste el mal lo dicen, pero de mí,
Como repollo en el mercado, críticamente,
Dirán: «No está lo tierna que debería estar»[9].

Los sentimientos románticos, la explotación mutua y la autocompasión llegan a ser la suerte de los que reducen la relación entre hombre y mujer a una libertad anárquica fuera de la ley de Dios.

El principio bíblico de sujeción es jerárquico en que hay clases o niveles de autoridad, pero esto no quiere decir que todos los niveles no sean responsables de manera directa y absoluta a Dios en términos de su palabra-ley. Según San Pablo, «el marido es cabeza de la mujer, así como Cristo es cabeza de la iglesia, la cual es su cuerpo, y él es su Salvador» (Ef 5:23). Sobre este principio fundamental, San Pablo añade: «Así que, como la iglesia está sujeta a Cristo, así también las casadas lo estén a sus maridos en todo» (Ef 5:24). El comentario del muy reverendo Alfred Barry sobre estos versículos es de interés aquí:

Cristo no solo la es la Cabeza, sino «Salvador del Cuerpo», o sea, «de su cuerpo, la iglesia», y no solo le enseña y gobierna, sino que por su unidad le infunde la nueva vida de la justificación y santificación. Aquí ningún esposo

---

8   Mary Carolyn Davies, *Marriage Songs* (Harold Vinal, Boston, 1923), p. 16.
9   *Ibid.,* «They'll Say—» [«Ellos dirán:… »], p. 13.

puede ser como Él, y por consiguiente, nadie puede decir que tiene la dependencia absoluta de fe que es solo de Él por derecho....

La sumisión de la iglesia de Cristo es una sujeción libre, que brota de la fe en la absoluta sabiduría, bondad y amor indecible de Cristo. De aquí concluimos (1) que la subordinación de la esposa no es por compulsión y temor, como la de una esclava, sino que surge de la libertad y la preserva; luego (2), que puede existir, o en cualquier caso perdurar, solo a condición de sabiduría y amor superiores en el esposo; tercero (3), que en tanto que es como la subordinación más alta en clase, no puede ser igualmente perfecta en grado; aunque es real «en todo», no puede ser absoluta en nada. El antitipo es, como siempre, mayor que el tipo[10].

Este sesudo enunciado yerra el punto del pasaje al basar la obediencia en el amor antes que en la ley. La obediencia de la esposa no es condicional a la «sabiduría, bondad y amor superiores del esposo»; no hay nada en la ley que indique esto. La interpretación de Barry niega en efecto que la declaración de San Pablo sea la palabra-ley de Dios; más bien es una descripción que hace de Barry de las relaciones maritales . Lenski cae en el mismo error. Él comenta: «Esta es también una auto sujeción voluntaria y no subyugación»[11]. Por cierto, la sujeción de una esposa a su esposo no es esclavitud, ni subyugación involuntaria. San Pablo no está preocupado por los sentimientos, ni por la actitud voluntaria de la esposa; está enunciando la ley de Dios y estableciendo su significado. Hablar de la ley sin citar el hecho de que es ley es por cierto exégesis extraña. Requiere una ceguera curiosa.

Lo que San Pablo quiere decir es que todo el universo es de sumisión a la autoridad, y que el cumplimiento de cada aspecto es el desempeño de sus deberes en términos de esa sumisión. Es la posición y realización de la esposa estar en sumisión a su esposo en toda autoridad debida. Así como Cristo es cabeza de la iglesia y salvador de su cuerpo, la iglesia, la autoridad del esposo se debe ejercer a favor de la salud y fortalecimiento de su esposa y familia. Así como la iglesia debe someterse a Cristo, la esposa debe someterse a su esposo «en todo» (Ef 5:24). Hodge comentó sobre esta frase:

Así como el versículo 22 enseña la naturaleza de la sujeción de la esposa a su esposo, y el versículo 23 es su base, este versículo (24) enseña su extensión. Ella debe estar sujeta… *en todo.* Es decir, la sujeción no está limitada a una sola esfera o segmento de la vida social, sino que se extiende a todas. La esposa no está sujeta en algunas cosas, y es independiente en otras, sino que está sujeta en todo. Esto, por supuesto, no quiere decir que la autoridad del

---

10   Alfred Barry, «Ephesians» [«Efesios»], en Ellicott, VIII, 52.
11   R. C. H. Lenski, *The Interpretation of St. Paul's Epistle to the Galatians, to the Ephesians and to the Philippians* (Augsburg, Minneapolis, 1946, 1941), p. 625.

esposo es ilimitada. Enseña su extensión, no su grado. Se extiende a todos los segmentos, pero es limitada en todos; primero, por la naturaleza de la relación; y en segundo lugar, por la autoridad más alta de Dios. Ningún superior nuestro —sea amo, padre, esposo o magistrado— puede hacer que sea obligatorio para nosotros hacer lo que Dios prohíbe, o que no hagamos lo que Dios ordena. Así que siempre y cuando nuestra lealtad a Dios se preserve, y la obediencia al hombre se haga parte de nuestra obediencia a Dios, retenemos nuestra libertad y nuestra integridad[12].

En un mundo sin sumisión a la ley y a las autoridades bajo la ley, muy rápidamente solo la fuerza anárquica prevalecerá, y por cierto nada puede ser más destructivo para el bienestar de una mujer o de un hombre. El mundo de la ley de Dios y las autoridades ordenadas por Dios es la verdadera libertad del hombre. Es *solo* cuando establecemos primero la primacía de esta ley y autoridad que podemos, con Barry y Lenski, hablar de esa sumisión voluntaria a la ley y autoridad como la felicidad y realización del hombre. Aquí el asunto lo dice mejor Ingram, que empieza con la ley y ve el asentimiento como asentimiento a la ley:

> El testimonio público al consentimiento mutuo y los votos matrimoniales: estas son las cosas que hacen un matrimonio.
>
> La integridad de todo el argumento moral de los Diez Mandamientos empieza a destacarse incluso más claramente en esto. El misterio de hacer y cumplir un voto de lealtad, una promesa, a Dios, a un cónyuge, y el tomar el nombre de Dios en un juramento solemne, son las cosas sobre las cuales está edificada la ley moral. Estos son los cimientos de la sociedad. Éstas son las cosas que se mantienen viva y en fuerza al infligir penas por romperlas. Las promesas, votos, juramentos, lealtades se desvanecen si se rompen con impunidad. La sociedad sigue cumpliendo promesas y castigando las violaciones. El crédito es una extensión del principio en el mundo de los negocios. El contrato se establece con una palabra dada, y no es mejor que esa palabra. El vínculo de lealtad o el efecto de una promesa está en lo que pudiéramos llamar el mundo del espíritu; no tiene forma, ni peso, ni tamaño; no se puede tocar, ni ver ni oír. Pero controla la vida humana.
>
> Lo que un adúltero en realidad hace es romper un voto solemne. Con su acción pisotea el matrimonio mismo, se burla de Dios y de la sociedad, y en sentido figurado arroja esa promesa al recipiente de basura, despojada ya de todo su valor[13].

Dios condiciona ciertas promesas y amenazas al hombre y a la sociedad al cumplimiento o violación de su palabra-ley. El desprecio calculado del hombre de esa palabra-

---

12   Hodge, *Ephesians,* p. 314s.
13   T. R. Ingram, *The World Under God's Law,* p. 84.

ley es una declaración implícita o explícita de que el hombre remplaza la autoridad de Dios con la propia, y que esa sumisión moral se niega en favor de la autonomía.

La alternativa a la sumisión es la explotación, no la libertad, porque no hay verdadera libertad en la anarquía. El propósito de la sumisión no es degradar a las mujeres en el matrimonio, ni degradar a los hombres en la sociedad, sino llevarlos a mayor prosperidad y paz bajo el orden de Dios. En un mundo de autoridad, la sumisión de la esposa no es en aislamiento ni en un vacío. Se establece en un contexto de sumisión de parte de los hombres a la autoridad; en un mundo así, los hombres enseñan los principios de autoridad a sus hijos e hijas y procuran inculcar en ellos la responsabilidad de la autoridad y obediencia. En un mundo así, la interdependencia y el servicio prevalecen.

En un mundo de anarquismo moral, no hay ni sumisión a la autoridad ni servicio, que es una forma de sumisión. Un esposo y padre que usa su autoridad y sus ingresos sabiamente para promover el bienestar de toda la familia está sirviendo al bienestar de todos. Pero en un mundo que niega la sumisión y la autoridad, todo hombre se sirve solo a sí mismo y procura explotar a los demás. Los hombres explotan a las mujeres, y las mujeres explotan a los hombres. Si la mujer envejece, la abandonan. Si el ingreso del hombre se reduce, lo abandonan si se presenta una mejor oportunidad. El mundo del «jet set», y la arena del teatro, nos proveen de abundantes ejemplos del hecho de que el mundo del anarquismo y la iniquidad, o sea, el mundo fuera de la ley de Dios en lo que respecta a la sumisión, es un mundo de explotación, en particular de explotación sexual.

Otro hecho significativo aparece en la declaración de San Pablo en Efesios: aunque las Escrituras repetidas veces dan por sentado y citan el amor como un aspecto de la relación de la mujer a su esposo, aquí San Pablo no cita el amor con referencia a la esposa y su reacción a su esposo. La *primacía* se da a la *sumisión* de parte de la esposa, y el *amor* de parte del esposo. El amor del esposo, sin embargo, se define como *servicio,* y se le compara con la obra redentora de Cristo por su iglesia (Ef 5:22-29). Por tanto, la evidencia de amor del esposo es su gobierno sabio amante de su familia, en tanto que la esposa demuestra su amor en sumisión. En ambos casos, la sumisión y la autoridad están dirigidas, no por los deseos de las partes que participan, sino por la palabra-ley de Dios. En donde la sumisión y la autoridad tienen sus premisas en la ley de Dios, esa sumisión y autoridad interactúan. El esposo se somete a Cristo y a toda autoridad debida, y la esposa se somete a su esposo y por consiguiente promueve su ejercicio de autoridad en todo ámbito y llega a ser la ayuda idónea de su esposo en su autoridad y dominio. La esposa normalmente deriva su estatus de su esposo, y socavarlo a él es socavarse ella misma. De modo similar, «también los maridos deben amar a sus mujeres como a sus mismos cuerpos. El que ama a su mujer, a sí mismo se ama. Porque nadie aborreció jamás a su propia carne, sino que la sustenta y la cuida, como también Cristo a la iglesia» (Ef 5:28, 29). La base de tal relación es la fe, y obediencia por fe a la palabra-ley de Dios. La autoridad y la ley no son esencialmente físicas sino primordialmente del espíritu; donde los hombres reconocen la religión y la fe que establece la autoridad, allí se respetan las manifestaciones físicas de la autoridad. Si se derrumban los cimientos religiosos de la autoridad, esa autoridad enseguida se derrumba y desaparece. Por esto, muy poca labor policial se necesita en India para mantener a los hindúes en una dieta vegetariana, puesto que esa dieta la soporta la fe religiosa más estricta, pero sería casi imposible imponerles hoy esa dieta a los estadounidenses.

Cuando se niega la fe bíblica que sostiene la vida de la familia occidental, también se altera la naturaleza de la relación matrimonial. El relativismo humanista del hombre moderno disuelve los lazos entre el hombre y la mujer en todo lo que tiene que ver con cualquier ley y valor objetivos y los reduce a lazos puramente relativos y personales. Ahora un lazo puramente *personal* es *impersonal* en su opinión sobre otras personas. Un hombre cuyo juicio lo gobiernan solo sus consideraciones personales, no considera las consideraciones de los demás, excepto en la medida en que pueda usarlas para promover sus propios fines. Como resultado, prevalece el *externalismo*. Por eso, el grotesco humanista, Thomas More, abogaba en *Utopía* que los novios se deberían desnudos antes de decidir casarse. Cuando Sir William Roper elogió este aspecto de *Utopía* y pidió que se lo aplicaran a las dos hijas de More, a quienes él estaba cortejando, More llevó a Roper al dormitorio en donde las dos jóvenes dormían juntas, «de espaldas, con sus batas de dormir subidas hasta sus axilas. More retiró las frazadas, y las muchachas por pudor se dieron la vuelta. Roper le dio una palmada a una en el trasero, diciendo: "Ya he visto ambos lados; tú eres mía"»[14]. El hecho de que Roper tuvo un matrimonio feliz no altera el hecho de que fue una falta de respeto lo mismo del padre que del esposo. Si Roper y su esposa no hubieran tenido un trasfondo de fe católico romano estricto, los resultados no hubieran sido tan felices.

El externalismo del anarquista es ajeno a la jerarquía de autoridad que es básica en el orden-ley de Dios. Esta autoridad descansa en una doctrina de Dios, y, con respecto al matrimonio, un aspecto central del significado de matrimonio es que es un tipo de Cristo y su iglesia (Ef 5:25-32). En Efesios 3:14, 15 San Pablo habla de Dios como Padre de todas las familias en el cielo y la tierra, o, más literalmente, el «Padre de todas las paternidades» según Simpson:

Dios mismo es el arquetipo de la paternidad, tenuemente esbozado por la paternidad humana. De su mano creativa han procedido todos los seres racionales en toda su multiplicidad de aspectos y modales y usos, divergentes o interrelacionados. Al «Padre de los Espíritus» le deben su existencia y las condiciones que los han estampado con impresiones tanto individuales como colectivas, o un alcance y órbitas reales o potenciales[15].

---

14   *Aubrey's Brief Lives* (University of Michigan Press, Ann Arbor, 1957), pp. 212-214.

15   E. K. Simpson in E. K. Simpson and F. F. Bruce, *Commentary on the Epistles to the Ephesians and the Colossians* (Eerdmans, Grand Rapids, 1957), p. 79.

La traducción de James Moffat [al inglés] de este pasaje dice: «Por esta razón, entonces, me arrodillo ante el Padre de quien toda familia en el cielo y la tierra deriva su nombre y naturaleza». El *nombre y naturaleza* de todas las relaciones terrenales se deriva del Dios trino, así que no hay ley, ni sociedad, ni relación personal, ni justicia, ni estructura, ni diseño, ni significado aparte de Dios, y todos estos aspectos y relaciones de la sociedad son tipos de lo que existe en la Deidad. El infierno no tiene nada de esto, sino existencia estricta, que en sí misma es creación de Dios. Negar a Dios es en última instancia negarlo todo, puesto que todas las cosas vienen de Dios y testifican de Él.

Según Simpson, la tipología del matrimonio y su relación a Cristo y la iglesia tiene cuatro implicaciones. *Primero,* establece el hecho del *dominio,* que es básico al propósito de Dios y su reino. *Segundo,* tiene referencia a *devoción* o sacrificio propio. *Tercero,* es en términos de un *diseño,* un propósito y destinos soberanos. *Cuarto,* declara la derivación[16].

El «una carne» que menciona San Pablo no quiere decir, como Hodge señaló, una «identidad de sustancia, sino comunidad de vida»[17]. Tal como el infierno es la pérdida final y total de toda sociedad, el verdadero matrimonio, como todo aspecto de la vida santa, es una realización de una fase de la vida en sociedad bajo Dios. San Pablo, al citar Génesis 2:24 en Efesios 5:31 dice con claridad que le ha dicho a la iglesia de Éfeso lo que fue declarado desde el principio. El «misterio grande» del que Pablo habla en Efesios 5:32 es, según Calvino, «el que Cristo le instila a la iglesia su propia vida y poder»[18]. En donde la vida y poder se reciben fielmente, y cada autoridad, que recibe directamente la gracia de Dios y también a través de las autoridades debidas, desempeña sus deberes de sumisión y autoridad fielmente, el reino de Dios florece y abunda. Con respecto a la salvación y providencia de Dios, Cristo *es el único mediador entre Dios y el hombre.* Pero la gracia de Dios se mueve, no solo directamente de Dios al hombre por medio de Cristo, sino también *por medio del hombre al hombre* conforme ellos desempeñan sus deberes bajo Dios. ¿Qué miembro del pacto con padres santos puede negar que sus padres, por sus oraciones, su disciplina, su amor y sus enseñanzas no les revelan la gracia y el orden-ley de Dios? El hecho de que su salvación sea por entero obra de Dios no altera la realidad de los instrumentos del pacto. El que estos instrumentos del pacto son *instrumentos* en las manos de Dios se debe reconocer con claridad, y negarles incluso ese estatus es negar el orden de Dios. Los pastores, padres, maestros, autoridades civiles, y todos los demás, conforme desempeñan fielmente sus deberes bajo Dios, median de hombre a hombre el orden, la justicia, la ley, la gracia, la palabra y el propósito de Dios. Claramente y sin duda, «hay un solo Dios, y un solo mediador entre Dios y los hombres, Jesucristo hombre» (1 Ti 2:5).

---

16   *Ibid.,* pp. 150-154.
17   Hodge, *Ephesians,* p. 346.
18   Calvino, *Galatians and Ephesians,* p. 326.

El protestantismo ha sostenido correctamente la exclusividad de esa mediación, pero, se debe añadir, ha hecho daño al negar a menudo que haya una mediación entre los hombres. Un estado santo, que aplica el orden-ley de Dios fielmente y con cuidado, claramente media la justicia de Dios a los malhechores y su cuidado por los suyos. Es por esto que las Escrituras se refieren a las autoridades a quienes se da la palabra de Dios, o sea, que son establecidas como autoridades por la palabra de Dios, como «dioses», porque establecen o median un aspecto del orden de Dios (Jn 10:24, 35). La alternativa a la mediación es el anarquismo, y tampoco servirá travesear con la palabra «mediación» hasta que se alteren los diccionarios.

Todo aspecto legítimo de administración es mediación, en la que el orden-ley de Cristo es mediado por la iglesia, el estado, la escuela, la familia, la profesión y la sociedad. Administrar es mediar, porque un administrador no aplica su propia regla sino una más alta a la situación que está bajo su autoridad. Esto implica una jerarquía de autoridades, y la regla o estándar más alto de todas las jerarquías en cuanto a los hombres es la Biblia, la palabra escrita de Dios.

El Nuevo Testamento testifica en abundancia que Cristo mismo confirmó en su encarnación la necesidad de sumisión y la validez de la autoridad por su propio ejemplo. A este hecho también una *Compilación de la Misa de la Fiesta de la Sagrada Familia* da testimonio hermoso:

> Oh Señor Jesucristo, que, estando sujeto a María y a José, santificaste la vida del hogar con virtudes indecibles: concédenos, que, por la ayuda de ambos, podamos ser enseñados por el ejemplo de tu Sagrada Familia, y alcanzar la comunión eterna con ella; que vives y reinas con Dios Padre en unidad con el Espíritu Santo, Dios, mundo sin fin. Amén.

2. El matrimonio y el hombre

Al hombre se le puede entender solo en términos de Dios y su propósito soberano en la creación del hombre. Según Génesis 1:26-28, el hombre fue creado para ejercer dominio sobre la tierra y subyugarla, y el mandato de «sean fructíferos y multiplíquense» fue un aspecto del llamado para ejercer dominio sobre la tierra. Al hombre, por consiguiente, se le debe entender en términos del reino de Dios y el llamamiento que tiene el hombre de manifestar el orden-ley de Dios en una tierra desarrollada y subyugada.

El hombre es, pues, primordial y esencialmente una *criatura religiosa* a la que se entiende bien solo con referencia a su Creador y el propósito que tiene bajo Dios. El propósito del hombre, de poner todas las cosas bajo el dominio de la palabra-ley de Dios, confrontó al hombre desde el principio de su creación. Someter la tierra y ejercer dominio sobre ella, la tarea asignada a Adán en Edén, tuvo dos aspectos. *Primero, el aspecto práctico:* se requirió que el hombre cuidara el huerto del Edén (Gn 2:15). El hombre urbano tiende a olvidarse de que los frutales, las hortalizas y las plantas requieren trabajo y cuidado, incluso en el mundo perfecto del Edén. A Adán se le dio la responsabilidad de cuidar o cultivar el huerto y guardarlo o tenerlo a su cargo. *Segundo, el aspecto cognoscitivo;* al hombre se le requirió que pusiera nombre a las criaturas. Los nombres en el Antiguo Testamento son descripciones y clasificaciones, así que ponerle nombre a algo quiere decir entenderlo y clasificarlo. Mediante trabajo y conocimiento, el hombre debía subyugar la tierra, desarrollar sus potencialidades, aumentarse y multiplicarse a fin de extender su dominio tanto geográficamente como en conocimiento.

Este, entonces, fue el llamamiento santo del hombre bajo Dios: *trabajo y conocimiento* con el propósito de someter la tierra y ejercer dominio sobre ella. Por tanto, cualquier *vocación* por la que el hombre extiende su dominio, bajo Dios, con el propósito de Dios, y sin abuso ni desprecio de la tierra que Dios ha ordenado que sea el dominio del hombre bajo Él, es un *llamamiento santo.* La opinión común en toda rama de la cristiandad de que un llamamiento cristiano quiere decir entrada a las filas del ministerio no podría estar más errada. Tal actitud conduce a la suplantación del reino de Dios por la iglesia, al eclesiasticismo como propósito de Dios en la creación.

Entonces, el hombre no fue creado como niño, para que no se le pueda entender con referencia a un pasado primitivo o a su niñez, sino en términos de *responsabilidad madura y trabajo.* El hombre cristaliza como tal en términos de trabajo bajo Dios, y de aquí la destructividad radical para el hombre del trabajo insulso o frustrante, o de un orden social que penaliza al trabajador en la realización de los frutos de su labor. De modo similar, el hombre cristaliza como tal conforme extiende las fronteras de su conocimiento y aprende más de la naturaleza de las cosas y su utilidad por igual. Los hombres hallan exaltación en una tarea bien hecha, y en el conocimiento adquirido, porque gracias al trabajo y al conocimiento se extiende su dominio bajo Dios.

La tierra, pues, fue creada para ser reino de Dios, y el hombre fue creado a imagen de Dios para ser el vice-regente de Dios sobre ese campo bajo Dios. La imagen de Dios incluye conocimiento (Col 3:10), justicia y santidad (Ef 4:24), y dominio sobre la tierra y sus criaturas (Gn 1:28). Entonces, aunque Adán fue formado del polvo, de la capa vegetal, de tierra roja, fue ordenado a una naturaleza y destino gloriosos bajo Dios.

Al hombre se le requirió que se conociera primero a sí mismo en términos de su llamamiento antes de que le fuera dada una ayuda idónea, Eva. No fue sino hasta después de que Adán —por un tiempo indefinido pero evidentemente extenso— había trabajado en su llamamiento, cuidado del huerto y llegado a conocer a las criaturas allí, que le fue dada una esposa. Específicamente se nos dice que Adán le puso nombre o clasificó a todos los animales, tarea considerable, antes de la creación de Eva. Por general o limitada que fuera esta clasificación, con todo fue un entendimiento acertado y general de la vida animal. El Adán del Edén fue un hombre que trabajaba duro en un mundo en donde la maldición del pecado todavía no había infectado al hombre y a su trabajo.

Debe notarse que a Adán se le dio a Eva, *primero,* no en cumplimiento de una necesidad *natural* o *sexual,* aunque esto se reconoció (Gn 2:20), sino, después de cierto tiempo, para atender su necesidad de una «ayuda idónea», que es lo que a Eva se le llama. Ella es, sin lugar a duda, una *ayudante* para Adán en la vida y trabajo de este como el hombre del pacto de Dios, llamado a ejercer dominio y subyugar la tierra.

Esto significa, *segundo,* que el papel de la mujer es ser ayudante en *una función gubernamental.* El llamamiento del hombre es en términos del reino de Dios, y la creación y llamamiento de la mujer no es menos en términos de eso mismo. Ella debe ser una ayudante para el hombre al subyugar la tierra y para ejercer dominio sobre ella en cualesquiera de los términos necesarios para hacer más exitosa la vida y trabajo de su esposo. Las implicaciones de esto se considerarán más adelante en relación a la mujer en el matrimonio.

Tercero, Dios creó a Eva solo después de que Adán había demostrado que era *responsable* al cumplir fielmente y bien sus deberes. La responsabilidad es así, claramente un requisito previo para el matrimonio y para el hombre. De lo expresado aquí, surge más tarde el sistema de la dote que se requería para que el novio demostrara su responsabilidad al entregarle a la prometida una dote para la seguridad futura de ella y sus hijos.

Cuarto, puesto que el hombre es llamado a ejercer dominio, y el matrimonio y su gobierno de la familia es un aspecto central del mismo, el ejercicio del dominio en el trabajo y el conocimiento precede al ejercicio de dominio como esposo y padre. *La familia del pacto* es central en el reino de Dios y de aquí que al matrimonio se le cercó desde el comienzo con salvaguardas a fin de establecer el precedente de la responsabilidad.

Quinto, el matrimonio es sin lugar a duda una ordenanza divina, instituida en el paraíso junto con el llamamiento a *trabajar* y a *conocer.*

Sexto, el matrimonio es el estado normal del hombre, porque, según Dios, «No es bueno que el hombre esté solo» (Gn 2:18). A menos que los hombres estén físicamente incapacitados, o de otra manera sean llamados por Dios a quedarse solteros (Mt 19:10-12), el matrimonio es el estado normal de vida. Solo en una edad de inmadurez estudiada los hombres se mofan del matrimonio como si fuera esclavitud. Lo que están diciendo, en efecto, es que la responsabilidad, o más sencillamente, la hombría, es esclavitud y que el seguir siendo niño es libertad. A tales personas ni siquiera vale la pena responder.

Séptimo, en tanto que la familia y su dominio en ella son parte del llamamiento del hombre y una parte muy importante del mismo, dista mucho de ser la totalidad de su llamamiento. En tanto que el llamamiento de la mujer es en términos de su esposo y su familia, el llamamiento del hombre es en términos de la vocación que asume bajo Dios.

Octavo, el hombre, antes del matrimonio, es llamado, como hemos visto, a demostrar dos cosas: *el patrón de la obediencia* y *el patrón de la responsabilidad,* y entonces está listo para establecer un nuevo hogar. Génesis 2:24 deja en claro que el hombre *dejará* su casa paterna y *se unirá* a su mujer. Básico al desarrollo del dominio del hombre sobre la tierra están el cambio y el crecimiento. Los sistemas de familia que no permiten la independencia de la pareja joven tratan de perpetuar un orden sin cambio, en tanto que el cambio y el crecimiento los asegura el patrón bíblico que requiere una ruptura con los padres en el matrimonio. La ruptura no termina la responsabilidad de los padres, pero sí asegura el crecimiento independiente.

Noveno, la palabra hebrea que se traduce novio quiere decir «el circunciso», la palabra hebrea que se traduce suegro quiere decir *el que realiza la operación de la circuncisión,* y la palabra hebrea que se traduce suegra es similar. Esto, obviamente, no se refiere al rito físico, puesto que a los varones hebreos se les circuncidaba al octavo día. Lo que quería decir era que el suegro aseguraba el hecho de la *circuncisión espiritual,* así como también la suegra, asegurando el estatus del pacto del novio. Era su deber prevenir un matrimonio mixto. Un hombre podía casarse con la hija de ellos, y llegar a ser su esposo, solo cuando era claramente un hombre bajo Dios.

Así que los padres del novio tenían la obligación de preparar a su hijo para una vida de trabajo y creciente conocimiento y sabiduría, mientras que los padres de la novia tenían el deber, bajo estándares bíblicos, de examinar la fe y el carácter del esposo en perspectiva.

La madurez, pues, no solo es básica para la hombría sino también para el matrimonio. La madurez que se requiere es más que madurez física. En otras épocas, los matrimonios a menudo se concertaban en la adolescencia temprana, como en algunos países, pero en muchos de tales casos los hombres ya eran hombres de experiencia y trabajadores, y las muchachas mujeres educadas y capaces, en tanto que en otras épocas la inmadurez era la condición crónica y escogida de hombres y mujeres. Por cierto que la madurez física es lo más sabio, pero sin madurez de fe y carácter la relación matrimonial está plagada de conflictos y tensiones.

Puesto que el matrimonio está tan estrechamente ligado desde la creación con el pacto de Dios con el hombre, es especialmente apropiado que el ritual católico romano, en la bendición con que concluye la misa matrimonial, invoque la frase del pacto del Antiguo Testamento. En las palabras del nuevo misal bíblico de San Andrés:

> Que el Dios de Abraham, el Dios de Isaac, el Dios de Jacob sea con ustedes, y que cumpla Él en ustedes su bendición, para que ustedes puedan ver a los hijos de sus hijos hasta la tercera y cuarta generación y que después posean vida eterna y sin límites. Con la ayuda de nuestro Señor Jesucristo, quien con el Padre y el Espíritu Santo viven y reinan, Dios, para siempre jamás. Amén.

Finalmente, se debe notar que, si bien el matrimonio es la *relación sexual* ordenada entre hombre y mujer, no se puede entender solo en términos de sexo.

Cuando el matrimonio se reduce a sexo, el matrimonio se desintegra como institución y el sexo amoral lo reemplaza. El matrimonio tiene referencia primero a que lo instituyó Dios y luego al hombre y a la mujer en sus respectivos llamamientos. Debido a que al hombre hay que entenderlo en términos de su llamamiento bajo Dios, toda la vida del hombre se debe interpretar en términos de este llamamiento también. La dislocación en el llamamiento de un hombre es dislocación en su vida total. Cuando el trabajo es fútil, los hombres no pueden descansar de sus labores, porque su satisfacción en ellas ha desaparecido. Los hombres entonces buscan con mucha frecuencia hallarle propósito al trabajo al trabajar con mayor rigor. La frustración en términos de su llamamiento quiere decir mala salud para el hombre en términos de su salud física y mental, su energía sexual, y su capacidad para descansar, en tanto que el éxito en el trabajo quiere decir vigor y vitalidad para un hombre. Todo intento de entender el matrimonio solo en términos de sexo agravará el problema básico del hombre.

Si el matrimonio no es solo sexo, tampoco es solo *amor*. Las Escrituras no dan base por ningún lado a la idea de que un matrimonio se pueda terminar cuando el amor termina. Aunque el amor es importante para un matrimonio, no puede remplazar a la ley de Dios como vínculo esencial del matrimonio. Es más, una mujer no puede cometer mayor error que dar por sentado que puede tener prioridad en la vida de su esposo por encima del trabajo de este. Él la amará con calor y ternura como a ninguna otra persona, pero la vida del hombre es su trabajo, no su esposa, y cuando la mujer no entiende esto puede hacerle daño a su matrimonio. La tragedia de una edad apóstata es que las mujeres ven muy bien la futilidad o vaciedad de mucho del trabajo del hombre, pero no ven que la respuesta de un hombre santo a un mundo enfermo es más trabajo. Debido a que el trabajo es el llamamiento del hombre, los hombres a menudo cometen el serio error de tratar de resolver todos los problemas trabajando más duro, en tanto que, en la misma situación, la mujer está más convencida de la inutilidad del trabajo. Pero decirle a un hombre que el trabajo es fútil es decirle que él es fútil. Una causa básica y no reconocida de tensiones en el matrimonio es la futilidad creciente del trabajo en una edad en donde los apóstatas y estatistas tienden a privar al trabajo de sus metas constructivas. El ámbito del dominio del hombre se vuelve el ámbito de la frustración del hombre. Hay quienes pueden recordar cuando los hombres, no hace muchos años, trabajaban diez o más horas al día, seis o siete días a la semana, a menudo bajo circunstancias horribles e inseguras. Frente a esto, podían descansar y también disfrutar de la vida con un apetito robusto. El optimismo básico de esa edad y la certeza del progreso, la estabilidad de la economía de dinero en efectivo, y un sentido de dominio en estas seguridades, les daban a los hombres una satisfacción en sus labores que hacía posible el descanso. Una edad que niega el significado y satisfacción del trabajo también niega al hombre al mismo tiempo. No todas las condiciones más deseables y horas de trabajo puede reemplazar al *propósito* del trabajo. Dostoievsky señaló que a los hombres se les podría destrozar en Siberia, no por el trabajo forzado sino por el trabajo sin sentido, tal como mover un montón de piedras de un lado a otro interminablemente. Tal trabajo, aunque se haga con lentitud y holgazanería, destruye al hombre, en tanto que el trabajo significativo lo fortalece e incluso lo exalta.

Debido a la centralidad del trabajo para el hombre, uno de los problemas crónicos de los hombres es su tendencia a hacer del trabajo una *religión sustituta*. En lugar de derivar de Dios y de su orden-ley el significado de la vida, los hombres a menudo lo derivan de su trabajo. La consecuencia es una desorientación en la vida, familia y orden

Esté jubilado o trabajando activamente, el pensamiento del hombre todavía es en términos del mundo del trabajo, y continúa evaluando la realidad en los mismos términos. El hombre, habiendo sido llamado a ejercer dominio mediante el trabajo, está ligado al trabajo en pensamiento y acción. Pero no hay verdadero dominio para el hombre en el trabajo aparte de Dios y su orden-ley.

Una nota final: los hombres, a través de los siglos, se han sentido tan estrechamente ligados a su trabajo, que para ellos ha sido una satisfacción particular estar cerca de sus herramientas. Hasta hoy, en algunas partes del mundo, los hombres hallan placer al tener sus herramientas a mano. Algo de la resistencia a la Revolución Industrial vino de los hombres que disfrutaban teniendo sus talleres en casa y sintieron una pérdida al pasar a otros edificios. No era raro que los médicos llevaran sus maletines consigo al ir de vacaciones, y un punto alto de una gira europea para un médico era la oportunidad de usar su medicina. Muchos hombres descansan mejor si tienen las herramientas a mano.

3. El matrimonio y la mujer

La definición de mujer que Dios da al crear a Eva y al establecer el primer matrimonio es «ayuda idónea» (Gn 2:18). Esto es literalmente «comprometida con él», o «su contraparte»[1]. R. Payne Smith señaló que el hebreo es literalmente: «una ayuda como su imagen frontal reflejada»[2]. La implicación es la de una imagen en un espejo, punto que hace San Pablo en 1 Corintios 11:1-16; el hombre fue creado a imagen de Dios, y la mujer a la imagen reflejada de Dios en el hombre. En este pasaje, como Hodge observó, se afirma el principio «de que el orden y la subordinación prevalecen en todo el universo, y es esencial a su ser»[3]. La cabeza cubierta es una señal de estar bajo la autoridad de otra persona; de aquí que el hombre, que está directamente bajo Cristo, adora con la cabeza descubierta, y la mujer con cabeza cubierta. El hombre, por consiguiente, que adora con cabeza cubierta se

1   H. C. Leupold, *Exposition of Genesis* (Wartburg Press, Columbus, Ohio, 1942), p. 129s.

2   R. Payne Smith, «Genesis» [«Génesis»], en Ellicott, I, 21.

3   Charles Hodge, *An Exposition of the First Epistle to the Corinthians* (Eerdmans, Grand Rapids, 1950), p. 206.

deshonra a sí mismo (1 Co 11:1-4). La mujer que no se cubre podría igualmente haberse rapado o rasurado el cabello, porque es igual de vergonzoso para ella estar sin cubrirse como si se hubiera rapado (1 Co 11:5-7). Como León Morris observó con referencia a los vv. 8, 9, «ni en su origen, ni en el propósito para el cual fue creada puede la mujer reclamar prioridad, y ni siquiera igualdad»[4].

En consecuencia, San Pablo continuó: «Por lo cual la mujer debe tener señal de autoridad sobre su cabeza, por causa de los ángeles» (1 Co 11:10). La Versión Latino-américa tradujo «señal de autoridad» como «el signo de su dependencia», siguiendo con ello la opinión popular antes que el texto griego. «Señal de autoridad» significa más bien, como Morris y otros han señalado, «señal de su autoridad»[5]. Debido a que los ángeles son testigos, se debe traducir como testigo santo. Para muchos, parece haber aquí una seria contradicción: *primero,* San Pablo insiste en la subordinación, y luego, *segundo,* habla de lo que parece ser una señal de subordinación como señal de autoridad. Esto que parece contradicción surge del concepto anárquico de autoridad que está tan embebido en la naturaleza pecadora del hombre. Toda verdadera autoridad está bajo autoridad, puesto que solo Dios trasciende todas las cosas y es la fuente de todo poder y autoridad. Un coronel tiene autoridad debido a que está bajo un general, y su propia autoridad crece conforme el poder, el prestigio y la autoridad de los que están sobre él crecen, y su unidad con ellos en mente y propósito se asegura. Así también con la mujer; su subordinación es también su símbolo de autoridad. Muy frecuentemente, en varias sociedades, a las prostitutas se les ha prohibido que se vistan como esposas e hijas, porque hacerlo así sería decir que tienen la autoridad, la protección y el poder que han abdicado. Por eso, en Asiria a la prostituta soltera que se cubría la cabeza la castigaban severamente por su osadía[6]. Leyes similares existían en Roma. En la zona fronteriza estadounidense, la mujer que era esposa e hija llevaba una autoridad obvia y normalmente recababa el respeto y protección de todos los hombres.

Los hombres y las mujeres, declaró San Pablo (1 Co 11:11), son «mutuamente dependientes. Los unos no pueden existir sin los otros»[7]. «El uno no está sin el otro, *porque* así como las mujeres fueron originalmente formadas del hombre, el hombre nace de mujer»[8]. Los concilios de la iglesia muy temprano censuraron el cabello largo en los hombres como marca de feminidad, así como los romanos antes de ellos. No hay evidencia que respalde el retrato usual de Cristo y los apóstoles como hombres con cabello largo; la evidencia de la época indica pelo muy corto.

Para una mujer, sin embargo, en todas las edades y países, el cabello largo se ha considerado como un adorno. Le fue dado, dice Pablo, como una

---

4   Leon Morris, *The First Epistle of Paul to the Corinthians* (Eerdmans, Grand Rapids, 1958), p. 153.
5   *Ibid.,* p. 153s.
6   J. M. Powis Smith, *The Origin and History of Hebrew Law* (The University of Chicago Press, Chicago, 1931, 1960), p. 231s.
7   Charles Hodge, 1 *Corinthians,* p. 211.
8   *Ibid.,* p. 212.

cubierta, o como velo natural; es una gloria para ella *porque* es un velo. El velo mismo, por consiguiente, debe ser atractivo y decoroso en una mujer[9].

Es con base bíblica, pues, que se habla del cabello de una mujer como su «gloria coronadora», y su deleite en llevarlo como corona atractiva es *dado por Dios* cuando se hace dentro de los límites, aunque el tiempo que algunas dedican a ello ciertamente no es así.

La doctrina bíblica de la mujer, entonces, la revela como coronada de autoridad en su «sujeción» o subordinación, y claramente ayudante del rango más cercano posible al vice-regente que puso Dios sobre la creación. Esta no es responsabilidad pequeña, ni tampoco es un cuadro de una Griselda paciente. Los teólogos han señalado con demasiada frecuencia a Eva como la que condujo a Adán al pecado, pero se olvidan de notar que la posición que le concedió Dios era tal que el consejo era su deber normal, aunque en este caso fue claramente un consejo perverso. Los hombres como pecadores a menudo sueñan con una Griselda paciente que nunca hable a menos que se le dirija la palabra, pero ninguna otra esposa les agradaría menos o los aburriría más. Martín Lutero, que amaba profundamente a su Catalina, en cierta ocasión dijo: «Si tuviera que casarme de nuevo, tallaría una esposa mansa de piedra; porque dudo que de alguna otra clase sería mansa». Su biógrafa, Edith Simon, propiamente pregunta: «¿Cómo le habría ido a él con una esposa mansa?»[10]. Claro, la respuesta es que no muy bien.

Es una ilusión común que en el pasado primitivo y evolucionista del hombre las mujeres eran las esclavas más bajas, usadas a voluntad por brutos primitivos. No solo que esto es un mito evolucionista sin fundamento, sino que en toda sociedad conocida la posición de las mujeres, medida en términos de los hombres y la sociedad, ha sido notable. La idea de que las mujeres alguna vez se conformaron con ser meras esclavas es en sí misma una noción absurda. Las mujeres han sido mujeres en toda época. En un estudio de una sociedad extremadamente subdesarrollada, los nativos de Australia, Phyllis Kaberry ha mostrado que la importancia y estatus de la mujer es considerable[11].

Pocas cosas han deprimido más a las mujeres que el Siglo de las Luces, que convirtió a la mujer en un adorno y una criatura impotente. A excepción de la clase más baja, en donde el trabajo era obligatorio, la mujer «privilegiada» era una persona de adorno inútil, casi sin derechos. Esto no había sido así anteriormente. En la Inglaterra del siglo XVII las mujeres a menudo se dedicaban a negocios, eran gerentes altamente competentes, y participaban en los negocios como corredoras de seguros, fabricantes y cosas parecidas.

---

9   *Ibid.,* p. 213.
10   Edith Simon, *Luther Alive* (Doubleday, Garden City, N. Y., 1968), p. 336.
11   Phyllis M. Kaberry, *Aboriginal Woman, Sacred and Profane* (Routledge and Kegan Paul, Londres, 1939).

Hasta el siglo XVIII por lo general las mujeres figuraban en negocios como socias con sus esposos, y no en capacidades inferiores. A menudo se hacían cargo por completo durante las prolongadas ausencias de sus cónyuges. En algunos casos, en donde eran las más brillantes de la pareja, dirigían la función[12].

Una «revolución» legal dio lugar al estatus disminuido de las mujeres; «la noción demasiado extendida de que las mujeres surgieron de repente en el siglo XIX de una larga noche histórica o a una llanura iluminada por el sol es completamente errada»[13]. Un conocimiento de la historia temprana de los Estados Unidos de América deja en claro las altas responsabilidades de la mujer; los navegantes de Nueva Inglaterra podían irse en viaje de dos o tres años sabiendo que todos los negocios en casa lo dirigirían muy hábilmente sus esposas.

La Edad de la Razón vio al hombre como razón encarnada, y la mujer como emoción y voluntad, y por consiguiente inferior. La tesis de la Edad de la Razón ha sido que el gobierno de todas las cosas se debe entregar a la razón. La Edad de la Razón se opuso a la Edad de la Fe en forma acomplejada. Se consideró la religión como cosa de mujeres, y, mientras más se extendía el Siglo de las Luces, más la vida de la iglesia llegó a ser dominio de las mujeres y los niños. Mientras más pronunciado, por consiguiente, era el triunfo de la Edad de la Razón en cualquier cultura, más reducido llegó a ser el papel de las mujeres. Tal como a la religión se llegó a considerar como un adorno inútil pero a veces encantador, así también se consideró a las mujeres.

Estas ideas entraron a los Estados Unidos de América por la influencia de Sir William Blackstone sobre la ley, que a su vez fue influido por el juez de la Corte Suprema de Inglaterra, Edward Coke, un oportunista calculador. Como resultado, los libros de leyes en la primera mitad del siglo XIX mostraban a la mujer en un papel disminuido. Tres ejemplos de esto son reveladores:

Introduction to American Law [Introducción a la ley estadounidense] de Walker: La teoría legal es que el matrimonio hace del esposo y la esposa una persona, y esa persona es el esposo. Hay escasamente algún acto legal de cualquier descripción que ella sea competente para desempeñar. [...] En Ohio, pero casi en ninguna otra parte, a ella se le permite redactar su testamento, si resultara que ella tuviera algo de que disponer.

Law of Husband and Wife [Ley de esposo y esposa] de Roper: Por lo general no se sabe que cuando una mujer acepta una proposición de matrimonio, todo lo que tiene, o espera tener, se vuelve en la práctica propiedad del hombre que ha aceptado como esposo; y ningún obsequio o escritura ejecutada por ella entre el período de aceptación y el matrimonio se considera válido; porque si a ella

---

12 Ferdinand Lundberg and Marynia F. Farnham, Dr. en Med., *Modern Woman, The Lost Sex* (Harper, Nueva York, 1947), p. 130.
13 *Ibid.*, p. 421.

se le permitiera regular o de otra manera disponer de su propiedad, él tal vez se desilusione de la riqueza que esperaba al hacer la proposición.

Wharton's Laws [Leyes de Wharton]: La esposa es solo la sierva de su esposo[14].

Hay una cláusula extremadamente significativa en la afirmación de Roper: «*Por lo general no se sabe…*». Las implicaciones plenas de la revolución legal no se conocían por lo general. Por desgracia, llegaron a contar con el respaldo general *de los hombres.* Incluso peor, las iglesias respaldaron de manera muy común esta revolución legal con una lectura unilateral y tergiversada de las Escrituras. La actitud de los hombres por lo general era que a las mujeres les iba mejor si se les dejaba en un pedestal de inutilidad. En una conferencia de derechos de las mujeres una conferencista respondió a esas afirmaciones, Sojouner Truth, mujer de alta estatura, de color, prominente en círculos antiesclavistas y ella misma ex esclava en el estado de Nueva York. Tenía 82 años, y la espalda llena de cicatrices de los latigazos, no sabía ni leer ni escribir, pero tenía «inteligencia y sentido común». Ella respondió poderosa y directamente a los promotores del pedestal, hablando a los hombres que la rechiflaban en el público:

> Pues bien, hijos, cuando hay tanta alharaca algo debe andar patas arriba. Pienso que entre las negras del Sur y las mujeres del Norte, todas hablando de derechos, los hombres deben verse en aprietos muy pronto. Pero, ¿de qué es de lo que se habla aquí?
>
> Que los hombres de allá dicen que a las mujeres hay que ayudarlas a subirse a los carruajes, y cargarlas por sobre las zanjas, y que deben tener los mejores lugares en todas partes. Nadie jamás me ayudó a subirme a carretas, ni sobre charcos de lodo, ¡ni jamás me da a mí el mejor lugar! ¿No soy una mujer? ¡Mírenme! ¡Miren mi brazo!…
>
> Yo he arado y he sembrado, y he recogido en graneros, y ¡ningún hombre puede ganarme! ¿No soy una mujer? Podía trabajar tanto y comer tanto como un hombre —cuando podía conseguirlo— ¡y aguantar el látigo también! ¿Y no soy una mujer? He tenido trece hijos, y he visto a casi todos ellos vendidos como esclavos, y cuando lloré con el duelo de mi madre, ¡nadie excepto Jesús me oyó! ¿Y no soy una mujer?
>
> Luego ese hombrecito de negro allí, dice que las mujeres no pueden tener iguales derechos que los hombres, ¡porque Cristo no fue una mujer! ¿De dónde vino tu Cristo?
>
> ¿De dónde vino tu Cristo? ¡De Dios y una mujer! El hombre no tuvo nada que ver con Él.

14   Charles Neilson Gattey, *The Bloomer Girls* (Coward-McCann, Nueva York, 1968), p. 21.

Benditos sean por haberme oído, y ahora la vieja Sojourner no tiene más que decir[15].

La tragedia del movimiento de derechos de la mujer fue que, aunque había serios males que corregir, aumentó el problema, y aquí la resistencia del hombre fue responsable en gran medida. En lugar de restaurar a las mujeres a su lugar legítimo de autoridad al lado del hombre, los derechos de las mujeres se convirtieron en feminismo; puso a las mujeres en competencia con los hombres. Llevó a la masculinización de las mujeres y la feminización de los hombres, para desdicha de ambos. Sin que sea sorpresa, en marzo de 1969, el modisto de París Pierre Cardin dio un paso lógico en la colección de vestidos para hombres: «El primer traje mostraba una bata sin mangas diseñada para ponérsela sobre botas altas de vinilo. En otras palabras, un vestido»[16].

Así que la Edad de la Razón trajo una supremacía irracional para los hombres y ha conducido a una guerra de los sexos. Como resultado, las leyes de hoy funcionan, no para establecer orden santo, sino para favorecer a un sexo u otro. Las leyes de Texas reflejan la antigua discriminación contra las mujeres; las leyes de algunos estados (tales como California) muestran discriminación a favor de las mujeres.

Para volver a la doctrina bíblica, la esposa es la *ayuda idónea* de su esposo. Puesto que Eva fue creada de Adán, y es la imagen de Dios reflejada en Adán, ella era de Adán y una imagen de Adán por igual, su «contraparte». El significado de esto es que una verdadera ayuda idónea es la contraparte del hombre, que se necesita una similitud cultural, racial y especialmente religiosa a fin de que la mujer pueda en verdad reflejar al hombre y ser su imagen. Un hombre que es cristiano y hombre de negocios no puede hallar una ayudante en una mujer budista que cree que la nada es lo supremo y que la forma de vida de su esposo es una forma inferior. Los matrimonios entre culturas cruzadas son, de este modo, normalmente un fracaso. En donde en efecto hallamos esos matrimonios, demuestran a menudo bajo examen que son la unión de dos personas de ideología humanista cuyos trasfondos varían pero cuya fe los une. Incluso entonces, tales matrimonios tienen una mortalidad alta. Un hombre puede identificar carácter *dentro* de su cultura, pero no puede hacer más que identificar el carácter general de otra cultura. Así, el alemán criado en una atmósfera luterana puede discernir la sutil diferencia entre las mujeres en su sociedad, pero si se casa con una musulmana ve en ella las formas generales de la conducta femenina musulmana antes que los finos matices de carácter, hasta que es demasiado tarde para retirarse con facilidad.

La doctrina bíblica nos muestra a la mujer como administradora competente que puede dirigir todos los asuntos de negocios si fuera necesario, de modo que su esposo pueda asumir un cargo público como magistrado civil; en las palabras de Proverbios

---

15 *Ibid.*, p. 105s.
16 *Time*, 18 abril 1969, p. 96.

31:23, él puede sentarse «en las puertas», es decir, presidir como gobernante o juez. Examinemos las mujeres de Proverbios 31:10-31, cuya «estima sobrepasa largamente a la de las piedras preciosas». Varias cosas se ven claramente en evidencia:

1. Su esposo puede confiar en la integridad y competencia moral, comercial y religiosa de ella (vv. 11, 12, 29-31).
2. Ella no solo administra de manera competente su casa, sino que también administra un negocio con destreza (vv. 13-19, 24-25). Ella puede comprar y vender cómo buena comerciante y administrar un viñedo como agricultora diestra.
3. Es buena con su familia, y buena con los pobres y necesitados (vv. 20-22).
4. Muy importante: «Abre su boca con sabiduría, y la ley de clemencia está en su lengua» (v. 26). La mujer inútil de la Edad de la Razón, y la mujer inútil de sociedad o del jet set de hoy que es un ornamento y un lujo, pueden y en efecto hablan con liviandad, y de frivolidades, porque es frívola. En la mujer santa, sin embargo, «la ley de clemencia está en su lengua». Las personas, hombres y mujeres, que no son frívolos evitan la charla frívola, barata y maliciosa. La charla ociosa es el lujo de la irresponsabilidad.
5. Ella «no come el pan de balde» (v. 27); o sea, la mujer santa no es un mero lujo o decoración bonita. Más aun cuando se gana su sustento.
6. «Se levantan sus hijos y la llaman bienaventurada; y su marido también la alaba» (v. 28).

Obviamente, una mujer así es muy diferente de la muñeca preciosa de la Edad de la Razón, y la mujer masculinizada altamente competitiva del siglo veinte que tiene que demostrar que es tan buena como cualquier hombre, si acaso no mejor.

Una fe bíblica no considera a la mujer menos racional o menos inteligente que el hombre; su razón normalmente se orienta más a la práctica y a la persona en términos de su llamamiento como mujer, pero no es menos inteligente por eso.

El rey Lemuel añade otra nota en su descripción de la mujer virtuosa:

7. «La gracia y la belleza son engañosas, pero la mujer que respeta al SEÑOR es digna de alabanza» (v. 30, PDT).

No hay nada derogatorio de la belleza física en intención aquí, y, en otras partes de las Escrituras, especialmente en Cantar de los Cantares, se aprecia en alto grado. El punto aquí es que, en relación a las cualidades básicas de una ayuda idónea verdadera y capaz, la belleza es una virtud transitoria, y los comportamientos astutos, encantadores, son engañosos y no tienen valor en las relaciones funcionales del matrimonio.

Importante, de este modo, como es el papel de una mujer como *madre,* la Escrituras la presentan especialmente como *esposa,* o sea, una *ayuda idónea.* La referencia es, por consiguiente, no primordialmente a los hijos sino al reino de Dios y al llamamiento del hombre en Él. El hombre y su esposa juntos son llamados en el pacto a subyugar a la tierra y a ejercer dominio sobre ella.

Hay quienes sostienen que la *procreación* es el propósito central del matrimonio. Por cierto que el mandato de «crecer y multiplicarse» es muy importante, pero el matrimonio no deja de existir si no tienen hijos. San Agustín erróneamente opinaba que 1 Timoteo 5:14 requería la procreación y definió a los hijos como el propósito básico del matrimonio, y muchos sostienen esa opinión[17]. Pero San Pablo en realidad dijo que estaba requiriendo que las mujeres más jóvenes, y viudas, se casaran y tuvieran hijos en lugar de buscar una vocación religiosa (1 Ti 5:11-15); y esto es muy diferente a una definición del matrimonio como procreación. Lutero por algún tiempo sostuvo la creencia de que el matrimonio servía para proveer para la procreación y para aliviar la concupiscencia. (Agustín había limitado las relaciones sexuales a «las necesidades de producción»)[18]. Edith Simon llama la atención al cambio en el pensamiento de Lutero sobre el tema:

> Antes de que Lutero mismo abandonara el celibato, lo había condenado meramente como fuente de continua tentación y distracción para los que no estaban a la altura de la castidad perpetua, en otras palabras, su actitud entonces era todavía básicamente ortodoxa, considerando la castidad como el estado más alto. De su propia experiencia en el matrimonio, sin embargo, esa actitud cambió dramáticamente a una más positiva. La castidad perpetua era *mala*. Solo en el matrimonio podían los seres humanos adquirir la salud espiritual que habían tratado de buscar en el claustro. Así que lo extraño fue que antes de que él mismo hubiera experimentado alguna vez alivio sexual, Lutero veía el matrimonio como primordialmente un asunto físico, y después vio sus beneficios como primordialmente espirituales, evidentemente no por deseo de comunión física[19].

Dios mismo definió la función básica de Eva como *ayuda idónea;* importante como es la maternidad, no puede tomar prioridad sobre la propia declaración de Dios.

4. La desnudez

No hay legislación en las Escrituras respecto a la desnudez, pero la consideración del tema es pertinente al estudio de la ley bíblica, como veremos.

Cuando en la Escrituras se usan las palabras «desnudez» o «desnudar» de manera figurada, como en Jeremías 49:10, se refieren a «estar despojado de recursos, desarmado». A veces también quiere decir «descubierto, hecho manifiesto» (Job 26:6; He 4:13). La referencia primaria a desnudez es, sin embargo, Génesis 2:25,

---

17   Ver Jean-Marie Vaissiere, *The Family,* Parte I, traducido y adaptado por Canon Scantlebury (no editorial ni fecha), pp. 73-101.

18   *Ibid.,* p. 135n.

19   Edith Simon, *Luther Alive,* p. 337. Simon obviamente quiere decir «celibato» en donde habla de «castidad».

con respecto a Adán y Eva en el Edén: «Y estaban ambos desnudos, Adán y su mujer, y no se avergonzaban».

Es importante comprender el significado de este pasaje, y luego sus implicaciones para la historia. Las interpretaciones absurdas abundan. Así, según Simpson, quiere decir «que no tenían conciencia del sexo»[1]. Es una ilusión popular de ideología liberal que el sexo de alguna manera está conectado con la caída. Las Escrituras no dan ninguna evidencia de esto; es más, puesto que se nos informa que Adán observó sexo en los animales (Gn 2:20), es absurdo dar por sentado que recibió a Eva como su esposa y permaneció célibe. La inocencia no quiere decir asexual.

El comentario de Smith es interesante en la conexión de este versículo a la siguiente sección, pero erróneo respecto al significado de la desnudez:

> Esta es la descripción de la inocencia perfecta como de niños, y pertenece naturalmente a seres que todavía no sabían ni el bien ni el mal. No es, sin embargo, la conclusión de la sección del matrimonio, en la que sería indelicada, sino la introducción al relato de la tentación, en que prepara el camino para la caída fácil del hombre. Es más, hay un juego de palabras en estos dos versículos. El hombre está desnudo *arom;* y la serpiente es astuta *arum.* Así, en sencillez sin malicia nuestros primeros padres cayeron con la serpiente tentadora, quien, en obvio contraste con su inocencia no examinada, se describe como siendo de sutileza especial[2].

Esto es absurdo y contrario a la Biblia. Adán todavía no había pecado, pero sabía que violar la ley de Dios era hacer el mal. Cada día que trabajaba para someter la tierra y ejercer dominio sobre ella, Adán tenía la satisfacción de saber y hacer el bien. De nuevo, Smith es absurdo y muy contrario a la Biblia al hablar de Adán y Eva como cayendo «en sencillez sin malicia». Pero todo el punto de las Escrituras es que pecaron a sabiendas y voluntariamente, tratando de ser sus propios dioses. Dar por sentado simpleza en Adán, que ya había hecho una clasificación general del mundo animal y trabajado con conocimiento en el mundo vegetal es ridículo; fue creado como hombre maduro, y ahora ya era trabajador de experiencia y pensador, un hombre conocedor. Eva, como su esposa, había llegado a participar de ese conocimiento. Dar por sentado inocencia y simpleza en la caída, o ausencia de malicia, es pecar contra Dios y su palabra.

El comentario de Leupold va más al punto:

> En esta breve declaración se añade otro rasgo al cuadro del estado primitivo de perfección; nada había transpirado para despertar en el hombre un sentido de culpabilidad. Porque no sentir vergüenza en un estado perfecto se debe

1 Cuthbert A. Simpson, «Genesis» [«Génesis»], en *The Interpreter's Bible,* I, 501.
2 R. Payne Smith, «Genesis» [«Génesis»], en Ellicott, I, 23.

a no tener nada por lo cual sentir vergüenza. Todo estaba en armonía, y el hombre estaba en completa armonía consigo mismo y con su Dios[3].

La vergüenza que Adán y Eva sintieron en su caída tiene referencia en primer lugar a Dios, de quien se escondieron (Gn 3:8), y en segundo lugar, de uno a otro. De nuevo, el comentario de Leupold es bíblico:

> Génesis 3:7… El que el sentido de vergüenza se deba concentrar alrededor de la porción del cuerpo que está marcada por los órganos de la generación, sin duda tiene una razón más profunda en esto que el hombre instintivamente siente que la misma fuente y manantial de vida está contaminada por el pecado. El mismo acto de la generación está manchado por el pecado. Si este origen descrito bíblicamente del sentido de vergüenza se aceptara como verdad, entonces todas las contenciones de los antropólogos de que la vergüenza es más bien brote de las inhibiciones y costumbres se desvanecen como secundarias e incidentales. El relato bíblico va a la raíz del asunto. El único destello de luz en el versículo es el hecho de que si sintió vergüenza, el caso del malhechor no es irremediable. Por lo menos no ha ido más allá del sentimiento en el asunto de hacer mal. La gracia previsora de Dios permite que este sentimiento surja[4].

Habiendo tratado del significado de Génesis 2:25, es necesario ahora pasar a sus implicaciones para la historia. El sueño del Edén por largo tiempo ha dominado las mentes de los hombres, la esperanza de una vuelta al paraíso. Con mucha frecuencia una parte de este sueño ha sido un retorno a un estado de desnudez, de inocencia, y algunos grupos, desde los adamitas de la historia medieval a los nudistas de hoy, piensan que el camino a la inocencia es la desnudez. En otras palabras, se aduce que la ropa es un factor provocativo y que los hombres volverán a la inocencia solo cuando vuelvan a la desnudez. La caída del hombre, así, se adscribe a la ropa. Líbrese de la ropa, y por consiguiente se librará del pecado y de todos los problemas del hombre. Se aduce que la salud, la paz mental, la fraternidad y la igualdad volverán con el nudismo.

Esta tesis ha ganado respaldo de psicólogos y sociólogos. Es en esencia una fe religiosa. El editor de *Psychology Today* [*Psicología hoy*] la llamó «una ideología humanista gentil»; humanista, en cualquier caso, claramente lo es[5]. La literatura sobre el tema subraya muy claramente el retorno al tema del paraíso que los nudistas como regla aducen ya que el nudismo no provoca respuesta sexual en ellos.

El psicólogo Leonard Blank de Rutgers sí notó que «los nudistas presentan mayores desviaciones de personalidad, conflictos e inhibiciones sexuales, y distorsiones de las imágenes del cuerpo, que los que no son nudistas». Su estudio

---

3   Leupold, *Genesis*, p. 137s.
4   *Ibid.*, p. 154s.
5   T. George Harris. «Editorial», *Psychology Today*, vol. 3, no. 1 (junio 1969), p. 17.

también mostró que la membresía o participación en un campamento nudista siempre fue decisión del hombre: «Nunca la esposa quiso ir más que el esposo»[6]. El título de Blank revela más en cuanto al nudismo, en verdad, que todo su artículo: «Nudity as a Quest for Life the Way it Was Before the Apple» [El nudismo como búsqueda de vida según lo fue antes de la manzana]. La apelación del nudismo es el deseo de volver al Edén. No debemos soslayar las tendencias voyerista de los hombres que participan, pero el retorno al paraíso es claramente un factor importante y básico. ¡El voyeurismo se satisface con demasiada plenitud en otras maneras en la sociedad moderna! La afirmación sumaria de Blank es a la vez aleccionadora y divertida:

> Las ropas ayudan a identificar nuestra posición en la sociedad y la desnudez elimina una pieza importante del equipo indicador. Los nudistas aducen que pueden asociarse con otros sin que la ropa los catalogue. Aunque los nudistas pueden idealizar de alguna manera esta afirmación, el campamento nudista derriba de manera efectiva los patrones que se hallan fuera. Género, clase y poder son menos relevantes en una sociedad nudista, y la suspensión de estas barreras artificiales aumenta el compañerismo. Incluso en el campamento nudista hay choques de personalidades, camarillas y desacuerdos entre grupos. No todos hallan la utopía allí; el 30% de los que respondieron no se verían afectados en nada, si acaso, si el campamento se cerrara, el 26% quedarían afectados de alguna manera, y solo el 43% se verían seriamente afectados. Cuando se les pidió que mencionen a sus tres mejores amigos, el 49% no mencionó ni a un solo nudista.
>
> Varios obreros de fábrica dijeron que el nudismo permitía a sus familias asociarse con personas de mejor clase sin ser clasificados por sus uniformes o ropa usual. Reducimos el esfuerzo por el estatus cuando eliminamos uno de los principales puntales del manejo de la impresión. En los campamentos nudistas, el estatus toma otras formas: la piel pálida del visitante esporádico se mira con desdén. La cola de conejo, o persona con cuerpo bronceado y nalgas blancas, recaba menos prestigio pero atrae miradas interesadas[7].

Por algo los psicólogos y sociólogos que participan del mito de que el camino a la salud y la inocencia es la desnudez están probando la desnudez como terapia. El psicólogo Paul Bindrim de Hollywood, con el Dr. William E. Hartman, profesor de sociología del California State College, Long Beach, California, ha organizado «maratones nudistas» como terapia para personas en problemas. Su título va al punto: «La desnudez como logro rápido de intimidad en terapia de grupo». Él

---

6   Leonard Blank, «Nudity as a Quest of Life the Way It Was Before the Apple» [«El nudismo como búsqueda de vida según lo fue antes de la manzana»], en *ibíd.,* pp. 20, 23.
7   *Ibíd.,* p. 21.

piensa que «por lo menos temporalmente» ha curado frigidez, impotencia en el hombre, exhibicionismo, artritis, tendencias suicidas, psicosis, y ha «revitalizado» matrimonios[8]. Esto es muy probable; hay quienes han informado incluso curas más asombrosas de pequeñas cajas negras y una variedad de artilugios[9]. El paciente mental usual que consulta al psicólogo o psiquiatra a menudo es una persona que con regularidad recibe «ayuda» o «cura» mediante diferentes charlatanes y cosas.

Pero retomando el tema del nudismo y el paraíso; *primero*, un retorno al Edén no es una esperanza bíblica. El Edén estuvo libre del pecado pero era con todo *la* sociedad primitiva, el comienzo del hombre, no e. fin. La meta es el reino de Dios desarrollado, la nueva Jerusalén, un orden mundial bajo la ley de Dios.

Segundo, no hay razón para dar por sentado que la desnudez fue la condición básica del paraíso, o sea, esencial para ello. El énfasis del texto recae en la *vergüenza,* no en la desnudez. Podemos de manera segura dar por sentado, en vista de lo que Adán consiguió en el Edén, que pasó allí algún tiempo. Al tener la responsabilidad de cultivar y cuidar el huerto, Adán tuvo necesidad de herramientas, y podemos dar por sentado que empezó a desarrollar algunas. Por cierto la evidencia temprana de artesanías y artes en sus descendientes indica principios tempranos. Es más, casi de inmediato Adán sintió alguna necesidad de refugio; después de todo, el fuerte rocío o niebla nocturna que entonces regaba la tierra (Gn 2:6) hizo del refugio una necesidad inmediata. Los pies desnudos en la hierba húmeda probablemente llevaron a Adán a decidir, después de su primera mañana, a diseñar alguna respuesta para este problema, así que algún tipo de sandalias se adoptó probablemente muy temprano. Si no lo adoptó antes de la creación de Eva, lo desarrolló, podemos dar por sentado con seguridad, poco después por acicate de ella. Dicho brevemente, es seguro dar por sentado que, sin la caída, la ropa se hubiera inventado muy pronto.

Tercero, de alguna manera, la capacidad para hacer vestidos o cubiertas, tal vez con el propósito de usarlos para dormir, ya se había conseguido. Cuando la vergüenza de la caída los golpeó, de inmediato «cosieron hojas de higuera, y se hicieron delantales» (Gn 3:7) o taparrabos. La capacidad ya estaba allí. Los vestidos tal vez los hizo Eva antes de manera experimental, como adorno, o como una cubierta para el rocío de la mañana. El *nuevo* elemento fue un deseo de cubrirse debido a la vergüenza del pecado.

Cuarto, Adán y Eva estaban solos en el Edén; puesto que todavía no existían otros hombres.

Así, es evidente que la fe del nudismo y de la ideología humanista en un curalotodo en la desnudez es absurda. Un retorno al primitivismo no es la solución a los problemas del hombre. El deseo de abolir las desigualdades y diferencias privándoles de ropa a las personas no reconoce el hecho de que las ropas no determinan la

---

8   Paul Bindrim, «Nudity as a Quick Grab for Intimacy in Group Therapy» [«La desnudez como logro rápido de intimidad en terapia de grupo»], en *ibid.,* p. 28

9   Ver Beverly Nichols, *Powers That Be* (St. Martin's Press, Nueva York, 1966).

diferencia en la sociedad; las personas la determinan, e, incluso en los campamentos nudistas líderes y seguidores, personas populares e impopulares, así como también líneas de clase en efecto aparecen a pesar de las esperanzas al contrario.

La ley no se orienta al pasado y a la desnudez sino más bien al futuro y al progreso alejándose del primitivismo. No es sin razón que la distinción entre personas civilizadas y no civilizadas aparece en asuntos de ropa tanto como en otros asuntos. El nudismo es primitivismo, y es a la vez patético y suicida como filosofía.

5. La ley de familia

Un pasaje extraño de las Escrituras señala un hecho de la ley que por lo común se pasa por alto. Caín, al oír de Dios su sentencia por el asesinato, se quejó, diciendo:

> Y dijo Caín a Jehová: Grande es mi castigo para ser soportado. He aquí me echas hoy de la tierra, y de tu presencia me esconderé, y seré errante y extranjero en la tierra; y sucederá que cualquiera que me hallare, me matará. Y le respondió Jehová: Ciertamente cualquiera que matare a Caín, siete veces será castigado. Entonces Jehová puso señal en Caín, para que no lo matase cualquiera que le hallara.
>
> Salió, pues, Caín de delante de Jehová, y habitó en tierra de Nod, al oriente de Edén (Gn 4:13-16).

Debido a que Dios no cambia, sus propósitos últimos siempre están implícitos en sus actos anteriores, y por consiguiente una parte del marco de trabajo de su declaración a Caín es un orden-ley. Ciertas preguntas, así, de inmediato vienen a la mente: ¿De quién tenía miedo Caín? ¿A quién temía que lo podría matar? Que el miedo era más que psicológico es evidente por el hecho de que Dios «puso señal en Caín, para que no lo matase cualquiera que le hallara». Caín obviamente necesitaba esta protección. De nuevo, ¿por qué Dios, que muy temprano dejó en claro su requisito de la pena de muerte por el asesinato (Gn 9:6) aquí actúa para proteger a un asesino?

Antes de tratar con estas preguntas, un breve examen del texto es interesante. Leupold tradujo Génesis 4:14 así: «He aquí, me expulsas este día de la tierra y debo quedarme detrás de ti, y debo andar moviéndome y errante por la tierra, y sucederá que cualquiera que me halle, me matará». Las palabras de Caín claramente presuponen la pena de muerte por el asesinato; la ley de Dios ya había sido declarada anteriormente y Caín ve la necesidad de escapar tanto de Dios como del hombre, y se queja contra las probabilidades. El hecho de que el suyo fue un asesinato cruel le daba lo mismo; piensa que el castigo es desesperadamente injusto.

Es más, Leupold tradujo el v. 19b: «y Yahvé le dio a Caín una señal para que quienquiera que lo hallare no lo asesinara». Leupold anotó:

… que el texto no dice que Dios le puso una marca *en* o *sobre* Caín (hebreo, *be*) si no *para* Caín (hebreo, *le),* marcando un cativo de interés o ventaja. En consecuencia, debemos más bien pensar en alguna señal que Dios permitió que apareciera para asegurarle a Caín, «una señal de garantía» o «una promesa o seña». Como paralelos se podrían citar las señales que se extendieron a ciertos hombres a quienes Dios prometió cosas inusuales: Gedeón (Jueces 6:33-40), Eliseo (2 Reyes 2:9-12). Dios permitió que esta señal apareciera, por consiguiente, para Caín, y este se sintió seguro. No hay, por consiguiente, ninguna base para suponer que Caín anduvo por todas partes como hombre marcado todo el resto de su vida. De todas maneras, *ot* no quiere decir «marca»[1].

Para volver a las preguntas anteriores, de quién tenía miedo Caín, y a quién temía que pudiera matarlo, la respuesta ya es evidente. Caín muy obviamente temía que Dios, habiendo declarado oralmente su ley a la humanidad desde el principio, tal vez ejecutaría por sí mismo la pena de muerte contra Caín. Es más, temía que otros hombres también pudieran matarlo porque la ley de Dios los ponía bajo la obligación de hacerlo. Las palabras de Caín claramente indican que se había instituido un orden-ley. Caín era un hombre maduro y casado (Gn 4:17). Durante sus 930 años de vida Adán tuvo varios hijos e hijas, cuyos nombres nunca se revelaron. (Gn 5:3-5). Como resultado, para el tiempo del asesinato de Abel ya existía un número de personas que estaban listas y eran capaces de imponer la ley. Adán, como cabeza de su casa y de la joven humanidad, estaba en posición de requerir la imposición sobre los miembros de su familia.

La familia, así, fue claramente un orden-ley, destinado a la disciplina y lista para imponer su ley sobre sus miembros. La reacción de Caín es evidencia obvia de esto. Dios había establecido claramente a la familia como un orden-ley.

Esto nos lleva a una pregunta principal: ¿por qué, entonces, en lo que parece ser contradicción al resto de las Escrituras, Dios interviene aquí para proteger a Caín para que no lo maten? Claramente el propósito de Dios no fue la protección por el crimen. En todo punto las Escrituras revelan a Dios como enemigo del pecado, y su exigencia de juicio es tan estricta e indeclinable que solo la muerte de Jesucristo pudo hacer expiación por el pecado al cumplir la ley a plenitud. Obviamente, entonces, el propósito de Dios aquí no fue la protección de Caín; sino más bien, la protección de Caín fue un producto secundario de su propósito central. Dios se reveló a sí mismo como acusador de Caín, y la misma tierra, debido a que Dios la creó, atestiguó de la ley de Dios contra Caín (Gn 4:9-12). La pregunta que debemos hacer, entonces, es ésta: ¿Qué clase de orden-ley estaba Dios manteniendo que incidentalmente llevó a la protección de Caín? Esta es la pregunta clave, y, desdichadamente, los comentaristas no la hacen.

---

1   Leupold, *Exposition of Genesis*, p. 211.

La familia muy claramente tiene un serio papel en la imposición de la ley. La familia es un orden-ley y disciplina a sus miembros. La naturaleza y extensión del poder de castigo de la familia se puede ver al mirar de nuevo a un texto que ya se consideró, Deuteronomio 21:18-21, la pena de muerte para los delincuentes juveniles. Hay ciertos aspectos muy importantes para esta ley. *Primero,* los padres deben ser los testigos de queja contra su hijo delincuente. La lealtad de los padres desde ser, así, al orden-ley de Dios, no a los lazos de sangre. Si los padres no ayudan en la acusación de un hijo delincuente, son cómplices del delito. *Segundo,* contrario a la costumbre usual, por la que los testigos encabezaban la ejecución, en este caso, «los hombres de la ciudad» lo hicieron. Así, en donde se aplicaba la pena de muerte, se excluía a la familia de la ejecución de la ley.

Ahora, para volver a Caín: Caín obviamente se crió en una familia que era un orden-ley disciplinado. Tanto él como Abel, así como los demás hijos, fueron trabajadores disciplinados y productivos. Caín sabía de la pena de muerte por el asesinato y la temía. La protección asombrosa de Caín de la pena de muerte se debió al hecho de que a la familia se le prohibía un aspecto de la imposición de la ley, la pena de muerte, que apropiadamente le pertenece al estado. En días de Caín la humanidad estaba formada por Adán y Eva y un número de hijos e hijas. «Una señal de garantía» le fue dada a Caín para que no lo ejecutaran sus padres, ni sus hermanos o hermanas. Muy obviamente, a la familia se le informó de esto, porque esta parte del Génesis (1:1—5:1) es el historial de Adán. Más tarde, Caín edificó la primera ciudad, o sea, una comunidad *amurallada,* para protegerse. Caín no necesitaba protección de la casa de Adán; pero sí la requería de su propia progenie. Tenemos la declaración de Lamec de su disposición para matar si se lesionaba su honor (Gn 4:23-24); significativamente, Lamec simplemente incrementó la iniquidad que Caín había practicado; «Si siete veces será vengado Caín, Lamec en verdad setenta veces siete lo será» (Gn 4:24).

La familia, así, fue creada como el orden-ley central, pero al mismo tiempo se la limitó estrictamente, en que no se le permitió la pena de muerte. La familia puede disciplinar, castigar, o expulsar a un miembro, pero no puede matarlo; en este punto, debe acudir al estado sencillamente como testigo de la transgresión. No puede ser el verdugo.

La familia tiene poderes reales; se puede desheredar a un hijo inicuo, se le puede castigar de una variedad de maneras. Pero el hecho básico de la ley bíblica es que el poder de matar no es un poder de la familia, porque la coacción no es el aspecto más fuerte de la ley de familia. La familia está unida por vínculos de amor; el esposo *se une* a su esposa, y los hijos obedecen a sus padres en amor y deber.

Básico a la ley de la familia, así, es el vínculo interno de sangre y fe. La Biblia habla de agradecimiento, y este se da por sentado, no se exige. Hemos visto previamente lo íntimamente asociada que estaba la autoridad paterna y la autoridad de Dios (Lv 19:3). Esto se demuestra más en Isaías 45:9, 10:

¡Ay del que pleitea con su Hacedor! ¡el tiesto con los tiestos de la tierra! ¿Dirá el barro al que lo labra: ¿Qué haces?; o tu obra: ¿No tiene manos?¡Ay del que dice al padre: ¿Por qué engendraste? y a la mujer: ¿Por qué diste a luz?!

El mismo pensamiento aparece en Isaías 10:15. La idea de que alguien sea ingrato a Dios o a los padres se presenta como el epítome de lo que es nauseabundo y que disgusta. Los padres pueden ser cariñosos o no; en cualquier caso, el deber de gratitud persiste. En estos días la falta de gratitud de parte de los hijos que recibieron no solo la vida, sino provisiones muy generosas e incluso ricas de parte de los padres, y sin embargo manifiestan ingratitud bien sea a uno o ambos de sus padres, es especialmente repulsiva. Tales hijos pueden estar libres de otros defectos morales, pero, si el pasaje de Isaías 45:9, 10 tiene algún significado, son monstruos morales.

Este pasaje de Isaías arroja luz sobre la liberación de Caín de la pena de muerte. La disciplina de la familia puede significar que se le deshereda, puede significar denunciar a un hijo a las autoridades civiles. Pero la pena de muerte está reservada a Dios y al estado. Dar ese poder a la familia es destruir el lazo interior que une a la familia. La protección de Caín, así, no fue con referencia a Caín como persona sino a la vida de la familia y a su esfera de ley.

La única excepción a este principio de no participación de la familia en la pena de muerte de sus miembros aparece en Deuteronomio 13:6-9. Si un miembro de la familia trata de llevar a los miembros a la idolatría, su ejecución *requería* la participación de la familia. Tal persona ya no era un pariente; era un extraño y enemigo. La costumbre posterior vio el servicio de los muertos leído a los apóstatas en el círculo de la familia; el apóstata ya no era miembro de la familia sino un extranjero enemigo.

Dooyeweerd ha descrito la estructura psíquica de la familia como «el sentimiento de autoridad de parte de los padres, y por otro lado el sentimiento de respeto de parte de los hijos»[2]. La ausencia de autoridad o respeto resulta en una seria ruptura de la familia como orden-ley. La familia no es solo una entidad biológica sino también religiosa. Como tal, tiene lazos internos que son ordenados por Dios y gobernados religiosamente; el amor puede estar ausente, pero la autoridad religiosa y el respeto religioso deben subsistir. Su ausencia indica un mal radical. Ningún hijo puede aducir que sus padres no merecen respeto; el amor es una respuesta personal, pero el respeto y honor son sus deberes ordenados por Dios, y no rendir respeto es, de este modo, un pecado contra Dios antes que contra el padre.

Como resultado, en tanto que los padres y los hijos pueden y se deben separar de un miembro incorregible y reportarlo a las autoridades, no pueden ejecutarlo. Dios prohíbe este acto a todos excepto al estado. De modo similar, un hijo o hija puede no gustar de un padre, y, con la madurez, separarse en cierto grado

---

2   Herman Dooyeweerd, *A New Critique of Theoretical Thought* (The Presbyterian and Reformed Publishing Company, Filadelfia, 1957), III, 294.

mientras que mantiene sus deberes ordenados por Dios, pero no puede negarle a ese padre el respeto y el honor sin incurrir en el castigo de Dios. De este modo, no solo que hay un límite más allá del cual un padre no puede ir al castigar a su hijo, o sea, la pena de muerte quedando prohibida, sino que también hay un límite más allá del cual el hijo no puede ir: el honor y el respeto debe darlos debido a la naturaleza de la relación ordenada por Dios, no debido a la persona del padre necesariamente. En donde falta el respeto, al hijo se le debe descartar, por lo menos por el momento, como indigno de atención. Cualesquiera que sean sus cualidades, estos hijos están en guerra en este punto contra Dios, puesto que el honor, respeto y reverencia son requisitos de Dios mucho antes de que sus padres siquiera los esperen.

Si Dios no hubiera prohibido a la familia que matara a sus miembros culpables, incluso al precio de que Dios permitiera a Caín salir libre, el precio hubiera sido aterrador. Por un lado, el desarrollo del estado como ministro de justicia de Dios hubiera sido imposible. El ámbito del estado hubiera quedado vaciado de antemano por la familia. Por otro lado, la familia misma hubiera quedado destruida por esta nueva carga. El mundo habría sido un orden anarquista, familia dispuesta contra familia, y la familia dispuesta contra sí misma. Así, no fue a Caín a quien Dios protegió, sino, en realidad, el mismo orden-ley de Dios.

6. Matrimonio y monogamia

Uno de los hechos que perturba a muchos con respecto a las leyes bíblicas en cuanto al matrimonio es lo que parece ser tolerancia de la poligamia, tener más de una esposa, y la total intolerancia del adulterio, que en el Antiguo Testamento exigía la pena de muerte. El moralista actual tolera el adulterio pero no la poligamia. La respuesta a este conflicto de puntos de vista está en el análisis de la ley bíblica.

Primero, el propósito de Dios en la creación fue muy claramente definido cuando escogió que la monogamia fuera el estándar para el hombre. El estándar original, perfecto, llevó a la creación de Eva, una mujer, para Adán, un hombre (Gn 2:18-24). El matrimonio normativo es claramente monógamo.

Segundo, la poligamia claramente aparece como producto de la caída, en un mundo de pecado. El primer matrimonio bígamo fue el del descendiente de Caín, Lamec, que tuvo a Ada y a Zila como esposas (Gn 4:23).

Tercero, la prohibición de la poligamia está implícita en Génesis 2:23, 24, y se indica en una lectura de Levítico 18:18: «No tomarás mujer juntamente con su hermana, para hacerla su rival, descubriendo su desnudez delante de ella en su vida». La versión *La Palabra de Dios para Todos*, en tanto que lo lee en términos de la versión Reina Valera Revisada, todavía la separa de las leyes del incesto, Levítico 18:6-17, y lee la primera cláusula como «Mientras viva tu esposa», lo que señala la prohibición de la bigamia.

Cuarto, 1 Timoteo 3:2 dice con claridad que la poligamia estaba prohibida para los oficiales de la iglesia: «Pero es necesario que el obispo sea irreprensible, marido de una sola mujer... ». Los montanistas leyeron esto como una prohibición de *todos* los segundos matrimonios, que ellos calificaron como bígamos; un viudo o una viuda estaban así todavía ligados al matrimonio original. No hay garantía bíblica para tal interpretación.

Quinto, hay por lo menos una condenación de la poligamia implícita en Deuteronomio 17:17, que prohíbe al rey «Ni tomará para sí muchas mujeres». De modo similar, el sumo sacerdote se podía casar solo con una esposa, y debía ser virgen (Lv 21:13, 14).

Sexto, Jesucristo con toda claridad indicó que el matrimonio es la unión de un hombre y una mujer, y este es el significado de Génesis 2:24; los *dos* que son «una carne», o sea, un verdadero matrimonio (Mt 19:5).

Séptimo, San Pablo habló del matrimonio en términos monógamos: «cada uno tenga su propia mujer, y cada una tenga su propio marido» (1 Co 7:2).

En pasaje tras pasaje *se da por sentado* que la monogamia es el estándar ordenado por Dios. Por otro lado, en muchos pasajes la poligamia es un hecho reconocido y aceptado, no solo entre los réprobos, como Lamec (Gn 4:19) y Esaú (Gn 26:24; 28:9; 36:2), sino también entre patriarcas y santos. Jacob tuvo dos esposas y dos concubinas (Gn 29:15 *et. seq.*); Elcana, dos esposas (1 S 1:1, 2); Gedeón, David y Salomón muchas esposas y concubinas por igual. Adán, Noé, Lot, Isaac, Moisés y muchos otros fueron monógamos. Las instancias de poligamia en la Biblia no son demasiadas, pero son conspicuas para nosotros debido a su variación de nuestros estándares y prácticas.

La ley en efecto reconoce y regula el concubinato y la poligamia. *Primero,* el hombre no podía simplemente usar a una concubina. Ella tenía derecho a su alimentación, ropa y relaciones sexuales sin disminuir; el no hacer estas tres cosas era base para el divorcio, sin ninguna recompensa de la dote o dinero de la novia (Éx 21:10, 11). Ni siquiera a una cautiva en la guerra se le podía negar sus derechos (Dt 21:10-14).

Segundo, «una mujer que fuere sierva desposada con alguno» (Lv 19:20), o sea, una joven a la que alguien había tomado como concubina, no se la podía matar por adulterio; tanto a ella como al hombre culpable se le podía castigar solo con azotes. Se da la razón: «por cuanto ella no es libre» (Lv 19:20). Aquí hay claramente un principio en evidencia: al que mucho se le da, de él se espera mucho. Pero, puesto que una concubina recibe un estatus limitado y recibe menos dignidad en el matrimonio, de ella se puede esperar solo una lealtad limitada. Se espera que ella sea fiel, pero en el caso del adulterio su castigo era menor, porque su estatus era menor que el de la esposa a la que se le había dado la dote. La esposa tenía la seguridad de su dote y un estatus de autoridad; su castigo por el adulterio, así como el castigo para el esposo por adulterio, era la muerte.

Tercero, es de este modo evidente que la ley toleraba la poligamia mientras que establecía la monogamia como estándar. La razón para esta tolerancia era el hecho de que la familia polígama seguía siendo una familia, una forma inferior de vida de familia, pero tolerable (en tanto que la poliandria no lo es, puesto que viola la centralidad básica del hombre y su llamamiento). La ley básica así protege a la *familia* y no tolera el *adulterio,* que amenaza y destruye la familia. La ley humanista protege al *individuo anarquista* negando que el adulterio sea un delito, y progresivamente sacrifica a la familia por el individuo.

De este modo, la ley bíblica tolera la poligamia, pero el estándar establecido por la ordenanza de la creación y expuesta por San Pablo para los miembros (1 Co 7:2) y para los oficiales (1 T 3:2) del reino de Cristo es la monogamia.

Habiendo dicho esto, es necesario añadir que la poligamia antigua tenía a menudo otros aspectos aparte del sexual. Un aspecto importante de la poligamia antigua era una función gubernamental. Un hombre de medios necesitaba asociados confiables para que asumieran el gobierno de una propiedad, o un gobernante necesitaba personas para que actuaran como sus agentes en una provincia o ciudad. Una esposa era por lo general el asociado más confiable en tales circunstancias. Muy comúnmente la mujer era la viuda de un oficial o gobernante de experiencia, a menudo mayor, así que las relaciones sexuales frecuentemente no tenían lugar. De tiempo en tiempo la visitaba su esposo, cuya autoridad reforzaba la de ella por sus visitas. Si ella vivía dentro de su casa, a tal esposa se le confiaba la supervisión de ciertos aspectos de su negocio.

En el caso de Salomón, la mayoría de sus esposas y concubinas representaban alianzas extranjeras y fueron medios de establecer tanto la paz con Israel como las relaciones comerciales favorables para la nación. Si eran sexualmente atractivas, esto mejoraba su utilidad. Una princesa enviada a la corte de Salomón iría acompañada por varias damas casaderas de nacimiento noble y algunas concubinas o esclavas; todo sería enviado con la ventaja del país natal en mente. Su matrimonio con Salomón y su orgullo en su poder y gloria la hacían leales a Salomón; su origen nacional las llevaba obviamente a buscar ventajas diplomáticas y comerciales para su país natal. Las esposas polígamas han sido así una respuesta común a la necesidad para el servicio civil.

Formas de esta poligamia gubernamental todavía sobreviven en varias partes del mundo, aunque van desapareciendo.

Otra forma de poligamia es *económica*; y esto prevalece especialmente en culturas «primitivas». En tribus africanas, por ejemplo, puesto que mucho del trabajo agrícola depende de la esposa, una segunda esposa quiere decir otra trabajadora para el campo. No es sorpresa para nada que, en la poligamia económica, la esposa sobrecargada de trabajo recibe de buen grado la ayuda en forma de esposas adicionales.

Una forma más rara de poligamia ha sido remedio para el desastre. Tales instancias han sido muy raras, y a menudo se ha usado el pretexto de la necesidad.

La poligamia mormona fue religiosa y soteriológica; las mujeres escaseaban, pero se aducía que la poligamia era un requisito religioso y ordenanza. La Guerra de los Treinta Años vio una devastación tan aterradora, y tantos hombres murieron, y tantas mujeres quedaron sin protección, que la Dieta legalizó la poligamia brevemente a fin de producir algo de restauración en la vida de familia.

La mayor parte de la poligamia, especialmente en tiempos modernos, ha sido esencialmente sexual en propósito, y esta clase de poligamia es la que la mayoría de personas asocian con la expresión. El concepto ensoñador de los necios es de una capacidad de señorío masculino para usar un número de mujeres a voluntad. Esta idea es en su mayor parte ilusión. Varias cosas militan contra este sueño. *Primero,* los matrimonios polígamos siguen siendo matrimonios; incluyen la unión de dos familias. No se puede hacer con la esposa o concubina lo que a uno se le antoje sin ofender a los parientes políticos. En el matrimonio polígamo, la mujer tiende a estar más cerca de su familia que a la de su esposo. El maltrato de la esposa puede significar serios problemas con los parientes políticos que ahora son enemigos. Muy pocos hombres han sido poderosos lo suficiente para despreciar este factor. Aparte de unos pocos monarcas, los hombres que han podido en cualquier generación descartar a la familia de la mujer han sido escasos. En la familia polígama, los lazos a la familia de origen por lo general son intensos y de celos.

Segundo, si un sultán no tiene que temer a sus parientes políticos debido a que es demasiado poderoso, con todo debe temerle a sus esposas y concubinas, quienes pueden hacerle mucho daño. Los sultanes turcos ahogaron a sus esposas y concubinas en grandes números. Sabemos que unas 300 mujeres fueron ahogadas en algunas ocasiones, a veces por intriga, a veces por placer durante el reinado de Ibrahim, quien, después de una de sus bacanales, decidió librarse de su viejo harem y divertirse reemplazándolo[1]. Pero se debe añadir que, incluso los sultanes turcos, cuando no asesinaban a sus esposas, sentían temor de ellas. A la favorita del sultán para la noche la metían a escondidas y en secreto a una habitación, para evitar los ojos celosos de las otras miembros del harem y de la favorita o la reina. Todavía más, la costumbre y una relación satisfactoria requería que el sultán le regalara dinero, joyas y ropa de acuerdo al grado de placer recibido[2]. En donde la relación entre el señor y las miembros del harem eran muy ligeras, estos regalos eran necesarios para añadir incentivos a la relación. Así, incluso con el poder de *matar* a sus esposas a capricho, el sultán todavía tenía que meterse como adúltero a escondidas a la habitación seleccionada a fin de *vivir* con sus esposas.

Tercero, en toda sociedad, sea polígama o monógama, ciertas obligaciones existen entre esposo y esposa. Estos deberes no son tan estrictos en un matrimonio monógamo, porque entonces el esposo y la esposa normalmente trabajan juntos por una meta común. En los matrimonios polígamos, las obligaciones del esposo

---

1   N. M. Penzer, *The Harem* (Spring Books, Londres, 1965), p. 185s.
2   *Ibid.,* p. 181s.

se describen con mayor precisión para evitar el abuso de cualquier esposa. El siguiente ejemplo es típico:

> Entre varias tribus del desierto siro-arábigo el hombre tiene que dividir sus atenciones maritales por igual entre sus dos esposas. Debe pasar alternadamente una noche con cada una. Cada una de las esposas cocina para él un día a la vez, y en ese día es derecho de la mujer que el esposo pase la noche con ella, sea que cohabite con ella o no. Si el esposo pasa la noche con una esposa fuera de turno, debe compensar a la otra con una oveja o una cabra como el precio de su noche. A veces las dos esposas llegan a un acuerdo, y una de ellas le compra una noche a la que le toca el turno[3].

Hay en esto ciertas cosas implícitas de las que rara vez se escribe pero que son conocimiento común en países polígamos. Los derechos sexuales del esposo en un matrimonio polígamo son técnicamente amplios pero en realidad severamente limitados; él paga por cualquier libertad que ejerza. Todavía más, enfrenta esposas que pelean y que son rivales por su favor pero que se unen como mujeres contra él. Si tiene dos o más esposas, debe disfrutar de la cocina de todas; si come muy poco de la cocina de una mujer, ella se enfurece y se pone celosa. Al mismo tiempo, ella se jacta ante las otras esposas de como él se dio un atracón con los postres que ella le dio a la hora de irse a la cama. De igual manera, cada esposa fanfarroneará de sus proezas sexuales con ella. Entonces la esposa de turno le dirá al hombre, que esta vez está cansado, que si pudo ser apasionado con la otra la noche, que se lo demuestre esa noche, en lugar de descansar. A la siguiente mañana ella declarará a las otras mujeres que casi no pudo dormir toda la noche, y que la pasión de su esposo fue ardiente y continua. Como resultado, el pobre hombre tiene problemas con la siguiente esposa y de seguro también otra noche de frenesí. La desconfianza y odio de las mujeres están profundamente embebidos en todas las sociedades polígamas, y a los polígamos no se le conoce cómo hombres de casa. La vida del esposo polígamo es de poder ostentoso pero de servidumbre real. Se puede añadir que, debido a que las mujeres del harem tienen sus derechos de cama fijos en rotación, hay a menudo menos preocupación en cuanto a ser agradable en persona, modales y apariencia. Los derechos maritales, la amenaza de problemas con los parientes políticos, el prestigio que viene de tener hijos, todo esto le da a la mujer una posición de poder. El poder del hombre puede ser brutal, así como el poder del sultán turco para matar lo evidencia en forma externa. El poder de la mujer en países polígamos viene de la explotación de sus armas estratégicas. No es sorpresa que en las sociedades polígamas a las mujeres se les teme como epítome del mal.

---

3   Raphael Patai, *Golden River to Golden Road, Society, Culture and Change in the Middle East* (University of Pennsylvania Press, Filadelfia, 1962), p. 94.

Buda dijo que «la mujer es la personificación del mal». La opinión árabe moderna es similar[4].

Podemos, de este modo, concluir, *cuarto,* que solo en la monogamia el hombre tiene en efecto derechos reales, porque solo en el matrimonio monógamo hay una verdadera unión de esposo y esposa. En lugar de competir por el favor del hombre, el matrimonio monógamo cristiano ve a la mujer unida a su esposo en fe y amor santos. Hay confianza en lugar de rivalidad. En tal matrimonio, el hombre recaba amor, servicio y lealtad que no es común en uniones polígamas. Ejerce derechos desconocidos en otras culturas. No es accidente de la historia que en los países cristianos las mujeres son más responsables, más capaces de trabajo productivo, y mucho más atractivas que en otras culturas. El matrimonio monógamo cristiano es matrimonio en su forma más verdadera porque es fiel a las leyes de la creación.

La significación social del estándar bíblico es evidente en la investigación de J. D. Unwin. Las leyes bíblicas restringen la relación sexual al matrimonio y sostienen que el matrimonio monógamo es la norma. Así, se requiere la castidad premarital, y también la fidelidad postmarital. Unwin empezó su investigación decidido a refutar la idea de que exista alguna conexión necesaria entre el nivel de civilización y su moralidad sexual. Halló más bien que, si sabemos las regulaciones y conductas sexuales de una sociedad, podemos con precisión «profetizar» (y esa es su palabra) «el patrón de su conducta cultural». El desarrollo mental y ventaja cultural va mano a mano con el desarrollo de la monogamia estricta y la castidad premarital y postmarital. Una sociedad con actitud licenciosa premarital y postmarital está a nivel muerto cultural y mentalmente. Progresa al grado en que las regulaciones sexuales se mueven hacia una monogamia estricta. En tres generaciones el impacto de una nueva moralidad se siente a plenitud. Como resultado, Unwin sintió, que las reglas estrictas de castidad y continencia no pueden ser innaturales, puesto que producen lo mejor en la naturaleza[5]. Es significativo que el intento de Unwin de establecer artificial o racionalmente un estándar moral para una nueva sociedad fue un fracaso intelectual; nada puede reemplazar la motivación religiosa para estándares morales[6].

Es significativo también que los que idealizan la promiscuidad y una vida licenciosa como ideal para el hombre solo pueden hallar sus estándares en culturas muy «primitivas» o degradadas. Dos obras que han influido grandemente la actitud licenciosa sexual moderna anticristiana son *The Sexual Life of Savages* de Bronislaw

---

4   See Youssef El Masey, *Daughters of Sin: The Sexual Tragedy of Arab Women* (New York: Macfadden, 1963), p. 87.

5   Ver Joseph Daniel Unwin, *Sex and Culture* (Oxford University Press, 1934); *Sexual Regulations and Cultural Behaviour, An Address delivered before the Medical Section of the British Psychological Society, 27 March 1935* (Oxford, 1935); «Monogamy as a Condition of Social Energy» , en *The Hibbert Journal,* vol. XXV, no. 4 (julio, 1927), pp. 662-677.

6   Ver J. D. Unwin, *Hopousia, or The Sexual and Economic Foundations of a New Society* (Oskar Priest, Nueva York, 1940).

Malinowski (1929) y *Black Eros, The Sexual Customs of Africa from Prehistoric Times to the Present Day* de Boris de Rachewiltz (1956, en inglés, 1964). Al estudio de Malinowski de los isleños de Trobiand se le ha llamado «virtualmente la Biblia de todos los que respaldan la vida de amor libre en grupo»[7]. El comentario de Blake sobre la sociedad supuestamente ideal de los isleños de Trobiand va al punto:

> … el notorio antropólogo indicó inequívocamente que los «trobianderos no conocen, en su tercera década de nuestro siglo (1920-1930), ninguna perversión sexual, ninguna psicosis funcional, ni el asesinato sexual; no tienen palabra para robo; la homosexualidad y la masturbación no significan nada para ellos excepto un medio innatural e imperfecto de gratificación sexual, señal de capacidad perturbada para alcanzar satisfacción normal. La forma socialmente aceptada de vida sexual es la monogamia espontánea sin compulsión, una relación que se puede disolver sin dificultades; y así no hay promiscuidad».
>
> Por supuesto, no hay promiscuidad, hablando técnicamente, en donde no hay leyes o tabúes sociales. Si no hubiera leyes contra el asesinato, tampoco hubiera asesinato. En donde no hay obligación, ni responsabilidad de parte de nadie, es sencillo decir que el problema de violación, adulterio, pedofilia, falta de sostenimiento, etc., no existe[8].

Justificaciones similares prevalecen hoy. Se nos asegura que Dinamarca ha visto un descenso en los crímenes sexuales con el abandono de las leyes contra la pornografía, pero no se nos dice que la mayoría de perversiones ya no se consideran transgresiones criminales, así que la declinación en la criminalidad es en realidad una declinación de la imposición de la ley. En tal contexto, las estadísticas son más que inútiles; son deshonestas.

7. Incesto

La ley bíblica prohíbe el incesto (Lv 18:7-17; 20:11, 12, 14, 17, 20, 21; Dt 22:30; 27:20, 22, 23) y exige la pena de muerte por esta transgresión en la mayoría de casos.

Las leyes del incesto se pueden resumir brevemente. Se prohíben las relaciones sexuales o matrimonio con una madre, padre, madrastra, hermana o hermano, hermanastra o hermanastro, y nieta, con una nuera (o yerno), con una tía (o tío), con la cuñada, y con la madre y su hija. El castigo es la muerte excepto para el matrimonio con la esposa de un tío, con una tía de sangre, o con la cuñada, en donde el castigo era llevar su iniquidad y morir sin hijos (Lv 20:19-21).

7   Roger Blake, *The Free-Love Groups* (Century Books, Cleveland, 1966), p. 89.
8   *Ibid.*, p. 94s.

Es importante entender el significado de «sin hijos» aquí. Claramente no quiere decir que no nacerían hijos, porque entonces y ahora los matrimonios o relaciones sexuales incestuosos han resultado en hijos. El Talmud revela que un niño nacido del incesto o del adulterio tenía prohibido el matrimonio regular dentro de la comunidad[1]. Tal pareja era sin hijos en el sentido de que no tenían heredero legal en su progenie.

La cuestión que viene a la mente moderna al leer la ley bíblica en este punto es sencillamente ésta: ¿por qué fue necesario prohibir tales uniones nada atractivas? Un profesor universitario ridiculizaba regularmente la ley que él decía que veía inscrita en una catedral de Inglaterra: «No te casarás con tu abuela». ¿Quién, exigía, iba a querer casarse con su abuela? Su ignorancia de la historia fue notable. Más matrimonios se han contraído en la historia probablemente teniendo en mente más las propiedades que el sexo. El apoderarse de propiedades mediante matrimonios forzosos, y la prevención de la enajenación o dispersión de los fondos de la familia y propiedades mediante matrimonios dentro de una familia, es cuento viejo. La declinación de las familias reales y nobles europeas, así como también un debilitamiento de la fuerza de la aristocracia judía en los Estados Unidos de América, es un desarrollo que va paralelo con la endogamia extendida.

El propósito de la poliandria en el Tíbet era mantener intacta la herencia y la tierra. En lugar de heredar fracciones de la tierra, todos los hermanos tenían una esposa común y retenían la tierra intacta al conformar el matrimonio a un ideal de una sociedad estabilizada y la transmisión ininterrumpida de la tierra.

Las leyes del incesto fueron dadas por medio de Moisés. Antes de ese tiempo, claramente el incesto no se consideraba errado. El propio padre de Moisés, Amram, se casó con una tía joven, hermana de su padre, Jocabed (Éx 6:20). La práctica del incesto continuó en muchas regiones en una fecha muy posterior. Así, en Asiria existía un problema debido a la práctica continuada. Un hijo, «después de la muerte del padre descansa en los brazos de su madre o madrastra», en tanto que el padre «tenía que conformarse con hijas e hijastras»[2]. La práctica asiria representaba sexualidad pervertida; la de Amram y otros era una inocencia prelegislativa en cuanto a hacer mal.

En Egipto, los matrimonios entre hermano y hermana de sangre era la regla entre los faraones, e incluso en el segundo siglo d.C. tales matrimonios eran la mayoría de las uniones en algunos distritos de Egipto. La prevalencia y aceptación de tales matrimonios en Egipto hizo de la ley mosaica mucho más radical como ruptura con su pasado egipcio.

Obviamente, los hijos de Adán se casaron entre sí; claramente, también los matrimonios con parientes ocurrieron en la historia subsiguiente. La Biblia dice

---

1   Mekkoth, 90n, en Seder Nezikim IV.

2   Jurgen Thorwald, *Science and Secrets of Early Medicine* (Harcourt, Brace & World, Nueva York, 1963), p. 165s.

que Abraham se casó con Sara, posiblemente su media hermana (Gn 20:12); se supone que los dos tenían un padre común. El otro caso, Amram, ya se ha citado.

Los registros indican la endogamia cercana en tiempos antiguos sin algún o ningún daño genético serio, en tanto que hoy el daño genético es grande. La herencia genética del hombre era en ese tiempo suficientemente amplia como para tener la posibilidad de una hebra genética demasiado estrecha en parientes cercanos improbable. Las potencialidades genéticas de Adán y Eva en el Edén eran totalmente buenas. Después de la caída, que afectó al hombre, los defectos estaban sin duda presentes y eran recesivos, saliendo al frente solo con la endogamia progresiva. Arthur C. Custance ha llamado la atención a la situación presente respecto a la endogamia:

> Desde un punto de vista matemático, la situación se podría decir de esta manera: que el apareamiento entre primos hermanos (como en el caso de Darwin, por ejemplo, o el caso de su hermana Carolina) resulta en descendencia que tiene genes idénticos en una proporción de 1 a 7. Muchos de estos genes serán mutantes recesivos y por consiguiente en detrimento para el que los posee cuando se heredan en homocigosis. El apareamiento de tía a sobrina o de sobrino a tía eleva esta proporción a 1 a 3. El apareamiento entre hermanos y hermanas eleva esta proporción, a menudo desastrosamente, de 1 a 1[3].

Este peligro no existía en tiempos primitivos. Génesis está escrito con una consciencia, por ejemplo, de que el asesinato es un pecado, y el adulterio, robo y falso testimonio también, pero sin que haya alguna conciencia de hacer mal o peligro existiendo en el matrimonio dentro de los grados prohibidos. En ese tiempo no existía peligro. El incesto es una transgresión biológica, pero no menos temible, y la pena de muerte es la ordenanza de Dios. Un estudio de «Risks to Offspring of Incest» [«Riesgos de la descendencia del incesto»], en *The Lancet* (Londres), 25 febrero 1967 (p. 436), es aleccionador respecto al peligro genético:

> A los profesionales de la medicina a veces se les pregunta en cuanto a lo aconsejable de la adopción de un hijo que nace como resultado del incesto. Tales niños tendrán un mayor riesgo de ser afectados por condiciones recesivas. A fin de obtener un cálculo de la extensión del riesgo, en 1958 invité a funcionarios infantiles a que me hicieran saber en perspectiva los embarazos o nuevos nacimientos en los cuales se sabía que eran resultado del incesto entre parientes en primer grado de consanguinidad.
>
> A estos niños se les siguió en perspectiva y de manera anónima mediante los funcionarios infantiles. Yo sabía de los niños solo por número, y toda la correspondencia se refería solo al número del niño. Se me informó de trece

---

3   Arthur C. Custance, *Doorwav Papers, no. 51: Cain's Wife* (Ottawa, Canada, 1967), p. 8.

casos de incesto (seis de padre a hija, y siete de hermano a hermana) en 1958 y 1959, y la última información de ellos fue a mediados de 1965 cuando los niños tenían ya entre 4 y 6 años. Resumo aquí la información de estos 13 niños.

Tres niños están muertos: uno a los 15 meses de fibrosis quística del páncreas, confirmada en la necropsia; uno a los dos meses y medio debido a degeneración cerebral progresiva con ceguera; y uno a los 7 años y 11 meses por tetralogía de Fallot (este niño tenía un CI de 70). Una niña es severamente subnormal, con muchos hitos retardados, y se le consideró no apta para examen a los cuatro años y nueve meses, cuando tenía un vocabulario de solo unas pocas palabras. Cuatro niños son educativamente subnormales; el CI conocido de tres de ellos es 59, 75 y 76. Los niños restantes son normales.

El riesgo de que los padres trasmitan un gene recesivo será cuatro veces mayor en casos de incesto entre parientes de primer grado de consanguinidad que lo que sería entre primos hermanos[4].

Custance deriva algunas inferencias muy importantes de esta y otra información. El incesto hoy es un detrimento genético muy claro en un gran porcentaje de casos. Con cada generación, el número de genes dañados aumenta en lugar de reducirse. Esto significa que la larga historia del hombre propuesta por los evolucionistas es imposible, en que la deterioración genética habría entonces ido demasiado lejos.

El registro bíblico muestra en realidad solo 77 generaciones de Adán a Cristo, y si añadimos a esto los 2000 años desde entonces, tenemos algo así como de 100 a 120 generaciones que cubren toda la historia humana. Puesto que la acumulación de genes defectuosos es solo significativa en términos de su efecto en la base de generaciones sucesivas, no es del todo improbable que los primeros seres humanos (es decir, Adán y Eva) fueran en realidad perfectos, y que el daño que empezó a hacerse después de la caída se ha acumulado hasta que llegamos a la situación presente en la cual hay todavía *algunas* posibilidades de apareamiento exitoso entre hermano y hermana, aunque las probabilidades están en contra. Al ritmo en que estas mutaciones ocurren en cada generación, según la teoría genética actual, uno no podría esperar hallar ningún segmento sin daño de la cepa de genes heredada del individuo si la raza humana se hubiera estado multiplicando por miles y miles de generaciones. Estaríamos todos tan dañados a estas alturas que ya ningún matrimonio entre hermano y hermana podría posiblemente tener algún éxito.

Por otro lado, tomando el relato bíblico tal como es, los hijos de Adán y Eva (Gn 5:4), de los cuales Caín fue uno y su esposa otro, no tenían que

---

4   *Ibid.*, p. 10s.

haber sido transmisores de más que una mera muestra de la cepa genética dañada y tal matrimonio no hubiera puesto en peligro la descendencia.

Hay, de manera sorprendente, evidencia directa en las Escrituras de que esta interpretación de los eventos es estrictamente cierta, porque en primer lugar se nos presenta una lista de los descendientes inmediatos por unas diez generaciones de Adán a Noé que disfrutaron lo que se debe describir cómo viabilidad magnífica. Considérese por un momento lo que estaba sucediendo durante ese período de tiempo. Antes del diluvio, el hombre bien puede haber estado protegido por lo menos contra una fuente de peligro a los genes, la radiación cósmica, mediante la existencia de algún tipo de barrera en la atmósfera superior. Hay muchos que piensan que esta barrera desapareció en el tiempo del diluvio y pudiera haber estado muy bien relacionada a ese suceso. La población antes del diluvio (tanto *hombres* como *animales,* nótese) puede por consiguiente haber sufrido poco daño a sus genes en cada generación sucesiva mientras existían estas condiciones medioambientales[5].

Claramente la historia ha presenciado deterioración genética. Sin embargo, la progenie selectiva en los países cristianos ha llevado hasta cierto grado a una eliminación progresiva de muchas personas defectuosas. Entre los armenios, los matrimonios arreglados prevalecían en Armenia hasta la Primera Guerra Mundial, y una exigencia rutinaria de los padres, antes de continuar cualquier otra negociación, era un historial genéticamente limpio de la familia por siete generaciones. Como resultado, muchos defectos genéticos se eliminaron y eran desconocidos entre los armenios. En todo país cristiano, alguna forma de estándar ha prevalecido.

Podemos dar por sentado, todavía más, que, así como Dios introdujo los problemas genéticos con la caída del hombre, con la redención progresiva de la humanidad se establecerán nuevas condiciones de vida. El evolucionista, sin embargo, puede esperar solo deterioración progresiva, y, por temor a esto, tratar de imponer controles totalitarios rígidos sobre el hombre.

Estos controles son necesarios según el hombre humanista, y sin embargo imposibles para él. Quiere la mejoría del hombre, pero es por naturaleza transgresor de la ley. Por eso, deliberadamente trata de transgredir las mismas leyes de que depende su supervivencia.

Se ha llamado la atención a la sensualidad perversa de los asirios. El incesto ha existido entre los pervertidos en toda generación, pero en algunas épocas ha llegado a ser cuestión de principio transgredir la ley. Con el Renacimiento y su ideología humanista revivida, llegó a ser meta común de los inmorales en una forma elegante. Pierre de Bourdeilles Brantome (c. 1530-1614) era un capaz y lúcido reportero de Francia en esa era. Como Georg Harsdorfer observó: «El cortesano Brantome ve a

5   *Ibid.,* p. 11 f.

toda la historia desde la perspectiva de ingenio de tocador»[6]. El tratamiento descuidado de Brantome y fácil justificación del incesto es digno de notarse:

He oído de igual manera hablar de un gran señor de una tierra extranjera, que tenía una hija que era una de las mujeres más hermosas del mundo; y que al ser solicitada en matrimonio por otro gran señor que era bien digno de ella su padre se la concedió. Pero incluso antes de que pudiera dejar que se fuera a la casa, estaba dispuesto de buen grado a probarla por sí mismo, declarando que no dejaría ir tan fácilmente a tan hermosa montura a la cual él no hubiera entrenado con toda prolijidad, sin haber él mismo montado primero en ella, y hallado cómo lo haría ella en el futuro. No sé si esto es cierto, pero he oído decir que lo es, y que no solamente él hizo el ensayo, sino como si fuera poco también otro caballero atractivo y galante. Y sin embargo el esposo no halló después nada amargo, sino todo dulce como azúcar. Él habría sido muy difícil de agradar si la hubiera tenido de otra manera, porque ella era una de las damas más preciosas del mundo.

He oído cuentos similares contados de muchos otros padres, y en especial de un noble muy grande, con respecto a sus hijas. Porque aquí dicen haber mostrado no más conciencia que el gallo en la fábula de Esopo…

Te dejo para que te imagines lo que algunas damiselas pueden hacer con sus amantes —porque nunca ha habido una damisela que no haya tenido o que de buen grado no tenga un amante— y algunas han hecho cosas parecidas con hermanos, primos y familiares.

En nuestros propios días Ferdinando, rey de Nápoles, conoció así en matrimonio a su propia tía, hija del rey de Castilla, a los 13 ó 14 años, pero esto fue por dispensación del Papa. Las dificultades se levantaron en ese entonces en cuanto a si esto se podía o se debería hacer. En esto siguió el ejemplo de Calígula, el emperador romano, que en verdad tuvo sus orgías y relaciones sexuales con cada una de sus hermanas, una después de la otra. Y por encima y más allá de todo el resto, en efecto amó grandemente a la más joven, llamada Drusila, a quien cuando era solo un muchacho había desflorado. Y más tarde, estando entonces ella casada con un tal Lucio Casio Longino, hombre de rango consular, se la quitó a su esposo, y vivía con ella abiertamente, como si hubiera sido su esposa; tan así fue que habiéndose enfermado en una ocasión, la hizo heredera de todas sus propiedades, incluyendo el mismo imperio. Pero resultó que ella murió, lo que lo afligió tanto que hizo una proclamación de cerrar todas las cortes y que cesaran todos los demás negocios, a fin de obligar al pueblo a hacer duelo público junto a él. Y por largo tiempo llevó su cabello largo y la barba sin arreglarse por ella; y

---

6   Georg Harsdorfer, en «Introduction» [«Introducción»] a A. R. Allinson, traductor, The Seigneur De Brantome. *Lives of Fair and Gallant Ladies* (Liveright, Nueva York, 1933). p. xxv.

cuando estaba arengando al Senado, al pueblo o a sus soldados, nunca juró sino por el nombre de Drusila.

En cuanto a sus otras hermanas, cuando se hubo cansado de ellas, las prostituyó y las entregó a sus pajes principales que había criado y conocido de la manera más perversa. Incluso así él no les había hecho ningún mal espantoso, puesto que ellas estaban acostumbradas a ello, y que era un daño placentero, como he oído que lo llamaban algunas damiselas al ser desfloradas y algunas mujeres que habían sido violadas. Pero sobre todo y encima de esto, puso sobre ellas mil indignidades; las envió al exilio, les quitó todos los anillos y joyas para convertirlos en dinero, habiendo desperdiciado y despilfarrado todas las vastas sumas que Tiberio le había dejado. No obstante lo que les hizo a las pobres muchachas, habiendo después de su muerte vuelto del destierro, y viendo el cuerpo de su hermano estropeado y muy cruelmente enterrado bajo unos cuantos terrones de tierra, lo hicieron desenterrar e incinerar y enterrar debidamente lo más honrosamente que pudieron. ¡Con certeza obra buena y noble de parte de las hermanas a un hermano tan desprovisto de gracia e innatural!

El italiano, a manera de disculpar el amor ilícito de su compatriota dice que… «cuando messer Barnardo, el buey joven, se levanta en furia y en pasión, no recibe leyes ni perdona señora»[7].

Con el surgimiento del Romanticismo, también se revivió un interés en el incesto. El poeta Shelley buscó en la historia del Renacimiento el relato de una familia degenerada, la muy acomodada familia romana de Francesco Cenci. Cenci cometió incesto con su hija Beatriz (1577-1599), quien, con su madrastra y su hermano Giacomo, lo hicieron asesinar por sicarios que atravesaron un clavo en el cerebro de Cenci, el 9 de septiembre de 1598. Beatriz distaba mucho de ser hermosa y eraducho menos moral; dio a luz antes de su juicio a un hijo ilegítimo. Shelley, sin embargo, la hizo pura y hermosa, y convirtió el relato en parte de un ataque contra el papado. Su propósito en *Los Cenci* lo dijo en el prefacio: «El propósito moral más alto a que se apunta en la especie más alta del drama, es enseñar al corazón humano, mediante sus simpatías y antipatías, el conocimiento de sí mismo. En proporción a la posesión de ese conocimiento, todo ser humano es sabio, justo, sincero, tolerante y bondadoso»[8].

Mario Praz ha llamado la atención al interés de los románticos por lo perverso. Lo que para los románticos era tema de interés literario se ha convertido para los humanistas existencialistas y relativistas del siglo XX en cuestión de exploración y práctica, en un aspecto de libertad sexual[9]. Ahora lo defiende un sociólogo

---

7   Brantome, *Lives of Fair and Gallant Ladies,* pp. 58-60.

8   *Complete Poetical Works, John Keats and Percy Bysshe Shelley* (Modern Library, Nueva York), p. 300.

9   Roger Blake, *The Free-Love Groups,* pp. 69ss., 112-124.

británico[10]. Un médico ha escrito sobre «lo normal del incesto» y de los supuestos problemas que resultan al «suprimir deseos incestuosos». Tales obras están produciendo fortunas a los que publican pornografía.

Para volver a las observaciones de Blake, sus comentarios sobre el aborto son reveladores:

> Muchos médicos respetados están seriamente buscando leyes de aborto legalizado debido a problemas completamente legítimos que enfrentan algunas de sus pacientes. Pero los que promueven el amor libre también son los paladines de nueva legislación en este respecto simplemente debido a que los embarazos no deseados son el resultado inevitable de su conducta irresponsable. A las hijas a veces las dejan encinta sus propios hermanos o padres. Hay niñas de 9 a 15 años que quedan embarazadas en esos ambientes, y los promotores «intelectuales» de esta forma de vida no ofrecen ninguna solución práctica excepto el aborto rápido, realizado de manera barata y competente[11].

Los promotores del amor libre empiezan ofreciendo «vida» a sus seguidores y acaban exigiendo muerte, asesinato legalizado, en la forma del aborto, como liberación y escape a las consecuencias de sus acciones. Esto no sorprende. La muerte en cualquier sistema de vida y ley es un hecho ineludible. La pregunta es, ¿muerte para quién? El de ideología humanista exige la muerte para el orden-ley de Dios, muerte para los niños nonatos, y muerte para la virtud y la bondad, en tanto que la ley de Dios requiere la muerte en última instancia para el mal y para la rebelión contra el orden-ley de Dios. En la ley bíblica muere el culpable, no el inocente. La paga del incesto es la muerte.

Una nota final: el tema de la endogamia ha traído más que poca atención en años recientes. La evidencia de sus peligros son muchos. La declinación de las monarquías europeas se debió en parte a la declinación de las familias reales debido a la endogamia excesiva. Los serios defectos mentales y físicos que aparecen en las familias reales que en su origen fueron notables por su vigor físico y capacidades mentales son bien conocidos. Los matrimonios se contraían en varias monarquías, no en términos de cualidades inherentes, sino en términos de «sangre real» y alianzas políticas ventajosas, así que las consideraciones genéticas se sacrificaban por fines políticos.

La consciencia de la necesidad de mejorar la cepa humana ha llevado a algunos a promover la exogamia masiva como medio de progreso genético. Como resultado, se ha sugerido el matrimonio interracial, más a menudo en forma oral que por escrito. Pero nueva hebras no pueden añadir nada a una línea sanguínea excepto la que ya tenemos. Exogamia con una cepa inferior puede solo añadir más problemas a los ya existentes.

---

10 *Ibid.,* p. 171.
11 *Ibid.,* p. 188.

8. El levirato

Mace observó, respecto «a la verdadera causa de la poligamia hebrea», que «no puede haber duda de que lo impulsaba el deseo de tener un heredero»[1]. Esto es cierto si nos damos cuenta de que el deseo de un heredero era más que sencillamente el amor de un hijo. La familia era básica para la sociedad y la cultura bíblica; la familia santa se debía perpetuar, y la familia impía se debía eliminar. Al bastardo se le excluía de la iglesia y del estado, en tanto y en cuanto tiene que ver con cualquier estatus legal, hasta la décima generación (Dt 23:2). Podía ser un hombre consagrado, pero no un ciudadano. En la ley canónica, la iglesia excluyó a los bastardos de las órdenes eclesiásticas, aunque se hicieron excepciones por dispensaciones papales. El propósito de la poligamia hebrea, que por lo general era bigamia, para ser precisos, era la perpetuación de la familia. Todavía más, en términos de los hechos, como Mace señaló, «estamos obligados a concebir la comunidad como casi por entero monógama»[2].

A la familia, como unidad social y religiosa básica se le prohibió mediante la ley del incesto crecer hacia adentro y alejarse de su sociedad, porque la ley no solo prohibía la consanguinidad sino consanguinidad más afinidad, es decir, la esposa del padre, la nuera, la cuñada, y otros familiares similares. Se clasificaban como incesto religiosamente aunque no incesto genéticamente, aunque puede existir alguna evidencia científica para el cambio físico en la mujer por el matrimonio. La Biblia afirma claramente que las relaciones sexuales establecen en efecto una relación física profunda entre dos personas, así que incluso una unión sexual casual con una prostituta establece una unión, según San Pablo (1 Co 6:16). Como resultado, la unión con suegros es incesto. La unión sexual hace de dos personas «una carne» (Gn 1:24). Tal vez no sean «una mente», pero sí son «una carne». (Versiones más antiguas del *Libro de Oración Común* llevaban la «Tabla de parentesco y afinidad», de Ussher, que tiene una lista de las relaciones maritales prohibidas).

El reconocimiento de que la unión sexual en efecto en algún sentido profundo y sin embargo no entendido establece una relación o comunica algo físicamente entre las dos partes es común en la mayoría de las culturas. Las aplicaciones supersticiosas de esta creencia abundan, como lo atestigua el tantra yoga, y las relaciones *donnoi* de los trovadores, cátaros, y otros grupos similares de la Edad Media. Muy comúnmente, viejos duermen con vírgenes, sin consumación sexual, en la creencia de que esto es rejuvenecedor. La práctica se usó ampliamente en el París del siglo XVIII, y la practicó regularmente Mahatma Gandhi[3]. Los médicos que sirvieron al rey David pueden haber sido influidos por ideas similares al hacer

---

1 David R. Mace, *Hebrew Marriage, A Sociological Study* (Philosophical Library, Nueva York, 1953), p. 123.
2 *Ibid.,* p. 129.
3 Omar Garrison, *Tantra, The Yoga of Sex* (Julian Press, Nueva York, 1964), p. 126s.

uso de Abisag (1 R 1:1-4); sin embargo, en este caso la consumación parece haber sido el objetivo de los médicos.

En años más recientes, un ejemplo notable de tal pensamiento fue el artista Pablo Picasso, que era dado no solo a mujeres jóvenes sino también a robarse artículos de ropa de su hijo joven con la esperanza «de que algo de la juventud de Claude entrara en su cuerpo»[4].

Estos son absurdos manifiestos, pero atestiguan el hecho ampliamente reconocido de que la unión física en efecto comunica algo. La prohibición bíblica de matrimonio y relaciones sexuales con familiares por matrimonio se basa en este hecho.

La capacidad de la piel de absorber y ser afectada por el toque y el contacto no se aprecia de manera suficiente, excepto, en lo que tiene que ver con venenos. La vagina en particular es más absorbente como revela la insuflación sexual. Cuando un amante sopla violentamente en la vagina, el aire pasa a los vasos sanguíneos y produce muerte en la mujer por embolismo. Se ha informado de casos de insuflación rectal entre homosexuales, por lo general han resultado en muerte[5].

Debido a que la unión sexual hace, según las Escrituras, de los dos «una carne», el matrimonio de una viuda o viudo con parientes políticos se prohíbe como incesto, con una sola excepción.

La única excepción permitida es la ley del levirato (Dt 25:5-10). Según esta ley, si un hombre muere sin hijos, el pariente consanguíneo más próximo tiene el deber de tomar a la viuda como esposa y criar una familia que lleve el nombre del muerto. Esta ley era más antigua que Moisés, y se aplicó en la casa de Judá (Gn 38:8). En *Rut* tenemos un ejemplo posterior de la ley del levirato. El levirato era también común en otros pueblos de la antigüedad. Un libro del Talmud, *Yebamot*, se dedica al tema.

Josefo nos da su reacción al significado de la ley del levirato:

> … porque este procedimiento será para beneficio del público, porque por él las familias no fallarán, y la propiedad continuará entre los parientes; y esto será para solaz de las esposas en su aflicción, que deben casarse con el pariente más próximo de sus anteriores maridos[6].

La protección y perpetuación de la familia es de este modo el propósito básico del levirato para Josefo. Esta es, por supuesto, la clara intención de la ley: «para que el nombre de éste no sea borrado de Israel» (Dt 25:6). Según Lutero:

> La ley de que un hombre debía tomar la esposa que dejó su hermano y levantar simiente para el hermano muerto se estableció por una razón muy buena. Primero, como el texto lo establece, las familias no debían extinguirse sino que

---

4   Francoise Gilot y Carlton Lake, *Life with Picasso* (McGraw-Hill Book Company, Nueva York, 1964), p. 232.

5   Dr. Georges Valensin, *Sex From A to Z* (Berkeley Medallion Books, Nueva York, 1967), p. 129.

6   Josephus, *Antiquities of the Jews,* Lib. IV, Cap. VIII, 23. Hay traducciones al español.

debían multiplicarse; esto tiene que ver con la promoción y ampliación de la comunidad. En segundo lugar, de esta manera Dios proveía para las viudas y el sexo lastimoso, para sustentarlas y sostenerlas; para la mujer, por sí misma vaso débil y lastimoso, es incluso más así cuando es viuda, puesto que está al mismo tiempo abandonada y menospreciada. Dios impone esta caridad, sin embargo, mediante una destacada desgracia. A tal hombre se le debe llamar descalzado y la gente debe escupirle: «¡Vergüenza para ti!» Merece el desprecio de todos. Deben escupir en la tierra y decir: «¡Te viene una "vergüenza para ti"!» porque no cultiva ni aumenta la comunidad en el cual él se halla y de cuyas leyes disfruta. Su pie descalzo será una señal de vergüenza y causa de denuncia interminable. Merece tener desnudo del pie, es decir, sin familia y dependientes, lo que se denota por la cubierta del pie; porque mediante esta obra se desnuda él mismo de respaldar esta obligación de sustentar la familia de su hermano. Así la señal es similar a la obra en que peca[7].

Los comentarios de Calvino también son interesantes, especialmente puesto que él ve la negación del levirato como robo al   muerto:

Esta ley tiene algunas similitudes con la que permite que una persona desposada vuelva a su esposa, a quien todavía no ha tomado; puesto que el objetivo de ambas es preservar para todo hombre lo que posee, de modo que no se vea obligado a dejarlo a extraños, sino que pueda engendrar hijos de su propio cuerpo; porque, cuando un hijo sucede al padre, a quien representa, parece ser más difícil que se haga algún cambio. De aquí, también, que es manifiesto cuán grandemente agradable a Dios es que nadie sea privado de su propiedad, puesto que Él hace provisión incluso para los que mueren, que lo que no se puede entregar a otros sin dolor y fastidio, se debe preservar para su descendencia. A menos, por consiguiente, que este pariente obvie la falta de hijos del muerto, está inhumanidad se considera como un tipo de robo. Porque, puesto que estar sin hijos era una maldición de Dios, era un consuelo en esta condición esperar una descendencia prestada, para que el nombre no se extinguiera por completo[8].

Calvino dudaba de que el término «hermano» aquí significara literalmente eso, puesto que contradice, al parecer, las leyes contra el incesto. Sin embargo, la ley obviamente quería decir «hermano» o cualquier pariente por consanguinidad si no existía hermano; el caso de los hijos de Judá confirma esto (Gn 38:8), como también el caso de texto citado por los saduceos respecto a siete hermanos sin hijos (Mt 22:23-33), en el cual la legitimidad de los matrimonios levirato con una sola mujer la aceptan todos.

---

7   Martín Lutero. *Lectures on Deuteronomy*, p. 248s.
8   Juan Calvino, *Commentaries on the Four Last Books of Moses*, III, 177s.

En cualquier caso, ni Lutero ni Calvino trataron el levirato como reliquia legal obsoleta. Ha existido por siglos. El levirato se practicaba en Escocia de manera muy común hasta el siglo undécimo[9]. Todavía existe entre los abisinios cristianos, con el factor adicional de que, si un hombre queda castrado en la guerra, y es por consiguiente incapaz de engendrar hijos, el levirato se aplica[10]. Hay evidencia de su práctica en Europa, y las familias judías acomodadas de Nueva York mantuvieron su práctica por lo menos hasta tiempo muy reciente. Birmingham informa que «los Seligman también seguían la práctica judía de ofrecer las viudas de la familia al próximo hijo soltero»[11].

Para entender el significado del levirato, es importante examinar de nuevo la doctrina bíblica del matrimonio, y ponerla en una perspectiva que arroje luz sobre el levirato.

Primero, el matrimonio es básico para el reino de Dios, para el propósito creativo de Dios para el hombre y la tierra. La tierra debe ser sometida al dominio de Dios por el hombre, quien debe subyugar la tierra y gobernarla bajo Dios. El servicio de matrimonio judío, remontándose por lo menos hasta el primer siglo a.C., tiene siete bendiciones que cubren la historia de Israel, recordando la creación de Dios y su mandato, la esperanza mesiánica de Israel, y la meta del orden santo. La cuarta y séptima de estas bendiciones dicen:

> Bendito seas, oh Señor nuestro Dios, Rey del universo, que has hecho al hombre a tu imagen, a tu semejanza, y le has preparado para él, de su mismo ser, una tela perpetua. Bendito seas tú, oh Señor, Creador del hombre.
>
> Bendito seas, oh Señor nuestro Dios, Rey del universo, que has creado gozo y alegría, novio y novia, mirra y exultación, placer y deleite, amor, hermandad, paz y comunión. Que pronto se oiga en las ciudades de Judá, y en las calles de Jerusalén, la voz de gozo y alegría, la voz del esposo y la voz de la esposa, la voz jubilosa de los caballeros de honor del novio desde sus toldos, y de la juventud en sus fiestas de canto. Bendito seas tú, oh Señor, que haces que el esposo se regocije en la esposa[12].

Tanto antes como después de la caída, el matrimonio sigue siendo básico al reino de Dios.

Segundo, debido a que la familia es la institución básica de Dios, la propiedad está estrechamente ligada a la familia. La *ketubáh*, remontándose hasta el primer siglo a.C., se refiere de manera muy específica al arreglo matrimonial en los votos

---

9   George Ryley Scott, *Curious Customs of Sex and Marriage* (Torchstream Books, Londres, 1953), p. 102.

10   George A. A. Barton, «Marriage (Semitic)» [«Matrimonio (semítico)»] en *ERE*, VIII, 471.

11   Stephen Birmingham, *«Our Crowd», The Great Jewish Families of New York* (Dell, Nueva York, 1967, 1968), p. 21.

12   J. H. Hertz, «Foreword» [«Prólogo»], *Yebamoth, The Babylonian Talmud, Seder Nashim* (Soncino Press, Londres, 1936), I, xvi-xvii.

matrimoniales, que se anotaban: «Se tú mi esposa según la ley mosaica y de Israel. Trabajaré para ti; te honraré; te sostendré y mantendré, según las costumbres de los esposos judíos que trabajan por sus esposas, y las honran, sostienen y mantienen en verdad». Después de especificar la cantidad de la dote como primer reclamo de ella sobre la propiedad de él, el novio entonces prometía: «Toda mi propiedad, incluso el manto sobre mis hombros, será hipotecado como garantía de este contrato y esa suma»[13]. Este documento era necesario antes de que se pudiera consumar el matrimonio:

> Los sabios, en consecuencia, prohibían las relaciones maritales mientras la *ketubáh* no se hubiera completado. Todavía más, declaraban que estaba prohibido que el esposo y la esposa vivieran juntos por un solo momento sin una *ketubáh;* y en donde esta se perdía, tenían que abstenerse de relaciones sexuales hasta que se hubiera redactado otra *ketubáh*[14].

Estas regulaciones estaban en plena conformidad con la ley bíblica. El hombre es pecador, y en todos los puntos necesita la restricción de la ley. Si un hombre está listo para estar bajo la ley en relación a los demás hombres, debe estar especialmente listo para poner su relación con su esposa bajo la ley. Tal relación legal ya existe en el contrato matrimonial. El amor no basta para establecer un matrimonio; se requiere de un contrato de parte de todos los interesados como prueba de amor. Puesto que el hombre, como pecador, a menudo se inclina a aprovecharse de los que más confían en él, poner tal relación personal bajo la ley es evidencia de amor y buena fe, y no de desconfianza. Es un reconocimiento de la realidad.

Las leyes modernas de bancarrota, a pesar de sus abusos, reflejan no solo la liberación sabática de las deudas, sino la preservación para la esposa y la familia de la vivienda protegiéndola de los reclamos de los acreedores. En la ley bíblica, la esposa es la primera acreedora.

Tercero, como hemos visto, a los delincuentes juveniles incorregibles se les debía ejecutar (Dt 21:18-21), y también a todos los criminales habituales. Así se eliminaba de la comunidad a tales personas. Cuando y si se observaba esta ley, a las familias impías entregadas a la iniquidad se les negaba un lugar en la nación. La ley así claramente funciona para eliminar a todas excepto a las familias santas.

Cuarto, como hemos notado, a los bastardos no se les podía reconocer como legítimos, ni a la descendencia de un matrimonio dentro de grados de afinidad se le podía reconocer como heredera. Debido a que *la ley en ningún momento recompensa el pecado,* la ley judía del divorcio aplicó esto de manera consistente y lógica:

> Tal vez el rasgo más característico de la ley judía del divorcio es su prohibición absoluta de que el adúltero se case con la adúltera. Incluso en casos

---

13   *Ibid.,* p. xvi.
14   *Ibid.,* p. xxxiii.

en donde se había entrado en tal matrimonio mediante la supresión de los hechos verdaderos, debía disolverse[1].

La ciudadanía estaba restringida a las familias piadosas, y la sociedad debía ser gobernada por hombres de familias piadosas.

La Biblia provee una excepción a la ley judía que prohíbe el matrimonio entre parejas adúlteras, pero en esa excepción, Dios mismo castigó a la pareja incluso al permitir y bendecir la unión. Este es el caso de David y Betsabé (2 S 11, 12), de quienes nació Salomón (Mt 1:6) y también Natán (Lc 3:3), ambos antepasados de Jesucristo.

Quinto, esto arroja luz, por consiguiente, sobre el levirato. El propósito de la ley es suprimir, controlar, o eliminar a los impíos, y, al mismo tiempo, establecer, mantener y promover a las familias piadosas. Concibe una sociedad en la cual la herencia es para el santo, y cada generación santa trasmite a la siguiente una herencia de propiedad digna. La formación y perpetuación de familia santa es así básico para la ley. Josefo cita tres propósitos para el levirato: 1) la continuación de una familia piadosa, 2) la preservación de la propiedad, y 3) el bienestar de las viudas. Estas tres cosas están claramente a la vista. A la viuda se le da seguridad adicional de un hijo posible como su heredero y sostenimiento en la vejez. El levirato es todavía una mejor respuesta a los problemas que enfoca que cualquier otra cosa que el hombre haya podido concebir. Por lo general está en desuso hoy porque las leyes humanistas son esencialmente hostiles a la familia y su bienestar. Cuando la familia sea restaurada de nuevo a su lugar bíblico, el levirato calladamente tomará su lugar en ese marco de trabajo de la ley.

Sexto, la adopción es un hecho relacionado, y su lugar en la ley es en términos del levirato, como alternativa. El uso bíblico de la palabra *adopción* es teológico, teniendo referencia a nuestra adopción en Cristo como hijos de Dios. El uso bíblico reflejaba un hecho de la vida de familia. La adopción en la antigüedad normalmente difería de la práctica moderna, en que por lo general se adoptaba formalmente a hombres maduros como herederos, hombres cuya fe y carácter los recomendaban. Abraham había adoptado al maduro y digno de confianza Eliezer de Damasco como su heredero y mayordomo (Gn 15:2.3). Así, debido a que la fe y el carácter eran básicos para la condición de herederos, se requería madurez a fin de proveer evidencia de estos hechos.

9. Sexo y delito

Una opinión muy común no solo asocia el sexo y el pecado original sino que de manera muy lógica conecta el sexo y el delito. Si el sexo es la fuente de la caída, entonces lógicamente, el sexo es la causa del delito. Los ateos leen esta opinión en la

---

1   *Ibid.,* p. xx.

Biblia, aunque sin ninguna base legítima en lo absoluto. En realidad, el origen de esta creencia es pagana, no es bíblica. Muchos mitos paganos indican una creencia en el origen sexual del pecado. El mito de Platón del hombre original andrógino es un ejemplo familiar.

El origen sexual de la criminalidad se ve extensivamente en los neofreudianos y también en muchos otros. El ex director de San Quintín, Clinton Duffy, escribió una exposición de esta idea titulada *Sex and Crime,* manteniendo que:

> El sexo es la causa de casi todos los crímenes, la fuerza dominante que impulsa casi a todos los criminales. Después de treinta y cinco años de experiencia correccional como director de la prisión de San Quintín, miembro de la Autoridad de Adultos de California y director ejecutivo del Consejo de San Francisco sobre Alcoholismo, estoy convencido de que es raro el delito que no se pueda rastrear a una ineptitud sexual de algún tipo…
>
> Los criminales se ven acosados, aturdidos y alterados por las tensiones, dudas, fantasías, ansiedades y hambres sexuales. En mi opinión el 90% de los hombres en las prisiones de nuestra nación están allí porque no pudieron vérselas con el problema[2].

> Tendremos sexo mientras tengamos vida, y delito mientras tengamos civilización. No podemos eliminar el sexo así que no podemos eliminar el delito. No es sino cuando aceptemos la relación entre los dos que podemos empezar a hacer progreso real en nuestra eterna batalla contra las fuerzas del mal. Debemos entender que la mayoría del delito es resultado del sexo y que hay que tratarlo como problema sexual[3].

Si esta creencia es verdad, la lógica requiere una alteración radical de los estándares y conductas sexuales a fin de eliminar las causas del delito. En concordancia, los que abogan por el amor libre exigen la abolición de las regulaciones sexuales como el paso necesario para una sociedad libre y humana. Los anarquistas sexuales son utópicos sociales. Un rastro de esta opinión es evidente en Duffy, que aboga porque se provea compañeros sexuales para los presos. Mississippi permite que un prisionero tenga «visitas conyugales» con su esposa; México no le limita la visita a la esposa[4].

El propio informe de Duffy da evidencia de la naturaleza no sexual del delito. Los grupos étnicos muestran patrones de corte claro; así, los orientales, con su fuerte cultura de familia, «rara vez se meten en problemas», y los menos de todo son los japoneses. Los escandinavos presos son pocos. Los judíos por lo general

---

2   Clinton T. Duffy con Al Hirshberg, *Sex and Crime* (Doubleday; Pocket Books, Nueva York, 1965, 1967), p. 1.
3   *Ibid.,* p. 176.
4   *Ibid.,* pp. 154-176.

acatan la ley; su problema con la ley por lo general tiene que ver con dinero, según Duffy: «La mayoría de presos judíos son timadores o embaucadores, o defraudadores o falsificadores de cheques». Anteriormente, los irlandeses se metían a veces en problemas debido al licor y las peleas, los alemanes raras veces se meten en problemas y cuando esto pasa es por agresión; los italianos han tenido problemas en donde las actividades de pandillas son fuertes; cuando los franceses están en prisión, es «en su mayoría por transgresiones sexuales»; los mexicanos a menudo intervienen en crímenes de violencia y narcóticos, pero «pocos mexicanos mayores de cuarenta años parecen meterse en problemas». Los negros constituyen una proporción muy alta en la población de presos. En el sur, «más de la mitad de los presos en las prisiones estatales son negros, y también en algunas prisiones del norte»[5]. Duffy creía que el prejuicio contra los negros explicaba algo de esto, aunque reconocía que los presos negros eran culpables. Es muy probable que a veces un negro culpable enfrente mayor severidad debido a su raza, pero también es cierto que mucho se tolera y se le excusa debido a su raza. El patrón del sur por décadas fue severidad en algunas cosas (tal como violación) e indulgencia en otras (tales como una ratería, violencia entre negros, borrachera y cosas parecidas).

El enlace racial con el delito es muy cierto, pero dista mucho de la respuesta. Tal como no se puede decir que el sexo es la causa del delito, no se puede decir que la raza lleve al delito. Desde los años de Duffy como director de prisión, la cantidad de actividad criminal por jóvenes caucásicos ha aumentado muy rápidamente. Su raza obviamente no les ha dado inmunidad contra la criminalidad. Se debe buscar la causa en otra parte.

San Pablo dice la causa con claridad. El hombre no regenerado, el hombre en guerra contra Dios, es hostil a Dios y lo aborrece; tales hombres «no se sujetan a la ley de Dios, ni tampoco pueden» (Ro 8:7). Tales personas seguirán un curso de iniquidad religiosa (Ro 1:18-32). Suprimen la verdad debido a su injusticia y adoran a la criatura antes que al Creador.

Este aspecto del hombre es el que la ideología humanista se niega a reconocer. Supuestamente, la criminalidad del hombre se curará al eliminar al estado, la propiedad, la religión y las leyes. Pero, puesto que los impíos son por naturaleza transgresores de la ley, pueden rebajar los estándares cuanto quieran, pero con todo quebrantarán la ley. Viven para quebrantar la ley. Como resultado, mientras más una generación rebelde quebranta la ley, más violenta se vuelve, porque las violaciones de un estándar progresivamente laxo requieren acciones progresivamente más flagrantes.

Nietzsche creía con razón que el no creer en Dios y en la inmortalidad produciría un mundo de hombres violentos. Algunos que siguen la ideología humanista han sostenido que si los hombres tuvieran solo esta vida y este mundo, atesorarían la vida y vivirían en paz. Pero, puesto que Dios y la inmortalidad le dan a esta vida

---

5   *Ibíd.*, pp. 67-74.

presente significado y propósito, la creencia refrena a los hombres, en tanto que la incredulidad abarata la vida y conduce a mayor violencia y asesinato. Cuando el hombre se vuelve su propio dios, se vuelve artículo de fe y urgencia de la vida para afirmar su reclamo mediante la violación de todas las leyes que no le gustan. La esencia de la vida, entonces, debe ser sin ataduras, sin cadenas de la ley o la responsabilidad. Esto conduce a una perversidad radical, que un amigo una vez bromeó con el conde de Gramount: «¿No es un hecho que tan pronto una mujer te agrada, tu primera preocupación es descubrir si ha tenido algún otro amante, y tu segunda cómo acosarla; porque la obtención de su afecto es lo último en tus pensamientos. Rara vez participas en intrigas excepto para perturbar la felicidad de otros; una querida que no tiene amantes no tendrá encantos para ti»[6]. En el siglo XVIII, el propósito básico de enredos amorosos se han descrito como «un deseo de seducir, y abandonar, como deporte malicioso». La «corona de su victoria» era que el seductor hiciera su trabajo «sin la menor intervención emocional, así que cuando la mujer, conquistada y sumisa, suplicaba al fin; "¡Por lo menos, dime que me quieres!" él podía esbozar una sonrisa de desdén y rehusarse». Como resultado, la Rochefoucauld comentó: «Si se juzga al amor por la mayoría de sus efectos, se parece más al odio que a la amistad»[7]. Tal «amor» era en verdad aborrecimiento, y empezaba con el aborrecimiento a Dios. Puesto que la meta del hombre cuando reclama ser dios es la autosuficiencia, se niega la dependencia del amor. Fue la Edad de la Razón la que también redujo el estatus legal de la mujer a la de una esclava como parte de su «amor». Habiéndola reducido a un papel impotente, estos hombres podían ser románticos en cuanto a este títere a quien podían tan fácilmente destruir. Keats cotorreaba en cuanto a esta «mujer nueva»:

¡Dios! Ella es como blanca oveja de leche que bala
Por la protección del hombre[8].

Con razón la «hostilidad» es un aspecto básico, no solo de los que ultrajan a niños, sino también de las «Lolitas», niñas, que gustan de tales avances[9].

Pero toda hostilidad tiene como contraparte un nuevo aspecto de simpatía. Los que son hostiles a Dios y a su ley tendrán simpatía y amistad hacia los criminales. Sienten un vínculo común que los une en su aborrecimiento por la ley. Un abogado europeo, cuya perspectiva definitivamente no es cristiana ha observado:

El determinismo en la ley criminal representa una apología en grande. Debemos hacer la pregunta que sigue: ¿apología, por qué? El que excusa al criminal declara por sí mismo. «Madame Bovary, c'est moi», decía Flaubert. En un tiempo cuando fuertes influencias están abriendo nuevo terreno, el excusar al

6   Morton M. Hunt, *The Natural History of Love* (Alfred A. Knopf, Nueva York, 1959), p. 263.
7   *Ibid.,* p. 279.
8   Cited in *ibid.,* p. 313.
9   Russell Trainer, *The Lolita Complex* (The Citadel Press, Nueva York, 1966), pp. 36s., 98s.

criminal debe resultar en severos sentimientos de culpa. La sociedad hace un esfuerzo por reducir este sentimiento de culpa excusándose tanto a sí misma como al criminal con quien se identifica. Nietzsche se refirió a la oleada de compasión que, en la segunda mitad del siglo diecinueve, barrió Europa desde París hasta San Petersburgo[10].

La simpatía por el criminal quiere decir hostilidad a Dios y a su pueblo. Como Reiwald observó más, en otro contexto: «En donde quiera que hay alguna forma de vida social, debe haber castigo»[11]. El castigo en la sociedad humanista se dirige progresivamente contra el inocente y el que acata la ley. Sea con respecto a impuestos, legislación discriminatoria, o violencia abierta, el pueblo de Dios se vuelve objeto de violencia creciente. En las palabras de Juvenal: «Las profundidades de la depravación no se alcanzan en un solo paso». Bronowski advirtió, con respecto a los festivales paganos: «Esta revuelta contra la autoridad es la esencia de las saturnalias en todas partes»[12].

El Renacimiento desató un gran aluvión de violencia por su hostilidad contra la ley piadosa. Según Lo Duca:

> La libertad buscada por las artes (la noción de belleza es en sí misma perturbadora, las artes siempre han sido las tropas de choque de la verdadera revolución), la revolución buscada por la ciencia (esto ya es más peligroso, para el poder establecido como para los que idolatran el pasado), la libertad buscada en la lengua y moral fueron todas parte de un factor dinámico capital: el individualismo.
>
> Mediante el individualismo, la libertad trata de alcanzar lo absoluto, lo que conduce más allá de los conceptos de bien y mal, a la anarquía auténtica. El genio del Renacimiento a menudo enmascara una anarquía profunda y funcional, que no fue destructiva, estando dominada y refrenada por el orgullo. Solo el orgullo permitió esta anarquía lujosa que halló su moralidad en el arte.
>
> El ejemplo perfecto del hombre del renacimiento es el condotiero. Tal condotiero como Segismundo Malatesta es el Renacimiento resumido en un hombre. Su individualismo es igual al de Bartolomé Colleonia o Galeazo María Sforza. La «anarquía» de estos señores de guerra se basa en el rechazo de toda ley, humana o divina.
>
> Otro famoso condotiero, Werner von Usslingen, llevaba, grabado en su peto: *Enemigo de Dios, la compasión y la misericordia*. Hombres de este calibre, capaces de odio tan feroz, fuertemente marcaron el mundo que surgió de las cenizas de la Edad Media.

---

10   Paul Reiwald, *Society and Its Criminals* (William Heinmann Medical Books, Londres, 1949), p. 59.
11   *Ibid.,* p. 238.
12   J. Bronowski, *The Face of Violence* (George Braziller, Nueva York, 1955), p. 19.

La violencia de la Edad Media nunca estuvo libre de obsesión y crueldad, y sobre todo la necesidad de hallar una justificación invocando pretextos religiosos. La violencia del Renacimiento ni por un instante trató de justificarse. El sentimiento de culpa había desaparecido, absorbido por esa desesperada «voluntad de poder» a la que se le daría nombre cuatro siglos más tarde.

No obstante, estos condotieros introdujeron en su sociedad un elemento exterior que asoló el continente: el soldado de fortuna, mercenario o *Landsknecht,* señores del pillaje y violación. Su ejemplo, así como también su impunidad en los crímenes (la guerra siempre ha sido un pretexto útil para desatar los instintos más infames bajo la cubierta de «debilidades» naturales de los héroes) fuertemente influyó en sus contemporáneos[13].

El autor que nos da este resumen halla también atractivo para sí mismo en los vicios antiguos y griegos, y habla del «hecho» de que «los antiguos nos encantan como una filología muy conocedora de la primera serie de penetraciones anales, bien sea en un hombre o una mujer»[14]. Los hombres y sociedades en revuelta contra la autoridad de Dios hallan un terreno común en su hostilidad contra la ley y el orden moral. El hombre moderno, así, siente una continuidad con los griegos y con el renacimiento que definitivamente no se parece a la Edad Media o a la Reforma.

Lo Duca compara al condotiero del Renacimiento con el hombre moderno revelado por Sade:

> Lo que el condotiero trajo al espíritu del Renacimiento, Sade lo trajo a la era moderna. […] No solo que Sade expone el axioma de que la vida no es sino la búsqueda de placeres, o incluso de *el* placer, sino que introduce el principio de que el placer está ligado al sufrimiento, es decir el intento de destruir la vida: «el cuerpo […] nada más que un instrumento para infligir dolor»[15].

En donde no hay sumisión a la ley de Dios, hay una resistencia progresiva, desplante y violación en consecuencia. La causa del delito no es el sexo; es el pecado, el desplante del hombre contra la autoridad soberana de Dios y el intento del hombre de ser su propio dios. El intento del hombre de hallar la causa del delito en el sexo es parte de su intento por derrocar el orden-ley de Dios al reordenar las relaciones sexuales. Previsiblemente no solo en Sade sino en todos los que niegan la ley de Dios, la conclusión es la misma: «Mas el que peca contra mí, defrauda su alma; todos los que me aborrecen aman la muerte» (Pr 8:36).

---

13   Lo Duca, *A History of Eroticism* (Collectors Publications, Covina, Calif., 1966), pp. 139-142. Adaptado del francés al inglés por Kenneth Anger.

14   *Ibid.,* p. 48.

15   *Ibid.,* p. 117.

10. Sexo y religión

La asociación del sexo con la religión es común, y más de unos cuantos escritores han intentado rastrear toda la religión a la adoración fálica. La frecuentemente estrecha conexión entre el sexo y la religión se puede conceder; los cultos de fertilidad se hallan en todas partes del mundo, pasado y presente. Esta relación se declara, de hecho, en las Escrituras, como atributo de las religiones falsas. San Pablo declaró de los hombres no regenerados:

> Profesando ser sabios, se hicieron necios, y cambiaron la gloria del Dios incorruptible en semejanza de imagen de hombre corruptible, de aves, de cuadrúpedos y de reptiles.
>
> Por lo cual también Dios los entregó a la inmundicia, en las concupiscencias de sus corazones, de modo que deshonraron entre sí sus propios cuerpos, ya que cambiaron la verdad de Dios por la mentira, honrando y dando culto a las criaturas antes que al Creador, el cual es bendito por los siglos. Amén (Ro 1:22-25).

Como Murray comentó sobre este texto: «La degeneración religiosa se penaliza por el abandono a la inmoralidad; el pecado en el ámbito religioso se castiga por el pecado en la esfera moral». Esto no es solo «una ley natural de consecuencias operativa en el pecado», es todavía más el acto de Dios:

> Hay la imposición positiva de entrega a lo que es totalmente ajeno y subversivo del buen placer revelado de Dios. El desagrado de Dios se expresa en su abandono de las personas preocupadas por el cultivo más intenso y agravado de las lujurias de sus propios corazones con el resultado de que ellas cosechan por sí mismas un costo correspondientemente mayor de venganza retributiva[1].

La relación entre el sexo y la religión es, pues, real; es un aspecto de la revuelta del hombre contra Dios. Cuando el hombre se vuelve a la adoración propia, acaba adorando su propio vicio sexual. Al rehusar reconocer el poder de Dios como Señor y Creador, adora sus propios poderes genitales como creador.

Un ejemplo interesante de esto fue citado por Herbert Asbury, en su relato de *The Barbary Coast*. Después del terremoto de la península de San Francisco el 18 de abril de 1906, la reacción de incontables hombres fue buscar consuelo en el sexo. En la cercana Oakland, también fuertemente estremecida, el jefe de policía, Walter J. Peterson, indicó, de las casas de prostitución: «Todo el día y toda la noche los hombres formaban hileras por cuadras esperando frente a las casas, como en una taquilla en un teatro en una noche popular»[2]. Conforme una edad se acerca a la muerte, la

---

1   John Murray, *The Epistle to the Romans* (Eerdmans, Grand Rapids, 1959), I, 44s.
2   Herbert Asbury, *The Barbary Coast* (Garden City Publishing Company, Nueva York, 1935 [1933]), p. 263.

actividad sexual del hombre se vuelve mucho más intensamente perversa, porque su hambre religiosa ha aumentado, y el sexo es su dios sustituto.

Pero eso no es todo; el hombre al mismo tiempo empieza a justificar su depravación religiosa y moral.

El concepto moderno de la orgía se debe rechazar a todo costo. Da por sentado que los que toman parte no tiene ningún sentido del pudor, o muy escaso. Esta noción superficial implica que los hombres de la civilización antigua tenían algo del animal en su naturaleza. En algunos aspectos es verdad que estos hombres a menudo parecen estar más cerca a los animales que a nosotros mismos, y se mantiene que algunos de ellos tenían este sentimiento de afinidad. Pero nuestros juicios están ligados a la idea de que nuestros modos peculiares de vida muestran mejor la diferencia entre hombres y animales. Los hombres primitivos no se contrastaban a sí mismos con los animales de alguna manera, pero aunque veían a los animales como hermanos las reacciones en las que se basaba su humanidad distaban mucho de ser menos rigurosas que la nuestra… Por eso cuando hablamos de orgía de una manera muy general no tenemos base para verla como una práctica abandonada sino por el contrario debemos considerarla como un momento de tensión elevada, desordenada sin duda, pero al mismo tiempo un momento de fiebre religiosa. En el mundo patas arriba de los días festivos la orgía tiene lugar en el instante cuando la verdad de ese mundo revela su fuerza abrumadora. La violencia báquica es la medida del erotismo incipiente cuyo dominio originalmente es el de la religión.

Pero la verdad de la orgía nos ha venido a través del mundo cristiano en el cual se han derribado una vez más los estándares. El sentimiento religioso primitivo derivaba de tabúes el espíritu de transgresión. El sentimiento religioso cristiano se ha opuesto en gran medida al espíritu de transgresión. La tendencia que permite que un desarrollo religioso proceda dentro del cristianismo está conectada a estos puntos de vista relativamente contradictorios.

Es esencial decidir cuáles han sido los efectos de esta contradicción. Según mi manera de pensar, si el cristianismo le hubiera vuelto la espalda al movimiento fundamentalista que dio lugar al espíritu de transgresión, hubiera perdido por entero su carácter religioso[3].

Por *orgía* Battaille, por supuesto, se refiere a los festivales religiosos de la antigüedad que pedían la práctica religiosa de actos de caos: adulterio, homosexualidad, incesto, bestialismo, saqueo, incendios, masacres y depredación general. Battaille describe este espíritu religioso de transgresión:

---

3   Georges Bataille, *Death and Sensuality*, p. 112s.

Pero la característica más constante del impulso que he llamado transgresión es hacer orden de lo que es esencialmente caos. Al introducir la trascendencia en un mundo organizado, la transgresión se vuelve el principio de un desorden organizado[4].

Para estos cultos de caos, todo acto del hombre era santo y sagrado, puesto que el hombre estaba en continuidad con la divinidad del ser. Pero el cristianismo, según Battaille, desacralizó al hombre y al mundo: «Redujo lo sagrado y lo divino a un Dios discontinuo y personal, el Creador»[5].

Como resultado, hay un movimiento para restaurar el «amor» a su lugar «apropiado» en la vida del hombre, o sea, un lugar de expresión «libre». Se aduce que «el amor abre potencialidades ilimitadas»[6]. Según el Dr. Charles Francis Potter, «la vida es la única maravilla; solo la vida es divina»[7]. Esto quiere decir que la vida, y la sexualidad de la vida, están por encima de la ley, porque es en sí misma divina. El sexo, entonces, se adora; Goldberg lo llama «el fuego sagrado». De la adoración al sexo, escribe:

> Con todo, la adoración al sexo hizo por el hombre incluso más que eso. Fue la redentora de su alma aprisionada. Proveyó una salida para aquellas pasiones sexuales que la raza había conocido en su infancia, pero que más tarde evidentemente habían sido expulsadas del corazón y la mente. Los recuerdos de ellas pueden haber persistido, puesto que no habían sido eliminadas por completo de la tierra. En todo caso, el deseo estaba allí, al rescoldo debajo del montón de supresiones.
>
> Antes, el hombre era un agente libre sexualmente. Podía aparearse con cualquier mujer que apareciera en su camino. Ahora, estaba en cadenas. La adoración al sexo vino para romper los grillos y, si acaso por un breve lapso de tiempo, para llevar de regreso al hombre a la libertad que había sido suya. Lo que era prohibido en general en la selva no solo estaba permitido, sino, de hecho, se convirtió en obligación en el templo de los dioses.
>
> Cuando, en el templo, el hombre fue libre para hacer sexualmente lo que se le antojara, le agradó hacerlo con toda la libertad posible[8].

Como resultado, tenemos el ataque religioso estudiado contra la ley moral bíblica. *Primero,* se exige relativismo moral; se nos dice que a toda persona se le debe juzgar en términos de sus propios estándares. Según Danielsson:

---

4   *Ibid.,* p. 114.
5   *Ibid.,* p. 115.
6   Edward Podolsky in Preface to T. Clifton Longworth, *The Gods of Love, The Process in Early Religion* (Associated Booksellers, Westport, Conn., 1960), p. 23.
7   Charles Francis Potter, Introduction to B. Z. Goldberg, *The Sacred Fire, The Story of Sex in Religion* (University Books, Nueva York, 1958), p. 11.
8   B. Z. Goldberg, *The Sacred Fire,* p. 60s.

Acusar a los polinesios de ser inmorales según nuestro estándar occidental cristiano es, por supuesto, tan irrazonable como sería que ellos nos condenaran porque no observamos las reglas de tabúes polinesios. La justicia elemental exige que empleemos el código moral *propio* de cada pueblo como estándar al tratar de juzgar su conducta, y si hacemos este nuestro punto de arranque y comparamos la manera polinesia de observar los cánones existentes de conducta con nuestra propia conducta moral, somos nosotros los que deberíamos avergonzarnos[9].

Danielsson apela a la «justicia elemental», pero esa no es una justicia que algún cristiano pueda reconocer, porque ha redefinido la justicia y moralidad en términos humanistas y relativistas. Danielsson no solo propone el anarquismo moral, sino que les niega a los que discrepan con él todo derecho a discrepar. Su ruego de tolerancia, así, se basa en una intolerancia radical.

Segundo, estos relativistas entonces demandan, para citar a la esposa de una ex ministra de justicia belga, Mme. Lilar, que tenía una ideología humanista radical, «una resacralización del amor humano»[10]. Sin que sea sorpresa, Mme. Lilar basaba su pensamiento en los cultos antiguos de caos y el mito del andrógino[11]. Ella no promueve la vida licenciosa, pero incluso menos promueve la ley y la obligación, porque «la obligación es con certeza desacralización como lo es la vida licenciosa». Su esperanza es un amor «libre», espontáneo, «sagrado» que no necesita la ley:

> ¿Debe una concluir que la libertad y la fidelidad son irreconciliables? No. Por el contrario, aunque una fidelidad forzada y convencional pudiera tener sus ventajas morales y sociales, solo una fidelidad espontánea y de amor, constantemente renovada al ser escogida en libertad completa, puede fortalecer a la pareja en su vocación sobrenatural. Una pareja debe, por lo menos especular, apostar en su capacidad para durar. Debe tener fe en su amor, fe en su resistencia al tiempo. Si por mala suerte el amor se extingue, ninguna fidelidad obligatoria o forzosa puede devolverle su cualidad sacra. Lo que sucede entonces es una serie de ajustes mutuos en una atmósfera de asociación, de compañerismo; pero de nada sirve engañarse una misma; estos ajustes meramente sancionarán el paso de la pareja del amor sacro al amor profano, y esto se debe considerar una caída[12].

Lo absurdo de esta posición es que quiere la iniquidad del que sigue la ideología humanista mientras que retiene la fidelidad del cristiano, combinación imposible.

---

9   Bengt Danielsson, *Love in the South Seas* (Dell Publishing Company, Nueva York [1956], 1957), p. 70.

10   Suzanne Lilar, *Aspects of Love in Western Society* (Thames and Hudson, Londres [1963], 1965), p. 92. Traducido al inglés con prefacio de Jonathan Griffin.

11   *Ibid.,* pp. 119-154.

12   *Ibid.,* p. 174s.

Pero, para volver al punto que hizo Goldberg, es decir, que el sexo es un «redentor»; esto es cada vez más un aspecto de la escena moderna. Es un serio error ver una era como la presente, o las postrimerías del Imperio Romano, como un tiempo de personas «sexuadas en demasía». A decir verdad, los tiempos de intensa sexualidad son también por lo común eras de baja vitalidad sexual. Cuando Mme. de Maintenon tenía más de setenta años, se quejaba porque su esposo, Luis XIV, «insistía en sus deberes conyugales todos los días y en ocasiones hasta dos veces»[13]. Esto es menos probable que sea una queja en una era de decadencia. El fin de una era ve una declinación en todo tipo de energía, incluyendo la energía sexual, y, como resultado, a la energía sexual normal la reemplaza una frenética. Se recurre a extremos de provocación, porque exige más estimular un apetito bajo y estropeado. Exige un esfuerzo mayor excitar a un hombre en una era que declina. La sexualidad flagrante es casi una marca de baja vitalidad. También se requieren perversión y violencia para estimular el apetito enfermo. Se vuelve especialmente importante rechazar todo lo que es normal, legítimo, y parte del «pasado» ordenado y piadoso. Se considera errado dejarse influir por cualquier otra cosa que no sea *el momento*. Así, cuando a Andrei Voznesensky, escritor soviético, se le preguntó: «¿Cuál de los poetas rusos de los últimos cuarenta años le han influido más?», respondió: «Qué pregunta. Ser influido por poetas viejos es como enamorarse de la abuela de uno»[14]. En tal perspectiva, el hombre sin raíces es el hombre redimido, y Hollo habla de Henry Miller como «la cúspide» del mundo, «al pie de la escalera del hombre al cielo»[15].

La justicia tiene sus raíces; se arraiga en la ley de Dios y se mueve en términos de historia redentora pasada, presente y futura. Como resultado, la justicia es el enemigo de la sexualidad religiosa, en tanto que el mal, siendo sin raíces e irresponsable es puro y santo. Un personaje de O'Donoghue declara: «¡No se debe ser tan ingenuo como para creer que a la crueldad y a la violencia necesariamente se las deba motivar! El acto malicioso, separado del aetreo rutinario, deslustrado, de impulsos orientados a una meta, alcanza una cierta pureza en su propio ser»[16].

Así que es el mal, especialmente la sexualidad perversa y pervertida, el que en esta perspectiva se vuelve redentora. La película de 1968-1969 *Teorema* es, se nos dice, «una parábola extraña, enigmática, que trata de la sociedad contemporánea corrupta mediante los efectos devastadores que un extraño misterioso y sensual ejerce sobre la familia de un industrial». El gobierno italiano calificó de obscena la película (y es una producción italiana), pero «la iglesia católico romana la honró

13   Nancy Mitford, *The Sun King* (Harper and Row, Nueva York, 1966), p. 151.

14   Elizabeth Sutherland, «Interview with Andrei Voznesensky» [«Entrevista con Andrei Voznesensky»], Barney Rosset, editor, *Evergreen Review Reader,* 1957-1967 (Grove Press, inc., Nueva York, 1968), p. 540.

15   Anselm Hollo, «A Warrant Is Out for the Arrest of Henry Miller» [«Una boleta de captura ha sido extendida contra Henry Miller»], poema en *Evergreen Review Reader,* p. 538.

16   Michael O'Donoghue, «The Adventures of Phoebe Leit-Geist, Episode X» [«Las aventuras de Febe Leit-Geist»], en *ibid.,* opuesto a p. 473.

con un galardón (que más tarde le retiró)». Un extraño misterioso visita la casa y «le da a todo miembro de la casa la clase de solaz sexual que cada uno anhela. El extraño lee sus pensamientos más íntimos y los satisface». Participan el padre, la madre, el hijo, la hija y la criada. Cuando el extraño se va, «un gran vacío —un abismo intelectual y espiritual del cual no puede brotar ninguna ayuda— existe». El padre se vuelve un homosexual que anda desnudo por las calles, la madre una mujerzuela, el hijo busca escape en el arte impresionista; la hija enloquece, y la criada se vuelve una ermitaña religiosa que hace milagros.

¿Qué significado se puede hallar en todo esto? ¿Se supone que el extraño sea Dios, el diablo, o ni uno ni otro? ¿Son estas personas tan depravadas que cuando se les despoja de su existencia burguesa artificial no les queda nada sino locura?[17].

El hecho de que el extraño misterioso pueda ser «Dios, el diablo, o ni uno ni otro», es especialmente significativo. El punto es que no hay una diferencia discernible entre Dios y el diablo, así que a tal extraño misterioso se le puede catalogar como cualquiera, o ninguno. Lo supremo y la moralidad se consideran despreciables, y por consiguiente, «Dios, o el diablo», deben robarles a los hombres su «existencia burguesa artificial» en un mundo de bien y del mal. Así, el sexo en *Teorema* es un instrumento religioso de doble filo; puede dar redención, o puede traer condenación a los que rehúsan su mensaje.

De manera similar, la película «I am Curious (Yellow)» [«Soy curioso (amarillo)»], película sueca, se caracteriza por una rebeldía radical contra la autoridad, expresada sexualmente, según el sociólogo y psicólogo Dr. Charles Winick, testigo a favor de la película en su juicio estadounidense[18]. Esto lo enuncia con claridad: el propósito de esta sexualidad religiosa es la rebeldía contra la autoridad, la autoridad de Dios, por el nuevo dios, el hombre. Esta rebeldía requiere la puesta en práctica religiosa del mal como cuestión de principio[19]. La prueba de excelencia y liderazgo en algunos grupos hoy es la depravación, la realización de varios actos pervertidos[20]. Su tesis es «la rectitud de Lucifer», o sea, del mal[21]. Un amor a la mugre[22], una creencia en su divinidad[23], y una guerra total contra toda ley de Dios es su principio.

---

17   Dale Monroe, «Movie Review: Enigmatic "Teorema"» [«Revisión de película: "Teorema" enigmática»], en Los Angeles *Herald Examiner,* viernes, 23 mayo 1969, p. C-l.

18   *I am Curious (Yellow),* película de Vilgot Sjoman (Grove Press, Nueva York, 1968), p. 209.

19   Ver R. E. L. Masters, *Eros and Evil, The Sexual Psychopathology of Witchcraft* (The Julian Press, Nueva York, 1962). Para relatos de esto en una era anterior, presentados desde una perspectiva humanística, ver también R. E. L. Masters y Edward Lee, *Perverse Crimes in History* (The Julian Press, Nueva York, 1963), y Allen Edwardes y R. E. L. Masters, *The Cradle of Erotica* (The Julian Press, Nueva York, 1963).

20   Ver *Freewheelin Frank,* secretario de los Ángeles, según Frank Reynolds se lo dijo a Michael McClure (Grove Press, Nueva York, 1967).

21   *Ibid.,* p. 150.

22   *Ibid.,* pp. 105, 126.

23   *Ibid.,* pp. 8, 72, 75, 107.

Y esto no debería sorprendernos. Es una ley del ser que la apostasía religiosa tiene consecuencias morales. San Pablo dice con claridad en Romanos 1, que la idolatría del hombre ineludiblemente resulta en inmoralidad, y la inmoralidad en perversidad y perversiones. Debido a que tales hombres abandonan a Dios, Él los abandona a ellos. Tales hombres intercambian la verdad de Dios por una mentira (Ro 1:25); «por "una mentira" quiere decir aquí "dioses falsos", que son la incorporación suprema de la falsedad»[24]. El comentario de Knox sobre Romanos 1:24-27 dice, en parte:

> El propósito principal del apóstol al momento es apuntar, no a los pecados, sino al juicio. Ve en la corrupción moral, especialmente en los vicios sexuales no naturales, una señal de que «la ira» ya ha empezado a obrar. *Dios los entregó a la inmundicia.* Ya hemos visto que Pablo concebía el pecado y sus consecuencias como estando en la conexión más estrecha posible; la decadencia y la muerte seguían el pecado tan inevitablemente como la vida y la paz a la justicia de la fe, y en verdad participan del mismo carácter. Así que aquí ve en la prevalencia de la homosexualidad, *la deshonra de sus cuerpos entre sí mismos,* como una manifestación no solo de pecado, sino también de este asunto y castigo, o sea, corrupción y muerte[25].

El de ideología humanista se rebela contra Dios a fin de exaltarse a sí mismo. La tétrica ironía del juicio es que este acto lo conduce a deshonrarse a sí mismo. El de ideología humanista trata de glorificar y honrar su cuerpo, pero más bien lo deshonra abiertamente y hace de su desgracia un hecho público[26].

El sexo y la religión están estrecha e ineludiblemente ligados en toda fe no bíblica. Es el resultado religioso de la apostasía; el hombre adora su propio mal sexual y exalta su desgracia como una forma de vida. El hombre humanista adora «el momento» y convierte «el espíritu de trasgresión» en un principio religioso. Tal fe no puede producir o perpetuar una cultura; solo puede destruirla. Los hombres deben, bien sea reconstruir en términos del Dios trino, o ser arados bajo su juicio y castigo.

11. El adulterio

El enfoque que el que sigue la ideología humanista le da a las Escrituras es perverso en principio. Sistemáticamente lee mal la Biblia. Por eso Hays escribe, respecto a la caída del hombre:

---

24   W. Sanday, «Romans» [«Romanos»], en Ellicott, VII, 208.
25   John Knox, «Romans» [«Romanos»], en *The Interpreter's Bible,* vol. 9, p. 400s.
26   R. C. H. Lenski, *The Interpretation of St. Paul's Epistle to the Romans* (Wartburg Press, Columbus, Ohio, 1945). p. 109s.

Para volver a la serpiente, cuando Eva engaña a Adán, a quien la serpiente previamente le había dicho la verdad, los ojos de la pareja primitiva son abiertos y «son como dioses, sabiendo el bien y el mal». También se dan cuenta de que están desnudos y se vuelven por primera vez sexualmente culpables; en otros términos, se inventó el coíto[27].

La Biblia, dicen algunos, tiene una opinión mala del sexo, en tanto que el hombre moderno tiene una opinión saludable. Sin embargo, un connotado psicoanalista ha hallado que la opinión moderna es más bien malsana.

La expresión «divertirse» se vuelve en los Estados Unidos de América más y más sinónimo de tener relaciones sexuales. Esta nueva connotación es sintomática de la degradación emocional del proceso sexual. La experiencia sexual es en realidad muy seria, y a veces incluso trágica. Si es solo diversión, ya no es divertida[28].

Se debe notar, todavía más, que no solo se ha atacado la noción bíblica del sexo y el matrimonio, sino también al cristiano por profesar esa noción. Muy temprano, «la enseñanza moral de los misioneros cristianos sonaba como crítica de la vida privada de la familia imperial, un ataque a la ley romana y a la moral de la sociedad romana»[29]. Oímos mucho de la corrupción e inmoralidad del clero medieval y muy poco de los muchos sacerdotes y monjes fieles, ni tampoco a menudo se nos dice de los esfuerzos de personas inmorales de esa era para subvertir al clero. Berthold observaba: «Las hijas jóvenes y señoritas no piensan nada más que en cómo seducir monjes y sacerdotes»[30]. El motivo de esta hostilidad es la ley bíblica y su insistencia en que solo las relaciones sexuales maritales son legítimas y morales. El estándar bíblico del matrimonio se ve como opresivo e innatural.

La fusión de personalidades, incluso cuando evade el peligro de devorarse mutuamente, tropieza incluso con otro conflicto en el patrón sexual básico mamífero. En general, la monogamia fiel no parece ser un patrón natural, sino uno de fabricación social; incluso así, es raro al punto de parecer casi anormal. De las ciento ochenta y cinco sociedades analizadas en los Archivos de Aspecto de Relaciones Humanas de la Universidad Yale, solo alrededor del cinco por ciento fueron monogamias en las cuales no se permitía ninguna actividad sexual externa para los hombres o se la desaprobaba. La fidelidad, así, parece difícil para algunos eruditos, innatural y grandemente

27   H. R. Hays, *The Dangerous Sex, The Myth of Feminine Evil* (G. P. Putnam's Sons, Nueva York, 1964), p. 91.

28   Theodor Reik, *Sex in Man and Woman: Its Emotional Variations* (The Noonday Press, Nueva York, 1960), p. 206.

29   Richard Lewinsohn, *A History of Sexual Customs* (Harper and Brothers, Nueva York [1956], 1958), p. 83.

30   Herman Heinrich Ploss y Max Paul Bartels, *Woman in the Sexual Relation* (Medical Press of New York, Nueva York), p. 34. Revisado y ampliado por Ferd. F. von Reitzenstein.

sobreestimada, y la insistencia en ella es la causa de hipocresía, culpa, desdicha y matrimonios rotos. Todo esto es el producto de la identificación de los individuos, porque la infidelidad es una participación de una experiencia muy intensa con otra persona que no es el principal compañero de amor de uno, y por consiguiente rompe la fusión. Incluso si la infidelidad se esconde perfectamente, levanta en la persona barreras hostiles en lugares oscuros en los cuales el otro no puede penetrar. El Dr. Abraham Stone ha informado que en casi tres décadas de asesoramiento matrimonial ha hallado la infidelidad casi siempre inocua, pero prácticamente siempre causa de ocultamiento, culpa, y dificultades de interacción de la personalidad y amor total.

> No obstante, la incomodidad de la fidelidad puede ser el precio al cual uno compra considerable felicidad y estabilidad en el matrimonio[31].

En tal noción, hay en el mejor de los casos una aceptación pragmática desdichada de la monogamia, y tal perspectiva no puede inspirar fidelidad. No hay referencia aquí al significado del matrimonio; solo a lo que el individuo puede obtener, al precio más barato. Así, incluso lo que parece asentimiento a la ley bíblica subraya los principios radicalmente diversos de la fe bíblica y la ideología humanista. Cole escribe: «El cristianismo y el psicoanálisis pueden concordar en que el patrón coital estándar de Rado, la inserción del pene en la vagina antes del orgasmo representa la medida de la «sexualidad "normal"»[32]. Aquí está una *«medida* de sexualidad normal» sin ninguna referencia al decreto y palabra divinos, sino solo a la relación entre el pene y la vagina. La sexualidad normal para el cristianismo es sexualidad marital; el adulterio es una violación de esta relación y un acto anormal, criminal, *un ataque al orden fundamental.*

Al tratar con el matrimonio, el séptimo mandamiento lo destaca como la palabra ley esencial: «No cometerás adulterio» (Éx 20:14; Dt 5:18). Esta misma ley se indica en varias formas; se prohíbe en Levítico 18:20 y se la describe como contaminación. Se especifica que el castigo por el adulterio es la muerte (Lv 20:10; Dt 22:22).

A fin de ver el asunto en perspectiva, examinemos las regulaciones premaritales. En muchas culturas se le prohíbe el adulterio a la mujer, pero al hombre se le concede actitud licenciosa premarital y postmarital. La práctica griega y romana aquí es bien conocida. En la cultura china se consideraba el adulterio, antes del comunismo por lo menos, solo como transgresión de la mujer. El hombre era libre para hacer lo que se le antojara. Los niños que le nacían a un hombre de sus relaciones extramaritales se llevaban a la casa del hombre, y la esposa tenía que aceptarlos[33]. A veces se dice que los estándares bíblicos eran similares; no hay evidencia de esta afirmación.

---

31   Morton M. Hunt, *The Natural History of Love* (Knopf, Nueva York, 1959). p. 394.

32   William Graham Cole, *Sex in Christianity and Psychoanalysis* (Oxford University Press, Nueva York, 1955), p. 302.

33   David y Vera Mace, *Marriage East and West* (Doubleday, Garden City, N.Y., 1959, 1960). p. 238.

En tanto que no hay ley que trate directamente con eso, el tenor general de la ley, la evidencia de Proverbios, y el Nuevo Testamento dejan en claro la posición bíblica.

Primero, como ya se anotó previamente, la ley exigió el exterminio de los cananeos, sus cultos de fertilidad, y su prostitución religiosa. El propósito de la ley es una tierra purgada de todos estos males. La ley atendía una situación en donde estos males en particular no tenían existencia; de aquí, no tenían existencia legítima.

Segundo, no solo que se debía eliminar a las prostitutas cananeos, sino que no debía existir ninguna de origen hebreo. El castigo se deja a las autoridades, pero la ley claramente prohibía la existencia de prostitutas y sodomitas (prostitutos homosexuales) hebreos:

> No contaminarás a tu hija haciéndola fornicar, para que no se prostituya la tierra y se llene de maldad (Lv 19:29).

> No haya ramera de entre las hijas de Israel, ni haya sodomita de entre los hijos de Israel (Dt 23:17).

El castigo para la hija de un sacerdote que se hacía prostituta era la muerte (Lv 21:9).

Tercero, en Proverbios se condena toda sexualidad extramarital, y los consejos respecto a los males de la prostitución, el adulterio y la sexualidad premarital se dan todos como sabiduría antigua y como implícitos en la ley de Dios. Se declara la castidad marital como el estándar (Pr 5:1-23). Se la presenta, no como vida empobrecida, sino como manantial de gozo y salud para el ser del hombre (Pr 5:15-23). Se condena en especial el adulterio; la prostituta es una degenerada moral, pero la adúltera añade perversidad a su mal: «La prostituta no busca más que un trozo de pan, pero la mujer adúltera lo que quiere es una vida preciosa» (Pr 6:26, LAT). El adulterio es un fuego devorador (Pr 6:20-35). Conduce a la muerte y a la ruina (Pr 7:1-27). Las relaciones sexuales con prostitutas son malas, pero el adulterio es mal y necedad culminantes. Todo esto Salomón lo enuncia como la sabiduría de la ley.

Cuarto, el Nuevo Testamento prohíbe toda relación sexual no marital, y las reales relaciones sexuales premaritales, por consiguiente, por igual, sin ninguna otra preocupación aparte de indicar de nuevo la ley bíblica para los convertidos griegos y romanos (Hch 15:20, 29; 21:25; Ro 1:29; 1 Co 5:1; 6:13, 18; 7:2, etc.). Cristo prohibió los pensamientos que conducen a eso (Mt 5:28).

Claramente, entonces, la ley bíblica está diseñada para producir una sociedad de familia, y la transgresión social central es atacar a la vida de la familia. El adulterio se coloca al mismo nivel que el asesinato, en que es un acto asesino contra la institución social central de cualquier cultura saludable. El adulterio sin castigo es destructivo de la vida de la familia y del orden social. De parte de la esposa, es traición a la familia e introduce al hogar una lealtad ajena, como también una simiente extraña. De parte del esposo, también es traición y deslealtad, y además socava su propia autoridad moral. Un esposo moralmente limpio tiene confianza en su autoridad y la ejerce en confianza dada por Dios. El hombre culpable es menos capaz de ejercer la autoridad y vacila entre la arbitrariedad y la aplicación de la autoridad. El orden-ley de la familia es de una pieza, y la familia que la rompe en un punto inevitablemente lo entrega en todos los demás puntos. Los arrestos por fornicación y adulterio eran bajos en 1948[34]; y ya en 1969 virtualmente habían desaparecido, así como también mucho de la disciplina interna de la familia. Los comentarios de Zimmerman en cuanto a las eras fuertemente de familia de la historia, o sea, las eras de familias fideicomisarias, es interesante:

> Así que en el período de fideicomisarios, el adulterio, junto con uno o dos crímenes más, es el acto más infame contra toda la sociedad (grupo emparentado que conecta a la persona con la vida). Al esposo no lo castiga necesariamente su propia familia sino que tienen que arreglárselas con la otra familia por sus pecados; así que en lugar de aguantarlo, lo sujetan al abandono dañino y si la otra familia no lo mata, debe huir por su vida al destierro perpetuo o hasta que se olvide el delito. En el caso en que el esposo comete adulterio con una mujer que no tiene familia inmediata, no hay nadie para castigarlo excepto los parientes de la mujer (siempre y cuando su propia familia no le exija cuentas), pero en muchos casos estas son simplemente las personas que lo harán. Gregorio de Tours informa tales casos en el período de fideicomisarios entre los franceses después de la declinación romana[35].

La familia es el custodio central de la *propiedad* y de los *hijos,* dos aspectos básicos de cualquier sociedad. Una sociedad saludable es la que protege a la familia porque reconoce que su supervivencia está en juego.

Un aspecto de protección es contra la violencia o violación sexual. Los textos que citan las leyes sobre la violación y seducción son los siguientes: violación, Deuteronomio 22:23-29; seducción, Éxodo 22:16, 17.

El castigo por la violación de una mujer casada, o de una mujer desposada, era la muerte. La ley especifica que se presumía consentimiento de parte de la mujer si ocurría «en la ciudad» y «ella no gritaba», y entonces se daba por sentado que ella era una participante en el adulterio antes que un acto de violación. Como Lutero observó: «Se menciona aquí a la ciudad por razón de ejemplo, porque allí habrían personas disponibles para ayudarla. Por consiguiente el que ella no gritara revela

---

34   Morris Ploscowe, *Sex and the Law* (Prentice-Hall, Nueva York, 1951), p. 157.
35   Carle C. Zimmerman, *Family and Civilization* (Harper and Brothers, Nueva York, 1947), p. 153.

que estaba siendo disfrutada por voluntad propia»[36]. En otras palabras, «la ciudad» representa aquí ayuda disponible; ¿se la pidió?

Los casos clasificados como seducción son técnica y realmente casos de violación también; la diferencia es que la muchacha en cuestión no está ni casada ni desposada. ¿Por qué, en tales casos, no se invocó la pena de muerte? En los casos anteriores, el matrimonio ya estaba contraído; la transgresión era tanto contra el hombre como contra la mujer, y por consiguiente, se requería la muerte. En el caso de la soltera, no desposada, la decisión descansaba en manos del padre de la muchacha, y, en parte, la muchacha. Si el ofensor, citado simplemente como seductor en Éxodo 22:16, 17, y como violador en Deuteronomio 22:28, 29, es un esposo aceptable, entonces debía pagar 50 siclos de plata como dote y casarse con ella, sin derecho a divorcio «por cuanto la humilló» (Dt 22:29); pero «Si su padre no quisiere dársela, él le pesará plata conforme a la dote de las vírgenes» (Éx 22:17). Si de esta manera se rechazaba a un hombre como esposo, a la muchacha se la compensaba por la transgresión para hacerla esposa atractiva para otro hombre, viviendo como vendría con una doble dote, la propia y su dinero de compensación.

Para entender el trasfondo de esta ley, recordemos, primero, que el orden-ley bíblico requiere la muerte de los delincuentes y criminales incorregibles. El seductor o violador de una muchacha no comprometida en matrimonio no era presumiblemente un adolescente incorregible, aunque en este punto claramente culpable. Ninguna ganancia era posible de esta transgresión. Si se le permitía que se casara con la muchacha, lo hacía sin derecho a divorciarse, y al costo de pagarle una dote completa. Si se le rehusaba, todavía tenía que pagarle una dote completa a la muchacha, pérdida considerable de su propio futuro.

En el matrimonio, la mujer estaba protegida del abuso y difamación de parte del esposo. Si cuestionaba su moralidad sexual, un ritual que claramente requería de verificación sobrenatural revelaba la inocencia o culpabilidad de ella. Si la mujer culpable de adulterio, moría una muerte lenta. Si era inocente, Dios la bendecía (Nm 5:11-21). Ella «sembrará su propia simiente» (Nm 5:28, trad. literal), lo que quiere decir todavía más que se le exige al esposo que cumpla toda sus obligaciones con ella.

Si el esposo difamaba el carácter de la mujer, aduciendo que ella no fue virgen cuando se casó con ella, se le llevaba a la corte, junto con la esposa. Si la acusación era verdad, ella moría; si la acusación era falsa, al hombre se le multaba 100 siclos de plata, pagaderos al suegro, y perdía el derecho de divorciarse (Dt 22:13-21). De esta manera se protegía a la mujer en el matrimonio. Legalmente se le garantizaba en todo momento su alimentación, ropa, y «el deber conyugal», o sea, relaciones sexuales, en el hogar de su esposo (Éx 21:10). También se garantizaba que al esposo no se le podía reclutar, «ni en ninguna cosa se le ocupará» que lo alejaría del hogar durante el primer año de su matrimonio (Dt 24:5).

---

36   Lutero, *Lectures on Deuteronomy*, p. 223.

Para volver ahora a la cuestión del adulterio, la interpretación de Cole de la noción del Nuevo Testamento es de interés particular:

> El adulterio no era meramente la violación de la casa de otro hombre, la transgresión de los derechos de otro semejante varón, amenazando la seguridad de su línea de sangre, sino una violación de su unidad con su esposa, una ruptura de su estado de «una carne» (jenosis). Y el adulterio no era solo del cuerpo sino también del corazón, «Porque del corazón salen los malos pensamientos, los homicidios, los adulterios, las fornicaciones» (Mateo 15:19). Puesto que esto era cierto, el adulterio ya había sido cometido por una mirada de lujuria o un deseo libidinoso (Mateo 5:27-28)[37].

Verdad de sobra, pero el adulterio es en primera y última instancia una transgresión, como todo pecado lo es, contra Dios y su orden-ley. Como David correctamente confesó: «Contra ti, contra ti solo he pecado, y he hecho lo malo delante de tus ojos» (Sal 51:4). Todo pecado es esencialmente contra Dios, y de aquí que en las transgresiones sexuales no se puede marginar el énfasis centrado en Dios.

El castigo por el adulterio en el Antiguo Testamento era claramente la muerte. ¿Cuál es el castigo en el Nuevo Testamento? El incidente de la mujer sorprendida en adulterio (Jn 8:1-11) a menudo se ha considerado en este contexto, pero sin pertinencia. *Primero,* Jesús rehusó que se le hiciera juez de asuntos legales, en este caso y en el asunto de la heredad cuestionada (Lc 12:13, 14). Como Señor de gloria, rehusó que se le reduzca a juez de paz. *Segundo,* Jesús dejó en claro que el juez debe tener manos limpias, o de otra manera queda descalificado para juzgar: «El que de vosotros esté sin pecado sea el primero en arrojar la piedra contra ella» (Jn 8:7). Claramente, por *pecado* él quería decir aquí adulterio. Y, su desafío fue, ¿se atreven a condenarla sin condenarse ustedes mismos? Temiendo el conocimiento y juicio de Jesús, ellos se fueron. *Tercero,* cuando la mujer culpable lo reconoció como «Señor», él la perdonó y la despidió (Jn 8:10, 11). Este perdón fue un perdón *religioso,* no un juicio *civil.* Él no interfirió, con esto, en ningún acto que el esposo pudiera tomar para disolver el matrimonio. A un asesino se le puede asegurar religiosamente el perdón y sin embargo con todo ejecutarlo; confundir el perdón religioso y civil es un error serio. Acán confesó su culpa ante la apelación religiosa de Josué, pero con todo lo ejecutaron (Jos 7:19-26). De este modo, el incidente de la mujer sorprendida en adulterio, aunque importante con respecto a la gracia, no es pertinente a la cuestión legal. Se puede añadir que la pena de muerte había dejado de imponerse por el adulterio, y el intento de forzar a Jesús a que dictara juicio fue un esfuerzo por abochornarlo. Si él negaba la pena de muerte, su declaración de que él había venido a cumplir la ley (Mt 5:17, 18) sería cuestionada; y si afirmaba la pena de muerte, él afirmaría una posición altamente impopular. Jesús,

---

en retorno, los juzgó a ellos; los inicuos no pueden imponer la ley, y ellos eran inicuos. La falta de todo orden civil en este respecto aparece en Hebreos 13:4: «Honroso sea en todos el matrimonio, y el lecho sin mancilla; pero a los fornicarios y a los adúlteros los juzgará Dios». Dios debe juzgarlos, pero la sociedad entonces no lo hacía. El juicio de Dios es ineludible, por más que el juicio del hombre esté ausente. Pero, ¿cuál fue el juicio de Dios respecto al adulterio?

El texto crítico es 1 Corintios 5, muy difícil en cuanto a algunos detalles. *Primero,* el caso en cuestión es un miembro que «tiene como mujer a la esposa de su propio padre» (1 Co 5:9, PDT). En términos de Levítico 18:8, esto era incesto y exigía la pena de muerte. Pablo dice con claridad que este pecado es una transgresión incluso entre los gentiles. *Segundo,* aunque es claramente incesto en términos de la ley bíblica, San Pablo no trata del asunto legalmente como caso de incesto. Él deja en claro, en el v. 1, que es incesto, sin embargo. Más bien, al hombre se le da el título general de «fornicario», que cubre una variedad de transgresiones (1 Co 5:9, 11). Puesto que el padre al parecer todavía estaba vivo, dado que a ella se la menciona como «la mujer de su padre», y no viuda, la transgresión del hombre con su madrastra es adulterio tanto como incesto. El término «fornicario» cubre ambos factores pero es menos específico. *Tercero,* San Pablo les ordena: «el tal sea entregado a Satanás para destrucción de la carne, a fin de que el espíritu sea salvo en el día del Señor Jesús» (1 Co 5:5). Craig tiene razón al interpretar esto como la pena de muerte[38]. Así que la pena de muerte es claramente la ley de Dios para el incesto y para el adulterio. La iglesia, sin embargo, no puede ejecutar a un hombre; la pena de muerte no le pertenece a la iglesia. La iglesia, sin embargo, debe en efecto pronunciar la pena de muerte al entregar al hombre a Satanás; o sea, retirarle la protección providencial de Dios, y así el hombre puede arrepentirse y ser redimido. *Cuarto,* la iglesia, sin embargo, tiene la obligación de actuar, mientras tanto. Debe limpiarse «de la vieja levadura»; no debe asociarse con fornicarios dentro de la iglesia, «con el tal ni aun comáis … Quitad, pues, a ese perverso de entre vosotros» (1 Co 5:6-13). Puesto que a la mujer no se la incluye en el juicio, se puede dar por sentado que ella no es cristiana y por consiguiente no está sujeta a la disciplina de la iglesia. El arrepentimiento del ofensor podía después de una temporada posiblemente restaurarlo a la comunión de la iglesia, pero siempre como alguien con una reconocida sentencia de muerte sobre él.

De este modo, a la iglesia se le da ayuda legal realista para vérselas con el problema de transgresiones capitales en una sociedad que no las reconoce como tales, porque se reconoció realistamente que este era un problema serio para la iglesia. Un orden-ley santo restaurará la pena de muerte, pero la iglesia debe vivir objetivamente con su ausencia y protegerse. El juicio apropiado de la iglesia a la vez reconoce la pena de muerte y actúa en términos de la realidad presente.

La iglesia primitiva actuó en términos de esto. Se juzgaba severamente el adulterio y a los adúlteros se les recibía de nuevo en la comunión de la iglesia solo en

---

38   Clarence Tucker Craig, «I Corinthians» [«2 Corintios»], en *Interpreter's Bible*, X, 62.

los términos más rigurosos. En algunas regiones, prevalecía la exclusión total, pero esto no fue general.

El mundo en el que penetró la iglesia tenía una variedad de actitudes hacia el adulterio, desde la tolerancia hasta la mutilación salvaje. En la Polonia precristiana, «se llevaba al criminal a la plaza, y se le sujetaba por los testículos con un clavo; se ponía una cuchilla a su alcance, y él tenía la opción de ejecutar justicia sobre sí mismo o permanecer donde estaba y morir». En Roma, «Teodosio instituyó la espantosa práctica de violación sexual pública, la que, sin embargo, pronto abolió»[39].

Al presente, muchos sostienen el adulterio como el curalotodo para una variedad de problemas psicológicos. Un profesor de psiquiatría de la Universidad Temple ha recomendado enredos amorosos como solución a algunos problemas[40]. Tan temprano como 1929, un investigador halló que una causa común del adulterio entre las mujeres era la creencia de que se perderían algo de la vida si no participaban en el adulterio. El Dr. G. V. Hamilton, que hizo el estudio, informó, según Sherrill:

> Una gran porción de estas mujeres que estaban teniendo aventuras fuera del matrimonio no lo hacían debido a algún factor temperamental. No era más difícil para ellas que para otras ser castas, ni tampoco derivaban alguna satisfacción psíquica inusual de sus aventuras. Más bien, parecía que seguían este curso de acción porque sintieron que debían poner en práctica conceptos que se habían formado de la «libertad conyugal»[41].

Debido a que el estado está entremetiéndose cada vez más en las dos responsabilidades sociales básicas de la familia, la custodia de la propiedad y de los hijos, está relegando el adulterio al campo de las cosas periféricas y relativamente sin importancia. No es sino cuando la autoridad de la familia en este aspecto se reestablezca que el adulterio volverá de nuevo a ser una amenaza a la sociedad antes que una forma de entretenimiento. Al presente se ve el adulterio como un asunto personal y como una cuestión de experiencia y placer personal, y nada más[42].

En todas las culturas en donde ha existido la autoridad de la familia sobre la propiedad y los hijos, o se ha restablecido, el adulterio ineludiblemente se vuelve uno de las transgresiones más temidas, y hay una larga historia de torturas y represalias brutales contra los ofensores. La relación es ineludible: en donde una transgresión es traición contra la sociedad, se imponen penas particularmente severas.

---

39   «Adultery» [«Adulterio»], en John M'Clintock y James Strong, *Cyclopaedia of Biblical, Theological, and Ecclesiastical Literature* (Harper and Brothers, Nueva York, 1895), I, 86s.

40   O. Spurgeon English, «Some Married People Should Have Love Affairs» [«Algunos casados deberían tener amoríos»], *Pageant,* marzo 1969, 108-117.

41   Lewis Joseph Sherrill, *Family and Church* (Abingdon Press, Nueva York, 1937), p. 116s.

42   See John T. Warren, *Wife Swappers* (Lancer Books, Nueva York, 1966).

La respuesta bíblica, pues, es reestablecer a la familia en sus funciones, protegerla en su integridad, y entonces castigar a sus ofensores. En una sociedad saludable, la traición es un crimen raro. En un orden-ley verdaderamente bíblico, el adulterio también será raro. Con la opinión presente al contrario, a menudo ha sido raro en el pasado, y no común en Irlanda en el día presente, según Gray[43].

Una nota final. La iglesia primitiva tenía un serio problema: su obligación de defender la ley en una edad sin ley. Los hombres cuyas transgresiones requerían la pena de muerte, como en el caso de la iglesia de Corinto, siguieron vivos, y su retorno a la iglesia después del arrepentimiento presentó problemas. En donde la ley bíblica requería restitución, el asunto era relativamente sencillo, pero, ¿qué de las transgresiones que exigían la muerte? La aceptación en base a una declaración sencilla de arrepentimiento era hacer de estas transgresiones más leves en sus consecuencias que muchas transgresiones menores. Como resultado, evolucionó el sistema de penitencias. Los protestantes, que están acostumbrados solo a ver sus recientes abusos flagrantes, casi siempre no ven su salud anterior, y su fuerza como instrumento de ley. De los adúlteros se exigían actos de penitencia, por ejemplo, *no* como obra de expiación, sino como actos prácticos de santificación. La penitencia servía a un propósito doble. Primero, demostraba la sinceridad de la profesión de arrepentimiento. Segundo, constituía una forma de restitución. La penitencia era entonces un paso firme hacia el reestablecimiento de un orden-ley que el estado había negado.

12. El divorcio

El matrimonio en las Escrituras es la unión voluntaria de dos personas, un hombre y una mujer; aunque los matrimonios por lo común eran arreglados, también se conseguía el consentimiento. Sin el consentimiento, la unión siempre es en efecto violación. Calvino y Lutero recalcaron el hecho del consentimiento mutuo como necesario para un matrimonio válido en su consideración del episodio de Jacob y Lea[1]. Se puede preguntar entonces por qué Jacob aceptó a Lea. La respuesta es que él estaba en una situación coactiva. Labán lo había avergonzado y se había aprovechado de él, porque sabía que Jacob no tenía recurso legal como extraño. En un sentido, fue una violación de Jacob, que no podía hacer otra cosa excepto protestar o huir, pero no podía demandar con éxito sus derechos legales.

La *unión* incluye consentimiento mutuo; la *disolución* de un matrimonio no. La forma más común del divorcio es *por muerte*. Esta no podía ser solo muerte natural, que no es estrictamente un divorcio, sino también una ejecución legal,

---

43   Tony Gray, *The Irish Question* (Little, Brown & Co., Boston, 1966).

1   Ver H. C. Leupold, *Genesis,* p. 798; ver también Calvino, *Commentaries on the First Book of Moses Called Genesis* (Eerdmans, Grand Rapids, 1948), II, 133, traducido al inglés por el Rvdo. John King.

que divorcia al culpable de la vida, la sociedad y su cónyuge. Los que eran misioneros de sectas idólatras estaban sujetos a la muerte y por consiguiente al divorcio (Dt 13:1-11). La ley pre-mosaica–requería la muerte por el adulterio, como muestra el incidente de Tamar (Gn 38:24); David la esperaba por su propio pecado (2 S 12:5), y requería una palabra del Señor, el mensaje de Natán: «No morirás» (2 S 12:13) para evitar esa sentencia.

En algunas culturas no hay divorcio por muerte en matrimonios sellados, como lo atestigua el mormonismo. En otras sociedades se sacrificaba a la esposa (como en el hinduismo hasta recientemente) para evitar un nuevo matrimonio o que continúe la vida separada de su cónyuge. La ley mosaica y nuestro Señor (Mt 22:23-33) se negaron a reconocer tales costumbres al dar permiso para un nuevo matrimonio y al limitar el matrimonio a este estado mortal.

Para volver al divorcio por muerte, la ley bíblica divorciaba del inocente a la parte culpable mediante la muerte por muchas transgresiones. Algunas de las leyes por las que una mujer podía divorciarse por muerte y volverse a casar son las siguientes, todas las cuales requieren la pena de muerte para el hombre:

1. Adulterio: Dt 22:20-25; Lv 20:10.
2. Violación: Dt 22:25, 26.
3. Incesto: Lv 20:11, 12, 14, 17.
4. Homosexualidad o sodomía: Lv 20:13 (18:22).
5. Bestialismo: Éx 22:19; Lv 18:23; 20:15; Nm 35:16-21.
6. Asesinato premeditado: Éx 21: 12, 14; Nm 35:16-21.
7. Golpear a padre o madre: Éx 21:15.
8. Muerte de una mujer por aborto debido a ataque o golpes: Éx 21:22, 23.
9. Sacrificar a los hijos a Moloc: Lv 20:2-5.
10. Maldecir a padre o madre: Éx 21:17; Lv 20:9.
11. Secuestro: Éx 21:16.
12. Hechicería: Lv 20:27 (cf. Dt 13:1-11).
13. Ser profeta falso o soñador: Dt 13:1-5; 18:20.
14. Apostasía: Dt 13:6-16; 17:2-5.
15. Sacrificar a otros dioses: Éx 22:20.
16. Rehusar acatar la decisión de jueces: Dt 17:12.
17. Blasfemia: Lv 24:16.
18. Profanación del sabat: Nm 15:32-36 (Esto aparece, no como parte de la legislación, sino como una instancia especial en el desierto).
19. Transgresión del pacto: Dt 17:2-5.

El divorcio por muerte lo obtenían los hombres debido a las siguientes penas de muerte que se citan para las mujeres, y era denuncia obligatoria para el creyente (Dt 13:1-11):

1. Falta de castidad antes del matrimonio: Dt 22:21.
2. Adulterio después del matrimonio: Dt 22:22-23; Lv 20:10.
3. Prostitución de la hija del sacerdote: Lv 21:9.
4. Bestialismo: Lv 20:16; 18:23; Éx 22:19; Dt 27:21.
5. Ser hechicera o bruja: Éx 22:18; Lv 20:27.
6. Transgresión del pacto: Dt 17:2-5.
7. Incesto: Lv 20:11, 12, 14, 17.

Es bien evidente que la lista para los hombres es mucho más larga. Claro, algunos de los asuntos en la lista para los hombres incluyen también a las mujeres. Una mujer culpable de homicidio sufría la pena de muerte. Varias otras transgresiones también se deben aplicar a las mujeres. Pero, igualmente claro, muchas de estas transgresiones eran masculinas, porque implicaban mayor fuerza y fortaleza. Por ejemplo, la violación y el secuestro son casi por entero delitos masculinos. A los hombres, por consiguiente, era más probable que se les asignara la pena de muerte debido a su posición de autoridad. Esto es en términos del principio bíblico que, mientras mayor el privilegio y autoridad, mayor la responsabilidad y la culpabilidad, como en Levítico 4, en donde los sacrificios por el pecado se hacen en proporción al estatus y responsabilidad del pecador. Jesús también se refirió a este principio: «Mas el que sin conocerla hizo cosas dignas de azotes, será azotado poco; porque a todo aquel a quien se haya dado mucho, mucho se le demandará; y al que mucho se le haya confiado, más se le pedirá» (Lc 12:48). Se debe notar que la ignorancia no excusa el pecado ni elimina el castigo, sino solo lo reduce; y la responsabilidad de igual manera aumenta la culpabilidad. El pecado de un miembro de la familia no puede condenar a los demás. «Los padres no morirán por los hijos, ni los hijos por los padres; cada uno morirá por su pecado» (Dt 24:16).

El divorcio por muerte hacía posible un nuevo matrimonio, y dejaba en libertad al cónyuge inocente de la esclavitud de una persona culpable o contaminada. Una segunda forma de divorcio aparece en la legislación mosaica: divorcio por ruptura de la ley marital, como por ejemplo no proveer alimento, ropa y las relaciones sexuales debidas:

1. Mujeres cautivas: Dt 21:10-14.
2. «Esclavas» hebreas, o mejor, siervas: Éx 21:1-10.
3. La implicación es que si la ruptura del contrato de proveer se aplica a las siervas, se aplica como base para el divorcio a las esposas con dote. San Pablo se refirió a esta ley en 1 Corintios 7:3-5, en donde se especifica el requisito de relaciones sexuales y de todo «el deber conyugal» (o «los deberes propios del matrimonio [VP]»). San Pablo habló del hecho de no cumplir las responsabilidades sexuales de los matrimonios como defraudar al cónyuge. (También se puede describir, como se ha visto, como una

forma de deserción). La referencia a Éxodo 21:1-10 es clara; San Pablo hablaba en el contexto de la ley bíblica.

Un tercer tipo de divorcio se implica, impuesto por las autoridades, como Nehemías, en el caso de matrimonios de consanguinidad o mixtos:

1. Se prohíben matrimonios mixtos: Dt 7:1-3; cf. Éx 34:12-16; Nm 25:6-8. Se exige el divorcio: Neh 9:2; 13:23-27; cf. Mal 2:14.
2. Se prohíbe la consanguinidad: Dt 22:30; 27:20-23; Lv 18:6, 18; 20:11, 12, 14, 17, 20, 21.

También se especifica un cuarto tipo de divorcio, mediante un escrito o carta de divorcio, dada por el esposo a la esposa:

1. Carta de divorcio: Dt 24:1-4.
2. Se citan cartas de divorcio en Jer 3:8 e Is 50:1, y se hace referencia a mujeres divorciadas en Lv 21:14; 22:13; Nm 30:9 en el Antiguo Testamento.

En Jeremías 3:8 e Isaías 50:1 tenemos un vislumbre del significado de una carta de divorcio, en el divorcio anunciado por el mismo Dios de su pueblo escogido, y el divorcio aquí por cierto *no* se ve como un mal a duras penas tolerado, como algunos lo dirían. La carta de divorcio, o escrito de expulsión o repudio *no* era el mal sino que *lidiaba con el mal*. En Isaías 50:1 (en donde la madre y los hijos son uno, como J. A. Alexander lo ha señalado), la causa son las iniquidades y transgresiones. «La idea general de rechazo va dos veces vestida de ropa figurada, primero por emblemas prestados de la ley y la costumbre de prisión por deudas»[2]. En Jeremías 3:8, la traición de Judá se llama adulterio y base para el divorcio de parte de Dios como lo había sido para Israel. Pero, más específicamente, Judá, la esposa, ha contaminado, profanado, paganizado el hogar marital, la tierra de Dios (Jer 3:9), mientras que en hipocresía aparentaba reformas de tiempo en tiempo (v. 10). El divorcio de Israel se había debido a la apostasía abierta, la infidelidad abierta (vv. 6-8). Pero la causa para el divorcio de Judá no era la apostasía abierta si no la traición secreta bajo el disfraz de obediencia sincera y fiel (vv. 9, 10). La nación adúltera buscaba su propio albedrío y solo daba servicio hipócrita de labios para afuera a Jehová, su Esposo del pacto.

En Deuteronomio 24:1-14 la base para el divorcio está estrechamente relacionada con esto. Cuando la ley habla, habla sobre una situación, pero en la santidad de Dios; habla todavía más a los hombres que aman la ley y procuran obedecerla, no para dar a los hipócritas e impíos una excusa. Si la mujer no halla gracia a ojos de su esposo, es con referencia, no al capricho del esposo, sino a los estándares santos del esposo como guardador del pacto y portador de la imagen. La ley es una parte del pacto; el esposo es uno que guarda el pacto y es portador consciente de la imagen del Señor del pacto, o no tiene interés en la ley. (El uso errado farisaico

2   J. A. Alexander, *Commentary on the Prophecies of Isaiah* (Zondervan, Grand Rapids, 1947. 1953), p. 248.

de la ley, por supuesto, vino más tarde). Por consiguiente, la base para el divorcio aquí es algo «indecente» que se halla en la esposa. De paso, se puede comentar que se ha hecho mucho del hecho de que el propósito de esta ley en particular no es establecer el divorcio, sino evitar el nuevo matrimonio de la divorciada después de que ha quedado viuda o divorciada. Pero, verdad como es esto en un sentido limitado, subsiste el hecho de que el divorcio se daba por sentado con tanta facilidad, y se lo legaliza moralmente por su inclusión en la ley. Todavía más, Dios da por sentado que tiene también la santa prerrogativa de expulsar a Israel y a Judá. Por cierto, el divorcio es parte de un orden de pecado, pero no menos correcto a propósito al tratar con ese orden pecador. La guerra es también parte de un orden de pecado, pero no menos correcta bajo circunstancias santas, y el derecho de la espada en ningún sentido se contiene meramente porque la guerra pertenece al estado de pecado. Difícilmente un aspecto de nuestra vida se puede separar de este orden de pecado en algún sentido pleno, pero la ley habla a los que guardan el pacto en un mundo de pecado, y no a los hombres que están en el cielo.

Los esfuerzos por asociar lo indecente o indecoroso de Deuteronomio 24:1 con el adulterio o falta de castidad de por sí han fracasado. En tales casos, el divorcio por muerte seguía. La palabra indecencia de algo definitivamente implica una transgresión seria; se usa en otras partes en cuanto a la exposición vergonzosa del cuerpo (Gn 9:22; Éx 20:26; Lm 1:8; Ez 16:36, 37), en Levítico 18 en cuanto a prácticas sexuales ilícitas o anormales, y en Deuteronomio 23:14 en cuanto al excremento humano. Por supuesto, no se refiere a asuntos triviales sino a algo impío, aborrecible y repulsivo para el esposo guardador del pacto que buscaba dirección en la ley.

La respuesta a su significado es un nuevo examen de la listas de divorcio por muerte. La lista para las mujeres es más breve. ¿Quiere esto decir que ciertos pecados quedaban sin castigo en las mujeres? La especificación del homosexualismo es definitivamente masculino (Lv 20:13), y a los prostitutos homosexuales se les llaman «perros» (Dt 23:18; cf. Fil 3:2; Ap 22:15). ¿Debemos concluir que este pecado, citado por Pablo como evidencia culminante de apostasía e incredulidad (Ro 1:26.27), se condonaba en las mujeres? ¿No deberíamos más bien concluir que esto constituía una indecencia o impureza en la mujer? Su castigo era menor que el del hombre en la mayoría de casos debido a que su responsabilidad también era menor. De nuevo, al hombre que desobedecía a las autoridades más altas y rehusaba a seguir sus decisiones se le sentenciaba a morir. ¿Qué pasaba con una mujer que desobedecía a su autoridad más alta, a su esposo? ¿No era impuro en ella? Cuando Agar se insubordinó con Sara, Dios respaldó la decisión de Sara de expulsarla. Entonces, ya vemos que aparecen dos categorías importantes. En el hombre, la homosexualidad le daba a la mujer un divorcio por muerte; y en la mujer era impureza. En el hombre, la insubordinación de nuevo significaba muerte; en la mujer, era impureza. El testimonio de Jeremías 3:8 e Isaías 50:1 respeto a cartas de divorcio apoya esta correlación de insubordinación y rebelión. Jeremías

3:8-10 en particular. Un análisis cuidadoso de todos los pasajes pertinentes implica que la desnudez o indecencia en la mujer no se debía determinar en términos del capricho del hombre, sino en relación a su papel como el hombre del pacto y portador de la imagen.

La interpretación protestante ampliamente extendida de la doctrina del NT en cuanto al divorcio limita la base reconocida del adulterio, en base a Mt 19:9, y al abandono, 1 Corintios 7:8-24. Muchos lo limitarían solo al adulterio. El hecho curioso en cuanto a esta interpretación es que *se basa solo en una palabra,* ¡y esa palabra *no* es adulterio! Examinemos los pasajes relevantes:

1. Y yo os digo que cualquiera que repudia a su mujer, salvo por causa de fornicación, y se casa con otra, adultera; y el que se casa con la repudiada, adultera (Mt 19:9).
2. Pero yo os digo que el que repudia a su mujer, a no ser por causa de fornicación, hace que ella adultere; y el que se casa con la repudiada, comete adulterio (Mt 5:32).

La palabra fornicación la NVI la traduce como «infidelidad conyugal», y Hugh J. Schonfield como «adulterio». La mayoría de los comentaristas *en efecto* la traducen *adulterio.* Pero las dos palabras son diferentes: *porneia* (fornicación) y *moiqueia* (adulterio, Mt 15:19; cometer adulterio, *moicaomai,* Mt 19:9). Si Jesús hubiera querido *equiparar* la fornicación con el adulterio, no habría sido necesario que usara una palabra que pudiera llevar a un malentendido. *No se dice que la fornicación es adulterio, sino que el hecho de casarse con una mujer divorciada por una base que no sea la fornicación es adulterio.* Las dos palabras son diferentes, separadas y distintas. De nada sirve, por consiguiente, insistir en que el asunto no es quedarse «desconcertado» por ello, y que lo que Jesús quería decir era que la fornicación «de parte de una mujer casada no es solo fornicación sino adulterio en el sentido específico, por la razón sencilla de que constituye infidelidad sexual a su esposo»[3]. Todo tipo de relación sexual de una mujer con un hombre que no sea su esposo —aunque pudiera ser también incesto— siempre es adulterio; si lo que se quería decir eran solo tales acciones, y constituir los límites del significado a este enunciado, la *única* palabra que se podría usar legítimamente es *adulterio,* no *fornicación.* Si, sin embargo, se quería decir algo más que el adulterio, el homosexualismo, por ejemplo, entonces se tenía que usar una palabra diferente y de significado más amplio que el adulterio, y así lo fue. *Las Escrituras nunca son dadas al uso ocioso de palabras, o a su uso al descuido.* Pablo puso el peso de la doctrina en la forma singular de «simiente» (Gá 3:16). Jesús mismo estableció la doctrina de la resurrección en el mismo tiempo del verbo en su respuesta a los saduceos (Mt 22:23-33). Nadie que fuera tan preciso en su lectura de las Escrituras habría usado palabras al descuido, y, si hubiera querido decir solo adulterio, habría usado la palabra

---

3   John Murray, *Divorce* (Committee on Christian Education, Orthodox Presbyterian Church, Filadelfia, 1953), p. 21.

adulterio *y ninguna otra. Puesto que para una persona casada todo acto de relación sexual extramarital con una persona del sexo opuesto se puede describir como adulterio, usar una palabra diferente a adulterio quiere decir que, además del adulterio, ciertos actos descritos como fornicación e incluidos en ese término constituyen base válida para el divorcio.* Reducir el significado de fornicación al adulterio es violentar el texto y dar una distinción de no pequeña importancia nula e inválida. ¿Qué es, entonces, el significado de fornicación?

Examinemos su uso en el NT que como medio de asegurarnos de su significado:

1. Podemos ver de inmediato que es distinta del adulterio, y un término más incluyente, en Mateo 15:19, en donde se nos mencionan ambos como procediendo del corazón: «los adulterios, las fornicaciones». Vea también Marcos 7:21.
2. Aparece con frecuencia en un sentido que quiere decir relaciones sexuales ilícitas en general y lujuria, y algunos la traducen a veces como prostitución. Romanos 1:29 se refiere a los pecados sexuales en general.
   1 Corintios 6:13.18 se refiere en parte a relaciones con prostitutas (vv. 15, 16) pero tiene una referencia más amplia a los pecados sexuales.
   En 1 Corintios 7:2 quiere decir adulterio y desórdenes sexuales, mentales o físicos, mediante la continencia forzada, y malas relaciones entre esposo y esposa debido a continencia forzosa.
   2 Corintios 12:21 lo asocia con una forma de inmundicia y lascivia, pero distinta.
   Gálatas 5:19, 21 lo asocia pero no lo iguala con una larga lista de obras de la carne, incluyendo el adulterio, la inmundicia y la vida licenciosa.
   Efesios 5:3 la menciona con la inmundicia y la codicia como cosas que no se deben mencionar, mucho menos hallarse entre los santos.
   Colosenses 4:5 la menciona como una de las cosas que hay que hacer morir, y de nuevo la distingue de la inmundicia.
   1 Tesalonicenses 4:3; abstenerse de la fornicación tiene como su lado positivo mantener el instrumento de uno en santificación y honor.
   Apocalipsis 9:21, aquí se le menciona como uno de los pecados impenitentes de los no regenerados, incluyente de todos los pecados sexuales.
   Juan 8:41, en donde se usa para referirse al adulterio o a las relaciones sexuales ilícitas entre personas no casadas, que puede resultar en un nacimiento ilegítimo.
   Por lo tanto, aunque la palabra incluye el adulterio, la inmundicia, la lascivia y la prostitución, en estas instancias es más amplia en significado y distinta de estas palabras, y se puede usar —y frecuentemente se ha usado— junto con ellas sin repetición de significado.

3. Se usa específicamente para referirse al incesto, según se cita en Levítico 18:8 y 20:11, en 1 Corintios 5:1. Por implicación, entonces, el término incluye los matrimonios prohibidos en la ley mosaica, y todas estas relaciones sexuales que indica esa ley, Levítico 18; 20:10ss., etc. La prohibición de la consanguinidad, pues, se respalda.

4. En Hechos 15:20, 29 y 21:25 se refiere a la relación sexual ilícita, aunque unos pocos han visto una referencia más amplia. La actitud licenciosa sexual a la que más adelante se refiere en 1 Corintios era el tipo de conducta en mente en el Concilio de Jerusalén.

5. Así como en el Antiguo Testamento la infidelidad tipificaba el abandono del Dios verdadero para adorar ídolos, la fornicación se usó en Apocalipsis 2:21; 14:8; 17:2, 4; 18:3 y 19:2 para describir la rebelión e insubordinación contra Dios, y la religión y vida de tal rebelión.

   En 2:21 tal vez la referencia sea a prácticas sexuales ilícitas. Pero Lenski se refiere a 2:21, la fornicación de Jezabel en Tiatira de esta manera: «Tomamos la frase "de su fornicación" en un sentido amplio que como incluyendo toda su enseñanza y todas sus obras correspondientes». En 14:8 Lenski la ve como significando «la adoración de la bestia blasfema» en imágenes tales como las que usa Isaías 57:3-12[4].

6. Estos varios usos se reflejan en la Septuaginta en pasajes tales como los siguientes: Génesis 38:24; Oseas 1:2; 2:2, 4, 12; 1 Crónicas 5:25; Ezequiel 23:19. En Jueces 19:2 tenemos una lectura muy interesante, que, si es acertada o no con respecto al original, eso no es nuestra preocupación presente. Pero en efecto, sin embargo, refleja el uso y comprensión griegos de la fornicación. La Septuaginta omite toda referencia a infidelidad, y la Caldea suaviza «le fue infiel» por «le despreció». Lange sugirió: «*Y la concubina deseó a otros además de él mismo*. La concubina tenía una disposición no casta. Esta es solo una expresión más fuerte de lo que los modernos quieren decir cuando con atenuación paliativa dicen: "No amaba a su esposo". Su sensualidad no se satisfacía con el levita. De esta manera el narrador explica la base para que ella lo dejara»[5]. En cualquier caso, como Lange destacó, el levita actúo en violación a Levítico 21:7. Este pasaje es de interés en particular debido al uso que hizo de él Grocio, y, después de él, John Milton, que escribió:

Grotio […] muestra […] que la fornicación se toma en las Escrituras como tendencia a desprecio claro del esposo, y lo demuestra en Jueces 19:2, donde dice que la esposa del levita hizo de prostituta contra él; lo que Josefo y la

---

4   R. C. H. Lenski, *The Interpretation of St. John's Revelation* (Wartburg Press, Columbus, Ohio, 1943), p. 434.

5   John Peter Lange, editor, F. R. Fay, *Commentary on the Holy Scriptures, Joshua, Judges, Ruth* (Zondervan, Grand Rapids [1870]), p. 242.

Septuaginta, con la Caldea, interpretan solo como obstinación y rebelión contra su esposo; y a esto añado que Kimchi, y los dos otros rabíes que añaden notas marginales, tienen la misma opinión. Gerson razona que si hubiera sido prostitución, un judío y un levita hubieran rehusado ir a buscarla de nuevo; y a esto yo debo contribuir, que si hubiera sido prostitución, ella hubiera escogido cualquier otro lugar adonde huir que a la casa de su padre, pues era infame, y con ello oprobioso para sus padres, que una hebrea se hiciera prostituta. La fornicación, entonces, en este lugar de Jueces se entiende por desobediencia obstinada contra el esposo, y no adulterio[6].

El relato de este incidente en Josefo lo pone en un contexto de afeminamiento, lujo y placer nacionales. La corrección de esta versión no es nuestra preocupación, pero sí lo es el reflejo del uso prevaleciente de la palabra fornicación. Se debe añadir que la versión Berkeley en inglés traduce Jueces 19:2: «Su concubina se portó como una prostituta y se volvió a vivir en la casa de su padre en Belén de Judá por cuatro meses», y en las notas al pie de página de este versículo de esta manera: «El abandono de su cama y alimentación era a veces razón para llamarla "prostituta", como el hebreo aquí intima».

Se pudiera objetar que la palabra adulterio se usa en un sentido similar en el NT. Hay tres de tales posibles usos: primero, en Mateo 12:39; 16:4 y Marcos 8:38, hallamos el uso de «generación adúltera». Segundo, en Santiago 4:4 leemos de «adúlteros y adulteras», posiblemente literal en referencia, pero probablemente no. Tercero, en Apocalipsis 2:22, en donde se refiere al adulterio de Jezabel, de nuevo cuestionable en significado. El adulterio en su mayor parte se limita más específicamente a la violación sexual del pacto matrimonial en tanto que fornicación por lo común tiene un significado más amplio. Si Jesús se hubiera referido a un pecado exclusivamente físico, sexual, de personas casadas, la palabra *adulterio* lo hubiera descrito. Fornicación en el sentido físico habría sido, entonces, uso inapropiado en cuanto a personas casadas pero, en su sentido más amplio, lo liga estrechamente con la ley mosaica.

Examinemos entonces Mateo 19:2-9 en términos de su significado total o comprensivo:

1. Los fariseos se acercaron a Él con una pregunta capciosa sobre el matrimonio y el divorcio destinada a enredarlo en una discusión peligrosa sobre un asunto controvertido. Él ya los había acusado anteriormente de autojustificación, de tener corazones llenos de abominación y tratar de dejar a un lado la ley con su concepto de divorcio, al declarar: «Más fácil es que pasen el cielo y la tierra, que se frustre una tilde de la ley» (Lc 16:14-18). Jesús anteriormente también

---

6   Lenski, *The Interpretation of St. John's Revelation*, p. 434.

había dejado en claro su posición respecto a la integridad de la ley (Mt 5:17-20). Él vino, no como destructor ni innovador, «sino para cumplir».

2. La pregunta capciosa de aquellos revelaba su presuposición: «¿Es lícito al hombre repudiar a su mujer por cualquier causa?» (Mt 19:3). En realidad, su concepción básica del matrimonio y divorcio se derivaba, no de la ordenanza de la creación, sino de Deuteronomio 24:1. Ese pasaje, al decir «si no le agradare por haber hallado en ella alguna cosa indecente, se refiere al hombre del pacto, cuya doctrina del matrimonio se apega en fidelidad a la ordenanza de la creación. Este hecho los rabinos lo reconocían y lo usaban mal, pues declaraban el divorcio en el sentido apropiado como privilegio solo de Israel y no de los gentiles. Las escuelas de Shamai y Jillel concordaban en este punto y por lo tanto estaban completamente opuestas a la enseñanza de Cristo. Aunque la pérdida de la dote por parte de la esposa se reservaba para ciertas transgresiones , el divorcio era un derecho y privilegio del hombre de Israel en ambas escuelas. Como Edersheim observó: «La ley judía permitía el divorcio por casi cualquier cosa; la diferencia no estaba en cuanto a lo que era legítimo, sino en cuanto a en qué base debe el hombre poner la ley en movimiento, y hacer uso de la libertad absoluta que se le concedía. De aquí que es un serio error de parte de los comentaristas poner la enseñanza de Cristo sobre este tema del lado de Shamai»[7].

La escuela de Jillel concedía el derecho de divorciarse por ponerle demasiada sal a la comida o servirla demasiado caliente, o si hallaba una mujer más atractiva. En los dos casos citados por Edersheim, los rabinos proclamaron su deseo de casarse por un día y divorciarse en ejercicio de su derecho, y ve en todo esto «una estimación comparativamente baja de la mujer, y […] una noción nada espiritual de su relación matrimonial»[8].

3. Jesús, en su respuesta, deja en claro que la ordenanza mosaica no fue el texto básico y que no se debe interpretar sin el cimiento de la ordenanza de la creación de Génesis 2:18-24. La regulación mosaica, aunque subordinada a esa ordenanza y dirigida al hombre del pacto, no está limitada solo a él en su aplicación . La limitación de dirección no es limitación de aplicación. La ordenanza de la creación fue restaurada a la primacía que previamente se le había negado.

4. Todavía más, Jesús dejó en claro que *la ordenanza de la creación no contempló el divorcio para nada.* Este punto los fariseos lo captaron de inmediato. Jesús, en términos de la ordenanza de la creación, no vio en ella *ninguna base* para el divorcio. Entonces, ¿por qué decían ellos que Moisés «mandó» que se le diera carta de divorcio y se le despidiera? A veces se ha leído demasiado la palabra

---

7   A. Edersheim, *The Life and Times of Jesus the Messiah* (Longmans, Green, Nueva York, 1897), II, 333.

8   *Ibid.,* II. 332.

«mandó». Lo que sí quería decir era esto: si el divorcio estaba prohibido por la ordenanza de la creación,¿por qué aparece en los mandamientos o ley como un hecho aceptado y regulado?

5. Jesús entonces procedió *a reafirmar Deuteronomio 24:1-4.* La ley mosaica llegó a existir «por la dureza de sus corazones». La caída del hombre siguió a Génesis 2 y es la gran línea divisoria entre eso y la historia subsiguiente. El hecho del pecado original y un corazón caído hicieron necesaria la legislación mosaica. *Podemos eliminar esta legislación mosaica solo si podemos eliminar por entero la caída, solo si podemos presentarla en una sociedad como en Edén. Básico a todo desprecio de este hecho del mundo caído del hombre y el corazón endurecido es un perfeccionismo herético.* Produce un legalismo riguroso que destroza a la iglesia y aleja del evangelio a los pecadores. La legislación del divorcio es necesaria en un estado de pecado, y para los cristianos que todavía no están perfectamente santificados por ningún medio en esta vida, y a menudo en matrimonios no santos, viviendo en un mundo pecador. Mateo 19:9 es, pues, la reafirmación que Jesús hace de Deuteronomio 24:1 con la fornicación o indecencia de algún tipo como base del divorcio, con esta corrección significativa. Debido a que la cláusula «si no halla gracia en sus ojos» había sido interpretada, no en términos del deseo del hombre del pacto de cumplir la voluntad de Dios en su hogar, sino en términos de *privilegio* personal y *legislativo,* Jesús la dejó para enfocar su atención en la legislación divina como tal. Esto fastidió incluso a sus discípulos (v. 10), acostumbrados como estaban a la autoridad *legislativa* del hombre antes que *ministerial* en términos de la ley.

6. Jesús, al hacer del término incluyente *fornicación* una base válida para el divorcio, hizo del adulterio, el incesto y otras transgresiones —que en un tiempo llevaron al divorcio por muerte— base para el divorcio por carta de divorcio. Esto se reconoció como en el caso de la iglesia que aparece en 1 Corintios 5:1-5, en donde la pena de muerte era obligatoria en el caso de incesto (Lv 20:11), pero Pablo más bien requirió la excomunión, una entrega espiritual a la muerte y Satanás. En 2 Corintios 7:7-12, parece que, por tristeza santa, después de la separación siguió la readmisión a la iglesia. Si la pena de muerte hubiera sido obligatoria todavía, Pablo se hubiera referido a ella; pero, si bien veía el pecado como una muerte espiritual, no veía otra base legal que no fuera la separación o excomunión. Pablo hablaba con autoridad, y una autoridad claramente aceptada en Jesucristo.

7. Por último, Jesús dejó en claro que todo divorcio que no estuviera por fornicación en su sentido mosaico ratificado, constituía adulterio, fuera que lo buscara el hombre o la mujer (Mr 10:10), y el matrimonio con una persona divorciada era un acto de adulterio.

Se verá que la insistencia del Nuevo Testamento en su unidad con el Antiguo Testamento se toma muy en serio. La ley mosaica en ninguna parte se considera como una legislación menor o inferior. En un punto, sin embargo, pareciera que hay algunas diferencias, y también en el enfoque de Pablo al problema:

1. En Éxodo 34:12-16 tenemos una prohibición de pactos religiosos con los cananeos. Las alianzas en la antigüedad no solo eran políticas y militares, sino también religiosas y de familia. Las familias reales se casaban entre sí. El socio inferior reconocía a los dioses del socio superior. Por eso las alianzas políticas eran objeto de denuncia profética; inevitablemente eran idólatras. Éxodo 34:12-16 explica esto muy bien.

2. En Números 25:1-8 se deja en claro que las relaciones sexuales con una extranjera, una madianita, era unirse a Baal-peor y requería la muerte.

3. Deuteronomio 7:1-3 es una nueva expresión de este mismo principio, y una advertencia.

4. En donde una persona daba claras evidencias de aceptar a Jehová y su pacto, la aceptación en el pacto podía ser seguida por matrimonio dentro del pacto, como en el caso de Rahab (Jos 6:24, 25; Mt 1:5; He 11:31; Stg 2:25) y Rut (Rut 1:16; 4:5-18).

5. En el caso de los exiliados que volvieron, donde los matrimonios eran sin duda políticos y religiosos (y no exentos del desprecio sensual del pacto, Mal 2:14), Nehemías exigió el divorcio como condición para la continuación en la congregación de Israel, como condición para la participación en el pacto (Neh 9:2; 13:23-27). Los matrimonios se habían contraído a fin de mantener alianzas del pacto con personas impías de fe sincretista.

Este, entonces, era el trasfondo de la legislación que Pablo tenía que usar. En términos de la ley del Antiguo Testamento, tales matrimonios eran *fornicación* y transgresión contra Jehová, una violación de su pacto, y estaban prohibidos. Pablo clara y sin lugar a duda ratificó esta ley al dirigirse a los creyentes que contemplaban el matrimonio, y no a los regenerados después del matrimonio:

No os unáis en yugo desigual con los incrédulos; porque ¿qué compañerismo tiene la justicia con la injusticia? ¿Y qué comunión la luz con las tinieblas? ¿Y qué concordia Cristo con Belial? ¿O qué parte el creyente con el incrédulo? ¿Y qué acuerdo hay entre el templo de Dios y los ídolos? Porque vosotros sois el templo del Dios viviente, como Dios dijo: Habitaré y andaré entre ellos, y seré su Dios, y ellos serán mi pueblo.

Por lo cual, salid de en medio de ellos, y apartaos, dice el Señor, y no toquéis lo inmundo; y yo os recibiré, y seré para vosotros por Padre, y vosotros me seréis hijos e hijas, dice el Señor Todopoderoso (2 Co 6:14-18).

En 1 Corintios 7:11-24 Pablo enfrenta una situación diferente, no una que la ley abordaba con toda claridad. En el v. 12 Pablo, cuidadoso de nunca hablar *legislativamente,* deja en claro que habla *ministerialmente*: «Y a los demás yo digo, no el Señor». Con esto *no* hace menos autoritativa esta declaración: «Esto ordeno en todas las iglesias» (v. 17). Pero, sin embargo, en términos de la doctrina del pacto, sí deja en claro la autoridad ministerial por la cual su declaración es autoritativa. ¿Cuál fue la situación, y cuál fue el juicio inicial de Pablo?

1. Los matrimonios mixtos existían en Corinto y Pablo había escrito en cuanto al asunto, porque muy al parecer los corintios preguntaron si era necesario el divorcio debía si solo un miembro del matrimonio se convertía. La pregunta era muy sensata. El caso del incesto surgió entre los que fanfarroneaban de una libertad antinomiana en Cristo (1 Co 5:2); que existían varios partidos en Corinto, Pablo nos lo dice (1 Co 3:3-6). La pregunta respecto a matrimonios mixtos es crédito para los que la plantearon. Su implicación era esta: Jesús mantuvo la integridad de la ley mosaica, y la ley mosaica prohibía los matrimonios mixtos. ¿Qué debían hacer, por consiguiente, los nuevos convertidos que estaban casados con cónyuges inconversos?

2. Pablo enfrentaba una sociedad diferente en Corinto a la que existía en el Antiguo Testamento, a la cual le fue entregada la ley. A pesar de los intentos del imperio de producir una cultura unificada mediante el culto al emperador, era básicamente pluralista y atomística. Florecían una variedad de religiones, que, aunque listas para ser fieles de dientes para afuera al culto oficial, marchaban por su camino divisivo, para consternación de muchos. Corinto era un centro industrial y comercial. Su vida no era *de familia,* sino *atomística* e *individualista.* El matrimonio en los sectores no judíos de la sociedad se basaba primordialmente en consideraciones, deseos y ventajas personales. En término de esto, el matrimonio *ya no era tanto un pacto con una persona, un pueblo y una fe como lo había sido en el Antiguo Testamento. Se había convertido casi por entero en un asunto personal, muy parecido a como lo es hoy.* La ley seguía siendo válida, y 2 Corintios 6:14-18 la ratifica, pero no se podía aplicar en particular a todo matrimonio mixto, como se verá.

3. El que un cristiano se casara con una persona que no es creyente (2 Co 6:14-18) significaba una deserción de la comunión de Cristo, y salirse del pacto para entrar a una relación puramente individualista y atomística interpretada como «tinieblas».

4. El que un inconverso casado se hiciera creyente quería decir que una relación de pacto se había sido introducida en una situación atomística en donde no existía otro pacto. El pacto, según la ley, se extendía a todo miembro de la familia, pero no a visitantes y siervos contratados (Éx 12:43-45; Dt 12:17, 18; Lv 22:10; el sabbat de la tierra, Lv 25:6, y la Fiesta de las Semanas, Dt 16:10, 11, incluían al extranjero y siervos contratados por propósitos típicos y proféticos). Debido a que no existía otro pacto, Dios honró su pacto por la inclusión del cónyuge y de los hijos que no eran creyentes, y entonces el pacto de Dios bendecía al hombre que no es creyente por causa de la esposa. Para los

griegos, el matrimonio era un asunto individual; en su anterior fuerza, había sido *de la familia* y *de la sociedad;* para las Escrituras, de principio a fin, es *del pacto* y en términos de los *mandatos de la imagen.*

5. Hay otro principio fundamental que entra en juego aquí: «Cada uno en el estado en que fue llamado, en él se quede» (1 Co 7:20). La libertad en verdad era deseable para el esclavo, y más santa; habiendo sido comprado con un precio, y siendo siervos de Cristo, no debían convertirse en siervos de los hombres (vv. 21-23). Pero el evangelio no había venido a cambiar las *formas* del hombre y su sociedad sino el *corazón* del hombre y por ello producir la cultura del reino de Dios. Roma vio las implicaciones radicales del evangelio, como también muchos creyentes. De aquí la necesidad de la advertencia de Romanos 13:1-7 de rendirle a los gobiernos y «a todos el debido respeto» como lo requería Dios, que no llamó a los hombres a un evangelio de revolución sino de regeneración. De aquí también el consejo frecuente a los esclavos, hombres, mujeres y niños a ser fieles y obedientes en términos de su vocación, no como para agradar a los hombres sino a Dios. La nota importante es esta: «así permanezca para con Dios» (1 Co 7:24). De aquí que Dios no llamó a Israel a que destruyera las formas presentes de su cultura cuando les dio su ley, sino más bien a que la hagan sometida a Él en términos de sus mandamientos y que «así permanezca para con Dios».

6. Si el esposo o esposa que no es creyente se iba, el creyente ya no estaba bajo esclavitud y era libre para volver a casarse; estaban entonces bajo la sanción mosaica. Al decir esto, Pablo actuaba no legislativa sino ministerialmente. Si hubiera introducido aquí alguna nueva ley, al instante se le hubiera atacado. *Que nadie lo separe,* e, incluso si Pablo hubiera aconsejado solo *separación,* si Cristo hubiera limitado el divorcio a la base del adulterio, hubiera estado separando lo que Dios había unido. Pero Pablo contestó a los creyentes de Corinto que se ve que reconocían la ley del Antiguo Testamento como todavía válida en términos de la declaración de Cristo. Y Pablo, por cotejo inspirado, vio que más de un principio era aplicable aquí, y que prevalecía un tipo diferente de situación cultural y religiosa, y que el *único pacto,* uno con el Señor, tenía que ver en esta situación. Por consiguiente, su respuesta fue estrictamente ministerial y como resultado no atrajo ningún ataque de los críticos judaizantes que pensaran que Él representaba una ruptura con la ley.

7. Por último, debido a la naturaleza más bien atomística antes que de pacto de estos matrimonios mixtos en su origen, y debido a que fuera cual fuera la fe que el cónyuge que no es creyente continuara sosteniendo después de la regeneración del otro era por naturaleza una *religión privada* y no de pacto, la familia no era parte de su incredulidad y su salvación era posible (v. 16). Las sectas religiosas del día eran esencialmente religiones privadas, y hacían su apelación primordialmente a hombres y mujeres, y carecían de catolicidad o pacto.

Así, la ley respecto al matrimonio y al divorcio sigue siendo una por todas las Escrituras. Los particulares culturales que se reflejan en la ley pueden cambiar, y en efecto cambian, pero la misma ley no cambia. Aquí, como en todas partes, en un sentido muy profundo «la Escritura no puede ser quebrantada» (Jn 10:35).

Según Deuteronomio 4:2, la Escritura consiste de una revelación, una «palabra» fundamental. Aunque se añadieran «palabras» a esa «palabra» antes de que se cerraran los cánones del Antiguo y del Nuevo Testamentos, no se podía añadir a la «palabra». «No añadiréis a la palabra que yo os mando, ni disminuiréis de ella». La revelación es una palabra y no puede ser quebrantada.

Luego entonces, las Escrituras en el Antiguo y en el Nuevo Testamento tienen solo una ley respecto al matrimonio. El propósito del matrimonio no es humanista; es de pacto, y por consiguiente los motivos de divorcio no pueden ser humanistas sino que deben ser de pacto.

Por desgracia, la ideología humanista ha alterado de forma radical las leyes del divorcio. La respuesta, sin embargo, no es un retorno al montanismo[9]. La práctica de Calvino en Ginebra ilustra que una noción estricta, de pacto, del matrimonio y divorcio es bíblica antes que tener solo el adulterio como base para el divorcio[10].

Los estándares bíblicos estaban bien vigentes para los estadounidenses por muchos años. Es interesante notar que muchos estados ampliaron el aspecto del divorcio por muerte para incluir a los criminales sentenciados a prisión perpetua[11].

Una palabra final: Deuteronomio 24:1-4 prohíbe que un hombre se vuelva a casar con la esposa de quien se divorció después de que esta se haya vuelto a casar y haya tenido un segundo divorcio. Se le llama «abominación delante de Jehová». Si las bases del divorcio son válidas, y la mujer se divorcia dos veces, el hombre aumenta el mal al recibirla de nuevo; aunque las bases que adujo hayan sido deshonestas e inválidas, es un mal y un desprecio de la ley. Lo mismo se aplica a una mujer en cuanto a casarse con un esposo anterior. El mal que condujo al divorcio es un mal real, o el desacato perverso de la ley que condujo a un divorcio inválido representa un mal igual; en cualquier caso, la relación que se reanuda después de otro matrimonio representa una abominación porque el matrimonio intermedio fue una contaminación; fue adulterio legalizado que el nuevo matrimonio condona.

---

9   Para un ejemplo moderno, ver Otto A. Piper, *The Christian Interpretation of Sex* (Charles Scribner's Sons, Nueva York, 1941), p. 162, en donde se critica incluso el nuevo matrimonio de viudos.

10   Ver Philip E. Hughes, editor, *The Register of the Company of Pastors of Geneva in the Time of Calvin* (Eerdmans, Grand Rapids, 1965); ver también James G. Emerson, Jr., *Divorce, the Church, and Remarriage* (The Westminster Press, Filadelfia, 1961), pp. 84-108.

11   Carroll D. Wright, *A Report on Marriage and Divorce in the United States, 1867-1886* (Government Printing Office, Washington, 1891), p. 78, edición revisada.

13. La familia como custodio de bienes

Dos asuntos interesantes con respecto al divorcio indican un aspecto del matrimonio que muy rara vez se considera. Primero, el abrumador porcentaje de divorcios lo piden las mujeres, no los hombres. Inmediatamente después de la Segunda Guerra Mundial, cuando se daba por sentado que muchos hombres se divorciarían de sus esposas infieles, el porcentaje fue todavía alto del lado de la iniciativa femenina. Anteriormente, el 86% de todos los divorcios los habían pedido las esposas; en 1945, se redujo al 75%[1]. Se puede conceder que muchos de estos casos en efecto incluyeron iniciativa masculina, en las que el esposo permitía que la esposa buscara el divorcio para guardar las apariencias. Sin embargo, la iniciativa femenina es sorprendentemente alta.

Segundo, mientras mejores los ingresos, menos probable el divorcio. A menudo se ha dado por sentado que el divorcio es más común entre los ricos; en realidad, es más común entre los pobres. Un estudio hecho por William J. Goode, de 1956, indicaba esto:

> Porque aunque a menudo se piensa que la tasa de divorcio es más alta entre la clase media neurótica, impulsada por el éxito, en realidad es más alta entre las clases económicas más bajas; los datos del censo nacional muestran que los hombres que ganan menos de $3000 al año tienen una probabilidad de dos a cuatro veces más alta de divorciarse que los hombres que ganan más de $4000 al año[2].

Claramente, un freno serio para el divorcio es la posesión de propiedades. Por un lado, los hombres se refrenan para romper un matrimonio demasiado fácilmente debido a las severas penas de una división de la propiedad común, así como también la posibilidad de pensión alimenticia. Por otro lado, es menos probable que las mujeres dejen un matrimonio si el incentivo de la propiedad e ingresos es suficiente fuerte. Se debe añadir que el número elevado de padres que abandonan se halla en los niveles inferiores de ingresos. Las propiedades son, pues, una restricción importante en la conducta de hombres y mujeres. La propiedad privada es una fuerza estabilizadora para la familia y la sociedad.

Cuando el estado despoja a la familia de la propiedad y la reemplaza tomando su lugar como custodio de la propiedad, el vínculo matrimonial sufre daño. La tesis comunista de que el matrimonio y la monogamia son productos de la propiedad privada es errada, porque la familia es el principal custodio de la propiedad en toda la historia. Privarle a la familia de su propiedad es debilitar su poder sobre sus hijos. Los hijos y la propiedad son los dos aspectos principales de función social para la familia, aparte de las funciones educativas y religiosas previas. El socialismo

---

1   John R. Rice, *The Home, Courtship, Marriage and Children* (Sword of the Lord Publishers, Wheaton, Ill., 1946), p. 356.

2   Morton M. Hunt. *Natural History of Love*, p. 394.

ataca el control paternal tanto sobre los hijos como sobre propiedad a fin de asegurar la prioridad del estado en la sociedad.

Así que las funciones de la familia son serias y difíciles. Sus tareas *religiosas* y *educativas* son primordiales en la vida en sus aspectos respectivos. Hay aspectos también de la custodia de la familia sobre los hijos. El cuidado de la propiedad como una herencia, una fuerza social, y una responsabilidad religiosa es de nuevo importante para la sociedad. Con razón, en las Escrituras se ve el matrimonio con ternura pero sin romance. Con mucha claridad se le describe como «yugo» (2 Co 6:14). Un yugo es un vínculo que ata a dos criaturas para tirar cargas. Al matrimonio también se le describe en las Escrituras como «aflicción de la carne» (1 Co 7:28), traducido «dificultades» por PDT. El matrimonio a todas luces es un compañerismo funcional del hombre y su esposa al servicio de Dios, al ejercer dominio en sus esferas señaladas.

Proverbios es revelador en sus indicaciones de la vida y estándar maritales. No hay referencia en Proverbios a alguna otra cosa que la monogamia. Juntos, esposo y esposa tienen el deber de instruir a sus hijos en la ley de Dios y en la disciplina de familia (Pr 1:8, 9; 6:20, etc.). La relación funcional de esposo y esposa puede ser una gran alegría, o un gran desastre. «La mujer sabia edifica su casa; Mas la necia con sus manos la derriba» (Pr 14:1); en breve: «de su sabiduría constructiva de mujer depende principalmente la estabilidad de la familia»[3]. «El que halla esposa halla el bien, y alcanza la benevolencia de Jehová» (Pr 18:22). En verdad, «la casa y las riquezas son herencia de los padres; mas de Jehová la mujer prudente» (Pr 19:14). Dios da una herencia mayor que la riqueza material en una esposa prudente. «La mujer virtuosa es corona de su marido; mas la mala, como carcoma en sus huesos» (Pr 12:4). Precisamente porque el matrimonio es una institución tan importante personal y socialmente, un mal matrimonio es un desastre comparable solo a «carcoma en sus huesos» lo que hace difícil o imposible que un hombre aguante.

Este compañerismo de hombre y esposa actúa como custodio de la propiedad, custodio porque «la tierra es de Jehová» y «La tierra no se venderá a perpetuidad, porque la tierra mía es; pues vosotros forasteros y extranjeros sois para conmigo» (Lv 25:23). La familia es el custodio de la propiedad que Dios nos dio, que Dios ordenó. La dote (Gn 34:12; 30:20; Éx 22:17) no era una tasa de compra de una esposa sino un obsequio nupcial de parte del novio a la novia para sellar el matrimonio en términos de responsabilidad santa.

Un matrimonio era verdadera y legalmente matrimonio solo cuando existía un contrato que especificaba los arreglos de la propiedad. Tal requisito era común en la antigüedad y aparece, por ejemplo, en el código de Hammurabi, 128: «Si un hombre toma una esposa y no redacta un contrato con ella, esa mujer no es una esposa»[4]. Los comentarios de Clark sobre la dote en la ley estadounidense son de interés:

---

3   Derek Kidner, *The Proverbs* (Inter-Varsity Press, Chicago, 1964), p. 50.

4   J. M. Powis Smith, *The Origin and History of Hebrew Law* (University of Chicago Press, 1931, 1960), p. 199.

La dote ha sido de igual manera una institución de la ley inglesa desde los tiempos anglosajones tempranos, y también estadounidenses. En verdad, se ha dicho de este derecho que está «tan extendido como la religión cristiana y entra en el contrato matrimonial entre todos los cristianos». Pero en años recientes el derecho lo han modificado o abolido muchas jurisdicciones por estatutos que confieren mayores beneficios a las viudas que lo que esta dote da[5].

En la ley moderna, la dote por lo general se entiende como el derecho de una viuda respecto a la propiedad de su esposo fallecido[6].

Hay una diferencia, sin embargo, entre la dote de la viuda moderna y la de la ley bíblica. En la dote moderna, a la viuda se le provee solo si hay alguna propiedad que sea de suficiente tamaño para atenderla. En la ley bíblica, la dote precedía al matrimonio, y los hijos tenían la obligación de sostener a sus padres según fuera necesario.

La familia bíblica se la puede comparar con una corporación. Una corporación es diferente en que es una persona jurídica artificial y la forma el estado. Una corporación no muere cuando mueren sus fundadores, ni cuando sus funcionarios mueren; continúa existiendo legalmente aparte de sus accionistas, que continúan recibiendo dividendos de ella mientras vivan. Asimismo, la familia es una corporación que consiste de padres e hijos. Paga dividendos a los hijos en cuidado, sostenimiento y herencia, y paga dividendos a los padres en cuidado y sostenimiento según sea necesario. Como corporación, administra sus propiedades e ingresos en términos de su propósito ordenado y dado por Dios. Por esta razón, ninguna decisión arbitraria o puramente personal puede gobernar las decisiones de los miembros de la corporación; son a la vez personas individuales y entidad corporativa, y su función más verdadera es en términos de una plena consideración de ambos oficios bajo Dios.

Cuando el estado toma el control de los hijos o de la propiedad está transgrediendo la esfera de la familia y afirmando ser la corporación cuya razón de ser es el cuidado de la familia. Tal afirmación es una transgresión seria contra el orden-ley de Dios. Si a esta transgresión se añade una *pérdida de la fe,* la familia se vuelve una institución cuya principal función es proveer techo y un escape sexual para dos individuos atomísticos y a veces anarquistas. Un ejemplo de esto apareció en la columna de Ann Landers el 16 de agosto de 1969, en la que un hombre escribe para declarar que «a todas las esposas se les debería fusilar cuando cumplieran los cuarenta años», porque ¿quién quiere un «tomate viejo»? El matrimonio en esta perspectiva es una conveniencia física para la satisfacción del hombre, o, a la inversa, para la satisfacción de una mujer. Es en esencia una unión sin ley, aunque se la contraiga bajo la ley. No en balde nacen hijos inicuos que no respetan ni la autoridad ni la propiedad. En lugar de descansar en la ley de Dios, la persona atomística,

---

5   Clark, *Biblical Law,* p. 96.
6   *Ibid.,* p. 130.

antinomiana, como los decadentes romanos de la antigüedad, se apoya en el poder del sexo como curalotodo para el hombre y la sociedad. La mujer entonces debe ganarle a Venus para mantener su posición[1].

La familia atomística solo puede producir un mundo anarquista. Como Zimmerman ha observado:

> … el sistema de familia juega un papel clave en el problema del cambio social. Trae el pasado al presente. Los sucesos del presente inciden en ella y tratan de alterarla. Del pasado con sus alteraciones recibimos el patrón generador para la cultura del futuro.
>
> Por tanto, no podemos entender a la familia sin formar tres conjuntos de ideas, las naturalezas pasadas y presentes del sistema de familia y las tendencias de los *eventos* y *filosofías* presentes para alterar su naturaleza. Tampoco el estudio del desarrollo del sistema de familia ni la incidencia de los sucesos presentes en ella es suficiente por sí solo. La familia es una institución viva creciente, capaz, como la abeja dispuesta para el vuelo, de tomar cualquier número de rumbos diferentes[2].

Antes de que la familia pueda invertir su curso, y el de la sociedad, debe tener una fe-ley bíblica antes que una ley humanista y atomística. La familia debe de nuevo llegar a ser la depositaria de los requisitos del pacto de Dios, y fideicomisaria bajo Dios de los hijos y la propiedad. No la familia fideicomisaria del paganismo, fuerte pero humanista en orientación, sino la familia fideicomisaria de Dios, esto es lo que se necesita.

El concepto bíblico de la propiedad se considerará más tarde, pero, por el momento, se puede citar el caso de Nabot (1 R 21:1-14). Para Nabot, la tierra no era suya para vender. Todo lo que tenía, tierra y viñedo, era una herencia del pasado como fideicomiso para el futuro. Nabot como buen mayordomo sin ninguna duda había aumentado el valor de aquella herencia, pero esto no la hacía suya. Como cabeza de familia, tenía una herencia en fideicomiso, no para indulgencia propia, y por consiguiente su obligación básica era con el futuro. En China, mediante la adoración de los antepasados, la familia fideicomisaria estaba atada al pasado. En la fe bíblica, debido al mandato de la creación, la familia fideicomisaria se dirige al futuro. La familia moderna, debido a su ideología humanista atomista, se enfoca en el presente y es por tanto destructora del pasado y del futuro. El hombre que propuso a Ann Landers que fusilaran a todas las esposas al cumplir los cuarenta años era un seguidor de la lógica humanista; el pasado no tiene significado. Solo el momento existencial importa[3].

---

1   Carle C. Zimmerman, *The Family of Tomorrow* (Harper & Brothers, Nueva York, 1949), p. 156.

2   Zimmerman-Cervantes, *Marriage and the Family*, p. 128.

3   Ann Landers, «He Urges Firing Squad for Wives Over 40» [«Exige escuadrones de fusilamiento para esposas de más de cuarenta años»], Los Angeles *Herald-Examiner*, sábado, 16 agosto 1969, p. A-ll.

14. La homosexualidad

Por algunos años ha estado en marcha una campaña extensa para eliminar las leyes existentes contra la homosexualidad de los libros de estatutos y para permitir relaciones homosexuales entre adultos que consienten[4]. Una parte de esta campaña ha sido la insistencia en leer los hechos de la homosexualidad en términos de un marco de trabajo progresivo. Se ha descrito extensamente como una forma de inmadurez y un aspecto del desarrollo humano, y también como producto de ciertas clases de experiencias familiares[5]. Se nos dice que la homosexualidad «es un estado en el desarrollo de todo ser humano»[6]. «La determina el ambiente»[7]. Se nos dice que es una huida de la masculinidad en un mundo difícil[8]. En tanto que las teorías varían de un erudito a otro, todas tienen en común un enfoque revolucionario y ambiental[9]. El Dr. Bergler, aunque radicalmente crítico del carácter del homosexual, no abandonó este enfoque medioambiental básico por uno moral y teológico[10]. Las presuposiciones antibíblicas de todos estos escritores son muy evidentes. Un antropólogo llega al punto de sostener que, detrás de la castidad, se agazapa un «homosexual pasivamente potencial»[11]. Otro erudito insiste diciendo:

> Así como el amor del muchacho por su padre es en sentido estricto homosexual, el amor por su madre es en sentido estricto incestuoso[12].

De alguna manera, ¡se debe llamar pervertidos a todos los enemigos de la perversión!

Ullerstam, médico suizo, es más abierto en su hostilidad contra la moralidad cristiana. Defiende con fervor todas las perversiones. Declara que «"perversión" es una palabra que se debe descartar», porque «ha sido hecha a la orden para oscurantistas y demagogos. Está saturada de superstición, y es un insulto, para denigrar»[13].

---

4   Para un ejemplo temprano, ver Morris Ploscowe, *Sex and the Law* (Prentice-Hall, Nueva York, 1951), pp. 212-215.
5   Ver Nathan Blackman, dr. en med., «Homosexuality, Genesis of» [«Homosexualidad, génesis de»], en Edward Podolsky, dr. en med., editor, *Encyclopedia of Aberrations* (Philosophical Library, Nueva York, 1953), pp. 271-274; Richard C. Robertiello, M.D., *Voyage from Lesbos* (Avon Books, Nueva York, 1959).
6   Frank S. Caprio, dr. en med., *Female Homosexuality, A Psychodynamic Study of Lesbianism* (Grove Press, Nueva York, 1954), p. 302.
7   *Ibid.,* p. 303.
8   Abraham Kardiner, *Sex and Morality* (Routledge and Kegan Paul, Londres, 1955), pp. 160-192.
9   Ver Irving Bilber, editor, *Homosexuality, A Psychoanalytic Study* (Basic Books, Nueva York, 1962).
10   Edmund Bergler, dr. en med., *Homosexuality: Disease or Way of Life?* (Hill and Wong, Nueva York, 1957); y *Counterfeit Sex, Homosexuality, Impotence, Frigidity* (Grove Press, Nueva York, 1951, 1961).
11   H. R. Hays, *The Dangerous Sex,* p. 169.
12   G. Rattray Taylor, *Sex in History* (Vanguard Press, Nueva York, 1954), p. 81.
13   Lars Ullerstam. M.D., *The Erotic Minorities* (Grove Press, Nueva York, 1966), p. 351.

Las perversiones son buenas, sostiene, porque dan felicidad a algunos[14]. Se alegra de informar que el incesto está aumentando entre sus amigos[15]. Defiende el incesto, el exhibicionismo, la pedofilia, la saliromanía, algofilia, homosexualidad, escapofilia, necrofilia y otras desviaciones sexuales como buenas pero en efecto cita una forma especialmente peligrosa de relaciones sexuales:

> De todas las formas de relación sexual, el tipo heterosexual por cierto es la más peligrosa, pues tiene el mayor riesgo potencial en consecuencias sociales. Sin embargo este acto se cerca con menos restricciones que varias otras expresiones sexuales de un tipo mucho más ligero. No obstante consideramos un estado feliz y saludable de cosas que las personas satisfagan su impulso sexual de esta manera riesgosa. ¿No sería mejor si animáramos a las personas a «perversiones» más bien, y les enseñáramos a condicionar sus secreciones sexuales a otros ritos y estímulos aparte del coito heterosexual? ¿No sería en el interés de todo el mundo proveer tal educación, que pudiera, a la larga, demostrar que es una solución al problema de la superpoblación?[16].

La introducción a Ullerstam por Ives de Saint-Agnes es acertada al decir que

> Suecia atraviesa en la actualidad una revolución sexual. La primera víctima que hay que derribar es la moralidad. En las guerras religiosas, la absolución siempre se da por obras de violencia cometidas «por la causa». De modo similar, la cruzada contra la moralidad clásica brinda a sus participantes un tipo de inmunidad[17].

Esta es una declaración sincera y verdadera. Estamos en medio de una revolución homosexual dirigida contra la fe y la moralidad bíblica. Al homosexual lo presentan como el alma maltratada, malentendida y sensible[18].

Por largo tiempo, en realidad por épocas, es verdad que los homosexuales, incluso en donde se les aceptaba, han sido una fraternidad secreta, hostil, dentro de la sociedad, muy a menudo estrechamente ligada con todo tipo de sociedad secreta. Luis XIV tuvo que lidiar con un orden de sodomitas en su corte, y repetidas veces se han encontrado organizaciones similares[19].

Al acudir a los eruditos de la iglesia, uno esperaría algo de resistencia a esta revolución, pero, más bien, la iglesia está convirtiéndose en una parte principal de la

---

14   *Ibid.,* pp. 43, 82s.
15   *Ibid.,* p. 46.
16   *Ibid.,* p. 163.
17   *Ibid.,* p. vi.
18   Ver R. E. L. Masters, *The Homosexual Revolution* (The Julian Press, Nueva York, 1962); Floyd Dell, *Love in the Machine Age* (Farrar & Rinehard, Nueva York, 1930); Diana Frederics. *Diana: A Strange Autobiography* (Citadel, Nueva York, 1939. 1944).
19   Richard Lewinsohn, *A History of Sexual Customs,* pp. 222ss., 340ss.

revolución[20]. Una publicación de la iglesia exige que tratemos a las lesbianas como «seres humanos individuales», y no como homosexuales. Se nos pide que hagamos a un lado lo que diga Dios sobre el asunto a favor del concepto autónomo y apóstata del hombre. En breve, se exige una compasión radical por el homosexual[21]. Dan explicaciones fantásticas de la condenación bíblica de la homosexualidad[22]. El «problema» se ve en términos y estándares psicológicos y evolucionistas antes que bíblicos y teológicos[23]. Se dice que la causa de la homosexualidad es el medio ambiente, y no el pecado[24]. Un escritor, Thielicke, está consciente de que las Escrituras declaran que la homosexualidad se debe entender solo teológicamente, pero con todo pide una solución humanista[25].

Antes de analizar la perspectiva teológica, vale la pena observar algunas de las características centrales del homosexual según informan personas que de ninguna manera son hostiles a ellos. *Primero,* el homosexual tiene un temor anormal al envejecimiento y la muerte. Como resultado, insisten en vestirse o actuar según la presuposición de una juventud perpetua, en particular una adolescencia inmadura. En todo momento se debe mantener el disfraz de la juventud. Esta «adoración» de la juventud e inmadurez conduce a la adopción de estilos que recalcan estos aspectos y traen a colación al niño inocente. Se invoca un mundo amoral de perpetua infancia. Puesto que la madurez significa responsabilidad, ley y estándares, un *segundo* aspecto de la cultura homosexual es la exaltación a un punto elevado de la vulgaridad estudiada. Martin Bender cita el análisis de Susan Sontag de los gustos del «afeminado»:

> De hecho, afeminado ha sido sinónimo de homosexual por 40 años en Inglaterra, y por cómo una década en Nueva York.
>
> La Srta. Sontag ofreció más de 50 definiciones de afeminado. Un encanto por lo exagerado, un espíritu de extravagancia, «estilo a costa de contenido», y la declaración de que hay buen gusto en el mal gusto. El afeminado es antiserio, y aprecia lo vulgar y lo banal. Los ejemplos que ella da de gustos afeminados —dibujos de Aubrey Beardsley, lámparas Tiffany, ropas de mujeres de la década de los veinte incluyendo boas de plumas y vestidos de cuentas,

---

20   Un document principal en la nueva moralidad ha sido *Toward a Quaker View of Sex* (Friends Home Service Committee, Londres, 1964).

21   Del Martin and Phyllis Lyon, «The Realities of Lesbianism» [«Las realidades del lesbianismo»], en *Motive,* vol. XXIX, nos. 6 y 7 (marzo-abril, 1969), pp. 61-67. Ver en este número, «When Are Church Magazines Obscene?» [«Cuando son obscenas las revistas de la iglesia»] en *The National Observer,* vol. 8, no. 32 (11 agosto 1969), pp. 1, 15.

22   Derrick Sherwin Bailey, *Sexual Relations in Christian Thought* (Harper & Brothers, Nueva York, 1959), p. 242.

23   William Graham Cole, *Sex in Christianity and Psychoanalysis* (Oxford University Press, Nueva York, 1955), pp. 269-277.

24   William Graham Cole, *Sex and Love in the Bible,* p. 359.

25   Helmut Thielicke, *The Ethics of Sex* (Harper & Row, Nueva York, 1964), pp. 269-292.

musicales de Busby Berkeley como *The Gold Diggers de 1933 [Los buscadores de oro de 1933]*— se han vuelto cánones de fe para los artistas que exhiben modas, propietarios de boutiques y comerciantes de almacenes por departamentos[26].

Este es un aspecto del antinomianismo homosexual; al reemplazar estándares sólidos por estilos arbitrarios y vulgares, el homosexual deriva una profunda satisfacción; está subvirtiendo, piensa, la ley suprema y afirmando la autonomía del hombre.

Tercero, la cultura homosexual es amargamente hostil contra la familia, y, en sus maneras intelectuales, se esfuerza por socavar la familia y también la cultura de ciudad pequeña. Debido al extenso control de los homosexuales sobre modas y publicaciones, la mente y apariencia de los países occidentales ha quedado radicalmente infectada por la cultura homosexual parásita. Los cánones de cultura homosexual ahora son los estándares del jet set que adora la juventud[27], del mundo de arte y modas y de los intelectuales modernos. La cultura humanista moderna está en gran medida coloreada y embebida por la cultura homosexual. Muchas de las sectas de amor libre y de canje de esposas están fuertemente teñidas de matices y actividades homosexuales[28].

Cuarto, debido a que el homosexual vive en contra de la realidad y en un mundo de ilusión, ha hallado que el teatro es un elemento feliz para la autorrealización. Henriques notó «la conexión del escenario con la homosexualidad; tradición que ha persistido en el teatro europeo hasta el día presente»[29]. También citó el hecho de que «la relación del escenario y la prostitución que ha florecido desde la Edad Media continuó y se mejoró en el siglo XVIII»[30].

Para pasar ahora a la ley, la Biblia no tiene reservas en su condenación de la homosexualidad:

No te echarás con varón como con mujer; es abominación (Lv 18:22).

Si alguno se ayuntare con varón como con mujer, abominación hicieron; ambos han de ser muertos; sobre ellos será su sangre (Lv 20:13).

No haya ramera de entre las hijas de Israel, ni haya sodomita de entre los hijos de Israel (Dt 23:17).

---

26   Marilyn Bender, *The Beautiful People* (Dell, Nueva York, 1968), p. 29. Sobre el temor a la muerte y envejecimiento ver p. 27s; sobre los homosexuales y modas, ver pp. 231, 282.
27   Lanfranco Rasponi, *The International Nomads*, p. 78ss.
28   Roger Blake, *The Free-Love Groups*, pp. 60, 140.
29   Fernando Henriques, *Prostitution and Society, Primitive, Classical and Oriental* (Grove Press, Nueva York, 1962, 1966), p. 105.
30   Fernando Henriques, *Prostitution in Europe and the Americas* (The Citadel Press, Nueva York, 1965), p. 167.

Esto está bien claro, y no hay un solo texto en todo el Nuevo Testamento que indique que esta pena haya sido alterada o eliminada (en Romanos 1:32 San Pablo la confirma), y sin embargo casi todos los teólogos soslayan esta ley y descartan su requisito. En realidad, San Pablo citó la homosexualidad como la culminación de la apostasía del hombre (Ro 1:18-32). La descripción de San Pablo del acto es reveladora:

> Y de igual modo también los hombres, dejando el uso natural de la mujer, se encendieron en su lascivia unos con otros, cometiendo hechos vergonzosos hombres con hombres, y recibiendo en sí mismos la retribución debida a su extravío (Ro 1:27).

El verbo «encenderse» es *ekkaio,* «arder hasta consumirse»[31]. La homosexualidad es, pues, la extinción del hombre; por eso, para citar la traducción de Wuest [en inglés] de la última parte de este versículo, ellos recibieron «en sí mismos esa retribución que fue una necesidad en la naturaleza del caso debido a su desviación de la norma»[32].

La homosexualidad es la práctica sexual culminante de una culminante apostasía y hostilidad contra Dios. El homosexual está en guerra con Dios, y en todas sus prácticas niega el orden y ley naturales de Dios. El aspecto teológico de la homosexualidad se recalca en las Escrituras. En la historia, la homosexualidad se vuelve prominente en todo aspecto de apostasía y tiempo de decadencia. Es un fenómeno del final de una edad.

Anteriormente hicimos referencia a las opiniones de Thielicke. Para volver a su análisis, hallamos que Thielicke cita la ley pero ahora la encuentra irrelevante:

> … no puede haber duda de que el Antiguo Testamento consideraba la homosexualidad y la pederastia como crímenes castigables con la muerte (Lv 18:22; 20:13). Si hay que derivar de esto mandamientos directos para los cristianos, debe permanecer como asunto de debate, por lo menos en cuanto a la medida en que detrás de esta prohibición está el concepto de la contaminación ritual y, si es así, hasta qué punto la ley ritual del Antiguo Testamento puede ser obligatoria para los que están bajo la ley del evangelio. Aquí se vuelven agudos los problemas de principio teológico a los que se refiere en terminología técnica bajo el tema de «ley y evangelio»[33].

Si no hay ley, no hay evangelio, porque en las Escrituras los dos son inseparables. Con la ley puesta a un lado, la ética humanista y amoral del amor puede tomar las riendas, en la cual la única consideración real no es Dios y su ley sino el *ser humano,* la suprema norma moral para la ética del amor. Por algo Thielicke declara:

---

31   Kenneth S. Wuest, *Romans in the Greek New Testament* (Eerdmans, Grand Rapids, 1955), p. 36.
32   *Ibid.*
33   Helmut Thielicke, *Ethics of Sex,* p. 277s.

Es cierto que la relación homosexual no es una forma *cristiana* de encuentro con nuestro semejante; sin embargo es de veras una búsqueda de la totalidad del otro *ser humano*. El que dice lo contrario todavía no ha observado la posible profundidad humana de la amistad coloreada por el homoerotismo. Todavía más, la perversión inherente en la reducción de la sexualidad a la mera «excitación física» también se puede hallar en la relación heterosexual. Hacer que esta acusación se refiera especialmente a los homosexuales muestra ignorancia o prejuicio[34].

Desde la perspectiva bíblica, cualquier «búsqueda de la totalidad del otro ser humano» aparte de Dios es cruel, depravada y bajo condenación. Se honra esta búsqueda solo donde no se honra a Dios en su palabra-ley.

Thielicke está consciente del significado teológico, y comenta sobre Romanos 1:26s como sigue:

La ira de Dios sobre esta arrogancia se expresa en que Dios entrega al hombre, y lo abandona (paredoken) a las consecuencias de esta su actitud fundamental, dejándolo, por así decirlo, a la autonomía de la existencia en que ha entrado por sus propios pies En consecuencia de esta autonomía de juicio, la confusión *religiosa* también conduce al caos *ético*. Consiste en confusión de lo eterno con lo temporal. Esto es decir, que a las entidades finitas se les confiere la soberanía de Dios y los hombres adoran ídolos (Ro 1:23). Debido a que se intercambia («pervierten») lo más bajo por lo más alto, la criatura por el Creador, el resultado es una supremacía perversa de los deseos inferiores por sobre el espíritu. Y en este contexto, las perversiones sexuales se mencionan como características adicionales de esta perversión fundamental (Ro 1:26s).

Lo que es teológicamente digno de notarse y kerigmáticamente «obligatorio» en esta exposición de Pablo es la declaración de que el desorden en la dimensión vertical (en la relación entre Dios y hombre) se iguala con una perversión a nivel horizontal, no solo dentro del mismo hombre (relación Espíritu-carne) sino también en sus contactos entre humanos[35].

Sin tomar tiempo para discrepar con los detalles de esta exposición, se puede conceder que muestra percepción de la cuestión *teológica*. Pero Thielicke da prioridad al asunto *humano* haciendo a un lado la ley a favor de la comprensión. El fracaso de la Reforma para vérselas con la cuestión de la ley ha llevado en última instancia a este triunfo de la ideología humanista; al hombre no se le juzga por la ley de Dios sino como «ser humano» y en términos de las consecuencias puramente humanas de sus acciones[36]. Esto no es teología sino más bien antropología humanista.

---

34   *Ibid.*, p. 271s.
35   *Ibid.*, p. 279s.
36   *Ibid.*, p. 287-292.

Es debido al aspecto teológico de la homosexualidad, a su guerra contra Dios, que es también una guerra contra el hombre y contra uno mismo, como Thielicke lo capta.

Es costumbre ahora entre los que siguen la ideología humanista considerar la homosexualidad como un acto natural que es una fase del desarrollo erótico del hombre. El concepto bíblico es que es un acto contra Dios y por consiguiente contra naturaleza. Es un acto innatural, es decir, un acto contrario al orden de la naturaleza y producto de la caída en sus implicaciones últimas. La hostilidad básica a la homosexualidad (tanto masculina como femenina) ha sido documentada extensamente por el Dr. Bergler. El Marqués de Sade es un ejemplo clásico de este aborrecimiento a Dios y a la ley. Según Sade: «La regla de ley es inferior a la de la anarquía»[37]. La hostilidad de Sade contra todos los hombres y contra sí mismo se manifestaba en actividades sádicas y masoquistas. Su aborrecimiento del orden santo probablemente le llevaba a evadir todas las relaciones sexuales normales, y hay duda en cuanto a si los hijos de su esposa fueron realmente suyos[38]. Ningún desarrollo impedido o inmadurez sino guerra deliberada y madura contra Dios caracteriza al homosexual.

El castigo que aplica Dios es la muerte, y un orden santo lo impondrá. No nos sorprende que una cultura profundamente infectada por la homosexualidad elimine los castigos contra ella.

Un punto final: la homosexualidad femenina, o lesbianismo, es una manifestación del mismo mal como la forma masculina, pero la pena de muerte se reserva para los hombres. En las mujeres es una «contaminación» y base para el divorcio (Dt 24:1). ¿Por qué no la pena de muerte para las mujeres? Hay dos motivos. *Primero,* como se vio con respecto al divorcio, la mayor autoridad del hombre significa mayor responsabilidad moral y mayor culpa al pecar. *Segundo,* debido a que la homosexualidad es una expresión de apostasía, los hombres no pueden en buena conciencia castigar aquello que su propia abdicación de autoridad moral fomenta. Como Oseas declaró, con respecto a la prostitución y el adulterio:

> No castigaré a vuestras hijas cuando forniquen, ni a vuestras nueras cuando adulteren; porque ellos mismos se van con rameras, y con malas mujeres sacrifican; por tanto, el pueblo sin entendimiento caerá (Oseas 4:14).

Cuando un pueblo alcanza cierto nivel de depravación moral, el castigo deja de ser particular y se vuelve nacional. El orden civil ha perdido su capacidad para actuar por Dios, y Dios entonces actúa contra ese orden. En otras palabras, hay castigo, pero el castigo viene de Dios y el pueblo o nación caerá. Las culturas homosexuales están en guerra contra Dios; y en esta guerra no hay negociación posible. El que el modernista y el que no es creyente esté en el campamento enemigo no es sorpresa, pero, ¿qué debemos decir de los abiertamente evangélicos que

---

37   Citado por Simone de Beauvoir, en Sade, *The 120 Days of Sodom,* etc., p. 49.
38   *Ibid.,* p. 24.

sostienen que «parece que se peca más contra el individuo homosexual que contra el pecado», porque su condición o es genética o es medioambiental en naturaleza, y por consiguiente no es culpa suya? Estar de acuerdo con el informe Wolfenden y Thielicke es discrepar con las Escrituras. Esta, sin embargo, es la decisión que expresó un artículo de una revista «evangélica» importante[39]. Vale la pena recordar las palabras de San Pedro, de que «es tiempo de que el juicio comience por la casa de Dios» (1 P 4:17).

Cuando la iglesia tiene una posición tan inicua, no debe sorprendernos la posición que toman otras instituciones. Una organización de «derechos iguales» para los homosexuales «ha sido reconocida como un grupo estudiantil en la Universidad Columbia, ciudad de Nueva York, y ha anunciado planes para establecer grupos similares en la Universidad de Stanford y en la Universidad de California, Berkeley»[40]. De nuevo, la columna de consejos de Ann Landers ha dicho:

> Los expertos en cuanto a la homosexualidad con quienes consulté me dicen que si bien las posibilidades de una cura completa son extremadamente escasas, los torturados homosexuales que se detestan a sí mismos a menudo se benefician por la terapia. Aunque esto no los convierte en varones normales, los ayuda a aceptarse sin culpa y vergüenza y todas las emociones autodestructivas que acompañan a estos horrores gemelos[41].

Ese es el objetivo de la psicoterapia: pecar sin culpa ni vergüenza. El impío tiene al fin su actitud abiertamente contraria a Dios para justificar su posición. Pero no puede ser defensazas afirmaciones de clérigos cuyos votos les exigen que proclamen la palabra de Dios.

Lo que el hombre enfrenta hoy en esta perversión es, para usar el término apto de Schaeffer, «homosexualidad filosófica»:

> Algunas formas de homosexualidad hoy [...] no son solo homosexualidad sino una expresión filosófica. Uno debe tener comprensión del verdadero problema del homosexual. Pero mucho de la homosexualidad moderna es una expresión de la negativa actual de la antítesis. Ha conducido en este caso a una eliminación de la distinción entre hombre y mujer. Así que el varón y la mujer como

---

39   B. L. Smith, «Homosexuality in the Bible and the Law» [«La homosexualidad en la Biblia y la Ley»], en *Christianity Today*, vol. XIII, no. 21 (18 julio 1969), p. 936.

40   «Homosexual Group OK'd at Columbia» [«Grupo homosexual aprobado en Columbia»], Palo Alto *Times* (California), jueves, 4 mayo 1967, p. 2.

41   Ann Landers, Los Angeles *Herald-Examiner*, Sunday, 6 octubre 1968, p. G-4. El alcance al cual Ann Landers sostiene esta opinión fue evidente en otro consejo: «Confidencial to Heartbroken Mother of a Boy With a Twisted Mind [Confidencial para la madre de corazón destrozado con un hijo de mente retorcida]: Sí, recomiendo ayuda psiquiátrica; no para él, sino para ti. Tu hijo ha aprendido a vivir con su homosexualidad. Es más, parece haberse ajustado muy bien. Ahora tú debes aprender a aceptarlo tal como es y a dejar de torturarte tú misma», Ann Landers, Los Angeles *Herald-Examiner*, lunes, 1 septiembre 1969, p. A-14.

compañeros complementarios se han acabado. Esta es una forma de homosexualidad que es parte del movimiento por debajo de la línea de la desesperanza. Pero este no es un problema aislado; es parte del espíritu y mundo de la generación que nos rodea. Es imperativo que los cristianos se den cuenta de las conclusiones que se derivan como resultado de la muerte de los absolutos[42].

Toda homosexualidad, añadiríamos, es una expresión filosófica; esta es la naturaleza real del «problema del homosexual».

Cuando nos vemos confrontados con una persona homosexual que aduce ser cristiana y exige que se le reconozca como tal, tenemos una alternativa: o aceptamos la palabra de la persona homosexual, o aceptamos la palabra de Dios según se declara en Romanos 1.

15. El descubrimiento de las fuentes

Una mojigatería impía impide que la iglesia actual considere muchas leyes. Un ejemplo importante de esto es la ley respecto a las relaciones sexuales con una mujer menstruosa, o con una mujer que no se ha recuperado por completo del parto.

Si se tienen relaciones sexuales con una mujer menstruosa sin saberlo, es solo una impureza ritual, que requiere purificación pero no lleva pena moral (Lv 15:24). Por otro lado, el acto deliberado es una transgresión seria:

> Y no llegarás a la mujer para descubrir su desnudez mientras esté en su impureza menstrual (Lv 18:19).

> Cualquiera que durmiere con mujer menstruosa, y descubriere su desnudez, su fuente descubrió, y ella descubrió la fuente de su sangre; ambos serán cortados de entre su pueblo (Lv 20:18).

El «serán cortados de entre su pueblo» algunos lo leen como pena de muerte, pero la mayoría como excomunión. Claro, estamos tratando con una transgresión seria y significativa. Es una transgresión que conduce a «una tierra enferma» y a una «naturaleza revuelta»[1]. Esto no es solo una transgresión contra Dios, sino una de las transgresiones que lleva a la tierra misma a vomitar a un pueblo (Lv 20:22). La transgresión de haber «descubierto la fuente de su sangre» quiere decir que el hombre «ha expuesto la fuente vital de la mujer»[2]. Tanto el hombre como la mujer son culpables por igual.

La referencia de Ezequiel al mismo pecado arroja más luz en este asunto:

---

42   Francis A. Schaeffer, *The God Who Is There* (Inter-Varsity Press, Chicago, 1968), p. 39.

1   John Peter Lange, *Commentary on the Holy Scriptures: Leviticus* (Zondervan, Grand Rapids), p. 155.

2   *Ibid.,* p. 156.

Y el hombre que fuere justo, e hiciere según el derecho y la justicia; que no comiere sobre los montes, ni alzare sus ojos a los ídolos de la casa de Israel, ni violare la mujer de su prójimo, ni se llegare a la mujer menstruosa, ni oprimiere a ninguno; que al deudor devolviere su prenda, que no cometiere robo, y que diere de su pan al hambriento y cubriere al desnudo con vestido, que no prestare a interés ni tomare usura; que de la maldad retrajere su mano, e hiciere juicio verdadero entre hombre y hombre, en mis ordenanzas caminare, y guardare mis decretos para hacer rectamente, éste es justo; éste vivirá, dice Jehová el Señor (Ez 18:5-9).

Dos cosas aparecen de estos pasajes. *Primero,* la relación sexual con una mujer menstruosa (o una mujer antes de que se recupere del parto) Levítico y Ezequiel la clasifican como actos serios, *agresivos. Segundo,* este acto se menciona prominentemente entre los que *contaminan la tierra.* El comentario de Elliso aquí va muy bien al punto:

La verdad es que el concepto popular moderno del individuo se deriva del pensamiento griego antes que de la Biblia, y se puede incluso considerar como antibíblico. Tendemos a pensar que nuestros cuerpos nos dan individualidad y nos separan uno del otro. En el Antiguo Testamento es nuestra carne —una palabra que se refiere al cuerpo casi ni existe en el hebreo— que nos liga con nuestros semejantes; es nuestra responsabilidad personal ante Dios que nos da nuestra individualidad. Puesto que el hombre (adán) está ligado a la tierra (adama) de la cual ha sido tomado, y por ella a todos los que viven de la misma tierra, no puede evitar afectarla con sus acciones. La conducta abominable hace «que la tierra peque» (Dt 24:4; cf. Jer 3:1, 9). Por eso la sequía, pestilencia, terremotos, etc. son en el Antiguo Testamento el castigo por entero natural de la perversidad (cf. Sal 107:33s.). Si un hombre mora en una tierra contaminada, no puede evitar el tener parte de esa contaminación. El terror principal del cautiverio no era que la tierra estuviera fuera del control de Jehová —noción que probablemente muy pocos sostenían— sino más bien de que ya era tierra inmunda (Am 7:17)[3].[12]

Para volver a los detalles de la ley, *primero,* se exigían siete días de abstinencia de relaciones sexuales durante el tiempo de la menstruación (Lv 15:19), o, si había alguna dolencia asociada con la menstruación, todo el tiempo que durara el flujo (Lv 15:25). *Segundo,* el período de abstinencia después del nacimiento de un hijo era cuarenta días (Lv 12: 2-4), y ochenta días después del nacimiento de una hija (Lv 12:5).

---

3   H. L. Ellison, *Ezekiel: The Man and His Message* (Eerdmans, Grand Rapids, 1956), p. 72.

Hemos citado dos características de este pecado, o sea, que es un acto *agresivo*, y que *contamina la tierra*. Un *tercer* aspecto lo cita Ezequiel 22:10, su *perversidad*. Ezequiel lo asoció con relaciones sexuales con una madrastra, y dijo que es *humillación* de las mujeres. La experiencia pastoral del escritor confirma abundantemente el elemento de perversidad en este acto. Es un deleite para los perversos si el acto es ofensivo moral o estéticamente para su esposa, y, de manera similar, algunas mujeres se interesan si es ofensivo moral o estéticamente para su esposo. Es un acto atractivo solo para los que quieren pecar contra la otra persona, y contra Dios.

Para volver a Levítico 20:19, el pecado del hombre se describe de este modo: «su fuente descubrió». El pecado de la mujer se describe de manera similar: «descubrió la fuente de su sangre». El término *fuente* es importante aquí. En el sentido natural, literal, es una fuente natural de agua viva, y es la misma palabra para «ojo» en hebreo. La palabra también se usó simbólicamente en las Escrituras para referirse a Dios (Sal 39:9; Jer 17:13) como fuente de gracia (Sal 87:7). Hay una serie de tales referencias a Dios y a Cristo. Pero *fuente* también se usó con referencia a Israel como padre de un gran pueblo (Dt 33:28); se usó para una esposa buena (Pr 5:18) y para la sabiduría espiritual (Pr 16:22; 18:4). Su uso en Levítico 20:19 obviamente combina de manera gráfica un significado literal y simbólico. Para entender este significado debemos recordar que un manantial es una fuente, un lugar en la tierra de donde brota agua. Hay una analogía obvia a la ovulación de la mujer. Igualmente obvio es el hecho de que hay un sentido simbólico en el término aquí que es básico a la severidad del castigo.

El significado se puede entender enunciando el asunto legalmente: se prohíbe al hombre descubrir la fuente de una mujer, y se prohíbe a la mujer que descubra su fuente. Esta ley coloca así a la mujer fuera del uso del hombre por intervalos regulares de tiempo; de manera similar, la mujer no tiene derecho de entregarse a un hombre sin límites o sin reservas.

El hombre es criatura de Dios, y Dios es la fuente suprema de la vida. El hombre no puede transgredir nada, porque todo aspecto de la vida está ligado y cubierto por la ley de Dios y se debe descubrir o destapar en Él. El señorío del hombre está bajo Dios, y el hombre, por consiguiente, no puede ejercer un señorío ilimitado sobre nadie ni nada. En todas las cosas, pues, hay un dominio privado que el hombre no puede transgredir; el dominio público de las cosas y las personas es lo que cubre la ley de Dios.

Ningún hombre puede hacer de una mujer su criatura, ni tampoco una mujer puede hacerse a sí misma una criatura del hombre. Todo hombre y mujer tiene obligaciones de amor y servicio al cónyuge, a los padres e hijos, a los patronos, a los empleados y a sus prójimos que la ley de Dios impone, pero ninguna violación de la privacidad de otra persona. Nuestras fuentes están en Dios; solo Él tiene el derecho y poder total de conocernos sin restricciones, y jurisdicción sobre nosotros. Ningún hombre puede adjudicarse ese derecho sin atacar a Dios. Aunque podamos amar mucho a una esposa, esposo, hijos, padres o amigos, no podemos tener sin reservas una relación personal total con ellos, ni transgredir su privacidad, ni abrir de par en par la nuestra.

De modo similar, el estado no tiene derecho al conocimiento total de sus ciudadanos, ni a intentar transgredir la privacidad de sus ciudadanos. Debe exigir su obediencia a la ley, pero no más. Ningún hombre ni estado puede adjudicarse el poder de hacer con las personas como se le antoje.

Pero es una característica del hombre malo usar al hombre en términos de su propio albedrío antes que según la ley de Dios. La Guerra de los Treinta Años vio la destrucción implacable y total de ciudades, pueblos y haciendas por ambas partes. Grabados del período nos muestran los horrores de la guerra: soldados castrando a agricultores, colgándolos cabeza abajo sobre fogatas, y haciendo fila para violar a la esposa del agricultor. No hubo restricción a las imaginaciones y acciones perversas de los hombres. La gran iniquidad del reinado de Luis XIV fue su tratamiento de los hugonotes. Haberlos hecho matar por su fe por lo menos los hubiera honrado, pero la política más bien fue alojar tropas de soldados de la clase más baja con las familias de los hugonotes para violar a las mujeres.

Napoleón mostró mejor sentido, y un relato contemporáneo, el del Marqués de Bonneval, lo informó:

El mayor cirujano Mounton de la Guardia recibió alojamiento de la princesa de Lichtenstein.

Mounton, cuyo vocabulario de soldado a menudo estaba lejos del selecto, escribió a la princesa una carta quejándose de los arreglos para dormir, y eso en términos que eran en realidad insolentes e indecentes.

Esta carta cayó en manos del príncipe de Neuchatel, que se la llevó al Emperador. ¡La cólera de Napoleón no tuvo límites! Ordenó al príncipe de Neuchatel que trajera al culpable a la revista del día siguiente, entre cuatro gendarmes.

Entonces Napoleón se presentó en persona en el porche, con un papel en la mano. Pero en lugar de bajar cuatro escalones a la vez, como lo hacía por lo general, avanzó deliberadamente, seguido por todo su brillante personal, y todavía con el terrible papel en la mano.

Con todo, con paso mesurado, se acercó al culpable, y se lo metió en las narices:

—¿Fuiste tú el que firmó esta inmundicia?

El miserable dejó caer la cabeza a modo de asentimiento.

Entonces Napoleón, en tono que retumbaba exclamó:

—Entiendan esto, caballeros, uno mata a los hombres, pero nunca los avergüenza. ¡Fusílenlo!

El escarmiento había sido dado, y el general Dorsenne no hizo fusilar al desdichado médico[4].

Si las Escrituras no le dan el poder de usar a una persona aparte de la ley a un esposo o esposa, cuya relación es de amor, cuanto mucho menos permite a otro transgredir lo que es dominio privado de Dios en la vida del hombre. Si un esposo no puede «usar» a su esposa aparte de la ley, ni una esposa entregarse aparte de la ley, ningún otro hombre ni agencia puede transgredir las fuentes de la vida sin contaminar la misma tierra e incurrir en el castigo.

16. La obra mediadora de la ley

Hablar de la obra mediadora de la ley es despertar de inmediato la hostilidad de los evangélicos protestantes, con su profundamente arraigado antinomianismo. Para aclarar el asunto lo más rápido posible, Jesucristo es el único mediador entre Dios y el hombre. No hay salvación excepto por Jesucristo, el mediador y Redentor dado por Dios. La mediación de Jesucristo es *entre Dios y el hombre;* la ley es la mediadora dada por Dios *entre hombre y hombre.* Las Escrituras hablan de Cristo como el mediador de un pacto nuevo y mejor, «establecido sobre mejores promesas» (He 8:6). Estas promesas son las promesas de la ley según se resumen en Deuteronomio 28, las bendiciones a la fe obediente. Lenski dice:

> Las promesas no son mejores en sustancia si se comparan con las promesas que le fueron hechas a Abraham sino en el hecho de que ya no tenemos que esperar por el Mediador como Abraham tenía que esperarlo. Son, por supuesto, mejores que las promesas que iban adjuntas a la ley-testamento que fue establecido 430 años después de Abraham[1].

La primera oración de Lenski es correcta; en su segunda oración, al rebajar el pacto mosaico, Lenski cae en ese dispensacionalismo que es consecuencia lógica de todo antinomianismo. En todas las Escrituras Dios hace un pacto para pueblos sucesivos. Lo que es nuevo en el pacto de Cristo fue su venida y su expiación como el verdadero sacrificio y la sangre del pacto; Cristo recalcó la uniformidad del pacto de Dios al reemplazar a los doce hijos de Jacob, y a las doce tribus de Israel, con los doce apóstoles. Por este acto dejó en claro esta continuidad de su pacto con el de Abraham y Adán. Al celebrar su pacto al tiempo de celebración del antiguo, la Pascua, Cristo en la última cena recalcó de nuevo que la continuidad

---

4   Jean Savant, *Napoleon in His Time* (Thomas Nelson & Sons, Nueva York, 1958), p. 223.

1   R. C. H. Lenski, *The Interpretation of the Epistle to the Hebrews and of the Epistle of James* (Wartburg Press, Columbus, Ohio, 1937), p. 259.

del pacto descansaba en su pueblo. Como Cristo renovó el pacto, la ley del pacto también quedó renovada.

Debido a que el pueblo de Dios es llamado a la justicia, «la justicia de la ley» (Ro 8:4), la ley es una condición básica de sus vidas. *Ninguna relación directa es posible entre personas excepto mediante la ley de Dios.* Los esfuerzos por marginar la ley para una confrontación de persona a persona sin Dios significan el castigo de Dios, porque la ley opera contra los que la violan, y contra la destrucción de la verdadera relación del hombre al hombre bajo la ley de Dios.

La ley del Señor respecto a las relaciones sexuales durante la menstruación es una ilustración clara de este principio. Es imposible que el hombre diga que dentro del matrimonio es posible una confrontación no teológica de persona a persona. La relación es una que la ley circunscribe por entero. Fue ordenada por Dios y por consiguiente es gobernada por su ley. Se nos dice bien claro: «Honroso sea en todos el matrimonio, y el lecho sin mancilla; pero a los fornicarios y a los adúlteros los juzgará Dios» (He 13:4). La ley se extiende a ese lecho al prohibir las relaciones con una esposa menstruosa o con una esposa que no se ha recuperado por completo del alumbramiento.

En todo aspecto de la vida, sea con respecto a enemigos, prójimos, otros creyentes, esposas, esposos o hijos, «el cumplimiento de la ley es el amor» (Ro 13:8-10). El amor sin ley es una contradicción; aunque la ley y el amor no son idénticos, el uno no puede existir sin el otro.

Esto quiere decir, por ejemplo, que un matrimonio es válido, y no se puede romper, siempre que el esposo y la esposa estén fielmente cumpliendo sus deberes hacia Dios y a su cónyuge conforme lo requiere la ley de Dios en buena fe, y con gracia.

Por otro lado, el tono romántico del mundo moderno busca una relación de persona a persona deliberadamente fuera de la ley y como resultado ha tomado un derrotero suicida. Si una relación de persona a persona fuera de Dios entre un hombre y una mujer se prohíbe, también se prohíbe de hombre a hombre y de mujer a mujer en todo otro aspecto.

Esto quiere decir que no se ama a los hijos si se les ama fuera de la ley; descartar la ley e intentar eximir a los hijos de ella dentro o fuera de la familia es mostrar es cualquier cosa excepto amor.

De modo similar, una relación de patrono a empleado no es estrictamente de persona a persona. Los economistas del mercado libre que no son cristianos han insistido que tal relación de patrono a trabajador no pueden estar gobernadas por otras cosas que no sean las operaciones del mercado. El moderno estatismo ha insistido más bien en su derecho de intervenir con su propia ley estatista. La tragedia de ambas posiciones es su iniquidad esencial. La una exalta la voluntad personal como ley, la otra la voluntad política; la una el principio del mercado, la otra un principio socialista. En una sociedad sin Dios, ni el individuo ni el estado pueden esperar actuar bajo la ley: ambos operarán en términos del pecado. Como resultado, su concepto de ley será el ejercicio del poder a fin de aumentar poder. Pero, en términos de las Escrituras, ni el estado ni el patrono pueden tener una relación directa con nadie aparte de Dios.

La ley de Dios es por tanto la mediadora entre hombre y hombre. En lugar de una confrontación de persona a persona, siempre hay la mediación de la ley de Dios entre personas. Si las personas se encuentran en términos de la ley, su relación es bendecida y prospera; si se encuentran fuera de la ley, la maldición de la ley obra contra ellas. El propósito supuesto de la confrontación de persona a persona es una relación existencial genuina, y en verdad *personal;* en realidad, conduce al *impersonalismo radical.* Una relación de veras personal es solo la que es mediada por la ley.

El asunto se puede ilustrar mejor acudiendo a la medicina. Como el Dr. Hans Selye, ha señalado: «La vida no es solo la suma de sus partes. [...] Mientras más separa uno estas cosas vivas, más se aleja uno de la biología...»[2]. La obra de Selye ha sido la «del simple observador y co-relator de la vieja escuela de biología»[3] que observa a la persona y trabaja con ojo desnudo. El respeto del Dr. Selye por la biología molecular es real, así como su crítica de la misma. Su libro está dedicado al biólogo molecular, profesor Humberto Fernández-Morán, microscopista electrónico de la Universidad de Chicago. Según Selye:

> Él es un médico y físico que no solo usa sino que también construye microscopios electrónicos de alta potencia. He leído muchas de sus destacadas publicaciones, pero puesto que nunca lo había conocido, no pude resistir la tentación de llamarlo por teléfono la última vez que estuve en Chicago, y bondadosamente me invitó a su casa a cenar y luego a visitar sus famosos laboratorios.
>
> Mi interés en su investigación y su personalidad multicolor aumentó más a medida que avanzaba nuestra conversación durante la cena y llegó a su clímax como a medianoche en su laboratorio cuando empecé a darme cuenta de la grandiosidad de su contribución científica. Allí estaba el modelo más reciente de su famoso bisturí de diamantes con el que podía cortar físicamente moléculas de glicógeno en azúcares más pequeños. Allí, pude en realidad ver moléculas individuales de hemocianina bajo su más poderoso microscopio electrónico. Me explicó que esto era solo el principio porque ahora estaba trabajando en un microscopio incluso más poderoso que mostrará objetos claramente con una magnificación de dos millones de veces. Quedé profundamente conmovido por lo que vi y sin palabras por la admiración. Pero entonces, de repente, mi subconsciente iconoclasta irrumpió a la superficie e hizo centellear un

---

2   Hans Selye, dr. en med., *In Vivo, The Case for Supramolecular Biology* (Liveright, Nueva York, 1967), p. 18s.
3   *Ibid.,* p. 150.

pensamiento aterrador por mi mente obsoleta: «¡Imagínate a este gran genio usando todo su enorme intelecto y conocimiento para construir un instrumento con el cual pudiera restringir su campo visual dos millones de veces!»[4].

La obra de Selye y sus grandes contribuciones a la medicina han dependido de sus observaciones de la criatura viva y de las leyes de la vida, y todo con el ojo desnudo. La biología molecular ha hecho contribuciones serias al conocimiento abstracto, pero el trabajo de Selye ha sido de gran valor práctico porque tiene que ver con el todo, y su creencia de que la vida es más que la suma de sus partes.

La vida del hombre *es* más que la suma de sus partes; una parte básica del todo es la ley de Dios. El hombre, habiendo sido creado por Dios, fue creado por la ley y en la ley de Dios. Considerar al hombre aparte de ese hecho es despersonalizarlo.

A un hombre nunca se le puede considerar en abstracción de lo que es. Sostener que podemos descartar la raza, herencia, inteligencia, religión y carácter moral de un hombre, y luego de alguna manera lidiar con el hombre real es una falacia común de la ideología liberal; el resultado es solo una idea abstracta de un hombre, y no un hombre vivo. De manera similar, a ningún hombre se le puede abstraer del contexto de la ley en su ser. Intentar enfocar a cualquier hombre, mujer o niño aparte del contexto de la ley de Dios es intentar abordar a una criatura de nuestra propia hechura, una persona no existente. De aquí el impersonalismo radical de todas las confrontaciones de persona a persona. El amor romántico, por ejemplo, margina el contexto-ley de Dios para llegar a la «persona real». En tal relación, ambas partes ven solo a la persona increada de su imaginación. Conforme ambas partes en una relación así alguna vez han confesado, después de que su pasión grandiosa se ha enfriado, y su imaginación se basa en las rocas de la realidad, se hallan incapaces de conversar de manera inteligente o de vivir juntos.

Las confrontaciones de persona a persona así se caracterizan por un impersonalismo básico. Sus esfuerzos por alcanzar a la persona fuera de la ley, o de lidiar con un trabajador fuera de la ley, les hacen usar a otras personas, no como verdaderamente existen, en un contexto de ley, sino conforme la imaginación del hombre las convierte en artículos de uso.

El hombre no puede vivir en el mundo físico sin reconocer las leyes del mismo; negar esas leyes, o dar por sentado que se pueden circunvalar es cortejar el desastre. El hombre no aprendió a volar saltando de un risco y desdeñando la ley, sino utilizando la ley para hacer posible el vuelo aéreo. De modo similar, el hombre no puede descuidar la realidad de la ley de Dios en ninguna otra esfera de la creación. La ley opera tan plenamente en el mundo de los hombres como en cualquier otra esfera. Las crisis continuas de la historia y su estado crónico de desastre se deben a que el hombre pecador no ha querido sujetarse y permanecer en la ley.

---

4   *Ibid.*, p. 150s.

La ley no separa a las personas ni fomenta el impersonalismo. La iniquidad divide a los hombres; la verdadera ley ayuda a unirlos. Tal como Cristo, como mediador, es el único que trae al hombre a Dios, así el hombre solo puede unirse a su semejante por la ley, la ley de Dios. La mediación de Jesucristo restaura al hombre a la justicia, es decir, a la ley, y por consiguiente la comunión se abre no solo con Dios sino también con el hombre.

17. El travesti

Una ley significativa aparece en Deuteronomio 22:5 que por largo tiempo ha influido los códigos de ley de las naciones cristianas:

> No vestirá la mujer traje de hombre, ni el hombre vestirá ropa de mujer; porque abominación es a Jehová tu Dios cualquiera que esto hace.

La palabra *abominación* es de interés particular aquí. Una palabra griega y cuatro hebreas se traducen como abominación; en este caso la palabra hebrea es *toebáj,* que denota «algo despreciado, especialmente en base religiosa»[1]. «La palabra se usaba para denotar lo que es particularmente ofensivo al sentido moral, el sentimiento religioso, o a la inclinación natural del alma[2].

La ley aquí, sin embargo, designa a *la persona* como «abominación» al Señor; no es el acto o cosa sino el individuo lo que se señala en este aborrecimiento.

No se especifica pena por esta transgresión; es un delito menor, y el castigo se deja a discreción de los legisladores.

Los comentarios de los eruditos bíblicos son de interés. Wright lo vio como parte del requisito de perfección física, el deber de respetar y mantener el cuerpo tal como Dios lo dio, sin mutilación o confusión[3]. Dijo:

> Una ley que aparece solo aquí y por lo general se interpreta como dirigida contra los cambios simulados de sexo en la religión cananea. La evidencia de esto último se deriva, sin embargo, de fuentes que son muy posteriores a los tiempos israelitas. Puede ser que la motivación venga del aborrecimiento israelita a todo lo que es innatural (cf. vv. 9-11; exég, en 14:1-2), aunque a decir verdad no tenemos certeza de lo que está detrás de ello[4].

Keil and Delitzsch ayudan muchísimo:

> Así como la propiedad de un prójimo debía ser sagrada para un israelita, también la distinción divina de los sexos, que se mantenía sagrada en la vida

---

1   S. R. Driver, «Abomination» [«Abominación»], en James Hastings, editor, *A Dictionary of the Bible,* I, 11s.

2   *Unger's Bible Dictionary,* p. 9.

3   G. Ernest Wright, «Deuteronomy» [«Deuteronomio»], en 14:1,2, *Interpreter's Bible,* II, 421.

4   *Ibid.,* I, 464.

civil mediante la ropa peculiar de cada sexo, se debía observar no menos sagrada sino incluso más. *«No deberá haber cosas del hombre en la mujer, y el hombre no debe ponerse ropa de mujer».* (Cosas) no significan solamente la ropa y las armas, sino que incluyen toda clase de utensilios domésticos y de otra naturaleza. El propósito inmediato de esta prohibición no era prevenir la actitud licenciosa ni oponerse a prácticas idólatras, sino mantener la santidad de esa distinción de los sexos que fue establecida mediante la creación del hombre y la mujer, y en relación a la cual Israel no debía pecar. Toda violación o eliminación de esta distinción — por ejemplo, como la emancipación de la mujer— era innatural, y por consiguiente abominación a la vista de Dios[5].

La ley por consiguiente prohíbe imponer deberes y herramientas del hombre a una mujer, y las de la mujer al hombre. Su propósito es mantener el orden fundamental de Dios. El hombre que permite que su esposa lo mantenga cuando él es capaz de hacerlo ha violado esta ley.

El comentario de Alexander respaldaba el mismo significado:

La distinción divinamente instituida entre los sexos se debía observar sagradamente, y, a fin de hacer esto, el vestido y las otras cosas apropiadas del uno no las debía usar el otro. *Eso que pertenece al hombre;* literalmente, *el aparato de un hombre* (incluyendo no solo el vestido, sino implementos, herramientas, armas y utensilios). Esta es una regulación ética en interés de la moralidad. No hay referencia, como algunos han supuesto, al uso de máscaras con el propósito de disfrazarse, o a la práctica de los sacerdotes en festivales paganos de llevar las máscaras de sus dioses. Cualquier tendencia a eliminar la distinción entre los sexos tiende a una vida licenciosa; y el que un sexo se ponga el vestido de otro siempre se ha considerado innatural e indecente[6].

Según Baumgarten, esta ley…

prohíbe la manifestación de la innaturalidad primitiva y antipiedad de que el hombre (el esposo) como el hombre original (ser humano) debe obedecer la voz de su esposa, el hombre derivado. […] En la medida en que el hombre persiste en su enajenamiento de Dios, este error fundamental se hará sentir Ro 1:26, 27. […] Pero con todo la ira de Dios se revela desde el cielo contra toda perversión de los sexos, en los resultados aturdidores y perturbadores de esa dominación femenina ampliamente extendida que se extiende más, y la servidumbre masculina[7].

Hoy tenemos lo que Winick ha llamado la «desexualización» progresiva de las personas. La meta es cada vez más «el hombre insulso», en las generaciones más

---

5   Keil and Delitzsch, *The Pentateuch,* III, 409s.

6   W. L. Alexander, *Deuteronomy,* en Spence and Exell, *The Pulpit Commentary,* p. 355.

7   Citado por F. W. J. Schroeder, en John Peter Lange, editor, *Commentary on the Holy Scriptures, Deuteronomy,* p. 165.

vieja y las más jovenes. Al hombre cada vez más lo vuelven una criatura neutra; se borra la distinción entre varón y mujer. Como resultado, claro, en 1964 la Unión Estadounidense de Libertades Civiles defendió a un hombre contra acusaciones de travesti, cuestionando la ley por primera vez en 119 años[8]. Todavía más, «el travestismo de los hombres figura cada vez más en dramas y películas»[9]. Las ropas unisex se han vuelto populares en Londres, y entre algunos adolescentes escandinavos[10]. Cada vez más, el mundo y los Estados Unidos se vuelven «el país de los blandos»[11]. A la vez, el escenario «ha producido un número de hombres programados para la derrota» mientras que al mismo tiempo presentan mujeres agresivas. En realidad, «las actrices no solo son más grandes que los hombres en la taquilla; sino que en realidad son más alta de estatura». Todavía más, «aunque las protagonistas en un tiempo representaban el objetivo de la búsqueda romántica del héroe, hoy estamos teniendo a la mujer como Bruto»[12].

Detrás de este caos se hallan ciertas ideas. *Primero,* la rebelión contra el orden que ordenó Dios es muy obvia. Se niega el mismo principio de orden. El hombre busca deliberadamente volver a arreglar la creación en términos de su creativo mandato.

Segundo, la igualdad como fe filosófica y religiosa está en acción. Todas las personas son iguales; la mujer es igual al hombre, y el hombre es igual a Dios. Como resultado, debe haber en principio una guerra contra las diferencias. No solo lo unisex sino lo unihombre es la meta, lo insulso, la persona neutra. Henry Miller ve el regreso al paraíso solo mediante la destrucción de la historia, es decir, la ley y la moralidad. Debe haber un tiempo de destrucción total, el «tiempo de los asesinos», y el nuevo mundo puede venir solo cuando se olvide al viejo mundo. Esto significa un período de anarquía, amalgama racial y hermafroditismo humano universal («el nacimiento del hombre-mujer en todo individuo») y entonces el nuevo mundo pudiera aparecer[13].

Para volver ahora a la ley y a una fresca evaluación de su significado, está se refiere a ropas, pero su significado es mucho más amplio. La ley ataca la neutralización general de los sexos y la confusión de sus funciones. La ley insiste en una línea estricta de división entre varón y mujer como los medios mejores y ordenados por Dios de comunicación y amor entre ellos. La fuerza y carácter del varón y la mujer se mantienen mejor por obediencia a esta ley.

Fue en un tiempo un principio estricto de conducta militar imponer esta ley en todo aspecto. A los hombres en uniforme no se les permitía empujar un

---

8   Charles Winick, *The New People,* p. 236s.
9   *Ibid.,* p. 242.
10   *Ibid.,* p. 267.
11   *Ibid.,* p. 145ss.
12   *Ibid.,* p. 73.
13   Lawrence Durrell, editor, *The Henry Miller Reader* (New Directions, Nueva York, 1959), pp. 231-239.

cochecito de bebé; era inapropiado a la autoridad y fuerza del uniforme representado hacer el trabajo de la madre. Si esto ahora parece una ilustración trivial y divertida, el hecho es que todavía es sólida en principio. Su propósito era la preservación de la dignidad y la masculinidad de una fuerza luchadora. Al mismo tiempo, bajo estándares anteriores a la Primera Guerra Mundial, se esperaba que un oficial y también sus hombres tuvieran capacidades versátiles. Su cuartel tenía que estar limpio y propiamente cuidado, y la capacidad de cocinar no estaba limitada al cocinero. El propósito era la capacidad de valerse por sí mismo y de sobrevivir. En el hogar, el hombre no hacía el trabajo de la mujer; en las barracas y en el campo, el hombre tenía que ser hábil, capaz y ordenado en su vida.

El propósito de la ley es aumentar la fuerza y la autoridad de los hombres y las mujeres en sus respectivos dominios. La fuerza de los hombres es ser hombres bajo Dios, y la fuerza de las mujeres es ser mujeres bajo Dios.

Luego entonces, la definición del travesti se debe ampliar a mucho más que una mera referencia a ropa.

Se puede añadir que la cultura moderna tiene un carácter fuertemente travesti. Aquí, como en todo lo demás, prefiere la perversión antes que la ley de Dios.

18. Bestialismo

La ley contra el bestialismo aparece en cuatro pasajes diferentes, tres en el cuerpo de la ley, y una en las maldiciones de la ley:

> Cualquiera que cohabitare con bestia, morirá (Éx 22:19).

> Ni con ningún animal tendrás ayuntamiento amancillándote con él, ni mujer alguna se pondrá delante de animal para ayuntarse con él; es perversión.En ninguna de estas cosas os amancillaréis; pues en todas estas cosas se han corrompido las naciones que yo echo de delante de vosotros, y la tierra fue contaminada; y yo visité su maldad sobre ella, y la tierra vomitó sus moradores. Guardad, pues, vosotros mis estatutos y mis ordenanzas, y no hagáis ninguna de estas abominaciones, ni el natural ni el extranjero que mora entre vosotros (porque todas estas abominaciones hicieron los hombres de aquella tierra que fueron antes de vosotros, y la tierra fue contaminada); no sea que la tierra os vomite por haberla contaminado, como vomitó a la nación que la habitó antes de vosotros. Porque cualquiera que hiciere alguna de todas estas abominaciones, las personas que las hicieren serán cortadas de entre su pueblo. Guardad, pues, mi ordenanza, no haciendo las costumbres abominables que practicaron antes de vosotros, y no os contaminéis en ellas. Yo Jehová vuestro Dios (Lv 18:23-30).

> Cualquiera que tuviere cópula con bestia, ha de ser muerto, y mataréis a la bestia. Y si una mujer se llegare a algún animal para ayuntarse con él, a la

mujer y al animal matarás; morirán indefectiblemente; su sangre será sobre ellos (Lv 20:15, 16).

Maldito el que se ayuntare con cualquier bestia. Y dirá todo el pueblo: Amén (Dt 27:21).

Esta transgresión se castiga con la pena de muerte del hombre y la bestia; si no se aplica la pena de muerte, la tierra queda contaminada, y la tierra vomitará a los degenerados. El comentario de Ginsburg sobre Levítico 18:25, «la tierra vomitó a sus moradores», vuelve a indicar de manera capaz este aspecto fundamental de la ley bíblica:

> Desde la creación la tierra participó en el castigo de la culpa del hombre (Gn 3:17), y en la restitución de todas las cosas ella debe participar en su restauración (Ro 8:19-22). La condición física de la tierra, por consiguiente, depende de la conducta moral del hombre. Cuando él desobedece los mandamientos de Dios ella queda asolada y no rinde su fruto (Dt 11:17). «La tierra se contamina» cuando él se contamina. Cuando él anda en el camino de los mandatos divinos la tierra es bendecida (Lv 25:19; 26:4); «Dios es misericordioso con su tierra y para su pueblo» (Dt 32:43). De aquí que, «la tierra lamenta» cuando sus habitantes pecan (Is 24:4, 5), y «la tierra se alegra» cuando Dios venga la causa de su pueblo (Sal 96:11-13). Se debe a esta conexión íntima entre ellos y la tierra, que aquí se la personifica, que se presenta aborreciendo la conducta perversa de sus hijos e incapaz de restringirlos. Ellos le dan náuseas. La misma figura se usa en el versículo 28; cap. 20:22; y en Ap 3:16[1].

El bestialismo era una práctica común en la antigüedad; es más, era una práctica *religiosa*. Las religiones paganas, con su creencia en una evolución del caos, miraban hacia abajo al caos en busca de vigor, poder y vitalidad religiosos, y no hacia arriba. Se creía que la fuerza estaba abajo, en contacto con la «tierra», con el pasado primitivo del hombre. Como resultado, una renovación religiosa requería actos de bestialismo, y en Egipto, Canaán y muchos otros países, tales actos eran exigencias nacionales para el bienestar social del pueblo, y actos personales de personas que buscaban revitalizar sus vidas. Si Dios es Dios, entonces el hombre mira hacia arriba a Dios en busca de regeneración, guía y fuerza, y el hombre conforma su vida a la palabra-ley de Dios. Si el caos es lo supremo y la fuente de todas las cosas antes que Dios, el hombre debe mirar hacia abajo a actos de caos para su regeneración. Esto es exactamente lo que el hombre ha hecho. El bestialismo ha sido un aspecto importante del paganismo desarrollado. Aparece con mayor frecuencia en culturas paganas muy desarrolladas que en las sencillas y atrasadas; es un aspecto prominente de la vida sexual en las culturas paganas «avanzadas»[2].

---

1   C D . Ginsburg, «Leviticus» [«Levítico»], en Ellicott, I, 420.

2   Allen Edwardes y R. E. L. Masters, *The Cradle of Erotica* (Julian Press, Nueva York, 1963), pp. 16, 210, 242.

El bestialismo tiene una historia de asociación también con los movimientos y personas revolucionarias. La tesis de la revolución es paraíso mediante el caos, precisamente la tesis del bestialismo. Dos miembros de la Agencia Nacional de Seguridad de los Estados Unidos, que en 1960 huyeron a la Unión Soviética, la investigación informó que eran homosexuales que también «tenían inclinación a entregarse a actos sexuales típicos con animales»[3].

La revolución sexual presente está experimentando extensamente con el bestialismo[4]. El Dr. Ullerstam ha suplicado la abolición de «este yugo moral», la prohibición contra el bestialismo, y vindica el acto[5].

La Biblia llama al acto «perversión». Este elemento de perversidad siempre ha sido básico al acto, y al aspecto religioso del acto. La perversidad radical del Marqués de Sade es bien conocida; su catálogo desquiciado de actos de bestialismo, junto con el sadismo, con una larga variedad de animales se anota en una obra principal[6]. Al justificar el comer heces como placer erótico, Sade declaró que es «la misma inmundicia» de cualquier acto lo que le agrada[7].

Kenneth Burke hace algunos años analizó la «conversiones seculares». Mientras hablaba específicamente de Freud, lo que le interesaba era todo pensamiento similar, que describió como «conversiones descendentes»[8]. Sin aceptar el marco de trabajo del término de Burke, podemos usar esta apta descripción para describir el concepto moderno de la regeneración. Sea en literatura, arte, política o religión, se busca la vitalidad en el primitivismo, en una búsqueda descendente, y se da por sentado que la vitalidad abunda al grado en que se viola la ley. Un curalotodo muy popular para la impotencia masculina es precisamente esta búsqueda descendente, empezando con la homosexualidad, como un medio de revitalizar una potencia sexual moribunda.

La «conversión descendente» también explica el placer de Sade en «la misma inmundicia» de cualquier acto; cualquier perversión es un envilecimiento, y mientras más violento su alejamiento de la norma, y más deliberado su ataque contra el orden-ley de Dios, mayor es la «perversión» y el deleite. Debido a que Sade, como ejemplo clásico de una conversión descendente, estaba en una hostilidad tan amarga contra Dios, mientras más pronunciada la violación de la ley en cualquier acto, mayor placer para él. Thornton indicó:

Hay todavía otros casos conocidos de masoquismo; casos, por ejemplo, en los cuales los individuos afectados pueden ser llevados por un deseo a la degradación

---

3   John Carpenter, *Washington Babylon* (Ron-San Corp., Phoenix, Arizona, 1965), p. 135.
4   Michael Leigh, *The Velvet Underground Revisited* (Macfadden- Bartell, Nueva York, 1968), pp. 53s., 64.
5   Lars Ullerstam, *The Erotic Minorities,* p. 118.
6   Sade, *The 120 Days of Sodom,* p. 603s.
7   *Ibid.,* p. 462ss.
8   Kenneth Burke, *Permanence and Change, An Anatomy of Purpose* (New Republic, Nueva York, 1935), p. 166.

máxima de sí mismos a prácticas como la *urolagnia* y la *coprolagnia*. Por estos términos entendemos, respectivamente, el beber orina y probar o comer heces fecales. Mientras más puede degradarse a sí mismo, más bajo el nivel al que puede reducir su humanidad, más feliz es el verdadero masoquista[9].

El propósito de tal actividad es degradar la imagen de Dios en el hombre, demostrar que el hombre no es más que un animal.

El deseo de reducir al hombre a un animal es parte de la fe evolucionista. Se han escrito libros populares con ese fin, y uno de los más populares es el éxito de librería de Desmond Morris, *El mono desnudo,* selección del Club del Libro del Mes de febrero de 1968. Poco después de que la revolución bolchevique estableció la Unión Soviética, se envió a África una expedición científica, subsidiada por millones de rublos, para tratar de cruzar hombres y simios. El profesor Ilya Ivanovich Ivanoff y su expedición esperaban procrear una nueva raza, de hombres simios, a fin de confirmar la fe de la sociedad anti-Dios de la Rusia soviética. Esta expedición de 1925 fracasó, por supuesto, y la prensa soviética un año después informó la supuesta pérdida en el Mar Negro del vapor que traía de regreso a Ivanoff y sus simias; barco del que se dijo que se «perdió con todas las manos» y simios; la cuestión es que ningún sobreviviente quedó para reportar el fiasco[10]. Ahora se buscan medios más sofisticados de reducir al hombre al nivel animal.

Hoy día se hacen y se venden muchísimas películas pornográficas; éstas incluyen ahora actos de bestialismo. Se hace propaganda de libros que dan instrucciones sobre cómo realizar actos de bestialismo. Esta es una propagación sistemática de esta perversión, y se entrena a animales para que realicen el acto para varios grupos.

De una manera u otra, bien sea filosóficamente o mediante actos de perversión, el humanista mira hacia abajo al caos para su renovación.

Una nota final: en 1969 se hizo una película sobre el tema del bestialismo, relato del «amorío» de un agricultor con su cerdo. A los espectadores se les libró de todas las vistas usuales de las películas sexuales. La Sociedad de Prevención de Crueldad a los Animales estuvo a mano durante la filmación, se informó, para proteger al cerdo.

19. La arquitectura de la vida

Una vez que reconocemos que toda la creación de Dios tiene una estructura-ley, podemos empezar a entender la trama de la ley detrás de muchas declaraciones de las Escrituras que no tienen que ver directamente con la ley. Un ejemplo de esto son los mandamientos de San Pedro respecto a la relación entre esposo y esposa (1 P 3:17). Estas palabras presuponen en todo punto las leyes bíblicas respecto al matrimonio; también declaran la naturaleza de la autoridad en el hogar; hablan también de la vida

---

9   Nathaniel Thornton, *Problems in Abnormal Behaviour* (Blakiston, Filadelfia, 1946), p. 109.
10   R. O. G. Urch, *The Rabbit King of Russia* (The Right Book Club, Londres, 1939), p. 82s. Ver p. 83n.

como «gracia» de Dios, y de que si las hombres y las mujeres viven en fe y obediencia a Dios, son «coherederas de la gracia de la vida». San Pedro también da perspectiva al significado del matrimonio; contrario a la opinión popular, no hay condenación de estilos encantadores de peinados, ni de adornos de oro, ni de ropa hermosa. Lo que se deja en claro es que estas cosas son secundarias, en el mejor de los casos, y que el mejor «adorno» es «un espíritu afable y apacible, que es de grande estima delante de Dios». Incluso más, se requiere la fidelidad del esposo y la esposa a los mandamientos de Dios «para que vuestras oraciones no tengan estorbo» (1 P 3:7). El matrimonio, en breve, como todo lo demás, debe ser un asunto centrado en Dios. Estar centrado en Dios no quiere decir que esposo y esposa tengan que pasar su tiempo en reuniones de oración o en actividades de la iglesia; quiere decir más bien que cumplen sus obligaciones de uno al otro tal como Dios lo especifica en su palabra.

Todo aspecto de la vida debe de manera similar estar centrado en Dios, porque ordenar la vida en otro término aparte de la palabra-ley de Dios es negarle.

La gran transgresión de la era moderna ha sido su reordenamiento humanista de la vida. Por cierto que la ideología humanista prevalecía en eras anteriores, pero nunca de manera tan radical y extensa al mismo tiempo. La descripción de Wolf de Luis XIV y su construcción de Versalles ponen el asunto en enfoque agudo:

> No podemos dejar Versalles sin reiterar que tenía un propósito más allá que ser la residencia del rey y su gobierno. Este gran palacio fue una piedra angular en el nuevo culto a la realeza. En las eras precedentes, las grandes construcciones por lo general fueron para la gloria de Dios; incluso Felipe II, cuando construyó su gran palacio, lo hizo un monasterio con la capilla como el centro de interés. En Versalles el dormitorio del rey es el centro, identificando así al rey como el poder más alto de la tierra, mientras que la capilla está a un lado. La imponente grandiosidad del palacio era evidencia de la riqueza del reino, y su construcción sin muros y fosos era prueba del poder del gobierno del rey. Versalles fue un desafío, un reto lanzado a toda Europa; tan impresionante como exhibición de la riqueza, poder y autoridad del rey francés como lo eran sus ejércitos y barcos de guerra. Europa no se perdió esto. El siglo después de la construcción de Versalles, palacios en Viena, en Potsdam, en Dresden, en Munich, en San Petersburgo, y los mismos planos de la ciudad de Washington, D. C., reflejaron la influencia de la grandiosidad de Versalles[1].

Luis XIV era un hombre devoto, y su creencia de que Dios estaba castigándolo por su orgullo y pecados oscureció sus años posteriores[2]. Al mismo tiempo, la ideología esencial humanista de su régimen persistió todo el tiempo. El dormitorio antes que la capilla, el amor romántico y sensual antes que Dios, progresiva-

---

1   John B. Wolf, *Louis XIV* (W. W. Norton, Nueva York, 1968), p. 362.
2   *Ibid.,* pp. 470, 539, 589ss., 612, 617s.

mente dominaron la mentalidad de los hombres. La vida ahora tenía una nueva arquitectura, la arquitectura de la ideología humanista. Mucho antes, Boccaccio había enunciado una premisa básica de la nueva estructura: «No tenemos nada en este mundo sino lo que podemos disfrutar»[3].

Con Hegel y Darwin, la arquitectura de la ideología humanista tomó una dimensión más firme. Ahora tenía un cimiento ostensible en la ciencia, en la evolución. Esto quería decir una nueva doctrina del hombre, la sociedad y el estado, una conversión descendente de todo aspecto de la vida. Un profesor de Princeton, mucho más conservador que la mayoría, estableció algunas conclusiones lógicas respecto a la política que parte de la doctrina de la evolución:

PROPOSICIÓN: El hombre es producto de la evolución social.

Los corolarios de esta proposición afectan a todo el grupo de ciencias que tienen que ver con la antropología en el mayor sentido de la palabra. Pueden exhibirse en varios aspectos como sigue:

BIOLÓGICO

El estado es el marco permanente y universal de la existencia humana. El hombre no puede escaparse del estado más que un pájaro puede escaparse del aire...

La Comuna Indivisa es la forma primordial del estado, y esto antecede a la diferenciación del hombre de la cepa animal antecedente...

El individuo es una entidad distinta en la unidad de vida del estado. El individuo no es un original sino un derivado.

POLÍTICO

El hombre no hizo al estado; el estado hizo al hombre. El hombre nace como ser político. Su naturaleza la formó el gobierno, requiere gobierno y busca gobierno...

El estado es absoluto e incondicionado en su relación a su unidad de vida. El gobierno está condicionado por dependencia de sus funciones en la estructura y de aquí que está sujeto a limitaciones inherentes. No hay ninguna forma absoluta de gobierno, pero toda especie del estado tiende a producir un tipo apropiado a sus características en su medio ambiente en particular. Los cambios profundos del medio ambiente producen cambios profundos en el gobierno. Las especies de estado incapaces de efectuar reajustes de estructura para atender nuevas condiciones tienden a desaparecer, así que de edad en edad hay una sucesión de especies de estado análoga a lo que tiene lugar en las especies biológicas...

La soberanía es la supremacía del estado sobre todas sus partes...

---

3   Giovanni Boccaccio, *Chamber of Love* (Philosophical Library, Nueva York, 1958), p. 28.

ÉTICO

Los derechos no son innatos sino derivados. Existen en el estado pero no aparte del estado. De aquí que los derechos están correlacionados con los deberes…

El objeto del estado es el perfeccionamiento del hombre, pero la consecución de ese objeto depende del perfeccionamiento del estado. La prueba de valor en cualquier institución es primordialmente no la ventaja del individuo sino la ventaja de la sociedad. La vida individual se agranda por la participación en la vida mayor; asciende por incorporación a una vida más alta[4].

La tesis de Ford es sólida; si la evolución es cierta, sus deducciones son lógicas. Los revolucionarios así como también los estudiantes rebeldes han derivado la conclusión lógica de la doctrina, tal como Ford. La evolución lógicamente requiere revolución perpetua debido a un medio ambiente en cambio continuo. Si la evolución es cierta, la revolución continua es ineludible. La arquitectura de la vida se altera radicalmente; el hombre entonces debe conformarse a una fuerza que surge desde abajo, al poder renovador del caos. Si aceptamos las Escrituras, la arquitectura de la vida está estructurada con el acero duradero de la ley de Dios y debe crecer en términos de esa palabra-ley.

No es sorpresa que una filosofía que empieza con la evolución continúa al proclamar la teología de la muerte de Dios, y ahora, finalmente, una filosofía de la muerte del hombre. Tal fe la proclama Michel Foucault[5].

Para volver al enunciado de San Pedro, si la arquitectura de la vida se vuelve humanista, si un hombre y una mujer se mueven en términos de consideraciones esencialmente humanistas, entonces sus oraciones *enfrentan estorbos*. Pueden ser tan devotos como Luis XIV, e incluso pueden orar intensa y fervorosamente, pero la esencia de la estructura de su vida está fuera de equilibrio. No es que cierto interés por las cosas materiales cotidianas sea malo, puesto que enfáticamente no lo es. La cuestión es de estructura: ¿está la arquitectura, diseño o patrón básico de nuestra vida en conformidad a la palabra-ley de Dios? Si buscamos «primeramente el reino de Dios y su justicia», entonces «todas estas cosas [n]os serán añadidas» (Mt 6:33).

Pero si negamos a Dios y su palabra-ley, *nuestra* palabra se vuelve ley para nosotros, y vamos a parar a la locura y la muerte. No en balde, Foucault, que ha proclamado la muerte del hombre, empezó un trabajo anterior con estas palabras: «Debemos abandonar a la conveniencia de verdades terminales»[6]. No hay, entonces, nada que *ate* al hombre al hombre, ni nada que *ate* al hombre a la vida.

---

4   Henry Jones Ford, *The Natural History of the State, An Introduction to Political Science* (Princeton University Press, Princeton, 1915; Humphrey Milford: Oxford University Press, Londres), pp. 174-177.

5   Roy McMullen, «Michel Foucault», en *Horizon*, vol. XI, no. 4 (otoño, 1969), pp. 36-39.

6   Michel Foucault, *Madness and Civilization, A History of Insanity in the Age of Reason* (Mentor, Nueva York, [1961], 1967), p. ix.

Foucault es lógico: sin la estructura de la verdad de Dios, el hombre no puede vivir, y la única conclusión que le queda al hombre es el suicidio.

San Pedro presentó un cuadro de la vida: la obediencia a Dios, y la obediencia a todas las debidas autoridades bajo Dios, quiere decir que la vida florece y abunda; nuestras oraciones no sufren estorbo, y disfrutamos de la vida como verdadero don de Dios para nosotros. A diferencia de la humanista, esta es una orientación centrada en Dios. Estar centrado en Dios quiere decir que buscamos *primero* el reino de Dios, y su justicia (Mt 6:33). Hoy, sin embargo, la ideología humanista disfrazada de cristianismo es demasiado prevaleciente. Tiene lugar dondequiera que una institución o aspecto de la vida se vuelva un fin en sí mismo. Al identificar a la iglesia con el reino de Dios, demasiados teólogos han reducido las dimensiones de la vida y el reino de Dios a un solo aspecto. Los premilenarios y amilenarios protestantes, por su desesperanza de este mundo y su entrega del mismo al mal, no solo son implícitamente maniqueos, sino que en la práctica están reduciendo el reino a la iglesia, y entonces la única área de actividad legítima se vuelve la iglesia. La arquitectura de la vida entonces deja de ser completa; se le reduce al tamaño de la iglesia. Ni la iglesia, ni el estado, ni la escuela o vocación, ni ninguna otra esfera de la vida puede identificarse con el reino, ni negársele su lugar en el reino. La ideología humanista disfrazada de cristianismo sigue siendo ideología humanista.

San Pedro *no* condenó, como anotamos, los adornos de oro y plata, ni los peinados, ni la ropa bonita. Solo pidió que estas cosas se pusieran en su lugar apropiado, no como fines de la vida sino como aspectos encantadores pero menores que ella. De manera similar, ni la obediencia de la esposa ni la autoridad del esposo es el fin del matrimonio. Estas cosas son medios para el fin verdadero y principal: servir a Dios, y magnificarle y disfrutar de Él para siempre. El hombre no puede proveer la estructura de la vida; solo la ley de Dios basta como estructura y arquitectura de la vida.

20. La fidelidad

La *fidelidad* es una virtud que se recalca en toda la ley y en todas las Escrituras como una necesidad religiosa y moral. La exigencia de fidelidad a Dios, a la ley, al matrimonio, a toda obligación santa, se recalca con énfasis. Moisés llamó a Israel para que observaran la palabra-ley de Dios sin desviarse «ni a la derecha ni a la izquierda», y, si ellos en efecto *andaban* en obediencia, les iría bien, y sus días serían prolongados (Dt 5:32, 33). A los creyentes se les llama «los fieles» en la terminología de la iglesia, y el término «fieles» es en las Escrituras el elogio más alto (Pr 20:6; Ap 17:14; Mt 25:21, etc.). El *andar* del fiel es en «sendas de justicia» (Sal 23:3); *sendas* quiere decir *huellas,* surcos de ruedas, y la referencia es a hábitos establecidos de santidad. Dios establece a sus fieles en los surcos abiertos o hábitos de justicia.

La cordura, el carácter y la estabilidad descansan en la fidelidad, en la confiabilidad. La irresponsabilidad es consecuencia de la infidelidad, y, en última instancia, de la llamada locura, que es el rechazo de la responsabilidad; es la negativa a ser fieles, a establecer los hábitos de justicia. Por eso no sorprende que la filosofía moderna, que ha proclamado con tanto énfasis la libertad del hombre de la ley y de Dios, con frecuencia se ha caracterizado por el hecho de tener en sus filas hombres locos o inestables en el mejor de los casos.

La mentalidad que no es cristiana suele caracterizarse por su guerra contra la fidelidad. Un estudio de la escultura en India habla del «culto del deseo» como «camino a la liberación» de la carga de la vida[1]. En esta secta, «el otro mundo y este se hicieron uno», y «la Vida y la Liberación dejaron de ser entidades separadas»[2]. Salvación quiere decir aceptación total de toda la vida como santa: «la santidad del deseo […] santificará todo vehículo; y si la mente es pura, todo lo demás, sea mujer, hombre o animal, no es otra cosa que medio»[3]. Esto quiere decir que el individuo debe «disfrutar del deseo sin que importe cónyuge, divino, humano o bestia»[4].

Aceptar todo acto como santo es negar enfáticamente el principio de discriminación en términos de bien y mal. La *fidelidad* es adherencia a una ley absoluta, y a personas y causas en términos de esta ley absoluta, y al soberano Dios de esa ley. Como contrario de la fidelidad, *el camino* o andar de gozo y placer del hombre en la vida se vuelve una infidelidad sistemática. En este tono, en África los nandi tienen un dicho: «Una nueva vagina es consoladora»[5].

Debido a que no hay principio de discriminación entre el bien y el mal, hombres y animales, las *personas* no cuentan. El relato de Danielsson del amor polinesio sostiene que, debido a la falta de estándares y de discriminaciones, «no había razón para preferir alguna mujer u hombre en particular»[6]. Su descripción, por supuesto, es de una cultura degenerada, como lo es la de Suggs, cuya descripción es también de una sexualidad despersonalizada y degenerada[7].

La necesidad de infidelidad como principio salió a relucir en un movimiento organizado: el romanticismo. La descripción de Scott de las «falacias románticas» es excelente: «identifica la belleza con lo extraño»[8]. La lógica de esta posición es que, mientras más extraño sea el objeto, persona o acto, mejor es para el romántico. En las palabras de Newton: «El romántico […] nunca puede regocijarse en lo normal. Lo que le interesa debe ser excepcional»[9]. Esto significa interés en «el misterio, lo

---

1   Kanwar Lai, *The Cult of Desire* (University Books, New Hyde Park, N. Y., 1967), p. 48.
2   *Ibid.*, p. 78.
3   *Ibid.*, p. 90.
4   *Ibid.*
5   Boris de Rachewiltz, *Black Eros, Sexual Customs of Africa from Prehistory to the Present Day* (Lyle Stuart, Nueva York, 1964), p. 267.
6   Bengt Danielsson, *Love in the South Seas* (Dell, Nueva York, 1957), p. 79s.
7   Robert C. Suggs, *The Hidden Worlds of Polynesia* (Mentor, Nueva York, 1965), pp. 107-119.
8   Geoffrey Scott, *The Architecture of Humanism, A Study in the History of Taste* (Doubleday, Garden City, N. Y., 1954), p. 41.
9   Eric Newton, *The Romantic Rebellion* (St. Martin's Press, Nueva York, 1963), p. 59.

anormal y el conflicto»[10], un desdén por «lo que sea cumplidor de la ley, lo que se conforme a un patrón». El romántico «rehúsa reconocer la existencia de la ley según se aplica a la expresión propia ... "Serás lo excepcional y seguirás lo excepcional" es su único mandamiento ... Lo anormal es lo negativo de la ley. Su misma existencia depende en su negativa a conformarse a la conducta que acata la ley»[11]. Esto quiere decir que *se identifica a la libertad con el mal*; la expresión sexual con la infidelidad y perversión, la destreza artística con violaciones de los estándares y la perversidad, y el carácter con la inestabilidad. El crecimiento de la perversión y perversidad en todo aspecto de la vida es proporcional a la declinación de la fe y la fidelidad.

No solo que ha habido una mayor prevalencia de la perversidad y perversión, sino también un orgullo creciente y jactancia en ello, como si estos actos representaran la oleada del futuro[12]. La salud, vitalidad y carácter los asocian estas «nuevas» personas con la licencia sexual; y la fidelidad la asocian con el puritanismo y la transgresión[13]. En realidad, el carácter de los que se entregan a esta llamada libertad sexual es de conflictos tormentosos y rabietas infantiles[14].

Para volver a la *fidelidad* misma, las Escrituras repetidas veces la declaran como atributo de Dios (Sal 36:5; 89:2; Is 11:15, etc.). Dios es fiel porque es el soberano absoluto, totalmente consciente de sí mismo y sin ningún rincón oscuro en su ser, sin potencialidades no desarrolladas o inconscientes. El hombre fue creado a imagen de Dios, y, como redimido en Cristo, es reestablecido a esa imagen. Conforme crece en términos de la imagen de Dios, el hombre crece en fidelidad y en consciencia de su llamamiento bajo Dios y las responsabilidades consiguientes. Fidelidad es estabilidad, fuerza y carácter. Está estrechamente relacionada con dominio. El término «los fieles» usado como nombre favorito para referirse a los bautizados en la iglesia primitiva, hablaba de su confiabilidad y fortaleza.

La fidelidad en el matrimonio en su sentido más verdadero quiere decir por consiguiente fidelidad sexual y mucho más. Quiere decir cumplimiento fiel de los deberes de esposo y esposa. Quiere decir confiabilidad, carácter, fuerza en la adversidad y lealtad. Quiere decir iniciativa y capacidad, como aparece en las palabras de nuestro Señor: «Bien, buen siervo y fiel» (Mt 25:21). La fidelidad es un atributo comunicable de Dios. Es una característica de fuerza y carácter en el hombre, en tanto que la infidelidad en cualquier ámbito es una señal de debilidad y pecado.

---

10   *Ibid.,* p. 57.

11   *Ibid.,* p. 64.

12   Ver Vincent Sheean, *Dorothy and Red* (Houghton Mifflin, Boston, 1963).

13   Arsene Eglis, *Sex Songs of the Ancient Letts* (University Books, Nueva York, 1969), pp. 1-5. Eglis echa la culpa de una variedad de asesinatos, incluyendo el del senador Robert F. Kennedy, ¡al supuestamente devoto trasfondo cristiano de los asesinos!

14   Ver Mark Schorer, *Sinclair Lewis, An American Life* (McGraw-Hill, Nueva York, 1961); y A. E. Hotchner, *Papa Hemingway, A Personal Memoir* (Random House, Nueva York, 1966).

VIII

EL OCTAVO MANDAMIENTO

1. Dominio

El hombre fue creado a imagen de Dios y se le ordenó que subyugara la tierra y tuviera dominio sobre ella (Gn 1:26-27). No solo es *un llamamiento* del hombre a ejercer dominio, sino que hacerlo es parte de su *naturaleza*. Puesto que Dios es el Señor y Creador absoluto y soberano, cuyo dominio es total y cuyo poder no tiene límites, el hombre, creado a su imagen, participa de este atributo. El hombre fue creado para ejercer dominio bajo Dios y como segundo regente nombrado por Dios sobre la tierra. El dominio es pues un instinto básico de la naturaleza humana.

Como resultado de la caída, sin embargo, el impulso de dominio del hombre es ahora pervertido, y ya no un ejercicio de poder bajo Dios y para su gloria, sino un deseo de ser Dios. Esta fue precisamente la tentación de Satanás: todo hombre debe ser su propio dios, y decidir por sí mismo lo que constituye el bien y el mal (Gn 3:5). Se afirmó lo culminante del hombre tanto en ley como en poder.

La historia, por consiguiente, ha visto la larga y amarga consecuencia del pervertido impulso del hombre para el dominio. El ser humano ha hecho uso cruel y pervertido de la individualidad del hombre en actividades de pandillas, y como ejército o nación. La historia es un cuento largo de horror en el cual el hombre busca poder y dominio como un fin en sí mismo. George Orwell en *1984* vio el significado de este impulso por dominar: «Si quieres un cuadro del futuro, imagínate una bota pisoteando una cara humana… por siempre». Este impulso de pecado por dominar, caído, es prominente en toda esfera de la vida moderna, así como también a lo largo de la historia. Por cierto gobierna el mundo político, en donde el estado, a diario, gana poder por amor al poder.

Como resultado de todo esto, muchos quedan aterrados ante el poder y son hostiles al concepto de dominio. Los liberales, los neortodoxos, los existencialistas y otros, renuncian a la idea del poder como ilusión o tentación y a la posesión del poder como un mal. El resultado es acentuar la posibilidad del poder totalitario.

El dominio no desaparece cuando un hombre renuncia a él. Solo se transfiere a otra persona, tal vez a su esposa, hijos, patrón o al estado. Allí donde los individuos abandonan su correcto dominio, donde la familia lo abdica, y el obrero y patrón lo reducen, por lo general el estado lo concentra. Por lo mismo, cuando la sociedad organizada entrega el poder, el delito organizado lo asume en proporción a la entrega.

Este hecho plantea el problema que para Orwell, que vio el asunto con claridad, no tiene respuesta. El ejercicio del poder por parte del hombre caído es demoníaco. Es poder por amor al poder, y su objetivo es «una bota que pisotee una cara humana… por siempre». La alternativa es el dominio de la anarquía, el reino sangriento y tumultuoso del momentáneamente fuerte.

Claro, no hay esperanza para el hombre excepto en la regeneración. El Catecismo Breve de los Divinos de Westminster, al hablar de la imagen de Dios declaraba:

P. 10. ¿Cómo creó Dios al hombre?

R.   Dios creó al hombre, varón y hembra, según su propia imagen, en ciencia, justicia y santidad, con dominio sobre todas las criaturas. Gn 1:27; Col. 3:10; Efes. 4:24; Gn 1:28.

La salvación del hombre incluye su restauración a la imagen de Dios y el llamamiento implícito en esa imagen, de subyugar la tierra y ejercer dominio. De aquí que la proclamación del evangelio también es la proclamación del reino de Dios, de acuerdo al Nuevo Testamento.

Una deformación radical del evangelio y del llamamiento del hombre redimido se introdujo en la iglesia como resultado del neoplatonismo. Se renunció al dominio, se consideró a la tierra como el campo del diablo, se menospreció al cuerpo y se cultivó una humildad y mansedumbre falsas. Se consideró el dominio como una carga de la carne antes que como una responsabilidad santa. Especialmente con el pietismo, a Jesús se le pintó como inerme e impotente, pacifista y de modales amanerados.

La palabra manso es un término bíblico. Se usa en Números 12:3 para describir a Moisés, a quien se le califica como «muy manso». Moisés a duras penas cuadra con las ideas modernas de mansedumbre. Es más, a Moisés se le describe como manso «más que todos los hombres que había sobre la tierra». Marsh señaló el significado de manso: «Moisés no pelea por su propio estatus, sino que se preocupa por ser siervo de Yahvé. Por consiguiente Yahvé lo cuida a él y a su posición entre el pueblo»[1]. La palabra manso así se refiere primordialmente a un estado espiritual en relación a Dios. Elliot notó: «Se debe observar, además, que la palabra *anav*, manso, frecuentemente se intercambiaba con la palabra cognada *ani*, y que el significado puede ser *postrado*, u *oprimido*»[2]. El significado se aclara más por la bienaventuranza: «Bienaventurados los mansos, porque ellos recibirán la tierra por heredad» (Mt 5:5). El dominio sobre la tierra es dado a los mansos, y el término mansedumbre claramente tiene referencia a Dios. Los mansos son los redimidos a quienes ha cargado, oprimido y sometido a riendas, de modo que es-

---

1   John Marsh, «Numbers» [«Números»], en *Interpreter's Bible,* II, 201.

2   C. J. Elliott, «Numbers» [«Números»], en Ellicott, I, 516.

tán bajo control y son dóciles. Dios sujetó a Moisés a una disciplina más rigurosa que a cualquier otro creyente de la época, y Moisés aceptó esa opresión, creció en términos de ella y llegó a ser disciplinado y fuerte. Por eso, Moisés era el hombre más manso de su época. Mansedumbre, pues, no es pusilanimidad sino fuerza disciplinada en Dios y bajo Dios.

Jesucristo se describió como «manso y humilde de corazón» (Mt 11:29; traducido «apacible y humilde» por NVI, y «paciente y humilde» por PDT). Se describió a sí mismo en relación con los que le buscaban. En su relación con los fariseos y saduceos, la conducta de Cristo fue firme y resuelta. Conforme Cristo usó el término mansedumbre, quería decir no la entrega del dominio sino más bien el uso sabio, misericordioso y lleno de gracia de la asignación de poder. No podemos entender el significado de mansedumbre en las Escrituras a menos que nos demos cuenta de que no es la entrega del dominio sino más bien el uso humilde y santo de aquello a lo que se refiere. Los mansos bienaventurados son los domados por Dios, los sujetos a su palabra-ley y llamamiento que heredarán la tierra (Mt 5:5). Los mansos bienaventurados son los que se someten al dominio de Dios, tienen por consiguiente dominio sobre sí mismos y son capaces de ejercer dominio sobre la tierra. Ellos, por consiguiente, heredarán la tierra.

Este punto es de vital importancia. Lejos de esto, el evangelio se pervierte. El hombre tiene una motivación al poder del dominio que le concedió Dios. El propósito de la regeneración es reestablecer al ser humano a su mandato original de ejercer dominio y subyugar la tierra. El propósito de la ley es dar al hombre el camino al dominio diseñado por Dios. El propósito del llamado a la obediencia es a ejercer dominio.

¿Qué sucede, entonces, cuando se presenta una caricatura de Jesús, cuando se exige constantemente obediencia sin mencionar la meta ordenada por Dios de la obediencia, y cuando al hombre se le exige que se prepare en el Señor, pero sin propósito? El ministerio de la iglesia entonces se vuelve trivial y la vida del creyente se torna frustrante.

Pero el impulso al dominio no desaparece solo porque la iglesia no hable del mismo. Más bien, reaparece como una lucha horrible y pecaminosa por el poder en la iglesia. Si se descuida o niega el dominio legítimo, empieza entonces a emerger el dominio de pecado. La vida de la iglesia se vuelve entonces una horrible lucha por trivialidades insulsas, por el solo propósito de poder y dominio pecaminoso. Demasiado a menudo a este impulso de pecado al dominio se le enmascara con mansedumbre hipócrita.

Es muy necesario, por consiguiente, reconocer que el impulso al dominio lo da Dios y es básico a la naturaleza del hombre. Un aspecto de este dominio es la propiedad.

Es costumbre entre los socialistas eclesiásticos negar que haya una garantía bíblica de la propiedad privada. Se basan en una declaración bíblica repetida a menudo: «de Jehová es la tierra» (Ex 9:29, etc.). Escogen negar el testimonio total de las Escrituras en cuanto a la propiedad privada. El llamado comunismo de Hechos 2:41-47, también citado por los socialistas eclesiásticos, fue solo un acto voluntario de compartir de parte de algunos (Hch 5). Estuvo limitado a Jerusalén. Debido a que los creyentes tomaron literalmente las palabras de Cristo en cuanto a la caída de Jerusalén (Mt 24:1-28), vendían sus propiedades. Los miembros más ricos pusieron algunos o todos esos fondos a disposición de la iglesia, para dar testimonio a sus amigos y parientes antes de la caída de Jerusalén. Muy temprano, la persecución expulsaría de Jerusalén a todos excepto a un pequeño remanente (Hch. 8:1).

La tierra en verdad es del Señor, como también todo dominio, pero Dios ha escogido darle al hombre el dominio de la tierra, sujeto a su palabra-ley, y la propiedad es un aspecto central de ese dominio. El título absoluto y trascendental de propiedad es del Señor; el título de propiedad presente histórico es del hombre. El acto de ser propietario no cambia si se le niega al hombre. Solo se transfiere al estado. Si el sentido de la ideología liberal de que la tierra es del Señor y no del hombre se aplica como ellos lo exigen, debe aplicarse por igual al estado. Es decir, negarle todo derecho a tener o controlar la propiedad.

Las Escrituras, sin embargo, ponen la propiedad en manos de la familia y no del estado. Se le entrega propiedad al hombre como un aspecto de su dominio, como una parte de su subyugación santa de la tierra.

Si la doctrina del dominio en Dios y bajo Dios se debilita, toda la ley también se debilita.

Dios le concede al hombre *dominio* bajo su ley, pero no le concede su *soberanía*. Solo Dios es el Señor y Soberano absoluto. Negar la soberanía de Dios es transferir la soberanía de Dios al hombre, o al estado. Por eso, Tomás Paine, en *Derechos del hombre*, afirmó como principio fundamental la soberanía de la nación-estado, declarando: «*La nación es esencialmente la fuente de toda soberanía; ningún INDIVIDUO, ni ningún CUERPO DE HOMBRES, puede tener derecho a autoridad alguna que expresamente no se derive de ella*»[3]. Paine y la Revolución Francesa claramente afirmaron su totalitarismo mediante esta afirmación. El estado como dios se vuelve la fuente de autoridad, moralidad y dominio. Muy lógicamente, la Revolución se convirtió en la bota, y pisotea la cara del hombre, pero, por la gracia de Dios, no para siempre.

El propósito de Dios no es el dominio del pecado sino el dominio sobre la tierra del hombre redimido bajo Dios. Según San Pablo, la misma creación que nos rodea gime y sufre dolores de parto, esperando el dominio santo de los hijos de Dios (Ro

---

3   «Declaration of the Rights of Man and of Citizens, By the National Assembly of France» [«Declaración de los derechos del hombre y de los ciudadanos, por la Asamblea Nacional de Francia»], en *The Complete Political Works of Thomas Paine* (The Freethought Press Association, Nueva York, 1954), II, 95.

8:19-23). Debido a la caída, la creación ahora está bajo el dominio del hombre pecador y está siendo agotada por el uso pervertido del poder. Así como la planta se vuelve hacia la luz, la creación se vuelve con anhelo al dominio restaurado del hombre santo. Así como el polvo y las piedras se mueven en términos de la gravedad, también se mueven en términos del dominio del hombre propuesto por Dios. Al pueblo de Dios debe, por consiguiente, instruírsele en la naturaleza y requisitos del dominio santo. Todo lo que se quede falto en esto es un desprecio de la autoridad suprema de Dios, que declara en su Palabra que Él hará un pacto con las mismas bestias del campo para asegurar la prosperidad del hombre en el día de su obediencia:

En aquel tiempo haré para ti pacto con las bestias del campo, con las aves del cielo y con las serpientes de la tierra; y quitaré de la tierra arco y espada y guerra, y te haré dormir segura (Oseas 2:18).

2. El robo

El octavo mandamiento, uno de los dos más breves, simplemente declara: «No hurtarás» (Ex 20:15; Dt 5:19). El hurto o robo es quitarle la propiedad a otro mediante coacción, fraude o sin su consentimiento libre. Engañar, dañar la propiedad o destruir su valor es también robo. No es necesario que el que sufre el robo lo sepa para que sea pecado. Por eso, viajar en un tren o autobús sin pagar el pasaje es robo, aun cuando la compañía de transportes no se percate del acto.

El robo se puede realizar de varias maneras. *Primero,* en el robo sencillo el ladrón roba directamente a la víctima. *Segundo,* en el robo complejo pero todavía directo, el ladrón le roba a la víctima como parte de un grupo de ladrones. En tal caso, el hombre tal vez no intervenga directamente en la acción del robo, pero es parte del mismo por igual como parte conocedora del grupo de ladrones. *Tercero,* el robo se puede lograr por medios indirectos o legales, como al dictar una ley que le roba al rico, al pobre o a la clase media para beneficio de un grupo en particular. El estado entonces se vuelve la agencia por la que se realiza el robo, y se le da una cubierta pseudo moral por imposición legal.

El robo no es solo la expropiación legal o ilegal de la propiedad de otro hombre contra su voluntad o por fraude, sino también la destrucción a propósito o por accidente de la propiedad o el valor de la propiedad. Destruir la casa de un hombre mediante atentado incendiario es robo, pero también es robo si la casa se incendia por descuido. Dañar el automóvil de un hombre es robarle de su valor. En este aspecto, la restitución ha sido hecha más o menos obligatoria por las leyes de seguros en varios estados [de los Estados Unidos]. Debido a que la inflación debilita o destruye los valores de la moneda en papel, la inflación también es, en definitiva, una forma de robo.

El fraude también es robo. Un hombre puede comprar un artículo pensando que es lo que representa ser, pero el fraude de parte del vendedor lo hace robo. Venderle a un hombre leche aguada es robo; leyes en cuanto a alimentos y medicinas puras, por mucho que se abuse de ellas hoy, son todavía leyes válidas en términos de las Escrituras. Sin embargo, *un pueblo corrupto clama por un estado corrupto, que entonces no puede hacer respetar ni siquiera las mejores leyes sin corrupción.*

La necesidad no justifica el robo. La necesidad no puede darle al hombre ninguna prioridad por sobre la ley de Dios. Sin embargo, algunos pensadores católicos romanos, siguiendo la tradición de la ley natural griega, han dado su consentimiento moral al robo en tiempos de necesidad:

> Si alguien está en peligro de muerte por falta de alimento, o sufriendo de alguna forma de extrema necesidad, puede legítimamente tomar del otro tanto como necesite para atender su presente angustia, aunque la oposición del propietario sea clara. Tampoco, por consiguiente, estaría obligado a la restitución si su fortuna mejorara notablemente, suponiendo que lo que tomó para su propio uso era perecedero. La razón es que la propiedad de bienes de este mundo, aunque de acuerdo a la ley natural, cede al derecho más fuerte y más sagrado conferido por la ley natural a todo hombre para disponer de las cosas necesarias para su propia preservación[1].

Tal perspectiva le da a la vida del hombre prioridad por sobre la ley de Dios.

Se dice que, bajo la influencia del fariseísmo y la interpretación de los abogados, «no se consideraba un delito robarle a un samaritano o a otro ladrón»[2]. En este concepto de la ley, los «derechos» del hombre del «pacto» se consideraban mayores que los del hombre menor. En cualquier caso, con respecto a Delany o a los fariseos, el error está en darle al hombre prioridad por sobre la ley de Dios. Tal posición en efecto anula la ley.

Hasta aquí nuestra definición de robo está incompleta. Se debe añadir que robo es una forma de violación del orden fundamental de Dios. El robo es, por consiguiente, más que un delito contra otra persona; es un delito contra Dios. Él nos exige que respetemos la vida, el matrimonio y la propiedad de nuestro prójimo y enemigo, no debido a que nuestro prójimo o enemigo posiblemente no sea malo, ni tampoco debido a que nuestra necesidad no sea grande, sino debido a que el orden-ley de Dios toma prioridad sobre las condiciones del hombre. La naturaleza del carácter de nuestro prójimo, que puede ser mala, ni tampoco nuestra necesidad, que puede ser grande, puede justificar el robo. La soberanía de Dios requiere la supremacía de su palabra-ley.

---

1   Joseph F. Delany, «Theft» [«Robo»], en *The Catholic Encyclopedia,* XIV, 564s., edición 1913.

2   J. Poucher, «Crimes and Punishments» [«Crímenes y castigos»], en James Hastings, editor, *A Dictionary of the Bible,* I, 522.

Park reconoce que este mandamiento «es la protección que el diligente y prudente tiene contra el holgazán y descuidado». Agrega: «Los hombres que piensan se esfuerzan por una aplicación de este mandamiento que asegure que los productos de la industria se dividan equitativamente, para que la norma pueda asegurar que cada hombre reciba la justa porción de las cosas buenas de esta vida»[3]. Park, como uno de esos «hombres que piensan», no define «la justa porción» de todo hombre. ¿Es lo que cada hombre gana? O ¿es una «parte justa» en términos del principio que no es bíblico de la igualdad? ¡Un nuevo principio de justicia ha reemplazado el de Dios: son los «hombres que piensan»!

La ideología humanista de la posición de Delany a veces se justifica con las Escrituras citando Proverbios 6:30, 31. Es, pues, muy importante analizar este pasaje. Delitzsch, en su comentario, ha aclarado el texto y su significado al poner en su contexto la condenación del adulterio:

> Al ladrón y al adúltero ahora se les compara uno con otro, de tal manera que el adulterio se tiene como un delito aún mayor.
>
> 30 No tienen en poco al ladrón si hurta
>   Para saciar su apetito cuando tiene hambre;
>
> 31 Pero si es sorprendido, pagará siete veces;
>   Entregará todo el haber de su casa.
>
> … una compensación de siete veces lo robado no se ha oído en la ley israelita. Se conoce solo una restauración de dos veces, cuatro veces, cinco veces, Ex 21:37, 22:1-3, 8. […] Este exceso sobre lo que la ley consideraba necesario lleva al punto del libre albedrío: él (el ladrón, que llamamos tal cuando la amarga necesidad lo lleva a eso) pueda compensar siete veces, *i.e.,* sobreabundantemente. Puede entregar todas las posesiones de su casa, no solo para satisfacer la ley, sino para reconciliarse con aquél a quien ha hecho daño, y de nuevo obtener para sí un nombre honroso. Lo que se dice en los versículos 30 y 31 es perfectamente justo. Uno no condena a un hombre que ha robado debido a su pobreza. Por el contrario, lo compadecemos. Pero el adúltero va a la ruina bajo todas las circunstancias del desprecio y la burla. Entonces, el robo puede ser justificable y mover a bien abundantemente, pero el adulterio y sus consecuencias son irreparables[4].

Así que las Escrituras no dan base para violar el orden-ley de Dios. A los hombres se les exige trabajar dentro de ella para su propio bienestar y prosperidad. Desdeñar o menospreciar el orden de Dios es incurrir en el juicio de Dios y

---

3   J. Edgar Park, «Exodus» [«Éxodo»], en *Interperter's Bible,* I, 987.
4   Franz Delitzsch, *Biblical Commentary on the Proverbs of Solomon* (Eerdmans, Grand Rapids, 1950), I, 153s.

también acarrear consecuencias lamentables para el hombre. Un antiguo proverbio español declara: «El que escupe al cielo en la cara le cae»[5].

El orden de Dios sin duda incluye la propiedad privada. También aprueba la
riqueza santa. La palabra *Riqueza* en hebreo también tiene los significados de *fuerza,
recursos, bienes* y *prosperidad*. Según Proverbios 13:11: «Las riquezas de vanidad dis-
minuirán; pero el que recoge con mano laboriosa las aumenta». La advertencia de
las Escrituras es contra el orgulloso que se olvida de Dios en su riqueza, no contra el
hecho de tener riquezas (Dt 8:17, 18). Dios bendice a sus santos con prosperidad y
riqueza, como lo atestiguan Job, Abraham, David, Salomón y otros. Una de las posibles bendiciones de la obediencia a la ley es la riqueza (Sal 112:3). Es la riqueza arrogante e impía lo que se condena (Stg 5:1-6). La declaración respecto al rico y al ojo
de la aguja por lo común se usa mal; lo que quiere decir es que nadie puede salvarse
a sí mismo. La salvación es imposible con los hombres, porque es totalmente obra
de Dios (Mr 10:23-27). La riqueza es un aspecto de la bendición de Dios sobre sus
fieles: «La bendición de Jehová es la que enriquece, Y no añade tristeza con ella» (Pr
10:22). La búsqueda santa de propiedad y riqueza es, pues, plenamente legítima.

Como hemos visto en Proverbios 13:11, el medio para adquirir riqueza es el *trabajo*. Esto se recalca de nuevo en el Nuevo Testamento, donde San Pablo declara: «El
que hurtaba, no hurte más, sino trabaje, haciendo con sus manos lo que es bueno,
para que tenga qué compartir con el que padece necesidad» (Ef 4:28). La versión Palabra de Dios para Todos dice lo siguiente: «El que era ladrón deje de robar y trabaje
haciendo algo provechoso con sus manos, así podrá compartir con el que no tiene
nada». Es obvio que el *trabajo* y el *robo* se oponen entre sí como diferentes enfoques
a la propiedad. Con igual claridad, una obligación a todo el que trabaja es no solo
sostenerse a sí mismo sino también la *benevolencia* para con los necesitados.

El robo como atajo para obtener riquezas no solo intenta soslayar el *trabajo*
como medio para obtener riqueza sino que también niega la validez del orden-ley
de Dios. En términos de las Escrituras, la riqueza se puede adquirir mediante el
trabajo, herencia o regalo. Una organización de ladrones va contra los tres medios
de adquisición, y hará beneficencia a costa de la ley de Dios.

Es fácil para los que promueven cambios contra la propiedad privada documentar los males y pecados de las grandes corporaciones, los ricos y las esferas
sociales donde éstos predominan, pero es tan fácil documentar los pecados de los
pobres como los de los ricos, citar los males de un obrero tanto como los de un
capitalista, o llamar la atención a la depravación de los reformadores. Debido a
que el hombre es pecador, hay que tratarlo bajo la ley. Rico o pobre da lo mismo
ante la ley de Dios. Cuando nuestro prójimo es un ladrón, no tenemos derecho
de robarle. El correctivo para el robo no es el robo. Sin embargo se nos dice que
«la dirección de la justicia, entonces, emerge siempre y cuando tienen lugar ajus-
tes y cambios a favor de los relativamente impotentes mediante un cambio en la

---

5   Dr. Mario A. Núñez, compilador, trad. al inglés, *Old Spanish Sayings* (1959), p. 18.

distribución o dispersión del poder social de la propiedad, un cambio en la distribución del control de la propiedad»[6]. Esto es ideología humanista de nuevo. Es la exaltación de la necesidad del hombre por sobre la ley de Dios. Y en el hombre como pecador difícilmente se puede confiar cuando se trata de definir sus «necesidades». Demasiado a menudo el hombre define su codicia como su necesidad. ¿Cuándo el hombre pecador admite su necesidad de castigo? No hay ley en donde el hombre sea a la vez su propio legislador y tribunal.

Se ha citado la relación del trabajo con la benevolencia. La verdadera benevolencia y amor al prójimo es el cumplimiento de la ley (Ro. 13:8-10). En relación con esto Calvino escribió del octavo mandamiento:

> Puesto que la caridad es el fin de la ley, debemos buscar la definición de robo en ella. Esto, entonces, es la regla de caridad, que los derechos de cada uno se deben preservar con seguridad, y que nadie debe hacer a otro lo que no quisiera que le hagan a él mismo. Se deduce, por consiguiente, que no solo son ladrones los que en secreto se roban la propiedad de otros, sino también los que buscan ganancia de la pérdida de otros, acumulan riqueza mediante prácticas ilegales, y son más dedicados a su ventaja privada que a la equidad. Así, la rapiña se abarca bajo el cabezal de robo, puesto que no hay diferencia entre un hombre robándole a su prójimo por fraude o fuerza[7].

La benevolencia básica, es pues, vivir en fidelidad a la ley con respecto a nuestro prójimo y enemigos, respetando las inmunidades dadas por Dios bajo la ley. Ayudarlos en sus angustias con regalos es también un aspecto importante de la ley, pero en ningún caso puede el hombre separar u oponer la benevolencia y la ley.

Calvino definió más la benevolencia como opuesta al robo con estas palabras:

> Y no solo eso; si no, cuando viéremos a alguno oprimido por la necesidad o la pobreza, socorrámosle y aliviemos su falta con nuestra abundancia. Finalmente, que cada uno considere la obligación que tiene de cumplir lealmente sus deberes para con los demás. De esta manera, el pueblo respetará y reverenciará a sus superiores, se someterá a ellos de corazón, obedecerá sus leyes y disposiciones, y no se negará a nada que pueda hacer sin ofender a Dios.
>
> Por su parte, los superiores tengan cuidado del pueblo, conserven la paz pública, defiendan a los buenos, castiguen a los malos y administren las cosas de tal manera, que puedan rendir cuentas con la conciencia tranquila a Dios, Juez supremo.

---

6   Bruce Morgan: *Christians, the Church, and Property* (The Westminster Press, Filadelfia, 1963) p. 59s.

7   Calvino, *Commentary on the Four Last Books of Moses in the Form of a Harmony,* III, 1110s.

Los ministros de la iglesia enseñen fielmente la Palabra de Dios, no adulteren y corrompan la doctrina de vida, sino enséñenla al pueblo cristiano limpia y pura. Y no solamente instruyan al pueblo con la buena doctrina, sino también con el ejemplo de su vida. En resumen, presidan como buenos pastores sobre sus ovejas. Por su parte, el pueblo recíbalos como embajadores y apóstoles de Dios, tributándoles la honra que el sumo Maestro tiene a bien conferirles; y provéanles de lo necesario para su subsistencia.

Que los padres cuidan de alimentar, dirigir y enseñar a sus hijos, pues así se lo encarga Dios; no los traten con excesivo rigor, sino con la dulzura y mansedumbre convenientes; y los hijos, como ya hemos dicho, que les den la reverencia y sumisión que les deben.

Los jóvenes honren a los ancianos, pues el Señor ha querido que se honre la ancianidad. Y los ancianos que procuren dirigir a los jóvenes con su prudencia y experiencia, suavizando la severidad con afabilidad y dulzura[8].

Calvino además hace una lista de los deberes de los trabajadores y patrones, y toda clase de hombres. El que los hombres no rindan el trabajo, deber, honor y servicio debido es robar. «En fin, que cada uno considere qué es, según su estado y vocación, lo que debe a su prójimo, y se conduzca en consecuencia.» La ley habla con referencia a todos los hombres:

Además de esto, hemos de poner siempre nuestros ojos en el Legislador, para recordar que esta regla se dirige, no menos al alma que al cuerpo, a fin de que cada uno aplique su voluntad a conservar y aumentar el bien y la utilidad de todos los hombres[9].

Las leyes contra el robo, por lo tanto, protegen no solo el orden de Dios sino también a todos los hombres que son honrados y acatan la ley, y protegen incluso al que no es honrado del castigo ilegal.

¿Por qué los hombres atacan esta ley y la doctrina de la propiedad que la ley afirma? Hace un siglo, en su estudio general de la ley, Wines anotó: «Hay dos fuentes principales de poder político, tanto como personal: el conocimiento y la propiedad»[10]. Esta es la esencia del asunto; la propiedad es una forma de poder, y dondequiera que el estado se adjudique el poder, entonces la propiedad privada estará bajo ataque.

El ataque contra la propiedad privada puede tomar dos formas básicas. *Primero,* mediante la negación de la ley de Dios, individuos poderosos pueden despreciar

---

8   Calvino, *Institución,* II, cap. VIII, xlvi, edición 1968, p. 296s.
9   *Ibid.,* p. 297.
10   E. C. Wines: *Commentaries on the Laws of the Ancient Hebrews* (Philadelphia: William S. and Alfred Martien, 1859), p. 452.

los derechos de propiedad de individuos más débiles. El darwinismo social que prevaleció en los Estados Unidos de América y en otras partes después de 1860 condujo a los «barones ladrones» que usaban su poder para pisotear la ley. Estos hombres justificaban su iniquidad apelando a la evolución y a «la lucha por la supervivencia». Los darwinistas sociales sostenían que «el progreso cultural y biológico de personas avanzadas se asegura en tanto y en cuanto a «la ley de la competencia» se le permita operar libremente y, respecto de la especie humana, asumir la forma de una «lucha por la existencia» en la que solo «el más fuerte sobrevive»[11]. Los darwinistas sociales no tenían un verdadero interés en la propiedad privada. Lo que les interesaba era usar la teoría de la evolución como guía de la sociedad. Se convirtió en herramienta para justificar el robo masivo.

Segundo, otros evolucionistas empezaron a hacer énfasis en «la plasticidad y creatividad del hombre, del carácter dinámico de un medio ambiente y de la relación recíproca entre él y el hombre»[12]. Para ellos, el estado se convirtió en este medio ambiente «dinámico» por el que el hombre podía rehacerse a sí mismo. La propiedad para estos evolucionistas es solo una herramienta por la que el estado moldea al hombre y al mundo. Como resultado, de nuevo la propiedad está bajo ataque sin ley, primero de individuos y corporaciones, y ahora por el estado. Puesto que la propiedad es una forma de poder, el estado totalitario trata de controlar o de apoderarse de la propiedad privada a fin de evitar que las personas tengan algún poder aparte del estado.

Pero la propiedad privada es un poder que Dios le confía al *hombre* como obligación, porque es la intención de Dios que el hombre tenga y ejerza poder con el fin de que subyugue la tierra y el dominio del hombre bajo Dios quede establecido. Dios le da al estado su debido poder en Su dominio. La propiedad privada es un poder que ha recibido el hombre para que lo use bajo Dios y para Su gloria

3. Restitución y perdón

Un error grande y serio que ha infectado al pensamiento cristiano y no cristiano por igual, es que el *pecado* puede ser perdonado. Me estoy refiriendo al pecado original (Gn 3:5), la rebelión del hombre contra Dios y su insistencia en ser su propio dios. El pecado como este principio de independencia y autonomía *no puede* ser perdonado. Custance lo ha dicho con claridad:

> Debido a que es hereditario, como una enfermedad que infecta al hombre entero, no se puede tratar el pecado con perdón. Necesita erradicación, o

---

11   Joseph J. Spengler, «Evolution in American Economics, 1800-1946» [«La evolución en la economía estadounidense, 1800-1946»], en Stow Persons, editor: *Evolutionary Thought in America* (George Braziller, Nueva York, 1956), p. 216.
12   *Ibid.,* p. 222s.

por lo menos, que se le circunvale en la constitución del nuevo hombre. Los frutos que son expresión del mismo necesitan perdón, pero es preciso lidiar con la raíz básica mediante algún otro método. Esa raíz es el punto central de la infección[1].

Un pecado o pecados en particular pueden ser perdonados. El pecado como principio, el pecado original, no puede ser perdonado; hay que erradicarlo. La obra salvadora de Jesucristo incluyó una nueva creación («Toda persona que está en Cristo es una creación nueva», 2 Co. 5:17, LTA), restitución, guardar la ley de manera perfecta, y perdón de los pecados particulares de su pueblo.

El perdón y la restitución son inseparables. Debemos perdonar siete veces a nuestro hermano, o sea, a otro creyente (Lc 17:4). Pero este perdón siempre requiere arrepentimiento y restitución. Hay dos aspectos del perdón: el aspecto religioso o dirigido a Dios, y luego el aspecto social y criminal. El pecado *siempre* es un delito contra Dios, y por consiguiente siempre debe haber un aspecto teológico en todo pecado, algún tipo de arreglo o juicio contra el hombre por la violación del orden de Dios. Pero el pecado también involucra a otros hombres, o a la tierra, y los pecados en particular tienen requisitos particulares de restitución.

Para volver al hecho de que en donde el pecado se perdona, la referencia no es al pecado en principio sino a un acto en particular. Las referencias en la ley al perdón (Lc 4—5; Nm 15:28, etc.) tienen referencia a actos particulares de pecado. Jesús pronunció *perdón de pecados* a los que estaban en el pacto de la fe, o sea, pecados en particular cometidos por los redimidos (Mt 9:2, 5; Mr 2:5, 9; 3:28; 4:12; Lc 5:20, 23; 7:47, 48; Ro 4:7; Col 2:13; Stg 5:15; 1 Jn 2:12, etc.). Por el pecado en sí, el hombre debe *morir,* en lugar de ser perdonado; como pecadores morimos en Cristo que vive en términos del principio del pecado, y somos resucitados con él como una nueva creación. Contra *este* pecado como principio, la pena es la muerte; por el pecado como acto en particular, el perdón es posible con arrepentimiento y restitución.

Con esto en mente podemos entender por qué, con respecto a la ley criminal, la pena de muerte era obligatoria para los criminales incorregibles. Mediante sus crímenes repetidos, tales personas dejaban en claro que el delito era su forma de vida, su principio, por así decirlo. De modo similar, la restitución requiere en otros casos la muerte de la parte culpable como la contraparte necesaria a la muerte del inocente, la víctima.

En Éxodo 22:1-17 tenemos una serie de leyes respecto a la restitución. *Primero,* se establece la proporción de la restitución:

> Cuando alguno hurtare buey u oveja, y lo degollare o vendiere, por aquel buey pagará cinco bueyes, y por aquella oveja cuatro ovejas. (Éx 22:1).

---

1   Arthur C. Custance, *The Development of Personality: The Old and the New* (Doorway Papers, Ottawa, 1958), p. 23.

La restitución múltiple descansa en un principio de justicia. Las ovejas podían tener una alta tasa de reproducción y tenían valor, no solo como carne, sino también por su lana para la ropa y otros usos. Robar una oveja es robar el valor presente y futuro de la propiedad de un hombre. El buey requiere una tasa alta de restitución (cinco veces) porque estaba entrenado para tirar carretas, arar, y para diferentes tareas agrícolas. El buey, por consiguiente, no tenía solo el valor de su carne y su utilidad, sino también el valor de su entrenamiento, puesto que el entrenamiento de un buey para el trabajo era una tarea que requería tiempo y destreza. Por eso se ordena una tasa alta de restitución. Claro, un principio de la restitución es evidente aquí. La restitución debe calcular no solo el valor presente y futuro de lo robado, sino también las destrezas especializadas que se necesitan para su reemplazo.

Segundo, el robo incluye problemas respecto a la defensa contra el ladrón:

> Si el ladrón fuere hallado forzando una casa, y fuere herido y muriere, el que lo hirió no será culpado de su muerte. Pero si fuere de día, el autor de la muerte será reo de homicidio. El ladrón hará completa restitución; si no tuviere con qué, será vendido por su hurto (Éx 22:2, 3).

A fin de defender su propiedad, los dueños podían matar al que se metiera a la fuerza en su casa por la noche; es parte de la defensa legítima de sí mismos y de sus propiedades. No hay razón para pensar que esta invasión a la fuerza no cubre hoy día el granero o el garaje. A la luz del día, sin embargo, matar a un ladrón excepto en defensa propia es homicidio. Al ladrón se le puede identificar y luego arrestar, así que esto en sí mismo es una protección. Si el ladrón no puede hacer restitución, se le vende como esclavo a fin de satisfacer el requisito de restitución. Esto significa hoy algún tipo de custodia por el que todos los ingresos del ladrón convicto se ordenan de tal modo que se hace provisión para la plena restitución.

Tercero, la ley especifica la restitución que se exigía de un ladrón atrapado en el acto, o atrapado antes de que vendiera los bienes robados:

> Si fuere hallado con el hurto en la mano, vivo, sea buey o asno u oveja, pagará el doble (Éx 22:4).

En tales casos, el ladrón debía reponer lo robado, y su equivalente, o sea, la cantidad exacta que se esperaba obtener como ganancia en este robo. Este es el mínimo de la restitución. Un hombre que roba $100 debe restaurar no solo los $100 sino también otros $100 encima.

Cuarto, ciertos actos, sean deliberados o accidentales, incurren en una responsabilidad que requiere restitución, porque dañar la propiedad de otro hombre es robarle algo de su valor:

Si alguno hiciere pastar en campo o viña, y metiere su bestia en campo de otro, de lo mejor de su campo y de lo mejor de su viña pagará.

Cuando se prendiere fuego, y al quemar espinos quemare mieses amontonadas o en pie, o campo, el que encendió el fuego pagará lo quemado (Éx 22:5, 6).

La restitución en tales casos depende de la naturaleza del acto; si se hace daño a frutales o viñas, lo que se daña en su producción futura, y la responsabilidad es en proporción al daño. La ley criminal ya no tiene más que supervivencias del principio de restitución; el pleito civil ahora lo debe entablar la parte ofendida para recuperar los daños, sin consideración del principio bíblico.

Quinto, en Éxodo 22:7-13 se determina la responsabilidad para bienes que se tiene en custodia. Rawlinson resumió muy hábilmente esta ley:

> La propiedad depositada en manos de otro para su cuidado podía tan fácilmente ser presa de las artimañas del encargado, o perderse debido a su negligencia, que se necesitaron algunas leyes especiales para su protección. Por otra parte, se requería salvaguardar a fideicomisario para que no incurriera en pérdidas si la propiedad confiada a su cuidado sufría daño o desaparecía sin que fuera culpa suya. La legislación mosaica hizo provisión para ambos casos. Por un lado, requería que el encargado ejerciera el cuidado debido, y lo hacía responsable de la pérdida si lo confiado a su cuidado era robado y no se hallaba al ladrón. La apropiación indebida se castigaba requiriendo que el fideicomisario «pague el doble». Por otro lado, en casos de duda, se permitía que el encargado quedara limpio mediante juramento (versículo 10), y en casos claros que diera prueba de que la pérdida había sucedido por un accidente inevitable (versículo 12)[2].

Sexto, en caso de alquiler, o préstamo, se aplican ciertos principios de responsabilidad.

> Si alguno hubiere tomado prestada bestia de su prójimo, y fuere estropeada o muerta, estando ausente su dueño, deberá pagarla. Si el dueño estaba presente no la pagará. Si era alquilada, reciba el dueño el alquiler (Éx 22:14, 15).

Si un hombre pide prestado y daña la propiedad de otro, es responsable por los daños; ha destruido o dañado la propiedad de otro y por consiguiente es culpable de robo; la restitución es obligatoria. Si el dueño acude voluntariamente a ayudarlo, como buen vecino, el daño es el dueño, porque su propiedad se dañó mientras estaba bajo su supervisión. Esto es incluso más cierto si estaba trabajando bajo

---

2   George Rawlinson, «Exodus» [«Éxodo»], en Ellicott, I, 279.

contrato, porque el pago por sus servicios, con buey, asno, arado o cualquier otro equipo, incluye el gasto y uso, mantenimiento y daños de su equipo de trabajo.

Séptimo, La seducción no solo es una violación del séptimo mandamiento, sino también contra el octavo, puesto que incluye robarle la virginidad a una muchacha (Éx 22:16, 17). La compensación por restitución quiere decir que «él le pesará plata conforme a la dote de las vírgenes». Por cierto, el *pago* se legisla usando la expresión hebrea *le pesará*; el dinero era en ese entonces un peso, un peso de un siclo de plata u oro.

La restitución se cita en las Escrituras como un aspecto de la expiación. La ley de la Pascua, la gran expiación de la era del Antiguo Testamento, incluía también el requisito de la restitución. De los egipcios pecadores, debido a que habían defraudado a Israel y habían tratado de matar a Israel, se requirió que hicieran restitución. Según traduce Éxodo 12:35 la Versión Popular, «siguiendo las órdenes de Moisés, les pidieron a los egipcios objetos de oro y plata, y vestidos». No bastaba que Dios corrigiera el orden destruyendo a Egipto con las diez plagas; a Israel también se le debía enriquecer mediante la restitución (Éx 12:36). Un incidente similar le ocurrió anteriormente en Egipto a Abraham. La orden del faraón fue tal que un hombre no tenía protección contra el secuestro de su esposa junto con su propio asesinato excepto el engaño (Gn 12:11-13). No hay condenación de Abraham por tratar de protegerse; más bien, Dios castigó fuertemente al faraón (Gn 12:17) y sacó a Abraham grandemente enriquecido mediante la restitución (Gn 12:16; 13:2). De modo similar, Dios intervino para castigar a Abimelec (Gn 20:3-6), aun cuando Abimelec pudo aducir su propia integridad; con todo, debido a que encabezaba un orden inicuo, Dios consideró culpable a Abimelec y hubo restitución (Gn 20:14-18). En ambos casos, no hay el menor indicio de alguna condenación de Abraham, y toda indicación del castigo de Dios sobre los monarcas por mantener órdenes impíos en los cuales Abraham no se atrevía a vivir honrada y abiertamente.

En todos estos casos no solo hay castigo de Dios contra el ofensor sino también restitución al ofendido. La restitución está estrechamente ligada a la expiación, a la justicia y a la salvación. Solo las herejías que limitan la salvación a una nueva relación con la eternidad no ven las consecuencias prácticas de la salvación de Dios. Calvino llamó la atención a las consecuencias sociales de la redención. Comentando sobre Isaías 2:4, señaló:

> Puesto que, por consiguiente, los hombres por naturaleza se dejan llevar por sus pasiones perversas, para perturbar a la sociedad, Isaías aquí promete la corrección de este mal; porque, así como el evangelio es la doctrina de la reconciliación (2 Co 5:18), que quita la enemistad entre nosotros y Dios, conduce a los hombres a la paz y armonía unos con otros. El significado equivale a esto: que el pueblo de Cristo debe ser manso, y, dejando a un lado la ferocidad, dedicarse a la búsqueda de la paz.

Algunos comentaristas han limitado indebidamente esto al tiempo cuando nació Jesús; porque en ese tiempo, después de la batalla de Actium, se cerró el templo de Jano, como aparece en las historias. De buen grado reconozco que la paz universal que existía por todo el imperio romano, en el nacimiento de Cristo, era un símbolo de la paz eterna de que disfrutamos en Cristo. Pero el significado del profeta era diferente. Él quería decir que Cristo hace tal reconciliación entre Dios y los hombres que un estado cómodo de paz existe entre ellos mismos, al poner un fin a las guerras destructivas. Porque si se quitara a Cristo, no solo que quedamos enajenados de Dios, sino que cada vez más tenemos guerra abierta con él, lo que con justicia se nos devuelve sobre nuestras propias cabezas; y la consecuencia es, que todo en el mundo queda en desorden[3].

Habrá, así, un reino de paz en la tierra, en la medida en que la palabra de Dios reine entre los hombres, aunque el cumplimiento perfecto de esta profecía, sostenía Calvino, «en su plena extensión, no se debe esperar en la tierra»[4].

La salvación es inseparable de la restitución, porque la redención divina del hombre y del mundo es su restauración a su posición original bajo Él y para su gloria. El trabajo humano de restitución por el pecado de Adán, por su propio pecado original que ha estropeado la tierra, es reconocer que, como nueva creación en Cristo, debe hacer de la tierra una nueva creación bajo Cristo. La obra de Cristo en el hombre es esta obra de restitución.

El hombre perdonado es el hombre que hace restitución. El perdón en las Escrituras es un término jurídico. Tiene referencia a un tribunal de justicia. Puesto que la restitución en la ley bíblica es en todo momento básica al perdón, al reestablecimiento a la ciudadanía, la palabra perdón siempre implica restitución en las Escrituras. Cuando se separa el perdón de la ley y se le convierte en cuestión de sentimientos, el resultado final es sentimentalismo. Muchos teólogos modernos y cristianos insisten en el perdón incondicional para todos los hombres, independientemente del arrepentimiento y la restitución. Tal posición no es más que un subsidio y aceptación del mal como mal. Es antinomianismo.

4. Responsabilidad del testigo presencial

El no brindar ayuda en un tiempo fue un delito serio y, hasta cierto grado limitado todavía hace que el que no brinda ayuda sea culpable de penas serias. La dirección de la ley humanista cada vez absuelve más a los hombres de toda obligación legal de ser buenos samaritanos. Según una decisión,

---

3   John Calvin: *Commentary on the Book of the Prophet Isaiah* (Eerdmans, Grand Rapids, 1958), I, 100s.

4   *Ibid.,* I, 102.

Un testigo presencial puede observar que un ciego o un niño se dirigen a un precipicio, y sin embargo no se le exige que dé advertencia. Puede estar en la orilla de un arroyo y ver a un hombre ahogándose, y aunque tiene en su mano una cuerda que podría usar para rescatar al hombre, no tiene la obligación de brindar ayuda. Puede tener el deber moral de advertir al ciego o ayudar al que se ahoga, pero como es solo un testigo presencial, de ninguna manera es responsable de la situación peligrosa, y no tiene ningún deber legal para brindar ayuda[1].

En ciertos casos, sin embargo, el testigo presencial debe brindar ayuda o enfrentar acción legal. El testigo presencial puede ver que la casa o granero de un agricultor se incendia y no hacer nada, pero en el caso de un incendio forestal («propiedad» federal), el testigo presencial debe actuar según se exige o enfrentar penas en los tribunales.

Anteriormente, todos los testigos presenciales tenían el deber legal de brindar ayuda *al clamor*. La expresión *Hue and Cry* [Al clamor] es un término legal en inglés; anteriormente, cuando escapaba un criminal, o era descubierto, o se cometía un acto criminal, la obligación de ayudar era obligatoria para todos. Después, *al clamor* fue el nombre de una proclamación por escrito pidiendo la aprehensión del criminal, o de los bienes robados. En Inglaterra, *Hue and Cry* [Al clamor] fue también el título de una gaceta oficial que publicaba información sobre crímenes y criminales.

La ley bíblica, sin embargo, afirma la responsabilidad del testigo presencial. Deuteronomio 22:1-4 declara:

> Si vieres extraviado el buey de tu hermano, o su cordero, no le negarás tu ayuda; lo volverás a tu hermano. Y si tu hermano no fuere tu vecino, o no lo conocieres, lo recogerás en tu casa, y estará contigo hasta que tu hermano lo busque, y se lo devolverás. Así harás con su asno, así harás también con su vestido, y lo mismo harás con toda cosa de tu hermano que se le perdiere y tú la hallares; no podrás negarle tu ayuda. Si vieres el asno de tu hermano, o su buey, caído en el camino, no te apartarás de él; le ayudarás a levantarlo.

Aquí, de nuevo, tenemos un caso de derecho consuetudinario, donde se da un caso mínimo a fin de ilustrar un principio general. No podemos robarle la propiedad de un hombre mediante nuestro descuido; debemos actuar como buenos vecinos incluso con nuestros enemigos y extraños. Animales propiedad, o ropa perdidos o extraviados, se deben proteger y cuidar con todo esfuerzo público de restauración inmediata.

Si el testigo presencial tiene una obligación deben de brindar ayuda «con todas las cosas perdidas» de otro, tiene incluso una obligación más apremiante de ayudar a rescatar al hombre. Así, este principio de responsabilidad aparece en Deuteronomio 22:24. Si una mujer es asaltada en una ciudad se da por sentado

---

1   Bushanan v. Rose (1942) 128 Tex. 390, 159 Sw2d 109, 110 (Alexander, C. J.) citado en Clark, *Biblical Law*, p. 121.

que ha dado su consentimiento si no grita, que es el origen de la ley común *al clamor*. A su grito, todo hombre al alcance del sonido de su voz tiene el deber de brindar ayuda inmediata; no hacerlo se consideraba una abominación horrible que contaminaba la tierra y, en sentido figurado, ocultaba el sol. El horror que se siente por tal delito se refleja en la tradición rabínica:

> Nuestros rabinos enseñaban, que por razón de cuatro cosas el sol se eclipsa: por un Ab Bet din (vicepresidente del sanedrín) que moría y no se le hacía duelo apropiadamente; por una joven desposada que gritaba en la ciudad y no había nadie que la rescatara; por cuestión de sodomía, y por dos hermanos cuya sangre se derramaba al mismo tiempo. Por cuatro cosas se eclipsan las lumbreras (el sol y las estrellas): por los que perpetran fraudes, por los que dan falso testimonio, por los que crían ganado menor en la tierra de Israel (animales que no se podía evitar que devastaran los campos de otro); y por los que derriban buenos árboles[2].

Es significativo que este delito se considera peor que dar falso testimonio; el testigo falso representa erróneamente la verdad; el testigo presencial que no interfiere se vuelve cómplice del delito mediante su negativa a brindar ayuda. Asaf dijo de los que eran indiferentes a la necesidad y no brindaban ayuda,

> Si veías al ladrón, tú corrías con él, y con los adúlteros era tu parte (Sal 50:18).

Muy apropiadamente, las referencias marginales citan Romanos 1:32 y 1 Timoteo 5:22. En este último pasaje, los que consienten a la ordenación precipitada de novicios en la fe, o por el silencio dan su consentimiento, «participan] en pecados ajenos». No es irrazonable dar por sentado que la pena que se le imponía al testigo presencial inactivo era igual a la del testigo falso. La pena del delito se aplicaba al testigo falso (Dt 19:18, 19); el testigo presencial inactivo también es un tipo de testigo, y alguien el que consiente con el delito al no actuar. El testigo presencial inactivo es así cómplice, accesorio al delito, y culpable de la pena del delito.

Salomón también llamó la atención al mismo delito en palabras agudas y penetrantes declarando:

> Libra a los que son llevados a la muerte; salva a los que están en peligro de muerte. Porque si dijeres: Ciertamente no lo supimos, ¿acaso no lo entenderá el que pesa los corazones? El que mira por tu alma, él lo conocerá, y dará al hombre según sus obras (Pr 24:11, 12).

Vale la pena notar en esta conexión el comentario de Kidner sobre Proverbios 24:10-12:

---

2   Sukkah 29a; en Seder Mo'ed, *The Babylonian Talmud*, III, 130s.

Esfuerzo excepcional (10) y responsabilidad evitable (11, 12) son pruebas justas, no injustas, de la pasta de un hombre. Es el asalariado, no el verdadero pastor quien aduce malas condiciones (10), tareas imposibles (11) e ignorancia perdonable (12); el amor no se acalla ligeramente; ni tampoco al Dios de amor[3].

El comentario de Delitzch sobre Proverbios 28:17 también es muy apropiado aquí:

La gracia no puede llegar a algún lugar de justicia mientras no se haya reconocido plenamente la justicia. La simpatía humana, la tolerancia humana, bajo el falso título de gracia, no resiste en contraste a esta justicia[4].

La ley bíblica de este modo deja en claro la responsabilidad del testigo presencial; establece, de hecho, que el individuo no puede quedarse sin hacer nada. Una antigua decisión de una corte estadounidense establecía el asunto brevemente: la ley «requiere que se haga el bien en todo tiempo»[5]. El *poder de policía* de la ciudadanía descansa en Deuteronomio 22:1-4, 24. Cuando la propiedad de un prójimo se descarriaba o se perdía, o cuando un hombre o una mujer lanzaban un grito de angustia, todo hombre tenía un deber de responder a ese grito e imponer la ley. Todos los ciudadanos tienen el derecho de arrestar hasta hoy en los Estados Unidos de América como resultado de esta herencia bíblica.

Bajo la ley común, un sheriff todavía tiene el derecho de reclutar a todo ciudadano varón de la comunidad de 15 años o mayor para que le ayude en la imposición de la ley[6].

Con respecto al arresto ciudadano,

William B. Saxbe, fiscal general de Ohio, estableció algunas de las reglas básicas del arresto ciudadano. Con algunas variaciones de estado a estado, la ley de los Estados Unidos de América establece que una persona privada puede arrestar a alguien por cometer o intentar cometer un delito o una fechoría en su presencia. También puede arrestar a alguien de quien tiene *causa razonable* para pensar que previamente ha cometido un delito, pero no una fechoría, en el pasado. Algunos estados permiten el arresto ciudadano solo por crímenes, en tanto que otros proveen poderes amplios de arresto para la ciudadanía para todos los crímenes.

---

3   Derek Kidner: *The Proverbs, An Introduction and Commentary,* (Inter-Varsity Press, Chicago, 1964), p. 154.
4   Franz Delitzsch: *Biblical Commentary on the Proverbs of Solomon* (Eerdmans, Grand Rapids), II, 234.
5   Moore v. Strickling (1899) 46 W.Va. 515, 33 SE 274, 50 LRA 279, 282; en Clark, *op. cit.,* p. 120.
6   Dorothy Brant Warnick, «The Police Powers of Private Citizens» [«Los poderes de policía de los ciudadanos privados»], en *The American Legion Magazine,* junio 1967, p. 17.

Saxbe notó que los delitos mayores casi siempre son crímenes que son básicamente bien o mal, en tanto que la fechorías son delitos menores[7].

Por lo general, sin embargo, el poder de policía del ciudadano se ejerce mejor al brindar ayuda a la policía y a las víctimas de crímenes. La policía prefiere que los testigos los llamen, tomen aguda nota de los sucesos, y les ayuden según la policía lo requiera. En Alemania, las personas que no asumen poderes de policía para defender a otros pueden ser multadas desde $1,25 hasta $2500, o recibir un año en la cárcel. Francia e Italia tienen leyes similares[3].

La ley estadounidense se ha vuelto contradictoria desde que la ley estatutaria ha sobreseído la antigua ley común. Se puede utilizar por obligación el coche de un hombre para aprehender a un criminal, pero éste que no tiene base legal para reclamar a la ciudad si en el proceso se destruye el coche[9]. Los comentarios de Warnick van al punto:

> No es delito en ningún estado, como lo es bajo la ley común y de manera muy general en Europa, que un ciudadano no revele por iniciativa propia a la policía la comisión de un delito mayor. Pero por acta del Congreso tal «encubrimiento de un delito mayor» es un delito los Estados Unidos de América si es un delito mayor *federal* que no se informa. La noción laica de esto es que si uno ve un robo en un almacén y sigue tranquilamente su camino está del lado correcto de la ley si acaso no de su conciencia. Pero si ve el robo de correo y no llama a los policías se ha cometido un delito mayor federal.
>
> Lo que ha sacado todo esto de nuevo a primer plano es, por supuesto, el resurgimiento del delito y violencia criminal en los Estados Unidos de América; el rebajamiento de la policía al punto en que pocos incluso quieren ser policías; y la espantosa apatía de muchos en cuanto a «involucrarse» en crímenes....
>
> Si la ley no exige que uno llame a los policías cuando hay un robo en un almacén o se golpea brutalmente a alguien; si uno puede ser acusado de falso arresto aun cuando actúe de la manera más razonable por cuenta propia; si uno no puede ser protegido contra lesión o responsabilidad cuando se obedece a un agente de policía, o entonces uno tiene el privilegio de tomar una posición, incluso en contra de los propios sentimientos de uno, de que la sociedad en sí misma en realidad no toma en serio el control del delito. La sociedad en este caso es la legislatura y las cortes.
>
> ¿Porque no es «el encubrimiento de un delito mayor» un delito estatal así como es un delito federal? Las legislaturas pueden restaurar el principio de ley común que lo hizo así[10].

---

7 *Ibid.*
8 *Ibid.*, p. 20.
9 *Ibid.*, p. 21.
10 *Ibid.*, p. 53.

La situación legal civil puede ser equívoca; el requisito legal bíblico no lo es. El encubrimiento, i.e., el ocultamiento de un delito, es un delito serio. El testigo presencial inactivo es parte del delito. La parábola del buen samaritano (Lc 10:29-37) se basaba firmemente en la ley bíblica.

En la parábola del buen samaritano, el sacerdote y el levita evadieron la víctima y «pasaron de largo». Los dirigentes religiosos aducían obedecer la ley; daban el diezmo de «la menta, y la ruda, y toda hortaliza, y pasaban por alto la justicia y el amor de Dios» (Lc 11:42). Era cuestión fácil diezmar la menta; a veces exigía valentía moral ayudar a una víctima; en el caso de la víctima que Jesús describió, ni siquiera se requería valentía; solo ayuda en términos de la ley a una víctima abandonada por los criminales. Los dirigentes religiosos guardaban la ley solamente cuando les costaba poco o nada hacerlo. Jesús los confrontó partiendo de la ley.

Es, de este modo, un serio error reducir la parábola del buen samaritano al nivel solo de sentimiento, o a cuestión de benevolencia; estas cosas son subordinadas a la ley en este caso. Los que menosprecian la ley también no tienen benevolencia. Profesan amar la ley, pero escogen asuntos sencillos para la obediencia y menosprecian las cosas que son difíciles. Demasiados clérigos de hoy reducen la ley a reglas simples en cuanto al sabbat y adulterio, y circunvalan o violan el resto de la ley con impunidad. Esto es fariseísmo.

5. Dinero y medidas

Una ley muy mal entendida es Levítico 19:35-37 respecto a la honradez en las medidas:

> No hagáis injusticia en juicio, en medida de tierra, en peso ni en otra medida. Balanzas justas, pesas justas y medidas justas tendréis. Yo Jehová vuestro Dios, que os saqué de la tierra de Egipto. Guardad, pues, todos mis estatutos y todas mis ordenanzas, y ponedlos por obra. Yo Jehová.

La palabra juicio aquí se refiere a lo que sigue; *medida* era una medida de longitud o superficie, i.e., metro, codo, pies y medidas similares; *peso* tenía referencia al talento, siclo y otros pesos de moneda; *otra medida* se refiere a medidas de capacidad, el homer, efa, hin, etc.; *balanzas* incluye las *pesas*, *efa* e *hin* de nuevo las medidas ya mencionadas[1].

Que las *pesas* querían decir dinero se ha sabido desde hace mucho. La *Fairbairn's Bible Encyclopedia* [Enciclopedia Fairbairn de la Biblia], como otras, habla del siclo bajo la clasificación de «pesos». La Biblia habla del dinero como un *peso*. Por ejemplo, se nos dice que «Y dio David a Ornán por aquel lugar el peso de seiscientos siclos de oro» (1 Cr 21:25). Las opiniones difieren en cuanto a la

---

1 George Bush, *Notes, Critical and Practical on the Book of Leviticus* (Ivison & Phinney, Nueva York, 1857), p. 214.

naturaleza exacta del talento, mina, ciclo, beca, zuza (Reba), y gera, pero la tabla de pesos de Bonar es tal vez tan buena como cualquiera[2]. El siclo era probablemente una onza de peso avoirdupois.

Se ha hecho referencia a Bonar deliberadamente, porque él también es autor de un comentario sobre Levítico. Al comentar sobre Levítico 19:35-37 dedica tres páginas a lo que es básicamente una homilía evangelizadora. En dos oraciones se refiere al punto específico del texto para decir:

> En los mercados, en el comercio, en los almacenes, al medir la tierra con la medida y el codo, o pesando artículos en la balanza, o probando la capacidad de sólidos. Las balanzas y sus pesos, el *efa,* y su subdivisión el *hin,* deben ser estrictamente exactos[3].

Es posible hablar de *la irrelevancia estudiada* de mucho de la predicación y comentarios sobre las Escrituras. Una ley de importancia central en la moralidad monetaria y económica de una nación se trata de manera casual o brilla por su ausencia. El materialismo bíblico de los judíos les evitaba que sean tan irrelevantes. El Talmud, así, notaba:

> Raba dijo: ¿Por que la ley divina menciona el éxodo de Egipto en conexión con interés, incentivos y peso? El Santo, sea Bendito, declaró: «Soy yo quien hizo la distinción en Egipto entre el primogénito y el que no era primogénito; incluso así, soy yo el que cobraré venganza del que adscribe su dinero a un gentil y le presta a un israelita cobrando interés, o que altera las pesas en sal, o que (adjunta a su vestido hilos teñidos) con azul vegetal y mantiene que es azul (real)»[4].

El punto aquí es que el primogénito o elegido de Dios son los que acatan su ley. Los que externamente disfrutaron de los privilegios del pacto y una cultura del pacto pero que niegan sus leyes están sujetos a la venganza especial del Dios del pacto.

C. D. Ginsburg también se refirió a este aspecto de la ley y citó su ejercicio obligatorio durante el tiempo del segundo templo:

> Se verá que el Legislador usa aquí exactamente la misma frase respecto a medir la medida justa que usó en conexión a la administración de justicia en el versículo 15. Por consiguiente, el que declara que una medida falsa es una medida legal es, de acuerdo a esta ley, por igual un juez corrupto, y defrauda al pueblo con juicio falso, como el que en una corte de justicia voluntariamente dicta una sentencia errada. Debido al hecho de que los hombres que de otra manera desdeñarían la idea de imposición a menudo descartan sus

---

2   Horatius Bonar, «Weights» [«Pesos»], en *Fairbairn's Bible Encyclopedia,* VI, 330.

3   Bonar, *Leviticus,* p. 356.

4   *Baba Mezi's* 61b, en *Seder Nezekin,* I, 366s.

escrúpulos en cuestiones de pesos y medidas, la Biblia con frecuencia califica estos tratos como perversos, como una abominación al Señor, en tanto que designa la medida correcta como viniendo de Dios mismo (Dt 25:13, 15; Ez 45:10, 12; Os 12:8; Am 8:5; Mic vi. 10, 11; Pr xi. 1, xvi. 11, xx. 10, 23). Según las autoridades durante el segundo templo, el que da peso o medida falsos, como el juez corrupto, es culpable de las siguientes cinco cosas. Él (1) contamina la tierra; (2) profana el nombre de Dios; (3) hace que la shequiná se vaya; (8) hace que Israel perezca por la espada, y (5) vaya en cautiverio. De aquí que se declara que «el pecado de pesas y medidas ilegales es mayor que el del incesto, y equivale al pecado de negar al Dios que redimió a Israel sacándolo de Egipto». Nombraron supervisores públicos para inspeccionar los pesos y medidas por todo el país; prohibieron que se hagan pesos de hierro, plomo, u otro metal que es posible que se vuelva más ligero por el gasto o el óxido, y les ordenaron que se hagan de roca pulida, o vidrio, etc., e impusieron el castigo más severo por fraude[5].

Esta ley tiene, por consiguiente, varias implicaciones muy importantes. *Primero,* el viejo principio latino y moderno de laissez-faire, *caveat emptor,* que el comprador se percate, no es bíblico. El comercio que no es honrado es asunto tan serio como jueces y cortes faltos de honradez. En este punto, los de ideología liberal modernos han estado más cerca al requisito bíblico que lo que lo han estado los de ideología conservadora. La supuestamente ley evolucionista de la selva no es moralidad bíblica. Por otro lado, el principio de ideología liberal de «que el comprador se percate», tampoco es bíblico. La ley no puede estimular la irresponsabilidad ni de parte del vendedor ni del comprador. El laissez-faire toleraba la irresponsabilidad del vendedor; la ideología liberal y el socialismo estimulan la irresponsabilidad de parte del comprador. Bienes honrados son necesarios, pero también pagos honrados. El estado, como ministro de justicia, en efecto tiene el deber de mantener justicia en el mercado, pero no puede confundir la justicia con la benevolencia. Es cierto que el estado como policía puede ser corrupto; es más, si la sociedad como un todo es corrupta, el estado también será corrupto. En una sociedad saludable y santa, el estado funcionará con éxito para restringir a la minoría de malhechores. La clave a la situación no es el estado sino la salud religiosa de la sociedad. La ley específicamente establece que los pesos y medidas falsos son «injusticia en el juicio», o injusticias en cuestiones que exigen justicia. Puesto que la justicia es el ministerio del estado, al estado le corresponde atender estos asuntos.

Segundo, las medidas que se utilizan para medir longitud o superficie, en medidas, metros, pies, pulgadas, codos, y medidas similares, incluyen hectáreas, como ya se ha notado. La justicia requiere que se mantengan estándares estrictos en estos asuntos, y se castiga a los que defraudan mediante medidas falsas. Los

---

5   C. D. Ginsburg, «Leviticus» [«Levítico»], en Ellicott, I, 429.

fraudes en estos asuntos incluyen fraudes en transacciones de tierra, en bienes y materiales, y en una variedad de maneras básicas para el comercio.

Tercero, el fraude en pesos es esencialmente dinero fraudulento. Muy obviamente, el dinero bíblico era por peso, un peso de plata u oro, y toda forma de monedas en tiempos posteriores era por peso. Anteriormente, el dinero no eran monedas acuñadas, sino que era un pedazo de plata u oro de un peso específico. Las monedas de oro de los Estados Unidos de América siguieron el patrón bíblico estableciéndose con referencia al peso, la onza, .900 de pureza, o fracción de una onza.

La reserva bancaria fraccional, papel moneda respaldado parcialmente o sin respaldo, y la inflación de dinero por la deuda y crédito, y es, así, una violación de esta ley. Isaías, al mencionar las acusaciones en la lista de acusaciones de Dios contra Jerusalén, declaró que «Tu plata se ha convertido en escorias, tu vino está mezclado con agua» (Is 1:22). La referencia es a pesos falsos, plata reemplazada por metales inferiores, o en fuerte aleación con ellos, y a medidas falsas, un litro de vino convertido un galón mezclándolo con agua.

Así, la ley claramente requiere la condenación de todo dinero fraudulento. La ley del testigo presencial culpable así claramente condena a todos los ministros, sacerdotes y maestros que no declaran la sentencia de la ley contra el dinero fraudulento. Su silencio quiere decir una culpa comparable a la de jueces corruptos o falsificados, en que falsificaban la palabra de Dios por su silencio o interpretaciones falsas.

Con igual certeza como una medida falsa o un envase de medida falsa defrauda al hombre, con igual certeza el dinero falso defrauda al hombre. Incluso peor, el dinero falso introduce un peso falso en toda transacción monetaria en una sociedad, de modo que prevalece la corrupción radical y la injusticia. Si en toda transacción comercial en una sociedad prevalece un fraude básico en forma de dinero falso o falsificado, entonces la sociedad entera está contaminada, se roba a los hombres honrados y prevalecen los ladrones. Esto es precisamente lo que perpetra el dinero fraudulento y la inflación, el triunfo de los ladrones sobre los hombres santos. El silencio frente a tal corrupción radical es una ignorancia inexcusable y un mal. Ginsburg (supra) citó los textos que condenan los pesos falsos. Se declaran que son una «abominación» al Señor, como lo atestigua la declaración de Salomón:

Pesa falsa y medida falsa,
Ambas cosas son abominación a Jehová (Pr 20:10)
Abominación son a Jehová las pesas falsas,
Y la balanza falsa no es buena (Pr 20:23).

En Ezequiel 45:9-12 Dios especificó la proporción exacta del siclo a sus pesos menores y mayores así como también en los tratos con balanzas y medidas de capacidad. La falta de justicia aquí Dios por medio de Ezequiel calificó, «la violencia y la rapiña» así como también « imposiciones».

Cuarto, las otras medidas aquí en esta ley se refieren a medidas de capacidad, y la ley exigía honradez estricta aquí como en todo lo demás. Esta ley cubre por igual las medidas de líquidos y áridos. Hemos notado que Isaías condenó el vino diluido; un galón de vino diluido pudiera proveer un galón preciso, pero ser con todo fraudulento porque se había mezclado con agua su contenido. La fruta mojada poco antes de venderla da un peso deshonesto y un sabor menor. A las vacas que se les da sal a comer a fin de hacerlas que tomen agua en abundancia y aumente su peso representa fraude, así como también las vacas que se llevan en camiones a los sitios de venta lo cual las deshidrata y reduce su peso. El fraude así se extiende más allá de las balanzas o del recipiente de medir.

Quinto, Balanzas justas se refiere a lo que hoy llamaríamos pesas. Las balanzas honradas son básicas para el comercio justo, y la regulación de balanzas es de este modo básico al ministro de justicia. A los pobres en particular que se los oprime por balanzas falsas (Am 8:4-8). Ellos son menos aptos para protegerse y sufren la mayoría de las consecuencias.

Sexto, las consecuencias de las violaciones de esta ley son evidentes en la misma tierra, que vomitará a sus habitantes. Así como el Nilo inundaba a Egipto, así el juicio debe inundar al pueblo (Am 8:8). La ley es enfática en la relación de esta ley a la vida:

> No tendrás en tu bolsa pesa grande y pesa chica, ni tendrás en tu casa efa grande y efa pequeño. Pesa exacta y justa tendrás; efa cabal y justo tendrás, para que tus días sean prolongados sobre la tierra que Jehová tu Dios te da (Dt 25:13-15).

Lutero notó bien esta declaración, al observar que

> Se debe preservar un peso justo y una medida justa en la comunidad de modo de no engañar ni al pobre ni al prójimo. Esto tiene también una validez general para todos los intercambios de todos los contratos, que el vendedor dé artículos justos equiparables al dinero del comprador. Aquí la codicia conoce injusticias y trucos increíbles al cambiar, abaratar, imitar y adulterar la mercancía; por consiguiente no es pequeña parte de preocupación del gobierno tener un ojo aquí para el bien común[6].

Lutero a todas luces tiene razón. El mandamiento: «No hurtarás», claramente prohíbe «cambiar, abaratar, imitar y adulterar la mercadería», y tal fraude o robo «no es pequeña parte de preocupación del gobierno». Pero a menudo se descuida el punto culminante, la promesa de la vida por la obediencia a esta ley, así como también el quinto mandamiento. A la inversa, se niega a la vida a los que violan

---

6 Lutero, *Deuteronomy,* p. 249.

esta ley; una tierra dada a ladrones enfrenta castigo y muerte. En otras palabras, Dios acorta la vida de la nación que condona el engaño y el fraude, con dinero, balanzas y otras medidas fraudulentas.

Calvino dijo, de Levítico 19:35:

> Ahora, si se corrompen las leyes de compra y venta, la sociedad humana de cierta manera se disuelve; así que el que engaña con pesas y medidas falsas, difiere poco del que pone en circulación una moneda falsa; y consecuentemente al que, sea como vendedor o comprador, ha falsificado las medidas estándares de vino, de maíz, o cualquier otra cosa, se lo considera como criminal[7].

Los reformadores, como los padres de la iglesia inicial, no guardaron silencio respecto a esta ley.

Al evaluar esta ley, es importante ponerla en el contexto de la tradición legal de la era moderna, a fin de entender el conflicto básico de principios. La tradición legal se puede dividir en tres posiciones básicas. *Primero,* un principio de la ideología liberal más vieja y de la ideología conservadora más reciente une los conceptos de laissez-faire y del interés propio. Se requiere que el estado no interfiera en asuntos económicos, y se aduce que el interés propio de todos los individuos resulta en el bien público. *Caveat emptor* reina, y no se hace ningún esfuerzo por imponer esta ley levítica. Esta posición claramente plantea *la regla del individuo* así como también su culminación en el orden social. El interés propio del individuo lleva al mayor bien del mayor número de personas.

Segundo, la nueva ideología liberal así como también el socialismo afirma *la regla del estado.* El interés propio del estado conduce al mayor bien, porque el estado tiene como propósito el bienestar de todas las personas. La legislación, por consiguiente, es necesaria para imponer pesos y medidas honrados.

En lo primero, no hay protección para los hombres y las sociedades del pecado y rapiña de los hombres; en el segundo orden social, no hay defensa para los hombres contra el poder y depravación del estado.

Tercero, la ley bíblica declara la regla de Dios y su ley. El propio interés de Dios es el solo verdadero cimiento de ley y orden. Dios siendo todo santo, justo y recto, en efecto decreta y gobierna de la manera más sabia todas las cosas. Solo conforme los hombres son redimidos y se someten, por gracia o por fuerza al orden-ley de Dios, puede haber justicia. Si no se respeta la ley de Dios, entonces ni el propio interés de los hombres ni el propio interés del estado pueden preservar el orden social. «Si Jehová no edificare la casa, En vano trabajan los que la edifican» (Sal 127:1).

---

7   Calvino, *Commentaries on the Four Last Books of Moses,* III, 120.

6. Usura

Pocas leyes son más malentendidas que las leyes de usura de la Biblia. La palabra *usura* misma confunde el asunto. En el uso bíblico no se refiere a interés exorbitante, sino a cualquier interés que se cobra. Para evitar un mal entendido en este punto, se usará la versión la Palabra de Dios para Todos. La ley dice como sigue:

> Si le prestas dinero a algún pobre de mi pueblo, no te portes con él como un prestamista y no le cobres intereses. Si él te entrega su abrigo para garantizarte que te va a pagar, devuélveselo antes del anochecer, pues si no tiene su abrigo para protegerse del frío, no va a tener con qué cubrir su cuerpo a la hora de dormir. Si él me pide ayuda, lo escucharé porque yo soy compasivo (Éx 22:25-27, NVI).

> Si uno de sus compatriotas se empobrece y no puede sostenerse a sí mismo, ayúdenlo como se ayuda a un refugiado o inmigrante, para que pueda vivir con ustedes. No le cobren intereses sino muestren respeto a su Dios y colaboren para que la persona pueda seguir viviendo con ustedes. No le presten dinero a interés ni tampoco le fíen alimentos a interés. Yo soy el SEÑOR su Dios, que los saqué a ustedes de Egipto para darles la tierra de Canaán y para ser su Dios (Lv 25:35-38, NVI).

> No debes cobrar interés por un préstamo hecho a otro israelita, ya sea interés en dinero, comida o cualquier cosa que sea prestada. Podrás cobrarle interés al extranjero, pero no a otro israelita, para que el SEÑOR tu Dios te bendiga en todo lo que hagas en la tierra a la que estás a punto de entrar y ocupar (Dt 23:19, 20, NVI).

Antes que nada, en dos de estas declaraciones de esta ley, específicamente se indica que la ley tiene referencia a los pobres, y, todavía más, a los creyentes pobres o miembros del pacto. Deuteronomio es en parte un resumen de la ley y al parecer da por sentado el mismo hecho. Este punto es muy importante porque mucho del mal entendido de esta ley brota de malas interpretaciones de la palabra «hermano». Por siglos la iglesia ha dado por sentado que «hermano» se refiere a todo creyente, y en consecuencia ha prohibido que se cobre interés entre creyentes. El Talmud siguió una interpretación similar: Se prohibió todo pago de intereses entre israelitas. Sin embargo, surgieron una variedad de evasiones, y se hizo la práctica que un israelita le diera «su dinero a un gentil y que este se lo prestara a un israelita cobrando interés»[1]. También se desarrollaron numerosos tecnicismos, por el cual se podía cobrar interés sin que se considere como interés. Lo mismo fue cierto en la teoría y práctica medieval.

---

1   *Baba Mezi'a,* 61b; p. 367. Ver S. Stein, «Interest Taken By Jews From Gentiles» [«Judíos cobran interés de los gentiles»], en *Journal of Semitic Studies* (1956), I, 141-164.

Calvino alteró esta tesis de la hermandad. En la curiosa terminología de Nelson, él «trazó la senda al mundo de la otredad universal, en donde todos llegaron a ser "hermanos" al ser "otros" en igualdad»[2]. La conclusión de Nelson es altamente cuestionable. Calvino reconoció que la ley no abolía el interés sino más bien pedía que se ayudara al hermano pobre que lo merecía. Al comentar sobre Éxodo 22:25, Calvino dijo:

> La cuestión aquí no es en referencia a usura, como algunos han pensado falsamente, como si se nos ordenara que prestemos de manera gratuita, y sin ninguna esperanza de ganancia; pero, puesto que al prestar la ventaja privada es lo que más generalmente se busca, y por consiguiente descuidamos a los pobres, y solo prestamos nuestro dinero al rico, de quien esperamos algo de compensación, Cristo nos recuerda que, si procuramos conseguir favor del rico, no damos prueba de nuestra benevolencia o misericordia; y de aquí que propone otro tipo de generosidad, que es claramente gratuita, al dar ayuda al pobre, no solo porque nuestros préstamos son perecederos, sino también porque no pueden pagar en especie[3].

El punto que Calvino hizo entonces audazmente —rompiendo con toda la tradición que brotaba desde Aristóteles que sostenía que todo interés era un mal— fue que el interés no era un mal en sí mismo. A Calvino no le gustaba el interés, ni que se prestara dinero. Estaba consciente del peso del prejuicio contra eso, e indicó que preferiría un mundo sin eso, «pero no me atrevería a pronunciar sobre punto tan importante más de lo que las palabras que Dios expresan»[4].

> He amonestado, entonces, a los hombres que hay que considerar simplemente el hecho mismo, de que toda ganancia injusta siempre desagrada a Dios, sea cual sea el color que tratemos de darle. Pero si formamos un juicio equitativo, la razón no nos obliga a admitir que hay que condenar toda usura sin excepción. Si un deudor ha prolongado el tiempo con pretensiones falsas para pérdida e inconveniencia de su acreedor, ¿es lógico que saque ventajas de su mala fe y promesas rotas? Ciertamente pienso que nadie negará que se deba pagar usura al acreedor además del capital, para compensar su pérdida. Si un rico y adinerado, deseando comprar un terreno, toma prestado de otro una parte de la suma requerida, ¿acaso el que le presta el dinero no debe recibir parte de las ganancias de la hacienda hasta que se pague todo el capital? A diario ocurren muchos casos en los que, en lo que se refiere a equidad,

---

2   Benjamin N. Nelson: *The Idea of Usury, From Tribal Brotherhood to Universal Otherhood* (Princeton University Press, Princeton, 1949), p. 73.
3   Calvino, *Commentary on the Four Last Books of Moses,* III, 126s.
4   *Ibid.,* III, 132.

la usura no es peor que la compra. Tampoco resulta el sutil argumento de Aristóteles, de que la usura es innatural, porque el dinero es desnudo y no engendra dinero; porque de tal engaño del que he hablado, puede hacer tal ganancia al comerciar con el dinero de otro hombre, y el comprador de la hacienda puede mientras tanto cosechar y recoger su ganancia. Pero los que piensan de manera diferente, pudieran objetar, que debemos acatar el juicio de Dios, cuando que en general prohíbe toda usura a su pueblo. Respondo que la cuestión es solo en cuanto los pobres, y consecuentemente, si tenemos que hacer con los ricos, esa usura está permitida con libertad; porque el Legislador, al aludir a una cosa, no parece condenar la otra, respecto a lo cual guarda silencio[5].

La condenación total del interés ha llevado a consecuencias morales muy horribles. A los prestamistas y banqueros como clase se les ha considerado con desconfianza debido a la condenación persistente de la usura. Desde el tiempo medieval, a tales personas se les veía como un tipo de conspiración perversa contra la humanidad, y esta opinión ha crecido en lugar de disminuir. Continuamente nos dicen los conservadores y los socialistas que los banqueros internacionales y el «fondo monetario» están en conspiración contra la humanidad. Aunque jamás se ha presentado evidencia de esto, la fábula se ha repetido tan a menudo que se da por sentado que es cierta porque tantas personas creen en ella. El decano del Durham del siglo XVI, el Rvdo. Dr. Tomás Wilson, vigoroso enemigo de todo interés, claramente reveló la confusión moral a la que conduce esta posición. Al describir la perversidad de los prestamistas, Wilson citó un ejemplo:

Conozco a un caballero que tenía un terreno de quinientas libras, y entrando en usura al empeñar su tierra nunca recibió más de mil libras de dinero neto. Al cabo de algunos años —todavía bajo usura, y doble usura— los mercaderes determinaron su uso y doble uso con un nombre más limpio. Él, en efecto debía al usurero principal cinco mil libras por lo menos, cuando solo se le habían prestado mil libras al principio. De modo que su tierra había desaparecido por completo, siendo una herencia de quinientas libras, recibió mil libras en dinero, además de la usura del mismo dinero por tan pocos años y el hombre ahora mendigaba. No voy a decir sino que este caballero no era frugal de ninguna manera de buen grado; mejor dicho, de mal grado podría decirse al vestir ropa elegante y costosa, parrandeando con más criados que los necesarios, y con diversión en una gran mansión, naipes y dados, según pasaba el tiempo. Y sin embargo, en efecto digo que perdió más por el usurero que lo que perdió por esos medios despilfarradores; porque sus gastos vanos no fueron más de mil libras, porque ya no tenía más; en tanto que

---

5 *Ibid.*, III, 130s.

el usurero no solo tenía sus mil libras de nuevo, sino cuatro veces más, que son cinco mil libras en total, y por exigencia de este pago todo el terreno de quinientas libras era suyo. Y esta ganancia solo por el tiempo[6].

El heredero en cuestión gastó todo los ingresos de su propiedad, más el préstamo de mil libras en una conducta de despilfarro y terminó como mendigo. Gastó más que la suma del préstamo, por consiguiente, y Wilson de este modo, está en un error aquí. El interés parece alto, pero aquí no podemos juzgar porque no sabemos los años de su vida desenfrenada. El siglo dieciséis vio mucha inflación en Inglaterra; las tasas de interés durante la inflación ascienden proporcionalmente y las cifras de interés son entonces relativas. El préstamo fue probablemente un préstamo legítimo. Claro, la moralidad del heredero era deficiente. El mal en este caso era, por cierto, del heredero y probablemente del todo suyo. Wilson no da evidencia de un mal proceder de parte del prestamista. Más bien, su posición es que prestar dinero es en sí mismo un mal. Como resultado, pasa por alto el obvio abandono moral del joven que merecía terminar como mendigo.

Este hábito de condenar a otros por nuestros propios pecados ha penetrado mucho en el hombre occidental como resultado de esta hostilidad a prestar dinero. También es terreno fértil para el antisemitismo.

Segundo, la naturaleza del préstamo a los pobres merecen cuidadosa atención. Rylaarsdam, comentando Éxodo 22:25-27, afirma:

> La realidad es que en su trato con un pobre, posiblemente su propio empleado, el israelita debe ser generoso. Si le da un anticipo de salario, no debe insistir en que se lo pague al final del día a riesgo de que el hombre se quede sin su *ropa* que ha dado como prenda del préstamo (v. 26). La amonestación original no era tanto una prohibición del interés sino un demanda de que uno esté listo para «arriesgar un anticipo» sin garantía material. Amós 2:6 condena a los israelitas por haber tratado tales anticipos de una manera estrictamente legal, incluso a costo de dejar indigente al pobre. Conforme la economía de trueque se desarrolló en una economía de dinero, el problema de interés se volvió cada vez más agudo (Dt. 23:19-20; Lv. 25:26). Entre los israelitas estaba prohibido el interés en préstamos comerciales. (En hebreo la palabra «interés» ¡quiere decir también «mordida»!). Tomar *la túnica de un prójimo como prenda* por algún tiempo más largo que las horas de trabajo del día, cuando él no la estaba vistiendo, equivalía a hacerle empeñar su vida (cf. Dt. 24:6, 17). Esta prohibición en última instancia hacía imposible la esclavitud por deudas[7].

---

6   Thomas Wilson, *A Discourse Upon Usury* (1572), (Augustus M. Kelley, Nueva York, 1963), p. 228. Con introducción histórica por R. H. Tawney.

7   Rylaarsdam, «Exodus» [«Éxodo»], *Interpreter's Bible*, I, 1008.

La fe evolucionista de Rylaarsdam lo lleva a dar por sentado una fecha posterior para las leyes en Levítico y Deuteronomio, y por consiguiente a un significado diferente. Para eso no hay evidencia. Él tiene razón, no obstante, al citar esta ley como prueba del pago adelantado de salario. Como prenda se tomaba la túnica externa o manto sobre el cual el trabajador pobre dormía. La referencia es a los pobres con el prestamista, «a uno de mi pueblo, al pobre que *está contigo*», a personas que trabajan en la tierra con él. El mismo significado aparece en Levítico de 25:35-38, y se amplía. Si un prójimo creyente, empleado del creyente acomodado, se halla en aprietos financieros debido a una crisis, debe recibir la misma hospitalidad que podría recibir un extranjero o viajero, la que se brindaba a un visitante. La benevolencia de este modo es gracia y el préstamo sin interés. El comentario de Wright sobre Deuteronomio 23:19, 20, respalda esto:

> A otro israelita no se le cobra intereses en préstamos, aunque se permite con extranjeros. Puesto que la mayoría de los préstamos en Israel tenían el propósito de aliviar la angustia, el principio detrás de la ley era que la necesidad de otro no debía ser ocasión de ganancias. El uso de préstamos en el comercio internacional tenía otro propósito. De aquí que al extranjero se le excluye de este requisito[8].

Es digno de elogio cuando un rico presta a otros creyentes pobres, pero este es un acto de benevolencia voluntaria, en tanto que la ley, como deja en claro Levítico, requiere que esta benevolencia sea obligatoria hacia los empleados. Ningún rico tiene la capacidad de prestar a todo creyente necesitado. Pero sí tiene la capacidad de ayudar a las personas a quienes emplea. Su responsabilidad aquí es darles anticipos como préstamos sin interés, contra su salario, y darles préstamos de emergencia en tiempos de crisis. La prohibición contra el interés, pues, se limita a un tipo específico de caso e incluye más que una mera prohibición, porque requiere una obligación activa hacia aquellos que están bajo nuestra autoridad.

Tercero, si bien se ve que la benevolencia es el propósito de esta ley, no se debe confundir aquí con un regalo, pérdida o insensatez. Una prenda o garantía se puede exigir, aunque no necesariamente. Como Gary North destaca, esto prohíbe la reserva bancaria fraccionaria, en que no se puede utilizar la prenda para negociar un segundo préstamo, en que el prestamista la tiene durante el día. El requisito de prenda era una protección en contra de la irresponsabilidad de parte del trabajador pobre. Si el obrero era digno de confianza, el empleador no requeriría la prenda. Esta era un seguro contra la falta de pago, o motivación para trabajar y pagar el préstamo. La benevolencia en este caso es pues un obsequio del interés, y no del préstamo.

Las acusaciones de usura de los profetas son denuncias de préstamos a los trabajadores al cobrarles interés y apoderarse de sus pequeñas parcelas de tierra. En

---

8   G. Ernest Wright, «Deuteronomy» [«Deuteronomio»], *Interpreter's Bible,* II, 472.

el Salmo 15:5 tal usura va unida a «admitir cohecho», o sea, recibir soborno. En Proverbios 28:8 se nos dice que «el que aumenta sus riquezas con usura y crecido interés, para aquel que se compadece de los pobres las aumenta». En otras palabras, el que cobra interés a sus empleados pobres que son creyentes, finalmente Dios lo juzgará y su riqueza será dada a los que tienen compasión de sus hermanos desvalidos. Jeremías enfrentó la hostilidad de los hombres que esclavizaban a sus semejantes creyentes antes que ayudarlos (Jer 15:10). Ezequiel se refirió al mismo tipo de opresión (Ez 22:12; 18:13). Nehemías exigió un retorno a la ley bíblica (Neh 5:1-13).

Jesús se refirió al mismo tipo de préstamos e interés en Lucas 6:34, 35. Su aprobación de los intereses en préstamos comerciales es bien evidente en Lucas 19:23 y Mateo 25:27.

La declaración sumaria de Unger es pues correcta en lo esencial:

> Los israelitas, no siendo un pueblo comerciante, a menudo no prestaban dinero con propósitos de negocios, sino más bien para ayudar a los pobres en aprietos. Este último es el único tipo de interés que se prohíbe en la ley, y una característica de una persona piadosa es evitarlo. (Sal 15:5; Jer 15:10; cf Pr 28:8).
>
> La práctica de hipotecar tierras, a veces a intereses exorbitantes, creció entre los judíos durante el cautiverio, en directa violación a la ley (Lv. 25: 36; Ez 18:8, 13, 17). Nehemías exigió juramento para asegurarse de que se discontinuara (Neh. 5:3-13). Jesús denunció toda extorsión y promulgó una nueva ley de amor y tolerancia (Lc. 6:30, 35). El cobro de usura como una tasa razonable de interés para uso del dinero empleado en el comercio es diferente, y en ninguna parte se prohíbe. Y en el Nuevo Testamento se hace referencia a esto como una práctica perfectamente entendida y permisible (Mt. 25:27; Lc. 19:23)[9].

No hay ninguna base para tildar de «una nueva ley de amor y tolerancia» a las declaraciones de nuestro Señor, cuando no son más que un sumario de la ley del Antiguo Testamento.

Cuarto, en tanto que se permite el interés en préstamos comerciales, tales préstamos están bajo la restricción de la ley del sabbat: su aplicación estaba limitada a seis años. Según Deuteronomio 15:1-6:

> Cada siete años harás remisión. Y ésta es la manera de la remisión: perdonará a su deudor todo aquel que hizo empréstito de su mano, con el cual obligó a su prójimo; no lo demandará más a su prójimo, o a su hermano, porque es pregonada la remisión de Jehová. Del extranjero demandarás el reintegro; pero lo que tu hermano tuviere tuyo, lo perdonará tu mano, para que así no

---

9   *Unger's Bible Dictionary*, p. 1129.

haya en medio de ti mendigo; porque Jehová te bendecirá con abundancia en la tierra que Jehová tu Dios te da por heredad para que la tomes en posesión, si escuchares fielmente la voz de Jehová tu Dios, para guardar y cumplir todos estos mandamientos que yo te ordeno hoy. Ya que Jehová tu Dios te habrá bendecido, como te ha dicho, prestarás entonces a muchas naciones, mas tú no tomarás prestado; tendrás dominio sobre muchas naciones, pero sobre ti no tendrán dominio.

Solo se permiten préstamos a corto plazo. Ningún hombre santo tiene el derecho de hipotecar indefinidamente su futuro. Su vida le pertenece a Dios y no puede abdicarla a los hombres. De este modo, todo tipo de deuda de parte de los creyentes, sea por benevolencia o por razones de negocios, debía ser una deuda a corto plazo. El sabbat es básica y esencialmente *descanso* antes que *adoración,* y es esencial para el reposo sabático vivir libre de deuda. Las deudas a largo plazo son, pues, una violación del sabbat, y muchas iglesias que profesan ser guardadoras fieles del sabbat quebrantan flagrantemente este principio. La vida normal del hombre del pacto es estar libre de deudas, y no deberle nada a nadie excepto las obligaciones de rendir tributo, honor, temor y respeto según sea debido, y de rendir el amor que es el cumplimiento de la ley (Ro 13:7-8). Si se guardan ésta y todas las demás leyes de Dios, «no habrá pobres» entre el pueblo de Dios. Esta es una declaración firme e incondicional; presupone que el hombre santo puede guardar la ley al grado necesario para recibir esta bendición.

Quinto, al no creyente se le excluye de la benevolencia que esta ley requiere, tanto de préstamos libres de intereses y la terminación de la deuda en el año sabático. Los impíos ya son esclavos del pecado por naturaleza; al verdadero esclavo no se le puede separar de la esclavitud y es insensatez tratarlo como hombre libre. Los santos son libres por naturaleza; en tiempo de angustia, necesitan auxilio para recuperar su libertad. La libertad no se puede dar al hombre al que le encanta la esclavitud y es insensatez intentarlo mediante el dinero. La regeneración es la única solución.

Sexto, al citar su liberación de Egipto, Dios le recuerda su pueblo que el propósito de su ley es libertar al hombre, así como Él lo llevó de la esclavitud a la libertad. El propósito de las leyes que gobiernan el interés, y el propósito de toda la ley, es la libertad del hombre bajo Dios. Hablar de liberación de la ley es hablar del paso de la liberación a la libertad. La ley no puede ser libertad para el pecador, sino más bien una sentencia de muerte por no haberla guardado. El que quebranta la ley es un hombre en esclavitud de su pecado, hombre incapaz de vivir en términos de libertad. La ley, por consiguiente, es una acusación continua y sentencia de muerte para él, pues subraya su impotencia y su incapacidad de gobernarse, porque «lo que aborrezco, eso hago» (Ro 7:15). Para el redimido, sin embargo, la ley es el camino a la libertad.

Séptimo, la prenda, como se ha visto, era un empeño o depósito como garantía por una deuda. Ciertos tipos de prendas se prohíben:

No tomarás en prenda la muela del molino, ni la de abajo ni la de arriba; porque sería tomar en prenda la vida del hombre (Dt 24:6).

No torcerás el derecho del extranjero ni del huérfano, ni tomarás en prenda la ropa de la viuda, sino que te acordarás que fuiste siervo en Egipto, y que de allí te rescató Jehová tu Dios; por tanto, yo te mando que hagas esto (Dt 24:17, 18).

Cuando entregares a tu prójimo alguna cosa prestada, no entrarás en su casa para tomarle prenda. Te quedarás fuera, y el hombre a quien prestaste te sacará la prenda. Y si el hombre fuere pobre, no te acostarás reteniendo aún su prenda. Sin falta le devolverás la prenda cuando el sol se ponga, para que pueda dormir en su ropa, y te bendiga; y te será justicia delante de Jehová tu Dios (Dt. 24:10-13).

El hecho de que la referencia en Deuteronomio 24:10-13 sea esencialmente sobre trabajadores que sirven a un creyente adinerado aparece en el pasaje que sigue, Deuteronomio 24:14-16. Una prenda o garantía no puede incluir nada que sea necesario para el trabajo o vida del hombre, porque hacerlo así sería poner en peligro la «vida» del hombre, su libertad. Todavía más, no se podía hacer daño ni lesionar la dignidad de prestatario; no se le puede quitar «la ropa de la viuda», ni tampoco el acreedor podía entrar a la casa de un hombre para escoger la garantía o prenda. Incluso el hogar del pobre tiene una santidad que un acreedor no puede cuestionar. «La casa de un hombre es su castillo». La fuente de este principio es Deuteronomio 24:10-13. La dignidad del prestatario no la puede violar el que da el préstamo, lo mismo con interés que sin interés. El horror de empeños degradantes se expresa en Job 24:9, 10.

Hay, sin embargo, una obligación análoga de parte del prestatario. Nadie tiene el derecho de arriesgar las cosas que son básicas a su vida y libertad, ni pedir prestado contra esas cosas, aun si alguien está dispuesto a hacer el préstamo. El manto del trabajador pobre, el manto en que dormía, es lo más que un hombre puede dar en prenda, y eso solo por las horas del día. La ropa de la viuda no puede ser dada en prenda.

Octavo, el no devolver una prenda o garantía cuando se hacía el pago es robo, y se le relaciona con la adoración pagana, el adulterio, el robo y el asesinato. Es también cobrar usura de un semejante creyente pobre. Esto aparece claramente en Ezequiel 18:10-13:

Mas si engendrare hijo ladrón, derramador de sangre, o que haga alguna cosa de éstas, y que no haga las otras, sino que comiere sobre los montes, o violare la mujer de su prójimo, al pobre y menesteroso oprimiere, cometiere robos, no devolviere la prenda, o alzare sus ojos a los ídolos e hiciere abominación, prestare a interés y tomare usura; ¿vivirá éste? No vivirá. Todas estas abominaciones hizo; de cierto morirá, su sangre será sobre él.

Ezequiel tenía en mente aquí la caída venidera de Jerusalén, pero con todo citó el castigo básico de Dios sobre todos los que no devuelven una prenda.

La ley ha estado sujeta a extenso ataque de parte del socialismo y toda forma de totalitarismo. El estatismo da por sentado que su ley antes que el poder regenerador de Dios es el principio de la libertad. Como resultado, legisla contra la ley bíblica. La «libertad civil» moderna y la legislación de «derechos civiles» requieren una igualdad de todos los hombres, de modo que un empleado no puede contratar o favorecer a sus semejantes creyentes discriminando a los que no son creyentes. El resultado final es la esclavitud de los hombres al estado. La necesidad de beneficencia subsiste, pero el estado ahora se hace a sí mismo la fuente de la beneficencia y el juez en cuanto a quién debe recibirla. Una prueba impersonal y política reemplaza a la prueba de la fe.

7. Responsabilidad

Un aspecto importante de la ley bíblica es su doctrina de la responsabilidad. En una ley que se consideró previamente (Éxodo 21:28-32), se estableció que los animales son responsables de sus acciones, y que el buey que corneaba a una persona era sentenciado a muerte. A los animales claramente se les considera responsables. Pero la responsabilidad también descansa en el dueño del buey; si la conducta previa del buey indicaba que era un animal peligroso, y el dueño «no lo hubiere guardado», el dueño también es responsable. *La responsabilidad no es, pues, una calle de un solo sentido.* Tanto el dueño como el animal tienen una responsabilidad. Siendo este un caso de derecho consuetudinario, la referencia es al buey, y aun más, como San Pablo muy bien dice respecto a ponerle bozal al buey que trilla (Dt 25:4; 1 Co 9:9; 1 Ti 5:18).

Aquí se pueden hacer ciertas observaciones. *Primero,* un padre es responsable si nada hace para contener, castigar o llevar a juicio a un hijo irresponsable o delincuente. Si un hombre es responsable por las acciones de un buey, claro que es responsable de las acciones de un hijo delincuente, si «no lo hubiere guardado», si no ha hecho ningún esfuerzo por impedir que el hijo desarrolle su delincuencia.

Segundo, la responsabilidad del padre no absuelve de responsabilidad al hijo. El buey que cornea siempre es culpable; el dueño solamente es culpable si se puede demostrar su negligencia. La responsabilidad previa siempre es de la parte que actúa. El dueño o padre puede ser un accesorio al crimen solo si ha sido deficiente en su responsabilidad.

Tercero, la transgresión más allá de cierto punto ponía fin a la responsabilidad. En la ley del hijo delincuente (Dt 21:18-21), la responsabilidad de los padres de sustentar y proteger a su hijo terminaba con la delincuencia de este. Su deber y su responsabilidad moral entonces era la de denunciar y separarse de su hijo.

Como se anotó previamente, la responsabilidad no es una calle de un solo sentido. La responsabilidad de los padres por un hijo termina cuando este rehúsa someterse a la autoridad y disciplina santas de los padres.

Lo mismo se produce con la responsabilidad de los hijos hacia los padres. De nuevo, tampoco esto es una vía de un solo sentido. He aquí algunas ilustraciones sobre este problema: Una hija asumió la responsabilidad de su padre enfermo cuando los hermanos rechazaron ese deber. Como creyente comprometida, se sentía obligada a cuidar a su padre, quién permaneció en su casa como inválido hasta su muerte. Durante más de diez años, el padre estuvo confinado en cama la mayor parte del tiempo. Debido a que se interesaba solamente en los hijos y nietos que llevarían su apellido, trataba a su hija y a su familia como a inferiores, o en el mejor de los casos como criados, sin expresar nunca una palabra de gratitud. Hizo su testamento a favor de sus hijos y nietos, aunque ambos hijos eran prósperos. Les daba regalos extravagantes, pero jamás un regalo ni un agradecimiento a su hija y a su familia. Claramente, la interpretación que la hija hacía de la ley era defectuosa. Así como a un hijo impío se le debe expulsar y entregarlo a juicio, el padre impío (porque su *conducta* lo revelaba como tal), no debía tener lugar en la casa de ella, puesto que había negado claramente toda responsabilidad hacia ese hogar.

Otra ilustración: una madre, militante de la ideología liberal posmodernista en religión, se fue a vivir con su hija y yerno, ambos creyentes y ortodoxos. La madre miraba con desprecio a la familia de la fe, la iglesia y adoración de la familia, y la denigraba ante sus nietos y a diario ridiculizaba a su hija por su fe «ignorante y reaccionaria». Al haber negado abiertamente la autoridad de su yerno y la fe de la familia, había abdicado todo derecho a su cuidado y protección. El sufrimiento paciente de la familia no era santo. Debido a que la responsabilidad es una calle de dos sentidos, la madre tenía la obligación de respetar la fe de la familia, la autoridad de su yerno y la devoción de su hija.

Se pueden añadir otras ilustraciones: unos padres esperaban que su hija se quedara sin casarse y los cuidara. Como no tenían amigos debido a su mal carácter, exigían que ella los incluyera en todas sus actividades sociales. El resultado fue que la muchacha perdió a todas sus amigas debido a sus padres. De principio a fin, la relación estaba fuera de la ley, y el sentido de responsabilidad de la hija estaba errado.

Otro caso: una madre se sentía obligada a usar sus escasos fondos para ayudar a su hijo único, un hombre malagradecido con buen sueldo pero muy mal sentido de responsabilidad. La madre se limitó severamente para proveerle a él los lujos que exigía como necesarios para mantener una falsa posición social. De nuevo, la relación estaba fuera de la ley de reciprocidad y había que romperla.

Una columna de Ann Landers publicó la carta de una muchacha que informaba de un problema de familia. Un hermano de 20 años paralizado en una silla de ruedas, furioso contra la vida por su enfermedad, trataba a sus padres y hermanas con desprecio y cólera. La familia, bien afligida, danzaba a sus caprichos[1]. Nadie, ni enfermo ni sano, tiene derecho a comportarse así sin recibir castigo. Muchos paralizados han aprendido a realizar trabajos útiles. Este joven no tenía derecho a comer un alimento que no merecía y que ni siquiera agradecía.

Así, podemos decir que la transgresión más allá de un cierto punto no solo terminaba la responsabilidad, sino que *cuarto,* si se mantiene la responsabilidad más allá de cierto punto, se vuelve *robo.* Tolerar o protege a un delincuente juvenil o a un padre inicuo se vuelve una afrenta a la fe y autoridad de la familia y roba a los demás miembros de la familia. El honor y servicio incondicional se deben solo a Dios, y no al hombre. La amonestación de San Pablo es «Pagad a todos lo que debéis: al que tributo, tributo; al que impuesto, impuesto; al que respeto, respeto; al que honra, honra» (Ro 13:7). *Ninguna relación de hombre a hombre se puede hacer absoluta. No tenemos ningún vínculo absoluto que nos ligue incondicionalmente a ningún hombre, ni para obedecerlo ni para amarlo.* El matrimonio se disuelve por ciertas transgresiones. El deber del padre al hijo queda anulado por la conducta incorregible del hijo. El deber del hijo al padre está limitado por la obediencia previa del padre a Dios y su mantenimiento del orden-ley de Dios. En toda relación humana, el único absoluto es la ley de Dios, y no la relación del hombre.

Quinto, no solo que la condescendencia con una relación humana es participar en robo, que ser indulgentes con una familia o miembro delincuente de la sociedad es robarle a otra, sino que también incluye robo a Dios y al hombre. *Es infracción del orden de Dios entregarse al mal.* Esto incluye robarle a una persona lo que le es debido a fin de recompensar o premiar a otro, y esto quiere decir también la violación del orden de Dios para continuar el desorden del hombre.

Para repetir, la responsabilidad no es una calle de un solo sentido. Si el buey, animal de inteligencia limitada, es responsable de sus actos, todo hombre también es responsable. En toda relación personal hay responsabilidad compartida.

El hombre moderno es hostil a la responsabilidad. La reemplaza con sensibilidad, y define la sensibilidad como consciencia de la humanidad. Por lo tanto, una monja rebelde de las Hermanas del Corazón Inmaculado de María desafía la autoridad y declara: «Estos hombres (oficiales de la iglesia) no tienen derecho a emitir juicio cuando no nos conocen»[2]. Esta monja había entrado en una orden que requería autoridad pero había rehusado someterse a ella. Su libertad para salir y establecer su propia manera de vida no estaba en duda. Ella negaba el principio de cualquier responsabilidad más allá de lo que se debía a sí misma. De modo similar,

---

1   Los Angeles *Herald-Examiner,* martes, 25 noviembre 1969, p. A-15, Columna de Ann Landers.
2   Terrence Shea, «A Community Divided. Dissident Nuns Now Face A Bigger Split—With Rome Itself» [«Una comunidad dividida. Monjas disidentes ahora enfrentan una división mayor; con Roma misma»], *The National Observer,* lunes 17 noviembre 1969, p. 14.

un actor, Steve McQueen, se quejó de los conceptos de los agricultores de la región del medio oeste de la nación, y añadió: «Cuando entiendan que los negros hacen el amor, y que lo hacen bien, empezaremos a entendernos. Tenemos que aprender a vivir juntos»[3]. Para McQueen, el hecho de ser humano, o pertenecer a una especie, es el único criterio válido; la responsabilidad y la moralidad no tienen nada que hacer con el hombre. Es la perspectiva moral del agricultor de esa región y la insistencia en la responsabilidad lo que condena McQueen. Para tal hombre, no hay significado en la vida; y por consiguiente, ningún criterio moral se le puede aplicar. Al preguntársele en cuanto a su futuro, McQueen dijo encogiéndose de hombros: «Cometeré errores; lo principal es…». Entonces se detuvo en seco, sacudió la cabeza y añadió: No, no nada es lo principal»[4]. En un mundo que se atiene brutalmente a los hechos, todos los hechos son igualmente importantes, e igualmente insulsos, y no puede haber «lo principal». Es un mundo, por consiguiente, sin responsabilidad. Pero un mundo sin responsabilidad es un mundo de muertos.

8. Robo de la libertad

Hasta aquí nuestro análisis de la octava palabra-ley ha tenido que ver esencialmente con asuntos que pertenecen a la propiedad y a la restitución. Ciertos eruditos alemanes modernos, de ninguna manera ortodoxos, han señalado que el octavo mandamiento tiene referencia primaria a algo aparte de la propiedad. Noth, comentando sobre Éxodo 20:15, escribió:

> En el mandamiento en contra del hurto el objeto que no se nombra no es tan claro como los dos mandamientos precedentes. La posición de este mandamiento entre un grupo de mandamientos que tienen que ver con la persona del «prójimo», y la diferencia en contenido que se debe dar por sentado entre este mandamiento y el último del decálogo sugiere que, como en otras partes cuando ocurre este verbo en particular, se imagina un objeto humano (cf. p. ej., Gn. 40:15). Por consiguiente, quizá tiene en mente la pérdida de libertad, particularmente de los israelitas libres; se prohíbe esclavizar a los israelitas libres para beneficio de uno mismo o para venderlo a otro[1].

La observación de Von Rad sobre Deuteronomio 5:19 es incluso más explícita:

> Hoy se considera como cierto que la prohibición de robar se refiere originalmente al secuestro de una persona libre (Éx 21:16; Dt 24:7)[7].

---

3   John Hallowell, «McQueen», Los Angeles *Times,* 23 noviembre 1969, p. 36.
4   *Ibid.*
1   Martin Noth, *Exodus, A Commentary* (Westminster Press, Filadelfia, [1959], 1962), p. 1651.
7   Gerhard von Rad, *Deuteronomy, A Commentary* (Westminster Press, Filadelfia, [1964], 1966), p. 59.

Hay mucho más que inexactitud en esta conclusión. Los mandamientos del seis al diez tienen que ver con la relación del hombre con el hombre; son personales. El octavo mandamiento puede por lo tanto ampliarse para que diga: «No le robarás a otro hombre su libertad apoderándote por la fuerza de su persona o su propiedad». El propósito de la existencia del hombre es que el hombre ejerza dominio sobre la tierra en términos de llamamiento de Dios. Este deber incluye que se restaure el orden destrozado. Secuestrar a un hombre o esclavizarlo es privarlo de su libertad. El creyente no debe ser esclavo (1 Co 7:23; Gá 5:1). Algunos hombres son esclavos por naturaleza. La esclavitud era voluntaria, y un esclavo insatisfecho se marchaba sin que se le pudiera obligar a regresar; en otros casos se les prohibía que lo devolvieran a su dueño (Dt. 23:15, 16). Esto implicaba alguna libertad de parte de los esclavos y un deber de tratamiento justo de parte de sus patrones. Ben Sirac confirma esto, hablando tanto del deber del dueño para corregir y disciplinar a sus esclavos, y también de ser justo con ellos, como evitar defraudarlos de su libertad (Eclesiástico 42:1, 5; 7:21; 33:24-28). Esto también lo confirma San Pablo: «Amos, haced lo que es justo y recto con vuestros siervos, sabiendo que también vosotros tenéis un Amo en los cielos» (Col. 4:1).

El propósito de la libertad es que el hombre ejerza dominio y subyugue la tierra bajo Dios. Al hombre que abuse de su libertad para robar se le puede vender como esclavo a fin de que trabaje para hacer restitución (Ex 22:3).Si no puede usar su libertad para su verdadero propósito —dominio santo, reconstrucción y restauración— debe trabajar para hacer restitución en su esclavitud.

El secuestro se castigaba con la muerte. Su propósito por lo general era vender a una persona como esclavo en otro país, en donde la esclavitud por la fuerza era legal. De todos modos, el propósito del secuestro, el robo de la libertad de un hombre se castigaba con la muerte. La ley específicamente llama *ladrón* al secuestrador:

> Asimismo el que robare una persona y la vendiere, o si fuere hallada en sus manos, morirá (Éx 21:16).

> Cuando fuere hallado alguno que hubiere hurtado a uno de sus hermanos los hijos de Israel, y le hubiere esclavizado, o le hubiere vendido, morirá el tal ladrón, y quitarás el mal de en medio de ti (Dt 24:7).

Ciertas cosas aparecen con claridad en estas dos leyes. *Primero,* Éxodo 21:16 prohíbe el secuestro de cualquier hombre, sea israelita o extranjero, en tanto que Deuteronomio 24:7 prohíbe el secuestro de israelitas. Al israelita secuestrado casi seguro lo vendían en el extranjero, y este segundo delito sería más difícil de detectar, puesto que se habría tenido cuidado de poner distancia entre el nuevo hogar del esclavo obligado y su tierra natal, a fin de que el esclavo fugitivo no delatara a sus secuestradores.

Segundo, se prohíbe la venta de esclavos. Puesto que los esclavos israelitas eran voluntarios, y puesto que ni siquiera a un esclavo extranjero se le podía obligar a que volviera a su dueño (Dt 23:15, 16), la esclavitud estaba en una base diferente bajo la ley que en las culturas no bíblicas. El esclavo era un miembro de la familia, con sus derechos correspondientes. En Israel no podía existir un mercado de esclavos. El esclavo que estaba trabajando para hacer restitución por robo no tenía incentivo para escapar, porque hacerlo lo haría un criminal incorregible y, por consiguiente, se le condenaría a muerte.

Tercero, la pena de muerte es obligatoria en casos de secuestro. No se le concede discreción a la corte. Privar de libertad a un hombre se paga con la muerte. Sin embargo, la ley no hace referencia a cautivos en tiempo de guerra.

Cuarto, Deuteronomio 24:7 prohíbe el secuestro de un hombre para esclavizarlo o venderlo. La *Young's Literal Translation,* una traducción al inglés, habla de «haberlo dominado tiránicamente». El significado es crueldad o trato cruel. Se refiere a un tratamiento despersonalizado, brutal a un hombre. Al hombre se le debe tratar como hombre en todo momento; las penas que sufre deben ser las que merece como hombre y no penas destinadas a degradarlo o destruirlo como hombre. La mujer cautiva en la guerra tenía derechos muy específicos bajo la ley (Dt 21:10-14). Esta relación se circunscribe estrictamente por ley como todas las demás relaciones personales.

Rylaarsdam dice que el código de Hammurabi tenía una protección similar contra el secuestro[1]. Esto no es enteramente correcto. La lectura exacta de la ley en el código de Hammurabi 14 señala: «Si un hombre le ha robado a otro hombre el hijo menor, se le matará». Esto es radicalmente diferente de la ley bíblica, puesto que solo se protege al hijo. Es más, la esclavitud obligatoria era legal en el código de Hammurabi y «el castigo por ayudar al esclavo de otro a escapar o albergar a un esclavo fugitivo era la muerte (15-16)»[2]. Todavía más, como Gordon destacó, en la ley de Hammurabi «la población entera está teóricamente bajo esclavitud al rey»[3].

Volviendo a la interpretación del robo como, esencialmente, el robo de la libertad de un hombre, debe señalarse también que los pesos y las medidas falsas, el dinero fraudulento y la destrucción, daño o robo de la propiedad disminuyen o destruyen la libertad de un hombre. La propiedad es básica para la libertad del hombre. Un estado tiránico siempre limita el uso de la propiedad, le impone impuestos o confisca esa propiedad como medio efectivo de esclavizar al hombre sin necesariamente tocar su persona. La interpretación de Noth y de von Rad, en lugar de alterar las interpretaciones tradicionales del octavo mandamiento más bien las refuerzan, en que el robo se ve más como la apropiación ilegal o destrucción de la propiedad. Es, al mismo tiempo, un ataque a la libertad del hombre.

---

1   Rylaarsdam, «Exodus» [«Éxodo»], *Interpreter's Bible,* I, 998.
2   Cyrus H. Gordon: *Hammurabi's Code, Quaint or Forward-Looking?* (Holt, Rinehart and Winston, Nueva York, 1960), p. 5.
3   *Ibid.,* p. 11.

Ni el estado ni ningún individuo tienen derecho de transgredir esta ley.

El estado, en efecto, transgrede esta ley no solo por actos de confiscación, manipulación de dinero e impuestos, sino también por cualquier y toda acción que socave la fe y la educación bíblica. La educación sostenida y controlada por el estado es robo, no solo en su plan de impuestos, sino también en virtud de su destrucción del carácter público, de modo que a una sociedad santa se le convierte en mercado de ladrones. La década de 1860 en los Estados Unidos de América vio una declinación de la fe cristiana, un crecimiento de la educación estatista y el nacimiento del darwinismo social. En Wall Street, Drew, Fiske, Gould y otros hombres, manipularon el mercado y las corporaciones con desprecio radical de la moralidad. Con todo, había entonces todavía suficiente moralidad bíblica en el pueblo en general para hacer posible algunas evidencias sorprendentes del carácter público. Se debe recordar también que, en ese tiempo, la ciudad de Nueva York representaba un estándar moral radicalmente más bajo que otras áreas colonizadas de los Estados Unidos y se consideraba ampliamente como otra Sodoma. Con todo, Sobel informa, en cuanto a la moralidad pública del día en Wall Street, en la década de 1860:

> Este tipo de integridad se podría ilustrar al notar que los robos de oro que habían conducido a la formación del Exchange Bank llegaron a su fin y el honor de la calle volvió. Para fines de la década de 1860 el oro se transportaba abiertamente, llevado por mensajeros en pesadas talegas de lona. De tiempo en tiempo una de las talegas se rompía, y su contenido, por lo general $5000 en monedas, se regaba por la calle. La costumbre en estas ocasiones era que una multitud formara un círculo alrededor del sector, sin moverse hasta que el mensajero hubiera recogido todas las monedas. Todo el que se inclinaba para recoger una pieza de oro recibía un puntapié en el trasero[4].

Los problemas de ley y orden en Nueva York del siglo XIX eran serios, inusuales y críticos. Pero, debido a una base nacional de carácter, se pudo establecer una medida de integridad pública, como lo atestigua este incidente. Lo mismo no sería cierto hoy. Sería imposible llevar talegas de oro abiertamente y regularmente a Wall Street o alguna otra parte, y una talega que se rompiera por lo general estaría más allá de toda recuperación.

Esta pérdida de carácter público le roba a todo hombre justo la paz y la seguridad. Este robo es atribuible de nuevo al estado y a sus escuelas anticristianas.

Durante el tiempo cuando en Israel se acataba la ley, las casas no tenían puertas. Se colgaba una cortina en lugar de puerta. Las viviendas paganas en las regiones vecinas tenían puertas pesadas, a veces de piedra, cuidadosamente ajustadas a la pared como protección necesaria contra otros hombres. Esta diferencia, descubierta por el trabajo arqueológico, es contundente. En donde prevalecía la

---

4　Robert Sobel, *Panic on Wall Street, A History of America's Financial Dissenters* (Macmillan, Nueva York, 1968), p. 116.

moralidad, los hombres vivían en paz con sus vecinos y la ley se obedecía e imponía. El propósito de una puerta, por lo tanto, era meramente asegurar intimidad y una cortina, en un clima moderado, bastaba. En los países vecinos, sin ley, se requerían puertas de piedra y los hombres vivían como prisioneros dentro de sus propias viviendas, en efecto asediados por un mundo sin ley.

La misma condición de vida asediada por la falta de ley prevalece de nuevo. Por la destrucción de la educación fundada en valores y de la ley bíblica, las naciones les han robado a sus pobladores la libertad; y las personas, por su apostasía, se han negado a sí mismas la libertad. El salmista hace mucho tiempo advirtió contra quienes intentan edificar una ciudad y salvaguardarla sin Dios:

> Si Jehová no edificare la casa, en vano trabajan los que la edifican; Si Jehová no guardare la ciudad, en vano vela la guardia (Sal 127:1).

Para volver de nuevo a la definición del robo como robo de libertad, la implicación es clara: la propiedad es sinónimo de libertad. El hombre es libre si su persona y sus posesiones están bajo su control. El grado en que es libre es al grado que tiene propiedad libre de estorbos. La antigua expresión *hombre libre* tiene como uno de sus antiguos significados *ser miembro de una corporación, dueño de una propiedad.* Lo mismo corresponde a la expresión *libre tenedor.* El derecho de sufragio a los dueños de propiedad se fundamentaba, en parte, en la restricción del voto a los hombres libres.

9. Linderos y tierras

La ley respecto a los linderos ya se ha considerado a partir de su significado en cuestiones de herencia social. Este sentido ha sido por mucho tiempo conocido de los padres de la iglesia y los autores estudiados. Lutero comentó: «El que los linderos no se debían mover de donde los habían colocado los moradores anteriores quiere decir que no se debe añadir nada a la doctrina trasmitida por los apóstoles, como si uno pudiera dar mejor consejo en cuestiones de conciencia»[1]. Sin embargo, el significado primario de la ley tiene referencia a la tierra:

> En la heredad que poseas en la tierra que Jehová tu Dios te da, no reducirás los límites de la propiedad de tu prójimo, que fijaron los antiguos (Dt 19:14).

La ley también se cita en Deuteronomio 27:17; Proverbios 22:28; 23:10; Job 24:2.

Esta ley también aparece en otros códigos de ley antiguos. En Roma, la remoción de linderos se castigaba con la muerte. Según Calvino,

> ... para que la propiedad de cada uno pudiera estar segura, era necesario que los linderos que establecían la división de campos debieran permanecer sin

---

1   Lutero, *Deuteronomy,* p. 198.

tocarse, como si fueran sagrados. El que fraudulentamente remueve un mojón ya está convicto por este mismo acto, porque perturba al dueño legítimo en su tranquila posesión de la tierra; en tanto que el que avanza los linderos de su propia tierra a pérdida de su prójimo, dobla el crimen por el ocultamiento engañoso de su robo. De donde también deducimos que no solo son ladrones los que en realidad se llevan la propiedad de su prójimo, que también toman su dinero de su cofre, o que saquean su bodega y sus graneros, sino también los que injustamente se apropian de su tierra[2].

El punto de Calvino es válido; el engaño del acto lo hace *doble crimen.* Es a la vez robo y falso testimonio. Debido a que la ley es una unidad, la violación de una ley es violación de toda la ley. Como Santiago lo resume, «cualquiera que guardare toda la ley, pero ofendiere en un punto, se hace culpable de todos» (Stg 2:10). De este modo, este crimen incluye violación del octavo y noveno mandamiento, y también del décimo, al codiciar la tierra del prójimo. Las transgresiones contra la tierra también pueden incluir el cuarto mandamiento, la ley del sabbat, y el sexto, «No matarás».

Las leyes en cuanto a tierra son aspecto importante de la legislación bíblica. El Talmud comenta a fondo estas leyes. La tierra, notaban los rabinos, permanecía santa al Señor («la tierra mía es», Lv 25:23) incluso en manos de los paganos; de aquí que los paganos son responsables ante Dios por el cuidado de la tierra y su diezmo[3]. La razón de ser del año sabático, según R. Abbahu, es que «el Santo, bendito sea, le dijo a Israel, siembra tu semilla seis años pero omite el séptimo, para que puedas saber que la tierra es mía»[4]. De interés particular es el comentario de R. Eleazar:

> R. Eleazar dijo: Todo hombre que no tiene esposa no es propiamente hombre; porque se dijo: *Varón y hembra los creó y llamó su nombre Adán.*

> R. Eleazar también indicó: Todo hombre que no posee tierra no es propiamente hombre, porque se dijo: *Los cielos de los cielos son del Señor; pero la tierra él la ha dado a los hijos de los hombres[5].*

Puesto que el llamamiento del hombre es a ejercer dominio, los rabinos reconocieron que los dos aspectos básicos para el ejercicio del dominio son la familia y la tierra. El deber del hombre aquí es obligatorio para todos.

Las leyes de la tierra requerían un descanso sabático (Éx 23:10-11; Lv 25:1-11). El verdadero significado del sabbat es reposo antes que adoración, y un reposo se le debía a la tierra misma para su revitalización. Negarle un sabbat a la tierra es defraudarla y robarle lo que se le debe. Bonar comentó de esta ley que «bien se ha dicho

2   Calvino, *Commentaries on the Four Last Books of Moses,* III, 121.

3   *Gittin,* 47a; p. 208; *Kiddushin,* 38b; p. 188.

4   *Sanhedrin,* 39a; p. 250.

5   *Yebamoth,* 62b-63a; p. 419.

que por el sabbat semanal poseían ellos mismos lo que pertenecía a Jehová, y por este sabbat de siete años profesaban que la tierra era de él, y ellos sus arrendatarios»[6].

La clave de la ley de la tierra está en esta declaración: «La tierra no se venderá a perpetuidad, porque la tierra mía es; pues vosotros forasteros y extranjeros sois para conmigo» (Lv 25:23). Esta ley suena especialmente extraña a oídos modernos, porque la tierra agrícola se ha vuelto, especialmente en Norteamérica, un sector para la compra y venta especulativa, y los cambios de dueño en algunas regiones son excesivos. En la mayoría del planeta, la tierra se ha considerado y todavía se considera posesión inalienable de la familia. Tal vez la resistencia más importante al comunismo ha venido, no de países extranjeros, sino de los campesinos pacientes y obstinadamente resistentes. La venta de la tierra y la confiscación de la tierra son cosas que el campesino rehúsa aceptar. La tierra es una herencia que no se puede enajenar. Los partidos campesinos de los varios países europeos han sido grupos responsables y sus líderes políticos y estadistas excelentes. Significativamente, la Unión Internacional Campesina, con su obstinada resistencia al comunismo, tiene como su emblema una bandera verde, color de sembrados en flor y de esperanza[7].

Es importante, por consiguiente, analizar cuidadosamente el significado de Levítico 25:23-28, y su significación para nuestros tiempos. *Primero,* la regla general es que «La tierra no se venderá a perpetuidad», o, literalmente, «hasta la aniquilación, i.e., de modo de que desaparezca para siempre, o que el vendedor la pierda para siempre»[8]. Las ventas eran en efecto arrendamientos, porque nadie tenía el derecho de enajenar la tierra del Señor.

Segundo, si un hombre empobrecía y «vendía» su tierra, su pariente podía redimir la tierra y restaurársela de inmediato (Lv 25:25, 48, 49).

Tercero, si el dueño no tenía parientes que pudieran redimir la tierra por él, y él ganaba lo suficiente para hacerlo por cuenta propia, podía calcular los años que quedaban hasta el año del jubileo y pagarle al comprador por los años de arrendamiento que todavía restaban (Lv 25:26, 27).

Cuarto, si el dueño no tenía dinero para comprar de nuevo la tierra, revertía a él después de siete años sabáticos, en el jubileo (Lv. 25:28).

Quinto, Dios dejó en claro que los israelitas eran «forasteros y extranjeros» en su propia tierra. Siendo Dios el dueño, su estatus era similar al de su estada en Egipto. Estaban allí por favor del Señor y en sus términos.

Sexto, las casas en la ciudad se podían enajenar o vender permanentemente, una vez que la compra quedaba completa. Siendo construidas por hombres, estas propiedades podían transferirse libremente (Lv. 25:29-34).

---

6   Bonar, *Leviticus,* p. 446.

7   Henry C. Wolfe, «Peasants vs. Communism» [«Campesinos vs. comunismo»], *Christian Economics,* vol. XXI, no. 21, (11 noviembre 1969), pp. 1,3.

8   Keil and Delitzsch, *The Pentateuch,* II, 461.

Séptimo, al parecer era posible vender permanentemente la tierra si la venta era a un familiar, si Jeremías 32:7, 8 es una indicación de esto.

Ginsburg da una perspectiva importante del significado de esta ley en su comentario sobre Levítico 25:23:

> Dios no solo había ayudado a los israelitas a conquistar la tierra de Canaán, sino que la había seleccionado como su propia morada y erigido su santuario en medio de ella (Éx 15:13; Nm 25:34). Por consiguiente, Él está entronizado en ella como Señor del suelo y los israelitas son solo sus inquilinos por voluntad divina (Nm 14:34; 20:24; 23:10; Nm 13:2; 15:2), y como tales tienen que abandonarla si desobedecen sus mandamientos (Nm 18:28; 20:22; 26:33; Dt 28:63). Por esta razón se les considera extranjeros y forasteros, y no tienen absolutamente ningún derecho de vender lo que no es de ellos[9].

Debido a que el tabernáculo y después el templo tenían el Lugar Santísimo, el trono de Dios, el asiento visible de su gobierno de Israel, la tierra de Israel tenía una norma particular requerida por ley. Dios, como lugarteniente, se la repartió a las tribus, y exige que se le dé un carácter estable a la tierra mediante la propiedad incambiable de la familia. Este acto le dio a Israel un conservatismo rural comparable al de la Europa campesina.

La pregunta importante para nosotros es el estatus presente de esta ley. ¿Tiene todavía la misma fuerza obligatoria? Si es así, ¿cómo se aplica?; y si no, ¿queda algo de significación en ella?

Parecería que la fuerza obligatoria de esta ley tenía referencia a las tierras rurales en el reparto original entre las doce tribus. La tribu de Dan más tarde adquirió un territorio más al norte por conquista (Jue 18), y no se nos da ninguna indicación de que la misma ley de la tierra se aplicara al nuevo territorio, que empezó casi como territorio fuera de la ley. No hay evidencia posterior de que los judíos en la dispersión sintieran que esta ley fuera obligatoria fuera de Israel, aunque persistía la misma lealtad a la tierra. El carácter inalienable de la tierra fue una característica del área del Trono. Un concepto comparable en una escala menor es el estado Vaticano moderno, que es propiedad del Vaticano por entero y por consiguiente no está en el mercado. La Tierra Santa es el área del Trono de Dios, y por consiguiente no está en venta.

Por otro lado, el que Dios sea el dueño de toda la tierra es básico a la ley bíblica, de modo que los derechos del Trono se extienden con mucha claridad a toda la tierra. El Trono, sin embargo, ahora está en el cielo, que tiene en pleno el *estatus inmutable* que en un tiempo se requirió de Canaán. Claro, ahora la tierra se puede vender.

Claro también, Dios en efecto tiene el propósito de que las leyes de la tierra den estabilidad a la sociedad. La ausencia de todo impuesto a la tierra y a la

---

9   C. D. Ginsburg, «Leviticus» [«Levítico»], en Ellicott, I, 456.

propiedad en la ley bíblica definitivamente protege la propiedad duradera, en tanto que las leyes modernas de impuestos destruyen la propiedad. Para citar un ejemplo, en una ciudad, un sector encantador de mansiones, 10 a 20 habitaciones, en construcción de piedra, llegaron a estar tan sobrecargadas de impuestos, que hubo que derribarlas para dar lugar a condominios, o venderlas para dormitorios estudiantiles. La propiedad de esas casas pasó a ser de prohibitiva a imposible debido a los impuestos.

En otro sector, los impuestos condujeron a la deterioración del área Conforme las personas se mudaban, las viviendas se convertían en multifamiliares. Entonces los impuestos bajaron, llegaron nuevas familias, y se produjo un cambio del 90% en la población en menos de diez años. Las personas que habían construido allí, esperando vivir por el resto de su vida, sufrieron grandes pérdidas. Los impuestos a la propiedad son un medio de destruir la propiedad y una forma de robo.

Los impuestos se establecen para el uso especulativo de la tierra y destruyen la estabilidad de las comunidades. Hay una hostilidad marcada contra la urbanización y preservación de comunidades religiosas y étnicas, y tal hostilidad conduce a la destrucción de la propiedad. La destrucción de la comunidad italiana en el extremo occidental de Boston mediante la reurbanización y la «limpieza de tugurios» han sido aptamente descritas por H. J. Gans. Una sociedad centrada en la familia, que extensamente se controlaba y disciplinaba a sí misma, fue desbaratada mediante un proyecto de «limpieza de tugurios», porque los planificadores codiciaban el área. Tanto el poder de imponer impuestos, como el derecho de expropiación, son antibíblicos[10].

El derecho de expropiación o dominio eminente es un derecho divino. Le pertenece solo a Dios. El «derecho» del estado a la expropiación no tiene lugar en la ley bíblica[11]. El estado tiene el deber de proteger al hombre y su propiedad, pero no de imponerle impuestos ni de confiscarla.

Para resumir las leyes bíblicas de impuestos en relación a la propiedad de la tierra, diremos que el básico era el impuesto por cabeza o tributo (Éx 30:11-16), que debía ser el mismo para todos los hombres. Lo pagaban solo los hombres, todos los hombres de veinte años para arriba. Este impuesto lo recogía la autoridad civil para el mantenimiento del orden civil, para proveer a todos los hombres con una cobertura o expiación de justicia civil.

El diezmo cubría las necesidades generales religiosas y sociales de la comunidad, educación, bienestar público y cosas parecidas.

Así que no había impuesto a la tierra o impuesto a la propiedad. Puesto que «de Jehová es la tierra» (Éx 9:29, etc.), el impuesto a la tierra usurpa los derechos de Dios y es ilegal. El propósito de la ley bíblica con referencia a la tierra es

---

10   Para un relato del Extremo occidental de Boston, ver Herbert J. Gans: *The Urban Villagers* (The Free Press of Glencoe, Nueva York, 1962).

11   Ver R. J. Rushdoony, *The Politics of Guilt and Pity,* cap, sobre «Eminent Domain» [«Derecho de expropiación»] (The Craig Press, Nutley, NJ., 1970).

garantizar la seguridad del hombre y su propiedad. Y un impuesto a la propiedad de cualquier clase es negar esta seguridad que ordenó Dios.

10. El nacimiento virginal y la propiedad

El fuerte filón de maniqueísmo en la iglesia la ha llevado a descartar el mundo material por el mundo del espíritu, o, en el caso de los modernistas, a escoger el orden material en contra de lo espiritual. Los que descartan el mundo material se vuelven antinomianos; el evangelio para ellos no tiene ley para el mundo material, porque ese mundo debe perecer y hay que renunciar al mismo. El mandato de subyugar la tierra, las promesas respecto a una creación restaurada y, al fin, de un cuerpo de resurrección, no se toman en serio. El mundo y la carne se ligan con el diablo como una trinidad impía.

Los modernistas optan por el mundo de la materia y renuncian a la ley por una razón similar. Los dos mundos extraños del espíritu y la materia, según la teología maniquea, no pueden vincularse. El mundo material es, por consiguiente, su propia fuente de ley, y la consecuencia es un evangelio social, un evangelio derivado de la sociedad antes que de Dios y una ética situacional, una moralidad gobernada por el momento existencial, material.

El modernista convierte las narraciones del nacimiento de Jesucristo en un mito; los evangélicos convierten la historia en un cuento dulce, del otro mundo. La realidad es que la historia es totalmente antimaniquea y totalmente pertinente al tiempo y a la eternidad. La mente maniquea ha infectado tan extensamente el mundo occidental que escribir o hablar de «el nacimiento virginal y la propiedad» llega como aturdimiento; las dos cosas nunca deberían unirse.

La anunciación (Lucas 1:26-38) declaró que a Jesús se le daría «el trono de David su padre; y reinará sobre la casa de Jacob para siempre, y su reino no tendrá fin» (Lc 1:32, 33). En este punto los religiosos se apresuran a decirnos que este trono y reino son espirituales y no tienen referencia a este mundo, excepto en la medida en que los hombres se salvan y entran en el arca de la iglesia. Que el significado incluye un marco de referencia espiritual y eterna se puede conceder a plenitud, y se debe conceder. Pero no hay base para la exclusión de una referencia al tiempo y la historia. Claramente, Jesucristo será Señor y Soberano de las naciones en términos de la profecía mesiánica. Él viene para tomar posesión de su reino, su propiedad, como Señor soberano.

María lo entendió muy bien, como el Magnificat lo deja en claro (Lc 1:45-56). El Magnificat es todo un recital gozoso de profecías del Antiguo Testamento sobre el tema. Es, en verdad, «casi en su totalidad compilación de citas del Antiguo Testamento»[1].

---

1   Norval Geldenhuys, *Commentary on the Gospel of Luke* (Eerdmans, Grand Rapids, 1951), p. 84.

La virgen María celebró «la poderosa inversión de las cosas que en principio ya había sido lograda por la entrada de Dios en el curso de la historia y en la vida de la humanidad, por la venida del Mesías, su Hijo prometido»[2]. Esta «poderosa inversión de las cosas» es el trastorno del dominio del pecado sobre el hombre y la historia. Es el poderoso reordenamiento de todas las cosas bajo el dominio del Rey, Jesús, el Mesías, debido a que «su misericordia es de generación en generación a los que le temen» (Lc 1:50).

> Hizo proezas con su brazo; Esparció a los soberbios en el pensamiento de sus corazones.
>
> Quitó de los tronos a los poderosos, y exaltó a los humildes.
>
> A los hambrientos colmó de bienes, y a los ricos envió vacíos.
>
> Socorrió a Israel su siervo, Acordándose de la misericordia de la cual habló a nuestros padres, para con Abraham y su descendencia para siempre (Lc 1:51-55).

Es obvio que María quiso decir que la historia vería una poderosa inversión de las cosas debido al nacimiento de su Hijo. Por la fuerza de él, los vanos pensamientos de los hombres quedarían confundidos. Los poderosos serían destronados, y los humildes benditos del Señor exaltados. El pueblo hambriento de Dios sería saciado y los pecadores ricos serían arrojados fuera para que mendiguen. Todo esto ocurriría en cumplimiento de las profecías, de los patriarcas y profetas de que, por la simiente de Abraham y de David, el Israel de Dios poseería toda la tierra material.

Decir que María creía esto, pero que un cumplimiento «espiritual» es lo que Dios más bien intentaba, es trivializar las Escrituras. El significado claro de lo que dijo María es inequívoco. Si se pueden espiritualizar sus palabras y llevarlas a un cumplimiento no material, la narración de la creación y los informes del nacimiento virginal también se pueden espiritualizar y llevar a un cumplimiento no material. O las Escrituras dicen lo que dicen, o no significan nada.

Claro, un cumplimiento muy real y material es el único significado válido aquí. Muy generalmente, entonces, este significado es como sigue: *Primero,* la tierra es propiedad de Jesucristo, porque él es el Rey mesiánico, el mismo Hijo de Dios tanto como el Hijo real de David.

Segundo, este Rey tiene el derecho de expropiación y puede hacer lo que quiera con su propiedad. Puede expulsar a los impíos y dar el reino a los que le obedecen. Como Jesús declaró: «Os digo, que el reino de Dios será quitado de vosotros, y será dado a gente que produzca los frutos de él» (Mt 21:43). El propósito de su venida es destronar al presente liderazgo del mundo y darle su dominio a su pueblo.

Tercero, esto quiere decir que el pueblo de Dios debe esperar el reino de Dios, imponer sus leyes y ser fiel al mandato de la creación de subyugar la tierra y ejercer dominio sobre ella (Gn 1:26-28).

---

2   *Ibíd.,* p. 86.

Cuarto, «por el Mesías, Dios destronará a todos los enemigos»[3]. Esto quiere decir victoria total. El Magníficat profetiza la victoria total de Jesucristo y el desarraigo del reino del hombre. Los impíos quedarán en abiertamente confundidos y serán expulsados, y el pueblo de Dios será conducido a plena luz al poder y a la victoria. Israel, el pueblo del pacto de Dios, será establecido en pleno poder. De nada sirve decir, como lo decía Lenski:

> «Y María dijo» no da indicio de ninguna inspiración divina; ni tampoco esta ni ninguna revelación fue necesaria para el contenido de este himno. A diferencia del de Elisabet, no contiene ninguna profecía ni ninguna prueba de conocimiento que le hubiera sido comunicado de manera sobrenatural. El himno de Elisabet se dirige a María, y apropiadamente; el de María a Dios, y de nuevo, de la manera más apropiada. El de Elisabet es una continuación del discurso de Gabriel a María, el de María una continuación y una expresión de su breve respuesta a Gabriel. El de María es más hermoso en frases y en forma, pero está en un nivel más bajo que el de Elisabet[4].

Contrario a lo señalado por Lenski, el Magníficat muy claramente contiene y es profecía. Todavía más, enuncia de nuevo la profecía del Antiguo Testamento. Si tan solo lo que se rotula como inspirado en la Biblia fuera en realidad inspirado, habría que degradar muchas profecías. María profetizó, claramente profetizó en el Espíritu de Dios. La anunciación (Lc 1:26-35) indica bien claro que más que el vientre de María fue apartado por Dios para su propósito santo, y limitar la obra de Dios al vientre de María es agredir las Escrituras. El hecho que Lenski añadió, después de la declaración que antecede, que «María misma no da causa para la mariolatría», aclara su propósito de subestimar a María. No es mariolatría hacer justicia a las Escrituras.

Quinto, la ley: «No hurtarás», quiere decir también que el hombre no puede robarle a Dios sus prerrogativas ni su propiedad. Dios arroja de su viñedo a los ladrones (Mt 21:33-44) y reduce a polvo a sus enemigos.

El nacimiento virginal, en consecuencia, es la confirmación de la ley de Dios y una afirmación enfática de los derechos de propiedad de Dios *sobre el hombre* y la tierra. Este milagro es la clarinada de victoria y restauración.

11. El fraude

Según Levítico 19:13: «No oprimirás a tu prójimo, ni le robarás. No retendrás el salario del jornalero en tu casa hasta la mañana». Ginsburg anotó:

---

3   William F. Arndt, *The Gospel According to St. Luke* (Concordia, Saint Louis, 1956), p. 60.
4   R. C. H. Lenski, *The Interpretation of St. Luke's Gospel* (Wartburg Press, Columbus, Ohio, 1948), p. 84.

Aquí se prohíben la opresión por fraude y opresión por violencia. Es probablemente en alusión a este pasaje que Juan el Bautista advirtió a los soldados que vinieron a verle: «Y les dijo: No hagáis extorsión a nadie, ni calumniéis; y contentaos con vuestro salario» (Lc 3:14).

De la declaración en la cláusula que sigue, que prohíbe la retención del salario por la noche, es evidente que aquí se habla del trabajador a destajo, y que depende de su salario para sostenerse a sí mismo y a su familia. La ley le protege al establecer que la ganancia del contratado se debe pagar prontamente. Este cuidado benigno del trabajador, y la denuncia contra todo intento de defraudarlo, se repite vez tras vez en las Escrituras (Dt 24:14, 15; Jer 22:13; Mal 3:5; Stg 5:4). De aquí la interpretación humana que se obtuvo de esta ley durante el segundo templo: «El que trata con rigor a un obrero contratado peca tan gravemente como si le hubiera quitado vida, y es transgresión de cinco preceptos»[1].

Según Clarkson, la ley requiere «integridad en las transacciones diarias» y honradez:

«No hurtaréis, y no engañaréis» (v. 11). «No oprimirás a tu prójimo, ni le robarás» (v. 13; ver vv. 35, 36). Nada podría ser más explícito que esto, nada más amplio en sugerencia. Ningún miembro de la comunidad hebrea podía (1) apropiarse deliberadamente de lo que sabía que no era suyo, (2) robarle a su prójimo al comerciar, ni (3) defraudarlo o tratarlo injustamente en cualquier transacción o en cualquier relación, sin quebrantar conscientemente la ley y caer bajo el desagrado de Jehová. Las palabras de la ley son claras y fuertes, y van derecho al entendimiento y a la conciencia. Todo hombre entre ellos debe haber sabido, como cada uno entre nosotros sabe bien, que la falta de honradez es pecado a los ojos de Dios[2].

Calvino dijo que la fuerza de esta ley es prohibir «toda opresión injusta», toda apropiación de los bienes de otro[3]. Frederic Gardiner dijo que Levítico 19:13 «tiene que ver con abusos de poder, con "la conversión del poder en derecho". Los particulares que se mencionan son la opresión (comp. 25:17-43), el robo y la retención indebida de salario. De esto último se habla con mayor extensión (Dt 24:14, 15. Cf Stg 5:4)»[4].

Gardiner nos lleva al meollo de esta ley. Tenemos aquí una variación de la ley contra el robo que se dirige en particular contra los abusos de poder, con-

---

1   C. D. Ginsburg, «Leviticus» [«Levítico»], en Ellicott, I, 423.
2   W. Clarkson, en Spence y Exell, *The Pulpit Commentary, Leviticus* (R. Collins, A. Cave, F. Mayrick), (Funk & Wagnalls, Nueva York), p. 300.
3   Calvino, *Commentary on the Four Last Books of Moses*, III, 112.
4   Frederic Gardiner, «Leviticus» [«Levítico»], en John Peter Lange, *Exodus-Leviticus*, p. 150.

tra la opresión. El salario se debe pagar prontamente, al tiempo especificado o contratado. En la antigüedad el pago era por día. Esto quiere decir que el pago debía hacerse al final del día laboral, no a la mañana siguiente. El no pagar al momento requerido era delito: era robo.

Este punto es importante. Muchos de los objetivos que buscan los modernos que siguen la ideología liberal son parte de la ley mosaica, pero con una diferencia significativa. La ley bíblica requería el tratamiento justo del obrero; prohibía fraude en alimentos, medidas, dinero y medicinas. Requería la conservación del suelo, y mucho más, pero *no* por agencias administrativas. La ley criminal prohibía el asesinato y el robo, todas las medicinas y alimentos dañinos se prohibían como destructores de la vida; los alimentos y bienes fraudulentos eran robo, etc. En la sociedad moderna, esas ofensas con demasiada frecuencia son jurisdicción de agencias administrativas arbitrarias, así como también los problemas laborales, con el resultado de que la ley criminal se subvierte y el mismo propósito de esa ley, la prevención de la opresión, se anula. Todavía más, debido a que la ley de estatuto civil ha reemplazado a la ley bíblica, a los hombres se les puede hacer daño y acortar sus vidas mediante drogas y rociamientos peligrosos, y ningún crimen existe a menos que algún estatuto cubra el caso específico. La combinación de ley estatutaria y ley administrativa ha producido opresión, en tanto que la ley común de las Escrituras da al hombre un principio de justicia y una base para un entendimiento público de la ley.

Es posible defraudar a nuestro prójimo de muchas maneras. Se puede enajenar su propiedad por expropiación, lesión, legislación restrictiva y una infinidad de otros medios. La *propiedad* de un hombre, todavía más, incluye más que su tierra, casa, posesiones materiales y dinero. Un hombre tiene propiedad también de sus ideas e invenciones. Las patentes, pues, tienen un largo historial en la cultura occidental como resultado de la ley contra el robo. El hecho de que las leyes de patentes a veces han sido muy pobres durante esa larga historia no anula su necesidad. Las leyes de patentes —por las cuales los hombres pueden desarrollar una invención y prevenir el robo de su ingenio— han contribuido al progreso de la civilización occidental. El Acta de Patentes de Plantas de 1930 produjo gran progreso en el cultivo de plantas y a los agricultores, porque protegía su inversión de tiempo y dinero[5]. La presente erosión de las leyes de patentes por interpretaciones judiciales y administrativas es una amenaza seria al progreso futuro.

Las leyes de derechos de propiedad intelectual tienen una historia complicada, lo que no es nuestra preocupación aquí, pero ellas también descansan en la premisa de que un hombre tiene derecho de propiedad sobre las obras que ha escrito.

La versión PDT traduce la primera cláusula de esta ley: «No exploten a sus semejantes», y la traducción de la Tora dice: «No coaccionarás a tu prójimo».

---

5   Ken y Pat Kraft, *Fruits for the Home Garden* (William Morrow, Nueva York, 1968), p. 22.

La referencia es a todo tipo de opresión, *legal o ilegal,* por la que se priva a otro hombre de su propiedad y posesiones. La extorsión legal e ilegal tiende a ir mano a mano. Cuando los hombres se entregan a la iniquidad, su sociedad también será inicua, como lo serán sus leyes y cortes. En la extorsión o fraude legal, los hombres usan la agencia del estado o sus cortes para realizar sus robos. Las leyes que discriminan contra los pobres porque son pobres, o contra los ricos porque son ricos, son leyes de extorsión. Las leyes que tratan de igualar los ingresos de los hombres son leyes de extorsión.

La intención básica de esta ley, puesto que trata de «abusos de poder», es legislar contra las varias formas de robo legalizado que tan a menudo acompaña el control del estado por una clase u otra. Las referencias a esta ley en las Escrituras son muchas. Para citar unas pocas, Proverbios 22:22, 23 declara:

> No robes al pobre, porque es pobre, ni quebrantes en la puerta al afligido; porque Jehová juzgará la causa de ellos, y despojará el alma de aquellos que los despojaren.

De nuevo, en Proverbios 28:24 se hace referencia a la opresión de los padres por hijos que tergiversan la ley o tribunales que buscan ventaja propia: «El que roba a su padre o a su madre, y dice que no es maldad, compañero es del hombre destruidor». La culpa se agrava con la legitimidad técnica que permite que el ladrón diga: «No es transgresión». El castigo de Dios para los extorsionadores santurrones es la muerte: «Ésta es la parte de los que nos aplastan, y la suerte de los que nos saquean» (Is 17:14). Los extorsionadores y opresores producen un orden social que a la larga destruirá también al que «injustamente amontona riquezas; en la mitad de sus días las dejará, y en su postrimería será insensato» (Jer. 17:11).

Estos últimos enunciados nos dan una idea de las dimensiones de la ley bíblica. La ley civil moderna prevé solo la imposición civil. La ley bíblica requiere la imposición civil y declara la certeza del supremo castigo divino en la historia por no imponer sus leyes. La ley bíblica criminal es, pues, esencialmente una ley religiosa y tiene en mente dos tipos de tribunales: los ordenados por Dios para el orden social, y la Corte Suprema del Dios Todopoderoso.

El comentario de Ehrlich va al punto:

> Es difícil comparar los pecados bíblicos con los delitos estatutarios puesto que los primeros se basan todos en valores morales y espirituales en tanto que en los últimos solo es el delito lo que encaja en la estructura del estatuto que se trata de imponer[6].

Precisamente, la ley bíblica es la palabra de Dios. Por consiguiente, representa un orden supremo que está escrito en la textura de toda la creación y en el corazón

---

6   J. W. Ehrlich, *The Holy Bible and The Law,* p. 92.

del hombre. De aquí que un sistema de jurado es válido en términos de ley bíblica, puesto que la decisión está en términos de una ley fundamental que todos los hombres saben, sea que lo reconozcan o no. Los estatutos civiles representan solo la voluntad del estado, no un orden moral objetivo y absoluto. La ley estatutaria produce la iniquidad, porque la sociedad entonces ya no está gobernada por un estándar absoluto de justicia sino más bien por la voluntad decretada del estado. Como el dinero fiduciario, la ley fiduciaria carece de sustancia, y rápidamente se destruye a sí misma y a todos los que se apoyan en ella. Es una forma de fraude, y una forma grave.

12. Derecho de expropiación o dominio eminente

El derecho de expropiación o dominio eminente es una declaración de soberanía del estado sobre todo inmueble dentro de este, y una declaración del derecho de apropiarse de todo o cualquier parte en él para cualquier uso público o estatal que el estado considere necesario. Normalmente se da compensación por el inmueble expropiado, pero no se considera como una limitación obligatoria de parte del estado[1].

El derecho de expropiación es una declaración de soberanía que en las Escrituras se le adscribe solo a Dios. Debido a sus derechos de dominio eminente, Dios aplicó castigo sobre Egipto (Éx 9:29). Todavía más, debido a su derecho de expropiación o dominio eminente, Dios dio la ley del dominio a Israel y declaró que sería para toda la tierra y para todos los pueblos, «porque mía es toda la tierra» (Éx 19:5). Esta afirmación se indica de nuevo en Deuteronomio 10:12-14:

> Ahora, pues, Israel, ¿qué pide Jehová tu Dios de ti, sino que temas a Jehová tu Dios, que andes en todos sus caminos, y que lo ames, y sirvas a Jehová tu Dios con todo tu corazón y con toda tu alma; que guardes los mandamientos de Jehová y sus estatutos, que yo te prescribo hoy, para que tengas prosperidad? He aquí, de Jehová tu Dios son los cielos, y los cielos de los cielos, la tierra, y todas las cosas que hay en ella.

El hecho del dominio eminente de Dios se celebra en las Escrituras como base para la confianza de su pueblo (Sal 24:1; 50:12; 1 Co 10:26, 28, etc.). El derecho de expropiación del estado no se reconocía en Israel, como el incidente del viñedo de Nabot deja en claro (1 R 20), aunque se profetiza como una de las consecuencias de la apostasía al apartarse de Dios Rey (1 S 8:14). En Ezequiel 46:18 se prohíbe de manera específica.

Los orígenes del derecho de expropiación están en la realeza pagana. El *término* dominio eminente o derecho de expropiación se originó con Grocio en 1625.

---

1 Para un análisis del concepto de expropiación, ver R. J. Rushdoony, *The Politics of Guilt and Pity*, Sección IV, capítulo 5. La explicación que se da en ese capítulo no se repite aquí.

Desde entonces, ha tenido un desarrollo significativo. Más importante, el *concepto* no se originó con Grocio, sino que llegó a ser significativo en la cristiandad solo conforme se fue desarrollando el pensamiento de una *ley natural*. Debido a que la filosofía de la ley natural ubica a la ley suprema dentro de la naturaleza, sienta el poder soberano también dentro de la naturaleza, con el resultado de que se adscribe soberanía a un poder temporal. «Soberanía ("majestad", "supremacía", etc.), en la teoría de ley natural, no solo significa una forma o cualidad particular de autoridad política; también significa autoridad política en sí misma, en su propia sustancia esencial»[2].

Según Cochran y Andrews, «el poder de expropiación es un poder soberano, inherente, que no se le puede quitar o separar del estado»[3]. Este poder no lo reclamaron las colonias y estados originales sino que brotó como consecuencia de la filosofía de la ley natural y las influencias de la ley inglesa. Con respecto a la teoría de dominio eminente en la ley estadounidense, un párrafo en *Ruling Case Law* (1915), de William M. McKinney y Burdett A. Rich, da un sumario excelente del concepto conforme se desarrolló en los Estados Unidos de América en el siglo XIX:

10. Dominio eminente como ejercicio de soberanía. Grocio plantea la teoría de que el poder de dominio eminente se basa en el principio de que el estado tenía propiedad original y absoluta de todos los bienes raíces que poseen los miembros individuales del mismo, anteriores a su posesión, y que su posesión y disfrute de los mismos se derivaba subsiguientemente de una concesión de parte del soberano, sujetos a un acuerdo tácito como reserva implícita de que se podría retirar, y todos los derechos individuales extinguirse por un ejercicio legítimo de esta propiedad última de parte del estado. Esta explicación de la base del poder de dominio eminente la adoptaron varias de los tribunales estatales en sus primeras decisiones. La teoría de Grocio, sin embargo, no la adoptaron todos los demás filósofos políticos. Heineccius, citando a Séneca, señala que a los reyes les pertenece el control de las cosas y a los individuos la propiedad de estas. Algunos de los jueces de esta nación, embebidos por el espíritu de la libertad individual, objetaron que tal doctrina estaba llevando a los principios del sistema social de regreso a la teoría esclavizante de Hobbes, que, por plausible que pudiera haber sido respecto a la tierra que una vez el soberano tenía en propiedad absoluta, y directamente concedida por él a los individuos, es incongruente con el hecho de que la consecución de derechos preexistentes a su propiedad es el gran motivo y objeto de los individuos al asociarse en gobiernos. Además,

---

2   Otto Gierke, *Natural Law and the Theory of Society 1500 to 1800* (Beacon Press, Boston, 1957), p. 40s.

3   Thomas C. Cochran y Wayne Andrews, *Concise Dictionary of American History* (Charles Scribner's Sons, Nueva York, 1962), p. 328.

no se aplica para nada a la propiedad personal, que en muchos casos es por entero la producción de dueños individuales. Sin embargo, el principio de apropiarse de la propiedad privada para uso público es tan extenso respecto a la propiedad personal como a la del rey. En consecuencia, por lo general ahora se considera que el poder de expropiación o dominio eminente no es un derecho de propiedad o un ejercicio de parte del estado de una suprema propiedad del suelo, sino que se basa en la soberanía del estado. Así como esa soberanía incluye el derecho de imponer y obligar el cumplimiento legal de cualquier cosa no físicamente imposible y no prohibida por alguna cláusula de la constitución, y que el tomar la propiedad dentro de la jurisdicción del estado para uso público contra pago de compensación no es ni imposible ni prohibido por la constitución, un estatuto autorizando el ejercicio del dominio eminente no necesita más justificación. La cuestión es puramente académica, pero es de alguna importancia práctica al decidir si los Estados Unidos pueden ejercer el derecho de dominio eminente dentro del Distrito de Columbia, independientemente de una provisión en el acta de sesión de que los derechos de propiedad de los habitantes deben permanecer sin afectarse. Se sostuvo que como el dominio eminente era un derecho de soberanía y no de propiedad, la provisión no tenía aplicación[4].

Hay varias presuposiciones interesantes en este párrafo, pero nos limitaremos a dos. *Primera,* el derecho natural del estado al dominio eminente había sido una presuposición y la Décima Enmienda a la Constitución de los Estados Unidos había sido sobreseída en términos de esta. No hay ninguna delegación expresa de dominio eminente al gobierno federal en la Constitución, lo que quiere decir que esta lo prohibía, si la Décima Enmienda tenía algún significado. Pero un derecho previo, una ley natural, se da por sentado, según Grocio, que le concede a todo estado un supuesto derecho que ninguna ley o constitución puede alterar. Entonces, aunque la Constitución de los Estados Unidos no concede dominio eminente al gobierno federal, y aunque el acta de sesión del Distrito de Columbia al gobierno federal específicamente requería «que los derechos de propiedad de los individuos deben permanecer sin afectarse», se sostuvo que esta provisión no tenía aplicación debido a un derecho absoluto de parte del estado. *Segunda,* este derecho absoluto al dominio eminente se deriva del «derecho de soberanía». De nuevo, esta es una presuposición asombrosa, puesto que la Constitución de los Estados Unidos en ningún momento usa la palabra «soberanía», y, en verdad, la evita. La tradición puritana reservaba la palabra apropiadamente para Dios, y la separación de los Estados Unidos del rey Jorge III los hizo especialmente hostiles a todo reavivamiento político del concepto de soberanía. No hay, por lo tanto, ningún «derecho de soberanía» que se conciba en la Constitución de los Estados Unidos de 1787-1791.

---

4   10 R. C. L., 10.

En términos de esta pretensión de soberanía o de dominio eminente, ninguna constitución ni ninguna ley tiene validez, puesto que toda legislación se puede hacer a un lado mediante una afirmación de un poder soberano previo del estado. Ninguna legislación puede dar a sus ciudadanos inmunidad contra el estado en el que las cortes mantienen una doctrina de dominio eminente, por el que toda ley está sujeta a rechazo cuandoquiera que el poder soberano del estado lo decrete.

Muy lógicamente, la legislación federal de impuesto a la renta exige que al contribuyente se le permita guardar una «exención» de parte del estado, o sea, una concesión. *Toda* la propiedad e ingresos de un hombre, sus productos artísticos y comerciales, son, en términos de este reclamo de soberanía y dominio eminente, propiedad del estado, a lo menos bajo el control y uso del estado.

Solo conforme se afirma y se acepta el poder soberano y gracia salvadora del Dios triuno, se pueden socavar y anular los reclamos del estado de ser fuente de soberanía y gracia.

En los Estados Unidos de América, George Mason, autor de la Declaración de Derechos de Virginia, específicamente excluyó dominio eminente en ese documento. La Declaración de Virginia dice, «que ninguna parte de la propiedad de un hombre le puede ser quitada, ni aplicada a usos públicos, sin su consentimiento, o el de sus representantes legales». Este principio, ostensiblemente reafirmado en la Quinta Enmienda de la Constitución de los Estados Unidos estuvo redactado de manera muy pobre y dejó base para la reintroducción del dominio eminente.

Claro, la afirmación de soberanía del estado, concepto humanista, llevó en los siglos XVIII y XIX a una afirmación contraria: la soberanía del individuo, de nuevo un principio humanista.

Para Bakunin el estado era un dios falso que había que destruir. El empuje de Bakunin era la ley natural, y sostenía que la ley natural no conoce de estado ni de ninguna teoría de estado, sino solo del hombre. «El hombre nunca puede ser totalmente libre en relación a las leyes naturales y sociales». La libertad no consiste en rebelarse contra todas las leyes. «En la medida en que las leyes sean naturales, económicas y sociales, no impuestas autoritativamente sino inherentes en las cosas», se deben obedecer, decía Bakunin. «Si son leyes políticas y jurídicas, impuestas por los hombres sobre los hombres», sea por la fuerza, engaño o sufragio universal, no hay que obedecerlas.

> El hombre no puede rebelarse contra la naturaleza ni escapar de ella. En contra de las leyes de la naturaleza ninguna rebelión del hombre es posible, por la sencilla razón de que él mismo es producto de la naturaleza y existe solo en virtud de esas leyes. Una rebelión de su parte sería... un intento ridículo, sería una revuelta contra sí mismo, un verdadero suicidio. Y cuando el hombre tiene la determinación de destruirse, o incluso cuando lleva a la práctica tal designio, actúa de acuerdo a esas mismas leyes naturales de las cuales nada

puede eximirlo; ni pensamiento, ni voluntad, ni desesperanza, ni ninguna otra pasión, ni la vida ni la muerte.

El hombre en sí no es otra cosa que naturaleza. Sus sentimientos más sublimes o más monstruosos, las más pervertidas, las más egoístas o las más heroicas manifestaciones de su voluntad, sus pensamientos más abstractos, más teológicos o más desquiciados, no son otra cosa que naturaleza. La naturaleza envuelve, permea, constituye toda su existencia. ¿Cómo puede escapar de esta naturaleza?[5].

Si el hombre «no es otra cosa que naturaleza», todo impulso suyo tiene el estatus de voluntad soberana. Como contra la soberanía del estado y su derecho de dominio eminente, el anarquismo sostiene la soberanía del individuo y el derecho del individuo a dominio eminente.

De acuerdo con esto, Bakunin abogó por «la negación de Dios y el principio de autoridad, divina y humana, y también de todo tutelaje de un hombre sobre los hombres», y por «la negación del libre albedrío y el derecho de la sociedad a castigar; puesto que todo individuo humano, sin ninguna excepción, no es otra cosa que un producto involuntario del medio ambiente natural y social»[6]. Debido a que «el hombre es un animal social», es verdaderamente hombre solo en sociedad; por consiguiente, «la solidaridad social es la primera ley humana; la libertad es la segunda»[7]. ¿Cómo puede el hombre vivir en sociedad, cuando todo hombre es su propia ley? Para Bakunin, como la naturaleza es absoluta, el orden natural es por necesidad el orden bueno y verdadero. Se desprende entonces que:

VIII. El hombre primitivo, natural, se vuelve hombre libre, se vuelve humanizado, agente libre y moral. En otras palabras, se da cuenta de su humanidad y satisface dentro de sí y por sí mismo su aspecto humano propio y los derechos de sus semejantes. Consecuentemente el hombre debe desear la libertad, moralidad y humanidad de todos los hombres en interés de su propia humanidad, su propia moralidad y su propia libertad.

IX. Por tanto, el respeto por la libertad de los demás es el deber más alto del hombre. Amar esta libertad y servirla, tal es la única virtud. Esa es la base de toda moralidad y no puede haber ninguna otra[8].

Si la naturaleza es el orden supremo, la naturaleza también debe ser la fuente del orden verdadero. La lógica de Bakunin es sólida, por falsas que sean sus premisas.

---

5   G. P. Maximoff, editor, *The Political Philosophy of Bakunin: Scientific Anarchism* (The Free Press of Glencoe, Nueva York, 1964), p. 263.

6   *Ibid.,* p. 338.

7   *Ibid.,* p. 339.

8   *Ibid.,* p. 341.

Si el estado es la verdadera manifestación de la ley natural, el estado es ese aspecto en que el hombre pondrá en práctica la verdadera vida y la verdadera moralidad. Si el individuo es esta verdadera expresión de la naturaleza y de la ley natural, el anarquismo del individuo, y una sociedad de anarquismo, representa el orden verdadero. El anarquismo y el estatismo, pues, han sido los dos reclamantes humanistas rivales del derecho a representar la ley natural y obtener dominio inminente. Se debe añadir que el anarquismo no le da tierra al individuo sino a la «sociedad», al hombre natural como grupo social, de manera que el dominio eminente en el anarquismo por lo general lo ejerce el grupo social, no el individuo.

Tal como contra las filosofías de ley natural, la ley bíblica declara la soberanía del Dios trino y su solo derecho al dominio eminente. Toda la propiedad se tiene en fideicomiso bajo y en mayordomía a Dios Rey. Ninguna institución puede ejercer ninguna prerrogativa de Dios, a menos que específicamente se le haya delegado que lo haga, dentro del aspecto específico de la ley de Dios. El estado, entonces, es el ministro de justicia, no el dueño original de la propiedad ni el señor soberano sobre la tierra. En consecuencia, el estado no tiene derecho de expropiación ni de dominio eminente.

La pelea humanista crónica entre el estatismo y el anarquismo no se puede resolver excepto por el rechazo de ambas alternativas a favor del Dios trino y su ley sobrenatural.

Un punto final: muchos que ven la amenaza del dominio eminente del estatista y del anarquista todavía se rehúsan a rechazar la doctrina estatista por razones tecnológicas. ¿De qué otra manera, se nos dice, se pueden construir carreteras y controlar las ondas aéreas? La respuesta a un problema tecnológico debe ser tecnológico, no una capitulación teológica. La tecnología puede, si se le libra de los controles estatistas, hacer posible el uso simultáneo de varias longitudes de onda y canales para radio y televisión. Un tipo diferente de sociedad se desarrollará sin dominio eminente. Ese desarrollo es cuestión tecnológica.

13. Leyes laborales

Las diferentes leyes laborales son como siguen:

> No oprimirás a tu prójimo, ni le robarás. No retendrás el salario del jornalero en tu casa hasta la mañana (Lv 19:13).

> No oprimirás al jornalero pobre y menesteroso, ya sea de tus hermanos o de los extranjeros que habitan en tu tierra dentro de tus ciudades. En su día le darás su jornal, y no se pondrá el sol sin dárselo; pues es pobre, y con él sustenta su vida; para que no clame contra ti a Jehová, y sea en ti pecado (Dt 24:14, 15).

Las dos primeras de estas leyes prohíben el fraude y la opresión respecto a los trabajadores. Se requiere el pronto pago del salario. La interpretación rabínica de esta ley durante la era del segundo templo decía: «El que trata con rigor a un obrero contratado peca tan gravemente como si le hubiera quitado la vida, y ha transgredido cinco preceptos»[1]. Esta ley, entonces, a todas luces requiere, *primero,* que todos los que son patrones, todos los que están en una posición superior, usen ese poder con bondad, sensatez y misericordia. Las transgresiones contra el trabajo son delitos. En lugar de la ley administrativa, la ley criminal gobierna las relaciones laborales. El no pagar el salario debido es fraude o robo, y se castiga como tal.

Segundo, Dios declara que su propia Corte Suprema es el tribunal de apelación apropiado asuntasen cuestiones laborales. Esto es una promesa de castigo contra los ladrones entre los patrones y un estado ladrón que no castiga el robo.

El fuerte sentido de horror contra el abuso del poder de parte de patrones es evidente en las declaraciones bíblicas, y en Ben Sirac, que escribió: «Retener el salario de un trabajador es lo mismo que derramar su sangre» (Eclo 34:22). La palabra del Señor por medio de Jeremías fue de castigo respecto a tales hombres: «¡Ay del que edifica su casa sin justicia, y sus salas sin equidad, sirviéndose de su prójimo de balde, y no dándole el salario de su trabajo!» (Jer 22:13). La palabra por medio de Malaquías es similar:

Y vendré a vosotros para juicio; y seré pronto testigo contra los hechiceros y adúlteros, contra los que juran mentira, y los que defraudan en su salario al jornalero, a la viuda y al huérfano, y los que hacen injusticia al extranjero, no teniendo temor de mí, dice Jehová de los ejércitos (Mal. 3:5).

La misma nota reaparece en el Nuevo Testamento:

He aquí, clama el jornal de los obreros que han cosechado vuestras tierras, el cual por engaño no les ha sido pagado por vosotros; y los clamores de los que habían segado han entrado en los oídos del Señor de los ejércitos (Stg 5:4).

Estos pasajes se refieren a no pagar el salario o reducirlo, o la demora en el pago mismo. La demora en el pago, entonces y ahora, era y es una forma de fraude. Una compañía pequeña que rindió materiales y servicios a una corporación grande, regocijándose en su único contrato grande de más de un millón de dólares, no le pagaron por casi un año. El interés sobre el dinero prestado para pagar obligaciones vencidas casi extinguió a la compañía pequeña. La compañía más grande había usado esta estrategia de no pago con varias compañías a fin de utilizar capital sin intereses. Tuvieron que reconocer, mucho antes de que se entablara acusación contra ellos y se les llevara a juicio, que debían pagar y concluir el caso sin más dilación.

---

1   C. D. Ginsburg, en Ellicott, I, 423.

Tercero, en tanto que la intención de la ley es promover el uso santo del poder, el tratamiento honrado de los trabajadores no es un favor a ellos sino una obligación. San Pablo resumió el principio de la ley en forma sucinta: «Pero al que obra, no se le cuenta el salario como gracia, sino como deuda» (Ro 4:4), lo que la Versión Latinoamérica traduce: «Cuando alguien ha realizado una obra o trabajo, no se le entrega el salario como un favor, sino como una deuda». El trabajo hecho para nosotros o por nosotros es una deuda que se debe pagar enseguida, como por contrato, o de lo contrario es robo y se castiga como tal.

Cuarto, el dueño de una propiedad es el único gobernante de su propiedad y puede hacer lo que quiera con lo suyo, siempre que trate con honradez a sus trabajadores,. Por eso, en la parábola del dueño que contrató a hombres a diferentes horas del día, algunos por la mañana, otros a la hora tercera, sexta y novena, y sin embargo les pagó a todos el mismo salario, el Señor declaró: «¿No me es lícito hacer lo que quiero con lo mío? ¿O tienes tú envidia, porque yo soy bueno?» (Mt 20:15). El dueño le había dicho a cada uno: «Recibiréis lo que sea justo» (Mt.20:7), y si algunos trabajaron solo una hora pero recibieron el salario de todo un día, no se hizo ninguna injusticia a los que trabajaron todo el día y recibieron el salario de todo un día. El dueño está en deuda según el trabajo rendido. El control de su dinero y propiedad, sin embargo, no pasa por ello al trabajador.

Quinto, un principio respecto a la paga se establece en Deuteronomio 25:4: «No pondrás bozal al buey cuando trillare». Esto, por supuesto, es el ejemplo clásico de una ley consuetudinaria, un principio legal general que se ilustra con un caso mínimo. Si el buey merece su paga, su comida, ¿cuánto mucho más el hombre? Por consiguiente, «el obrero es digno de su alimento» (Mt 10:10) o «el obrero es digno de su salario» (Lc 10:7). San Pablo lo resumió así en cuanto a la paga de los pastores:

> Los ancianos que gobiernan bien, sean tenidos por dignos de doble honor, mayormente los que trabajan en predicar y enseñar. Pues la Escritura dice: No pondrás bozal al buey que trilla; y Digno es el obrero de su salario (1 Ti. 5:17, 18).

Esta es una ley extremadamente importante, y su comprensión es de importancia fundamental. En su lado económico, una correlación se afirma entre el trabajo hecho y la paga recibida. Debido a que el trabajo es una deuda contraída por un patrón, el alcance de esa deuda depende de la naturaleza y extensión de los servicios. El buey recibe su comida y su cuidado; el obrero es digno de su salario. La naturaleza de los servicios determina la extensión de la deuda. Uno que cava zanjas no recaba la paga de un ingeniero; la deuda contraída por sus servicios, claro, es menor en cualquier mercado laboral o sociedad. No puede haber igualdad de paga porque no hay igualdad de deuda. No puede haber «precio justo» por un tipo particular de servicio, porque el valor del servicio varía según la naturaleza de la deuda que se contrae en términos de la necesidad del servicio.

Del lado no económico, es claro que, siempre que no se soslaye la economía, la relación del patrón con el trabajador no se limita solo a economía. Al buey no se le «pone bozal»; pero el dueño también entrena al buey y lo cuida. Los apóstoles y ministros tienen más que una relación económica con aquellos a quienes sirven. La relación definitivamente no es de benevolencia, pero tampoco es meramente económica. La ley llama al trabajador «tu prójimo», lo que indica una relación social y económica. La relación del trabajador y el patrón no se puede reducir al esquema de la economía, ni tampoco puede desafiarla. Entre los dos hay un vasto mundo de relaciones personales. La relación entre el capital y los trabajadores japoneses se ha llamado paternalista y feudal, pero es una relación económicamente sólida y además personal. La ideología humanista occidental ha despersonalizado y atomizado las relaciones con resultados desdichados. Numerosas instituciones y organizaciones ahora se entrometen en la relación: agencias administrativas estatales, sindicatos y gremios laborales y organizaciones de fabricantes. Encima de eso los negocios se han despersonalizado sistemáticamente y la brecha se ha ampliado.

La correlación entre la naturaleza del trabajo y la paga por ese trabajo la sostiene de nuevo San Pablo en 1 Corintios 3:8: «Cada uno recibirá su recompensa conforme a su labor»; o, en PDT, «Cada uno recibirá una recompensa según los resultados del trabajo que haga». Esto se afirma respecto de los ministros que servían en la iglesia de Corinto, ministerio no económico y sin embargo con un principio económico al que San Pablo apeló. En ningún punto se abandona este principio económico, ni tampoco se margina el hecho de una relación personal.

La cuestión apremiante respecto a las relaciones laborales es «el derecho a huelga». ¿Existe algún derecho moral a la huelga? Hazlitt ha planteado preguntas respecto a eso[2]. Read ha negado que exista tal derecho moral: «Ninguna persona, ni ninguna combinación de personas, tiene un derecho moral de imponerse sobre ningún patrón, ni impedir por la fuerza que contrate a otros»[3]. Como Read dice además:

> Decir que uno cree en el derecho a huelga es comparable a decir que uno endosa el poder de un monopolio para excluir a la competencia de sus negocios. Es como decir que el control del gobierno es preferible al intercambio voluntario entre compradores y vendedores, cada uno de los cuales es libre de aceptar o rechazar la mejor oferta del otro. En otras palabras, sancionar el derecho a huelga es declarar que el poder constituye derecho. Eso es rechazar el único cimiento sobre el cual la civilización puede levantarse.

2   Henry Hazlitt, *Economics in One Lesson* (Pocket Books, Nueva York, 1948), p. 125s.
3   Leonard E. Read, *The Coming Aristocracy* (The Foundation for Economic Education, Irvington-on-Hudson, Nueva York, 1969), p. 169

Muy profundo en la raíz de la huelga está la noción persistente de que un empleado tiene el derecho a continuar en una contratación una vez que ha empezado, como si la contratación fuera un pedazo de propiedad. Un trabajo no es otra cosa que un intercambio, y tiene existencia solo durante la vida del intercambio. Deja de existir el momento en que una de las dos partes abandona o el contrato termina. El derecho a un trabajo que se ha abandonado no es más válido que el derecho a un trabajo que nunca se ha tenido[4].

La interferencia del estado en la economía ha llevado al surgimiento de monopolios en los negocios y en la fuerza laboral. Los monopolios son exclusivamente formas de interferencia estatista.

Muchos objetarán que, sin esta interferencia estatista, el patrón queda libre para robarle al trabajador. Esto es dar por sentado que el mundo no está bajo la ley de Dios, pero, puesto que está bajo la ley de Dios, el robo a la larga acarrea su castigo.

Para citar un ejemplo: después de la Segunda Guerra Mundial un fabricante de vestidos construyó una planta en una comunidad de jubilados que vivían de su pensión. La inflación estaba obligando a muchas esposas y viudas a buscar trabajo en una comunidad que tenía pocas oportunidades de empleo. El fabricante usó asociaciones políticas para hacerse inmune a varios códigos e inspecciones; pagaba el salario mínimo y tenía mujeres haciendo fila para obtener un empleo y se aseguró contra la interferencia de los sindicatos, así que no se hizo ningún esfuerzo por formar uno en su planta. Los miembros del sindicato citaron esto como un caso clásico de explotación del trabajador destinado a vencer la competencia de otros fabricantes. Según ellos, «demostraba» la necesidad de un sindicato. El fabricante, sin embargo, quedó en bancarrota y fuera de negocio a los pocos años. Co salarios pobres, solo podía emplear a los que no podían conseguir empleos en otras partes. La moral era baja y la mano de obra muy mala. Aunque usaba materiales de calidad, sus productos eran inferiores y pronto todos los buenos vendedores los rechazaron. Si entrenaba a un buen empleado, ese empleado se iba a un trabajo mejor. En resumen, que el intento de usar la política y el infortunio para aprovecharse de los trabajadores terminó en un serio desastre financiero.

Pero examinemos el mismo problema moralmente. El intento de usar la violencia para obligar a un patrón a pagar un salario deseado no económico es más que es claramente robo. Es una exigencia de que, bien sea que el patrón se robe a sí mismo o a sus clientes, lo puede llevar a poner los precios fuera del mercado. Es verdad que muchos patrones son perversos y muchos trabajadores también lo son. Ninguno tiene el derecho de robarle al otro. Si ninguno está violando una ley criminal, no hay derecho de parte de ninguno de llamar al estado. Ningún individuo tiene el derecho de intentar por la fuerza convertir o regenerar a otro hombre.

---

4   *Ibid.,* p. 170s.

La falsa premisa de las normas contemporáneas de procedimiento es que mediante la acción estatista se puede hacer realidad la utopía en poco tiempo. La mayoría de las personas definen la utopía, todavía más, en términos de lo que quieren. Por eso, las principales corporaciones de negocios de los Estados Unidos alrededor de 1900 no pudieron resistir la competencia de sus rivales más pequeños, y tuvo lugar una marcada descentralización. La legislación a escala nacional contra los «monopolios» en realidad los hizo posible y resolvió el problema a «los grandes negocios»[5]. La concentración de poder económico la habían fomentado los monopolios de sindicatos. Supuestamente, mediante estos movimientos hacia la estabilización de la escena económica, se aseguraba la utopía y la prosperidad. En realidad el estancamiento y la decadencia se garantizan conforme la estabilización aumenta. El progreso económico no es estabilización sino un proceso de crecimiento y destrucción, competencia y avance. Moralmente, no se puede convertir a nadie por la fuerza, y la «conversión por la violencia» lleva solo a divisiones más hondas en una sociedad y a más conflictos que no se resuelven. Así como el nevado en un trozo de lodo no lo convierte en pastel, la fuerza no resolverá los problemas del hombre ni lo convertirá en santo.

La ley, como sus instrumentos, requiere fuerza y se puede usar fuerza legítimamente donde los hombres violan la ley criminal, donde roban, matan y hacen cosas parecidas. La ley puede gobernar la conducta de los hombres donde se viola la justicia, pero no puede cambiar el corazón del hombre. Incluso más, la ley no se puede usar para privar a un dueño de sus derechos de propiedad. Podemos concordar en que una persona es perversa, y que es desagradable tratar con ella, pero a menos que el viole la ley, no podemos tocarla. La ley debe permitirnos recuperar del ladrón una propiedad, pero no nos puede permitir robarle a ese ladrón. Cuando los negocios y los trabajadores usan la ley para robarle al consumidor, o para robarse unos a otros, están cambiando la regla de ley por la regla del poder, de la violencia, porque el poder aparte del derecho es violencia. El robo es robo, sea que sea robarle al rico, al pobre o a la clase media. La premisa de la legislación que favorece a las empresas es esta: está bien robar por cuestión de negocios, puesto que el negocio es bueno para el país. La premisa de la legislación que favorece a los trabajadores es: está bien robar para favorecer a los obreros, puesto que el trabajador es pobre y también porque tiene muchos votos. La palabra de Dios es bien clara: No robarás.

Una asociación de trabajadores puede llamarse cristiana, pero si aceptan las premisas básicas de los sindicatos, hace acomodos morales. El documento «Principles and Practices of the Christian Labor Association of Canada» [«Principios y Prácticas de la Asociación Cristiana de Trabajadores de Canadá»] equipara principios igualitarios con las Escrituras. Su segundo principio dice:

---

5   Gabriel Kolko, *The Triumph of Conservatism, A Reinterpretation of American History*, 1900-1916 (The Free Press of Glencoe, Nueva York, 1963).

La discriminación en el empleo debido a color, credo, raza u origen nacional está en conflicto con el principio bíblico de igualdad de todos los seres humanos delante de Dios y la ley de amor a todos los hombres.

Todos los hombres *no* son iguales delante de Dios. Los hechos del cielo y el infierno, así como la elección y la reprobación, dejan en claro que no son iguales. Todavía más, un patrón tiene el derecho de propiedad a preferir a quienquiera en términos de «color, credo, raza u origen nacional». Una iglesia cristiana japonesa en Los Angeles tiene el derecho de llamar a un pastor japonés cristiano. Un patrón sueco o negro tiene el derecho de contratar a quienquiera, en términos de lo que se avenga más a sus propósitos.

El quinto principio dice:

Los recursos creativos no se pueden explotar para ganancia personal o enriquecimiento de un grupo o comunidad, sino que se deben desarrollar para usos en el servicio de toda la humanidad.

Esto es socialismo, robo convertido en principio de operación. Ni una sola palabra en las Escrituras da alguna base para tal afirmación.

El hecho de que un trabajador sea pobre no le da más derecho a robar que al patrón el poder de defraudar. El robo no es privilegio o derecho que le pertenezca a alguna clase de hombres.

14. Cuando se roba a Dios

Todo crimen es una ofensa contra el orden ley de Dios, pero ciertos actos se destacan en particular como especialmente ofensivos. Uno de éstos es el no dar el diezmo, que se describe como robarle a Dios (Mal 3:8-12).

Antes de analizar las implicaciones de este hecho, revisemos las leyes básicas en este aspecto. *Primero,* el impuesto civil básico en las Escrituras, el único impuesto, es el impuesto por cabeza que pagaba todo hombre de veinte años para arriba (Éx 30:11-16). El mismo impuesto se imponía a todos los hombres: «Ni el rico aumentará, ni el pobre disminuirá» (Éx 30:15). Todos tenían lo mismo en juego en la justicia y por consiguiente pagaban el mismo impuesto.

Segundo, a nadie se le permitía enajenar su propio futuro mediante deuda. La longitud de la deuda se limita a seis años (Dt 15:1-4). Nadie tiene derecho de hipotecar su futuro, puesto que su vida le pertenece a Dios.

Tercero, se requería el diezmo de todos los hombres (Lv 27:30-32; 1 Co 9:12-14; Nm 18:21-28; Mal 3:8-12; Pr 3:9-10; 11:24s; Mt 23:23; He 7:1-8). Del diezmo regular, 10% de los ingresos de uno (Dt 14:22), se entregaba el diezmo a los sacerdotes, quienes recibían el diez por ciento del diezmo (Nm 18:21-28). Así que el diezmo de la iglesia era una fracción del diezmo total. El diezmo del pobre, que pagaba cada segundo año (Dt 14:28; Am 4:4), se alternaba con el diezmo de regocijo (Dt 14:22-26) cada ciclo de seis años de cada siete. Por tanto, el diezmo combinado del pobre y el diezmo religioso, era en promedio como 15% por año, y algunos dicen que el 18%. Algo del diezmo regular iba a los servicios levíticos de adoración y a la música; mucho del mismo iba a financiación social general, como a la educación santa y a un número de otros servicios afines.

Si esto es cierto, ¿en dónde el no dar el diezmo se considera robarle a Dios? La respuesta es muy clara. Sin el diezmo, un estado totalitario se desarrolla progresivamente para hacer de dios sobre la sociedad. Con el diezmo, se restaura a Dios la regla de la sociedad mediante el impuesto que Él ordenó. Diferentes agencias se forman por el diezmo para ministrar a las necesidades de la sociedad santa y para proveer la financiación social necesaria. El diezmo no le pertenece ni a la iglesia ni al estado; le pertenece a Dios y el pueblo de Dios se lo da a los que lo administran bajo Dios. Sus consecuencias sociales las ha descrito Ewing muy apropiadamente:

> Si viviéramos en una teocracia, con la constitución divina, el diezmo lo cubriría todo, pero vivimos bajo gobiernos hechos por el hombre y los gobiernos hechos por el hombre cobran sus propios impuestos. Pero el diezmo todavía le pertenece a Dios. «Dad, pues, a César lo que es de César, y a Dios lo que es de Dios» (Mt 22:21; Mr 12:17; Lc 20:25; Ro 13:1-8). El impuesto adicional que cobran los gobiernos de nuestro día es la pena que pagamos por no aceptar el gobierno de Dios nacionalmente sobre nosotros. A Israel se le dijo, cuando exigió un rey para ser como las demás naciones, que este se aprovecharía indebidamente del diezmo (1 S 8:11-18)[1].

En vista de las implicaciones radicales del diezmo para la sociedad, el que la iglesia no haya enseñado su importancia y significado constituye una forma de robarle a Dios igual que el no dar el diezmo.

Otra forma de robarle a Dios es el no hacer provisión para el rebusco. Según Levítico 19:9-11, se prohíbe la cosecha total. «El pobre y el extranjero» deben obtener alguna cosecha de «los rincones» en los campos y árboles. Aquí de nuevo Dios ha provisto un medio de bienestar social por el que se margina al estado.

El rebusco urbano moderno incluye el trabajo de las industrias Goodwill. Incluso más: en un tiempo incluía la recolección de basura por grupos privados. El papel se compraba y se reprocesaba para usarlo; los trapos eran importantes para diferentes usos, los desechos para comida de cerdos o para abono, los metales para fundirlos, las botellas viejas para volver a usarlas y cosas por el estilo. La empresa privada hacía uso lucrativo de la basura, en tanto que hoy en la mayoría de las ciudades, habiendo hecho de la recolección de basura un monopolio socialista,

---

1   Curtis Clair Ewing, *The Law of Tithing in Scripture* (Sierre Madre, California, 1969), p. 9.

tiene montañas de basura recogida de manera costosa acumulándose y produciendo problemas serios. No hace muchos años, la recolección de basura era un negocio al que muchos inmigrantes entraban como pobres y a veces salían como ciudadanos prósperos.

El no observar los años sabáticos respecto de la tierra quiere decir no solo que se le roba a la tierra su reposo, sino que se le roba a Dios. Noth correctamente observó: «El año sabático y el año del jubileo tiene cada uno a su manera especial el mismo tema: la *restitutio in integrum* o restauración a un estado original»[2]. La restauración es el propósito de Dios y el hombre es llamado a cumplirlo, no a impedirlo. Toda restauración mira hacia adelante al tiempo del jubileo. El tiempo del jubileo fue en una época algo básico en la esperanza del hombre occidental y resonaba en su canto. Por errados que estuvieran, muchos soldados de la guerra civil entonaban cantos que miraban al jubileo en la creencia de que su lucha los acercaba. Al jubileo se refieren los cantos «Marchando por Georgia», «El reino viene» y otros del período[3].

Volviendo de nuevo al diezmo, saber cómo la iglesia inicial entendió el diezmo es importante, ya que vieron como ley obligatoria un propósito más amplio que la iglesia. Por eso, *La constitución apostólica* dice del clero:

Que use esos diezmos y primicias, que se dan de acuerdo al mandamiento de Dios, como hombre de Dios; y también que dispense de manera apropiada las ofrendas voluntarias que se traen a favor de los pobres, los huérfanos, las viudas, los afligidos y extranjeros en angustia, como teniendo a Dios por examinador de las cuentas que ha puesto a su disposición. Distribuya a todos los necesitados con justicia, y ustedes mismos usen las cosas que le pertenecen al Señor, pero no abusen de ellas...[4].

La constitución apostólica hizo del obispo y el clero los que distribuían los diezmos[5]. Con esto no podemos estar de acuerdo por entero. Sin embargo, el hecho importante es que continúan las funciones que cubren el diezmo y las ofrendas en un tiempo de opresión y persecución, y el hecho de ver al diezmo como una ley básica[6].

Un sermón pseudo-agustiniano decía que no dar el diezmo es robar:

Quien no da el diezmo se apropia de una propiedad que no le pertenece. Si el pobre muere de hambre, es culpable de su asesinato y tendrá que responder

---

2   Martin Noth, *Leviticus,* p. 183; ver *Exodus,* de Noth, p. 189s.

3   Irwin Silber, editor, *Soldier Songs and Home-Front Ballads of the Civil War* (Oak Publications, Nueva York, 1964), pp. 78, 92.

4   *The Apostolic Constitutions,* II, sec. iv; *Ante-Nicene Christian Library,* vol. XVII, p. 55.

5   *Ibid.,* Lib. VIII, sec. iv; p. 243.

6   Ireneo, *Against Heresies,* IV, xviii; *Ante-Nicene Library,* V, pp. 431-436.

ante el tribunal de Dios como asesino. Ha tomado lo que Dios ha separado para el pobre y se lo ha guardado para sí mismo[7].

Otro de tales sermones decía:

Nuestros antepasados tenían más de lo necesario porque le daban a Dios los diezmos y pagaban sus impuestos al emperador. Sin embargo, puesto que nosotros no queremos darle a Dios los diezmos, todo pronto nos será quitado. El cobrador de impuestos toma todo lo que Cristo no recibe[8].

Con Carlomagno se hicieron obligatorios los diezmos para todos los ciudadanos. El Concilio de Sevilla, 590 d.C., había dictado un canon decretando lo siguiente: «Si alguien no da el diezmo de todo, que la maldición que Dios le aplicó a Caín por no dar el diezmo apropiado se acumule sobre él»[9]. El estado, sin embargo, todavía no había reconocido la centralidad social del diezmo. La existencia del diezmo hizo posible el desarrollo de órdenes y fundaciones religiosas que tomaron como responsabilidad proveer hospitales y atención médica, educación, bienestar público, patronato a artes y música religiosa y una variedad de otros servicios.

El diezmo ha funcionado en donde la iglesia y el estado reconocen el principio del diezmo[10]. Puesto que es un diezmo al Señor, no puede estar restringido a la iglesia ni controlado por el estado, aunque ambos tienen el derecho de hacerlo obligatorio. El diezmo es del Señor. En los días de Eliseo, un hombre de Baal-salisa llevó su diezmo a Eliseo y a su escuela antes que a los sacerdotes (2 R 4:42). Al hacerlo así, estaba ejerciendo su derecho de dar a lo que serviría mejor al Señor, antes que a un sacerdocio oficial pero apóstata.

La declinación del diezmo en los siglos XIX y XX condujo a una variedad de artificios para recoger fondos en las iglesias, protestantes y católicas y a una declinación en el financiamiento social cristiano. El resultado fue un cambio de poder del estado y también un crecimiento de impuestos para remediar la falta de financiamiento social. Sin la restauración del diezmo, no puede haber restauración del orden social cristiano ni tampoco se puede restaurar poder al hombre cristiano bajo Dios.

Al «revivir» el diezmo, la iglesia moderna ha personalizado el marco de trabajo. Ha referido las promesas de Malaquías 3:8-12 al individuo, pero es claro que estas se refieren a una bendición nacional. El diezmo produce un orden social radicalmente diferente, y de aquí que se habla de una bendición para la nación como consecuencia del diezmo y como resultado del favor de Dios. Además, la iglesia moderna pide que se dé el diezmo a la iglesia, concepto erróneo que deja fuera del diezmo la educación,

---

7   Lukas Vischer, *Tithing in the Early Church* (Fortress Press, Filadelfia, 1966), p. 20.

8   *Ibid.,* p. 21.

9   Ewing, *op. cit.,* p. 6.

10   Joseph Bingham, *The Antiquities of the Christian Church,* Lib. V, Cap. v, I, 190.

la salud, el bienestar y mucho más. La cultura «medieval» vio todas estas cosas como función del diezmo, y cuando las órdenes existentes no ministraron apropiadamente las ofrendas de Dios, surgían nuevas órdenes para recibirlas y administrarlas. El resultado fue el resentimiento de parte de los párrocos, por supuesto, pero igualmente un orden social más saludable[11]. El comentario de Tierney sobre el cuidado de los pobres en aquellos tiempos es contundente: «Cuando los feligreses que estaban preparados para presentar todo tipo de acusaciones contra sus sacerdotes muy rara vez levantaron la cuestión del descuido de los pobres, la inferencia más obvia es que no era un fallo común ente párrocos y vicarios residentes»[12].

El orden social moderno le roba a Dios casi sacando casi todo de su jurisdicción, de su gobierno y cuidado. Dentro de una generación después de la abolición del diezmos que se exigía legalmente en los Estados Unidos de América, surgieron las escuelas financiadas y controladas por el estado. Debido a que el resurgimiento y antinomianismo condujeron a la declinación del diezmo (denunciado como «legalismo» y esclavitud a la ley), a principios del siglo XX, el bienestar público se convirtió en una función estatista. Un nuevo orden social surgió con el abandono del diezmo, y siguió el rápido aumento de impuestos, o diezmos duplicados o triplicados por el estado y más para promover ese nuevo orden. Las fundaciones, en un tiempo instrumentos del diezmo cristiano, se convirtieron en agencias sociales humanistas con ideales estatistas. La Ciudad de Dios poco a poco se vio reemplazada por la Ciudad del Hombre. El agente efectivo de un orden siempre es el poder esencial para imponer impuestos y cobrarlos. Si la iglesia cobra el impuesto, la iglesia gobierna la sociedad. Si el estado cobra el impuesto, el estado gobierna la sociedad. Sin embargo, si el pueblo de Dios entrega el diezmo a agencias santas, el gobierno de Dios prevalece en ese orden social. En el orden moderno, el dios operativo es el estado.

Una nota final. Incluso durante el período macabeo, a pesar del conflicto social, el diezmo de los pobres suplía las necesidades de las viudas y los huérfanos en bases regulares. «El sumo sacerdote le explicó que el tesoro contenía los depósitos de las viudas y de los huérfanos» (2 Mac 3:10); la cantidad total disponible era de 400 talentos de plata, y 200 talentos de oro.

Una era que hoy rechaza el orden de Dios y también al Hijo de Dios a la vez, sin duda está maldita con maldición y rumbo al castigo.

15. Prisión

Una concordancia rápida revelará que en la Biblia aparecen muchas referencias a prisiones, pero ninguna en la ley misma. Las prisiones eran parte de la vida y ley

---

11   Giles Constable, *Monastic Tithes, From Their Origins to the Twelfth Century* (At the University Press, Cambridge, 1964).

12   Brian Tierney, *Medieval Poor Law, A Sketch of Canonical Theory and Its Application in England* (University of California Press, Berkeley, 1959), p. 106.

egipcia (Gn 39:20-23; 40:3, 5; 42:16, 19), pero no de Israel bajo la ley. Durante el peregrinaje en el desierto, hay dos referencias a confinamiento «en la cárcel» (Lv 24:12; Nm 15:34), pendiente de una audiencia, pero no hay referencia a prisión como castigo. Según Unger, «el encarcelamiento no estaba dirigido por la ley», y «no oímos de ninguno sino hasta el tiempo de los reyes, cuando la prisión aparece como añadidura al palacio, o una parte especial del mismo (1 R 22:27)»[1]. Según Kennedy y Barclay, «la prisión, en el sentido moderno de confinamiento estricto bajo guardia no tiene lugar reconocido como castigo para criminales bajo la legislación hebrea antigua. La primera mención de tal, con sanción al parecer legal, es en el pasaje postexilio de Esdras 7:26»[2]. La referencia en Esdras 7:26 es parte de una proclamación de Artajerjes y por consiguiente tiene referencia a la ley persa antes que a la ley bíblica.

La prisión aparece en la ley bíblica solo como lugar de custodia, pendiente del juicio. No hay referencia directa a prisiones. El método de tratar con los criminales era básicamente triple: *Primero,* se requería la pena capital para los delitos capitales, y para los criminales incorregibles. *Segundo,* para todos los demás delitos, la restitución era la ley; en donde se había violado un orden de ley, la restauración era la función básica de las cortes. Enfáticamente, en la ley bíblica el objetivo *no es el castigo sino la restauración,* no la aplicación de ciertas penas sobre los criminales sino la restauración del orden santo. El centro de atención, pues, no es el criminal sino el hombre justo y el orden santo total. *Tercero,* en donde los criminales no podían hacer restitución, el servicio como esclavos era obligatorio a fin de trabajar para hacer la restitución requerida.

En Levítico 18:24-30 hay un llamado fuerte a la justicia junto a una advertencia. El pecado es contaminación del hombre y la tierra; destruye o trastorna el orden de Dios, y sus consecuencias son el castigo divino. El hombre debe por consiguiente «guardar» la ley para que la tierra no «lo vomite» por sus «abominaciones» e «iniquidades». La justicia edifica y exalta a una tierra; es una restauración y una construcción, en tanto que la iniquidad destruye una tierra y produce un vacío moral que clama castigo.

La civilización occidental empezó un acomodo desdichado entre el estándar bíblico de *restitución* y una criminología grecorromana y pagana que, aunque teniendo elementos de restitución, se inclinaba fuertemente hacia el *castigo.* La prisión, así, tuvo un lugar en la cristiandad, como acomodo horrible, bastardo. No fue sólo un lugar de custodia, sino también un lugar para tortura y castigo, un lugar para encarcelar a los hombres por rescate y para eliminación de una posición que amenazaba al estado. La prisión fue una parte aceptada e ilegítima del orden social. Así, se pudo decir que, hasta el siglo dieciocho,

---

1   *Unger's Bible Dictionary,* «Prison» [«Prisión»], p. 889.
2   A. R. S. Kennedy y R. A. Barclay, «Prison» [«Prisión»], en James Hastings, editor; edición revisada por by Frederick C. Grant y H. H. Rowley, *Dictionary of the Bible* (Charles Scribner's Sons, Nueva York, 1963), p. 789.

Se debe tener en mente que todo este tiempo las prisiones eran primordialmente lugares de detención, no de castigo. La mayor parte de los que estaban
recluidos para guardarlos seguros eran personas acusadas que esperaban juicio en el debido proceso de ley, o deudores; y de éstos de nuevo, con mucho
las clases más numerosas eran los pobretones y los desdichados, que un sistema erróneo encerraba y privaba de todos los medios de pagar sus responsabilidades. Ahora y de nuevo a un ofensor se le sentenciaba a la cárcel en lugar
de pagar una multa, o a pasar intervalos entre ciertos períodos de exposición
de desgracia en la picota. La prisión todavía no tenía un lugar regular en el
código de penas, y la cárcel era sólo el albergue temporal de los culpables
debidamente enjuiciados y sentenciados de acuerdo a la ley. El castigo más
favorecido en estos tiempos implacables era la muerte[3].

El surgimiento de la filosofía humanista condujo a varios cambios radicales. La
ideología humanista fue un movimiento intelectual entre una élite autoproclamada,
y esta élite a todas luces despreciaba a los miembros pobres de la sociedad. Como
resultado, una estructura-ley ya severa, dominada por una aristocracia, dio lugar a
una más severa en la cual la respuesta a casi todo delito era la pena de muerte.

Las necesidades coloniales condujeron más tarde, en Inglaterra, a otra solución, la deportación. Se deportó a criminales en grandes números, especialmente
a Australia, tanto como medio de colonización como también de castigo.

La siguiente alternativa fue el sistema de prisiones, y un movimiento importante resultó en una demanda de un tratamiento más humano en las prisiones,
y de castigo de los encarcelados como solución al problema del delito. Se llegó a
creer que el encarcelamiento podía tener un efecto salvador en el hombre, que el
castigo en la forma de la pérdida de libertad conduciría a la reforma.

El castigo luego dio lugar, en la ideología humanista, a la rehabilitación, y
las prisiones empezaron a convertirse en centros de rehabilitación. Por eso, en
California, a un tipo de prisiones se les conoce como «edificios correccionales». La
«vieja doctrina [...] de que el propósito de la ley criminal es cobrarle al criminal
un sufrimiento retributivo proporcional a lo horrendo del delito» ha dado lugar al
«esfuerzo [...] de combinar el disuasivo y la protección pública con la restauración
del ofensor a un mejor papel de sostenimiento propio en la comunidad»[4]. Esta
opinión revela ciertos errores básicos. *Primero,* a la ley criminal se le enviste de un
papel religioso y mesiánico, al deber de salvar a los criminales. Esto es pedirle a la

---

3   Major Arthur Griffiths, "Prison Discipline," in *The Encyclopaedia Britannica,* Ninth Edition,
The R. S. Peale Reprint (Chicago: R. S. Peale, 1892), XIX, 747. Para una historia de los desarrollos
tempranos hacia el castigo penal, ver Ralph B. Pugh, *Imprisonment in Medieval England* (University
Press, Cambridge, 1968).
4   James V. Bennett, «The Sentence and Treatment of Offenders» [«Sentencia y tratamiento de
delincuentes»], en *The Annals of the American Academy of Political and Social Science,* vol. 339 (enero
1962), p. 142. *Crime and the American Penal System.*

ley más de lo que la ley puede entregar. *Segundo,* interpreta mal la historia. Se ve la retribución como provocando sufrimiento; esto fue cierto de la ley humanista, pero no de la ley bíblica, en donde la retribución o venganza es prerrogativa de Dios y de sus instrumentos e incluye aplicar justicia en donde se debe justicia (Lc 18:1-8). *Tercero,* esta opinión es individualista, no social, y se concentra en la persona del criminal, y no en la víctima. Por eso Bennett señala: «La tendencia actual en la disposición de delincuentes es inequívocamente hacía el tratamiento penal individualizado administrado dentro del marco de trabajo de un código criminal flexible»[5]. La salvación es personal, y la ley ahora se preocupa por salvar a la persona del criminal.

Este marco personal de referencia ha llevado al énfasis más nuevo sobre la salud mental, o tratamiento psiquiátrico como respuesta a la criminalidad.

La ideología humanista así ha dado vuelta completa al círculo. Empezó reemplazando la restitución con el sistema de prisiones. Concluye ahora restaurando la restitución, al exigir que la sociedad haga restitución al criminal por su supuesto descuido. Debido a su medioambientalismo, la ideología humanista culpa a una falta en el medio ambiente por los crímenes de un hombre. Esto quiere decir que la sociedad debe expiar por esa falta de restitución. Tanto la criminología como el beneficencialismo descansan en la doctrina humanista de la restitución. La restitución, así, se debe hacer a todos los que son criminales, pervertidos, holgazanes, a todo el que no quiere trabajar, o que son fracasados, a todas las que dan a luz a hijos ilegítimos, y a todos los que de alguna manera son subestándar. La restitución ha vuelto a ser el estándar social, pero es una restitución humanista que funciona en oposición total al orden de Dios.

La restitución humanista es anti-ley en que es fundamentalmente hostil a todo concepto de ley absoluta. A la ley absoluta se la reemplaza con la persona absoluta. El resultado es el fin de todo orden-ley, y se lo reemplaza con un orden-abogado. La diferencia entre los dos es muy grande.

Los puritanos de la colonia de la Bahía de Massachusetts temían las tendencias de la sociedad inglesa hacia un orden-abogado, y empezaron prohibiendo una clase profesional de abogados pagados. Todo hombre tenía una obligación de saber la ley mediante la Biblia. El sistema de jurados se desarrolló en los Estados Unidos de América hacia un poder de largo alcance sobre la premisa de un orden de ley bíblica en el cual todo ciudadano sabe la ley. El requisito de que los miembros del jurado sean creyentes no era un requisito eclesiástico sino estatal; el orden ley requería hombres conocedores de la ley bíblica. El sistema de jurado fue fuerte en tanto y en cuanto la ley era la ley común de las Escrituras, y no una doctrina esotérica abierta sólo a una clase profesional. Hubo campo, después de la desconfianza de los primeros años, para abogados en los Estados Unidos. Es más, los Estados Unidos vieron el surgimiento de varias generaciones de grandes abogados que dominaron la vida y

5 *Ibid.*

políticas nacionales y dieron expresión poderosa a las aspiraciones nacionales. Estos abogados se habían cultivado en la misma palabra-ley bíblica como el pueblo; por mucho que tanto abogados como pueblo se alejaron de esa fe, continuaron compartiendo ciertas premisas básicas. Los abogados podrían así hallar una respuesta bastante universal a sus formulaciones de asuntos porque evocaban una fe común en una ley común. Cuando los abogados se volvieron más bien a la ley positiva (ley estatista) y ley estatutaria (en lugar de la ley bíblica), se cercenaron a sí mismos del pueblo y se volvieron cada vez más fuentemote de engaño porque estaban más allá de la comprensión del pueblo con su ley esotérica, humanista. Una sociedad-abogado había reemplazado a una sociedad-ley.

Una comparación con Japón es instructiva. El trasfondo inmediato de Japón es el orden-ley shinto; Japón está en el proceso de transformarse en un orden-abogado moderno y humanista. Mucho de la sociedad japonesa todavía se gobierna por tradiciones, lealtades, deberes y relaciones personales antiguas que proveen una amplia cobertura de ley sin abogados. En Japón, «10.000 miembros de la Asociación Japonesa de Abogados bastan para una nación con la mitad de la población de los Estados Unidos. Los Estados Unidos tienen 340.000 abogados»[6].

En un orden-abogado, el cemento social se ha erosionado, y los lazos comúnmente aceptados que ligan tan a los hombres y facilitan la comunicación han desaparecido. Un cuerpo artificial de estatutos, careciendo de raíces sociales y habiendo sido concebido racionalmente, reemplaza al orden anterior, y el abogado se vuelve el intérprete de estas leyes esotéricas. En un orden-ley cristiano, «la ignorancia de la ley no es excusa», porque la ley es un libro abierto para todos, puesto que es bíblico en su naturaleza y representa una fe y orden comunes. En los órdenes-abogados humanistas, la ignorancia de la ley es inevitable, porque se dictan con regularidad miles de leyes y estatutos, sin tener base en un orden moral último, se dictan con regularidad. No sólo que es inevitable la ignorancia de estas leyes por parte de los laicos, sino también para el abogado, que se debe convertir en un especialista en un aspecto particular de la ley y entonces se dedica a investigación continua a fin de mantenerse al día con los vericuetos esotéricos.

El orden-abogado, siendo ajeno a la ley, se vuelve un orden social manejado por científicos sociales. Puesto que se culpa al medio ambiente antes que al pecado por el crimen, el tratamiento de los delincuentes y la restitución a ellos se vuelve el orden del día. En 1966, una comisión presidencial echó la culpa dea la pobreza apor la criminalidad e instó el tratamiento en lugar de encarcelamiento para todos excepto a un núcleo curtido de incorregibles[7]. Los de ideología humanista, que nos dieron el sistema de prisiones, ahora están condenándolo y acusándolo de ser

---

6   «Bernie, Go Back!» [«Bernie, ¡regresa!»], en *Forbes* vol. 104, no. 11 (1 diciembre 1969), p. 21.

7   Monroe W. Karmen, «Combating Crime» [«Combatiendo el crimen»], en *The Wall Street Journal,* Edición Costa Pacífico, vol. LXXV, no. 125 (miércoles, 28 diciembre 1966) p. 1.

un instrumento «conservador»[8]. La holgazanería de los presos en cárceles municipales y de condado lleva a una variedad de problemas serios. La homosexualidad y la violación homosexual es un problema serio. De la violación homosexual en las prisiones, un reportaje decía:

> Filadelfia. Robert, de 20 años, acusado de robo de vehículos y de girar cheques en falso, debería estar en una cárcel del condado aquí. Pero aun cuando Robert no pudo pagar su fianza de $800, el juez Alexander F. Barbieri, hijo, lo dejó libre mientras espera el juicio.
>
> ¿Por qué? «Este muchacho simplemente no estaría seguro en una prisión de Filadelfia», explicó el juez. «Aunque es culpable, sería un crimen mayor ponerlo en la cárcel, que permitirle que repita sus delitos».
>
> El juez Barbieri dictaminó de esta manera porque Robert, un adolescente de constitución delgada, fue víctima de violación homosexual varias veces, tal vez hasta 10 veces, mientras se lo tuvo en custodia previa al juicio aquí.
>
> Desatada por la revelación de incidentes similares —uno involucrando a una víctima de 17 años cuyo único «crimen» fue fugarse de casa— una investigación reciente de dos meses halló que «los ataques sexuales son epidémicos en el sistema de prisiones de Filadelfia». Los investigadores conservadoramente calculan que en dos años hubo como 2000 ataques sexuales en las cárceles aquí.
>
> Estos asaltos no son únicos en Filadelfia. Son comunes en muchas cárceles metropolitanas, dicen las autoridades. Se han revelado recientemente las violaciones homosexuales en prisiones del condado y de ciudad en Washington, D.C., y en los suburbios y en Chicago, entre otros lugares. «Es resultado de almacenar una mezcolanza de presos en prisiones anticuadas en donde tienen poco o nada que hacer», dice E. Preston Sharp, secretario de la American Correctional Association[9].

Estos hechos no son sorpresa. Una prisión mantiene en comunidad forzosa a un número elevado de criminales incorregibles que merecen la muerte, y a un número de delincuentes a quienes se debería exigir que trabajen para hacer restitución. Mantener a tal colección de personas fuera del mal requeriría más guardias de los que la mayoría de prisiones pudieran pagar. En lugar de tratar con el problema raíz, el alejamiento del principio bíblico de restitución, los reformadores humanista s componen el mal. Como positivistas radicales legales, niegan todo concepto

---

8   «Prison System Breaking Down? Search For a Better Way» [«¿Sistema de prisiones destruyéndose? Búsqueda de una manera mejor»], en *U.S. News & World Report* (11 agosto 1969), pp. 60-63.

9   Charles Alverson, «The Jail Jungle» [«La selva de la cárcel»], en *The Wall Street Journal,* vol. LXXX, no. 39, Edición Costa Pacífico, (jueves, 25 febrero 1969), p. 1. Nótese el medioambientalismo de la afirmación de Sharp.

absoluto de justicia y se preocupan más bien por el individuo, la persona del criminal. La restitución humanista, entonces, funciona para darle toda ventaja posible al criminal. Nótese, por ejemplo con el caso de un homicida convicto:

Al homicida convicto de un agente de policía de Long Beach se le ha concedido una cuenta de gastos sin precedente de $500, un valet y otros privilegios extraordinarios mientras se prepara para defenderse a sí mismo en su quinto juicio penal.

El juez de la Corte Superior John F. McCarthy lo hizo, de acuerdo a una orden formal de la corte del 29 de octubre, porque piensa que Doyle A. Terry, de 40 años, necesita los fondos y otros privilegios para preparar adecuadamente su defensa.

El condado le proveerá a Terry de una licencia de investigador privado, dos mandaderos legales (uno de los cuales servirá como valet para Terry), una celda adicional en la cual almacenar sus expedientes, todas las llamadas telefónicas personales sin supervisión que quiera hacer y el uso de la biblioteca legal de la cárcel prácticamente a voluntad.

A Terry, que pasó casi nueve años en el corredor de la muerte de San Quintín, se le declarado culpable en 1960 por el homicidio del oficial Vernon J. Owings

Terry fue sentenciado previamente a muerte en 1960, 1962 y 1965. Otro juicio penal en 1965 concluyó cuando el jurado no pudo acordar por unanimidad si se le debía sentenciar a muerte o a prisión vitalicia.

Cada una de sus sentencias de muerte fue sobreseída por la Corte Suprema del estado, que retroactivamente aplicó decisiones de la Corte Suprema de los Estados Unidos.

Terry ganó su segundo juicio porque en el primero la acusación comentó (como era permitido en ese tiempo) sobre los efectos disuasivos de la pena de muerte. Ganó su tercer juicio porque en el segundo la acusación (como entonces era permitido hacerlo) le dijo al jurado que sería elegible para libertad condicional si se le imponía la pena de muerte.

Su última inversión vino debido a que se excluyó a jurados en perspectiva que se oponían automáticamente a la pena de muerte (como entonces era permitido).

Todos los privilegios concedidos por el juez McCarthy a Terry parecen exceder a los concedidos a otros prisioneros que actúan como sus propios abogados después de rehusar los servicios del defensor público....

... El juez McCarthy dijo... «La Corte Suprema tal vez nos diga: "Tomen, ustedes le privaron a este hombre de un juicio justo porque no le permitieron tener teléfonos". Y no pienso que nos prestarían mucha atención si les decimos que no se había presupuestado el dinero».

Al agente Owings, de 31 años en ese entonces, le dispararon en la cabeza el 24 de junio de 1960, cuando él y su compañero se detuvieron para ayudar a lo que pensaban eran dos hombres, uno de ellos Terry, que tenían problemas con el coche en la Isla Terminal.

A Terry lo capturaron los agentes que lo perseguían como a kilómetro y medio de la escena de los disparos.

En su primer juicio también fue declarado culpable de cinco cargos de robo y uno de conspiración para cometer robo...[10].

Se debe recalcar de nuevo que esto es restitución medioambientalista. Para el medioambientalismo, el mal está en el medio ambiente, no en el pecador; por consiguiente, se debe castigar al medio ambiente y se debe hacer restitución al individuo que peca. Para el medioambientalista, la prueba de inocencia del criminal es buscar evidencia de alguna interacción desdichada con el medio ambiente. Así, debido a que una asesina había sido una muchacha gorda que más tarde llegó a ser muy atractiva, se sostuvo que su transformación la convirtió en asesina. Un informe de libertad condicional sobre esta asesina, Kristina Cromwell, citó a su madre diciendo que «cuando ella perdió peso y halló que era atractiva a los hombres, no pudo enfrentarlo»[11]. El informe de libertad condicional «en el mejor de los casos... implicaba que el crimen por el cual fue sentenciada a prisión vitalicia el jueves se arraigaba en su conversión física y el cambio de personalidad que provocó»[12]. Este tipo de opinión se halla muy ampliamente entre el clero, educadores, y sociólogos de hoy, entre otros.

El resultado de tales opiniones es una incapacidad creciente de la sociedad para hacerle frente al crimen. El sistema de fianzas, legítimo en un orden social santo, se ha vuelto una fuente de abuso principal en la sociedad moderna, tanto que el presidente Nixon en 1969 propuso que se niegue fianza a los acusados cuya libertad probablemente sea una amenaza a la comunidad[13]. En un caso en California, se informó que «un hombre de Van Nuys, libre con una fianza de $15.000 y esperando la decisión de la corte que tenía que ver con ataques a nueve mujeres y niñas en el área de Van Nuys había sido arrestado bajo acusación de atacar a una niña de 13 años». Este delito llevó a su arresto el 10 de abril de 1969; en febrero de 1969, este hombre, Anthony J. Iannalflo, fue arrestado y «más tarde recluido bajo 12 cargos, incluyendo cuatro violaciones a la fuerza, ultraje infantil, tres secuestros

---

10   Ron Einstoss, «Killer Gets Expense Account and Valet to Defend Self Again« [«Homicida recibe cuenta de gastos y valet para defenderse a sí mismo de nuevo»], en Los Angeles *Times,* domingo, 16 noviembre 1969, sección C, pp. 1, 4.

11   «Life For Kristina» [«Vida para Kristina»], en Los Angeles *Herald-Examiner,* miércoles 2 abril 1969, p. A-3.

12   Jerry Cohen, «Diet That Made Women Slender May Have Made Her a Killer» [«Dieta que hizo más delgadas a mujeres puede haberla convertido en homicida»], Los Angeles *Times,* miércoles, 2 abril1969, Parte I, p. 32.

13   «Crimes While on Bail—The Hunt For a Remedy» [«Crímenes mientras bajo fianza—La cacería de un remedio»], en *U.S. News & World Report,* vol. LXVI, no. 7 (17 feb. 1969), p. 42.

y un robo. Las acusaciones supuestamente fueron resultado de ataques contra mujeres y muchachas en el área de Van Nuys desde junio pasado (1968)»[14].

Sin los absolutos morales de Dios, el hombre se vuelve a la larga incapaz para hacerle frente al mal. En lugar de luchar contra él, busca hacer acomodos con él. Según un sociólogo, el acomodo es la mejor esperanza de la sociedad.

> ¿Deberían las autoridades estatales y federales intentar negociar con la cosa nostra, tal como nuestro Departamento de Estado negocia con poderes extranjeros hostiles? Tal diplomacia tal vez serviría bien a los intereses de los no criminales, sugiere el doctor Donald R. Cressey. profesor de sociología de la UC Santa Bárbara.
>
> «Un poco de apaciguamiento a sangre fría no es necesariamente algo malo, y especialmente cuando nuestro lado está perdiendo», escribe. Indica que alguna forma de negociación (o acomodo o comunicación) de parte de los funcionarios estatales y federales —tal como llevan a cabo los funcionarios locales, a menudo en una manera caprichosa y corrupta— pudiera reducir el peligro de que los criminales organizados consigan un monopolio de los procesos democráticos en los Estados Unidos[15].

Al apaciguamiento ya existía ilegalmente, incluso mientras el profesor escribía. Así, de acuerdo a fuentes confiables federales y otras, se sostenía que «la cosa nostra gasta dos mil millones de dólares anuales para corromper a funcionarios públicos a todo nivel, desde los alguaciles del condado y de la corte hasta la misma Corte Suprema»[16].

La dirección de cualquier sistema impío de justicia es sólo hacia abajo; es, para usar la frase de Van Til, integración al vacío.

Según Levítico 18:24-30, todo alejamiento de la ley de Dios es una contaminación de los hombres y una contaminación de la tierra; es la contaminación básica de todas las cosas. El sistema moderno de prisiones es un aspecto importante de la contaminación de nuestros tiempos.

16. Riqueza legítima

Según l Catecismo Westminster Breve, la pregunta de adquirir riqueza se relaciona directamente al octavo mandamiento:

---

14   «Rapist Suspect, Out on Bail, Arrested in New Attack Case» [«Sospechoso de violación sexual, en libertad bajo fianza, arrestado en nuevo caso de ataque»], en Van Nuys, California, *The Valley News and Green Sheet,* vol. 58, no. 156, (viernes, 11 abril 1969), p. 1.

15   «News From The Academy» [«Noticias de la Academia»], en Kingsburg (Calif.) *Recorder,* jueves, 18 dic. 1969, p. 8.

16   Victor Riesel, «Web of Mafia Control» [«Telaraña de control de mafia»], Los Angeles *Herald-Examiner,* domingo, 21 dic. 1969, p. B-7.

P. 73. ¿Cuál es el octavo mandamiento?

R. El octavo mandamiento, es: "No hurtarás".

P. 74. ¿Qué se exige en el octavo mandamiento?

R. El octavo mandamiento exige que procuremos y promovamos por todo medio legítimolegitimo la prosperidad y bienestar de nosotros mismos y de los demás.

P. 75. ¿Qué se prohíbe en el octavo mandamiento?

R. El octavo mandamiento prohíbe todo lo que impide o tiende a impedir injustamente la prosperidad y bienestar nuestro o de nuestro prójimo.

La respuesta 75 tiene en mente el amor al placer, la borrachera, la glotonería, la holgazanería, y el robo, y cita Proverbios 21:17; 22:20; 28:19, y Efesios 4:28. Alexander Whyte vio este mandamiento como cubriendo «todos los asuntos conectados con la ganancia, ahorro, gasto, herencia y legado de dinero y propiedad»[1]. Whyte añadió:

> Todas las posesiones de un hombre, ya sea que se regrese al principio de ellas o se vaya al fondo de ellas, siempre se hallará que representan mucho de negación propia, esfuerzo, industria. Oscuro como pueda ser el origen, historia y crecimiento de esta o esa propiedad en particular, sin embargo debe en sus principios haberse debido a la obediencia de algún nombre a la ley del Creador de trabajo y recompensa. «Sean fructíferos, y multiplíquense, y llenen la tierra, y domínenla». Esta es la carta original de derecho de la propiedad[2].

Whyte además añadió: «Afín al hábito de la industria es el hábito hermano de frugalidad y pensamiento de antemano»[3].

La capitalización es la acumulación de riqueza, la conversión de trabajo, ahorros, y previsión en bienes de trabajo tangibles. Ningún progreso es posible sin alguna medida de capitalización. Es un serio error dar por sentado que el socialismo y el comunismo se oponen a la capitalización o al capitalismo; su oposición es simplemente al *capitalismo privado,* pero su política dedicada es el *capitalismo estatal.* Para que el estado planee cualquier programa de progreso, obras públicas, o conquista, el trabajo, la frugalidad y el pensamiento anticipado son necesarios. El trabajo se lo exige de las personas por la fuerza; la frugalidad o ahorros de nuevo se imponen a las personas mediante el control de salarios, ahorros obligatorios y programas de compra de bonos, y para el trabajo forzado, el pensamiento de antemano lo proveen los planificadores estatales.

---

1   Alexander Whyte, *A Commentary on the Shorter Catechism* (T. & T. Clark, Edinburgh, 1961: reimp.), p. 145.

2   *Ibid.,* p. 145s.

3   *Ibid.,* p. 146.

El capitalismo estatal es seriamente defectuoso por varias razones. Más notablemente, *primero* que nada, representa *robo*. Se expropia el capital privado de las personas, tanto como su trabajo y ahorros. Es así una capitalización radicalmente deshonesta.

Segundo, se divorcia del trabajo y la frugalidad el pensamiento de antemano, es decir, los planificadores no son los que proveen el trabajo y el sacrificio. Como resultado, los planificadores no tienen el freno que las consecuencias inmediatas les imponen. Pueden ser pródigos en su desperdicio de la mano de obra y capital sin bancarrota, en que el estado obliga la continuación de su planificación no económica y de desperdicio. La consecuencia es que, en dondequiera que la planificación se separa del trabajo y ahorros, en lugar de capitalización, el resultado es descapitalización. El socialismo es, de este modo, por naturaleza imperialista, en que debe periódicamente apoderarse o anexar un nuevo territorio a fin de tener capital fresco de que aprovechar mediante la expropiación. El capitalismo estatal es, así, una agencia de descapitalización.

El capital privado se adquiere básicamente de tres maneras, excluyendo el robo privado como medio ilegal e inmoral. Estas tres maneras son mediante el trabajo, herencia y regalo. El capital privado debe, entonces, utilizarse mediante la planificación, y la pérdida es la pérdida del planificador, así que hay un incentivo a la eficiencia en el capital privado, incluso cuando se lo recibe por regalo o por herencia, que le falta al capitalismo estatal. Lo inmediato de las consecuencias, la responsabilidad directa del capitalista privado a la pérdida, hace del capital privado más responsable aun cuando el capitalista privado sea un ladrón. En donde sindicatos criminales como la mafia entran en el negocio, lo hacen con un ojo implacable hacia ganancias y eficiencia que le falta el capitalismo estatal.

La riqueza legítima es la riqueza que le viene al hombre mientras permanece en la ley de Dios y aplica trabajo, frugalidad y pensamiento previo a sus actividades. La riqueza legítima es una promesa del pacto; de aquí la advertencia de parte de Moisés en Deuteronomio 8:11-20, que culmina en el versículo 18 con la afirmación: «Sino acuérdate de Jehová tu Dios, porque él te da el poder para hacer las riquezas, a fin de confirmar su pacto que juró a tus padres, como en este día». El hombre no debe decir en su corazón: «Mi poder y la fuerza de mi mano me han traído esta riqueza (v. 17)». El comentario de Wright sobre esto es bueno:

> El orgullo es más terrible e insidioso porque hace alarde del más sencillo de los hechos, afirmando la virtual deidad de uno mismo: «Mi poder y la fuerza de mi mano me han traído esta riqueza» (v. 17). Sin embargo Israel debe recordar que la riqueza es por el poder de Dios, no por el propio, y que él la da de acuerdo a sus promesas del pacto, no en pago por lo que la nación merezca (v. 18). Este es uno de los pasajes más fuertes y más poderosos de la Biblia sobre este problema característico y angustioso de la vida humana.

La riqueza aquí no es por derecho natural; es dádiva de Dios. Sin embargo el hombre debe estar consciente de la terrible y autodestructiva tentación de deificarse que viene con ella[4].

La verdadera riqueza, la riqueza santa es un producto de las bendiciones del pacto sobre el trabajo, la frugalidad y la previsión; está inseparablemente conectada con la ley. Los mandamientos se dan «para que viváis, y seáis multiplicados, y entréis y poseáis la tierra» (Dt 8:1).

Las Escrituras distinguen por todas partes entre la riqueza santa y la riqueza impía. La riqueza en sí mismo, por consiguiente, no es señal del favor de Dios; puede ser testigo de robo y fraude. La riqueza puede ser, sin embargo, una señal del favor de Dios y una evidencia de las bendiciones del pacto en donde va acompañada de medios legítimos y una fe santa.

Para volver al asunto de la capitalización, la capitalización en una sociedad requiere un trasfondo de fe y carácter. En toda época de la historia, la capitalización es un producto de la disposición puritana, de estar dispuestos a privarse de placeres presentes para acumular riqueza para propósitos futuros. En donde no hay carácter, no hay capitalización sino más bien descapitalización, el agotamiento continuo de la riqueza. La sociedad se vuelve centrada en el consumo antes que productiva, y empieza a descapitalizar la herencia rica de siglos que la rodea.

De este modo, la descapitalización siempre va precedida por una ruptura de la fe y el carácter. En donde los hombres sienten que la felicidad privada es el propósito y objetivo humanodel hombre antes que servir y glorificar a Dios, y hallar gozo en él, en donde los hombres sienten que la vida les debe algo antes que verse a sí mismos como deudores a Dios, y en donde los hombres se sienten llamados a hallar satisfacción aparte de Dios antes que en él, allí la sociedad está en un rápido proceso de descapitalización.

Para volver ahora a Deuteronomio de 8:1, 18, el propósito de la riqueza es el establecimiento del pacto de Dios; su *objetivo* es que el hombre prospere en su tarea de poseer la tierra, subyugarla y ejercer dominio sobre ella. Los *medios* a la riqueza legítima es la ley del *pacto,* la ley de Dios. La capitalización es así una tarea radical y total. El hombre debe procurar subyugar la tierra y adquirir riqueza como medio de restitución y restauración, como medio para establecer el dominio de Dios en todo ámbito. Dondequiera que los hombres santos establecen su productividad superior y ganan riqueza, allí por ello se glorifica a Dios. La riqueza en sí misma es buena, y una bendición del Señor. Es la *confianza* en la riqueza antes que en Dios lo que las Escrituras condenan (Sal 49:6, 7). Se nos dice que «Cuando Roboam había consolidado el reino, dejó la ley de Jehová, y todo Israel con él» (2 Cr 12:1). «Las riquezas del rico son su ciudad fortificada, Y como un

---

4   G. Ernest Wright, «Deuteronomy» [«Deuteronomio»], *Interpreter's Bible,* II, 389.

muro alto en su imaginación» (Pr 18:11; cf. 10:15; «Las riquezas del rico son su ciudad fortificada»).

La riqueza santa es básica para los propósitos de Dios para la tierra. Es un eslabón vital en la tarea de restauración.

> Benjamín Franklin, en sus Memorias, menciona a un comerciante llamados Denham, que fracasó en su negocio en Bristol, complicado con sus acreedores, y se fue a los Estados Unidos de América. En pocos años acumuló abundante fortuna, volvió a Inglaterra en el mismo barco con Franklin, reunión a sus acreedores, y pagó la totalidad restante de sus deudas, con interés hasta el momento del pago[5].

La restitución personal es santa, pero se requiere mucho más. El hombre debe restaurar la tierra, debe hacerla verdadera y plenamente el reino de Dios, el dominio en el cual su palabra-ley se enseña, se obedece y se honra. El hombre debe adquirir riqueza y usarla para la gloria de Dios, pero, para adquirir riqueza legítima el hombre debe saber y obedecer la ley. La riqueza santa se debe adquirir, tener y usar con buena conciencia; es un resultado final del pacto de Dios.

17. Restitución a Dios

Otro aspecto de la ley de restitución aparece en dos leyes interesantes:

> Habló más Jehová a Moisés, diciendo: Cuando alguna persona cometiere falta, y pecare por yerro en las cosas santas de Jehová, traerá por su culpa a Jehová un carnero sin defecto de los rebaños, conforme a tu estimación en siclos de plata del siclo del santuario, en ofrenda por el pecado. Y pagará lo que hubiere defraudado de las cosas santas, y añadirá a ello la quinta parte, y lo dará al sacerdote; y el sacerdote hará expiación por él con el carnero del sacrificio por el pecado, y será perdonado (Lv 5:14-16).
>
> Además habló Jehová a Moisés, diciendo: Di a los hijos de Israel: El hombre o la mujer que cometiere alguno de todos los pecados con que los hombres prevarican contra Jehová y delinquen, aquella persona confesará el pecado que cometió, y compensará enteramente el daño, y añadirá sobre ello la quinta parte, y lo dará a aquel contra quien pecó. Y si aquel hombre no tuviere pariente al cual sea resarcido el daño, se dará la indemnización del agravio a Jehová entregándola al sacerdote, además del carnero de las expiaciones, con el cual hará expiación por él. Toda ofrenda de todas las cosas santas que los hijos de Israel presentaren al sacerdote, suya será. Y lo santificado

---

5   John Whitecross, *The Shorter Catechism Illustrated from Christian Biography and History* (Banner of Truth Trust, Londres, [1828] 1968), p. 114.

de cualquiera será suyo; asimismo lo que cualquiera diere al sacerdote, suyo será (Nm 5:5-10).

En el pasaje de Levítico, la referencia, de acuerdo a Ginsburg, es «inadvertidamente guardarse las cosas que pertenecen al santuario, y al servicio del Señor-, como, por ejemplo-, los diezmos, las primicias, o no consagrar o redimir al primogénito (Ex 28:38; Nm 5:6-8)»[1]. La referencia es «a ofrendas, sacrificios, primicias, diezmos santos, etc., que se debían ofrecer a Jehová, y él las asignó al sacerdote como sus ingresos»; quiere decir «pecar en cualquier cosa quitándole a Jehová lo que le pertenece». No se refiere al pecado deliberado sino a una transgresión cometida «de una manera olvidadiza o negligente»[2]. Una ofrenda por transgresión, compensación por la cantidad del diezmo u ofrenda debida, más la quinta parte de la cantidad encima como pena era la restitución requerida.

En el pasaje de Números, la referencia es a una ofensa similar, pero en este caso contra un prójimo. El Talmud recalcaba la referencia en 5:6 a la mujer («El hombre o la mujer que cometiere alguno de todos los pecados»), declarando que «las mujeres también están sujetas a las leyes de responsabilidad»[3]. En cualquier caso, la inferencia natural, en virtud de su eco de Levítico 5:14-16 es que aquí también se refiere a ofensas menores, inadvertidas. La culpa seria, tal como un incendio descontrolado, se considera en otras partes en la ley. Aquí, las ofensas son reales pero ni capitales ni principales. El sustantivo *maal,* transgresiones, se usa aquí, junto con su verbo cognado, «implica encubrimiento o secreto en la acción»[4]. Mediante el descuido o negligencia, un hombre o una mujer, pecan contra un prójimo, y luego de manera culpable esconden el delito. La restitución, no obstante, se debe hacer, y, cuando se halla al culpable, la persona debe ofrecer una ofrenda de expiación, hacer restitución y añadir una quinta parte de su valor como restitución. Es posible, en tiempos de conflicto, o de muerte súbita, que un ofensor halle que no queda nadie a quien hacer restitución; la familia ha muerto o se ha mudado del país, y no quedan parientes sobrevivientes. En tales casos, la restitución se hace al sacerdote o pastor. La parte culpable, al pasar frente para confesar voluntariamente su culpa, queda protegida en su confesión. «Estas ofrendas podían ser personales, de modo que no tenían que fluir al tesoro del templo. Por esto se hizo posible que estos casos de culpa se traten de manera más confidencial, lo que también daba mayor estímulo a la confesión del culpable y a la restitución»[5].

Muchos comentaristas refieren los pecados de esta ley a Levítico 6:2, 3, pero esta es claramente una ley separada, aunque estrechamente relacionada. Parecería

1   C. D . Ginsburg, «Leviticus» [«Levítico»], en Ellicott, I, 355.
2   Keil and Delitzsch, *The Pentateuch,* II, 313.
3   *Baba Kamma,* 15a; p. 63.
4   C. J. Elliott, «Numbers» [«Números»], Ellicott, I, 497.
5   John Peter Lange, *Numbers,* p. 35.

que Números 5:5-10 se refiere a pecados de negligencia e inadvertencia, como también Levítico 5:14-16, en tanto que Levítico 5:1-7 se refiere a ofensas menores de una naturaleza deliberada que incluyen propiedad:

> Habló Jehová a Moisés, diciendo: Cuando una persona pecare e hiciere prevaricación contra Jehová, y negare a su prójimo lo encomendado o dejado en su mano, o bien robare o calumniare a su prójimo, o habiendo hallado lo perdido después lo negare, y jurare en falso; en alguna de todas aquellas cosas en que suele pecar el hombre, entonces, habiendo pecado y ofendido, restituirá aquello que robó, o el daño de la calumnia, o el depósito que se le encomendó, o lo perdido que halló, o todo aquello sobre lo que hubiere jurado falsamente; lo restituirá por entero a aquel a quien pertenece, y añadirá a ello la quinta parte, en el día de su expiación. Y para expiación de su culpa traerá a Jehová un carnero sin defecto de los rebaños, conforme a tu estimación, y lo dará al sacerdote para la expiación. Y el sacerdote hará expiación por él delante de Jehová, y obtendrá perdón de cualquiera de todas las cosas en que suele ofender (Lv. 6:1-7).

Aunque a tales ofensas se les llama «violencia», Noth señala que en el hebreo «el contexto difícilmente sugiere un robo a la fuerza o un robo regular, sino más bien alguna manera engañosa de apropiarse de la propiedad de algún otro»[6].

En todas estas tres leyes aparecen ciertos principios legales comunes. El *primero* es claramente el hecho de que la restitución se debe hacer a Dios. En Éxodo 22:1-14 se dan las leyes básicas de restitución, pero estas leyes no tienen referencia a una ofrenda de transgresión para el Señor, como hallamos en Levítico 5:14-16; 6:1-7, y Números 5:5-10, ni tampoco una ofrenda por el pecado. Las leyes generales de sacrificio daban por sentado tales ofrendas. ¿Por qué, entonces, se cita específicamente en el caso de estas leyes? El mismo hecho del carácter menor de estas ofensas, inadvertencia en dos casos y ofensas menores en el otro, nos da indicios. Marsh ha observado de Números 5:5-10 que, «en tanto que podía ser un pecado contra Dios solo, todo pecado contra el hombre también se reconocía como pecado contra Dios, así que una ofrenda de culpa tenía que hacerse»[7]. Ginsburg lo dijo incluso más claramente, con referencia a Levítico 6:1-7:

> Se verá que la transgresión contra Dios es, estrictamente hablando, una violación de los derechos de la propiedad del prójimo. Puesto que el fraude y saqueo son los más subversivos de la vida social, un crimen de este tipo se describe como un insulto a Dios, que es el fundador y gobernante soberano de su pueblo[8].

---

6   Martin Noth, *Leviticus, A Commentary* (The Westminster Press, Filadelfia, 1965), p. 49.
7   John Marsh, «Numbers» [«Números»], *Interpreter's Bible*, II, 166.
8   C. D. Ginsburg, «Leviticus» [«Levítico»], en Ellicott, I, 356.

La ley no permite que alguien se olvide de que la más ligera ofensa es también una ofensa contra Dios; al requerir en estos casos una restitución a Dios, así como también una restauración de la propiedad dañada o apropiada indebidamente, la jurisdicción total de Dios se afirma tanto como el hecho de que la más ligera ruptura del orden es una ruptura del orden de Dios. En todo punto, se debe restaurar el orden de Dios.

Segundo, en ofensas mayores, la restitución incluía un pago duplicado o quintuplicado, aquí, sólo el 20 por ciento. En todo caso, funciona el mismo principio, que en parte por cierto incluye también la remoción de todo lucro del pecado. «La ley del Señor elimina todo lucro del robo e impone penas severas a los que roban»[9]. Aparte de la ley de restitución, el crimen en efecto de manera muy común paga. Un criminal profesional inglés, cuando se le preguntó en cuanto a los riesgos que había en sus robos, sus sentencias de prisión, y la probabilidad de una sentencia de prisión por ocho años cuando lo atraparan la próxima vez, respondió:

> Yo no quiero purgar ocho años, no; pero si tengo que hacerlo, tengo que hacerlo, y eso es todo lo que hay en ello. Si uno es criminal, ¿cuál es la alternativa al riesgo de ir a la cárcel? Los mineros de carbón no pasan su tiempo preocupándose por el riesgo de que pudieran morir por una caída de la superficie del carbón tampoco. La cárcel es un riesgo ocupacional, y eso es todo; y uno que estoy muy preparado para correr. Estoy dispuesto a jugarme una tercera parte de mi vida en la cárcel, en tanto y en cuanto pueda vivir como se me antoje las otras dos terceras partes. Después de todo, es mi vida, y así es como me siento al respecto. La alternativa, la perspectiva de vegetar el resto de mi vida en un trabajo estable, tomando el autobús de las 8:13 al trabajo por la mañana y el de las 5:50 de regreso a la noche, todo por diez o quince libras a la semana, ahora eso si en realidad me aterra, mucho más que el pensamiento de unos pocos años en la chirona[10].

La posición de este criminal era una conclusión lógica amoral. El lucro del robo pesaba mucho más que la pena por el delito. La ley humanista moderna tiende a hacer al crimen lucrativo mientras que al mismo tiempo reduce su significación en términos de la ley moral. La ley sajona trataba brutalmente a los criminales. Según Sir William Blackstone,

> Nuestras leyes sajonas antiguas nominalmente castigaban el robo con la muerte, si era por encima del valor de doce peniques; pero al criminal se le permitía redimir su vida mediante un rescate pecuniario; como, entre sus

---

9   H. B. Rand, *Digest of the Divine Law,* p. 73.
10   Tony Parker y Robert Allerton, *The Courage of His Convictions* (W. W. Norton, Nueva York, 1962), p. 88.

antepasados alemanes, por un número establecido de ganado; pero en el noveno año de Enrique I, este poder de redención se eliminó, y todas las personas culpables de ratería por sobre el valor de doce peniques se las dirigía a que se las ahorque; que es la ley que continúa vigente hasta este día[11].

La pena capital por raterías continuó en la ley inglesa hasta el reinado de Jorge IV, en cuyo tiempo se alteró la ley. En tal perspectiva, la ley procura reprimir el crimen imponiendo penas severas y desproporcionadas. Esto es contrario a la ley bíblica en donde la restauración es primordial, y no la represión. Tanto la pena capital como la restitución en la ley bíblica están en términos de justicia, no de represión; al criminal profesional o asesino se lo ejecuta a fin de eliminar la iniquidad y restaurar el orden, y por otros crímenes se hace restitución para restablecer ese orden social santo y funcional que es necesario por mandato de Dios en la creación. Ni ahorcar a un ratero, ni imponer un rescate desproporcionado o multarlo, constituye justicia.

Un *tercer* factor también es muy importante. El requisito de restitución en cosas pequeñas es ley dada por Dios que fomenta mejores relaciones con los prójimos. La tendencia moderna es «hacerse de la vista gorda» en las cosas pequeñas, como si constituyera nobleza hacerlo así. Así, si una mujer deja caer y rompe una bandeja que le pertenece a su vecina, la tendencia moderna es «perdonar y olvidar». El principio bíblico es restaurar una suma equivalente a la bandeja, o el mismo tipo si está disponible, más una quinta parte de su valor como compensación. Tal restitución reemplaza la molestia con amor de prójimo, porque «el cumplimiento de la ley es el amor» (Ro 13:10). Muchas de las contrariedades leves entre amigos y prójimos quedarían eliminadas por la observancia de esta ley. Por medio de esta ley, Dios claramente está consciente de la necesidad de gobernar los problemas menores que tan a menudo son los principales factores en nuestras vidas.

Un *cuarto* aspecto de esta ley es la confesión. Hacer restitución a un prójimo es una forma de confesión, por supuesto. Cuando el prójimo ha muerto o ha emigrado, y no queda pariente a quien se pueda hacer restitución, la confesión se hace a Dios por medio del sacerdote. Números 5:5-10, «enfáticamente insiste en la confesión, y finalmente exige también, que si el individuo contra quien se cometió la transgresión no tenía *goel* (pariente redentor), el dinero de compensación, junto con el carnero a ofrecerse, se lo devolvía al Señor, i.e., se lo pagaba al sacerdote»[12]. Hay así un lugar para la confesión en la ley. La verdadera confesión no produce una institución mediadora; sencillamente sostiene la soberanía de la ley de Dios y el hecho necesario de la restitución.

La verdadera confesión es restitución. El perdón es un término jurídico en la Biblia y quiere decir que se retiran los cargos debido a que se ha dado satisfacción.

---

11   Citado en J. W. Ehrlich, *The Holy Bible and The Law,* p. 224.
12   G. F. Oehler, *Theology of the O.T.,* p. 302.

El perdón, así, significa «satisfacción» o restitución. La confesión es inútil, y el perdón inválido, en donde no se ha hecho restitución.

18. El derecho de extranjeros, viudas y huérfanos

La ley repetidas veces habla de varios grupos de personas cuyos derechos corren peligro con mayor frecuencia o facilidad. Dos importantes de tales leyes son las siguientes:

> Y al extranjero no engañarás ni angustiarás, porque extranjeros fuisteis vosotros en la tierra de Egipto. A ninguna viuda ni huérfano afligiréis. Porque si tú llegas a afligirles, y ellos clamaren a mí, ciertamente oiré yo su clamor; y mi furor se encenderá, y os mataré a espada, y vuestras mujeres serán viudas, y huérfanos vuestros hijos (Ex 22:21-24).

> Cuando el extranjero morare con vosotros en vuestra tierra, no le oprimiréis. Como a un natural de vosotros tendréis al extranjero que more entre vosotros, y lo amarás como a ti mismo; porque extranjeros fuisteis en la tierra de Egipto. Yo Jehová vuestro Dios (Lv 19:33, 34).

Estas leyes hablan, *primero* que nada, de extranjeros. Los extranjeros a los que se refiere son residentes permanentes en la comunidad. No hay referencia aquí al viajero que está de paso por el país; tales personas están gobernadas por las leyes de la hospitalidad. De nuevo, esta ley no se refiere al hombre de negocios extranjero, temporalmente en la tierra para negociar; tales transacciones están gobernadas por todos los requisitos de honradez y la prohibición del robo. El término «extranjero» según se usa en Éxodo 22:24 puede referirse al extranjero residente en el país, o a un israelita que está en el territorio de otra tribu, tal como los beerotitas en Gitaim (2 S 4:3). «La clasificación era tribal y social, no primordialmente religiosa»[1]. Así, se aplicaría a un francés en California, o a un nativo del Sur o a un negro en California. La ley se repite en Éxodo 23:9, con alguna variación: «Y no angustiarás al extranjero; porque vosotros sabéis cómo es el alma del extranjero, ya que extranjeros fuisteis en la tierra de Egipto». A Israel se le hace acuerdo de la discriminación y persecución que experimentó en Egipto y se le pide por consiguiente que esté consciente para no poner a otros hombres bajos similares sufrimientos.

En Levítico 19:33, 34, la referencia es más restringida en algún sentido, en que al parecer se refiere al extranjero que ha llegado a ser creyente. Según Ginsburg, este «extranjero» es uno que se ha circuncidado, ayunaba en el Día de la Expiación (Lv 16:29), obedecía las leyes del sacrificio (Lv 17:8, 9; 22:18; 22:10, 15), y ha practicado las leyes de castidad (Lv 18:26), así como también ha obedecido

---

1   J. Coert Rylaarsdam, «Exodus» [«Éxodo»], en *Interpreter's Bible*, I, 1007.

otras leyes morales (24:16-22). «Habiendo sido admitido una vez en la comunidad, a los israelitas se les prohíbe echarle en cara su nacionalidad o increparle el hecho de que originalmente era un idolatra»[2]. En el día de Salomón, había unos 150.000 «extranjeros» en Israel[3].

La misma proximidad que la vida como semejante creyente ponía al extranjero en relación a un israelita hacía posible más tensión que con un extranjero no creyente. Mientras más estrecha la relación, más probables son las tensiones y problemas. Es más fácil tener problemas con el propio esposo o esposa de uno que con alguien que está a un kilómetro de distancia. Como resultado, la ley habla con mayor atención y precisión en donde las relaciones son más estrechas.

Segundo, a tales personas no hay que *oprimir,* afligir ni hacer daño. La palabra tiene referencia a actos agresivos y discriminatorios específicos. La discriminación es un acto que la palabra de Dios no permite; así, los eunucos no podían llegar a ser miembros de la congregación, aunque podían ser creyentes; los bastardos y ciertos cananeos estaban excluidos por algunas generaciones de la membresía (pero no de la fe) debido a su naturaleza o a su bajo trasfondo moral (Dt 23:1-6). La discriminación que se prohíbe es la de nuestra propia cosecha.

A Israel se le hace acuerdo de su propia experiencia en Egipto. El mal en esa experiencia no fue su segregación a Gosén; eso fue un favor y una ventaja. El mal estaba en la opresión y la esclavitud, en las discriminaciones legales contra ellos.

Precisamente a que esto es una ley, es limitada en su alcance. Requiere justicia para el «extranjero». La vida en ese día era vida de familia y clan. Las alianzas y relaciones se establecían por sangre y por matrimonio. La hospitalidad se extendía de buen grado, a un grado asombroso, a extranjeros que pasaban, pero las amistades normalmente tenían lugar en un círculo restringido gobernado por la fe y la familia. El llamado de la sociedad moderna, humanista, a una relación abierta con todos los hombres les hubiera parecido a los israelitas como lo máximo en tiranía. Esta ley no exigía tal reordenamiento de la vida privada de ningún hombre; sencillamente requiere justicia en los tratos con todos los hombres.

El círculo interno íntimo de la vida bíblica hacía posible el círculo externo abierto. Abraham estuvo listo, a la manera bíblica, para saludar y recibir con toda bondad posible a los extraños que pasaban (Gn 18:1-8). De nuevo, estuvo listo para ir a rescatar a los reyes cananeos, así como también para rescatar a su sobrino Lot (Gn 14); si Abraham se hubiera preocupado sólo por Lot, podría haberlo rescatado fácilmente y sin arriesgarse. La casa de un hombre estaba abierta en su hospitalidad a los extraños necesitados que pasaban, y su responsabilidad a sus prójimos en una defensa común era grande. Por otro lado, el círculo interno de la casa estaba restringido severamente. Abraham no se convirtió en amigo íntimo de los cananeos, y envió a Mesopotamia a buscar una esposa para Isaac, a fin de

---

2   C. D. Ginsburg, «Leviticus» [«Levítico»], en Ellicott, I, 429.
3   *Ibid.*

asegurar un matrimonio santo (Gn 24). Se debe notar, por consiguiente, que la amistad y contactos personales estaban muy severamente limitados en la vida y ley bíblicas, a un grado que consideraría ilegal la ideología humanista, en tanto que la hospitalidad, ayuda al prójimo, y una defensa legal común se requería a un grado que rara vez se reconoce hoy.

Tercero, se debe notar que las violaciones de esta ley son serias a la vista de Dios. Esta ley contra la opresión se pone en Éxodo de inmediato después de las leyes contra la seducción, idolatría y hechicería (Éx 22:16-20). Como Rawlinson notó:

> La yuxtaposición de leyes contra la opresión con tres crímenes del tinte más profundo parece tener la intención de indicar que la opresión está entre los pecados que son más detestables a la vista de Dios. El legislador, sin embargo, no dice que se deba castigar con la pena capital, ni, en verdad, le adjunta alguna pena legal. En lugar de hacerlo así, declara que Dios mismo castigará «con la espada» (v. 24). Tres clases de personas particularmente posibles de ser oprimidas se seleccionan para mencionar: (1) extranjeros, (2) viudas, y (3) huérfanos[4].

Semejante opresión es seria, porque indica que, a todos los efectos prácticos *no existe la Ley.* La ley verdadera da una protección común a todos los que la acatan; en donde el débil no puede conseguir tal protección, no existe la ley. Si la ley discrimina contra los débiles porque son débiles, y contra los fuertes porque son fuertes, deja de ser ley y es un instrumento de opresión. La ley verdadera discrimina contra los malhechores al procurar obligar a la restitución o la muerte contra ellos, y favorece a los que acatan la ley porque protege sus vidas y propiedades, y obliga la restitución por delitos contra ellos. Si el orden civil no protege las vidas y propiedades de los extranjeros, las viudas y los huérfanos, entonces ese orden se ha vuelto inicuo.

Ninguna pena se adjunta a estas leyes, a pesar de Rawlinson, no porque no haya ninguna, sino porque la ley ya las provee: restitución por robo, muerte por violación, y así por el estilo. La forma particular de opresión exige su pena en particular.

Cuarto, a las viudas y los huérfanos se los incluye en esta ley junto con los extranjeros como clases desvalidas de personas. En un sentido muy real, ninguno de éstos, ni nadie más en la sociedad tiene ningún derecho como tales; lo que sí tienen es una ley común que protege a todos los hombres que acatan la ley e impone penas a todos los que son criminales[5]. Así, usamos el título *El derecho de los extranjeros, las viudas y los huérfanos* para señalar que el único derecho verda-

---

4   George Rawlinson, «Exodus» [«Éxodo»], en Ellicott, I, 271.
5   T. Robert Ingram, «"Right" and "Rights"», [«"Correcto" y "Derechos"»] en *The Presbyterian Journal*, 26 ene. 1970, p. 9s.

dero de toda persona es la Ley de Dios. El objetivo de la legislación disponible es declarar el carácter incluyente de esta ley; es el refugio de los extranjeros y de los desvalidos. En donde no hay derecho, no hay derechos; sin la Ley de Dios, no existen derechos. Volúmenes de legislación no pueden impartir justicia en donde no existe un sentido de la justicia.

Quinto, un orden sin justicia está sujeto entonces al castigo de Dios. Rylaarsdam ha observado, al comparar esta ley con el código de Hammurabi, «lo que se recalca aquí de manera singular es el papel inmediato y dinámico que el Dios de Israel juega respecto a esto y por el logro de la justicia. Está directamente relacionado a los procesos históricos y no, como ausente, ha confiado su trabajo a un agente, tal como Hammurabi, que puede jugar un papel independiente»[6]. Este punto se hace enfáticamente en la ley bíblica, y, en muchas ocasiones. Así, de acuerdo con Deuteronomio 10:17-19:

> Porque Jehová vuestro Dios es Dios de dioses y Señor de señores, Dios grande, poderoso y temible, que no hace acepción de personas, ni toma cohecho; que hace justicia al huérfano y a la viuda; que ama también al extranjero dándole pan y vestido. Amaréis, pues, al extranjero; porque extranjeros fuisteis en la tierra de Egipto.

De esta última frase, el comentario de Rashi fue apropiado: «La falta que tienes en ti mismo no debes notarla en tu prójimo»[77].

Donde las cortes son inicuas, hay que apelar a la Corte Suprema de Dios: «ciertamente oiré yo su clamor» (Éx 22:23). No debemos confundir el sufrimiento de los afligidos con su preocupación por la justicia; el afligido puede estar tan desinteresado en la justicia como sus opresores, y tan listo para perseguir y oprimir si se le da la oportunidad. Debe haber por consiguiente una apelación, no sólo por la liberación, sino por justicia. En donde no hay apelación por justicia, no hay interés en la justicia.

19. La injusticia como robo

La injusticia de parte de cortes y jueces es una forma principal de robo en buena parte de la Historia. Los ladrones con los que los hombres tienen que enfrentarse demasiado a menudo están a ambos lados del estrado. La ley declara:

> No recibirás presente; porque el presente ciega a los que ven, y pervierte las palabras de los justos (Éx 23:8).

---

6   Rylaarsdam, *op cit.,* I, 1007.
7   Citado por C. H. Waller, en «Deuteronomy» [«Deuteronomio»], Elliott, II, 36.

No harás injusticia en el juicio, ni favoreciendo al pobre ni complaciendo al grande; con justicia juzgarás a tu prójimo (Lv 19:15).

No tuerzas el derecho; no hagas acepción de personas, ni tomes soborno; porque el soborno ciega los ojos de los sabios, y pervierte las palabras de los justos. La justicia, la justicia seguirás, para que vivas y heredes la tierra que Jehová tu Dios te da (Dt 16:19, 20).

El comentario de Calvino sobre estas leyes viene bien al punto:

Esta clase de robo es el peor de todos: cuando los jueces son corruptos por soborno o por afectos, y así arruinan las fortunas que deben proteger; porque, puesto que su tribunal es como si fuera un asilo sagrado al cual pueden acudir los que son injustamente oprimidos, nada puede parecer más impropio que ellos deban allí caer entre los ladrones. Los jueces son nombrados para reprimir todos los males y ofensas; si, por consiguiente, muestran favor a los perversos, son refugio de ladrones; que con lo cual no hay una peste más mortal. Y además, puesto que su autoridad excluye todo otro remedio, son ellos mismos como ladrones con armas en las manos. Por consiguiente, mientras mayor es su poder de hacer daño, y mayor el daño cometido por sus sentencias injustas, más diligentemente debe precaverse de la iniquidad; por tanto fue necesario mantenerlos en la senda del deber mediante instrucciones especiales, para que ellos no escondieran ni estimularan el robo por su patrocinio. Ahora bien, como la avaricia es la raíz de todos los males, cuando se apodera de las mentes de los jueces ninguna integridad puede continuar existiendo[1].

El juez no debe favorecer ni al rico ni al pobre. En Éxodo 23:3, 6 al juez se le prohíbe: «Ni al pobre distinguirás en su causa», y «No pervertirás el derecho de tu mendigo en su pleito». Lutero, en su comentario sobre Deuteronomio 16:18-20, observó:

Todavía más, él establece esta regla para estos jueces y oficiales: deben juzgar con justicia, es decir, de acuerdo a la ley de Dios y no de acuerdo a su propio entendimiento. Entonces prohíbe los sentimientos corruptos; no deben dejar la ley atrás ni dejarse guiar o motivar por acepción de personas o sobornos. Estas dos cosas tienden a distorsionar y a dirigir erróneamente la justicia, y por consiguiente aquí añade este aforismo: «El soborno ciega los ojos de los sabios, y pervierte las palabras de los justos» (v. 19). La acepción de personas incluye cosas tales como estas: temor a personas grandes, poderosas o ricas, amor a parientes, consideración por los amigos, desprecio por los humildes,

---

1   Calvino, *Commentaries on the Four Last Books of Moses*, III, 136s.

simpatía hacia los que han sido golpeados por la calamidad, y el temor de peligro a la propia vida, reputación y propiedad de uno. «Soborno», sin embargo, incluye ganancia, ventaja, ambición y el insaciable e ilimitado golfo de la codicia. Por consiguiente, en Éx 18:21 Jetro le advierte a Moisés que escoja hombres libres de codicia, es decir, aves que son tan raras como un cisne negro[2].

Hay un punto de importancia especial en estas leyes; en donde interviene el soborno, la ofensa es del juez, no del que soborna. La palabra para soborno o coima en hebreo es *kofer*, redención. La referencia así es a un pago por redención. El juez que acepta un soborno está concediendo una redención o salvación falsa e inmerecida a un hombre que debería ser castigado.

Como hemos visto, un informe de 1969 indicaba que el soborno de la Cosa Nostra a los funcionarios públicos en los Estados Unidos de América era de dos mil millones de dólares al año. Los crímenes de este sindicato criminal son reales y muchos, y requieren castigo, pero, con respecto al soborno, el delito según la ley bíblica no era de ellos, sino de los jueces. En todo orden social habrá unos cuantos delincuentes; no es posible una sociedad perfecta de este lado del cielo. En ningún orden social, por consiguiente, los jueces estarán libres de tentación, si acaso no de soborno, por lo menos de favoritismo. El pecado del soborno, de este modo, se cita en las Escrituras como el delito, no del que lo da, sino del que lo recibe.

Al recibir un soborno, el funcionario público o juez por ello se convierte en ladrón por cuenta propia, y hace de su cargo un dominio de ladrones. Los ladrones más mortales y peligrosos son los que operan dentro de la ley y especialmente como funcionarios de la ley. Como Calvino propiamente dijo: «Este tipo de robo es el peor de todos». A todo el orden social entonces se lo convierte en un instrumento del mal.

Según Éxodo 23:8 un soborno ciega al juez sabio, pero es una ceguera unilateral, es decir, le ciega a la justicia. El requisito de Deuteronomio 16:19: «no hagas acepción de personas» en hebreo es literalmente: «no reconocerás las caras». El juez, por tanto, debe ser ciego a las *personas* en el caso, y debe ver los *asuntos* incluidos. El soborno exactamente invierte esto: el juez entonces queda ciego a los *asuntos* y ve solo a las *personas*.

Puesto que el juez o funcionario civil debe continuamente lidiar con el mal, y comúnmente enfrenta a algún transgresor de la ley en asuntos que se le presentan, la realidad de los esfuerzos por cegar la justicia siempre está delante de él; es una condición de su cargo. El delito, por consiguiente, es suyo; es una demostración del hecho de que está del lado errado del estrado, sentándose como juez antes que enfrentando arresto como transgresor de la ley.

---

2   Lutero, *Deuteronomy*, p. 163.

A menudo se cita con mucha razón la regla de oro como resumen de la ley: «Así que, todas las cosas que queráis que los hombres hagan con vosotros, así también haced vosotros con ellos; porque esto es la ley y los profetas» (Mt 7:12). Observar la ley en relación con nuestro prójimo, reconocer su derecho a la vida, casa, propiedad y reputación, es amarle y proceder como nosotros quisiéramos que otros procedieran con nosotros. No solo es este un principio fundamental de las Escrituras, sino que lo opuesto es igualmente esencial. Como dijo Abdías: «Como tú hiciste se hará contigo; tu recompensa volverá sobre tu cabeza» (Abd 15; cf. Jue 1:17; Sal 137:8; Ez 35:15; Jl 3:7, 8).

¿Qué han hecho los jueces corruptos y cuál es su castigo? Josefo informó sobre la pena: «Si un juez recibe soborno, su castigo es la muerte; el que pasa por alto al que le hace una petición, pudiendo aliviarle, es culpable»[3]. ¿Por qué este castigo? Si un juez acepta un soborno de $50, ¿por qué debe morir, y el sobornador no sufrir ningún castigo? La cuestión va más allá de los $50; es la vida de la sociedad. ¿Está la sociedad dedicada a promover la justicia según el orden legal de Dios o es un orden y tribunal de ladrones? Todo funcionario del estado que es corrupto y especialmente el juez, es culpable de aprovechar su cargo para destruir los cimientos del orden social, matar la sociedad santa y reemplazarla con una sociedad de ladrones y asesinos que, no obstante, pueden usar la diplomacia y la cortesía. Por eso es tan importante el principio inherente de la regla de oro: «Como hiciste se hará contigo» y si mata a la sociedad, merece la muerte. En primero y último lugar, la forma principal de traición a todo orden civil es intentar destruirlo como representante de la justicia. La injusticia, por consiguiente, no es solo robo, sino asesinato. Le roba al individuo y asesina el orden social.

La versión Reina Valera Revisada dice que el soborno «pervierte las palabras de los justos» (Éx 23:8; Dt 16:19); la Tora traduce que los sobornos «trastornan las súplicas del justo». La versión Latinoamérica de Éxodo 23:8 dice que los sobornos o regalos «perjudican los derechos de los justos», o «se hacen en perjuicio de los justos» (Dt 16:19). El soborno ciega los ojos del juez a los asuntos de justicia y cierra sus oídos a sus ruegos. La esencia de un orden justo en una corte es oír el clamor de justicia. Todo el cuidado en los procedimientos de un tribunal tiene como función discernir entre la verdad y el error y el perjurio y escuchar con sensibilidad y atención a la verdad. El soborno, pues, destruye la comunicación básica que se requiere para mantener el orden de la ley. Recibir soborno es tan serio como privar de aire a un hombre. Así como un hombre se asfixia sin aire, el orden social se muere sin justicia. Calvino tenía razón: «Este tipo de robo es el peor de todos». Es también, tal vez el más extendido.

Un punto importante con respecto a esta ley es que es una ley *civil*. La impersonalidad que se requiere de los tribunales civiles es marcadamente diferente del

---

3   Flavio Josefo, *Against Apion*, II, 27; en William Whiston, *The Works of Flavius Josephus* (David McKay, Filadelfia), p. 919.

personalismo que revisten las decisiones en otros ámbitos. En la familia, los juicios pueden ser más suaves o más severos, según la situación. La familia debe vivir con el miembro ofensor; pueden ser más severos si piensan que el individuo no tiene remedio o más indulgentes si piensan que el ofensor ha aprendido su lección. En la Iglesia, debido a que los creyentes son todos miembros y hermanos, ocurre lo mismo. No deben recurrir a la impersonalidad de los tribunales a menos que el miembro rehúse aceptar la disciplina de la iglesia. En este caso, es un pagano y publicano y se le trata de manera impersonal (Mt 18:7). La justicia en la familia y en la iglesia es personal y en un sentido, parcial, porque hace acepción de personas, aunque siempre justa. En el estado, donde personas de diferentes trasfondos se enfrentan unas a otras, la impersonalidad y la imparcialidad deben ser la regla de la justicia. La justicia de familia y eclesiástica, como es personal, puede preocuparse por la rehabilitación; la justicia civil debe estar ligada solo a la restitución, el principio de justicia. En donde el Estado asume un papel paternal o pastoral, no solo usurpa las jurisdicciones de la familia y la Iglesia, sino que también se olvida de la justicia impersonal que debe administrar. El Estado se vuelve una agencia de clase o un instrumento de una raza o algún grupo dominante; sustituye la rehabilitación o castigo por la restitución; penaliza a la parte que recibió el daño y favorece al criminal.

Una justicia impersonal dentro de la familia es fatal. Si el esposo y la esposa se tratan de manera impersonal, están destruyendo sus relaciones, las que deben darse siempre en un marco de justicia, pero también de tolerancia mutua. Esto es válido en todos los aspectos de la relación personal. Pero las leyes del tráfico no pueden ser personales y las leyes maritales no pueden ser impersonales. Cuando la disciplina eclesiástica se vuelve impersonal equivale prácticamente a excomunión. El consejo a los cristianos, en el sentido de evitar los tribunales en los pleitos de uno contra otro (1 Co 6:1-10), presupone en parte este requisito de justicia, moderado por la tolerancia en las relaciones personales.

20. El robo y la ley

El octavo mandamiento dice de manera muy sencilla: «No hurtarás» (Éx 20:15). En esto no hay duda: se prohíbe el robo y de manera muy clara. Es necesario preguntar ¿a quién se aplica esta ley? La respuesta usual de los religiosos es: «Vaya, a todos los hombres, por supuesto», y esta respuesta es defectuosa. El mandamiento se aplica a todos los hombres *y* a sus instituciones, corporaciones y formas de gobierno. El no aplicar la Ley en su plena jurisdicción ha producido mucho mal.

En la raíz de este error se sitúa el desdichado hecho de que la mayoría de los religiosos tratan los mandamientos como simples cuestiones de moralidad y no como ley. La Ley mosaica en verdad es un código moral, pero ineludiblemente también es ley. Negarle a la legislación mosaica su fuerza como ley es entregarle el mundo al diablo.

En uno de los más incisivos estudios sobre la ley, Frederick Nymeyer, que tituló «Essays Against Organized Sanctimony and Legalized Coercion» [«Ensayos en contra de la santurronería organizada y la coacción legalizada»], criticó las ideas del Dr. Bruins Slot, señalando:

> Todo se sostiene o cae con esta simple pregunta: ¿Tiene un gobierno más autoridad que sus ciudadanos? Si la respuesta es sí, debe haber recibido esa autoridad de alguna fuente más grande que los ciudadanos. Las únicas fuentes más grandes son Dios o Satanás. Los calvinistas nunca consideraron a Satanás como la fuente de los gobiernos; (¡los gobiernos o manifestaciones de la «gracia común» de Dios!). Por consiguiente, Hitler tenía una «autoridad peculiar inherente» directamente *¡de Dios!* Ahora podemos darnos cuenta como *De Standaard* llegó a seguir el curso que siguió durante la Segunda Guerra Mundial.
>
> Lo anterior puede aplicarse a Abraham Kuyper, al *De Standaard,* al Partido Antirrevolucionario y a Bruins Slot, pero ¿dónde acaba esto? A continuación hay cuatro proposiciones que brotan naturalmente de la principal idea de Bruins Slot:
>
> 1. Dios ha restringido a los hombres considerados individualmente, por y a los Diez Mandamientos;
> 2. Pero Dios le ha dado al gobierno más autoridad o derechos que los que tienen los hombres individuales;
> 3. Por consiguiente, los gobiernos tienen autoridad directa para ir más allá de los Diez Mandamientos: Es decir, pueden violar los Diez Mandamientos.
> 4. Por lo tanto, el propósito de invocar una «autoridad peculiar inherente» para el gobierno es exactamente validar el derecho a violar los Diez Mandamientos.
>
> Hitler, como ven, estaba operando muy bien dentro de sus «derechos» derivados de Dios. Los campos de concentración, pelotones de fusilamiento, mentiras, violencia, guerra, opresión; todo esto era producto de la «autoridad peculiar inherente» del gobierno. ¡Los hombres están obligados por el Decálogo; los gobiernos no[1].

Nymeyer, quien junto con Ingram son casi los únicos que hacen justicia a la Ley bíblica, ha indicado el asunto con claridad. Toda autoridad viene de Dios o de Satanás. Si la autoridad es de Dios, ella está bajo la Ley de Dios y es una agencia de la Ley de Dios.

En una deliciosa nota al pie de página, Nymeyer añade:

---

1   Frederick Nymeyer, *Progressive Calvinism* (Libertarian Press, South Holland, Ill., 1955), I, 331s.

Una persona que leyó este manuscrito con espíritu festivo dedujo estos obvios silogismos:

1. Los poderes que hay son ordenados por Dios;
2. Satanás es uno de los poderes que hay;
3. Por consiguiente; ¡Satanás es ordenado por Dios!

Y luego bosquejó el siguiente silogismo:

1. Se debe obedecer a todos los poderes ordenados por Dios;
2. Satanás es un poder ordenado por Dios;
3. Por consiguiente, ¡hay que obedecer a Satanás![2].

Tal pensamiento absurdo dista mucho de estar ausente en los círculos evangélicos. En julio de 1967 este escritor fue denunciado e investigado como sospechoso de enseñar doctrinas falsas, debido al texto que incluyó en unas transparencias tituladas *The Moral Foundations of Money* [*Los cimientos morales del dinero*]. En ese texto, al papel moneda sin respaldo se le consideraba una forma de falsificación y la inflación era un robo. Una de las acusaciones hechas por el Rvdo. Albert G. Edwards de la Iglesia Presbiteriana Ortodoxa, señalaba:

> Esto equivale a acusar de robo al Estado, lo que contradice lo que escribe Pablo en el capítulo 13 de Romanos, donde se nos dice que demos lo que se nos pide respecto a impuestos y que reconozcamos el derecho del Estado en esto. (Edwards hablaba de la inflación del papel moneda como un «impuesto oculto», y no un robo). Llamar robo a los impuestos parece ser un acto de rebelión abierta contra el Estado y contrario a las Escrituras que nos amonestan a estar sujetos a las ordenanzas de los hombres, por amor a Dios[3].

El 7 de agosto de 1967 este escritor contestó en parte como sigue:

> Usted habla del papel moneda como una forma de impuesto oculto, lo que es verdad. Pero su punto respecto a Romanos 13 yo no lo considero válido. A usted mismo le he oído criticar ciertas acciones del gobierno civil como moralmente erradas, o erradas de varias maneras. ¿Ponía usted en entredicho, con ello, las Escrituras? Elías tildó de robo y asesinato la incautación de la viña de Nabot; ¿estaba él poniendo en entredicho la ley de Dios? El Estado tiene una autoridad legítima, pero no todo lo que hace es por ello legítimo. Como Hodge, en otro contexto aparte de Romanos 13, dice de toda autoridad: «Se extiende sobre todos los departamentos (de su dominio), pero está

---

2   Ibid., p. 331.
3   Carta del 17 julio 1967, a R. J. Rushdoony, del Rvdo. Albert G. Edwards.

limitada en todo; primero, por la naturaleza de la relación y segundo, por la autoridad más alta de Dios». La obra del ministerio debe ser profética, o sea, debe hablar por Dios y debe, por consiguiente, negar al Estado lo que le pertenece a Dios. Así, el Estado no tiene derecho, por ejemplo, a usurpar la educación de los hijos. Esta es una responsabilidad del pacto, de los padres, no del Estado. El Estado no tiene derecho a violar la ley de Dios. «No robarás» y el papel moneda es robo y lo que usted llama un «impuesto oculto» es en realidad robo oculto. No puedo estar de acuerdo con la inmunidad del Estado al juicio moral.

Hay demasiados religiosos que eximen al Estado de la Ley y del juicio según la Ley. Las raíces de esta posición se remontan a la divinización pagana del Estado. Cuando los hombres consideran al Estado exento de obedecer la ley de Dios, lo convierten en instrumento de Satanás.

La Ley es para todos. Si el ciudadano no tiene derecho moral a robar, tampoco el Estado. Si el ciudadano no puede expropiar la propiedad del prójimo, tampoco el Estado. «No robarás» se aplica a las corporaciones, gobiernos y hombres por igual. Prohíbe el socialismo, comunismo, inflación, cheques falsos y toda otra forma de robo. Prohíbe la publicidad falsa y el proceso deshonesto, así como la adulteración de los alimentos. Prohíbe los contratos laborales engañosos de parte de las asociaciones de trabajadores y prohíbe que se engañe a los trabajadores. Todos los hombres, sus instituciones, corporaciones y formas de gobierno están por igual bajo la Ley de Dios. La reducción de los Diez Mandamientos al status de código moral solo es destrucción de la Ley.

Si la autoridad no está íntegramente sometida a Dios entonces, en lugar de un universo, tenemos un multiverso; en lugar de un Creador y Legislador, tenemos muchos dioses actuando como creadores y legisladores en sus ámbitos. Si toda la autoridad viene de Dios, entonces toda autoridad está claramente bajo la Palabra y Ley de Dios y enteramente sujeta a ella. «No robarás» no se puede restringir al hombre individual, sino que se debe aplicar a todos los aspectos de la vida.

El concepto de un multiverso se ha vuelto prominente en el siglo XX y con ello, las consecuencias del politeísmo. El paganismo precristiano, que era evolucionista, también era politeísta; el mundo ha visto múltiples orígenes y de aquí ha tenido múltiples dioses.

En el siglo XX los educadores han hablado de la universidad a veces como una *multiversidad,* que tiene espacio para una variedad de ideas y muestras de fe. La enseñanza de la brujería, la astrología y otros conceptos afines por parte de algunas escuelas tiene que ver con este concepto de multiversidad. Las secundarias en una importante ciudad norteamericana han introducido el yoga y la lectura de la palma de las manos. Si el mundo es un multiverso, entonces todas las cosas son permisibles, excepto un Dios soberano y un orden legal universal.

De aquí que nuestro mundo politeísta tolere casi toda clase de creencias, excepto el cristianismo ortodoxo. Un orden legal universal y un Dios soberano descartan la posibilidad de un multiverso politeísta. Pero, debido a que el Dios Soberano triuno de las Escrituras gobierna, no hay multiverso sino más bien un universo y un orden legal unificado.

La ley «No robarás» se aplica, por consiguiente, no solo al Estado sino también a la Iglesia. Si la Iglesia no enseña fielmente todo el consejo de Dios, su Palabra y Ley completa, entonces claramente es culpable de robo. Está robándole a las personas y al orden social su nervio vital; está socavando toda autoridad cuando limita la ley sobre la cual toda autoridad descansa.

Como Nymeyer ha observado: «Lo que el oro es al dinero, la ley de Dios es a la libertad»[4]. Sin la Ley de Dios los hombres, sindicatos, corporaciones y Estados se sienten libres para ser ley por sí mismos, de actuar como Dios. Así, no enseñar la Ley de Dios equivale a pavimentar el camino a la tiranía.

James Madison dijo de la ley de Dios:

> Hemos depositado todo el futuro de la civilización estadounidense, no sobre el poder del gobierno, sino muy por el contrario. Hemos depositado el futuro de todas nuestras instituciones políticas en la capacidad de la humanidad para gobernarse a sí misma; en la capacidad de cada uno de nosotros de gobernarnos a nosotros mismos, de controlarnos a nosotros mismos, de sostenernos a nosotros mismos, de acuerdo a los Diez Mandamientos de Dios[5].

---

4   Frederick Nymeyer, *Progressive Calvinism* (Libertarian Press, South Holland, Ill., 1957), III, 209.

5   Citado por F. Nymeyer, en Progressive Calvinism (Libertarian Press, South Holland, Ill., 1958), IV, 31.

IX

EL NOVENO MANDAMIENTO

1. Cuando se tienta a Dios

El noveno mandamiento, «No hablarás contra tu prójimo falso testimonio» (Éx 20:16), se ha malinterpretado como que quiere decir: «En todo momento y bajo toda circunstancia debes decir la verdad a todos los hombres que te pregunten algo».

El 15 y 16 de octubre de 1959 este escritor habló en una conferencia para maestros de escuelas cristianas en Lynden, Washington. La sustancia de las conferencias, con material adicional, más tarde se publicó como un libro, *Intellectual Schizophrenia* [*Esquizofrenia intelectual*]. Durante las conferencias, y después de la publicación, varios religiosos «reformados» atacaron acerbamente a este escritor por sus comentarios respecto a Rahab y su mentira sobre los espías israelitas a quienes escondió, y cuyas vidas salvó. Se destacó lo siguiente:

Rahab tuvo que tomar una decisión: (1) podía decir la verdad y entregar a los espías, dos hombres santos, a la muerte. (2) Podía mentir y salvarles la vida. Este es el tipo de situación que el moralista detesta y rehúsa aceptar. Cualquier curso de acción incluye algún mal, por más que el moralista trate de negarlo. La pregunta es: ¿Cuál es el menor de los males? Nuestras opciones raras veces son entre blanco y negro; rara vez tenemos el lujo poder tomar una decisión absoluta. Pero lo que sí tenemos es la oportunidad continua de tomar decisiones según una fe absoluta, por gris que sea la situación inmediata. Esta fe la tuvo Rahab. El que ella mintiera o no era relativamente sin importancia comparado con la vida de dos hombres de Dios. Mintió y les salvó la vida. Por eso Santiago la destaca, junto con Abraham, como un ejemplo de fe vital, de fe que no fue una mera opinión sino una cuestión de vida y acción (Stg 2:25). Repito: Hebreos 11:31 destaca este mismo acto como un ejemplo de verdadera fe. Es una evasión inútil tratar de extraer algo del hecho como digno de elogio en tanto que se le condena por la mentira, y por violación de la unidad de la vida. Rahab mintió, pero su mentira representaba una opción moral entre hacerlo o enviar a dos hombres santos a la muerte, y por eso ella llegó a ser antepasada de Jesucristo (Mt 1:5). Para el moralista, es importante mantenerse firme en su santurronería, y la alternativa de Rahab es intolerable, porque eso hace un tipo de pecado ineludible a veces. Para el hombre santo, que se pone firme no en su justicia, sino en la justicia de Cristo, su pureza no es lo importante, sino que se haga la voluntad de Dios. Y la voluntad de Dios, en esta situación, sin duda era que se les salvara la vida a los espías, y no que la persona saliera de la situación pudiendo decir: Nunca digo una mentira.

Pero, nos dice el moralista, si Rahab hubiera dicho la verdad, Dios habría estado obligado a honrar su integridad y librarla a ella y a los espías, pues Rahab tenía la obligación de decir la verdad independientemente de las consecuencias. Aquí intervienen varias falacias características del moralismo:

1. Se sostiene que la decisión moral es algo sencillo, sin complicaciones, racional.
2. Una decisión siempre es entre el bien y el mal absolutos.
3. La cuestión central siempre es la preservación de la pureza moral del individuo antes que un factor trascendente.
4. La justicia poética siempre opera; la virtud siempre es rescatada y recompensada, y la verdad siempre sale triunfante.

Pero esto no es cristianismo bíblico, sino deísmo del siglo 18 ¡con una fuerte dosis de cuentos de hada! Pablo podía decir, haciendo eco del Salmo 44:22: «Por causa de ti somos muertos todo el tiempo; somos contados como ovejas de matadero» (Ro 8:36). El que las Escrituras afirmen un postrer triunfo de los *píos* (no los *morales*) está más allá de toda duda, pero eso no confirma el concepto de la justicia poética. No podemos permitir que se proyecte en las Escrituras una falsificación tan radical de la fe.

La doctrina de que la justicia poética funciona requiere que se rescriban las Escrituras, la Historia y la literatura[1]. …

Estos críticos han insistido en que Dios bendecirá y librará a la persona que dice la verdad en todo momento. Hay que añadir que estos defensores de decir la verdad en todo momento han sido notorios mentirosos. Piensan que tienen el derecho de negar que hayan hecho alguna declaración a menos que se reproduzcan las palabras exactas, hasta la última sílaba, de manera exacta. Tal razonamiento farisaico es característico de su manera de pensar.

Sin embargo, ¿nos exige Dios que digamos la verdad en todo momento? Tal proposición es altamente cuestionable. El mandamiento es muy claro: no debemos decir falso testimonio contra nuestro prójimo, pero esto no quiere decir que nuestro prójimo o nuestro enemigo siempre tenga derecho a oír de nosotros la verdad, o alguna palabra, en cuestiones que no les incumben, o que son de naturaleza

---

1   R. J. Rushdoony, *Intellectual Schizophrenia, Culture, Crisis and Education* (Presbyterian and Reformed Publishing Company, Filadelfia, 1961, 1966, 1971), p. 79s.

privada para nosotros. Ningún enemigo o criminal tiene derecho alguno a recibir de nosotros ningún conocimiento que pudiera usar para hacernos mal. Las Escrituras no condenan a Abraham y a Isaac por mentir a fin de evitar asesinato y violación (Gn 12:11-13; 20:2; 26:6, 7); por el contrario, Dios los bendice ricamente a ambos, y los hombres que los pusieron en una posición tan desdichada reciben condenación y castigo (Gn 12:15-20; 20:3-18; 26:10-16). Tales ejemplos abundan en las Escrituras. Nadie que trata de hacernos daño, de violar la Ley con respecto a nosotros o a otra persona, tiene derecho a la verdad.

Más que eso, hay base bíblica para decir que es un mal decirles la verdad a los hombres malos y permitirles con ello que aceleren su mal. Asaf declaró: «Si veías al ladrón, tú corrías con él, y con los adúlteros era tu parte» (Sal 50:18). Ver el robo y guardar silencio es ser parte del robo. Ver a los hombres planeando robo o asesinato, y luego responder con la verdad respecto a dónde se halla el hombre, la mujer o la propiedad que quieren matar, violar o robar es ser parte de su delito. Decir la verdad en un caso así es tener participación en el delito. En ese sentido Rahab, si hubiera dicho la verdad, hubiera sido cómplice de la muerte de dos hombres.

El hecho de que el noveno mandamiento no requiera o exija que se renuncie a la intimidad se ha reconocido por largo tiempo y se ha plasmado como ley. La quinta enmienda a la Constitución de los Estados Unidos de 1787 declara que a nadie «se le obligará, en ningún caso penal, a ser testigo contra sí mismo». Un hombre puede confesar; puede decidir testificar a su propio favor, en cuyo caso no debe perjurar; pero no se le puede obligar a ser testigo contra sí mismo. Si testifica a su favor, no se le pueden hacer preguntas ajenas al caso entre manos. Por esta razón, el cristiano debe oponerse al uso del detector de mentiras con cualquier hombre, voluntariamente o de otra índole, porque al sujeto así se le puede obligar a testificar sobre cuestiones ajenas y por consiguiente invadir su privacidad.

Para volver al asunto de la veracidad, el cristiano está bajo obligación ante Dios de decir la verdad en todo momento en donde existe comunicación normal. Este decir la verdad no quiere decir exponer nuestra privacidad, sino dar un testimonio verdadero en relación con nuestro prójimo. No se aplica a acciones de guerra. Espiar es legítimo, y también lo son los métodos engañosos en la guerra. La protección contra los ladrones exige ocultación y paredes.

Pensar que podemos decir la verdad en una situación comparable a la de Rahab, y que Dios milagrosamente nos librará a nosotros y a los hombres cuyas vidas están en juego, no solo es insensato sino también teología demónica. Sostener que Dios debe librarnos en tales circunstancias es ceder a la tentación satánica de someter a Dios a prueba. La segunda tentación de Satanás a Jesucristo, el último o segundo Adán, era que se arrojara del pináculo del templo y exigiera que Dios lo rescatara. Jesús le dijo a Satanás: «Escrito está también: No tentarás al Señor tu Dios» (Mt 4:7). Jesucristo dejó en claro que nadie podía someter a Dios a prueba, ni imponerle requisitos. Nadie puede imprudentemente exponer a dos hombres a la muerte so pretexto de su deber de decir la verdad a pesar de las circunstancias, esperando que Dios libre a los hombres cuando el mismo individuo se niega a librarlos. Fue Satanás el que sostuvo que el hombre tenía el deber de someter a Dios a prueba: «¿Conque Dios os ha dicho…?» (Gn 3:1).

Al respecto, la posición de John Murray, destacado teólogo, merece examen. En respuesta a la pregunta: «¿Qué es la verdad?» Murray dijo:

> La respuesta de nuestro Señor a Tomás: «Yo soy el camino, y la verdad, y la vida» (Jn 14:6) señala la dirección en la que debemos hallar la respuesta. Debemos tener en mente que «la verdad» en el uso de Juan no es tanto la verdad en contraste con lo falso, o lo real en contraste con lo ficticio. Es lo absoluto en contraste con lo relativo, lo supremo en contraste con lo derivado, lo eterno en contraste con lo temporal, lo permanente en contraste con lo pasajero, lo completo en contraste con lo parcial, lo sustancial en contraste con la sombra[2].

Jesús, al declarar que Él era la verdad, «está enunciando el asombroso hecho de que pertenece a lo supremo, lo eterno, lo absoluto, lo no derivado, lo completo»[3]. La verdad se refiere a «la santidad del ser de Dios como el Dios viviente y verdadero. Él es el Dios de verdad y toda la verdad deriva de Él su santidad»[4]. Murray reconoció la validez de ocultar la verdad:

> Es muy cierto que las Escrituras permiten ocultar la verdad de los que no tienen derecho a ella. De inmediato reconocemos la justicia de esto. ¡Qué intolerable sería la vida si estuviéramos bajo la obligación de revelar toda la verdad! Y el ocultarla es a menudo una obligación que la misma verdad requiere. «El que anda en chismes descubre el secreto; Mas el de espíritu fiel lo guarda todo» (Pr 11:13). También es cierto que los hombres a menudo abdican su derecho a saber la verdad y no estamos bajo obligación de trasmitírsela[5].

Sin embargo, sobre el caso de Rahab, y otros parecidos en las Escrituras, Murray se equivoca:

> No debe pasar inadvertido que las Escrituras del Nuevo Testamento que elogian a Rahab por su fe y obras hacen alusión solo al hecho de que recibió a los espías y los envió por otro camino. No se puede levantar dudas en cuanto a la propiedad de estas acciones por ocultar a los espías de los emisarios del rey de Jericó. La aprobación de las acciones no implica, ni por lógica ni en términos de la analogía provista por las Escrituras, la aprobación de la

---

2   John Murray, *Principles of Conduct* (Eerdmans, Grand Rapids, 1957), p. 123.
3   *Ibid.*, p. 124.
4   *Ibid.*, p. 125.
5   *Ibid.*, p. 146s.

falsedad específica que se le dio al rey de Jericó. Es teología extraña la que insiste que la aprobación de su fe y obras al recibir a los espías y ayudarlos a escapar debe abrazar la aprobación de *todas* las acciones asociadas con su conducta encomiable[6].

Al contrario de Murray, debemos insistir en que es una teología muy extraña la que reconoce que Dios aprobó la fe y la acción de Rahab, pero que la mentira con la que logró el rescate de alguna manera era mala. La posición de Murray no tiene evidencia bíblica; significa dividir erróneamente la Palabra, tratar de separar un hecho de sí mismo, y negar que el elogio de Dios del hecho en verdad fuera un elogio.

El mismo contrasentido farisaico se dice respecto a las parteras que salvaron la vida de los israelitas recién nacidos, a los que debían matar al nacer. Según Murray:

> La evidente prevaricación de las parteras de Egipto se ha argumentado como respaldo a la falsedad bajo las condiciones apropiadas. «Y las parteras respondieron a Faraón: Porque las mujeres hebreas no son como las egipcias; pues son robustas, y dan a luz antes que la partera venga a ellas. Y Dios hizo bien a las parteras; y el pueblo se multiplicó y se fortaleció en gran manera» (Éx 1:19, 20). La yuxtaposición aquí parece llevar el endoso de la respuesta al faraón…
>
> Concedamos, sin embargo, que las parteras en efecto dijeron una falsedad y que su respuesta fue en realidad falsa. Con todo, no hay respaldo para concluir que se endose la falsedad, mucho menos que es la falsedad lo que se tiene a la vista cuando leemos: «Y Dios hizo bien a las parteras» (Éx 1:20). Las parteras temieron a Dios al desobedecer al rey y fue debido a que temieron a Dios que el Señor las bendijo (cf. vv. 17, 21). No es nada extraño que su temor de Dios haya coexistido con la debilidad moral. El caso es que no hay respaldo para la falsedad que se pueda derivar de este ejemplo más que de los casos de Jacob y Rahab[7].

Ese es un razonamiento asombroso. Murray llama el informe de las parteras «prevaricación» y «falsedad»; más sinceramente, llamémoslo una mentira. Incluso más, ¿qué podemos llamar a la separación que hace Murray entre la mentira de las parteras que salvaron la vida de los nenes sentenciados a muerte y la bendición de Dios sobre las parteras? Está claro que se presenta como causa y efecto. Las parteras mintieron porque temieron a Dios más que al faraón. Su temor a Dios se manifestó precisamente en la mentira, a riesgo posiblemente de su vida, para salvar la vida de los niños del pacto de Dios. Su mentira no fue, al revés de lo que dice Murray, «debilidad moral» sino valor moral, así como lo fue la mentira de Rahab. La debilidad moral en el asunto es enteramente de Murray y sus seguidores. El faraón estaba en guerra contra Dios y contra Israel; había esclavizado a Israel,

---

6   *Ibid.*, p. 138.
7   *Ibid.*, p. 141s.

maltratado a su pueblo, y a sus recién nacidos los había sentenciado a muerte. Esto era una guerra; incluso más, era asesinato legalizado y en masa. Las parteras le mintieron al faraón para salvar las vidas de los niños. Era mentir; estaba claramente justificado. Y Dios lo bendijo.

Hay una larga tradición aquí de filtrar el mosquito y tragarse el camello. San Agustín se entregó a un razonamiento peculiar para aceptar la afirmación de las Escrituras con respecto a las parteras. Declaró: «Si una persona que solía decir mentiras para hacer daño viene a decirlas por razón de hacer el bien, la persona ha hecho gran progreso»[8]. En otras palabras, las parteras habían sido horribles mentirosas, y habían mejorado: ¡mintieron por una buena causa! Para Agustín, «estos testimonios de las Escrituras no tienen otro significado que el que jamás debemos decir una mentira»[9]. Si siempre decimos la verdad, decía Agustín, usando mal un pasaje, Dios siempre abrirá un camino de escape (1 Co 10:13)[10].

Las parteras también sufrieron a manos de Calvino, a pesar de la bendición de Dios. Según Calvino:

> En la respuesta de las parteras hay que observar dos males, puesto que ninguna confesó su piedad con llaneza apropiada, y lo que es peor, escapó mediante falsedad. [...] Si bien se deben reconocer ambas cosas, de que las dos mujeres mintieron, y, puesto que la mentira es desagradable a Dios, que pecaron [...] tampoco hay ninguna contradicción con esto en el hecho de que se les elogia dos veces por su temor a Dios, y que se dice que Dios las recompensó; porque en su indulgencia paternal con sus hijos Él todavía valora sus buenas obras, como si fueran puras, a pesar de que puedan haber estado contaminadas por alguna mezcla de impureza. Es más, no hay acción tan perfecta como para estar absolutamente libre de mancha; aunque parezca más evidente en algunos que en otros. [...] Así que, aunque estas mujeres fueron demasiado pusilánimes y tímidas en su respuesta, debido a que actuaron con fortaleza y valor, Dios soportó en ellas el pecado que de otra manera hubiera condenado merecidamente[11].

Calvino no solo hubiera hecho que las parteras le dijeran la verdad al faraón, sino también que le dieran testimonio, convirtiendo a la audiencia en un tipo de culto de testimonios. No solo que un testimonio de las dos mujeres hubiera sido imposible en una audiencia real, sino que hubiera sido inmoral en términos de las

---

8   San Augustín, *De Mendacio* (Sobre la mentira), 7, en *Nicene and Post-Nicene Fathers*, First Series, III, 460.
9   *Ibid.*, 42; p. 476.
10   *Ibid.*, 43; p. 477.
11   Calvino, *Commentaries on the Four Last Books of Moses*, I, 34s.

palabras de Cristo: «No deis lo santo a los perros, ni echéis vuestras perlas delante de los cerdos, no sea que las pisoteen, y se vuelvan y os despedacen» (Mt 7:6).

Mucho más en las Escrituras desmiente la creencia de Calvino de que las mujeres debían haberle testificado al faraón. Según Salomón:

El que corrige al escarnecedor, se acarrea afrenta; el que reprende al impío,
se atrae mancha.
No reprendas al escarnecedor, para que no te aborrez-
ca; corrige al sabio, y te amará (Pr 9:7, 8).

En algo Calvino tenía razón; las mujeres mintieron, pero, a pesar de Calvino, Dios de ninguna manera desaprobó su acción.

No obstante, Hodge citó el caso de las parteras como «una intención de engañar» que no fue «culpable»[12]. Él no amplió el punto, sin embargo, y desdichadamente, su posición ha tenido demasiados pocos seguidores. Park elogió a las parteras, pero basa la acción de ellas en un «sentido humanitario» y la llama «verdadera religión», lo que le da al texto un giro humanista que no está allí[13].

El teólogo presbiteriano del sur Dabney, al analizar el significado del noveno mandamiento, declaró que «el hombre puede matar, cuando la vida culpable se entregue a Dios y él autorice al hombre que la destruya, como agente Suyo. Por lo tanto, supongo yo, los propósitos extremos de agresión injusta y maligna, dirigidos contra nuestra propia existencia, constituyen una falsificación de derechos por parte de un atacante culpable»[14]. La agresión inicua resulta ser «una falsificación de derechos de parte del atacante culpable», y Rahab, las parteras y otros santos de la antigüedad son inocentes.

Las Escrituras hablan en abundancia del hecho de que Dios detesta la mentira (Pr 6:16-19; 12:22; Lv 19:11; Col 3:9, etc.). Se dice que Satanás es el padre de las mentiras (Jn 8:44; Hch 5:3). Los que critican a Rahab y a las parteras (tanto como a Abraham, Isaac y los demás) no citan versículos como 1 Reyes 22:22, 23, en donde se declara que Dios puso un espíritu mentiroso en la bocas de los falsos profetas a fin de engañar a un rey falso. Esto se debe a que esto está contra su absolutismo. Y eso es el meollo del asunto. ¿Debemos, de manera platónica, absolutizar la veracidad como una palabra, idea o universalidad por encima de Dios, o solo Dios es absoluto? Absolutizar el decir la verdad es hacer de las Escrituras un absurdo, porque Dios en su poder soberano es el único absoluto. La veracidad está siempre en relación con Dios, y en términos del Dios absoluto y su Ley. El hombre tiene la obligación de decir la verdad en todas las circunstancias normales, pero no podemos permitir que los malos roben, asesinen o violen por

---

12   Charles Hodge, *Systematic Theology* (Charles Scribner's Sons, Nueva York, 1891), III, 440.

13   J. Edgar Park, «Exodus» [«Éxodo»], *Interpreter's Bible*, I, 856.

14   Robert L. Dabney, *Syllabus and Notes of the Course of Systematic and Polemic Theology* (Presbyterian Committee on Publication, Richmond, Virginia, 1871, 1890), p. 425s.

decir nosotros la verdad, que debe en todo momento tener relación con un Dios absoluto antes que con una idea absoluta.

El Catecismo Menor de Westminster, en las preguntas 77 y 78, nos lleva al corazón del asunto con sus respuestas:

P. 77. ¿Qué se exige en el Noveno Mandamiento?

R. El noveno mandamiento exige que sostengamos y promovamos la verdad entre hombre y hombre como también nuestra buena fama y la de nuestro prójimo. Especialmente al dar testimonio. Efesios 4:25; 1 Pedro 3:16; Hechos 25:10; 3 Juan 12 Proverbios 14:5, 25.

P. 78. ¿Qué se prohíbe en el noveno mandamiento?

R. El noveno mandamiento prohíbe todo lo que perjudica a la verdad, o que daña a nuestro buen nombre o al de nuestro prójimo. Colosenses 3:9; Salmo 12:3; 2 Corintios 8:20, 21; Salmo 15:3.

Si esta ley no nos permite perjudicar «el buen nombre de nuestro prójimo», ¿cuánto menos se nos permite ayudar a hombres malos para que roben su propiedad, violen a las mujeres de su familia o lo maten? La veracidad bajo tales circunstancias no es una virtud, sino cobardía moral.

El concepto de veracidad implícito en los que critican a Rahab, las parteras, Abraham, Isaac y otros, se relaciona con una doctrina pagana de santificación. En el paganismo, la perfección propia del individuo es el ideal religioso y el propósito de la santificación. El individuo perfecto es su propio supremo. La meta que se persigue, sea por los sufíes o Buda, no se refiere a Dios y su orden legal, y muy a menudo tiene escasa relación con otros hombres. El yo es el mundo de la santidad pagana, y la perfección del yo, la meta. El resultado es un concepto de santidad y de veracidad que es *abstracto*. En otras palabras, se le abstrae de la realidad de Dios y su ley, y de la realidad de un mundo en guerra. Un moralismo abstracto y no cristiano puede declarar que es santo decir la verdad a los enemigos y con ello conducir a la masacre de amigos, prójimos y seres queridos, porque la única cuestión es la pureza abstracta del alma. Tal doctrina no es cristiana.

2. La santificación y la Ley

Puesto que el noveno mandamiento, como el tercero, tiene que ver con la palabra hablada, es importante en este respecto volver a enunciar y examinar con cuidado una palabra particular en la ley de Dios: «santo». La Ley se da repetidas veces como el medio de santidad o santificación, y la exigencia: «Santos seréis, porque santo soy yo Jehová vuestro Dios» (Lv 19:2), es un prefijo en la Ley a toda ley. Esta cita de Levítico 19:2, es un prefijo a la prohibición del chisme y del falso testimonio en la corte (Lv 19:16).

La Ley es el camino a la santidad, el camino a la santificación. A una porción del Pentateuco en verdad se le llama «el código de santidad» (Lv 17—26) debido a su insistencia especial en la ley como medio de santificación. De principio a fin, las Escrituras dejan en claro que la salvación, la justificación, es por la gracia de Dios y por fe, y que la santificación es por la Ley, la ley de Dios.

El pecado del fariseísmo fue que convirtió la Ley, y las obras de la Ley, en el medio de salvación. En el proceso, también adulteró la ley y dio primacía a su reinterpretación de la misma. La ley quedó así empañada en su significado y se le dio una función que no le correspondía. Mucho se ha escrito sobre los pecados del fariseísmo que no se necesita repetir aquí. Demasiado poco se ha dicho de los pecados comparables y a menudo la apostasía de la iglesia con respecto a la ley.

La infiltración del pensamiento helénico en la comunidad cristiana significó, entre otras cosas, la introducción de una nueva doctrina de la santificación. La doctrina bíblica es por completo práctica; pide la sumisión progresiva del hombre y del mundo a la ley de Dios. Es un programa de conquista y victoria. Incluso su observancia parcial ha servido para dar eminencia a un pueblo o cultura. La grandeza de la cultura medieval se edificó sobre el lecho de roca de una obediencia a la ley, y lo mismo fue cierto del puritanismo. El poder de permanencia de los judíos frente a las adversidades se ha medido por su lealtad a la ley.

Pero el pensamiento helenista, como todas las filosofías paganas de su día, era dualista. El mundo era básicamente dos sustancias o seres separados, mantenidos juntos en tensión dialéctica. Por un lado, había espíritu, luz, o la bondad, o el dios bueno; por el otro, la materia, la oscuridad, o el mal, o el dios malo. Si se empujaba la división un poco demasiado lejos, el resultado era un colapso de la dialéctica y alguna forma de dualismo radical, una forma en la cual la relación dialéctica se quebrantaba y quedaban dos mundos enajenados y en guerra.

La salvación, tanto en la perspectiva dialéctica como dualista, era la liberación del orden malo al orden bueno, de la materia al espíritu, de la voluntad a la razón, de las preocupaciones materiales a las preocupaciones espirituales, o quizá viceversa. En lugar del hombre completo, mente y voluntad, materia y espíritu, un ser caído, solo un segmento de él era caído, mientras que el otro seguía siendo por naturaleza puro.

En tal perspectiva, tanto la salvación como la santificación implicaban una deserción de un campo al otro. La santificación significaba olvidarse del mundo; significaba «espiritualidad» y ejercicios espirituales. Antes que la iglesia quedara infectada por tal pensamiento, los creyentes judíos que eran helénicos en su pensamiento ya habían escogido la senda del ascetismo y la renuncia a las cosas terrenales. El mundo helénico estaba produciendo una gran variedad de ascetas que estaban abandonando el mundo y la carne a fin de ganar santidad. Simón el Estilita (390-459) mostró tener más influencia del culto sirio pagano de Atargatis que de cualquier fe bíblica. Simón vivió en una columna de unos 20 metros de altura, encima de la cual había una plataforma de un metro cuadrado; y allí pasó 37 años en toda clase de austeridades peregrinas. Durante 40 años de su vida pasó toda la cuaresma sin tomar ningún alimento. Las prácticas de Simón el Estilita no tienen nada que ver con la santidad bíblica. Eran un desprecio neoplatónico y pagano de la carne y un intento de trascenderla.

Una crónica larga y espantosa de horrores se pudiera citar para ilustrar las maneras en que los hombres han buscado la santificación aparte de la ley. La tortura propia, flagelaciones, ayunos, cilicios, y una gran variedad de artificios se han usado a fin de dar santificación al buscador. Los resultados no han sido ni paz ni santidad. Los hombres se han cubierto de ramas de espinos, han tratado a su cuerpo como enemigo satánico, y con todo han hallado que el mal se halla en la esencia de sus pensamientos. Sus cuerpos débiles no resultaron en almas fuertes.

La Reforma enunció de nuevo con claridad la doctrina de la justificación, pero no aclaró la doctrina de la santificación. La confusión es evidente en la Confesión de Fe de Westminster; el capítulo XIII: «De la santificación» es excelente hasta donde llega, pero no especifica con precisión cuál es el *camino* a la santificación. En el capítulo XIX: «De la Ley de Dios», aparece uno de los errores de la Confesión: se pone a Adán bajo «un pacto de obras», la Ley. Sin embargo, en el párrafo II, se dice que «Esta ley, después de su caída, continuó siendo una regla perfecta de justicia, y, como tal, la entregó Dios en el monte Sinaí, en diez mandamientos, y escritos en dos tablas». La ley entonces se ve como la regla de justicia, como el camino de la santificación. Sin embargo, en el párrafo IV, sin ninguna confirmación de las Escrituras, se dice que las «leyes judiciales» de la Biblia «expiraron» con el Antiguo Testamento. Ya hemos visto antes lo imposible que es separar cualquier ley de las Escrituras como sugieren los teólogos de Westminster. ¿En qué respecto es «No hurtarás» válido como ley moral, y no válido como ley civil o judicial? Si insistimos en esta distinción, estamos diciendo que el estado puede robar, estar por encima de la ley, mientras que el individuo está bajo la ley. En este punto, la Confesión es culpable de contrasentido. En el párrafo VI, se dice que la ley es «una regla de ley que informa» a los creyentes «de la voluntad de Dios y su deber; los dirige y los obliga a andar en consonancia». Eso que es una regla de vida para el hombre es también una regla de vida para sus tribunales, gobiernos civiles e instituciones, o de lo contrario Dios es solamente Dios del individuo y no de las instituciones.

Un poco antes, la Fórmula de Concord (1576) había declarado, en el Artículo V, II: «Creemos, enseñamos y confesamos que la ley es propiamente una doctrina revelada divinamente, que enseña lo que es justo y aceptable a Dios, y que también denuncia lo que es pecado y opuesto a la voluntad divina». En el Artículo VI se declaraba que la ley era, en su tercer propósito, «que los hombres regenerados, a todos los cuales, no obstante, mucho de la carne todavía se aferra, por esa misma razón puedan tener ciertas reglas por las cuales puedan y deban modelar sus vidas». La ley nos da el camino de la santificación en oposición al «impulso de la devoción diseñada por uno mismo» (Artículo VI, Afirmativo III)[1].

A pesar de este excelente enunciado anterior, el protestantismo en gran medida ha soslayado la ley como camino de santificación a favor del «impulso de devoción diseñado por uno mismo». Además, mientras más se ha seguido por este rumbo, más santurrón y farisaico se ha vuelto, un curso natural en donde los hombres dejan sin ningún efecto la palabra de Dios mediante sus tradiciones (Mt 15:6-9). La persona santificada en el protestantismo es demasiado a menudo un transgresor de la ley santurrón que asiste a la escuela dominical, al culto en la iglesia dos veces cada domingo, a la reunión de oración entre semana, da testimonio cuando se le pide, y se asombra si se le dice que la ley de Dios, antes que los ejercicios espirituales que pueda hacer el hombre, constituye el medio de santificación. Muchos predicadores hacen énfasis en largas horas de oración como señal de santidad, en abierto desprecio a la condenación que hizo Cristo de aquellos que pensaban que, mediante sus largas oraciones, «por su palabrería serán oídos» (Mt 6:7).

En las iglesias arminianas, y especialmente en las llamadas iglesias de «santidad» (pentecostales y otras), la santificación va asociada con varios desenfrenos emocionales que se aproximan mucho más a los métodos de la adoración a Baal que, en casos extremos, incluían sajarse e incluso castrarse uno mismo (1 R 18:28). San Pablo dijo de los judaizantes —que estaban sustituyendo la ley por la gracia y luego las tradiciones de los hombres por la ley de Dios— que deseaba que estos hombres que lo ponían en entredicho y atormentaban a las iglesias demostrarían su mayor santidad mediante su propia lógica: «¡Ojalá se castraran de una vez!» (Gá 5:12, PDT). El comentario de Lenski aquí es certero:

> Con su circuncisión estos judaizantes querían ganarle a Pablo y quitarles a los gálatas. Pero si no tenían que ofrecer más de lo que Pablo ofrecía, si, como aducían, este todavía predicaba también la circuncisión, ¿cómo iban a poder ganarle? Pues bien, había una manera; ¡y bien que debían probarla! ¡Castrarse ellos mismos! Así podrían, en verdad, dejar atrás a Pablo quien, como ellos decían, todavía predicaba solo la circuncisión[2].

Puesto que estos hombres no tenían ley, sino solo tradiciones de hombres, ¡la manera lógica de demostrar su superioridad a la carne era cortarla en su punto crítico! Más de una vez, en la historia de la iglesia, se ha sucumbido a esta tentación como medio de santidad, y Orígenes es el ejemplo más conocido.

Donde la santificación es una cuestión de ejercicios espirituales bajo «un impulso de devoción diseñada por uno mismo», abundan toda clase de errores. Calwell cita la declaración de que un miembro de la iglesia de «santidad», que se

---

1   Ver Philip Schaff, *The Creeds of Christendom* (Harper, Nueva York, 1877) III.

2   R. C. H. Lenski, *The Interpretation of St. Paul's Epistle to the Galatians, to the Ephesians, and to the Philippians* (Wartburg Press, Columbus, Ohio, 1937, 1946), p. 271.

sentía superior a otros, que testificaba que debido a que él había sido un pecador mayor, podía dar un mayor testimonio y ser más santificador para la congregación. Anteriormente había adulterado con «una hermana predicadora» y con dos mujeres casadas al mismo tiempo, todo lo cual le hacía más «santo» porque ostensiblemente había sido perdonado más[3].

En la década de 1950 y en buena parte de la década de la de 1960, la Iglesia Presbiteriana Ortodoxa estuvo en serios problemas y dividida por el asunto de las enseñanzas Peniel, que habían infectado a muchos de sus ministros más fervorosos. Estos hombres, profundamente preocupados por la falta de crecimiento espiritual en sus miembros, empezaron a buscar una respuesta en la guía del Espíritu Santo. Debido a que se buscaba la santificación por el Espíritu Santo pero sin referencia a la ley, el resultado fue irracionalismo y orgullo espiritual, iniquidad básica. Por desdicha, estos eran hombres que percibían la necesidad de crecimiento, lo inadecuado de la predicación y vida actuales, y que sentían que la santificación de alguna manera era la clave. Su búsqueda de un medio de santificación aparte de la ley fue un fracaso radical. Por otro lado, los que los condenaron continuaron en su inmadurez espiritual, o, más comúnmente, en su condición estéril, eunucos espirituales por decisión propia.

Los modernistas han negado ambas doctrinas bíblicas, la justificación y la santificación. Han vuelto a un fariseísmo modificado y han tratado de salvar al hombre por las obras y tradiciones del hombre. El amor llega a ser el medio de santificación, un amor indiscriminado a todos los hombres. Debido a su antinomianismo radical, el modernismo a menudo se lleva bien con varios aspectos del pentecostalismo, particularmente el hablar en lenguas. En todas estas manifestaciones, el camino del hombre es primordial.

En nuestro análisis sobre la veracidad se llamó la atención al concepto abstracto de santidad inherente a muchos religiosos, doctrina que es en esencia paganismo. Al individuo perfecto se le ve como su propio ser supremo. Sus acciones se abstraen de la realidad de Dios y su mundo, y se insiste en un estándar abstracto de realidad y santidad. La perfección personal de las parteras de Egipto (Éx 1:17-21) hubiera sido más importante que cualquier otra cosa. Los defensores de esta posición dentro de la iglesia están prestos a decir que esta perfección es la perfección bíblica y el deseo de Dios, pero contradicen las Escrituras y desaprueban lo que Dios a todas luces aprueba. Es más importante para ellos que Rahab, las parteras y ellos mismos hubieran preservado su pureza abstracta, que el que se salvaran vidas santas en la guerra del mundo contra Dios.

Con esto en mente, examinemos la definición de santificación según la da un erudito calvinista muy capaz. Según Berkhof, «la santificación puede definirse como *aquella operación bondadosa y continua del Espíritu Santo, mediante la cual Él, al pecador justificado lo liberta de la corrupción del pecado, renueva toda su*

---

3   Erskine Caldwell, *Deep South, Memory and Observation* (Weybright and Talley, Nueva York, 1966, 1968), pp. 58-62.

naturaleza a la imagen de Dios y lo capacita para hacer buenas obras»[4]. Hasta donde llega, esta definición es buena, pero, ¿cómo se han de definir las buenas obras? ¿Cómo sabemos específica y precisamente qué son buenas obras? Según Berkhof, «buenas obras» son las «que en su cualidad moral son diferentes en esencia de las acciones de los que no son regenerados, y que son la expresión de una naturaleza nueva y santa, como el principio del cual brotan»[5]. Esto sigue siendo muy vago. Luego Berkhof añade: «No están hechas solo en conformidad externa con la Ley de Dios, sino que se hacen en obediencia consciente a la voluntad revelada de Dios, es decir, porque son requeridas por Dios»[6]. Aquí, finalmente, la verdad sale: la santificación en efecto requiere obediencia a la Ley de Dios porque Dios la ordena. Puesto que la Ley es primordial para la santificación, ¿por qué mencionarla solo de una manera superficial en un capítulo de 17 páginas, y apenas de paso? No en balde la mayoría de las personas no captan este punto y buscan la santificación, no en la Ley, sino en los ejercicios espirituales.

Anteriormente, tanto en la enseñanza como en la práctica, la Ley era la regla de santificación. La Ley era fundamental para la santificación en la Iglesia medieval, aunque se llegó a añadirle mandamientos de la Iglesia, y también fue la regla en muchos círculos protestantes. Así Heyns, al escribir sobre la santificación, describió «La ley de Dios como regla», declarando entre otras cosas:

> Nosotros, sin embargo, confesamos: «según la ley», lo que quiere decir que solo la Ley es la regla de santificación, porque así lo enseña la palabra de Dios. Is 8:20; Sal 119:105. Y nuestros padres tuvieron tanto celo por adherirse a las ordenanzas de Dios y solo a ellas, que incluso objetaron la observancia de los días festivos cristianos y cultos de oración entre semana. Temían que desear a ser más que lo que el Señor había ordenado en su Palabra resultara en una relajación con respecto a lo que Él había instituido.
>
> Is 8:20: ¡A la ley y al testimonio! Si no dijeren conforme a esto, es porque no les ha amanecido.
>
> Sal 119:105: Lámpara es a mis pies tu palabra, y lumbrera a mi camino[7].

Pues bien, en muchos sectores del evangelicalismo protestante, la santificación se iguala con asistir a la iglesia dos veces cada domingo, y al culto de oración entre semana también. Pero tales prácticas no satisfacen el hambre espiritual del hombre, y se añaden otros ejercicios espirituales. Un médico de Los Ángeles empezó,

---

4   Louis Berkhof, *Teología Sistemática*, (Confraternidad Calvinista Americana, Publicaciones T.E.L.L., Grand Rapids, 1969), p. 637.
5   *Ibid.*, p. 648.
6   *Ibid.*, p. 648.
7   W. Heyns, *Manual of Reformed Doctrine* (Eerdmans, Grand Rapids, 1926), p. 296.

mientras estaba todavía en Berkeley en 1942, a poner su despertador para las 5:30 a.m., a fin de pasar una hora en oración. Informó de su experiencia la primera mañana:

> Entré a tientas a nuestra sala a oscuras. Encendí una luz, me arrodillé frente al sofá y empecé a orar.
>
> Oré por mi familia, amigos, pacientes, los demás médicos del hospital, médicos en otros hospitales, médicos que no tenían hospitales, nuestro país, nuestros soldados, el enemigo, todos los misioneros que conocía. Al fin miré mi reloj. Habían pasado solo 20 minutos.
>
> Volví a recorrer toda lista con más detalle, y por lo menos 60 minutos avanzaron con lentitud. Quedé agotado.
>
> Semana tras semana, Dios no solo se hacía más real para mí, sino que llegaba a ser el significado de toda realidad, y la hora que al inicio me había parecido tan larga ahora llegó a ser más y más preciosa. Toda mi vida, en verdad, fue diferente, y sabía que la inversión de tiempo estaba dando resultados[8].

Después de la guerra el médico estableció un grupo de oración en Berkeley. Yo no conozco al médico personalmente, pero muchos de los miembros de su grupo eran conocidos míos, así como también algunos de su audiencia. En todos relucía una fuerte santurronería, se habían vuelto adeptos a las largas oraciones, y se preocupaban de que su método fuera la clave del verdadero crecimiento espiritual y la santificación. El único resultado visible de este «impulso de devoción diseñada por uno mismo» era un crecimiento en fariseísmo, y un creciente desinterés por todo conocimiento real de las Escrituras. La oración sin guardar la Ley puede inducir a la autosatisfacción, pero solo la oración junto con guardar la Ley honra a Dios. Recibí, en verdad, algunos valiosos estudios teológicos y bíblicos de un miembro del grupo que ahora se interesaba en esta vida «más profunda». La condenación de nuestro Señor de los «que piensan que por su palabrería serán oídos» (Mt 6:7) todavía sigue en pie.

El llamado a la santificación: «Santos seréis, porque santo soy yo Jehová vuestro Dios» (Lv 19:2) *es una convocatoria a obedecer la Ley; es la regla de la santificación*. No hay una nueva palabra; es tan vieja como las Escrituras. La enseñaron muchos santos en toda la Edad Media, y fue primordial para la perspectiva del útero de Lutero. En su comentario sobre Romanos 3:31, «confirmamos la ley», Lutero declaró:

---

8   Dr. Ralph L. Byron, Jr., «Lenten Guideposts: Prayer Hour Changed Doctor's Life» [«Mojones de cuaresma: Hora de oración cambió vida de médico»], *Los Angeles Herald-Examiner* (lunes, 16 febrero 1970), p. A-6.

Por otro lado, la Ley se establece y confirma cuando se presta atención a sus exigencias y convocatorias. En ese sentido el apóstol dice: «confirmamos la ley»; es decir, decimos que se obedece y cumple por fe. Pero ustedes que enseñan que las obras de la Ley justifican sin fe, invalidan la Ley; porque ustedes no la obedecen; en verdad, enseñan que su cumplimiento no es necesario; la Ley se establece *en nosotros* cuando la cumplimos de buena voluntad y en verdad. Pero esto no se puede hacer sin fe. Destruyen el pacto de Dios (de la Ley) los que están sin la gracia divina que se concede a los que creen en Cristo[9].

Además, en su Catecismo Menor, Lutero enseñó: «La ley nos enseña a los cristianos qué obras debemos hacer para llevar una vida que agrade a Dios. (Una regla)»[10]. Desdichadamente, en otros lugares Lutero reemplazó la Ley con el amor[11], y Calvino, que también se contradice aquí, a veces requería La ley como regla para la vida, superando a Lutero en su insistencia de que el Estado impusiera ambas tablas de la Ley[12]. Calvino, en verdad, citó la Ley como «la regla para la vida»[13]. El hecho de que los hombres de todos los tiempos no estén claros en este asunto no absuelve al pueblo de Dios; ellos tienen la Ley.

3. El falso profeta

El falso testimonio que se prohíbe con el noveno mandamiento incluye falso testimonio respecto a Dios. En Deuteronomio 18:9-22 tenemos no solo una profecía de la venida de Cristo, sino también una prueba para los falsos profetas.

La Ley empieza por prohibir ciertas formas de idolatría que son «medios ilícitos de comunicación con el mundo invisible»[1]. Ningún truco de magia, ningún tipo de ritual, puede coaccionar a Dios. Dios no se revela en respuesta a un ritual o rito, ni prospera a los hombres en respuesta a regalos y sobornos. En lugar de acudir a estas «abominaciones» que solo trajeron castigo sobre los cananitas (Dt 18:12.14), «Perfecto (o recto) serás delante de Jehová tu Dios» (Dt 18:13). El comentario de Rashi vale la pena citarlo: «Andarás con Él en sinceridad, y esperarás por Él, y no tratarás de atisbar al futuro, sino que cualquier cosa que te venga, tómala con sencillez y así *estarás con él,* y serás su porción»[2].

---

9 Martín Lutero, *Commentary on the Epistle to the Romans.* Traducido al inglés por J. Theodore Mueller (Zondervan, Grand Rapids, 1954), p. 64.
10 *Luther's Small Catechism* (Concordia, St. Louis, 1943), p. 86.
11 Luther, *Deuteronomy*, p. 70.
12 William A. Mueller, Church and State in Luther and Calvin (Doubleday Anchor Books, Garden City, New York, [1954], 1965), p. 128.
13 Calvin, «Catechism of The Church of Geneva» [«Catecismo de la iglesia de Ginebra»], en *Tracts and Treatises.* T. F. Torrance traducción (Eerdmans, Grand Rapids, 1958), II, 56.
1 C. H. Waller, «Deuternomy» [«Deuteronomio»], en Ellicott, II, 54.
2 Ibid.

Más importante, sin embargo, es el hecho de que el propósito de estos ritos contrarios a la Ley es la predicción, el deseo de saber el futuro y predecirlo. En un sentido muy literal, el creyente debe andar por fe, y no por vista. La predicción o visión previa precisa y personal del futuro está cerrada para él.

En otro sentido, sin embargo, la Ley misma es dada como medio de predicción para una nación ordenado por Dios. El propósito central de Deuteronomio 27—31 es proveerle al pueblo de Dios un medio verdadero de predicción, y ese medio de predicción es la Ley. Si los hombres desobedecen la Ley, ciertas maldiciones resultan; si obedecen la Ley, resultan bendiciones. Debido a que la Ley se ocupa de la predicción, el pueblo de Dios evitará todos los medios de predicción que no se ajusten a la Ley. El único principio de predicción es el poder y decreto soberano de Dios; el otro principio de predicción es el poder demónico que trata de establecer un concepto independiente y revolucionario de poder y control.

La Ley fue dada por medio de Moisés, pero el medio por el que la Ley fue dada fue aterrador para Israel y los llevó más cerca de la presencia del juicio. Dios, por consiguiente, levantará a otro Profeta, otro Moisés o legislador, «y pondré mis palabras en su boca, y él les hablará todo lo que yo le mandare» (Dt 18:18). El Gran Profeta, pues, es dado en las condiciones de la Ley original, y como legislador. La clave para la relación del profeta con Moisés es la Ley.

Se levantarán falsos profetas representando a otro dios o poder, y por consiguiente otra ley. Su falsedad se revelará por sus predicciones falsas. Debido a que el principio de la verdadera predicción es la Palabra y Ley de Dios, todos los profetas, culminando conn Jesucristo, hablaron inspirados por Dios sujetos a esta Ley. Jeremías, al profetizar el cautiverio, hizo eco de la predicción-ley de Deuteronomio 27—31; como él habló por inspiración de Dios, pudo también declarar que el cautiverio duraría setenta años (Jer 25:11).

La clave del asunto es la Ley. Donde no hay Ley, no hay verdadera profecía, ni tampoco un verdadero hablar por Dios ni verdadera predicción. Dondequiera y cada vez que los cristianos han descuidado la ley, los charlatanes los han descarriado con facilidad y prontitud.

Un clásico ejemplo de esto fue Peregrino Proteo, un filósofo cínico que murió en el 165 d.C., pero que ha tenido sus defensores entre algunos filósofos modernos, así como también entre los de su época como Aulo Gelio. La carrera de Peregrino lo vio en muchas regiones: en Roma (de donde fue desterrado por insultar al emperador Antonino Pío), en Atenas como maestro, en Siria donde lo encarcelaron, y así por el estilo. En su juventud, deambuló por Armenia, con resultados desdichados, según Luciano:

> Esta creación y obra maestra de la naturaleza, este canon de Policleto, tan pronto como llegó a la mayoría de edad fue sorprendido en adulterio en Armenia y recibió una sonora golpiza, pero finalmente saltó del techo y se

escapó por un pelo. Después corrompió a un muchacho atractivo, y pagando tres mil dracmas a los padres del muchacho, que eran pobres, logró que no lo llevaran ante el gobernador de la provincia de Asia.

Todo esto y cosas parecidas propongo que se dejen a un lado; porque todavía era barro sin forma, y nuestra «imagen santa» todavía no se había consumado para nosotros. Lo que le hizo a su padre, no obstante, vale la pena oírlo; porque todos lo saben, han oído cómo estranguló al anciano, incapaz de tolerar que viviera más allá de sesenta años. Entonces, cuando el asunto fue pregonado por todas partes, se condenó a sí mismo al exilio y a vagabundear de país en país[3].

Peregrino se dirigió a Palestina y rápidamente se asoció con varios cristianos antinomianos, y llegó a ser su «profeta, líder sectario, jefe de la sinagoga, y todo lo demás, todo por sí mismo». Llegó a ser para estas personas su nuevo señor; «lo reverenciaban como dios, lo utilizaban como legislador, y lo establecieron como protector, junto a aquel otro, con certeza, a quien todavía adoraban, el hombre que fue crucificado en Palestina, porque introdujo esta nueva secta al mundo». Llegó a ser conocido como «el nuevo Sócrates»[4].

Peregrino también acogió ideas hindúes y en general se convirtió en un tipo de profeta universal.

Encarcelado en Siria, lo ayudaron con generosidad aquellos pseudo-cristianos, y el gobernador de la provincia dejó en libertad a Peregrino como filósofo injustamente perseguido.

Peregrino ya tenía arreos profesionales: Llevaba el cabello largo, vestía un manto sucio, «tenía una cartera colgada a un lado, bordón en la mano, y en general era muy histriónico en su paso»[5]. Cuando volvió a su casa, en una pequeña población de Grecia, halló hostilidad allí debido al asesinato de su padre por la herencia. Peregrino dio la cuantiosa herencia a la ciudad, y las acusaciones de asesinato se retiraron. El pueblo lo alabó como «"¡El único y solo filósofo! ¡El único y solo patriota! ¡El único y solo rival de Diógenes y Crates!". Sus enemigos quedaron amordazados, y a cualquiera que trataba de mencionar el asesinato lo apedreaban al instante»[6].

Más tarde se indispuso con sus seguidores pseudo-cristianos, y buscó nuevos mundos para conquistar estudiando bajo un famoso ascético pagano.

Después se fue lejos una tercera vez, a Egipto, a visitar a Agatóbulo, en donde tomó ese maravilloso curso de entrenamiento en ascetismo, rapándose la

---

3   Luciano, «The Passing of Peregrinus» [«La muerte de Peregrino»], en *Works of Lucian* (Harvard, Cambridge, 1936, 1962), V, 11.
4   *Ibid.*, p. 13.
5   *Ibid.*, p. 17.
6   *Ibid.*, p. 19.

mitad de la cabeza, recubriéndose la cara con lodo, y demostrando lo que ellos llamaban «indiferencia» alzando su vara en medio de una enloquecida chusma de mirones, además de dar y recibir golpes en la espalda con una barra de hinojo, y haciendo de embaucador incluso más audazmente de muchas otras maneras[7].

Más adelante fue a Roma, de donde lo desterraron; se fue a Atenas, y de nuevo luego tuvo problemas. Por último, con su reputación cuesta abajo, diseñó un plan para buscar publicidad: en los siguientes Juegos Olímpicos, a un año de distancia, se incineraría a sí mismo. Peregrino de inmediato estuvo bajo los reflectores de nuevo. Algunos sostenían que esperaba que le prohibieran sus planes, porque el sitio escogido era un sitio santo y cercano. Peregrino mismo anunció que «se volvería espíritu guardián de la noche; es claro, también, que ya codiciaba altares y esperaba que se le hicieran imágenes de oro»[8]. En el día señalado para el servicio funeral pre-pira, Peregrino salió y, en un largo discurso, declaró: «Deseo beneficiar a la humanidad mostrándole la manera en que uno debe menospreciar la muerte». Algunos gritaron: «¡Preserva tu vida para los griegos!», pero la mayoría gritó: «¡Cumple tu propósito!»[9]. Cuando los juegos terminaron algunos días después, Peregrino saltó a las llamas; Luciano lo describió como «un hombre que (para decirlo brevemente) nunca fijó su vista en las verdades, sino que siempre dijo e hizo todo con el ojo en la gloria y elogio de la multitud, incluso hasta el punto de saltar al fuego, en donde con certeza no disfrutó del elogio porque no pudo oírlo»[10].

El caso de Peregrino se ha citado con algún detalle precisamente porque por lo común ahora no es controversial y por consiguiente ilustra fácilmente el problema de los líderes religiosos antinomianos. Como Peregrino son, en *primer lugar*, hombres impíos, antinomianos. Puede haber grados de diferencia en su moralidad, pero su carácter básico es el mismo. *Segundo*, en lugar de un celo por la Palabra y Ley de Dios, hay un celo por la autopromoción y la gloria propia.

Hay muchos que dicen tener revelaciones especiales y una palabra fresca de profecía. Por ejemplo, un anuncio de 1970 hablaba de una «campaña» continua de un «evangelista» cuyo tema el domingo por la noche era «Jesús entró en mi cuarto y me habló en Jerusalén»[11]. ¿Puede alguien imaginarse a San Pablo realizando tal «campaña»?

Sin embargo, los que no enseñan toda la palabra de Dios no son menos culpables de ser falsos profetas. Los que descuidan la Ley no tienen evangelio, porque han negado la justicia de Dios que es primordial para el evangelio.

---

7   *Ibid.*, p. 19s.
8   *Ibid.*, p. 31.
9   *Ibid.*, p. 37s.
10   *Ibid.*, p. 47s.
11   *Los Angeles Herald-Examiner*, sábado, 21 febrero 1970, p. A-9.

Se exige la pena de muerte para todo el «que tuviere la presunción de hablar palabra en mi nombre, a quien yo no le haya mandado hablar, o que hablare en nombre de dioses ajenos, el tal profeta morirá» (Dt 18:20). Esta ley es en parte responsable de las ejecuciones de los herejes en la época medieval y durante la Reforma, y estas ejecuciones ahora se condenan fuertemente. Claro, en la mayoría de los casos aquellas ejecuciones incluyeron otras presuposiciones. Es más, el punto de esta ley se interpretó en forma errada. Las herejías eran a menudo serias, y las ejecuciones a menudo fueron injustificadas, pero la Ley aquí no trata de las herejías ni cuestiones de doctrina, por importantes que sean, sino de la profecía de predicción según un dios y ley ajenos o falsos. Tal profecía de predicción descansaba —como el sacrificio de niños, la hechicería, la magia y las prácticas relacionadas descritas al principio de esta ley (Dt 18:9-14)— en una fe anti-Dios, constituía traición a la sociedad y representaba orden legal ajeno y revolucionario. Tolerarlo es un suicidio.

Los que deliberadamente enseñan un orden legal revolucionario son traidores al orden legal existente. Los que predican por codicia, avaricia, o tendencias antinomianas un punto de vista defectuoso de las Escrituras también son traidores, aunque no en el mismo sentido ni al mismo grado.

Ninguna sociedad puede dejar sin castigo a los que se aparten de su fe fundamental. Las sociedades marxistas ejecutan a los que discrepan o cuestionan su dogma fundamental. Los estados socialistas y democráticos son menos severos, pero con todo ejecutan a los traidores que dan ayuda y alivio al enemigo. O bien se defiende la presuposición religiosa fundamental de la sociedad, o la sociedad perece. En un orden social cristiano, no son las desviaciones eclesiásticas las que deben ser preocupación civil, sino más bien los desafíos a su estructura legal Permitir la revolución es perecer. La tolerancia se debe conceder a diferencias dentro de un sistema legal, pero no a los dedicados a derrocar ese sistema legal. Roma, al perseguir a la iglesia primitiva, estaba tratando de preservar su orden legal; los emperadores veían claramente la disyuntiva: Cristo o César. Su premisa moral y religiosa era falsa, pero su inteligencia civil era sólida: o el imperio pagano o la iglesia tenía que morir. No vieron que el imperio ya estaba muriéndose, y que la muerte de los cristianos no salvaría la vida precaria de Roma. Fue la comprensión de Constantino de este hecho la que condujo al reconocimiento del cristianismo.

La relación de las varias clases de predicción falsa (hechicería, magia, espiritualismo, etc.) con la subversión merece una estudio extenso. No es coincidencia que el Primero de Mayo, día del festival antiguo del culto a la fertilidad de las brujas, ha sido muchas veces un día de importancia central para los revolucionarios, como lo atestiguan los marxistas. Los abogados anticristianos que lo celebran como «día de la ley» tienen en mente una ley anticristiana.

4. El testimonio del falso profeta

Al analizar la obra del falso profeta (Dt 18:9-22), vimos que el propósito de la magia, el sacrificio, la adivinación y los ritos afines de la profecía falsa era la *predicción*. La predicción que se incluye en los ritos descritos (Dt 18:9-14) tiene como premisa básica la creencia de que el poder real y supremo reside fuera de Dios. La práctica de la profecía falsa puede incluir sacrificio infantil, adivinación, astrología, encantamientos, hechicería, talismanes, espiritismo, magia, necromancia y cosas parecidas. También incluye la creencia de que Satanás es el poder supremo. Satanás tentó a Jesús a que se hiciera falso profeta. En la tentación culminante, se nos dice:

> Otra vez le llevó el diablo a un monte muy alto, y le mostró todos los reinos del mundo y la gloria de ellos, y le dijo: Todo esto te daré, si postrado me adorares. Entonces Jesús le dijo: Vete, Satanás, porque escrito está: Al Señor tu Dios adorarás, y a él solo servirás (Mt 4:8-10).

El significado de esta tentación es de importancia central. Satanás, al acercarse a Jesús en su intento final para hacerlo un profeta falso, tenía, entre otras cosas, dos ideas básicas en mente. *Primero,* Satanás pidió que Jesús admitiera lo justo de su rebelión, que afirmara que la criatura tenía el derecho legítimo de independizarse del Creador. Si Jesús hubiera ofrecido en el más mínimo grado alguna excusa para el pecado del hombre, si hubiera aceptado la excusa del ambiente, o sentido que alguna independencia de Dios de parte del hombre era justificable, hubiera concedido a Satanás una justificación moral. Rehusó hacer esto: «Al Señor tu Dios adorarás, y a él solo servirás».

Segundo, Satanás reclamó tener un poder mundial que no era suyo para reclamar ni dar. Una premisa fundamental de la Ley y Palabra es que «de Jehová es la tierra» (Éx 9:29; Dt 10:14; Sal 24:1; 1 Co 10:26). Satanás ni la gobierna, ni tiene el título de propiedad, ni puede darla a nadie.

En este punto muchos cometen un serio error. Génesis 3 nos da la respuesta bíblica: Adán y Eva fueron culpables ante Dios de rebelión, de apostasía. Complicaron su pecado al echarle la culpa a otro: a la serpiente, y a la mujer. La culpa de Satanás no hace ninguna diferencia en el hecho de que Adán y Eva fueran primordial y esencialmente culpables del pecado que cometieron.

Otros discrepan con la palabra de Dios. La respuesta marxista fue claramente enunciada en términos de Génesis 3 por Lincoln Steffens hace unos años en una almuerzo del Club Jonathan de Los Ángeles. En una segunda reunión, con alrededor de cien ciudadanos prominentes presentes, Steffens lo resumió para sus oyentes, que incluían a John R. Haynes, William Mulholland, el obispo episcopal, y otros:

Ustedes quieren arreglar el problema en el mismo principio de las cosas. Tal vez podamos, obispo. La mayoría de las personas, como sabe, dicen que fue Adán. Pero Adán, recordarás, dijo que había sido Eva, la mujer; ella lo había hecho. Y Eva dijo que no, no, no había sido ella; había sido la serpiente. Y allí es donde tu clero se ha quedado atascado desde entonces. Ustedes culpan a esa serpiente, Satanás. Ahora yo vengo y estoy tratando de mostrarte que fue y es la manzana[1].

La respuesta de Steffens es buen marxismo; afirma el determinismo económico: «Fue y es la manzana». Esta doctrina es una negación de la responsabilidad personal que afirman las Escrituras.

Igualmente mortal, sin embargo, es la muy común doctrina del determinismo satánico. En este punto Steffens tenía razón. Cuando le dijo al clero presente: «Ustedes culpan a esa serpiente, Satanás». A través de los siglos, demasiados religiosos han puesto el cimiento para una doctrina de determinismo satánico. Podemos llamarlo también la teoría de la conspiración.

Ahora bien, con mucha claridad las Escrituras afirman el hecho de las conspiraciones; el Salmo 2 es una declaración clásica de su realidad. El mismo Salmo, sin embargo, subraya con vigor su futilidad; Dios se ríe de las conspiraciones de las naciones impías y convoca a su pueblo para que participe de su risa.

Las conspiraciones prosperan solo cuando decae el orden moral. En toda sociedad hay delincuentes, ladrones y asesinos. Solo cuando una sociedad entra en la decadencia y el colapso moral estos elementos adquieren cierta ascendencia. El Imperio Romano en su decadencia vio una proliferación de sectas que auspiciaban la revolución, el comunismo, el amor libre, la homosexualidad y mucho más. Cuando la cristiandad entró en decadencia moral después del siglo 13, de nuevo estas sociedades criminales secretas empezaron a abundar. Algunas querían comunismo, otras organizaban protestas y marchas nudistas, y otras más fraguaban la revolución. Como Schmidt observó de la era de la Reforma, «toda Europa alrededor de Calvino estaba contaminada por fraternidades, algunas esparciendo el "iluminismo" y otras el escepticismo»[2]. La Reforma y la Contrarreforma condujeron a la decadencia temporal de estos grupos, que se levantaron de nuevo conforme decaían la fe, la ley y el orden cristianos.

Pero los que dan falso testimonio, que atribuyen a Satanás poderes que solo le pertenecen a Dios, no se contentan con reconocer que las conspiraciones existen. Van mucho más lejos. *Primero,* le adscriben a las conspiraciones un orden moral y una disciplina que son imposibles. Satanás no puede construir ni crear; es solo

---

1   *The Autobiography of Lincoln Steffens* (Harcourt, Brace, and Company, New York, 1931), p. 574.

2   Albert-Marie Schmidt, *Calvin and the Calvinistic Tradition* (Harper, Nueva York, 1960), p. 58.

destructor, homicida, y tiene poder *solo* hasta el punto en que nos olvidamos del verdadero poder de Dios. La Unión Soviética, para citar un gobierno conspirador internacional, fue una agencia corrupta, torpe y radicalmente incompetente. Requirió la ayuda repetida de otros países más el saqueo imperialista para sobrevivir. El alivio Hoover de la década de 1920, el reconocimiento de Roosevelt de la década de 1930, y los continuos apuntalamientos la mantuvieron viva. El problema comunista no era su poder y capacidad perversos, sino más bien el colapso moral continuo de las iglesias y naciones cristianas, y su apostasía radical.

Segundo, el poder del mal es débil y limitado; está bajo el control de Dios y es su azote para las naciones. La debilidad de las conspiraciones del mal quiere decir que por lo general solo pueden ocupar un vacío. Las raíces del poder soviético estuvieron en la decadencia moral de Rusia y su cristianismo kenótico; las victorias soviéticas en las naciones bálticas se debieron a la posición de acomodo moral de los aliados occidentales, que vendieron a esas naciones.

Tercero, la clave para superar las conspiraciones del mal no es una concentración en el mal, sino la reconstrucción santa. Uno de los pecados que Jesucristo condenó en algunos de los miembros de la iglesia de Tiatira fue su interés en estudiar «las profundidades de Satanás», que se puede traducir como «explorar las cosas profundas u ocultas de Satanás» (Ap 2:24). Los movimientos conservadores que no son cristianos se dedican radicalmente a estudiar o explorar las cosas profundas de Satanás, como si fueran la clave del futuro.

Cuarto, implícita en todo esto, como ya se señaló, es la creencia en la determinación satánica, que hace de estos conservadores unos satanistas pertinaces. Negar el poder soberano de las conspiraciones es una de las maneras más seguras de confrontar a muchas de las personas, que después argumentarán con pasión religiosa el poder soberano, predestinador de Satanás. Insistirán en que todo acto nacional o internacional es una conspiración cuidadosamente planeada y manipulada, todo gobernado por un plan o complot maestro, y un concilio maestro secreto. Que los complotados y planes existan, y que sean muchos, se puede conceder, pero el cristiano debe sostener su futilidad. Rugen en vano; «piensan cosas vanas» cuando traman juntos contra el Señor y su Ungido (Sal 2:1, 2).

Echarles la culpa de los males del mundo y adscribir el gobierno del mundo a conspiraciones satánicas ocultas es ser culpable de falso testimonio contra Dios. Es comparable a recurrir a la magia, brujería o sacrificio humano. Niega que Dios sea la única fuente de predicción y adjudica poder y predicción más bien a Satanás.

Mucho mejor que la mayoría de los teólogos, Berle ha descrito las leyes del poder:

> Cinco leyes naturales de poder son discernibles. Son aplicables dondequiera,
> y en cualquier nivel en que aparezca el poder, sea que se trate del de la madre

en su sala cuna o del poder del jefe ejecutivo de un negocio, el alcalde de una ciudad, o el dictador de un imperio.

Son:

Una: El poder invariablemente llena cualquier vacío en la organización humana. Como entre el caos y el poder, el último siempre prevalece.

Dos: El poder es invariablemente personal. No existen el «poder de clase», el «poder de élite» ni el «poder de grupo», aunque las clases, élites y grupos pueden ayudar a los procesos de la organización por la cual el poder se inserta en los individuos.

Tres: El poder invariablemente se basa en un sistema de ideas o filosofía. Si falta el sistema o filosofía, las instituciones esenciales del poder dejan de ser confiables, el poder deja de ser efectivo, y el detentador del poder a la larga es desplazado.

Cuatro: El poder se ejerce por medio de instituciones, y depende de ellas. Por su existencia, estas limitan, toman el control y a la larga confieren o retiran poder.

Cinco: El poder es invariablemente confrontado con un campo de responsabilidad, y actúa en la presencia de este. Los dos interactúan constantemente, en hostilidad o cooperación, en conflicto o mediante alguna forma de diálogo, organizado o desorganizado, hecho parte de las instituciones en las cuales depende el poder, o tal vez entrometiéndose en ellas[3].

Berle tiene razón. El poder se basa en una fe, en una filosofía. Cuando la fe o filosofía detrás de una cultura empieza a morir, hay un cambio de poder. Hoy, debido a que la fe cristiana se ha aguado y se ha vuelto antinomiana, no puede mantener o producir un orden legal. Como resultado, antiguos impulsos y movimientos criminales se apoderan del poder. La clave para desplazar esos poderes perversos acaparadores no es un estudio de las cosas profundas de Satanás, ni una creencia en su poder, sino la reconstrucción santa en términos de fe, moralidad y ley bíblicas. Para muchos conservadores que no son cristianos, la prueba de un verdadero conservador es ésta: ¿Cree él en la existencia, plan y poder de los conspiradores, llamándolos como sea? Esta prueba es satánica; entraña casi tanto peligro para la sociedad, o acaso más, que la creencia de que la manzana tiene la culpa, es decir, como determinismo económico. Es una forma de adoración a Moloc. Dios confrontó a Adán y a Eva en el Edén con la responsabilidad *de ellos*; Natán declara a David: «Tú eres aquel hombre» (2 S 12:7).

La posición bíblica incluye no solo una afirmación de la responsabilidad esencial del hombre, sino que también declara que solo Dios es el Todopoderoso, y solo él predestina y gobierna todas las cosas. Atribuir a las conspiraciones un poder, disciplina y gobierno del pasado, presente y futuro que no tienen, es otra

---

3   Adolf Augustus Berle, *Power* (Harcourt, Brace & World, Nueva York, 1969), p. 37.

forma de respaldar la hechicería y «abominaciones» parecidas. Es convertirse en falso profeta y dar falso testimonio.

También quiere decir incurrir en el castigo divino. Afirmar otro poder es negar a Dios y su Ley. Sin que sea sorpresa, una época antinomiana ya ha suscrito a tales creencias. Pero Dios no respetara más el antinomianismo de los miembros de la iglesia que la iniquidad de los impíos. En este punto, los hombres enfrentan la única «conspiración» efectiva: la «conspiración» de Dios contra todos los que lo niegan o lo abandonan.

El mandamiento: «No dirás falso testimonio», quiere decir que debemos dar testimonio verdadero con respecto a todas las cosas. No debemos dar testimonio falso con respecto a Dios o al hombre, ni debemos dar falso testimonio respecto a Satanás atribuyéndole un poder que le pertenece solo a Dios. El verdadero testimonio de los apóstoles no fue un testimonio sobre los poderes de Satanás, sino del Cristo triunfante. El mundo que enfrentaron, siendo un puñado muy pequeño, estaba mucho más atrincherado en sus males que el nuestro, pero los apóstoles no perdieron tiempo documentando la depravación, perversidad y poder de Nerón. Más bien, San Pablo, que está consciente de que se acercaba la persecución, con todo escribió con confianza a los cristianos de Roma: «Y el Dios de paz aplastará en breve a Satanás bajo vuestros pies» (Ro 16:20). La confianza de San Juan es similar: «Ésta es la victoria que ha vencido al mundo, nuestra fe» (1 Jn 5:4).

Hoy, sin embargo, muchos llamados conservadores cristianos no solo pasan el tiempo estudiando la obra de Satanás, sino que se enfadan si uno cuestiona la omnipotencia de Satanás. Insisten en que todo paso de la historia de nuestro mundo ahora está en las manos de manipuladores satánicos que usan a los hombres como títeres. Negar esto es ser clasificado como algún tipo de hereje; el significado práctico de esta posición es adoración a Satanás. Pero San Juan nos dice que, en el momento supremo de la conspiración de Satanás, cuando se decretó la muerte de Cristo, el propósito secreto de Dios se cumplía más (Jn 11:47-56). Siempre es Dios quien reina, nunca Satanás. Cualquier otra fe es un testimonio falso y especialmente perverso.

5. Corroboración

Un aspecto fundamental de la Ley bíblica aparece en el mandamiento «No dirás falso testimonio». Algo básico en esta ley es su referencia a los tribunales y al perjurio. Los tribunales representan la venganza de Dios ordenaba y canalizada por agencias humanas, pero ordenadas por Dios. Dentro de los tribunales, para que la justicia prevalezca, el testimonio fiel y honesto es una necesidad. Sin embargo, debido a que el hombre es pecador y las agencias de la sociedad humana reflejan el pecado del hombre, se necesitan verificaciones y balances. El testimonio de un testigo debe ser sometido a careo y a corroboración. La ley es clara en este punto:

No se tomará en cuenta a un solo testigo contra ninguno en cualquier delito ni en cualquier pecado, en relación con cualquiera ofensa cometida. Sólo por el testimonio de dos o tres testigos se mantendrá la acusación (Dt 19:15).

Por dicho de dos o de tres testigos morirá el que hubiere de morir; no morirá por el dicho de un solo testigo (Dt 17:6).

Cualquiera que diere muerte a alguno, por dicho de testigos morirá el homicida; mas un solo testigo no hará fe contra una persona para que muera (Nm 35:30).

Esta ley encuentra su eco en el Nuevo Testamento:

Por tanto, si tu hermano peca contra ti, ve y repréndele estando tú y él solos; si te oyere, has ganado a tu hermano. Mas si no te oyere, toma aún contigo a uno o dos, para que en boca de dos o tres testigos conste toda palabra (Mt 18:15, 16).

Ésta es la tercera vez que voy a vosotros. Por boca de dos o de tres testigos se decidirá todo asunto (2 Co 13:1).

Contra un anciano no admitas acusación sino con dos o tres testigos (1 Ti 5:19).

El que viola la ley de Moisés, por el testimonio de dos o de tres testigos muere irremisiblemente (He 10:28).

Como se señaló antes, no estamos bajo ninguna obligación moral de decirle la verdad a un enemigo que trate de hacernos daño o destruirnos. El deber de decir la verdad se reserva para las relaciones normales que están dentro del marco de la ley, y los procedimientos de los tribunales en la Iglesia, el Estado y otras instituciones.

Incluso aquí, sin embargo, hay limitaciones en cuanto al poder de los tribunales o las demandas de otras personas. La ley bíblica del testimonio no permite la tortura ni confesiones a la fuerza. La confesión voluntaria es posible, pero se necesitan dos o más testigos para que haya convicción. Más estrictamente, la confesión nunca se cita en la Ley; su lugar en los tribunales fue al parecer solo en relación con la evidencia de confirmación. En el caso de la confesión de Acán se requirió la evidencia de confirmación antes de que se le sentenciara y ejecutara (Jos 7:19-26). Hay que notar el aspecto voluntario de la confesión de Acán. La ley bíblica preserva la integridad del individuo en contra de la confesión a la fuerza; el derecho de los ciudadanos a tener protección del poder del Estado para obligarlos a autoincriminarse no aparece fuera de la tradición legal bíblica. La quinta enmienda de la Constitución de los Estados Unidos de 1787 incorporaba esta protección: a nadie se le puede procesar por segunda vez por el mismo delito, «ni se le puede obligar a ser testigo contra sí mismo en ningún caso criminal».

La objeción de autoincriminación quiere decir que el cristiano debe oponerse al uso de detectores de mentiras por una cuestión de principio. El detector de mentiras invierte un principio básico de justicia. Es obligación de los agentes de implementación de la ley demostrar la culpa cuando se acusa a un hombre; el acusado es inocente hasta que se demuestre que es culpable. Al exigir que un sospechoso se someta a una prueba de detector de mentiras, se niega este principio legal; se asume que el sospechoso es culpable y se le desafía a que demuestre que es inocente sometiéndose a esa prueba.

Otro punto de interés respecto a las pruebas de detector de mentiras lo ha citado un agente de policía cristiano. Un inocente puede someterse a la prueba con la esperanza de ser absuelto, pero, una vez que está bajo la prueba, su privacidad total está sujeta a invasión. Se le puede hacer preguntas en cuanto a sus creencias religiosas (en una sociedad anticristiana), sus opiniones políticas, si posee algún arma de fuego o casi cualquier cosa que los examinadores escojan preguntarle. El resultado es una confesión a la fuerza.

Igual que los detectores de mentiras, las escuchas telefónicas son una forma de invasión ilegal de la privacidad; son una forma de confesión a la fuerza, una destrucción de la integridad de la comunicación, lo que las hace claramente inmorales y malas.

Hay otras limitaciones al testimonio. El derecho al silencio en base a comunicación de privilegio se concede hasta cierto punto a pastores y médicos. La presuposición en ambos casos es la misma. Las declaraciones o confesiones hechas por una persona a su pastor o médico en el curso de una relación formal o profesional son comunicaciones privilegiadas, porque la persona en cuestión en efecto está confesándole a Dios ante un agente de este que le ministra. Tanto el médico como el pastor se preocupan por la salud, el uno por la salud física, el otro por la salud espiritual. Salvación quiere decir salud. La naturaleza religiosa del llamamiento del médico está arraigada profundamente. Los médicos antes eran monjes, y los hospitales hasta tiempos muy recientes eran por entero y exclusivamente instituciones cristianas. El divorcio actual del pastor y del médico de la fe bíblica no altera la naturaleza esencial de su llamamiento. La comunicación privilegiada descansa en la presuposición de la función religiosa del pastor y del médico como siervos de Dios en el ministerio de salud. La relación de una persona con ellos, pues, no es propiedad del agente humano sino de Dios. Esto no niega la obligación del pastor y del médico de instar a la persona a hacer restitución donde se deba restitución, o instar confesión donde se deba confesión. Es su obligación hacer respetar la Ley de Dios instando obediencia a ella de todos los que acuden a ellos, pero no pueden ir más allá del consejo.

Al presente hay amplias variaciones en el status legal de las comunicaciones privilegiadas con un pastor[1]. Estas diferencias reflejan en parte las incertidumbres e inestabilidades teológicas de las diversas iglesias.

Hay otras limitaciones al alcance del testimonio. Las conferencias con el abogado de uno son comunicaciones privilegiadas, puesto que el abogado sirve como agente y representante del acusado en los tribunales. Obligar al abogado a revelarlas es negar al acusado su libertad y privacidad. De manera similar, al cónyuge de un acusado se le prohíbe dar testimonio por los mismos motivos, puesto que incurriría en autoincriminación Hay excepciones a estas reglas bajo ciertas circunstancias, pero el principio básico sigue siendo cierto. Una de tales excepciones es en los casos en que un cónyuge ataca al otro. El propósito normal de la restricción del testimonio de un cónyuge respecto al otro no es solo protegerlo contra la autoincriminación, sino prevenir la destrucción de la relación matrimonial. En los países comunistas, la exigencia de que los hijos y cónyuges se espíen unos a otros destruye la vida familiar.

Hay aspectos del conflicto sobre la cuestión de comunicaciones privilegiadas. Las corporaciones en gran medida se han considerado sin inmunidad, y sus libros y registros se pueden abrir. El Departamento de Rentas Internas regularmente ha obligado a los individuos a abrir sus registros. La inmunidad de las comunicaciones privilegiadas se ha sostenido que se aplica a casos civiles y penales, y en los tribunales estatales y federales, a pesar de algunos conflictos en el pasado.

Si la comunicación privilegiada e inmunidad de la autoinculpación no existiera, no existiría la corroboración, premisa básica de la ley bíblica del testimonio, porque el método de rutina de «evidencias» sería obligar al testimonio del acusado. La ley requiere corroboración porque prohíbe la autoinculpación por coacción.

Luego entonces, no solo no estamos bajo obligación de decirle la verdad a un enemigo impío que se incline a hacernos daño, o destruirnos, sino que el requisito de decir la verdad en un tribunal está regido estrictamente por la ley.

Por otro lado, los testigos de un delito están bajo requisito estricto de testificar. Como regla general, los hombres tienen la obligación de dar su testimonio en los tribunales en todas las investigaciones en que su testimonio pueda ser procedente, y el tribunal es el juez de si su testimonio es procedente. La inconveniencia no es excusa. El juez y el jurado tienen la obligación de evaluar el valor del testimonio del testigo, y no el mismo testigo. La corte también puede evaluar la credibilidad del testigo. Así, por mucho tiempo los tribunales de los Estados Unidos no consideraron admisible el testimonio de uno que no fuera creyente, puesto que no podía suscribir un juramento; tal persona solo podía, testificar por sí misma y después estaba sujeta a que su testimonio lo descartaran puesto que el temor de Dios no era un aspecto esencial de su carácter.

---

1   Ver William Harold Tiemann, *The Right to Silence, Privileged Communication and the Pastor* (John Knox Press, Richmond, Va., 1964).

El deber de testificar es parte del poder policial del ciudadano, su parte en la administración de la ley. «Es regla general de la ley y necesidad de la justicia pública que a toda persona la puedan obligar a dar testimonio en la administración de las leyes los tribunales debidamente constituidos del país»[2]. La obligación de imponer la ley no es solo es responsabilidad de la policía y los tribunales, sino una obligación pública. El ciudadano no es por sí mismo tribunal ni fiscal, sino que como testigo debe servir como agente de la justicia, proveyendo las evidencias materiales que sean necesarias para determinar la naturaleza del caso. Los tribunales determinan su validez. Hasta hace poco, un tribunal podía examinar las creencias religiosas del testigo para determinar su competencia, porque «claro, un testigo debe ser sensible a la obligación de prestar juramento antes que se le pueda permitir testificar»[3]. Hasta hace poco, también, el carácter criminal de un hombre era un factor para evaluar el testimonio del mismo, aunque el pleno perdón podía restaurar su competencia. Los detalles y variaciones son muchos, pero el hecho central es la responsabilidad de todos los testigos no privilegiados de testificar.

En la ley bíblica el no testificar quiere decir ser cómplice del delito: «Si veías al ladrón, tú corrías con él, y con los adúlteros era tu parte» (Sal 50:18).

La corroboración no puede existir como instrumento de justicia si la ciudadanía no está consciente de sus responsabilidades en la imposición de un orden legal.

6. El perjurio

En la ley bíblica se considera el perjurio como una ofensa muy seria. Precisamente debido a que los procedimientos de la ley bíblica descansan, no en la autoinculpación a la fuerza sino en el testimonio honesto, todo perjurio constituye una destrucción de los procesos de la justicia. La ley, pues, es explícita y severa en sus actitudes en cuanto al perjurio:

> Y no juraréis falsamente por mi nombre, profanando así el nombre de tu Dios. Yo Jehová (Lv 19:12).

> Por dicho de dos o de tres testigos morirá el que hubiere de morir; no morirá por el dicho de un solo testigo. La mano de los testigos caerá primero sobre él para matarlo, y después la mano de todo el pueblo; así quitarás el mal de en medio de ti (Dt 17:6, 7).

> Cuando se levantare testigo falso contra alguno, para testificar contra él, entonces los dos litigantes se presentarán delante de Jehová, y delante de los

---

2   William M. McKinney y Burdett A. Rich, editores, *Ruling Case Law*, vol. 28, Witnesses, 3; p. 419. 1921.

3   *Ibid.*, vol. 28, para. 41; p. 453.

sacerdotes y de los jueces que hubiere en aquellos días. Y los jueces inquirirán bien; y si aquel testigo resultare falso, y hubiere acusado falsamente a su hermano, entonces haréis a él como él pensó hacer a su hermano; y quitarás el mal de en medio de ti. Y los que quedaren oirán y temerán, y no volverán a hacer más una maldad semejante en medio de ti. Y no le compadecerás; vida por vida, ojo por ojo, diente por diente, mano por mano, pie por pie (Dt 19:16-21).

El testigo falso no quedará sin castigo, y el que habla mentiras no escapará (Pr 19:5).

El testigo falso no quedará sin castigo, y el que habla mentiras perecerá (Pr 19:9).

Martillo y cuchillo y saeta aguda es el hombre que habla contra su prójimo falso testimonio (Pr 25:18).

La ley contra el falso testimonio se reitera repetidas veces en el Nuevo Testamento (Mt 19:18; Mr 10:19; Lc 18:20; Ro 13:9, etc.).

La ley equipara al perjurio con la blasfemia, puesto que es la justicia de Dios lo que se ofende (Lv 19:12). Los sacerdotes tienen una parte en los tribunales, pues el juramento del testigo lo hace al Señor, «delante de los sacerdotes y de los jueces» (Dt 19:17). *Los tribunales son inexorablemente establecimientos religiosos.* La ley que administran representa una religión y una moralidad, y los procedimientos de un tribunal descansan en la integridad del juramento bajo el cual se da el testimonio. Los tribunales humanistas están, pues, condenados a declinar en integridad y a colapsar en una injusticia radical, porque todo hombre se vuelve su propia ley y su propio tribunal. Tanto el juramento como la ley son religiosos; altérese la religión detrás de ellos, y la sociedad estará en revolución. Así, es evidente, *primero* que nada, que el perjurio es una ofensa religiosa tanto como civil y criminal. Aunque la Biblia pone severos límites a la capacidad de un tribunal o de cualquier hombre de invadir la mente de un individuo, declara con claridad que todo el testimonio que se exige legalmente debe ser un testimonio veraz y fiel, o de otra manera se ha cometido un delito contra Dios y el hombre. Las culturas paganas esperaban falsos testimonios y se apoyaban en la tortura para extraer la declaración deseada, fuera esta verdadera o falsa. Debido a que la ley bíblica no permite la tortura ni el testimonio más allá de ciertos límites, requiere la veracidad más estricta dentro de esos límites, o de otra manera se corrompería la justicia. Como la Biblia respeta a la persona, requiere mucho de la persona y por consiguiente castiga a la persona que no mantiene la norma que Dios ha ordenado.

Segundo, la presuposición de la Ley bíblica es la responsabilidad y culpa individual. La Biblia no es ambientalista en su explicación del pecado. Deuteronomio 17:7 concluye: «Así quitarás el mal de en medio de ti». El comentario de Waller de esta frase es muy significativo:

El mal. La versión griega traduce esto «el hombre malo», y la frase se toma en esta forma en 1 Co 5:13: «Quitad, pues, *a ese perverso* de entre vosotros». La frase ocurre con frecuencia en Deuteronomio, y si vamos a entender que en todos los lugares en donde aparece «el malo» se debe entender un individuo, y tomarlo en el género masculino, el hecho parece merecer que se lo note en consideración a la frase «y líbranos del mal» en el Padrenuestro. En realidad no existe la perversidad en el mundo aparte de un ser o persona perversa[1].

El mal no existe en lo abstracto. Cuando nos vemos frente al pecado, nos vemos frente a una persona o personas, y tenemos que habérnoslas con esa persona. El enfoque ambientalista separa al pecado de la persona y lo pone en su ambiente, que fue precisamente la tesis de Satanás en Edén. Puesto que en última instancia Dios es nuestro ambiente, esto significa que *todo ambientalista en esencia está en guerra contra Dios.*

Este punto es de importancia especial. Los ambientalistas disfrazan la cuestión básica con su apelación sentimental. Un dicho común es que debemos «amar al pecador y detestar el pecado». En términos de las Escrituras, esto es una imposibilidad. El pecado no existe aparte del hombre; no existe como una abstracción. No hay asesinato, excepto donde hay asesinos, ni adulterio donde no hay adúlteros. El homicidio y el adulterio existen como violaciones posibles de la Ley *por parte de personas.* Al hacer separación entre el pecado y el pecador, se separa el juicio de la realidad, la persona, y se le pone sobre la posibilidad, el pecado. Debido a que el pecado es posible porque Dios creó así al hombre, el juicio y la culpa por esta posibilidad se le transfiere así a Dios. Como Adán le dijo a Dios: «La mujer que me diste por compañera me dio del árbol, y yo comí» (Gn 3:12). Adán, pues, le echó la culpa a Dios por haber creado la posibilidad. El ambientalista siempre está en guerra contra Dios.

Tercero, el castigo del perjurio se da en términos del principio de ojo por ojo. Aquí, Wright sorpresivamente va al punto:

> El principio de ojo por ojo es en lo que se basa la ley israelita. Es uno de los principios más malentendidos y más malinterpretados del AT, debido al hecho de que de manera popular se piensa que es un mandamiento general a tomar venganza. Tal comprensión es completamente errada. Ni en el AT ni en el NT tiene el hombre derecho a tomar venganza. Eso es un asunto que se debe dejar a Dios. El principio de ojo por ojo es un principio legal que limita la venganza. Es para que se guíe el juez al aplicar la pena, que debe ajustarse al delito cometido. Por tanto, es el principio básico de toda justicia que se administre legalmente[2].

1   C. H. Waller en Ellicott, II, 50.

2   G. Ernest Wright, «Deuteronomy» [«Deuteronomio»], *interpreters Bible*, II, 454s.

Este principio quiere decir que, en los casos en que la vida del acusado está en juego, se debe ejecutar al falso testigo. Si lo que está en juego es una restitución de $1000, el testigo falso debe hacer un pago de $1000. El castigo se le aplica al perjuro.

Es importante darse cuenta de que esta ley bíblica fue en un tiempo una parte de la ley estadounidense. Todavía está en los libros en algunos casos. Clark notó que «en la ley de Texas, cuando se comete perjurio en un juicio de un delito capital, el castigo del perjurio será la muerte (Ver 32 Tex Jur 825, par 40)»[3]. En un tribunal de California, se dijo:

> Es tiempo de que los ciudadanos de este estado (California) se den cuenta de una vez por todas de que el mandamiento bíblico: «No hablarás contra tu prójimo falso testimonio», ha sido incorporado en la ley de este estado, y que toda persona ante todo tribunal, funcionario o persona competentes, en cualquiera de los casos en que tal juramento se deba prestar por ley, de manera voluntaria y a pesar de tal juramento presente como verdad cualquier asunto material que sepa que es falso, será culpable de perjurio, y eso será punible con privación de libertad en la prisión estatal por no menos de uno y no más de catorce años. *People vs Rosen* (1937) 20 Cal. App. 2nd 445, 66, P2d 1208, 1210 (McComb J)[4].

En algunos estados por lo menos, si un fiscal a sabiendas introduce un falso testimonio, el veredicto se anula porque al acusado se le ha negado un juicio justo.

Los libros apócrifos nos dan un famoso relato de la pena de muerte que se aplicó a dos falsos testigos que testificaron contra Susana. Se dice que «según la ley de Moisés les hicieron de tal suerte como ellos maliciosamente intentaron hacerle a su prójimo; y se les hizo morir».

Cuarto, la ley prohíbe la compasión hacia el perjuro, y, en general, hacia los malhechores: «No le compadecerás» (Dt 19:21). En particular, la compasión hacia el que da falso testimonio es una emoción radicalmente rebelde que nos alinea con los que están destruyendo el orden social. Un orden legal cristiano no puede sobrevivir al quebrantamiento de sus tribunales, y toda tolerancia del perjurio, y de los falsos testigos en general, disuelve la justicia y la comunicación, y atomiza a la sociedad. El hecho de que el perjurio quede relativamente sin castigo hoy, y que en general se tolere el falso testimonio, no es un aspecto pequeño de nuestra decadencia social.

Quinto, el significado de la frase: «así quitarás el mal de en medio de ti», ya se ha citado, y también en relación con el Padrenuestro. La petición: «líbranos

---

3   Clark, *Biblical Law*, p. 235, n 15.
4   *Ibid.*, p. 234, n. 13a.

del mal» (Mt 6:13), se traduce mejor: «líbranos del malo». El mal, de nuevo, no es abstracto. Es Satanás, y es toda persona perversa del mundo. Inmediatamente después de esta petición se halla la doxología «porque tuyo es el reino, y el poder, y la gloria, por todos los siglos. Amén» (Mt 6:13). El reino, el poder y la gloria le pertenecen al Dios trino, y no al perverso. Los que adscriben a conspiraciones ocultas un control radical paso a paso sobre los hombres y eventos están adscribiéndole el reino a Satanás y son satanistas. Éste es el más grande de los falsos testimonios y es perjurio.

El mal es serio, cruel y mortal porque los pecadores son así. Necesitamos orar para que se nos libre del malo. Se nos da la ley a fin de enfrentar a cualquier malo. Castigar al perjuro sin compasión. Hacerle a él lo que él quería hacerles a otros. Actuar siempre contra los que dan falso testimonio, roban, asesinan y de cualquier manera pisotean arrogantemente la ley de Dios. Compadecer al justo, las víctimas, los ofendidos, los pobres y los necesitados, las viudas y los huérfanos, pero actuar contra los inicuos. «Así quitarás el mal de en medio de ti».

7. Jesucristo como el testigo

En la Ley, el testigo no solo debe dar un testimonio verdadero y acertado, sino también participar en la ejecución del ofensor si es una ofensa capital. Según Deuteronomio 17:6, 7:

> Por dicho de dos o de tres testigos morirá el que hubiere de morir; no morirá por el dicho de un solo testigo. La mano de los testigos caerá primero sobre él para matarlo, y después la mano de todo el pueblo; así quitarás el mal de en medio de ti.

El mismo principio se afirma en Levítico 24:14 y Deuteronomio 13:9. El poder policial de todas las personas está implícito en esta ley. Todos tienen la obligación de imponer la ley, y los testigos tienen una parte importante en una ejecución. La imposición de la ley requiere la participación de los ciudadanos que acatan la ley, y la ley exige su intervención.

El significado de «testigo» se ha confundido, sin embargo, debido al desarrollo posbíblico de la palabra griega que se traduce *testigo*. La palabra *testigo* en hebreo es *ed, edaj*, y se traduce en el Nuevo Testamento griego como *martys, martyrion*. La palabra griega es una traducción apropiada de la palabra del Antiguo Testamento, como Mateo 18:16, Marcos 14:63, y muchos otros pasajes lo dicen con claridad. Pero la palabra griega *martys* es el origen de la palabra española «mártir», y el resultado es una confusión asombrosa. El imperio romano ejecutaba a los testigos de Cristo, y el resultado fue una extraña inversión del significado. En la Biblia, el testigo es el que obra para imponer la ley y ayuda en su ejecución, incluso en la imposición de la pena de muerte. «Mártir» ahora ha llegado a significar exactamente lo inverso: uno que es ejecutado y no un verdugo, uno que es perseguido y no uno que es principal en la acusación. El resultado es una seria lectura errada de las Escrituras.

El asunto es mucho más importante porque a Jesucristo se le identifica como *el* Testigo supremo:

> Y de Jesucristo el testigo fiel, el primogénito de los muertos, y el soberano de los reyes de la tierra. Al que nos amó, y nos lavó de nuestros pecados con su sangre, y nos hizo reyes y sacerdotes para Dios, su Padre; a él sea gloria e imperio por los siglos de los siglos. Amén (Ap 1:5, 6).

> Y escribe al ángel de la iglesia en Laodicea: He aquí el Amén, el testigo fiel y verdadero, el principio de la creación de Dios, dice esto (Ap 3:14).

El testimonio de Jesucristo hace referencia a su misión terrenal; luego su muerte y resurrección se citan en Apocalipsis 1:5, su triunfo sobre los testigos falsos contra él, y luego en los vv. 5 y 6, su entronización sobre el tiempo y la eternidad y su entronización de su pueblo junto con Él[1]. En la carta a los de Laodicea, Cristo se identifica de nuevo como «el testigo fiel y verdadero». El significado es obviamente por eso: Jesucristo testifica contra esa iglesia y promete ejecutar sentencia contra ellos si no se arrepienten (Ap 3:15 ss). Como el mayor Moisés, y como que era Él mismo el gran Profeta (Dt 18:15-19), Jesucristo es a la vez el que da y el que implementa la Ley. Israel lo rechazó, y llamó falso su testimonio; por consiguiente, Él sentenció a Israel a la muerte (Mt 21:43s; 23:23-24; 28). La Ley se le aplicó a Israel. Israel había dado falso testimonio contra Jesucristo (Mt 26:65s; 27:22) y le había sentenciado a muerte. La pena bíblica por tal perjurio es la muerte (Dt 19:16-19). La importancia de Jesucristo como «el testigo fiel y verdadero» es que no solo testifica contra los que están en guerra contra Dios, sino que también los ejecuta.

Asociado con este título de «testigo» hay otro: «el Amén» (Ap 3:14). El Amén de Dios quiere decir que él es fiel, es decir, «Así es esto y así será», en tanto que el «amén» del hombre es un asentimiento ante Dios y quiere decir «así sea»[2]. El amén era frecuentemente un asentimiento de la ley (Dt 27:15; cf. Neh 5:13). Jesucristo es el Amén de Dios porque por él «se establecen los propósitos de Dios, 2 Co 1:20»[3]. En Apocalipsis 3:14 Jesús es el Amén porque él es «el testigo fiel y verdadero», el que declara la ley, da testimonio de todas las transgresiones contra ella, y,

---

1   R. C. H. Lenski, *The Interpretation of St. John's Revelation* (The Wartburg Press, 1943), Columbus, Ohio. p. 44.

2   W. E. Vine, *An Expository Dictionary of New Testament Words* (Fleming H. Revel, Westwood, N. J., 1940, 1966), I, 53.

3   *Ibid.*

cuando los hombres no aceptan su pena de muerte en la expiación de Cristo, Él ejecuta sentencia contra el ofensor.

Jesucristo, como es el testigo, por tanto es el Señor y Juez de la historia. Él da testimonio de los hombres y naciones, dicta sentencia contra ellos, y luego procede a su juicio o ejecución. Él es Siloh, el que lleva el cetro, el Legislador, y alrededor de quien se reunirán todos los pueblos (Gn 49:10). Como Señor de la historia y «el testigo fiel y verdadero», Jesucristo, por consiguiente, atestigua contra todo hombre y nación que establece su vida sobre cualquier otra premisa que no sea el Dios soberano y trino, y su palabra y Ley infalible y absoluta. La cruz de Cristo testifica contra el hombre; declara que el hombre no solo ha quebrantado la ley de Dios y luego ha aumentado su culpa con excusas de autojustificación, sino que también ha dado falso testimonio contra el Señor de la gloria y pedido su muerte (Mt 21:38). El hombre ha procurado apoderarse de la herencia, el Reino de Dios (Mt 21:38) en sus propios términos. La cruz, por consiguiente, requiere castigo. Todos los no creyentes, todos los religiosos apóstatas, y todas las naciones e instituciones que niegan la soberanía y la ley de Cristo, incurren en falso testimonio contra Él, y la Ley los sentencia a muerte (Dt 19:16-21). Así que Cristo elimina el mal de su Reino, tanto en el tiempo como en la eternidad.

Hablar de Cristo como *mártir* en el sentido moderno es por tanto una perversión de las Escrituras. Como testigo en el juicio continuo y en el juicio final, como Rey y juez sobre hombres y naciones, no es un mártir, sino el ejecutor; no una víctima, sino el gran vencedor sobre el mal.

El noveno mandamiento, por consiguiente, tiene una importancia escatológica. Es inusual entre los mandamientos en que su palabra clave, «testigo», se vuelve un título mesiánico. Esta palabra particular es por tanto en sí misma un testigo del Testigo, una declaración del triunfo ineludible de Cristo y su reino. El que la iglesia no reconozca el significado escatológico de esta ley respecto al testigo y al título, «el testigo fiel y verdadero», no altera su importancia ni la inevitabilidad del juicio y triunfo de Cristo. El fracaso de las iglesias sirve solo para que, en el mejor de los casos, se les elimine (1 Co 9:27), buenas solo para ser puestas en el anaquel o arrinconadas como inútiles.

Camino a la cruz, Jesús se volvió a las mujeres que lloraban por él y les dijo: «Hijas de Jerusalén, no lloréis por mí, sino llorad por vosotras mismas y por vuestros hijos. Porque he aquí vendrán días en que dirán: Bienaventuradas las estériles, y los vientres que no concibieron, y los pechos que no criaron. Entonces comenzarán a decir a los montes: Caed sobre nosotros; y a los collados: Cubridnos» (Lc 23:28-30). Así habló Cristo el testigo, que ya había dictado sentencia de ejecución sobre el mundo y la iglesia de su día.

8. El falso testimonio

Al hablar de «testimonio falso» estamos considerando una variedad del perjurio. En un sentido, se podía declarar que el tema queda cerrado diciendo que el testimonio falso se prohíbe en toda forma. Las sutiles pero importantes variedades de testimonios falsos se citan en la Ley, sin embargo, y necesitamos reconocerlas. Al examinar el contexto específico de la Ley a veces se indica mucho de su significado. Por ejemplo, el significado de Éxodo 23:1, 2, 7 se vuelve más claro si se examinan los versículos 1-9:

> No admitirás falso rumor. No te concertarás con el impío para ser testigo falso. No seguirás a los muchos para hacer mal, ni responderás en litigio inclinándote a los más para hacer agravios; ni al pobre distinguirás en su causa.
>
> Si encontrares el buey de tu enemigo o su asno extraviado, vuelve a llevárselo. Si vieres el asno del que te aborrece caído debajo de su carga, ¿le dejarás sin ayuda? Antes bien le ayudarás a levantarlo.
>
> No pervertirás el derecho de tu mendigo en su pleito. De palabra de mentira te alejarás, y no matarás al inocente y justo; porque yo no justificaré al impío. No recibirás presente; porque el presente ciega a los que ven, y pervierte las palabras de los justos.
>
> Y no angustiarás al extranjero; porque vosotros sabéis cómo es el alma del extranjero, ya que extranjeros fuisteis en la tierra de Egipto.

Antes de examinar este pasaje, notemos lo que dijo hace mucho Isaac Barrow del noveno mandamiento:

> Está en el hebreo, *no te expresarás* (al ser examinado o juramentado en juicio) *contra tu prójimo como testigo falso;* así que primordialmente parece que dar falso testimonio contra nuestro prójimo (sobre todo en asuntos de importancia capital o alta para él) está prohibido; sin embargo no solo se prohíbe este gran delito, sino todo prejuicio dañino (incluso extrajudicial) contra la reputación de nuestro prójimo, y en consecuencia su seguridad o bienestar de cualquier clase, es lo que podemos deducir de esa explicación de esta ley, o de la ley paralela que tenemos en Levítico: *No andarás,* se dice allí, *de aquí para allá como correveidile entre tu pueblo; ni tampoco te levantarás contra la sangre de tu prójimo;* como chismoso, es decir, mercader o traficante de informes y relatos errados respecto a nuestro prójimo, para perjuicio de él; difamándole, o denigrándole, o alimentando en la mente de los hombres una opinión mala de él; esta práctica vil y malévola se condena y se reprueba de otra manera bajo varios nombres...[1].

---

1   *The Works of Isaac Barrow* (John C. Riker, Nueva York, 1845), III, 38.

La ley contra el falso testimonio es por tanto primordialmente con respecto a un tribunal, y de manera secundaria con referencia a la vida en una comunidad. Éxodo 23:1-9 establece la ley del testimonio falso, en ambos significados, en el contexto de un requisito más amplio de justicia. Rylaarsdam ha llamado a los vv. 1-9 un «grupo de principios y amonestaciones» diseñadas a dar «el espíritu de justicia» y a «permear todas las decisiones legales»[2]. Varios principios aparecen en estas leyes. *Primero:* un hombre santo debe actuar según la ley de Dios, no de la chusma o «multitud», porque el espíritu de la chusma, por poderoso que sea en el hombre que gobierna, rara vez si acaso es la ley de Dios (v. 2). Un hombre debe tener valor y fe; no el poder del hombre, sino el poder de Dios debe gobernarlo. *Segundo:* así como no puede dejarse llevar por la chusma, tampoco puede estar dominado por consideraciones personales, como por ejemplo la compasión por el pobre (v. 3), ni la amistad del rico (v. 6). Los sobornos son incluso los mayores ejemplos de distorsión de la ley, porque ciegan al hombre a los verdaderos asuntos, y deliberadamente da un testimonio falso, ya sea como testigo o como juez (vv. 7, 8). El extranjero o forastero debe recibir la misma justicia que el amigo (v. 9), y al enemigo se le debe la misma justicia y ayuda en la necesidad que al amigo (vv. 4, 5). *Tercero:* se condena el testimonio malicioso, así como los informes falsos, en el versículo 1, y podemos inferir que todos los versículos que siguen dan ejemplos de tales informes falsos y testimonio malicioso. En pocas palabras: hay una correlación estrecha y necesaria entre palabras y obras. La malicia en palabras quiere decir malicia en obras también. El hombre que da un informe o testimonio falso o malicioso contra su prójimo, en el tribunal o fuera de este, probablemente no esté dispuesto a ayudar al hombre si el buey se descarría, o si su asno está sobrecargado. Un testigo mentiroso es también esencialmente un prójimo corrupto.

Desde la perspectiva actual, a menudo las palabras se ven teóricamente como si no fueran nada. Se interpreta la libertad de palabra como el derecho total de expresión sin consecuencias, ideal que nunca se establece por completo en la práctica.

El sueño de libertad de palabra absoluta es un mito y un engaño. Ninguna sociedad jamás la ha concedido. No reconocemos el derecho de un hombre a gritar «¡Fuego!» en un teatro atestado, ni pedir la ejecución del presidente, ni a publicar afirmaciones totalmente falsas y maliciosas con respecto a un hombre. La palabra debe ser responsable para ser libre, y hay una necesidad social de libertad de palabra responsable. Los que promueven la libertad de palabra son consecuentes en que también demandan acción libre, libertad de toda responsabilidad de palabra y obra. Ninguna sociedad puede existir si se permite tal libertad total de toda responsabilidad. No en balde los defensores más ardientes de la libertad de palabra hoy son los que defienden una revolución que negará mañana la libertad de palabra a todos los demás. Suprimen la libertad de palabra por un temor muy

---

2   J. Coert Rylaarsdam, «Exodus» [«Éxodo»], en Interprete's Bible, I, 1009s.

real a la palabra responsable y a la irresponsable. Los fundamentos de su temor a las palabras contrarias son en parte seguridad política, y en parte temor religioso.

En la creencia pagana antigua, la palabra tenía un poder mágico. La palabra y la acción se relacionaban *creativamente*. Debido a que el hombre es el dios de todo tipo de humanismo, y el paganismo era humanista, la palabra del hombre se aducía que tenía poder creativo. De aquí la búsqueda antigua de la palabra mágica que gobernaba acciones especialmente potentes: «ábrete sésamo», «abracadabra», y otras similares. Por la posesión de la palabra el hombre poseía poderes especiales. Esta creencia halla eco en el ocultismo de hoy, y en las logias secretas con sus contraseñas especiales y términos ocultos.

Sin embargo, no está ausente en el humanismo secular y público, en que a menudo está implícita una identificación mágica de la palabra con la acción. La parcialidad del que acuña la frase ?? phrase-maker es tal vez evidencia de esto: los liberales americanos prefirieron al impotente John F. Kennedy, que hablaba el lenguaje de los intelectuales, a las conquistas socialistas muy sustanciales de Lyndon B. Johnson, que carecía de los poderes oratorios en los cuales se regocijaban los liberales.

Un ejemplo más claro es la fe que tienen los humanistas en el poder de los planes e ideas concebidos racionalmente. Como se da por sentado que la palabra creativa del hombre tiene poder divino, de modo que la palabra es la acción, *igual que ocurre con Dios,* los intelectuales humanistas dan por sentado que una vez que conciben sus planes racionales y científicos necesitan solo que el estado los declare a fin de que se vuelvan realidad. El resultado es una fe humanista muy grande en el poder de la legislación.

Van der Leeuw ha resumido esto de manera muy hábil:

> Es la palabra la que decide la posibilidad. Porque es una acción, una actitud, un asumir la posición de uno, y un ejercicio del poder, y en toda palabra hay algo creativo. Es expresiva, y existe antes de la llamada realidad[3].

Para el humanista, las palabras de los no humanistas, de los que no están informados, de los no iluminados, son palabras vacías; pero las palabras de la élite son palabras creativas, divinas.

La posición bíblica es que el hombre creado a imagen de Dios dice, no una palabra creativa, sino una palabra analógica, es decir, que puede pensar y decir los pensamientos de Dios después de Dios, y en eso radica el poder del hombre. El hombre ejerce poder y dominio bajo Dios hasta el punto en que habla y actúa según la palabra creativa de Dios.

---

3   G. Van der Leeuw, Religion in Essence and Manifestation (Macmillan, Nueva York, 1938), p. 403.

La tentación de Satanás fue que el hombre podía decir su propia palabra divina y creativa: «Seréis como Dios, sabiendo el bien y el mal» (Gn 3:5). El hombre, según Satanás, establecería su propia palabra divina, diría y declararía por sí mismo lo que es bueno o malo; la realidad se puede reordenar y recrear por la propia palabra del hombre. En el mundo de Satanás, la palabra del hombre es el acto, y el nuevo mundo nace cuando el hombre se separa de Dios por la palabra.

Debido a que el hombre está creado a imagen de Dios, el habla es importante para el hombre. Las *palabras* son el tema de dos mandamientos, el tercero y el noveno. Cuando un hombre da falso testimonio, cuando toma el nombre del Señor en vano o actúa en violación del mismo, el hombre niega esa imagen a favor de la afirmación de Satanás que el hombre se hace a sí mismo. Cuando Sartre insiste en que el hombre hace su propia esencia, es decir, que el hombre se define a sí mismo y se saca a sí mismo de la nada, está reiterando la posición de Satanás. Pero dondequiera que el hombre da testimonio verdadero en el pleno sentido de la palabra, crece en términos de la imagen de Dios restaurada.

El contexto de Éxodo 23:1-9 deja en claro por tanto que un testimonio fiel es parte de una forma de vida, un espíritu de justicia. Un testimonio fiel trasciende las cuestiones personales como la amistad o la enemistad. Cuando los hombres no tienen derecho a la verdad, no se debe a que no nos gusten, sino a que están en guerra con la ley de Dios, tratando de extraernos la verdad para fines perversos y contrarios a la ley.

El asunto es que la ley de Dios debe gobernarnos. Como Van Til ha observado con respecto al pensamiento filosófico: «Dios es el original y… el hombre es derivado»[4]. Todavía más: «Si uno no hace al conocimiento humano totalmente dependiente del autoconocimiento original y revelación consecuente de Dios al hombre, el hombre buscará conocimiento dentro de sí mismo como el punto final de referencia»[5].

Traducido al mundo de la ley, esto quiere decir que el punto de referencia en el habla no es el hombre. La ley de Dios no nos permite usar las palabras con referencia a nuestro amor y odio, gustos y rechazos, ni nuestra ganancia o pérdida. La palabra analógica quiere decir palabra obediente. Las palabras de Rahab y las parteras fueron palabras obedientes, y David dice también que es un hombre de Dios «El que aun jurando en daño suyo, no por eso cambia» (Sal 15:4), o sea, el hombre que da testimonio veraz en un tribunal aun en detrimento propio. Todo el Salmo, en verdad, recalca el significado de un testimonio total verdadero:

Jehová, ¿quién habitará en tu tabernáculo? ¿Quién morará en tu monte santo?

---

4   Cornelius Van Til, *A Christian Theory of Knowledge* (Presbyterian and Reformed Publishing Co., 1969), p. 16.
5   *Ibid.*, p. 17.

El que anda en integridad y hace justicia, y habla verdad en su corazón.

El que no calumnia con su lengua, ni hace mal a su prójimo, ni admite reproche alguno contra su vecino.

Aquel a cuyos ojos el vil es menospreciado, pero honra a los que temen a Jehová. El que aun jurando en daño suyo, no por eso cambia;

Quien su dinero no dio a usura, ni contra el inocente admitió cohecho. El que hace estas cosas, no resbalará jamás (Sal 15).

Este Salmo es un comentario de Éxodo 23:1-9. La palabra analógica es la palabra de un testigo fiel en el acto de obediencia. El testimonio fiel tiene referencia, en primer y último lugar, a Dios y su justicia, y no al hombre y sus deseos.

Donde la Palabra y Ley absoluta de Dios desaparece, la verdad y el testimonio verdadero rápidamente se desvanecen. Un libro de Sam Keen, *To a Dancing God* [*A un Dios danzante*], empieza:

Yo, Sam Keen, escribí este libro. La voz que les habla en estos ensayos es mía. No es la voz de la filosofía, ni de la teología, ni del hombre moderno. Lo que ofrezco es una serie de reflexiones personales sobre cuestiones, problemas y crisis con los que he tenido que bregar. Las conclusiones a las que he llegado no son ineludibles. Mis dudas y mis certezas pueden estar demasiado íntimamente conectadas con los elementos únicos de mi autobiografía para ser típicos de esa nebulosa criatura llamada «hombre moderno». Cuando hablo con seguridad es porque he descubierto algunos elementos de un estilo de vida que me satisfacen. Sin embargo, las afirmaciones que hago no tienen autoridad a menos que ustedes escojan añadir las suyas a la mía. Así es como funciona conmigo. No puedo decir cómo es con ustedes. Con todo, los invito a reemplazar el «yo» de estos ensayos con el «nosotros» cuando estén de acuerdo[6].

Sin la palabra absoluta de Dios, el hombre solo puede ofrecer un «estilo de vida», no la verdad; la autoridad también desaparece cuando la verdad desaparece. La capacidad para distinguir entre el bien y el mal, lo bueno y lo malo, también desaparece, porque en un mundo existencial todas las cosas son relativas y el hombre está por encima del bien y del mal. Billy Graham, que había llegado progresivamente a un concepto experiencial de la verdad, pudo decir así, según lo citó Robert Davis en 1970 en su «News Briefs» [«Resumen de noticias»] que, «se negó a hablar del comunismo aunque en un tiempo se le conoció como gran enemigo de ese

---

6   Citado en el número de abril 1970, *Religious Book Club Bulletin*. El libro del Sr. Keen fue la selección del club. Keen es miembro del Western Behavioral Sciences Institute and Center for the Study of Persons [Instituto occidental de ciencias conductistas y centro para el estudio de personas].

sistema. "Por años no he hablado de eso", dijo. "No puedo ir por todo el mundo y decir quién tiene razón y quien no la tiene". Los comentarios de Graham vinieron en una entrevista con *Der Spiegel,* revista noticiosa alemana».

Cuando la verdad y el decir la verdad se divorcian de Dios y su Palabra y Ley absoluta, ambos desaparecen.

9. La falsa libertad

En Proverbios 19:5 tenemos un resumen del noveno mandamiento y su necesaria imposición: «El testigo falso no quedará sin castigo, Y el que habla mentiras no escapará». La palabra «habla» se puede traducir tal vez «exhala». En breve, la Ley requiere, *primero,* que se procese al testigo falso, y, *segundo,* que se procese a los mentirosos y difamadores.

La ley bíblica respecto al habla, por consiguiente, no es una declaración de libertad de palabra, sino una prohibición de testimonio falso en un tribunal, y de afirmaciones maliciosas y falsas respecto a hombres y hechos en los asuntos cotidianos. La distinción es muy importante. La ley bíblica da libertad a la verdad, no al falso testimonio en su sentido más amplio. La verdadera libertad de palabra descansa en la prohibición del testimonio falso.

En este punto, está muy extendida una lectura seriamente equivocada de la Constitución de los Estados Unidos de 1787. La Enmienda I dice en parte: «El Congreso no dictará ley respecto al establecimiento de religión, ni prohibirá el libre ejercicio de la misma; ni coartará la libertad de expresión, ni de prensa». Esto ahora ha llegado a significar la prevalencia de la interpretación federal en todo Estados Unidos. Originalmente quería decir que al gobierno federal se le prohibía todo poder para legislar respecto a religión, habla o prensa, porque estos aspectos estaban reservados a los ciudadanos y a los estados. Los varios estados tenían clases dirigentes religiosas y no tenían deseo de una clase religiosa federal que los gobernase. Para entender el pensamiento de los estadounidenses sobre el tema setenta años después de la redacción de la Constitución, los comentarios de John Henry Hopkins, obispo episcopal de la diócesis de Vermont, son de lo más reveladores:

Los derechos religiosos de los ciudadanos de los Estados Unidos consisten en el disfrute de su propia decisión a conciencia, entre todas las formas de nuestro cristianismo común que estaban en existencia al momento cuando se estableció la Constitución. Esto se debe tomar como el límite completo de la presuposición justa y legal, como los dos primeros capítulos lo han demostrado con suficiencia. Por consiguiente, considero estrafalario suponer que una banda de hindúes pueda establecerse en alguna parte de nuestros territorios, y reclamar un *derecho,* bajo la Constitución, de establecer el culto público de Brahma, Visnú o Krishna [Juggernaut]. Igualmente inconstitucional sería que los chinos introdujeran la adoración de Fo o Buda en California. Tampoco podría una compañía de turcos afirmar su derecho a establecer una mezquita para la religión de Mahoma. Pero hay un caso, es decir, el de los judíos, que forman una excepción evidente, aunque en verdad lo respalda el mismo principio. Porque, el significado de la Constitución se puede derivar solo de *la intención razonable del pueblo de los Estados Unidos.* Su lengua, religión, costumbres, leyes y modos de pensamiento fueron todos transportados de la madre patria; y estamos obligados a creer que sin duda se quiso decir que lo que se toleraba públicamente en Inglaterra se protegería aquí. Sobre esta base, no hay duda del derecho constitucional de nuestros conciudadanos judíos, cuyas sinagogas habían estado establecidas en Londres desde mucho antes. Pero, con esta sola excepción, no puedo hallar *ningún derecho* para el ejercicio público de ninguna fe religiosa, bajo nuestra gran Carta Federal, que no reconozca la divina autoridad de la Biblia cristiana[1].

La mayoría de los americanos del día presente no concordaría con Hopkins, pero en 1857 la mayoría estaba de acuerdo, y hubo una extensa historia legal que respaldaba su posición. La Carta de Derechos fue entonces una Carta de inmunidades contra la legislación federal en ciertas áreas, y no una prohibición de legislación estatal o local.

Ya en el siglo 20, en los Estados Unidos y en Europa se creía que el orden social y gobierno civil ideales era el dedicado a la *libertad*, uno que hacía primordial a su propósito la libertad de religión, palabra y prensa. Pero una sociedad que hace de la libertad su objetivo primordial la perderá, porque ha convertido en su propósito no la responsabilidad, sino la libertad de toda responsabilidad. Cuando la *libertad* es el énfasis básico, no es la palabra responsable lo que se promueve sino la palabra irresponsable. Si se absolutiza la libertad de prensa, se defenderá la calumnia finalmente como privilegio de libertad, y si se absolutiza la libertad de palabra, la difamación finalmente se vuelve un derecho. La libertad religiosa se vuelve el triunfo de la irreligión. La tiranía y la anarquía se apropian del poder. La libertad de palabra, prensa y religión dan lugar a controles, controles totalitarios.

El objetivo *debe* ser el orden legal de Dios, solo en el cual hay verdadera libertad. La ley contra el falso testimonio es elemental para la verdadera libertad. Hoy se tolera el falso testimonio a nombre de la libertad de palabra y la prensa libre, y las leyes contra la calumnia y la difamación se erosionan progresivamente. Si la religión falsa tiene derechos, ¿por qué no el falso testimonio? Exaltar la libertad sobre todo lo demás, absolutizar la libertad, es negar la distinción entre el testimonio verdadero y el falso.

---

1   John Henry Hopkins, *The American Citizen: His Rights and Duties, According to the Spirit of the Constitution of the United States* (Pudney & Russell, Nueva York, 1857), p. 77s.

En donde se absolutiza la libertad y esta convierte en la consideración previa y final como contra el bien y el mal, la verdad y la falsedad, la ley de Gresham se vuelve operativa en ese aspecto también. Así como el dinero malo elimina el buen dinero, una mentira expulsa a la verdad, la pornografía expulsa a la buena literatura y a la diversión limpia, y cosas por el estilo.

Debido al énfasis en la libertad de palabra y prensa libre, los Estados Unidos y otros países han visto el rápido triunfo de la publicidad y el mercadeo deshonesto[2]. El más flagrante tipo de mal prevalece en estos asuntos, y todo esfuerzo por cubrirlo con ley estatutaria conduce a nuevas avenidas de evasión. Ni las leyes estatutarias ni las agencias administrativas del gobierno civil han podido lidiar efectivamente con este problema. Sin embargo, si la ley criminal se basara en la ley bíblica, toda forma de testimonio falso sería un delito penal. Todo caso de publicidad y mercadeo falso y mala representación sería un delito penal.

Cuando al falso testimonio se le da protección por ley a nombre de la libertad, hay un deterioro progresivo de la calidad que aparece en todo aspecto. Si la libre empresa se puede interpretar como libertad para la empresa deshonesta, para bienes y mercadeo fraudulentos, se disminuye la libertad de la empresa honesta. Los bienes de baja calidad que se mercadean como artículos de calidad tienden a eliminar, en términos del principio de Gresham, la mercadería mejor que se vende por necesidad a precios más altos.

Debido a que casi todas las leyes contra el falso testimonio han desaparecido durante algunas generaciones, ha habido un reemplazo progresivo de la empresa honrada con una empresa radicalmente deshonesta. Incluso los residuos de las leyes de calumnia y difamación requieren pleito civil de parte del afectado, porque la ley penal por lo general no se ocupa del testimonio falso.

La prensa, por casi dos siglos, ha sido una importante amenaza a la libertad antes que una contribución a ella. La recién adquirida inmunidad contra la interferencia estatal pronto se interpretó como anarquía, y la prensa tiene una horrenda historia de abuso de poder. Consistentemente ha dado falso testimonio y defendido su derecho de hacerlo como «libertad de prensa». Un informe noticioso de 1970 dio una medida de la naturaleza del problema:

> Hay una preocupación creciente, informó hace poco el *Sunday Telegraph* de Londres, después de siete meses de investigaciones secretas por un subcomité del Comité de Comercio Interestatal y Foráneo de la Cámara de Representantes de los Estados Unidos, que descubrió evidencia de «informes engañosos de las organizaciones noticiosas y revistas nacionales americanas, y su tratamiento "parcializado", "arreglado", y "arrogante" de las noticias».

---

2   Ver Sidney Margolis, *The Innocent Consumer vs. The Exploiters* (The Trident Press, Nueva York, 1967).

El informe halló que un equipo de televisión, enviado a una demostración estudiantil en California, había llegado al sitio con sus propios letreros de demostración, que repartió a los manifestantes que iban a filmar; que organizaciones noticiosas habían participado en pleitos judiciales, hecho que Washington califica de «interferencia inexcusable con la administración de justicia»; que el departamento de noticias de la CBS, había intentado financiar «una invasión de comando de Haití»; plan definitivo para «inmiscuirse en la conducta de asuntos extranjeros».

El equipo investigador también descubrió evidencia de que la CBS al parecer había organizado una fiesta de hierba (marihuana) entre universitarios en un suburbio de Chicago. La filmación de la fiesta apareció luego como un informe legítimo de noticias para documentar el amplio y extendido uso de las drogas «entre universitarios de clase alta», y presionar un cambio radical en las leyes de narcóticos.

El Comité del Congreso recomendó finalmente, según el *Sunday Telegraph*, que «una sección del acta federal de comunicaciones, que prohíbe "prácticas engañosas" en el entretenimiento por televisión, se ampliara para hacer un delito federal la "falsificación" de noticias»[3].

La distorsión sistemática de las noticias la han informado los mismos periodistas[4].

Cuando la libertad se hace absoluta, el resultado no es libertad, sino anarquía. La libertad debe estar bajo la ley, o si no, no es libertad. La eliminación de todas las leyes no produce libertad, sino más bien anarquía y un paraíso de asesinos. El marqués de Sade exigía tal mundo; la libertad que exigía hacía una víctima en potencia de todos los hombres píos y aseguraba solo la libertad para el asesinato, el robo y la violencia sexual. Solo un orden legal que sostiene la primacía de la ley de Dios puede producir verdadera libertad, libertad para la justicia, la verdad y una vida santa.

La libertad como absoluto es sencillamente una afirmación del «derecho» del hombre a ser su propio dios; eso significa una negación radical del orden legal de Dios. «Libertad» es por tanto otro nombre para la aspiración del hombre a la divinidad y la autonomía. Quiere decir que el hombre se vuelve su propio absoluto. La palabra «libertad» es entonces un pretexto que usan los que siguen la ideología humanista los humanistas ¿para qué tanta palabrería? de toda variedad: marxistas, fabianos, existencialistas, pragmatistas y todos los demás, para disfrazar la aspiración del hombre de ser su propio absoluto.

---

3   *The Review of the News*, vol. VI, no. 12 (25 marzo 1970), p. 14.
4   Herman H. Dinsmore, All the News that Fits, A Critical Analysis of the News and Editorial Content of the New York Times (Arlington House, New Rochelle, N.Y., 1969).

La libertad en sí misma quiere decir libertad para algo en particular. Si todos los hombres son «libres» para asesinar, no hay libertad para la vida santa; no es posible, entonces, ni la paz ni el orden. Los hombres, ya no son libres para andar con seguridad por las calles. Si los hombres son «libres» para robar sin castigo, no hay libertad para la propiedad privada. Si los hombres tienen libertad de expresión y prensa libre sin restricciones, no hay libertad para la verdad, pues no se permite norma alguna por el que se pueda juzgar y castigar la promulgación o publicación de una mentira. Entonces se favorece el testimonio falso y se niega la importancia de la verdad. El mandamiento de Santiago fue éste: «Así hablad, y así haced, como los que habéis de ser juzgados por la ley de la libertad» (Stg 2:12). Hay una ley de libertad. Sin ley, no hay libertad.

El movimiento de «libertad de palabra» de la Universidad de California en Berkeley a principios de la década de 1960 fue una aplicación lógica de la idea de la libertad sin ley. Los estudiantes usaron el sistema público de altoparlantes para gritar obscenidades a nombre de la libertad de palabra, y para exigir el «derecho» de copular abiertamente en el plantel como perros. Los universitarios eran más lógicos que sus maestros; insistieron en llevar la libertad de palabra a su conclusión lógica, y reconocieron la hipocresía de los de ideología liberal liberales mucha palabrería que promovían la libertad de palabra, pero se amilanaban en cuanto a su práctica. También fueron lógicos en sus demandas sexuales; si la libertad de palabra es un estándar válido, ¿por qué no libertad de acciones? Su elección de libertad irresponsable fue honesta, aunque equivocada; llevaron las ideas liberales a su conclusión lógica.

El intelectual liberal presenta objeciones a cualquier restricción de su estándar absoluto de libertad partiendo por lo general de dos bases. *Primero:* sostiene que la libertad de palabra es más importante que cualquier otra consideración, y de modo similar la libertad de prensa es más importante que la responsabilidad. *Segundo:* puede concordar en que la pornografía es mala, pero, «¿cómo se puede definir?». Un universitario informó que un profesor universitario y su clase concluyeron que la pornografía no existía, porque se sintieron incapaces de definirla. Esta es la falacia racionalista de que solo lo racional es real, y lo racional incluye aquello que se puede definir de manera precisa y científica. En lugar de que la vida exista antes de su definición, la definición es anterior a la vida. Una cosa no existe para el intelectual mientras no la haya definido, mientras su palabra supuestamente creativa y definidora no la haga existir. Es fácil reconocer la pornografía; no es tan fácil definirla. Es fácil reconocer a un amigo, pero es menos que fácil definir lo que es un amigo. Una buena parte de la realidad escapa a una definición. De aquí la debilidad de la ley estatutaria; como insiste en definir con precisión cada variedad particular de un delito, produce un problema para la imposición de la ley. No es suficiente para la ley estatutaria que se haya cometido un asesinato o un robo; hay que hallar una definición por estatuto y «apropiada» para el crimen, y la definición debe ajustarse al crimen, o la ley no reconoce el crimen. La ley bíblica dice sencillamente «no matarás», y «no hurtarás», algo fácilmente reconocible que no necesita definición. Puesto que la realidad siempre escapa a la definición plena, la definición precisa de crímenes por estatuto quiere decir que una gran parte de la actividad criminal no se incluye en el catálogo de delitos.

10. La lengua mentirosa

Las Escrituras tienen mucho que decir en cuanto a la lengua mentirosa. Los comentarios de Salomón sobre el asunto son especialmente reveladores:

> Seis cosas aborrece Jehová, y aun siete abomina su alma: Los ojos altivos, la lengua mentirosa, las manos derramadoras de sangre inocente, el corazón que maquina pensamientos inicuos, los pies presurosos para correr al mal, el testigo falso que habla mentiras, y el que siembra discordia entre hermanos (Pr 6:16-19).

De los siete pecados que se citan aquí, tres se relacionan directamente con asuntos del habla: «la lengua mentirosa», «el testigo falso» y «el que siembra discordia entre hermanos». Como Delitzsch comentara, lo que Salomón señala es que «no hay vicio que sea mayor abominación ante Dios que el esfuerzo (de hecho satánico) de indisponer a los hombres que se aman unos a otros»[1]. Estos siete pecados se relacionan estrechamente. «Las primeras tres características se relacionan entre sí como mentales, verbales, reales»[2]. La cuarta tiene que ver con el corazón; la quinta, con pies que se apresuran al mal; la sexta de nuevo es verbal, como también la séptima. «El principal de todos los que Dios detesta es el que toma un diabólico deleite en indisponer entre sí a hombres que tienen relaciones bastante estrechas»[3].

El cómo los hebreos entendieron este asunto aparece en los comentarios de la ley que hace Ben Sirac. Ben Sirac condenó a todos los que se apoyaban en sueños y adivinaciones, y en falsa profecía de cualquier clase. Haciendo eco de las Escrituras, preguntaba: «De algo impuro, ¿qué se puede hacer limpio? Y de la falsedad, ¿qué puede ser verdad?»[4]. Añadió que «La Ley en cambio se cumplirá sin falta: es sabia en lo que dice, fiel en lo que promete» (Eclo 34:8). Incluso más, Ben Sirac declaró que «más vale un ladrón que un mentiroso empedernido, pero uno y otro caminan a su perdición» (Eclo 20:25). Este punto es de importancia especial. El

1   Franz Delitzsch, *Biblical Commentary on the Proverbs of Solomon* (Eerdmans, Grand Rapids, [1872] 1950), I, 146.

2   *Ibid.*, p. 147.

3   *Ibid.*, p. 148s.

4   Eclesiástico 34:4. De la traducción de J. M. Powis Smith.

ladrón le quita la propiedad a un hombre, pero por ello no le hace daño a la reputación del hombre, en tanto que el mentiroso en la práctica daña la reputación de un hombre y le priva de su paz, no solo una vez, sino continuamente, mientras la mentira circule y permanezca. De ahí la condenación de la lengua mentirosa por Salomón y todas las Escrituras.

La calumnia y la difamación son, pues, ofensas muy serias. La difamación es falso testimonio respecto a un hombre por palabra verbal; es chisme que le hace daño al carácter o propiedad del hombre, a su oficio o profesión. La difamación es falso testimonio mediante escritos, cuadros o letreros. La calumnia y la difamación son formas de falso testimonio.

En toda época el falso testimonio ha sido extenso debido a que el hombre es pecador, pero en la época actual particularmente se ha desarrollado en una ciencia refinada. El humanista, desde Maquiavelo a Hegel, Marx, Nietzsche y al presente, por no tener creencia en una ley absoluta, ha revivido la doctrina platónica del derecho del estado a mentir. Especialmente con el nacimiento de la era revolucionaria, la mentira se ha convertido en un instrumento principal de la política civil. Las calumnias y difamaciones crueles de Luis XVI, María Antonieta y Napoleón persisten en los libros de texto hasta hoy. Con las dos guerras mundiales, la mentira se volvió de veras prominente en la política internacional.

En este punto hay que hacer una distinción. La guerra requiere engaño estratégico, pero no es justificable el falso testimonio respecto al carácter del enemigo. Como Rahab, no estamos bajo obligación de decirle la verdad al que trata de matar a un hombre pío, pero estamos bajo la obligación de dar testimonio verdadero respecto al enemigo. El falso testimonio que se hizo respecto a Alemania en la Primera Guerra Mundial fue a todas luces un mal. Los relatos de las atrocidades alemanes fueron invenciones y eran crueles y totalmente falsos.

El falso testimonio que nació durante la Segunda Guerra Mundial respecto a Alemania es especialmente notorio y revelador. Repetidas veces se lanza la acusación de que los nazis masacraron a seis millones de judíos inocentes, y la cifra, e incluso cifras más altas, ahora está atrincherada en los libros de Historia. Poncins, al resumir los estudios del socialista francés Paul Rassinier, él mismo prisionero en Buchenwald, dice:

> Rassinier llegó a la conclusión de que el número de judíos que murieron después de la deportación había sido aproximadamente 1 200 000 y esta cifra, nos dice, ha sido finalmente aceptada como válida por el Centre Mondial de Documentation Juive Contemporaine. De igual manera nota que Paul Hilberg, en su estudio del mismo problema, llegó a un total de 896 292 víctimas[5].

---

5   Vicomte Leon de Poncins, *Judaism and the Vatican* (Britons Publishing Company, Londres, 1967), p. 178.

Un elevado número de estas personas murieron de epidemias, muchas fueron ejecutadas. Volveremos a ese asunto más tarde.

Mientras tanto, notemos que no se ha dicho gran cosa de los asesinatos en masa muy extensos perpetrados por los comunistas. Los Estados Unidos ayudaron a eso al entregar al general Vlásov y a su ejército de anticomunistas a los comunistas para que los ejecutaran. Los comunistas ejecutaron a 12 000 oficiales del ejército polaco en el bosque de Khatyn; 400 000 polacos murieron en su viaje de deportación. De los 100 000 prisioneros alemanes capturados en Stalingrado, solo 5 000 volvieron vivos; 95 000 murieron en los campamentos de prisioneros; cuatro millones de alemanes deportados por los comunistas de Silesia murieron, y así por el estilo[6]. Los británicos y americanos el 13 de febrero de 1945 atacaron por aire Dresden, una ciudad hospital, y mataron a 130 000 personas, casi el doble que en Hiroshima, sin ninguna buena razón militar[7]. Así que, sin ir al teatro de operaciones del Pacífico, está claro que todos los que intervinieron se dedicaron no solo a la guerra, sino también al asesinato, y los comunistas continuaron haciéndolo como política común del estado.

Pasemos ahora a otro aspecto del mismo problema. Una novela popular posterior a la guerra describía los eventos de Auschwitz durante la guerra y presentaba su material no solo como hecho, sino que en realidad con los nombres reales de personas vivas. A un médico polaco que fue prisionero de guerra en el campamento y sirvió en el cuerpo médico del campamento se le acusó de haber realizado 17 000 «experimentos» en presos judíos en cirugía sin anestesia. El médico de inmediato entabló una demanda contra el novelista por difamación. El juicio, realizado en Londres, rápidamente redujo los 17 000 casos a 130 cuestionables; la esterilización de mujeres judías y la castración de los hombres fueron básicas a los «experimentos». Si el doctor se hubiera rehusado, testificó alguien, a él mismo lo hubieran matado. El número de casos *establecidos* se redujo; 17 000 era una cifra falsa. El juez, en su resumen al jurado, dijo que no podía darles «guía en cuanto a moral». El médico ganó el caso, siendo su recompensa la moneda más pequeña del reino, medio penique; su parte de los costos legales fue como 20 000 libras esterlinas[8]. El jurado acordó en que había sido víctima de difamación, pero también creía que su culpa seguía siendo suficientemente real para merecer solo una victoria simbólica.

---

6   Ibid., p. 101s. Ver también J. K. Zawodny, *Death in the Forest, The Story of the Katyn Forest Massacre* (University of Notre Dame Press, Notre Dame, Indiana, 1962); Edward J. Rozek, *Allied Wartime Diplomacy: A Pattern in Poland* (John Wiley and Sons, Nueva York, 1958); Albert Kalme, *Total Terror, An Expose of Genocide in the Baltics* (Appleton-Century-Crofts, Nueva York, 1951); y Harold M. Martinson, *Red Dragon Over China* (Augsburg, Minneapolis, 1956).

7   David Irving, *The Destruction of Dresden* (Holt, Rinehart & Winston, Nueva York, 1964).

8   Mavis M. Hill y L. Norman Williams, *Auschwitz in England, A Record of a Libel Action* (Stein and Day, Nueva York, 1965).

Este juicio pone al descubierto la insensibilidad básica a la verdad demasiado extendida que caracteriza a esta edad. El hecho de que un médico bajo cualquier presión realizara tales operaciones es en sí mismo un hecho horrible. Si se hicieron solo diez, o siquiera una sola, en vez de 130 o 17 000, el crimen es real y muy serio. ¿Por qué, entonces, la grotesca exageración? ¿Por qué, también, la falsa representación maliciosa de hombres que se oponían a la política aliada, hombres tales como Laval y Quisling, «patriotas» a su manera, no mejores que algunos de los líderes aliados, peor que otros, y tal vez mejores que la mayoría?[9].

Examinemos de nuevo los asesinatos en masa de la Segunda Guerra Mundial, y el trasfondo de los falsos testimonios durante la Primera Guerra Mundial y después. La vida se había vuelto tan barata e insulsa para estos jefes de estado y sus seguidores en su campamento que un asesinato o dos no era nada. De igual manera, una generación instruida para la violencia en películas, radio, literatura y prensa no podía esperarse que reaccionara ante un asesinato o dos. El resultado fue una mentalidad desesperadamente torcida que solo podía apreciar el mal como mal en escala masiva. ¿En realidad ejecutaron los nazis a muchos miles, decenas de miles o cientos de miles de judíos? Los hombres para quienes tales asesinatos no eran nada tenían que exagerar la cifra a millones. ¿Realizó el médico un número de experimentos en hombres y mujeres vivos? Unas pocas mujeres esterilizadas y unos pocos hombres castrados y sus lágrimas y aflicción horrorosas no eran suficientes para atizar los gustos enfermos y estropeados del hombre moderno; háganle culpable de realizar 17 000 de tales operaciones. Los males eran demasiado reales; e incluso mayor es el mal de dar falso testimonio respecto a ellos, porque ese falso testimonio producirá una realidad incluso más cruel en el próximo trastorno. Los hombres ahora se han «reconciliado» con un mundo en donde millones se asesinan o se dice que fueron asesinados. ¿Qué se requerirá a modo de acción y propaganda la próxima vez?

Durante la Segunda Guerra Mundial, un libro breve y popular dio un indicio de la nueva mentalidad. Kaufman pidió en 1941 la esterilización total de todos los alemanes y la eliminación con ello de la nación alemana[10]. Kaufman no estaba solo. El novelista Ernest Hemingway pidió la esterilización masiva de todos los miembros de las organizaciones del partido nazi en el prefacio de su libro *Hombres en guerra*[11]. Un antropólogo de Harvard, Ernest Hooton, pidió que se «eliminara» al liderazgo alemán y «la subsiguiente dispersión por todo el mundo del resto de los alemanes»[12].

---

9   Hubert Cole, *Laval, A Biography* (Heinemann, Londres, 1965); Ralph Hewins, *Quisling, Prophet Without Honor* (The John Day Company, Nueva York, 1960).

10   Theodore N. Kaufman, *Germany Must Perish!* (Argyle Press, Newark, New Jersey, 1941).

11   *Time Magazine* (21 diciembre 1942), p. 108.

12   «Non Germanic Germany is One Solution» [«Solución no alemana es una solución»], San Francisco Chronicle (viernes, 17 abril 1942), p. 2.

En vista a esta insensibilidad masiva al asesinato, tanto que se recurre al falso testimonio, la exageración del mal para hacerlo que parezca mal, el mal mismo crece a fin de mantener el paso con la imaginación de los hombres, imaginación perversa basada en falsos testimonios. En la Primera Guerra Mundial los turcos trataron de asesinar a todos los armenios; en ese tiempo, horrorizó al mundo. Hoy, algunos negros hablan libremente del asesinato masivo de todos los blancos, y algunos blancos anhelan la muerte todos los negros, y el espanto de tal pensamiento es menor cada día.

Algo básico a todas las lenguas mentirosas es la negativa a aceptar la responsabilidad. Nuestro Señor llamó a Satanás padre de mentiras (Jn 8:44), y Adán y Eva, después de aceptar el principio de Satanás, de inmediato mintieron sobre su culpa (Gn 3:9-13). Cuando los hombres evaden su responsabilidad, son mentirosos. Al negar su culpa y su responsabilidad, arrojan la culpa y la responsabilidad contra su medio ambiente, humano o de otra índole. Por tanto, volviendo a Poncins, la tesis de su estudio es que la iglesia de Roma fue víctima de los judíos. La suerte de la iglesia no es responsabilidad de la iglesia; a los religiosos, desde el Papa hacia abajo, se les blanquea[13]. Para Poncins la culpa siempre está en otra parte, es de los judíos o de los masones[14]. Satanás en efecto tentó a Eva, y otros tal vez nos tienten, pero, a la vista de Dios, la responsabilidad básica y primaria siempre es nuestra. No podemos escapar de la culpa echándoles la culpa a otros; entonces añadimos una lengua mentirosa a nuestras transgresiones, y nos volvemos progresivamente insensibles a la realidad del mal. Así como el adicto al narcótico cada vez necesita una dosis mayor para mantener su hábito, el mentiroso necesita una mentira más monstruosa y una realidad más perversa a fin de mantener su estabilidad en las condiciones del mal. Por tanto, el mentiroso se vuelve más peligroso que el ladrón; destruye mucho más, y desata males mayores.

Poncins, acerbamente antijudío, estuvo presto a informar los errores en la cuenta de los asesinatos nazis de los judíos; no está listo para que se le fastidie porque *alguno* fue asesinado brutalmente. Poncins es hostil a las mentiras con respecto a los números de judíos ejecutados, pero ¿no está repitiendo la mentira de Adán y Eva al echar la culpa de los males de la iglesia a cualquier otro excepto a la iglesia? Igual que Eva, Poncins dice que «la serpiente me dio, y yo comí; por consiguiente no es mi culpa». Poncins debe culpar a otro aparte de los religiosos que tienen grandes poderes, porque hacerlo sería aceptar la culpa de la iglesia, y de sus miembros, incluyéndose él mismo.

Todo falso testimonio es peligroso, pues libera una vasta cadena de consecuencias que no se pueden revertir; desata una mancha que se extiende y conduce

---

13   Poncins, op. cit., pp. 32ss., 80, 160ss.
14   Vicomte Leon de Poncins, *Freemasonry and the Vatican* (Britons Publishing Company, 1 Londres, 968).

finalmente a la acción. Salomón tenía razón en la secuencia de las consecuencias: primero el pensamiento, luego la palabra y finalmente la acción.

Una nota final: el falso testimonio no tiene status privilegiado. El que una persona nos diga en confianza un chisme, pidiéndonos que no revelemos su nombre, no quiere decir que debamos respetar sus deseos. Hacerlo es convertirse en parte de su difamación de otra persona, grupo o raza. Más bien debemos rehusar concederle a ninguna mentira el status de comunicación privilegiada y debemos más bien corregir o reprender al mentiroso y, si fuera necesario, desenmascarar sus tácticas.

11. La difamación dentro del matrimonio

La ley bíblica prohíbe la calumnia dentro del matrimonio, o sea, la calumnia del marido o la mujer con respecto a su cónyuge. Como Clark ha destacado, tal calumnia hace del marido, por ejemplo, culpable no solo ante su esposa, sino también ante su familia[1]. Esta ley es un ejemplo importante de ley consuetudinaria:

> Cuando alguno tomare mujer, y después de haberse llegado a ella la aborreciere, y le atribuyere faltas que den que hablar, y dijere: A esta mujer tomé, y me llegué a ella, y no la hallé virgen; entonces el padre de la joven y su madre tomarán y sacarán las señales de la virginidad de la doncella a los ancianos de la ciudad, en la puerta; y dirá el padre de la joven a los ancianos: Yo di mi hija a este hombre por mujer, y él la aborrece; y he aquí, él le atribuye faltas que dan que hablar, diciendo: No he hallado virgen a tu hija; pero ved aquí las señales de la virginidad de mi hija. Y extenderán la vestidura delante de los ancianos de la ciudad. Entonces los ancianos de la ciudad tomarán al hombre y lo castigarán; y le multarán en cien piezas de plata, las cuales darán al padre de la joven, por cuanto esparció mala fama sobre una virgen de Israel; y la tendrá por mujer, y no podrá despedirla en todos sus días. Mas si resultare ser verdad que no se halló virginidad en la joven, entonces la sacarán a la puerta de la casa de su padre, y la apedrearán los hombres de su ciudad, y morirá, por cuanto hizo vileza en Israel fornicando en casa de su padre; así quitarás el mal de en medio de ti (Dt 22:13-21).

Antes de analizar las implicaciones de esta ley en relación con el falso testimonio, se debe notar que es una ley de lo más inusual desde la perspectiva legal. *Primero:* En todo juicio por esta ley, inevitablemente sigue una declaración de culpabilidad. O bien a la esposa se le halla culpable, o al esposo se le halla culpable de haber presentado falsas acusaciones contra ella. Cuando un matrimonio llega a este punto, una pena interna es ineludible; la pena pública también es ineludible cuando el asunto llega a juicio.

---

1   Clark, *Biblical Law*, pp. 184, 296s.

Segundo: esta ley también es inusual porque parece revertir todos los procedimientos normales ante un tribunal. En todos los demás tipos de juicios, el acusado es inocente hasta que se demuestra que es culpable, y es deber de los testigos procesar el caso presentando evidencias de culpabilidad. Como evidencia el Talmud[2], los testigos en el proceso eran necesarios, y eran una parte normal en tales casos. De todas maneras, sin embargo, la esposa debe demostrar con claridad su inocencia. La razón para este aspecto inusual de tal caso es que el caso es en realidad una doble acusación. El marido ha acusado a su esposa de llegar al matrimonio con un trasfondo de falta de castidad. El padre de la esposa inicia el proceso; procesa al marido a fin de silenciar la calumnia de su hija, y, como acusador, debe mostrar evidencia y testigos, evidencia de la virginidad de su hija, y testigos de la calumnia. El esposo debe mostrar evidencia de falta de castidad o pagar una pena muy alta.

Vale la pena notar con algún detalle la multa y el castigo. Una multa de 100 siclos de plata (Dt 22: 19) era una suma muy considerable. Un cuarto de siclo se consideraba un regalo notable para un gran hombre (1 S 9:8). El impuesto anual por cabeza de todos los varones en Israel, de 20 años y mayores, era medio siclo (Éx 30:15). Bajo Nehemías, como el Imperio Persa realizaba muchas de las funciones civiles y también cobraba impuesto, el impuesto por cabeza se redujo a «la tercera parte de un siclo» (Neh 10:32). Así que 100 siclos de plata eran una multa en extremo alta que casi dejaba pobre a la mayoría de los maridos y los convertía en siervos o esclavos de sus esposas de allí en adelante. La multa se pagaba al padre de la esposa, y así se mantenía fuera del control del marido, que podía anular el efecto del castigo si el dinero estaba en posesión de su esposa. El control de la esposa conduciría entonces al control del dinero. El suegro no estaría sujeto a tal control y podría administrar los fondos para el bienestar de su hija y nietos. No solo se penalizaba de esta manera al esposo, sino que todo recurso al divorcio le quedaba prohibido. Esto no quería decir que la esposa tenía entonces licencia para pecar; de todas formas podía condenársele a muerte por cualquier adulterio futuro. Tal transgresión era delito. El poder del divorcio se le quitaba al esposo. También se le aplicaba castigo corporal al esposo (Dt 22:18). Por otro lado, la esposa pagaba con su vida por su falta de castidad. Se le apedreaba hasta que muriera, método antiguo de ejecución. Su lugar en la Biblia se debe a la capacidad de los testigos y de la comunidad de tomar parte en la ejecución, puesto que el poder policial del pueblo requería que reconocieran su obligación de testificar y de ejecutar en todos los casos de delito establecido. El principio del poder policial general todavía es válido y básico.

Se debe notar que esta ley tiene un efecto residual en las leyes de divorcio porque, hasta hace poco, el consentimiento mutuo no terminaba un matrimonio, sino más bien la culpa real y demostrada. El no poder demostrar culpa anulaba la acción.

---

2   *Kethuboth,* 251ss.

Ahora, para examinar la ley misma con respecto al falso testimonio, se deben notar ciertas cosas. *Primero,* esto es derecho consuetudinario. Si se prohíbe la calumnia de parte del esposo, y lleva penas tan severas, la calumnia de parte de la esposa también se prohíbe. Si el castigo es tan severo para tal calumnia, cualquier calumnia entre un hombre y su esposa lleva severas penas en la ley bíblica. La multa impuesta por casos menores de calumnia todavía sería proporcionalmente alta.

Claro, la ley bíblica requiere un alto grado de atención y sensatez en el habla entre esposo y esposa. En lugar de ser un ámbito de laxitud, en donde el hombre y su esposa pueden soltarse sin importar las consecuencias, el matrimonio es un ámbito donde las palabras se deben pesar con cuidado especial debido a que la relación personal es tan importante. Las Escrituras dan extensa evidencia de este requisito. Por ejemplo, San Pablo declara que «Los maridos deben amar a sus mujeres como a sus mismos cuerpos. El que ama a su mujer, a sí mismo se ama. Porque nadie aborreció jamás a su propia carne, sino que la sustenta y la cuida, como también Cristo a la iglesia» (Ef 5:28-29). San Pedro señala la conducta de Sara y su habla y conducta respetuosas hacia Abraham (1 P 3:5-6).

Un antiguo proverbio ruso indica el asunto contundentemente: «Un perro es más sabio que una mujer; no le ladra a su amo». Demasiados hombres y mujeres son culpables de tal estupidez; ladran y gruñen a los que están más cerca de ellos, y la consecuencia es solo intranquilidad para sí mismos. Cualquier hombre o mujer que rebaje a su cónyuge solo se hace daño a sí mismo a la larga. El falso testimonio y una lengua suelta solo traen deshonor a una persona.

Segundo, el asunto de la calumnia dentro de la familia es una ofensa criminal y pública, y no solo un asunto privado. Los daños se pagan a los padres de la esposa, y el estado impone una multa, debido a que el trastorno de la paz de la vida de familia es una alteración seria de la paz y orden públicos. La importancia de la familia hace de la calumnia dentro de la familia algo bien peligroso para la sociedad. La acusación es que el esposo «esparció mala fama sobre una virgen de Israel»; a la esposa en este caso se le identifica, no en términos de la familia, sino de la nación. El marido ha insultado a más que su esposa y su familia; ha atacado normas morales sostenidas y subrayadas por la misma nación.

Tercero, esta ley en particular multa y castiga al esposo. Una multa a la esposa sería en parte también un castigo para el esposo, y también sería evidencia de su ineptitud para gobernar su hogar. Es el deber del esposo ser, entre otras cosas, protector de su esposa e hijos. Si en lugar de eso los difama, y en particular a su esposa, está dando una indicación de ineptitud para proteger y gobernar, y de una mentalidad enferma que invita la vergüenza y la desgracia. El hombre le ha negado a su familia un patrón de conducta santa, que es una necesidad básica de la vida. Otro proverbio ruso destaca que «Si el padre es pescador, los hijos conocen el agua». Su significado está claro: la vida del padre tiene una función principal de enseñanza. Cuando el padre no pone un patrón de vida y expresión verbal responsable y sensata, a los hijos se les priva de una fuerza principal estabilizadora y educadora.

Un esposo puede difamar a su esposa no solo con sus palabras, sino también con su desconfianza. Si rehúsa poner en sus manos deberes y privilegios que ella es competente para administrar, la ha difamado. Para citar un ejemplo: un esposo de manera regular denigraba la competencia financiera de su esposa y a menudo citaba a guisa de broma un error tonto en la chequera que ella había cometido. El error lo cometió, pero eso no era un verdadero rasgo del carácter de ella. La tienda de regalos de ella dos veces lo había salvado a él de serios problemas en su propia empresa; en una ocasión, él se había ampliado demasiado, y demasiado rápido cuando el negocio era muy bueno y después se vio frente a la quiebra; los ahorros de ella, derivados de su tienda, lo salvaron, pero él nunca pagó el dinero ni lo reconoció públicamente. En otra ocasión, las malas inversiones lo afectaron financieramente, y los fondos de ella proveyeron un pago necesario del edificio. El esposo solía difamar a su muy capaz esposa sin jamás decir una mentira; solo citaba unos pocos hechos que daban un cuadro falso de una mujer que en realidad era muy capaz. La verdad en sí puede ser calumniadora si se usa para dar un cuadro parcial o distorsionado.

Cuarto, el noveno mandamiento requiere que no demos falso testimonio contra nuestro «prójimo», y esta ley deja en claro que nuestro prójimo más importante es nuestro cónyuge. F. W. J. Schroeder observó que «El hombre es libre solo mientras se mantiene veraz; la mentira destruye su verdadera libertad»[3]. El hombre halla su más rica libertad en la vida familiar bajo Dios; esta libertad queda destruida, y el hogar se convierte en prisión cuando los hombres y las mujeres dan falso testimonio unos de otros.

Quinto, volviendo a la multa impuesta al esposo, tenemos otro vislumbre de la seriedad de la calumnia dentro del matrimonio. En Deuteronomio 22:29 vemos que la multa que se impone por violación o seducción, en el caso de una virgen no desposada y un joven sin antecedentes criminales, era de 50 siclos de plata; si seguía el matrimonio, si se aceptaba al culpable como esposo, no era posible un divorcio. La multa por calumniar a una esposa con una falsa acusación de infidelidad prematrimonial era el doble de la multa por violación o seducción. En cualquier caso, la multa era muy gravosa, pero el castigo por calumnia era mayor porque atacaba una relación matrimonial existente y la socavaba brutalmente. La muchacha violada tenía una dote de 50 siclos que podía llevar a otro matrimonio, si el padre rechazaba al ofensor como posible esposo; ella podía empezar una nueva vida con otro hombre con la ventaja de una dote extra (Éx 22:16.17). La esposa ofendida no tenía tal oportunidad; sus hijos bien que la atarían a su esposo. (La pérdida del derecho a divorciarse era de él, no de ella). La multa era, pues, especialmente severa a fin de prevenir que tales ofensas ocurrieran.

---

3   Schroeder, en Lange, *Deuteronomy,* p. 167.

En la ley humanista moderna se da vía libre en la práctica a la calumnia dentro del matrimonio y los resultados son malos, como era de esperarse.

Una nota final. Casi toda persona tiene un trasfondo de maltrato a la esposa (y, en ocasiones, de maltrato al esposo). No hay evidencia de esto en las Escrituras. La severidad de la ley con respecto a la calumnia deja en claro que, por analogía, el maltrato físico es peor e inconcebible. Se requiere entre el marido y la mujer una relación que se base en la fe, no en el temor.

12. La difamación

Se suele citar Levítico 19:16, 17 como un ejemplo de donde la ley condena el *chisme,* y a menudo se lee como una denuncia del chisme antes que una ley relativa a los tribunales. Un examen del texto deja en claro que, en tanto que se condena el chisme, se tiene en mente al tribunal:

> No andarás chismeando entre tu pueblo. No atentarás contra la vida de tu prójimo. Yo Jehová. No aborrecerás a tu hermano en tu corazón; razonarás con tu prójimo, para que no participes de su pecado.

La primera parte del v. 16 se puede traducir: «No andarás difamando». La palabra se traduce *calumniador* en Jeremías 6:28 (LAT); 9:4; y en Ezequiel 22:9. El testimonio verdadero se debe dar en los tribunales fuera de estos; la circulación de la difamación en cualquier parte se prohíbe. Según Ginsburg,

> Este peligroso hábito, que ha arruinado el carácter y destruido la vida de muchos inocentes (1 S 22:9; Ez 22:9, etc.), lo denunciaban las autoridades espirituales del tiempo de Cristo como el mayor pecado. Tres cosas declaraban que sacaban a un hombre de este mundo y le privaban de la felicidad en el mundo venidero: idolatría, incesto y asesinato, pero la difamación los supera a todos. Mata a tres personas con una acción: a la persona que difama, al difamado y a la persona que escucha la difamación. De aquí que la versión Caldea antigua de Jonatán traduzca esta cláusula: «No seguirás a la lengua tres veces maldita, porque es más fatal que una espada devoradora de dos filos»[1].

Ben Sirac habló fuertemente contra la difamación, declarando:

> Maldito el calumniador y su manera doble de hablar: ha contribuido a que perezcan muchas personas que vivían en paz. Las insinuaciones de terceras personas los demolieron hasta dispersarlos en una y otra nación; destruyeron

---

1   C. D. Ginsburg, «Leviticus» [«Levítico»], en Ellicott, I, 424.

además ciudades poderosas y derribaron grandes familias. La calumnia hizo
que se repudiara a valientes mujeres y las privó del fruto de sus trabajos. El
que le presta atención no tendrá más reposo, ni vivirá más en paz. Un lati-
gazo deja una herida, una lengua suelta rompe los huesos. Muchos cayeron
por la espada, pero más numerosas aun son las víctimas de la lengua. Feliz el
hombre que ha permanecido fuera de su alcance y no conoció su furor, que
no soportó su yugo ni arrastró sus cadenas; porque su yugo es un yugo de
hierro, y sus cadenas, cadenas de bronce.

La lengua produce una muerte miserable; ¡más vale descender a la morada de abajo! Pero ella no vencerá a los fieles; su llama no los quemará. A
los que abandonan al Señor, a esos sí que los atrapará. Arderá en ellos sin
extinguirse jamás, se arrojará sobre ellos como un león, y los desgarrará como
una pantera.

Tú rodeas tu campo con una cerca de espinas, y pones bajo llave tu
plata y tu oro; para tus palabras necesitas balanza y pesas. Colócale a tu boca
puerta y candado, no sea que te haga tropezar y caigas ante tu contrario (Eclo
28:13-26, LAT).

Un proverbio que fue popular en un tiempo entre los niños dice que los palos y
las piedras pueden rompernos los huesos, pero las *palabras* nunca pueden hacernos daño. Esto es una bravata; las palabras sí nos hacen daño; es solo debido a
que llevamos tantas cicatrices por la malicia del chisme que este provoca solo un
humor triste e irónico.

Pero la ley de Dios *nunca* ve el chisme como algo *ocioso*; de aquí la preocupación de la Ley por toda difamación. El versículo 16 dice «No atentarás contra
la vida de tu prójimo». Según Micklem, esto quiere decir «Tratar de lograr que lo
maten (cf. Éx 23:7)»[2]. Ginsburg comentó de la variedad de implicaciones de este
enunciado:

Esta parte del versículo evidentemente está diseñada para expresar otra línea
de conducta por la cual la vida del prójimo puede correr peligro. En la cláusula anterior, «andar» con informes calumniosos ponían en peligro la vida
del calumniado, aquí el «atentar» se prohíbe cuando incluye consecuencias
fatales. Los administradores de la ley durante el segundo templo tradujeron
esta cláusula literalmente: *No te quedarás parado quieto junto a la sangre*, etc.,
o sea que si vemos a alguien en peligro de muerte., ahogándose, atacado por
ladrones o bestias salvajes, etc., no debemos quedarnos quietos mientras se
derrama su sangre, sino que debemos brindarle ayuda aun a riesgo de nuestra propia vida. O si sabemos que un hombre ha derramado la sangre de su
semejante, no debemos quedarnos en silencio mientras la causa está ante los

---

2   N. Micklem, «Leviticus» [«Levítico»], en *Interpreter's Bible*, II, 96.

tribunales. De aquí que la versión caldea de Jonatán lo traduce: «No guardarás silencio en el juicio por la sangre de tu prójimo cuando sabes la verdad». Otros, sin embargo, lo toman como que denota salir al frente, y tratar de obtener una sentencia falsa contra nuestros prójimos, de modo que esta frase es similar en importancia a Éx 23:1, 7[3].

Todos estos significados por cierto están implicados, pero es mejor mirar al sentido más sencillo del texto. Hay un obvio paralelismo trazado entre difamar a alguien y levantarse contra su sangre, o sea, buscar su muerte. La difamación es una forma de asesinato; trata de destruir la reputación y la integridad de un hombre insinuando falsedades. La razón por la que los rabinos la consideraban peor que la idolatría, el incesto y el asesinato era debido a que sus consecuencias morales son plenamente tan mortales si acaso no peores, y es un crimen que se comete con facilidad y no se detecta enseguida. Todavía más, la difamación, debido a que pasa de boca en boca rápidamente, incluye a muchas más personas en un tiempo muy breve que la idolatría, el incesto y el asesinato.

La ley, por lo tanto, prohíbe el chisme; esto no es solo un consejo moral, sino también una ley penal. Debido a que los puritanos tomaban en serio la ley bíblica, castigaban el chisme por acción de los tribunales. La calumnia y la difamación hoy son motivos de pleito civil, y normalmente no hay acción penal, y el resultado es una libertad ampliamente extendida para el chisme malicioso. La irresponsabilidad ha dado lugar a una posición de privilegio.

En el versículo 17 se describe el curso apropiado de acción. Si un «hermano» o «prójimo» es de veras culpable de hacer un mal, debemos ir a verlo y tratar de disuadirlo de su curso perverso. De otra manera, «participamos de su pecado», o «no sea que te hagas cómplice de sus faltas», es decir, nos volvemos cómplices de su mal por nuestro silencio. El «hermano» aquí se refiere a un hombre del pacto, y no a un réprobo que no respondería al consejo santo. Debemos hablar con el hermano; podemos, dependiendo de la situación, hablar con el impío, pero no se nos requiere que lo hagamos. Este significado se confirma por el uso de esta ley en Mateo 18:15-17.

Así, la formulación negativa de esta ley prohíbe la difamación; no debemos dar falso testimonio. La formulación positiva, sin embargo, claramente requiere más que el testimonio verdadero. Nuestro testimonio no solo debe ser veraz, sino también responsable. Por nuestra habla debemos no solo evitar la calumnia, sino reprenderla y disciplinarla y, en una sociedad santa, llevarla ante las cortes de la iglesia y el estado. La ley positivamente nos requiere que promovamos, no una libertad anarquista de palabra que permita la difamación, sino una palabra responsable que obre para preservar y promover la integridad, la industria y la honestidad. El mandamiento se refiere a un orden social, y no solo a un consejo moral

---

3   Ginsburg, *op. cit.*, p. 424.

personal, como Calvino lo interpretó[4]. Es un consejo moral, pero es en primera y última instancia ley de Dios para su reino que todos deben obedecer. Calvino daba por sentado la estructura de la ley cristiana que Ginebra había heredado de siglos anteriores; sus seguidores puritanos fueron más sabios cuando recalcaron la importancia de esta ley.

Si la Ley absoluta de Dios se reemplaza con una libertad anarquista, se le retira el significado al mundo, y un testimonio responsable cesa, porque no hay nadie a quien darle cuentas, ni Dios puede requerirle nada al hombre que sea responsable a sí mismo y a su mundo de hombres. Colin Wilson ha indicado las implicaciones de este anarquismo: «Pensé que había visto la verdad final de que *la vida no conduce a nada; es un escape de algo,* y el "algo" es un error que está al otro lado de la consciencia»[5].

Si la vida se vuelve «un escape de algo», es un escape de la verdad, porque la verdad se relaciona con la realidad, en tanto que la mentira se relaciona con la fantasía. La realidad es anatema para los hombres interesados en el escape, y como resultado la mentira «necesaria» la cultivan tales hombres, como Nietzsche lo evidenció en su vida y filosofía.

Pero la libertad también se relaciona con la realidad antes que con la fantasía, y buscar escape de la realidad es también escapar de la libertad. Por tanto, para los surrealistas, vivir con la realidad es avenencia. Para ellos, la libertad significa negar «el mundo y la existencia de la carne y sangre del hombre»[6]. El surrealista prefiere los sueños a la realidad; exige un mundo totalmente hecho por el hombre; tal sueño no se puede realizar en la vida real. Al mundo totalmente hecho por el hombre por consiguiente se le busca en los sueños. El surrealismo cree «en la omnipotencia de los sueños» porque este es el ámbito del supuesto poder del hombre[7]. Atesora un mundo de ensoñación en donde «el corazón reinan supremo»[8]. Esto es comparable al misticismo, porque, «para el místico, la libertad absoluta va mano a mano con la destrucción del mundo contingente»[9]. Debe haber, por consiguiente, una revolución perpetua contra el mundo real en términos del mundo de ensoñación. Un enunciado surrealista declara: «No solo debe cesar la explotación del hombre por el hombre, sino también del hombre por el llamado "Dios", de memoria absurda y provocadora. [...] El hombre, con sus armas y equipo, debe unirse al ejército del Hombre»[10].

---

4   Calvino, *Commentaries on the Four Last Books of Moses*, III, 183-185.
5   Colin Wilson, *Religion and the Rebel* (Houghton Mifflin, Boston, 1957), p. 16, citado en Herbert S. Gershman, *The Surrealist Revolution in France* (University of Michigan Press, Ann Arbor, 1970), p. 133.
6   Gershman, p. 12.
7   *Ibid.,* p. 35.
8   *Ibid.,* p. 46.
9   *Ibid.,* p. 132.
10   *Ibid.,* p. 109.

Cada vez que el hombre, las instituciones y las sociedades abandonan a Dios, abandonan la realidad. Dejan de dar un testimonio verdadero y responsable, y empiezan a vivir una mentira, porque en el mundo de la mentira pueden hacerla el papel de dios. La iglesia que cree que puede vivir en el mundo y descuidar los problemas del mundo está viviendo en un mundo de sueños. Al no relacionar la Palabra y Ley de Dios con todo el mundo, están viviendo una mentira, por formalmente correcta que sea su religión. Pueden jactarse de ser «evangélicos» u «ortodoxos», pero en realidad son irrelevantes y mentirosos, porque no hay nada irrelevante en cuanto a Dios. Debido a que Dios es el Señor y Creador de todas las cosas, hay una relevancia total en todas las cosas a Dios y una total subordinación de todas las cosas a la Palabra y Ley de Dios. La iglesia que no se dirige a la totalidad de la vida en términos de la palabra total de Dios pronto será una mentirosa indomable respecto a cualquier hombre que procura despertarla de su mundo de sueños. La verdad no está en tal iglesia ni en tales hombres, y no podemos esperar de ellos la verdad.

Cuando cesa el testimonio responsable, el hombre no tiene capacidad para enfrentar la realidad ni para ser libre. Queda encadenado al falso testimonio de su imaginación. En definitiva todo falso testimonio vive en un mundo de su propia imaginación. Al vivir una mentira, el hombre no regenerado en última instancia no tiene otro mundo que no sea su mentira. Esto se aplica a todos los hombres no regenerados, conforme la consciencia epistemológica propia los lleva a su conclusión lógica. Los marxistas están atrapados en el mundo ilusorio de su mentira; viven en el infierno y lo llaman la puerta del paraíso. Los que creen en la democracia también son prisioneros de su mentira; forman hostilidades profundas y salvajes de clase y raza por ley y las llaman paz e igualdad.

Los rabinos tenían razón en cuanto al falso testimonio; es la muerte del hombre que lo pronuncia y vive por él, muerte para la sociedad que lo tolera, y exhala muerte contra su prójimo. Para evitar el falso testimonio, la sociedad debe primero evitar los falsos dioses. Los falsos dioses producen hombres falsos y un testimonio falso.

13. La difamación como robo

En Levítico 19:11 tenemos otra referencia en la ley a la calumnia: «No hurtaréis, y no engañaréis ni mentiréis el uno al otro». Ginsburg refiere esto a la ley previa, Levítico 19:9, 10, en cuanto al rebusco, pero la conexión que hace no es válida. El comentario de Lange es de interés histórico respecto a la historia de la exposición:

Este y los preceptos que siguen toman la usual forma negativa de ley estatutaria. Al octavo mandamiento allí se le une con las ofensas recapituladas en 6:2-5 de falsedad y fraude hacia otros. San Agustín aquí (P. 62) entra largamente en la pregunta casuística sobre lo justificable de mentir bajo ciertas circunstancias, citando el ejemplo de Rahab entre otros. Concluye que no fue su mentira, como tal, lo que recibió la aprobación divina, sino su deseo de servir a Dios, que fue en verdad lo que la impulsó a mentir. Sea como sea, es claro que la ley aquí no tiene en mente casos extraordinarios y excepcionales, sino los tratos ordinarios del hombre con el hombre. Tal ley es obligación universal. Comp. Col 3:9[1].

Lange tenía razón al citar Colosenses 3:9, 10: «No mintáis los unos a los otros, habiéndoos despojado del viejo hombre con sus hechos, y revestido del nuevo, el cual conforme a la imagen del que lo creó se va renovando hasta el conocimiento pleno». La novena ley alinea la verdad con la realidad bajo Dios, y separa el mundo del testimonio falso, de toda huida de la realidad, y todo rechazo de la verdad en el campo de Satanás.

El comentario de Meyrick también es de interés:

> Robar, engañar, y mentir se agrupan como pecados afines (ver cap. 6:2, en donde se da un ejemplo de robo realizado mediante mentira; Ef 4:25; Col 3:9)[2].

La cita de Efesios 4:25 de nuevo es de interés, porque habla de la línea divisoria: «Por lo cual, desechando la mentira, hablad verdad cada uno con su prójimo; porque somos miembros los unos de los otros».

Un hecho muy obvio en cuanto a esta ley, Levítico 19:11, es que dos formas de la violación del octavo mandamiento, robar y engañar, se dan juntas con mentir, la violación del noveno mandamiento. Todas las leyes son estrechamente interdependientes, puesto que todas vienen de la mano del mismo Dios, pero la relación en algunas es más inmediata que en otras. La forma de la ley establece una relación obvia: robar y mentir en la práctica incluyen falso testimonio, y especialmente engañar. El robo es una forma de falso testimonio cuando el ladrón dice poseer los bienes, los vende como si fueran propios, y vive de lo obtenido como si representara su riqueza.

Otra relación importante entre la mentira y el robo es que la difamación le roba a un hombre su reputación, su posición en la comunidad y su paz mental. Aunque la difamación en gran parte ha pasado de la ley criminal a la ley civil, e históricamente la restitución o daños se concede cada vez menos, debido al trasfondo de la ley bíblica la restitución ha sido una parte necesaria de la ley respecto al calumniador.

Las Escrituras denuncian extensamente la difamación. Para citar unos pocos ejemplos: «El hipócrita con la boca daña a su prójimo» (Pr 11:9). «Recuérdales

---

1 Lange, *Leviticus*, p. 150.
2 F. Meyrick, en Spence y Exell, *The Pulpit Commentary*, Leviticus, p. 287.

[...] que a nadie difamen» (Tit 3:1, 2). «Ninguna palabra corrompida salga de vuestra boca» (Ef 4:29). «No murmuréis los unos de los otros» (Stg 4:11). «El que propaga calumnia es necio» (Pr 10:18). «Al que solapadamente infama a su prójimo, yo lo destruiré» (Sal 101:5). Está claro que la difamación se ve no solo como robo, sino también como una forma de asesinato (Pr 11:9). Por consiguiente es necesario que se haga restitución.

La ley básica dice que no debemos dar falso testimonio contra nuestro «prójimo» (Éx 20:16). La palabra «prójimo» es en hebreo *rea* o *raj*, que quiere decir «alimentar o nutrir», y *raj* también aparece en las Escrituras como el verbo «alimentar». El prójimo, sea pariente o amigo, enemigo o un semejante, es aquel a quien debemos nutrir, así como él tiene el deber de nutrirnos a nosotros. Nos nutrimos unos a otros, somos buenos prójimos o alimentadores unos de otros, cuando establecemos y promovemos un orden legal que alimenta y fortalece nuestra vida común. Cuando damos testimonio verdadero, nos alimentamos unos a otros con la verdad. El testimonio verdadero de ninguna manera se debe confundir con la lisonja ni el encubrimiento, pero sí incluye trabajar juntos para promover el orden legal santo. La difamación y la calumnia destruyen esa alimentación mutua; rompen el vínculo de vida comunitaria y es asesinato y robo dirigido contra los individuos y contra la comunidad.

La palabra *prójimo* también nos da una noción de la naturaleza de la beneficencia bíblica. Ser prójimos unos de otros quiere decir establecer una sociedad que alimenta y nutre a sus miembros mediante el orden legal santo, y que ministra a las necesidades de sus miembros en términos de esa ley. Aquí, en deferencia a Ginsburg, podemos reconocer una relación entre esta ley y la precedente, Levítico 19:9, 10. Las leyes del rebusco en efecto nos exigen que ayudemos a nuestro prójimo a alimentarse a sí mismo.

La beneficencia bíblica no quiere decir una clase de personas que reciben regalos de dinero sin trabajar o que viven de manera parásita del trabajo de los demás. Como se anotó previamente, las leyes del rebusco en efecto exigen un trabajo arduo. Todavía más, la palabra *prójimo* se aplica a todo hombre, rico y pobre por igual. En otras palabras, no solo hay que alimentar a los pobres en una sociedad de prójimos, sino que ricos y pobres se debe alimentar unos a otros trabajando juntos para establecer un orden social santo en el cual los buenos puedan florecer.

Tal sociedad no puede florecer donde no hay fe. Pascal observó:

> El hombre no es otra cosa que insinceridad, falsedad e hipocresía, con respecto a sí mismo y con respecto a los demás. No desea que se le diga la verdad; evita decírsela a otros; y todos estos talantes, tan inconsistentes con la justicia y la razón, tienen sus raíces en su corazón[3].

---

3   Citado en Alexander Whyte, *The Shorter Catechism*, p. 149.

Sin fe, los hombres tienden a reflejar cada vez más su naturaleza caída, que vive, cree y prefiere una mentira.

Por esto las dos «tablas» de la Ley son inseparables una de la otra. Puesto que el orden moral descansa en el orden teológico, el hombre no puede anhelar una relación de prójimo con su semejante si su relación con Dios está rota. Como siempre, la verdad es imprescindible para la bondad; la verdad es el cimiento y manantial del carácter moral.

14. «Toda palabra ociosa»

Si los existencialistas tienen razón, vivimos en un mundo sin absolutos morales ni ley trascendental. En un mundo sin leyes absolutas, cualquier dios o dioses que pudieran existir pueden, junto con los hombres, solamente dar consejo, y ese consejo en el mejor de los casos solo puede ser pragmático. No hay, entonces, ley a la que apelar. De la difamación, por consiguiente, tal consejo de los dioses puede decir que tal vez meta en problemas a un hombre, y que otros se resentirán por ello. No es errada en sí y por sí misma; puede ser ventajosa, pero también puede ser desastrosa.

Demasiado a menudo, en vez de presentar la enseñanza bíblica respecto a la difamación como ley, la iglesia la ha enseñado como consejo pragmático. Por eso no sorprende que una época enseñada por religiosos antinomianos se haya vuelto existencialista. Muchas condenaciones del chisme y la calumnia aparecen en la Biblia. Algunas de las más interesantes son las siguientes, interesante por la variedad de formas de calumnia que son condenadas:

Lc 6:41-45. La difamación brota de un corazón malo.

Sal 109:3. Brota del odio.

1 Ti 5:13. La falta de fe más la ociosidad producen difamación.

Pr 11:9. Los hipócritas son adictos a calumniar al justo.

Sal 50:19, 20. Los perversos son tan adictos a la calumnia que incluso difaman a su familia.

Ap 12:10. El diablo es un «acusador» o calumniador.

Sal 52:4. A los perversos les encanta destruir a los hombres con su difamación.

Pr 10:18. El que se da a la calumnia es un necio.

Tit 2:3. A las ancianas se les advierte que no se den a la difamación.

1 Ti 3:11. Se advierte en contra de la calumnia a las esposas de los oficiales de la iglesia.

Mt 26:60. Cristo fue blanco del perjurio.

Jud 8. Los gobernantes están expuestos a la difamación de parte de «soñadores [que] mancillan» o falsos idealistas.

Ro 3:8; 2 Co 6:8. San Pablo fue blanco de la calumnia.

Sal 38:12; 108:2; 1 P 4:4. El pueblo de Dios está expuesto a la calumnia.

Sal 15:1, 3; 34:13; 1 P 2:12; 3:10; 3:16; Ef 4:31; Tit 3:1, 2; 1 Co 4:13; Mt 5:11. A los santos se les dan instrucciones sobre su conducta en relación con el falso testimonio. Algunos de los efectos prácticos que se citan son separación de amigos (Pr 16:28); heridas mortales (Pr 18:8; 26:22); conflicto (Pr 26:20); discordia entre hermanos (Pr 6:19); homicidio (Sal 31:13; Ez 22:9).

Stg 3:1-12. La lengua sin freno representa un deseo perverso de señorear sobre otros hombres denigrándolos, y recibe «mayor condenación» o juicio, posiblemente mayor exigencia de cuentas. La ley está claramente en mente conforme Santiago habla.

La referencia más aleccionadora es la declaración de nuestro Señor: «Mas yo os digo que de toda palabra ociosa que hablen los hombres, de ella darán cuenta en el día del juicio» (Mt 12:36). La palabra *ociosa* también se traduce como «inútiles» (PDT), «difamatoria» (LAT), y «palabra inoperante, que no funciona» (Versión Ampliada, en inglés). El comentario de Alford sobre esta palabra destaca un significado esencial:

> *Ociosa* tal vez se entienda mejor aquí en su sentido más suave y negativo, como todavía no determinado hasta el juicio; así que la declaración de nuestro Señor es una deducción «a minori» y si de todo dicho *ocioso*, ¿cuanto más todo dicho *perverso*?[1].

Para replantear esto, nuestro Señor declaró, *primero,* que la vida de un hombre debe ser un testimonio verdadero, debe dar buen fruto para Dios, porque, como criatura, está creado a fin de producir resultados para Dios (Mt 12:33-35). Por tanto, a cada hombre se le requiere que ejerza dominio bajo Dios para dar testimonio para Dios. *Segundo,* las «palabras ociosas» son las que no tienen sentido, o sea, palabras fuera del llamamiento del hombre bajo Dios. Serán juzgadas al final, pero, por el momento, al hombre se le da tiempo para volverse a Dios y convertirse de una vida ociosa y obras ociosas a una vida productiva bajo Dios. *Tercero,* esto implica que toda palabra perversa, toda instancia de perjurio y difamación, se debe castigar ahora, sea dicha por un pecador o por un santo. Los representantes de la ley deben tratar con la palabra *perversa;* Dios a su tiempo juzgará toda palabra *ociosa. Cuarto,* «por tus palabras serás justificado, y por tus palabras serás condenado» (Mt 12:37). La NVI dice: «Porque por tus palabras se te absolverá, y por tus palabras se te condenará», traducción que deja en claro la referencia legal básica de este enunciado. Los tribunales de este mundo deben pedirle cuentas a un hombre por sus palabras, y

1   Henry Alford, *The New Testament for English Readers* (Moody Press, Chicago), p. 90.

Dios también le pide cuentas al hombre. Las palabras, pues, se ve que son un aspecto básico del «fruto» del hombre, su producción reveladora, y las palabras, como las acciones, están enteramente dentro de la esfera del juicio.

En este punto es imperativo aclarar que la ley contra el falso testimonio no es un consejo de dulzura y veleidad. No se nos aconseja que seamos evasivos en nuestro hablar, ni que usemos lisonja, ni tampoco se nos prohíbe decir la verdad en cuanto al mal o condenarlo. Nuestro Señor ordenó: «No juzguéis según las apariencias, sino juzgad con justo juicio» (Jn 7:24). En ninguna parte se nos dice que renunciemos a los estándares y juicios morales; se nos prohíbe juzgar según los criterios personales y humanistas (Mt 7:1, 2). Cristo les habló de manera contundente y cortante a los fariseos y de ellos; llamó «zorra» a Herodes, y su vocabulario fue contundente y rotundo. Lo que se dice de no decir nada desagradable de nadie equivale a un llamado a dar falso testimonio; y ha producido una generación de seguidores de filosofía humanista y una mala conciencia en cuanto a decir la verdad.

La Ley, pues, es el contexto de toda la enseñanza bíblica respecto a la «lengua sin freno». El marco de referencia siempre es la Ley, y no solo el consejo pragmático. Hay un castigo futuro para una vida de palabras ociosas, y debe haber un castigo presente para toda palabra perversa.

La seriedad de la Ley respecto a la difamación es evidente en Apocalipsis 22:15, en donde se cita a los que se les niega la ciudadanía en la Nueva Jerusalén: los «perros», o sea, homosexuales; los «hechiceros», los que practican la magia, los que tratan de controlar lo natural y sobrenatural como si fueran dioses; los «fornicarios», o los que no practican la castidad sexual; los «idólatras», los que adoran dioses falsos; «y todo aquel que ama y hace mentira» (PDT: «los que les gustan e inventan mentiras»). Por otro lado, «bienaventurados los que lavan sus ropas, para tener derecho al árbol de la vida, y para entrar por las puertas en la ciudad» (Ap 22:14).

La época humanista ha dado, sin embargo, una nueva eminencia a la lengua sin freno y a la palabra ociosa. La calumnia y la difamación han sido bastante comunes en toda época, pero una era humanista tiene un interés asombroso en el falso testimonio. La ideología humanista exalta al hombre, y en toda era humanista los hombres han tenido un celoso deseo de difamar y degradar al hombre. Como el hombre es el dios de la ideología humanista, los pecadores hallan deleite especial en acudir a ese nuevo dios, a oír el chisme inmundo y cruel respecto a los hombres que están en eminencia.

El columnista social desempeña un papel importante en una sociedad humanista. En toda época ha habido curiosidad por la vida de los hombres y mujeres grandes y las personas prominentes. Pero últimamente este interés se hay impulsado cada vez más a un nuevo escenario, el mundo del teatro, el jet set, las personas de notoriedad, y los criminales, a muchos de los cuales se les ha tratado como si fueran héroes, en tanto que se ha hallado deleite al informar escándalos reales o inventados sobre personas importantes. William Randolph Hearst, famoso publicador de periódicos, expresó su disgusto personal por Walter Winchell, y ordenó a su personal: «Manténganlo lejos de mí», pero lo usó lucrativamente para aumentar el interés de los lectores[2]. El chisme hizo de Winchell un hombre rico e importante. Según McKelway, Winchell, hombre de dudoso calibre, había tenido en el pasado una protección asombrosa:

> Su valiosa vida, en un tiempo protegida celosamente por guardaespaldas asignados por sus amigos Owney Madden y Lucky Luciano, ha sido vigilada en años recientes por agentes pagados por el Buró Federal de Investigaciones (FBI), asignados a él por su amigo J. Edgard Hoover[3].

McKelway cita un asombroso caso en 1934 en que agentes del FBI y pistoleros de Capone le dieron a Winchell una guardia de cortesía: detectives de Chicago también fueron parte de la protección especial que Winchell recibió. ¿Se le estaba protegiendo del pueblo?[4].

Notorios estadounidenses cortejaban a Winchell, hombres como Herbert Bayard Swope, M. Lincoln Schuster, Burton Rascoe, Heywood Broun, Alexander Woollcott, Alice Duer Miller, y otros[5]. Sin embargo, Marlen Pew, editor de *Editor & Publisher* atacó a Winchell[6]. La importancia de Winchell ya ha terminado, pero no el celo humanista por el chisme.

La ideología humanista exalta al hombre y por consiguiente los *motivos* de los hombres. Por tanto, si hay conflicto entre la verdad y los deseos de los hombres, se sacrifica la verdad. Una muestra importante de eso es el caso del doctor Frederick A. Cook, que el 21 de abril de 1908 se convirtió en el primer hombre en llegar al Polo Norte. Un año después, el 6 de abril de 1909, un ingeniero civil de la marina de los Estados Unidos, Robert Peary, llegó al polo. Peary empezó una campaña para desacreditar a Cook, a la cual se unieron hombres de alta posición.

Más tarde se puso a Cook en prisión por un término de catorce años y nueve meses, en Leavenworth, y se le multó por $12 000 por una supuesta estafa petrolera de una compañía en la que trabajaba como directivo y geólogo. En realidad, el campo petrolero ya estaba produciendo y llegó a ser «una de las áreas más productivas de petróleo de Texas y Arkansas». Cook, el mayor inversionista individual, no había recibido ni salario, ni comisión, ni ganancias. El juez John M. Killits, de Toledo, Ohio, al dictar sentencia, dijo al doctor Cook en palabras que permanecerán para siempre como hito de injusticia:

---

2   Lyle Stuart, *The Secret Life of Walter Winchell* (Boar's Head Books, 1953), p. 115.

3   St. Clair McKelway, *Gossip, The Life and Times of Walter Winchell* (The Viking Press, Nueva York, 1940), p. 20.

4   *Ibid.*, pp. 122ss.

5   *Ibid.*, pp. 82s., 140s.

6   Stuart, p. 84ss.

Esta es una de las ocasiones cuando su peculiar y persuasiva personalidad hipnótica no le sirve, ¿verdad? Ha llegado por fin al punto en que no puede estafar a nadie. Ha venido a la montaña y no puede alcanzar la latitud; está por encima de usted.

Primero tuvimos a Ananías, luego tuvimos a Maquiavelo; el siglo 20 produjo a Frederic A. Cook. Pobre Ananías, ya está en el olvido, y Maquiavelo; tenemos a Frederic A. Cook.

Cook, este negocio suyo y esta invención suya, y esta ejecución suya era tan condenablemente torcida que sé que los hombres que le defendieron lo hicieron con sus pañuelos sobre sus narices, porque hedías, apestabas hasta el cielo.

Quisiera poder hacer con Ud. lo que quisiera, la manera como me siento en cuanto a Ud.; quisiera no estar circunscrito por algunos convencionalismos que pienso que son errores. […] No creo que deba andar suelto; es peligroso.

Sin duda ya tiene escondidas esas ganancias suyas mal habidas. […] No veo cómo un hombre vivo que tenga algún aprecio por las normas de decencia u honestidad puede sugerir que deba quedarse con un solo centavo de eso… porque todo centavo del mismo se lo robó a huérfanos, y viudas, y viejos crédulos; personas en la más profunda pobreza; personas ansiosas de ganar dinero suficiente para asegurarse un entierro decente. …

Oh Dios, Cook, ¿no tiene para nada algún sentido de decencia, o es su vanidad tan altanera que no responde a lo que deberían ser para Ud. llamados de decencia? ¿No le acosan por la noche? ¿Puede dormir?…

¿De qué sirve hablarle? Su desfachatez, vanidad y descaro son tan monumentales, tan fríos como acero, tan insensibles, tan insolentes a lo que yo tengo que decirle que la única satisfacción que tengo al decirlo es que sé que estoy voceando los sentimientos de la gente decente de Texas sin ninguna duda; aquellos que tienen suficientes sesos como para no caer por lo que algunos de estos necios llaman su personalidad. No sé dónde está. La llaman «personalidad», sea que se trate de una cara de naipes o cara falsa. …

Es extraño… que los fiscales me hayan sugerido que no sea demasiado duro con Ud. Es mi disposición y mi aborrecimiento de un pillo como Ud. …[7].

Lo asombroso de estos comentarios es que se registraron; tal vez la importancia del juicio hacía obligatorio el registro completo. Sin embargo, cualquiera que ha pasado tiempo en los tribunales, observando procesos, reconocerá la arrogancia, desprecio, y aire de infalibilidad que caracteriza a demasiados jueces humanistas.

---

7   Andrew A. Freeman, The Cast for Doctor Cook (Coward-McCann, Nueva York, 1961), p. 244s.

Una transcripción fiel de muchos procesos dejaría desconcertada a la mayoría de las personas.

Las afirmaciones del Dr. Cook se han establecido como válidas, pero los libros de texto todavía no lo mencionan como el descubridor del Polo Norte, ni citan sus muchos grandes logros. El doctor Cook cometió el error de superar en logros a Peary, empleado del gobierno federal.

Las vidas de los hermanos Wright se vieron de manera similar amargadas por la indisposición de las autoridades federales de acreditarlos por haber logrado el primer vuelo exitoso de un avión. Los Wright cometieron el error de ser independientes y no parte de ninguna agencia federal ni del mundo académico. El crédito se le concedió al trabajo de S. P. Langley, empleado federal del personal del Instituto Smithsoniano, y se recurrió al fraude a fin de apuntalar eso. Algunas obras de referencia ahora dan el crédito a Langley, y a los hermanos Wright se les relega a una posición secundaria.

Nada de esto debe sorprendernos. Cuando un estado niega a Dios, niega el principio de la verdad. Inevitablemente se exaltará a sí mismo al lugar de Dios, y luego mentirá para mantener su poder y prestigio.

Los norteamericanos a menudo hallan divertido cuando leen que la Unión Soviética dice que el automóvil, el teléfono y otras invenciones fueron hechas primero por rusos. No hay nada de ilógico en estas afirmaciones, por falsas que sean. Si los Estados Unidos pueden distorsionar la historia para favorecer a empleados federales, ¿por qué la USSR no puede distorsionar la historia para hacer afirmaciones a favor de sus ciudadanos? El objetivo no es la verdad, sino el poder y el prestigio.

La época humanista no está dispuesta a ver sus faltas ni a reconocer sus males radicales. San Alfonso de Liguria era muy aficionado a la música de los salones de música licenciosa de su día en Nápoles. Para disfrutar la música sin tener que ver el escenario, como era miope, recurrió al artificio de quitarse los anteojos tan pronto como se sentaba en un palco bastante lejos del escenario[8]. La ocurrencia de Alfonso es una importante obsesión en la ideología humanista el humanismo demasiada palabrería ; está resuelta a no ver los errores que revelan la culpa y mal radical de la ideología humanista del humanismo. Está decidida a dar falso testimonio respecto a sí misma. Dará, por consiguiente, mucho más falso testimonio respecto a otros. Sus palabras ociosas pronto serán juzgadas. Sus esperanzas quedarán confundidas.

La ideología humanista el humanismo sueña con la unidad, la unidad del hombre, pero más bien contribuye a la desunión del hombre. San Bernardo de Claraval, en su *De consideratione* (1152), contrasta la unidad colectiva con la unidad constitutiva. La unidad colectiva se puede obtener amontonando piedras; la

---

8   Phyllis McGinley, *Saint-Watching* (The Viking Press, Nueva York, 1969), p. 19.

unidad constitutiva existe cuando muchos miembros hacen un cuerpo, en donde las cosas o personas son miembros unas de los otras.

La unidad que la ideología humanista el humanismo logra es colectiva, y hace violencia a la verdadera unidad, que es posible solo en Cristo, quien da testimonio de la única verdadera unidad. A menos que Cristo nos alimente, no podemos ser alimentados. Toda palabra de la ideología humanista del humanismo [así es en todo el libro] es una «palabra ociosa».

15. Juicios por ordalía y la ley de la naturaleza

El juicio por ordalía ha tenido una historia larga e importante en las leyes de muchas naciones; aparecía en las tradiciones primitivas, en las culturas árabes e islámicas, entre babilonios, celtas, chinos, griegos, hindúes, birmanos, iraníes, malasios, romanos, eslavos y teutones. También se usó durante la Edad Media.

Los juicios por ordalía sujetaban al acusado a una prueba física terrible, tal como meter la mano en agua hirviendo, beber veneno, empuñar un hierro candente, y cosas parecidas; la lesión era prueba de culpabilidad. En África occidental la ordalía era el método preferido de juicio.

La ordalía ha tenido oposición. El Corán la prohibía. La ley romana la evadía por entero, aunque persistió entre los romanos. Fue, sin embargo, común entre los celtas, teutones y eslavos, que fueron responsables de su uso en la Edad Media. La iglesia se opuso a ella; el capítulo 18 del Cuarto Concilio de Letrán de 1215 excluyó al clero de participar en las ordalías. Los reyes normandos de Inglaterra se opusieron fuertemente a ella, y no hay ningún registro de su uso después del reinado de John[1].

La ordalía incluía esencialmente una confianza en la naturaleza como normativa. La creencia era que la prueba o juicio resultaría en la vindicación del inocente de parte de la naturaleza y su rechazo del culpable. La prueba o juicio era a veces psicológicamente válida. Por ejemplo, algunas tribus africanas favorecen la ordalía del veneno; el inocente, confiado en la absolución, vomita al instante el desagradable veneno, en tanto que el culpable, tenso y temeroso, es incapaz de vomitarlo y muere. La ordalía, pues, ha tenido un historial de éxito limitado.

Su premisa básica, sin embargo, es deleznable, y sus principales resultados por necesidad también han sido inválidos. La historia de tales injusticias es muy larga, pero eso no es nuestra preocupación. La cuestión es, más bien, ¿tiene la ordalía algún lugar en la ley bíblica?

El único pasaje en las Escrituras que parece indicar algún tipo de prueba por ordalía es la prueba de celos, Números 5:11-31. Kelsen ha sido salvaje en su denuncia de esta ley como «altamente repulsiva»[2]. Selbie, por otro lado, reconoce

---

1   Ver Hastings ERE, IX, pp. 507-533.

2   Hans Kelsen, What Is Justice? Justice, Law and Politics in the Mirror of Science (University of California Press, Berkeley, 1957), p. 28s.

que había una diferencia aquí: «Es evidente que la eficacia de la ordalía descrita se considera como debido por entero a la intervención divina; los ingredientes empleados son inocuos»[3].

Ese es el asunto. La prueba por ordalía requiere que la *naturaleza* libre a la parte inocente mediante una intervención milagrosa; la naturaleza es normativa, y la ley de la naturaleza perfecta, según la prueba por ordalía. Como resultado, el acusado toma el veneno, o mete su mano en agua hirviendo, suponiendo que la naturaleza protegerá al inocente.

En la ley bíblica de los celos, no es la naturaleza sino Dios el juez. Se traga agua y polvo santos, ingredientes que no es probable que hagan daño. El agua y el polvo del santuario representan la santidad de Dios. El castigo de la transgresión de la mujer (o sea, su pecado sexual) eran serias dolencias en sus órganos reproductivos; si era inocente, era bendecida con la fertilidad. Este ritual se usaba cuando faltaba por entero toda otra evidencia de adulterio, pero la sospecha subsistía. Esta ley se relaciona con Deuteronomio 22:13-21, y el castigo para el esposo era el mismo. Podría haber alguna evidencia en el significado de la palabra hebrea que se traduce «amargas», que implicaba «un potencial efecto fatal del agua»[4].

De interés también es el hecho de descubrir la cabeza de la mujer durante el rito (Nm 5:18), y «no solo la remoción de la cubierta de su cabeza, sino también soltar y desarreglar el pelo. (Comp. 1 Co 11:5-10)»[5]. Durante la prueba, se le quitaban las marcas de su sumisión a su esposo y a la debida autoridad, para simbolizar las implicaciones de la prueba. Si ella era inocente, y los celos de su esposo falsamente le habían negado la autoridad y protección debida, ella era restaurada permanentemente a la autoridad y respaldo del esposo sin ningún derecho de divorcio para él (Dt 22:19).

Debido a que el adulterio incluye más que relaciones entre un hombre y una mujer, la prueba no limita la cuestión al marido y la mujer. El marido debía llevar una ofrenda, y la mujer sostener la ofrenda durante una porción de la prueba (Nm 5:25), para significar el hecho de que tanto el adulterio como los celos falsos transgredían el orden de Dios.

Para volver al contraste entre la ordalía y esta ley bíblica: en la ordalía, la naturaleza es normativa, no caída, inocente, y por consiguiente el malhechor es rechazado. En la ley bíblica, el hombre y la naturaleza por igual son caídos y por consiguiente no son normativos, sino más bien están bajo juicio. Solo la directa intervención de Dios hace eficaz la prueba de los celos.

Para la ordalía, la naturaleza es la fuente de la ley, debido a que la ley es un producto de la naturaleza, y por consiguiente ineludible en toda confrontación con la naturaleza. (La doctrina de la justicia poética se relaciona con este concepto

3   J. A. Selbie, -«Ordeal (Hebrew)» [«Ordalía (hebrea)»], en ERE, IX, 521.
4   Martin Noth, Numbers, A Commentary (The Westminster Press, Filadelfia, 1968), p. 51.
5   C. J. Elliott, «Numbers» [«Números»], en Ellicott, I, 498.

de la ordalía y es una versión sofisticada de la misma)[6]. En esta perspectiva, el juicio viene de la naturaleza, y la naturaleza en última instancia corregirá todo mal.

La ordalía en su mayor parte desapareció de Europa durante la Edad Media, pero no la fe que la respaldaba. El concepto de ley natural sucedió a la ordalía como representante de esta fe en la naturaleza. A su vez, el concepto de la ley natural ha dado paso al positivismo en la ley, que ve al estado como la fuente de la ley y por consiguiente normativo.

En términos de la ley bíblica, la ordalía no tiene lugar y es por entero ajena a su declaración de la soberanía de Dios. La Biblia no tiene términos como «naturaleza». No es la naturaleza sino Dios la fuente de todo fenómeno natural. «Naturaleza» es solo un nombre colectivo de una realidad no colectivizada; el mito de la naturaleza es producto de la filosofía helénica[7].

Si la naturaleza es normativa, también el hombre, como parte del mundo de la naturaleza, se vuelve normativo porque es «natural». Esto es fundamental para Rousseau y el existencialismo, y para la creencia en la democracia, la divinidad del hombre común. Hay una creencia ampliamente extendida entre muchos, de que están calificados para actuar como agencias de juicio precisamente porque representan a los estratos más bajos de la sociedad. Los universitarios, debido a que son jóvenes, creen que poseen una sabiduría fresca y especial para abordar los asuntos. Los negros, debido a que están abajo en la escala social, cada vez se permean más de este misticismo de la naturaleza y primitivismo. Los obreros comunes a menudo se convencen de que solo ellos saben cómo se deben dirigir las cosas. El 4 de junio de 1970 el conductor de un camión de panadería en Arizona secuestró un avión y exigió 100 millones de dólares como rescate antes de que el FBI lograra arrestarlo. Su actitud después del arresto se describió como arrogante y de desplante. Este camionero desempleado, antes de su arresto, envió por radio este mensaje al presidente Nixon y al Departamento de Estado: «Ustedes no saben cómo contar dinero y ni siquiera saben las reglas de la ley»[8]. Estas palabras sobre «las reglas de la ley» procedían de un hombre que amenazaba matar a los pasajeros y la tripulación, y que ya estaba robando y secuestrando. Este hombre de 49 años había perdido su trabajo siete años atrás.

B— entabló pleito contra el sindicato de camioneros cuando éste no quiso respaldarlo en una disputa contra su empleador. Vern Case, secretario- tesorero de la Sección Local 274 de los camioneros, dijo que los problemas

---

6   Ver R. J. Rushdoony, *The Biblical Philosophy of History* (Presbyterian and Reformed Publishing Company, Nutley, Nueva Jersey, 1969), pp. 77-86.

7   Ver R. J. Rushdoony, «The Myth of Nature» [«El mito de la naturaleza»], en *The Mythology of Science*, (The Craig Press, Nutley, Nueva Jersey, 1967), pp. 96-98.

8   «Shootout Ends "Ransom" Skyjack» [«Tiroteo pone fin a secuestro aéreo por "rescate"»], *Los Angeles Herald-Examiner* (viernes, 5 junio 1970), p. 1,2.

de B— habían surgido de que creía que «era el único que sabía cómo debía marchar la compañía»[9].

Su esposa lo defendió diciendo: «Es un hombre que cree en su país. Cree en aquello por lo que luchó en la Segunda Guerra Mundial, y ahora miren lo que le han hecho»[10]. No hay un sentido de culpabilidad expresado aquí, sino más bien una creencia en la «verdad» del hombre común y su opinión. El trasfondo de este pensamiento es la aceptación de la naturaleza como normativa.

La perspectiva bíblica y la ley bíblica niegan que la naturaleza o el hombre sean normativos. No hay que confiar ni en el hombre común, ni en ninguna aristocracia, ni en ningún intelectual. Todos sin excepción han pecado, y todos por igual están bajo el juicio de Dios a menos que sean regenerados en Cristo (Ro 3:9-18). No es normativo el hombre, sino Dios y la ley de Dios, y su ley debe ser el criterio del juicio. La prueba de los celos era una ley que se pronunciaba contra el principio mismo de la ordalía.

Un libro del Talmud, *Sotaj,* se dedica extensamente a la prueba de los celos. La prueba era eficaz solo cuando el esposo era inocente, y la prueba fue abolida en el siglo 1 d.C., porque el adulterio por parte de los hombres se había hecho muy común[11]. La prueba era nula si el esposo cohabitaba con su esposa después de hacerse la acusación y antes de la prueba. Algunos comentaristas rabínicos han visto una referencia a esta ley en el Salmo 109:18. *Sotaj* deja en claro que se requieren más que celos para empezar el juicio. La esposa tenía que tener un historial de asociación demasiado íntima con otro hombre; el esposo tenía que darle una advertencia contra eso. La cuestión entonces era referente a una situación real; ¿eran esas relaciones inocentes o no? ¿Estaba el esposo siendo injusto, o tenían base sus sospechas? En tales casos, no había testigos de nada mal hecho, y los sentimientos del esposo eran una base insuficiente; la relación que existía, inocente o no, era la base de la queja.

Los rabinos relacionaron el adulterio y la difamación con un espíritu altanero. Un rabino declaró:

De todo hombre en el que haya altanería de espíritu, el Santo, bendito sea, declara: Él y yo no podemos morar en el mundo; como se dijo: *Al que solapadamente infama a su prójimo, yo lo destruiré; No sufriré al de ojos altaneros y de corazón vanidoso* (Sal 101:5). Hay algunos que aplican esta enseñanza a

---

9   «Hijacker's Troubles Started When He Lost His Job» [«Problemas de secuestrador empezaron cuando perdió su empleo»], *Los Angeles Herald-Examiner* (viernes, 5 junio 1970), p. A-2.
10   Ibid.
11   Selbie, op. cit., p. 521.

los que dicen difamación; como si se dijera: «*Al que solapadamente infama a su prójimo, a él destruiré*»[12].

La prueba de celos era, pues, radicalmente diferente a la ordalía y en contraste directo con ella. Es la peor clase de falso testimonio que un erudito como Banks diga de Números 5:11-31, la ley de los celos, que «la práctica subsiguiente de ordalías en Occidente se basaba en la institución del AT»[13]. Cuando se ignora el trasfondo de las pruebas por ordalías paganas en Europa, y se dice que el origen de la ordalía es la ley bíblica, la hostilidad radical que existe contra Dios y su Palabra se justifica.

Según E. B. Tylor, la ordalía en ciertos casos «está vinculada estrechamente con los juramentos, así que los dos se hacen sombra»[14]. Hay cierta verdad en eso. Tanto la ordalía como el juramento invocan una maldición o una bendición, dependiendo de la veracidad de la persona bajo juramento. El juramento, sin embargo, le reserva el juicio definitivo a Dios, o a sus tribunales de justicia cuando se descubra el perjurio, en tanto que la ordalía sostenía que la naturaleza de inmediato confirmaba la verdad o falsedad de un juramento en una demanda por juicio respecto a alguna acusación. Hay, pues, una similitud muy real y una diferencia marcada. El juramento en términos de la Ley bíblica presupone el veredicto definitivo e infalible de Dios. El juramento y la ordalía de la ley pagana presuponen un tribunal de la naturaleza inmediato e infalible. Los dos en este sentido se excluyen mutuamente y están en contradicción radical.

Una palabra final sobre la ley de los celos. Un comentario interesante en *Sotaj* deja en claro que la prueba no daba resultado, ni ocurría intervención natural de Dios, cuando el hombre no estaba libre de iniquidad. En ese caso «el agua no demostraba nada en cuanto a su esposa». La base de esto se halla en las Escrituras, Oseas 4:14: «No castigaré a vuestras hijas cuando forniquen, ni a vuestras nueras cuando adulteren; porque ellos mismos se van con rameras, y con malas mujeres sacrifican; por tanto, el pueblo sin entendimiento caerá»[15]. Su destino era entonces el castigo.

16. Los jueces

En todo orden civil uno de los cargos más importantes es el del juez. Los tribunales no pueden representar ninguna justicia verdadera si el juez y su cargo son defectuosos por naturaleza y autoridad. Para que un orden social prospere y dé a

---

12   *Sotah*, 5a; p. 19 f.
13   J. S. Banks, «Jealousy» [«Celos»], en James Hasting, editor, *A Dictionary of the Bible*, II, 554.
14   E. B. Tylor, «Ordeal» [«Ordalía»], en The Encyclopaedia Brittanica (Chicago, 1892), XVII, 819.
15   *Sotah*, 47b; p. 251s.

su pueblo estabilidad y paz, es necesario *primero* que el estado requiera que todas las personas con quejas serias las lleven a los tribunales. No se puede permitir que los hombres tomen la justicia en su propia mano. Aunque la ciudadanía es importante y básica para la ejecución de la ley y la justicia, no puede identificarse ella misma con la ley sin destruir la ley. La ley trasciende a las personas, y la ley requiere una agencia separada del pueblo e inmune a sus sentimientos parciales y personales.

Segundo, los tribunales deben tener el poder del estado para imponer sus decretos, o de otra manera prevalecería la anarquía. Toda decisión de un tribunal no gustará por lo menos a una parte. Aunque los tribunales nunca serán infalibles, se debe proteger la decisión del tribunal, y la apelación contra esa decisión se debe hacer dentro de la estructura de los tribunales, y no fuera ni en contra de ellas, porque si no prevalece la anarquía.

Tercero, la corte debe representar un concepto trascendental de ley y justicia, un estándar más allá del hombre y por encima del hombre, una estructura legal derivada de Dios, aunque defectuosamente. El concepto general de un tribunal y un juez implica trascendencia; para obtener justicia, se requiere algo más que la victoria del más poderoso litigante o parte. Si el juez y la corte representan a un partido o idea política, o a una clase o casta, en lugar de tener la trascendencia que un tribunal requiere, exageran el mal original complicándolo. Si un hombre, clase o grupo, malos y poderosos, pueden expulsar de su propiedad a un inocente, o de alguna manera abusar de él, el mal se aumenta si pueden conseguir que el estado los ayude en su robo. La justicia entonces se vuelve más difícil. De modo similar, si en una democracia las masas de los pobres pueden usar los tribunales para defraudar a los prósperos, la justicia de nuevo se hace más remota en esa sociedad. Un tribunal debe trascender las pasiones del día. Debe representar orden legal que juzgue a todo el orden social, y esto es posible solo si los jueces representan a Dios, y no al pueblo o al estado.

Esto significa, *cuarto,* que la elección o selección de los jueces no es lo que de veras importa, sino su carácter y fe, y el carácter y fe de la ciudadanía en general. En los Estados Unidos a los jueces federales por lo general los nombran, y a los jueces estatales por lo general se les elige. Ambos métodos han producido su cuota de jueces superiores y jueces degenerados; el método de selección no tiene la culpa y básicamente no importa. El problema han sido los estándares religiosos del día. Si una fe fuerte ha caracterizado al orden social, los jueces por lo general han sido hombres superiores; si el relativismo y el pragmatismo prevalecen, los tribunales y los jueces lo han reflejado. La calidad de los jueces y los tribunales no es producto de la metodología.

La institución de cortes graduadas en Israel fue pragmática; fue el consejo sabio de Jetro, destinado a aliviar a Moisés de la presión de los casos (Éx 18:13-16). Los tribunales de diferentes niveles debían gobernar a decenas, cientos y miles en

Israel (Éx 18:21). La referencia a esta estructura decimal, y la unidad básica de diez, muchos dan por sentado que se refiere a diez hombres[1]. Como la estructura gubernamental básica de Israel era por familias (y luego por tribus de familias), es seguro concluir que los diez se refieren a diez familias. Por cada diez familias se nombró a un juez para que tratara con los asuntos menores y refirieran otros casos a una jurisdicción más alta.

Moisés dejó en claro el propósito de los tribunales: «Porque el pueblo viene a mí para consultar a Dios. Cuando tienen asuntos, vienen a mí; y yo juzgo entre el uno y el otro, y declaro las ordenanzas de Dios y sus leyes» (Éx 18:15, 16). En esto hace eco del propósito de Dios (Dt 16:18). Ya nos hemos referido previamente al Pentecostés civil, por el que Dios llenó a los funcionarios civiles de Israel con su Espíritu, para significar que eran profetas de Dios, llamados a hablar por Dios en el ministerio de impartir justicia (Nm 11:16).

Toda reforma en Israel incluyó en parte un retorno a la naturaleza profética del cargo civil. Fue una conciencia de este hecho lo que condujo a los reformadores protestantes, así como a los reformadores medievales de la iglesia, a atender su llamado a la reforma de la misma y del estado. Es una herejía moderna que un país pueda tener un «avivamiento» sin una reforma del estado y de la iglesia. Las reformas de Josafat incluyeron precisamente tal paso. Después que Josafat se hubo aliado con Acab, buscando por coalición fortalecerse contra Siria, un profeta lo reprendió. Jehú hijo de Hanani el vidente, declaró: «¿Al impío das ayuda, y amas a los que aborrecen a Jehová? Pues ha salido de la presencia de Jehová ira contra ti por esto» (2 Cr 19:2). Al reconocer que la única verdadera defensa no está en una alianza impía, sino más bien en la fe y la justicia, Josafat reformó los tribunales, e instruyó a los jueces: «Mirad lo que hacéis; porque no juzgáis en lugar de hombre, sino en lugar de Jehová, el cual está con vosotros cuando juzgáis. Sea, pues, con vosotros el temor de Jehová; mirad lo que hacéis, porque con Jehová nuestro Dios no hay injusticia, ni acepción de personas, ni admisión de cohecho» (2 Cr 19:6, 7).

El cargo de juez, pues, es un oficio teocrático; el ministro declara la palabra; el juez la aplica a los conflictos de la vida. Si el juez representa a una clase o partido y no a Dios y su Ley, se introduce una perversión radical de justicia en la vida de la nación. Debido a que el hombre es pecador, incluso el más santo de los jueces será falible y puede errar, pero, en virtud de su fe, será guiado por la Palabra y Ley de Dios y su Espíritu Santo. El juez impío, como no tiene tal estándar, por supuesto será parcial; representará a una facción o clase. El que acepte soborno es lógico, aunque es un mal; está allí para representar el poder humano, y no la ley de Dios y su justicia. Entonces, en términos de la ley bíblica, aunque es una transgresión que el juez acepte soborno, no es transgresión que el hombre soborne al juez. El juez peca contra su cargo; el hombre que lo soborna encara la situación de manera

---

1 George Rawlinson, en Spence y Exell, *The Pulpit Commentary*, Exodus, II, 92.

realista. Si un pedazo de carne lanzado a un perro que ladra y peligroso permite que el hombre pase con seguridad, este lanzará la carne y librará su persona.

Al juez santo se le advierte contra el cohecho, el perjurio y la aplicación errada de la justicia (Éx 23:6-8; Lv 19:15; 24:22; Dt 1:12-18; 16:18-20; 25:1; 27:25). Es solo de manera secundaria oficial del estado; es antes que nada un funcionario de Dios. Si el juez no representa el orden legal de Dios, en última instancia es un esbirro y sicario político cuyo trabajo es mantener a la gente en línea, proteger a la clase dominante y, en el proceso, acojinar su propio nido. A los jueces injustos hay que temerlos y aborrecerlos; representan una forma de mal particularmente terrible y horrible, y su abuso del cargo es un cáncer mortal en toda sociedad.

17. La responsabilidad de los jueces y los gobernantes

Una promesa básica de la ley bíblica aparece en una ley de importancia central. Según Deuteronomio 21:1-9, es responsabilidad de los jueces y gobernantes corregir todo mal, sea que se localice o no al culpable:

> Si en la tierra que Jehová tu Dios te da para que la poseas, fuere hallado alguien muerto, tendido en el campo, y no se supiere quién lo mató, entonces tus ancianos y tus jueces saldrán y medirán la distancia hasta las ciudades que están alrededor del muerto. Y los ancianos de la ciudad más cercana al lugar donde fuere hallado el muerto, tomarán de las vacas una becerra que no haya trabajado, que no haya llevado yugo; y los ancianos de aquella ciudad traerán la becerra a un valle escabroso, que nunca haya sido arado ni sembrado, y quebrarán la cerviz de la becerra allí en el valle. Entonces vendrán los sacerdotes hijos de Leví, porque a ellos escogió Jehová tu Dios para que le sirvan, y para bendecir en el nombre de Jehová; y por la palabra de ellos se decidirá toda disputa y toda ofensa. Y todos los ancianos de la ciudad más cercana al lugar donde fuere hallado el muerto lavarán sus manos sobre la becerra cuya cerviz fue quebrada en el valle; y protestarán y dirán: Nuestras manos no han derramado esta sangre, ni nuestros ojos lo han visto. Perdona a tu pueblo Israel, al cual redimiste, oh Jehová; y no culpes de sangre inocente a tu pueblo Israel. Y la sangre les será perdonada. Y tú quitarás la culpa de la sangre inocente de en medio de ti, cuando hicieres lo que es recto ante los ojos de Jehová.

Las observaciones de algunos comentaristas respecto a los detalles de esta ley son de interés:

> El sacrificio del animal no era un sacrificio expiatorio, y en consecuencia no había degollamiento y rociamiento de sangre; pero el modo en que lo

mataban, desnucándolo (Éx 13:13), era una aplicación simbólica del castigo que debería haber recibido el homicida al animal vicario. [...] Si se descubría al homicida más tarde, la pena de muerte que se había infligido vicariamente al animal, porque no se había podido hallar al criminal mismo, de todas formas se le aplicaría a él[1].

Según Manley:

El sexto mandamiento enseñó que la vida humana era sagrada, y ahora Moisés dicta que se debe hacer expiación por el homicidio. [...] Rashi comenta: «Una becerra de un año que no había dado fruto, debía venir y ser desnucada en un lugar que no rendía fruto, para expiar por el homicidio de un hombre que no logró llevar fruto». Las ideas de expiación y limpieza se combinan, y ambas señalan al Calvario (He 9:13)[2].

Al analizar las implicaciones de esta ley, ciertas cosas aparecen y son de importancia particular. *Primero,* que toda la comunidad tiene la responsabilidad de corregir los males cometidos dentro de su jurisdicción. Éste es un aspecto del poder policial de la ciudadanía. Como Wright anotara:

El crimen no es un simple asunto privado entre individuos. La comunidad entera lleva la responsabilidad y como también el homicida desconocido. Es necesario, por consiguiente, que la comunidad reconozca el hecho y actúe para conseguir el perdón divino[3].

Segundo, si la comunidad no puede ubicar al culpable, debe dar pasos para corregir el mal de todas maneras o si no, se vuelve culpable, junto con sus tribunales y gobernantes. El asunto de la ceremonia es: «Quitarás la culpa de la sangre inocente de en medio de ti» (Dt 21:9). En este sentido solo hay culpa colectiva. Sin embargo, los que no procuran instituir el requisito de Dios de restitución son culpables *como individuos,* aunque sumen millones, en tanto que los que defienden el principio de restitución son absueltos de la culpa *individual.* La culpa colectiva es esencialmente individual. Hay, sin embargo, un juicio sobre la nación o comunidad por la mano de Dios.

Tercero, esta es una ley consuetudinaria, y se debe entender según su principio básico: la restitución. Esta ley afirma que se debe expiar el crimen y corregir el mal. Es con Dios con quien se debe tratar y luego se debe tratar con el hombre; el

---

1   Keil y Delitzsch, *The Pentateuch,* III, 404s.
2   G. T. Manley, «Deuteronomy» [«Deuteronomio»], en Davidson, Stibbs, y Kevin, *The New Bible Commentary,* p. 215.
3   G. Ernest Wright, «Deuteronomy» [«Deuteronomio»], en The Interpreter's Bible, II, 460.

principio de restitución es total y requiere restitución en todo aspecto. La muerte simbólica del homicida quiere decir que la comunidad cree que la restauración del verdadero orden es obligatoria.

Esto nos lleva al principio de restitución por el asesinato. Hemos estudiado previamente la restitución desde varias perspectivas; ahora es necesario ver otra implicación. Un aspecto de la ley de restitución por el asesinato es la pena capital. Otro aspecto es la compensación monetaria, que aparece en Éxodo 21:30-32. La propiedad personal del asesino se puede incautar (pero no la de su esposa) para venderla a fin de compensar a los parientes del fallecido. La historia de la ley bíblica y su uso en la Historia deja en claro que un crimen podía tener una doble pena, debido a sus implicaciones. En las cortes medievales, el no pagar una deuda contraída resultaba no solo en que se exigiera el pago, sino en el castigo por perjurio que imponía el tribunal, puesto que el incumplimiento del contrato equivalía a un falso testimonio[4].

Cuando la sociedad arresta al criminal, es obligación ante Dios requerir restitución; en donde no se arresta al criminal, el deber de hacer restitución sigue vigente. El estado debe hacer restitución en todos esos casos tomando de un fondo especial para ese propósito, bien sea del fondos de impuestos o de multas acumuladas para tal causa.

Se ve claro que el propósito de Dios es que se corrija todo mal. Cuando no se pueda arrestar al criminal, el estado o la comunidad deben hacer expiación y restitución. El significado de la expiación es restitución; expiación implica restitución en un sentido más total, en relación con Dios y con la totalidad de la realidad de Dios.

Este principio en efecto se incorporó a la ley de Occidente. Waller, escribiendo con la Gran Bretaña en mente, escribió:

> Es asombroso que en nuestro propio tiempo el remedio más efectivo contra atrocidades cuyos perpetradores no se puedan descubrir es una multa al distrito en que ocurren[5].

La ausencia de una ley así ha hecho de muchos condados de los Estados Unidos áreas lucrativas de la criminalidad. El asesinato, el robo y una gama de delitos florecen en estas áreas para lucro de funcionarios y hombres de negocios corruptos, y sin ningún castigo de ninguna ley de restitución. Tal ley pronto llevaría a un espanto moral pragmático. La presente alianza de los tribunales, los funcionarios públicos y los hombres de negocios para tolerar el delito porque es lucrativo no puede existir donde siempre se requiera restitución[6].

---

4   F. R. H. DuBoulay, *An Age of Ambition, English Society in the Late Middle Ages* (The Viking Press, Nueva York, 1970), p. 138.

5   C. H. Waller, «Deuteronomy» [«Deuteronomio»], en Ellicott, II, 58.

6   Ver Ovid Demaris, Captive City (Lyle Stuart, Nueva York, 1969).

Cuarto, la presencia de los sacerdotes en los tribunales se debe notar. Josefo registró el hecho de que a todos los tribunales eran asignados regularmente levitas, como parte de los requisitos implícitos de la ley mosaica:

> Que haya siete hombres para juzgar en toda ciudad, y estos tales que hayan sido de lo más celosos en el ejercicio de la virtud y rectitud. Que todo juez tenga dos funcionarios asignados a él de la tribu de Leví. Que los que sean escogidos para juzgar en las varias ciudades sean tenidos en gran honor; y que a nadie se le permita insultar a los demás cuando estos estén presentes, ni portarse ellos mismos de una manera insolente con ellos; es natural que la reverencia a estos que están en cargos altos entre los hombres recabe el temor de los hombres y reverencia hacia Dios. Que a los que juzgan se les permita determinar según lo que piensan que es correcto, a menos que uno pueda mostrar que han recibido sobornos para perversión de la justicia, o pueda alegar cualquier otra acusación contra ellos por la que parezca que han dictado una sentencia injusta; porque no es apropiado que se determinen las causas abiertamente por consideración a ganancia o a la dignidad de los litigantes, sino que los jueces deben estimar lo que es justo antes que todo lo demás; de otra manera Dios será por lo mismo insultado, y estimado inferior a aquellos por temor a cuyo poder se ha dictado la sentencia injusta; porque la justicia es el poder de Dios. Por consiguiente, el que gratifica a los de gran dignidad los supone más potentes que Dios mismo. Pero si estos jueces no pueden dictar una sentencia justa en las causas que llegan ante ellos (caso que no es infrecuente en asuntos humanos), que envíen la causa indeterminada a la ciudad santa, y allí permitan que el sumo sacerdote, el profeta y el sanedrín determinen lo que consideren bien[7].

En la determinación y aplicación de la ley, aquellos levitas eran autoritativos; los jueces civiles lidiaban con la culpa del criminal y la evidencia presentada; los levitas, con la naturaleza específica y la aplicación de la ley.

> Y por su palabra se juzgará toda controversia y todo golpe; literalmente, *y en su boca estará todo conflicto y todo golpe,* o sea, que por su juicio se determinará el carácter de la acción, y tal como decidan quedará el asunto (cf. cap. 10:8; 17:8). En ese caso la presencia de los sacerdotes en la transacción la sancionaba como válida[8].

Quinto, con respecto al juicio por celos vimos que, según Oseas 4:14, cuando la culpa se hacía prevalente, el *juicio específico* de Dios de las esposas culpables *se*

---

7   Josefo, *Antiquities of the Jews,* Bk. IV. viii.

8   W. L. Alexander, *Deuteronomy,* p. 338; Spence y Exell. *The Pulpit Commentary.*

reemplaza con un juicio general. La ceremonia de romperle el cuello a la becerra terminó casi al mismo tiempo como la prueba por celos, en el primer siglo d.C. El Talmud dice:

> Nuestros rabinos enseñaban: Cuando los asesinos se multiplicaron, la ceremonia de quebrar el cuello a la becerra se descontinuó, porque solo se la realizaba en caso de duda; pero cuando los asesinos se multiplicaron abiertamente, la ceremonia de quebrar el cuello a la becerra se descontinuó[9].

En toda cultura, *en que el juicio específico fracasa, sigue el juicio general.* El juicio es ineludible donde hay delitos. Si no se lleva al ofensor ante los tribunales y se le exige que haga restitución, el orden civil debe hacer restitución. Las justas demandas de expiación de Dios, el gran Señor y Dueño de todos los hombres y toda la tierra, y las justas demandas de los hombres perjudicados se deben atender. Si no se atienden, el castigo de Dios caerá a la postre sobre todo el orden social.

La expiación de Cristo ante Dios es su gesto de restitución por Su nueva Humanidad. Por su obediencia perfecta a la ley de Dios, y su muerte vicaria por los elegidos, Jesús hizo restitución por su pueblo. Los que son de la raza del Señor, la nueva humanidad, harán restitución entre sí como respuesta a la gracia de Dios. Los que no tienen la expiación ante Dios que hizo Jesucristo no harán expiación hacia los hombres.

Las iglesias que solo de nombre son cristianas no predicarán la restitución, ni tampoco corregirán los males. Su respuesta a sus problemas es pragmática. Si los oficiales laicos andan mal moralmente pero son personas importantes, se traslada al pastor para evitar conflictos. Si el pastor es culpable moralmente o inepto para el ministerio, se le traslada con demasiada frecuencia y con muy poca frecuencia se le despide. Por lo general el objetivo no es la restitución, sino la seguridad institucional.

18. El tribunal

La ley de expiación por todos los delitos (Dt 21:1-9) deja en claro la participación de un levita (o sea, un experto en la ley de Dios, un teólogo) en los tribunales civiles. Josefo confirma el hecho de que la historia de Israel se caracterizó por este hecho: que un tribunal *es un establecimiento religioso.* La presencia de los sacerdotes o levitas no significaba una confusión de iglesia y estado; era más bien la compenetración total de la iglesia y el estado, así como también de toda otra institución, por la autoridad de la palabra de Dios. Los levitas en cuestión eran expertos en la ley de Dios, *abogados.* La referencia frecuente a abogados en el

---

9   *Sotah*, 47b; p. 251.

Nuevo Testamento era precisamente a estos expertos que eran miembros de los tribunales. La ley requería esto:

> Cuando alguna cosa te fuere difícil en el juicio, entre una clase de homicidio y otra, entre una clase de derecho legal y otra, y entre una clase de herida y otra, en negocios de litigio en tus ciudades; entonces te levantarás y recurrirás al lugar que Jehová tu Dios escogiere; y vendrás a los sacerdotes levitas, y al juez que hubiere en aquellos días, y preguntarás; y ellos te enseñarán la sentencia del juicio. Y harás según la sentencia que te indiquen los del lugar que Jehová escogiere, y cuidarás de hacer según todo lo que te manifiesten. Según la ley que te enseñen, y según el juicio que te digan, harás; no te apartarás ni a diestra ni a siniestra de la sentencia que te declaren (Dt 17:8-11).

El comentario de Waller sobre eso es extremadamente importante:

> No se observa con suficiencia que esto define la relación entre la iglesia y la Biblia desde el tiempo en que la ley […] fue dada a la iglesia, y que la relación entre la iglesia y la Biblia es la misma hasta hoy. La única autoridad por la que la iglesia (de Israel, o de Cristo) puede «atar» o «desatar» es la ley escrita de Dios. El atar (o prohibir) o desatar (o permitir) de los rabinos —la autoridad que nuestro Señor le comisionó a su iglesia— fue solo la aplicación de su palabra escrita. Los rabinos reconocen esta forma de un extremo del Talmud al otro por la apelación a las Escrituras que se hace en toda página, y a veces en casi cada renglón. La aplicación a menudo es forzada o peregrina; pero esto no altera el principio. La palabra escrita es la cadena que ata. Tampoco la relación fluctuante entre la autoridad ejecutiva y legislativa altera el principio[1].

La referencia de nuestro Señor era entonces claramente a esta ley cuando habló de atar y desatar:

> Entonces le respondió Jesús: Bienaventurado eres, Simón, hijo de Jonás, porque no te lo reveló carne ni sangre, sino mi Padre que está en los cielos. Y yo también te digo, que tú eres Pedro, y sobre esta roca edificaré mi iglesia; y las puertas del Hades no prevalecerán contra ella (Mt 16:17, 18).

> De cierto os digo que todo lo que atéis en la tierra, será atado en el cielo; y todo lo que desatéis en la tierra, será desatado en el cielo (Mt 18:18).

No es nuestro propósito hablar aquí de la doctrina de la iglesia, pero está por lo menos claro que *las llaves del reino» son inseparables de la ley, y la declaración fiel de*

---

1   Waller, «Deuteronomy» [«Deuteronomio»], en Ellicott, II, 51.

la ley. Se puede decir, en verdad, que «*las llaves del reino» que atan y desatan son la ley;* a la iglesia, por haber sido constituida como el nuevo Israel de Dios, el nuevo pueblo del pacto, le fue dada la ley como medio civil y eclesiástico de gobernar al nuevo Israel. Las llaves no son un poder episcopal ni papal *per se,* ni una interpretación privada; son la ley como el único instrumento del verdadero poder bajo Dios para condenar y absolver, atar o desatar. Es la ley de Dios, no la iglesia, lo que ata o suelta a los hombres, y solo conforme la iglesia declara fielmente la ley que hay algún verdadero atar o desatar. Siempre que la iglesia intenta atar o desatar la conciencia y conducta de los hombres aparte de la Palabra de Dios, se ata a sí misma, es decir, ella misma se pone bajo condenación.

De igual manera el estado no puede atar o desatar a los hombres aparte de la Ley y Palabra de Dios, y el estado necesita la exposición de esa ley de parte de la iglesia y de teólogos al servicio del estado. La Confesión de Westminster declaraba, en el capítulo XXXI, v:

> Los sínodos y los concilios no deben tratar ni decidir más que lo que es eclesiástico, y no deben entrometerse en los asuntos civiles que conciernen al estado, sino únicamente por medio de petición humilde en casos extraordinarios; o por medio de consejo para satisfacer la conciencia, si para ello son solicitados por el magistrado civil.

Esto es válido para la Iglesia; no se aplica al maestro religioso, que puede ser un servidor o administrador en la iglesia, estado o escuela, y tiene la obligación de exponer con claridad la Ley y Palabra de Dios.

Todo tribunal, debido a que se ocupa ineludiblemente de la ley, es un establecimiento religioso. Un establecimiento religioso requiere educación religiosa. La educación dentro de un estado enseñará la religión del estado o de lo contrario el estado será revolucionado. El establecimiento de escuelas controladas por el gobierno en los Estados Unidos, en un movimiento encabezado por dos unitarios, Horace Mann y James G. Carter, fue el principio de una importante revolución religiosa y legal en los Estados Unidos[2]. Las cortes, precisamente debido a su importancia en la vida de una nación, deben en particular estar informadas de la naturaleza de la Ley y Palabra de Dios. La capacitación legal es una forma de entrenamiento teológico, y las escuelas de leyes modernas son establecimientos religiosos humanistas. En términos de la ley bíblica, los tribunales y los jueces deben estar informados de la ley de Dios, tanto en su educación como en su operación.

La expresión «entre una clase de homicidio y otra» de Deuteronomio 17:8 se refiere a una decisión entre asesinato y homicidio. «Una clase de derecho legal y otra» se refiere a un tipo de alegato de derecho en comparación con otro. «Una

---

2   Ver R. J. Rushdoony, The Messianic Character of American Education. (Presbyterian and Reformed Publishing Company, Nutley, Nueva Jersey, 1963, 1968).

clase de herida y otra» se refiere a diferentes lesiones corporales; «negocios de litigio en tus ciudades» quiere decir asuntos de controversia dentro de la comunidad. En estas cuestiones muy prácticas de ley y de la aplicación de la ley, la autoridad máxima que ata o desata es la Palabra y Ley de Dios. Esta ley debe gobernar al tribunal, y la corte debe por lo menos cimentarse bien en ella.

Ni la iglesia ni el estado pueden atar o desatar si no se adhieren a la ley de Dios como la única fuente para atar y desatar, condenar y absolver. En toda cultura, el verdadero dios de ese sistema es la fuente de la ley, y si la iglesia o el estado, o cualquier otra agencia, funcionan como creadores de la ley, y dictan leyes sin ninguna base trascendental, se han convertido en dioses. Su derecho a mandar desaparece. Para el pueblo de Dios que está bajo su jurisdicción, las rutas abiertas son: primero, la resistencia pacífica, usando los instrumentos de la ley; segundo, la emigración a otra iglesia u otro país; tercero, obediencia, pero con la plena consciencia de que están obedeciendo como a Dios, para preservar el orden, no al hombre, reconociendo que, aunque los poderes no tienen derecho de ordenar aparte de la palabra de Dios, a veces el deber de obedecer permanece como curso moral, y curso pragmático; cuarto, desobediencia como deber moral bajo el liderazgo de la autoridad; tal desobediencia debe ser obediencia consciente a Dios antes que al hombre.

Mientras más un poder se aparta de la ley de Dios, más impotente se vuelve para hacerle frente a los verdaderos delitos, y más severo se vuelve con delitos triviales o con infracciones insulsas de estatutos vacíos que tratan de gobernar sin autoridad moral y sin razón.

En las ciudades principales de los Estados Unidos, sobre todo en la parte oriental, en la década de los '60 y a principios de la de los '70, se toleraron motines y saqueos extensos pero, al mismo tiempo la policía estaba bajo órdenes de arrestar a los que cometían infracciones de tráfico por las violaciones más insignificantes y triviales. Las multas eran una rica fuente de dinero para las ciudades casi en bancarrota. Lo atestiguan también las implicaciones del siguiente reportaje desde Washington, D.C., escena de muchas demostraciones flagrantemente inicuas.

«Una docena de policías a pie y montados, y agentes en motocicletas arremetieron contra el grupo y arrestaron a tres. [...] Después de correr a un coche estacionado y caerse, sobre Donohoe se abalanzaron cuatro agentes, uno de los cuales le golpeó con su cachiporra mientras otros policías del parque lo sujetaban contra el suelo». ¿Qué describe esta crónica de este *Post* de abril de Washington? ¿La policía reaccionando de manera exagerada a manifestantes contra la guerra? No, describe a la policía del parque federal arrestando a ciudadanos de Washington, D.C. por violar una ordenanza ridícula que prohibía... que se echaran a volar cometas. Para el 19, quince personas habían sido detenidas durante abril por volar cometas[3].

---

3 «For Your Information» [«Para su información»], *Triumph*, vol. V, no. 6 (junio 1970), p. 6.

Cuando la ley en la iglesia, el estado, la escuela o la familia deja de mandar moralmente a los hombres, se destruye, y dos posibilidades quedan entonces. Una *primera* consecuencia es la anarquía. No en balde vemos anarquía en la vida familiar, el mundo de los negocios y el estado, y falta de disciplina en las iglesias. Los hombres no obedecen una ley que carece de estructura moral. Muchos hijos se rebelan contra la autoridad paterna, pero demasiados padres, siguiendo la ideología humanista, no tienen base moral para exigir obediencia y solo han trasmitido la anarquía moral a sus hijos. La rebelión de la juventud en la segunda mitad del siglo 20 ha sido lógica; se ha basado en premisas morales enseñadas en casa, en la iglesia, el estado y la escuela. Los hogares cristianos que han enviado a sus hijos a las escuelas públicas han negado su fe, y han buscado el anarquismo moral. Este anarquismo moral lo satura todo, incluyendo las empresas y los empleos.

Segundo, la alternativa al anarquismo moral es la coacción desnuda, el uso del terror. Karl Marx no vio lógicamente ninguna filosofía válida excepto el anarquismo; pragmáticamente, reconoció la necesidad de solidaridad y de aquí que favoreció el comunismo. El marxismo, sin embargo, ha comunicado el anarquismo moral. Como resultado, el curso lógico de un operativo marxista, como Lenin rápidamente se dio cuenta, es la institución del terror. El Terror rojo se volvió un sustituto necesario y aceptado de la fuerza moral.

En ninguna parte debe la autoridad moral ser mayor que en la iglesia. Debido a que a la iglesia se le comisionó enseñar la palabra de Dios, cuando la enseña fielmente su autoridad es muy grande. La disciplina entonces se escribe en el corazón y la médula de las personas. Más de una iglesia la exige; la vida de las personas la produce. En donde la disciplina es permisiva, o se obedece a regañadientes, las personas no son convertidas, o la iglesia es apóstata o irrelevante, y la irrelevancia es una forma de apostasía.

Un tribunal es un establecimiento religioso. Para que funcione, la religión del tribunal también debe ser la religión del pueblo. Si la disciplina moral no está en el corazón del pueblo, ninguna revolución la puede poner allí, ni darla a las cortes. En lugar de la disciplina moral, el resultado es terror. *Si los hombres no obedecen a Dios, no obedecerán a los hombres;* entonces se requerirá la horca y el arma como instrumentos necesarios de orden. Sus protestas contra el nuevo orden que han producido por su iniquidad están tan desprovistas de cimiento moral como el nuevo orden, y menos efectivas. Este nuevo orden tiene entonces solo un destino: matar o que lo maten.

19. Los procedimientos judiciales

Los procedimientos judiciales se han estudiado en parte al estudiar las leyes del testimonio y la evidencia.

Otros aspectos del procedimiento judicial que deben señalarse son: *primero,* el lugar del tribunal, a las puertas de la ciudad (Dt 21:19; 22:15; 25:7; Am 5:12, 15;

Zac 8:16), o, en caso de apelación al tribunal supremo, en el salón del juicio del palacio del rey (1 R 7:7). Simbólicamente, la justicia estaba, pues, a la puerta de la ciudad; simbólicamente también, la justicia, como no tenía nada que ocultar y mucho que ganar al ser pública, era totalmente abierta. Las audiencias de un tribunal estaban abiertas para todos. El concepto de un juicio *público,* a diferencia del juicio secreto tan común en la antigüedad y en las tiranías, era fundamental para la ley bíblica. La ejecución pública era parte de este mismo principio. Las ejecuciones secretas o cerradas, promovidas a nombre de la dignidad, son en realidad una señal de estatismo creciente e incipiente tiranía. En última instancia, en un estado tiránico, las muertes no solamente son en secreto, sino que también ni siquiera se informan. En los países en donde el clima no permite juicios públicos al aire libre, los juicios puertas adentro se vuelven necesarios, pero el principio de una audiencia pública se debe retener.

Segundo, no debemos dar por sentado, como la erudición humanista nos quiere hacer creer, que los juicios en las épocas bíblicas eran primitivos y sin registros. Mucho antes de Moisés, los registros escritos eran obligatorios. Job, que vivió en la era patriarcal, menciona al paso los procedimientos de la corte de su día:

> ¿Quién hiciera posible que alguien me escuchara?
> Aquí está mi defensa, que el Todopoderoso me responda.
> Que mi oponente escriba en un documento sus acusaciones (Job 31:35, PDT).

Las acusaciones y registros por escrito fueron, pues, un aspecto temprano de los procedimientos jurídicos que servían para fijar los puntos delicados de evidencia y testimonio.

Tercero, se prohibía el desacato al tribunal (Éx 22:28), y cuando se producía un rechazo radical de la autoridad del tribunal, se pagaba con la vida (Dt 17:12, 13).

Cuarto, los testigos debían prestar juramento antes de testificar (Éx 22:10, 11). El juramento era una maldición condicional, con castigos especificados por la violación (Lv 6:1-7).

Quinto, los casos se podían apelar a los tribunales más altos del país, a Moisés, a los jueces de la nación o al rey (1 R 3:9). Claro, en la ley bíblica, la función más importante del magistrado o autoridad suprema de la nación era la de ser el tribunal supremo de apelaciones. No podemos entender la grandeza de Salomón y su reino sin reconocer este hecho. Todo lo que dice 1º Reyes 3:5-15 es que el joven rey Salomón agradó a Dios al desear, por sobre todo lo demás, ser un juez principal sabio en Israel. Pidió «inteligencia para oír juicio» (1 R 3:11). En nuestros tiempos a Salomón lo conocemos mejor por su harén; en su época, fue su capacidad como juez supremo de la nación lo que le ganó el mayor renombre. Su petición a Dios fue precisamente esta:

Da, pues, a tu siervo corazón entendido para juzgar a tu pueblo, y para discernir entre lo bueno y lo malo; porque ¿quién podrá gobernar este tu pueblo tan grande? (1 R 3:9).

Educado por el profeta Natán, defensor de la ley, el principal interés de Salomón era la ley, que fue la piedra angular de la grandeza de su reino. Cuando los hombres de hoy piensan en la «sabiduría» de Salomón, convierten el concepto en algo abstracto, académico e intelectualista. La referencia bíblica a la sabiduría de Salomón se refiere principalmente a su sabiduría como juez, la sabiduría que pidió en oración, y, de manera secundaria, su sabiduría en la administración. Los Proverbios de Salomón son en esencia un comentario práctico de la ley, y esta es su sabiduría.

Salomón, al mostrar una sabiduría santa y práctica como juez en todos los casos que se le presentaron, aseguró por ello que la corte final de apelación en Israel fuera una corte justa. El resultado fue una gran confianza entre el pueblo y una prosperidad bajo condiciones de justicia. La insensatez posterior de Salomón jamás socavó por entero la justicia básica de su reino.

Sexto, aunque se podía detener a alguien en el sabbat (Nm 15:32-36), los juicios se celebraban solo durante los demás días de la semana. En la ley estadounidense, «a un delincuente no se le puede juzgar y declarar culpable el domingo», aunque puede ser detenido, encarcelado, o exonerado por el magistrado[1].

Séptimo, el derecho a un juicio pronto, a justicia sin demora, no solo era una característica de las audiencias públicas de tribunal, sino que también lo recalcó Artajerjes en sus órdenes a Esdras como instrumento de administración sana: «Y cualquiera que no cumpliere la ley de tu Dios, y la ley del rey, sea juzgado prontamente, sea a muerte, a destierro, a pena de multa o prisión» (Esd 7:26). Esta orden unió la autoridad y ley persa con la ley y la tradición hebrea. (Esta orden persa, citada también en los Apócrifos, 1º Esdras 8:24, es de interés particular porque cita una forma de castigo ajena a la ley bíblica: el encarcelamiento. Siguió siendo extraña, aunque la usaron los herodianos. El encarcelamiento de hombres como Juan el Bautista fue en esencia un acto ilegal).

Octavo, puesto que en la ley bíblica la función del estado era ser ministro de justicia, el cargo más alto en el estado era inseparable de la justicia y los tribunales. La administración, ahora más íntimamente asociada con el oficio más alto de un estado, era entonces una función reservada a funcionarios del rey, miembros del harén, eunucos y otros. Las funciones básicas del líder máximo del país (un juez en la era anterior, y un rey más tarde) era doble: ser líder militar, y ser el juez supremos de la nación. El oficio militar no era constante; podía delegarse en otros, como en Joab, en el caso de David. El oficio de juez supremo era permanente y más importante para el estado. Esta función del rey era común en los monarcas

---

1   Clark: *Biblical Law,* p. 280.

medievales, y el éxito o fracaso de un rey inglés, por ejemplo, solía depender en gran medida de sus capacidades como juez supremo de la nación. El mismo nombre de las audiencias del rey y sus asociados refleja esta función: corte, y cortesano. La corte del rey originalmente no era un lugar de espectáculos ni centro de funciones sociales, sino curul de justicia. Cuando las cortes de los reyes empezaron a cambiar para ser exhibiciones de damas, la monarquía estaba en proceso de convertirse en obsoleta.

En cualquier gobierno civil en el que los cargos administrativos adquieren centralidad, un crecimiento del poder centralizado se vuelve ineludible, porque lo que se vuelve primordial para la nación y el Estado no es la justicia para el pueblo, sino el gobierno sobre el pueblo. Antes de Lincoln, los presidentes americanos no eran tan importantes para la vida del país como han llegado a ser desde entonces, y el crecimiento del poder presidencial ha sido un resultado necesario del aumento de la importancia de la Administración por encima de la justicia. Antes de Lincoln, los presidentes de los Estados Unidos tendían a considerarse como una variedad de jueces, y los vetos se basaban en consideraciones legales, cuestiones de constitucionalidad, y el cargo de presidente se veía como una agencia de revisión judicial sobre los actos del Congreso. Una buena parte de la incertidumbre de antes en cuanto al papel de la Corte Suprema de los Estados Unidos se debió al hecho de que el trasfondo histórico veía al magistrado principal como el tribunal supremo de apelaciones por encima de los jueces de los tribunales. El poder del Presidente de perdonar es un rezago de este hecho. Las cuestiones de constitucionalidad al principio las resolvía el presidente Washington, y solo mucho después los tribunales. Las apelaciones al Presidente para corregir males continuaron por largo tiempo en la historia estadounidense como un eco de su papel indefinido como juez supremo del sistema americano. El papel administrativo tomó precedencia al fin, y unos Estados Unidos de América de un tipo diferente empezaron a tomar forma.

En el Antiguo Testamento Moisés era el juez supremo de Israel. Los líderes tribales eran varios jefes administrativos de la nación; su «unión federal» a las órdenes de Moisés y Josué era en esencia militar y judicial. Estaban bajo una ley, y Moisés era el juez supremo de esa unión federal, así como su comandante supremo. Las funciones militares Moisés las delegó en Josué; las responsabilidades legales las cumplía él mismo.

Samuel, como juez supremo, anualmente recorría toda la nación (1 S 7:16, 17) para hacer justicia al pueblo, para asegurar el derecho de apelación al hacer que la apelación estuviera disponible de inmediato.

Noveno y final, el juez no debía ser un árbitro imparcial, sino un paladín de la ley de Dios, activamente interesado en hacer que la justicia de Dios tuviera que ver en toda situación, «dando la paga al impío, haciendo recaer su proceder sobre su cabeza, y justificando al justo al darle conforme a su justicia» (2 Cr 6:23).

20. Los fallos de los tribunales

Los fallos de los tribunales en la ley bíblica son de dos clases: *primero,* sobre dinero y propiedad, para hacer restitución, y, *segundo,* sobre la persona, desde castigo corporal a pena capital. La naturaleza de estos juicios ya se ha explicado.

Es importante reconocer que en la ley bíblica los fallos son fallos de Dios:

> No hagáis distinción de persona en el juicio; así al pequeño como al grande oiréis; no tendréis temor de ninguno, porque el juicio es de Dios; y la causa que os fuere difícil, la traeréis a mí, y yo la oiré (Dt 1:17).

La tesis aquí es la misma que la de San Pablo en Romanos 13:1, 4, pero es más específica: el *fallo* de un tribunal es el fallo de Dios cuando se dicta con fidelidad. Debido a que el tribunal se identifica tan íntimamente con la actividad de Dios, a los jueces se les menciona como «dioses» en las Escrituras. El Salmo 82:1 dice: «Dios está en la reunión de los dioses; en medio de los dioses juzga». La Versión Latinoamericana dice esto: «Se ha puesto Dios de pie en la asamblea divina para dictar sentencia en medio de los dioses». Los jueces, pues, son «la asamblea de Dios», asamblea de hombres que Dios ha llamado a representarlo en la administración de justicia; a través de ellos, Dios dicta fallos o imparte justicia. Luego entonces un aspecto fundamental del orden de Dios, de su reino, debe y puede manifestarse en los tribunales y a través de estos. Si un tribunal no dicta el fallo de Dios por su apostasía, dicta el fallo del hombre en términos de los principios satánicos de independencia e iniquidad. Cuando los jueces no hacen justicia al débil y al huérfano, al pobre y necesitado, al grande y al pequeño sin favoritismo ni acepción de personas, revelan su ceguera e ignorancia voluntaria. La apostasía de los jueces quiere decir, según la versión Latinoamericana, que «las bases de la tierra se conmueven» (Sal 82:5).

Los jueces, por su cargo, son hechos dioses e hijos de Dios (Sal 8:6). Al no dispensar el juicio de Dios, morirán (Sal 82:7). La súplica de Asaf, frente a los falsos jueces, es esta: «Dios mío, levántate y juzga a la tierra pues todas las naciones son propiedad tuya» (Sal 82:8, PDT).

Jesús, al citar este Salmo, declaró que los jueces eran «aquellos a quienes vino la palabra de Dios (y la Escritura no puede ser quebrantada)» (Jn 10:35). En otras palabras, la palabra de Dios fue escrita en gran medida para los jueces; es un libro, entre otras cosas, para la organización de la sociedad civil según la Palabra de Dios. Es intentar «quebrantar» las Escrituras el negarles su aplicación civil, o el papel de los jueces bajo Dios; y limitar su aplicación a la iglesia y a la piedad puramente personal sin duda es herejía. La prueba de los jueces como hijos de Dios es que hagan la obra de Dios, que dispensen justicia en términos de la Ley y Palabra de Dios. La prueba de Jesucristo mismo es similar: Él hace la obra que Dios le ordena. «Si no hago las obras de mi Padre, no me creáis. Mas si las hago, aunque no me creáis a mí, creed a las obras, para que conozcáis y creáis que el Padre está en mí, y yo en el Padre» (Jn 10:37-38). En ambos casos, la prueba es la misma. Un falso Mesías no haría la obra que Dios le ordenaba en su Palabra, la Biblia; como Jesús vino a un cumplimiento perfecto de la palabra profética, Él y ninguno otro era el Mesías de Dios. De modo similar, un juez falso no funciona como hijo de Dios dictando justicia estrictamente en términos de la Ley y Palabra de Dios; en cambio, un juez santo dictará sentencia en términos de la Ley y Palabra de Dios.

Está claro entonces que las Escrituras declaran que los jueces son verdaderos solo si son fieles a la ley de Dios. ¿Qué decir entonces de las palabras de Pablo en Romanos 13:1-4, que declaran que todas las autoridades civiles son servidores de Dios? La diferencia está entre legitimidad e integridad; un hombre puede ser hijo legítimo de su padre, y ese hecho no se le puede negar, pero puede faltarle la integridad y el respeto que su padre exige; puede, por su carácter, ser un hijo falso. De modo parecido un juez, un ministro de justicia, o un clérigo, un ministro de gracia, puede ser un oficial legítimo, con pleno derecho a su cargo en términos de todos los requisitos humanos, pero puede ser al mismo tiempo moralmente inepto para el cargo. Dios nos requiere que reconozcamos la legitimidad humana y honremos el cargo si no podemos respetar al hombre; el dictamen más allá de cierto punto está en las manos de Dios. Esto no quiere decir que no se puedan usar medios legítimos de protesta y cambio; en verdad, se deben usar.

La reforma, sin embargo, incluye más que un reconocimiento del mal y un disgusto o aborrecimiento del mismo. Un ataque muy elocuente y muy razonado a la corrupción del gobierno la hizo Al Capone en octubre de 1931, en la revista *Liberty*. Opinó fuertemente contra el comunismo y la subversión; atacó la mentalidad de dinero fácil y la especulación de la Bolsa de Valores, y la amalgama de compañías débiles en corporaciones grandes que producían mayor caos con su colapso. Capone, que afirmaba que había dado de comer como a 350 000 necesitados al día en Chicago durante el invierno anterior, también condenaba el chanchullo:

> «El chanchullo», continuaba, «es conocidísimo en la vida estadounidense hoy. Es una ley en la que no se obedece otra ley. Está socavando a este país. Los abogados honrados en cualquier ciudad se pueden contar con los dedos. ¡Puedo contar los de Chicago en una sola mano!
>
> »La virtud, el honor, la verdad, y la ley todas han desaparecido de nuestra vida. Nos las sabemos todas. Nos gusta poder «salirnos con la nuestra». Y si no podemos ganarnos la vida en alguna profesión honrada, vamos a ganárnosla como sea»….
>
> »El hogar es nuestro aliado más importante», observaba Capone. «Cuando toda la locura en que el mundo ha estado aminore, nos daremos mucha

cuenta de eso, como nación. Mientras más fuertes podamos tener nuestras vidas hogareñas, más fuerte podemos mantener a nuestra nación.

»Cuando los enemigos se acercan a nuestras playas las defendemos. Cuando los enemigos llegan a nuestros hogares los rechazamos a golpes. A los que se meten en el hogar se les debería desvestir, recubrir de alquitrán y plumas, como ejemplos para el resto de su clase»[1].

En el curso de la misma entrevista, Capone predijo que los demócratas ganarían las elecciones de 1932 con «una votación récord», lo mismo con Owen Young que con Roosevelt.

La posición básica de Capone era, pues, a favor de la ley y el orden, siempre que no lo fastidiaran a él. Este es el fracaso de la mayoría de los movimientos de reforma. Se reconoce el mal y hay oposición al mismo en todas partes excepto en nosotros mismos. De aquí que el clamor de los movimientos de reforma política es que se elimine a todos los pillos, excepto a ellos mismos.

Durante el gobierno de Kennedy, una crítica humorística de los críticos de Kennedy tenía bastante de verdad. El crítico típico había asistido a escuelas y colegios públicos montado en un autobús del condado sobre una carretera pública; había asistido a la universidad gracias al Acta de Veteranos de las Fuerzas Armadas, se había comprado una casa con un préstamo de la FHA, había empezado un negocio con un préstamo de la Administración de Pequeños Negocios, había ganado dinero, se había jubilado con una pensión del Seguro Social, y luego se había arrellanado para criticar los programas de beneficencia y exigir que a los gorrones se les pusiera a trabajar.

Según la Ley de Dios, la verdadera reforma empieza con la regeneración y luego la sumisión del creyente a toda la Ley y Palabra de Dios. Los degenerados que pretenden la reforma quieren reformar al mundo empezando con sus opositores, con cualquiera y con todos, excepto ellos mismos. La verdadera reforma empieza con la sumisión de nuestra vida, hogares y profesiones a la Ley y Palabra de Dios. El mundo entonces se recupera paso a paso conforme los hombres instituyen la verdadera reforma en sus ámbitos. Cualquier otra clase de reforma tiene tanta integridad y valor como las palabras de Al Capone. Podemos aceptar la sinceridad de las palabras de Al Capone; como todos los pecadores, quería un mundo mejor en que vivir, pero no al precio de someterse él al orden legal de Dios.

Los juicios de Dios en su Palabra deben llegar a ser los juicios del pueblo de Dios. Solo en la medida en que un pueblo es llamado de nuevo a Dios y su orden puede esperar los beneficios de ese orden. Según Salomón, «Si no hay visiones el pueblo vive sin freno; ¡feliz el que observa la Ley!» (Pr 29:18, LAT). *Visión* se equipara aquí con guardar la ley.

---

1   Cornelius Vanderbilt, Jr., «How Al Capone Would Run This Country» [«Cómo Al Capone gobernaría esta nación»], reimpreso en Richard Armour, *Give Me Liberty* (World Publishing Co., Nueva York, 1969), p. 155.

La Ley de Dios es una ley total; no está limitada a un segmento de la creación tal como la vida privada del hombre, su vida eclesiástica o cualquier otra esfera parcial. Así como una reforma no puede venir por un mero cambio de políticos sin un cambio en la vida del pueblo, la reforma no puede venir solo porque el hombre la aplique a un aspecto restringido de la vida. Cuando los hombres, según la ley de Dios, apliquen los conceptos de Dios en sus hogares, iglesias, escuelas, vocaciones, y en el estado, las cortes también aplicarán los conceptos de la Ley absoluta de Dios.

21. Perfección

Una declaración en la ley dice: «Perfecto serás delante de Jehová tu Dios» (Dt 18:13). Esto se vuelve a enunciar en el Sermón del Monte, cuando Cristo declara: «Sed, pues, vosotros perfectos, como vuestro Padre que está en los cielos es perfecto» (Mt 5:48).

La ley no nos ordena que hagamos lo que el hombre no puede hacer. ¿Cómo, entonces, debemos entender esta exigencia, y en qué podemos ser perfectos delante del Señor sin dar falso testimonio respecto a nosotros mismos?

Se nos dice que Noé fue «perfecto» (Gn 6:9), y a Abraham se le llamó a ser perfecto (Gn 17:1). En el Salmo 37:37 tenemos una referencia al «hombre perfecto» como un hecho de la vida cotidiana. En el Salmo 101:2, David declaró: «Entenderé el camino de la perfección […] En la integridad de mi corazón andaré en medio de mi casa».

Las palabras del Antiguo Testamento que se traducen «perfecto» quieren decir recto, con integridad, intachable, y las palabras del Nuevo Testamento tienen el significado de maduro, completo[1]. Está claro que no habla de impecabilidad. El comentario de Lenski va bien al asunto respecto a la confusión de la «perfección» bíblica con la impecabilidad:

A que se haya traducido «perfecto» se debe en gran parte la idea de impecabilidad absoluta que a menudo se da como significado… y es desdichado que no tengamos un derivado de «meta» adecuado para traducir el griego. El hecho de que la absoluta impecabilidad no es el pensamiento expresado aquí lo vemos en el v. 6 (de Mateo 5), en donde los discípulos bienaventurados todavía tienen hambre de justicia, y del v. 7, en donde todavía necesitan misericordia y son bienaventurados al obtenerla constantemente.

… El perfeccionismo puede imaginar que puede obtener impecabilidad en esta vida; esta meta no la alcanzaremos mientras no entremos en la gloria. Igualmente incorrecta es la idea de que en estas exposiciones de la ley Jesús

1   W. E. Vine, *An Expository Dictionary of New Testament Words* (Revell, Nueva York, [1940], 1966), III, 175s.

ofrece solo «consejos para los perfectos» que son inalcanzables por parte de los cristianos menores. Cristo no tiene una doble norma. Sus mayores santos se hallan entre los creyentes comunes que por gracia han llegado a ser puros de corazón (v. 8)[2].

Perfección significa rectitud y madurez en términos de una meta o propósito, un fin establecido por Dios. Nuestra madurez en el cielo incluirá impecabilidad, pero nuestra madurez aquí es de un tipo diferente.

En esta vida podemos ser perfectos en el sentido de ser intachables en nuestra fidelidad al propósito de Dios, pero ser intachables no quiere decir estar libres de culpa. G. Campbell Morgan una vez escribió de su experiencia con su hijo menor. Morgan estaba en los Estados Unidos de América, y le llegó una carta de su hijo, que apenas había aprendido a leer y escribir. La carta, llena de errores, expresaba el cariño del muchacho por su padre, y su deseo de verlo. La carta, anotó Morgan, por supuesto que no estaba sin defectos, pero era intachable. La NVI traduce Deuteronomio 18:13: «A los ojos del Señor tu Dios serás irreprensible».

Lo que es irreprensible en un niño no lo es en un adulto; la madurez requiere continuo crecimiento hacia el propósito designado por Dios. A mayor responsabilidad, mayor la madurez que se requiere para ser intachable. Lo que un pastor, un médico, juez o un funcionario civil hace, y, en muchos casos, lo que sus esposas hacen, es más importante que lo que otros hagan. Un comentario intachable en otros puede ser un delito serio para ellos.

Para citar un ejemplo: Martha Mitchell, esposa de John Mitchell, Fiscal General de los Estados Unidos, es al parecer una mujer encantadora, inteligente e ingeniosa; tiene por lo general la boca abierta. Sus comentarios repetidas veces se han ganado cobertura noticiosa nacional, y muchos han concordado con ella. El efecto de sus comentarios en Washington ha servido para ampliar brechas, atizar problemas, y producir una serie de problemas desdichados. Es posible decir, con todo respeto a Marta Mitchell como mujer superior, que ella es culpable, y que ha buscado llamar la atención demasiado a menudo a costo de las políticas del gobierno. Incluso cuando su esposo le ordenó que guardara silencio, se las arregló para estar en las noticias:

> Ya hace meses que las declaraciones imprudentes de la dama han estado conspicuamente ausentes en la prensa; en obediencia, sin duda, a una orden del Fiscal General de los Estados Unidos John Mitchell. De ahora en adelante, él ha decretado, si su esposa Martha debe hablar en público debe ser en suahili. Pero, ¿qué esposo jamás ha silenciado a su esposa? Al administrar el juramento al cargo a la nueva presidenta del American Newspaper Women's Club en Washington la semana pasada, Martha habló en casi impecable suahili: *«Ye*

---

2   R. C. H. Lenski, *The Interpretation of St. Matthew's Gospel*, p. 253.

unaabe kwa kweli kwemba usaziunga». [...] Decretó el Fiscal General, que estaba presente: «El juramento en suahili es perfectamente legal»[3].

Esta clase de deseo ingenioso e irreprimible de aparecer en las noticias es divertido a distancia, pero para los que están cerca es un problema, y en la práctica significa no pensar en las consecuencias, y la perfección o madurez bíblica no está dirigida al momento sino a las metas que Dios estableció.

La influencia del pietismo ha sido importante en la historia moderna, y ha dado falso testimonio respecto a las exigencias de Dios. Su énfasis en la perfección impecable más bien ha engendrado pecado. Cuando los hombres esperan una perfección impecable en los demás, enseguida son conducidos a una intolerancia pecaminosa de las fragilidades humanas. Este perfeccionismo pecador especialmente abunda al fin de una época, o en cualquier época en que los hombres hallan sus problemas temporal o permanentemente insuperables. Cuando los problemas son insolubles, los hombres se vuelven unos contra otros. Su desdicha básica a causa de los problemas insolubles se manifiesta al tratar de «disolver» de su medio a los que los enervan. Cuando la caída de Roma empezaba a vislumbrarse, los hombres mucho antes habían huido de las ciudades, reconociendo su futuro sin esperanza. Su reacción, sin embargo, distaba mucho de ser cuerda. Los cristianos y paganos por igual se volvían contra los hombres y renunciaban a ellos volviéndose ermitaños en el desierto. Pero estar solo no resuelve nada, y los tormentos internos de estos refugiados en el desierto indicaban que su huida no les había dado ni paz ni una respuesta a los problemas del mundo. Hoy de nuevo, conforme los problemas parecen ser insolubles, la irritación del hombre contra el hombre aumenta. Hay un bajo nivel de tolerancia de los niños, los vecinos, los esposos, las esposas, los amigos y los asociados. En lugar de resolver los problemas, este tipo de perfeccionismo los agrava. Dar un énfasis exagerado a las fragilidades humanas es dar falso testimonio respecto a ellas.

La ley aquí lo dice con claridad: «Sobrellevad los unos las cargas de los otros, y cumplid así la ley de Cristo» (Gá 6:2). Esto hace una clara referencia, como dice Gálatas 6:3-5, a nuestras faltas y debilidades. Debemos reconocer que cada uno de nosotros tiene debilidades, y «cada uno llevará su propia carga» (Gá 6:5). A veces necesitamos corrección, pero la mayoría de las veces necesitamos vivir juntos, conscientes de nuestras fragilidades comunes y trabajar juntos para alcanzar esa madurez que se logra al buscar primero el reino de Dios y su justicia (Mt 7:33).

Nuestro mayor punto fuerte está, pues, en lo que se llama «perfección» y que quiere decir madurez, una integridad en relación con el propósito de Dios en que se gana la bendición de Dios incluso en medio de problemas serios. Madurez es la capacidad de crecer con nuestras experiencias y usarlas para acercarnos al propósito que Dios tiene con nosotros.

---

3   «People» [«Gente»], Revista *Time*, vol. 96, no. 2 (13 julio 1970), p. 28.

El *problema,* desde la perspectiva actual, demasiado a menudo se toma como *subversión,* cuando suele ser más un *fracaso moral,* ineptitud para crecer y madurar. Las sociedades que se concentran en los problemas de subversión están cerca de la muerte; han perdido su capacidad de hacerle frente a los problemas. Esto no quiere decir que haya que descuidar la subversión ni condonarla, sino que la única respuesta permanente a ella es el crecimiento. La misión es reconstrucción.

Durante la Guerra de Independencia, los subversivos que estaban ostensiblemente en el lado americano eran sin duda muchos. Ahora se sostiene que Benjamín Franklin fue un agente británico durante todo el conflicto[4]. Por lo menos hasta la guerra de 1812, el número de agentes británicos y franceses en los Estados Unidos de América era grande, pero la salud básica del liderazgo, y un suficiente elemento de hombres de carácter, más la gracia de Dios, permitió que la causa americana prosperara frente a la subversión radical.

Sin esa madurez, ninguna causa puede sobrevivir. Sin la capacidad de crecer con la vista en una meta, ninguna causa puede perdurar con solo desarraigar a los elementos subversivos. La sal que ha perdido su sabor «No sirve más para nada, sino para ser echada fuera y hollada por los hombres» (Mt 5:13). No hay protección divina para los hombres y las naciones que pierden su llamamiento y «sabor». Es más, no hay escape del juicio; es «como el que huye de delante del león, y se encuentra con el oso; o como si entrare en casa y apoyare su mano en la pared, y le muerde una culebra» (Am 5:19).

---

4   Richard Deacon y Tom McMorrow, «Famous British Historian Claims Benjamin Franklin Was a British Spy» [«Famoso historiador británico aduce que Benjamín Franklin fue espía británico»], en *Argosy*, julio 1970, p. 24ss.

X

EL DÉCIMO MANDAMIENTO

1. La codicia

El décimo mandamiento es una de las declaraciones más largas de principio en el decálogo. En sus dos versiones, dice:

> No codiciarás la casa de tu prójimo, no codiciarás la mujer de tu prójimo, ni su siervo, ni su criada, ni su buey, ni su asno, ni cosa alguna de tu prójimo (Ex 20:17).

> No codiciarás la mujer de tu prójimo, ni desearás la casa de tu prójimo, ni su tierra, ni su siervo, ni su sierva, ni su buey, ni su asno, ni cosa alguna de tu prójimo (Dt 5:21).

Muchos han bromeado en cuanto al lugar de la esposa en cada una de estas oraciones (antes y después de la casa), y también en cuanto a que parece estar en el mismo nivel que el buey y el asno. Hay que dejar a los necios con su necedad; los sabios ocupan su tiempo con otros asuntos.

El significado de esta ley depende del significado de *codiciar*. El resto de la ley tiene que ver con las *acciones* de los hombres; ¿trata en este caso la ley más bien con las emociones del hombre, o hemos entendido mal el significado de *codiciar*? Noth ha señalado que *codiciar* significa mucho más que la emoción de codiciar.

> El mandamiento en el v. 17 está formulado con un verbo que se traduce «codiciar». Pero describe no solo la emoción de codiciar sino que también incluye el esfuerzo de apropiarse de algo ilegalmente. El mandamiento, por consiguiente, habla de todos los esfuerzos por apoderarse uno de los bienes y posesiones de un «prójimo», sea mediante robo o mediante todo tipo de maquinaciones deshonestas. Lo primero que se nombra es la casa del prójimo. El término «casa» puede en un sentido estrecho y especial describir la vivienda, primordialmente la casa construida, pero en todo caso la carpa, «casa» del nómada; puede, sin embargo, también usarse en un sentido más o menos amplio o transferido para significar, por ejemplo, la familia, o la suma de todo lo que se incluye en la casa[1].

---

1   Martin Noth, *Exodus* (Westminster Press, Filadelfia, 1962), p. 166.

Por tanto, cuando Éxodo empieza prohibiendo que se codicie la casa del prójimo, por casa quiere decir, como enseguida especifica, la esposa, los criados, los animales y las demás posesiones del prójimo. Primero se usa el término general *casa*, y después se describen aspectos específicos de la «casa». En Deuteronomio, las citas son todas evidentemente de cosas específicas, incluyendo la «casa».

Von Rad escribió de «codiciar» en términos igualmente aleccionadores:

> Si en el último mandamiento la traducción del verbo como «codiciar» fuera correcta, sería el único caso en el cual el decálogo no tiene que ver con una acción, sino con un impulso interno, de aquí con un pecado de intención. Pero la palabra hebrea correspondiente (*jamaa*) tiene dos significados, el de codiciar y el de tomar. Incluye prácticas externas malévolas, y quiere decir apropiarse uno de algo (Jos 7:21; Miq 2:2, etc.)[2].

Cuando Jesús citó el décimo mandamiento en Marcos 10:19, lo citó como un pecado de acción, y el texto griego usa la palabra *aposteresis,* defraudar algo, que en la versión Reina Valera aparece como «defraudes».

Las observaciones de Noth y Von Rad no representan novedad en la interpretación. Se ve que nuestro Señor le dio el mismo significado, y, con igual claridad lo entendieron los eruditos cristianos de épocas tempranas. Por eso, el gran erudito anglicano del siglo XVII, el Dr. Isaac Barrow, escribiendo del décimo mandamiento, observó:

> Esta ley es integral, y recapitula, por así decirlo, el resto que concierne a nuestro prójimo, prescribiendo justicia universal hacia él (de donde San Marcos, parece que quiso traducirlo en una palabra, por… *no defraudes,* o no prives a tu prójimo de algo; Marcos 10:19) y esto no es solamente en obra y trato externo, sino también en pensamiento y deseo interno, la fuente de donde brotan…[3].

Adam Clarke también se dio cuenta del significado de codiciar, y declaró:

> No codiciarás, v. 17 (lo tajemos). La palabra *jamad* denota un deseo *ferviente* y *fuerte* de algo, sobre lo cual todos los afectos se concentran y fijan, sea que la cosa sea *buena* o *mala*. Esto es lo que llamamos *codicia,* que es una palabra que se toma en un sentido *bueno* o *malo*. Por ejemplo, las Escrituras dicen que la *codicia es idolatría;* y sin embargo también dicen: *codicien fervientemente las mejores cosas.* Por tanto esta disposición es pecaminosa o santa, según el objeto en el cual se fija. En este mandamiento, la *codicia* de cosas prohibidas es lo que se prohíbe y condena. En este sentido, codiciar es anhelar intensamente algo, a fin de disfrutar como *propiedad* la *persona,* o *cosa*

---

2   Gerhard Von Rad, *Deuteronomy, A Commentary* (Westminster Press, Filadelfia, 1966), p. 59.

3   Isaac Barrow, *Works* (John C. Riker, Nueva York, 1845), III, 39.

codiciada. Quebranta este mandamiento quien por cualquier medio procura privarle a un hombre de su *casa* o *hacienda,* por algún trato *subrepticio y clandestino* con el dueño original; lo que en algunos países se dice, *quitarle la casa o hacienda de un hombre por sobre su cabeza.* También lo quebranta quien siente lujuria por la esposa del prójimo, y por ganar los afectos de ella trata de reducir el aprecio que ella tiene de su esposo; y la quebranta quien procura apropiarse de los criados, el ganado, etc. de otro, de alguna manera subrepticia o injustificable. Este es un precepto de la mayor excelencia moral, la observancia del cual evitará todos los delitos; porque el que siente la fuerza de la ley que prohíbe el deseo desordenado de algo que es propiedad de otro jamás puede quebrantar la paz de la sociedad por un acto de *maldad* contra ninguno, ni siquiera de sus miembros más débiles[4].

El concepto equivocado de esta ley empezó con el pietismo, que limitaba la ley de Dios a preceptos morales. Se internalizó la religión y por consiguiente las acciones dejaron de ser tan importantes como el «corazón». Encima de eso, la idea de que cualquier ganancia de cierta manera «no era espiritual» también se propagó, así que la codicia tomó un significado malo exclusivo.

Habacuc 2:9 nos da un ejemplo del hecho de que las Escrituras hagan una distinción entre la codicia buena y la codicia mala. El significado del pasaje aparece cuando se examinan la versión Reina Valera y la Biblia de Jerusalén.

¡Ay del que codicia injusta ganancia para su casa, para poner en alto su nido, para escaparse del poder del mal! (RVR).

¡Ay de quien gana ganancia inmoral para su casa, para poner su nido en alto y escapar a la garra del mal! (LBJ).

La codicia aquí se equipara con la ganancia; es la ganancia o codicia perversa lo que se condena. La ganancia honesta y codicia santa no se condena.

San Pablo en 1 Corintios 12:31 usó la palabra «codiciar» en buen sentido: «Procurad, pues, los dones mejores»; la versión Dios Habla Hoy traduce «codiciar» como «ambicionar», trabajar ferviente y celosamente por los mejores dones.

Por tanto, lo que el décimo mandamiento condena es todo intento de ganar mediante fraude, coacción o engaño lo que le pertenece a nuestro prójimo. Sobre este principio, los pleitos por enajenación de afecto eran en un tiempo parte de la ley de la tierra. Su abuso por una época inicua condujo a su abolición, pero el principio es sólido. Una persona que trabaja sistemáticamente para enajenar los afectos de un esposo o esposa a fin de ganárselos, a veces junto con sus bienes monetarios, ha violado esta ley

Esta ley, pues, prohíbe la expropiación por fraude o engaño de lo que le pertenece a nuestro prójimo. El décimo mandamiento por consiguiente resume los

---

4   Adam Clarke, *Discourses on Various Subjects,* II, 36s.

mandamientos seis al nueve y les da una perspectiva adicional. Los otros mandamientos tratan con acciones obviamente ilegales, con violaciones claras de la ley. El décimo mandamiento se puede quebrantar dentro de estas leyes. Para citar un ejemplo bíblico, David adulteró con Betsabé, acción claramente ilegal. Sus acciones subsiguientes estuvieron técnicamente dentro de la ley: A Urías se le puso en el frente de batalla y se dictaron órdenes para asegurarse de la muerte de Urías en la batalla. Técnicamente no era asesinato, pero fue una conspiración para matar, por lo que David y Joab cometieron asesinato.

Por tanto, una serie de leyes de la civilización occidental se basan en este principio del uso fraudulento de la ley para defraudar o hacer daño. Muchas de estas leyes legislan contra el aspecto conspirador del fraude. Legislan contra la apropiación codiciosa de las posesiones de nuestro prójimo por medios perversos, aunque a veces legales. La ley contra la ganancia deshonesta es muy importante, y el décimo mandamiento, en lugar de ser un vago apéndice de la ley, es fundamental para ella.

Esta ley contra la ganancia deshonesta la dirige Dios no solo al individuo, sino también al estado y a todas las instituciones. El estado puede, y a menudo es, tan culpable como cualquier individuo, y el estado a menudo se usa como medio legal por el cual se defrauda a otros de sus posesiones. La ley contra la codicia perversa es pues, una ley que se necesita mucho en nuestros días. El pietismo que anteriormente socavó esta ley se ha vuelto ahora la actitud social extendida.

El pietismo hace énfasis en el *corazón,* las actitudes del hombre, y resta importancia a las acciones del hombre. Sus raíces están en el menosprecio pagano, griego y estoico de la materia contra el espíritu. La meta en esas filosofías era no tener pasiones. El verdadero filósofo estaba por encima de sentir aflicción por las cosas materiales; su casa se podía incendiar, su esposa e hijos morir, y él trataba de estar despreocupado. Solo las cosas que eran de la mente o del espíritu le interesaban.

La influencia de estas filosofías en la iglesia convirtió en mala toda codicia. El hombre debía estar libre de ella a fin de ser santo. Ambicionar era malo, porque representaba un deseo por las cosas materiales. Shakespeare y Fletcher reflejaron esto en su drama *Henry VIII,* en el cual el cardenal Wolsey dice:

> Marca solo mi caída, y eso que me arruina.
> Cromwell, te insto, tira por la ventana la ambición;
> Por ese pecado cayeron los ángeles; ¿cómo puede el hombre, entonces,
> Imagen de su Hacedor, esperar ganar por ella?
> Ámate a ti mismo de último; ama esos corazones que te aborrecen.
> (Acto III, escena II).

Tal filosofía quiere decir que la ambición no tiene legitimidad cristiana, y que desear cosas mejores siempre ha sido pecado. Como resultado, la única ambición y deseo legítimos era la que renunciaba al cristianismo por el humanismo. El pietismo llevó al cristianismo, tanto antes como después de la Reforma, por senderos falsos de sentimientos contra una vida completa.

El pietismo, en origen pagano y humanista, ha infectado de nuevo la ideología humanista en la era moderna. Como resultado, individuos de ideología liberal liberales mucha palabrería que no sienten ningún amor hacia los negros, indígenas y otros, saltan de causa en causa fomentando un aluvión de sentimientos como la solución de todos los problemas. El resultado de tal emocionalismo pietista no es ningún avance para la causa de nadie, sino solo un baño de emociones para los pietistas humanistas.

2. La ley vigente

En el Sermón del Monte Jesús aplicó algunas de las leyes de las Escrituras al corazón del hombre. Declaró que la ley no solo planteaba requisitos a las acciones del hombre, sino también al corazón del mismo. Dios, que es absoluto en su soberanía, dicta una ley absoluta.

Algunas de las implicaciones de la ley según se dice en el Sermón del Monte no están dentro del alcance de la ley civil (Mt 5:21, 22, 27, 28). Aborrecer a nuestro hermano o mirar con lujuria a una mujer son delitos que Dios puede juzgar, pero los tribunales pueden juzgar solo si alguna acción resulta a causa de esos sentimientos.

Algunas de las implicaciones de la ley, al resultar en acción, están cubiertas por el décimo mandamiento. Hemos citado los pleitos por enajenación de afecto.

Incluso más comunes son las acciones, técnicamente dentro de la ley, que violan el espíritu de la ley, acciones por las cuales el hombre expropia las pertenencias de otros y abusa de la letra de la ley. La ley debe ser «confirmada», o sea, aplicada en todas sus implicaciones, y no un legalismo estéril que usa la ley para quebrantar la ley. Esto lo exige Deuteronomio 27:26:

> Maldito el que no confirmare las palabras de esta ley para hacerlas. Y dirá todo el pueblo: Amén.

La traducción PDT dice:

> "Maldito sea el que no ponga en práctica o desobedezca las palabras de esta ley". Luego todo el pueblo dirá: "Así sea".

Para citar un ejemplo de eso, la ley exige el pago de las deudas; la falta de pago es una forma de robo y de perjurio. El que presta necesita una protección en los préstamos comerciales, porque muchos son «morosos» y demasiado inclinados a defraudar a sus acreedores. Sin embargo, los contratos ahora son, por lo general, deshonestos, debido a las muchas cláusulas que, aunque diseñadas para proteger contra los defraudadores, se vuelven herramientas para defraudar al ingenuo e ignorante. La «letra menuda» de los contratos puede incluir cosas tales como renuncia a la defensa, obligación de contingencia, notificación por escrito, confesión de fallo, renuncia a responsabilidad y cláusulas de condiciones preexistentes de salud, todo lo cual castiga al individuo y favorece a la compañía. En un mundo de obligación limitada muchos de estos contratos introducen de nuevo una forma ilegítima de obligación limitada. El cristiano debe favorecer la obligación ilimitada, pero esto no es una calle de un solo sentido. Ambas partes en un contrato deben ser gobernadas por sus condiciones.

En un análisis de tales contratos, Jean Carper escribió:

Renuentes a vender la casa en que habían vivido durante 35 años, una pareja en un estado del este de la nación firmó un contrato por $2500 para renovarla. Desdichadamente, tres semanas más tarde el contratista murió de un ataque al corazón, y el trabajo nunca se empezó.

Poco después, la pareja recibió una notificación de una compañía financiera exigiendo pagos mensuales para cumplir el contrato de $2500. La pareja escribió explicando la situación, no hizo ningún pago, y no pensó más en el asunto. Dos meses más tarde el alguacil les entregó documentos notificándoles que la compañía financiera había incautado la casa y la pondría a remate, a menos que pagaran al contado la cantidad de contrato más los costos legales. Buscaron ayuda en toda dirección, pero no pudieron recoger el dinero. Así, increíblemente, en pago por un trabajo que nunca se hizo, remataron su casa. Teniendo un precio tal vez de $30 000, se le vendió a un funcionario de la compañía financiera por $20 000.

En otro estado, una viuda de 56 años compró un seguro de automóvil de una compañía que le había recomendado su agente de seguros. Cancelaron su póliza un año después sin ninguna explicación. Luego, tres años más tarde, recibió una carta del abogado ordenándole que pagara al estado $291.49 porque ella era responsable de reclamaciones contra la empresa ya difunta que una vez había asegurado su coche. De sus escasos ingresos la obligaron a pagar una cantidad cada mes hasta que se pagó toda la cantidad.

¿Cómo son posibles tales cosas? La explicación es: «La letra menuda». Aparece en contratos de pagos a plazos, pólizas de seguro, tarjetas de crédito; en casi todo documento legal que uno firma. Y como muchos han descubierto, no se puede subestimar su potencialidad para el desastre[1].

En el primer caso, la pareja había firmado un contrato con una renuncia a la defensa, sin darse cuenta de su significado. En el segundo, según la Srta. Carter, la

---

1   Jean Carper, «Before You Sign—Read the Fine Print» [«Antes de firmar, lea la letra menuda»], en *Family Weekly*, suplemento del Santa Ana (Calif.) *Register*, 12 abril 1970, p. 13.

viuda había firmado con una compañía que tenía una obligación de contingencia, que «en efecto hacía al tenedor de la póliza en parte propietario de la compañía y obligado por sus deudas»[2]. La Srta. Carter cita muchos otros ejemplos similares de contratos que defraudan a los desprevenidos.

Estos contratos tienen una característica común: la terminología legal incluye obligaciones de las cuales el que firma no se da cuenta. Para la persona promedio con una tarjeta de crédito, préstamo o deuda, sería necesario un abogado que le explicara las trampas y escollos en tales contratos. Estas personas, sin embargo, son precisamente las que no pueden costear un abogado. Las personas que necesitan la supervisión de un asesor legal no tienen acceso práctico a uno.

Otro aspecto de los contratos aparece en las ilustraciones que anteceden. El estado está claramente implicado en ambos casos, como también los tribunales. Los asuntos de los tribunales estatales son cada vez más asuntos del estado, y de acreedores poderosos contra personas impotentes o necias. Cuando, bajo presión, el estado prohíbe alguna forma de extorsión por estatuto, deja escapes para varias otras. Las reformas legales de hace un par de generaciones, diseñadas para «proteger» al norteamericano pequeño, a las «personas pequeñas», solo han dejado a tales personas más vulnerables. Es más, el gobierno federal ha pavimentado el camino para el crédito fácil y por ende para más explotación. El gobierno federal ha fanfarroneando de hacer la vivienda más fácilmente accesible mediante restricciones de crédito fácil, pero las obligaciones de 30 y 35 años han llevado a construcciones deficientes, una multitud de fraudes, y una profundamente arraigada explotación de la gente. Las reformas de un estado que niega a Dios no son más confiables que las reformas de un asaltante que nos quite el dinero pistola en mano.

Esto no significa negar que ciertos pasos legales limitados sean para el bien, ni que algunos jueces dicten medidas honestas. Es la dirección principal de la ley lo que nos preocupa. (Un conductor de taxi en la ciudad de Nueva York informó que un ladrón que le había robado el coche y el dinero que llevaba, le había devuelto el costo del pasaje en el metro con aire de nobleza y generosidad para que el hombre regresara a su casa).

Un ejemplo de una reforma por un juez al parecer preocupado es el trabajo del juez M. Peter Katsufrakis de la Sala de demandas menores de la División 4 del Tribunal Municipal de Los Ángeles.

La Sala de demandas menores, diseñada como recurso para personas del pueblo con demandas pequeñas que no tienen medios para pagar los gastos legales, se ha vuelto en gran parte una agencia de cobros para compañías financieras, almacenes y empresas de servicios públicos. La mayoría de sus casos se han ganado por no comparecencia, porque los acusados no se presentaron. No se presentaron debido a que los varios acusados tal vez vivían en cualquier parte de California, desde la frontera con Oregón hasta la frontera con México, y no podían pagar el

2   *Ibid.*

viaje a Los Ángeles para el juicio. La empresa en cuestión inició el proceso en Los Ángeles, domicilio de su sede, sabiendo que ganaría por ausencia de la otra parte. El juez Katsufrakis dictaminó que tales casos se ventilaran en la jurisdicción en donde viviera el acusado o donde se hubiera hecho la transacción. Shaw informó un diálogo que se suscitó en una audiencia:

> Un representante de un contratista había hecho un acuerdo con una joven pareja casada y el contratista estaba demandándolos.
>
> —El contratista no hizo todo lo que su representante dijo que iba a hacer —le dijo el esposo a la corte.
>
> —No puedo estar obligado por lo que él le dijo —replicó el contratista, señalando a su representante—. Él no estaba autorizado a hacer ningún acuerdo. Él no es mi agente. Él…
>
> —Un momento, amigo —interrumpió Katsufrakis—. No juegue conmigo ese truco de niño. He visto a este hombre aquí representándole antes, y si va a decirme que él no es su agente autorizado ahora, volveré a revisar todos los expedientes e invalidaré todo juicio en el que él haya intervenido[3].

La mayoría de los tribunales para demandas menores, no obstante, no se conducen con mucho respeto por la justicia y los jueces los consideran cargos desdichados que esperan pronto dejar.

El carácter de los tribunales, jueces y el sistema legal no se puede mantener por mucho tiempo si el carácter de las personas es delincuente y degenerado. Los tribunales y jueces no existen en un vacío; son parte de la fe, cultura y estándares morales del pueblo en general, de la nación de la cual son parte. El principio del revolucionario es que existe una profunda brecha moral, que el orden establecido es por naturaleza y esencia malo, y que las personas son inocentes y buenas. Este principio revolucionario subyace en todo radicalismo y conservadurismo, y conduce a la mentalidad que adscribe todos los males a conspiraciones y casi ninguno a la naturaleza caída del hombre. El cristiano ortodoxo niega que exista una brecha moral entre el orden establecido y el pueblo; más bien la brecha moral es entre todos los hombres no regenerados, grandes y pequeños, y los redimidos de Dios. Esta brecha moral no puede cerrarse por revolución, sino solo por regeneración. Recurrir a las armas no es, pues, la respuesta. Cuando los cristianos han recurrido a las armas en el pasado, por lo general ha sido en defensa propia, y no como instrumento de regeneración.

El décimo mandamiento prohíbe el uso deshonesto de la ley para defraudar al prójimo. Una sociedad establecida sobre un principio deshonesto, sobre un cimiento

---

3   David Shaw, «Fair Shake. Small Claims Court Judge Leads Revolt» [«Sacudida justa. Juez de Corte de Reclamos Pequeños encabeza revuelta»], en *Los Angeles Times*, LXXXIX (miércoles, mañana, 10 junio 1970), pp. 1, 18, 19.

inicuo, contrario a Dios, inevitablemente hará de la codicia civil una forma de vida, y su principio de adquirir riqueza se volverá en expropiación cada vez más.

Deuteronomio 27:26 nos exige que pongamos la ley en práctica. Esto nos prohíbe «obedecer» la ley por mera negación. No podemos ser «corredores en terreno arado», evadiendo mediante pasos diestros todas las violaciones de la ley. No hay nada de santidad en tal curso. Una maldición está sobre todos los que no ponen la ley en vigencia, los que no dan efectividad a la ley ni la «confirman», obedeciéndola en su pleno sentido de la palabra. La ley hay que obedecerla de corazón.

3. Privilegio particular

En Romanos 7:7 y 13:9 aparece la palabra «codicia». La palabra «codicia» en estos versículos se refiere al anhelo de cosas prohibidas, pero el sentido de «codicia» es bueno o malo en términos de su contexto. La ley de Deuteronomio 5:21 condena la codicia, el deseo y la apropiación por la fuerza de lo que no es legítimamente nuestro.

Si desear y apropiarse por la fuerza o por la ley de lo que es del prójimo va estrictamente contra la ley de Dios, la organización de tal codicia en un sistema es creación de una sociedad contraria a Dios. Una economía de beneficencia pública (socialismo, comunismo, o cualquier forma de orden social) que le quita a un grupo para dárselo a otro es la iniquidad organizada en sistema.

En tal sociedad, esta apropiación sin ley puede echar mano de lo que le pertenece al prójimo pidiéndole al estado que sirva como instrumento de incautación; codiciar con la ley no es menos pecado.

Una de las justificaciones comunes de tal sociedad codiciosa es que es moralmente necesario, dicen, hacer guerra contra el privilegio particular. El término *privilegio particular* es uno de los que más se abusa y también uno de los más peligrosos. Trae a colación visiones de explotación y abuso, y produce una situación de prejuicio en dondequiera que se use. El término no ha hecho poco daño; aunque es un insulto común de la izquierda, extensamente lo ha tomado y usado la derecha. Basta que a alguna cosa se le llame «privilegio particular» para despertar hostilidad en la mayoría de los casos.

La verdad es que sin privilegios particulares ninguna sociedad jamás ha existido ni es probable que exista. Los privilegios particulares pueden ser buenos o malos, según el caso. Un presidente tiene privilegios particulares; una esposa y su marido tienen privilegios particulares el uno con el otro; los privilegios particulares son una parte ineludible de la vida.

Examinemos los posibles órdenes sociales y su relación con el privilegio particular.

La *primera* forma posible de orden social es una de total igualdad. Los estados marxistas sostienen formalmente el principio «De cada uno según su capacidad, a cada uno según su necesidad». En varios grados, todas las sociedades de beneficencia y socialistas sostienen este principio, aunque su interpretación estricta en realidad ha sido abandonada incluso en los países comunistas. Sin embargo, este principio marxista en realidad no elimina ni el privilegio particular ni la desigualdad. Incluso si se aplica de la manera más estricta, el principio marxista solo significa igualdad de riqueza, no de trabajo. La riqueza del exitoso se la dan al fracasado. Los privilegios particulares son por ello dados al incompetente, al que no tiene éxito y al holgazán. Mientras más estrictamente una sociedad marxista, o cualquier estado, trata de ser igualitaria, más radicales las desigualdades y privilegios particulares que produce. No hay «igualdad» en un orden en el cual la capacidad de los hombres se estorba o limita. El privilegio particular nunca fue eliminado en Rusia; un orden algo coactivo y frecuentemente injusto de privilegio particular se cambió por un orden social basado en la coacción total, la injusticia radical y amargos privilegios particulares.

Un *segundo* orden social posible es lo que se ha llamado meritocracia. Esto es en gran medida la meta de los estados socialistas fabianos, Gran Bretaña en particular. El principio del servicio civil se aplica a todo el orden social. Parkinson ha citado el origen chino del examen escrito competitivo[1]. El propósito del examen escrito era originalmente examinar a los candidatos en educación clásica; gradualmente, la prueba se ha vuelto modernizada y ha probado aptitud, factores psicológicos e inteligencia general.

Una meritocracia, por tanto, insiste en exámenes y es hostil a la familia, porque la familia es el principal instrumento de toda la historia para promover privilegios particulares de sus miembros. Goethe expresó el asunto de esta manera:

> En realidad para poseer lo que heredas
> Primero debes ganártelo por tus méritos.

Esto quiere decir que los impuestos a la herencia se deben usar para destruir el deseo de la familia de conferir privilegios particulares a sus miembros. Michael Young, en su sátira de la meritocracia, se ha referido con claridad el asunto:

> La influencia aristocrática nunca hubiera durado tanto tiempo, ni siquiera en Inglaterra, sin el respaldo de la familia; el feudalismo y la familia van juntos. La familia siempre es el pilar de la herencia. El progenitor normal (no desconocido hoy, debemos admitir tristemente) querría entregar su dinero a sus hijos antes que a extraños o al estado; el hijo era parte de sí mismo y al legarle la propiedad el progenitor aseguraba cierta inmortalidad para sí mismo; el progenitor hereditario nunca muere. Si los padres tenían un negocio de familia que en un sentido los incorporaba a ellos mismos,

---

1   C. Northcote Parkinson, *Parkinson's Law* (The Riverside Press, Cambridge, 1957), p. 49s.

incluso tenían mayor anhelo de pasarlo a alguien de su propia sangre para que lo dirigiera. Los padres, al controlar la propiedad, también controlaban a sus hijos; amenazar sacar de un testamento a un hijo era casi tan efectivo como una afirmación de poder en la Bretaña industrial como lo había sido en la Bretaña agrícola. …

Por cientos de años la sociedad ha sido campo de batalla entre dos grandes principios: el principio de selección por familia y el principio de selección por mérito. …

Hemos tenido que aguantar los defectos de la familia. Hemos tenido que reconocer que casi todos los padres tratan de adquirir ventajas injustas para su descendencia. La función de la sociedad, cuya eficiencia depende de la observación de principios de selección por mérito, es prevenir que tal egoísmo haga algún daño serio. La familia es la guardiana de los individuos, el estado el guardián de la eficiencia colectiva, y esta función el estado puede cumplir debido a que los ciudadanos mismos están divididos en sus intereses. Como miembros de una familia particular, quieren que sus hijos tengan todo privilegio. […] Subestimamos la resistencia de la familia. El hogar todavía es el semillero más fértil de reacción[2].

En una sociedad orientada a la familia, las personas no solo favorecen a sus familiares y amigos, sino que añaden al factor de privilegio particular para aumentar las ventajas de los que han avanzado o son más trabajadores y agradables. La declaración más ofensiva de privilegio particular jamás hecha probablemente es la declaración de Jesucristo: «Porque al que tiene, le será dado, y tendrá más; y al que no tiene, aun lo que tiene le será quitado» (Mt 25:29). Esta flagrante recompensa de la iniciativa y éxito es un espanto para muchos.

En una meritocracia, un rígido sistema de exámenes determina quién tendrá más educación y entrenamiento avanzado, y quién debe entrar en las profesiones. La provisión de inteligencia superior es limitada, y todas las profesiones necesitan mentes superiores. El sistema de pruebas tiene la intención de ubicar y desarrollar tales mentes. Esto quiere decir que, debido a que una meritocracia dice tener un método científico de prueba para determinar la inteligencia y la aptitud, los que fracasan son fracasos en un sentido real. En una sociedad de privilegio particular, anota Young, se puede culpar de los fracasos al sistema y alegar que nunca se ha tenido una oportunidad; en una meritocracia, se ven obligados a concluir, en base científica, que son inferiores. La llamada igualdad de un método de prueba, por tanto, abre una brecha más honda[3].

Una meritocracia no solo produce un sentido más hondo de desigualdad, sino que no hace que afloren las mejores capacidades. Es interesante que el método de

2   Michael Young, *The Rise of Meritocracy, 1870-2033, An Essay on Education and Equality* (Thames and Hudson, Londres, 1958), p. 24s.
3   *Ibid.*, pp. 83-100.

prueba provenga del trasfondo del servicio civil. En efecto, identifica y promueve la mentalidad burocrática, no al inventor ni al empresario. Está dirigido a una mentalidad estatista, no cristiana ni de mente libre.

La meritocracia, pues, produce una nueva élite, una clase especialmente privilegiada de intelectuales y burócratas que prospera bajo el sistema de examen. Produce una nueva clase gobernante estrictamente organizada en términos de estos nuevos estándares. Gran Bretaña está reemplazando a sus antiguos lores con una nueva Cámara de Lores, compuesta de intelectuales y políticos laborales. No se ha evitado el privilegio particular; sino que se ha cambiado de un grupo a otro. Además, los funcionarios estatales, en toda sociedad socialista, dan privilegios particulares a sus hijos; la familia de este modo se reafirma a sí misma, pero ahora reforzada por el poder de un estado monolítico.

El auge de la meritocracia tiene relación con las rebeliones estudiantiles de la segunda mitad del siglo 20. Los universitarios, producto de las escuelas estatales, creían en la autoridad de la ciencia y la máquina. Las computadoras y sus pruebas tenían peso. En términos de meritocracia, muchos se veían a sí mismos como fracasos en potencia. Su primer gran eslogan de rebelión lo copiaron de la computadora antigua: «No doblar, engrapar ni mutilar». Temiendo el fracaso en el mundo inhumano de la meritocracia, «abandonaron los estudios». ¿Revelaría la computadora y sus pruebas que eran «vagos»? Se volvieron vagos sucios y desaliñados en protesta. Como en contra de la meritocracia socialista fabiana, el igualitarismo comunista primitivo apeló a ellos[4].

Una *tercera* forma de sociedad, de carácter bíblico, se orienta a la familia. El Estado se limita a un ministerio de justicia, y a la libre empresa e iniciativa individual se les da libertad para que se desarrollen. El Estado entonces queda excluido de toda acepción de personas en los procesos legales. Todo canal del estado entonces se preocupa por la justicia, y no por el privilegio particular. Las familias, organizaciones y empleados son libres para dar privilegios particulares como lo crean conveniente.

En la parábola de los obreros en la viña, Jesús dijo que el dueño contrató hombres a la mañana, a media mañana, al mediodía, y por la tarde, y luego les pagó a todos el mismo salario. Quizás hubiera una base económica para su acción. A menudo, debido al clima, hay que recoger las uvas en un solo día. Conforme el día progresaba, tal vez se hizo más urgente conseguir a todos los obreros disponibles antes que otros los contrataran. El precio de la mano de obra tendería a subir en tal situación. La parábola, sin embargo, *no* parece dar ninguna base para tal interpretación. Los que vinieron más tarde habían estado desocupados, desempleados. Los recogedores de uvas protestaron porque se les pagó un salario idéntico; los salarios no estaban por debajo del estándar. Su protesta fue un ataque

---

4   Sobre el mérito, ver F. A. Hayek, *The Constitution of Liberty* (University of Chicago Press, 1960), pp. 85-102.

al privilegio particular de los que habían llegado más tarde, que recibieron la misma paga que ellos. La respuesta de Jesús es importante como principio religioso y económico, un principio, en verdad, para toda la vida: «¿No me es lícito hacer lo que quiero con lo mío? ¿O tienes tú envidia, porque yo soy bueno?» (Mt 20:15). El contrato con los que se contrató primero se pagó como era debido. Era un privilegio del dueño concederle lo que quisiera a cualquier hombre. El derecho de dar privilegios particulares es un aspecto básico de la *libertad,* y de la *propiedad privada.* Si se niega la libertad del individuo para conferir privilegios particulares, se niega la libertad y la propiedad privada. Incluso más: el mundo se reduce a un mundo impersonal y mecanicista.

Los privilegios particulares existen porque existen personas. Al que trabaja arduo se le recompensa al concedérsele algo más que su compensación debida como acto de gratitud, o para fomentar incentivo.

La hostilidad a la familia en los estados socialistas se debe al hecho de que la familia es un grupo orientado al privilegio particular. La familia será más rigurosa con sus miembros de lo que será la sociedad, y más generosa. En una sociedad orientada a la familia, las iglesias, las organizaciones y las comunidades tienden a estar dominadas por una moralidad motivada por la familia y a ser personalistas. Los privilegios particulares entonces se vuelven rutina. Conant ha dejado en claro su hostilidad a la familia como institución «aristocratica», o sea, de privilegio particular. Para él, es ajena a la democracia[5]. Para Conant y otros, la escuela estatal es una agencia para promover la democracia y limitar el poder de la familia.

La actitud de los recogedores de uvas en la parábola era de codicia; incluía el deseo de evitar que otros recibieran lo que era legítimamente suyo. Fue un ataque al «privilegio particular». Todo ataque de esos es un esfuerzo por coaccionar inicuamente a fin de apoderarse de los privilegios según nuestros propios deseos.

Toda ley que trate de legislar separada de la ley de Dios es un caso de coacción inicua. Los ejemplos de tales leyes son muchas. Turner da una ilustración aleccionadora:

> Dos personas podían caminar por cualquier calle de los Estados Unidos en 1930; uno con una botella de whisky bajo el brazo y otro con una barra de oro en el bolsillo; y el que llevaba el whisky hubiera sido un transgresor en tanto que al que llevaba la barra de oro se le hubiera considerado como un buen ciudadano que acataba la ley. Si lo mismo hubiera sucedido en cualquier ciudad de los Estados Unidos en 1970, el que llevara el whisky hubiera sido el ciudadano que acata la ley y el que llevara la barra de oro, el transgresor[6].

5   James Bryant Conant, *Education in a Divided World, The Function of the Public Schools in Our Unique Society* (Harvard University Press, Cambridge, 1948), p. 8.
6   W. W. Turner, *The Amazing Story of the British Sovereign* (Nashville, Tenn., 1970), p. 4.

Tales leyes promueven la iniquidad porque violan el principio fundamental de la ley bíblica de que todos los criterios y toda legislación descansan en la rectitud de Dios y no en la voluntad del hombre ni en las políticas del estado.

4. Ofensas contra nuestro prójimo

El décimo mandamiento, como el noveno, menciona a nuestro prójimo, nuestro semejante. En el décimo mandamiento la palabra prójimo aparece tres veces (Éx 20:17; Dt 5:21). Como bien se ve, la segunda mitad de la ley tiene que ver con la trasgresión contra nuestro prójimo, pero el décimo mandamiento es especialmente incisivo en este respecto.

En Éxodo 20:17 se usa una palabra que denota «codiciar». En Deuteronomio 5:21 se usan dos palabras; una se traduce «desear», y quiere decir deleitarse en algo, querer, desear; la otra, se traduce «codiciar», y quiere decir tener deseo malsano de algo, según la exégesis tradicional. Como hemos notado, Von Rad ha mostrado que la palabra *codiciar* «tiene dos significados, el codiciar y el de tomar»[1]. ¿Por qué se limitó el significado a un aspecto, a la actitud mental? La causa se halla en el dualismo básico del pensamiento pagano, y de las filosofías helénicas, que han influido extensamente en el pensamiento occidental, incluyendo la teología. Se separa a la mente y el cuerpo en dos campos separados, y la separación ha llevado a serias consecuencias. Se ha hecho un divorcio entre la intención y el acto, y las consecuencias de las acciones se han separado de las consecuencias del pensamiento. A veces, las acciones han sido irrelevantes, porque la mente ha sido básica para la definición del hombre. En otras ocasiones, la mente ha tenido libertad para dar rienda suelta a toda divagación, porque solo a los actos se les ha adscrito responsabilidad. El dualismo, pues, ha llevado a una irresponsabilidad básica.

Este mandamiento, como ley, tiene que ver con las acciones de los hombres, apropiaciones ilegales e inmorales de lo que le pertenece al prójimo. Basa esta variante inicua de acción en la intención del hombre, su mente. La acción inmoral empieza con un pensamiento inicuo, y las dos cosas son inseparables. El Dr. Damon nos da una ilustración de esto:

> Los muchachos son charlatanes; créame, lo sé. Fanfarronean de sus triunfos sexuales. En secreto, tal vez se sientan culpables si han sido el primero con una muchacha; esto lo lleva perversamente a contarle a otro sobre cómo ella estaba dispuesta y lo había animado a que «la probara». Él quiere alguien a quien contarle su culpa. Pronto una muchacha que permite intimidad o intimidades, aunque tenga la suerte de no quedar encinta, se halla pagando un castigo terrible; se vuelve fácil. Incluso si deja un colegio y se va a otro y

---

1   Von Rad, *Deuteronomy*, p. 59.

trata de enterrar sus equivocaciones, un pasado más bien escabroso tiene su manera de hallarla[2].

Los hombres (y mujeres) culpables quieren reducir a los demás a su nivel. Este es un aspecto importante de su filosofía y conducta, Por eso, un escritor, al analizar los hábitos sexuales entre los funcionarios en Washington, DC, halló que el pecado sexual allí no era suficiente para su gusto. Su respuesta a los problemas del mundo y nacionales es más pecado sexual, porque entonces habría menos estándares que nos dividieran. Sin estándares, piensa, habría más paz. Una culpa común es, para él, el medio a una paz común. El que una revista nacional de ostensiblemente superior calibre publicara este artículo es un comentario interesante de los tiempos. Pero oigamos a John Corry hablar por sí mismo:

> Sería algo espectacular para la nación si al presidente, su gabinete, y cierta cantidad de otros hombres importantes en Washington (J. Edgar Hoover viene de inmediato a la mente) se les encerrara de tiempo en tiempo en un prostíbulo, no un prostíbulo elegante en el Lado Superior Oriental de Nueva York, sino algo más vulgar y más imaginativo, en donde alguien como Jean Genet fuera el hombre idea. Esto tal vez no haría a los hombres importantes más inteligentes, pero podría hacerlos más solidarios con el resto de nosotros. Washington no da por sentadas las debilidades de la carne, y a veces ni siquiera las reconoce. Los hombres importantes de Washington no están acostumbrados a sentirse culpables como el resto de nosotros, preocupándonos todo el tiempo de que estemos haciendo algo malo, pero si lo hicieran pudieran hacer que el país diera media vuelta, y también los hombres importantes tal vez sabrían más de nosotros, La culpa lo hace a uno más bondadoso y más tolerante de otros, y un caso real de culpa de prostíbulo pudiera hacer maravillas en, digamos, el Departamento de Justicia. Strom Thurmond sangraría por el negro, los liberales de ideología liberal despedirían a los sindicatos de trabajadores, y todo mundo quisiera salir de Vietnam mañana[3].

Si la culpa hace a los hombres «más bondadosos y más tolerantes de otros», como piensa Corry, es extraño que la historia no haya dado evidencia de ello. Desde los antiguos tiranos (los emperadores romanos, los gobernantes del Renacimiento) hasta los burócratas modernos (gobernantes comunistas, y dictadores), la culpa solo ha producido mayor culpa y brutalidad radical.

---

2   Virgil G. Damon, dr. en med., e Isabella Taves, *I Learned About Women From Them* (David McKay Company, Nueva York, 1962), p. 243.
3   John Corry, «Washington, Sex, and Power» [«Washington, sexo y poder»], en *Harper's Magazine*, vol. 241, no. 1442 (julio 1970), p. 68.

Los diez mandamientos no permiten un dualismo como el que Corry representa. La ley de Dios liga la mente y el cuerpo del hombre a la ley, y ata el guardar de la ley por parte del hombre a su guardar del pacto con Dios.

En el *Libro de Oración Común*, la Colecta que precede a la lectura de la ley recalca esta unidad de pensamiento y acto:

> Dios Todopoderoso, para quien todos los corazones están abiertos, y todos los deseos son conocidos, y de quien ningún secreto está oculto; limpia los pensamientos de nuestros corazones por la inspiración de tu Espíritu Santo, para que podamos amarte perfectamente, y de una manera digna magnificar tu santo nombre; por Cristo Nuestro Señor, amén.

La respuesta del pueblo a la ley se basa de manera similar en esta unidad: «Señor, ten misericordia de nosotros, e inclina nuestros corazones para guardar esta ley». (La colecta que precede también es parte del orden de la misa en el culto católico romano).

Debido a que Judea había sido helenizada muy extensamente durante el período intertestamentario, parte del Sermón del Monte se dedicó a un rechazo del dualismo en nombre de la ley. El lazo entre la mente del hombre y el asesinato y el adulterio lo citó Jesús como ilustración de este hecho (Mt 5:21-28). En otra ocasión declaró: «lo que sale de la boca, esto contamina al hombre» (Mt 15:11). Explicando esto a los discípulos que no comprendían, añadió: «Pero lo que sale de la boca, del corazón sale; y esto contamina al hombre. Porque del corazón salen los malos pensamientos, los homicidios, los adulterios, las fornicaciones, los hurtos, los falsos testimonios, las blasfemias. Estas cosas son las que contaminan al hombre; pero el comer con las manos sin lavar no contamina al hombre» (Mt 15:18-20).

El pensamiento inicuo, pues, no es un simple hecho inconsecuente; es un primer paso en la vida unificada del hombre, y ese primer paso culmina en un acto inicuo u otro paso lo hace retroceder a guardar el pacto. Nuestros pensamientos tienen un efecto decisivo sobre nuestro prójimo.

El décimo mandamiento, por tanto, presupone e incorpora una filosofía importante del hombre y de la Ley.

5. El sistema

Como hemos visto, *codicia* quiere decir lo mismo *desear* que *tomar*. Se nos prohíbe desear y apropiarnos ilegítimamente de la esposa, la casa, el terreno, los criados y el ganado de nuestro prójimo, y de cualquier cosa que sea de nuestro prójimo. En Efesios 5:5, San Pablo llama a esa codicia un tipo de idolatría. En la codicia pecaminosa, el hombre sigue un curso impío y lo redefine como justificable. Los hombres siempre son proclives a justificar todos sus actos. La justificación es una cubierta necesaria para el hombre, y como resultado los hombres se esfuerzan siempre por justificar los delitos más flagrantes.

Abraham Ruef, al describir el curso de acción que le llevó al cargo central de poder y corrupción en la política de San Francisco al principio del siglo 20, justificaba su posición describiendo la insensatez de la democracia. Ruef se graduó de la facultad de jurisprudencia de la Universidad de California con honores excepcionales. «Su primera convención política, nos cuenta en sus confesiones, le mostró que el gobierno representativo era una farsa». De organizador de un club por reforma cívica, de inmediato se convirtió en «mandadero» de jefes políticos poderosos y corruptos[1].

El principio que determinó tales acciones lo dijo muy bien alguien al hablar de este escritor hace años. Vindicaba la corrupción política, declarando: «Cuando las personas son rateras, merecen que les roben, y alguien lo hará». No tenemos justificación, sin embargo, para robarle al ladrón porque sea ladrón. La cura de la corrupción pública no es más corrupción.

La carrera de Ruef ilustraba bien la obra de una estructura política antigua, conocida ya en los días de Abraham en los documentos Nuzi, que Hichborn llama «el sistema». «El sistema» es la organización de corrupción y dolo en una forma de orden político. Trabajadores, empresarios y el gobierno civil se unen para formar un sistema de robo y codicia atrincherado que explota al pueblo. «El sistema», sin embargo, descansa en el hecho de la ya existente corrupción de la gente. En donde existe «el sistema», se habla mucho de reforma, pero nunca o rara vez se desea, porque todo hombre tiene un interés solapado en la imposición lenitiva de la ley, en la corrupción, y en perpetuar el mal[2].

Un grupo de hombres acomodados, encabezados por Rudolph Spreckels y James D. Phelan, instituyeron la investigación que condujo a una exposición parcial de «el sistema». La «reforma» exigida por muchos anteriormente se volvió impopular cuando sus ramificaciones empezaron a aparecer, y Spreckels y Phelan fueron blancos de hostilidad. La hostilidad a Phelan llegó incluso a Washington, DC, para impedirle que recibiera un nombramiento al gabinete en el gobierno de Wilson[3]. La moralidad de Ruef siempre había sido mala, pero su juicio era válido en este respecto: la gente no quería gobierno honesto. Todo hombre honesto es una amenaza al ladrón, y el hombre de integridad es una ofensa al mentiroso, porque la honestidad y la integridad son acusación perenne a los malhechores.

---

1   Franklin Hichborn, «The System», as Uncovered by the San Francisco Graft Prosecution (James H. Barry Company, San Francisco, 1915), p. 13s., n.

2   Ver Ovid Demaris, The Captive City; Lincoln Steffens, The Shame of the Cities (Sagamore Press, Nueva York, 1904, 1957); Walter Bean, Boss Ruef's San Francisco (University of California Press, Berkeley,1952, 1967); Frank Gibney, The Operators (Harper, Nueva York, 1960); el estudio importante es el de Hichborn.

3   Hichborn, p. 456.

El mentiroso, el ladrón, el adúltero y el codicioso rehúsan cambiar, y los mejores incentivos no bastan para reformarlos. Un divertido episodio en la vida del pintor Brueghel ilustra este hecho. De Brueghel se nos dice que,

> Durante todo el tiempo que vivió en Antwerp convivió con una criada. Se hubiera casado con ella excepto por el hecho de que, como tenía un marcado disgusto por la verdad, tenía el hábito de mentir, algo que a él le disgustaba grandemente. Hizo un acuerdo o contrato con ella al efecto de que él conseguiría un palo y cortaría una muesca en él por cada mentira que ella dijera, para cuyo propósito deliberadamente escogió uno bastante largo. Si el palo quedaba cubierto de muecas en el curso del tiempo el matrimonio se cancelaría y no habría más mención del mismo. Y en verdad, eso sucedió al cabo de poco tiempo[4].

El pecador, en lugar de cambiar, trata de rehacer el mundo a su propia imagen. El resultado es coacción, codicia. El codicioso ataca la honestidad y la felicidad de los demás. Jesús caracterizó esta actitud en estas palabras: «¿O tienes tú envidia, porque yo soy bueno?» (Mt 20:15). Moffat lo traduce al inglés: «¿Guardas tú rencor porque yo soy generoso?».

Es privilegio de Dios Creador hacer y rehacer al hombre y al mundo. Al hombre Dios le da la oportunidad de participar en ese rehacer mediante el trabajo y la ley, los medios ordenados por Dios para establecer dominio y llevar cautivas a Cristo todas las cosas. El codicioso se sale perversamente de esta senda legítima y busca medios ilegítimos para rehacer su vida en el mundo; de aquí su ataque a la propiedad, casa y esposa de su prójimo.

Así, el codicioso tiene su «sistema» también; busca un estado de cosas en el que, mediante medios ilícitos, se obtienen las consecuencias de la ley. Quiere una sociedad para promover su iniquidad y que sin embargo lo proteja. Tal como el «sistema» político es la organización de la corrupción y dolo en una forma de orden político, el «sistema» personal es el uso de la codicia y la ilegalidad como medios para lograr una nueva forma de orden personal y social. En lugar de orden, el resultado es la anarquía moral y el colapso social.

El nombre de la sociedad por la que el hombre puede codiciar todo lo que es de su prójimo puede variar: socialismo, comunismo, economía de beneficencia, individualismo descarnado, fascismo, y nacional-socialismo son unos pocos nombres comunes de la historia. Su objetivo es el mismo: bajo una fachada de moralidad se produce un sistema para apoderarse de lo que legítimamente le pertenece al prójimo. Por algo tal sistema conduce a una decadencia general de la moralidad. El robo, el asesinato, el adulterio y los falsos testimonios aumentan, porque el hombre es una unidad. Si puede legalizar y «justificar» la apropiación

---

4   F. Grossmann, *Breugel, The Paintings* (Phaidon Press, Londres, 1955; ed. rev., 1966), p. 7s.

de la riqueza y propiedad de su prójimo, legalizará y justificará el apoderarse de la esposa del prójimo.

Mientras más santurrona se vuelve su profesión de moralidad, más amplia es la brecha entre la profesión y el desempeño. El siglo 20 vio una promoción ampliamente extendida de reverencia por la vida, la abolición de la pena de muerte, y una proliferación de los movimientos por la paz. Al mismo tiempo, también se ha visto a estos mismos líderes producir un mundo de contaminación masiva y destrucción de la vida, más asesinatos que antes, guerras mundiales y nacionales salvajes, campamentos de prisioneros, tortura masiva, esclavitud y asesinato, y todo mientras se profesa la más noble moralidad.

Añádase a esto los movimientos de legalización del aborto. El congresista John G. Schmitz informó:

> Aquí en el Congreso se ha introducido legislación tanto en la Cámara de Representantes como en el Senado para permitir la matanza de niños no natos por todos los Estados Unidos, y para eliminar el impuesto federal a la renta personal para todos los niños después del segundo. El testimonio ante el Comité de la Cámara de Representantes sobre el Comercio Interestatal y Extranjero reveló un proyecto de ley que está pendiente en la legislatura del estado de Florida que legalizará la matanza de viejos («eutanasia»), y un proyecto de ley en la legislatura del estado de Hawaii que obligará la esterilización de todos las mujeres después de que hayan tenido su segundo hijo. Tal legislación pregona la venida de un nuevo nazismo a nuestra tierra[5].

En las palabras de San Pablo, «Profesando ser sabios, se hicieron necios» (Ro 1:22). Profesando amar la vida y a la humanidad, se han revelado como aborrecedores y asesinos de hombres.

---

5   John G. Schmitz, «Government Against Life» [«El gobierno contra la vida»], Weekly News Report, 19 agosto 1970.

XI

LAS PROMESAS DE LA LEY

1. El uso de la Ley

La ley bíblica ha retrocedido en su relevancia en la época actual. El surgimiento del pietismo a fines de la Edad Media, y la profunda infección del protestantismo y la Iglesia Católica Romana con el pietismo ha llevado a una declinación del énfasis en la ley bíblica. El pietismo hace énfasis en la religión «espiritual»; la Ley recalca una religión muy material en todo el sentido de la palabra, pertinente al mundo y prácticamente interesada en los asuntos de todos los días.

La Ley sufrió fuertemente a manos de Martín Lutero. En parte como reacción a la revuelta de los campesinos y a los anabaptistas, Lutero se volvió fuertemente en contra de la Ley, que denunció con ferocidad en un sermón de 1525: «Cómo deben los cristianos considerar a Moisés». Lutero sostenía que la Ley mosaica era obligatoria solo para los judíos y no para los gentiles. «Ya no tenemos a Moisés como gobernador ni legislador». Lutero halló tres cosas en Moisés: «En primer lugar, desecho los mandamientos dados al pueblo de Israel. Ellos ni me instan ni me obligan. Están muertos y desaparecidos», excepto como ejemplo o precedente. «En segundo lugar, hallo algo en Moisés que yo no tengo por naturaleza; la promesa de Dios en cuanto a Cristo. Esto es lo mejor». Ninguno de estos usos de Moisés tiene nada que ver con la ley, y el tercero menos. «En tercer lugar, leemos a Moisés por los hermosos ejemplos de fe, amor, y de la cruz, como se muestra en los patriarcas: Adán, Abel, Noé, Abraham, Isaac, Jacob, Moisés y el resto». También se nos dan ejemplos de hombres impíos y sus destinos. Pero, «en donde da mandamiento, no debemos seguirlo excepto en lo que él concuerde con la ley natural»[1].

Lutero pavimentó así el camino para el pleno retorno del escolasticismo y de la ley natural, como lo hizo Calvino con sus nociones a veces débiles de la ley bíblica. El primer avivamiento del escolasticismo vino, por lo tanto, en el ámbito protestante de Europa, antes que en el católico.

Kevan, al comentar sobre el origen del antinomianismo, anotó:

> El antinomianismo fue el contrario teológico del puritanismo en su doctrina de la Ley de Dios en la experiencia cristiana. Aparte de la aparición temprana

---

1   *Luther's Works*, vol. 35, *Word and Sacrament* (Muhlenberg Press, Filadelfia, 1960), I, 161-173.

en tiempos del Nuevo Testamento, y en el gnosticismo valentiniano, el surgimiento formal del antinomianismo por lo general ha sido asociado con Juan Agrícola, a veces llamado Islebio, líder activo de la Reforma luterana. En su búsqueda de un principio efectivo por el cual combatir la doctrina de la salvación por obras, Agrícola negó que el creyente estuviera de alguna manera obligado a cumplir la ley moral. En la disputa con Lutero en Wittenberg (1537), se dice que Agrícola dijo que el hombre se salvaba solo por fe, sin consideración a su carácter moral. Lutero denunció estos conceptos de Agrícola como caricatura del evangelio, pero a pesar de eso, los antinomianos han apelado repetidas veces a los escritos de Lutero y señalado el respaldo de este a sus opiniones. Sin embargo, esto se basa solo en ciertas ambigüedades en las expresiones de Lutero, y a un malentendido general de la enseñanza del Reformador[2].

Contrario a lo que dice Kevan, las «ambigüedades en las expresiones de Lutero» descansaban en muy serias ambigüedades en el pensamiento del Reformador.

En 1529, Lutero, en el *Catecismo Breve,* expresó un concepto más sólido de la ley, pero sus breves declaraciones allí no pudieron deshacer el daño de sus ataques más extensos a la Ley. Demasiado a menudo Lutero pensó que la única manera de establecer la doctrina de la justificación por fe era negar las obras y la santificación. Le escribió el 1º de agosto de 1521 a Melancton: «El pecado no nos puede separar de Dios, aunque cometamos asesinato y fornicación mil veces al día»[3]. Con santos como estos, el mundo no necesita pecadores.

Si un hombre quiere una religión espiritual o mística, la Ley es su enemiga. Si quiere una religión material, una plenamente relevante al mundo y al hombre, la ley bíblica es ineludiblemente necesaria para él. Levítico 26:3-45 recalca la relevancia material de la ley. Esta «gran exhortación» deja en claro que no puede haber una vida material victoriosa para el hombre apartado de la ley.

Esta «gran exhortación» se puede dividir en tres partes. En los vv. 3-13 se declaran las bendiciones materiales de la obediencia a la Ley. Habrá lluvia, buenas cosechas, excelente producción de vino, paz, prosperidad; no habrá bestias salvajes, habrá victoria contra los enemigos, y el favor de Dios y su presencia estarán con ellos. Este favor era muy grande: «Perseguiréis a vuestros enemigos, y caerán a espada delante de vosotros. Cinco de vosotros perseguirán a ciento, y ciento de vosotros perseguirán a diez mil, y vuestros enemigos caerán a filo de espada delante de vosotros» (Lv 26:7-8).

---

2   Ernest F. Devan, *The Grace of Law, A Study of Puritan Theology* (Baker Book House, Grand Rapids, 1965).

3   Citado en Friedrich Heer, *The Intellectual History of Europe* (World Publishing Company, Cleveland, [1953], 1966), p. 221.

En la segunda sección, vv. 14-33, se declara la maldición por la desobediencia a la Ley. La desobediencia lleva a calamidades crecientes: enfermedad, derrota, escasez, terror, sequía, plagas y conquista. La moral nacional será tan mala que «huiréis sin que haya quien os persiga» (Lv 26:17). Estos castigos culminarán en conquista, canibalismo y dispersión entre las naciones. La tierra misma desilusionará a un pueblo bajo maldición, al igual que los cielos. El cielo será como hierro (no lluvia), y la tierra como bronce (sin riego y estéril) por la desobediencia (Lv 26:19).

La tercera sección, vv. 34-45, declara que a la tierra juzgada se le dará su descanso sabático. El pueblo conocerá el terror en el cautiverio. El arrepentimiento, no obstante, conducirá a la restauración.

Primero, la «gran exhortación» se dirige a Israel con claridad. Con igual claridad el Sermón del Monte se dirige a los discípulos, y las epístolas a iglesias en particular, pero esto no limita su aplicación a las personas o a las iglesias particulares a las que se dirige. La Palabra de Dios es una unidad, y es mensaje de Dios para todos los hombres, o no lo es. Negar alguna parte de las Escrituras es en última instancia negarla toda.

Segundo, no podemos creer que Dios no tenga juicios para los hombres y naciones en la era cristiana. Hebreos 12:18-29 deja en claro que el mismo Dios y la misma Ley y juicios se aplican a la iglesia e Israel, y que el hombre y las naciones reciben una sacudida similar, a fin de destruir a todos los que pueden ser sacudidos y dejar solo «el reino de Dios que no puede ser conmovido». Calvino sostenía que en la era del Antiguo Testamento, «Dios se manifestó más plenamente como Padre y Juez con bendiciones y castigos temporales que desde la promulgación del evangelio»[4]. Como evidencia de esto, Calvino declaró:

> La tierra no se abre ahora para tragar a los rebeldes; ahora Dios no truena desde el cielo como contra Sodoma; no envía ahora fuego sobre las ciudades perversas como lo hizo en el campamento israelita; no envía serpientes ardientes para infligir mordeduras mortales; en una palabra, tales instancias manifiestas de castigo no se presentan a diario ante nuestros ojos para hacer que Dios sea terrible para nosotros; y por esta razón, debido a que la voz del evangelio suena mucho más claramente en nuestros oídos, como el toque de una trompeta, se nos llama al tribunal celestial de Cristo[5].

Eso es un razonamiento tonto y trivial. Los juicios milagrosos no «se presentaban a diario» en la era del Antiguo Testamento; eran pocos y distantes. El breve tiempo del Nuevo Testamento vio también muchos juicios milagrosos: sobre Judas, sobre Jerusalén y Judea, sobre Ananías y Safira, sobre Herodes (Hch 12:21-23), y sobre muchos

4 Calvino, *Commentaries on the Four Last Books of Moses*, III, 217.
5 *Ibid.*, III, 215 f.

otros. También vio liberaciones milagrosas: un ángel liberó a Pedro (Hch 12:7-10), a Pablo y Silas en Filipos (Hch 16:25-31), los muchos que fueron sanados por Cristo y los apóstoles, la salvación de Pablo en el naufragio, y cosas por el estilo.

Calvino confundió lo milagroso con la Ley. Aparte de estos milagros, los castigos y las bendiciones de la ley son evidentes en el mundo del Antiguo Testamento, sobre Israel y las naciones, y son evidentes también en la historia cristiana.

Negar la permanencia de la Ley de Dios es caer en el dispensacionalismo y en última instancia en el maniqueísmo. En lugar de un Dios inmutable, se presenta por lo menos a un Dios cambiante, o quizás a dos dioses disímiles. Calvino fue más sabio al declarar:

> Puesto que en la ley se establece la diferencia entre el bien y el mal, se da para la regulación de la vida de los hombres, así que bien se le puede llamar la regla para vivir bien y correctamente[6].

Exactamente. Si Dios creó todas las cosas, todas las cosas se pueden usar de manera apropiada y segura solo según las condiciones de su ley, «una ley para vivir bien y correctamente». La Ley nos da un conjunto de «instrucciones del fabricante» que se pueden descartar solo a riesgo nuestro.

Tercero, debido a que la vida del hombre es una vida material, lo debe gobernar una ley material, una ley que se aplique a su vida. El materialismo de la Ley es casi un aspecto necesario de la misma. La «gran exhortación» es por tanto tan válida hoy como cuando Moisés la dio. Mientras la tierra permanece, la ley permanece. Los que buscan «liberar» de la ley bíblica al hombre violan una ley establecida en el Antiguo y en el Nuevo Testamento, en Deuteronomio 25:4, 1 Corintios 9:9, y 1 Timoteo 5:18: No se le debe poner bozal al buey que trilla, porque el obrero es digno de su salario. La Ley establece tanto el castigo como la paga del hombre. Por supuesto, las recompensas y castigos de Dios con mucho deben ser preferibles a las promesas de las naciones o de cualquier ley natural mítica.

Arriba se hizo referencia a Juan Agrícola (1492-1566), el antinomiano. En 1537, Agrícola escribió: «¿Estás sumergido en el pecado? ¿Eres adúltero o ladrón? Si crees, estás en salvación. Todos los que siguen a Moisés deben irse al diablo; a la horca con Moisés»[7].

El antinomianismo, que ha negado la ley, trae como resultado el misticismo y el pietismo. Al enfrentar un mundo de problemas, no tiene respuesta adecuada. Para suplir esta falta, el antinomianismo muy pronto se volvió premilenalista; su respuesta a los problemas del mundo fue posponer la solución al «retorno en

---

6   *Ibid.,* III, 196.
7   Daniel Steele, *A Substitute for Holiness, or, Antinomianism Revived, or The Theology of the So-Called Plymouth Brethren Examined and Refuted* (Christian Witness Co., Boston, 899), segunda edición, p. 47.

cualquier momento» de Cristo. El antinomianismo condujo a un intenso interés y expectativa del retorno de Cristo como la única solución a los problemas del mundo, negándole a la Ley de Cristo el status de respuesta. Con razón, uno de los resultados de Juan Darby y los hermanos Plymouth, líderes de este movimiento, fue un hecho triste registrado en 1877 por Steele:

> Un puñado de norteamericanos, fragmentos de familias, poseídos por esta interpretación infantil de las Escrituras, están escarbando una existencia en Jerusalén. Han adoptado y se llaman por el nombre de «La colonia Americana». Están decididos a estar a la cabeza de una línea de aspirantes a cargos cuando llegue el nuevo gobierno[8].

2. La Ley y la exclusión

Una declaración muy importante que es parte de la ley declarada es Deuteronomio 7:9-15:

> Conoce, pues, que Jehová tu Dios es Dios, Dios fiel, que guarda el pacto y la misericordia a los que le aman y guardan sus mandamientos, hasta mil generaciones; y que da el pago en persona al que le aborrece, destruyéndolo; y no se demora con el que le odia, en persona le dará el pago. Guarda, por tanto, los mandamientos, estatutos y decretos que yo te mando hoy que cumplas.
>
> Y por haber oído estos decretos y haberlos guardado y puesto por obra, Jehová tu Dios guardará contigo el pacto y la misericordia que juró a tus padres. Y te amará, te bendecirá y te multiplicará, y bendecirá el fruto de tu vientre y el fruto de tu tierra, tu grano, tu mosto, tu aceite, la cría de tus vacas, y los rebaños de tus ovejas, en la tierra que juró a tus padres que te daría. Bendito serás más que todos los pueblos; no habrá en ti varón ni hembra estéril, ni en tus ganados. Y quitará Jehová de ti toda enfermedad; y todas las malas plagas de Egipto, que tú conoces, no las pondrá sobre ti, antes las pondrá sobre todos los que te aborrecieren.

Primero, aunque esto es parte de la ley del pacto, su aplicación no está restringida a Israel. El pacto abarca a todos los hombres sin excepción. El pacto original fue con Adán; el pacto renovado fue con Noé. Todos los hombres son o guardadores del pacto o quebrantadores del pacto; todos están ineludiblemente ligados al pacto y a sus promesas de amor y odio, bendiciones y maldiciones. Al renovar el pacto, Cristo dejó claro que todos los hombres tenían que ver con este. Según Juan 12:32, 33, el Señor dijo:

---

8   *Ibid.*, p. 355.

Y yo, si fuere levantado de la tierra, a todos atraeré a mí mismo. Y decía esto dando a entender de qué muerte iba a morir.

Al convertirse en sacrificio, sacerdote, y renovador divino del pacto de Dios con el hombre, Jesús atraería a todos los hombres a Él; es decir, se convertiría en motivo de condenación y de salvación, de bendiciones y de maldiciones. El pacto y la Ley del pacto, así como el Señor del pacto, juzgan a todo hombre.

Segundo, el Dios del pacto se identifica como «Dios, Dios fiel», que quiere decir, en las palabras de Wright, que «solo Él es soberano Señor, y es veraz y digno de confianza; lo que dijo, lo hará»[1]. Un aspecto de la confiabilidad de Dios es su celo, su ira, su aborrecimiento y su condenación de los que desprecian su pacto y Ley. Dios promete amor y odio como aspectos de su justicia y fidelidad absoluta.

Tercero, esto quiere decir retribución. Dios promete pagar «a aquellos que le odian, dándoles su merecido. ¡Sin tardanza da su merecido a los que le odian!» (Dt 7:10, VP). Así que la retribución es un aspecto de la Ley de Dios que los hombres deben aplicar, porque es antes que nada el principio de operación que aplica Dios. A aquellos a quienes ama, a los que obedecen su ley del pacto, los bendice con «fertilidad del vientre, de la tierra, de los rebaños y ganados, y libertad de las notorias *malas plagas de Egipto*»[2].

Cuarto, Dios afirma sus derechos soberanos. En el versículo 12 se refiere a sus «castigos». Como W. L. Alexander ha destacado:

> *Juicios,* es decir, derechos, demandas legítimas. Dios, como Gran Rey, tiene sus derechos, y estos deben tributárselos sus súbditos y siervos[3].

Keil y Delitzsch interpretaron *decretos* (en Dt 4:1) como «derechos, todo lo que era debido a ellos, sea en relación con Dios o con sus semejantes»[4]. Sin embargo, la ley de Dios es una afirmación de la justicia y derechos de Dios sobre la humanidad. En segundo lugar, debido a que el hombre es criatura de Dios, sus únicos derechos verdaderos están en Dios y en la ley de Dios. Es interesante notar que una de las palabras griegas del Nuevo Testamento que se traduce como juicio es *krisis,* que quiere decir una separación y luego una decisión. La ley y sus penalidades son una declaración de los derechos legítimos de Dios, sus derechos sobre todos los hombres. De aquí su derecho de amar o de aborrecerlos según la reacción de ellos a los derechos de él.

Quinto, como ya se dijo, la fertilidad y la abundancia se prometen a todos los que obedecen la ley del pacto de Dios. En la medida en que incluso un hombre

---

1   G. Ernest Wright, «Deuteronomy» [«Deuteronomio»], *Interpreter's Bible,* II, 381.
2   *Ibid.,* II, 382.
3   W. L. Alexander, *The Pulpit Commentary, Deuteronomy,* p. 136.
4   Keil y Delitzsch, *The Pentateuch,* III, 308.

impío respeta la ley de Dios, en esa medida florecerá. Las naciones surgen y caen según esto. La desobediencia, por otro lado, conduce al castigo.

Esto nos lleva a un punto de importancia especial. Ya se dijo anteriormente que el pacto incluye a todos los hombres sin excepción; los que guardan el pacto son bendecidos, y los que quebrantan el pacto son malditos. Esto es evidente en la «exclusión» que precede y sigue a Deuteronomio 7:9-15; vv. 1-8 y 16-26. A Israel se le llama a que expulse y destruya a los habitantes de la tierra, debido a que su iniquidad había llegado al «colmo» (Gn 15:16). Todo el punto de la *exclusión* era que aquellos cananeos eran moralmente ofensivos a Dios (Dt 20:16-18).

El *anatema* solo Dios podía decretarlo, no el hombre. Mediante el anatema, Dios declaraba que un pueblo estaba fuera de la Ley y condenado a muerte. El anatema es la inversión de la comunión, y declara el fin de la comunión entre Dios y el hombre; a los pueblos bajo anatema se les castiga con la muerte.

La comunión y la comunidad pueden existir donde haya fuertes diferencias personales y enemistad. Van der Leeuw cita un buen ejemplo de esto:

> Hoy el mejor ejemplo sigue siendo el campesino, que no tiene «sentimientos» sino que sencillamente pertenece a su comunidad, ¡en contraste con el *citoyen* inventado en el siglo XVIII! Incluso los campesinos que pelean o entablan pleitos judiciales siguen siendo vecinos y hermanos; un campesino en los Países Bajos Orientales que tiene un enemigo mortal en el pueblo sabe que en los días de mercado está obligado a saludar a su enemigo y caminar de aquí para allá con él una vez, cuando la comunidad del campesino de todo el distrito se reúna en el pueblo rural, demostrando así a los ojos de los «extraños» la comunión del pueblo *ad oculos*[5].

La cuestión en una costumbre así es esta: el desacuerdo existe, los pleitos están en proceso, pero tales diferencias son parte de la vida en una comunidad y una forma de la comunidad. De igual forma, las diferencias son ineludibles en todo matrimonio; entre personas piadosas, las diferencias sirven para aumentar los aspectos de comunión y acuerdo al sacar los problemas a la superficie para resolverlos. Una comunidad *requiere* disensión y desacuerdo a fin de tener progreso. El *anatema* más bien quiere decir el fin de la comunidad; indica una situación más allá del desacuerdo; quiere decir que la maldición ha cundido.

La relación de comunidad y desacuerdo lo ilustra bien un incidente en una pequeña región agrícola de California en 1970. Una mujer notoria por sus costumbres camorristas y discutidoras trató de empezar una gran discusión con la Sra. E. S., a quien había visto solamente una vez antes. La Sra. S., con estupenda lógica y sabiduría femenina, se alejó de ella, tras decirle: «¡No se ponga a pelear conmigo! ¡Yo no la conozco tan bien!». La otra entendió bien; no había comunidad para

---

5   G. Van Der Leeuw, *Religion in Essence and Manifestation*, p. 243.

nada entre ellas, y por consiguiente no había absolutamente ninguna base para comunicaciones ni desacuerdos.

El anatema es más que *ausencia* de comunidad; es más bien el fin de toda comunidad, de todo posible acuerdo o desacuerdo. La costumbre judía de darle la «extrema unción» a un miembro de la familia que ha transgredido más allá de cierto límite es muy sólida; la persona queda excluida. Cuando la exclusión es firme, la maldición impera.

En la maldición, el hombre invoca a Dios para que juzgue a un hombre o pueblos que considera más allá de comunión, cuyos pecados requieren castigo total. Dios no oirá una maldición inmerecida, como en el caso de Balaam (Dt 23:5), sino que la convertirá en bendición. La maldición sin causa no logra nada (Pr 26:2). Cuando Dios pronuncia las maldiciones que aparecen en la ley y en el epílogo de la ley sobre la desobediencia, está colocando a tales personas bajo *anatema*.

La ley nos prohíbe maldecir a ciertas personas. Se nos prohíbe, en Éxodo 22:28, maldecir a los gobernantes o «los dioses» o jueces, o maldecir a los padres (Éx 21:17), y a los sordos (Lv 19:14). Esto no quiere decir que la alternativa sea la obediencia servil, pero sí se nos prohíbe maldecir a las autoridades superiores o a los desvalidos. Dios mismo pronuncia maldiciones sobre las autoridades impías.

El hecho del *anatema* y de las maldiciones deja en claro que el alcance de la Ley está más allá del ámbito de Israel o de la Iglesia. Dios, como Creador de todos los hombres, quiere que su ley gobierne a todos los hombres. Todos los hombres son, pues, dignos de castigo y muerte por su desobediencia a la ley de Dios.

El Talmud, al tratar de las leyes agrarias, insistía en que Dios era el dueño de la tierra. Debido al señorío y soberanía totales de Dios, la tierra, incluso en manos de paganos, está bajo la jurisdicción de Dios. Según el Talmud, bajo la ley el pagano debe rendir cuentas a Dios por el cuidado de la tierra, y pagar el diezmo[6]. Es costumbre que muchos «cristianos» expresen su desprecio por el Talmud; a pesar de sus muchas vaguedades, en este punto y en otras partes el Talmud daba mejor reconocimiento práctico a la soberanía de Dios que Lutero, Calvino y muchos otros. Lutero, como negaba la ley de Dios, empujó su hostilidad al punto de negar todo lo que estaba asociado con ella, incluyendo a los judíos y el Talmud.

Por haber negado la ley de Dios, el luteranismo tuvo que negar la victoria prometida por esa ley. En consonancia, la Confesión de Augsburgo, Artículo XVII, en el último párrafo, declara lo siguiente de las iglesias luteranas:

Condenan también a otros que ahora esparcen opiniones judías que, antes de la resurrección de los muertos, los santos ocuparán los reinos del mundo,

---

6   *Gittin*, 41a, p. 208; *Kiddushin*, 38b, p. 188.

y los malos serán suprimidos en todas partes (solo los santos, los piadosos, tendrán los reinos del mundo, y exterminarán a todos los impíos)[7].

El movimiento de la iglesia así trazado es de la victoria a la derrota.

Lutero mismo empezó con victoria y acabó en derrota, como hombre auto-torturado, plagado de culpa y orgullo. El que había sido la esperanza del pobre cristiano había sido denunciado por ellos como Herr Luder, Sr. Mentiroso, señuelo, pillo de la ley, o carroña. Lutero podía con todo derecho argumentar que la suya no era una teología de revolución social, pero había levantado falsas esperanzas entre los campesinos. «*Sola Scriptura*» era su estándar; solo la palabra de Dios. Esto para el pueblo quería decir no solo justificación por fe sino también la ley soberana de Dios. A esa ley apelaban ellos, y Lutero renunció a la ley de Dios a favor de la ley estatista.

Melancton no traicionó a Lutero cuando «construyó una nueva doctrina de ley natural basada en Aristóteles y teología bíblica que en muchos aspectos es idéntica a la de Santo Tomás. La similitud con el tomismo no fue accidental»[8]. Como había denunciado la ley de Dios, la única alternativa era el tomismo y la ley natural. La Reforma por lo tanto nació muerta.

El luteranismo ha mantenido la norma de «Sola Scriptura», pero ha negado la validez de la ley de Dios. Ha desalentado, más que cualquier otra iglesia, el interés en el libro de Apocalipsis, puesto que este libro declara muy enfáticamente la total relevancia de Dios y su ley en este mundo. Si la gente leyera mucho el Apocalipsis, podría surgir una crisis de fe.

Calvino también hizo posible el renacimiento de la ley natural por sus nociones laxas de la ley de Dios. Los puritanos por un tiempo salvaron el calvinismo de sí mismo por su énfasis en la ley bíblica, solo para sucumbir ellos mismos al clima intelectual del neoplatonismo y también a la seducción de la ley natural. La Reforma en general se movió de victoria a derrota, de relevancia a irrelevancia, de un reto al mundo a una rendición al mundo o a una retirada de él sin sentido. Roma, Ginebra, Wittenberg y Canterbury se retiraron también al pietismo inefectivo. ¡Todos eran del mundo, pero no estaban en el mundo!

Abandonar la ley es abandonar la bendición y victoria que la ley confiere a los que son obedientes. Las naciones paganas que rechazan a Dios, pero de todas formas son obedientes a algunas de sus leyes, mantienen un verdadero orden familiar, observan las leyes respecto al asesinato, el robo y el falso testimonio, y también respetan las leyes respecto al uso de la tierra. Tales naciones prosperan y florecen en la medida de su obediencia. Grandes naciones han surgido como resultado de la disciplina de la ley y han caído al abandonarla.

---

7   Philip Schaff, *The Creeds of Christendom* (Harper, Nueva York, 1877, 1919), III, 18.

8   Friedrich Heer, The Intellectual History of Europe, p. 240.

Si abandonar la ley es abandonar la victoria y bendición, y guardar la ley es prosperar y florecer, y si esto es válido para las naciones paganas, ¿cuánto mucho más para los santos? Si un pueblo reconoce a Jesucristo como Señor y Rey y obedece su ley soberana, sus bendiciones y victorias serán mucho mayores, así como en iniquidad e incredulidad su condenación superará todas las demás.

3. La maldición y la bendición

En Deuteronomio 27 y 28 tenemos otra importante noción de las implicaciones de la ley. Estos capítulos nos dan las maldiciones y bendiciones asociadas con ella.

Maldición, exclusión y *anatema* son básicamente los mismos conceptos. Lo que está bajo maldición, exclusión o anatema está *dedicado* o *consagrado*, o sea, entregado a destrucción por exigencia de Dios. En la iglesia, el concepto de maldición, exclusión o anatema aparece como excomunión[1].

Según Harper, el propósito bíblico de la exclusión siempre es ético, y su propósito era «preservar la religión cuando corría grave peligro»[2].

La exclusión, maldición o anatema no desaparece de una sociedad cuando esta abandona la fe bíblica. La exclusión solo se transfiere a un nuevo aspecto de la vida. Así, escribiendo a principios del siglo 20, Harper señaló:

Aunque la iglesia del Nuevo Testamento es la portadora de los más altos intereses de la Humanidad, se nos enseña que cuando tiene menos definida su dirección como para conducir, cuando es más tolerante de las prácticas del mundo, es más fiel a su concepción original. Se nos dice que una Iglesia indulgente es lo que se quiere; el rigor y la religión ahora se tienen como finalmente divorciados de todas las mentes iluminadas. Esta noción no se expresa a menudo de manera categórica, pero subyace en toda la religión de moda, y tiene sus apóstoles en la juventud dorada que promueve el iluminismo jugando tenis los domingos. También debido a eso, puritano se ha vuelto un término de desdén, y la autocomplacencia se ha vuelto una marca del cristianismo cultivado. No solo el ascetismo, sino la *askesis* se han desacreditado, y el tono moral de la sociedad en consecuencia ha caído de una manera perceptible. En amplios círculos dentro y fuera de la iglesia parece que se piensa que el dolor es el único mal intolerable, y en la legislación y en la literatura esa idea se ha ido estableciendo[3].

Harper tenía razón. A principios del siglo 20, el *dolor* estaba condenado al destierro por la sociedad humanista. Ahora, la guerra, la pobreza, la discriminación

1   J. Denney, «Curse» [«Maldición»], en *Hastings, Dictionary of the Bible*, I, 534s.
2   Andrew Harper, *The Book of Deuteronomy* (Doran, Nueva York, n.f.), p. 173s.
3   *Ibid.*, p. 185.

con respecto a raza, color o credo, o a los cristianos ortodoxos cada vez más se los coloca bajo una exclusión y son blancos de legislación.

Ninguna sociedad puede escapar de tener una exclusión; la pregunta importante es, ¿qué se debe excluir?

Según Deuteronomio 27:15-26, son las violaciones de la ley de Dios (no la ley del estado ni de la iglesia) las que ponen a los hombres bajo la exclusión o maldición. Se pronuncian doce maldiciones, igual al número de las tribus de Israel, para indicar totalidad. Estas doce maldiciones son:

1. Contra los quebrantamientos secretos del segundo mandamiento (Éx 20:4), v. 15;
2. Contra el desprecio o falta del debido respeto a los padres (Éx 20:17), v. 16;
3. Contra todos los que remueven los hitos de marca del prójimo (Dt 19:14), v. 17;
4. Contra los que hagan tropezar al ciego (Lv 19:14), v. 18;
5. Contra todo los que perviertan la justicia debida a los extranjeros, a las viudas y a los huérfanos (Dt 24:17), v. 19;
6. Contra el incesto con una madrastra (Dt 23:1; Lv 18:8), v. 20;
7. Contra el bestialismo (Lv 18:23), v. 21;
8. Contra el incesto con una hermana o media hermana (Lv 18:9), v. 22;
9. Contra el incesto con una suegra (Lv 18:8), v. 23;
10. Contra el asesinato (Éx 20:13; Nm 35:17ss.), v. 24;
11. Contra cualquiera que acepte soborno bien sea para matar a un hombre de frente o producir su muerte por falso testimonio (Éx 23:7, 8), v. 25;
12. Contra cualquier hombre que no ponga la Ley en efecto, y que no haga de la ley el modelo y norma de su vida y conducta.

De esta última maldición, que se aplica a toda rama de la ley, evidentemente se deduce que los diferentes pecados y transgresiones ya mencionados se seleccionaron solo a manera de ejemplo, y en su mayor parte eran tales que se podrían fácilmente esconder de las autoridades judiciales. Al mismo tiempo, «el oficio de la ley se muestra en esta última expresión, el sumario de todo el resto, para haber sido preeminentemente para proclamar condenación. Todo acto consciente de transgresión sujeta al pecador a la maldición de Dios, de la cual nadie, sino Aquel que se ha vuelto maldición por nosotros, puede librarnos» (Gá 3:10, 13, O. v. Gerlach)[4].

El principio y la base de las bendiciones y maldiciones es muy claramente *la ley* (Dt 28:1, 15). Las maldiciones precedentes especifican pecados particulares de un carácter depravado, pecados que son actos de maldad. La doceava maldición,

---

4   Keil y Delitzsch, The Pentateuch, III, 434s.

sin embargo, incluye toda ley de Dios y por consiguiente no concede ningún escape de la maldición excepto la obediencia.

Deuteronomio 28, especialmente los vv. 1-26, nos da una imponente declaración de bendiciones y maldiciones. Dos hechos muy obvios e importantes son evidentes. *Primero,* estas bendiciones o bienaventuranzas prometen vida, prosperidad y éxito a los que obedecen la ley de Dios. Kline tiene razón al decir:

> Israel, si es fiel al juramento del pacto, saldrá victorioso en todo encuentro militar y comercial con otras naciones. Dentro del reino habrá abundancia de la bondad de la tierra. Canaán será un paraíso verificable, y fluirá leche y miel. Lo que es muy importante, Israel prosperará en su relación con su Señor del pacto. Este es el secreto de toda bienaventuranza, porque su favor es vida[5].

La obediencia a la ley es un acto de fe de que Dios es fiel y le dará a su pueblo vida abundante y una tierra bondadosa. David afirmó la fe de todas las Escrituras al declarar:

> Porque los malignos serán destruidos,
> Pero los que esperan en Jehová, ellos heredarán la tierra.
> Pues de aquí a poco no existirá el malo;
> observarás su lugar, y no estará allí.
> Pero los mansos heredarán la tierra,
> y se recrearán con abundancia de paz (Sal 37:9-11).

Las palabras de David no se pueden entender separadas de Deuteronomio 28, ni tampoco la bienaventuranza de Cristo: «Bienaventurados los mansos, porque ellos recibirán la tierra por heredad» (Mt 5:5). A los mansos, los amansados de Dios que le obedecen, literalmente se les promete la tierra por su obediencia. Son bienaventurados en la ciudad y en el campo, en el fruto de su vientre y en el fruto del campo, en la canasta y en la bodega, y en todo. La promesa es que «comerán los humildes, y serán saciados» (Sal 22:26). «Encaminará a los humildes por el juicio, y enseñará a los mansos su carrera» (Sal 25:9), es decir, Él los guiará en justicia y les enseñará el camino de la vida. La ley es, pues, muy claramente el camino a una vida rica en la tierra. No hay promesa de ninguna prosperidad aparte de la ley. La obediencia de la fe es la ley.

Segundo, con respecto a las maldiciones, «el destierro de la heredad prometida era la maldición extrema»[6]. Así como la ley abre la vida y la tierra, la iniquidad

---

5   Meredith G. Kline, *Treaty of the Great King,* p. 125.
6   *Ibid.*

abre maldiciones, derrotas y finalmente muerte. La mayor parte del capítulo se dedica a una especificación precisa de las consecuencias de la maldición.

Fue la maldición sobre la iniquidad, cuando Adán y Eva negaron a Dios como el principio de vida y ley, como su Soberano, que condujo a su expulsión del paraíso. Ha sido la misma maldición sobre la iniquidad que, edad tras edad, ha condenado al hombre a frustración, derrota y muerte. Negar a Dios es negar su ley y soberanía, o a la inversa, negar la ley y soberanía de Dios es negar a Dios. Afirmar la ley de Dios es aceptar su soberanía y señorío. La fe y la ley son inseparables, porque «la fe sin obras es muerta» (Stg 2:20).

Es más: «a las bendiciones se las representa como poderes verdaderos que siguen los pasos de la nación, y la impregnan»[7]. Las Escrituras no solo enseñan una doctrina de *gracia soberana e irresistible,* sino que también enseñan una doctrina de *bendiciones y maldiciones soberanas e irresistibles* según la obediencia o desobediencia a la ley de Dios. Este es el significado ineludible de Deuteronomio 28.

Deuteronomio 28: 2 nos dice que «vendrán sobre ti todas estas bendiciones, y te alcanzarán, si oyeres la voz de Jehová tu Dios». En el versículo 15 se nos dice que «vendrán sobre ti todas estas maldiciones, y te alcanzarán». En ambos casos se declara una consecuencia irresistible.

El hombre no está en libertad, no obstante, de escoger la consecuencia. No puede declarar que, debido a que merece ser bendecido, escoge ser bendecido con dinero, una nueva esposa o cuatro hijos. De modo similar, el hombre no puede escoger su castigo. El mundo de maldiciones y bendiciones no es una feria de variedades donde el hombre puede ejercer su decisión libre y escoger a su gusto. En todo momento Dios es soberano, y «Él nos elegirá nuestras heredades» (Sal 47:4).

La historia de esa maldición irresistible empezó con la caída y continúa hasta hoy. Las bendiciones irresistibles empezaron en Edén, y durante toda la historia han estado en efecto dondequiera que la obediencia ha prevalecido. Con sus bienaventuranzas, Jesucristo confirmó Deuteronomio 28 y se dio a conocer como el Legislador. Esto fue lo que percibieron sus oyentes, porque «la gente se admiraba de su doctrina; porque les enseñaba como quien tiene autoridad, y no como los escribas» (Mt 7:28-29). Los escribas interpretaban la ley; Jesucristo declaraba la ley como su forjador. Como forjador de la ley, sus palabras eran una revelación de la ley. Por consiguiente, las maldiciones y las bendiciones de la ley dependían de oír y obedecer sus «palabras» (Mt 7:24-27).

El hombre quiere y necesita un mundo de maldiciones y bendiciones. Todo en su naturaleza, debido a que Dios lo creó, exige un mundo de consecuencias y causalidad. Sin embargo, debido a que el hombre ha caído y está en rebelión contra Dios, quiere que estas maldiciones y bendiciones se cumplan en sus términos, según sus necesidades y su concepto de justicia. No hace muchos años este escritor tuvo una breve experiencia con unos apostadores en Nevada. Aunque eran por lo

---

7   Keil y Delitzsch, *The Pentateuch,* III, 435s.

general hombres mal hablados, a veces oraban, y la tomaban contra Dios cuando sus oraciones no eran contestadas de acuerdo al deseo de su corazón. A veces, al apostar con desesperación, oraban por un éxito sensacional, prometiéndole a Dios que una porción sustancial de sus ganancias iría al sacerdote, ministro o iglesia. Un hombre incluso prometió pagarle a su madre algún dinero que le había debido por mucho tiempo. De alguna manera, debido a sus declaraciones «nobles», suponían que Dios como su «socio» debía bendecirlos, y el que Dios no los bendijera era evidencia del fraude de la religión. En tales casos, los hombres establecen las condiciones, reglas y leyes de la bendición y luego esperan que Dios se avenga. Puesto que este tipo de regateo es blasfemo, solo puede merecer castigo, no bendición. Una empresa fraudulenta no se convierte en buena nombrando a Dios como socio. El hombre no puede quebrantar la ley de Dios sin ser quebrantado.

Examine de nuevo las bendiciones. Un hombre no está exento de las maldiciones de la ley porque haya evadido los primeros once delitos secretos. La maldición se aplica a todos los que no ponen en efecto toda la ley de Dios. Cuando Dios nos detiene por violar su ley, no podemos allí argüir que no cometimos incesto, ni bestialismo. Se nos da una ley total, y la declaración es: «Maldito el que no confirmare las palabras de esta ley para hacerlas» (Dt 27:26). Hay muchos aspectos de la ley que incluso los peores hombres aprueban. En las sociedades de las prisiones, los asesinos desprecian a los violadores, los ladrones desprecian a los asesinos, y así por el estilo. Todo criminal quiere todo un mundo de ley y orden excepto en su aspecto personal de exención. Algunos criminales son orgullosamente santurrones en sus aspectos de obediencia. Ningún ladrón queda exento de la prisión porque no sea un asesino, ni tampoco ningún asesino queda exento debido a que no haya cometido violación. De modo similar, somos responsables ante Dios por la totalidad de la Ley, y no podemos pedir que se nos exima de la maldición si hemos guardado el noventa y nueve por ciento de esta y después tratamos el otro uno por ciento con total descuido o desprecio. Repetidas veces Dios ha colocado a religiosos moralistas bajo su maldición por este tipo de razonamiento. «Porque cualquiera que guardare toda la ley, pero ofendiere en un punto, se hace culpable de todos» (Stg 2:10).

4. El universo de responsabilidad ilimitada

Una compañía de responsabilidad limitada es aquella en que la responsabilidad de cada accionista está limitada a la cantidad de sus acciones, o a una cantidad fija por una garantía llamada «limitada por garantía». El propósito de las leyes de responsabilidad limitada es limitar la responsabilidad. Aunque el propósito ostensible es proteger a los accionistas, el efecto práctico es limitar su responsabilidad y por consiguiente fomentar la imprudencia en las inversiones. Una economía de responsabilidad limitada es socialista. Al tratar de proteger a las personas, una economía de responsabilidad limitada transfiere la responsabilidad de la gente al estado, en donde la «planificación» supuestamente elimina la responsabilidad. La responsabilidad limitada anima a la gente a correr riesgos de manera limitada, y a pecar económicamente sin pagar el precio. Las leyes de responsabilidad limitada descansan en la falacia de que no hay que pagar por los pecados económicos. En realidad, el pago se transfiere a otros. Las leyes de responsabilidad limitada fueron impopulares en épocas cristianas anteriores, pero han florecido en el mundo darwiniano. Descansan en importantes presuposiciones religiosas.

En una declaración muy pertinente a su exposición, C. S. Lewis describió su preferencia, antes de su conversión, por un universo materialista, ateo. Las ventajas de tal mundo son las demandas muy limitadas que le impone al hombre.

> Para un cobarde así el universo materialista tiene la enorme atracción de que le ofrece a uno responsabilidades limitadas. Ningún desastre estrictamente infinito jamás podría atraparlo a uno. La muerte lo termina todo. E incluso si los desastres finitos demostraran ser más grandes de lo que uno desea aguantar, el suicidio siempre es posible. El horror del universo cristiano era que no tenía ninguna puerta rotulada Salida. [...] Pero, por supuesto, lo que importaba más que nada era mi profundamente acendrado aborrecimiento de toda autoridad, mi monstruoso individualismo, mi iniquidad. Ninguna palabra en mi vocabulario expresaba un odio más hondo que la palabra Interferencia. Pero el cristianismo puso en el centro lo que me parecía un Metementodo trascendental. Si su cuadro fuera verdad, ningún tipo de «tratado con la realidad» podía jamás ser posible. No había región ni siquiera en lo más íntimo y profundo de mi alma (no, allí menos que en cualquier parte) que uno pudiera rodear con una cerca de alambre de púas y guardar con un letrero que dijera prohibido el paso. Y eso es lo que yo quería; algún área, por pequeña que fuera, en la cual yo pudiera decirle a todos los demás seres: «Esto es asunto mío y solo mío»[1].

Este es un excelente sumario del asunto. El ateo quiere un universo de responsabilidad limitada, y procura producir un orden político y económico de responsabilidad limitada. Mientras más socialista se vuelve, más exige de su orden social una ventaja máxima y una responsabilidad limitada, una imposibilidad.

Las maldiciones y bendiciones de la ley recalcan la responsabilidad ilimitada del hombre en cuanto a maldiciones o bendiciones como resultado de la desobediencia u obediencia a la ley. En Deuteronomio 28:2, 15 se nos dice que las maldiciones y bendiciones vienen sobre nosotros y nos «alcanzarán». El hombre no puede eludir el mundo de las consecuencias divinas. En todo momento y en todo lugar el hombre está rodeado, alcanzado y poseído totalmente por la responsabilidad ilimitada del universo de Dios.

---

1   C. S. Lewis, *Surprised by Joy* (Harcourt, Brace, Nueva York, 1956), p. 171s.

El hombre trata de escapar de esa responsabilidad ilimitada mediante una negación del Dios verdadero o por una pseudoaceptación que niegue el significado de Dios. En el ateísmo, la actitud del hombre la resume bien el poema «Invicto», de William Ernest Henley. Henley fanfarroneaba de su «alma inconquistable» y declaró:

> Soy de mi destino el amo;
> Soy de mi alma el capitán.

Claro, el poema ha sido muy popular entre adolescentes inmaduros y rebeldes.

La pseudoaceptación —común al misticismo, al pietismo y a los pseudoevangélicos— aduce haber «aceptado a Cristo» mientras que niega su ley. Un universitario, muy dado a evangelizar a todo el que se ponía su alcance, no solo negó la ley como artículo de su fe, al hablar con este escritor, sino que fue más allá. Cuando se le preguntó si aprobaría que unos jóvenes y muchachas trabajaran en una casa de prostitución como prostitutas y proxenetas para convertir a los residentes, no negó esto como posibilidad válida. Pasó a afirmar que muchos de sus amigos estaban convirtiendo a las jóvenes y a los clientes en masa invadiendo esas casas para evangelizar a todos los presentes. También reclamó la conversión en masa de homosexuales, pero no pudo citar ni un solo homosexual que hubiera dejado la práctica después de su conversión; ni ninguna prostituta o sus clientes que hubieran dejado las casas con sus «evangelizadores». Tal «evangelización» ilícita no es más que blasfemia.

En el llamado «Gran Avivamiento» en la Nueva Inglaterra colonial, el antinomianismo, el milenarismo y el falso perfeccionismo iban mano a mano. Muchos de estos «santos» abandonaron su matrimonio para optar por relaciones adúlteras, negaron la ley, y pretendieron perfección e inmortalidad inmediatas[2].

Lo que tal avivamiento y pietismo auspicia es un universo de responsabilidad limitada a nombre de Dios. Es, pues, ateísmo bajo el estandarte de Cristo. Reclama libertad de la soberanía de Dios y niega la predestinación. Niega la ley, y niega la validez de las maldiciones y bendiciones de la ley. Tal religión se interesa solo en lo que puede obtener de Dios; de aquí, que se afirma la «gracia», y «amor», pero no la ley ni el poder y decreto soberano de Dios. Pero la religión de cafetería es solamente humanismo, porque afirma el derecho del hombre a escoger y seleccionar lo que quiere; como supremo árbitro de su destino, se hace al hombre capitán de su alma, con la ayuda de Dios. El pietismo, de este modo, ofrece una religión de responsabilidad limitada, no una fe bíblica.

Según Heer, el místico medieval Eckhart le dio al alma «una majestad soberana junto con Dios. El próximo paso lo dio un discípulo, Johannes de Star Alley, que preguntó si la palabra del alma no era tan poderosa como la palabra del Padre

---

2   C. C. Goen, *Revivalism and Separatism in New England, 1740-1800, Strict Congregationalists and Separate Baptists in the Great Awakening* (Yale University Press, New Haven, 1962), p. 200s.

Celestial»³. En tal fe, el nuevo soberano es el hombre, y la responsabilidad ilimitada está en proceso de ser transferida a Dios.

En términos de la doctrina bíblica de Dios, no hay responsabilidades en lo absoluto incluidas en la persona y obra de la Deidad. El decreto eterno de Dios y su poder soberano gobiernan totalmente y abarcan toda la realidad, que es su creación. Debido a que el hombre es una criatura, el hombre enfrenta responsabilidad ilimitada; sus pecados tienen consecuencias temporales y eternas, y no puede en ningún punto escaparse de Dios. Van Till ha resumido poderosamente el asunto:

> El punto principal es que si el hombre pudiera buscar en algún otro sitio y no verse confrontado con la revelación de Dios, no podría pecar en el sentido bíblico del término. Pecar es quebrantar la ley de Dios. Dios confronta al hombre en todas partes. No puede, por la naturaleza del caso, confrontar al hombre en una parte si no lo confronta en todas partes. Dios es uno; la ley es una. Si el hombre pudiera oprimir un botón del radio de su experiencia y no oír la voz de Dios, siempre oprimiría ese botón y nunca los demás. Pero el hombre no puede ni siquiera oprimir el botón de su propia conciencia sin oír la exigencia de Dios⁴.

Pero el hombre quiere revertir esta situación. Que Dios sea el responsable, si no concede la petición del hombre. Que el hombre declare que su propia experiencia lo pronuncia salvado, y después puede seguir con su homosexualidad o trabajo en una casa de prostitución, y sin ninguna responsabilidad. Después de haber pronunciado la fórmula mágica, «Acepto a Jesucristo como mi Señor y Salvador», el hombre transfiere casi toda la responsabilidad a Cristo y puede pecar con una responsabilidad muy limitada a lo sumo. No se puede aceptar a Cristo si se niega su soberanía, su ley y sus palabras. Negar la ley es aceptar una religión de obras, porque quiere decir negar la soberanía de Dios, y dar por sentada la existencia del hombre en independencia de la ley y del gobierno absoluto de Dios. En un mundo donde Dios funciona solo para quitarle la responsabilidad del infierno, y ninguna ley gobierna al hombre, este se abre su propio camino por la vida mediante su propia conciencia. En tal mundo, el hombre se salva por su propia obra de fe, la de aceptar a Cristo, no por el hecho de que Cristo lo acepte a él. Cristo dijo: «No me elegisteis vosotros a mí, sino que yo os elegí a vosotros» (Jn 15:16). El pietista insiste en que *él* ha escogido a Cristo; es *su* obra, no la de Cristo. Cristo, en semejante fe, sirve como agente de seguros, como garantía contra la responsabilidad, no como Señor soberano. Eso es paganismo en nombre de Cristo.

En el paganismo, el adorador no existía. El hombre no adoraba a las deidades paganas, ni tampoco rendía cultos de adoración. El templo estaba abierto todos

---

3   Friedrich Heer, *The Intellectual History of Europe*, p. 179.
4   Cornelius Van Til, *A Letter on Common Grace* (Presbyterian and Reformed Publishing Company, Filadelfia, 1955), p. 40s.

los días como lugar de negocios. El pagano entraba el templo y compraba la protección de un dios mediante una ofrenda o regalo. Si el dios le fallaba, de allí en adelante buscaba los servicios de otro. La búsqueda pagana era por un seguro, por responsabilidad limitada y bendiciones ilimitadas, y, como creyente soberano, iba de compras buscando al dios que más ofreciera. La religión pagana era, por tanto, una transacción, y, como toda transacción comercial, no había nada seguro. Los dioses no siempre podían cumplir, pero el hombre esperaba que, de alguna manera, sus responsabilidades fueran limitadas.

El «testimonio» del pietismo, con su «vida victoriosa», es algo así como una religión de responsabilidad limitada. Un «testimonio» común es: «Gracias al Señor, desde que acepté a Cristo, todos mis problemas se acabaron». El testimonio de Job en su sufrimiento fue: «Aunque él me matare, en él esperaré» (Job 13:15). San Pablo recitó el largo y horrible relato de su sufrimiento *después* de aceptar a Cristo; en cárceles, azotes, naufragios, lapidaciones, traiciones, «en hambre y sed, [...] en frío y en desnudez» (2 Co 11:23-27). La de Pablo no era una religión de responsabilidad limitada, ni quedó libre de todo problema debido a su fe.

El mundo es un campo de batalla, y hay víctimas y heridos en la batalla, pero la batalla es del Señor y su fin es la victoria. Intentar escapar de la batalla es huir de la responsabilidad de la guerra contra hombres pecadores a una batalla contra un Dios enojado. Enfrentar la batalla es sufrir las penas de la ira del hombre y las bendiciones de la gracia y la ley de Dios.

Separados de Jesucristo, los hombres están judicialmente muertos, o sea, bajo una sentencia de muerte ante Dios, por morales que sean sus obras. Con la regeneración, el principio de la vida verdadera, el hombre no deja de estar con responsabilidad ilimitada bajo Dios. Más bien, con la regeneración, el hombre sale del mundo de responsabilidad ilimitada bajo maldición, al mundo de responsabilidad ilimitada las bendiciones bajo Dios. El mundo y el hombre quedaron bajo maldición cuando Adán y Eva pecaron, pero, en Jesucristo, el hombre es bendecido, y el mundo es progresivamente recuperado y redimido por Él. En cualquier caso, el mundo está bajo la ley de Dios. Las bendiciones y las maldiciones son inseparables de la ley de Dios y son solo diferentes relaciones con el mismo. El mundo de los hombres regenerados es el mundo de la ley.

Los hombres ineludiblemente viven en un mundo de responsabilidad ilimitada, pero con una diferencia. El que quebranta el pacto, en guerra con Dios y no regenerado, tiene responsabilidad ilimitada bajo maldición. El infierno es la declaración final de esa responsabilidad ilimitada. Las objeciones al infierno, y los esfuerzos por reducirlo a un lugar de prueba o corrección se basan en un rechazo de la responsabilidad ilimitada. Pero el no regenerado tiene, según las Escrituras, una responsabilidad ilimitada por el juicio y la maldición. Por otro lado, el regenerado, que anda en obediencia a Jesucristo, su cabeza del pacto, tiene una responsabilidad limitada en cuanto al juicio y la maldición. La responsabilidad ilimitada de la ira de Dios fue asumida para los elegidos por Jesucristo en la cruz. El hombre regenerado es juzgado por sus transgresiones de la ley de Dios, pero su responsabilidad aquí es limitada, en tanto que su responsabilidad por las bendiciones en esta vida y en el cielo es ilimitada. El que no ha sido regenerado puede tener la experiencia de una medida limitada de bendiciones en esta vida, y ninguna en el mundo venidero; tienen en el mejor de los casos una responsabilidad limitada por la bendición.

El hombre, pues, no puede escapar de un universo de responsabilidad ilimitada. La pregunta importante es esta: ¿en qué está expuesto a una responsabilidad ilimitada, a una responsabilidad ilimitada en maldición debido a su separación de Dios, o a una responsabilidad ilimitada en bendición debido a su fe, unión, y obediencia a Jesucristo?

XII

LA LEY EN EL
ANTIGUO TESTAMENTO

1. Dios el Rey

La palabra hebrea que se traduce «Ley» es *Tora*, que quiere decir «un señalar, una orientación, una orientación autoritativa» del Señor[1]. Desde el mismo principio de la relación de Israel con Dios, hubo por necesidad una ley, una orientación autoritativa. Previamente, la orientación autoritativa se le había dado a Adán, al linaje de Set, a Noé y sus descendientes, a Abraham y sus herederos, así como también a otros hombres (como lo atestiguan Melquisedec y Job). Es imposible que exista una relación con Dios sin ley.

Como el modernista carece de una fe en el Dios soberano, no puede aceptar la existencia de una ley desde el principio. Debe plantear más bien una evolución en la conciencia propia del hombre y un desarrollo de la ley según la experiencia del hombre con la realidad. Como resultado, el modernista ve la ley como una codificación tardía de la experiencia nacional de Israel. S. R. Driver, en su obra muy influyente, *An Introduction to the Literature of the Old Testament* [*Introducción a la literatura del Antiguo Testamento*] (1897), asumió una posición evolucionista y no hizo ningún esfuerzo por probar su tesis; la fe del día estaba con él. La misma posición fue dada en una importante repetición de Robert H. Pfeiffer, en su *Introduction to the Old Testament* [*Introducción al Antiguo Testamento*] (1941). La premisa básica de tales críticos es una ideología humanista evolucionista y filosófica. No sorprende que con Darwin esa fe cobrara existencia propia. El comentario de Allis en este punto es aleccionador:

Incluso un examen superficial de la literatura de la alta crítica deja en claro que ha estado cada vez más dominada por tres grandes principios de la teoría evolucionista: (1) que el desarrollo es la explicación de todos los fenómenos, (2) que este desarrollo es resultado de fuerzas latentes en el hombre sin ninguna ayuda sobrenatural, y (3) que el método «comparativo», que usa una medida naturalista, debe determinar la naturaleza y ritmo de este desarrollo[2].

---

1   S. R. Driver, «Law (in the Old Testament)» [«Ley (en el Antiguo Testamento»], en *Hastings, A Dictionary of the Bible*, III, 64.

2   Oswald T. Allis, *The Five Books of Moses* (Presbyterian and Reformed Publishing Company, Filadelfia, 1943), p. 228s.

En la historia bíblica, debido a que siempre la Ley es la perspectiva que se asume en cada libro del Antiguo Testamento, el mensaje de los profetas y escritores siempre se basa en la premisa de la Ley.

El libro de Josué, por ejemplo, empieza con el recordatorio al pueblo de que es su privilegio y fortaleza el que sea el pueblo de la ley, y que tienen la orientación autoritativa de Dios (Jos 1:7-9). Repetidas veces se les recuerda que la ley es su fuente de fortaleza y señal de su vínculo con Dios como nación en el pacto (Jos 22:5; 23:1-16; 24:1-27). La marca individual del pacto, la circuncisión, se cita en Josué 5 tanto como la Pascua. Las leyes del anatema y la conquista aparecen en los caps. 6:17; 9:23 y 11:20. La división de la tierra en términos de la ley se describe en los caps. 13:14-33; 14:1-15; y 17—19; y las ciudades de refugio en el cap. 20.

Saltando a Rut, hallamos aquí las prácticas del rebusco, la redención de la tierra y el levirato.

El libro de Jueces es especialmente contundente en su presuposición de la ley. Describe la apostasía de Israel de Dios y su ley (Jue 2:1-2, 10, 15, 17; 3:7-8; 5:8; 6:1, 10, 25s.; 10:13, 14, etc.).

El punto central y tema de los Jueces se indica repetidas veces (17:6; 18:1; 21:25): «En estos días no había rey en Israel; cada uno hacía lo que bien le parecía» (21:25). El mismo punto es prefacio del horrible relato de la depravación en los capítulos 19 y 20 (19:1).

La interpretación de Myers de este enunciado es que «debido *a que no había rey* en Israel no había restricción en las familias, excepto la autoridad y costumbre tribal»[3]. Asume que el significado es la falta de un monarca humano y la institución de la monarquía. El triste comentario de Farrar es similar:

> Esto muestra que estas narraciones se escribieron, o más probablemente se editaron, en los días de la monarquía. …
>
> *Hacía lo que bien le parecía.* Esta nota se añade para mostrar por qué no había interferencia autoritativa de príncipe o gobernante que impidiera los procedimientos idólatras o ilícitos (Dt 12:8: «No haréis como todo lo que hacemos nosotros aquí ahora, *cada uno lo que bien le parece*»)[4].

El hecho sorprendente en cuanto a la ceguera de Farrar es que citó Deuteronomio 12:8, que es parte de una declaración del reinado de Dios y la exigencia de su ley soberana. Lo que dice Jueces es que Israel repetidas veces se olvidó de Dios el Rey, y abandonó su ley, para ir «tras dioses ajenos», dejando de obedecer «los mandamientos de Jehová» (Jue 2:17). Dios era el legislador de Israel tanto como Dios soberano y Rey universal y también como Rey del pacto de Israel. El reinado

---

3   Jacob M. Myers, «Judges» [«Jueces»], en *Interpreter's Bible*, II, 801.
4   F. W. Farrar, «Judges» [«Jueces»], en Ellicott, II, 254.

humano no es la respuesta. Es más, los opresores paganos de Israel tenían reyes humanos, e Israel mismo tenía un rey humano en una parte del país, Abimelec (caps. 9 y 10). El reinado de Abimelec se presenta como un aspecto de la negación del reinado de Dios.

Otro contraste vivido se traza entre el reinado de Dios y el reinado de Jabín, rey de Canaán, que reinaba en Hazor, cuyo capitán era Sísara (Jue 4:2). El canto de Débora nos da un cuadro calamitoso de un Israel derrotado, cobarde y mal armado. La batalla la ganó Dios, Rey de Israel: «Desde los cielos pelearon las estrellas; desde sus órbitas pelearon contra Sísara» (Jue 5:20). Dios, el Rey universal, había usado los elementos para derrotar y destruir a los ejércitos cananeos. Como Rey, entonces Dios derramó maldición y bendición según la lealtad a su causa.

> Maldecid a Meroz, dijo el ángel de Jehová; maldecid severamente a sus moradores, porque no vinieron al socorro de Jehová, al socorro de Jehová contra los fuertes.
>
> Bendita sea entre las mujeres Jael, mujer de Heber ceneo; sobre las mujeres bendita sea en la tienda (Jue 5:23-24).

Aquí tenemos la maldición y la bendición de la ley pronunciada por el que dio la ley, el Rey.

Después de describir la ejecución de Sísara a manos de Jael, Débora declaró:

> La madre de Sísara se asoma a la ventana, y por entre las celosías a voces dice: ¿Por qué tarda su carro en venir? ¿Por qué las ruedas de sus carros se detienen?
>
> Las más avisadas de sus damas le respondían, y aun ella se respondía a sí misma: ¿No han hallado botín, y lo están repartiendo? A cada uno una doncella, o dos; las vestiduras de colores para Sísara, las vestiduras bordadas de colores; la ropa de color bordada de ambos lados, para los jefes de los que tomaron el botín.
>
> Así perezcan todos tus enemigos, oh Jehová; mas los que te aman, sean como el sol cuando sale en su fuerza (Jue 5:28-31).

El lenguaje de Débora es intenso y gráfico. Las «doncellas» que los hombres de Sísara soñaban en poseer literalmente quiere decir «úteros», «a cada hombre un útero o dos»[5]. Keil y Delitzsch traducen la última parte del versículo 31 así: «Pero los que te aman sean como la salida del sol en su fuerza», e indican que esto «es un cuadro contundente de la exaltación de Israel a un desarrollo cada vez más glorioso de su suerte»[6]. Incluso más, es un cuadro de la bendición de Dios el Rey sobre los que le aman, sirven y obedecen.

---

5   Keil y Delitzsch, *Joshua, Judges, Ruth* (Eerdmans, Grand Rapids, 1950), p. 324.
6   *Ibid.*, p. 325.

En un salmo que celebra la ley de Dios (Sal 19:7-14) también se cita el gobierno de Dios sobre el universo, y de nuevo tenemos la imagen del sol que «como esposo que sale de su tálamo, se alegra cual gigante para correr el camino» (Sal 19:4, 5). Es después que describe la ley y el orden evidentes en los cielos, el firmamento, la tierra y el sol que David gozosamente declara «La ley de Jehová es perfecta, que convierte el alma» (Sal 19:7). La gloria de Dios se revela en todo el universo por su orden legal; la misma gloria se manifiesta en el hombre y en su mundo cuando se obedece la ley. Esta misma imagen se tiene en mente en el canto de Débora. Debido a que Israel rechazó la ley y el gobierno de Dios, y «cada uno hacía lo que bien le parecía», en lugar de ser comparables al sol en su gloria entre las naciones, Israel más bien con demasiada frecuencia estuvo cautivo de potencias extranjeras.

Volviendo a la *Tora*, rumbo o señalamiento, Jesucristo se refirió a sí mismo como la Tora cuando declaró: «Yo soy el camino, y la verdad, y la vida; nadie viene al Padre, sino por mí» (Jn 14:6). La palabra griega que se traduce «camino» es *odós*, un proceder, un curso de conducta; en Hechos 13:10, Romanos 11:33 y Apocalipsis 15:3, según *Greek-English Lexicon of the New Testament* de Joseph Henry Thayer, quiere decir «los propósitos y ordenanzas de Dios, su manera de tratar con los hombres». El uso de «Yo soy» hace eco del nombre divino (Éx 3:14); la referencia al «camino» habla de la ley. Jesucristo, como Dios encarnado, también era la declaración de la justicia y ley de Dios. Por esta frase, Cristo se declaró inseparable de la Deidad y de la ley. Él es la *Tora* u orientación de Dios; por su declaración, Cristo se hizo a sí mismo y a la ley más fácilmente identificable.

La alternativa a Cristo y la ley es la anarquía y la iniquidad, una vida sin significado ni dirección. Cristo es la declaración de la orientación o ley de Dios; la ley nos señala el camino correcto. El pecado, *jamartía*, es errar el blanco; incluye moverse con rumbo correcto, pero quedarse corto, o errar el blanco. *Anomía*, pecado, es iniquidad; quiere decir moverse con un rumbo errado o negar ese rumbo. Es anarquía. «Si decimos que no tenemos pecado (*jamartía*), nos engañamos a nosotros mismos, y la verdad no está en nosotros» (1 Jn 1:8). Son los impíos los que son pecadores en el sentido de ser anti-ley, hostiles a la orientación de Dios. La palabra que se usa es *anomos,* impío o sin ley (Hch 2:23; 2 Ts 2:8; 2 P 2:8). Sin embargo, todos los hombres que cometen pecado (*jamartía*) de manera habitual y al descuido en realidad no son cristianos y andan en la impiedad (*anomía*). «Todo aquel que comete pecado (*jamartía,* o sea, todo el que practica pecado como una forma de vida) infringe también la ley (*anomia,* tales personas son en realidad anti-ley, impías); pues el pecado (*jamartía)* es infracción de la ley (*anomia,* es la práctica de la ilegalidad)» (1 Jn 3:4).

Si nos dirigimos con rumbo equivocado, la ley es una acusación, una sentencia de muerte. Si avanzamos en la senda que Dios señala, la ley es un ayo que nos guía todos nuestros días en el camino de justicia y verdad de Dios. Gálatas 3:24, 25 indica: «venida la fe, ya no estamos bajo ayo» (Gá 3:25). ¿Quiere decir esto que el fin de la ley? Por el contrario, ahora aprendemos a andar en el buen camino o en la ley; no de la Ley como acusación, sino de Cristo el camino y Dios nuestro Padre. «Pues todos sois hijos de Dios por la fe en Cristo Jesús» (Gá 3:26). El contraste no es entre ley y falta de ley, sino entre «la vida inmadura de la esclavitud bajo un tutor [y] la vida del hijo, con todos sus privilegios y derechos»[7]. Lutero vio la ley y el pecado como abolidos y declaró que «si me agarro de Cristo por la fe, hasta ese punto la ley ha sido abrogada para mí»[8]. Esto es antinomianismo y ajeno a San Pablo. San Pablo atacó las leyes del hombre, y las interpretaciones de la ley hechas por el hombre, como camino de justificación; la ley nunca puede justificar; pero sí santifica, y no hay santificación sin ley.

2. La ley y los profetas

La función de los profetas de Israel era hablar por Dios en términos de la ley, y, bajo inspiración, también predecir específicamente las maldiciones y bendiciones de la ley que ocurrirían en la historia de la nación. La carga de la palabra profética la resume Isaías de esta manera:

> ¡A la ley y al testimonio! Si no dijeren conforme a esto, es porque no les ha amanecido (Is 8:20).

Ningún otro recurso —monarcas, ejércitos, hechiceros, aliados extranjeros u otros dioses— servía de nada. El fiel podía decir a todas las naciones enemigas: «Tomad consejo, y será anulado; proferid palabra, y no será firme, porque Dios está con nosotros» (Is 8:10).

Al analizar Isaías 8:20, es triste notar que el muy capaz Edward J. Young no enlazó firmemente «ley» con la ley mosaica[1]. Plumptre incluso lo negó todo excepto una remota conexión con la ley mosaica: «"¡A la ley y al testimonio!" obviamente están allí, como en el versículo 16, la "palabra de Jehová", dicha al mismo profeta, la revelación que le había llegado con tal intensidad de poder»[2]. Tal opinión destruye la unidad de las Escrituras y niega todo el propósito de la profecía. Alexander, antes de su día, dijo el significado de manera sencilla y clara:

> En lugar de recurrir a estas fuentes inútiles y prohibidas, a los discípulos de Jehová se les instruye que recurran *a la ley y al testimonio* (o sea, a la revelación divina, considerada como un sistema de creencias y como regla de deber), si

---

7   Herman N. Ridderbos, *The Epistle of Paul to the Churches of Galatia* (Eerdmans, Grand Rapids, 1953), p. 146.

8   Jeroslav Pelikan, Walter A. Hansen, editores, *Luther's Works, vol. 20, Lectures on Galatians, 1535* (Concordia, St. Louis, 1963), p. 350s.

1   Edward J. Young, *The Book of Isaiah* (Eerdmans, Grand Rapids, 1965), I, 319.

2   E. H. Plumptre, «Isaiah» [«Isaías»], en Ellicott, IV, 443.

no hablan (o sea, si alguien no habla) conforme a esta palabra (otro nombre de la voluntad revelada de Dios), *es para él que no hay amanecer ni mañana* (es decir, ningún alivio de la noche oscura de la calamidad)[3].

Alexander debía haber añadido que, en tanto que toda la Escritura es la Palabra y Ley de Dios, la esencia de esa ley es la Ley mosaica.

Cuando Israel rechazó a Dios como Rey y escogió a un hombre para que fuera rey, Dios declaró que era un rechazo de Él mismo: «A mí me han desechado, para que no reine sobre ellos» (1 S 8:7). A causa de la decisión de ellos, Dios *profetizó* su destino (1 S 8:9-18; 12:6-25). Debido a que ellos se apartaron de Dios el Rey, y de la ley de ese Rey, ciertas consecuencias seguirían. La profecía de Dios en el epílogo de la ley es el cuerpo de la ley, y por medio de Samuel, nos da la condición formal y el contenido básico de la profecía subsiguiente.

La nueva monarquía, no menos que la antigua comunidad, tenía la responsabilidad de obedecer a Dios y su ley, y a Saúl en concordancia se le juzgó según la ley (1 S 15:22-35). David fue llamado a ser fiel, fue bendecido por su fidelidad y severamente castigado por su infracción de la ley (1 S 12:9-14). El reinado de Salomón, de modo similar, registra bendiciones y penas según su obediencia y desobediencia, y lo mismo se aplica a todos los siguientes reyes de Judá y de Israel. Las reformas llamaban a los hombres a volver a la ley; la apostasía significaba un desprecio y abandono de la ley, y al Dios de la ley. El cautiverio a Babilonia se muestra como un cumplimiento de las maldiciones de la ley. Jeremías, en términos de la ley, había pronunciado su maldición sobre Judá, y vino el cautiverio en Babilonia «para que se cumpliese la palabra de Jehová por boca de Jeremías, hasta que la tierra hubo gozado de reposo; porque todo el tiempo de su asolamiento reposó, hasta que los setenta años fueron cumplidos» (2 Cr 36:21).

Separar la profecía de la ley es inutilizarlas a ambas. La ley y los profetas hacen referencia a un hecho básico: el reino de Dios, el gobierno de Dios en toda la tierra mediante la ley. Como Edersheim observó en las Conferencias Warburton de 1880-1884:

La idea contundente y persistente del Antiguo Testamento es el reinado real de Dios sobre la tierra. [...] Casi mil años antes de Cristo surge el anhelo del futuro reino de Dios —un reino que va a conquistar y ganar a todas las naciones, y a plantar en Israel justicia, conocimiento, paz y bendición— ese reino de Dios en el cual Dios, o su Viceregente, el Mesías, debe ser Rey sobre toda la tierra, y todas las generaciones deben acercarse y adorar al Señor de los ejércitos[4].

---

3   Joseph Addison Alexander, *Commentary on the Prophecies of Isaiah*, p. 193.
4   Edersheim estaba citando aquí de Keim. Alfred Edersheim, *Prophecy and History* (Baker Book House, Grand Rapids, 1955), p. 48.

Los defensores del premilenarismo tienen razón en un punto: la meta de la historia bíblica es el reino de Dios. Han errado al hacerlo puramente escatológico, más allá del alcance de la historia presente, y han negado en la práctica al reino al negar la validez de su ley hoy. Con su doctrina de un paréntesis entre el reino del Antiguo Testamento y el futuro reino ostensible milenario, han negado la ley, los profetas y el reinado de Cristo. Si negamos la ley del Rey, negamos al Rey. Al hacer separación entre el reino y la era cristiana, se niega el gobierno de Dios, y se entrega el mundo a Satanás. No es de sorprender que los que siguen la escuela dispensacionalista de Scofield declaren que esta era presente está bajo el gobierno de Satanás.

En todo el Antiguo Testamento, cuando los profetas acusaban a la nación de haberse olvidado del pacto, tema de casi todos los profetas (1 R 19:10, etc.), estaban acusando a la nación de haber abandonado a Dios el Rey y su ley del pacto. Sin un pacto, no hay ley; un pacto requiere una ley. Renovar el pacto, como se hace repetidas veces en el Antiguo Testamento, y supremamente por Cristo en la Última Cena, era renovar la ley del pacto. Toda renovación del pacto era una renovación de la ley del pacto. Esto fue cierto en la reforma de Josías, y de todas las demás reformas en la historia bíblica.

> Y poniéndose el rey en pie junto a la columna, hizo pacto delante de Jehová, de que irían en pos de Jehová, y guardarían sus mandamientos, sus testimonios y sus estatutos, con todo el corazón y con toda el alma, y que cumplirían las palabras del pacto que estaban escritas en aquel libro. Y todo el pueblo confirmó el pacto (2 R 23:3).

El texto de Crónicas también recalca el mismo hecho, a la vez que deja en claro que el deseo de reforma procedía del rey y se le había impuesto al pueblo:

> Y estando el rey en pie en su sitio, hizo delante de Jehová pacto de caminar en pos de Jehová y de guardar sus mandamientos, sus testimonios y sus estatutos, con todo su corazón y con toda su alma, poniendo por obra las palabras del pacto que estaban escritas en aquel libro. E hizo que se obligaran a ello todos los que estaban en Jerusalén y en Benjamín; y los moradores de Jerusalén hicieron conforme al pacto de Dios, del Dios de sus padres (2 Cr 34:31-32).

Esta ley del pacto declara que Dios es el Señor Soberano, que «marcha en la tempestad y el torbellino, y las nubes son el polvo de sus pies» (Nah 1:3). La tempestad y la peste son sus herramientas para tratar con un ámbito rebelde.

Esto aparece con fuerza especial en el reto que Dios les presentó por medio de Elías a los profetas de Baal. Dios ordenó una aterradora sequía en Israel. El relato de Ellison del conflicto es excelente:

> Como las excavaciones de Ugarit han mostrado, Baal estaba por encima de todos los dioses de las lluvias de invierno. Pero dejen que Jezabel, sus

sacerdotes y profetas aúllen a Baal todo lo que quieran, no habría lluvia en Israel; no, ni siquiera rocío, hasta que Jehová lo diera, y Él anunciaría de antemano por medio de su siervo Elías que lo daría, para que nadie le diera gloria a otros. No hay ni sugerencia de que la hambruna fuera castigo, aunque castigo lo fue al mismo tiempo; fue por encima de todo una prueba innegable del poder de Jehová y la impotencia de Baal precisamente en ese reino que se consideraba especialidad de Baal.

Él permitió que la lección calara por completo. Tres inviernos pasaron sin lluvia y tres veranos sin cosecha (1 R 18:1). Fácilmente podemos imaginarnos cómo los adoradores, profetas y sacerdotes de Baal quedaron reducidos a la desesperanza. Solo entonces Dios le dijo que saliera de su escondrijo y le dijera a Acab que Jehová tendría misericordia de una tierra que debía haber estado cerca de su último suspiro.

No fue suficiente, sin embargo, dar lluvia a nombre de Jehová. La guerra tenía que realizarse en el campo del enemigo. Esto hizo Elías al presentarle el reto a Baal en su propia tierra. El territorio desde el Carmelo hasta el mar no solo estaba ocupado por Fenicia, sino que se consideraba especialmente sagrado para Baal. Allí, en el propio terreno de Baal, se le presentó el reto de que enviara sus relámpagos del cielo para que sus adoradores lo miraran a él como el que controlaba la tormenta. Cuán exitoso fue Elías en su propósito se puede ver al traducir el clamor del pueblo literalmente: «¡Jehová, Él es el poderoso!; ¡Jehová, Él es el poderoso!» (1 R 18:39)[5].

La oración de Elías se basó en Deuteronomio 28:23, donde Dios declara que el cielo sería como bronce (sin lluvia), y la tierra como hierro (al no producir cosechas), si el pueblo de Dios desobedecía su ley.

Elías oró según la ley de Dios, por la maldición de Dios sobre un pueblo sin ley. Es requisito de la verdadera oración estar dentro del marco de la ley. Podemos orar que los pecadores se conviertan, pero no que sean bendecidos en su iniquidad. Podemos orar por la bendición de Dios sobre nuestra obediencia, pero no una bendición por la desobediencia. La oración no puede ser antinomiana.

Orar por gracia para un pecador es orar dentro de la ley, porque el hecho básico en cuanto a la gracia es que no es antinomiana. El pecador acepta el dictamen legal de Dios sobre su pecado cuando acepta la gracia de Dios, y la gracia es inseparable de ese juicio.

---

5   H. L. Ellison, *The Prophets of Israel* (Grand Rapids, 1969), p. 30s. El alcance al que la ley halla eco en toda la Biblia aparece en la petición de Eliseo por una doble porción del espíritu de Elías (2 R 2:9), del cual Ellison con precisión observa: «Él estaba pidiendo la porción del primogénito (cf. Dt 21:17), y no ser mayor que su amo» (p. 44); Eliseo estaba pidiendo que se le nombre como heredero del cargo de Elías.

La oración de Elías fue efectiva porque fue una oración de un justo dentro del contexto de la ley de Dios.

La oración de Elías por una sequía fue una oración para promover el reino de Dios; Santiago la cita como el tipo de una verdadera oración (Stg 5:16-18). La meta de esa oración efectiva era romper el poder de las falsas autoridades y establecer el reino de Dios en medio de sus enemigos.

El tema de la Ley y los Profetas era el reino de Dios. Los jueces eran en un sentido reyes bajo Dios. Como Ellison ha señalado: «La palabra que en el Antiguo Testamento traducimos como juez (*shofet*) era entre los fenicios el título de su rey. El hecho del gobierno nunca fue contrario a la voluntad de Dios»[6]. Fue el rechazo del reinado de Dios que llevó al establecimiento de la monarquía de Saúl lo que Dios condenó. Todo lo que dice 1 Samuel 8 es que sus reyes humanos les darían una ley hecha por el hombre, junto con todos sus males e injusticias. Las acusaciones de los profetas son historiales de delitos particulares contra la ley de Dios y castigos según esa misma ley. No se puede hacer separación entre la ley y los profetas, así como no se puede hacer separación entre la humedad y el agua, porque entonces ya no sería agua, sino otra cosa.

Pero eso no es todo. *A la ley no se le puede separar de Dios sin destruirla.* Demasiado a menudo en nuestros tiempos se hace abstracción entre la ley y Dios y se le ve en aislamiento. Para citar un ejemplo específico, de manera muy común en nuestro día los conservadores promueven fuertemente la propiedad privada sin al mismo tiempo darle más que servicio de dientes para afuera a Dios y ninguna atención a la ley del diezmo. Pero las Escrituras dejan en claro que la tierra es del Señor, y por consiguiente sujeta a su Ley, y a su impuesto, el diezmo. La propiedad privada separada de su Ley está maldita. Cada hombre acaba en una isla solitaria de su propiedad, rodeada por un mundo sin ley, extraño, de hombres de rapiña. La alternativa no es mejor: una sociedad comunista en la que los hombres tienen la tierra en común, pero la vida es hostilidad silenciosa y suspicacia. Por supuesto, ninguna regla de la propiedad puede suplir la pérdida de Dios y de su poder regenerador. Por otro lado, diferentes órdenes económicos pueden prevalecer con éxito entre los regenerados. Los huteritas, secta de cristianos orientados a la comunidad que tienen todas las cosas en común, son capaces de competir y superar a sus vecinos en los Estados Unidos de América que viven en haciendas de propiedad privada. La razón es que la fuerza motivadora no es la propiedad privada, sino la fe. Está claro que la Biblia establece la propiedad privada como una forma ordenada por Dios para la tenencia de tierra, pero está igual de claro que ella no identifica la repartición de las tierras como fuente de bendición. Todavía más, puesto que la comunidad huterita es un orden voluntario que descansa en la fe, no es comunistoide, y por consiguiente no viola el concepto de propiedad privada, como tampoco lo violan las sociedades mercantiles, la membresía en un

---

6 *Ibid.*, p. 129.

club campestre o acciones en una empresa porque tengan múltiples dueños. La propiedad múltiple no es socialismo estatal.

La propiedad múltiple, no obstante, no tiene más éxito que la propiedad única si se deja a Dios afuera. En nuestras ciudades y pueblos, el dueño único de una propiedad se ve cada vez más bajo amenaza de fuerzas impías, pero también el propietario de un condominio. De hecho, el condominio puede incluir y cada vez más incluye hombres inicuos; el guardia en la puerta no puede dejar fuera al enemigo que está adentro. De modo similar, las peores amenazas a muchos dueños únicos están en sus familias: los hijos inicuos.

Claramente, no se puede hacer separación entre la ley y Dios sin destruirla. La ley no tiene entonces raíces y pronto estará muerta. Los profetas nunca presentaron una ley sin raíz, sino siempre al Dios viviente y su voluntad soberana, la ley.

3. Ley natural y sobrenatural

La Biblia no reconoce ninguna ley como válida aparte de la ley de Dios, y esta ley es dada por revelación a los patriarcas y a Moisés, y expuesta por los profetas, Jesucristo y los apóstoles. Tener dos clases de leyes es tener dos clases de dioses; no es de sorprender que el mundo antiguo, como el actual, fuera politeísta; al tener muchas leyes, tenía muchos dioses.

Algunos negarán esto. Después de haber adoptado un concepto griego y racionalista de ley natural, intentan insertarlo en la religión bíblica. Lo atestigua, por ejemplo, la razón de Melancton en *Loci Communes*:

> Algunas leyes son leyes naturales, otras divinas, y otras humanas. Respecto a las leyes naturales, no he visto nada que valga la pena escrito por teólogos o expertos de la ley. Porque cuando se proclaman las leyes naturales, es apropiado que sus fórmulas se escojan por el método de la razón humana mediante el silogismo natural. Todavía no he visto que nadie haya hecho esto, y no sé si acaso se pudiera hacer, puesto que la razón humana está tan esclava y ciega; por lo menos lo ha estado hasta ahora. Todavía más, Pablo enseña en Ro 2:15, en un argumento asombrosamente bueno y claro, que hay en los gentiles una conciencia que defiende o reprueba sus acciones, y por consiguiente es ley. Porque, ¿qué es la conciencia, sino juzgar nuestras obras que se derivan de alguna ley o regla común? La ley de la naturaleza, por consiguiente, es un juicio común al que todos los hombres dan el mismo asentimiento. Esta ley que Dios ha grabado en la mente de cada uno es apropiada para forjar la moral[1].

---

1   Wilhelm Pauck, editor, *The Library of Christian Classics*, vol. XIX, *Melanchthon and Bucer* (Westminster Press, Filadelfia, 1969), p. 50.

Por esta tesis, a la cual todos los líderes de la Reforma virtualmente dieron asentimiento, se negaba la Reforma. El hombre no regenerado, caído, incapaz de salvarse a sí mismo y culpable de estorbar o suprimir la verdad de Dios en injusticia (Ro 1:18), de alguna manera es capaz de conocer una ley inherente en la naturaleza y ¡hacerla una base «para forjar la moral»!

Examinemos ahora estas leyes de la naturaleza que Melancton nos informa, y veamos cuán dignas son para reemplazar la ley mosaica:

> Dejo a un lado esas cosas que tenemos en común con las bestias, el instinto de conservación, dar a luz, y procrearnos. Estos expertos de la ley relacionan estas cosas con la ley de la naturaleza, pero yo las llamo ciertas disposiciones naturales implantadas comúnmente en los seres vivos.
>
> De las leyes que pertenecen propiamente al hombre, sin embargo, las principales parecen ser las siguientes:
> 1. Se debe adorar a Dios.
> 2. Como nacemos en una vida que es social, a nadie se le debe hacer daño.
> 3. La sociedad humana exige que hagamos uso común de todas las cosas[2].

Con pensamientos como éste, ¡los reformadores estaban atareados castrándose! Melancton halla su primera ley natural en Romanos 1 antes que en la naturaleza. La segunda débilmente la basa en Génesis 2:8, aunque por qué necesita un solo versículo para respaldar su posición, habiendo descartado todos los libros de Moisés, no nos lo dice. El cimiento ‹natural› para la segunda ley natural de Melancton es el mayoritarismo.

> Por consiguiente, a los que perturban la paz pública y le hacen daño al inocente hay que coaccionarlos, restringirlos y eliminarlos. Se debe preservar la mayoría por la remoción de los que han hecho daño. Subsiste esta ley: «¡No hagas daño a nadie!». Pero si alguien ha sufrido daño, hay que eliminar al responsable para que no haga daño a más personas. Es de mayor importancia preservar a todo el grupo que a uno o dos individuos. Por consiguiente, al hombre que amenaza a todo el grupo por alguna acción que hace como mal ejemplo se elimina. Por eso hay magistraturas en el estado, por esto hay castigos para el culpable, por esto hay guerras, a todo lo cual los expertos de la ley se refieren como la ley de las naciones (*jus gentium*)[3].

Con estas palabras Melancton unió sus manos con Caifás, que dijo respecto a Cristo: «Nos conviene que un hombre muera por el pueblo, y no que toda la nación perezca» (Jn 11:50). A la persecución de los primeros cristianos, y de todas las minorías que perturban, esta ley natural da base firme.

---

2   *Ibid.*, p. 50s.
3   *Ibid.*, p. 51s.

La tercera ley natural de Melancton condujo a un peligroso comunismo ana-baptista, y era necesario afirmar este concepto mayoritario, masivo, del hombre, y también retener la propiedad privada, dominios principescos, universidades, profesores y señores en sus propiedades. Como resultado, propuso «contratos» como medio de «compartir» las cosas, así que por contrato los gobernantes podían mantener su posición poco común de cosas comunes. Melancton como resultado «condensó» las tres leyes básicas en cuatro y añadió un arrogante epílogo:

Basta ya en cuanto a las reglas generales de la ley de naturaleza, que se pueden condesar de la siguiente manera:

1. ¡Adora a Dios!
2. Puesto que nacemos a una vida que es social, una vida compartida, no le hagas daño a nadie sino ayuda a todos en bondad.
3. Si es imposible que no se haga daño absolutamente a nadie, procura que el número que recibe daño se reduzca al mínimo. Que se elimine a los que perturban la paz pública. Para este propósito se debe establecer magistraturas y castigos para los culpables.
4. La propiedad se debe dividir por causa de la paz pública. Para el resto, algunos aliviarán las necesidades de otros mediante contratos.

El que quiere hacerlo así puede añadir a estas ideas particulares de poetas, oradores e historiadores que por lo general tienen que ver con la ley de las naciones (*jus gentium*), tal como uno puede leer aquí y allá respecto al matrimonio, el adulterio, el pago de un favor, la ingratitud, la hospitalidad, el intercambio de propiedades, y otros asuntos de esta clase. Pero pensé adecuado mencionar solo las formas más comunes. Y no considere con precipitación cualquier pensamiento de los escritores gentiles como leyes, porque muchas de sus ideas populares expresan los afectos depravados de nuestra naturaleza y no leyes. De este tipo es el pensamiento de Hesíodo: «Ama al que te ama, y ve con el que viene a ti. Le damos al que nos da, y no le damos al que no nos da» (Hesíodo, *Works and Days* [*Los trabajos y los días*], pp. 353-354). Porque en estas líneas se mide la amistad solo por la utilidad. Así, también, es el dicho popular: «Da y toma». El enunciado de que «se debe repeler la fuerza por la fuerza» es perti-nente aquí, como eso que aparece en *Ion,* de Eurípides: «Está bien que los que somos prósperos hagamos honor a la piedad, pero cuando alguien desea tratar mal a sus enemigos, ninguna ley se interpone en su camino».

Además, la llamada ley civil contiene muchas cosas que son obviamente afectos humanos antes que leyes naturales. Porque, ¿qué es más ajeno a la na-turaleza que la esclavitud? Y en algunos contratos eso que realmente importa esta injustamente escondido. Pero más de estas cosas más tarde. Un hombre bueno moderará las constituciones civiles con derecho y justicia, es decir, con las leyes divinas y las naturales. Ninguna cosa que se imponga en contra de las leyes divinas naturales podrá ser justa. Hasta aquí en cuanto a las leyes de la naturaleza. Defínelas con razonamiento más exacto y sutil, si puedes[4].

El principal propósito de la ley de Dios por medio de Moisés parece ser convencer al hombre de pecado, de modo que el hombre pueda entonces salvarse por gracia y pasar de la ley de Dios a la ley natural. La salvación es en efecto de Dios a la naturaleza. «La ley exige cosas imposibles como amar a Dios y al prójimo»[5]. Hoy, sin embargo, «esa parte de la ley que se llama el decálogo o los mandamientos morales han sido abrogados por el Nuevo Testamento»[6]. Algunos de los anabaptistas practicaron lo que Melancton predicaba pero se les aborreció por ello. El Espíritu conduce a los cristianos «a cumplir la ley» ¡aunque la ley ahora queda abrogada![7]. El espíritu Santo, por lo tanto, se ve que está más consciente de la ley que Melancton.

Melancton no era el único que creía en este tipo de contrasentido. Bucer, en *De Regno Christi,* exigía un régimen totalitario como consecuencia de su fe en la ley natural. Su consejo a Eduardo VI de Inglaterra fue revelador, y se debe notar que Bucer citó a Platón, no a la Biblia:

Y en esto se debe ordenar, primero, que no se debe permitir que ingrese mercadería nadie a quien los oficiales no hayan juzgado apto para este tipo de cosas, habiendo hallado que es santo, que ama a la comunidad antes que el interés privado, y que anhela la sobriedad y la temperancia, es vigilante e industrioso. En segundo lugar, que estos no deben importar ni exportar mercadería aparte de la que Su Majestad haya decretado. Y debe decretar que se exporten solo cosas de las cuales el pueblo del reino tiene abundancia de modo que su exportación no pueda ser de menos beneficio para el pueblo de este reino, para quienes estas cosas abundan, que para quienes las llevan a países extranjeros y lucran de ellas. Así que también no debe permitir que ninguna mercadería se importe excepto lo que él juzga bueno para uso santo, sobrio, y saludable de la comunidad. Finalmente, que un precio definido y justo se establezca para artículos individuales de mercadería, lo cual se puede arreglar fácilmente y es muy necesario (feroz es la avaricia humana) para conservar la justicia y decencia entre los ciudadanos.

Los mismos estatutos se deben aplicar a los vendedores y comerciantes, a cuya tarea, como es humilde y sórdida, a nadie se debe admitir a menos que le falte capacidad o tenga alguna incapacidad física como para dejarlo inhábil de destrezas más generales, como fue la opinión de Platón también (Platón, *República*, II, p. 371 c-d.)[8].

---

4   *Ibid.*, p. 52s.
5   *Ibid.*, p. 117.
6   *Ibid.*, p. 121.
7   *Ibid*, p. 124.
8   *Ibid.*, p. 344s.

Pronunciaron blasfemia y la llamaron reforma. Dejaron a un lado la ley de Dios por la racionalización del hombre y la declararon ley superior para hombres y naciones.

Bucer, que había cambiado la ley de Dios por Platón, siguió hablando santurronamente de la ley de Dios y transfirió sus premisas morales a la ley natural del hombre:

> Por cuanto hemos sido liberados de las enseñanzas de Moisés por Cristo el Señor, ya no es necesario que observemos los decretos civiles de la ley mosaica, es decir, según la forma y circunstancias en las cuales se describen; en particular, de la forma y circunstancias en que son descritos; no obstante, en lo que se refiere a la sustancia y el fin en sí de esos mandamientos, y en especial aquellos que contienen las disciplinas necesarias para el bien común, quienquiera que no reconozca que tales mandamientos se deben observar a conciencia, no estará atribuyendo a Dios ni sabiduría suprema ni una atención justa de nuestra salvación[9].

La principal función de esta reintroducción de la Ley mosaica es apuntalar el poder del Estado con la pena de muerte, el deber de la obediencia y cosas parecidas[10].

Hemos visto que Melancton estaba tan orgulloso de su formulación de la ley natural que arrogantemente declaró: «Defínelas con razonamiento más exacto y sutil si puedes». Muchos hicieron precisamente eso. Todo hombre tenía su propia ley natural en su naturaleza caída. El siglo 18 y el deísmo, y en el siglo 20 Lenny Bruce y los hippies, coincidieron con el poeta Pope al afirmar: «Lo que sea, está bien». Todo en la naturaleza, todo delito y toda perversión, era, según el Marqués de Sade, una ley de la naturaleza; la única violación de la ley natural era para él la religión cristiana. Así, en dondequiera que se ha sostenido la naturaleza como la fuente de la ley, la ley ha acabado reflejando o siendo idéntica al pecado del hombre.

¿Cómo relaciona la Biblia la ley y la naturaleza? El Salmo 1 es una declaración tan clara como cualquiera. Cuando habla de la ley, quiere decir «la ley mosaica»[11]. Jackman traduce el versículo 1 de esta manera: «Bienaventurado es el que no anda en el consejo de los inicuos, ni está en el camino de los sin ley, ni se sienta en la silla de los escarnecedores». En los versículos 4-6, «impíos» también se traduce

---

9   *Ibid.*, p. 378.

10   Para las sinuosas nociones de Lutero en cuanto a la ley, ver Ferdinand Edward Cranz, *Harvard Theological Studies XIX, An Essay on the Development of Luther's Thought on Justice, Law, and Society* (Harvard University Press, Cambridge, 1959).

11   J. A. Alexander, *Psalms*, p. 10.

«inicuos»[12]. El que se deleita en la ley del Señor, la ley bíblica, es «como árbol plantado junto a corrientes de aguas, que da su fruto en su tiempo» (v. 3). Nótese el claro vínculo entre la obediencia a la ley bíblica y la prosperidad en el mundo natural. Es en la ley sobrenatural de Dios revelada en la que el santo medita y obedece, y eso quiere decir un florecimiento natural en la tierra. Tener las raíces en la ley revelada de Dios es tener raíces en el mundo natural de Dios, porque como Dios lo creó, ese mundo responde de manera total a los mismos propósitos de Su palabra.

Pero eso no es todo. El Salmo deja en claro también que la mejor, si acaso no la *única* manera de tener las raíces de uno en el mundo natural es estar firmemente arraigado en la ley sobrenatural de Dios. «Y su hoja no cae; Y todo lo que hace, prosperará». Pero con los malos —según Jackman, los sin ley, los que niegan la ley de Dios— no será así. Estos «son como el tamo que arrebata el viento» (v. 4). No estar arraigado en Dios quiere decir estar sin raíces en el mundo, y no ser mejor que tamo, que el primer viento adverso se lleva.

El mundo natural que nos rodea está gobernado totalmente por Dios y su ley. Hay leyes que operan en el mundo natural y sobre él: leyes de biología, física, y otras similares, pero nunca como sistemas cerrados. Cuando y donde se niega la ley revelada de Dios, se niegan también en última instancia el decreto y ley absolutos de Dios en el mundo natural. Es imposible elaborar una filosofía de la ley natural; se desvanece en nada. Lo mismo se aplica a los sustitutos modernos de la ley natural que pasan con el nombre de gracia común. Si se niega al Dios soberano y trino, también se niega en la práctica toda ley en todas partes.

La Biblia, pues, aunque no es un libro de texto de física o biología, es también básica para la física y la biología. Sin el Dios soberano de las Escrituras y su Palabra y Ley, no puede existir ninguna ciencia, ni hecho, ni aprendizaje. Ningún hecho existe en sí mismo y por sí mismo. Como Van Til ha dicho muy bien, toda la realidad es reveladora de Dios y no se puede entender a cabalidad separada de Él. «Si Dios existe, no hay realidad bruta; si Dios existe, nuestro estudio de los hechos debe ser el esfuerzo de conocerlos como Dios quiere que los conozcamos. Debemos tratar de pensar los pensamientos de Dios como él. Asumir que hay realidades brutas es dar por sentado que Dios no existe»[13].

Por consiguiente, *debido* a que Dios existe, no hay realidad debatible, ni ninguna ley debatible (un concepto imposible), en ese mundo de autenticidad debatible. La filosofía de la ley natural trata de hallar leyes debatibles en un mundo de realidades debatibles, es decir, de leyes que en última instancia no tienen significado en un mundo de hechos que en primera y en última instancia no tienen

---

12   T. R. Jackman, *Psalms for Today*, p. 7.
13   Cornelius Van Til, «A Calvin University» [«Una universidad Calvino»], en The Banner, 9 noviembre 1939; reimpreso en C. Van Til, *Science Articles, a syllabus* (Westminster Theological Seminary, Filadelfia), p. 26.

sentido. Los filósofos de la ley natural intentan presentarnos el mundo de Dios sin el Dios de las Escrituras y sin la ley de las Escrituras, y logran solo presentarnos especímenes de sí mismos.

La única forma sostenible de abordar las leyes que operan sobre el mundo y dentro del mundo natural es mediante la Palabra y Ley sobrenatural de Dios. Si no quieren tener a Moisés, tampoco tendrán a este mundo ni ninguna ley en él. La decisión, pues, no es entre la ley bíblica y la ley natural; es entre la ley y la falta de ley. Rechazar a Moisés es rechazar al Dios de Moisés.

Reducido a escoger entre Moisés y Platón, la decisión de Bucer fue muy lamentable. Teniendo la ley revelada de Dios, ¿por qué elaborar una ley moral y civil partiendo de los elementos caídos y pervertidos de la mente humana?

Los hombres escogen buscar un cimiento en el hombre debido a que buscan un terreno común con todos los hombres y toda realidad fuera de Dios. Quieren evitar lo que llaman un «sistema "sectario" de pensamiento». Declaran que la necesidad es de «*filosofía perennis*», una filosofía común para todos los hombres como hombres, aparte de las consideraciones teológicas. Por este medio estos pensadores dicen que pueden establecer todas las verdades de la religión bíblica de una manera racional, que satisfaga a todos los hombres. Así, en lugar de una revelación excluyente o parroquial, se puede establecer un terreno mejor, común, se dice. En tal filosofía el estado, en lugar de ministro de justicia ordenado por Dios, se vuelve «una institución "natural"», producto del «ser "social"», del hombre[14]. Como el hombre vive socialmente, los conflictos surgen debido a deseos variados.

> Claro, allí surge la necesidad de alguna componenda; se deben resolver las diferencias de los individuos; alguien, o algún grupo selecto para deliberar y hablar por toda la comunidad, tiene que tomar las decisiones. Y así surge la institución de la autoridad: de manera natural y clara que Dios dio de origen como la naturaleza social del hombre en sí misma[15].

Tal filosofía de la ley natural no hace descansar la autoridad en un Dios absoluto, ni en una ley absoluta, sino en el acomodo. La base de la autoridad es el relativismo; acomodo, la negación de la verdad.

Esta filosofía de la ley natural descansa en lo supremo de la mente del hombre y su apelación a una racionalidad común en todos los hombres. Pero el hombre caído usa su razón como instrumento en su guerra contra Dios, y así el aspecto común de la racionalidad de los apóstatas es la determinación de excluir al Dios soberano de las Escrituras.

---

14   Harold C. Gardiner, S.J., *Catholic Viewpoint on Censorship* (Hanover House, Garden City, N. Y., 1958), p. 14.

15   *Ibid*, p. 20.

Pero si el hombre natural, sin la fe salvadora, puede abrirse camino a Dios y a una ley universal, no necesita a Dios ni la ley de Dios; tampoco necesita a la Biblia, ni a los teólogos, ni ninguna revelación de Dios; el hombre en sí mismo es, entonces, el principio de la revelación y la verdad, la fuente ambulante de la ley. En donde prevalecen la ley natural y la teología natural o sus variantes modernas de gracia común, allí a la iglesia le quedan opciones muy limitadas. Puede convertirse en la sirvienta del estado y trabajar por la acción social, o puede abandonar el mundo mediante el pietismo y misticismo. En cualquier caso, no queda Dios aparte del hombre.

La fuente de la ley también es la ubicación del dios de cualquier sistema, y si se ubica la ley en la racionalidad del hombre, el hombre es el dios de esa filosofía. No sorprende entonces que el pensamiento occidental, al adoptar una base de ley natural para sus órdenes sociales, primero vea a la ley como *lógica*, un aspecto de la racionalidad del hombre, y después como *experiencia*, un aspecto de la existencia del hombre. Y, ¿qué quiere decir experiencia? «Las mismas consideraciones que los jueces rara vez mencionan, y siempre pidiendo disculpas, son las raíces secretas de las cuales la ley deriva toda la savia de la vida. Quiero decir, por supuesto, consideraciones de lo que es conveniente para la comunidad interesada»[16]. La ley natural empezó con la *transigencia*, y termina con lo *conveniente*, sin llegar a ninguna parte después de mucho esfuerzo. En el proceso de quedarse quieta, ha logrado algo: ha perdido la verdad y la autoridad, y no le queda ningún terreno común, porque la experiencia y la conveniencia de todo hombre es su mundo privado de compromiso. Todo hombre se convierte en su propio mundo de ley, su propio campo de experiencia, y su propio criterio de conveniencia.

La filosofía de la ley natural empieza «en la suposición de que el modo no cristiano de razonamiento es el único modo posible de razonamiento».[17] Como Van Til observó además, contendiendo contra la propia filosofía al presentarse como una doctrina de la gracia común:

Una doctrina de la gracia común que se elabora como para apelar una vez más a un territorio neutral entre creyentes y no creyentes está, precisamente como la antigua apologética de Princeton, en línea con un tipo romanista de teología natural. ¿Por qué debemos, entonces, alegar que tenemos algo único? Y, ¿por qué debemos, alegar que tenemos una base sólida para la ciencia? Nada que no sea una doctrina calvinista de la providencia todo controladora de Dios, y del carácter indeleblemente revelador de todo hecho del universo creado, puede proveer un cimiento verdadero para la ciencia. Y, ¿cómo podemos alegar que podemos hacer buen uso de los resultados de

---

16   O. W. Holmes, Jr., *The Common Law* (Little, Brown, Boston, 1881), p. 35.
17   Cornelius Van Til, *Common Grace* (Presbyterian and Reformed Publishing Co., Filadelfia, 1947), p. 48.

los esfuerzos científicos de científicos no cristianos, sí, parándonos en base esencialmente romanista, no podemos ni siquiera hacer buen uso de nuestros propios esfuerzos?

¿Por qué vivimos en un mundo ilusorio, engañándonos nosotros mismos y presentando una pretensión falsa ante el mundo? La percepción de la ciencia:

(a) presupone la autonomía del hombre

(b) presupone un carácter no creado, sino controlado por el azar de los hechos

(c) presupone que las leyes no descansan en Dios, sino en alguna otra parte del universo.

Ahora bien, si desarrollamos una doctrina de la gracia común en línea con las enseñanzas de Hepp respecto al testimonio general del Espíritu, estamos incorporando en nuestro edificio científico las mismas fuerzas de destrucción contra las cuales ese testimonio está destinado a marchar.[18]

El único verdadero terreno común está en Dios, o sea, en el hecho de que Él creó y gobierna todas las cosas, así que todas las cosas lo revelan a Él. La comprensión de todas las cosas empieza por consiguiente en Él, la sumisión del hombre al juicio, la salvación y la Palabra y Ley de Dios. Van Til, al argumentar contra las opiniones de Masselink, dirigente reformado, observó:

Pero he argumentado ampliamente, sobre todo contra Barth, que la imagen de Dios en el hombre tiene un contenido de conocimiento verdadero. El hombre no empieza en el curso de la historia con solamente la capacidad de conocer a Dios. Por el contrario, empieza su curso con un conocimiento *verdadero* de Dios. Es más, ni siquiera puede erradicar este conocimiento de Dios. Es este hecho lo que hace que el pecado sea pecado «contra mejor conocimiento».

… La teología católica romana piensa en la criatura empezando, por así decirlo, en los límites del no-ser. Según la teología romana, hay en el hombre, así como en la realidad creada en general, una tendencia inherente a volver a hundirse en la inexistencia. De aquí la necesidad de ayuda sobrenatural desde el principio de la existencia del hombre. Hay en la teología romana una confusión entre los aspectos metafísicos y éticos del ser del hombre. […] La tendencia destructiva del pecado no se ve en una disminución gradual de la racionalidad y moralidad del hombre. El hombre no es menos una criatura moral racional de Dios que lo que era cuando le da las espaldas a Dios y aborrece a su hacedor. Por consiguiente, cuando Dios le da al

---

18   C. Van Til, *A Letter on Common Grace* (Presbyterian and Reformed Publishing Co., Filadelfia, 1955), p. 66.

hombre su gracia, su gracia salvadora, esta no reinstaura su racionalidad y moralidad. Reinstaura su *verdadero* conocimiento, justicia y santidad (Col 3:10; Ef 4:29). Restaura al hombre *éticamente*, no metafísicamente. De la misma forma, si decimos que la gracia común es lo que tiene que ver con la restricción del pecado, es una función ética y no metafísica la que ejecuta. No mantiene, como el Dr. Masselink parece aducir, las características creadoras del hombre. No sustenta la imagen de Dios en «el sentido más amplio» de la racionalidad y moralidad del hombre. Impide que el hombre, que será racional de todas maneras, exprese su hostilidad contra Dios en el campo de conocimiento, de tal manera que hace imposible que por sí mismo destruya el conocimiento. Y al restringirlo en su hostilidad ética contra Dios, Dios libera sus poderes de criatura para que pueda hacer contribuciones positivas al campo del conocimiento y el arte. De manera parecida, al restringirle en su expresión de hostilidad ética contra Dios, hay una liberación dentro de él de sus poderes morales, de modo que pueda ejecutar lo bueno «moralmente» aunque no espiritualmente. Como constitutivos de la racionalidad y moralidad del hombre, estos poderes no han disminuido a pesar del pecado. El hombre no puede ser *amoral*. Pero por el pecado el hombre ha caído éticamente; se volvió hostil a Dios. Y la gracia común es el medio por el que Dios impide que el hombre exprese el *principio* de hostilidad a su pleno alcance, así capacitando al hombre a hacer lo «relativamente bueno»[19].

Van Til ha sugerido «gracias creativa» como término mejor que «gracia común». Por cierto que el término «gracia común», que ha venido a ser una marca del humanismo y la guerra contra Dios, se debe abandonar como término bastardo, al unir ilegítimamente dos conceptos extraños.

En breve, empezar con cualquier cosa que no sea la ley de Dios como el único cimiento del orden social es terminar sin ninguna ley y solo con la regla de la lógica y experiencia del hombre.

Por tanto, las leyes de la física, la economía, la biología, y toda otra ciencia y estudio, se basan firmemente en el decreto eterno de Dios; porque el poder predestinador y soberano de Dios es total, hay leyes en todo ámbito. Estas leyes se derivan, no de la «naturaleza» sino de Dios. Cuando se niega el decreto eterno, también se niegan las leyes, y estas gradualmente se agotan.

Fue el humanismo de la Ilustración el que desarrolló la filosofía de la ley natural como alternativa al Dios soberano y predestinador de las Escrituras. Más tarde sus herederos atacaron el concepto de la ley natural porque señalaba a Dios; les era mejor eliminar toda ley y no dejar ningún letrero que señalara a Dios, ninguna evidencia de diseño en el universo que hablara de su Creador. El mundo estaba lis-

---

19   *Ibid.*, p. 36.

to para aceptar a Darwin y un universo ciego, sin ley, que evoluciona, para escapar de un Dios cuya ley gobernaba toda la realidad.

El concepto de la «ley natural inherente […] se interpuso entre la naturaleza y Dios y […] se concibió como independiente de todo legislador externo para su validez y operación»[20]. Al aceptar la ley natural como sustituto de Dios, la Ilustración lo vio progresivamente en términos mecanicista. «La realidad ya no era primordialmente una cuestión de voluntad y propósito personales»[21]. Se comparó el universo con un mecanismo de reloj.

Sin embargo, nada es menos desacertado desde el punto de vista cristiano que la comparación del universo con un reloj. Este potaje por el cual se cambió la primogenitura bíblica fue una sustitución del propósito con el diseño, abandonar el concepto de meta por un conglomerado de fines mecánicos expresados en términos filosóficos de orden, belleza, armonía y perfección. Los argumentos de diseño apuntan hacia atrás a la creación, y no hacia adelante a una consumación. …

Grocio, el arquetipo del humanismo, desarrolló la distinción entre la ley de Dios y la ley de la naturaleza, en la cual la naturaleza incluía al hombre y su historia. El resultado de esta distinción entre la Providencia y los procesos de la vida e historia fue que allí surgió la posibilidad de moldear la vida y la historia aparte de cualquier ley de Dios. Y este era un fin deseable, puesto que la ley de Dios permitía las guerras y los desastres. El modelo de la historia según la ley natural apuntaba hacia la idea de progreso y ejercía efecto directo sobre la cuestión de una escatología. El hombre ganaría su propia salvación, pero en un sentido radicalmente diferente al significado de la palabra bíblica, y por supuesto, sin temor ni temblor (Fil 2:12)[22].

Como resultado de este razonamiento, la ley de la naturaleza, que en la antigüedad pagana era la ley de las naciones, volvió a ser la ley de las naciones, la ley del hombre. Puesto que ni Dios ni la naturaleza habían eliminado las guerras, el hombre, el nuevo dios y legislador, moldearía a las naciones y a todos los hombres para eliminar las guerras.

El gobierno general [Providencia general] y particular [Providencia específica] de Dios sería reemplazado por el gobierno general y particular del hombre. La Providencia general de Dios establece al hombre en un marco de ley total; la Providencia específica de Dios tiene en cuenta toda necesidad, y ni un solo cabello cae sin su cuidado y supervisión soberanos. El nuevo estado soberano trabaja

20   James P. Martin, *The Last Judgment in Protestant Theology from Orthodoxy to Ritschl* (Eerdmans, Grand Rapids, 1963), p. 102.

21   *Ibid.*, p. 103.

22   *Ibid.*, p. 107.

para envolvernos en un marco progresivamente total de ley, y para vigilarnos con su red de supervisión particular. El editor principal de un importante periódico estadounidense dio su aprobación a esta invasión radical de privacidad por parte del gobierno total del estado moderno en un editorial principal:

> Conforme la tecnología cada vez más despersonaliza y deshumaniza nuestra vida, está brotando en nosotros una necesidad de reasegurar lo que es más básico y vital en nosotros, nuestros instintos. Todavía más, la tecnología está arrastrándonos a una época en donde la privacidad está llegando a ser literalmente imposible. Está llegando a ser imposible por un lado, debido a la pura densidad de población, y, por lado, debido al rápido avance de los medios técnicos de vigilancia en una civilización cuyas sociedades es obvio que pretenden mantener a todos los individuos bajo vigilancia constante.
>
> Nuestra necesidad primordial, pues, está despuntando: la necesidad de morar, más o menos como seres humanos, en una sociedad en la cual la privacidad no se discute. Nuestra respuesta al parecer va a ser adoptar un modo de vida en la cual la privacidad ya no se considere necesaria. Así que sospecho que la relación sexual pública se debe ver como la ola del futuro...[23]

La ley natural siempre acaba como la ley del estado, y un estado anticristiano encima de eso.

4. La ley como rumbo y vida

La palabra básica bíblica que se traduce «ley» es *Tora*. *Tora* quiere decir no solo instrucción o enseñanza, sino, fundamentalmente, «dirección». La ley entonces da el rumbo que Dios señaló; una vida sin ley es una vida sin rumbo en el sentido de que no existe ningún significado verdadero apartado de Dios. El mal no es una ausencia o escasez de ser, sino una separación de Dios ética, no metafísica. Mientras mayor sea la separación, mayor será la pérdida de significado. El infierno no tiene comunidad ni significado. Es el colapso de toda comunidad, significado y vida en una negación radical.

El libro de Proverbios es esencialmente un libro sobre la ley como rumbo y guía de la vida. La *Tora* en Proverbios:

> donde aparece sin calificaciones (28:9; 29:18) claramente es la ley divina (es también el término judío para el Pentateuco); pero *mi ley,* «la ley de tu ma-

---

23   Frank Trippett, «What's Happening to Sexual Privacy?» [«¿Qué le está sucediendo a la privacidad sexual»] en Look, vol. 34, no. 21 (20 oct., 1970), p. 50.

dre» (1:8), *etc.,* se refiere a las máximas presentes y a las enseñanzas del hogar, basadas en verdad en la ley, pero no idénticas a ella[1].

Por tanto, toda *instrucción* descansa y debe descansar en la *Tora,* ley o instrucción fundamental de Dios. La ley de un padre, la ley de un maestro o patrono, debe ser una aplicación de la ley de Dios. Cuando se aplica así, la ley de Dios se vuelve la trama de la vida y guía de la sociedad. Como dijo Salomón:

> El que menosprecia el precepto perecerá por ello; mas el que teme el mandamiento será recompensado.
> La ley del sabio es manantial de vida para apartarse de los lazos de la muerte (Pr 13:13-14).

Como observa Kidner:

> la frase *ley del sabio* (hombre) indica que la *ley* (*Tora*) se usa aquí en el sentido original de «orientación» o «instrucción»; es la voz de la experiencia espiritual antes que el mandamiento divino, aunque estará en armonía con *la* Tora (como su proximidad al versículo 13 recalca)[2].

La ley de Dios es dada a todos los hombres; la sociedad santa y los hombres santos mediarán en esa ley en cada nueva generación y así asegurarán su salud y bienestar. Como lo resumió Delitzsch:

> El proverbio está diseñado para indicar que la vida que brota de la doctrina del sabio como de una fuente de salud para el discípulo que la recibe, le transmite conocimiento y fuerza, para saber dónde están las trampas de la destrucción y alejarlo con pasos vigorosos cuando estas amenacen con atraparlo[3].

Esto enuncia de nuevo el significado básico de la *Tora,* dirección, y la dirección provista por la ley es un camino de salud, conocimiento y vida. Además:

> Los que dejan la ley alaban a los impíos; mas los que la guardan contenderán con ellos.

---

1   Derek Kidner, *Proverbs, An Introduction and Commentary* (Inter-Varsity Press, Chicago, 1964), p. 63.
2   *Ibid.,* p. 103.
3   Franz Delitzsch, *Biblical Commentary on the Proverbs of Solomon* (Eerdmans, Grand Rapids [1872], 1950), I, 279.

Los hombres malos no entienden el juicio; mas los que buscan a Jehová entienden todas las cosas (Pr 28:4, 5).

Acudiendo de nuevo a Delitzsch:

Los que alaban al impío se alejan de la Palabra revelada de Dios (Sal 73:11-15); los que, por el contrario, son fieles a la Palabra de Dios (29:18) se encienden contra ellos, los sacude profundamente su conducta, no pueden permanecer en silencio ni permitir que su iniquidad quede sin castigo. [...] El que hace de la maldad su elemento moral cae en la confusión de la concepción moral; pero aquel cuyo fin es el único Dios vivo, en toda situación de la vida, incluso en medio de grandes dificultades, gana de eso el conocimiento de lo que es moralmente correcto. De modo similar dice el apóstol Juan (1 Jn 2:20): «Pero vosotros tenéis la unción del Santo, y conocéis todas las cosas»; o sea, necesitan buscar ese conocimiento que requieren, y que anhelan, no fuera de ustedes, sino en el nuevo cimiento divino de su vida personal; de allí todo lo que necesitan para el crecimiento de su vida espiritual, y para alejar de ustedes las influencias hostiles, llega a sus conciencias. Es un conocimiento potencial, bien abarcador en carácter, y a todas luces un conocimiento humano relativo, que es lo que aquí quiere decir[4].

Olvidar la ley quiere decir olvidar la orientación y la vida; y la sociedad y los hombres que se olvidan de la ley de Dios pierden por ello la sabiduría y toda orientación. El relativismo gobierna a la sociedad, y produce parálisis moral. Los comentarios de Kidner destacan esto con claridad:

28:4. La ley de Dios es bastión del hombre.
Sin revelación, pronto todo es relativo; y con relatividad moral, nada en sí merece ataque. Por ejemplo, se acepta al tirano porque consigue que las cosas se hagan; y al pervertido, porque su condición es interesante. La plena secuencia aparece en Romanos 1:18-32.

28:5. La ley de Dios es la luz del hombre.
Romanos 1:21, 28 ilumina la línea 1, como Romanos 1:18-32 el proverbio precedente. En la línea 2, cf., Salmo 119:100; Juan 7:17[5].

Uno de los deseos más persistentes de los hombres es andar por vista, con un conocimiento del futuro de lo que tiene delante. Fue este motivo lo que condujo a Saúl a buscar a la hechicera de Endor. Por medio de ella, Saúl quería conocer el

---

4   *Ibid.*, II, 226.
5   Kidner, op. cit., p. 169.

resultado de su guerra contra los filisteos, y lo que debería hacer (1 S 28:15). Los siglos 19 y 20 vieron un serio despertar de varias formas de ocultismo por las que el hombre procura hurgar el futuro y obtener luz para andar.

Las Escrituras prohíben todos esos esfuerzos de examinar el futuro apartados de Dios. El medio provisto para que el hombre pueda saber el futuro es la Ley y Palabra de Dios. De esta manera, el salmista declaró, en su gran meditación sobre la ley, el Salmo 119:

> Lámpara es a mis pies tu palabra, y lumbrera a mi camino.
> Juré y ratifiqué que guardaré tus justos juicios (Sal 119:105-106).

Este concepto de la ley como guía del hombre aparece una y otra vez en las Escrituras. Esas mismas palabras también las dijo, tal vez primero que nadie, Salomón:

> Porque el mandamiento es lámpara, y la enseñanza es luz, y camino de vida
> las represiones que te instruyen (Pr 6:23).

En este versículo, como Kidner nota, las reglas paternales basadas en la ley de Dios «se consideran como expresiones de la ley absoluta, divina»[6]. Incluso más importante es el hecho de que la ley de Dios, en su declaración bíblica y cuando es trasmitida fielmente por la familia, iglesia, estado o escuela, es fuente de *luz* que Dios ha ordenado, el medio válido de predicción. El hombre, al andar por fe en obediencia a la ley de Dios, anda en un gran grado por vista. Andar sin ley es andar en oscuridad.

La ley trasmitida no puede tomar el lugar de la ley básica, la *Tora* de Dios. La ley trasmitida debe en verdad ser idéntica a la *Tora* divina. La aplicación, no la innovación ni la adición, es el deber de la persona o agencia trasmisora. Salomón por consiguiente vinculó tres cosas: primera: el temor del Señor y su instrucción, dirección o ley; segunda: la misma ley o instrucción según la aplica el padre o madre a su hijo; tercera: la consecuencia de la obediencia a esta instrucción es un ornamento o corona en la vida del hijo.

> El principio de la sabiduría es el temor de Jehová; los insensatos desprecian
> la sabiduría y la enseñanza.
> Oye, hijo mío, la instrucción de tu padre, u no desprecies la dirección de tu
> madre;
> Porque adorno de gracia serán a tu cabeza, y collares a tu cuello (Pr 1:7-9).

El término «principio de la sabiduría» se refiere al «principio primero y controlador, antes que una etapa que uno deja detrás»[7]. Delitzsch traduce el versículo 9 así: «Porque estos son una corona hermosa en tu cabeza, y joyas en tu cuello»[8]. El

---

6   *Ibid.*, p. 73.
7   *Ibid.*, p. 59.
8   Delitzsch, op. cit., I, 59.

principio controlador de la vida, que corona a un hombre y enriquece sus días con sabiduría, es el temor del Señor, y este temor es inseparable de la ley, instrucción o dirección de Dios.

El carácter básico de la ley para la vida se establece de forma contundente en otros dos Proverbios:

El que aparta su oído para no oír la ley, su oración también es abominable (Pr 28:9).

Sin profecía el pueblo se desenfrena; mas el que guarda la ley es bienaventurado (Pr 29:18).

Si un hombre rechaza la ley u orientación de Dios, ha rechazado toda relación con Dios, y «su oración también es abominable» para Dios, una ofensa moral, porque orar al Dios cuya guía despreciamos es añadir insulto a nuestras ofensas. Todavía más, «sin revelación un pueblo se vuelve ingobernable», como Delitzsch tradujo Proverbios 29:18[9]. La revelación de Dios es también su ley, que es el único camino del hombre hacia la verdadera felicidad, y el único medio aceptable de servir a Dios.

Cuando Jesucristo dijo: «Yo soy el camino, y la verdad, y la vida; nadie viene al Padre, sino por mí» (Jn 14:6) la palabra que usó para «camino» fue *jodós,* un sendero natural, camino, senda, camino del viajero o, metafóricamente, un curso de conducta, manera de pensar o justicia[10]. Westcott citó el uso de la palabra «camino» en el misticismo de Lao-tzé a modo de comparación[11]. No hay nada de místico en el uso de «camino» que hizo nuestro Señor. Él es el único camino a Dios, y, al identificarse a sí mismo con el rumbo, declaró en realidad: «Yo soy la Tora». La ley como expresión de la justicia y derechos de Dios es el único camino o rumbo válidos del hombre. Cristo guardó la ley perfectamente, porque la ley era la expresión de su ser; no cometió pecado y no podía pecar, porque la ley no era otra cosa que su justicia y derechos establecidos. No podía hacer a un lado la ley, porque hacerlo habría sido negarse a sí mismo y dejar de existir. Los políticos tiranos han declarado: «Yo soy la ley», y finalmente han perecido bajo la ley de Dios, pero Jesús podía declarar de manera absoluta: Yo soy el camino o ley, la verdad y la vida. La ley no se puede separar de Cristo, ni Cristo de la ley.

5. La ley y el pacto

El profeta Isaías acusó a Judá a nombre de Dios como infractora de la ley, y su profecía empieza con una acusación y un llamado a volver al Señor. «Príncipes

---

9   *Ibid.*, II, 251.
10   W. E. Vine, *Expository Dictionary of New Testament Words*, IV, 203.
11   B. F. Westcott, *The Gospel According to St. John* (Eerdmans, Grand Rapids [1881], 1954), p. 202.

de Sodoma, oíd la palabra de Jehová; escuchad la ley de nuestro Dios, pueblo de Gomorra» (Is 1:10). Las maldiciones de la ley, de Deuteronomio 28, descenderían sobre Judá y Jerusalén, «porque desecharon la ley de Jehová de los ejércitos, y abominaron la palabra del Santo de Israel» (Is 5:24).

Pero eso no es todo. Dios también acusó a las naciones de la antigüedad (Is 13:1—23:18). Dios el Rey juzgará severamente el pecado del mundo (Is 24:1—27:13). Judá y Jerusalén, debido a sus relaciones impías con Egipto y Asiria, también son de nuevo blanco de más acusaciones (Is 28:1—33:24). Edom también está sujeto a una acusación (Is 34).

El castigo de Judá sería tan radical que solo un diezmo o décima parte volvería, y esa décima parte sería comida o consumida hasta que quedara solo un remanente de simiente santa (Is 6:13). El castigo de las demás naciones sería incluso más radical: «He aquí que Jehová vacía la tierra y la desnuda, y trastorna su faz, y hace esparcir a sus moradores» (Is 24:1). Esto se indica con claridad porque «la tierra se contaminó bajo sus moradores; porque traspasaron las leyes, falsearon el derecho, quebrantaron el pacto sempiterno» (Is 24:5). Según Alexander: «Los tres términos que se usan (leyes, ordenanza, pacto) son sus sustancialmente sinónimos, *ley, estatuto, pacto,* y se usan indistintamente»[1]. Este punto es de especial importancia. Recalca de nuevo la posición de las Escrituras de que todos los hombres y naciones están ineludiblemente ligados al pacto de Dios, ya sean guardadores del pacto o transgresores del pacto. El pacto de Dios es «el pacto eterno» con todos los hombres. La relación del hombre a ese pacto puede cambiar de bendiciones a maldiciones, pero el pacto permanece. Como Copass señaló:

> Todas las personas pecadoras caen bajo el castigo temporal del Dios Omnipotente, santo, que es poderoso para salvar, que sabe que sin condenación del pecado no puede haber salvación.
>
> Todavía más, los pecadores persistentes conocerán *la separación final y el castigo eterno*[2].

La ley y el pacto se usan como sinónimos, y todos los hombres ineludiblemente están involucrados en esa realidad. Debido a que Dios es Dios, el Soberano absoluto y solo Creador de todas las cosas, ninguna independencia es posible de él para nada. El hombre está ineludiblemente ligado a Dios según las condiciones de Dios, su ley o pacto. Aunque un pueblo elegido es testigo de ese pacto, su testimonio debe ser solo según las afirmaciones de Dios y su pacto a todos los pueblos sin excepción. Por no obedecer ese pacto y su testigo, todas las naciones de la antigüedad fueron juzgadas y condenadas.

---

1   J. A. Alexander, *Commentary on Isaiah*, p. 406.
2   Benjamin Andrew Copass, *Isaiah, Prince of Old Testament Prophets* (Broadman Press, Nashville, 1944), p. 146.

En Jeremías hay un castigo similar para Judá, y también para las potencias extranjeras (Jer 46:1—51:64). Se pronuncia la condena de Babilonia «porque pecó contra Jehová» (Jer 50:14). Todavía más, lo inverso de la regla de oro es el principio del juicio de Dios contra Babilonia: «Haced con ella como ella hizo» (Jer 50:15); «conforme a todo lo que ella hizo, haced con ella» (Jer 50:29). Contra Moab, la palabra de Dios por medio de Jeremías es que «maldito el que detuviere de la sangre su espada» (Jer 48:10). Jeremías pronuncia las maldiciones de Deuteronomio 28 contra Judá y todas las naciones por su desobediencia a Dios, y esta «venganza es de Jehová, y venganza de su templo» (Jer 51:11). Como el templo (y el tabernáculo antes) era el salón del trono de Dios y centro gubernamental, esto quiere decir que Dios se venga de todos los que quebrantan su ley.

El castigo de las naciones aparece en Ezequiel 25:1—32:32 y en otras partes. Daniel nos da un panorama de los grandes imperios y su castigo. Todos los profetas recalcan la ley y el pacto, y llaman a hombres y naciones al arrepentimiento, o pronuncian castigo.

El final del libro de Malaquías emplaza a los hombres de esta manera: «Acordaos de la ley de Moisés mi siervo, al cual encargué en Horeb ordenanzas y leyes para todo Israel». Si los padres y los hijos no están unidos en fe y obediencia, Dios declara que vendrá y herirá la tierra con maldición en el Día del Señor, el tiempo de castigo en que el Mesías es rechazado (Mal 4:4-6).

San Pablo resumió este aspecto de las Escrituras en Hebreos 12:18-29. Se recalca mucho la superioridad del pacto renovado. Con «Jesús, el mediador del nuevo pacto», los que son de la iglesia han venido a algo mucho mayor que las manifestaciones aterradoras del monte Sinaí. Es el mismo Dios, «fuego consumidor» (He 12:29; Éx 20:18.19), y esa realidad la expresa mejor San Pablo que Moisés. El contraste entre el monte Sinaí y Moisés por un lado, y Cristo por el otro, hace que la obediencia sea mucho más obligatoria y la desobediencia mucho más condenatoria. Las épocas hasta la venida de Cristo representaban una gran conmoción de las naciones, que culminaría con la caída de Jerusalén. La próxima gran remoción eliminará todas las «cosas hechas» que pueden ser removidas, «para que queden las inconmovibles» (He 12:27). Las «cosas hechas» son las invenciones del hombre que tratan de suplantar la ley y el reino de Dios con la ciudad del hombre. Pero los elegidos de Dios han recibido «un reino inconmovible», o sea, que no se puede mover (He 12:28); deben por consiguiente servir a Dios como es debido y con reverencia y temor reverencial.

Por tanto, así como la época del Antiguo Testamento vio la destrucción radical de todas las naciones que rechazaban a Dios, la era cristiana verá una gran conmoción de las potencias existentes debido a su incredulidad, apostasía e iniquidad.

Al pacto que existe entre Dios y su pueblo correctamente se le ha llamado *pacto de gracia*. Y eso es: un pacto de gracia o bendición que ha hecho el Dios soberano con aquellos a quienes redime en Cristo. Opuesto al pacto de la gracia o bendición está *el pacto de muerte o maldiciones*. Desde el principio en Edén, Dios dijo que castigaría la desobediencia a su ley con la muerte (Gn 2:17). La maldición empezó a operar de inmediato cuando el hombre cayó (Gn 3:16-19; 4:10-12). Caín fue des terrado (Gn 4:11) por matar Abel, y la vida de allí en adelante vio cumplirse aquel pacto de muerte.

El pueblo de Dios no puede hacer un pacto con los que quebrantan el pacto de Dios (Dt 7:2). Los que se van detrás de otros dioses y hacen pacto con ellos heredarán todas las maldiciones de la ley (Dt 29:18-24). El destino de los que quebrantan el pacto es la muerte (Ro 1:31-32). Esto se declara con énfasis en Isaías 28:14-18:

> Por tanto, varones burladores que gobernáis a este pueblo que está en Jerusalén, oíd la palabra de Jehová. Por cuanto habéis dicho: Pacto tenemos hecho con la muerte, e hicimos convenio con el Seol; cuando pase el turbión del azote, no llegará a nosotros, porque hemos puesto nuestro refugio en la mentira, y en la falsedad nos esconderemos; por tanto, Jehová el Señor dice así: He aquí que yo he puesto en Sion por fundamento una piedra, piedra probada, angular, preciosa, de cimiento estable; el que creyere, no se apresure. Y ajustaré el juicio a cordel, y a nivel la justicia; y granizo barrerá el refugio de la mentira, y aguas arrollarán el escondrijo. Y será anulado vuestro pacto con la muerte, y vuestro convenio con el Seol no será firme; cuando pase el turbión del azote, seréis de él pisoteados.

La clave del significado de esta palabra profética la explicó muy bien Young en su comentario sobre el versículo 15:

> En este versículo Isaías explica por qué los burladores deben oír la palabra del Señor y también por qué es necesario que Dios establezca en Sión una piedra angular. Lo que se da no es el vocabulario de los burladores sino una evaluación de sus hechos. Si se expresaran en palabras esos hechos, no serían palabras como éstas. Para decirlo de otra manera, aquí hay una expresión de los pensamientos y propósitos diseñados carnalmente por los burladores, y puesto que pensamientos como estos motivaron sus hechos, Dios mismo intervendrá y erigirá en Sión una piedra.
>
> Isaías se dirige a los gobernantes de «este pueblo». *Ustedes han dicho.—* No en tantas palabras, sino que eso es lo que han propuesto en sus corazones. […] Si alguien ha hecho un pacto con la muerte, la muerte no le hará daño, porque él y la muerte están en paz. «Ustedes están actuando», así parece ser el pensamiento del profeta, «como si la muerte y la tumba no los fueran a vencer ni a apoderarse de ustedes. Vendrán por otros, pero ustedes piensan que están exentos. Alrededor de ustedes han contemplado a otros caer, e

incluso han visto a las diez tribus ir en cautiverio, pero piensan que la muerte los dejará y seguirá de largo»[3].

Un pacto con la muerte y con el infierno es la presuposición de que la ley del pacto de Dios no está en operación, y que Dios en la práctica está muerto. Es un rechazo del mundo de ley y causalidad y una insistencia de que el hombre vive en un mundo neutral, no causal, de bruta realidad. Un pacto con la muerte y el infierno es un esfuerzo por anular la muerte y el infierno; es un rechazo del orden jurídico de Dios a favor del orden hecho por el hombre. Este pacto con lo insignificativo Dios lo rechaza, y los que lo hacen son pisoteados bajo los pies del veredicto de Dios (Is 28:18). Este pacto con la muerte caracteriza toda incredulidad, y la promesa de Dios, según la versión Reina Valera, es juicio sobre toda la tierra. La palabra de Isaías a los burladores de Jerusalén fue esta: «Ahora, pues, no os burléis, para que no se aprieten más vuestras ataduras; porque destrucción ya determinada sobre toda la tierra he oído del Señor, Jehová de los ejércitos» (Is 28:22).

El hombre y las naciones hacen un pacto con la muerte, con lo insignificativo, para escapar de la ley de Dios. La respuesta de Dios es darles muerte, «una aniquilación determinada» en términos de su propósito soberano. No hay escapatoria de la ley y su significado. Como bien dijo Ezequiel, el propósito de Dios es derribar todas las cosas que se oponen a Cristo y su reino: «A ruina, a ruina, a ruina lo reduciré, y esto no será más, hasta que venga aquel cuyo es el derecho, y yo se lo entregaré» (Ez 21:27). La declaración de Dios, repetida muchas veces por todo Ezequiel, es que su castigo cae sobre todo los que quebrantan la ley hasta el fin en que «sabréis que yo soy Jehová el Señor» (Ez 23:49, etc.). De modo similar, la ley fue dada, y la justicia de Dios fue dada a conocer, el sabbat fue establecido «para que sepáis que yo soy Jehová vuestro Dios» (Ez 20:19-20, etc.). La ley y las sentencias de la ley tienen como propósito revelar a Dios.

La ley como revelación es, pues, un aspecto básico de la manifestación que Dios hace de sí mismo. Es en verdad imposible pensar en una revelación de Dios sin ley, porque esto querría decir que Dios no tiene naturaleza, ni es una persona de propósito definido y totalmente consciente de sí mismo. Debido a que Dios está totalmente consciente de sí mismo y sin potencialidades, es decir, sin aspectos de sí mismo por desarrollar, tiene una ley plena y desarrollada, y esa ley es básica para la revelación de sí mismo. Dios no puede revelarse sin la ley, ni ella puede establecerse sin revelar a Dios.

La implicación de esto es que ningún conocimiento de Dios es posible si se rechaza la ley. Rechazar la ley es negar la naturaleza de Dios, y negar el significado de Dios Hijo y su expiación. El conocimiento de Dios no es *por* la ley, sino por la gracia de Dios por fe, pero este conocimiento de Dios es inseparable de la ley. La

---

3   Edward J. Young, *The Book of Isaiah* (Eerdmans, Grand Rapids, 1969) II, 282.

prioridad es de Dios, no de la ley, pero no se puede divorciar la ley de Dios, así como a su naturaleza no se la puede alienar del Señor.

El barthianismo, debido a que es antinomiano, presupone un dios que es incognoscible y más allá de definición. El Dios barthiano no da ley porque no tiene ley dentro en sí mismo, ni naturaleza fija. Por el término «la libertad de Dios», los barthianos quieren decir la libertad de toda ley o naturaleza. Por eso no sorprendió que el próximo paso en teología fuera anunciar la muerte de este dios.

XIII

LA LEY EN EL NUEVO TESTAMENTO

1. Cristo y la ley

Una de las declaraciones bíblicas más importantes y peor comprendidas de todas respecto a la ley es la declaración de nuestro Señor en el Sermón del Monte:

> No penséis que he venido para abrogar la ley o los profetas; no he venido para abrogar, sino para cumplir. Porque de cierto os digo que hasta que pasen el cielo y la tierra, ni una jota ni una tilde pasará de la ley, hasta que todo se haya cumplido (Mt 5:17, 18).

Dos palabras diferentes se usan para expresar la idea de cumplimiento. La palabra que se traduce «cumplir» en el versículo 17 es *plerosai,* relativa a *pleroma;* quiere decir hacer completo, rebosar, llenar, derramar, hacer que abunde, penetrar. Se dice que los cristianos son *plervustai,* llenos del poder del Espíritu Santo (Col 2:10; Ef 3:19). Cristo «llena» el universo con su poder y actividad (Ef 4:10, *pleroun).* La palabra quiere decir llenar y mantener lleno, o sea, poner en vigencia como algo continuo. Nuestro Señor declaró que había venido para poner la ley en vigencia y mantenerla vigente.

En el versículo 18 la palabra que se usa es *genetai,* de *ginomai,* llegar a ser, hacer que pase, suceder. La ley llega a ser la realidad de la vida del mundo hasta el fin del mundo. Esto nos da una perspectiva muy diferente del significado de «cumplir» que las de aquellas interpretaciones que ven que su significado ha terminado, o sea, el cumplimiento de la ley como el fin de la ley. No hay indicios de tal significado en el texto.

Más bien, Cristo como el Mesías o Rey, debido a que ha venido, declaró de nuevo la validez de la ley y su propósito de ponerla en vigencia. Esto fue poderosamente enunciado en «A Sermon Preached Before the House of Commons in Parliament at their Public Fast, November 17,1640» [«Un sermón predicado ante la Cámara de los Comunes en el Parlamento en su ayuno público, el 17 de noviembre de 1640»], por Stephen Marshall:

> Primero …
> Este es el cetro por el cual Cristo gobierna: Que Su Palabra more con un pueblo es la prueba más grande de que ellos lo tienen como su *Príncipe,* y

Él los reconoce como sus *súbditos*. ¿Hay alguna nación estimada como parte del dominio de un Príncipe, que no esté gobernada por sus leyes? Tampoco puede ser considerada reino de Cristo ninguna tierra donde la predicación de la Palabra, que es la *vara de su poder*, no está establecida. Y el Señor ha considerado siempre que los que obstaculizan su Palabra son los hombres que no quieren que Cristo los gobierne.

En segundo lugar, si todas las buenas leyes del mundo fueron hechas, sin esto, no llegarán a nada; hagan lo que hagan, nunca llegarán a aquello a lo que apuntan. Los magistrados y ministros de justicia no las ejecutarán, y el pueblo no las obedecerá. *Los lugares oscuros de la tierra están siempre llenos de las habitaciones de maldad.* Pero si Cristo *golpea la tierra con la vara de su boca, el lobo morará con el cordero, y el leopardo se echará con el cabrito, el novillo y el cachorro de león pacerán juntos, y un niño pequeño los conducirá.* No habrá nada que haga daño o destruya donde gobierna el cetro de Cristo; sus leyes no pueden darles nuevos corazones a los hombres, ni nueva fuerza; eso es el privilegio de la ley de Cristo[1].

El hecho de que el Rey vendría para imponer su reinado y su ley lo dijo de manera contundente Juan el Bautista. Habló de «la ira que vendrá» (Mt 3:7; Lc 3:7), es decir, los veredictos del rey. «Y ya también el hacha está puesta a la raíz de los árboles; por tanto, todo árbol que no da buen fruto es cortado y echado en el fuego» (Mt 3:10; Lc 3:9). El Rey se proponía juzgar y «purgar por completo» su reino (Mt 3:12). Cuando los creyentes le preguntaron a Juan: «Entonces, ¿qué haremos?» (Lc 3:10), Juan contestó que debían hacer dos cosas: primero, obedecer la ley, y, segundo, manifestar bondad a los necesitados (Lc 3:11-14).

La tentación de Cristo no se puede entender separada de la ley. Las tentaciones que le presentó Satanás requerían una declaración de independencia de Dios y su ley y la decisión de la voluntad de la criatura como ley suprema. La respuesta de Cristo a cada tentación fue una cita de la ley: Deuteronomio 6:16; 8:3, y 10:20 (cf. Jos 24:14; 1 S 7:3). El rumbo de la historia tenía que derivarse no de la voluntad del hombre, sino de la ley de Dios. Como Rey, Jesús declaró el camino de Dios o «Tora»; y como Rey, echó fuera demonios (Lc 4:31-37). Los demonios reconocieron su calidad de rey en el proceso (Lc 4:34; cf. Is 49:7). Jesús declaró ser «el Hijo del hombre» y «Señor» del sabbat (Mt 12:8; Lc 6:5; Mr 2:28).

El Sermón del Monte en particular identifica a Cristo como Rey y Legislador. Invitó a una comparación con Moisés al declarar la ley desde un monte (Mt 5:1); dijo con toda claridad que era más grande que Moisés, y que él era Dios Rey, al

---

1   Robin Jeffs, ed., *The English Revolution, Fast Sermons to Parliament*, vol. I, Nov. 1640-Nov. 1641 (Cornmarket Press, Londres, 1970), p. 151s. Los textos de Marshall son Sal 74:20 e Is 11:4ss.

no declarar «así dice el Señor», sino: «Yo os digo» (Mt 5:18)[2]. En Deuteronomio, Dios pronuncia las maldiciones y bendiciones; en el Sermón del Monte Jesús mismo pronuncia las bendiciones o bienaventuranzas (Mt 5:3-11). Como Rey soberano y universal, Jesús también es la fuente de toda ley, y él mismo la ley u orientación de la existencia. Como principio de la ley y fuente de toda bendición, declaró ser el nuevo shibolet por el cual los hombres son probados y juzgados. San Pedro identificó a Jesús como el shibolet de Dios: «Y en ningún otro hay salvación; porque no hay otro nombre bajo el cielo, dado a los hombres, en que podamos ser salvos» (Hch 4:12).

Como Rey, Jesús enfáticamente subrayó su ley soberana:

> De manera que cualquiera que quebrante uno de estos mandamientos muy pequeños, y así enseñe a los hombres, muy pequeño será llamado en el reino de los cielos; mas cualquiera que los haga y los enseñe, éste será llamado grande en el reino de los cielos. Porque os digo que si vuestra justicia no fuere mayor que la de los escribas y fariseos, no entraréis en el reino de los cielos (Mt 5:19-20).

Puesto que es el Legislador, Jesús también determina las maldiciones y las bendiciones de la ley; aquí habló de las consecuencias temporales y eternas de la misma y declaró que Él era quien determinaba esas consecuencias. Esto fue una identificación implícita de Dios y la ley con Cristo.

Cristo luego procedió a desarrollar las plenas implicaciones de la ley, sus implicaciones personales y civiles, sus exigencias al corazón y a la mano. Enojarse «sin causa» con un hermano del pacto es cometer homicidio en el corazón (Mt 5:21-24). El adulterio se prohíbe tanto de pensamiento como de acción (Mt 5:27-28). Contra las prácticas lenitivas del día, se vuelve a enunciar la ley bíblica del divorcio (Mt 5:31-32). El tercer mandamiento se refuerza y recalca contra el uso descuidado de los juramentos (Mt 5:33-37). Las limitaciones de la ley al tratar con una potencia extranjera que controla la legalidad se citan en Mateo 5:38-42; la Ley no puede ser implementada por sus enemigos. Nuestra obligación incluso entonces es cumplir la ley, y el amor es el cumplimiento de la ley, hacia nuestros enemigos (Mt 5:43-48).

Las leyes de benevolencia también se analizan en términos de su obediencia interna, así como también los requisitos de adoración y oración (Mt 6:1-23).

Se requiere confianza en el gobierno del Rey (Mt 6:24-34). Dios el Rey sabe nuestras necesidades; no nos atrevemos a dudar de su gobierno, ni a ser «de poca fe» (Mt 6:30).

---

2   Sobre Moisés como rey (Dt 33:5), y el Mesías como el nuevo Moisés, ver H. L. Ellison, *The Centrality of the Messianic Idea for the Old Testament* (The Tyndale Press, Londres, 1953, 1957), pp. 9, 15ss.

No se puede hacer de los estándares personales un principio de juicio; la ley de Dios es el único criterio (Mt 7:1-5). Se nos dan advertencias para capacitarnos para juzgar, y se nos ordena confiar en Dios, que es más fiel a nuestro favor que nuestros padres humanos.

La prueba de la ciudadanía en el reino de Dios es obediencia a «estas palabras» (Mt 7:24). Construir sobre Cristo y su Ley y Palabra es construir sobre una «Roca» (antiguo símbolo de Dios), pero construir sobre la palabra del hombre es construir sobre la arena. Un derrotero conduce a la seguridad, el otro al desastre (Mt 7:21-27).

Se nos dice el asombro de sus oyentes, «porque les enseñaba como quien tiene autoridad, y no como los escribas» (Mt 7:29). La palabra que se traduce «autoridad» es *exousía,* que quiere decir poder de elección, autoridad, la libertad de hacer como a uno le place, poder de derecho. Jesús enseñaba con autoridad; declaró ser el principio de las maldiciones y las bendiciones; los hombres se levantan o caen según Sus condiciones. Deuteronomio 28 queda reforzado en su persona, porque él es la ley encarnada, Dios encarnado, el «camino» (Jn 14:6).

Los fariseos y gobernantes entendían todo esto mejor que los discípulos y el pueblo. A diferencia de la interpretación laxa que aquellos le daban a la ley, Jesús se declaró como defensor de la ley en su plena fuerza, y como Legislador. Por eso procuraron abochornarlo obligándolo a una decisión impopular en el caso de la mujer sorprendida en adulterio (Jn 8:11). Con respecto a los impuestos, trataron de nuevo de acorralarlo y llevarlo a una declaración que dañaría su posición como campeón de la ley (Mt 21:15-22; cf. Mr12:14; Lc 20:22). Los saduceos trataron de reducir a contrasentido la doctrina de la resurrección, así como la ley del levirato, y de nuevo Jesús los dejó perplejos con las Escrituras (Mt 22:23-33).

Los retos repetidos a Jesús de parte de los dirigentes del pueblo fueron en términos de la ley. Se hizo un esfuerzo determinado para negarle el estatus de campeón de la ley, porque las afirmaciones de Cristo eran una acusación contra ellos como orden legal establecido, como los gobernantes de su día. La contraparte de las bienaventuranzas del Sermón del Monte fue la maldición sobre los dirigentes del pueblo que pervertían la ley, que Cristo muchas veces mencionó, especialmente en Mateo 23. Sobre estos pervertidores de la ley de Dios descendería «toda la sangre justa que se ha derramado sobre la tierra» (Mt 23:35), exigiendo la plena venganza de la ley. No se podía pronunciar una maldición más aterradora; la sentencia más severa de toda la historia: «Habrá entonces gran tribulación, cual no la ha habido desde el principio del mundo hasta ahora, ni la habrá» (Mt 24:21). Este fue el juicio del Rey que declaró: «Toda potestad me es dada en el cielo y en la tierra» (Mt 28:18). Ese poder trae maldición total a los que se oponen a Él, su reino y su ley; pero Él es la bienaventuranza de su pueblo del pacto.

2. La mujer sorprendida en adulterio

En el curso de nuestro análisis de la ley se hicieron repetidas referencias a la confirmación de la misma en los Evangelios. No es nuestro propósito repetir esas confirmaciones ni intentar producir un catálogo exhaustivo de toda referencia a la ley en los Evangelios. Un acontecimiento, sin embargo, aunque citado con algún detalle anteriormente, merece más atención: el relato de la mujer sorprendida en adulterio, según Juan 8:1-11. Debido a que se ha citado este incidente en particular como ejemplo de la revocación de la ley, como ejemplo por excelencia necesita más atención porque es más bien una *confirmación* de la ley.

Si el incidente hubiera sido antinomiano en algún sentido, les hubiera dado a los escribas y fariseos exactamente la acusación que querían para condenar a Jesús. La acusación de Jesús contra los escribas y fariseos era precisamente su antinomianismo; él los había denunciado fuerte y públicamente por su descuido de la ley al seguir la tradición (Mt 15:1-10). No había respuesta posible contra esta acusación; claramente los dirigentes del pueblo habían marginado la ley mediante su tradición legal humanista. Todo el punto de ataque de estos dirigentes era tratar de mostrar que Jesús, al verse confrontado con los hechos duros de un caso concreto, no sería un defensor más estricto de la ley que ellos. El ejemplo culminante de este esfuerzo por abochornar a Jesús fue este incidente de la mujer sorprendida en adulterio. Pedir la plena imposición de la ley, la pena de muerte, hubiera sido invitar hostilidad, porque la actitud prevalente era de lenidad moral. Negar la pena de muerte hubiera permitido a los fariseos acusar a Jesús de hipocresía; él habría estado entonces en la misma escuela de pensamiento de los fariseos que condenaba. Por supuesto, Jesús no tomó una posición antinomiana, porque los fariseos se fueron confundidos, y el incidente obviamente confirmó a Jesús como defensor de la ley.

Una mujer había «sido sorprendida en el acto mismo de adulterio» (Jn 8:4). A la mujer se la «trajeron». No podemos asumir que ella llegó voluntariamente. Tal vez la llevaron a rastras, pero el pasaje no indica eso. Evidentemente «los escribas y fariseos» que intervinieron tenían poderes policíacos o habían usado tales poderes legales con la ayuda de las autoridades para obligarla a que obedeciera. Teniendo tal autoridad legal, requirieron que Jesús presidiera la audiencia. Al hombre involucrado en el acto no lo presentaron; no sabemos por qué, aunque parece que eso habría agravado la «contravención» de Jesús si este hubiera exigido la pena de muerte de la mujer, o si hubiera permitido que una adúltera quedara absuelta. Una mayor reacción emocional se podía lograr presentando a una adúltera que presentando a un adúltero. «Y en la ley nos mandó Moisés apedrear a tales mujeres. Tú, pues, ¿qué dices? Mas esto decían tentándole, para poder acusarle» (Jn 8:5-6). La intención del incidente era obvia: se buscaba una base para acusar a Jesús. ¿Persistiría este como campeón de la ley, o retrocedería a usar algún aspecto de la tradición farisaica?

«Pero Jesús, inclinado hacia el suelo, escribía en tierra con el dedo» (Jn 8:6). En este punto, el comentario de Burgon es de lo más aleccionador y merece que lo cite completo:

Los escribas y fariseos llevan ante nuestro SALVADOR a una mujer que acusaban de adulterio. El pecado prevalecía tan extensamente entre los judíos, que las imposiciones divinas respecto al así acusado casi habían caído en el olvido ya desde mucho antes. En la ocasión presente, a nuestro SEÑOR se le observa para que reviviera su antigua ordenanza según un modo no oído hasta entonces. La prueba de las aguas amargas, o agua de la convicción (Vea Nm 5:11-31), era una especie de ordalía con el propósito de la vindicación del inocente o la convicción de culpable. Pero según la creencia tradicional, la prueba resultaba ineficaz, a menos que el esposo mismo fuera inocente del crimen del que acusaba a su esposa.

Consideremos ahora las provisiones de la ley, contenidas en Nm 5:16 a 24. Se presentaba a la mujer delante del SEÑOR; el sacerdote tomaba «agua santa en un vaso de barro», y ponía «polvo del suelo del tabernáculo en el agua». Entonces, con el agua amarga que causaba la maldición en su mano, juramentaba a la mujer. Luego, escribía las maldiciones en un libro y las borraba con el agua amarga; hacía que la mujer bebiera el agua amarga que causaba la maldición. Si era culpable, caería bajo un castigo terrible; su cuerpo testificaría visiblemente su pecado. Si era inocente, nada sucedía.

Y ahora, ¿quién no ve que el Santo estaba tratando con atacantes hipócritas que se presentaban como acusadores? A la presencia de JEHOVÁ encarnado muy ciertamente ellos habían sido traídos; y tal vez cuando él se agachó y escribió sobre el suelo, fue una frase amarga contra el adúltero y la adúltera lo que escribió. Todo lo que tenemos que hacer es dar por sentado alguna relación entre la maldición que él trazó «en tierra en el suelo del tabernáculo» y las palabras que pronunció con sus labios, y tal vez se puede declarar con verdad que él «había tomado del polvo y lo había puesto en el agua», y «les hizo a ellos beber las aguas amargas que traen maldición». Porque cuando, por su Espíritu Santo, nuestro Sumo Sacerdote en carne humana se dirigió a aquellos adúlteros, ¿no hizo sino presentarles el agua viva (v. 17. Igual en la LXX) «en un vaso de barro» (2 Co 4:7; v. 1)? ¿No los acusaría con juramento de maldición diciendo: «Si no se han apartado a inmundicia, sean libres de las aguas amargas; pero si se han contaminado...». Al verse confrontados con esa alternativa, ¿acaso no fueron saliendo uno por uno acusados por su propia conciencia? Y, ¿qué otra cosa fue esto si no la propia absolución de parte de ellos de la pecadora, por cuya condenación se había mostrado tan impacientes? Seguro que fue «el agua de la convicción» como se le llama seis veces, que *ellos* habían sido obligados a beber; después de eso, «acusados por su propia conciencia», como San Juan relata, habían pronunciado la absolución del otro. Por último, nótese que Él mismo declinó «condenar» a la acusada. Nuestro SEÑOR borró las maldiciones que ya había escrito contra ella en el polvo; cuando hizo del suelo del santuario su «libro»[1].

Como este incidente tuvo lugar en el templo (Jn 8:2), el comentario de Burgon es mucho más pertinente. El polvo del templo en que escribió reunía los requisitos de la ley. Su acción de inmediato sometió a juicio a todo acusador; el que ellos se dieron cuenta de eso lo dice el texto con claridad, porque se nos dice que se sintieron «acusados por su conciencia» (Jn 8:9).

Las acusaciones contra la mujer las habían presentado «los escribas y fariseos». Sus acusaciones representaban un caso bien claro contra una mujer sorprendida «en el acto mismo de adulterio». La contraacusación de parte de Jesús, según lo que hizo y declaró, «El que de vosotros esté sin pecado sea el primero en arrojar la piedra contra ella» (Jn 8:7), los desarmó. Como ellos mismos eran hombres culpables, sospechaban que Jesús tenía evidencia secreta contra ellos. Ellos estaban atareados tratando de recoger evidencia contra Jesús; esto hizo más fácil que pensaran que Jesús había hecho lo mismo con ellos.

Aquellos escribas y fariseos habían preferido acusar a la mujer asumiendo el lugar del marido; Jesús los puso en la categoría del marido invocando Números 5 por lo que escribió en el polvo. Si eran culpables, y Jesús sabía que lo eran, si invocaban la pena de muerte, ¿no podía él acusarlos a ellos también? Al invocar Números 5, Jesús en efecto los puso en el banquillo de los acusados: ¿habían ido al juicio con manos limpias?

De nada servirá argumentar los «estándares morales altos» de los fariseos. Estaban planeando la muerte de Jesús. Frente a sus planes deliberados y calculadores contra el Mesías de Dios, el pecado de adulterio era un asunto trivial. No se atrevían a que levantara una acusación contra ellos que pudiera activar la exigencia divina de la pena de muerte.

Cuando Jesús dijo «El que de vosotros esté sin pecado sea el primero en arrojar la piedra contra ella» (Jn 8:7), no estaba refiriéndose a pecados en general, sino al pecado del adulterio. Una declaración general hubiera querido decir que no era posible un tribunal; la referencia específica quería decir que unos hombres culpables de un delito no eran moralmente libres para condenar ese delito en otro *a menos que* lo condenaran en ellos mismos. Se nos dice que todos aquellos escribas y fariseos se sintieron «acusados por su conciencia» (v. 9).

Todavía más, Jesús había *confirmado* la pena de muerte; solo exigió que los testigos honestos salieran al frente para ejecutarla, para ser los primeros en arrojar la piedra contra ella (v. 7). Seguir como testigo contra ella era buscarse testigos

---

1   John W. Burgon, *The Woman Taken in Adultery*, p. 239s. Respecto a las evidencias de autenticidad de este pasaje, ver p. 246ss.

contra ellos mismos; testificar de un hecho presenciado y confirmar una pena de muerte para la mujer era pedir que un testigo pidiera la pena de muerte para ellos mismos. Se fueron.

> Enderezándose Jesús, y no viendo a nadie sino a la mujer, le dijo: Mujer, ¿dónde están los que te acusaban? ¿Ninguno te condenó?
>
> Ella dijo: Ninguno, Señor. Entonces Jesús le dijo: Ni yo te condeno; vete, y no peques más (Jn 8:10-11).

En este punto es necesario distinguir entre el perdón civil y el jurídico. El perdón civil tiene lugar cuando el condenado paga por su delito, cuando hace restitución y satisface las exigencias morales de la ley. Un ladrón que le ha robado a un hombre un buey y lo ha restaurado quintuplicado es por ello perdonado. El perdón religioso requiere como condición previa la restitución, o el perdón civil. El ladrón no puede ser perdonado religiosamente si no ha hecho restitución.

Hay una distinción similar entre la condenación civil y la condenación religiosa. La condenación civil es por ofensas contra la ley civil; la condenación religiosa es por ofensas contra la ley civil y por no creer a Dios y su Palabra y Ley. Las dos clases de perdón y condenación son distintas, pero están relacionadas.

A Jesús se le había pedido que se pronunciara en cuanto a la ley civil sobre adulterio, y ratificó la pena de muerte. Los testigos, sin embargo, habían retirado la acusación y habían desaparecido. Así, no había caso *legal* contra la mujer. Por tanto, Jesús no podía mantener la acusación: «Ni yo te condeno».

Pero existía un caso moral. La humildad de la mujer, que le reconoció como «Señor», indica algo de evidencia de cambio y tal vez regeneración en ella. Pero Jesús solo le dijo: «Vete, y no peques más», eco de sus palabras en Juan 5:14: «No peques más, para que no te venga alguna cosa peor».

Es más que probable que ya fuera una persona cambiada religiosamente, y perdonada por la gracia de Dios. Solo se nos dice que no existía base al momento para una condenación legal. Esto no descarta la condenación legal subsiguiente; su esposo, si lo tenía, no es evidente en este episodio, pero él hubiera tenido base para emprender algún tipo de acción bajo la ley existente, si así lo escogía. Esto no es el objetivo del texto. A ella se le concedió absolución por las evidencias de la «audiencia» inmediata. Jesús reconoció la realidad de su transgresión por su advertencia: «Vete, y no peques más». El hecho de esta advertencia indica alguna evidencia de cambio en ella, puesto que era contrario a la práctica de nuestro Señor advertir a los que no querían recibir advertencia (Mt 7:6). El que Cristo le diga a una persona no regenerada que «no peque más» es irrazonable. El pecado en particular al que se refiere era el adulterio. A ella se le asigna la obligación de ser casta como un aspecto de su nueva vida en Cristo.

La mujer se dirigió a Jesús como «Señor» (Jn 8:11); los escribas y fariseos solo le llamaron «Maestro» (v. 4), y los discípulos mismos a menudo se dirigían a él como «Rabí» (Jn 1:43). La conducta de ella denotaba a una persona cambiada.

En pocas palabras: en lugar de ser una evidencia de antinomianismo, este episodio confirmó enfáticamente la posición de Jesús como campeón de la ley, y Él confundió los esfuerzos de aquellos escribas y fariseos por demostrar lo contrario.

Así quedó expuesto el pecado del fariseísmo. El fariseísmo, *en primer lugar*, negaba la necesidad de la conversión. El hombre, con su libre albedrío y sin ayuda, podía salvarse a sí mismo, escoger entre el bien del mal y hacerse bueno. El libre albedrío y la salvación propia se ratificaban de esta manera, y la predestinación y la conversión o regeneración se negaban[2]. *Segundo,* los fariseos, aunque profesaban apegarse a la ley de Dios, la habían convertido en tradiciones de hombres. Habían negado, pues, las doctrinas bíblicas de la justificación y la santificación y por eso fueron el blanco particular de la denuncia de Jesús. Los fariseos, aunque profesaban ser defensores de la palabra de Dios, eran en verdad sus enemigos y pervertidores.

3. Ataque al antinomianismo

Varios asuntos dividían a los líderes religiosos y Jesús. Ellos rechazaban su declaración implícita y explícita de que era el Mesías; negaban su estatus singular como Hijo de Dios; rechazaban su exigencia de una reforma religiosa en términos de Sí mismo; y les disgustaba mucho su ataque a la tradición. Como defensores de la ley según su tradición religiosa y civil, a los dirigentes del pueblo les disgustaba la acusación de Jesús de que en realidad eran inicuos. La tradición era para ellos el desarrollo vital y necesario de la ley; de esta manera se daba prioridad a la tradición por sobre la ley. Los fariseos, sin embargo, veían su tradición como inseparable de la ley. Pero Jesús atacó sus tradiciones como perversión de la ley.

La cuestión se enunció de manera contundente en la tercera Pascua. Según Marcos 7:1-23 (cf. Mt 15:1-20), los escribas y fariseos atacaron a Jesús por la supuesta violación de la ley por parte de algunos de sus discípulos. Estos comían «con manos inmundas, esto es, no lavadas» (Mr 7:2). Esto no quiere decir que los discípulos comían con las manos sucias, sino más bien con manos que no estaban ceremonialmente purificadas. Esto era «la tradición de los ancianos» (v. 3). Era una forma ritual de separación del mundo «impuro» y se veía como un aspecto de las leyes y una forma de santidad.

El ataque de Jesús a esta costumbre al parecer inocua se expresa de manera bien fuerte:

---

2 Ver Hugo Odeberg, *Phariseeism and Christianity* (Concordia, St. Louis, 1964).

Respondiendo él, les dijo: Hipócritas, bien profetizó de vosotros Isaías, como está escrito: Este pueblo de labios me honra, Mas su corazón está lejos de mí.

Pues en vano me honran, enseñando como doctrinas mandamientos de hombres.

Porque dejando el mandamiento de Dios, os aferráis a la tradición de los hombres: los lavamientos de los jarros y de los vasos de beber; y hacéis otras muchas cosas semejantes (Mr 7:6-8).

A los discípulos de Jesús se les acusaba de quebrantar la ley; la respuesta de Jesús fue negar la validez de la ley religiosa hecha por el hombre, y llamar a la ley de ellos «mandamientos de hombres», o «tradición de los hombres». A los escribas y fariseos los llamó «hipócritas» y su adoración la describió como «vana» o fútil. El comentario de Alexander sobre el versículo 7 es de interés:

La traducción literal de las palabras hebreas es, *y su temor de mí* (o sea, su adoración) *es* (o *ha llegado a ser*) *un precepto de hombres, una cosa enseñada.* […] Al aplicar nuestro Salvador el pasaje a los hipócritas de su día, hace referencia en particular a los maestros religiosos que corrompían la ley con sus tradiciones no autorizadas[1].

Jesús condena totalmente la elevación de una tradición inocua a un estatus igual al de la ley de Dios e igualmente obligatoria para el hombre. Ley se refiere a la ley de Dios, no a mandamientos de hombres. Así revirtió la acusación de los escribas y fariseos contra algunos de los discípulos; ellos eran los que quebrantaban la ley. «Y hacéis otras muchas cosas semejantes» (v. 8).

Una de estas cosas, entonces, se cita específicamente:

Les decía también: Bien invalidáis el mandamiento de Dios para guardar vuestra tradición. Porque Moisés dijo: Honra a tu padre y a tu madre; y: El que maldiga al padre o a la madre, muera irremisiblemente. Pero vosotros decís: Basta que diga un hombre al padre o a la madre: Es Corbán (que quiere decir, mi ofrenda a Dios) todo aquello con que pudiera ayudarte, y no le dejáis hacer más por su padre o por su madre, invalidando la palabra de Dios con vuestra tradición que habéis transmitido. Y muchas cosas hacéis semejantes a éstas (Mr 7:9-13).

A la ley mosaica (v. 10) se le identifica como «el mandamiento de Dios» (v. 9) y «la palabra de Dios» (v. 13). No se puede reducir la ley mosaica a la dimensión de una ley nacional solo para Israel, ni tampoco a algo pasajero; es el mandamiento

---

1   Joseph Addison Alexander, *Commentary on the Gospel of Mark* (Zondervan, Grand Rapids, [1864]), p. 185.

o palabra inmutable del Dios inmutable. A los escribas y fariseos se les acusa de alterar, rechazar o anular la ley de Dios.

La ley de Dios exige que uno honre a sus padres, y que los ayude económicamente en su necesidad. Maldecir a los padres de uno es hacerse merecedor de la pena de muerte. El no sostener a los padres es una forma de maldecirlos, según Jesús.

Los escribas y fariseos, sin embargo, eximían a los hombres de la obligación de sostener a sus padres. Al decir que sus fondos eran «corbán», podían especificar todo o parte de sus ingresos como ofrenda para el templo o para los sacerdotes y levitas. «Que tales cosas se permitían y aplaudían se puede probar por ciertos dictámenes del Talmud, y especialmente por una famosa disputa entre el rabino Eliezer y su hermano, en el cual el mismo acto que se describe aquí fue exonerado por este último»[2]. La religión, pues, se usaba para condonar la violación de la ley de Dios (v. 12). Una vez más Jesús declaró: «Y muchas cosas hacéis semejantes a estas» (v. 13). La violación de ellos de la ley de Dios no era ocasional; era básica y radical. Estaban dejando sin efecto la palabra de Dios mediante su tradición.

Los escribas y fariseos se enorgullecían, nos informa San Pablo, de ser dirigentes de ciegos, «guías de ciegos» (Ro 2:19). Veían sus tradiciones como instrumento válido e importante para guiar a los ciegos. Informado de que los fariseos se habían ofendido por sus comentarios, Jesús presionó el asunto incluso más:

> Pero respondiendo él, dijo: Toda planta que no plantó mi Padre celestial, será desarraigada. Dejadlos; son ciegos guías de ciegos; y si el ciego guiare al ciego, ambos caerán en el hoyo (Mt 15:13-14).

Los fariseos eran «ciegos guías de ciegos», y su destino era el hoyo. Pero incluso más, Jesús enfáticamente rechazó *toda ley* excepto las dictadas por Dios: «Toda planta que no plantó mi Padre celestial, será desarraigada». Puesto que la cuestión en juego es la ley, al decir «planta» se refiere a la ley, aunque hay más en la intención, porque se hace una generalización. El ejemplo particular del cual se hace la generalización es la ley de Dios, y el significado principal es la ley. Cualquier orden jurídico que no haya sido dado por Dios, ni esté cimentado fielmente en la ley de Dios, será desarraigado. No solo se condena el antinomianismo, sino también el legalismo, que es sustituir la ley de Dios por la ley del hombre.

Las cosas que contaminan al hombre, que le hacen impuro ante Dios, vienen desde adentro. La iniquidad es la sustitución del camino de Dios por el camino del hombre, de la ley de Dios por la ley del hombre. La iniquidad declara: «¿Conque Dios os ha dicho…?» (Gn 3:1). El acto externo de iniquidad es el producto de una contaminación interna, que luego contamina el mundo exterior por sus acciones:

---

2   *Ibid.*, p. 189.

Pero decía, que lo que del hombre sale, eso contamina al hombre. Porque de dentro, del corazón de los hombres, salen los malos pensamientos, los adulterios, las fornicaciones, los homicidios, los hurtos, las avaricias, las maldades, el engaño, la lascivia, la envidia, la maledicencia, la soberbia, la insensatez. Todas estas maldades de dentro salen, y contaminan al hombre (Mr 7:20-23).

Los fariseos eran ambientalistas; lo que viene de afuera contamina al hombre. Contra esto, Jesús enfáticamente recalcó que el corazón del hombre era la fuente de contaminación. El ambientalismo conduce al antinomianismo porque niega la responsabilidad a favor de un condicionamiento ambiental. La ley de Dios recalca la responsabilidad y no le concede escapatoria al hombre. La pureza se estaba volviendo progresivamente una cuestión ceremonial para los fariseos, una cuestión de aislarse de un mundo contaminante. Sin embargo, según Jesús, todo hombre es su propia fuente de contaminación; «de dentro», declaró, en contra de los fariseos, y no de afuera, viene la contaminación. Debido a este antinomianismo, los fariseos estaban desarrollando lógicamente una nueva ley, la tradición de los hombres, para escapar de la fuerza anti-ambientalista de la ley de Dios. Sus lavamientos ceremoniales, pues, no eran inocuos; mediante tales lavamientos daban por sentado que el mundo era la fuente de contaminación, y no su propia naturaleza caída. Era ineludible, por consiguiente, que prefirieran sus tradiciones a la ley de Dios. Al atacar a los fariseos, Jesús estaba, por consiguiente, condenando toda forma de antinomianismo en toda época. El antinomianismo nunca puede llamarse cristiano legítimamente.

Si el mundo es la fuente básica de la contaminación, la lógica de la ley requiere un reacondicionamiento ambiental; hay que rehacer al mundo a fin de salvar al hombre. Si la fuente básica de contaminación sale, como Jesús declaró, «de dentro, del corazón de los hombres», la salvación del hombre es la conversión o regeneración. Hay que rehacer al hombre a fin de que el mundo mismo pueda salvarse. Entonces, tenemos dos doctrinas opuestas de salvación y de ley.

4. La Transfiguración

La relación entre Jesús y Moisés la recalcan los Evangelios. Como Moisés, Jesús da la ley desde el monte. Moisés medió entre Dios e Israel, estableciendo con eso la función del Moisés mayor. La profecía concerniente al Mesías era que sería como Moisés (Dt 18:18-19). Así como Moisés guió al pueblo de Dios del cautiverio a la libertad, el Moisés mayor conduciría a la raza del pacto de Dios.

La comparación que se hace entre Moisés y Cristo es particularmente clara en los relatos de la transfiguración (Mt 17:1-9; Mr 9:2-10; Lc 9:28-36). En varios puntos se marca la comparación.

Primero, el incidente ocurrió en un monte. La mayoría de comentaristas se preocupan más por identificar el monte que por analizar la significación de un retiro en un monte. La privacidad en otros lugares también habría sido posible. Es obvio, pues, que la selección de un monte invitaba a la comparación con Moisés, y Jesús de manera consciente cumplió la profecía implícita en la tipología. Así como Moisés subió al monte después del primer episodio desastroso para volver con nuevas tablas de la ley y fue transfigurado, Jesús ascendió al monte. Él ya había dado la ley desde el monte, o sea, su confirmación de la ley en el Sermón del Monte. Ahora, como Moisés, iba a transfigurarse. El Moisés transfigurado dio las instrucciones para construir el tabernáculo; el Cristo transfigurado, que era el verdadero tabernáculo de la presencia de Dios, cumplía todo lo que los sacrificios del antiguo tabernáculo tipificaron. El hecho de que los discípulos tendieran a esperar la restauración literal del poder político de Israel quedó confirmado por la Transfiguración; en el contexto de sus expectativas insistentes, la Transfiguración pareció confirmar su esperanza.

Segundo, Jesús «se transfiguró delante de ellos». Mateo nos dice que «resplandeció su rostro como el sol, y sus vestidos se hicieron blancos como la luz» (Mt 17:2). Marcos dice que «Y sus vestidos se volvieron resplandecientes, muy blancos, como la nieve, tanto que ningún lavador en la tierra los puede hacer tan blancos» (Mr 9:3), y Lucas dice que «la apariencia de su rostro se hizo otra, y su vestido blanco y resplandeciente» (Lc 9:29). La transfiguración de Moisés, pues, se repite y supera.

> Y aconteció que descendiendo Moisés del monte Sinaí con las dos tablas del testimonio en su mano, al descender del monte, no sabía Moisés que la piel de su rostro resplandecía, después que hubo hablado con Dios. Y Aarón y todos los hijos de Israel miraron a Moisés, y he aquí la piel de su rostro era resplandeciente; y tuvieron miedo de acercarse a él (Éx 34:29-30).

> Y cuando acabó Moisés de hablar con ellos, puso un velo sobre su rostro. Cuando venía Moisés delante de Jehová para hablar con él, se quitaba el velo hasta que salía; y saliendo, decía a los hijos de Israel lo que le era mandado. Y al mirar los hijos de Israel el rostro de Moisés, veían que la piel de su rostro era resplandeciente; y volvía Moisés a poner el velo sobre su rostro, hasta que entraba a hablar con Dios (Éx 34:33-35).

La experiencia de Moisés se repite en el monte para señalar a Jesús como el Moisés mayor.

Tercero, «Y les apareció Elías con Moisés, que hablaban con Jesús» (Mr 9:4). En sus personas, la ley y los profetas testificaron del Gran Legislador y el Profeta Supremo.

Hubo obviamente una competencia singular en cada caso. Uno era el gran representante de la Ley, que era un «ayo» o «tutor sirviente» que conducía a los hombres a Cristo; el otro, de toda la compañía santa de profetas. De uno se había dicho que «un profeta como él» vendría en los días postreros (Dt 18:18), al que los hombres debían oír; del otro, que vendría de nuevo y que haría «volver el corazón de los padres hacia los hijos» (Mal 4:5). La conclusión del ministerio de cada uno no fue según «la muerte común de todos los hombres». Nadie conocía el sepulcro de Moisés (Dt 34:6), y Elías había sido llevado en carro y caballos de fuego (2 R 2:11). Los hombres en la mente asociaban a ambos con la gloria del reino de Cristo. El Targum de Jerusalén sobre Éx 13. relaciona la venida de Moisés con la del Mesías. Otra tradición judía predice su aparición con la de Elías. Su presencia ahora era un testimonio de que la obra de ellos había terminado, y que había venido la de Cristo[1].

Antes que testificar, sin embargo, que su obra había terminado, de lo cual el texto no da ningún indicio, la presencia de Moisés y Elías con Jesús testifica la unidad de todos ellos. Su obra y ministerio eran una palabra y un ministerio; no se puede hacer ninguna división entre Jesús, la ley y los profetas. Moisés y Elías «aparecieron rodeados de gloria» (Lc 9:31), y Jesús mismo fue transfigurado y glorificado. Así que los tres revelan juntos la gloria de Dios.

Cuarto, «hablaban de su partida, que iba Jesús a cumplir en Jerusalén» (Lc 9:31), literalmente «el fallecimiento o partida de él». La palabra que se traduce «fallecimiento» en griego es *exodon,* de donde procede nuestra palabra española «éxodo». La selección de palabras por parte de Lucas no fue accidental. Moisés condujo al pueblo de Dios en su éxodo de Egipto; Elías presenció la apostasía de aquellos y así, implícitamente, el futuro éxodo de la Tierra Prometida. Jesús estaba por lograr el verdadero éxodo en Jerusalén. Por su muerte expiatoria y resurrección, Jesús conduciría al pueblo de Dios de la tierra de esclavitud a la verdadera libertad. Hebreos 4 desarrolló este mismo argumento al contrastar a Josué y Jesús conforme cada uno condujo al pueblo de Dios a su sabbat o reposo. El énfasis aquí recae en el éxodo que se cumpliría en Jerusalén, y no en la visión misma. Por lo tanto, cuando Pedro trató de concentrarse en el hecho de la visión antes que en su llamado a la acción en la historia, se descartó su declaración (Lc 9:33).

Nixon llamó la atención al uso extenso del tema del éxodo en el Nuevo Testamento. Unos pocos de los muchos eventos que se citan son el bautismo de Jesús en que ofició Juan, una «representación sacramental del éxodo histórico de Israel y, al mismo tiempo, una presentación del nuevo éxodo de la salvación»; los cuarenta días de tentación en el desierto «son una miniatura de los cuarenta años que

---

1   C. J. Gloucester y Bristol, comentario sobre Mateo XVII. 3, en Ellicott, VI, 104.

Israel pasó en el desierto. [...] Las tentaciones presentadas a Jesús son básicamente aquellas ante las cuales Israel había sucumbido»:

En donde ellos habían quedado insatisfechos con la provisión de maná de parte de Yahvé, Él es tentado a convertir las piedras en pan. En donde ellos pusieron a Dios a prueba en Masah exigiendo prueba de su presencia y poder, Él es tentado a saltar del pináculo del templo para obligar a Dios a cumplir sus promesas. En donde ellos se olvidaron del Señor que los había sacado de Egipto y lo sustituyeron por un becerro de oro, Él es tentado a postrarse y adorar a Satanás. Se muestra que Cristo enfrenta las tentaciones no de manera arbitraria, sino deliberada, del sumario de Moisés en Deuteronomio de la historia de Israel en el desierto. Si Jesús era el verdadero representante del pueblo de Dios, también se le debe mostrar como que tiene su peregrinaje en el desierto y ha soportado la prueba que demostró su persona, solo que sin pecado[2].

El envío de los setenta (Lc 10:1ss) también es un eco de la experiencia del éxodo (Nm 11:16ss). «Debe haber, entonces, una nueva conquista de Canaán. Sus ciudades serán destruidas en un día de juicio (Mr 8:12; Mt 16:4; Mt 12:39; Lc 7:31ss)»[3].

Quinto, de esta manera testificaron de Jesús la ley y los profetas, y Dios mismo, como el Moisés mayor. La voz de Dios desde la nube (símbolo de Dios el juez) declaró: «Éste es mi Hijo amado, en quien tengo complacencia; a él oíd» (Mt 17:5). San Pedro nos dice exactamente lo que esto quiso decir:

Porque Moisés dijo a los padres: El Señor vuestro Dios os levantará profeta de entre vuestros hermanos, como a mí; a él oiréis en todas las cosas que os hable; y toda alma que no oiga a aquel profeta, será desarraigada del pueblo (Hch 3:22-23).

Moisés dio la ley; los que rehusaban oírle rehusaban someterse a la ley de Dios; revelaban con ello su naturaleza no regenerada. Jesús es como Moisés; es el Gran y Supremo Legislador encarnado. Oírle a él es oír toda la ley y los profetas y mucho más. Rechazarle es rechazar la ley y los profetas así como a su persona. Toda persona que no le oye será «desarraigada del pueblo». En Deuteronomio 18:19, que Pedro citó, el texto dice: «yo le pediré cuenta». La amenaza o promesa de destrucción aparece en Éxodo 12:15, 19; Levítico 17:4, 9, etc. El significado último de «ser cortado» se requiere aquí y Pedro lo aplica porque desobedecer la Ley y Palabra de Jesucristo es ser radicalmente una persona inicua.

---

2   R. E. Nixon, *The Exodus in the New Testament* (The Tyndale Press, Londres, 1962), p. 14s.
3   *Ibid.,* p. 17.

El «a él oiréis» de Dios no pedía que se oyera a Jesús a diferencia de a Moisés y a Elías, porque ellos aparecen en glorificada unidad con Él. El mandamiento de oír a Jesús es oír al Cristo, cuya palabra es la totalidad de las Escrituras, a diferencia de los escribas y fariseos, los dirigentes del pueblo. Estos debían oír a Jesucristo, lo que quiere decir oír a Moisés y a Elías, y no a los poderes de este mundo, ni a sus filósofos ni dirigentes religiosos. Deben oír a Jesús antes que a los hombres de «una generación incrédula y perversa» (Lc 9:41).

Es blasfemia, por consiguiente, hacer distinción entre la ley y Jesucristo. El hecho de que esto se hace es una evidencia de declinación y colapso religioso. Como evidencia de este hecho, lo atestigua una carta de un estudiante de primer año de un seminario prominente que se enorgullece de su «ortodoxia»:

El Dr. D. puso todo el debate (del aborto) en la esfera puramente teórica cuando divorció de la sociedad la moralidad diciendo que, puesto que esta es una *democracia,* el estado tenía que basar su decisión respecto a las leyes del aborto en la voluntad de la mayoría del pueblo. Si el pueblo piensa que el aborto es dañino para la sociedad, deben prohibirlo; si no, ¡que lo hagan! Su antinomianismo es espantoso.

Supongo que esto es lo que hallo más preocupante aquí (más en los alumnos que en los profesores, pero en estos últimos hasta cierto punto): el antinomianismo. El antiguo dicho «Yo nunca mezclo la religión y la política» [...] Es tan malo en algunos de los individuos que cuando estaba tratando de debatir la ley de Dios en la política y en la sociedad con uno de los estudiantes aquí la primera semana que estuve aquí, me dijo que el problema conmigo era que yo era un «inhibido».

Ahora bien, he asociado muchas cosas con el deseo de guardar la ley de Dios, pero ¡¡¡nunca *eso*!!!

Una cosa que me molestó en cuanto a la cuestión del aborto era que más o menos todos aquí dan por sentado, incluso los que se oponen al aborto en general, que el «aborto terapéutico» es justificable moralmente. Si uno está tratando de salvar a la madre, el asesinato se justifica. [...] Así que asesinar (¿a cualquiera?) por una «buena causa» está bien. Es difícil ver por qué no pueden ver la falacia de eso. El asesinato es asesinato[4].

Tal posición es antibíblica y anticristiana, como todo antinomianismo ineludiblemente lo es.

---

4   De una carta del 17 de octubre de 1970. (Con respecto a los casos en donde supuestamente el médico debe escoger entre la vida de la madre y la vida del hijo, no he podido hallar médicos que pudieran citar alguno de tales casos. No puedo creer que Dios jamás ponga a algún hombre en una situación en donde debe hacerla de Dios. Todo el asunto de abortos terapéuticos es un esfuerzo por producir situaciones el hombre debe hacerla de dios.—RJR).

La salvación es por la gracia de Dios y por fe; la santificación es por la ley de Dios. Los que están fuera de la gracia piensan que la ley es una acusación y una sentencia de muerte contra ellos. Los que están en el pacto están en un pacto de gracia que también es un pacto de obras. La gracia los capacita para realizar las obras que se exige de ellos. La guerra de Jesús no fue contra Moisés, sino contra los escribas y fariseos que pervirtieron a Moisés. Es una perversión de las Escrituras hacer separación entre la ley, los profetas y Jesús. El monte de la transfiguración testifica de su unidad.

Foulkes ha señalado correctamente al pacto y a la ley como una unidad, el pacto como principio de predicción, y también base de la oración.

> Es significativo también que para Israel la ley no es simplemente un enunciado de principios abstractos, un código cuidadosamente preparado de conducta formulado como tal. La ley es la expresión de la justicia y misericordia de Dios. Es el enunciado de los principios del pacto. El escenario del Antiguo Testamento de la ley es el otorgamiento del pacto en el éxodo. El decálogo empieza: «Yo soy Jehová tu Dios, que te saqué de la tierra de Egipto, de casa de servidumbre».
>
> La Ley, por consiguiente, no contiene un simple código para que Israel lo guarde, sino los principios de lo que ha hecho Dios en el pasado, que se mantienen invariables para el presente y para el futuro[5].

El antinomianismo ha promovido el desarrollo de una ley humanista, y la ley humanista ha estimulado el crecimiento del antinomianismo. Cuando los hombres han visto a la ley humanista asumir un carácter mesiánico y al mismo tiempo disolver los cimientos de la sociedad, ha sido fácil para ellos desarrollar una hostilidad teológica a la ley. En las Escrituras, sin embargo, se proclama la ley al pueblo elegido, al pacto de la gracia; y la oración inicial de la ley, como Foulkes notó, celebra esa gracia.

5. El reino de Dios

Lucas señala una declaración interesante de nuestro Señor respecto a la relación de la ley y los profetas con el reino de Dios:

> Y oían también todas estas cosas los fariseos, que eran avaros, y se burlaban de él. Entonces les dijo: Vosotros sois los que os justificáis a vosotros mismos delante de los hombres; mas Dios conoce vuestros corazones; porque lo que los hombres tienen por sublime, delante de Dios es abominación.

---

5   Francis Foulkes, *The Acts of God, A Study of the Basis of Typology in the Old Testament* (The Tyndale Press, Londres , 1955), p. 17.

La ley y los profetas eran hasta Juan; desde entonces el reino de Dios es anunciado, y todos se esfuerzan por entrar en él. Pero más fácil es que pasen el cielo y la tierra, que se frustre una tilde de la ley (Lc 16:14-17).

La fuerza de este último versículo no se puede de ninguna manera disminuir. «Los escribas y fariseos habían estado manipulando con la santidad de las leyes que no eran de hoy ni de ayer —fijas como colinas eternas— y se les dijo que su casuística no podía marginar lo que afirman esas leyes en ni una sola instancia, tal como, por ejemplo, lo que sigue de inmediato»[1]. Claro, el versículo 17 deja en claro que la ley no se descarta en ningún sentido; sigue en plena vigencia. Geldenhuys comenta sobre los versículos 17 y 18:

> 17. Aunque es en verdad con su venida un nuevo orden, una nueva dispensación a la que se entra, esto no quiere decir que la revelación de Dios bajo el antiguo pacto se margina o se rechaza. Aunque es de naturaleza preparatoria, permanece (naturalmente en un sentido espiritual y moral y a la plena luz de la revelación divina en Jesús y por Jesús) absolutamente autoritativa.

> 18. Las leyes morales, por ejemplo, se pueden violar; el adulterio sigue siendo adulterio, aunque el tiempo de la preparación se haya reemplazado con el tiempo del cumplimiento[2].

El problema es respecto a la primera parte del versículo 16: «La ley y los profetas eran hasta Juan», o como la Biblia de Jerusalén lo dice: «La Ley y los profetas llegan hasta Juan». Esto no puede querer decir que la ley y los profetas ya no sean válidos ni que ya no estén vigentes, porque eso estaría en conflicto con el final del versículo 17. Si «más fácil es que pasen el cielo y la tierra, que se frustre una tilde de la ley» (v. 17), la ley no ha caducado y es otra cosa lo que quiere decir el versículo 16. La siguiente cláusula del versículo 16 deja en claro lo que era la intención: «desde entonces el reino de Dios es anunciado». Hasta Juan, la *predicación* era de la ley y los profetas; ahora es Dios el Rey, en la persona de Cristo, el que predica.

---

1   Gloucester and Bristol, «Luke» [«Lucas»], en Ellicott, VI, 322.

2   Norval Geldenhuys, *Commentary on the Gospel of Luke* (Eerdmans, Grand Rapids, 1951), p. 421. Con respecto a Lucas 16:18, muchos sostienen que esto prohíbe el divorcio o por lo menos el nuevo matrimonio de divorciados. Así, un erudito sostiene que «el nuevo matrimonio de divorciados se prohíbe en las Escrituras» (H. C. Hoeksema, «About Marriage Regulations for Priests in Leviticus» [«Acerca de las regulaciones de matrimonio para sacerdores en Levítico»], *The Standard Bearer*, vol. XLVII, no. 5 [1 dic., 1970], p. 115). La ley mosaica que permite el divorcio en ningún lado se deja al margen; 1 Co 7:15 lo confirma. El punto de Lucas 16:18 es que los divorciados inicuos del día, tales como los que condonaban los fariseos por su perversión de la ley, no tienen posición ante Dios. Mt 19:9 deja en claro que el permiso para el nuevo matrimonio se niega sólo a los que carecen de base bíblica para el divorcio; el divorcio y un nuevo matrimonio no están prohibidos para los que tienen bases santas.

Ambas cláusulas tienen que ver con una proclamación; la una con una predicción, la otra con un advenimiento. Cristo el Rey ha venido; y el Rey es el Legislador y el gran Impositor. Como Rey, viene para reunir a su pueblo y a poseer para ellos su herencia.

La consecuencia es que «todos se esfuerzan por entrar en él» (v. 16). Lenski traduce este versículo de esta manera: «La ley y los profetas, hasta Juan, desde entonces sobre el reino de Dios se predica como buenas noticias, y todos enérgicamente se esfuerzan por entrar en el»[3]. Esto quiere decir, como Plummer señaló, que «el judío ya no tiene ningún derecho exclusivo»[4]. Todas las naciones están llamadas a un nuevo pacto ahora. Este cambio, sin embargo, no invalida la ley. «Hay varios dichos judíos que declaran que cualquiera que intercambie cualquiera de estas letras parecidas (las iotas y las letras que ellas diferencian) en ciertos pasajes del AT destruirán toda la palabra»[5]. De estos dichos Cristo hace eco en el versículo 17.

Los que «se esfuerzan» por entrar en el reino no incluyen los dirigentes del pueblo, como Jesús dejó en claro en la «parábola» de Lázaro y el rico (Lc 16:19-31). En ninguna otra parte se da el nombre de una persona en una parábola. Tertuliano, en *De Anima* (vii) sostuvo que el nombre es evidencia de que la narración no es una parábola, sino un relato. Lo que el relato enseña con claridad es que los hombres prominentes de Judea no creerían: «tampoco se persuadirán aunque alguno se levantare de los muertos» (v. 31), como Cristo pronto lo hizo. Por otro lado, personas de todo el mundo se esforzaban por entrar en el reino y someterse a su ley. Así que, por un lado, los escribas y fariseos rechazaron a Jesucristo y sustituyeron la ley con la tradición humana; por otro lado, muchos se esforzaban por entrar en el reino, recibiendo a Cristo como su Redentor y Rey y sometiéndose a su ley. Edersheim notó que «la parábola en sí misma es estrictamente en cuanto a los fariseos y su relación con los "publicanos y pecadores" a quienes menospreciaban, y cuya mayordomía ellos oponían a su propia condición de propietarios»[6]. Del versículo 17, Edersheim observó:

Sí; era cierto que la ley no podía fallar ni en un solo acento. Pero, notoriamente y en la vida cotidiana los fariseos, que así hablaban de la ley y apelaban a ella, eran los que de manera constante y abierta la violaban. Se atestigua aquí la enseñanza y práctica respecto al divorcio, que en realidad incluía un quebrantamiento del séptimo mandamiento[7].

---

3   R. C. H. Lenski, *Interpretation of St. Luke's Gospel* (The Wartburg Press, Columbus, Ohio, 1946, 1951), p. 839.

4   Alfred Plummer, *A Critical and Exegetical Commentary on the Gospel According to S. Luke* (T. & T. Clark, Edinburgh, 1910), p. 389.

5   *Ibid.*, p. 389.

6   Alfred Edersheim, *The Life and Times of Jesus the Messiah* (Longmans, Green, Nueva York, 1897), II, 277.

7   *Ibid.*

El Rey había venido, y por consiguiente el reino de Dios ahora era manifiesto en un sentido que no era posible cuando Dios gobernaba desde el tabernáculo. El Rey, al declarar su condición de Rey universal, y al llamar a todas las personas de la tierra a esforzarse por entrar, estaba quitándoles el reino a sus falsos encargados (Mt 21:43). Edersheim dijo de los pasajes del reino en el Nuevo Testamento:

> De hecho, un análisis de los 119 pasajes del Nuevo Testamento en que aparece la expresión «reino», muestra quieren decir *el gobierno de Dios; que fue manifestado en Cristo y por medio de Cristo; es evidente en la iglesia; gradualmente se desarrolla en medio de estorbos; es triunfante en el segundo advenimiento de Cristo («el fin»); y finalmente, perfeccionado en el mundo venidero.* Visto así, el anuncio de Juan del próximo advenimiento de este reino tiene el significado más profundo, aunque, como es tan a menudo el caso en el profetismo, las etapas intermedias entre el advenimiento de Cristo y el triunfo de ese reino parecen haber estado ocultas del predicador. Él vino para llamar a Israel a someterse al reino de Dios, a punto de ser manifestado en Cristo. De aquí, por un lado, él los llamó a un arrepentimiento —un «cambio de parecer»— con todo lo que esto implicaba; y, por otro, les señaló a Cristo, en la exaltación de su Persona y oficio. O, más bien, las dos cosas combinadas se pudieran resumir en el llamado: «cambien de parecer»; arrepiéntanse, que implica, no solo un volverse del pasado, sino un volverse a Cristo en novedad de mente. Y así la acción simbólica por la que esta predicación iba acompañada se pudiera llamar «bautismo de arrepentimiento»[8].

En Mateo 11:20-24 Jesús denunció a las ciudades de Israel por rechazarlo. A Sodoma y a Tiro les iría mucho mejor en el día del juicio que a aquellas ciudades donde el fariseísmo estaba entronizado. A diferencia de los dirigentes de Israel, Jesús ofrecía un «yugo» fácil (Mt 11:29-30). La expresión se refiere a una expresión judía común de aquellos días, «tomar el yugo del reino de los cielos», o sea, «prometer obediencia a la ley»[9]. La ley de Israel había llegado a ser un yugo insoportable de tradición humana que dejaba sin ningún efecto la ley de Dios. En su lugar, Jesús ofreció el yugo fácil de la ley de Dios. «En su enseñanza, el reino una vez más llega a ser un reino de gracia y de ley, y así el equilibrio tan hermosamente mantenido en el Antiguo Testamento se restaura»[10]. El término «reino de los cielos» es sinónimo de «reino de Dios»; el hábito judío de evitar el uso de nombre de Dios condujo al uso frecuente de aquella frase[11].

---

8   *Ibid.*, I, 270.
9   Geerhardus Vos, *The Teaching of Jesus Concerning the Kingdom and the Church* (Eerdmans, Grand Rapids, 1951), p. 18.
10   *Ibid.*, p. 19.
11   *Ibid.*, p. 24.

En el Padrenuestro la gran petición al principio es: «Venga tu reino. Hágase tu voluntad, como en el cielo, así también en la tierra» (Mt 6:10). La oración concluye: «Porque tuyo es el reino, y el poder, y la gloria, por todos los siglos. Amén» (Mt 6:13)[12]. La entrada a ese reino es por la gracia electora de Dios; las reglas de ese reino son los mandamientos de Dios, su ley. Para los que están en la gracia, el yugo es fácil, y la carga es ligera, porque la gracia responde a la ley.

6. El dinero del tributo

Uno de los relatos más conocidos del Nuevo Testamento es el que tiene que ver con la pregunta respecto al dinero del tributo: «¿Es lícito dar tributo a César, o no?». La respuesta de Cristo: «Dad, pues, a César lo que es de César, y a Dios lo que es de Dios» (Mt 22:15-22; Mr 12:13-17; Lc 20:20-26), es una de las frases más conocidas de las Escrituras. Las implicaciones generales se han reconocido por mucho tiempo; en la aplicación específica ha habido mucha variación.

El propósito de los fariseos es de nuevo «cómo sorprenderle en alguna palabra» (Mt 22:15); Lucas es más específico: «Y acechándole enviaron espías que se simulasen justos, a fin de sorprenderle en alguna palabra, para entregarle al poder y autoridad del gobernador» (Lc 20:20). Aquí se quiere decir al gobernador romano. Evidentemente esperaban que Jesús, en fidelidad a la ley, declarara que en Israel solo una teocracia era válida, y no el gobierno y la ley romanos. Detrás de esta estrategia estaban los fariseos y los herodianos, pequeño partido político no religioso (Mt 22:16; Mr 12:13). Los herodianos favorecían el impuesto y a la dinastía herodiana, que consideraban como preferible al gobierno romano directo. Los fariseos por lo general eran hostiles a los herodianos, pero unieron sus fuerzas en hostilidad contra Jesús. Si Jesús se oponía al impuesto, se le podría denunciar y entregar a las autoridades romanas para que lo arrestaran y lo enjuiciaran.

A la pregunta le dan el prefacio de lisonja completa; los interrogadores preguntaron como si los motivara una conciencia dócil antes que un deseo de tenderle una trampa. Para acorralar a Jesús de manera que ofreciera una respuesta sin considerar las consecuencias le dijeron: «Sabemos que eres hombre veraz, y que no te cuidas de nadie; porque no miras la apariencia de los hombres, sino que con verdad enseñas el camino de Dios» (Mr 12:14). Tal integridad, esperaban, lo obligaría a negar la legitimidad del impuesto. «¿Nos es lícito dar tributo a César, o no?» (Lc 20:22).

El texto griego deja en claro que el impuesto era «per cápita», y no un impuesto indirecto.[1] «Lucas usa *foros,* la palabra más amplia para "tributo" que denota lo que paga una nación a otra; Mateo y Marcos usan el más específico *kenos* o

---

12   Para la evidencia de los ms. para esta petición, ver, Edward F. Hills, *The King James Version Defended* (Christian Research Press, Des Moines, Iowa, 1956), pp. 97-102.

1   Plummer, *Luke*, p. 465.

impuesto comunitario que se le imponía a todo individuo por su propia persona y es de este modo especialmente enervante como señal de servidumbre al poder romano»[2].

Israel ya tenía un impuesto comunitario, el requerido en la ley de Dios en Éxodo 30:11-16. Su propósito era proveer para la expiación civil, el amparo o protección del gobierno civil. A todo varón de veinte años para arriba se le exigía ese tributo para ser protegido por Dios el Rey en su gobierno teocrático de Israel. Este impuesto era así una obligación civil y religiosa (pero no eclesiástica).

Por todo esto había molestia, en particular porque Roma también requería un impuesto comunitario o per cápita. El imperio romano y el emperador progresivamente estaban asumiendo papeles divinos, requiriendo asentimiento religioso, y tomando prioridad sobre la religión. El impuesto comunitario era un impuesto particularmente ofensivo, porque al parecer requería una fe politeísta, la adoración de un dios antes que al verdadero Dios. Todavía más, el impuesto herodiano era tan pesado que dos veces el gobierno imperial obligó a Herodes a reducir sus exigencias de impuestos a fin de evitar problemas serios. Judas Galileo ya se había presentado antes como el Mesías y había llamado a Israel, en el nombre de Dios y las Escrituras, a negarse a pagar el impuesto. Los romanos fueron implacables para aplastar la rebelión (Hch 5:37).

El asunto lo había agravado ya en el año 29 d.C. Pilato, que por un tiempo acuñó monedas «que llevaban el *lituus,* la vara del sacerdote, o la *patera,* el tazón sacrificial, dos símbolos de la filosofía imperial que estaban destinados a ser molestos para el pueblo»[3]. Más adelante se retiraron estas monedas, pero sirvieron para subrayar el hecho de que su esclavitud a Roma tenía tintes religiosos.

El derecho de acuñar monedas tenía tintes religiosos para Israel como 1 Macabeos 15:6 implica, y era importante para ellos. «"Moneda" y "poder" se consideraban sinónimos, por lo que la moneda era el símbolo de dominio del gobernante»[4]. En el siglo II dC, Bar Kochba, el falso mesías, reemplazó las monedas romanas con sus propias monedas como medio de afirmar su poder. Darle tributo al césar, pues, significaba reconocer el poder del césar; aprobar que se pagara tributo al césar era reconocer la legitimidad del poder del césar. La pregunta implícita en la declaración herodiana era si algún gobierno aparte del de Dios tenía algo de legitimidad. La afirmación de Cristo de ser el Mesías la veían sus acusadores como una negación del derecho del césar a cobrar impuestos (Lc 23:2), puesto que el Mesías como Rey tenía que tener soberanía exclusiva en su perspectiva. El que Jesús negara el derecho del césar a cobrar impuestos a Israel sería una marca de insurrección y le hubiera dejado expuesto a arresto. El que Jesús afirmara el derecho del césar a cobrar impuestos habría sido, a ojos del pueblo, una negación de su mesiazgo.

---

2   Lenski, *Luke,* p. 988.
3   Ethelbert Stauffer, *Christ and the Caesars* (Westminster Press, Filadelfia, 1955), p. 119.
4   *Ibid.,* p. 125.

La respuesta de Jesús fue pedir un denario; se lo pidió a sus interrogadores. Como escribió Stauffer, cuyo capítulo en «The Story of the Tribute Money» [«La historia del dinero del tributo»] es muy importante:

Jesús pidió una moneda, un *denario*. ¿Por qué? Había muchas grandes monedas en el amplio imperio romano que servían como dinero legal, viejas y nuevas, grandes y pequeñas, imperiales y locales, plata, oro, bronce, cobre y latón. En ningún país circulaban tantas clases diferentes de moneda como en Palestina. Pero la moneda prescrita para los propósitos de impuestos en todo el imperio era el *denario*, una pequeña moneda de plata de valor como de un chelín. (Puede ser solo el *denario* de plata lo que se menciona en Mr 12:16, Lc 20:24 y Mt 22:19, y no una moneda de oro como Tiziano supone, en su representación de la escena del tributo, ni una moneda herodiana, como se afirma a menudo; porque a las monedas herodianas no las llamaban *denarios* y no eran monedas de tributo, sino que eran monedas locales de cobre). Jesús sabía esto, así que pidió la moneda de plata del impuesto imperial, usando la palabra latina, la expresión técnica romana, que había llegado a ser corriente en Palestina igual que la propia moneda. Tráigame un *denario*, dijo. No sacó una de su bolsillo. ¿Por qué? Él asunto no era si Jesús tenía una moneda en su bolsillo, sino si sus opositores la tenían. Con ironía socrática, añadió: «Mostradme la moneda». ¿Por qué? Él tenía un propósito mayéutico con sus interrogadores: quería entregarlos, a la manera socrática, no *a priori* sino *a posteriori*. No su sentido lógico o moral, sino su situación histórica y actitud sacaría la verdad a la luz. Algo se debe ver, y deducir, del mismo *denario*[5].

Cuando le entregaron a Jesús la moneda, este todavía no les respondió la pregunta de ellos: «¿Es lícito o no dar tributo al César»?». Más bien, les hizo otra pregunta: «¿De quién es esta imagen y la inscripción?» (Mt 22: 20; Mr 12:16; Lc 20:24). La respuesta fue, por supuesto: «del césar». Según Geldenhyus:

Después de que ellos reconocen que es del césar, los siguientes dos hechos son sacados vívidamente a la luz gracias a la maestría de Jesús para manejar la situación:

(1) Las monedas con la imagen y la inscripción del césar están en uso entre los judíos.

(2) Las monedas son evidentemente propiedad del césar, de otra manera no habrían tenido su imagen e inscripción.

De estos dos hechos, pues, se sigue que los judíos habían aceptado el gobierno imperial como una realidad práctica, porque la noción generalmente

---

5   *Ibid.*, p. 122s.

aceptada era que el poder de un gobernante se extendía en la medida en que se usaran sus monedas[6].

La cruda realidad se hizo clara. Aquellos hombres usaban las monedas de Tiberio que llevaban «un busto de Tiberio en desnudez olímpica, adornado por una corona de laurel, signo de divinidad». La inscripción decía: «Emperador Tiberio Augusto hijo del Augusto Dios», en un lado, y «Pontifex maximus» o «sumo sacerdote» en el otro. Los símbolos también incluían a la madre del emperador, Julia Augusta (Livia) sentada en el trono de los dioses, con el cetro olímpico en su mano derecha, y, en su izquierda, la rama de olivo que significaba que «ella era la encarnación terrenal de la pax celestial»[7]. Las monedas, entonces, tenía un significado religioso. Israel estaba en cierto sentido sirviendo a otros dioses al estar sujeta a Roma y a la moneda romana. La implicación de las palabras de sus enemigos, de que el tributo al césar tenía tintes religiosos, *casi* la confirmó Jesús, incluso al demostrar la sumisión de ellos al césar.

Entonces vino su gran respuesta: «Dad a César lo que es de César, y a Dios lo que es de Dios» (Mr 12:17). Según Stauffer, *dar* quiere decir «devolver». «Esa es la primera gran sorpresa de este versículo, y su significado es: el pago del tributo al césar no es solo una obligación incuestionable; también es un deber moral»[8]. San Pablo usó el mismo término en Romanos 13:7: «Pagad a todos lo que debéis: al que tributo, tributo; al que impuesto, impuesto». Judea estaba viviendo dentro del Imperio Romano y obtenía beneficios militares y económicos de ese imperio, lo quisieran o no. Incluso si las responsabilidades pesaban más que los beneficios del imperio, el pueblo de todas formas debía darle al césar lo debido.

Todavía quedaba el hecho de que los dos impuestos per capita estaban en oposición, uno se pagaba al emperador y el otro a Dios. El impuesto imperial proveía «para el sacrificio diario por el bienestar del emperador romano»; mantenía el imperio como entidad religiosa[9]. El otro impuesto, llamado entonces el impuesto del templo, era el impuesto de Dios para mantener su orden santo. ¿Cómo se podían pagar ambos? Según Stauffer, «Él ratificó el simbolismo de poder, pero rechazó el simbolismo de adoración. Pero esta reserva no se expresó como afirmación negativa, sino como mandamiento positivo: "Denle a Dios lo que es de Dios"»[10]. Stauffer tiene razón al afirmar que, según Números 8:13 ss, esto significa «todo le pertenece a Dios».[11] En el tiempo en que Jesús habló, el impuesto bíblico comunitario se recogía en la primavera, en el mes de Adar. Más específicamente,

---

6   Geldenhuys, *Luke*, p. 504.

7   Stauffer, *op. cit.*, p. 124s.

8   *Ibid.*, p. 129.

9   *Ibid.*, p. 131.

10   *Ibid.*, p. 132.

11   *Ibid.*

Jesús pidió que el impuesto del césar se le pagara al césar, y el impuesto de Dios se le pagara a Dios. La iglesia primitiva evidentemente estaba consciente de este hecho. Jerónimo, comentando sobre Mateo 22:21, declaró: «Denle al césar las cosas que son del césar, es decir, monedas, tributo, dinero; y a Dios las cosas que son de Dios, es decir, diezmos, primicias, votos, sacrificios»[12].

El alejamiento de Israel del gobierno y la ley de Dios lo había puesto bajo el gobierno y la ley romana; le debían a Roma el tributo que cobraba Roma. Roma no servía a Dios, pero tampoco Israel. La obediencia es debida a todas las autoridades bajo las cuales nos hallamos (Ro 13:1-7). Roma era su ama, y tenían que obedecer a Roma. La obediencia a Dios requiere obediencia a todos aquellos bajo quienes estamos en sumisión. En la tentación en el desierto, Satanás había tentado a Jesús a seguir el camino de un imperio; dar a la gente pan y milagros; permitirles que anduvieran según un conocimiento superficial. Por medio de otros tentadores, la nueva tentación era la de rechazar todos los imperios, todos los poderes terrenales.

> Cristo conquistó esta tentación de nuevo con sus palabras en cuanto a la doble obligación de obediencia a la manera y al objetivo de la historia, al reino del mundo y al reino de Dios. En Marcos 12:17 Cristo habla *in conspectu mortis*, a la vista de su muerte mesiánica. La Semana Santa es la exégesis existencial de sus palabras: sumisión al dominio del césar, sumisión al dominio de Dios, unidos en la aceptación de ese monstruoso asesinato judicial por el cual las criaturas más miserables del césar cumplieron *sub contrario* la obra de Dios (Mt 26:52ss.; Jn 19:11)[13].

Volvamos a las palabras de San Jerónimo. Dos clases de impuestos existen, y Cristo requiere nuestra obediencia a ambas. El mundo del césar trata de producir un nuevo mundo sin Dios, y sin regeneración; cobra un fuerte impuesto y logra poco o nada. Nosotros, como pecadores, somos llevados por nuestra naturaleza caída a buscar la respuesta del césar. Pagamos tributo al césar de esa manera: con nuestra fe y con nuestro dinero. La respuesta al mundo del césar no es desobediencia civil, cuya implicación final es la revolución. Esta es la manera del césar, la creencia de que el esfuerzo del hombre por las obras de la ley puede rehacer al hombre y al mundo.

La respuesta más bien es obedecer a todas las autoridades debidas y pagar tributo, impuesto y honor a quienes se les deben estas cosas. Este es el aspecto menor de nuestra obligación. Más importante: debemos rendir, devolverle a Dios lo que se le debe a él, nuestros diezmos, primicias, votos y sacrificios. El hombre regenerado empieza reconociendo a Dios, autor y Redentor de su vida, como su Señor y Salvador, su Rey. En todo momento de su vida le da a Dios el debido servicio, la acción de gracias, la alabanza y el diezmo. Su salvación es dádiva de Dios; la abundancia de

---

12 *Ibíd.*
13 *Ibíd.*, p. 135.

que disfruta es don y providencia de Dios; el hombre regenerado por consiguiente le da, le devuelve a Dios la porción de todas las cosas designada por Dios.

El camino de resistencia a Roma que escogió Judea llevó a la peor guerra del mundo y a la muerte de la nación. Ni la respuesta imperial romana ni la respuesta revolucionaria judía ofrecieron nada sino muerte y desastre. Conscientes de sí mismos, los cristianos siguen a su Señor. Justino Mártir escribió:

> Y en todas partes nosotros, más dispuestos que todos los hombres, procuramos pagar a los designados por ustedes los impuestos tanto ordinarios como extraordinarios, como Él nos ha enseñado; porque en ese tiempo algunos vinieron a Él y le preguntaron si uno debía pagar tributo al césar; y Él respondió: «Díganme, ¿de quién es la imagen que lleva esta moneda?», y ellos le dijeron: «del césar»; y de nuevo y le respondió. «Denle, pues, al césar lo que es del césar, y a Dios lo que es de Dios». De aquí que solo a Dios le rendimos adoración, pero en otras cosas de buen grado les servimos a ustedes, reconociéndolos como reyes y gobernantes de los hombres, y oramos que con sus poderes de reyes sean ustedes hallados también que poseen sano juicio. Pero si no prestan atención a nuestras oraciones y francas explicaciones, no perderemos nada, puesto que creemos (o más bien, en verdad, estamos persuadidos) de que todo hombre sufrirá castigo en el fuego eterno según los méritos de su obra, y rendirá cuentas de acuerdo al poder que ha recibido de Dios, como Cristo lo intimó cuando dijo: «A quien Dios le ha dado más, de él más se requerirá»[14].

La respuesta de Cristo no impidió que sus enemigos lo acusaran de pervertir a la nación, y prohibir dar tributo a César» (Lc 23:2). Su respuesta en realidad había demolido toda base para cualquier acusación contra él.

La obligación de ellos, Jesús había declarado, era «devolver» «pagar lo debido»[15] al césar y a Dios. Lo que se le debe al césar se le debe al césar solo por la providencia, propósito y consejo de Dios. Lo que se le debe a Dios, lo que todos los hombres le deben, es todo. Jesús estableció «el derecho absoluto y peculiar de Dios respecto a todo hombre individualmente y a todos los hombres colectivamente; un derecho exclusivo y global que solo Dios posee»[16].

Los que reducen esta gran frase de Cristo a una declaración en cuanto a la iglesia y el estado han errado el mensaje del incidente.

7. El mandato cultural

En 1970, el Trigésimo Cuarto Sínodo General de la Iglesia Presbiteriana Bíblica, reunida el viernes 9 de octubre en el hotel Christian Admiral, Cape May, Nueva

---

14   Justino Mártir, *First Apology*, cap. XVII.
15   Geldenhuys, *op. cit.*, p. 507.
16   *Ibid.*, p. 508.

Jersey, adoptó una resolución. Esta medida, la Resolución #13, que se dijo que había sido redactada por el Dr. McRae y el Dr. Carl McIntire, era sobre «El mandato cultural» y declaraba:

Resolución Nº 13

EL MANDATO CULTURAL

Nosotros, los miembros del 34º Sínodo General de la Iglesia Presbiteriana Bíblica, reunidos en Cape May, Nueva Jersey, en octubre de 1970, deseamos expresar nuestra oposición a la doctrina falsa, a veces llamada *«el mandato cultural»*. El mandato bajo el cual los cristianos obedecen a su Señor es la Gran Comisión de Mateo 28:19-20, que requiere que enseñemos y honremos todas las cosas «que yo os he mandado». Este llamado «mandato cultural» erróneamente edifica su caso sobre Génesis 1:28 antes de la caída y la promesa de redención en la simiente de la mujer. Las condiciones de Génesis 1:28 nunca más volverán a estar disponibles para el hombre hasta después del retorno de Cristo y la remoción del pecado. El mandato cultural declara que es obligación del cristiano procurar estas realidades previas a la caída, tanto como es su deber predicar el evangelio. Este mismo mandato fue renovado a Noé (Génesis 9) después del diluvio sin ninguna referencia a la palabra «y sojuzgadla». Además, el versículo no tiene nada que ver con cultura, en el presente sentido de la palabra. El llamado «mandato cultural» se basa por entero en una palabra del versículo, la palabra que se traduce «y sojúzguenla». Como todas las palabras de las Escrituras, esta palabra se debe interpretar en contexto. Aquí el contexto es el de llenar con personas la tierra vacía. Dice que la tierra se debe cultivar, para permitir que las personas sobrevivan y se multipliquen. Eso, y solo eso, es lo que quiere decir. Calvino no vio en este versículo ni un mandato ni nada relativo a la cultura, y lo mismo es válido para los otros grandes exégetas de la historia cristiana.

Nos oponemos al «mandato cultural» también porque da una idea falsa del lugar del cristiano en esta edad de pecado, y le resta empuje a la verdadera obra misionera y la evangelización.

Los cristianos tienen el derecho de disfrutar de los frutos de los varios desarrollos culturales bajo la gracia común y de participar en todas las cosas buenas que Dios ha creado. Pero la obligación más alta de los cristianos entre la caída y el retorno de Cristo es testificar de la justicia de Dios en todas las cosas, vivir vidas santas, y usar todo esfuerzo para llevar a los individuos al conocimiento del Salvador, para que puedan ser redimidos mediante su sangre preciosa y crecer en gracia y en el conocimiento de Su Palabra.

———————

Unánimemente adoptado el viernes, 9 de octubre de 1970, por el Trigésimo Cuarto Sínodo General de la Iglesia Presbiteriana Bíblica, reunida el viernes,

9 de octubre, en el hotel Christian Admiral, Cape May, Nueva Jersey, 5-9 de octubre de 1970.

Antes de analizar esta medida, examinemos el término *mandato cultural. Cultura* quiere decir «Educación, refinamiento. 1. Cultivo de plantas o animales, especialmente con vistas a mejorar. 2. Entrenamiento, mejora, y refinamiento de la vida, moral, o un gusto; iluminación». *Mandato* quiere decir «un requisito autoritativo; una orden; mandato; encargo». El mandato cultural es, pues, la obligación del hombre del pacto de sojuzgar la tierra y de ejercer dominio sobre ella bajo Dios (Gn 1:26-28). La ley es el programa para ese propósito y provee los medios que Dios ha ordenado para mejorar y desarrollar plantas, animales, hombres e instituciones en términos de su obligación de cumplir el propósito de Dios. En toda época, los hombres han tenido la obligación de obedecer a Dios y entrenarse y mejorarse, o sea, santificarse conforme a la ley de Dios. A todos los enemigos de Cristo en este mundo caído hay que conquistarlos. San Pablo, al exhortar a los creyentes a su llamamiento, declaró:

> Porque las armas de nuestra milicia no son carnales, sino poderosas en Dios para la destrucción de fortalezas, derribando argumentos y toda altivez que se levanta contra el conocimiento de Dios, y llevando cautivo todo pensamiento a la obediencia a Cristo, y estando prontos para castigar toda desobediencia, cuando vuestra obediencia sea perfecta (2 Co 10:4-6).

La Versión Latinoamérica traduce el versículo 6 así: «Y estamos dispuestos a castigar toda desobediencia en cuanto contemos con la total obediencia de ustedes». Moffat, en inglés, destaca la fuerza de este versículo incluso con mayor claridad: «Estoy preparado para seguirle corte marcial a cualquiera que siga insubordinado, una vez que la sumisión de ustedes sea completa». Moffat, en inglés, traduce el versículo 5: «Demuelo teorías y todo baluarte levantados para resistir el conocimiento de Dios, y llevo todo proyecto prisionero para hacerlo obedecer a Cristo».

San Pablo estaba hablando del mandato cultural. Antes de la caída, la tarea era menos complicada. Ahora el hombre necesita regeneración. Por eso, el *primer* paso en el mandato es llevar a los hombres a la palabra de Dios para que Dios los regenere. El *segundo* paso es demoler todo tipo de teoría, humanista, evolucionista, idólatra o de otra naturaleza, y todo tipo de fortaleza u oposición al dominio de Dios en Cristo. Al mundo y a los hombres hay que llevarlos a la cautividad de Cristo, bajo el dominio del reino de Dios y la ley de ese reino. *Tercero*, esto requiere que, como Pablo, sigamos corte marcial o «administremos justicia a toda desobediencia» en todo aspecto de la vida en que la encontremos. Negar el mandato cultural es negar a Cristo y entregarle el mundo a Satanás.

No se puede igualar el mandato cultural con el concepto del hombre natural de la cultura y el progreso. No hay que resumirla en manipulaciones, comodidades materiales o indulgencias infantiles. Clemente de Alejandría nos da algunos ejemplos divertidos de los esfuerzos de los romanos decadentes para demostrar su cultura y riqueza con exhibiciones absurdas:

> Es una farsa, y algo que le hace a uno desternillarse de risa, que los hombres lleven urinarios de plata y bacinillas de cristal al entrar a sus excusados, y que las mujeres ricas hagan fabricar receptáculos de oro para excrementos; así que siendo ricos, no pueden ni siquiera aliviarse excepto de una manera espléndida[1].

La cultura en la Unión Soviética, y cada vez más en el mundo occidental, se identificaba con el ballet, un teatro de ópera, y una galería de arte, lo que puede ser un poco mejor que las bacinillas de oro de las mujeres romanas, pero sigue siendo falso.

La cultura es religión externalizada, y es el desarrollo del hombre y su mundo en términos de las leyes de su religión. Las leyes de Roma no tenían ningún cimiento último y absoluto; eran relativistas y pragmáticas; eran producto de los eventos, no el *forjador* de eventos que Dios ha dado. Al hablar de este ambientalismo romano de la fe en el Destino, Taciano, un cristiano asirio de mediados del siglo 2, declaró:

> Pero nosotros somos superiores al Destino, y en lugar de demonios ambulantes, hemos aprendido a conocer a un Señor que no deambula; y, puesto que no seguimos la guía del Destino, rechazamos a sus legisladores. …
>
> Y, ¿cómo es que a Cronos, a quien se encadenó y expulsó de su reino, se le constituye gerente del destino? Y ¿cómo, también, puede dar reinos quien ya no reina por sí mismo?[2]

Taciano puso el dedo sobre la llaga del dilema romano con su cita de Cronos: ¿cómo pueden los hombres o dioses que son por sí mismos productos del destino y gobernados por el destino y el medio, gobernar ese medio? ¿Son algo más que títeres o una acción refleja? La psicología del marxismo se derivó de Pavlov; es condicionamiento; el hombre está gobernado por acciones reflejas y está condicionado socialmente. La filosofía del marxismo es el materialismo dialéctico; los hombres e ideas son productos socioeconómicos. La ley soviética, de este modo,

---

1   Clemente de Alejandría, «The Instructor» [«El instructor»], Lib. II, cap. iii; *Ante-Nicene Christian Library*, IV, 214.
2   Taciano, «Address to the Greeks» [«Discurso a los griegos»], cap. ix; *Ante-Nicene Christian Library*, III, 14.

era una contradicción radical en sí misma; insistía, en la práctica, en la culpa individual mientras que afirmaba, en teoría, el condicionamiento total. A los hombres en la práctica se les consideraba responsables, en tanto que en teoría eran por entero víctimas. Un jurista soviético dijo:

> Solo cuando cada uno esté plenamente consciente de lo que significa ser un ciudadano soviético no habrá crimen. …
>
> No existe la naturaleza humana. El hombre es el producto de sus entornos, del sistema social y económico que lo moldea. Cámbiese el molde y se cambia al hombre. Y eso es lo que estamos haciendo. Ustedes saben que la iglesia solía hablar fuerte y largo en cuanto al pecado original; es una buena manera de mantener a las masas en sus lugares desdichados. Pero nosotros echamos a la basura esa idea hace mucho.
>
> Estamos haciendo algo, estamos haciendo mucho, en cuanto a remover los arreglos sociales artificiales que promueven el delito; y en esto es donde pienso que el socialismo muestra su mayor ventaja sobre el capitalismo. Como ven, el hombre es esencialmente bueno; solo la propiedad privada y todo lo que aprendió de ella lo corrompe. Nosotros estamos restaurando su bondad y al mismo tiempo haciéndolo infinitamente más rico en toda manera. ¿No ven la gloria de eso?[3]

La ley humanista occidental ha adoptado básicamente las mismas premisas de la ley soviética y en algunos casos las practica más rigurosa y sistemáticamente. Por todo esto se revela su religión; la cultura del hombre moderno es de sometimiento al medio, al Destino. La ideología humanista, sea en sus forma liberal o marxista, no tiene mandato cultural, sino más bien sometimiento cultural; es la filosofía agresiva del sometimiento.

La declaración Presbiteriana Bíblica no es mejor; también pide que se le entregue el mundo al diablo.

Las implicaciones del sometimiento son, no obstante, anarquía y caos social. Donde el hombre es el que quebranta el pacto, la anarquía es un problema serio y aterrador. La perspectiva del hombre entonces es una guerra de todo hombre contra todos los demás. Su respuesta es el estado.

> El *imperium* es una necesidad, de otra manera el mundo del hombre se destrozaría en *un bellum omnium contra omnes*. Eso, por así decirlo, fue el testamento político de los imperios mundiales orientales hasta el mismo tiempo de Alejandro, testamento que fue ejecutado de una manera nueva y singular en el imperio mundial de Roma. Adondequiera que fue el *imperium romanum*, también fue la *pax romana*. En tanto que el *imperium* duró, el mundo

---

3   George Feifer, *Justice in Moscow* (Simon and Schuster, Nueva York, 1964), pp. 330-332.

estuvo protegido contra el caos. Por eso el *imperium* tenía que permanecer mientras el mundo mismo permaneciera, y también por eso el imperio romano iba a ser eterno.[4]

Debido a que el hombre ha negado de nuevo el mandato cultural, ha buscado protección contra el caos mediante el imperio: el imperio soviético, las Naciones Unidas, y varias otras alianzas y esfuerzos. La agresión ha reemplazado a la fe y a la ley como defensa del hombre contra la anarquía.

La respuesta de Dios a esta crisis del hombre es su acto soberano de gracia, la encarnación. El comentario de Stauffer aquí es acertado:

> Hay dos demandas que el relato pre-cristiano del concepto del destino tiene que hacerle a la soteriología de la iglesia. Todo el mundo está tan involucrado en el pecado de Adán que la situación puede ser redimida, si acaso, solo por Dios mismo. Entonces el destino de este mundo está tan radicalmente ligado al del hombre que la obra real de liberación puede ser efectuada solo en las condiciones de una vida humana. Ambos requisitos se cumplen en la venida de Cristo[5].
>
> Pero este honor del Cristo no es un atrincheramiento de autoglorificación, ni el apoderamiento demónico del honor de Dios, sino al contrario, un servicio a la *gloria dei* que Dios mismo ha deseado.
>
> Mateo y Lucas en los prefacios a sus evangelios tratan de expresar de otra manera el interés doble de la cristología del NT. La Navidad es el día de la nueva creación, y la hora del nacimiento de Cristo es la hora crítica de la historia cósmica tan largamente esperada. ¿Por qué? El Espíritu de Dios mencionado en Gn 1:1 entra en acción en un nuevo Génesis (Mt 1:18) y un milagro divino (Lc 1:37) crea un nuevo hombre que realiza las promesas de Gn 3:15 y cumple la esperanza frustrada de Gn 4:1. Como el primer hombre, Adán (Lc 3. 38), el nuevo hombre viene directamente de Dios. Pero no es solo el receptor del aliento divino de vida, como Adán lo fue. Fue concebido por el Espíritu Santo en la virgen María (Lc 1:35; Mt 1:18). Por eso Jesús es al mismo tiempo hijo de Adán e hijo de Dios.[6]

El propósito del nuevo Adán es deshacer la obra de la caída, restaurar al hombre como cumplidor del pacto, hacer del hombre de nuevo un ciudadano fiel del reino de Dios, y capacitar al hombre de nuevo para cumplir su llamamiento a

---

4   Ethelbert Stauffer, *New Testament Theology*, trad, por John Marsh (Macmillan, Nueva York, 1955), p. 82.
5   *Ibid.*, p. 116s.
6   *Ibid.*, p. 117.

sojuzgar la tierra bajo Dios y restaurar todas las cosas a la ley y el dominio de Dios. Los que se someten a este llamamiento y dominio heredan la tierra (Mt 5:5).

Las gozosas noticias del nacimiento de Cristo son esta restauración del hombre a su llamamiento original con la seguridad de la victoria. Esto ha sido celebrado en los villancicos por mucho tiempo. Isaac Watts en 1719 escribió, en «Al mundo paz».

> ¡Al mundo paz, el Salvador
> en tierra reinará!
> Ya es feliz el pecador,
> Jesús perdón le da.

Johannes Olearius en 1671, en «Consolaos, consolaos pueblo mío», escribió:

> Porque la voz del heraldo está clamando
> En el desierto lejano y cercano,
> Llamando a todos los hombres al arrepentimiento,
> Puesto que el reino ahora está aquí.
> ¡Oh, ese clamor de advertencia obedezcan!
> Ahora preparen para Dios un camino;
> Que los valles se levanten a su encuentro,
> Y que las colinas se postren para saludarlo.
>
> Enderecen lo que por mucho tiempo estuvo torcido,
> Allanen los lugares ásperos;
> Que sus corazones sean fieles y humildes,
> Como conviene a su reino santo.
> Porque la gloria del Señor
> Ahora sobre la tierra se derrama ampliamente;
> Y toda carne verá la señal,
> De que su palabra jamás se rompe.

El mandato cultural y el postmilenarismo está explícito o implícito en los villancicos. Edmund H. Sears, en 1850, compuso «Vino en una medianoche clara», que concluye así:

> Porque miren, los días se apresuran,
> Por bardos profetas predichos,
> Cuando con años siempre circundantes
> Llega a la edad de oro;
> Cuando la paz sobre toda la tierra
> Sus antiguos esplendores lanza,

> Y todo el mundo devuelve el canto
> Que ahora los ángeles cantan.

Los compositores de himnos, al reflexionar en la gloria de Navidad y las profecías al respecto, reflejan a veces una teología de mayor contenido que la que ellos mismos sostenían.

En su ascensión, Jesús subrayó de nuevo el mandato de la creación, declarando:

> Toda potestad me es dada en el cielo y en la tierra. Por tanto, id, y haced discípulos a todas las naciones, bautizándolos en el nombre del Padre, y del Hijo, y del Espíritu Santo; enseñándoles que guarden todas las cosas que os he mandado; y he aquí yo estoy con vosotros todos los días, hasta el fin del mundo. Amén (Mt 28:18-20).

Lenski tradujo «haced discípulos a todas las naciones» como «discipulen a todas las naciones». Dos dominios se citan en que la total autoridad real de Cristo prevalece: el cielo y la tierra. «La universalidad de la comisión se dice con claridad por […] "todas las naciones" de la tierra. Aquí tenemos el cumplimiento de todas las promesas mesiánicas respecto al reino venidero»[7].

En la ascensión, «el Cristo exaltado ascendió a su trono». Stauffer dijo:

> Leemos que la sujeción final de los enemigos de Dios tendrá lugar solo al fin de los días, aunque se presupone, al decir esto, que el principio fundamental ya está hecho (Mr 14:62; Ap 3:21; 14:14). Leemos además que la sujeción ya ha tenido lugar, aunque aquí la celebración del triunfo se contiene hasta el tiempo del fin (Ef 1:20ss; He 1:13; 10:12s; 12:2). Pero en dondequiera que caiga el énfasis, esto es claro: el Señor tiene desde ahora toda autoridad en el cielo y la tierra, y él está «con» su iglesia siempre, hasta el fin del mundo (Mt 28:18ss)[8].

A todas las naciones hay que *sojuzgarlas* con el bautismo y la enseñanza, o sea, con la regeneración y la Palabra de Dios. Originalmente, el primer Adán enfrentó un mundo por naturaleza bueno y no caído que tenía que sojuzgar; el segundo y postrer Adán enfrentó naciones rebeldes y caídas y un mundo caído, un desierto que hay que hacer fértil y productivo para Dios. Algo más que un huerto había que sojuzgar ahora; las naciones e imperios del mundo debían ser puestos bajo el dominio de Cristo y sus miembros.

---

7   R. C. H. Lenski, *The Interpretation of St. Matthew's Gospel* (The Wartburg Press, Columbus, Ohio, 1943), pp. 1170, 1172.

8   Stauffer, *op. cit.*, p. 138.

Este mundo caído se moviliza contra Cristo y su pueblo. Niega a Cristo y lo maldice, primero en la masacre de Belén, más adelante por la crucifixión, y desde entonces por sus condenaciones. En lugar de aceptar la transfiguración de Cristo como la revelación de Dios y su orden legal por medio de su Hijo unigénito, el mundo trata de transfigurarse a sí mismo, a veces exaltándose en las personas más terribles. Por ejemplo, en Roma, una basílica subterránea de una hermandad sectaria helenista presentaba a una lesbiana deificada. «En el ápice llevaba un cuadro de la transfiguración de Safo»[9].

Pero Cristo convirtió la maldición de la cruz en victoria, y las condenaciones del mundo en sentencias contra el mundo.

> La iglesia, perseguida por el dragón expulsado y sin embargo libre de una tremenda carga, canta sus himnos a Cristo: «Ahora ha venido la salvación, el poder, y el reino de nuestro Dios, y la autoridad de su Cristo; porque ha sido lanzado fuera el acusador de nuestros hermanos, el que los acusaba delante de nuestro Dios día y noche. Y ellos le han vencido por medio de la sangre del Cordero» (Ap 12:10s). Esta es la nueva situación para el mundo, que se remonta a la ascensión[10].

Si Cristo no regenera a los hombres, y si no se someten a su llamamiento, al mandato cultural, serán aplastados por su poder.

8. La ley en Hechos y las Epístolas

Pocas cosas ilustran mejor lo que ha sucedido en círculos teológicos que un examen del *Biblical and Theological Dictionary* que se publicó en 1832. Para Watson, la ley no fue sobreseída; más bien, la era cristiana pidió una aplicación más intensiva y amplia de la misma. Watson mostró que el Nuevo Testamento no solo enunció de nuevo todo el Decálogo, sino que extendió su fuerza.

> Así que tenemos la obligación de todo el Decálogo como se establece plenamente en el Nuevo Testamento y en el Antiguo, como si hubiera sido reestablecido formalmente; y el que ningún reestablecimiento formal del mismo tuviera lugar es en sí mismo una prueba presuntiva de que el Legislador nunca lo consideró temporal, que la formalidad de una reedición pudiera haber supuesto. Es importante comentar, sin embargo, que aunque las leyes morales de la dispensación mosaica pasaron al código cristiano, están allí en otras y más altas circunstancias; así que el Nuevo Testamento es una dispensación más perfecta del conocimiento de la voluntad moral de Dios que el Antiguo. En

---

9   *Ibid.*, p. 139.
10   *Ibid.*

particular, (1) Se extienden más expresamente al corazón, como lo hizo nuestro Señor en su Sermón del Monte; allí nos enseña que el pensamiento y el propósito interno de cualquier transgresión es una violación de la Ley que prohíbe su comisión externa y visible. (2) Los principios sobre los cuales se fundan se ponen en práctica en el Nuevo Testamento en una mayor variedad de deberes, que, al abrazar más perfectamente las relaciones sociales y civiles de la vida, son de un carácter más universal. (3) Hay un mandamiento mucho más ampliado de virtudes positivas y particulares, especialmente las que constituyen el temperamento cristiano. (4) Por todos los actos abiertos que están inseparablemente vinculados con principios correspondientes en el corazón, a fin de constituir obediencia aceptable, cuyos principios supone la regeneración del alma por el Espíritu Santo. Esta renovación moral, por consiguiente, se sostiene como necesaria para nuestra salvación, y se promete como parte de la gracia de nuestra redención por Cristo. (5) Al estar vinculada a las promesas de ayuda divina, que es peculiar a una ley conectada con provisiones evangélicas. (6) Al tener una ilustración viva en el ejemplo perfecto y práctico de Cristo. (7) Por las sanciones más altas derivadas de la relación más clara de un estado futuro, y amenazas de castigo eterno. Se sigue de esto que tenemos en el evangelio la revelación más completa y perfecta de la ley moral jamás dada a los hombres; e incluso una manifestación más exacta del esplendor, perfección y gloria de esa ley, bajo la cual los ángeles y nuestros progenitores en el paraíso fueron colocados, y que es a la vez el deleite e interés de los seres más perfectos y felices obedecer[1].

Contraste esta declaración de Watson, uno de los hombres más grandes de la historia wesleyana, con el trabajo de un erudito británico evangélico moderno, F. F. Bruce. Las «Conferencias Payton» de Bruce en 1968, en el Seminario Teológico Fuller, Pasadena, California, analizaron *The New Testament Development of Old Testament Themes* [*El desarrollo en el Nuevo Testamento de temas del Antiguo Testamento*]. La obra antinomiana de Bruce ignora la ley por entero: «El gobierno de Dios» se considera en el capítulo II sin ninguna referencia a la Ley de Dios[2]. El capítulo IV trata de «La victoria de Dios» y empieza con un enunciado importante:

> La salvación de Dios es la victoria de Dios; como en el Éxodo, así en el acto redentor de Cristo la victoria de Dios es la salvación de su pueblo. Las palabras hebreas que denotan «salvación» fácilmente se traducen «victoria» en nuestras versiones comunes al inglés cuando el contexto hace esta traducción preferible[3].

---

1   Richard Watson, «Law» [«Ley»], en *A Biblical and Theological Dictionary*, p. 576s. (Mason and Lane, Nueva York, 1832, 1840).
2   F. F. Bruce, *The New Testament Development of Old Testament Themes* (Eerdmans, Grand Rapids, 1968), pp. 22-31.
3   *Ibid.*, p. 40.

Exactamente. Pero debido a que Bruce deja de lado la ley, que es un aspecto central del plan y programa de Dios para la victoria, solo puede mirar a la victoria en la muerte, el martirologio y en el fin del mundo. «El conquistador en jefe es el Mesías davídico [...] que aparece, sin embargo, como el Cordero sacrificial restaurado a la vida después de ganar su victoria por sumisión a la muerte; sus seguidores participan en su victoria por sumisión similar»[4]. Esto es un programa para la derrota.

Uno de los textos principales usados por los antinomianos es Hechos 15:5: «Pero algunos de la secta de los fariseos, que habían creído, se levantaron diciendo: Es necesario circuncidarlos, y mandarles que guarden la ley de Moisés». ¿Cómo se debe entender esto? No hay evidencia en lo absoluto de que los Diez Mandamientos dejaran de ser ley después del Concilio de Jerusalén; las Epístolas repetidas veces vuelven a enunciar la ley. San Pablo, en Efesios 6:2, no solo vuelve a enunciar el quinto mandamiento, sino que nos recuerda sus promesas, todas todavía válidas. Este concilio nunca rechazó las leyes de Dios contra el pecado.

La cuestión era la justificación; el judaísmo había usado mal la ley. *Primero,* la había reemplazado con tradiciones del hombre que había convertido en ley; y *segundo,* la ley, que era el camino de santificación, fue hecha el camino de justificación. Esto fue el problema en el fariseísmo y en los judaizantes. Pablo en Antioquía declaró de Jesucristo:

Sabed, pues, esto, varones hermanos: que por medio de él se os anuncia perdón de pecados, y que de todo aquello de que por la ley de Moisés no pudisteis ser justificados, en él es justificado todo aquel que cree (Hch 13:38-39).

Esta era la cuestión, *justificación por la ley.* Además, los fariseos llamaban a sus interpretaciones rabínicas «la ley de Moisés», aunque Cristo las llamó «tradiciones de los hombres». Plumptre correctamente llamó la declaración de Pablo en Antioquía sobre la justificación «el germen de todo lo que fue más característico en la enseñanza posterior de San Pablo»[5]. Pablo nunca atacó la ley como vía de santificación, sino solo como el camino de justificación. La cuestión en el concilio fue la conversión de algunos gentiles; hasta ese momento, todos los convertidos habían sido judíos que ya estaban en el antiguo pacto y ley. Pero se añadieron miembros directamente por conversión. Fue la protesta y fraseo de los fariseos lo que leemos en Hechos 15:5: «Es necesario circuncidarlos, y mandarles que guarden la ley de Moisés». Por ley, así, se quería decir la ley según la veía la tradición rabínica. Fue este «yugo» contra el que Pedro protestó (Hch 15:10). Él no se hubiera atrevido a llamar la obediencia a la ley de Dios tentar a Dios. La cuestión, San Pedro indicó, es que los hombres se salvan por «la gracia del Señor Jesucristo» (Hch 15:11);

---

4   *Ibid.*, p. 50.
5   E. H. Plumptre, «Acts» [«Hechos»], en Ellicott, VII, 86.

la cuestión era la doctrina de la justificación. También en cuestión estaba la ley ceremonial y las leyes de separación. Los judíos convertidos no necesitaban instrucción; ya observaban todo lo necesario, o sea, las leyes bíblicas (Hch 15:21). Plumptre, hablando sobre en el versículo 21, escribió:

> Los judíos, que oían la ley en sus sinagogas todos los sabbats, no necesitaban instrucción. Se puede dar por sentado que se adherirían a las reglas ahora especificadas. Por eso, en el versículo 23, la carta encíclica se dirige exclusivamente a «los hermanos gentiles»[6].

Claramente, el versículo 21 recalca el carácter todavía obligatorio de la ley y no inquieta a los convertidos judíos que obedecían la ley. El uso de la palabra «sinagogas» puede referirse a las sinagogas judías, a las que todavía asistían muchos, o a las reuniones cristianas.

La instrucción a los cristianos gentiles se resume en el versículo 20: «sino que se les escriba que se aparten de las contaminaciones de los ídolos, de fornicación, de ahogado y de sangre». ¿Quería decir esto que los gentiles estaban libres para tener otros dioses, para blasfemar, deshonrar a los padres, asesinar, robar, dar falso testimonio o codiciar? Claro que no, e igual de obvio, el asunto no era si se debía mantener la ley, sino *¿cómo* se debía mantener: como medio de justificación o de santificación? Claro, se rechazó la ley como el camino de justificación y se retuvo como el camino de santificación. Las instrucciones de Hechos 15:20 y 29 claramente presuponen la ley y *recalcan hasta que punto se retuvo la ley. Primero*, a los creyentes gentiles se les ordena que se abstengan de «la contaminación de ídolos». En el versículo 29 esto se define como comer «carnes ofrecidas a los ídolos». Un serio problema existía en las ciudades, puesto que las carnes se sacrificaban a los ídolos y comerlas representaba un rito religioso. «Josefo dice que algunos de los judíos de Roma vivían exclusivamente de frutas, por temor de comer algo impuro»[7]. Más tarde, en Romanos 14, San Pablo revisó esta regla; Calvino habló de la regla de Pablo como remodelación de la ley[8]. ¿Significa este cambio que ninguna ley quedaba vigente? Por el contrario, el concilio y San Pablo sostuvieron que una ley de Dios estaba en juego; la cuestión era cómo mantener la obediencia a esa ley. La contaminación de los ídolos, en términos de la ley de separación, había que evitarla como cuestión de ley. Si un hombre podía considerar los ídolos como nada, y la carne simplemente como comida, su conciencia no tendría problemas, ni tampoco el uso de la carne lo comprometería; él sería un «fuerte» que no se contaminaba por comer carne. Los débiles, sin embargo,

---

6   *Ibid.*, VII, 98.

7   Charles Hodge, *Commentary on the Epistle to the Romans* (Armstrong, Nueva York, 1882, 1893), p. 656.

8   Juan Calvino, *Commentary Upon the Acts of the Apostles* (Eerdmans, Grand Rapids, 1949), II, 79n.

tenían razón al evitar la carne, pues para ellos no había separación interna posible. En cualquier caso, se respetaba la ley.

Segundo, debían abstenerse de fornicación, de pecados sexuales en general y de la lascivia. Para muchos paganos, estos actos no eran pecados y a veces eran actos religiosos. Debido a la proclividad de los paganos a los pecados sexuales, especialmente en esa época, se recalcaron de manera particular tales ofensas. Los paganos condenaban el robo y el asesinato, pero la moralidad del día veía las ofensas sexuales con indiferencia creciente.

Tercero, lo «ahogado» se debía evitar como comida, y, *cuarto,* la sangre. Estas dos se relacionan estrechamente, porque los animales estrangulados no se desangran. Muchos prefieren tales carnes. La ley, sin embargo, específicamente prohibía que se comiera sangre (Gn 9:4; Lv 3:17; 17:14; Dt 12:16, 23). Esta ley jamás fue enmendada o alterada en las Epístolas. *Por tanto, de los cuatro mandamientos del concilio a los gentiles, tres tenían que ver con la comida.* En lugar de declarar que la ley había terminado, el concilio de Jerusalén sin rodeos estableció o sostuvo la ley como el camino de santificación y retuvo incluso los aspectos dietéticos de la misma.

Hay un cambio significativo, no obstante. En Hechos 15:5, la exigencia de los fariseos en la iglesia era también la circuncisión. De esta exigencia se les dijo a los gentiles en la encíclica, que «algunos que han salido de nosotros, a los cuales no dimos orden, os han inquietado con palabras, perturbando vuestras almas, mandando circuncidaros y guardar la ley» (Hch 15:24). La circuncisión, entonces, se abandonó, y el bautismo de Pedro de los gentiles se sostuvo, como la marca del pacto renovado; el guardar de la ley en el sentido farisaico de ser justificado por la ley (Hch 13:39) se rechazó. Bruce se equivoca al dar por sentado que la cuestión en juego era «la obligación de guardar la ley mosaica»[9]. Lenski sostiene que «todas estas regulaciones levíticas (concernientes a comidas) habían sido abrogadas». Explica la decisión del concilio como pragmática:

> Santiago menciona esto: porque los judíos cristianos eran de veras sensibles respecto a ellos. Ellos sabían también que estos puntos de la ley fueron abrogados, pero sentían todavía horror de comer sangre o de cualquier carne que hubiera retenido la sangre. A los cristianos gentiles se les pidió que respetaran este sentimiento y, por motivos de amor fraternal, y solo por éstos, se abstuvieran de comer sangre y carne que todavía tuviera su sangre[10].

Pero el asunto en cuestión no eran los sentimientos de los cristianos judíos como tales; ninguna consideración al respecto entra en el texto. Al decir que la cuestión es de «motivos de amor fraternal, y solo por estos, se abstuvieran de comer sangre»,

---

9   F. F. Bruce, *Commentary on the Book of Acts* (Eerdmans, Grand Rapids, 1954), p. 301.
10   R. C. H. Lenski, *The Interpretation of the Acts of the Apostles* (The Wartburg Press, Columbus, Ohio, 1944), p. 616.

Lenski está leyendo en el texto lo que no está allí. La cuestión la suscitaron los fariseos en la iglesia claramente por un falso concepto de la ley y de la justificación.

En Colosenses 2:16 San Pablo dice que no se nos debe juzgar respecto a carnes (el comer carnes ofrecidas a los ídolos), o sabats. No hay evidencia de que los sabats hubieran sido abolidos por este enunciado. Si el incidente que San Pablo describe en Gálatas 2:11-21 es el mismo de Hechos 13:39, o relativo al mismo, y por consiguiente precedió al concilio, el temor en juego era que San Pedro, temeroso de la crítica de los fariseos de la iglesia, se aviniera a su práctica. El principio de San Pablo era que ninguna barrera artificial se podía levantar por comidas para acercarse a los gentiles y convertirlos.

Pasando ahora a Romanos, hallamos que San Pablo, lejos de hacer a un lado la ley y sus castigos, apela a la pena de muerte contra los homosexuales como un hecho establecido y continuo (Ro 1:32). De la expresión «el juicio (u ordenanza) de Dios», Murray comenta: «"la ordenanza de Dios" en este caso es la ordenanza judicial de Dios» que expresamente pide la muerte, aquí más que una muerte temporal, aunque la incluye[11].

En Romanos 6:14, sin embargo, San Pablo declara: «No estáis bajo la ley, sino bajo la gracia». Murray de nuevo es exacto:

> «Ley» en este caso se debe entender en el sentido general de la ley como ley. El que esto no se debe entender en el sentido de la ley mosaica como un plan total aparece muy claramente en el hecho de que muchos que estuvieron bajo el plan total mosaico fueron receptores de gracia y en ese respecto estuvieron bajo gracia, y también en el hecho de que el alivio de la ley mosaica como economía no pone por sí mismo a las personas en la categoría de estar bajo la gracia. La ley se debe entender, por consiguiente, en términos mucho más amplios de una ley como mandamiento[12].

El comentario de Charles Hodge también es muy certero. Escribiendo sobre el mismo versículo, Hodge dijo:

> Por *ley* aquí no se debe entender la ley mosaica. El sentido no es: «El pecado no tendrá dominio sobre ustedes, porque la ley mosaica quedó abrogada». La palabra no se debe tomar en su sentido más amplio. Es la regla del deber lo que liga a la conciencia como una expresión de la voluntad de Dios. Esto queda claro: (1) Del uso de la palabra en toda esta epístola y en otras partes del Nuevo Testamento. (2) De toda la doctrina de redención, que enseña que la ley de la cual somos librados por la muerte de Cristo no es la ley mosaica;

---

11 John Murray, *The Epistle to the Romans* (Eerdmans, Grand Rapids, 1959), I, 51.
12 *Ibid.*, I, 228s.

no somos librados solo del judaísmo, sino de la obligación de cumplir la ley de Dios como condición para la salvación[13].

La ley en este sentido general es un camino de salvación; es creer que, al guardar la ley general de Dios según la sabe, el hombre se salva a sí mismo y merece el cielo. El no tener la ley como camino de salvación *no* le da al hombre el derecho a pecar (Ro 6:15-16); el hombre tiene el deber de obedecer a Dios ahora como «siervo de la justicia» antes que como «siervo del pecado» (Ro 6:17-23).

Según Murray: «hay que vincular Romanos 7:1-6 con lo que el apóstol ha dicho en 6:14: «No estáis bajo la ley, sino bajo la gracia»[14]. En Romanos 7:4 Pablo dice haber llegado a estar «muerto a la ley mediante el cuerpo de Cristo»; como señaló Murray, «la muerte es nuestra muerte a la ley por la muerte de Cristo»[15]. Pablo usa la ilustración del matrimonio: así como una mujer «está sujeta por la ley al marido mientras éste vive; pero si el marido muere, ella queda libre de la ley del marido» (v. 2), así también nosotros, por la muerte de Cristo por nosotros, estamos muertos a la ley. El asunto en esta ilustración no es que la ley esté muerta, sino que nosotros en Cristo estamos muertos, o sea, la sentencia de muerte se cumple contra nosotros. Como Hodge notó: «No es la ley lo que muere»[16]. Para volver a la ilustración, si un esposo muere, no es la institución del matrimonio lo que muere, sino un hombre en particular que ha muerto para el matrimonio.

¿Cuál es, entonces, el significado de esta ilustración y frase? En el versículo 5 se nos dice que, mientras éramos pecadores, el efecto de la ley en nuestra vida era mostrar nuestra rebelión contra Dios; la ley de Dios nos hizo mucho más celosos para reiterar nuestro libre albedrío en rebelión. El resultado fue «fruto para muerte». La ley fue una sentencia de muerte para nosotros; declaró que, por nuestra apostasía, nuestra ruptura del pacto con Dios, merecíamos morir. La sentencia de muerte contra nosotros se cumplió en la persona de Jesucristo. Ahora estamos judicialmente muertos ante la ley. Por consiguiente, a los que son verdaderamente salvos la ley nunca los puede volver a sentenciar a muerte. Sin embargo, como resucitados de la muerte del pecado, por la obra de Cristo, ahora somos «de otro, del que resucitó de los muertos, a fin de que llevemos fruto para Dios» (v. 4). El pecador, que se ha hecho a sí mismo dios a sus propios ojos (Gn 3:5), está en guerra contra Dios; la ley de Dios solo lo incita a más guerra. La ley pues nos impulsaba a más esclavitud al pecado. Por la regeneración, sin embargo, nuestra unión ya no es con el pecado, sino con Cristo. Como estamos vivos en Cristo, ahora estamos *vivos para la ley,* no como una sentencia de muerte contra nosotros, sino como lo que representa nuestra nueva vida, «el régimen nuevo del Espíritu» (v. 6), nuestra vida en Cristo, por la cual la ley es ahora nuestra feliz forma de vida. La ley

---

13   Hodge, *Romans*, p. 322.
14   Murray, *op. cit.*, p. 239.
15   *Ibid.*, p. 242.
16   Hodge, *op. cit.*, p. 337.

no muere; el viejo hombre, el hombre no regenerado, muere; el hombre nuevo, regenerado, tiene ahora una nueva relación con la ley, no ya en «las pasiones pecaminosas» sino en «el régimen nuevo del Espíritu». En tanto que para el pecador la violación de la ley de Dios es el impulso y naturaleza de su ser, para el hombre regenerado la obediencia a la ley en Cristo es el deleite de su ser.

Pablo declara en forma enfática que «la ley es espiritual» (7:14); «la ley a la verdad es santa, y el mandamiento santo, justo y bueno» (v. 12); la ley, además, «era para vida» (v 10); en su pecado, debido a que estaba entonces en principio quebrantando la ley porque es buena, está de acuerdo en que «la ley es buena» (v. 16). Como hombre redimido, que se esfuerza por su salvación y crece en santificación, puede declarar: «Según el hombre interior, me deleito en la ley de Dios» (v. 22). «La ley del pecado», su naturaleza caída, muerta judicialmente en Cristo pero no erradicada de su ser, hace guerra contra su nueva naturaleza, de modo que un aspecto de su ser, el nuevo hombre, sirve «a la ley de Dios», otro, «a la ley del pecado» (vv. 23-25). Claro, la ley es el estándar para el nuevo hombre. En verdad, la meta de la santificación es «que la justicia de la ley se [cumpla] en nosotros» (8:4). El comentario de Murray aquí de nuevo merece notarse:

> Es mucho más significativo en este contexto porque él había representado la liberación del poder del pecado en 6:14 como que procedía del hecho de que no estábamos «bajo la ley» sino «bajo la gracia». En el capítulo 7 ha vuelto al tema y ha mostrado que no estamos «bajo la ley» porque hemos «muerto a la ley mediante el cuerpo de Cristo» y «ahora estamos libres de la ley» (7:4, 6). También ha demostrado que la ley fue para muerte porque el pecado tomó ocasión de la ley para obrar todo tipo de pasiones pecaminosas (7:8-13). Y, finalmente en este capítulo acaba de hablar de la impotencia de la ley (8:3). ¿Cómo, entonces, puede interpretar la santidad del estado cristiano como cumplimiento de las exigencias de la ley? El hecho, sin embargo, no se puede disputar, y es prueba concluyente de que la ley de Dios tiene su relevancia normativa más plena en ese estado que es producto de la gracia. Interpretar las relaciones de la ley y la gracia de otra manera es ir contra la importancia clara del texto. Hemos sido preparados para esto, sin embargo, en notificaciones previas a este mismo efecto (cf. 3:31; 6:15; 7:12, 14, 16, 22, 25). Y en el análisis siguiente del tema de la santificación hay abundante corroboración (cf. 13:8-10).

El término «cumplido» expresa el carácter plenario del cumplimiento que la ley recibe e indica que la meta contemplada en el proceso santificador es nada menos que la perfección que requiere la ley de Dios[17].

Brevemente, para repetir el asunto, no es la ley la que está muerta, sino que somos nosotros los que morimos en Cristo, y estamos, por consiguiente, muertos

---

17   Murray, *op. cit.*, p. 283.

para la ley en cuanto a su acusación y sentencia de muerte. Como hombres regenerados, en las palabras de Murray, «la ley de Dios tiene su relevancia normativa más plena en ese estado que es producto de la gracia. *Interpretar las relaciones de la ley y la gracia de otra manera es ir en contra del alcance claro del texto*».

Gálatas 2:19 se debe leer en el mismo sentido: «Yo por la ley soy muerto para la ley, a fin de vivir para Dios». De nuevo, la ley no está muerta, sino más bien el pecador. En Gálatas 2:21 el contraste es entre la justificación por la ley y la justificación por la gracia de Dios por medio de Jesucristo; en el uso de la ley como medio de justificación no se puede adquirir ninguna justicia. En Gálatas 5:16-18 el contraste es entre el camino de «la carne», la naturaleza humana caída sin ayuda, y el camino del Espíritu, el nuevo hombre redimido y ayudado. La ley se asocia en este contexto con «la carne», de manera que la referencia es claramente al uso errado de la Ley como camino de justificación. En Efesios 2:15 la referencia a la ley es sin duda a ella como sentencia de muerte para el incrédulo.

San Pablo, pues, no respalda a los que declaran que la ley está muerta, ni a los que sostienen que el hombre redimido está muerto a la ley. San Pablo no solo reafirma la ley, sino que carta tras carta apela a la ley para resolver conflictos en la iglesia, para dar instrucciones, y dar consejo respecto a la santificación.

Murray tiene razón: «La ley de Dios tiene su relevancia normativa *más plena* en ese estado que es producto de la gracia».

XIV

LA IGLESIA

1. El significado de la categoría de anciano

Pocos cargos se han deteriorado más radicalmente que el de anciano. Se ha oscurecido su propósito original, se han perdido sus funciones y se ha alterado su propósito.

Para entender el significado del oficio de anciano, es necesario recordar que el cargo no lo formó la iglesia, sino que se tomó de las prácticas de Israel. Como Morris ha escrito:

Los primeros cristianos eran todos judíos, y es una inferencia razonable que tomaron el oficio de anciano del judaísmo, con el cual estaban familiarizados. Nos beneficiará, en consecuencia, dar alguna atención a los ancianos judíos.

Estos hombres eran oficiales responsables en la administración de la vida comunal judía. Tenían responsabilidades en asuntos que llamaríamos civiles y en los eclesiásticos. Quizá no hicieran una distinción rígida y rápida entre los dos, porque su ley era la ley mosaica, que trata imparcialmente de ambas cosas. Todavía más, su unidad de organización era la congregación de la sinagoga, y la sinagoga, además de ser un lugar de adoración, era un lugar de instrucción, una escuela. Los rabinos trataban con todo tipo de temas. No se confinaban a lo que nosotros llamaríamos asuntos religiosos, sino que establecían regulaciones para la conducta en los asuntos civiles también.

Los ancianos eran elegidos por la comunidad y tenían su cargo de por vida. Eran admitidos a sus funciones por un rito solemne, que en tiempos del Nuevo Testamento fue aparentemente un acto de entronización. La imposición de manos no parece haberse practicado en ese tiempo, y quizá no hizo su aparición sino hasta la guerra de Bar Kochba o después. [...] La función del anciano evidentemente se centraba en la ley. Debían estudiarla, exponerla y tratar con la gente que había delinquido contra ella.

Hay obvias similitudes entre este cargo y el de los primeros ancianos cristianos. La importancia de esta similitud resalta cuando reflexionamos que a la iglesia cristiana parece que se le tuvo al principio como una rama del judaísmo. Parece que sus asambleas se modelaron según el patrón de la sinagoga. Cualesquiera diez adultos judíos varones podían formar una sinagoga. Y es probable que las primeras asambleas de cristianos se organizaran como sinagogas. Es más, a una se le llama con este mismo nombre en Santiago 2:2 y hay evidencia de que «las congregaciones cristianas en Palestina por largo tiempo continuaron siendo designadas por este nombre» (J. B. Lightfoot, *Saint Paul's Epistle to the Philippians,* p. 192). [...] Estas supervisarían los asuntos de la nueva sociedad de la misma manera en que los ancianos judíos supervisaban la sinagoga[1].

A fin de entender el trasfondo hebreo del cargo, es importante reconocer su origen en la estructura familiar y tribal de Israel. El anciano, *primero,* era lo que el nombre indicaba: un hombre de edad en un cargo de autoridad. El término anciano era comparativo, así que podía referirse a un hombre que gobernaba sobre su casa. Este cabeza de familia, o de un grupo de familias, supervisaba la disciplina y justicia dentro de su familia, su educación, adoración y sostenimiento económico; también tenía la responsabilidad de defenderlos contra sus enemigos. Así que *ley y orden* eran funciones básicas del anciano pero en un sentido mucho mayor que de policía: era deber del anciano entrenar a quienes estaban a su cargo en la forma de vida. La función del anciano era, pues, religiosa, civil, educativa y vocacional. También aportaba al bienestar de su casa.

Segundo, los ancianos formaban la base del gobierno civil. Puesto que los hombres que gobernaban de una manera tan extensiva sus hogares estaban mejor capacitados para gobernar, Moisés acudió a los ancianos, por mandato de Dios, para formar un grupo de setenta para que gobernaran a Israel (Nm 11:16). Estos hombres gobernaron bajo Moisés y lo ayudaron a instruir al pueblo en las implicaciones de la ley (Dt 27:1). El gobierno local estaba en manos de los ancianos (Dt 19:12; 21:2; 22:15; 25:7; Jos 25:4; Jue 8:14; Rut 4:2). A estos ancianos también se hace referencia en los Evangelios (Mt 16:21; 26:47; Lc 7:3). En la época del Nuevo Testamento algunos ancianos gobernaban en el Sanedrín y eran expertos en la ley, y otros gobernaban en sus localidades[2].

Tercero, los ancianos eran los que dirigían las sinagogas, como Morris ha indicado. Dentro de la sinagoga, el anciano era el maestro, impositor y experto estudiante de la ley.

El hecho de que el anciano gobernara en la iglesia, el Estado y la familia en la época del Antiguo Testamento no hizo de este cargo una institución. El hecho de la unidad vino no de la absorción de una institución en la otra, sino de su subordinación común a la ley y su uso común de la misma.

El hecho de que la iglesia tomara de Israel el cargo de anciano tiene que ver con su afirmación de que era el nuevo y verdadero Israel de Dios. La iglesia era la verdadera sinagoga de Dios, y el nuevo y verdadero Israel. El propósito del oficio

1   Leon Morris, *Ministers of God* (Inter-Varsity Fellowship, Londres, 1964), p. 70sf.

2   W. E. Vine, *Expository Dictionary of N. T. Words,* p. 20s.; J. A. Selbie, «Elder (in O. T)» [«Anciano (en AT)»], en James Hastings, *Dictionary of the Bible,* I, 676s.

era producir una nueva sociedad, el reino de Dios, instituir la nueva creación mediante la disciplina de su Palabra y Ley. El sello de aprobación de Dios sobre la iglesia como nuevo Israel, y los ancianos como los nuevos oficiales portadores de la ley de Dios, era la imposición de manos y la implícita unción del Espíritu Santo (1 Ti 4:14).

El cargo de anciano tenía entre sus requisitos la capacidad de enseñar y la capacidad de gobernar (1 Ti 3:2-5). Es significativo que el vínculo con el origen del oficio permanece. El anciano fue siempre en sus inicios un hombre que gobernaba un núcleo familiar; de aquí que en Israel, un gobernante (y todos los gobernantes eran ancianos en un sentido verdadero) tenía que ser un hombre casado, probado en autoridad y gobierno. San Pablo reitera esta aptitud como algo ineludible: «Pues el que no sabe gobernar su propia casa, ¿cómo cuidará de la iglesia de Dios?» (1 Ti 3:5). El oficio de anciano requiere una sociedad centrada en la familia.

El gobierno de la nueva sociedad cristiana se complicó con el hecho de la persecución. Los cargos de diáconos y viudas, establecidos para funcionar bajo los ancianos, tenían como función el gobierno, el alivio de los necesitados, ministrar a los más jóvenes, la educación, etc. El anciano como maestro funcionaba en la iglesia primitiva en una esfera tras otra, en la iglesia, en la familia, en el aspecto de bienestar por delegación y supervisión, en educación, y, porque se evitaban los tribunales civiles, como un gobierno civil.

Precisamente porque los tribunales romanos eran «injustos» (1 Co 6:1), los ancianos servían como jueces para juzgar las controversias entre cristianos (1 Co 6:1-3). Si un miembro de la iglesia rehusaba acatar una corrección (Mt 18:15-17), entonces se le podía tratar como «gentil y publicano» y llevarle, si fuera necesario, a un tribunal civil. Por lo general, los tribunales impíos se debían evadir hasta el sacrificio (Mt 5:40). No existe en el Antiguo Testamento restricción en cuanto a acudir a los tribunales, porque estos estaban en manos de los ancianos o reflejaban su influencia. Los tribunales norteamericanos, a pesar de su corrupción, no han perdido su carácter cristiano ni su legado de la ley bíblica.

Pablo en 1 Corintios 6:2 declara: «¿O no sabéis que los santos han de juzgar al mundo?». Algunos, debido a la referencia a ángeles en el versículo 3, refieren este juzgar al mundo venidero, pero su verdadero significado es con referencia al tiempo y a la eternidad. La palabra juzgar aquí tiene el sentido del Antiguo Testamento de *gobernar o gerenciar*. *Gerenciar* en efecto conlleva el significado de un gobierno continuo por los santos sobre el reino de Dios, en el tiempo y la eternidad.

Una de las consecuencias de existir en un mundo hostil fue que la iglesia tuvo que asumir la función de una sociedad total para sus miembros. Los ancianos o presbíteros eran vitales para esta función. El cargo de anciano empezó con la familia. Retuvo no solo el *oficio* sino también el concepto de *familia* en la nueva sociedad de Cristo. Todos los verdaderos creyentes eran miembros de la familia de Cristo. Una congregación y una comunidad de creyentes, por tanto, cuidaba de los suyos, porque «el que tiene bienes de este mundo y ve a su hermano tener necesidad, y cierra contra él su corazón, ¿cómo mora el amor de Dios en él?» (1 Jn 3:17). La literatura de la iglesia primitiva subraya esta posición. Al mismo tiempo, no había tolerancia para la indolencia: «Si alguno no quiere trabajar, tampoco coma» (2 Ts 3:10). Todavía más: «Si alguno no provee para los suyos, y mayormente para los de su casa, ha negado la fe, y es peor que un incrédulo» (1 Ti 5:8). La meta de los ancianos y su enseñanza era formar una comunidad de creyentes responsables, responsables de sí mismos y su casa y de los demás creyentes.

Pero eso no es todo. Debido a que los santos fueron llamados a *gerenciar* o *gobernar* el mundo, muy rápidamente llegó a ser su propósito pasar a cargos de autoridad y poder. Las cartas de San Pablo indican que se convirtieron romanos prominentes. Los saludos incluyen a «los de la casa de César» (Fil 4:22). En la época puritana, la presión de los santos en todo tipo de cargo en la iglesia, estado, escuela y comercio fue de gran alcance.

Ley es equivalente a gobierno o reino; es la expresión de un gobierno o reino y la aplicación de una soberanía a su jurisdicción. Los ancianos, como representantes de una ley, la ley de Dios, son llamados a aplicar la ley de Dios a toda esfera de la vida. Es deber del hogar, escuela e iglesia cristianos entrenar ancianos que aplicarán la ley de Dios a todo el mundo. El anciano no está gobernado por la iglesia como un funcionario subordinado enviado como agente imperial al mundo. Más bien, el anciano gobierna en su esfera, así como la iglesia en su ámbito, cada uno como agentes imperiales de Cristo el Rey. En algunos puntos, el anciano está bajo la autoridad de la iglesia, y en otros puntos es independiente de ella.

La iglesia llama y ordena a sus ancianos, pero hay poca razón para limitar el cargo a la iglesia. Los cristianos en la educación, gobierno civil, las ciencias, las leyes y otras profesiones pueden constituirse como cuerpos cristianos y examinar y ordenar hombres que promuevan la ley y el gobierno de Dios en su esfera. La categoría de anciano es un llamamiento de Dios, y la iglesia es una agencia en la cual se cumple el llamamiento. Así era el cargo en Israel, y no hay evidencia de ningún cambio en su naturaleza en el Nuevo Testamento. El hecho de que se retuviera el mismo nombre del cargo, *anciano,* enfatiza la continuidad.

En Apocalipsis, además, encontramos a «veinticuatro ancianos», que simbolizan la plenitud de la iglesia tanto del Antiguo como del Nuevo Testamento. La práctica judía de entronizar a los ancianos también encuentra eco en que estos ancianos «echan sus coronas delante del trono» (Ap 4:10), indicando la suprema majestad de Dios. Los ancianos estaban en tronos, eco del llamamiento original a Adán a ser sacerdote, profeta y *rey* sobre la creación bajo Dios. La restauración de ese gobierno de realeza bajo Cristo es la función del anciano, y es un llamamiento en todo dominio de la vida.

El concepto de presbiterio o ministerio lo revivió fuertemente Lutero con respecto a la universidad y a los profesores. La cátedra de profesor fue la heredera de la silla del anciano de la sinagoga, y había una entronización comparable. Hasta hoy, a muchos profesores se les coloca en una «cátedra» dotada sin que se den cuenta del significado de ese término. Rosenstock-Huessy señaló que «las universidades representaban la vida del Espíritu Santo en la nación alemana»[3]. La obra del Espíritu Santo mediante el oficio y ministerio del anciano se veía como manifestada a través del profesor.

Sin embargo, no es sino cuando todo llamamiento legítimo se ve como un aspecto de la ancianía potencial, y se le coloca bajo el gobierno de la Ley y Palabra de Dios a través de presbíteros o ancianos que sirven a Dios, que se cobra consciencia completa del significado de la ancianía.

2. El oficio de anciano en la iglesia

El pueblo de Dios —en la iglesia, estado, familia, vocación y toda otra esfera— tiene el deber continuo de reformarse a sí mismo en conformidad con la palabra de Dios. Hay muchos aspectos de la vida de la iglesia actual que tienen una seria necesidad de reforma. Al considerar el oficio de anciano, no es nuestro propósito indicar esto como un aspecto de error mayor que otros, sino llamar la atención a algunos problemas en este aspecto.

El cargo de anciano por algunas generaciones ha ido declinando mucho en importancia y función. En muchas iglesias, llegó a ser para principios de 1900 principalmente un honor que se otorgaba a miembros prominentes. Es más: la función del anciano llegó a ser en su mayor parte la del juez sentado en revisión mensual del ministro, y a veces atendiendo asuntos relativos al edificio y la propiedad. Puesto que la iglesia primitiva quizás durante 2 siglos no tuvo templos sino que se reunían en casas, la administración de un edificio no fue parte de la función original del anciano. De nuevo, no hay nada en las Escrituras que indique que una sesión, o una junta de ancianos, tenga como su función central juzgar al pastor ni supervisar su trabajo. En verdad, podemos catalogar tal función como rara, necesaria por alguna emergencia, para el bienestar de la iglesia. De modo similar, puesto que la iglesia primitiva no tenía coros, ni escuela dominical, ni ligas juveniles, ni unión de mujeres, ninguna de estas tareas de supervisión es fundamental para el oficio de anciano ni, podemos añadir, para el oficio de pastor.

Es nuestro propósito examinar las evidencias de la literatura patrística concerniente al cargo de anciano, a fin de arrojar luz sobre el significado y las prácticas bíblicas. La interpretación reformada del cargo se da por sentado, y la declaración sumaria de Calvino de que todos «los apelativos de obispos, ancianos, pastores y

---

3   Eugen Rosenstock-Huessy, *Out of Revolution, Autobiography of Western Man* (William Morrow, Nueva York, 1938), p. 395.

ministros expresan el mismo significado»[1]. Dicho en términos actuales, los cargos de pastor y obispos son idénticos.

Pero la posición episcopal tiene un fuerte respaldo en la literatura patrística. Muy temprano el cargo de obispo se ve separado del oficio de anciano o presbítero. Esto queda claro en Ignacio, que murió quizá en el 107 d.C., lo que refleja una práctica muy temprana y contemporánea con algunos líderes apostólicos. En la Epístola de Ignacio a los Tralianos, escrita desde Esmirna, leemos: «Conviene a cada uno de ustedes, y sobre todo a los presbíteros, refrescar al obispo, para honor del Padre, de Jesucristo y de los apóstoles» (cap. XII). Ignacio distingue muy bien los dos cargos. En una ocasión declaró: «Por consiguiente, así como el Señor no hizo nada sin el Padre, estando unido a él, ni por sí mismo ni por los apóstoles, tampoco ustedes hagan nada sin los obispos y presbíteros»[2]. Esta autoridad del obispo fue una autoridad espiritual: «Conviene, entonces, no solo ser llamados cristianos, sino serlo en realidad; como en verdad algunos le dan título a un obispo, pero hacen todas las cosas sin él»[3]. Los deberes del obispo fueron bosquejados por Ignacio a Policarpo[4]. Al rebaño de Policarpo se le dijo: «Presten atención al obispo, para que Dios también los oiga a ustedes. Mi alma está con los que se someten al obispo, a los presbíteros y a los diáconos; y ¡que mi porción sea con ellos en Dios!»[5]. Es obvio que los cargos de obispo, presbítero, y diácono en Ignacio son los oficios que conocemos de pastor, anciano y diácono. Pero hay una seria diferencia en función, tanta que las funciones modernas episcopales y presbiterianas parecerían ser desviaciones. Ignacio es de nuevo revelador aquí:

> Cuiden que todos ustedes sigan al obispo, así como Jesucristo sigue al Padre, y al presbiterio así como lo harían con los apóstoles; y reverencien a los diáconos, porque son la institución de Dios. Que nadie haga nada relacionado con la iglesia sin el obispo. Que se considere como adecuada eucaristía la que es (administrada) por el obispo o por alguien a quien él se la haya confiado. Dondequiera que el obispo deba aparecer, que la multitud (del pueblo) también esté; de la misma forma que dondequiera que Jesucristo esté, allí está la iglesia católica. No es lícito bautizar ni celebrar una fiesta de amor sin el obispo; pero lo que él apruebe es agradable a Dios, y así todo lo que se hace puede ser seguro y válido[6].

Ciertas cosas aparecen con claridad en esto. *Primero*, la iglesia entonces no era una institución, un edificio; era un cuerpo de creyentes que se reunía en alguna

---

1   Calvino, *Institutes*, lib. IV, cap. III, no. viii.
2   *Epistle of Ignatius to the Magnesians*, cap. VII.
3   *To the Magnesians*, cap. IV.
4   *To Polycarp*, caps. I-V.
5   *To Polycarp*, cap. VI.
6   *Epistle of Ignatius to the Smyrnaeans*, cap. VIII.

casa y estaba unida en un mundo hostil por su fe común en Jesucristo, que era su Redentor. *Segundo,* estas iglesias pequeñas en hogares estaban esparcidas por todo el imperio, y más allá de sus fronteras. La iglesia no podía, ni intentó proveerle a cada pequeña congregación de un pastor u obispo. Por consiguiente, incluso mientras San Pablo continuaba en sus viajes para mantener una mano gobernante sobre las iglesias en Corinto, Tesalónica y otras partes, los sucesores de los apóstoles continuaron haciendo lo mismo. Como pastores, misioneros o evangelistas itinerantes, hallaron necesario gobernar estas pequeñas congregaciones con epístolas y visitas; de aquí las epístolas de Ignacio y otros. A estos hombres se les llamó obispos; bien podríamos llamarlos pastores misioneros. *Tercero,* estos obispos o pastores nombraron y ordenaron presbíteros o ancianos en las varias congregaciones locales para continuar la adoración a Dios y el estudio de las Escrituras en esa iglesia durante la ausencia del pastor viajero. Puesto que un pastor u obispo podía cubrir un territorio más grande o más pequeño, con una sede central, muy a menudo el presbiterio o presbíteros locales tenían que mantener la iglesia por su propio liderazgo. Si el pastor estaba en una iglesia grande cercana, y las congregaciones se reunían en casas esparcidas dentro de la ciudad y los pueblos aledaños, el contacto sería cercano. En otros casos, la correspondencia abundante se volvió una necesidad. En la época del Nuevo Testamento y en la patrística, las epístolas fueron una herramienta pastoral básica. *Cuarto,* solo el obispo o pastor podía realizar los servicios de bautismo y comunión, pero podía, como Ignacio declaró, delegar la administración de los sacramentos a los presbíteros. Luego entonces, los presbíteros o ancianos podían impartir los sacramentos, pero solo cuando el pastor u obispo los instruía en ese sentido en vista de su distancia y su confianza en el presbítero. El presbítero o anciano, por tanto, no solo enseñaba, sino que tenían una responsabilidad subordinada respecto a los sacramentos. *Quinto,* el oficio de obispo aquí aparece muy diferente del concepto sacerdotal de los episcopales. Podemos añadir que Joseph Bingham, en sus *Antiquities of the Christian Church* [*Antigüedades de la iglesia cristiana*], declaró que los obispos heredaron el cargo apostólico, y que el título de *apóstol* «muchos piensan que ha sido el nombre original de los obispos, por consiguiente el título obispo era apropiado para su orden»[7]. Por cierto, Ignacio compara a los presbíteros o ancianos con los apóstoles: «Todos ustedes sigan al obispo, así como Jesucristo sigue al Padre, y el presbiterio como a los apóstoles»[8]. ¿Debemos llegar a la conclusión que los obispos son como Dios, y los presbíteros los sucesores de los apóstoles? ¿No es el significado más bien que lo que se enseña es un principio de obediencia a la autoridad, cuando esa autoridad es fiel a la autoridad suprema?

A decir verdad, Ireneo en efecto declaró la sucesión apostólica de los ancianos o presbíteros: «Por lo que conviene obedecer a los presbíteros que están en

---

7 Lib. II, cap. II.
8 *Ibid.*

la iglesia; los que, como he demostrado, poseen la sucesión de los apóstoles; los que, junto con la sucesión del episcopado, han recibido el cierto don de la verdad, según lo que agradó al Padre»[9]. Esta sucesión Ireneo la definió como los que enseñaban la fe apostólica, no alguna doctrina esotérica oculta impartida a «los perfectos». Ireneo estaba en guerra contra los que eran «más sabios [...] incluso que los apóstoles» y se les oponían los presbíteros y obispos que estaban en la sucesión apostólica, es decir, que se subordinaban a la autoridad bíblica[10]. La autoridad de la fe es primordial, no la sucesión física; la sucesión apostólica quería decir una sucesión en la fe de los apóstoles, y establecía una lealtad y subordinación a esa fe[11].

Sexto, el propósito de esta supervisión de los ancianos por parte del obispo o pastor era «que todo lo que se haga pueda ser seguro y válido»[12]. Para proteger a la iglesia contra herejías y desórdenes, los pastores misioneros u obispos tenían, desde los tiempos del Nuevo Testamento y en adelante, la responsabilidad de cuidar de todo rebaño bajo su jurisdicción.

Séptimo, esto quiere decir que la tradición episcopal ha exaltado erróneamente a un pastor u obispo sobre otros, en tanto que la tradición presbiteriana ha tendido a degradar el oficio de presbítero o anciano a una junta en gran parte inactiva o ineficiente. En lugar de ser gobernada en su acción por el pastor, se sienta a gobernar al pastor. En lugar de ser un cuerpo efectivo para el crecimiento de la iglesia que vaya más allá de las capacidades de extensión del pastor, o para seguir su trabajo con un desarrollo efectivo, se ha vuelto un cargo *votante* más que *funcional.* La principal tarea de la mayoría de los ancianos hoy es votar en una sesión, consistorio o directiva, y en un presbiterio, clase, sínodo o conferencia general.

¿Se puede restaurar el cargo de presbítero a su función original? Hay muchos que sostienen que no se puede hacer, que el hombre moderno es demasiado sofisticado para tolerar algo que no sea el liderazgo más educado en el seminario y los cultos más atractivos de adoración, con coro, un hermoso santuario y órgano. ¿Es esto verdad?

En años recientes numerosas organizaciones han demostrado la vitalidad superior del alcance laico. Dos ilustraciones bastarán, *primera:* la Sociedad John Birch. Esta ilustración se escoge de manera deliberada. No es nuestro interés, ni tampoco es relevante, hablar aquí de los pros y contras de esa organización. Es importante para nuestro propósito que a esta sociedad la hayan criticado, aborrecido y atacado como lo fue la iglesia primitiva pero a mayor grado, y que sea dirigida por laicos voluntarios. Grupos de hombres, mujeres y jóvenes, normalmente no más de veinte personas, se reúnen regularmente en casas para seguir un curso de estudio bajo un dirigente. Estos dirigentes por lo general son hombres

---

9   *Against Heresies*, lib. IV, cap. XXVI, 2.
10   *Ibid.,* lib. III, cap. II, 2; III, 1.
11   *Ibid.,* lib. IV, cap. XXVI, 3, 4.
12   Ignacio, *op. cit.*

sorprendentemente atareados: médicos, dentistas, hombres de negocios, y otros que tienen una agenda llena, pero que con todo dedican tiempo a preparar una lección, invitar a amigos y vecinos, y buscan, con la ayuda de los demás miembros, nuevos miembros. A estos dirigentes de capítulos se les puede llamar ancianos, dirigidos por coordinadores de zona, que funcionan como obispos o pastores. La membresía total de la sociedad se desconoce, aunque se calcula que va de 60 000 a 100 000. Sin embargo, hay una continua renovación de la membresía, puesto que algunos, después de estudiar durante un año o dos, dejan la sociedad sin abandonar su filosofía básica. Basado en los viajes de este escritor, el número total de aquellos que han sido influidos por la sociedad en su breve historia puede sumar cinco millones. Otros movimientos conservadores han surgido de tiempo en tiempo con más elevado número de seguidores pero menor impacto. La clave de la efectividad de la Sociedad John Birch ha sido un plan de operación que tiene un fuerte parecido a la iglesia primitiva: tener reuniones, líderes locales «laicos», supervisores de área u «obispos».

La *segunda* ilustración es personal. Los estudios bíblicos y teológicos semanales de este escritor se graban en cinta y circulan por todos los Estados Unidos de América y a veces más allá de sus fronteras. Algunos de estos estudios también están apareciendo en forma impresa, como lo atestigua *The Foundations of Social Order, Studies in the Creeds and Councils of the Early Church* [*Los fundamentos del orden social: Estudios de los Credos y Concilios d el aIglesia primitiva*] (1968). Esta obra, considerada por algunos pastores como demasiado difícil o teológica, todavía circula fuertemente entre laicos. Lo escuchan los grupos en varios estados en reuniones en hogares. La situación usual es que un hombre o mujer abre su casa a unos amigos, brinda refrescos y tiene sesiones semanales de estudio a un público que crece cada vez más.

Por supuesto, el patrón bíblico funciona, y es tiempo de que las iglesias lo usen de nuevo. Viviendo como vivimos en una edad humanista, en que la verdadera iglesia es una minoría pequeña, necesitamos de nuevo un presbiterio activo y en función.

Se debe notar una segunda consideración, aparte de la función básica. La iglesia actual ha caído víctima de la herejía de la democracia. Para muchos laicos, hombres y mujeres, y para muchos ancianos, la esencia de su obligación cristiana es decir lo que se les antoje. El pastor u obispo continuamente está amordazado por un impulso democrático que lo hace mandadero de la congregación. *Las Constituciones Apostólicas* hacen una declaración interesante aquí: «No es equitativo que tú, oh obispo, que eres la cabeza, te sometas a la cola, es decir, a alguna persona sediciosa entre los laicos, para destrucción del otro, sino solo a Dios. Porque es tu privilegio gobernar a los que están a tu cargo, pero no ser gobernado por ellos[13]. En pocas palabras: *la iglesia es una monarquía, no una democracia.* Cristo es el Rey,

---

13   *Apostolic Constitutions*, lib. II, sec. Ill, xiv.

y todos los cargos derivan su autoridad de él, no del pueblo. El asentimiento y voto del pueblo es parte de su asentimiento a Cristo. A menos que el pastor o anciano sea desobediente al Señor, se le debe obedecer y respetar. Pero no podemos ser perfeccionistas en nuestras exigencias a los que ocupan cargos. Como la literatura patrística dice: «Oye a tu obispo, y no te canses de darle todo honor; sabiendo que, al mostrárselo a él, se lo das a Cristo, y de Cristo se lo das a Dios; y de aquel a quien se lo ofrece, se requiere mucho más. Honra, por consiguiente, el trono de Cristo»[14]. Se concede que una exageración de esta actitud condujo al autoritarismo católico romano, pero, ¿no es acaso también una perversión cuando algunos defensores del presbiterianismo citan su iglesia como cuna de la democracia? La iglesia de Jesucristo es una monarquía, y el propósito de su forma representativa del gobierno es fortalecer la preservación de la «derechos al trono del Rey Jesús». No los derechos de la gente, sino los derechos soberanos de Cristo el Señor son los que deben defender los miembros, diáconos, ancianos, y pastores u obispos. La sesión, el consistorio, la directiva de la iglesia no es un foro democrático, sino un cuerpo gobernante para Cristo. El presbiterio debe examinar a los pastores u obispos en términos del canon o regla de las Escrituras a fin de preservar el dominio de Cristo. A menos que los propósitos de la iglesia sean ser una democracia, un examen similar para el cargo de anciano es una necesidad.

En la Iglesia Presbiteriana Ortodoxa, *Los Estándares* requieren que, en la ordenación o investidura de los ancianos gobernantes, «el ministro dirá, en el siguiente o lenguaje semejante, la autorización y la naturaleza del oficio de ministro»:

> El oficio del anciano gobernante se basa sobre la realeza de nuestro Señor Jesucristo, que proporcionó oficiales a su iglesia que deben gobernar en su nombre. ...
>
> Es el deber y el privilegio de los ancianos gobernantes, en el nombre y por la autoridad de nuestro Rey ascendido, gobernar iglesias particulares, y, como sirvientes de nuestro gran pastor, cuidar de su pueblo[15].

La orientación monárquica del cargo se reitera con claridad, y se necesita recalcarla de nuevo en las iglesias. Desdichadamente, demasiado a menudo, como en el culto presbiteriano ortodoxo, el cargo se reconoce formalmente pero en realidad es estéril.

Hemos visto, *primero:* que el cargo de anciano es pastoral por su naturaleza, que el anciano en la iglesia primitiva funcionaba como brazo del pastor u obispo para mantener y extender el evangelio. *Segundo:* hemos notado que este cargo no es parte de una democracia eclesiástica, sino de una monarquía. *Tercero:* el anciano

---

14   *The Clementine Homilies*, cap. LXX.
15   *The Standards of Government Discipline and Worship of the Orthodox Presbyterian Church* (Committee on Christian Education, O.P.C, Filadelfia, 1957), p. 84, cap. VI, B.

o ancianos son un tribunal de la iglesia. En este aspecto, mucho se ha hecho por restaurar la antigua función del anciano, y la disciplina de la iglesia se ha recalcado en los círculos que se sostienen en doctrinas reformadas. Es suficiente añadir que por importante y necesaria que sea esta función judicial, se vuelve una distorsión si la función pastoral básica se descuida o el anciano se vuelve primordialmente un juez, y la sesión, consistorio o directiva esencialmente un tribunal. La función pastoral debe ser primordial en todo momento.

Es, importante reconocer, *cuarto:* que la tarea esencial del anciano no es sentarse en una sesión, sino actuar para el avance del evangelio y el señorío de Cristo. Volviendo de nuevo a Policarpo, notemos sus comentarios sobre los deberes de los presbíteros:

> Y que los presbíteros sean compasivos y misericordiosos para con todos, trayendo de regreso a los que se descarrían, visitando a todos los enfermos, y sin descuidar a la viuda, al huérfano, y al pobre, pero siempre «procurad lo bueno delante de todos los hombres»; (Ro 12:17; 2 Co 8:31) absteniéndose de toda ira, acepción de personas y juicio injusto; manteniéndose lejos de toda codicia, sin acreditar apresuradamente (un informe de maldad) contra alguno, ni severo en el juicio, como sabiendo que todos estamos bajo una deuda de pecado. Si entonces suplicamos al Señor que nos perdone, debemos nosotros mismos perdonar (Mt 6:12-14); porque estamos ante los ojos de nuestro señor y Dios, y «todos compareceremos ante el tribunal de Cristo y cada uno de nosotros dará a Dios cuenta de sí» (Ro 14:10-12; 2 Co 5:10). Sirvámosle entonces en temor, y con toda reverencia, así como él mismo nos ha ordenado, y como los apóstoles que nos predicaron el evangelio, y los profetas que nos proclamaron de antemano la venida del Señor (habiéndonos de manera similar enseñado). Seamos celosos en la búsqueda de lo que es bueno, absteniéndonos de causas de ofensa, de falsos hermanos, y de los que en hipocresía llevan el nombre del Señor y descarrían a los hombres vanos al error[16].

Es el ministerio del estado ser un ministerio de justicia, asegurar la ley y el orden y ser un tribunal de justicia. Es llamamiento de la iglesia ser un ministerio de gracia, proclamar la obra redentora de Cristo, así que su tarea básica es redentora, no judicial. Esta también debe ser la orientación básica de todo cargo de la iglesia. Los pastores y ancianos no son primordialmente un tribunal, sino un ministerio de gracia que proclama que la salvación es de nuestro Dios por Jesucristo, y llama a todos los hombres a someterse a Cristo el Rey. La función judicial muy real de los pastores y ancianos es preservar la integridad de este, su llamamiento básico, y a las iglesias a su cargo de corrupción y deserción de su llamamiento.

---

16 *The Epistle of Polycarp to the Philippians*, cap. VI.

Gobernar como anciano gobernante, pues, quiere decir más que sentarse en una sesión como juez; quiere decir incluso más extender y mantener el gobierno de Cristo el Rey. Un anciano que asume liderazgo para establecer escuelas cristianas está de veras cumpliendo con su deber. Lo mismo se puede decir del anciano que usa su casa como centro para un grupo de estudio, una pequeña iglesia en el hogar, o como un núcleo de una nueva congregación. El anciano fiel también puede ser el que hace su obligación visitar a los enfermos y necesitados del rebaño de Cristo, o predicar bajo la supervisión de un pastor en una congregación nueva que esté batallando, o empezar una nueva obra. Repito: puede asumir responsabilidades principales en su propia iglesia, a fin de liberar a su pastor de más trabajo. O sea, un *juez* trata solo con los ofensores; un *gobernante* tiene que ver con toda la vida del pueblo. Los ancianos son llamados a ser ancianos gobernantes, no ancianos jueces. Esta distinción es vital, y su abuso paraliza a la iglesia.

Clemente de Alejandría, al citar la división triple de cargos en obispo, presbítero o anciano, y diácono, declaró que el verdadero anciano era

> un verdadero ministro (diácono) de la voluntad de Dios, si él hace y enseña lo que es del Señor; no es ordenado (o elegido) por los hombres ni considerado justo debido al presbiterio, sino nombrado al presbiterato porque es justo. Y aunque aquí sobre la tierra tal vez no se le honre como la silla principal, se sentará en los veinticuatro tronos, juzgando al pueblo, como Juan dice en Apocalipsis.
>
> Porque, en verdad el pacto de salvación, alcanzándonos desde la fundación del mundo, por diferentes generaciones y tiempos, es uno, aunque concebido como diferente respecto a los dones[17].

Es obvio que este es un oficio espiritual, y es un oficio gobernante; se vuelve un oficio que juzga cuando las circunstancias lo requieren. Pero, así como Aarón y Hur sostuvieron los brazos de Moisés para la victoria sobre Amalec (Éx 17:10-12), los presbíteros o ancianos de nuestro día deben sostener los brazos de sus obispos o pastores hasta la victoria sobre los poderes de las tinieblas, los Amalec de nuestro día, para que podamos regocijarnos en que «los reinos del mundo han venido a ser de nuestro Señor y de su Cristo; y él reinará por los siglos de los siglos» (Ap 11:15).

Una nota final: la debilidad característica de la iglesia y el estado es gobernar demasiado. La respuesta del estado a todos los problemas tiende a ser nuevas leyes, y la respuesta de la iglesia a sus problemas es «disciplina». Tales acciones no pueden reemplazar la necesidad del carácter ni el crecimiento cristiano. La iglesia no tiene mejor fuente de disciplina que la enseñanza sólida y completa, pero encuentra más fácil reducir las responsabilidades y la libertad de los miembros que proveerles de los medios para un crecimiento maduro. La mejor disciplina es la

---

17   Clemente de Alejandría, *The Miscellanies*, lib. VI, cap. xiii.

palabra de Dios y la obra del Espíritu Santo; la «disciplina» eclesiástica debe ser un último recurso, un instrumento necesario, pero subordinado.

3. La Pascua cristiana

Uno de los hechos más obvios de la Última Cena es que se celebró en la comida pascual. La continuidad del pacto renovado o nuevo con el antiguo se marcó por la coincidencia de los dos ritos. El hecho de que Jesús haya seleccionado a doce discípulos deja en claro que su comunidad era el nuevo Israel de Dios. No hay posibilidad de comprender el Nuevo Testamento si se niega o se socava su continuidad con el Antiguo.

Mientras comían la Pascua, Jesús llamó la atención a la traición que planeaba Judas y luego lo despidió (Mt 26:21; Jn 13:30). Entonces «mientras comían» (Mt 26:26; Mr 14:22), Jesús instituyó la Pascua cristiana en su cuerpo y sangre.

Para entender la Pascua cristiana es imperativo analizar la Pascua hebrea. Por eso, ciertos aspectos de la Pascua original requieren atención.

Primero: La Pascua celebraba la liberación de Egipto y de la décima plaga, la muerte del primogénito. Fue, pues, la *salvación* del Antiguo Testamento, y marcó el principio del sabbat, el día de descanso del Señor, que conmemoraba salvación (Dt 5:15; Éx 12:12.13). El primer día del festival cae el 15 de nisán (marzo-abril) y dura ocho días. El ritual de la Pascua, si empieza en un día de la semana, comienza de esta manera:

> Bendito eres tú, oh Eterno, nuestro Dios, Rey del universo, Creador del fruto de la vid.
>
> Bendito eres tú, oh Eterno, nuestro Dios, Rey del universo, que nos seleccionaste de entre todos los pueblos y nos exaltaste entre las naciones, y nos santificó con sus mandamientos. Y tú, oh Eterno, nuestro Dios, nos has dado (días de sabbat para descanso y) días festivos para alegría, (este sabbat y los días de) esta fiesta de pan sin levadura, tiempo de recordación de nuestra liberación (en amor) de la salida de Egipto. Porque tú nos has seleccionado y nos has santificado de entre todas las naciones, y que tú nos has hecho heredar tus días festivos (y de sabbat, en amor y favor). Bendito seas tú, oh Eterno, que santificaste (al sabbat y) a Israel y los días festivos.

Estas palabras dejan en claro que la elección es por la gracia, y que la santificación es por ley: Dios «nos santificaste con tus mandamientos». El culto ortodoxo todavía refleja la doctrina sólida: justificación por la gracia electora y santificación por la ley. Los capítulos 12 y 13 de Éxodo atestiguan el hecho de la gracia y citan el requisito de obediencia a la ley (13:9).

De manera similar, la Pascua cristiana celebra el día cristiano de salvación, la victoria de Cristo sobre el pecado y la muerte, y de aquí que el Día de Resurrección marcara el principio del sabbat cristiano. En la mayoría de las liturgias del sacramento, la lectura de la ley, de los Diez Mandamientos, es básica para el culto. En el *Libro de Oración Común*, se lee la ley al principio del culto, aunque se puede omitir si se lee por lo menos un domingo cada mes. Si se omite, se lee el sumario de la ley. En el orden del culto de la última comunión de Calvino y en la primera comunión de Knox en Escocia, no se leía la ley, pero aparecía en sus liturgias en forma de excomuniones pronunciadas específicamente contra todos los transgresores de la ley.

Segundo: la Pascua hebrea es un culto de *familia,* y Dios ordenó que el hijo no solo hiciera una pregunta ritual, sino que el culto se dirigiera a él (Éx 13:14). El hijo menor, por tanto, normalmente hace la pregunta sobre el significado del culto, y el propósito de las palabras del sacerdote-padre es darle a conocer el significado de la Pascua. El menor presente formula «las cuatro preguntas» que se refieren al significado del ritual nocturno. El relato de la liberación de Egipto y su significado lo declaran el jefe de familia y otros participantes.

La Pascua cristiana también es una celebración de la familia de Cristo. En concordancia, los niños participaban de los elementos. La iglesia primitiva se reunía en casas, por lo general por la noche, puesto que el primer día de la semana era entonces un día de trabajo. El sacramento se celebraba como una fiesta de ágape, una fiesta de amor, una cena a la que todos los miembros aportaban un plato. Los niños participaban de la comida. Nada está más claro que el hecho de que los infantes eran bautizados, se les confirmaba y participaban de los elementos quizás durante los primeros 9 ó 10 siglos de la era cristiana.

El patrón hebraico de la ley del Antiguo Testamento fue muy fuerte en la iglesia. (Incluso hoy un misal católico romano señala, en su orden de la misa, en el punto «Celebración de la palabra»: «Esto se ha tomado del servicio de la sinagoga de Israel»)[1]. Como resultado, se requirió la decisión de un concilio de la iglesia para apartarse de la práctica de bautizar al octavo día. Fido, un obispo africano, había planteado la pregunta de si se debía «bautizar a los infantes, si *la necesidad lo requería,* tan pronto como nacieran, y no hasta el octavo día según la regla dada en el caso de la circuncisión». La respuesta sinódica de San Cipriano y un concilio de sesenta y seis obispos fue esta:

En cuanto al caso de infantes, en tanto que tú juzgas que no se les debe bautizar hasta dos o tres días después de nacidos; y que la regla de la circuncisión se debe observar, así que ninguno debería ser bautizado y santificado antes del octavo día de nacido; nosotros todos en nuestro concilio somos de la

1 *The New Saint Andrew Bible Missal* (Benziger Brothers, Nueva York, 1966), p. 903. Preparado por una Comisión de Misal de la Abadía de San Andrés.

opinión contraria. Fue nuestra resolución y juicio unánime que la misericordia y la gracia de Dios no se le nieguen a nadie tan pronto como nace[2].

La intención obvia de esta decisión fue permitir el bautismo de los recién nacidos que pudieran morir antes del octavo día y así quedar sin bautizarse. Al parecer en esos primeros tiempos prevaleció el temor de que a tales niños se les negara la salvación del pacto debido a que les faltaba el rito del pacto. En esencia, el requisito del octavo día del Antiguo Testamento se reconoció y se dejó a un lado solo para atender emergencias. No es nuestro propósito aquí analizar el concepto del bautismo que tenía el concilio, sino llamar la atención a la persistencia del patrón del Antiguo Testamento. Para volver al servicio de comunión, la evidencia es clara «que la comunión en sí misma se daba a infantes, y eso inmediatamente desde el momento de su bautismo». Como Bingham notó, este hecho «se menciona con frecuencia en Cipriano, Agustín, Inocencio y Genadio, escritores de los siglos 3 al 5. Maldonat confiesa que eso estuvo en la iglesia durante 600 años. Y algunas de las autoridades demuestran que continuó dos o tres épocas más, y fue la práctica común más allá de los tiempos de Carlomagno»[3]. Este hecho representa la persistencia del patrón del Antiguo Testamento, muy claramente. No se puede dar ninguna razón bíblica para eliminar del sacramento a los niños. El sentido de la vida del pacto se destruye por su exclusión y se viola la ley de Dios. La razón de su exclusión se halla en 1 Corintios 11:28, el requisito del examen propio, tal como la limitación de la comida a un símbolo se basa en los versículos 22 y 34. Puede haber base para esto último, aunque no puede haber una limitación del sacramento solo a una comida simbólica. Sin embargo, el autoexamen era una parte de la ceremonia hebraica.

Esto nos lleva a nuestro *tercer* punto de importancia, el aspecto de la *preparación* para la Pascua. En el hogar hebreo, el 13 de Nisán al anochecer el jefe de la familia recorría rebuscando en la casa con una vela encendida, para eliminar toda levadura, incluyendo todo pan hecho de masa leudada de trigo, cebada, trigo moreno, avena o centeno[4]. Después, en el Seder, los primeros dos días de festival de la Pascua, «se pronunciaba el énfasis de la participación de los niños»[5]. ¿Cómo se reconcilian estos dos hechos con el requisito de la preparación y el autoexamen? ¿Cómo se puede incluir a los niños?

El ritual de recorrer la casa para eliminar toda levadura era un símbolo dramatizado de la necesidad de eliminar la corrupción de la vida de la familia y del

---

2   Joseph Bingham, The Antiquities of the Christian Church (Bohn, Londres, 1850), I, 495; lib. XI, cap. IV, 11.

3   *Ibid.*, p. 545; lib. XII, cap. I, 3.

4   W. J. Moulton, «Passover» [«Pascua»], en *Hastings, Dictionary of the Bible*, III, 691.

5   «Seder» [«Seder»], en David Bridges, Samuel Wolk, *The New Jewish Encyclopedia* (Behrman, Nueva York, 1962), p. 436.

individuo. Como tal, era una señal vívida para todos los niños, desde sus primeros días, de la necesidad de examinarse a sí mismos, la necesidad de eliminar de sus vidas toda influencia y hábitos corruptores. Al niño, como miembro del pacto, desde sus más tempranos recuerdos se le instruía en el significado de la membresía en el pacto. Los primeros cristianos llevaron las implicaciones más que los hebreos, pues a los niños de brazos se les ponían los elementos en la boca; algo más que una creencia algo supersticiosa puede haber estado presente en esta práctica. Esto no elimina el requisito bíblico de que el culto incluyera a todos los niños capaces de hacer la pregunta sobre el significado del culto. El culto, además, es a la vez una celebración y un servicio de enseñanza, para instruir a todos los presentes sobre el hecho de la salvación y su significado.

Cuarto: la Pascua conmemoraba una victoria y miraba hacia adelante a más victoria. La palabra *salvación* también se puede traducir *victoria.* El culto judío ortodoxo dice en un punto: «Que Él, que es más misericordioso, rompa de nuestro cuello el yugo de nuestro cautiverio, y nos conduzca con seguridad a nuestra tierra». Esta es fe orientada al futuro, una que espera victoria, y luego mira a Elías que venga como su heraldo.

De modo parecido, la Pascua cristiana tiene el propósito que indicó San Pablo: «Así, pues, todas las veces que comiereis este pan, y bebiereis esta copa, la muerte del Señor anunciáis hasta que él venga» (1 Co 11:26). Según Hodge, el significado de este versículo es el siguiente:

> Así como la Pascua era una conmemoración perpetua de la liberación de Egipto, y una predicción de la venida y muerte del Cordero de Dios que llevaría los pecados del mundo, la Cena del Señor es a la vez conmemoración de la muerte de Cristo y una promesa de su venida la segunda vez sin pecado y para salvación[6].

Esto es verdad suficiente, pero, ¿es eso todo lo que esta declaración quiere decir? Calvino comentó:

> La Cena entonces es (por así decirlo) una conmemoración, que debe permanecer en la iglesia hasta la última venida de Cristo; y ha sido señalada para este propósito, que Cristo pueda ponernos en mente el beneficio de su muerte para que podamos reconocerlo ante los hombres. De aquí que tenga el nombre de Eucaristía (de *habiendo dado gracias*)[7].

---

6   Charles Hodge, *Commentary on the First Epistle to the Corinthians* (Eerdmans, Grand Rapids, 1950 reimpresión), p. 229s.

7   Juan Calvino, *Commentary on the Epistles of Paul the Apostle to the Corinthians* (Eerdmans, Grand Rapids, 1948), I, 384.

Esto es mejor porque Calvino habló «de los beneficios de su muerte [de Cristo]». El significado de la muerte de Cristo es la muerte del pecado y de la muerte; quiere decir salvación o victoria. La Pascua cristiana debe declarar la victoria de Dios y del pueblo de Dios. «Pero los mansos heredarán la tierra, y se recrearán con abundancia de paz» (Sal 37:11).

La dimensión de victoria es tan importante para el sacramento, que observarlo sin una declaración de esta victoria es negar el sacramento. La Pascua del Antiguo Testamento, que es la herencia de todos los cristianos, vio la matanza de los primogénitos de todo Egipto, y al pueblo de Dios librado de la esclavitud. La Pascua del Nuevo Testamento vio al pueblo de Dios, pecadores en sí mismos, librados por la muerte del Primogénito de Dios, en quien tienen victoria.

Quinto: La muerte del primogénito es básica para la Pascua. En la Pascua del Antiguo Testamento, los primogénitos de Egipto fueron masacrados; el requisito de Israel era que «Cualquiera que abre matriz entre los hijos de Israel, así de los hombres como de los animales, mío es» (Éx 13:2). Se mata al primogénito de los enemigos de Dios; todos los primogénitos del pacto, representando a todos los que están dentro del pacto, o bien son entregados o dedicados a Dios, o deben morir (Éx 13:13). La Pascua es vida y victoria para los que son fieles al pacto; nos lleva a la tierra prometida.

En la Pascua cristiana, la sentencia de muerte sobre el primogénito del pacto, que son todos pecadores, la asume el primogénito de Dios, Jesucristo, el nuevo Adán. La sentencia de muerte es en última instancia impuesta sobre todos los demás. Para el pueblo del pacto de Cristo, la Pascua quiere decir liberación hacia la tierra prometida. Esto es victoria en el tiempo y la eternidad. Los judíos durante edades incontables han celebrado su Pascua, declarando: El próximo año en Jerusalén. Tal espíritu se hace eco de la victoria de la Pascua original. La victoria de la Pascua cristiana es mucho mayor. El que la observación de la Cena del Señor esté desprovista de esta nota de victoria es negar el sacramento.

La Pascua cristiana, entonces, quiere decir que todos los hombres fuera del pacto están bajo la décima plaga. Solo los que están dentro están cubiertos por la sangre del Cordero y se les asegura la victoria y la liberación a la tierra prometida, la nueva creación de Dios. San Pablo se refirió tanto al examen propio (purgar de levadura la casa), y la victoria sobre todos los enemigos cuando escribió: «Limpiaos, pues, de la vieja levadura, para que seáis nueva masa, sin levadura como sois; porque nuestra pascua, que es Cristo, ya fue sacrificada por nosotros. Así que celebremos la fiesta…» (1 Co 5:7, 8).

4. La circuncisión y el bautismo

La relación entre la circuncisión y el bautismo en la que este reemplaza a aquella como señal del pacto, era tan estrecha que, como hemos visto, requirió en tiempos de Cipriano la decisión de un concilio de la iglesia para permitir el bautismo antes del octavo día. Debido a que la ley de la circuncisión requería que se realizara el rito en el octavo día (Gn 17:12; Lv 12:3), se creía que el bautismo no debía preceder a dicho día, y se necesitó una decisión del concilio para alterar esto. La iglesia primitiva no solo reconoció que el bautismo era el sucesor de la circuncisión como señal del pacto, sino que también las mismas leyes los regían a ambos. Precisamente debido a que este hecho siempre se reconoció, el bautismo de infantes fue ineludiblemente un hecho en la iglesia primitiva[1].

La circuncisión, como marca del pacto, servía de testigo respecto a la naturaleza del hombre caído, y la necesidad de una nueva naturaleza en el pacto de Dios. Como Vos señalara:

> La circuncisión tiene algo que ver con el proceso de propagación. No en el sentido de que el acto sea pecado en sí mismo, porque no hay ni rastro de eso en ninguna parte del AT. No es el acto sino el producto, es decir, la *naturaleza humana,* que es impuro y descalificado en su misma fuente. El pecado, en consecuencia, es cuestión de la raza y no solo del individuo. La necesidad de cualificación tiene que recalcarse de manera específica bajo el AT. En ese tiempo las promesas de Dios tenían referencia próxima a las cosas temporales, naturales. De aquí que se corriera el peligro de que la descendencia natural pudiera entenderse como derecho a la gracia de Dios. La circuncisión enseña que la descendencia física de Abraham no es suficiente para hacer verdaderos israelitas. La impureza y la descalificación de la naturaleza se deben quitar. Hablando dogmáticamente, por consiguiente, la circuncisión sirve como justificación y regeneración, más la santificación (Ro 4:9-12; Col 2:11-13)[2].

La circuncisión, mediante un corte simbólico en el órgano de la generación, declaraba que en la generación no había esperanza, sino solo en la regeneración; el hombre solo puede reproducir su naturaleza caída; no puede trascenderla.

La circuncisión representaba una forma de muerte, un cortar la vida. También representaba la remoción de un impedimento; en Éxodo 6:12, 30, se usa metafóricamente «para la remoción de la descalificación del habla». Repetidas veces, se habla del corazón o regenerado como incircunciso (Lv 26:41; Dt 10:16; 30:6; Jer 4:4; 6:10 habla del oído; 9:25, 26; Ez 44:7; Ro 2:25-29; Fil 3:3; Col 2:11-13)[3].

---

1   Para un desarrollo de las evidencias bíblicas para el bautismo de infantes, ver la apta exposición de John Murray, *Christian Baptism* (Committee on Christian Education, The Orthodox Presbyterian Church, Filadelfia, 1952; Presbyterian and Reformed Publishing Co., 1972).

2   Geerhardus Vos, *Biblical Theology, Old and New Testaments* (Eerdmans, Grand Rapids, 1948), p. 104s.

3   *Ibid.*, p. 104.

La circuncisión como señal de muerte apuntaba a la muerte de Cristo como representante del hombre. Trumbull anotó que «en el rito de la circuncisión fue Abraham y sus descendientes los que suplieron la sangre del pacto, mientras que en el sacrificio pascual fue el Señor que ordenó la sangre sustituta como símbolo de su sangre del pacto»[4].

Puesto que Cristo vino como verdadero hombre de hombre, y verdadero Dios de Dios, suplió la sangre del pacto, muriendo como verdadero hombre por la violación del pacto de parte del hombre, y, como verdadero Dios, muriendo como nuestro sustituto inmaculado y perfecto guardador de la ley, que con su muerte rompió el dominio del pecado y la muerte. La sangre de la circuncisión y la sangre del Cordero pascual tipifican la obra de Cristo. Como su obra en la cruz se cumplió, la sangre dejó de ser, excepto en un sentido memorial, un aspecto de los ritos del pacto. En la Pascua cristiana, el vino refrescante que da vida es sustituido como señal de su sangre derramada. Los antiguos ritos miraban hacia adelante a Cristo; miraban hacia atrás a Adán y Abraham, y a la Pascua en Egipto. Los nuevos ritos del pacto miran hacia atrás a Abraham y a Adán, y a la muerte y resurrección de Cristo; miran hacia adelante a su victoria y reconquista de la tierra, y a una nueva creación. El antiguo pacto fue inaugurado con sangre después de la caída y con Abraham; miraba hacia adelante a la sangre expiatoria de Cristo, mostrada en tipo en la sangre de los animales de sacrificio. El pacto renovado en Cristo empezó con su sangre pero mira hacia adelante al reinado glorioso del Rey en un reino de paz, según lo predijo Isaías. Como resultado, debido a este hecho, la sangre dejó de ser un aspecto de los ritos del pacto.

El bautismo exhibe nuestra muerte y resurrección en Cristo, nuestra regeneración, adopción e incorporación en el pacto de gracia. Es un testigo de la gracia antes que gracia en sí misma. Como dijo San Agustín, es «sacramento de gracia y sacramento de absolución, antes que gracia y absolución mismas»[5]. La iglesia primitiva vio la iluminación como un aspecto del bautismo, la nueva comprensión de un corazón redimido; al bautismo también se le llamó «la marca real o carácter, y el carácter del Señor»[6]. Conscientes de su relación con el rito del Antiguo Testamento, algunos padres de la iglesia hablaron del bautismo como «la gran circuncisión»[7]. En obediencia a Mateo 28:19, desde el principio se consideró como válido solo cuando se hacía en nombre de la Trinidad.

A ciertas clases de personas se excluyó del bautismo a menos que abandonaran su profesión: aurigas, gladiadores, corredores, curadores de juegos comunes, participantes en los Juegos Olímpicos, músicos, vinicultores y otros, llamamientos todos

---

4   H. Clay Trumbull, *The Blood Covenant, A Primitive Rite and Its Bearing on Scripture* (John D. Wattles, Filadelfia, 1893), p. 351.

5   Bingham, *Antiquities*, I, lib. XI, cap. 1, sec. 2; p. 473.

6   *Ibid.*, I, lib. XI, 1, 7; p. 476.

7   *Ibid.*, I, lib. XI, 1, 10; p. 477.

que eran parte de las ceremonias religiosas paganas. También se excluyó bajo toda circunstancia a los astrólogos, magos, adivinos, brujas y similares. A los que los frecuentaban el teatro y el circo, que eran en aspectos muy disolutos del paganismo, por consiguiente se les rehusó el bautismo. También se rechazó a los polígamos.

Puesto que el bautismo significaba en parte la muerte y el nuevo nacimiento o resurrección en Cristo de los creyentes, desde muy temprano se le asoció con la Semana Santa, aunque no de manera exclusiva. Este mismo aspecto, el renacimiento, condujo a una costumbre interesante que sobrevivió por algunos siglos como básica para el bautismo: el bautismo por inmersión, por lo general completamente desnudo. El rociamiento y la inmersión se usaban en la iglesia, que reconocía el rociamiento como la marca del nuevo pacto, según Ezequiel 36:25. La aspersión también fue una práctica común muy temprana. El énfasis en la muerte y renacimiento condujo a un énfasis en la inmersión como simbólicamente representativa de este hecho. Los hombres nacen desnudos, por lo que debían renacer desnudos en el bautismo. Ninguna obra del hombre no regenerado podía llevarse al cielo; por consiguiente, el candidato simbólicamente se desnudaba de toda ropa para indicar que no tenía nada excepto la gracia de Dios. Por tanto, durante generaciones hubo dos baptisterios en las iglesias, porque se bautizaba por separado a hombres y mujeres. Romanos 6:4 y Colosenses 2:12 eran pasajes que se citaban para confirmar la práctica de la sepultura y resurrección simbólicas. La práctica del bautismo desnudo indica lo serio que la iglesia primitiva tomaba el simbolismo bíblico; nada se evitaba, y a veces resultaban aplicaciones demasiado literales.

Un aspecto del simbolismo de la desnudez era la comparación con Adán:

San Crisóstomo, hablando del bautismo, dice: Los hombres estaban desnudos como Adán en el paraíso; pero con esta diferencia; Adán estaba desnudo porque había pecado, pero en el bautismo, un hombre está desnudo a fin de poder ser libre del pecado; el uno fue despojado de la gloria que en un tiempo tenía, pero el otro se ha despojado del viejo hombre, tan fácilmente como quitarse la ropa. San Ambrosio dice: Los hombres vienen desnudos a la fuente, como vinieron al mundo; y de aquí saca un argumento a manera de ilusión a los ricos: es absurdo que un hombre que nació desnudo de su madre, y fue recibido desnudo por la iglesia, piense en ir rico al cielo. Cirilo de Jerusalén toma nota de la circunstancia, junto con las razones de la misma, cuando así se dirige a las personas recién bautizadas: Tan pronto como ustedes entran a la parte interna del baptisterio se quitan la ropa, que es una señal de despojarse del viejo hombre con sus obras; y habiéndose así despojado, están desnudos, imitando a Cristo, que estuvo desnudo en la cruz, y quien por su desnudez derrotó a los principados y potestades, públicamente triunfando sobre ellos en la cruz. ¡Qué maravilloso! Ustedes estuvieron desnudos a la vista de los hombres, y no se avergonzaron, en esto imitaron al primer hombre Adán, que estuvo desnudo en el paraíso y no se avergonzaba. Así también Anfiloquio en la Vida de San Basilio, al hablar de su bautismo dice que se levantó con temor y se quitó la ropa, y con ellas el viejo hombre. […] Atanasio, en sus invectivas contra los arrianos, entre otras cosas dice contra ellos que persuadieron a judíos y gentiles a entrar en el baptisterio, e hicieron tales abusos a los catecúmenos mientras estaban con sus cuerpos desnudos que es vergonzoso y abominable relatarlo»[8].

El bautismo, como hemos visto, lo cita San Pablo como tipificando, entre otras cosas, nuestra muerte y renacimiento en Cristo (Ro 6:4; Col 2:12). Esto fue también un aspecto de la circuncisión. La circuncisión no solo significaba nueva vida en el Señor del pacto sino también, para los que quebrantaban o negaban el pacto, significaba muerte. Como Kline ha señalado:

> Las consideraciones generales y específicas señalan a una la conclusión de que la circuncisión era la señal de juramento y maldición de la ratificación del pacto. Al cortar el prepucio se simbolizaba el castigo de escisión de la relación del pacto[9].

El sacrificio de pacto de Génesis 15:9ss tanto como la marca de la circuncisión simbolizaba la separación del que rompía el pacto.

Kline tiene razón a llamar la atención al mismo aspecto de castigo en el bautismo:

> Pablo describió la dura experiencia de Israel en el Mar Rojo como bautismo (1 Co 10:2) y Pedro en efecto llama bautismo a la experiencia del diluvio en tiempo de Noé (1 P 3:21). […] Pero de relevancia particular en este punto es el hecho de que el mismo Juan el Bautista usó el verbo *baptizo* para la prueba inminente en la cual Uno más poderoso que él esgrimiría su aventador para separar del reino del pacto a aquellos cuya circuncisión se había por falta de fe abrahámica vuelto incircuncisión y que debían, por consiguiente, ser cortados de la congregación de Israel y entregados a las llamas que no se apagan. Con referencia a esta fuerte prueba judicialmente discriminatoria con su doble destino de recoger y Gehena, Juan declaró: «Él os bautizará en Espíritu Santo y fuego» (Mt 3:11ss; Lc 3:16ss; *cf.* Mr 1:8)[10].

Ser infiel al pacto significaba ser cortado, eliminado por el azote del diluvio, ser destruido por el fuego de la ira de Dios. Así que las mismas marcas del pacto son también señales del juicio ineludible de Dios sobre los que rompen el pacto desde

---

8   Ibid., I, lib. XI, 11, 1; p. 536.
9   Meredith G. Kline, *By Oath Consigned, A Reinterpretation of the Covenant Signs of Circumcision and Baptism* (Eerdmans, Grand Rapids, 1968), p. 43.
10   Ibid., p. 57.

el principio de la historia. Todos los hombres han violado el pacto, pero los circuncidados de la iglesia del Antiguo Testamento (y se la llama iglesia en Hechos 7:38) y los bautizados del Nuevo, lo son doblemente. Este conocimiento puede haber contribuido a los bautismos demorados en la iglesia primitiva, muchos lo diferían hasta el momento de la muerte; tal práctica fue, por supuesto, un pecado contra el pacto. El comentario de Kline respecto al bautismo de Jesús destaca con claridad el aspecto del castigo:

> La recepción de Jesús del bautismo de Juan se puede entender más fácilmente en este enfoque. Como Siervo del pacto, Jesús se sometió en símbolo al juicio del Dios del pacto en las aguas del bautismo. Pero el que Jesús, como Cordero de Dios, se sometiera al símbolo del castigo era ofrecerse a sí mismo a la maldición del pacto. Por su bautismo Jesús estaba consagrándose a su muerte sacrificial en el proceso judicial de la cruz. Tal concepto de su bautismo se refleja en la referencia de Jesús a su pasión venidera como un bautismo: «De un bautismo tengo que ser bautizado» (Lc 12:50; *cf.* Mr 10:38). El bautismo de Jesús como símbolo de juicio apropiadamente concluyó con un veredicto divino: el veredicto de justificación expresado por la voz celestial y sellado por la unción del Espíritu, las arras del Mesías de la herencia del reino (Mt 3:16, 17; Mr 1:10,11; Lc 3:22; *cf.* Jn 1:32, 33; Sal 2:7s). Satanás cuestionó este veredicto de calidad de Hijo, y eso condujo a una dura experiencia del combate entre Jesús y Satanás, empezando en la tentación en el desierto inmediatamente después del bautismo de Jesús y culminando en la crucifixión y la vindicación-resurrección del Cristo victorioso, preludio de su recepción de todos los reinos del mundo (la cuestión bajo disputa en la prueba; *cf.* esp. Mt 4:8ss; Lc 4:5ss)[11].

La señal del pacto pone al receptor bajo las bendiciones y maldiciones particulares de Dios. Como hombre no redimido, ya está bajo la maldición. Al recibir la señal del pacto, un hombre está bajo una doble amenaza de castigo si viola ese pacto. Por esto Moisés estuvo en peligro de maldición por embarcarse en el llamamiento del pacto de Dios sin circuncidar a su hijo (Éx 4:24-26). Por esta razón también «es tiempo de que el juicio comience por la casa de Dios» (1 P 4:17), tanto debido a la doble ofensa como a limpiar la raza del pacto de Dios. A todos los que reciben la marca del pacto se les requiere ligar a los que están bajo ellos a la ley de Dios, y el juicio de Cristo sobre su iglesia es el ejercicio de su autoridad como el bautizado de Dios, el nuevo Adán.

El bautismo de Jesús nos dice más en cuanto al significado del bautismo: «Y Jesús, después que fue bautizado, subió luego del agua; y he aquí los cielos le fueron abiertos, y vio al Espíritu de Dios que descendía como paloma, y venía

---

11 *Ibid.*, p. 58s.

sobre él» (Mt 3:16). Vos nos ofrece una buena perspectiva de este aspecto del bautismo:

> El AT en ninguna parte compara al Espíritu con una paloma. En efecto representa al Espíritu como revoloteando, flotando sobre las aguas del caos, a fin de producir vida de la materia primitiva. Esto pudiera entenderse como una insinuación de que la obra del Mesías constituía una segunda creación, ligada con la primera mediante esta función del Espíritu en relación con ella[12].

El bautismo, así, es la entrada a la nueva creación, cuyo Rey es el nuevo Adán, Jesucristo. Es la señal del pacto del nuevo paraíso de Dios y de la ciudadanía allí.

En un documento de la iglesia primitiva leemos: «Ahora, la regeneración es por agua y Espíritu, como fue toda creación: "El Espíritu de Dios se movía sobre la faz de las aguas" (Gn 1:2). Y por esta razón el Salvador fue bautizado, aunque no lo necesitaba, a fin de poder consagrar toda agua para los que estaba siendo regenerados[13]. El bautismo, entonces, enfáticamente se veía como el sacramento de la nueva creación, por el que se purga la vieja creación y se rehace. El Espíritu y el agua significan agencias de limpieza:

> VIII. «El agua arriba del cielo». Puesto que el bautismo se realiza por agua y el Espíritu como protección contra el fuego doble, — eso que sostiene lo que es visible, y eso que sostiene lo que es invisible; y por necesidad, habiendo un elemento inmaterial de agua y uno material, es una protección contra el fuego doble. Y el agua terrenal limpia el cuerpo; pero el agua celestial, por razón de ser inmaterial e invisible, es un emblema del Espíritu Santo, que es el purificador de lo invisible, como agua del Espíritu, y la otra del cuerpo[14].

A pesar de los más bien complicados y extraños indicios de dualismo en este pasaje, lo que está claro es que el bautismo se veía, en sus aspectos internos y externos, como la recreación del mundo material y espiritual mediante la recreación total del hombre.

Las promesas al pueblo del pacto en el Antiguo Testamento son asombrosas; no se retractan en el Nuevo Testamento, sino que más bien se amplían. Como Murray observara correctamente:

---

12   Vos, *Biblical Theology*, p. 346.
13   «Selections from the Prophetic Scriptures» [«Selecciones de Escrituras proféticas»], en *Ante-Nicene Christian Library*, vol. XXIV *Early Liturgies and Other Documents* (T. & T. Clark, Edinburgh, 1872), p. 118s.
14   *Ibid.*, p . 119.

Finalmente, no podemos creer que la economía del Nuevo Testamento sea menos beneficiosa que la del Antiguo. Es más bien el caso de que el Nuevo Testamento da más abundante alcance a las bendiciones del pacto de Dios. No se nos conduce, en consecuencia, a esperar retractación; se nos conduce a esperar expansión y extensión. No estaría de acuerdo con el genio de la nueva economía suponer que hay la abrogación de un método tan cardinal de revelar y aplicar la gracia que está en el corazón de la administración del pacto de Dios[15].

Las aguas del bautismo hacen eco del juicio del diluvio y del cruce del Mar Rojo; también prometen un nuevo mundo, una tierra prometida en Cristo. Apuntan a la plenitud de la bendición con tanta certeza como reflejan el juicio de Dios sobre la vieja humanidad, el Adán caído en todos nosotros.

5. El sacerdocio de todo creyente

No es cierto lo que dicen los protestantes que «el sacerdocio de todos los creyentes» es una «doctrina del Nuevo Testamento» que salió a la luz con la Reforma. La doctrina es de hecho un artículo de fe del Antiguo Testamento, como Éxodo 19:5-6 dice con claridad, como también muchos otros pasajes:

Ahora, pues, si diereis oído a mi voz, y guardareis mi pacto, vosotros seréis mi especial tesoro sobre todos los pueblos; porque mía es toda la tierra. Y vosotros me seréis un reino de sacerdotes, y gente santa. Éstas son las palabras que dirás a los hijos de Israel.

Primero: Estas palabras precedieron al otorgamiento de la ley, así que la exigencia de Dios («si diereis oído a mi voz, y guardareis mi pacto») tiene referencia a la ley del pacto, los Diez Mandamientos y las leyes subordinadas. Sin obediencia a la ley de Dios, no puede existir ningún sacerdocio válido. El sacerdocio ante Dios es condicional a la obediencia a la ley del pacto de Dios.

Segundo: El pueblo de Dios debía ser «un reino de sacerdotes». El ámbito es el Reino de Dios; el sacerdocio de los creyentes, pues, tiene referencia a ese reino. No es un ministerio sacerdotal en el sentido de sacrificios. Esto aparece con claridad, no solo en el Antiguo Testamento, en donde el trabajo de ofrecer los sacrificios del tabernáculo estaba limitado al linaje de Aarón, sino también en el Nuevo Testamento, en donde la palabra *hierus,* sacerdote en el sentido de sacrificio, nunca se aplica a los creyentes[1]. El sacerdocio básico, el de todos los creyentes, es siempre

15   John Murray, *Christian Baptism*, p. 53.
1   J. Denney, «Priest in N.T.» [«Sacerdote en el NT»], en James Hastings, editor, *A Dictionary of the Bible*, IV, 100.

con referencia al reino de Dios. Su propósito es, entonces, el establecimiento del orden de Dios, y la ley se da para ese propósito. Los «sacrificios» de este sacerdocio son «espirituales», o sea, un servicio obediente y fiel en el Espíritu Santo; se les llama a que sean «real sacerdocio, nación santa, pueblo adquirido (o singular)» (1 P 2:5, 9). El objetivo de este sacerdocio es «reinar sobre la tierra» (Ap 5:10; 20:6); el instrumento de este reino o gobierno es la ley de Dios. El trabajo de sacrificio que le pertenecía al sacerdocio de Aarón fue llevado a su culminación y propósito por el sacrificio de Cristo. Los sacerdotes creyentes del Antiguo Testamento siempre tenían el deber de ofrecer sacrificios de servicio, alabanza y acción de gracias (antes que de expiación), y este deber continúa en los sacerdotes creyentes de la Iglesia (Ro 12:1; He 13:15).

Tercero: El sacerdote creyente del Antiguo Testamento servía como sacerdote y gobernante sobre su casa y en su vocación. La misma responsabilidad sigue con el sacerdote-gobernante cristiano. Su familia y su vocación son aspectos dentro de los cuales se debe imponer la Ley y Palabra de Dios y ejercer el dominio de Dios.

Fue el sacerdocio creyente del Antiguo Testamento el que estableció la sinagoga como medio de promover la enseñanza de la ley y la adoración a Dios. Se debe recalcar que la adoración no se puede restringir a la sinagoga ni a la iglesia; es un aspecto de la vida diaria del hombre. El dar gracias antes de las comidas es una forma de adoración, como también otras formas del estudio familiar de las Escrituras y de alabanza a Dios. La adoración en relación con el trabajo es y ha sido común. La iglesia tiene el ministerio de la palabra (aunque no exclusivamente) y de los sacramentos; aunque la adoración es un aspecto de la vida de la Iglesia, la adoración no es prerrogativa exclusiva de ella.

El mandato bíblico para la sinagoga se halla en Éxodo 18:20: «Y enseña a ellos las ordenanzas y las leyes, y muéstrales el camino por donde deben andar, y lo que han de hacer». Los orígenes de la sinagoga estuvieron tal vez en el cautiverio en Babilonia. La sinagoga no era solo un lugar de adoración, sino también de escuela primaria. La sinagoga también se consideraba como un tipo de escuela para adultos; era un lugar para conferencias, y también el escenario de decisiones legales[2].

Se ha vuelto requisito del judaísmo que diez hombres son necesarios para organizar una sinagoga. Incluso más importante que este número es el hecho de que, desde la antigüedad, el sacerdote creyente organiza la sinagoga, no una jerarquía religiosa. La sinagoga fue, pues, formada por los sacerdotes creyentes como un aspecto de su responsabilidad sacerdotal.

En el Nuevo Testamento, a la *iglesia* o «asamblea» también se la llama en el griego original como *synagogué* (Stg 2:2). La iglesia es la sinagoga cristiana, y tiene los mismos oficiales (ancianos) y la misma función básica llevada a su plenitud en Cristo. La iglesia del Nuevo Testamento se formó de la misma manera que la sinagoga. Los misioneros apostólicos llevaron a Cristo a los convertidos; los

2   W. Bacher, «Synagogue» [«Sinagoga»], en *ibid.*, IV, 636-642.

convertidos entonces organizaron una iglesia y eligieron ancianos o gobernantes según las instrucciones de los apóstoles con respecto a sus cualidades (1 Ti 3). La elección de los oficiales fue función de la congregación local, no de los apóstoles, que podían, sin embargo, declarar la Palabra y Ley de Dios no solo respecto a los oficiales, sino también a los miembros y su disciplina (1 Co 5:4-5). Este poder de supervisión misionera estaba sujeto a la Palabra de Dios, por lo que San Pablo halló necesario indicar la base legal bíblica para sus pronunciamientos (1 Co 5:1-13; 7:1-40; 8:1-13, etc.).

De esa forma la iglesia local la «iniciaron» los misioneros, pero fueron los creyentes locales los que la establecieron y gobernaron. Su gobierno local no quería decir autonomía, pero tampoco la subordinación a la iglesia general tuvo ningún peso ni poder obligatorio aparte de las Escrituras. Toda la autoridad, por estar cimentada en las Escrituras estaba, por consiguiente, limitada por las Escrituras.

Cuarto: el sacerdocio de todos los creyentes quiere decir lo que el Rvdo. V. Robert Nilson, en un sermón en Long Beach, California, en 1970, llamó «un ministerio de todo creyente». San Pablo, en Efesios 4:7, declaró que a «cada uno de nosotros fue dada la gracia conforme a la medida del don de Cristo». A todo creyente se le da una responsabilidad madura en términos del reino de Dios. En Efesios 4:11 San Pablo cita algunos de los cargos de ese ministerio; no todos son llamados a estos cargos particulares y altos, pero «cada uno de nosotros» es llamado a servir a Dios en un llamamiento sacerdotal particular. Tenemos la obligación de beneficiarnos del ministerio de otros y crecer, «para que ya no seamos niños fluctuantes, llevados por doquiera de todo viento de doctrina» (v. 14), sino como hombres maduros (v. 13), cumplir nuestras responsabilidades y ejercer dominio en nuestro ámbito designado.

La capacitación de tales hombres maduros es función de la iglesia. El propósito de la iglesia no debe ser traer a los hombres a sujeción a ella, sino más bien capacitarlos en un sacerdocio real capaz de llevar el mundo en sujeción a Cristo el Rey. La iglesia es una estación de reclutamiento, el campo de entrenamiento y la armería del ejército de Cristo de sacerdotes reales. *Es una institución funcional, no terminal.*

La iglesia en gran medida ha servido solo de dientes para afuera al sacerdocio de todos los creyentes, porque su jerarquía ha desconfiado de las implicaciones de la doctrina, y porque ha visto a la iglesia como un fin en sí misma, y no como un instrumento.

Quinto: debido a que el sacerdocio de todos los creyentes tiene un propósito práctico, también la iglesia. Limitar la fidelidad de la iglesia a una profesión de fe es tan errado como limitar la fidelidad de los creyentes a una profesión de fe. Tal profesión es necesaria, pero no basta. «Tú crees que Dios es uno; bien haces. También los demonios creen, y tiemblan. ¿Mas quieres saber, hombre vano, que la fe sin obras es muerta?» (Stg 2:19, 20). Mucho antes que los discípulos se percataran por completo de la verdadera naturaleza y llamamiento de nuestro Señor, los demonios le confesaban como el Cristo y el Hijo de Dios (Mt 8:29; Mr 1:24; 3:11; 5:7; Lc 4:34; cf. Hch 19:15). Un buen árbol produce buen fruto; y es por sus frutos que conocemos a los hombres (Mt 7:16-20). La verdadera fe se revela en obras.

Por lo tanto es muy errado que los hombres arguyan que es un error separarse de una iglesia debido a que su profesión formal de fe es todavía ortodoxa. La mayoría de las iglesias modernistas siguen reteniendo credos y confesiones ortodoxas. La declaración de que «separarse de una denominación que todavía es oficialmente sólida en doctrina es, sin duda, un asunto muy serio»[3], no tiene sentido. Todo ladrón profesional es en apariencia un hombre honesto; no se proclama ladrón. Virtualmente toda iglesia apóstata o negligente niega que sea otra cosa que una verdadera iglesia, así que ser «oficialmente sólida en doctrina» no significa nada. ¿Es sólida doctrinalmente en obra y en pensamiento, en profesión y en práctica?

Sexto: el sacerdocio de todos los creyentes es, como hemos visto, un «real sacerdocio», y tiene referencia al reino de Dios. Como Van Til ha señalado, «el reino de Dios es el *summum bonum* del hombre».

> Con el término reino de Dios nos referimos al *programa realizado de Dios para el hombre.* Pensaríamos que el hombre (a) adoptaría este programa de Dios como su ideal y (b) pondría y mantendría sus poderes en movimiento a fin de alcanzar esa meta que le ha sido fijada y que él ha fijado por sí mismo. Nos proponemos mirar brevemente este programa que Dios ha fijado para el hombre y que el hombre debe fijar para sí mismo.
>
> El aspecto más importante de este programa es que *el hombre debe realizarse como vicegerente de Dios en la historia.* El hombre fue creado como vicegerente de Dios y debe realizarse como vicegerente de Dios. No hay contradicción entre estos dos enunciados. El hombre fue creado un personaje y todavía tiene que hacerse incluso más personaje. Así que podemos decir que el hombre fue creado rey a fin de que pueda llegar a ser más rey de lo que fue[4].

El propósito de llamamiento del hombre como sacerdote es, por tanto, realizarse a sí mismo como vicegerente de Dios y dedicarse a sí mismo, sus áreas de dominio, y su vocación a Dios y al servicio del reino de Dios. La *autorrealización* del hombre es posible solo cuando el hombre cumple su vocación sacerdotal.

3   John Vander Ploeg, «Secession Is a Serious Business» [«La secesión es asunto serio»], *Torch and Trumpet*, vol. 20, no. 11 (nov., 1970), p. 6.
4   Cornelius Van Til, Christian Theistic Ethics (Presbyterian and Reformed Publishing Co., Nutley, N. J., 1971), p. 44 (vol. Ill de In Defense of the Faith).

La tendencia de las instituciones —iglesia, estado y escuela— y de las vocaciones es absolutizarse y hacer el papel de dioses en la vida de los hombres. La respuesta de los hombres a este problema ha llegado a ser la «democracia». La democracia, sin embargo, solo agrava la centralización del poder en manos institucionales, porque la democracia no tiene solución al problema de la depravación humana y a menudo ni siquiera reconoce el problema.

La doctrina del sacerdocio de todos los creyentes, cuando se la desarrolla apropiadamente, da una respuesta cristiana al problema. La centralización del poder institucional no puede florecer donde florece el sacerdocio. La aplicación práctica del concepto del sacerdocio llevó al judaísmo a través de los siglos a la formación de un estado dentro de un estado y a una sociedad dentro de sociedades. La doctrina del sacerdocio de todos los creyentes, cuando se sigue, es un programa no solo para la supervivencia sino también para la victoria. El concepto moderno de la democracia es una parodia lamentable de esta doctrina.

6. La disciplina

Un aspecto importante y básico de la ley de la iglesia es la disciplina; es también un tema muy malentendido en la iglesia, escuela y vida familiar. Para ilustrar este malentendido, se puede citar el caso de una pareja piadosa con una hija descarriada y seriamente delincuente. Quejándose de la conducta de la hija —su condición de soltera y encinta, y su desprecio de su autoridad—, los padres insistían en que la habían «disciplinado» regularmente. Se le había privado de varios privilegios, y a menudo le habían dado palmadas y tundas cuando pequeña. Todo esto era cierto, pero el hecho persistía que la niña había crecido radicalmente sin disciplina. Los padres habían confundido, como demasiadas personas lo hacen, el castigo con la disciplina, y las dos cosas son marcadamente diferentes. La disciplina es la capacitación sistemática y sumisión a la autoridad, y es el resultado de tal entrenamiento. El castigo es la pena o azotes administrados por apartarse de la autoridad. La *disciplina* y el *castigo* son temas afines, pero distintos.

Lo que las iglesias quieren decir cuando se jactan de una «disciplina estricta» por lo general no es disciplina, sino castigo estricto. Una iglesia que no administra castigo, lo más probable es que sea una iglesia indisciplinada. Sin embargo, una iglesia que continuamente interviene en cuestiones de castigo es también con toda probabilidad una iglesia indisciplinada. La misma observación es válida para escuelas y familias. En el caso de la hija delincuente citada arriba era definitivamente este caso. La muchacha, ya casi de 20 años, estaba encinta y en malas compañías, dada a experimentar con narcóticos y mucho más, pero no sabía cómo coser o cocinar, ni estudiar ni trabajar, ni obedecer una orden sencilla. Sus padres se habían encolerizado con ella, y la habían castigado, y ella se había enfurecido con ellos, pero la disciplina había brillado radicalmente por su ausencia en el hogar.

En donde no hay disciplina, el castigo es inefectivo y se acerca más a un abuso que a una corrección.

A no entender la diferencia entre disciplina y castigo se debe una gran parte del desorden en la iglesia. En casi toda iglesia donde se habla de *disciplina* en realidad se quiere decir *castigo*. En la confusión de las dos cosas por lo general se pierde la disciplina. «El libro de disciplina» de la Iglesia Presbiteriana Ortodoxa es en sí un libro sobre procedimientos judiciales para evaluar y castigar el pecado y la mala conducta. Nada se dice en cuanto a la verdadera disciplina. Lo mismo es cierto en iglesia tras iglesia.

¿Qué es la disciplina, en esencia? Según la definición del diccionario, la disciplina es la capacitación sistemática y sumisión a la autoridad, y el resultado de tal entrenamiento. Se debe añadir que disciplina viene de *discipulus*, palabra latina que a su vez se deriva de *disco,* aprender. *Ser discípulo y estar bajo disciplina es ser un aprendiz en un proceso de aprendizaje. Si no hay aprendizaje, ni crecimiento en el aprendizaje, no hay disciplina.*

Lo primero y más importante al considerar la disciplina de la iglesia es el hecho de que el aprendizaje o disciplina es por la Palabra de Dios, por las Escrituras. Una iglesia indisciplinada es una iglesia en la cual hay un fallo en la proclamación y enseñanza de las Escrituras. Una iglesia que niega la Biblia no puede tener disciplina. Una iglesia que predica para lograr conversiones, pero no para crecimiento, no puede tener disciplina. Una iglesia que es antinomiana ha negado la premisa del crecimiento y no puede tener disciplina. San Pablo declaró que «la fe es por el oír, y el oír, por la palabra de Dios» (Ro 10:17). La regeneración es inseparable de la palabra de Dios. Una iglesia viva es una iglesia que oye la palabra, crece en términos de la palabra, y es disciplinada por la palabra.

Segundo: los castigos eclesiásticos, aunque necesarios y bíblicos, no pueden reemplazar a la palabra de Dios como medio de disciplina. Debido a que la palabra siempre va acompañada por el poder de Dios, tiene una capacidad de disciplinar o enseñar que falta por completo en toda acción de sínodos y concilios aparte de la palabra. La palabra de Dios realiza sus propósitos sin fallar, se nos asegura:

> Porque como desciende de los cielos la lluvia y la nieve, y no vuelve allá, sino que riega la tierra, y la hace germinar y producir, y da semilla al que siembra, y pan al que come, así será mi palabra que sale de mi boca; no volverá a mí vacía, sino que hará lo que yo quiero, y será prosperada en aquello para que la envié (Is 55:10, 11).

Alexander identificó «palabra» aquí como «todo lo que Dios pronuncia, bien sea como predicción o mandamiento»[1]. Plumptre identificó «palabra» con «los propósitos de Dios»[2]. Calvino reconoció la identidad de esta *palabra* con las Escritu-

---

1   J. A. Alexander, *Isaiah*, p. 332.
2   E. H. Plumptre, «Isaiah» [«Isaías»], en Ellicott, IV, 554.

ras, y con «el poder y eficacia de la predicación» cuando es plenamente fiel a las Escrituras. Condenará al malvado y salvará y fortalecerá a los elegidos según el propósito de Dios[3].

El que una iglesia ponga su confianza en el poder disciplinario de su propia palabra, y en sus poderes para castigar, y que margine el poder de enseñanza de la palabra de Dios, es abandonar la verdadera disciplina por la anarquía. Hay una enseñanza sobrenatural o poder disciplinador inherente en la palabra del Dios sobrenatural que les falta a las palabras y acciones de los hombres. Cada vez que la iglesia olvida, descuida o limita la palabra, también la iglesia abandona el poder divino de la palabra de Dios por una enseñanza puramente humanista. No es sorpresa, por consiguiente, que las iglesias antinomianas hayan producido cristianos impotentes y humanistas y el mundo que les rodea continuamente ha ido colapsando en ideología humanista.

Tercero, en la verdadera disciplina, el proceso de aprendizaje lo guía y promueve el Espíritu Santo, que es dado a los elegidos para que puedan conocer las cosas que son de Dios. Como San Pablo dijera:

> Antes bien, como está escrito: Cosas que ojo no vio, ni oído oyó, ni han subido en corazón de hombre, son las que Dios ha preparado para los que le aman.
>
> Pero Dios nos las reveló a nosotros por el Espíritu; porque el Espíritu todo lo escudriña, aun lo profundo de Dios. Porque ¿quién de los hombres sabe las cosas del hombre, sino el espíritu del hombre que está en él? Así tampoco nadie conoció las cosas de Dios, sino el Espíritu de Dios. Y nosotros no hemos recibido el espíritu del mundo, sino el Espíritu que proviene de Dios, para que sepamos lo que Dios nos ha concedido (1 Co 2:9-12).

Pasando ahora al castigo eclesiástico, el pasaje central es Mateo 18:15-20, que por lo general se asume como base para la disciplina. En realidad, el procedimiento bosquejado sencillamente determina si el malhechor es dócil al castigo, si hay alguna disciplina de la palabra en su vida. La presuposición es que hay una transgresión real de parte de un miembro u oficial de la iglesia. El *primer* paso (v. 15) es confrontar a la persona con su transgresión en términos de la ley de Dios. ¿Conoce la ley de Dios, y están listos para someterse a ella? Si en efecto se someten a la ley de Dios, en verdad son un «hermano» en el Señor.

Segundo, si abandonan la palabra y rehúsan oírla, su negativa debe ser confirmada en la boca de por lo menos otro testigo, de modo que por lo menos dos testigos puedan atestiguar su apostasía o incredulidad (v. 16). La referencia aquí, de nuevo, es a la ley de Dios, una ofensa contra ella, una represión en términos de esta ley, y no aceptar esa ley.

<hr>

3   Juan Calvino, *Commentary on the Book of the Prophet Isaiah* (Eerdmans, Grand Rapids, 1956), IV, 172.

El *tercer* paso es declarar a la iglesia la falta de disposición de la parte culpable, «y si no oyere a la iglesia, tenle por gentil y publicano» (v. 17). El único proceso judicial posible que puede tener lugar en esta tercera etapa es si la parte acusada niega que las acusaciones sean ciertas. Una audiencia entonces puede determinar si las acusaciones son verdad o falsas, si de veras se ha transgredido la ley de Dios. El que una de las partes no acepte la ley de Dios debe llevar a una ruptura con él, a la excomunión. Se le debe considerar como pagano o publicano.

La premisa y base de autoridad del individuo que confronta a la parte culpable, y de la iglesia en su poder de excomunión es la Ley y Palabra de Dios. Cuando los hombres «atan» en la tierra la conciencia de los hombres en fidelidad a esa palabra, sus acciones son válidas en el cielo. Cuando en fidelidad a la palabra perdonan a los hombres en arrepentimiento y restitución, a quien ellos desaten en la tierra será desatado en el cielo (vv. 18, 19). Esta autoridad es ministerial, no legislativa; o sea, el hombre está ligado a la palabra de Dios, y no Dios a la palabra del hombre. Cuando el hombre actúa en fidelidad a la palabra de Dios, puede esperar por completo que Dios respalde la fidelidad, «porque donde están dos o tres congregados en mi nombre, allí estoy yo en medio de ellos» (v. 20). La referencia primaria aquí es a acciones judiciales de castigo y perdón, pero la referencia es también general, de modo que, en lo que sea que los creyentes y las iglesias hagan en fidelidad a la Ley y Palabra de Dios, pueden contar con la presencia y respaldo del poder supremo del mismo Señor.

Mateo 18:15-20 se refiere y se basa en las leyes del Antiguo Testamento: Levítico 19:17 requiere la represión; Deuteronomio 17:6 y 19:15 requiere por lo menos dos testigos. Cristo volvió a enunciar esta ley, y las epístolas apostólicas repetidas veces la confirman: Lucas 17:3; Santiago 5:20; 1 Pedro 3:1; Juan 8:17; 2 Corintios 13:1; Hebreos 10:28; 1 Timoteo 5:19-20; Romanos 16:17; 1 Corintios 5:9; 2 Tesalonicenses 3:6, 14, 2 Juan 10; Mateo 16:19; Juan 20:23; 1 Corintios 5:4-5; Mateo 5:24; Santiago 5:16; 1 Juan 3:22; 5:14. Todos estos versículos confirman la plena validez de las leyes del Antiguo Testamento. En Santiago 5:16 y 1 Juan 3:22; 5:14, la relación entre la obediencia a la ley y la oración eficaz se recalca fuertemente.

Por lo tanto, no puede haber verdadera disciplina en una iglesia, ni en una escuela u hogar, a menos que también haya una predicación plena y fiel de la Ley y Palabra de Dios. El antinomianismo no puede producir disciplina.

Se debe añadir, no obstante que, así como la disciplina no se puede equiparar al castigo, la disciplina no se puede equiparar al orden. Cierto tipo de orden también puede ser resultado de estancamiento y muerte; el cementerio por lo general es un lugar ordenado, mucho más ordenado que la mejor de las ciudades, pero es difícilmente un orden recomendable para la vida. El orden falso es tan ajeno a la disciplina como el desorden. La expresión común «ley y orden» resume el asunto. El verdadero orden es producto de la verdadera ley. La disciplina de la Ley y Palabra de Dios es lo único que produce un orden verdadero.

Se debe añadir que en algunos casos hay una alternativa al castigo. Hay la separación. En Hechos 15:36-41 leemos de un serio desacuerdo entre Pablo y Bernabé. La respuesta a este conflicto no fue Mateo 18:15-20, seguido de juicios en la iglesia y apelaciones. Si Pablo y Bernabé hubieran seguido este curso, ni uno ni otro hubieran podido lograr mucho trabajo. Pablo podía haber estado atascado con apelaciones sin fin y pruebas sobre acusaciones de difamar a Juan Marcos, o podía haber acusado a Bernabé de descuido de su obligación por no castigar a Marcos. En lugar del Evangelio de Marcos y las Epístolas de Pablo, habríamos tenido interminables documentos legales de ambos, si algunos religiosos modernos se hubieran salido con la suya. Más bien, Pablo y Bernabé se separaron, y ambos lograron mucho en sus viajes separados.

7. Las represiones y la excomunión

En 1 Timoteo 5:1-16 San Pablo habla de la represión a miembros de la iglesia. A los ancianos hay que tratarlos primero «como a padre», a los jóvenes hay que reprenderlos como «a hermanos», «a las ancianas, como a madres; a las jovencitas, como a hermanas». Las viudas, los hombres y mujeres, los ociosos y los chismosos son todos mencionados por San Pablo en su declaración sobre la represión. La represión es la primera etapa del castigo y tiene referencia a Mateo 18:15; tiene referencia a una ofensa conocida y obvia que el pastor o miembro llama la atención del ofensor a la luz de las Escrituras; también puede ser el último paso en algunos asuntos que exijan una represión pública (1 Ti 5:20).

En esta epístola San Pablo se interesa en la ley (1 Ti 1:3-11). Los asuntos referentes a represión, castigo y excomunión se citan entonces según los problemas de la iglesia; son en esencia cuestiones de fe y moral, de autoridad y ley. El objetivo de tales acciones no es la iglesia, sino el reino de Dios; no una institución, sino el reino de Dios. Algunos de los aspectos citados por San Pablo, aunque no son todos de ninguna manera, son: *primero,* la autoridad. Los hombres deben asumir el liderazgo en cuestiones de fe tanto como en el hogar, y las mujeres no deben salirse de los límites de su posición (1 Ti 2:8-15). San Pablo, de este enunciado de autoridad, pasa a tratar de la autoridad de un obispo o presbítero en términos de requisitos. La autoridad es dada solo a los hombres que pueden ejercer autoridad, y cuya capacidad para disciplinarse a sí mismos y a su casa se haya demostrado (1 Ti 3:1-13).

Segundo, se discuten aspectos de doctrina y falsa enseñanza sobre la doctrina y la moralidad (1 Ti 4:1-16). Se condena el ascetismo y el celibato sacerdotal. No tenemos aquí ninguna ley nueva, sino que es confirmada la ley bíblica en general, y la fe bíblica como un todo. Ninguna dispensación nueva ha dejado obsoletos los conceptos del Antiguo Testamento en cuanto a carnes y matrimonio.

Tercero, se citan aspectos de moralidad como motivos para represión. Es obligación de los padres enseñar piedad a sus hijos. Examinemos específicamente lo que San Pablo dice. En 1 Timoteo 5:3 ordena: «Honra a las viudas que en verdad lo son». La traducción de Moffatt [en inglés] con precisión parafrasea esto como: «A las viudas en necesidad real se les debe sostener de los fondos». El significado de honrar a padre y madre es obvio que incluye el sustento. Las viudas excluidas del sustento de la iglesia son, como Lenski lo resumió, «las que tienen familiares y las que se dedican a la vida alegre»[1]. Las viudas dignas, a cambio de su sostenimiento, trabajan en la iglesia.

Entonces se citan a las viudas con familias. Estas tienen una función de enseñanza, como también la iglesia, en relación con sus hijos y nietos:

> Pero si una viuda tiene hijos o nietos, ellos son quienes primero deben aprender a cumplir sus obligaciones con los de su propia familia y a corresponder al amor de sus padres, porque esto agrada a Dios (1 Ti 6:4, VP).

El no cuidar a los miembros de la familia de uno, por tanto, constituye una violación del quinto mandamiento; es también una violación del octavo, en que es una forma de robo. Este mismo punto, el deber de proveer para la familia de uno, se vuelve a enunciar en el v. 8:

Pues quien no se preocupa de los suyos, y sobre todo de los de su propia familia, ha negado la fe y es peor que los que no creen (VP).

El comentario de Lenski sobre este versículo es muy acertado:

> Esto se enuncia en su forma más fuerte. [...] En el v. 4 es: «aprendan éstos». Aquí el sentido es: «si uno no aprende, este es el veredicto que hay que pronunciar sobre él». Pero en el v. 4 tenemos el caso de una viuda sola; aquí es una cuestión de todos y cada uno de los dependientes. La referencia a «alguno» es perfectamente clara; es la persona que tiene un núcleo familiar, cuya responsabilidad es proveer para los miembros de su casa. El verbo quiere decir «pensar de antemano» y así (intensificado) llevar a la práctica ese pensamiento, o sea, «proveer». Pablo lo indica de la manera más completa: «proveer para los suyos y especialmente para los miembros de su familia». La lectura preferida tiene solo un artículo, porque Pablo no se refiere a dos grupos distintos [...] «Los suyos» son todos los que pertenecen a ese núcleo familiar, siervos y miembros de la familia. [...] Aquí hay un fuerte argumento respecto al sustento de una madre o abuela viudas; si uno debe proveer incluso para sus criados, cuánto más para la madre o abuela de uno. Pero se incluye a todos los dependientes; padre y madre, si estos son dependientes, esposa e hijos, y también otros parientes tales como sobrinos huérfanos.

---

1   R. C. H. Lenski, *The Interpretation of St. Paul's Epistles to the Colossians, to the Thessalonians, to Timothy, to Titus, and to Philemon* (The Wartburg Press, Columbus, Ohio, 1937, 1946), p. 655.

Esta es la enseñanza cristiana. Ahora el que no vive a la altura de esa «fe [...] niega», etc. ...

A fin de dejar en claro la enormidad de tal acción, Pablo añade a manera explicativa: «y es peor que un incrédulo», uno que nunca creyó ni nunca profesó creer. El pensamiento no es que el incrédulo siempre proveerá para los miembros de su familia y sus criados; muchos no lo hacen; sino que cuando un incrédulo no lo hace, malo como es, y mala como es su acción, no es tan mala como tener la verdadera enseñanza y después flagrantemente negarla. Lo que una congregación debe hacer con un miembro de este tipo no necesita añadirse. Su veredicto está escrito aquí[2].

Los que no sostienen a los suyos primero deben ser reprendidos y luego excomulgados.

En donde interviene falsa doctrina, se nos pide que nos «apartemos» de tales personas (Ro 16:17), en verdad que los «rechacemos [...] después de una primera y segunda amonestación». No debemos recibir a tales personas en nuestra casa, ni acogerlas, porque hacerlo nos convierte en partícipes de sus malas obras (2 Jn 10, 11).

En donde hay inmoralidad como la de no dar sustento, a tales hombres también hay que rechazarlos. Lo mismo se aplica a los fornicarios no arrepentidos que son miembros de la iglesia: se les debe excomulgar (1 Co 5:9-11).

Así como «honrar» quiere decir más que respeto verbal e incluye sustento, «recompensar» y «proveer» quiere decir más que solo sustento financiero. Proveer para los hijos de uno incluye una educación cristiana, porque se debe hacer provisión para la mente y para el cuerpo del niño. Poner a los hijos en una escuela pública o en una escuela atea es no proveer adecuadamente para ellos.

Se debe notar que la iglesia apostólica, y por siglos después la iglesia cristiana, proveyó para las viudas, huérfanos y los enfermos, para todos los necesitados, como parte de su obligación. En 1 Timoteo 5:10 se hace referencia a hospedar forasteros, y en otras partes a la hospitalidad (1 Ti 3:2). En esos días, los mesones fuera de Palestina por lo general eran casas de prostitución también, y por consiguiente no eran lugares donde los cristianos debían quedarse. Como resultado, la obligación de atender a los cristianos que viajaban era importante. La iglesia primitiva era así un gobierno muy vasto, y continuó siéndolo casi hasta el siglo 20.

Es importante volver a repetir aquí el significado del *gobierno* en su sentido histórico bíblico. El gobierno básico del hombre es el autogobierno del hombre cristiano. La familia es un aspecto importante del gobierno también, y el básico. La iglesia es un aspecto de gobierno, y la escuela es otro. La vocación del hombre es un aspecto de gobierno, y la sociedad en general gobierna a los hombres por sus estándares y opiniones. El estado es, pues, un gobierno entre muchos; es un

---

2   *Ibid.*, p. 663s.

gobierno civil, y no se le puede permitir que usurpe o se apropie de aspectos que no le pertenecen.

Debido al concepto bíblico del gobierno, existen muchas esferas de ley, y cada una tiene su autoridad interna, disciplina y requisitos. Estas esferas son separadas pero están entrelazadas. El estado, por ejemplo, debe exigir que los hijos sostengan a sus padres, pero la iglesia, sea que el estado actúe o no, tiene la obligación de enseñar y castigar o excomulgar a sus miembros en el mismo asunto. De modo similar, se requiere de la familia que enseñe tal sustento (1 Ti 5:4) y que se las entienda con sus miembros pródigos si no obedecen.

Otro aspecto de moralidad citado por San Pablo es respecto a los salarios. El principio, previamente considerado en relación con Deuteronomio 25:4: «No pondrás bozal al buey cuando trillare» es que «Digno es el obrero de su salario» (1 Ti 5:18). Las consideraciones económicas no se marginan por este requisito sino que más bien se refuerzan. El sabio es buen mayordomo no solo del dinero y materiales sino también de los hombres. El hombre que paga a sus obreros lo menos posible es en última instancia el que pierde ante Dios.

Por tanto está claro que el castigo impuesto por la iglesia tiene referencia primaria a la conducta del hombre ante Dios y el hombre; la reducción de una buena parte del castigo de la iglesia a las ofensas contra ella es una perversión de las Escrituras y una limitación de la jurisdicción de la iglesia.

8. Poder y autoridad

San Pablo, al recordar a los cristianos de Corinto de su destino, dijo: «¿O no sabéis que los santos han de juzgar al mundo?» (1 Co 6:2). Moffatt [en inglés] traduce esto: «¿No saben ustedes que los santos van a gerenciar el mundo?», significado que necesitamos recordarnos. El gobierno de la iglesia es un preludio del gobierno del mundo, no por la iglesia sino por «los santos». Al tratar de establecer el gobierno necesario de la iglesia hacia ese fin, la apelación constante de Pablo fue, no a la forma de gobierno de la Iglesia ni a los miembros, sino a la Ley de Dios y al crecimiento de los santos en términos de ella (1 Co 6:5—9:27). Juzgar, gobernar y administrar el mundo se da en términos de la Ley de Dios.

Cuando San Pablo expresó indignación ante la idea de que los cristianos acudieran a un tribunal romano, estaba hablando como buen judío, en la tradición de la ley (1 Co 6:1). Acudir a un tribunal externo estaba prohibido en Israel, bajo circunstancias normales, en problemas entre judíos. En tales casos se recurría a las cortes judías, tradición de ley mantenida hasta este día en muchos círculos. De modo similar, San Pablo sentía que, entre creyentes, las autoridades de la iglesia constituían el cuerpo gobernante. Entre un judío y un gentil, o entre un cristiano y un no cristiano, podría haber un uso legítimo de tribunales civiles. Esos tribunales, por no regirse por la ley de Dios, no eran agencias de justicia confiables.

Acudamos ahora a la *Odisea* de Homero. Odiseo vuelve a casa después de muchos años de recorrido por todo el mundo. Durante ese tiempo, no se le había ocurrido que tal vez se exigiría castidad de él, aunque la esperaba de su esposa y sus esclavas. Los pretendientes de su esposa —porque se presumía que Odiseo estaba muerto— violaron a algunas de sus esclavas. Odiseo mismo reconoció esto: «Ustedes, perros, se dijeron que yo nunca más volvería a casa de la tierra de los troyanos, y arruinaron mi casa, y se acostaron con mis criadas por la fuerza, y traicioneramente cortejaron a mi esposa mientras yo todavía estaba vivo». El aya Euriclea dijo que doce de sus cincuenta esclavas habían estado involucradas: «De estas, doce en total han ido por el camino de la vergüenza, y no me honran, ni a su señora Penélope». Después de matar a los pretendientes, Odiseo y su hijo Telémaco, y otros, se dirigieron a las jóvenes, para ejecutarlas. Telémaco colgó a las doce en un cable. El porqué de la ejecución lo expresó Telémaco: «Estas [...] han vertido deshonra sobre mi cabeza y la de mi madre, y se han acostado con los pretendientes»[1]. La ofensa de las muchachas no fue contra Dios, sino contra Odiseo y Telémaco. La participación de estas muchachas con los hombres que las violaron, o que tal vez las sedujeron, no era tan importante como la «deshonra» que sentían Odiseo y Telémaco. La ley para ellos no tenía un alcance mayor que ellos mismos. «Las muchachas eran propiedad suya. La disposición de propiedades era entonces, como ahora, cuestión de conveniencia, y no cuestión de bien o mal»[2].

Lo mismo fue cierto al principio en Roma. El padre tenía poder sobre sus hijos; eran propiedad suya. La ley no trascendía al hombre, y estaba esencialmente limitada a la familia del hombre. Más tarde, el Estado asumió los poderes de la familia y se convirtió en el padre de su pueblo y la fuente de ley.

En cualquier caso, la ley era esencialmente humanista y centrada en el hombre. Puesto que el hombre como jefe de la familia o el hombre como líder estatal dictaba la ley, la ley era total. Esto aparece muy claramente en las *Leyes* de Platón:

> Lo principal es que nadie, ni hombre ni mujer, debe jamás estar sin una autoridad establecida sobre él, y que nadie se dé el hábito mental de dar un paso, sea con fervor o en broma, sobre su responsabilidad individual [...] o sea, debemos entrenar la mente a ni siquiera considerar actuar como un individuo o saber cómo hacerlo[3].

Si no existe la Ley de Dios, las alternativas humanistas del hombre, cuando se llevan a sus conclusiones lógicas, quieren decir anarquía o estatismo totalitario.

---

1   Homer, *Odyssey*, bk. XXII, traducción de S. H. Butcher y Andrew Lang.
2   Aldo Leopold, *A Sand County Almanac* (Sierra Club/Ballantine Book, Nueva York, [1949], 1970), p. 237.
3   *Laws*, 942 AB.

El comentario de Brophy sobre el caso de Leopold y Loeb es revelador en este punto:

> Lo que se percibe al leer un relato del caso es un fracaso —o, más bien, una confusión— de parte de la sociedad, que, en todos sus tratos con Leopold y Loeb en su educación y en lo equivalente a su educación adicional, su juicio, nunca les ofreció alguna razón por la que no debían asesinar o por qué debían sentir algún remordimiento.
>
> Lo que sí les ofreció fue Dios, y ellos vieron a través de Él. «Él abandonó la idea de que había un Dios», dijo uno de los informes médicos sobre Leopold, «diciendo que, si existía un Dios, algún pre-Dios debía haberlo creado». En esto, razona por analogía. [...] Como les habían enseñado que la ley moral derivaba sus sanciones de Dios, los jóvenes usaron la lógica al llegar a la conclusión de que expulsar a Dios era expulsar también la ley moral. En verdad esto -razonaba- fue su delito a los ojos de la sociedad, o por lo menos el delito de Leopold, el más inteligente de los dos. Y, después de llegar a esa posición por la razón, no podía ser inducido a cambiarla bajo la presión emocional de la amenaza de muerte. Como el informe médico anota: «Dijo que la congruencia siempre había sido una especie de Dios para él».
>
> La sociedad no pudo hacer nada con Leopold excepto clasificarlo como anormal, o sea, que era un no conformista en sus gustos sexuales, su propia imaginación[4].

Anarquismo o totalitarismo son las alternativas. Bien sea gente que, según la esperanza de Platón, «ni siquiera [...] consideran actuar como individuos ni saben cómo hacerlo», o individuos que son la ley absoluta para sí mismos; estas son las alternativas que el humanismo le ofrece al hombre.

Pero los santos han de gobernar al mundo según la ley de Dios, lo que quiere decir que deben conocer esa ley. Por lo tanto, un requisito básico para que la Iglesia tenga una vida saludable es un estudio constante de la ley de Dios, sus implicaciones y aplicaciones.

La cuestión de la *autoridad* es inseparable de la ley en cualquier sentido bíblico. Un significado primario de autoridad es «el derecho de mandar e imponer obediencia; el derecho de actuar oficialmente». La palabra autoridad se deriva del latín *augeo,* aumentar. La autoridad tiene un aumento natural en ella. La verdadera autoridad prospera y abunda. Poder y autoridad no son palabras idénticas. Poder es fuerza o potencia; el poder puede existir y a menudo existe sin autoridad. El poder de Odiseo y Telémaco, y los poderes del Imperio Romano, eran poderes de verdad, pero, en los términos de la ley de Dios, carecían de autoridad, aunque tuvieran una autoridad formal como gobiernos legítimos en sus sociedades. Como

---

4   Brigid Brophy, *Black Ship to Hell* (Harcourt, Brace and World, Nueva York, 1962), p. 30s.

Denis de Rougemont señaló: «Uno no se convierte en padre robándose un hijo. Uno puede robarse un hijo, pero no la paternidad. Uno puede robar el poder, pero no la autoridad»[5].

La iglesia debe, por su fidelidad a la Ley y Palabra de Dios, establecer, fortalecer y aumentar su autoridad. Su poder aumentará - les indicó San Pablo a los corintios- en la medida en que los cristianos obedezcan la ley de Dios y la iglesia la aplique a sus asuntos internos, y llame a sus ciudadanos miembros a aplicarla en el mundo que los rodea.

La base de este poder incrementado es Jesucristo, que declaró: «Toda potestad me es dada en el cielo y en la tierra» (Mt 28:18). Como poseedor absoluto de todo poder, Él es la fuente predestinante de todo poder inmediato. También es la coincidencia perfecta de poder y autoridad. En la escuela de la historia, la iglesia se ve estorbada, reprendida, y humillada cada vez que su poder deja de basarse en la autoridad de la Palabra y ley de Cristo, o cada vez que su autoridad trata de respaldar a otros señores que no sean Cristo. A la iglesia se le requiere enseñar a todos los hombres y naciones «que guarden todas las cosas que os he mandado; y he aquí yo estoy con vosotros todos los días, hasta el fin del mundo. Amén» (Mt 28:20). Su presencia y su poder sostienen a aquellos que enseñan la observancia de todo lo que Cristo ordena.

El poder, cuando está divorciado de la autoridad santa, se vuelve progresivamente demoníaco. La autoridad puede ser legítima en el sentido humano, apoyándose en la sucesión o elección, y sin embargo ser inmoral y hostil al orden de Dios. La autoridad de Nerón era legítima en cierto sentido, y a los cristianos se les requirió que la obedecieran, pero su autoridad era impía e implícita y explícitamente satánica en su desarrollo. El orden verdadero requiere que el poder y la autoridad sean santos en su naturaleza y aplicación.

Algunos de los aspectos de este problema se pueden ilustrar mejor con el informe de un cristiano capaz e inteligente que de repente se dio cuenta de que sus castillos en el aire quizá eran satánicos. Soñó con tener suficiente poder para eliminar por ejecución a todos los traidores y comunistas, y convertir milagrosamente a todos los estadounidenses. En su pensamiento, dio asentimiento a Cristo; en su imaginación estaba pidiéndole a Cristo que se sometiera a la tentación de Satanás. Quería obligar a creer con milagros (Mt 4:5-7), y proveer seguridad milagrosa para los problemas (Mt 4:1-4).

Entonces planteó una pregunta muy reveladora: ¿La única alternativa es el camino de la conversión y el amor sin ningún orden jurídico, ni coacción, ni milagros, o de alguna manera los milagros, las leyes y la coacción tienen algún lugar?

Para responder a esta pregunta, miremos primero a Mateo 13:58, que nos dice que «en su propia tierra», Nazaret (Mt 13:54), Jesús «no hizo allí muchos milagros, a causa de la incredulidad de ellos». Es un serio error decir que el poder

---

5   Denis de Rougemont, *The Devil's Share* (Bollingen Series II, Washington, D. C.,1944), p. 31.

de Jesús para realizar milagros estaba condicionado a la fe de la persona o de parte del público. Su poder era enteramente suyo, en virtud de su deidad; no dependía en ningún sentido de la respuesta de la gente. Tenía que haber, entonces, otra explicación del número limitado de milagros realizados en Nazaret. Algunos fueron realizados, aunque es obvio que no en público, porque se nos dice que «no hizo allí *muchos* milagros», lo que implica que se hicieron *algunos*. Los milagros nunca se realizaron para convertir a la gente; Jesús rechazó la exigencia de los escribas y fariseos de darles una «señal» específicamente destinada a obligarlos a creer o, más bien, a hacer la fe innecesaria debido a la vista (Mt 12:38, 45; 16:1-5).

El propósito de los milagros fue glorificar a Dios, y las reacciones de fe a los milagros eran también para glorificar a Dios (Mr 2:12). Hay, por tanto, un lugar muy importante en la vida del convertido para la ayuda milagrosa y providencial de Dios; es un aspecto de su cuidado gobernante [providencia].

De igual modo hay un lugar para la coacción. La justicia y la ley lo requieren. Son fútiles, sin embargo, sin una base en un pueblo de fe que pueda mantener y desarrollar un orden social. Si mañana todos los enemigos internos y externos de los Estados Unidos de América desaparecieran milagrosamente, el resultado principal sería un mayor deterioro y decadencia de la vida estadounidense. Habría libertad para pecar con impunidad en lo que respecta a las consecuencias históricas. Si todos o casi todos los norteamericanos milagrosamente se convirtieran al mismo tiempo, el mal sería consolidado. Los motivos de estos castillos en el aire eran humanistas; su propósito era la paz y la libertad nacional. Si hubiera sido la paz y la libertad internacional, la idea humanista no hubiera sido menos real. El fin principal de tal sueño es un orden humano y una paz humana. Es solo una variante del evangelio social.

El propósito principal de la conversión es que el hombre se reconcilie con Dios; la reconciliación con su semejante y consigo mismo es un aspecto secundario de este hecho, un producto secundario *necesario,* pero de todas formas secundario. El propósito de la regeneración es que el hombre reconstruya todas las cosas en conformidad con el orden de Dios, no según el deseo de paz del hombre. Este propósito y misión incluye la ley y la coacción.

La regeneración es el acto soberano de Dios dentro de su propósito soberano. Es coactiva porque es un acto de Dios, y sin embargo, como el hombre mismo es un acto de Dios, la regeneración no es coactiva porque viene como clímax de la obra de Dios dentro del corazón del hombre. Ni las conversiones ni los milagros son obra del hombre. El que el hombre busque conversiones forzadas o milagros según sus propias esperanzas es un error; el hombre puede exigir obediencia a la ley de Dios, pero no puede actuar como si fuera Dios.

Donde el poder y la verdadera autoridad están juntos, allí el hombre no actúa como si fuera Dios; sirve a Dios en términos de su ley y ora a Dios. El poder y la autoridad se usan para promover el orden santo, y no las esperanzas humanas de orden. El orden de Dios requería la caída de Roma, no su paz. Muchos cristianos oraban por Roma, y legítimamente; pecaron cuando limitaron la obra de Dios al contexto del imperio.

9. La paz

Un propósito fundamental del plan de Dios para el hombre y la tierra es el establecimiento de su paz. Esta paz a menudo se describe simbólicamente como una paz no solo con Dios, sino entre los hombres, y entre el hombre y la naturaleza. Se nos dice:

> Morará el lobo con el cordero, y el leopardo con el cabrito se acostará; el becerro y el león y la bestia doméstica andarán juntos, y un niño los pastoreará. La vaca y la osa pacerán, sus crías se echarán juntas; y el león como el buey comerá paja. Y el niño de pecho jugará sobre la cueva del áspid, y el recién destetado extenderá su mano sobre la caverna de la víbora. No harán mal ni dañarán en todo mi santo monte; porque la tierra será llena del conocimiento de Jehová, como las aguas cubren el mar (Is 11:6-9).

Otro símbolo igualmente familiar tiene que ver con la vid y la higuera. Ambos son símbolos no solo de paz, sino también de fertilidad y prosperidad. Los hallamos repetidas veces en las Escrituras (2 R 18:31; Is 36:16), pero sus enunciados más conocidos son los siguientes:

> Y él juzgará entre muchos pueblos, y corregirá a naciones poderosas hasta muy lejos; y martillarán sus espadas para azadones, y sus lanzas para hoces; no alzará espada nación contra nación, ni se ensayarán más para la guerra. Y se sentará cada uno debajo de su vid y debajo de su higuera, y no habrá quien los amedrente; porque la boca de Jehová de los ejércitos lo ha hablado (Miq 4:3, 4).

> Y Judá e Israel vivían seguros, cada uno debajo de su parra y debajo de su higuera, desde Dan hasta Beerseba, todos los días de Salomón (1 R 4:25).

> En aquel día, dice Jehová de los ejércitos, cada uno de vosotros convidará a su compañero, debajo de su vid y debajo de su higuera (Zac 3:10).

De éstos, Miqueas 4:3, 4 y Zacarías 3:10 son profecías mesiánicas que describen la culminación del reinado del Mesías.

Jesús se refirió a sí mismo como la fuente de esta paz, como la vid verdadera, declarando: «Yo soy la vid verdadera» (Jn 15:1). Más directamente, dijo: «La paz os dejo, mi paz os doy; yo no os la doy como el mundo la da. No se turbe vuestro corazón, ni tenga miedo» (Jn 14:27). Cuando Jesús maldijo a la higuera (Mt 21:19ss; Mr 11:13, 14), fue la paz de Israel la que maldijo Él, que es la paz verdadera.

Antes de la caída, no solo el hombre moraba en paz en el Edén, sino la tierra también, y los animales. Esa paz la quebrantó del hombre, y ahora, San Pablo declara: «toda la creación» espera fervientemente la liberación y restauración que se hará por Cristo y los hijos de Dios (Ro 8:19-23).

La restauración de esa paz empieza con la restauración del hombre a la vida por la obra regeneradora de Jesucristo. El hombre es entonces una nueva creación (Moffatt, 2 Co 5:14 [en inglés]; «Hay una nueva creación dondequiera que un hombre pasa a estar en Cristo; lo viejo ha pasado, lo nuevo ha llegado»).

El concepto de la paz que es herencia de todo hombre en Cristo es parte de la doctrina del sabbat, del reposo del hombre en su Señor. Se requiere que a la misma tierra se le den su reposo y su paz, porque la tierra es del Señor.

Este concepto de la paz tuvo una profunda influencia en la ley. El comentario de Keeton sobre la doctrina medieval de la paz en Inglaterra es muy instructivo:

> Otro factor de importancia que influyó en el crecimiento de la ley criminal en el primer siglo después de la conquista fue el concepto de la paz del rey. En la ley sajona todo hombre libre tiene una paz. También la tenía la Iglesia, y la paz de Dios gobernaba todos los días santos. Por la ruptura de la paz de una persona, por ej., por la comisión de un crimen en ella, se debe pagar compensación, así como también compensación a la víctima y sus parientes. Por sobre todas las demás paces estaba la del rey, e incluso en tiempos sajones, oímos de los esfuerzos hechos por reyes fuertes para preservarla, especialmente en «la carretera del rey». En las manos de los administradores reales después de la Conquista esto demostró ser un concepto dinámico, y, como Maitland una vez lo expresó, a la larga la paz del rey se tragó la paz de todos los demás. Esto sucedió de dos maneras. Gradualmente los pagos en dinero respecto a la ruptura de la paz de otras personas dejaron de imponerse, en tanto que el concepto de la paz del rey se extendió a todo el reino. Todo delito serio se convirtió en un quebrantamiento de la paz del rey, o una felonía. Ya en tiempos de Bracton, en el siglo 13, se había vuelto forma común imponerle a un acusado en los términos siguientes: «Por cuanto el susodicho B estaba en la paz de Dios y de nuestro señor el Rey, vino el susodicho N delincuentemente como delincuente», etc. Incluso hoy a una persona acusada de un delito se le acusa de que «de manera delincuente y contraria a la paz de nuestra Señora soberana, la Reina», etc.
>
> Era una característica de los delincuentes que se habían puesto fuera de la paz del rey, por lo que la mano de todo hombre estaba contra ellos. Es más, la paz del rey al principio se concibió como que existía mientras el rey viviera[1].

---

1   George W. Keeton, *The Norman Conquest and the Common Law* (Ernest Benn Ltd.; Londres, Barnes & Noble, Nueva York, 1966), p. 175.

La declaración de Maitland está bien dicha: «A la larga la paz del rey se tragó la paz de todos los demás». *Se veía la paz no como parte del orden de Dios, sino como un producto de la vida del estado.* La diferencia entre estas dos perspectivas difícilmente se puede exagerar.

El significado de la palabra *paz* en hebreo es revelador de su significado bíblico. Según Brown:

> PAZ, traducción en el AT del heb. [...] *shalom* (de la raíz... «estar completo», «completamiento», «solidez», y de ahí, salud, bienestar, prosperidad; más particularmente, paz como opuesta a la guerra, concordia como opuesta al conflicto. ...
>
> El significado fundamental de *shalom* es prosperidad, bienestar, bien de cualquier clase, un significado que reaparece en el gr. *eirene*. [...] En el sentido primario de prosperidad, la paz es una bendición de la cual solo Dios es el autor (Is 45:7). ...
>
> Entre las bendiciones que Israel espera en el tiempo mesiánico ninguna se recalca más que la paz. ...
>
> El NT coincide con el AT en el concepto de paz como característica del tiempo mesiánico (Lc 1:79; 2:14; 19:38; Hch 10:36). En este sentido probablemente se debe entender el saludo de los discípulos en su viaje misionero (Mt 10:12, 13; Lc 10:5, 6). Al evangelio del Mesías expresamente se le llama evangelio de la paz (Ef 6:15; Hch 10:36). [...] Jesucristo mismo es el gran Pacificador. ...
>
> Característica del NT es el concepto de la paz como posesión presente del cristiano[2]. ...

En el sentido bíblico, paz es ese orden y prosperidad que fluyen de la reconciliación con Dios y una restauración a la vida bajo Dios. La vida en el Edén se caracterizó por paz con Dios y por consiguiente paz con el hombre, dentro del hombre, y con la naturaleza y dentro de la naturaleza. La vida en Cristo significa la restauración progresiva de esa paz conforme el hombre crece en Cristo y pone al mundo bajo su dominio. La fuente de paz es la regeneración del hombre en Cristo; es más que el cese de hostilidades; es el crecimiento de la comunión y también la realización como persona en Cristo.

La paz estatal es en el mejor de los casos la ausencia de hostilidades y la supresión de actividades delictivas. Debido a que el estado no puede regenerar al hombre, no puede establecer ni siquiera esta forma limitada de paz. El poder del Estado es en esencia el poder de la espada. El estado puede ordenar que los hombres se amen y vivan en paz, pero sus medidas represivas solo añaden otro elemento de hostilidad a la situación.

---

2   W. Adams Brown, «Peace» [«Paz»], en Hastings, *Dictionary of the Bible*, III, 733.

El estado, además, en sus esfuerzos por imponer una paz represiva y armada entre sus ciudadanos, destruye la paz de esos ciudadanos, puesto que usurpa la paz de Dios y la libertad de los hombres libres. El estado puede solo ser un instrumento para la paz cuando es un instrumento de Dios y un ministro de Cristo. Sus esfuerzos entonces están limitados a su propio ámbito, para ser ministro de justicia.

Claramente la *paz* como prosperidad y bienestar está muy estrechamente relacionada con *salvación,* victoria y salud. El cuadro de la paz en que todo hombre está debajo de su vid y debajo de su higuera es de prosperidad, seguridad, contentamiento y alegría. La paz y la salvación son, por tanto, conceptos centrados en Dios, que equivale a la realización personal del hombre. Como Dios es el autor y creador de todas las cosas, no puede haber satisfacción para el hombre aparte de Él. Por consiguiente «los impíos son como el mar en tempestad, que no puede estarse quieto, y sus aguas arrojan cieno y lodo. No hay paz, dijo mi Dios, para los impíos» (Is 57:20, 21).

Esta paz, sin embargo, es más que ausencia de hostilidades; es paz con Dios. Paz con Dios quiere decir guerra con los enemigos de Dios. Cristo dejó en claro que la lealtad a él implicaba una espada de división (Mt 10:34-36). En un mundo pecador, algo de guerra es ineludible. El hombre debe, por consiguiente, escoger sus enemigos: ¿Dios o el hombre pecador? Si un hombre está en paz con los hombres pecadores, está en guerra con Dios. La paz en un sector quiere decir guerra en otro. Solo Dios, sin embargo, puede dar paz interna ahora, y, finalmente, paz mundial mediante su ley soberana (Miq 4:2).

XV

NOTAS SOBRE LA LEY DE LA SOCIEDAD OCCIDENTAL

En los cánones de la Iglesia Primitiva, la importancia de la ley bíblica es bien evidente. Las iglesias claramente sentían que la ley bíblica era obligatoria para los creyentes.

No todas fueron tan lejos ni tan literales como la iglesia de Armenia, en la cual en esos días y por siglos después, «solo se nombraba a las órdenes clericales a los que eran de descendencia sacerdotal (siguiendo en esto las costumbres judías)». Esta práctica fue condenada por el canon XXIII en el Concilio Quinisexto (o Concilio Trullano) en 692[1]. El canon XCIX del mismo concilio se refería también al hecho de que «ciertas personas hierven pedazos de carne dentro del santuario y ofrecen porciones a los sacerdotes, repartiéndolas según la costumbre judía». Estrabón hace un relato de una costumbre similar en Occidente en el siglo 9[2]. Pero eso no es todo. La iglesia de Armenia tenía sacrificios animales según la ley del Antiguo Testamento, continuándolos por mucho tiempo después de que los judíos los abandonaron, hasta bien entrado el mismo siglo 20. Esto tenía lugar a la puerta de la iglesia y eran ofrendas voluntarias al Señor que conmemoraban los sacrificios del Antiguo Testamento, y dados como resultado de votos hechos al Señor o como parte de una oración. Los animales tenían que ser levíticamente aceptables —de un año, y libres de todo defecto— según la ley. La oración dice en parte como sigue:

> Porque por medio de tu bendito profeta Moisés ordenaste a tu pueblo de Israel que te ofreciera estos sacrificios, de los rebaños y ovejas y otros animales puros, trayéndolos a la puerta de la carpa del testimonio, a los sacerdotes levitas, que pondrían sus manos sobre ellos y derramarían su sangre en tu altar santo, oh Señor; y por ello los pecados fueron expiados y se concedían las peticiones.
>
> Sin embargo en todo esto prefiguraste, como en sombra, las cosas por venir, esa verdadera salvación que en tu gracia nos has dado por tu venida al mundo. Porque tú mismo, Señor todo misericordioso y benevolente, por medio de tu Espíritu previsor declaraste por el profeta: no aceptaré la gordura de tus carneros; ofrece un sacrificio de alabanza a Dios, y con mente dispuesta preséntale al Señor una víctima sin sangre. Porque, ¿no se dice: El sacrificio de Dios es un espíritu afligido, y al espíritu humilde Dios no desprecia?

---

1   Henry R. Percival, *The Seven Ecumenical Councils*, Segunda Serie de Philip Schaff y Henry Wace, *Nicene and Post-Nicene Fathers* (Eerdmans, Grand Rapids, 1956), XIV, 381. Este escritor viene de una antigua línea de tales sacerdotes armenios hereditarios; su padre, hijo de sacerdote, era clérigo presbiteriano, y él también lo es.

2   *Ibid.*, p. 407.

Así, ahora que hemos pecado y somos indignos, humildes de corazón nos postramos delante de tu compasión infinita; y suplicamos tu abundante amor por la humanidad y misericordia, y la indeclinable promesa que has hecho a tus amados, nuestros padres.

Condesciende, oh Señor, a esta nuestra ofrenda, y acéptala de nuestras manos; así como lo hiciste con los holocaustos de corderos y becerros, y como lo hiciste con las innumerables ofrendas de corderos engordados.

Con gracia concede nuestras peticiones, para que no seamos burla de nuestros enemigos, sino más bien nos regocijemos en tu salvación. Porque si pesas todas las montañas y las llanuras con tu mirada, y tienes el cielo y la tierra en el hueco de tu mano, y te sientas en lo alto de las alturas en el trono de los querubines, y los abismos no esconden de ti, y todos los animales de cuatro patas y todo lo que tiene el aliento de vida no te basta para el holocausto. ¿Cómo nos vamos a atrever a presumir delante de ti y a ofrecer sacrificio?[3]

La iglesia griega también tenía oraciones por los sacrificios de animales[4].

Las regulaciones levíticas respecto al sacerdocio también se aplicaban al clero en la iglesia, y Levítico 21:17-23 se obedecía con cuidado. Puesto que los eunucos estaban excluidos del ministerio, se produjo un problema cuando Roma o los bárbaros castraron al clero para destruir la validez de su ordenación. El Concilio de Nicea en el 318 declaró que «los castrados por los bárbaros» podían «permanecer entre el clero», en vista de las circunstancias de su defecto[5]. El Concilio de Ancira en 314, canon XI, tuvo que considerar los casos de vírgenes comprometidas que habían sido violadas; en tales casos, no se adscribía defecto a la muchacha. La epístola canónica de San Gregorio Taumaturgo hizo un punto similar en el primer canon[6].

Ancira, en el canon XXI, trató severamente del aborto (diez años de penitencia); se excomulgó a los travestis; se citaron repetidas veces varias transgresiones sexuales como causa de la excomunión vitalicia (puesto que la iglesia no tenía poder para imponer la pena de muerte); y se trató del asesinato, la adivinación, la adoración de ángeles, la herejía y otros asuntos en términos de la ley bíblica, hasta donde podía ir la iglesia[7].

La restitución fue básica para la ley canónica y la penitencia. Las Constituciones Apostólicas la citan en el canon LXXII, como también San Gregorio Taumaturgo en su epístola canónica, canon VIII[8].

Los cánones y regulaciones respecto al sabbat son de interés especial. Timoteo, obispo de Alejandría, requería que el hombre y su esposa se abstuvieran «del acto

---

3   F. C. Conybeare, editor, *Rituale Armenorum* (Clarendon Press, Oxford, 1905), p. 56.
4   *Ibid.*, p. 403s.
5   Canon I en Percival, *op. cit.*, p. 8.
6   *Ibid.*, pp. 68, 602.
7   *Ibid.*, pp. 70s., 73s., 82s., 150, 606-609, etc.
8   *Ibid.*, pp. 598, 603.

conyugal [...] el sábado, y el Día del Señor; porque en esos días se ofrece el sacrificio espiritual»[9]. Esto era en términos de Éxodo 19:15 y estaba destinado a separar de la adoración todo elemento del culto a la fertilidad. Los cristianos no siempre podían descansar en el Día del Señor, el sabbat cristiano, y la necesidad era así una excusa legítima; sin embargo, respetar el sábado judío estaba prohibido:

> Los cristianos no deben judaizar descansando el sabbat, sino que deben trabajar en ese día, y más bien honrar el Día del Señor; y, si pueden, descansar entonces como cristianos. Pero si se hallara que alguno es judaizante, que sean anatema de Cristo[10].

Debido a que el Día del Señor era un tiempo de descanso y alegría, ayunar el domingo se condenaba y requería excomunión[11]. El mismo concilio, Gangra, condenó a los que condenaban el matrimonio (Canon I); condenó el vegetarianismo (Canon II); condenó a los que se separaban de un clérigo casado (Canon IV); y cosas por el estilo.

Es obvio que la Iglesia Primitiva obedecía la ley bíblica. Esto no es decir que su obediencia fuera de ninguna manera perfecta. Las costumbres a veces sobreseyeron la Ley. La primera epístola canónica de Basilio, arzobispo de Cesarea en Capadocia, a Anfiloquio, obispo de Iconio, tomó nota de esto en el Canon IX:

> Nuestro Señor también, al hombre y a la mujer les prohibió el divorcio, excepto en caso de fornicación; pero la costumbre requiere que las mujeres retengan a sus esposos, aunque estos sean culpables de fornicación[12]. ...

No había, sin embargo, falta de aplicación inteligente de la ley. Por ejemplo, los Cánones XXXIII y LII de Basilio declaraban que el descuido de los hijos que provocara muerte era asesinato[13].

La iglesia, pues, estuvo consciente de la centralidad de la ley bíblica para la fe cristiana, y su ley canónica era la aplicación de la regla de esa ley a los problemas de la vida. La iglesia, sin embargo, estaba dentro del marco de trabajo del Imperio Romano y la ley romana. Es necesario citar brevemente algunos aspectos de las interpretaciones de la ley romana dentro del contexto de la fe cristiana.

Roma había alcanzado una centralización y simplificación excesiva del control de los hombres que había empezado a inmiscuirse y destruir el orden social. C. Dickerman Williams ha dicho, del período del Código Teodosiano (313-468),

---

9   *Ibid.*, p. 613.
10   *Ibid.*, p. 148; Canon XXIX del Sínodo de Laodicea, A.D. 343-381.
11   *Ibid.*, p. 99; Canon VXIII, Concilio de Gangra o Paflagonia, 325 ó 380.
12   *Ibid.*, p. 605.
13   *Ibid.*, pp. 606, 608.

El Código Teodosiano y sus Novelas tienen que ver con un período de la historia muy parecido al nuestro en muchos de sus problemas. Pero en ese día ya no era posible intentar resolver los problemas mediante una mayor centralización u oficialidad. Al tiempo del edicto más temprano que se incluyó en el código, la centralización de la sociedad ya no podía avanzar más debido a que estaba completa. Un área que para sus habitantes era el mundo entero había sido fundida en una sola organización. Las actividades sociales, económicas y religiosas las administraba o controlaba rígidamente el estado. La autoridad del emperador era incuestionable. Los edictos compilados por el Código Teodosiano y sus Novelas representan los esfuerzos a menudo desesperados para hacer que el sistema funcionara. Pero durante aquellos años la tendencia a la desintegración era irresistible. Las imposiciones destinadas a mantener unida la organización fracasaron. Dentro de apenas pocos años después del último de los edictos, el imperio se había destrozado en mil fragmentos. A diferencia de la nuestra, esa era fue de desintegración, aunque una desintegración casi involuntaria[14].

El agotamiento, espiritual y físico, estaba destruyendo al Imperio. La centralización del poder agravaba la irresponsabilidad básica que había conducido a la destrucción de los recursos. Williams del nuevo da en el clavo en su comentario:

En ese entonces el problema del Imperio era escasez: escasez de grano, de materiales, y de hombres. [...] Por toda la cuenca del Mediterráneo la agricultura había estado operando para aprovisionar a las distantes amantes del mundo. Las recompensas para el consumidor habían sido demasiado atractivas; para el productor, insuficientes. Las tierras, especialmente en Italia, habían quedado sin cultivarse. Regiones enteras de África de las cuales Roma había derivado granos y carne por siglos se habían vuelto desiertos. España y otros países habían sido deforestados para proveer leña para los baños públicos de Roma. «La decadencia del Imperio Romano es un relato de deforestación, agotamiento del suelo y erosión. [...] De España a Palestina no quedan bosques en el litoral mediterráneo, la región es pronunciadamente árida en lugar de tener el carácter abrigado, húmedo, de las tierras cubiertas de bosques, y la mayoría de su rico suelo de cultivo anteriormente abundante se halla en el fondo del mar» (White and Jacks, *Vanishing Lands,* p. 8).

Hoy está de moda en algunos sectores mofarse de las advertencias ocasionales de agotamiento de los recursos naturales. Tal veleidad no encontraría eco en las cortes de los últimos emperadores[15].

---

14   C. Dickerman Williams, «Introduction» [«Introducción»], en Clyde Pharr con T. S. Davidson y M. B. Pharr, traductores, editores, *The Theodosian Code and Novels and the Sirmondian Constitutions,* p. xvii.

15   *Ibid.,* p. xixs.

Los emperadores eran impotentes para invertir la tendencia. El poder se había centralizado, y el Imperio ahora estaba en manos del Emperador y su burocracia, que no podían ni siquiera empezar a vérselas con los problemas en la base, que era donde estaban la mayoría de los problemas. «La gerencia de la gigantesca maquinaria administrativa estaba por encima de su capacidad»[16]. Después de cierto punto de centralización, una burocracia se vuelve ajena a la realidad; está muy atareada gerenciando la gerencia y gobernando la maquinaria de poder. «Lo maravilloso es que la integridad territorial del imperio se conservara tanto tiempo». Después de cierto punto la burocracia también se vuelve caníbal.

> Los Emperadores dependían del apoyo político del proletariado urbano, especialmente del de la ciudad de Roma, y de la burocracia civil y militar. Para mantener ese respaldo, fue necesario favorecer a los elementos consumidores de la población, especialmente en contra de los productores rurales. El efecto de esa política fue desalentar la producción y tentar a los agricultores a mudarse a las ciudades. El Código y las Novelas muestran que con el fin de conseguir provisiones para los moradores de la ciudad y el personal del gobierno, fue necesario adoptar medidas rigurosas tales como la servidumbre rural e impuestos pagaderos en especie. La imposición de tales medidas requería un hipertrofiado aparato estatal de administración y represión, lo que a su vez apartó más y más hombres de la producción. Los hostigados agricultores, continuamente presionados a cumplir sus cuotas de provisiones, solo podían dar poca atención a la preservación del suelo y los bosques. Su deterioro consiguiente acentuó las dificultades de producción. La maquinaria estatal finalmente se volvió tan compleja que llegó a ser inmanejable[17].

Como resultado, fue posible que las tribus ambulantes de bárbaros hicieran caer a Roma. El imperio se había desintegrado debido a su decadencia interna.

La desintegración de la ley romana fue igualmente real. El código teodosiano muestra las influencias del cristianismo, pero seguía siendo ley romana. Al analizar las leyes del matrimonio hemos notado la cristianización radical de la ley romana bajo Justiniano I (*c.* 482-565) en el *Corpus Juris Civilis*. La ley romana continuó en su desarrollo, pero se volvió progresivamente una expresión de la ley bíblica. Los *Institutos* de Justiniano (que con el Digesto, el Código y las Novelas, formaban parte del *Corpus Juris Civilis*) refleja muy bien lo que se llama «ley natural», pero ese concepto ahora estaba llegando a ser diferente del que la ley romana había conocido[18]. La ley natural, lo mismo en manos de juristas, eruditos o deístas, era en esencia una doctrina antitrinitaria, pero seguía siendo más cristiana que romana. La ley natural

---

16   *Ibid.*, p. xxii.

17   *Ibid.*

18   Thomas Collett Sanders, traductor, editor, *The Institutes of Justinian*, 12ª edición revisada, 1898 (Longmans, Green, Londres, 1905).

llegó a ser una forma de herejía cristiana y adscribió a la naturaleza poderes legislativos y leyes absolutas que es obvio que se tomaron prestadas del Dios de las Escrituras. Así, tanto la ley romana como la ley natural llegaron a estar tan completamente cristianizadas con los siglos que ningún romano las hubiera reconocido. Incluso en donde se retuvo el fraseo de las antiguas leyes romanas, un nuevo contenido e interpretación hacían del significado antiguo algo remoto y vacío.

Lo mismo es válido para las leyes paganas. Claramente, muchas leyes paganas sobrevivieron y matizaron los códigos legales occidentales, pero de nuevo que estuvieron sujetos a una alteración radical en la mayoría de casos. Todavía más, se debe notar que un defecto muy real de los eruditos ha sido su ignorancia de la ley bíblica. Como resultado, se ha llamado pagano mucho que en realidad era bíblico. En un libro fuente de un erudito de Harvard sobre historia medieval, se nos dice, respecto a Alfredo el Grande de Inglaterra en el siglo 9:

> Estas son unas pocas leyes características que Alfredo incluyó en el código y que él derivó de las bases de viejas costumbres y las leyes de algunos de los reyes sajones previos. …
>
> Si alguno golpea a su prójimo con una piedra, o con el puño, y con todo puede salir con un bordón, que le lleve a un médico y que haga su trabajo todo el tiempo que él mismo no pueda.
>
> Si un buey acornea a un hombre o a una mujer, y mueren, que sea apedreado, y que no se coma su carne. El dueño no será culpable si el buey no era dado a atacar con sus cuernos por dos o tres días antes, y él no lo sabía; pero si lo sabía, y no lo encerró, y mata a un hombre o a una mujer, que se lo apedreen; y que se mate al dueño, o que a la persona muerta se le pague, según el «concilio asesor» decrete que es justo.
>
> No lastimes a las viudas ni a los hijastros, ni les hagas ningún daño; porque si lo haces ellos clamarán a mí y yo lo oiré, y te mataré con mi espada; y haré que tus esposas queden viudas, y sus hijos sean hijastros.
>
> Si un hombre le saca el ojo a otro, que le pague sesenta y seis chelines y seis peniques, y una tercera parte de penique, como «bot» [compensación que se pagaba a la persona herida]. Si queda en la cabeza, y no puede ver nada con él, que sea un tercio del «bot» que se pague.
>
> Si un hombre le saca a otro un diente del frente de su cabeza, que le dé «bot» por él con ocho chelines; si fue un canino, que sean cuatro chelines los que se paguen como «bot». El molar de un hombre vale quince chelines. Si se le corta el dedo con que se dispara, el «bot» es de quince chelines; por su uña es cuatro chelines.
>
> Si un hombre mutila la mano de otro hombre, que le pague veinte chelines como «bot», si se puede curar; si se la cercena por la mitad, entonces se pagarán cuarenta chelines como «bot»[19].

---

19   Frederick Austin Ogg, *A Source Book of Mediaeval History* (American Book Company, Nueva York, 1908), p. 104s.

Estas son, claro, leyes bíblicas adaptadas a las monedas y ambiente ingleses.

La ley bíblica desempeñó un papel central en la forja de la civilización occidental al entrar en la sociedad incluso de otra fuente: los judíos de Europa. Desdichadamente, la historia de los judíos, según suele informarse, tiende a recalcar sus sufrimientos antes que sus logros. Esta es una preocupación desdichada que caracteriza a muchos otros pueblos capaces, pero no es una buena manera de hacer historia, sea que la hagan los judíos, los armenios, los polacos, los franceses, los pobladores del sur de los EE.UU. o cualquier otro.

La civilización occidental tiene una gran deuda con la cultura de sus pueblos y ciudades. Los pueblos y ciudades fueron productos de los mercaderes y sus comunidades, y estos en su gran mayoría eran judíos. La ley comercial y la ley urbana, por tanto, tuvieron sus orígenes en las comunidades judías y su intensa devoción a la ley bíblica. En tanto algunos sirios o fenicios continuaron en la era cristiana como mercaderes en Europa, como comerciantes cristianos, cada vez más el papel principal lo desempeñaron los judíos. La influencia de los judíos en sus imitadores cristianos en el ámbito comercial fue vasta. Su poder también fue muy grande. En una obra de gran importancia, Irving A. Agus ha escrito:

Además, fue en los siglos que precedieron a las Cruzadas que este asombroso grupo desempeñó el papel más heroico en el noroeste de Europa. Los pocos miles de judíos que constituyeron este grupo en el período anterior a las Cruzadas eran tan poderosos que inclinaban a los gobernantes de Europa a su antojo. Obligaron a estos gobernantes a efectuar un cambio radical en la política básica de la Iglesia hacia los judíos. A estos últimos se les permitía practicar su religión sin perturbarlos, emplear criados cristianos y a veces incluso esclavos cristianos, tener cargos de autoridad sobre cristianos y administrar las actividades financieras en estados grandes, incluso obispados. Estos pocos judíos obligaron a los prelados de la Iglesia a convertirse en sus benefactores. En medio de una subyugación personal casi universal, solo los judíos eran políticamente libres; en medio de la turbulencia y la guerra, solo ellos podían viajar con relativa seguridad y podían llevar mercadería valiosa a largas distancias. Cuando prácticamente todo hombre le debía a su superior servicios y tributos que constituían un sacrificio entre el 15 y el 50 por ciento de su tiempo que producía rédito, los judíos pagaban como impuestos solo una diminuta fracción de sus ingresos. Organizaron comunidades que se gobernaban a sí mismas, desarrollaron instituciones supracomunales, impusieron ordenanzas a escala nacional, y emplearon una forma de organización de grupo y de gobierno de grupo de lo más eficiente y de lo más asombrosa, que le concedía a todo individuo ayuda efectiva y protección incluso cuando estuviera a cientos de millas de su casa. Instituyeron prácticas y procedimientos que les dieron gran poder y resistencia, capacitándolos para lidiar con los príncipes de la iglesia y el Estado desde una posición de fuerza, y creó para ellos oportunidades de un poderoso crecimiento económico y una gran expansión física[20].

Este poder se cimentaba en una obediencia sistemática y fiel a la Ley bíblica, a un sistema de justicia que mantenía a la comunidad en tiempos de dificultad y le daba un instrumento para hacerle frente a los asuntos internos y externos. La vida en una comunidad quería decir vida en la ley de Dios. En estas condiciones la ciudad moderna, producto de los comerciantes judíos y sus comunidades, es una unidad sostenida por la ley, no por sangre, y mantenida esencialmente por justicia, y no por fuerza bruta. Estos tribunales judíos eran más bien *tribunales sin estado,* precursores de los tribunales medievales justos y el arbitraje moderno.

La influencia de Maimónides (Rabino Moisés ben Maimón, 1135-1204) en el pensamiento europeo descansa en esta orientación urbana de la vida y pensamiento judíos. Conforme la Europa medieval se volvía Europa urbana, miró a los padres de la vida humana. Maimónides había codificado las aplicaciones judías de la ley bíblica a la vida urbana y comercial, y, como resultado, su influencia fue inevitable.

A Maimónides se le recuerda mejor por su influencia en la filosofía europea, por ayudar a introducir el aristotelianismo en el pensamiento europeo y en el judaísmo. Los judíos de Provenza denunciaron sus obras filosóficas a la inquisición, que quemó sus escritos. Su compendio de la Ley bíblica, muy descuidado por los eruditos hoy, fue mucho más influyente en su día que incluso sus escritos filosóficos. En una Europa intensamente interesada en la ley, con el desarrollo de ciudades y de estados nacionales, los estudios legales de Maimónides fueron importantes. Debido a su lealtad común, con diferencias, a la ley bíblica, los cristianos y los judíos estaban muy cerca en sus relaciones entonces, así como también con mucha hostilidad a veces. La naturaleza bíblica de los estudios legales de Maimónides los hizo influyentes[21].

Otra fuente mediante la cual la Ley bíblica ha ejercido una influencia principal en la civilización occidental ha sido la ley común. Sean cuales sean las costumbres locales, o elementos de la ley «romana», que existieran en ella, la ley común es esencialmente Ley bíblica. «La ley común era ley cristiana»[22]. Como Keeton notó: «Los jueces de eras anteriores hablaban con una certeza que se derivaba de su convicción de que la ley común era una expresión de la doctrina cristiana, que nadie

---

20   Irving A. Agus, *Urban-Civilization in Pre-Crusade Europe* (Yeshiva University Press, Nueva York, 1968), I, 16s.
21   Ver la Yale Judaica Series: vol. II, *The Code of Maimonides, Book Thirteen, The Book of Civil Laws*; vol. III, *Book Fourteen, The Book of Judges*; vol. V, *Book Twelve, The Book of Acquisition*; vol. IX, *Book Eleven, The Book of Torts; etc.* (Yale University Press, New Haven, Conn., 1949).
22   Eugen Rosenstock-Huessy, *Out of Revolution, Autobiography of Western Man,* p. 270. Ver también David Little, *Religion, Law, and Order, A Study in Pre-Revolutionary England* (Harper, Nueva York, 1969), p. 103n.

cuestionaba»[23]. Al tratar de eliminar la ley bíblica de la civilización occidental, los eruditos con esmero han colado hatos enteros de camellos en busca de mosquitos.

La importancia del diezmo en el desarrollo de la civilización occidental merece estudio, pero al presente no es posible un análisis de esta parte. Hay indicaciones, sin embargo, de que el diezmo fue básico para las reformas sociales y eclesiásticas, para la educación y la beneficencia, y que el diezmo fue un factor principal en los cambios y progresos sociales. Algunos puritanos ingleses no estaban contentos del todo con la forma establecida del diezmo como parte de un establecimiento estancado, pero el hecho de que voluntariamente dieron diezmos y ofrendas fue responsable por la extensiva reformulación de la sociedad inglesa[24].

En los Estados Unidos de América, especialmente en Nueva Inglaterra, como parte del conservadurismo cristiano, del respeto al pasado y el radicalismo, el retorno a la raíz de los asuntos, por los peregrinos y puritanos, como también por otros colonos, había una adopción autoconsciente de la ley bíblica. La actitud la resumió mejor John Cotton en sus *Moses His Judicials*, cuando observó: «Mientras más la ley huele a hombre, más inútil»[25].

Significativamente, cuando Massachusetts en 1641 enmarcó sus leyes en términos de la interpretación inglesa y puritana de la ley bíblica, ese documento se llamó *Body of Liberties* [*Cuerpo de libertades*]. Dios, que llamó al hombre a servirle por la ley había hecho de esa ley la carta de libertad del hombre. Los puritanos tomaron muy literalmente las palabras de Isaías 33:22, que, como las citaban, decían: «Jehová es nuestro Juez, Jehová es nuestro Legislador, Jehová es nuestro Rey; Él nos salvará». El anterior sumario de la ley, de Cotton, había sido teórico; el *Body of Liberties* era bíblico en perspectiva, pero se aplicaba directamente a los problemas de la Colonia y de aquí que era un código práctico que se ocupaba de asuntos inmediatos[26]. Los eruditos a veces tienden a subestimar la fidelidad a las

---

23   George W. Keeton, *The Norman Conquest and the Common Law* (Ernest Benn, Londres, 1966), p. 221.

24   Ver W. K. Jordan, *Philanthropy in England, 1480-1660* (Russell Sage Foundation, Nueva York, 1959, 1964). En Escocia, hasta bien avanzado el siglo diecinueve, mensualmente los ancianos de la iglesia repartían «concesiones de bandeja Kirk» a los pobres, de acuerdo a H. C. Preston MacGoun, *The Elder and His Wife* (T. N. Foulis, Londres, n.f.), p. 11. Mientras tanto, las pobres leyes civiles habían producido, de 1536 a 1834 una crisis permanente en Inglaterra. Se produjo un problema crónico de desempleo mediante el auxilio a los pobres, y, debido a que el salario subestándar se suplementaba con auxilio civil, los patronos se sentían libres para pagar poco y por consiguiente agravaron el problema social (Henry Hazlitt, «The Poor Laws of England» [«Las leyes de pobres en Inglaterra»], en *The Freeman*, vol. 21, no. 3 [marzo, 1971], pp. 137-146). La solución al problema en 1834 tomó prestadas algunas de sus ideas del patrón antiguo puritano y fue una parte de las reformas introducidas por el movimiento evangélico.

25   W. C. Ford, «Cotton's Moses His Judicials» [«Moisés sus judiciales, de Cotton»], en *Massachusetts Historical Society, Proceedings* (Series 2), vol. XVI (1902), p. 184.

26   Para el texto del *Body of Liberties*, ver Richard L. Perry y John C. Cooper, *Sources of Our Liberties* (American Bar Foundation, Nueva York, 1959), pp. 148-161.

Escrituras de las leyes de Massachusetts, y Powers, que a veces da muestras de eso, con todo provee abundante evidencia del carácter bíblico de la ley. Un Comité de la Corte General repudió el «Código judío» en 1851, pero es obvio que había estado vigente antes[27].

Cuando los legisladores pasaron a aspectos no cubiertos por la ley bíblica, lo hicieron «según las Reglas más Generales de Justicia», como lo dicen claramente las Leyes de la Colonia de New Haven:

Este Tribunal enmarca, primero con todo cuidado y diligencia de tiempo en tiempo proveer para el mantenimiento de la pureza de la religión, y suprimir lo contrario, Según su mejor Luz, y direcciones de la Palabra de Dios.	1. Sal 2:10, 11, 12 1 Ti 2:2.
En segundo lugar, aunque humildemente reconocen que el poder Supremo de hacer leyes, o de repelerlas, le pertenece solo a Dios y que por Él este poder es dado a Jesucristo como mediador, Mt 28:19, Jn 5:22, y que estas leyes para santidad y justicia ya están hechas, y se nos dan en las Escrituras, que en cuestiones morales, o de equidad moral, no las puede alterar el poder humano, ni autoridad, *Moisés* solo le mostró a *Israel* las leyes, y estatutos de Dios, y el *sanedrín,* el tribunal más alto entre los judíos, debía acatar esas leyes. Sin embargo los gobernadores civiles, y tribunales, y este Tribunal General en particular (siendo constituido por hombres libres como antes) son los ministros de Dios para el bien del pueblo, y tienen poder para declarar, publicar y establecer, para las plantaciones dentro de su jurisdicción, las leyes que ha hecho, o que haga, y repeler órdenes por asuntos menores, no particularmente determinados en las Escrituras, Según las Reglas más Generales de Justicia, y mientras estas estén vigentes, requerir la debida ejecución de las mismas[28].	2. Is 33:22 Dt 5:8 Dt 17:11 Ro 13:4

Precisamente porque los abogados, tribunales y eruditos de hoy por lo general son humanistas radicales y anticristianos, hay por lo común una hostilidad hacia todo reconocimiento de la naturaleza bíblica de la herencia legal de la civilización occidental. Por el contrario, el esfuerzo es desmantelar esa estructura legal y reemplazarla con una ley humanista.

---

27   Edwin A. Powers, *Crime and Punishment in Early Massachusetts 1620-1692, A Documentary History* (Beacon Press, Boston, 1966), p. 315. Ver también George Lee Haskins, *Law and Authority in Early Massachusetts* (Macmillan, Nueva York, 1960).

28   *New-Haven's Settling in New-England, And some Lawes for Government* (Londres, 1656), en Charles Hoadly, editor, *Records of the Jurisdiction of New Haven, From May, 1653, to the Union* (Case, Lockwood, & Co., Hartford, 1858), p. 569.

Tal desafío no es nuevo. Se ha intentado repetidas veces a través de los siglos, y uno de esos esfuerzos culminó en la tiranía del Renacimiento. La fuerza de la ley bíblica entonces ha ido menguando. Algunos aspectos de esa ley han retenido mayor fuerza que otros. La ley penal ha sido en gran medida producto de las exigencias bíblicas. Las observancias dietéticas muy continuamente han perdido su fuerza en la mayoría de aspectos en cuanto tiene que ver con el cerdo y los mariscos, y la carne de caballo en Francia, aunque retiene su fuerza para algunos. La conversión afecta menos fácilmente la dieta que otros aspectos de la vida de las personas, debido a que la dieta está por lo general íntimamente ligada a las limitaciones económicas de una sociedad. Todavía más, con el paso de los siglos, la fidelidad más estricta de los judíos tiende a condenar las leyes dietéticas conforme surgen los sentimientos antijudíos. A diferencia de los bárbaros convertidos al cristianismo, las comunidades judías representaban un nivel moral y cultural más alto.

Se debe recordar que los sajones, por ejemplo, practicaron el sacrificio humano hasta que, después de veinte años de guerra, Carlomagno los derrotó y los obligó a bautizarse en 782 a fin de romper el vínculo con las prácticas paganas repulsivas. Solo mediante la colocación de los sajones bajo el signo del Dios de las Escrituras, cuya ira se manifestaría contra los que practicaban tales ritos como el sacrificio humano, se hizo una ruptura con el pasado. Su conversión forzosa abrió a los sajones y a otros pueblos a la civilización, pero su nivel de logro estuvo claramente por debajo del de los judíos por algunos siglos. Pocas cosas detesta más la gente que la superioridad de otros. Las hostilidades, pues, eran reales. De nada ayudaba el hecho de que los judíos, como comerciantes, a menudo traficaban con esclavos cristianos. (Como dueños de esclavos, los judíos eran vulnerables, pues, por ley, un esclavo propiedad de un judío ganaba su libertad si se hacía cristiano).

La hostilidad hacia los judíos se volvió hostilidad en muchos casos a las leyes kosher, y muchos a veces se deleitaron tratando de hacer ritualmente impuros los vinos judíos. La falta de un conocimiento de las Escrituras debido al analfabetismo promovió la división y agravó la ignorancia de muchas ordenanzas bíblicas.

Además, con el paso del tiempo la interpretación de algunas leyes se volvió eclesiástica en vez de social. Por ejemplo, el sabbat, muy claramente ordenado para reposo, llegó cada vez más a querer decir adoración y la iglesia; una aplicación secundaria llegó a ser el énfasis y significado primarios. El requisito del descanso, un descanso en el Señor, es todavía crucial en las Escrituras. Quiere decir reposo para el hombre, sus animales de trabajo y la tierra; en este sentido, las iglesias sabáticas más estrictas delinquen en su observancia del sabbat. La ley del sabbat todavía es necesaria para el hombre, como también toda la ley, y su observancia es obligatoria para la salud de la sociedad. La iglesia, que en un aspecto tras otro ha ido abandonando la Ley de Dios, o la ha reducido a un interés puramente eclesiástico o moral, ha llevado a la sociedad a su abandono. John Cotton tenía razón:

«Mientras más una ley huele a hombre, más inútil». La ley humanista ha conducido al caos y a la crisis social. Es tiempo de volver de nuevo con los puritanos a las palabras de Isaías 33:22: «El SEÑOR es nuestro Juez, el SEÑOR es nuestro Legislador, el SEÑOR es nuestro Rey; él nos salvará».

El hombre humanista busca salvación del hombre, a veces mediante la política y el estado, y otras veces mediante el anarquismo. Pero el anarquismo conduce al colapso social y la guerra, y el estado, que refleja el pecado del hombre, solo puede complicarlo. El padre Francis Edward Nugent ha citado, siguiendo a Fulton Lewis (nieto), la corrupción de los miembros del Congreso, y ha añadido:

> Las legislaturas estatales no están menos abiertas a lo bajo y corrupto; considere a la desdichada New Hampshire en donde la Cámara de Representantes actual incluye a un hombre al que se le declaró culpable de usar el correo para defraudar, otro que fue detenido por robarse una ambulancia mientras estaba bajo la influencia del licor y un tercero al que se le declaró culpable de violación estatutaria de una muchacha de 15 años mentalmente retardada[29].

Por supuesto, con la declinación creciente de la moralidad pública y privada, ningún arreglo de hombres o instituciones políticas puede traer alivio. La maldad está primordialmente en el hombre, y en sus instituciones y medio ambiente en tanto y en cuanto reflejan su naturaleza. El Rabsaces tenía razón con referencia a Egipto: «He aquí que confías en este báculo de caña cascada, en Egipto, en el cual si alguno se apoyare, se le entrará por la mano y la traspasará. Tal es Faraón rey de Egipto para todos los que en él confían» (2 R 18:21). El futuro no está en las políticas de manos perforadas sino en el Dios soberano y trino y su ley absoluta.

---

29   Father Francis Edward Nugent, in *Christendom*, febrero 1971, p. 3n.

APÉNDICES

1. El Nuevo Testamento como Ley

Según H. L. Hoeh la iglesia por algún tiempo no celebró la Pascua moderna, sino la Pascua judía como su Pascua cristiana anual (o comunión), y el festival de Resurrección fue según la fecha de la Pascua, independientemente del día en que cayera[1]. Hay bien poca evidencia de que la iglesia primitiva continuara celebrando la Pascua y hallando en el Antiguo Testamento el requisito del Nuevo Testamento. Bingham da evidencia de que la iglesia primitiva en efecto observó «la Pascua, o el festival Pascual», al mismo tiempo que la Pascua judía[2]. El Venerable Bede citó reprensiones papales del siglo VII a los escoceses por continuar observando la Pascua hebrea como la única ocasión válida para «guardar la Pascua de Resurrección»[3]. La hostilidad entre cristianos y judíos ayudó a separar las dos observancias, y la apostasía de algunos cristianos al judaísmo[4] promovió más la ruptura con la ley. Una «Epístola a Diogeneto» anónima da un ejemplo excelente de esta hostilidad, y de la seriedad del problema para algunos religiosos del día:

> Cap. IV. Pero sobre su escrupulosidad en cuanto a carnes, y su superstición respecto a los sabats, y su jactancia en cuanto a la circuncisión, y sus ideas peregrinas en cuanto a ayunos y lunas nuevas, que son completamente ridículas e indignas de notarse, no pienso que necesitas aprender algo de mí. Porque, aceptar algunas de estas cosas que Dios ha formado para uso de los hombres como formadas apropiadamente, y rechazar otras como inútiles y redundantes, ¿cómo puede ser lícito? Y decir cosas falsas de Dios, como si Él nos prohibiera hacer lo que es bueno en los días del sabbat, ¿cómo puede ser impío? Y gloriarse en la circuncisión de la carne como prueba de la elección, como si, por razón de ella, fueran especialmente amados por Dios, ¿cómo no va a ser ridículo? Y en cuanto a observar meses y días, como si se esperara a las estrellas y a la luna; y su distribución, según sus tendencias, de las designaciones de Dios, y de las vicisitudes de las estaciones, algunos para festivales, y otros para aflicción, ¿quién consideraría esto una parte de la adoración divina, y no más bien una manifestación de necedad? Supongo, entonces, que estás suficientemente convencido de que los cristianos, absteniéndose como

---

1   Herman L. Hoeh, «Four Thousand Years of Easter« [«Cuatro mil años de Pascua»], en *Tomorrow's World* vol. III, no. 3 (marzo 1971), pp. 42-46.

2   Joseph Bingham, *The Antiquities of the Christian Church,* vol. II, lib. XX, cap. V, sec. 1-4.

3   The Venerable Bede. *The Ecclesiastical History of the English Nation* (J. M. Dent, Londres, 1913, 1939), II, 19; p. 100.

4   Bingham, *op. cit.,* II; lib. XVI, cap. VI, sec. 1-3.

es debido de la vanidad y error comunes (tanto para judíos y gentiles), y de los espíritus entremetidos y fanfarronería vanas de los judíos; pero no debes esperar aprender el misterio del modo peculiar de adorar a Dios de ningún mortal[5].

Hubo más mucho más en este sentido: esfuerzos por desanimar ridiculizando la obediencia cristiana a las prácticas del Antiguo Testamento, y desalentar la asistencia de los cristianos *tanto* a la iglesia *como a* la sinagoga, costumbre que Bingham notó. Es muy obvio que los cristianos no estaban solo guardando las leyes de la dieta, sino también observando las leyes del sabbat y la circuncisión. Evidentemente, aunque la iglesia tuvo algunos problemas con el antinomianismo, también muchos miembros anhelaban guardar toda la ley de Dios sin ninguna separación de las prácticas hebreas.

La razón se ve con facilidad La literatura apostólica de buen grado recalcaba la ley[6]. En *Bernabé* leemos:

Suelta toda cadena de injusticia, desata las ataduras de los acuerdos extraídos por la fuerza. Libera a los desvalidos con perdón, y rompe todo contrato injusto. Distribuye tu comida al hambriento, y si ves alguno desnudo, vístelo. Lleva al indigente a tu casa, y si ves alguien de situación baja, no lo menosprecies ni (menosprecies) a nadie de tu propia casa. [...] Da tu pan al hambriento sin hipocresía, y ten misericordia de la persona de situación baja[7].

Además, *Bernabé* recalcó el hecho de que «los cristianos han recibido *el* pacto (no un *nuevo* pacto) a través de Jesús», para citar las palabras de Kraft[8]. El pacto seguía siendo el mismo, pero había un «nuevo pueblo» en sustitución del antiguo[9]. Al hablar de la tipología de la circuncisión, *Bernabé* no la rechazó como tal; solo dijo «que la circuncisión es cuestión de entendimiento y obediencia» (Kraft)[10]. Al hablar de las restricciones alimenticias del Antiguo Testamento, *Bernabé* otra vez se preocupa por la tipología. En efecto, condena a Israel por creer que el significado esencial de las leyes dietéticas es de verdad «comida» antes que significado espiritual, pero no puede llamar bueno lo que tipológicamente significa maldad,

---

5   «The Epistle to Diognetus» [«Epístola a Diogeneto»], en *Ante-Nicene Christian Library*, vol. I, *The Apostolic Fathers* (T. & T. Clark, Edinburgh,1867), p. 306s.

6   «The First Epistle of Clement» [«Primera Epístola de Clemente»], en *ibid.*, cap. I, II, XXI, pp. 8s., 22s.

7   «Barnabas» [«Bernabé»], III:3, 5; en Robert A. Kraft, *The Apostolic Fathers, A New Translation and Commentary*, vol. 3, *Barnabas and the Didache* (Thomas Nelson & Sons, Nueva York, 1965), p. 86s.

8   *Ibid.*, p. 90s.

9   *Ibid.*, V, 7, p. 94.

10   *Ibid.*, IX:I-X:12, pp. 106-109.

o viceversa[11]. La *Didaqué* dice del asunto: «Ahora, respecto a los alimentos, observa las tradiciones lo mejor que puedas»[12]. Esto no es un abandono; obedece la exigencia paulina de que las leyes dietéticas no se usen para producir una barrera con los que no son creyentes a quienes se está evangelizando, sino más bien que se observen cómo consejo santo.

La tipología, adicionalmente, recalcaba la importancia de la ley original y, a pesar de la desaprobación, la ley original en realidad nunca desapareció. La circuncisión fue reemplazada por el bautismo, pero la circuncisión se ha practicado extensamente «por razones médicas» lo que tiene una autoridad semibíblica. Los esfuerzos por revivir el sabbat hebreo han sido comunes a través de los siglos, así como también los esfuerzos por transferir al sabbat cristiano los rigores hebreos.

Dos impulsos, pues, han sido un factor continuo. *Primero,* la hostilidad al judaísmo ha conducido a la hostilidad a la ley, y a un rechazo de una parte o la totalidad de la Ley, o sea, al antinomianismo en diferentes grados; *segundo,* un respeto a las Escrituras como la Palabra de Dios ha llevado a una renuencia a ver cualquier aspecto de la Ley como sobreseído por la venida de Cristo o alterado por su reinterpretación. Como resultado, un énfasis del Antiguo Testamento ha ocurrido a veces, y se han conservado las prácticas en su forma anterior al Nuevo Testamento.

Negar que el sabbat hebreo todavía nos gobierne no es abandonar el sabbat. Negar la circuncisión como rito del pacto no necesita opacar sus valores médicos. Reconocer el carácter fundamental y la autoridad de la Ley en efecto requiere que se entienda la ley según las Escrituras. Los mismos Evangelios se veían en los primeros siglos como libros de la ley, puesto que eran las palabras de un Rey. Como Derrett lo ha señalado, el *Milindapanha,* libro budista de alrededor del año 150 d.C., citaba los Evangelios y las palabras de Cristo sobre los impuestos (Mt 17:24-27) como precedente legal en el Lejano Oriente[13]. La palabra del rey siempre es una palabra de ley, y como tal es una parte inevitable del cuerpo legal. Por los testimonios milagrosos dados a los apóstoles, esa palabra y poder reales se declaró que también estaba en ellos. Por tanto, todo el Nuevo Testamento habla como un todo de esa Ley dada en el Antiguo Testamento.

Es este aspecto de realeza lo que se ha descuidado en años recientes, porque la realeza en el Estado moderno es en gran parte decorativa antes que operativa. El poder antiguo del rey, sin embargo, era inseparable de su poder para dictar leyes. Su palabra literalmente era ley. El que Jesús afirme que es el Mesías Rey de todo el mundo quiere decir que considera su palabra como ley ineludible. Para los convertidos en el mundo de la antigüedad, la palabra de Cristo era ley, y menospreciar

---

11   *Ibid.,* 10:1-12; pp. 109-114.
12   *Ibid.,* «Didache» [«Didaqué»], 6:3; p. 163.
13   John Duncan Martin Derrett, *Law in the New Testament* (Darton, Longman & Todd, Londres, 1970), p. 255.

la ley de un rey era un delito serio. Incluso el ladrón en la cruz tuvo confianza en la palabra de ley de ese Rey (Lc 23:39-43), y su confianza quedó registrada por Cristo y el hombre. El hecho de que este Rey pusiera su autoridad detrás de la ley mosaica (Mt 5:17-19; Lc 16:17) hizo difícil que la iglesia marginara esa ley. Como resultado, la persistencia de la clase más estricta de observancia persistió en muchos sectores de la iglesia por siglos.

Referencia se ha hecho a la práctica de muchos cristianos de asistir tanto a la sinagoga como a la iglesia, y de observar el sabbat judío y el sabbat cristiano. El sínodo de Laodicea, 348-381 d.C., se refirió a esta práctica en el Canon XXIX:

> Los cristianos no deben judaizar descansando el sabbat, sino que deben trabajar en ese día, y más bien honrar el Día del Señor; y, si pueden, descansar entonces como cristianos. Pero si se hallara que alguno es judaizante, que sea anatema de Cristo[14].

Este canon no solo revela la práctica que continuaba, sino que también refleja el cambio en la observancia del sabbat que anotó San Pablo. «Si pueden», los cristianos deben descansar, pero su vida bajo un estado y economías extranjeros hacían tal observancia a veces, o por lo general, imposible. La fuerza de la ley, sin embargo, era suficientemente fuerte entre los cristianos que muchos erraban en el lado de la obediencia al observar el sabbat judío y el cristiano.

Es interesante también la respuesta de Timoteo, obispo de Alejandría, en el Primer Concilio de Constantinopla, 381 d.C., a la Pregunta XIII de una serie de preguntas que se le plantearon:

> ¿Cuándo deben un hombre y su esposa abstenerse del acto conyugal?
> *Respuesta:* El sábado y el Día del Señor; porque en esos días se ofrece el sacrificio espiritual[15].

La fuente de esta regla es Éxodo 19:5, mandamiento que estaba destinado a prevenir en la religión bíblica toda confusión con las prácticas del culto de la fertilidad cuando se dictó la ley. Una vez más tenemos una ilustración de la creencia, aunque mal aplicada a veces, de que la ley todavía era obligatoria para los creyentes.

2. Las implicaciones de 1 Samuel 8

Primero de Samuel 8 ha sido un capítulo popular desde que la civilización occidental rechazó la monarquía como forma de gobierno, y se ha usado como evidencia de una perspectiva antimonárquica en la Biblia. Los que disienten de esta

---

14   H. R. Percival, *The Seven Ecumenical Councils*, p. 148.
15   *Ibid.*, p. 613.

opinión escudriñan las Escrituras buscando un punto de vista pro monárquico, o ven evidencia de ambas opiniones.

Pero, ¿es el punto principal de este capítulo la monarquía? ¿No es más bien el rechazo del gobierno de Dios a favor del gobierno de los hombres? El Señor le dijo a Samuel: «No te han desechado a ti, sino a mí me han desechado, para que no reine sobre ellos» (1 S 8:7). Se ve a las claras que Dios vio la decisión de Israel como primordial y esencialmente un rechazo de su gobierno. Es más, el rechazo era esencialmente religioso, y era un rechazo cualquiera que fuera la forma del gobierno civil que Israel escogiera. «Conforme a todas las obras que han hecho desde el día que los saqué de Egipto hasta hoy, dejándome a mí y sirviendo a dioses ajenos, así hacen también contigo» (1 S 8:8). Entonces, sea que Israel escogiera una monarquía, república, democracia, dictadura, o cualquier otra forma de gobierno civil, era un abandono de Dios. Al escoger a un rey, abiertamente estaban haciendo lo que repetidas veces habían hecho en el período de los jueces. Un rey piadoso podía restaurar el gobierno de Dios, como David y otros hicieron, pero el propósito esencial de la nación al exigir un rey era ser gobernados como las demás naciones (1 S 8:5, 20). La queja contra los hijos de Samuel no era una demanda de reforma (vv. 1-5); la corrupción de los hijos de Samuel fue una excusa para su exigencia de un gobierno centralizado y un gobernante guerrero profesional y sus hombres armados (v. 20). Era el abandono del orden legal de Dios por uno humanista.

Por mandato de Dios, Samuel repasó las implicaciones del nuevo orden (vv. 11-17). La clave en este repaso es, *primero,* la nueva forma de tributo, que sería un tributo que tomaría a los hijos e hijas por conscripción, campos, productos, ganado y criados. *Segundo,* se cita el diezmo y se les dice que los impuestos de su nuevo orden será un diezmo implacable de capital y de ingresos.

Aquí tenemos lo esencial de la diferencia entre los dos órdenes. El gobierno de Dios cobraba solo el impuesto o tributo por cabeza para el gobierno civil (Éx 30:11-16), y multas tal vez; el resto de las funciones del gobierno se financiaban con el diezmo, asegurando con ello una sociedad descentralizada, así como una sociedad gobernada por los principios santos y por el impuesto de Dios.

A menos que veamos este capítulo como el rechazo formal del orden legal de Dios por otro orden legal, perdemos el significado de este acontecimiento central y revolucionario. El pueblo rechazó el gobierno de Dios (vv. 19-20), y frente a la clara advertencia de Dios de que él los rechazaría (v. 18). Aunque intentaron mantener una lealtad formal a Dios, en realidad le habían rechazado. Era posible para ellos tener un rey y retener la ley de Dios, como bien Samuel lo dijo (1 S 12:14-15); la clave era no ser rebeldes «a las palabras de Jehová», o sea, mantener la ley de Dios como la ley del orden social.

El cautiverio vino, declaró Jeremías, porque la nación había abandonado la ley de Dios, y se decretaron setenta años de cautiverio para darle a la tierra los sabats que se le negaron (Jer 25:9, 10; 29:10). Ball escribió de la declaración similar en 2 Crónicas 36:21:

> No tenemos ningún derecho de forzar las palabras del escritor sagrado en el sentido de asumir que quieren decir que cuando los caldeos se apoderaron de Jerusalén se habían negado exactamente setenta años sabáticos, es decir, que la ley en este respecto no se había observado durante 490 años (70 × 7), ni una sola vez desde la institución de la monarquía en Israel (490 + 588 = 1078)[1].

Aunque Ball piense otra cosa, no tenemos derecho a negar que esto sea exactamente lo que Jeremías y el cronista nos están diciendo, cuando claramente lo dicen así. Se nos dice que, con la monarquía, se abandonaron los sabbats de la tierra. La implicación de 1 Samuel 8 es que el diezmo también se estaba abandonando, porque se les advierte que el impuesto estatal constituiría otro diezmo, y mucho más amplio.

Así que, mientras que Israel pretendía ser «moral», al condenar el adulterio, el asesinato y el robo, también tenía la intención de abandonar la ley de Dios como la regla absoluta y gobernante para el hombre y la sociedad. El cronista nos dice el precio que pagaron por ello.

3. Mayordomía, inversión y usura: La financiación del reino de Dios

por Gary North

> Espero que nunca haya queja de que los ministros del evangelio, por un silencio pecador, sean cómplices de las transgresiones, que *niegan la doctrina de Dios nuestro Salvador,* entre un Pueblo que tiene singulares obligaciones de *adornarla.* No debe haber queja de que los ministros se confinen tanto a predicar la *fe y arrepentimiento,* que el pueblo se olvide de la *honestidad moral* por alguna falta nuestra.
>
> Cotton Mather
> *Fair Dealing between Debtor and Creditor* (1716).

La cuestión de la usura es un asunto que ha desafiado las habilidades exegéticas de los comentaristas cristianos durante 2 000 años. Una considerable proporción de las obras dedicadas a la aplicación práctica de los principios cristianos —casuística— se dedicó a este asunto, desde el siglo 12 hasta el 17. Antes de la era cristiana, líderes y profetas hebreos lucharon contra la constante presión de la usura. Los

---

1   C. J. Ball, «II Chronicles» [«2 Crónicas»], en Ellicott, III, 453.

profetas de antes y de después del cautiverio advirtieron a sus contemporáneos contra las violaciones continuas de las ordenanzas mosaicas respecto a los préstamos. Jeremías, al condenar a sus hermanos por la persecución de que era objeto, señaló su inocencia del delito de la usura: «Nunca he dado ni tomado en préstamo, y todos me maldicen» (Jer 15:10b). Nehemías advirtió a los gobernantes de su día que no le exigieran al pueblo de Dios intereses de usura, porque estaban agobiados por la asolación de la hambruna y los costos de redimir a sus hermanos de la esclavitud (Neh 5:1-13). Los gobernantes fueron lo suficiente sabios para prestar atención a su advertencia, llegando incluso a devolver capital e interés a los deudores (5:11-12). Es improbable que este ejemplo se siga en nuestros iluminados círculos cristianos modernos.

Usura, interés y caridad

La prohibición de la usura según aparece en la ley mosaica se refiere específicamente al hermano pobre: «Cuando prestares dinero a uno de mi pueblo, al pobre que está contigo» (Éx 22:25); «Y cuando tu hermano empobreciere...» (Lv 25:35). Era legítimo cobrar por encima de la suma prestada al extranjero religioso (Dt 23:20). Una décima parte de esta ganancia entonces se daba como diezmo a Dios, y así se le cobraba al no regenerado, por lo menos, una porción del diezmo que todos los hombres le deben a Dios. Como esclavo del pecado, el extranjero no estaba protegido de la esclavitud impuesta al pobre por un contrato usurero. Pero al hermano hebreo pobre este hermano prestamista debía mostrar misericordia; el acreedor no podía cobrar legítimamente nada aparte del dinero o bienes originales (Lv 25:37).

Históricamente, estas restricciones no se reconocieron como obligatorias de parte de la comunidad hebrea. Las violaciones continuas de todos los aspectos de la ley mosaica trajeron castigos a la nación. Dios no los había dejado sin advertencia:

> [El] que no prestare a interés ni tomare usura; que de la maldad retrajere su mano, e hiciere juicio verdadero entre hombre y hombre, en mis ordenanzas caminare, y guardare mis decretos para hacer rectamente, éste es justo; éste vivirá, dice Jehová el Señor. ... [El que] prestare a interés y tomare usura; ¿vivirá éste? No vivirá. Todas estas abominaciones hizo; de cierto morirá, su sangre será sobre él (Ez 18:8-9, 13).

La definición de la usura es precisamente bíblica: *toda ganancia que se le cobra al pobre por haberle dado un préstamo*. No hay ninguna evidencia bíblica, ni los casuistas cristianos en general lo han argumentado, de que la prohibición restringiera el interés que se recibía en préstamos comerciales, siempre que el que prestaba participara de los riesgos del fracaso junto con el que tomaba prestado.

Esta interpretación de la prohibición de la usura fue básica en las exposiciones de los casuistas medievales y los primeros protestantes[1]. Al participar en el riesgo de una empresa con fines de lucro, el que prestaba tenía el derecho de participar en una porción de la ganancia. El problema para los casuistas vino solo cuando el que prestaba tenía garantizado un pago de su inversión independientemente del éxito o fracaso de la empresa[2].

A la prohibición de la usura, según aparece en la Biblia, se le une a la vez una exigencia de que los hombres piadosos presten a todos los hermanos en circunstancias verdaderamente apremiantes (Dt 15:7ss). Este requisito, si se respetara universalmente, ejercería un impacto definitivo en el mercado ilícito e inmoral de la usura. Las personas en situaciones de emergencia tendrían acceso a más dinero y bienes de los que podrían haber tenido a su disposición si Dios nunca hubiera dado el requisito de prestar. A los cristianos con fondos extra se les trae al mercado de préstamos de emergencia aparte del incentivo económico. Con más fondos

---

1　J. Gilchrist, *The Church and Economic Activity in the Middle Ages* (St. Martin's, Nueva York, 1969), pp. 65s. Cf. John T. Noonan, *The Scholastic Analysis of Usury* (Harvard University Press, Cambridge, Mass., 1957), pp. 40, 41, 46, 59, 136. Como Noonan muestra, la aceptación a fines del siglo XV por los teólogos católicos romanos de la validez del *contractus Trinus* —una asociación en la cual un socio asumía todos los riesgos de fracaso y pagaba al otro una cantidad fija de un préstamo, independientemente del fracaso o éxito de la empresa— destruyó las objeciones medievales a la usura. Uno de los defensores de este contrato latitudinario fue Juan Eck, sicario contratado por la firma bancaria alemana de Fuggers, y el opositor teológico más notorio de Martín Lutero. Fue contra esta liberalización de la prohibición de la usura que Lutero reaccionó tan vehementemente. Ver Martín Lutero, «Trade and Usury» [«Comercio y usura»] (1524), en *Luther's Works* (Muhlenberg Press, Filadelfia, 1962), vol. 45, pp. 249-305. Noonan traza la liberalización de la legislación de la usura en un ensayo conciso, «The Amendment of Papal Teaching by Theologians» [«La enmienda de la enseñanza papal por los teólogos»]," en (improbablemente) Charles E. Curran ed., *Contraception: Authority and Dissent* (Herder & Herder, Nueva York, 1969), pp. 41-75. Sobre la actitud tradicional, conservadora, semi-medieval de los pensadores calvinistas, ver Charles H. George, «English Calvinist Opinion on Usury, 1600-1640» [«Opinión de los ingleses calvinistas sobre la usura, 1600-1640»], *Journal of the History of Ideas,* XVIII (1957), 455-474. Richard Baxter, en su voluminoso estudio, *A Christian Directory* (1673), empezó un aflojamiento de prohibiciones anteriores. Sostenía la posición bíblica: el hermano pobre no debía pagar interés, pero se podía cobrar interés de alguien que lucraba de los fondos prestados. Baxter, *Chapters from A Christian Directory,* editado por Jeanette Tawney (Bell, Londres, 1925), pp. 119ss., 130-131. Como Richard Schlatter escribe: «Los teólogos de la restauración no tuvieron contribución revolucionaria que hacer al debate de prestar y tomar prestado». Schlatter, *The Social Ideas of Religious Leaders, 1660-1688* (Oxford University Press, Londres, 1940), p. 217. Los contemporáneos se perdieron la sutileza de Baxter.

2　Esto, por supuesto, era el tipo de arreglo establecido por el *contractus trinus.* Es la esencia del contrato bancario moderno: una tasa de interés fija, garantizada, compuesta. Es imposible garantizar tales ganancias en períodos largos de tiempo, puesto que las ganancias no están garantizadas en este mundo, y por consiguiente una tasa asegurada de interés es fraudulenta. El banco a la larga quebrará, o de otra manera pagará en papel moneda depreciado. Cf. Gary North, «The Theology of the Exponential Curve» [«Teología de la curva exponencial»], *The Freeman,* mayo, 1970, pp. 305-306. Esta revista la publica mensualmente, sin costo de suscripción, la Foundation for Economic Education, Irvington-on-Hudson, Nueva York, 10533.

disponibles, las demandas de los prestatarios desesperados se pueden atender más fácilmente. Así, se obliga a que baje la tasa prevaleciente de interés en el mercado de usura; los que reciben los préstamos de caridad no tienen necesidad de entrar en el mercado de la usura, y su presencia por consiguiente no eleva las tasas en ese mercado ilícito. No están elevando la tasa de la usura porque sus necesidades son suplidas fuera de ese mercado.

Se debe recalcar, sin embargo, que la emergencia descrita por los pasajes pertinentes es una verdadera emergencia. Surge cuando a un pobre no le queda nada sino su túnica, e incluso eso se le puede exigir legítimamente como prenda durante el día (de esta manera se impide que el deudor use la prenda para conseguir préstamos múltiples). La emergencia es una situación de desesperación; los hombres y mujeres de fe no se endeudan por nada que sea menos que esto. «No debáis a nadie nada, sino el amaros unos a otros» es la regla obligatoria para todas las circunstancias que no son emergencia (Ro 13:8a). De los creyentes acomodados se requieren préstamos de *caridad;* los préstamos de *consumidor* sin intereses no se contemplan. Nadie los pediría, así que no había necesidad de que se requiriera que fueran sin intereses. Se daba por sentado que los préstamos de consumidor eran productos de una mentalidad esclava. Del esclavo ético, el extranjero, era legítimo cobrar interés. De los que no se consideraban esclavos se esperaba (y se espera) que presten oídos a las palabras de Salomón: «El rico se enseñorea de los pobres, y el que toma prestado es siervo del que presta» (Pr 22:7).

En la práctica, la tasa de interés, como todos los precios, es producto de la oferta y la demanda. En una economía no monetaria, reflejará la oferta y demanda de bienes y servicios; la presencia de moneda confunde el cuadro de alguna manera añadiendo otro factor a la ecuación; la oferta y demanda de dinero. El hecho de que estos dos aspectos estén presentes en una sola tasa de interés puede conducir a problemas prácticos muy concretos, es decir, al ciclo de inflación-depresión con auge y quiebra[3]. Para los propósitos de este ensayo, no es necesario abundar en este aspecto dual de la tasa de interés. El problema aquí es más sencillo: ¿Por qué las personas deben esperar tener alguna ganancia por encima del capital prestado, y por qué hay otros que están dispuestos a pagarla?

Este problema tan teórico ha dejado perplejos a los economistas durante siglos. Los economistas profesionales todavía no han llegado a un acuerdo completo sobre el tema, pero en los últimos cien años ha aparecido una solución general. Un hombre puede pedir una tasa de interés sobre su dinero o bienes prestados por tres razones. *Primero,* porque pierde el derecho de uso del dinero por un período dado de tiempo. Este es el llamado factor de *tiempo-preferencia,* también llamado

---

3   Ludwig von Mises, *Human Action* (Yale University Press, New Haven, Conn., 1949), cap. 20. La edición revisada de esta obra al presente la publica Henry Regnery Co., Chicago. Para una introducción a la literatura que respalda la teoría de Mises del ciclo de negocios, ver Gary North, «Repressed Depression» [«Depresión reprimida»], *The Freeman,* abril, 1969.

tasa originaria de interés. El uso de un bien ahora mismo es más valioso para una persona que la promesa de uso de ese bien en un tiempo futuro (dando por sentado que los gustos no cambian, por supuesto). Toda persona racional *descuenta* el valor de los bienes económicos futuros. Los hombres son mortales; están sujetos a la carga del tiempo. Todo hombre pone una prima al uso de su riqueza con el tiempo; no perderá voluntariamente el derecho a ese uso sin compensación. Su tiempo-preferencia personal fija su tasa de descuento por el disfrute de bienes y servicios futuros que su dinero pudiera comprar de inmediato. Esa tasa de descuento fija la tasa de interés que exigirá de alguien que quiere pedirle prestado su dinero. Debido a que el dinero vale mucho más ahora que la misma cantidad de dinero en el futuro (dando por sentado un poder adquisitivo estable para el dinero), algunos hombres están dispuestos a pagar para tener ahora acceso al dinero.

Una sociedad orientada al futuro exhibirá una tasa más baja de interés. Tales hombres no valoran el presente tan alto en términos del futuro; como resultado, la diferencia de precio entre el dinero presente y el dinero futuro se reduce. Esta es una avenida posible de investigación abierta para cualquiera interesado en explicar las tasas rápidas de crecimiento que Occidente experimentó en el siglo 19, especialmente el Occidente protestante. Una cultura orientada al futuro produce tasas más bajas de interés, y facilita a los empresarios capitalistas el acceso a fondos para el desarrollo económico[4].

El *segundo* componente de la tasa de interés es la *prima de riesgo.* El que presta sabe que tal vez no vea de nuevo su dinero. El que toma prestado puede ir a la quiebra, o puede huir con el préstamo. Para compensar al que presta por su riesgo —factor que se puede calcular con cierta precisión mediante técnicas estadísticas modernas— exige un pago por encima y más allá de su pago de tiempo-preferencia. Naturalmente, en una cultura que respeta el reclamo del acreedor, la prima de riesgo será más baja. La moralidad en efecto influye en la tasa de interés. Una sociedad que toma en serio la advertencia del salmista con respecto a pedir prestado y a prestar hallará una «póliza monetaria fácil» piadosa, y no una keynesiana, inflacionaria: «El impío toma prestado, y no paga; mas el justo tiene misericordia, y da» (37:21). El prestamista misericordioso, como ya hemos visto, ayuda a mantener bajas las tasas ilícitas de usura, y el prestatario honesto en un negocio ayuda a mantener baja la prima de riesgo. Las naciones cristianas que no se dejan seducir por el antinomianismo producirán un mercado negro más pequeño para préstamos (préstamos de emergencia, de usura) y una tasa más baja de interés para los préstamos comerciales.

El *tercer* factor es la *prima de inflación.* El que presta quiere que se le pague en dinero que compre tantos bienes como el dinero que prestó. En una sociedad

---

4   Sobre la distinción culturas de «clases altas» y culturas de «clases bajas» en términos de «orientación futura», vs. «mentalidad presente», ver Edward C. Banfield, *The Unheavenly City* (Little, Brown, Boston, 1970).

inflacionaria, el que presta añadirá una nueva exigencia: suficiente dinero para compensarle por la esperada caída en el valor de los medios de la nación en circulación. De nuevo, si una sociedad presta atención a la condenación de Isaías de la degradación de los metales preciosos (usados por los reinos antiguos como moneda), y si también acepta la ley mosaica contra las deudas múltiples (sofocando así la inflación producida por la banca de reserva fraccionaria moderna), no experimentará mucha inflación de precio[5]. Es más, una economía que se expande, con una oferta de dinero relativamente fija, producirá un nivel de precios que disminuirá gradualmente[6]. Podría disminuir lo suficiente para reducir la tasa de interés del *dinero* (aunque no la tasa real de interés en términos de poder adquisitivo). Una sociedad podría concebiblemente producir una tasa negativa de interés en el dinero si el valor del poder adquisitivo del dinero subiera a un ritmo más rápido que el ritmo registrado del mercado de tiempo-preferencia más la prima de riesgo. Si uno pudiera comprar *más* con el dinero recibido en el futuro, uno tal vez necesitaría pedir solo una cantidad *igual* de papel moneda o monedas en pago[7].

Con esto como trasfondo de la teoría de la tasa de interés, debería ser más fácil captar las implicaciones del *préstamo de caridad* que viene bajo la prohibición de la usura. El que presta enfrenta una pérdida segura en su préstamo. Primero, corre el riesgo asociado con préstamos a los pobres, porque no puede pedir un pago adicional como prima de riesgo añadida a la tasa de interés. Segundo, recibe de nuevo los bienes en el futuro, pero los bienes futuros tienen menos valor para el hombre que los mismos bienes al presente. Por consiguiente, pierde el uso de sus bienes por ese tiempo sin ninguna compensación. Recibe en pago bienes menos valiosos, porque ha perdido aquello que las criaturas no pueden restaurar: *tiempo*. Tercero, durante tiempos inflacionarios, también pierde el derecho del poder adquisitivo perdido si el préstamo es en términos de papel moneda, como lo sería

---

5   La degradación de la moneda se prohíbe en Isaías 1:22; cf. Gary North, «The Sin of Debased Currency» [«El pecado de la moneda degradada»], *Christian Economics,* oct. 31, 1967, p. 4. Se prohíbe la banca de reserva fraccionaria, puesto que es una manifestación especial de deuda múltiple; más deudas pendientes que recursos para atender esas obligaciones contrademanda si todas se presentara simultáneamente. La deuda múltiple se prohíbe en Éx 22:25ss; el vestido tomado como prenda por el que presta no puede por consiguiente el que toma prestado usarlo para obtener préstamos de otros.

6   Gary North, «Downward Price Flexibility and Economic Growth» [«Flexibilidad descendente de precio y crecimiento económico»], *The Freeman,* mayo, 1971. Cf. Mises, *The Theory of Money and Credit* (Yales University Press, New Haven. Conn., [1912] 1953), p. 417; F. A. Hayek, *Prices and Production* (Routledge & Kegan Paul, London [1931] 1960), p. 105.

7   Los gobiernos siempre están inflando la oferta de dinero, así que este no es un enunciado sujeto a verificación histórica en tiempos modernos. Sin embargo, la tasa de interés en bonos federales casi libres de riesgo durante la década de los 30 cayó tan bajo como a la mitad del uno por ciento en los Estados Unidos de América. Con los precios cayendo, el desempleo aumentando, negocios fracasando, el dinero aumentó en poder adquisitivo. Así, la tasa de interés del dinero cayó casi a cero. Muchos inversionistas consideraban más seguro comprar un bono del gobierno que tener dinero en efectivo.

normalmente. Por consiguiente asume dos, o posiblemente tres, costos del préstamo. Hasta ese punto llega su caridad. Sufre una pérdida por amor a su hermano
necesitado. Dios le requiere esta pérdida.

Mayordomía, inversión y caridad

El concepto de mayordomía cristiana es un postulado fundamental del orden
social cristiano. La Biblia declara que Dios es el dueño soberano de toda la Creación[8]. Delegó la responsabilidad del cuidado de la tierra a Adán, cabeza representante de la Humanidad (Gn 1:28). Por toda la Biblia al hombre se le advierte
que ejerza dominio sobre la tierra en términos de las exigencias de Dios; el orden
legal de Dios es el medio por el cual el hombre debe sojuzgar a la tierra. Cualquier desviación de este orden legal implica al hombre en rebelión contra Dios y
la destrucción de la propiedad de Dios. Al gran enemigo de Dios, Satanás, se le
muestra en la parábola de la cizaña como el que viola las reglas de la siembra a fin
de desafiar a Dios y trastornar Su plan (Mt 13:24ss). La parábola del labrador que
preparó su viña y luego la entregó a criados que demostraron ser ladrones infieles
indica la hostilidad de Dios contra los que violan sus derechos de propiedad (Mt
21:33ss). El mayordomo fiel es el que trata con respeto el universo de Dios, y lo
hace florecer y crecer en productividad. Es el que invierte sabiamente el dinero
de su Señor, logrando un lucro honrado, ampliando el valor de los bienes que
se le han confiado (Mt 25:14ss)[9]. Sin embargo también es un hombre que será
misericordioso en sus tratos con otros, así como Dios ha sido misericordioso con
él (Mt 18:23ss).

La mayordomía fiel, por consiguiente, incluye al menos lo siguiente: (1) reconocimiento de la soberanía de Dios sobre su creación; (2) obediencia al orden legal
que Dios ha establecido para el gobierno de su creación; (3) una administración
productiva, fructífera, de la vocación o llamamiento de uno; (4) el reconocimiento de la legitimidad del diezmo, en teoría y práctica; (5) el dar voluntariamente
limosnas en una base selectiva, santa[10]. La mayordomía se puede resumir en dos

---

8   Lv 25:23; Sal 24:1; 50:10-12; Hag 2:8. Cf. Gustave Oehler, *Theology of the Old Testament*
(Zondervan, Grand Rapids, Mich., 1883), p. 235; Milton G. Evans, «Biblical Teaching on the
Righteous Acquisition of Property» [«Enseñanza bíblica sobre la adquisición justa de propiedad»],
Biblical World, XVII (1906), p. 277; Vernon Bartlet, «The Biblical and Early Christian Idea of Property» [«La idea bíblica y cristiana temprana de la propiedad»], en Charles Gore, ed., *Property: Its
Duties and Rights* (Macmillan, Nueva York, 1915), p. 86ss.
9   La palabra traducida «usura» por los traductores de principios del siglo diecisiete se debería
traducir «interés» en Mt 25:27, puesto que se refiere a una transacción legítima de negocios antes
que un préstamo caritativo de emergencia a pobres. El prejuicio de los traductores contra toda forma
de interés se indica por su selección del término perjudicial «usura».
10   Sobre la naturaleza selectiva de las limosnas puritanas, ver el crucialmente importante estudio
de W. K. Jordan, *Philanthropy in England, 1480-1660* (George Allen & Unwin, Londres, 1959).
Jordan escribe: «A los niños de los pobres se les debía enseñar un oficio y ponerlos a trabajar; las

principios globales: *llamamiento y caridad.* El primero de los cinco aspectos de la mayordomía —el reconocimiento de la soberanía de Dios— es el principio básico del llamamiento y la caridad.

La caridad y la vocación van ligadas, y sin embargo son separadas. El principio enunciado por Jesús, «al que mucho se le haya confiado, más se le pedirá» (Lc 12:48b) indica la relación. Dios les da en abundancia a los hombres, sus vicegerentes sobre la tierra, pero espera de ellos honradez y caridad. A los hombres se les advierte contra el gran peligro de beneficiarse de la mano abierta de Dios y olvidarse de las demandas soberanas del dador; la destrucción será el resultado (Dt 8:11ss). Pero la diferencia entre inversión y usura se mantiene como un recordatorio en contra de fusionar la caridad en el ámbito de la vocación. Uno no puede ganarse la vida mediante préstamos a hermanos necesitados; eso es abominación a los ojos de Dios. No es el caso en que, como un promotor de un mercado libre totalmente permisivo ha intentado argumentar, la mejor forma de caridad es una inversión lucrativa en capital que produzca empleos[11]. Para aceptar esa premisa el cristiano tendría que borrar las distinciones dadas por Dios entre negocios y caridad voluntaria. Los negocios incluyen una ganancia económica (o por lo menos un potencial para conseguir lucro) para el inversionista; la caridad incluye la transferencia de recursos económicos escasos a otros, sin pensar en el pago (Mt 10:8; Lc 6:35).

Un hombre difícilmente pueda llamarse mayordomo fiel si excluye del negocio toda caridad de manera absoluta. Se supone que los negocios deban tener ganancias a fin de que tengan éxito, como varias parábolas de Jesús lo indican. Sin embargo, la competencia implacable que está totalmente desprovista de misericordia también se condena en las parábolas. Pero el hecho de que a un joven rico en particular se le dijera que vendiera todos sus bienes y lo diera todo a los pobres no hace de eso el requisito para todo mayordomo. Tampoco el ejemplo de la iglesia de Jerusalén en Hechos 4:32 prevalece como modelo para todas las iglesias. Un hombre debe tener cuidado de no ahogar la revelación de Dios en su palabra, escuchando solo las parábolas de lucro ni solo a los ejemplos de total pobreza. Tiene la responsabilidad de responder delante de Dios de la dirección del Espíritu de Dios en diferentes tiempos y según cada giro en la senda de la vida. Se nos advierte que crezcamos espiritualmente mediante las parábolas terrenales de mayordomía económica. El hecho de que Dios pueda exigir que un hombre entregue todo lo que tiene no implica que Dios esté sancionando la validez moral

---

limosnas se deberían recoger por medios voluntarios en cada parroquia para el sustento de los pobres desvalidos; en tanto que las limosnas casuales, tan típicas de la piedad medieval, ahora se declararon dañinas y se las restringió con cuidado» (p. 85).

11   F. A. Harper, «The Greatest Economic Charity» [«La más grande caridad económica»], en Mary Sennholz, ed., *On Freedom and Free Enterprise* (Van Nostrand, Princeton, 1956), pp. 94-107.

de las pérdidas económicas continuas. Lo que Dios está diciendo es que uno no debe ser moralmente implacable en los negocios, ni moralmente manirroto en la caridad. «Comparte la riqueza» es un principio bíblico, y los medios normales de que compartir es el diezmo. El principio general no es «destruye toda la riqueza» mediante un dar universal e indiscriminado. O sea, el negocio no es caridad, aunque pudiera y debería ser misericordioso. La caridad se debe administrar cuidadosamente «como un negocio»: con contabilidad honesta, presupuestos, etc.; pero no es un negocio; es decir, no es una empresa económica con fines de lucro. Son ámbitos separados, soberanos. Se deben respetar sus diferencias.

Una diferencia importante está en la misma estructura burocrática producida por cada forma de mayordomía. El profesor Mises ha distinguido dos modelos básicos de referencia. El primero es la forma de *negocios,* la que tiene en su mira estados de *pérdidas y ganancias.* Se caracterizará por una jerarquía central empresarial que toma las decisiones básicas en cuanto a los objetivos generales de la corporación. Estos objetivos se trasmiten a los estratos más bajos mediante gerentes profesionales que ganan un salario, pero que no participan en las verdaderas ganancias económicas. (Las ganancias son lo que queda después que se pagan todos los costos: impuestos, salarios, intereses, materias primas. Es un residuo basado en la predicción precisa de eventos anteriormente desconocidos; los buenos pronosticadores cosechan lucro, en tanto que los menos eficientes sufren pérdidas)[12]. Los estratos más bajos de la burocracia quedan relativamente libres para hacer lo que quieran que dé ganancia a cada subdivisión, dentro de los objetivos generales de la compañía. Hay mucha más flexibilidad en los niveles más bajos precisamente porque la magnitud de ganancia y pérdida no está rígidamente fijada de antemano. En contraste con esta gerencia flexible, orientada al riesgo del mercado libre, está la *burocracia de gobierno,* o la estructura burocrática de la beneficencia sin fines de lucro. Tienen *asignaciones fijas* determinadas por los contribuyentes o donantes. Estas burocracias tienen presupuestos mucho menos flexibles, porque son financiadas desde arriba. No obtienen ganancias ni sufren pérdidas, por lo menos no en el sentido de ganancias y pérdidas sostenidas por una firma en un mercado competitivo. La única manera de aumentar ingresos es conseguir más dinero de los contribuyentes o donantes. Esta clase de burocracia permite mucho menos libertad a los burócratas de los escaños más bajos para gastar como quisieran; deben seguir *presupuestos cuidadosamente delineados* que se fijan de antemano. Estos hombres son menos flexibles que sus contrapartes del mercado libre, porque sus presupuestos son

---

12   La naturaleza de lucro bajo el capitalismo fue analizado primero de una manera sistemática en el estudio clásico de Frank H. Knight, *Risk, Uncertainly and Profit* (Harper Torchbook, Nueva York, [1921], 1965). Cf. Mises, *Human Action,* pp. 286-297. Joseph Schumpeter, que estudió economía con Mises bajo Bohm-Bawerk, enfatizó el papel del empresario como innovador: *The Theory of Economic Development* (Oxford University Press, Nueva York, [1934] 1961), cap. 4. Debe ser claro que tanto la predicción precisa como el cumplir la demanda esperada mediante técnicas eficientes, innovadoras son partes de la actividad empresarial de obtener lucro.

dirigidos de manera central, mucho menos flexibles, y como resultado los hombres involucrados no están sujetos a la competencia directa del mercado[13].

Hasta cierto punto limitado, la estructura de las leyes de impuestos de los Estados Unidos reconoce la validez tanto del análisis de Mises como de la separación bíblica entre negocios y benevolencia. Las corporaciones sin fines de lucro se espera que sean esencialmente benevolentes: educativas, caritativas, orientadas al servicio, culturales, etc.; y los empleados son solo eso: empleados a sueldo. Se les paga según los servicios rendidos al funcionamiento de la corporación. No se les permite que reciban nada de lo que quede después de que se paguen todos los costos, y, por esa razón, el gobierno civil les concede a estas corporaciones el derecho de evadir un costo muy importante de operación: los impuestos. A los negocios sujetos a impuestos, sin embargo, se les permite guardar la ganancia para los dueños, y distribuir esa ganancia de cualquier manera que los dueños decidan[14]. Las organizaciones caritativas pagan por los servicios rendidos; las corporaciones de lucro y pérdida tratan de ganar para los dueños toda la ganancia que sea posible. Las ganancias de las primeras son limitadas, en última instancia, por la ley civil; las ganancias de las segundas, excepto en caso de monopolios regulados o semimonopolios, no lo son. Las leyes de impuestos reconocen una distinción entre un *pago por servicio* y un *pago por una inversión*. La caridad no es negocio.

El monopolio institucional de Dios

En este punto es obligatorio reconocer otra distinción. Así como la mayordomía abarca tanto la vocación como la caridad, también el concepto del reino de Dios incluye el trabajo de la iglesia institucional y la actividad santa de los hombres cristianos en todas las demás instituciones humanas legítimas. Este punto lo expresó con claridad Abraham Kuyper, el gran pensador alemán, cuando desarrolló su

---

13   Mises, *Bureaucracy* (Arlington House, New Rochelle, N. Y., [1944] 1969). Cf. Gary North, «Statist Bureaucracy in the Modern Economy» [«Burocracia estatista en la economía moderna»], *The Freeman,* ene., 1970.

14   Si no fuera por la imposición de las leyes de responsabilidad limitada impuestas por el estado, los dueños de las corporaciones serían mucho más responsables por los asuntos de las corporaciones. La «separación de propiedad y control» que ha fastidiado a muchos eruditos —James Burnham, A. A. Berle, Gardiner Means— sería mucho menos probable. Cf. Rushdoony, *Politics of Guilt and Pity* (Craig Press, Nutley, N. J., 1970), p. 254ss. Schumpeter ha argumentado que tal separación entre propiedad y control en las corporaciones gigantes ha destruido el antiguo significado de propiedad y responsabilidad, así ayudando a abrir la senda al socialismo: *Capitalism, Socialism and Democracy* (3ª ed.; Harper Torchbook, Nueva York, [1950] 1962), p. 139n. Tal vez hubiera argumentado mejor que la dedicación de la responsabilidad personal implicada y producida por las leyes de responsabilidad limitada ha conducido a la formación de compañías gigantes con su emisión gigantesca de acciones. La asociación de la corporación de tenencia íntima sería el resultado de la verdadera propiedad responsable. La gente no arriesgaría todos sus bienes en corporaciones gigantescas, impersonales, y vagamente responsables.

concepto de la esfera de soberanía. La Iglesia Católica Romana yerra al equiparar el reino de Dios con la iglesia institucional; el reino es mucho más amplio que la mera dispensación de los sacramentos. Incluye la obra de los cristianos en todas sus diferentes actividades[15].

Una pregunta crucial aparece ahora. ¿Está la iglesia institucional primordialmente bajo las reglas que gobiernan esos aspectos del reino que tienen que ver con empresas lucrativas, o está más propiamente bajo las reglas que gobiernan la organización de caridad? La respuesta oficial de las iglesias tiene que ser que la segunda alternativa es la válida. El negocio de la iglesia no es un estado de cuentas de pérdidas y ganancias; el negocio de la iglesia es la propagación del evangelio, la adoración colectiva bajo disciplina santa, y la administración de los sacramentos. El interés de la iglesia institucional está en el ingreso espiritual y las ofrendas económicas; su interés, a diferencia de los negocios cristianos, no tiene que ver con ingresos espirituales mediante dividendos económicos.

A diferencia de la afirmación de los fundamentalistas estadounidenses de que «el servicio cristiano a tiempo completo» se limita a los asuntos de la iglesia institucional o sus apéndices misioneros, el calvinista reconoce la validez de todas las vocaciones santas como servicio cristiano a tiempo completo. Pero el principio de la esfera de soberanía requiere que distingamos la naturaleza de cada vocación en contraste con todas las demás. Lo que es válido para el hombre de negocios cristiano no siempre es válido para el anciano de la iglesia o el administrador del seminario. Por el simple hecho de que todas las vocaciones santas son válidas, no se nos permite concluir que todas son idénticas. Están gobernadas por reglas diferentes, y su éxito y fracaso se estima por estándares diferentes.

Si algún ejemplo de la Biblia se destaca como ejemplo principal es el relato de Cristo y los cambistas de dinero en el templo. Los cambistas de dinero, como su nombre lo indica, estaban en el negocio del cambio de moneda extranjera. Parte de las exigencias del sacrificio anual según la ley mosaica era la ofrenda de un pago por censo de medio siclo de plata (Éx 30:12-15). Jerusalén estaba atiborrada de hebreos visitantes de todas partes del Mediterráneo durante la Pascua, sumados a una población ya diversa (cf. Hch 2:5ss). Varias monedas de muchas tierras tendrían que convertirse a la ofrenda apropiada: el siclo. Los cambistas realizaban este servicio, y como la hostilidad de Jesús lo indica, lo hacían por lucro.

¿Cuál fue su transgresión? Las utilidades por transacciones de cambio extranjero son parte de una profesión antigua y respetada. Los más rigurosos comentaristas medievales permitían que los bancos obtuvieran ganancias por su servicio; esto se consideraba la función legítima primordial de la banca[16]. ¿Por qué la

---

15   Kuyper, *Lectures on Calvinism* (Eerdmans, Grand Rapids [1898] 1961); Henry R. Van Til, *The Calvinistic Concept of Culture* (Presbyterian and Reformed, Filadelfia, 1959).

16   Raymond de Roover, *The Rise and Decline of the Medici Bank, 1397-1494* (Norton, Nueva York, 1963), p. 10ss.

abrumadora hostilidad de Jesús contra ellos? La razón casi por cierto está en la ubicación de sus mesas. Estaban instaladas en el atrio exterior del templo[17]. El estar en el templo añadía un aura obvia e inequívoca de santidad a los hombres que ofrecían sus servicios allí. Los visitantes hebreos no tendrían que tratar afuera con cambistas gentiles de dinero. Podían confiar en los hombres del templo, o por lo menos así pensaban. Una demanda implícita, y con toda probabilidad explícita, la hacían los dirigentes del templo: los sacrificios que Dios requería se debían obtener de los cambistas (y vendedores de palomas) dentro de la jurisdicción de la casa del Señor. Los cambistas estaban cosechando una remuneración de monopolio debido a su relación estrecha con la iglesia institucional. No estaban sujetos a las presiones competitivas de un mercado libre en el cambio de dinero. Estaban escudados por el nombre de Dios. Al usar de esta manera el nombre de Dios lo deshonraban. Los monopolios no deben ganar de esta manera.

Solo podemos conjeturar que las tasas de cambio eran desfavorables en comparación con las tasas disponibles fuera del atrio del templo. Hay que reconocer que el poder de lograr remuneración monopolista es improbable que pase desapercibido por largo tiempo. Una vez más solo podemos conjeturar que los cambistas entregaban una porción de sus ganancias a las autoridades del templo. Parecería razonable que las autoridades del templo exigieran su parte de las utilidades del monopolio que tenía su origen en el aura misma del templo. Es posible que los cambistas fueran incluso empleados pagados por el templo. Pero fueran cuales fueran los arreglos económicos concretos, las palabras de Cristo dijeron con toda claridad su posición a los ojos de Dios: «Escrito está: Mi casa, casa de oración será llamada; mas vosotros la habéis hecho cueva de ladrones» (Mt 21:13). Jesús echó del atrio a todos los vendedores de palomas, a los cambistas de dinero, a los que compraban, a los que vendían. Tales transacciones económicas eran una abominación. La casa del Señor tenía su sostenimiento en los diezmos y ofrendas de su pueblo. El Señor no podía sancionar abusos en su nombre como medio de aumentar ingresos «santos».

La iglesia institucional es el medio de predicar el evangelio, disciplinar a los santos y administrar los sacramentos. Es muy abiertamente un monopolio espiritual. Es *el* monopolio de los asuntos de los hombres. Cristo dejó en claro que esta posición de monopolio no la deben explotar los hombres para lucro personal. El pago a los siervos de Dios ordenados por su servicio en la iglesia institucional es por servicios rendidos. La remuneración económica a la iglesia no debe ser en términos del principio hecho famoso por el libro de Frank Norris, *The Octopus*: «Todo tráfico dará fruto». La iglesia institucional no es un negocio; ni negocio de cambio de dinero, ni negocio de bingo, ni negocio de seguros. Es casa de oración.

---

17   Matthew Poole, *A Commentary on the Holy Bible* (Banner of Truth Trust, Londres, [1685] 1969), III, 98.

Los hombres que vienen en el nombre del Señor y que reclaman las prerrogativas concedidas a sus ordenados deben tener un cuidado escrupuloso en distinguir entre las vocaciones para obtener ganancias y sus vocaciones de servicio. Pablo fabricaba carpas. No usaba su posición como apóstol para obtener remuneración de monopolio de sus hermanos. No hacía propaganda de sus productos bajo los auspicios de la iglesia local, ni cobraba un precio más alto que el precio del mercado porque estuviera ordenado. Mantuvo su oficio porque deseaba aliviar a la iglesia institucional de la carga económica de sostenerlo, no por que tuviera la intención de organizar Carpas Apostólicas, S.A. (a la venta solo en su iglesia local).

La iglesia institucional y sus instituciones relacionadas poseen soberanía legítima, pero limitada. Cuando esta soberanía —monopolio concedido de Dios— se transgrede, ocurre una violación del orden legal de Dios. La iglesia institucional entonces se vuelve destructiva, ladrona. La iglesia institucional no es un negocio. Es casa de oración.

Usura cristiana

Con este trasfondo, es tiempo de que pasemos a esa práctica que eufemísticamente se conoce como «programa de mayordomía cristiana». Tiene muchas facetas, y muchos, muchos, practicantes. Incluye a casi toda denominación protestante. Incluye sociedades misioneras, instituciones de aprendizaje cristiano, sociedades de ayuda médica y caridades cristianas. Casi toda revista denominacional contendrá, en cualquier número dado, varias solicitudes de préstamos de varios tipos. Había una revista, publicación oficial de una denominación supuestamente reformada de 250 000 miembros, que publicaba casi una docena de tales anuncios en cada número.

Cuando empecé a recoger datos sobre estos programas de «mayordomía», escribí a varias organizaciones protestantes pidiendo folletos, cuadros y otra información. La información llegó como un aluvión, y siempre por correo de primera clase. Enviaron cartas personales, y cada carta ofrecía proveer más información a petición. Luego vinieron las llamadas telefónicas y las visitas personales de los aceleradores de «mayordomía». Tuve dos de tales visitas en un mes, y yo vivo en una parte aislada de una ciudad que está a muchos kilómetros de las oficinas de los hombres que vinieron a hablar conmigo. En mis primeros diez años como creyente, tuve una visita de los ancianos de una iglesia local. Eso se hizo a petición de un multimillonario de la denominación, que insistió en que me visitaran. Yo no estaba en casa al momento, y nunca volvieron ni llamaron por teléfono. ¡Pero el interés me lo mostraron cuando pregunté sobre la «mayordomía»! ¡Yo era un hombre cuya alma cristiana necesitaba la experiencia alentadora del verdadero compañerismo cristiano! Un viaje de 150 kilómetros no era mucha distancia para cubrir. Uno casi se vería llevado a concluir que Dios se había equivocado; que *podemos* servir a Dios y a Mamón. Es casi como si Dios hubiera dicho que Él había venido para que los hombres tuvieran ganancias, y que las tuvieran en abundancia. En verdad, ¡eran hombres que estaban *de veras* involucrados en el «servicio cristiano a tiempo completo»!

Lo que me sorprendió inicialmente fue la asombrosa similitud de estos programas. Las leyes de impuestos al parecer producen esta uniformidad. Algunos de estos programas usan el mismo folleto, pero con sus propios nombres estampados o impresos en la cubierta. Ofrecen al potencial «mayordomo» muchas maneras de «dar». Estos son uno de los pocos de los títulos de los folletos: *Faithful Stewardship Through Christian Investment* [Mayordomía fiel mediante la inversión cristiana] (World Vision); *Christian Living—Stewardship Giving, Inseparably Linked* [Vida cristiana y ofrendas de mayordomía, ligadas inseparablemente] (Christian and Missionary Alliance); *Effective Giving Through Gift Annuities* [Ofrendas efectivas como anualidades] (Bible Study Hour). El grotesco enlace entre «inversión», «mayordomía» y «dar» es tan abierto, tan increíblemente patente, que debería espantar las sensibilidades de todos los cristianos. Obviamente, no lo hace. Una confusión de categorías bíblicas tan completa, tan voluntaria y tan lucrativa financieramente (a corto plazo) sería difícil igualar. Las denominaciones y ministerios supuestamente conservadores, ortodoxos, han vuelto al mundo de los años 20 de Bruce Barton, en donde a Jesús muy bien se le podría considerar «El fundador de los negocios modernos»[18].

La usura, en su definición bíblica, incluye prestar dinero al hermano necesitado y luego exigir un pago del capital más interés. Surge entonces el asunto del estatus de la iglesia institucional; doy por sentado que ya se ha establecido que a esta institución no hay que considerarla como un negocio con fines de lucro. Por consiguiente, la exigencia de pago de interés por parte de una iglesia en cualquier tipo de préstamo ofrecido a ella es una exigencia de usura. La jerarquía de la iglesia es igualmente culpable, porque la Biblia deja en claro que es inmoral

---

18   Bruce Barton, *The Man Nobody Knows* (Grosset & Dunlap, Nueva York, 1924). Esta obra se ha publicado nuevamente en *The Book and the Man Nobody Knows* (Bobbs-Merrill, Indianapolis, 1959). ¡Versiones condensadas del volumen aparecieron en *Reader's Digest* en marzo y junio de 1965! Las palabras de Barton son casi increíbles hoy: «Con certeza nadie nos considerará faltando reverencia si decimos que cada uno de los "principios de las ventas modernas" en las cuales los hombres de negocios se enorgullecen, están brillantemente ejemplificados en la vida y obra de Jesús» (edición Grosset & Dunlap, p. 104). O, de nuevo: «Él sería un anunciante nacional hoy, estoy seguro, puesto que fue el gran anunciante de su día» (p. 140). El libro de Barton fue sólo uno de varios de tales estudios. El más completo, tal vez tres veces más voluminoso, fue *The Business Man of Syria*, de Charles Francis Stocking y William Wesley Totheroh (Maestro Co., Chicago, 1923), que agotó por lo menos cinco ediciones en el primer año de su publicación, el año previo a la publicación de *The Man Nobody Knows*. Olvidado hoy, aturde la imaginación. El capítulo sobre Juan el Bautista se titula: «El agente de avanzada aparece». El Sermón del Monte: «Se da el cuadro de negocios»; y «"Método y secreto" revelados». Pero la perspectiva del libro, como la de Barton, es de protestantismo liberal, reformista.

entrar en tal transacción, lo mismo como el que presta que como el que toma prestado (Jer 15:10b). A la *iglesia institucional* se le debe considerar un *ministerio de benevolencia,* algo que debe sostenerse con los diezmos y ofrendas de sus miembros. No es comparable con una corporación. No hay que financiarla mediante palabrería de ventas de especuladores que ofrecen esperanzas erróneas a parejas de ancianos (como me propongo demostrar), y que les ofrecen contratos de usura, «remuneraciones garantizadas» anuales de por vida, y cualquier otra multitud de patrañas ilusorias concebidas por compañías de seguro y comités congregacionales de impuestos.

El interés se puede cobrar de los negociantes que necesitan levantar fondos para lanzar alguna empresa que se espera sea lucrativa. El interés se vuelve usura (bíblicamente) cuando se le cobra a firmas de beneficencia, y legalmente sin fines de lucro, que no operan en un mercado competitivo a fin de *aumentar* ingresos, sino que están en efecto *distribuyendo* ingresos a nombre de Dios. La mayordomía sin duda alguna interviene en el sostenimiento de la iglesia y sus apéndices, pero es la *mayordomía de beneficencia* antes que la mayordomía de una vocación con fines de lucro. Transferir el concepto de la *mayordomía de negocios* al de la beneficencia, y con ello justificar contratos de préstamos usureros no es otra cosa que blasfemia. El que acepta tal préstamo es tan culpable como el que lo ofrece.

La petición de préstamos para sostener la obra de la iglesia es legítima en tiempos de emergencia, así como también la solicitud es válida para el individuo que ha empobrecido. No es legítima en otros casos. Pero una solicitud de un préstamo a intereses siempre es usura, siempre inmoral, y siempre bajo la maldición de Dios, si se hace en términos de la necesidad de benevolencia. Los hombres pueden cerrar los ojos y taparse los oídos, pero eso es lo que la Biblia afirma. No hay escapatoria de la verdad; Dios solo retarda el castigo.

La emisión de los llamados «contratos de ingresos vitalicios» es más difícil de evaluar, por lo menos para la persona que no ha tenido una educación en teoría económica. Considérese el folleto publicado por «Charitable Giving Publications» y distribuido por un destacado seminario conservador y la Bible Study Hour. Está escrito por Robert Sharpe; la versión del seminario está fechada en 1967, y la versión de la Bible Study Hour está fechada en 1968. Da la explicación de las «anualidades de donativo». Estos contratos incluyen el pago de una suma determinada en efectivo; las instituciones usan estos fondos, y le pagan al inversionista una remuneración anual determinada en dólares hasta que muere. A su muerte, el dinero restante en el fondo (si queda algo) va al cónyuge sobreviviente o a la institución, según el contrato firmado. Se nos informa en el folleto:

> Usted logra dos propósitos principales con una anualidad de donativo:
>   PRIMERO… Usted da un donativo a una beneficencia, una organización educativa u otra organización caritativa. Tales organizaciones deben

reunir ciertas condiciones para su donativo a fin de ofrecerle las ventajas de impuestos que se explican más adelante.

Segundo… Usted se está proveyendo de un ingreso regular y seguro.

Ambas afirmaciones desorientan. Un donativo es un sacrificio presente que se hace a una beneficencia o a una persona sin esperar remuneración alguna. No es lo mismo, ni moral ni legalmente, que un legado después de la muerte (como cualquier cobrador de impuestos le explicaría con cuidado). Un donativo incluye el sacrificio del donante viviente, y no el sacrificio de sus familiares sobrevivientes. Eso, por lo menos, es la idea bíblica de un donativo. Una inversión no es una ofrenda, tampoco. Por ejemplo, una anualidad se puede comprar de una compañía de seguros comerciales, hecho que admite el folleto. ¿Se considera un «donativo» a Prudential o a John Hancock? ¿No es más bien una forma de correr riesgos, en que la compañía de seguros apuesta que usted no vivirá más que la expectativa real promedio de vida para alguien de su grupo de edad y sexo? ¿No está la compañía apostando a que el interés acumulado en su dinero más el capital será mayor cuando usted muera que los pagos que le hagan durante su vida?

Si los contratos son lo mismo, ¿por qué una persona va a una iglesia o a una organización misionera para hacer provisiones para su «ingreso vitalicio»? Porque la iglesia viene a ella en el nombre del Señor. La iglesia llama donativo a su inversión, llama mayordomía de beneficencia al hecho de correr riesgos, y llama elogiable a la usura. Una organización comercial de seguros no lleva el nombre de Cristo, y debe pagar impuestos sobre sus ganancias. En realidad no es tan competitivo entre los fieles como lo es la argucia de seguro de la iglesia. Como los cambistas, el vendedor de seguros de la iglesia (y los corredores de préstamos) están «dentro de los atrios del templo». La iglesia posee ese monopolio espiritual crucial, y sus administradores han aprendido que tal monopolio espiritual fácilmente se puede convertir en un monopolio económico muy exitoso (a corto plazo).

¿Es esto una exageración? Escuchen las palabras de Stanley L. Bjornson, de la Alianza Cristiana y Misionera, en el folleto oficial de esa organización que promueve el programa de «Tesoros mañana»:

> La llamamos «Tesoros mañana», tomándolo de la enseñanza de Cristo de «acumulen tesoros en el cielo». Por supuesto, muchos planes financieros que les ofrece la Alianza proveen oportunidades de ingresos para el futuro cercano, otros en años venideros. *Todos, sin embargo, son inversiones a favor de la obra de Dios* que él ha prometido bendecir (cursivas en el original).

Naturalmente, estas organizaciones prefieren un donativo directo a una inversión que requiere pago al inversionista. Pero los donantes no siempre pueden satisfacer las necesidades de las varias organizaciones, así que a los potenciales

usureros del público se les debe animar a tomar una nueva senda más inmediatamente lucrativa que los «donativos de beneficencia». Ezequiel sin duda tenía razón
en su día al condenar tales prácticas, pero estaba «bajo la ley, no bajo la gracia». Se
supone que vivimos en una nueva dispensación, como el Sr. Bjornson indica:

> El mejor donativo posible, por supuesto, es el donativo directo que queda de
> inmediato disponible para uso; sin embargo, muchos cristianos «anhelan dar
> pero necesitan ingresos para vivir». Para ellos, los donativos que rinden in-
> gresos, anualidades o fideicomisos son preferibles y beneficiosos. Es nuestro
> deseo sincero servir a todos los que desean «acumular tesoros en el cielo» al
> dar e invertir en la obra del Señor hoy[19].

Los cristianos que utilizan tales juegos de palabras están acumulando algo en el
cielo, sin duda, y tal vez tengan la destreza suficiente para convencerse ellos mismos (en la tierra) de que lo que se está acumulando para ellos es un «tesoro», pero
vendrá el día de rendir cuentas. Si lo que acumulan son tesoros o no se probará
con el fuego (1 Co 3:12ss).

Así que los pastores del rebaño hacen usureros de las ovejas. A fin de recoger fondos para sus «proyectos del reino», los pastores han convertido la casa de
oración en una cueva de ladrones; todo con un buen propósito, por supuesto. La
verdad o falsedad de la posición de la Biblia contra la usura ni siquiera es tema
de consideración. Hombres diestros en el tipo más tortuoso de exégesis bíblica
detallada, hombres capacitados en los lenguajes bíblicos originales, hombres que
pueden distinguir un defecto en una formulación de un credo en un instante, se
hallan despreocupados con la cuestión práctica de la usura. Esa es la suerte del
pietismo antinomiano; precisión en cosas estrechamente teológicas, total ceguera
en todo lo que vaya más allá de la nota al pie de página del erudito. Su producto
es la impotencia cultural. Los años de irrelevancia estudiada alcanzan a la iglesia;
los pastores ya no son capaces de aplicar las normas bíblicas ni siquiera en el
ámbito estrecho de la iglesia institucional. Se da por sentado, *a priori,* que los
estándares del mundo de las altas finanzas son eminentemente transferibles al
mundo de la iglesia institucional. Si las autoridades del fisco (en un tiempo llamadas *publicanos*) les conceden a las corporaciones sin fines de lucro ciertas ventajas
de impuestos sobre programas de anualidades, se da por sentado que la práctica
cuenta con sanción a los ojos de Dios. Y la deuda, como un narcótico, es muy
difícil de abandonar una vez que la práctica se empieza. Esas anualidades vitalicias
se deben pagar en parte financiando más anualidades vitalicias. Esa es la manera
moderna. «No debáis a nadie nada, sino el amaros unos a otros», se descarta; eso
fue para la Roma del siglo 1, no para los tiempos modernos. Vivimos en una
nueva dispensación.

---

19   *Christian Living—Stewardship Giving, Inseparably Linked* (n.f.).

Inflación y anualidades

El riesgo es básico en la vida. Nada en esta tierra es seguro. La sociedad ha diseñado muchas instituciones que predicen el futuro y diluyen el riesgo, y la compañía de seguros es la más notable de estas instituciones. Un «contrato sin riesgo» es una contradicción de términos; las compañías quiebran, los desastres suceden, la gente se roba el dinero y desaparece, los gobiernos devalúan la moneda o congelan las cuentas bancarias. Hay inversiones de bajo riesgo, pero no hay ninguna sin riesgo.

Considérense las implicaciones del enunciado del Sr. Bjornson, en respuesta a la pregunta: «¿Qué es una anualidad de donativo de beneficencia?»:

> Es la transferencia de dinero, valores o propiedad a una beneficencia a cambio de un *ingreso garantizado vitalicio*. La cantidad del ingreso fijo depende de la edad del donante en el momento del donativo. Además de ciertos beneficios de impuestos, *el donante tiene la seguridad de ingreso regular, libre de preocupación de inversiones y fluctuaciones económicas* (énfasis en el original).

La organización World Vision [Visión Mundial] es casi tan explícita en sus promesas respecto a la seguridad de la llamada «ofrenda» del donante:

> Una anualidad provee un ingreso fijo de por vida y hace innecesario que usted se preocupe por la administración personal de los fondos transferidos. Las anualidades ofrecen seguridad financiera, y debido al ahorro en impuestos, le da a usted fondos adicionales para la obra del Señor[20].

¡Ah, las maravillas de vivir libre de riesgos dando e invirtiendo! El folleto *Effective Giving Through [So and So's] Gift Annuities (Donaciones efectivas mediante las anualidades de ofrenda de [X & Cª])*, describe la naturaleza de los contratos en términos relucientes:

> 1. Usted tiene un ingreso que no puede agotar; dura toda su vida, además usted da respaldo a esta organización.
> 2. Usted tiene un ingreso que nunca se reducirá; se fija al momento en que usted hace el donativo, y no se puede cambiar.

He aquí la respuesta del mundo financiero a la máquina de movimiento perpetuo. «¡Un ingreso que nunca se reducirá!». Qué promesa maravillosa para un matrimonio mayor. Vivieron la Depresión, y como tantos de su generación, esa experiencia dejó en ellos cicatrices permanentes. Piensan en la catástrofe económica en términos de precios que colapsan y bajos sueldos. Los europeos de la misma generación son más listos. La forma más normal de catástrofe económica es la inflación, en donde las pensiones y cuentas de ahorros quedan agotadas por la depreciación de la moneda de la nación. Pero en los Estados Unidos de América se echa mano del

---

20 *Faithful Stewardship Through Christian Investments*, p. 4.

terror que está disponible, y ese terror es la falta de ingreso monetario. Así que el panfleto de *Donativos efectivos* le presenta al lector una declaración económica carente por completo de significado: «Cada vez más, la economía estadounidense se basa en los ingresos antes que en la riqueza». La promoción de ventas se hace por la seguridad del ingreso garantizado. A los ingenuos se les anima a firmar el contrato irrevocable; sus ahorros se transfieren permanentemente, por ley, a la organización, a cambio de un pago fijo en dinero (anual, semianual o trimestral).

Una premisa que no se dice subyace en la promesa de ingreso permanente: *el ingreso en dólares es el equivalente económico a ingresos en bienes y servicios.* El que compra el contrato —llamado «donante»— hace la presuposición de que el poder adquisitivo del ingreso monetario permanecerá estable por el resto de su vida. Interviene en una forma de apuesta, aunque la persona ingenua tal vez no se dé cuenta de esta apuesta. Está apostando sus ahorros al gigantesco juego de que no habrá más inflación monetaria de parte del gobierno civil, y por consiguiente los precios permanecerán estables o incluso se reducirán. Ese juego, desde por lo menos 1965, ha sido muy torpe. Es peor que torpe: es suicida. De 1958 a 1968 el aumento de la provisión de dinero americano superó el 90 por ciento. Los precios van subiendo a una tasa anual de más del seis por ciento; esta tasa aumentará mucho más en la década de los 70 y de los 80. Solo los controles de precios y salarios darán un alto a este aumento *visible* en los precios, y los controles destruirán muchos segmentos de nuestra economía de mercado libre[21]. La inflación se ha vuelto una forma de vida para los norteamericanos, tanto política como económicamente.

La usura es un crimen contra Dios. Hoy los cristianos se han vuelto usureros en respuesta al llamado de sus líderes. Sin duda pecan por ignorancia. Sin embargo, persiste el hecho de que están participando en rebelión contra el orden legal de Dios, y que viene el castigo. El milagro del universo de Dios es su maravillosa regularidad; su apego a la ley sobrepasa la comprensión humana[22]. Los que han comprado tales contratos usureros han tomado una decisión económicamente irrevocable. Sus esperanzas se las está comiendo la inflación. Su ingreso real está disminuyendo cada vez más, conforme se reduce el valor del dinero. Los usureros están siendo destruidos por los inflacionarios. Dios no será burlado.

El American Institute for Economic Research [Instituto Americano para la Investigación económica], respetado servicio de inversiones, es conocido por su

---

21   Gary North, «Price-Wage Controls: Effects and Counter-Effects» [«Controles de precios y salarios: Efectos y contra efectos»], *The Commercial and Financial Chronicle,* 21 ago., 1969, p. 13; North, «Inflation and the Return of the Craftsman» [«La inflación y el retorno del artesano»], *The Whole Earth Catalog,* ene., 1971, p. 8.

22   Cf. Eugene P. Wigner, «The Unreasonable Effectiveness of Mathematics in the Natural Sciences» [«La efectividad irrazonable de las matemáticas en las ciencias naturales»], *Communications on Pure and Applied Mathematics* XIII (1960), pp. 1-13. Wigner es ganador del premio Nóbel Prize en física.

actitud conservadora hacia inversiones altamente especulativas. El Instituto ha publicado un estudio de varias formas de anualidades, evaluando cada una por separado. Las *anualidades de jubilación*, por la que un hombre pone aparte una gran suma de dinero, la transfiere a la corporación en cuestión, y espera por, digamos, 25 años para que madure, y entonces recibe un pago fijo por vida, se evalúa como sigue:

> Desde el punto de vista de la inversión, el interés que se gana por primas anuales no es especialmente favorable, porque la remuneración garantizada por un período largo de años es menos de lo que paga la mayoría de los bancos de ahorros [...] Si hay alguna mejora sustancial en la duración promedio de la vida en el futuro, la opción de una anualidad pudiera ser valiosa. Por otro lado, la inflación probable y la amenaza de otra devaluación del dólar indican que los contratos diferidos de esta naturaleza tal vez no sean favorables[23].

Informes recientes puestos a disposición de los medios noticiosos por el gobierno federal han anunciado que ha aparecido una reducción significativa de más de cinco años en la expectativa de vida promedio de los varones. Las presiones de la vida industrial, unida (uno sospecha) a los efectos físicamente degenerativos de los alimentos procesados, se han combinado para reducir la expectativa promedio de vida para los varones como por cinco años. Así que el comprador de una anualidad diferida pierde de ambas formas: vive una vida más corta y se le paga en moneda devaluada.

«Estrictamente como inversión», sigue diciendo el Instituto, «la mayoría de las anualidades de jubilación no son especialmente deseables. El interés que se paga a la madurez de la póliza es más bajo de lo que probablemente se pueda obtener mediante una selección sabia de otras inversiones». El estudio añade esta advertencia: «Durante un período inflacionario, los fondos se deben invertir principalmente en los tipos de valores que tenderán a preservar su poder adquisitivo». Publicaciones enviadas por el Instituto desde la emisión de esto indican que en opinión del personal del Instituto, la inflación desbocada es ahora una posibilidad distintiva. Mientras mayor la tasa de inflación, más pobres las inversiones en anualidades de cualquier tipo. El personal del AIER recomienda que las personas mayores compren solo anualidades suizas (19 abril 1971).

Puesto que el efecto económico de la inflación sobre las anualidades y otros tipos de contratos de seguros, así como también préstamos a largo plazo, es destruir

---

23   AIER, *Life Insurance and Annuities from the Buyer's Point of View*, ago., 1969, p. 25. El Instituto no aduce que las anualidades sean inversiones económicas totalmente insensatas, sino sólo que una persona debe invertir sólo una parte de sus bienes en ellas. Mientras mayor la tasa de inflación, menos se debe invertir.

el capital del inversionista, ¿deberían las iglesias continuar promoviendo tales contratos (aunque no fueran usureros, que lo son)? ¿Pueden los dirigentes de la iglesia darse el lujo de no analizar las causas y efectos de la inflación, y entonces dar la advertencia a sus rebaños? ¿Acaso este aspecto de la predicación no cae bajo el requisito general de predicar todo el consejo de Dios? La respuesta de la mayoría de nuestros pastores hoy es sencillamente *no*.

Cuando R. J. Rushdoony habló en una iglesia sobre la naturaleza de la inflación en una conferencia especial entre semana, recibió una carta de un pastor que criticaba incluso que tal mensaje se presentara dentro de un templo[24]. En otra de esas ocasiones, a un ministro lo amenazó su denominación con disciplinarlo públicamente por haber presentado una serie de transparencias críticas a las pólizas inflacionarias del Sistema Federal de Reserva. Cualquier cantidad de argumentos puede usar el clero antinomiano contra este tipo de predicación: «¡Separación de la iglesia y el estado (y no se preocupen por nuestra violación de la ley de impuestos)!». «¡La Biblia no habla de inflación!». «La Biblia no es un texto de economía». «Estamos bajo la gracia, no bajo la ley». Así continúan conduciendo a las congregaciones ingenuas, confiadas, a la usura y la autodestrucción económica. No se da ninguna advertencia, ni se hace ningún esfuerzo por abandonar los contratos de préstamos. Hay toda evidencia en nuestras iglesias hoy de ceguera judicial, maldición impuesta por Dios comparable a la prometida por Isaías y administrada por Cristo: «De oído oiréis, y no entenderéis; y viendo veréis, y no percibiréis» (Mt 13:14).

Las anualidades vitalicias irrevocables, en el contexto de inflación masiva, son un suicidio económico irrevocable. El pastor que no advierte a su rebaño de este hecho, dejándolo expuesto a las mentiras impresas en los folletos propagandísticos de su propia denominación, no es sino un destructor; lobo con piel de oveja que trata de empobrecer a los miembros más débiles de su congregación. Los pastores se han vuelto proponentes de la pauperización, y promotores de la usura. Son los intermediarios de la prostitución económica. Al validar la transferencia totalmente ilegítima de prácticas de negocios morales al ámbito de la iglesia institucional, se han vuelto proxenetas financieros.

Autonomía jerárquica

Hayek, en su magistral libro *The Road to Serfdom* [*El camino a la servidumbre*], incluye un capítulo titulado: «Por qué los peores suben a la cúspide». Su argumentación es que el poder centralizado, especialmente el poder económico, es una carnada para los hombres más inescrupulosos de la sociedad. Piensa que por el mismo hecho de la concentración del poder económico en la esfera del gobierno civil se establece un fuerte impulso hacia el gobierno totalitario. Lo que dice sobre

---

24   R. J. Rushdoony, *The Biblical Philosophy of History* (The Craig Press, Nutley, N. J., 1969), p. 141.

el gobierno civil se pudiera aplicar fácilmente a cualquier institución religiosa no comercial y esencialmente no competitiva. Mientras más poder económico se acumule en los niveles más altos de la jerarquía burocrática, menos responderán los líderes a las demandas de la membresía. Concédasele a cualquiera de tales organizaciones un alto grado de autonomía financiera, y se vuelve un blanco probable para que los inescrupulosos se apoderen de ella.

El siglo 20 ha presenciado la liberalización de virtualmente toda iglesia cristiana, tanto protestante como católica romana. El liberalismo teológico y el liberalismo político se han vuelto socios cooperadores[25]. Un factor principal en el éxito de la conversión de las iglesias a credos y acciones no ortodoxas se ve claramente en el corazón de los miembros de las congregaciones. Han dado oídos a los falsos profetas de los púlpitos, quejándose solo cuando el radicalismo de sus dirigentes ha violado alguna reserva cultural o económica que atesoran en su corazón algunos miembros. Pero un factor institucional crucial que ha conducido a esa apropiación ha sido la existencia de agencias dotadas de fondos económicos dentro de las iglesias: juntas misioneras, instituciones educativas, casas publicadoras denominacionales, y otras por el estilo. Su independencia financiera de las contribuciones semanales de los miembros ha sido un medio básico de subversión[26]. Parte de esa autonomía la proveen las artimañas de las anualidades irrevocables y contratos de préstamos a largo plazo. Esto favorece la perpetuación de la institución dada, sin tener en cuenta el compromiso teológico de la institución. Su futuro supuesta-

---

25   La declaración más directa del enlace entre el liberalismo político y el liberalismo teológico se halla en R. J. Rushdoony, *Politics of Guilt and Pity*, sec. IV, esp. pp. 313-317. Cf. J. Gresham Machen, *Christianity and Liberalism* (Eerdmans, Grand Rapids [1923]), Introducción. Para relatos históricos de los desarrollos paralelos de los dos liberalismos en los Estados Unidos de América, ver Rushdoony, *The Nature of the American System* (The Craig Press, Nutley, N. J., 1965), cap. 6; C. Gregg Singer, *A Theological Interpretation of American History* (The Craig Press, Nutley, N. J., 1964). La principal falla del libro de Singer es su exagerado énfasis en el papel del deísmo en la venida de la revolución estadounidense. Ese movimiento fue esencialmente una contra revolución cristiana; Rushdoony, *This Independent Republic* (The Craig Press, Nutley, N. J., 1964); Carl Bridenbaugh, *Mitre and Sceptre* (Oxford University Press, Nueva York, 1962); Alice M. Baldwin, *The New England Clergy and the American Revolution* (Ungar, Nueva York, [1928] 1958); Edmund S. Morgan, «The Puritan Ethic and the American Revolution» [«La ética puritana y la revolución estadounidense»], *William and Mary Quarterly*, XXIV (1967), pp. 3-43.

26   Otro factor importante en la apropiación de iglesias protestantes es la actitud mejor descrita como «sacerdotalismo protestante». Considera al ministro como estando por encima y siendo distinto de los ancianos ordenados, y considera a los laicos no meramente como subordinados funcionales sino también intelectualmente inferiores. Cf. Paul Ramsey, *Who Speaks for the Churches?* (Abington, Nashville, 1968). Para un ejemplo clásico de arrogancia de los pastores cuyos votos ponen a la denominación en respaldo de posiciones radicales, en oposición directa a la opinión enunciada de la mayoría de los miembros, ver John C. Bennett, «Christian Responsibility in a Time that Calls for Revolutionary Change» [«Responsabilidad cristiana en un tiempo que pide cambio revolucionario»], en John C. Raines y Thomas Dean, eds., *Marxism and Radical Religion* (Temple University Press, Filadelfia, 1970), pp. 75-76. Una excelente crítica del sacerdotalismo protestante se provee en E. L. Hebden Taylor, *Reformation or Revolution* (The Craig Press, Nutley, N. J., 1970), p. 413ss.

mente descansa más en el ingreso de «inversiones prudentes» que en la preservación de sus estándares teológicos originales. Esto, por supuesto, es inevitable, dada la naturaleza de los acuerdos de fideicomiso, según indica la siguiente propaganda de ventas:

> Mucho después que usted se haya ido al cielo, su influencia puede perdurar […] aquí en la tierra. Un donativo a las misiones —el trabajo continuo de la iglesia mundial— puede significar que su influencia cristiana seguirá viva a través de los años en el corazón, las manos y los pies devotos de los siervos de Cristo en los rincones lejanos de la tierra[27].

¡Qué atracción más irresistible para alguna viuda anciana, ingenua, que tiene ahorrados unos pocos miles de dólares! Y qué maldición para la organización que le presenta tal atractivo; está sellando su propia ruina, teológicamente. La estructura puede sobrevivir, pero los objetivos cambiarán. Las anualidades y fideicomisos perpetuos invierten la promesa de Salomón: «El bueno dejará herederos a los hijos de sus hijos; pero la riqueza del pecador está guardada para el justo» (Pr 13:22b). Más bien, hallamos que la riqueza del justo es guardada para el pecador.

La hipocresía del llamado al cristiano anciano a separarse de su dinero de esta manera debe ser manifiesta. Al donante (o en este caso, el usurero), se le lleva a pensar que la institución, por sí misma, puede mantener y mantendrá su compromiso al establecimiento del reino de Dios. Lo que la institución necesita, se le dice al donante-usurero, es un fondo permanente. El fondo es crucial, y no un compromiso con la teología. La teología cuidará de sí misma; ¡lo que se necesita es *dinero!* El fondo se debe ampliar, incluso si eso quiere decir que se convierte a los cristianos en usureros, y usureros imprudentes (dado el hecho de la inflación). Si puede hacer un fondo, los líderes podrán operar, independientemente de la hostilidad de la membresía; la amenaza del corte de financiamiento no podrá ejercer la misma fuerza. ¡Dios salve al fondo!

La autonomía financiera de la jerarquía de una institución es la sentencia de muerte de las metas originales. Había muchas razones por las que se cancelaban todas las deudas en el Antiguo Testamento cada séptimo año. De seguro esta era una de ellas: al gobierno civil, a los bancos (cualquiera que sea la forma que tomaran), a los prestamistas, a los deudores, y a todas las demás instituciones se les prohibía vivir a costa de una deuda perpetua y de «anualidades irrevocables», fueran seculares o usureras. La prohibición debe haber ayudado a preservar la responsabilidad de los burócratas de toda clase a los deseos de la gente, tal como el requisito del diezmo impedía que las personas se volvieran tiranas. Las soberanías colectivas eran protegidas por varias provisiones de la ley, cada una con sus propios

---

27   Bob Pierce, fundador de World Vision [Visión Mundial], en su declaración introductoria a *Faithful Stewardship Through Christian Investment*, p. 1.

derechos, y cada una sus propias limitaciones. Ninguna debía volverse permanente separada de la renovación continua de Dios y el reconocimiento continuo de Su soberanía como absoluta.

La esencia de la mayordomía cristiana es sencillamente esta: *la responsabilidad a tiempo completo, irrevocable y personal ante Dios.* Por su propia naturaleza, los fideicomisos y anualidades irrevocables incluyen tanto al «dador» (usurero) como al deudor en una *responsabilidad teológica revocable.* La tasa de interés puede ser irrevocable y totalmente impersonal, pero esa es la única parte del arreglo que lo es. A los cristianos no se les permite el lujo de tal «mayordomía», porque este tipo de finanza irrevocable es la *abolición* de la mayordomía cristiana.

Hay justicia en todo esto. Las iglesias que han sido demasiados blandas y «tolerantes» para exigir que sus miembros den el diezmo (aunque, por supuesto, no solo a la iglesia, lo que *sería* ilegítimo bíblicamente) se hallan haciendo usureros a sus miembros porque los fondos son muy escasos. Demasiado blandas de corazón como para imponer la ley del diezmo, han sido absolutamente implacables para diseñar todo un complejo de esquemas de usura. Pero al hacerlo, han ligado sus futuros económicos impersonales —su «protección» irrevocable externa— a la supervivencia de una economía inflacionaria. Cuando se imponen los controles de precios y salarios, los fideicomisos llenos de «acciones de empresas sobresalientes» rápidamente se convierten en «basura». Estos controles destruyen tanto los papeles fiduciarios como los bonos[28]. En la medida en que nuestras instituciones cristianas han participado en el «genio económico» del mundo moderno, así perecerán por el mismo genio. Aprenderán, para su desilusión, que la prosperidad garantizada, como el ingreso garantizado para las viudas, nunca es tan sencilla como parece. Las deudas incurridas en fe de una expansión económica perpetua no pueden sino fracasar a la larga; no hay cosa tal como el crecimiento lineal, irreversible, irrevocable de población, dinero en el banco, nuevos miembros, tasas de interés. En algún punto, nos informa la ley matemática, la curva exponencial se aplana o cae[29]. El castigo llega.

Los escollos de las técnicas de ventas

¿En donde terminará todo eso? Una indicación de adónde nos dirigimos me llegó en la correspondencia no solicitada, bajo el sello de una organización sin fines de lucro en sobres con franqueo pagado. La organización es Pallotine Missionaries,

---

28   Gary North, «Price-Wage Controls: Effects and Counter-Effects», [«Controles de precios y salarios: Efectos y contra efectos»], *Commercial & Financial Chronicle*, 21 ago., 1969, p. 13.

29   Gary North, «The Theology of the Exponential Curve» [«La teología de la curva exponencial»], *The Freeman,* mayo, 1970. Cf. Garrett Hardin, «The Cybernetics of Competition: A Biologist's View of Society» [«La cibernética de la competición: El punto de vista de un biólogo de la sociedad»], en Helmut Schoeck y James W. Wiggins, eds., *Central Planning and Neomercantilism* (Van Nostrand, Princeton, 1964), pp. 60-90.

de Baltimore, Maryland. Cito del sobre mismo: «Jefe de correos: Contenido: Notificación de números del sorteo incluida. SORTEO DE $14 000. Usted tiene cinco probabilidades de ganar 112 PREMIOS». Al reverso: «DOS AUTOMÓVILES OLDSMOVILE DE 1970 O $3500 EN EFECTIVO… 100 CÁMARAS DE PELÍCULAS KODAK O $35… DIEZ TELEVISORES A COLOR O $350 EN EFECTIVO». Dentro estaba la promoción:

Hoy puede ser su día de suerte… ¿¿¿Por qué esta fantástica manera de regalar??? Porque un grupo de los que sostienen las Misiones Pallotine se reunieron y concibieron una brillante idea de donar todos los premios [deducibles de impuestos, por supuesto —G.N.]… que Dios los bendiga… y simplemente piense que usted puede ser el ganador. *¿¿¿Por qué un sorteo???* Porque queremos llamar la atención de una manera dramática a las necesidades de los niños pobres, hambrientos y enfermos de las Misiones Pallotine. […] Envíeme por correo su contribución hoy. […] Una persona con el corazón lleno de amor siempre tiene algo para dar, especialmente para ayudar a los niños. […] Así como una persona cariñosa nunca vacía su corazón, las ofrendas nunca vacían la billetera.

Cuando Bruce Barton escribió *The Man Nobody Knows* [*El hombre que nadie conoce*] hace varias décadas, estaba tratando de poner algún grado de santidad en el mundo de los negocios. Estaba tratando de demostrar, aunque de manera absurda, que Jesús fue un organizador exitoso, y que valía la pena imitarlo, como si fuera un hombre de negocios. La teología liberal de Barton por lo menos le permitió llevar la ética a los negocios, aunque significó reescribir la historia de la iglesia. Hoy, todos los buenos pastores de ideología liberal o conservadora, oficialmente ridiculizan el libro de Barton (si acaso alguna vez oyeron de él). Sin embargo están llegando a ser mucho más perversos que Barton. No están diciéndole al hombre de negocios que imite a Jesús; están tratando de convencer a los seguidores de Jesús que imiten al hombre de negocios, y no al hombre de negocios ético, sino al charlatán. Dicen verdades a medias (ingresos invariables, permanentes, de por vida), ¡pero firme ese contrato! Prometen esos televisores a color, ¡pero se aseguran que las ovejas vacíen las billeteras que nunca se vacían! «Voy a decirle lo que voy hacer. […] Esta semana, y solo esta semana […] todo su dinero al contado, pero toda una vida para recuperarlo….».

La iglesia institucional no es una compañía de seguros. No es un servicio de rifas. No es un lugar para el bingo, ni aunque sea bingo protestante. Es casa de oración.

El *Press-Enterprise* de Riverside, California (29 de agosto de 1970) imprimía una columna titulada «La Religión de Hoy» por el Rvdo. Lester Kinsolving. El artículo apareció bajo este encabezado: «Ovejas trasquiladas». Kinsolving proveyó toda una galería de pícaros ministros ordenados fundamentalistas que promovían la venta de bonos, en este caso, bonos bautistas. El mercado de bonos de las iglesias es al presente un mercado de 500 mil millones de dólares. Kinsolving escribe:

A los inversionistas en potencia se les prometía una oportunidad para «cumplir su obligación cristiana» (al 7 por ciento) invirtiendo en bonos emitidos por BBU (Bethel Baptist University), «universidad de alto calibre, acreditada, que no se burla de Dios, ni enseña "monismo" […] ni arruina la fe de los estudiantes».

Inversionistas piadosos invirtieron más de un millón de dólares en esta empresa de Oklahoma solo para enterarse, después que sus operadores se esfumaron, que nunca había estado acreditada y que su matrícula final había sido de cuatro estudiantes.

Tal trasquilar de ovejas no es raro:

Un promotor hizo arreglos para una emisión de $20 000 en bonos para una iglesia pequeña de Arkansas; pero vendió $40 000 de ellos, y desapareció de la ciudad con la diferencia.

La Golden Circle Gospel Federation vendió $44 000 en lo que decían ser bonos de iglesia, y luego trataron de invertir el dinero en una firma exploradora de petróleo de Santa Bárbara cuando la Comisión de Cambio y Valores (SEC) los descubrió.

A Claude M. Bond, de Gideon Church Builders, se le prohibió permanentemente que vendiera bonos emitidos por 30 iglesias del área de Dallas-Fort Worth. La SEC acusó a Bonn de haber engañado a los inversionistas diciéndoles que «nunca se había sabido de ningún bono de iglesia que quebrara».

No solo los inversionistas sino muchos gobiernos estatales y municipales han demostrado ser excepcionalmente ingenuos en cuanto a tales prácticas. Porque cuando una iglesia auspicia tales emisiones de bonos a menudo quiere decir que no hay el requisito de que los valores se registren o se respalden con evidencia de que la institución tiene capacidad para pagarlos.

¿Horroroso? ¿Excepcional? ¿Qué más deberían los cristianos esperar cuando las iglesias promueven la violación de las limitaciones impuestas por Dios sobre los miembros, la jerarquía, y el tipo de financiación legítima para cada aspecto del reino de Dios? Los protestantes pueden quejarse de que tales ejemplos de quiebra o propaganda engañosa no son comunes. Ese no es el asunto, sin embargo. Lo que es importante no es el hecho de que estos «empresarios» fundamentalistas puedan tener el control de solo un pequeño porcentaje de fondos de iglesia y fideicomiso; lo que es importante es que las iglesias establezcan esos fondos. No es que las iglesias no sean tan eficientes como la General Motors para manejar su deuda interna y externa; lo que es intolerable es que deban imitar el tipo de contrato de deudas que la General Motors, como empresa con fines de lucro, halla lucrativos. La General Motors no es una iglesia institucional, y no está bajo las mismas restricciones respecto a dar o cobrar interés. La General Motors, a diferencia de la iglesia institucional, no es una casa de oración.

4. La economía de la observación del sabbat

por Gary North

Seis días se trabajará, mas el día séptimo os será santo, día de reposo para Jehová; cualquiera que en él hiciere trabajo alguno, morirá. No encenderéis fuego en ninguna de vuestras moradas en el día de reposo (Éx 35:2, 3).

Una de las muy pocas ordenanzas ceremoniales del Antiguo Testamento que los cristianos contemporáneos todavía dicen respetar es el sabbat. Por lo general, la defensa de un reposo requerido en el sabbat se hace por el argumento de la «ordenanza de la creación», y no por el cuarto mandamiento (Éx 20:8-11). Se dice que Dios reposó el séptimo día de la creación, y esto sirve como ejemplo para que lo sigan todas las personas de todas las culturas. Al pueblo del pacto de Dios de manera especial se le requiere que se abstenga de todo empleo secular el domingo. Ninguna ganancia es legítima si se hace el domingo. Solo a los que trabajan en ocupaciones que ofrecen ayuda a los que necesitan alguna emergencia o a los que trabajan para imponer la ley pública se les permite trabajar en el sabbat. Esto incluye a médicos, policías, bomberos, soldados que estén de guardia, y operadores de teléfonos de emergencia. (El por qué estas personas deban aceptar pago por esos servicios rara vez se explica. Cristo defendió el derecho de que el hombre saque a una bestia de carga de una zanja, pero no dijo que los hombres debían operar compañías de «rescate de bestias» por lucro en el sabbat. Los predicadores puritanos a veces vieron esto más claramente. Tomás Gouge, contemporáneo de Owen y Baxter en Inglaterra del siglo 17, elogió como ejemplos brillantes a varios médicos cristianos que rehusaban pago por trabajar el domingo[1]).

A pesar de su apelación oficial al argumento de «ordenanza de la creación», los modernos sabatistas invariablemente apelan también a pasajes específicos del Antiguo Testamento para respaldar su interpretación de exigir guardar el sabbat. Los mismos versículos que cita la Confesión de Fe de Westminster y el Catecismo

---

1   Sobre Gouge, ver Richard Schlatter, *The Social Ideas of Religious Leaders, 1660-1688* (Oxford University Press, Londres, 1940), pp. 129, 137.

Mayor en las anotaciones se usan hoy, más de tres siglos después[2]. Isaías 58:13 es una referencia común, así como Jeremías 17:21-27. Nunca parece perturbarles que estas aplicaciones «hebreas» del sabbat llegaron relativamente tarde a la Reforma inglesa. El sabatismo había sido solo una parte menor del catolicismo romano medieval, y al rigor que fue afirmado en teoría por los comentaristas católicos romanos vehementemente se le opusieron los lolardos y Lutero. No estaban dispuestos a ceder en nada que magnificara la autoridad de la iglesia romana[3]. Calvino siguió la tradición encabezada por Ireneo y Agustín, e interpretó el sabbat como una alegoría del reposo del creyente en Cristo de la esclavitud del pecado, reposo que será perfecto en la eternidad[4]. Esto, por supuesto, era solo la enseñanza de Hebreos 4, y Calvino no estaba dispuesto a apartarse de esa perspectiva. Se iba a jugar bolos en el césped después de los cultos el domingo, hecho que muchos sabatistas posteriores han preferido ignorar. La iglesia de Inglaterra adoptó una posición intermedia entre las posiciones luterana y católica romana; denunció las celebraciones supersticiosas, pero reservó el domingo como día de descanso, aunque recreaciones de muchos tipos se consideraron legítimas, para horror de los puritanos posteriores. Fue solo en la década de 1590 que los anglicanos, reaccionando contra los sabatistas puritanos rigurosos, derivaron en dirección de la iglesia católica romana, con sus descansos festivos en ciertos días santos[5]. El profesor Knappen, la autoridad más destacada del puritanismo en Inglaterra durante el siglo 16, por consiguiente, ha llegado a esta conclusión:

El sabatismo inglés contemporáneo, por consiguiente, no es reformado ni calvinista en sus orígenes. Si tuvo algún trasfondo teórico, hay que hallarlo en la doctrina medieval que sobrevivió en la enseñanza y legislación anglicanas, de que el día había que dedicarlo por completo a fines religiosos. Esto permaneció como doctrina oficial de la iglesia bajo Isabel, como se establece en la homilía, catecismo y ordenanza. Pero la conducta de la reina no se ajustaba a esos estándares. [...] Al permitir a sus clérigos que perpetuaran una doctrina rigurosa del tema y luego soslayarla, Isabel invitó a una reacción que con el tiempo tomó la forma de una doctrina incluso más rigurosa[6].

---

2   *The Confession of Faith* (Publications Committee of the Free Church of Scotland, 1967); WCF, cap, xxi; Cat. Mayor, PP. 115-121.

3   M. M. Knappen, *Tudor Puritanism* (University of Chicago Press, Chicago, [1939] 1965), pp. 444-445.

4   Sobre Agustín e Irenaeo, ver Knappen, *ibid.,* p. 443. El punto de vista de Calvino se puede ver en su *Commentary on Hebrews,* cap. 4; cf. *Tracts and Treatises* (Eerdmans, Grand Rapids, 3 vols., 1958), II, 61-62. Su ambivalencia en los *Tracts* está en contraste con su exégesis más rígida de Éxodo 20:8ss.

5   Christopher Hill, *Society and Puritanism in Pre-Revolutionary England* (Schocken, Nueva York, 1967), p. 155n.

6   Knappen, *Tudor Puritanism,* p. 447.

La reacción, según Knappen, empezó cuando la arena de peleas de perros y osos Paris Garden se derrumbó el domingo 13 de enero de 1583 y mató a ocho personas. El Rvdo. John Field tomó el guante y le echó la culpa de este evento a la violación del sabbat, igualando el sabbat cristiano con el sabbat hebreo, idea completamente nueva[7]. Otros más tarde siguieron sus pasos. La hostilidad a toda forma de recreación en el sabbat se manifiesta en muchas obras puritanas de la última década del siglo 16, notablemente *Doctrine of the Sabbat,* de Nicholas Bownde (1595), y *Treatise of the Sabbat,* de Richard Greenham (1592)[8]. La posición puritana ordenaba trabajar los últimos seis días de la semana, y prohibía todo tipo de diversión en el primer día. El alcance de su hostilidad a todo lo que se pareciera a «una semana de cinco días de trabajo» se refleja en un estatuto que aparece en las actas del 11 de mayo de 1659 de la Corte General de Massachusetts, una de las pocas jurisdicciones políticas que los puritanos alguna vez controlaron:

> Para prevenir los desórdenes que surgen en varios lugares dentro de esta jurisdicción, puesto que algunos todavía observan tales festivales como se guardaban supersticiosamente en otros países, para gran deshonor de Dios y ofensa de otros, por medio de la presente esta Corte y su autoridad ordena, que a cualquiera que se le halle observando días como Navidad y parecidos, bien sea por dejar de trabajar, celebrando banquetes o de alguna otra manera, al saberse lo antedicho, cada una de tales personas debe pagar al condado una multa de cinco chelines por cada una de tales transgresiones [9].

El Catecismo mayor, elaborado entre 1643 y 1647 por la Asamblea Westminster, es bien directo. Prohíbe «toda profanación del día por ociosidad, y haciendo eso que es en sí mismo pecado; y por todo trabajo, palabras y pensamientos innecesarios, en cuanto a nuestros empleos y recreaciones mundanales» (R. 119). Esa defensa tan rigurosa del domingo se hace con numerosas citas del Antiguo Testamento. En su capítulo sobre «Los usos del sabatismo», el historiador inglés Christopher Hill comenta: «Algunos de los extremos a los cuales recurrieron los sabatistas posteriores surgieron de la creencia de la inspiración literal de la Biblia y la equiparación del domingo con el sabbat judío. Pero estos puntos extremos de vista vinieron más tarde, después que la jerarquía hubo roto la unanimidad virtual de los tiempos isabelinos tempranos sobre el tema de la observancia del domingo»[10]. El advenimiento del sabatismo estricto no se puede separar de los conflictos políticos y eclesiásticos en Inglaterra de 1590 a 1660. El sabatista moderno que ignora

---

7   *Ibid.,* p. 448.
8   Hill, *Society and Puritanism,* pp. 168, 170.
9   Nathaniel B. Shurtleff, ed., *Records of the Governor and Company of the Massachusetts Bay in New England* (Commonwealth of Massachusetts, Boston, 1854), vol. IV, punto. I, p. 366. He modernizado el deletreo.
10   Hill, *Society and Puritanism,* p. 159.

los orígenes de su herencia peculiar no ha visto el alcance de su desviación de la tradición agustiniana y calvinista[11].

Lo que los sabatistas modernos generalmente aducen es que los llamados aspectos «puramente ceremoniales» del sabbat fueron temporales. Esto incluye el cimiento mismo de la adoración hebrea en el sabbat, es decir, la pena por todas las violaciones, la sentencia de muerte. El hecho de que la imposición estaba absoluta e innegablemente relacionada con la observancia del sabbat no perturba en lo más mínimo a los rigoristas contemporáneos. Más riguroso de lo que el Nuevo Testamento permitiría, el sabatista moderno con todo es demasiado humanista para permitir que nada como la ley rígida del Antiguo Testamento interfiera con su laxo concepto de la imposición del sabbat. Ninguna argumentación exegética se ofrece para explicar por qué se puede romper la unidad de la observancia e imposición del sabbat en el Antiguo Testamento; solo se da por sentado. Los sabatistas asumen que de alguna manera se honra a Dios si ellos sufren inconvenientes los domingos, mientras que al mismo tiempo, una violación de sus provisiones específicas de imposición del sabbat le da mucha gloria.

Igualmente «ceremoniales» son las provisiones sobre los años sabáticos, según las cuales en el séptimo año se debía poner en libertad a todos los esclavos y cancelar todas las deudas. La tierra debía también dejarse sin cultivar. Pero los autoproclamados sabatistas estrictos están en deuda por siete veces siete años, y trabajan el suelo sin misericordia; y a pesar de eso se enorgullecen de su rigor. Reclaman apoyarse en el hecho de que no están empleados por ganancia los domingos, y que no ven por televisión los juegos de los Packers de Green Bay contra los Browns de Cleveland. Algunos ni siquiera escuchan los noticieros, ni leen el periódico dominical. Los verdaderos santos entre ellos ni siquiera leen el periódico del lunes, porque fue impreso el domingo.

Por supuesto, los delanteros sabatistas del lunes por la mañana, que al menos disfrutan *leyendo* acerca del partido entre los Packers y los Browns, aunque sea inmoral verlo o jugarlo, se fastidian por el rigor de sus compañeros sabatistas que rehúsan leer la información el lunes por la tarde (la edición de la mañana, como

---

11   Hill erroneamente atribuye a Calvino la posición puritana sabática posterior, aunque se ve obligado a admitir que la disposición de Calvino para irse a jugar bolos el domingo preocupaba a muchos sabáticos celosos. A diferencia de Knappen, Hill muestra poco indicio de haber leído los propios escritos de Calvino sobre el sabat. Escribe en una nota al pie de página que «[Richard] Baxter también estaba algo inquieto en sus esfuerzos de descartar la lenidad de Calvino y Beza». Hill, *ibid.,* p. 170. Tal vez sea comprensible que Hill, como erudito marxista especializado en la historia de Inglaterra del siglo diecisiete, no esté familiarizado con los detalles de los escritos de Calvino. No hay excusa para la declaración del profesor John Murray del Seminario Westminster, en un esfuerzo desesperado por invalidar el empuje de la noción de Calvino sobre el sabat, de que las nociones de Calvino simplemente se han mal interpretado. La herencia escocesa de Murray simplemente no se ajusta a las enseñanzas «de lenidad» de Calvino, así que él ha escogido reescribir a Calvino. Ver la carta de Murray al editor, *The Presbyterian Guardian,* junio, 1969. Sobre el rigor fantástico, absurdo de los sabatistas escoceses del siglo diecisiete, ver Hill, p. 183.

ya he mencionado, se queda sin leer). Para ellos los otros son «legalistas», mientras que los extremistas que obedecen las implicaciones de su posición ven a sus hermanos más débiles como «antinomianos latentes». Así somos los hombres; el que se fastidia porque le pisan sus callos llama a su hermano un legalista; el que se deleita en pisar los callos se fastidia por las obvias incongruencias de los demás. Demasiado a menudo la cuestión es de quién es el buey acorneado (o, para cumplir la analogía, el buey de quién ha caído en qué zanja).

¿Cuáles son las implicaciones de guardar el sabbat? Sin duda significaba mucho más para la cultura hebrea antigua de lo que cualquiera de nosotros pudiera captar. En el mundo moderno hallaríamos que la plena observancia del reposo sabático, según se practicaba en el Israel antiguo, sería un enorme trastorno de nuestros patrones familiares de vida. Por tanto, he escogido limitar mi investigación a solo las implicaciones más obvias para la esfera de la economía. Este enfoque estrecho de ninguna manera cubre el amplio impacto de las provisiones del sabbat del Antiguo Testamento para otras esferas de la sociedad humana: familia, gobierno, militar, y así por el estilo. En cualquier caso, las implicaciones de la observancia del sabbat para el angosto campo de los asuntos económicos debería ser suficientemente desconcertante para aquellos a quienes les gusta considerarse sabatistas estrictos. Es de esperarse que se vean obligados a reconsiderar sus *acciones* o su *definición* del sabbat en lo que se aplica a nuestro tiempo.

El pasaje con que empieza este ensayo, Éxodo 35:2, 3, establece las provisiones generales para la imposición del sábado hebreo. Era un delito capital encender leña el sabbat. Los comentaristas ortodoxos han tomado dos puntos de vista básicos de este pasaje. Primero, que «encender» se debe haber referido a empezar fuego, literal y figuradamente, de la nada. Era una tarea difícil encender un fuego una vez que se había apagado, y esto constituía trabajo extra que se podía evitar prestando atención al fogón del hogar que se debía haber encendido el día anterior. El segundo punto de vista sostiene que «encender» se refiere a un fuego que se usaba en los negocios, como en el caso de un herrero. Este punto de vista posterior es singularmente poco convincente. (Una tercera posibilidad, de que ningún fuego se encendía en Israel, incluso en el frío del invierno, es improbable, especialmente a la luz de la interpretación liberal de Jesús de la observancia del sabbat [Mt 12:1ss]). Por tanto, parece razonable asumir que era ilegal encender fuego el sabbat, pero era legítimo mantener ardiendo el fuego encendido el día anterior.

El caso presentado en Números 15 se debe interpretar bajo esta luz. Una prohibición en contra de encender fuego tenía que aplicarse por igual a la recolección de materiales que se pudieran usar para encender al fuego. Dios dijo con claridad a los hebreos que se requería tal extensión del principio general.

Estando los hijos de Israel en el desierto, hallaron a un hombre que recogía leña en día de reposo. Y los que le hallaron recogiendo leña, lo trajeron a

Moisés y a Aarón, y a toda la congregación; y lo pusieron en la cárcel, porque no estaba declarado qué se le había de hacer. Y Jehová dijo a Moisés: Irremisiblemente muera aquel hombre; apedréelo toda la congregación fuera del campamento. Entonces lo sacó la congregación fuera del campamento, y lo apedrearon, y murió, como Jehová mandó a Moisés (Nm 15:32-36).

Este pasaje es crucial para comprender lo que las ordenanzas del sabbat le exigían al pueblo del pacto de Dios. La violación del sabbat en un asunto tan «pequeño» como recoger leña involucró al culpable en un delito capital. Judicialmente, no había distinción entre este delito y el asesinato. Ambos exigían la pena de muerte. El sabatista moderno, al citar las referencias del Antiguo Testamento al sabbat en respaldo a su posición, inevitablemente involucra su posición con este pasaje. Se le exige que considere la más diminuta violación del sabbat con el mismo horror como consideraría el asesinato de un miembro de su familia. Todas las transgresiones, desde reunir leña hasta jugar fútbol profesional, tendrían que verse como transgresiones capitales. No hay escape de esta situación; si los estándares de la práctica hebrea son dignos de proclamarse, los requisitos de la jurisprudencia hebrea deben imponerse. Puesto que nuestros códigos civiles contemporáneos al presente no imponen la pena de muerte a los que violan el sabbat, los sabatistas coherentes no deberían descansar los otros seis días de la semana hasta que se persuadiera al gobierno civil a imponer tal sanción a los que lo violan. *Si la ley del pacto es obligatoria, la implementación de la ley del pacto es entonces igualmente obligatoria.* El que se desvíe de este principio es, bíblicamente, un antinomiano[12]. Cualquier lenidad «humanitaria» en la imposición de la ley bíblica no es menos violación de los estándares absolutos de la justicia de Dios que la negación de la validez del estándar legal en cuestión. *Por lo mínimo,* hasta que nuestros códigos civiles puedan cambiarse, cualquier denominación o congregación que proclame la ley del sabbat como obligatoria, debe imponer la ley del sabbat sobre todos sus miembros mediante el proceso de la amenaza de excomunión. Si se da por sentado que los estándares hebreos de la observancia del sabbat de alguna manera son aplicables en tiempos del Nuevo Testamento, las iglesias deben considerar a los que quebrantan el sabbat con el mismo horror con que consideran (o deberían considerar) a los asesinos, secuestradores o sodomitas.

Las iglesias, como todos saben, ni ahora ni nunca han considerado así a los que violan el sabbat. Pablo fue al punto de anunciar la doctrina de que «Uno hace diferencia entre día y día; otro juzga iguales todos los días. Cada uno esté plenamente convencido en su propia mente» (Ro 14:5). No dijo, se debe recalcar, que el día o días en cuestión era algo llamado «lunas nuevas hebreas o sabats», como

---

12 Esta ha sido mi acusación básica contra los neo-Dooyeweerdianos tanto de los Países Bajos como de la comunidad calvinista que habla inglés. Para detalles específicos, ver mi ensayo, «Social Antinomianism» [«Antinomianismo social»], *International Reformed Bulletin,* oct. 1967.

los eruditos sabatistas desesperados han tratado de argumentar. El solo dijo *día*[13]. Tal *opción de la conciencia del cristiano* no estaba disponible a los que reunían leña en Números 15. Esto debe llevarnos a la conclusión de que la aplicación del principio del sabbat en tiempos del Nuevo Testamento es radicalmente diferente de lo que se exigía en tiempos del Antiguo Testamento. De modo similar, Pablo pide al cristiano individual que decida; el sistema eclesiástico que infringe este derecho de conciencia está en abierta violación del estándar de Nuevo Testamento. Una iglesia puede imponer la asistencia a un culto el domingo; no tiene más derecho que esto. Los derechos de la conciencia individual en este caso en particular no pueden ser infringidos por ninguna autoridad eclesiástica.

Si se acepta la tergiversada exégesis de los sabatistas, y se considera que la apelación de Pablo a la conciencia no se aplica al sabbat semanal (con la exégesis forzada también aplicándose a Colosenses 2:16, 17), aparece un dilema serio: o los estándares de la iglesia en cuanto a guardar el sabbat están en flagrante violación de los estándares mucho más rigurosos del Antiguo Testamento, o las provisiones hipotéticamente propias del credo al presente no se imponen, y no se han impuesto por lo menos por dos siglos. Y más que eso: parece que son completamente imposibles de implementar. *Los credos son menos rigurosos que el Antiguo Testamento; la imposición de la iglesia contemporánea es menos rigurosa que los credos.* El sabatista que trata de escapar de esta verdad se engaña a sí mismo. Además, lo que ha sucedido en el caso de la imposición de estas provisiones —del Antiguo Testamento o de los credos— por parte del gobierno civil es incluso peor. El sabatista tampoco puede evitar este problema. Si halla fácil ignorar el que el gobierno civil no haya implementado las leyes del sabbat, no se preocupará por el hecho de que el estado no imponga la ley bíblica respecto al matrimonio, prostitución, homosexualidad, robo y casi todo lo demás de que los Diez Mandamientos se preocupan. El hombre que toma a la ligera la lenidad del estado al implementar cualquiera o todos estos asuntos es un antinomiano. Si piensa que las leyes del sabbat en efecto se aplican, y sin embargo no le fastidia para nada el pensamiento de que el estado no haya hecho bien su trabajo en este campo, está desafiando el principio bíblico sobre la ley: una ley que vale la pena proclamar, vale la pena imponer.

Se debe notar también que una semana de trabajo de cinco días es una violación abierta de las leyes del sabbat. El Señor no le ofreció a nadie la opción de tomar un día libre durante la semana. «Seis días trabajarás», ordenó, a pesar de la AFL-CIO. ¡Veamos que la iglesia imponga *eso!* Los puritanos lo hacían; se amenazó con cárcel por predicarlo u obedecerlo[14]. Ellos corrieron ese riesgo.

---

13   Hay alguna evidencia de que las traducciones de [la versión al inglés] del Rey Jaime de las palabras hebrea y griega para «mes» se tradujeron incorrectamente como «luna» es varios casos, incluyendo Col 2:16. Sobre este punto, ver Curtis Clair Ewing, *Israel's Calendar and the True Sabbath* (The National Message Ministry, Los Angeles, 1958), pp. 7-8.

14   Hill, *Society and Puritanism*, p. 155s.

Los sabatistas y el combustible

El recoger leña es un buen ejemplo de una ley hebrea común, según se aplica a la luz de un requisito general del Decálogo. Muestra, tal vez mejor que cualquier otro ejemplo, las implicaciones del cuarto mandamiento para la nación hebrea. Considérense las implicaciones económicas. ¿Qué estaba implicado en la recolección de ramas? La leña se podía usar por lo menos para cuatro propósitos:

1. *Calentar* la casa.
2. *Iluminar* la casa.
3. *Cocinar* las comidas.
4. *Venderla* para los usos 1-3.

En lo que tiene que ver con el uso en sí, el caso de Números 15 se aplicaba más a la vida diaria de las mujeres hebreas que a los hombres de la familia. A menudo el hombre y su trabajo es más el foco del sabatista moderno, pero esto no era necesariamente el caso en una comunidad rural, preindustrial. La recolección de leña probablemente era más tarea de los niños; las mujeres la empleaban para usos domésticos, una vez que se la recogían. Los hombres disfrutaban de los beneficios de la recolección y del uso de la leña, pero en general no tenían mucho que ver con el manejo de la leña en sí. Podría haber unas pocas excepciones, por supuesto, pero una excepción parece ser mucho más probable, es decir, la del recogedor profesional de leña. Su trabajo tendría mucha mayor demanda el sabbat, precisamente el día en que se imponía la prohibición de trabajar. La mujer que no recogía leña con anterioridad en la semana podía comprarla del profesional.

No se nos dice que el hombre de Números 15 fuera un profesional de esos, pero la severidad del castigo habría hecho mucho más peligroso que tal clase de profesionales llegara a existir. Había necesidad de un castigo riguroso, siendo los hombres y mujeres lo que son. Siempre hay un deleite en violar los mandamientos de Dios si uno es el pecador; si esa violación también trae consigo ciertos beneficios superficiales por encima y más allá del mero placer del desafío, mucho mejor. Las prohibiciones del sabbat incluían costos muy fuertes para los obedientes; la imposición del sabbat requería castigos severos, imponiendo así a los violadores altos costos en la forma de alto riesgo.

¿Cuáles eran los costos del sabbat? Para el hombre, era la pérdida de todo ingreso: monetario (menos probable en una sociedad rural), psicológico, o en propiedad física, por ese día. Pero las mujeres también pagaban. Tenían que recoger la leña a principios de la semana. Quería decir más trabajo durante la semana, ya fuera en días más largos o aumentando la intensidad del día de trabajo; o ambas cosas. Si no se alargaba el día de trabajo ni se intensificaba, otras tareas que era deseable realizar tendrían que dejarse, y eso, como cualquier esposa sabe, también incluye costos (especialmente si el esposo o la suegra notan lo que se dejó de hacer). También existiría siempre la tentación de descuidar la recogida de leña durante la semana, especialmente si un profesional aparecía por allí con una carga de leña el sábado por un precio razonablemente barato. Si su precio era menos del cálculo de la mujer de los costos involucrados en recoger leña temprano en la semana, se esperaba una ganga. Al imponer una forma rigurosa y permanente de castigo para el violador, la comunidad podía elevar el precio de la leña; el riesgo sería tan alto que pocos profesionales podrían sobrevivir. ¿Cuántas mujeres podían o estarían dispuestas a pagar los costos? Sería más barato que compraran o recogieran leña a principios de la semana. El recoger leña se hizo una fuente improbable de empleo lucrativo en el sabbat. Puesto que el mercado de leña en el sabbat estaba restringido debido al alto precio de la leña (debido a los riesgos involucrados), las oportunidades para la tentación se reducían al mínimo. No era negocio que alguien violara el sabbat, y era demasiado costoso contratar a alguien para que lo violara.

En la medida en que los castigos se debilitan en un caso como este, en esa medida se vuelve *asunto de conciencia* el que uno viole o no el sabbat o que pague a alguien para que lo haga. La conciencia queda sin la protección de altos costos económicos para mantener a un hombre actuando de manera santa. A mediados del siglo 20, el descanso del domingo se basaba primordialmente en la tradición y los sindicatos; en donde estas restricciones se superan, la conciencia es la única barrera contra la violación de la aplicación del principio del sabbat como en el Antiguo Testamento. Los hombres que valoran la diversión menos que otras formas de ingresos tenderán a buscar empleo en el sabbat, especialmente cuando el mercado se restringe, por una razón u otra, en contra de la entrada de trabajadores competidores. Los pagos de «sobretiempo» añaden incentivo.

Si aceptamos el principio de que es malo que contratemos a otra persona para que cometa una transgresión para nuestro beneficio y su ganancia, habrá ciertas implicaciones. Las violaciones del sabbat eran delitos capitales. Si los sabatistas estrictos consideran las provisiones del Antiguo Testamento como obligatorias para los cristianos, es tan malo emplear a un hombre para que viole el sabbat como lo es emplear a alguien de Asesinos, S.A. para que mate a un prójimo. La ejecución del crimen y la culpa de la parte contratante son iguales en ambos casos. Los delitos capitales son serios. *Si el sabbat hebreo es moralmente obligatorio hoy, sus implicaciones y aplicaciones son igualmente obligatorias.*

He oído a algunos cristianos acusar a otros de violar el sabbat porque estos últimos se han atrevido a ir a algún restaurante a comer después que se terminan los cultos de la iglesia. Lo mismo supuestamente es válido para los que compran alimentos en un supermercado en el sabbat. ¿Por qué es esto una violación? Porque es una violación del sabbat animar a que otro lo viole al pagarle para que abra su negocio. *Si* los estándares del sabbat hebreo son obligatorios, entrar a una tienda en el sabbat es moralmente un crimen capital, y una abominación a la vista de Dios. Por consiguiente, los pastores y ancianos deben decirles a sus rebaños que se abstengan de realizar cualquier transacción comercial en el sabbat[15]. Si un hombre desea tomar los estándares incluso de la Confesión de Fe de Westminster (documento preindustrial, se debe destacar) en todo su rigor preindustrial, debería animar a sus ancianos a que impusieran las provisiones. Por supuesto, las provisiones de la Confesión ni siquiera se acercan a los requisitos de Números 15, que son los verdaderos estándares bíblicos a los ojos de un sabatista coherente, pero por lo menos son algo. Si los credos son válidos en su interpretación de 1646, los estándares de 1646 de imposición se deben aplicar. Si tales estándares no se aplican, entonces hay una clara admisión de que *la iglesia ya reconoce como válida la definición de 1646 del sabbat.*

Sigamos con rigor la acusación contra los «dueños de restaurantes». Esas mismas personas que lanzan las acusaciones se enorgullecen de su observancia del sabbat porque *ellos* no van a restaurantes el sabbat. *Ellos* no compran en supermercados. *Ellos* han almacenado provisiones para comer en casa. Muy bien, si uno es sabatista, porque es esencial para guardar el sabbat que uno almacene provisiones antes del sabbat. Pero el Antiguo Testamento exigía más que solo almacenar comida. El pasaje al que nos referimos, Números 15, deja en forma explícita que no solo comida sino también el *combustible* debía almacenarse de antemano; el combustible para calentar la casa, cocinar las comidas e iluminar la habitación debía buscarse de antemano. Era una violación capital a los ojos de un Dios justo y santo recoger leña —combustible— en su sabbat. El moderno sabatista piensa que la suya es la forma del Dios del pacto santo solo porque compra la comida con antelación; su hermano en Cristo entonces es un vil pecador porque no lo ha hecho. Pero bajo las provisiones de Números 15, ambos son reos de muerte por igual, porque ambos han pagado a productores especializados de combustible para que trabajen en el sabbat. Esta es la diferencia, sin embargo; el hombre que entra en el restaurante no es santurrón en cuanto a su supuesto guardar el sabbat, ni ha lanzado acusaciones contra otros cristianos. Indudablemente ha violado las provisiones del sabbat de Números 15, pero hasta allí llega su culpa. Los modernos sabatistas que he encontrado con demasiada frecuencia violan no solo el sabbat, sino también el mandamiento contra el chisme, o por lo menos se divierten en el «juicio de cejas enarcadas y lengua que chasquea». Descuidan la advertencia de Cristo: «No juzguéis, para que no seáis juzgados. Porque con el juicio con que juzgáis, seréis juzgados» (Mt 7:1, 2a).

---

15   La total confusión de muchos pastores sabatistas se ve en su prohibición de pagar por cualquier libro que se compra en la librería de la iglesia el domingo. El libro o libros se pueden llevar a casa pero no pagarse sino hasta el lunes o más tarde. Una transacción económica hecha a crédito no se considera como una transacción económica en lo que tiene que ver con la librería de la iglesia. Sin embargo, una compra de gasolina o de cualquier otro artículo que se compra a crédito el domingo la consideran los mismos pastores como una flagrante violación del sabat. Cualquiera que puede hallar sentido en estas dos posiciones es un rival de los teólogos escolásticos de la Edad Media.

La misma arquitectura de nuestras iglesias es un testimonio perenne de la falta de disposición de los cristianos contemporáneos a aceptar las implicaciones del sabbat. Llenamos nuestros edificios con todo tipo de artefactos eléctricos; calentamos o enfriamos las habitaciones a una temperatura cómoda de 25°C, tanto en el invierno como en el verano. A menudo nos enorgullecemos de la eficiencia de la tecnología moderna, olvidándonos que muchos hombres y mujeres deben ir a trabajar y operar las maquinarias que proveen la electricidad —el combustible— para nuestros artefactos. Estos trabajadores están cometiendo crímenes sabáticos capitales cada domingo, y todo cristiano sabatista que usa estos artefactos, aparte de alguna emergencia legítima, envía a la gente al infierno todos los domingos, por la mañana y por la noche, mientras él mismo se sienta en la comodidad de su templo con aire acondicionado. Si los credos sabatistas son correctos, los sabatistas semanalmente están condenando a otros a las llamas del tormento eterno para poder sentarse en 25°C agradables.

Claro, los sabatistas siempre pueden defender los 25°C en nombre de una emergencia vital. Algunos pueden verlo como el equivalente del buey que ha caído en una zanja. Los templos helados alejarán a los que no son creyentes en el invierno; las iglesias sofocantes lo harían en el verano. Posiblemente este argumento sea legítimo, si ésta es *realmente* la razón por la que calentamos nuestras iglesias. O tal vez nuestros cuerpos en verdad no pueden aguantar lo que nuestros antepasados puritanos atravesaron para establecer el culto reformado en los Estados Unidos de América; tal vez no podríamos aguantar iglesias tan heladas que el pan de la comunión se congelaría. Posiblemente moriríamos si nuestras actuales comodidades tecnológicas se nos quitaran (como algunos apocalípticos pesimistas han afirmado que pudiera ser la perspectiva en el futuro cercano). Pero si la comodidad es lo que podemos decir en defensa de los sistemas centrales de calefacción que consumen electricidad, no estamos dando mucho pensamiento a nuestros credos sabatistas. Se ha vuelto demasiado de moda adaptar la interpretación del sabbat a cada nueva irrupción tecnológica; los sabatistas se aferran religiosamente a estándares escritos hace siglos, mientras que violan regularmente los términos de esos credos. Es esquizofrénico. El fraseo de los credos se debe alterar, o bien los sabatistas deben alterar su aceptación fácil de una tecnología radicalmente no sabatista.

Esta declaración no se debe considerar nueva. Lo hizo uno de los sabatistas más estrictos y más coherentes en la historia de la iglesia protestante después de la reforma, Robert Murray McCheyne. No escatimó palabras para condenar a sus hermanos en Cristo:

¿No sabes, y toda la sofisticación del infierno no puede refutarlo, que el mismo Dios que dijo: «No matarás», también dijo: ¿Acuérdate del sabbat para santificarlo»? El asesino al que se arrastra a la picota, y el encumbrado quebrantador del sabbat son lo mismo a los ojos de Dios.

Andrew Bonar ha preservado las enseñanzas de McCheyne sobre el sabbat en sus *Memoirs of McCheyne*, y el autoproclamado sabatista estricto haría bien en meditar en lo que McCheyne escribió. Si los estándares de Números 15 todavía siguen en efecto, ¿cómo puede un hombre que proclama el sabbat escapar a la arremetida de las palabras de McCheyne? McCheyne vio claro lo que la revolución industrial significaría. Cuestionó el derecho de los ferrocarriles a funcionar los domingos, pero no lo siguieron sus colegas sabatistas de Escocia. Estos escogieron, como los sabatistas han escogido desde entonces, darle la espalda a las implicaciones de su credo, mientras que vanamente proclaman la validez del credo. McCheyne tenía una palabra para los que hoy disfrutan en hacer que otros trabajen en el sabbat para proveerles de combustible a precios razonables:

> Hombres culpables que, bajo Satanás, estáis conduciendo a la profunda y oscura falange de violadores del sabbat, la vuestra es una posición solemne. Sois ladrones. Le robáis a Dios su día santo. Sois asesinos. Asesináis las almas de vuestros siervos. Dios dijo: «No harás ningún trabajo, tú, ni tu siervo»; pero vosotros obligáis a vuestros siervos a quebrantar la ley de Dios, y a vender sus almas por ganancia.

Los sabatistas deberían prestar atención a la advertencia de McCheyne. Los que se levantan en orgullo debido a su posición sabatista deben considerar las implicaciones de tal posición. ¡Dios no puede ser burlado!

Cuando las provisiones de la Confesión de Fe de Westminster se imponen rigurosamente, el debate del sabbat puede tomar algún significado aparte de jugar juegos teológicos. Entonces, y solo entonces, se expondrán los asuntos con claridad y honestidad. Cuando los ancianos de la iglesia *empiecen en casa* a seguir los estándares sabáticos del Antiguo Testamento, y cuando impongan tales estándares a sus recalcitrantes esposas a quienes les encantan sus estufas, su agua caliente por tubería, y su sistema de aire acondicionado, los que no son sabáticos quedarán impresionados. Que apaguen sus artefactos eléctricos, o que compren un generador para proveer la electricidad. Que apaguen el gas natural, o que compren butano de antemano. Que dejen de telefonear a sus amigos para «comunión cristiana», de manera que las líneas se puedan mantener abiertas para verdaderas emergencias. Que dejen de usar el correo público los viernes, sábados y domingos, de modo que los carteros y los repartidores no tengan que perderse su observancia del sabbat. En pocas palabras: que cierren los ojos a las transgresiones de otros hasta que la iglesia, como fuerza disciplinaria, empiece a imponer requisitos más rigurosos a toda la membresía, *empezando por la cúpula de la jerarquía* y trabajando de allí para abajo. Que toda autojustificación se abandone hasta que se enfrenten con resolución las plenas implicaciones de la práctica de guardar el sabbat. Hasta que llegue ese tiempo, los que no son sabatistas continuarán simultáneamente divertidos y apabullados por el pensamiento calamitoso y confianza santurrona de los que hipócritamente se llaman sabatistas estrictos, pero que son infieles a los mismos estándares que tratan de imponer a otros. Se parecen demasiado a los judaizantes de doble opinión de Gálatas 6:12, 13. Los que no son sabatistas no podrán tomar en serio a los sabatistas estrictos mientras que estos últimos no se impongan a sí mismos los considerables costos económicos de guardar el sabbat. Hasta entonces, el debate sobre el sabbat seguirá siendo una farsa en el mejor de los casos, y una vergüenza para la iglesia de Cristo en el peor.

Reevaluar la cuestión del sabbat es reevaluar toda la civilización industrial occidental. Por cierto que incluirá cuestionar los últimos dos siglos de rápido crecimiento económico. Los sabatistas estrictos deberían por lo menos percatarse de los efectos posibles de sus propuestas. Si el mundo se debe conformar a los estándares cristianos de la ley bíblica, y si los estándares de la práctica del sabbat hebreo son, de hecho, todavía la regla para la dispensación cristiana, ¿cómo se impondrían estos estándares a la población en general? ¿No haría eso imposible nuestra versión moderna de una sociedad industrial, especializada? En otras palabras, si se hubieran impuesto esos estándares durante los últimos dos siglos, ¿podría haber llegado a existir esta civilización, que la mayoría de los cristianos modernos acepta en todo lo que tiene que ver con las conveniencias tecnológicas? ¿Cuánto de nuestra tecnología económicamente lucrativa, eficiente, del domingo, nos veríamos obligados a destruir?[16] Los costos, sospecho, serían considerables. Es tiempo de que los sabatistas estrictos cuenten esos costos.

5. En defensa del soborno bíblico

por Gary North

Las tres herejías del humanismo, el moralismo y el legalismo a menudo se manifiestan simultáneamente, incluso en círculos que se dicen cristianos. Las tres centran su enfoque en el hombre. La presuposición primaria del *humanismo* es que el hombre —sus metas, necesidades, deseos, estándares— es el enfoque central de la vida. Aduce que el hombre no es solo el vicegerente de Dios en la creación, que trabaja para conseguir el dominio sobre la tierra para la gloria de Dios, sino más bien que la tierra debe ser sojuzgada «por la gente, y para

---

16   Un ejemplo obvio es la industria del acero. El costo involucrado en apagar una planta de acero y luego volverla a encender es prohibitivo. El acero no se podía fabricar bajo tales condiciones. La electricidad necesaria para calentar una fundición de acero, y eso para no decir nada de las horas-hombre perdidas, obligaría a los productores de acero a dejar de producir. De nuevo, los sabatistas estrictos tendrán que considerar la producción de acero como un caso de emergencia. Todo, en verdad, lo que involucra más incomodidad de la que los sabatistas de cualquier generación están acostumbrados a soportar, se arroja en una clasificación cada vez creciente de talla única, «servicio de emergencias».

la gente», como si la creación fuera «de la gente». El *moralismo* se basa en la doctrina de que el hombre es capaz de demostrar su propia valía ante Dios por acciones de benevolencia y negación propia. Los moralistas se esfuerzan por «ser buenos» mediante actos de bondad inherente. El *legalismo* por lo general es un credo paralelo al moralismo. Se ve a Dios como un ser atado por las mismas leyes que obligan a la humanidad; Dios, como su creación, está bajo la ley y por consiguiente debe conformarse a los deseos y demandas de los hombres que actúan en los límites de su ley. El legalismo es un pariente consanguíneo de la magia, puesto que los magos también tratan de manipular la realidad mediante rígidos embrujos y abnegación propia, obligando a los poderes secretos a funcionar según las fórmulas prescritas. El legalismo debe asumir la validez del moralismo, y ambos son en esencia humanistas; la salvación del hombre la logran las obras del hombre.

El cristianismo ortodoxo, por definición, niega esas tres posiciones. Al revés del humanismo, el cristianismo declara la soberanía de Dios. La Creación entera debe dar a Dios toda la gloria, porque esa es su función (Is 45:22, 23; Ro 14:11; Fil 2:10, 11). Al contrario del moralismo, el cristianismo dice que no hay nada en el hombre que pueda merecer favor a los ojos de Dios; el hombre es totalmente depravado. Todos nuestros actos de justicia son trapos de inmundicia (Is 64:6). La santificación, por consiguiente, es dádiva de Dios igual que la justificación. «El corazón del hombre piensa su camino; mas Jehová endereza sus pasos» (Pr 16:9). En pocas palabras, el moralismo, al afirmar la valía intrínseca del hombre, es una falacia. Finalmente, el cristianismo rechaza el legalismo, así como también rechaza la magia. Dios está por encima de su creación; la ley está bajo Dios, y no por encima de él. Los pactos de Dios con el hombre, por supuesto, por la perversión y rebelión del hombre invariablemente llevan a una situación en que las bendiciones del pacto de Dios se dan solo gracias a la suprema justicia de Cristo; el hombre recibe una bendición solo debido a su participación en el pacto por fe, o, a falta de la fe salvadora, solo porque vive en un universo temporalmente escudado de la ira de Dios debido al respeto de Dios por Cristo, el pueblo de Cristo y la obra de Cristo en el tiempo (Calvino, *Inst.* II, 7, 4). Dios de ninguna manera está obligado por los débiles intentos de justicia del legalista ni las manipulaciones del mago a respetar el clamor del hombre. *Dios puede resistir las manipulaciones legales de los hombres.* La falta de reconocimiento de este hecho básico llevó a Job, así como también a sus tres consoladores, a la interpretación errada y pecaminosa del plan soberano de Dios (Job 32—41). El cristianismo ortodoxo declara que Dios es totalmente soberano sobre su creación; él puede hacer con ella como quiera, otorgando ira o gracia como le parezca. Puede hacer luz y tinieblas, paz o mal (Is 45:9), y nadie puede acusarle de pecado o error (Ro 9:19ss). Los propósitos de las leyes de Dios son invariablemente teocéntricos, no humanistas.

Cualquier cristiano que da la aprobación tácita en principio a lo que se ha dicho hasta aquí puede probarse a sí mismo según varios puntos bíblicos. ¿Es la ley verdaderamente teocéntrica? ¿Debe nuestra obediencia ser en términos de una estructura de la ley del pacto que apunta *solo* a la gloria de Dios? Si es así, ¿de qué manera debemos considerar las actividades de Rahab?

Debe señalarse que la Biblia no titubea para nada en su elogio de Rahab. Tanto el autor de Hebreos (11 31) como Santiago (2:25) testifican de su sabiduría cuando decidió amparar a los espías hebreos y no se critica para nada su método de hacerlo. Específicamente se nos dice que por sus acciones recibió una recompensa (Jos 6:25). Hizo un pacto con dos representantes de la nación hebrea (Jos 2:12ss) y, por implicación, con el Dios de los hebreos. Por fe fue justificada, pues mostró su fe por sus obras; este es el mensaje de Rahab a través de los siglos. La prostituta que fue injertada en el linaje del pacto de Cristo (Mt 1:5), la única sobreviviente junto con su familia de la caída de Jericó, se vio muy favorecida por Dios. No hay ni el menor indicio en ninguna parte de la Biblia de que *algún* aspecto de su defensa de los espías hebreos estuviera de alguna manera bajo suspicacia. Los calvinistas, incluyendo Calvino, se han precipitado donde los ángeles temen andar de puntillas; el legalismo tiene raíces profundas en los corazones rebeldes de los hombres.

Rahab, hallamos, tuvo que recurrir a la mentira a fin de proteger a sus visitantes (Jos 2:3ss). En su explicación del versículo 4, Calvino dice de su *traición* al abandonar a su pueblo que «no hubo criminalidad en abandonarlos». Sin embargo, su mentira no se descarta con facilidad:

> En cuanto a la falsedad, debemos admitir que aunque fue hecha por un propósito bueno, no estaba libre de culpa. Porque los que sostienen que lo que se llama una mentira obligada es totalmente excusable, no consideran con suficiencia lo preciosa que es la verdad a la vista de Dios. [...] Y sin embargo la falta particular no la priva por entero del mérito de un celo santo; porque por la bondad de Dios la culpa se suprime y no se toma en cuenta. Rahab actuó mal cuando declara falsamente que los mensajeros se habían ido, y sin embargo la acción principal fue agradable a Dios, porque el mal mezclado con el bien no se imputa[1].

Calvino puso el precedente, y los comentaristas calvinistas han tendido a seguir su ejemplo. Muy poco espacio se dedica al crimen de traición de Rahab, pero la mentira que usó a fin de cometer traición ha caído bajo un estrecho escrutinio. Matthew Poole, el comentarista puritano del siglo 17, no escatima palabras: «*No sé a dónde han ido:* su respuesta, contenida en estas palabras y las que siguen, fue palpablemente falsa, y por consiguiente incuestionablemente pecadora; sin embargo,

---

1   Juan Calvino, *Commentaries on the Book of Joshua* (Eerdmans, Grand Rapids, 1949), pp. 47-48.

su intención fue buena en ella; ver Ro 3:8»[2]. No obstante, es un comentarista moderno el que lleva el legalismo calvinista a su punto más alto en el tratamiento de Rahab, aunque negaría ser un legalista como se ha definido previamente. Tan desesperado está por evadir las obvias implicaciones del ejemplo de Rahab —de que mentir es legítimo en algunos casos y que Dios puede ser glorificado en una mentira— que recurre al tipo más bochornoso de retorcimiento exegético:

La vindicación de la falsedad deliberada bajo ciertas circunstancias recibe el más plausible respaldo del caso de Rahab la ramera. Que Rahab pronunció una falsedad explícita es evidente. [...] ¿Cómo pudo su conducta en referencia a los espías recibir tanto elogio, pudiéramos decir, si la falsedad por la cual los escudó era en sí misma mala?

No debe pasar por alto que las Escrituras del Nuevo Testamento que elogian a Rahab por su fe y obras hacen alusión solo al hecho de que recibió a los espías y los envió por otro camino. No se puede plantear preguntas en cuanto a lo adecuado de estas acciones ni al hecho de esconder a los espías de los emisarios del rey de Jericó. Y la aprobación de estas acciones no lleva consigo —ni por lógica, ni según la analogía provista por las Escrituras— la aprobación de la mentira específica que le dijo al rey de Jericó. Es una teología extraña la que insiste en que la aprobación de su fe y obras al recibir a los espías y ayudarlos a escapar debe recibir la aprobación de *todas* las acciones asociadas con su conducta digna de elogio. Y si se objeta que la preservación de los espías y la secuela de enviarlos por otro camino no se podría haber logrado sin la falsedad pronunciada, y que la falsedad es parte integrante del resultado exitoso de su acción, hay tres cosas que se deben tener en mente. (1) Estamos asumiendo demasiado con respecto a la providencia de Dios cuando decimos que la falsedad fue indispensable para el resultado exitoso de su gesto de fe. (2) Aunque admitamos que, en la providencia *de facto* de Dios, la falsedad fue uno de los medios por los cuales los espías escaparon, no se sigue que Rahab estuvo justificaba moralmente al usar este método. Dios cumple su voluntad santa, de decreto, mediante acciones no santas. [...] [El punto tres compara la mentira de Jacob a Isaac y la bendición resultante; la bendición estuvo justificada, la mentira estuvo errada]. Vemos, por consiguiente, que ni las Escrituras mismas ni las referencias teológicas derivadas de

---

2   Matthew Poole, *A Commentary on the Whole Bible* (Banner of Truth Trust, Londres, [1685] 1962), I, 411. Esta exégesis de ninguna manera fue representativa de la mayoría del pensamiento puritano en la cuestión de mentira legítima. Los casuistas puritanos destacados, William Perkins y William Ames, ambos aceptaron la validez del *dolus bonus* (buen engaño), y les siguió en esto el principal casuita anglicano, Jeremy Taylor. Sobre las varias opiniones puritanas respecto a lo aceptable de la mentira, especialmente por el magistrado, ver el estudio de George L. Mosse, *The Holy Pretence* (Basil Blackwell, Oxford, 1957). El pasaje clave del nuevo testamento respecto al uso de Dios del engaño en su plan es 2 Ts 2:10-12. A los que son injustos Dios los obliga a creer una mentira.

las Escrituras nos proveen de ninguna base para la vindicación de la mentira de Rahab y esta instancia, consecuentemente, no respalda la posición de que bajo ciertas circunstancias puede ser justificable decir una mentira[3].

Lo que vemos, por el contrario, es la dificultad de imponer en el relato de Rahab las limitaciones legalistas de una exégesis forzada. La gran fe y obras de Rahab rebasan tales límites legalistas tan completamente como Sansón revienta sus cuerdas. La exégesis hipercautelosa rehúsa vérselas con la enseñanza clara de las Escrituras; Rahab fue justificada a los ojos de Dios, y no hay ni una sola palabra en todas las referencias de las Escrituras a ella que indique alguna maldad de su parte. Y considérese la declaración del autor de que «No se pueden plantear preguntas sobre lo adecuado de estas acciones ni al hecho de esconder los espías de los emisarios del rey de Jericó». En breve, la traición, bajo las circunstancias, fue perfectamente normal, totalmente razonable. Pero, el pecado de mentir, ¡qué horrible! El legalismo cuela el mosquito ético y se traga el camello ético. Para volver a la propia pulla del autor, esto en verdad es «una teología extraña». El autor no parece captar hasta qué punto está comprometido con el mismo legalismo que su propia teología de la gracia en principio niega.

«¡Si ella no hubiera mentido!» parecen estar diciendo nuestros comentaristas. ¡Hubiera sido verdaderamente santa! Santa en verdad. Hubiera sido más santa de lo que Dios mismo requería de ella, que es la meta suprema de todo legalismo aplicado consistentemente. Su mentira, por todos los estándares del mundo antiguo, fue traición contra los dioses de su ciudad. El pacto con el Dios de Israel no era sino blasfemia y traición contra los dioses de la cultura establecida, hecho que se hizo ineludiblemente claro para los cristianos en el Imperio Romano[4]. Incluso el legalista más comprometido no puede escapar de este hecho, así que los legalistas no critican a Rahab por traición (porque eso fue necesario por definición), sino solo por su mentira (que «de alguna manera» no fue necesaria). El delito capital de traición a veces es legítimo, admite el legalista; el pecado de decir una mentira *siempre* es un mal. El mundo del legalismo es un universo patas arriba. Debemos esperar esto, porque todas las formas de humanismo invierten el orden de la creación.

Se pudiera objetar que una exégesis de Rahab como el ejemplo citado no es legalista, debido a la definición que se dio al principio de este ensayo. No hay una declaración explícita de que Dios esté atado por ciertas leyes ni que el hombre pueda manipular a Dios de alguna manera. Es bien cierto: no hay declaración *explícita* de este tipo. Pero se dice que «damos por sentado demasiado en referencia

---

3   John Murray. *Principles of Conduct* (Eerdmans, Grand Rapids, 1957), pp. 138-139.
4   Sobre este punto, ver Ethelbert Stauffer, *Christ and the Caesars* (Westminster Press, Filadelfia, 1955). Sobre la estrecha conexión entre el estado y los dioses de la antigua ciudad estado, ver Fustel de Coulanges, *The Ancient City* (Doubleday, Garden City, N. Y., [1864] 1936). Para un estudio de la guerra teológica entre el cristianismo inicial y la ideología humanística de la antigua ciudad estado, ver R. J. Rushdoony, *The Foundations of Social Order* (The Craig Press, Nutley, N. J., 1968).

a la providencia de Dios cuando decimos que la falsedad fue indispensable para el resultado exitoso de su acción creyente». Los que critican la mentira de Rahab al parecer piensan que su caso es análogo al adulterio de David con Betsabé, unión que a la larga produjo a Salomón. No estamos, por supuesto, obligados a elogiar las acciones de David porque el gobierno de Salomón haya producido muchos resultados deseables (tal como la construcción del templo de Dios). *Específicamente se nos dice* que el adulterio de David fue aborrecible a los ojos de Dios; *no se nos dice lo mismo de las acciones de Rahab.* Es exegéticamente peligroso ver en el relato de Rahab un pecado que no se muestra de forma explícita que esté presente, especialmente frente al abrumador elogio bíblico de sus acciones. Pero hallamos a los críticos de Rahab argumentando que, de alguna manera que no se dice, ella pudiera haber respondido con veracidad o permanecer en silencio, mientras que simultáneamente preservaba la vida de los espías. ¡Dios hubiera *tenido* algún plan alterno que poner en operación! Si no les hubiera mentido a los hombres del rey, ella de alguna manera hubiera sobrevivido, y los espías hubieran escapado, y Jericó hubiera caído. En otras palabras, debido a que el hombre hace el bien, Dios debe cuidar que su plan produzca bien. Dios, por consiguiente, está atado al honor de la buena respuesta del hombre, independientemente de cuáles pudieran ser las consecuencias obvias de esa buena acción (por ej.: que el rey ejecutara a los involucrados). Esto implica un tipo de manipulación de Dios y su plan por parte del hombre. Nunca se dice lo que ella hubiera hecho, pero la traición con mentiras, a diferencia de la traición sin mentiras, es mala. Los legalistas no lo ven desde otro punto de vista.

Si la exégesis forzosa del legalismo fuera válida, esperaríamos hallar los más grandes elogios bíblicos amontonados sobre los traidores de boca cerrada de las Escrituras: el traidor de Jueces 1:22-26 o el regicida de Jueces 3:12ss. ¿Quién puede discutir, desde la perspectiva legalista, el hecho de que en el último de los ejemplos, «los hijos de Israel enviaron con él un presente a Eglón rey de Moab» (3:15b)? El «presente» puede haber sido un cuchillo en el vientre, pero nadie se queja de que Aod obtuviera acceso a la cámara del rey prometiéndole entregar el presente. «Todo depende de cómo llamemos una cosa. Rahab dijo una mentira, que fue un error; Aod entregó un presente agudo, que fue perfectamente sincero». Pero la Biblia no reserva los mayores elogios para estos hombres; Rahab es el ejemplo recurrente de obediencia piadosa. Este hecho debería advertirnos en contra de las consecuencias de la alteración exegética de la clara verdad de las Escrituras. Lo que Rahab fue, según los estándares de Jericó, es una prostituta traicionera. La Biblia la considera una santa obediente. Los legalistas la ven como una muchacha perversa: dijo una mentira. El legalismo yerra en todas las cuestiones involucradas, lo mismo desde el punto de vista de las autoridades de Jericó que desde el punto de vista de la historia del pacto del pueblo de Dios. El legalismo se anda por las ramas con lo periférico de la vida, en tanto que los hombres viven y mueren en condiciones de crisis. En donde el legalismo florece, los cristianos se vuelven demasiados cautelosos éticamente e impotentes culturalmente.

Con este trasfondo llegamos al núcleo de este ensayo. El soborno es un pecado, *si* es un pecado, de mucho menos impacto que la traición, aunque se admite que parece ser mucho más peligroso que decir «mentiras blancas». ¿Predicaría alguna vez un pastor en un púlpito estadounidense sobre la legitimidad de que el cristiano ofrezca un soborno a un funcionario estatal bajo ciertas circunstancias? ¿Aconsejaría que hiciera tal cosa en privado? Probablemente ningún pastor jamás pensaría en dar tal consejo, por lo menos no hasta que surja alguna crisis; y después sin duda se sentiría culpable. Por consiguiente, el principio de legalismo exegético se debe concentrar en la tarea enorme de explicar los siguientes versículos para borrar su existencia: «Piedra preciosa es el soborno para el que lo practica; adondequiera que se vuelve, halla prosperidad» (Pr 17:8), y «La dádiva en secreto calma el furor, y el don en el seno, la fuerte ira» (Pr 21:14). El autor de estos proverbios nos ofrece su consejo, pero pocos pastores estarían dispuestos a seguir sus pasos. Así de profundamente embebido está el legalismo en el cristianismo contemporáneo. Es mejor no prosperar, al parecer, que dar un soborno; mejor apaciguar la cólera de algún oficial corrupto que pagarle; este es el ineludible conjunto de conclusiones que una exégesis legalista coherente debe producir. Hace que la persona se pregunte por qué Salomón se molestó con insertar tales renglones; como si lo hubiera hecho solo para darles pesadillas a los comentaristas legalistas. La congregación que escucha la predicación del legalismo puede un día verse amenazada por un estado apóstata decidido a perseguir a los cristianos, y esa congregación estará impotente. Es tan cierto que morirá como los dos espías hubieran muerto si, dadas las circunstancias en las que Dios los había colocado, Rahab no hubiera sido tan «horrible». Rasque a un legalista, y debajo hallará a un avestruz santurrón. El legalismo endurece el corazón y ablanda el cerebro. El resultado es la impotencia cultural.

Lo que la Biblia condena es *recibir* sobornos, puesto que se da por sentado que los hombres consagrados impondrán las leyes de Dios sin pagos. Un soborno no se puede aceptar para lucro personal propio, ni para pervertir justicia ni para administrarla justamente. Pero la Biblia en ninguna parte condena el que se *dé* sobornos a fin de impedir el progreso de los gobiernos *apóstatas*. «El soborno» como tal no se condena más que la «traición» como tal; todo depende de las leyes de quién o de cuál nación se desafíen. No puede haber aplicación neutral, universal, de una palabra como «soborno», porque, para hacer tal definición universal, tendríamos que asumir la existencia de algún código legal universal, neutral, y completamente aceptado. Esa es la presuposición básica del humanismo, pero el cristianismo niega tal neutralidad. La neutralidad no existe. Todo se debe interpretar según lo que Dios ha revelado. El objetivo humanista del lenguaje neutral (y por consiguiente de la ley neutral) fue trastornado en la Torre de Babel. Nuestras *definiciones* deben estar acordes con la *revelación bíblica*. La resistencia a las leyes injustas no es anarquía; la resistencia a las leyes justas es anarquía. Rahab tenía razón, aunque su estado apóstata la hubiera considerado una traidora; Judas Iscariote estaba errado, aunque un estado apóstata consideró sus acciones como ejemplares, y le recompensó generosamente. No hay definición universal de un concepto como traición. La ley de Dios y su dirección específica determinan lo que es o no es traicionero o anárquico. Rahab fue la santa y Judas fue el traidor. La exégesis del legalismo inevitablemente lleva a sus seguidores a la conclusión de que la iglesia clandestina, oficialmente desobediente, de los días de Hitler o en China Roja de hoy, en realidad está en la misma posición que el Partido de los Panteras Negras oficialmente desobediente, o los cultos satanistas contemporáneos. Sin duda se citará Romanos 13, y se ignorará por completo Hechos 5:29. «La ley es ley para todos», afirma el legalismo y otras formas de ideología humanista. El cristianismo lo niega, porque el cristianismo niega su premisa; no puede haber principios de ley, lenguaje o cultura universales ni neutrales.

Lo que Dios exige de los hombres es que sojuzguen la tierra según su estructura legal revelada, y que lo hagan para su gloria. Esto quiere decir que en dondequiera que los hombres cristianos sean la autoridad de cualquier gobierno —familiar, civil, docente, financiero, eclesiástico— deben dictar juicio según las normas de Dios. (Esto puede ayudar a explicar por qué las primeras iglesias cristianas a menudo prohibían a sus miembros servir en cargos de alta responsabilidad en el gobierno civil; solo después del acceso de Constantino a la dignidad de emperador se volvió apropiado servir como altos funcionarios). Dios, por consiguiente, dejó en claro a los gobernantes hebreos que cualquier recepción de sobornos era ilegal según su ley. Los hombres debían gobernar en el reino civil de Dios de una manera justa y para su gloria. La ganancia personal mediante sobornos era ilegítima. Se daba por sentado en la comunidad santa que todos los casos de recibir sobornos estaban motivados por el deseo de pervertir el juicio de Dios por amor al lucro personal. Cuando examinamos los varios pasajes que trata con el soborno que se hallan en la ley, descubrimos que los sobornos estaban ligados a juicios injustos. La fórmula básica para tratar con la recepción de sobornos se halla en Éx 23:8: «No recibirás presente; porque el presente ciega a los que ven, y pervierte las palabras de los justos». Un pasaje paralelo incluso más explícito es Deuteronomio 16:18, 19. Los gobernantes deben ser «varones de virtud, temerosos de Dios, varones de verdad, que aborrezcan la avaricia... » (Éx 18:21). El pervertir el juicio de Dios por ganancia personal es lo que se condena, y no debe ser una sorpresa que solo unas pocas frases más allá del apoyo de Salomón a dar un soborno (Pr 17:8) hallamos esta advertencia: «El malvado acepta soborno en secreto, con lo que tuerce el curso de la justicia» (Pr 17:23, NVI). Esta misma perversión del juicio fue el pecado de los hijos de Samuel (1 S 8:3). Fue el pecado catalogado en Isaías 1:23, Amós 5:12, Salmo 26:10 y 1 Samuel 12:3.

La crítica de Dios es directa: los hombres son perversos si reciben sobornos para pervertir el juicio *justo*. Las leyes de Dios son nuestro único estándar; debemos seguir su dirección de la manera apropiada, de la manera en que las criaturas deben seguirla, por analogía: «Sea, pues, con vosotros el temor de Jehová; mirad lo que hacéis, porque con Jehová nuestro Dios no hay injusticia, ni acepción de personas, ni admisión de cohecho» (2 Cr 19:7). Sin embargo se nos dice que Dios *en efecto* recibe regalos en este mismo libro, 32:23. Por tanto, debemos ver el mal de recibir regalos como el mal asociado con el juicio injusto y con hacer acepción de personas; no es el recibir regalos como tal lo que es malo. En las Escrituras aceptar un *soborno* es sinónimo de pervertir el juicio; se prohíbe en los asuntos de justicia *civil*. El ejemplo del padre que recibe un regalo de su hijo es análogo a la aceptación de Dios de las ofrendas en 2 Crónicas 32:23; el padre no debe favorecer al hijo con juicios contrarios a la ley de Dios debido a su respeto por el regalo.

El escenario en el que Dios estableció su ley era el de un reino civil terrenal que estaba siendo establecido. En tiempos del Nuevo Testamento, el poder civil había sido transferido a un gobernante pagano. El cambio de escenario incluye un énfasis diferente sobre las responsabilidades de los gobernados. La parábola de Jesús del juez injusto es típica. El juez, primero que nada, «ni temía a Dios, ni respetaba a hombre» (Lc 18:2). La viuda acudió a él a fin de conseguir venganza de su adversario, y hostiga al juez continuamente. Finalmente, este ya no puede aguantar. Anuncia, en desesperación: «Aunque ni temo a Dios, ni tengo respeto a hombre, sin embargo, porque esta viuda me es molesta, le haré justicia, no sea que viniendo de continuo, me agote la paciencia» (vv. 4.5). Es éticamente apropiado que una viuda con una causa justa hostigue a un juez injusto si piensa que haciéndolo así recibirá un juicio justo. Esto de ninguna manera sanciona el derecho de una mujer corrupta a perturbar la paz de un juez justo que verdaderamente esté demasiado atareado para dar atención inmediata a su caso. En un sentido muy real, la mujer de la parábola le ofrece al juez un soborno: si dicta juicio, lo dejará en paz.

El legalista por lo general queda estupefacto por las implicaciones de ciertas porciones del Sermón del Monte. Jesús ofrece algunas sugerencias asombrosas —asombrosas desde el punto de vista del legalista— para la conducta de la vida cotidiana. Lo que Jesús estaba dándoles a sus discípulos era una serie de recomendaciones para la conducta ética de un pueblo cautivo. Por ejemplo: «Ponte de acuerdo con tu adversario pronto, entre tanto que estás con él en el camino, no sea que el adversario te entregue al juez, y el juez al alguacil, y seas echado en la cárcel» (Mt 5:25). Esa regla era sabia en las tierras de Judea durante los tiempos del imperio romano. No debe llevarnos a pensar que la actitud cristiana hacia un enemigo de Dios debe ser de perdón perpetuo y tolerancia interminable cuando los cristianos tienen el poder y la autoridad legal de entablar juicio y declararlo culpable. Si a los cristianos, como pueblo de Dios, se les da el poder de la espada, los adversarios de Dios deben tomar en serio las advertencias de Mateo 5:25: que *ellos* se pongan de acuerdo con el cristiano, porque por su iniquidad externa al discrepar, el cristiano cuidará que el juicio justo se aplique en un juicio civil, y los adversarios sean castigados severamente.

Por otro lado, en la medida en que la posición de cualquier cristiano en cualquier período de tiempo se parezca a la suerte de los cristianos bajo el gobierno romano, este debe prestar atención. Bajo el gobierno de un Hitler o un Stalin, la respuesta apropiada del cristiano es sometimiento externo. Debe sobornar a los lugartenientes del dictador, mentir si es necesario, unirse a la clandestinidad cristiana, y ganar libertad de acción mediante las mentiras y sobornos para continuar predicando y publicando. Y si, como en el caso de Aod, los cristianos se ven frente a un ejército perverso, triunfador e invasor (como los cristianos de Holanda y otros países se vieron en la Segunda Guerra Mundial), una ejecución exitosa del tirano invasor puede ser el curso apropiado de acción. Denle su «presente»; se lo merece.

Cristo advierte a su pueblo explícitamente: «y al que quiera ponerte a pleito y quitarte la túnica, déjale también la capa; y cualquiera que te obligue a llevar carga por una milla, ve con él dos» (Mt 5:40, 41). Cristo por consiguiente informa a sus seguidores que deben dar a los que tienen poder sobre ellos (por ejemplo, si alguien te *obliga*) *una cantidad adicional de bienes y servicios* por encima y a más de la petición original. Si tal ofrenda fuera voluntaria, llamaríamos a tal acción una propina o benevolencia. ¿Cómo, entonces, debemos llamar a tal acción bajo condiciones que involucran coacción externa? Hay una palabra para eso, por supuesto, pero los legalistas se amilanarán ante ella. Lo que Jesús pide es que los cristianos sobornen al funcionario ofensor. Un soborno es un regalo por encima de lo que legalmente se exige o se pide; un regalo que animará a la parte ofensora a dejar en paz al cristiano y a la iglesia. Permite que el cristiano escape de la plena fuerza de la cólera que en principio un pagano coherente impondría sobre los cristianos si se diera cuenta de cuán totalmente en guerra están Cristo y su reino contra Satanás y su reino. En otras palabras, el soborno pacifica al que lo recibe, tal como Salomón dijo que lo haría. La ética del Sermón del Monte se basa en el principio de que un soborno santo (de bienes o servicios) a veces es la mejor manera de que los cristianos compren paz y libertad temporal para sí mismos y para la Iglesia, dando por sentado que los enemigos de Dios tienen un poder temporal abrumador. Tal soborno se debe dar con buena conciencia a fin de alcanzar un fin justo. A los ciudadanos o siervos cristianos no se les concede por ello licencia para ofrecer a los gobernantes sobornos a fin de lograr fines injustos. Con todo, este hecho debe ser evidente: ofrecer la otra mejilla es un soborno. Es una forma válida de acción siempre y cuando le provea al perverso que coacciona de más paz y menos peligro temporal del que se merece. Por cualquier definición económica, tal acto incluye un regalo; es un bono extra para el individuo que coacciona que se da solo por respeto a su poder. Quítesele su poder, y merece castigo: ojo por ojo, diente por diente. Quítesele su poder, y el cristiano debe írsele encima o llevarlo ante el magistrado, o posiblemente ambas cosas.

Es solo en un período de impotencia civil que los cristianos están bajo la regla de «No resistáis al que es malo» (Mt 5:39). Cuando a los cristianos se les da poder en los asuntos civiles, la situación es diferente, y otra regla se impone: «Someteos, pues, a Dios; resistid al diablo, y huirá de vosotros» (Stg 4:7). Lo mismo ese aplica a los discípulos del diablo. Martín Lutero vio una vez al diablo, o algo que pensó que era el diablo, y le tiró un tintero. Él tiene otras sugerencias, incluso más terrenales, en cuanto a cómo debemos manejar al diablo. Esa debería ser la actitud de todos los cristianos que poseen autoridad. Pagamos soborno hasta el día en que los adversarios de Dios pierdan poder, pero ni un día más.

6. La subversión y el diezmo

Durante el siglo 11, las ideas maniqueas se esparcieron rápidamente por el norte de Italia y el sur de Francia, procedentes del norte de África, Bizancio y Bulgaria. La sede de este movimiento en Europa estuvo en Bosnia, desde donde se decía que un líder o «papa» había gobernado a sus seguidores. A la mayoría de estos seguidores se les llegó a conocer como los cátaros. Los cátaros atacaron a la iglesia cristiana como la iglesia de Satanás, se mofaron del bautismo infantil, la comunión y la doctrina ortodoxa. Argumentaban que el mundo material había sido creado por Satanás, el hijo apóstata de Dios, en tanto que las almas de los hombres pertenecían al verdadero reino del cielo.

En particular, los cátaros atacaron los cimientos de la cristiandad hablando en contra del diezmo e instando a la gente a que no diera los diezmos. Este solo hecho «atrajo adherentes en muchos lugares»[1].

Este hecho, todavía más, contribuyó a que la Iglesia cambiara su actitud hacia estos grupos, y empezó la supresión de todos esos movimientos. Runeberg ve una relación entre el movimiento cátaro, que se volvió clandestino, y el aumento de la hechicería[2]. Los cátaros al parecer se aliaron con las prácticas religiosas antiguas y supersticiones de los pueblos rurales y les dieron un desarrollo maniqueo. Así, un paganismo antiguo y moribundo se convirtió en una herejía agresiva que atacó los cimientos de la cristiandad al atacar el diezmo.

Había, pues, un movimiento doble en marcha. Primero, un ataque a la cristiandad mediante un ataque a su sostenimiento material, el diezmo, y, segundo, un esfuerzo por ligar el diezmo demasiado estrechamente a la iglesia, lo que también socava la vitalidad de la renovación cristiana. Siempre y cuando el diezmo fluya libremente a las agencias reformadoras, la renovación es constante. Cuando se le liga a la iglesia, se aumenta el poder de la iglesia, no la vitalidad del cristianismo.

---

1   *Societas Scientiarum Fennica, Commentationes Humanarum Litterarum XIV,* 4, Arne Runeberg, *Witches, Demons and Fertility Cults* (Helsingfors, 1947), p. 21.

2   *Ibid.,* p. 22ss.

En Inglaterra, sin embargo, las órdenes monásticas se apropiaron de los diezmos del clero parroquial, que por mucho tiempo había prestado una atención cuidadosa al diezmo de los pobres. Para principios del siglo 12, esto estaba produciendo problemas. Conforme las órdenes monásticas perdían su interés en los pobres, hubo quejas en el Parlamento contra estas apropiaciones. A pesar de esto, las iglesias parroquiales hicieron mucho para ministrar a los pobres.[3] Las incautaciones implacables de las propiedades monásticas que hizo Enrique VIII fueron en parte hechas posibles por este trasfondo. La inflación monetaria de los regímenes Tudor luego destruyó la capacidad de la iglesia parroquial para ministrar a los pobres con sus fondos existentes, y el clero mismo se volvió necesitado[4].

El diezmo, pues, se puede subvertir en más de una manera. Se puede subvertir mediante el ataque a la ley del diezmo. Se puede socavar incautando el diezmo para la iglesia (o el estado) antes que para la obra del Señor directamente del pueblo de Dios. Se puede anular mediante la inflación monetaria, por la cual los fondos se reducen a una limosna, y las provisiones a largo plazo quedan sin efecto.

Sin el diezmo, la necesidad de financiamiento social subsiste, y el impuesto estatal toma las riendas, así como también la corrupción estatal e incautación indebida. Un estado limitado sin un diezmo es una imposibilidad, y los conservadores políticos que sueñan con tal orden son necios y soñadores, como los anarquistas que sueñan con existir sin ningún estado. Una sociedad fuertemente orientada a la familia y una sociedad que da el diezmo puede producir una amplia variedad de instituciones, escuelas y agencias que pueden asumir las funciones básicas de la iglesia, escuela, salud y bienestar y por consiguiente encoger al estado a sus dimensiones apropiadas. El financiamiento social es necesario; o bien el pueblo de Dios lo asume, o el estado lo hará.

7. Notas

1. Una pregunta importante respecto a la homosexualidad se plantea en 1 Corintios 6:9-11. Romanos 1:24-32 cita la homosexualidad como la culminación de la apostasía y la quemazón del hombre, en tanto que 1 Corintios 6:9-11 parece abrir la puerta de la salvación a los «que se echan con varones». En este pasaje Pablo menciona diez formas representativas de injusticia que excluyen del reino de Dios a los hombres, a menos que la gracia de Dios intervenga en algunos casos. De estos, los «afeminados», se refiere a los voluptuosos[1]. El catálogo de pecados abarca «la falsa religión y la falta de religión, [...] los vicios sexuales, pecados contra la

---

3   W. K. Jordan, *Philanthropy in England, 1480-1660* (Russell Sage Foundation, Nueva York, [1959] 1964), pp. 80-83.

4   *Ibid.,* pp. 308-310.

5   R. C. H. Lenski, *The Interpretation of St. Paul's First and Second Epistle to the Corinthians* (Wartburg Press, Columbus, Ohio, [1937] 1946), p. 248.

propiedad y pecados de la lengua»². San Pablo estaba diciéndoles a los corintios la clase de ofensa que hacen separación entre los hombres y Dios. No estaba acusando a los corintios de cometer todas estas ofensas. Todos eran pecadores redimidos, pero «algunos de ustedes», les recuerda San Pablo, eran culpables de pecados más groseros antes de su conversión. Según Hodge, sobre el v. 11, «esto erais algunos», «la explicación natural es que el apóstol con toda intención evitó acusar de las inmoralidades groseras a las que acababa de referirse a todos los cristianos de Corinto en su condición previa»³. Este versículo, pues, no nos dice que entre los redimidos en la iglesia de Corinto hubiera algunos que habían sido homosexuales. Se puede notar, sin embargo, que, en la educación griega, a los jóvenes solían seducirlos a prácticas homosexuales sus tutores y maestros, una acusación que con razón se había hecho mucho antes contra Sócrates. El ardor del hombre descrito en Romanos no se debe confundir con los pecados de algunos de estos corintios cometidos como jóvenes con maestros degenerados. Tal vez 1 Corintios 6:9-11 abarque personas seducidas a estos tipos viciosos de prácticas y experiencias, lo que hacía de su redención una cuestión abierta, en tanto que Romanos 1:26-32 presenta al homosexual como la mente encendida y réproba en acción, y como culminación de la apostasía y reprobación.

2. En julio de 1562, el Concilio de Trento consideró el asunto de los niños y la comunión y emitió una declaración, uno de los cuatro puntos sobre el sacramento, con cuatro anatemas. Este cuarto punto, y los cuatro anatemas, dicen como sigue:

> IV. Los niños que no han llegado al uso de la razón no están obligados a recibir el sacramento de la Eucaristía, porque en esa edad no pueden perder la gracia. Sin embargo, la costumbre opuesta, que es antigua y preservada en algunos lugares, no se ha de condenar; porque es indisputable creer que no se hizo como necesaria para conseguir la salvación sino por alguna otra razón.

De conformidad con esta doctrina se promulgaron cuatro anatemas:

> I. Contra todo el que dijere que todos los fieles cristianos están obligados a recibir la Eucaristía de ambas clases, o por precepto divino o de necesidad para conseguir la salvación.

> II. Contra todo el que dijere que no tuvo la Iglesia católica una buena razón, o que ha errado, al dar la Eucaristía a los laicos y a los que no celebran la misa, la Comunión solamente con el pan.

---

2   *Ibid.*, p. 249.
3   Charles Hodge, *An Exposition of the First Epistle to the Corinthians* (Eerdmans, Grand Rapids, 1950), p. 99.

III. Contra todo el que negare que Cristo, fuente y autor de todas las gracias, se recibe bajo la forma de pan solamente.

IV. Contra todo el que dijere que el sacramento de la Eucaristía es necesario a los niños antes que lleguen al uso de razón[4].

Es significativo que Trento reconociera que la comunión para los niños era una práctica «antigua y preservada en algunos lugares» y «que no se ha de condenar». Calvino, que en un punto se opuso a la práctica, dejó espacio para ella en su culto de la última cena, con una exhortación de vedar el acceso a la mesa, sin embargo, a «todos los que son rebeldes contra padres y madres»[5].

3. La creciente demanda civil de restitución a las víctimas de delitos ha conseguido atención legal y poca implementación. El número de mayo y junio de 1972 de *Trial* (vol. 8, no. 3), revista legal publicada por la American Trial Lawyers Association (Asociación Americana de Abogados Litigantes)], se dedicó extensamente a la compensación. La idea básica, sin embargo, es la compensación de parte del estado a la víctima, antes que la restitución del criminal a su víctima.

4. Samuel Willard, teólogo puritano de Nueva Inglaterra, es un ejemplo del concepto puritano de la ley. Aduce que la norma de santificación es la ley de Dios y se opone a la noción antinomiana de la ley. Ver Seymour Van Dyken, *Samuel Willard, 1640-1707: Preacher of Orthodoxy in an Era of Change* (Grand Rapids, Eerdmans, 1972), p. 131.

---

4   Sarpi, *History of Benefices, and Selections from History of the Council of Trent*, Peter Burke, trad., ed. (Washington Square Press, Nueva York, 1967), p. 220.

5   Charles W. Baird, *The Presbyterian Liturgies* (Baker, Grand Rapids, 1957), p. 53.

ÍNDICE BÍBLICO

OLD TESTAMENT

Índice temático

El Ministerio de Calcedonia

CALCEDONIA es una organización educacional cristiana dedicada exclusivamente a la investigación, la publicación y la transmisión convincente de una erudición marcadamente cristiana al mundo en general. Calcedonia provee una gama de servicios y programas, todos ellos ajustados a las necesidades de ministros, estudiosos y laicos que entienden las proposiciones que hace Jesucristo a la mente y al corazón, y que Sus derechos van más allá de los estrechos límites de las distintas iglesias institucionales. Existimos para apoyar los esfuerzos de todas las denominaciones e iglesias ortodoxas.

Calcedonia deriva su nombre del gran Concilio de Calcedonia (451 dC), que dio como resultado la definición cristológica crucial: «Por tanto, de acuerdo con lo expresado por los Santos Padres, todos nosotros, de un mismo acuerdo, enseñamos a los hombres que se ha de reconocer a un solo y mismo Hijo, nuestro Señor Jesucristo, perfecto en la divinidad y perfecto en la humanidad, verdaderamente Dios y verdaderamente hombre….». Esta formulación desafía directamente todas las aspiraciones a la divinidad de cualquier institución humana: Estado, iglesia, culto, escuela o asamblea humana. Solo Cristo es al mismo tiempo Dios y hombre, el vínculo singular entre el Cielo y la tierra. Por tanto, todo poder humano es simplemente derivado: Solamente Cristo puede anunciar que «Toda potestad me es dada en el cielo y en la tierra» (Mateo 28:18). Históricamente, por tanto, el Credo de Calcedonia ha sido el fundamento de la libertad de Occidente, porque pone límites a todas las instituciones humanas autoritarias al reconocer la validez de las pretensiones del Único que es la fuente de toda libertad humana (Gálatas 5:1).

La Fundación Calcedonia publica libros bajo su propia rúbrica y bajo la de Ross House Books. Publica una revista, *Faith for All of Life* [*Fe para toda la Vida*] y un boletín, *The Chalcedon Report* [*El Informe de Calcedonia*], ambos bimensuales. Todas las donaciones a Calcedonia son deducibles de impuestos. Para obsequiar suscripciones de prueba o para información sobre otros títulos de libros, por favor contactar a

Chalcedon
Box 158
Vallecito, CA 95251
USA
(209) 736-4365
www.chalcedon.edu

ACERCA DEL AUTOR

Rousas John Rushdoony (1916-2001) fue un conocido erudito y escritor norteamericano, autor de más de treinta libros. Obtuvo los grados de Bachiller y Master en Artes de la Universidad de California y recibió su entrenamiento teológico en la Pacific School of Religion. Ordenado de ministro, trabajó como misionero entre los indios paiutes y shoshones y pastoreó dos iglesias en California. Estableció la Fundación Calcedonia, una organización educacional dedicada a la investigación, la publicación y la transmisión convincente de una erudición marcadamente cristiana al mundo en general. Sus escritos en The Chalcedon Report y sus numerosos libros dieron origen a una generación de creyentes que están activos en la reconstrucción del mundo para la gloria de Jesucristo. Antes de su muerte residía en Vallecito, California, donde se dedicaba a la investigación, a dar conferencias y a ayudar a otros a desarrollar programas para poner en acción la fe cristiana.